Die Rechtsgrundsätze

des

Königlich Preußischen

Oberverwaltungsgerichts.

Begründet von K. Parey.

Vierte, gänzlich neu bearbeitete und bis zur Gegenwart ergänzte Auflage,

herausgegeben von

Fr. Kunze, weil. Wirkl. Geheimer Oberregierungsrat,

und

Dr. G. Kautz, Wirklicher Geheimer Oberregierungsrat.

Ergänzungsband 1913/1914.

Bearbeitet von

Dr. G. Kautz,
Präsident des Kaiserl. Kanalamts in Kiel,
Wirklicher Geheimer Oberregierungsrat.

Berlin 1915.
J. Guttentag, Verlagsbuchhandlung,
G. m. b. H.

Vorwort.

Der vorliegende „Ergänzungsband 1913/14“ enthält die Entscheidungen aus Band 61—66 der offiziellen Sammlungen sowie aus dem „Preußischen Verwaltungsblatt“ und der „Deutschen Juristenzeitung“ bis zum 1. Juli 1914. Ferner sind mehrfach geäußerten Wünschen entsprechend auch einige andere Zeitschriften, und zwar „Das Recht“ und die „Zeitschrift für Polizei- und Verwaltungsbeamte“, bei der Bearbeitung berücksichtigt worden.

Die Entscheidungen in Kommunalsteuer-, Staatssteuer- und Reichszuwachssteuer-Angelegenheiten werden wiederum in einem besonderen Ergänzungsbande zu Band III des Hauptwerks behandelt werden.

Auf klare, scharfe Systematisierung, leichtverständliche Darstellung und, wo erforderlich, ausgiebige Beigebung von Tatbeständen und Gründen zu den Rechtsgrundsätzen ist auch in diesem Ergänzungsbande besonderer Wert gelegt.

Berlin, im September 1915.

Dr. Georg Kautz.

Inhaltsverzeichnis.

Erste Abteilung.

Angelegenheiten der Kommunalverbände.

I. Provinzialverbände. Seite

A. Grundlagen der Provinzialverfassung . . . . —

B. Vertretung und Verwaltung der Provinzialverbände.

1. Der Provinziallandtag.
   a) Wählbarkeit . . . . —
   b) Wahlverfahren und Rechtsmittel . . . . —
2. Der Provinzialausschuß; Beanstandung seiner Beschlüsse 2
3. Provinzialbeamte 3

C. Provinzialabgaben . . . . —

D. Gesetzliche Leistungen der Provinzialverbände; Zwangsetatisierung 3

II. Kreise.

A. Auseinandersetzung bei Veränderung der Kreisgrenzen und Bildung neuer Kreise.

1. Im allgemeinen . . . . —
2. Bei Zusammenlegung hannöverscher Amtsbezirke . . . . . . —
3. Bei Bildung von Stadtkreisen . . . . —

B. Rechte und Pflichten der Kreisangehörigen . . . . —

C. Landrat und Kreisdeputierte . . . . —

D. Der Kreisausschuß; Zusammensetzung und Beschlüsse . . . —

E. Der Kreistag.

1. Verteilung der Abgeordneten auf die einzelnen Wahlverbände . . . 5
2. Aktives Wahlrecht.
   a) Im Wahlverbande der größeren ländlichen Grundbesitzer . . . —
   b) Im Wahlverbande der Landgemeinden . . . . —
   c) Im Wahlverbande der Städte . . . . —
3. Wählbarkeit zum Wahlmann und Kreistagsabgeordneten 5
4. Wahlverfahren.
   a) Allgemeines 6
   b) Legitimationsprüfung 7
   c) Rechtsmittel . . . . —
5. Kreistagsbeschlüsse . . . . —

F. Kreiskommunalbeamte 7

G. Die Kreisabgaben.

1. Allgemeines . . . . —
2. Gebühren und Beiträge . . . . —
3. Indirekte Kreissteuern.
   a) Umsatzsteuer . . . . —
   b) Schankerlaubnissteuer . . . . —

Seite

4. Direkte Kreissteuern . . . . —
5. Rechtsmittel . . . . —

H. Zwangsetatisierungen . . . . —

III. Amtsbezirke in den Provinzen Ost- und Westpreußen, Brandenburg, Pommern, Schlesien, Sachsen und Schleswig-Holstein.

A. Bildung der Amtsbezirke . . . . —

B. Organe der Amtsbezirke und ihre Befugnisse.
1. Amtsvorsteher . . . . —
2. Amtsausschuß . . . . —

C. Die Kosten der Amtsverwaltung 8

IV. Aemter in Westfalen.

A. Bezirk und Organe . . . . —

B. Kosten der Amtsverwaltung . . . . —

V. Landbürgermeistereien in der Rheinprovinz. . . . . —

VI. Armenverbände.

A. Landarmenverbände . . . . —

B. Ortsarmenverbände.
1. Begriff und Pflichten der Ortsarmenverbände . . . . —
2. Armenpflege in Gutsbezirken gem. § 8 des AGUWG. v. 8. März 1871 11
3. Gesamtarmenverbände 12
4. Beihilfen der Kreise an die Ortsarmenverbände . . . . —

C. Einschreiten der Polizeibehörden gegen Armenverbände —

VII. Stadtgemeinden.

A. Begriff und Umfang der Stadtbezirke; Bezirksveränderungen —

B. Ortsrecht; Bürgerrecht; Bürgerrechtsgeld 13

C. Stadtverordnetenversammlung.
1. Wahlangelegenheiten.
a) Aktives Wahlrecht 16
b) Wählbarkeit 18
c) Wahlverfahren.
α) Allgemeine Grundsätze 23
β) Aufstellung der Wählerliste und Bildung der Wählerabteilungen 24
γ) Wahlhandlung 33
δ) Rechtsmittel 41
2. Amtsgeschäfte 43

D. Bürgermeister; Magistrat; städtische Deputationen 44

E. Gemeindebeamte 45

F. Gemeindeholzungen und Gemeindeanstalten 46

G. Gemeindehaushalt und Zwangsetatisierung.
1. Allgemeines 47
2. Die Kosten der Polizeiverwaltung 49

VIII. Landgemeinden und Gutsbezirke.

A. Rechtliche Stellung und kommunale Eigenschaft der Landgemeinden und Gutsbezirke.
1. Kommunale Eigenschaft, Entstehung und Aenderung der Landgemeinden 58
2. Kommunale Eigenschaft, Entstehung und Aenderung der Gutsbezirke 59
3. Kommunale Eigenschaft von Trennstücken eines Gutsbezirkes, von ehemaligen Bauerstellen und Landabfindungen 59

Seite
4. Kommunale Zugehörigkeit der Kirchen- und Pfarrländereien, der Dorfauen, öffentlichen Flüsse, Gewässer, Land- und Heerstraßen . . —
5. Auseinandersetzung zwischen den Beteiligten . . . . —
B. Gemeindeverbände; Hebammenbezirke . . . . —
C. Gemeinderecht und Gemeindewahlen.
1. Aktives Wahlrecht und Wählbarkeit.
a) Allgemeine Grundsätze; Rechtsprechung für die Rechtsgebiete der Landgemeindeordnung vom 3. Juli 1891 und der Schleswig-Holsteinschen Landgemeindeordnung vom 4. Juli 1892 60
b) Provinzialrechte.
α) In Westfalen 62
β) In der Rheinprovinz 62
γ) In Hannover . . . . —
δ) In Hessen-Nassau . . . . —
ε) In Schleswig-Holstein . . . . —
2. Wahlverfahren.
a) Allgemeine Grundsätze; Rechtsprechung für die Rechtsgebiete der Landgemeindeordnung vom 3. Juli 1891 und der Schleswig-Holsteinschen Landgemeindeordnung vom 4. Juli 1892 63
b) Provinzialrechte.
α) In Westfalen 67
β) In der Rheinprovinz 69
γ) In Hannover 69
δ) In Hessen-Nassau 70
ε) In Schleswig-Holstein 70
ζ) In Hohenzollern 71
3. Rechtsmittel 71
D. Der Gemeinde- und Gutsvorsteher 75
E. Gemeindebeamte 77
F. Geschäfte der Gemeindeversammlung (Gemeindevertretung, Gemeinderat, Gemeindeausschuß) 81
G. Gemeindevermögen und Gemeindegliedervermögen; Teilnahme an den Gemeindenutzungen; gemeinschaftliche Angelegenheiten 90
H. Gemeindehaushalt und Zwangsetatisierung 100
IX. **Zweckverbände** 102

Zweite Abteilung.

Kultus, Schule, Personenstand, Staatsangehörigkeit, Fürsorgeerziehung.

I. **Die evangelische Kirche.**
A. Staatsaufsicht über das Kirchenvermögen und Allgemeines 105
B. Gesetzliche Leistungen der evangelischen Kirchengemeinden und ihre Zwangsetatisierung 106
C. Erhebung von Kirchensteuern.
1. In den älteren Provinzen der Monarchie.
a) Besteuerungsrecht und Kirchensteuerpflicht 108
b) Rechtsmittel . . . . —
c) Besondere Bestimmungen für die Berliner Stadtsynode und die Parochialverbände in größeren Orten . . . . —
2. In den neueren Provinzen 114
II. **Die katholische Kirche** 119
III. **Die Synagogengemeinden** 125
IV. **Schulangelegenheiten.**
A. Rechtsverhältnisse der Volksschullehrer.
1. Allgemeines. Lehrerberufung 128

Seite
2. Einkommen und Hinterbliebenenversorgung.
a) Einkommen 133
b) Naturalbezüge; Dienstwohnung und Mietentschädigung . . . 138
c) Alterszulagen 141
d) Ruhegehalt und Hinterbliebenenfürsorge 142
B. Der Schulvorstand 145
C. Die Schule.
1. Der Begriff „Volksschule" . . . . —
2. Der Schulbezirk; Schulgemeinde; Schulsozietät; Ein- und Umschulungen . . . . —
3. Schulordnung und Schulpflicht; Aufsicht über den Privatunterricht . 145
4. Unterrichts- und Lehrgegenstände . . . . —
5. Schulgeld; Staatsbeiträge 147
D. Die Schulunterhaltung.
1. Feststellung von Anforderungen auf Grund des Gesetzes vom 26. Mai 1887; Zwangsetatisierung . . . . —
2. Begriff und Umfang der Schulbaulast 148
3. Die Schulunterhaltungspflichtigen.
a) nach dem Gesetz, betr. die Unterhaltung der öffentlichen Volksschulen, v. 28. VII. 06 149
b) Uebernahme der Schullasten auf die politischen Gemeinden . . —
c) Sonstige Träger der Schullasten.
α) Im Geltungsgebiete des Allgemeinen Landrechts.
aa) Abgaben und Leistungen mit Ausnahme der Schulbaulast.
αα) Begriff und Beitragspflicht der Hausväter . . . . —
ββ) Begriff und Beitragspflicht der Gutsherren (Rittergutsbesitzer) . . . . —
bb) Die Schulbaupflichtigen.
αα) Bei gewöhnlichen Volksschulen . . . . —
ββ) Bei Schul- und Küsterhäusern insbesondere . . . 159
β) Im Geltungsbereich der Preußischen Schulordnung vom 11. Dezember 1845.
aa) Unterhaltung der Elementarschulen im allgemeinen (§§ 38 bis 42, 48 das.) . . . . —
bb) Die Leistungen der Gutsherren.
αα) Lieferung von Brennmaterial 162
ββ) Bauverpflichtungen 166
γγ) Kulmischer Schulmorgen . . . . —
cc) Die Leistungen der Grundherren (Anwohner auf gutsherrlichem Lande) — §§ 55–65 PrSchulO. v. 11. XII. 45 167
γ) In der Provinz Pommern . . . . —
δ) In der Provinz Schlesien.
aa) Katholische Volksschulen.
αα) Allgemeines; Unterhaltung der Lehrer . . . . . —
ββ) Bauverpflichtungen; Lieferung von Brennmaterial . —
bb) Evangelische Volksschulen . . . . —
cc) Insbesondere die Dörfer gemischter Religion . . . . . —
ε) In den vormals Kgl. Sächsischen Landesteilen der Provinz Sachsen . . . . —
ζ) In den linksrheinischen Gebietsteilen . . . . —
η) In der vormaligen Grafschaft Wied-Neuwied . . . . . —
ϑ) In der Provinz Schleswig-Holstein . . . . —
ι) In der Provinz Hannover . . . . —
κ) In Kurhessen . . . . —
λ) In den vormals Kgl. Bayerischen Gebietsteilen . . . . —
4. Die Heranziehung zur Schulunterhaltung und die Rechtsmittel dagegen.
a) Allgemeine Grundsätze; Ausschreibung und Einziehung 169
b) Beschlußfassung der Schulaufsichtsbehörde gemäß § 47 Abs. 1 ZustG. —
c) Einspruch und Beschwerde gemäß § 46 ZustG. . . . . —

Seite

d) Verwaltungsstreitverfahren.
α) Nach § 46 ZustG. . . . . —
β) Nach § 47 ZustG. 172
E. Angelegenheiten öffentlicher Fortbildungsschulen 176
V. **Personenstand und Staatsangehörigkeit** 178
VI. **Fürsorgeerziehung** . . . . —

Dritte Abteilung.

Polizeiliche Angelegenheiten.

I. **Besondere polizeiliche Angelegenheiten.**
A. Wasserpolizei.
a) Wasserpolizeiliche Verfügungen im Sinne des § 66 ZustG.; Räumung von Gräben, Bächen und Wasserläufen (Privatflüssen); Streitigkeiten der Beteiligten 181
b) Oertliche Wasserpolizei; Schaurichter; Strom-, Schiffahrts- und Hafenpolizei; ihre verschiedenen Zuständigkeiten; öffentliche Flüsse und ihre Schiffbarkeit; Leinpfad; Uferbauten; Fähren; Strombauverwaltungsgesetz; Wasserbauinspektionen; Meer und Meeresufer; Schlesisches Hochwassergesetz 185
c) Wassergenossenschaften 189
d) Entwässerung; Verschaffung von Vorflut 193
e) Uferbesitz; Eigentum an Privatflüssen und an Flußbetten; Nutzungen; Wassernutzung; Bewässerung 196
f) Stauanlagen für Wassertriebwerke; Merkpfahlsetzung 197
g) Hannoversches Wasserrecht 199
h) Schleswig-Holsteinisches und Lauenburgisches Wasserrecht . . . 201
i) Kurhessisches Wasserrecht 204
k) Nassauisches Wasserrecht 205
B. Deichpolizei 205
C. Fischereipolizei . . . . —
D. Jagdpolizei.
a) Jagdscheine 206
b) Allgemeine jagdpolizeiliche Verfügungen; Tötung von Hunden; Streitigkeiten der Beteiligten; gemeinschaftliche und Einzeljagdbezirke, Waldenklaven; Jagdpachtverträge, Verteilung der Erträge 207
c) Hannoversches Jagdrecht . . . . —
d) Kurhessisches und Großherzoglich Hessisches Jagdrecht . . . . —
e) Jagdrecht der Hohenzollernschen Lande . . . . —
f) Wildschaden 218
E. Schutzwaldungen; Waldgenossenschaften; gemeinschaftliche Holzungen . . . . —
F. Ansiedelungen und Kolonien; Errichtung von Feuerstellen in der Nähe von Waldungen.
a) Ansiedelungen nach den G. v. 25. VIII. 76 u. 10. VIII. 04 . 219
b) Ansiedelungen in den Provinzen Hannover und Hessen-Nassau . 228
c) Errichtung von Feuerstellen in der Nähe von Waldungen . . . 229
G. Dismembrationssachen . . . . —
H. Baupolizei.
a) Baupolizeiliche Vorschriften im allgemeinen; Zuständigkeit der Behörden; Verfahren in Baupolizeisachen; örtliche Bauordnungen 230
b) Begriff eines Wohnhauses, eines Baues, von Umbauten, Ausbauten usw.; Baubeschränkungen auf Grund des Baufluchtengesetzes 256
c) Schutz gegen Feuersgefahr 276
d) Schutz gegen Gesundheitsschädigungen . . . . —
e) Entwässerung der Hausgrundstücke 280
f) Schutz des Verkehrs auf öffentlichen Straßen und Plätzen . . . —
g) Schutz gegen Verunstaltung der Ortschaften usw. 285

Seite

J. Wegepolizei.
1. Begriff und Umfang öffentlicher Wege; Fuß- und Schulsteige . . 299
2. Gemeingebrauch an öffentlichen Wegen 300
3. Wegebaulast.
a) Allgemeine Wegebaulast, Begriff und Umfang 303
b) Entwässerung und Beleuchtung 303
c) Verpflichtung der Anlieger zur Straßenreinigung 304
d) Unterhaltung der Bürgersteige 310
e) Provinzialrechte 312
4. Land- und Heerstraßen, Unterhaltungspflicht des Fiskus 315
5. Chausseen; Chausseegelderhebung 317
6. Eisenbahnzufuhrwege und Aehnliches 318
7. Fähren und Brücken und deren Unterhaltung 318
8. Verfahren in Wegeunterhaltungsangelegenheiten nach §§ 55 f. ZustG.; Streitigkeiten der Beteiligten 321
9. Inanspruchnahme von Wegen für den öffentlichen Verkehr; Privatrechte an öffentlichen Wegen 324
10. Einziehung und Verlegung öffentlicher Wege 328
11. Heranziehung von Fabriken, Bergwerken und ähnlichen Unternehmungen zu Vorausleistungen 330

K. Gewerbepolizei.
1. Reichsgewerbeordnung.
a) Allgemeine Bestimmungen; Gewerbefreiheit; Ablösung von Gewerbeberechtigungen 332
b) Gewerbliche Einrichtungen und Anlagen; Erfordernis besonderer Genehmigung gemäß §§ 16 ff. GewO. 336
c) Gewerbetreibende, die einer besonderen Genehmigung bedürfen.
α) Aerzte und Apotheker (§ 29 GewO.) 338
β) Unternehmer von Privatkranken-, Privatentbindungs- und Privatirrenanstalten; Hebammen (§ 30 GewO.) 341
γ) Hufbeschlaggewerbe; Seeschiffer, Seesteuerleute, Maschinisten der Seedampfschiffe und Lotsen (§§ 30 a, 31 GewO.) . . . . —
δ) Schauspielunternehmer. Gewerbsmäßige Darbietung von Singspielen, Gesangs- und deklamatorischen Vorträgen, Schaustellungen von Personen und theatralische Vorstellungen ohne höheres Interesse von Kunst und Wissenschaft (§§ 32, 33 a GewO.) 342
ε) Gast- und Schankwirtschaft; Kleinhandel mit Branntwein oder Spiritus (§ 33 GewO.) 345
ζ) Gewerbsmäßige Musikaufführungen, Schaustellungen, theatralische Vorstellungen oder sonstige Lustbarkeiten ohne höheres Interesse von Kunst und Wissenschaft von Haus zu Haus usw.; Tanzlustbarkeiten (§§ 33 b, 33 c GewO.) 351
η) Pfandleiher, Gesindevermieter, Stellenvermittler, Handel mit Giften, Markscheider (§ 34 GewO.) 355
ϑ) Gewerbe der §§ 35 und 35 a GewO. 357
ι) Gewerbe des § 36 GewO. . . . . —
κ) Straßengewerbe (§ 37 GewO.) 361
λ) Feilbieten an öffentlichen Orten; Verteilung von Druckschriften 363
d) Gewerbebetrieb im Umherziehen 364
e) Marktverkehr . . . . —
f) Taxen . . . . —
g) Innungen; gewerbliche Arbeiter 366
2. Sonstige gewerbliche Gesetze; Genossenschaftsgesetz; Gewerbegerichte; Maß- und Gewichtsrevisionen; Privatversicherungswesen, Aufsicht über Privatversicherungsanstalten 368

L. Vereins- und Versammlungsrecht.
1. Polizeiliches Einschreiten gegen Versammlungen, namentlich gegen Vereinsversammlungen 371
2. Sonstiges polizeiliches Einschreiten gegen Vereine 394
3. Kriegervereine . . . . —

Seite
M. Gesindepolizei 400
N. Sonstige polizeiliche Verfügungen.
1. Gesundheitspolizei 400
2. Theater- und Filmzensur 413
3. Ausweisungen; Untersagung des Aufenthalts 419
4. Kraftfahrzeuge und Kraftwagenführer 421
5. Ordnungs- und sicherheitspolizeiliche Verfügungen verschiedenen Inhalts 425
II. **Allgemeines über polizeiliche Verfügungen.**
A. Inhalt und Form; Rechtsbeständigkeit; persönliche Beteiligung; Rechtsmittel 461
B. Polizeiliche Zwangsmittel . . . . —
III. **Polizeiverordnungen** 445

Vierte Abteilung.
Anderweitige Zuständigkeiten der Verwaltungsgerichte.

I. **Eingeschriebene Hilfskassen** . . . . —
II. **Krankenversicherung.**
A. Versicherungszwang (§§ 1—3 KrankVG.) 451
B. Gemeindekrankenversicherung (§§ 4—15 KrankVG.) 452
C. Ortskrankenkassen (§§ 16—48a KrankVG.) 453
D. Gemeinsame Bestimmungen für die Gemeindekrankenversicherung und für die Ortskrankenkassen (§§ 49—58 KrankVG.) . . . . —
E. Betriebs-(Fabrik-)Krankenkassen (§§ 59—68 KrankVG.); Bau-, Innungskrankenkassen (§§ 69—72, 73 KrankVG.) 455
III. **Unfallversicherung.**
A. Gewerbeunfallversicherung . . . . —
B. Land- und forstwirtschaftliche Unfallversicherung 456
IV **Invalidenversicherung** 456
V. **Bergrechtliche Angelegenheiten; Verfahren vor dem Bergausschusse** 458
VI. **Kleinbahnen und Privatanschlußbahnen** . . . . —
VII. **Handelskammern, kaufmännische Korporationen und Börsen** . . 461
VIII. **Landwirtschaftskammern** . . . . —
IX. **Feuerlöschwesen, Spritzenverbände** . . . . —
X. **Disziplinarsachen.**
A. Beamteneigenschaft iS. des DiszG. v. 21. VII. 52 . . . . . —
B. Dienstvergehen und Disziplinarstrafen; Befugnis zu ihrer Verhängung 465
C. Verfahren 478
XI. **Konflikte** 482
XII. **Kompetenzkonflikte** 497

Fünfte Abteilung.
Verwaltungsstreitverfahren.

A. Allgemeine Vorschriften; Gerichte; Parteien; Fristen; Zustellungen; Wiedereinsetzung in den vorigen Stand 501
B. Verfahren in I. Instanz 507
C. Rechtsmittelverfahren; Wiederaufnahme des Verfahrens . 510
D. Kosten des Verfahrens 514

Zeitfolgeverzeichnis der Entscheidungen 516
Sachverzeichnis 528
Berichtigungen . . . . —

Erste Abteilung.

Angelegenheiten der Kommunalverbände.

Gesetzliche Bestimmungen (nebst Materialien): G. v. 19. V. 13 (GS. 301), betr. die Verpflichtung zum Besuche ländlicher Fortbildungsschulen in den Provinzen Brandenburg, Pommern, Sachsen, Schleswig-Holstein, Westfalen sowie in der Rheinprovinz und in den Hohenzollernschen Landen. VhdlHH. 1912/13: Drucks. Nr. 160, 173, 184, 207, 219, 230, 245; StenB. 765, 894, 1090; AH. Drucks. Nr. 1279, 1376, 1392/95; StenB. 13468, 13479, 14082. — G. v. 14. V. 14 (GS. 117) zur Ergänzung des G. über die Haftung des Staates und anderer Verbände für Amtspflichtverletzungen von Beamten bei Ausübung der öffentlichen Gewalt v. 1. VIII. 09 (GS. 691). VhdlAH. 1912/13: Drucks. Nr. 295, 689; StenB. 6611, 8761, 8842; HH. Drucks. Nr. 194, 251; StenB. 1151.

Literatur: Adams: Deutsches Staatsrecht[3] (Bonn 1914). — Arndt: Verfassung des Deutschen Reichs[5] (Berlin 1913). — Aßmann: Die Haftpflicht der preuß. Gemeinden und Gemeindeverbände sowie ihrer Beamten (Berlin 1914). — Bileski: Unterscheidung von Rechtsverordnungen und Verwaltungsverordnungen (Berlin 1913). — Bornhak: Preuß. Staatsrecht[2], Bd. III (Breslau 1914). — Brand: Das Beamtenrecht (Berlin 1913). — v. Brauchitsch, v. Studt, v. Braunbehrens: Preuß. Verwaltungsgesetze, Bd. V, 9. Aufl. (Berlin 1912), bearb. von F. Hoffmann. — Desgl. ErgBd. für die Provinz Posen[3] (Berlin 1913), bearb. von Haase-Delius. — Dutzmann: Das Pensionswesen der preuß. unmittelbaren Staatsbeamten und ihrer Hinterbliebenen, Nachtrag I (Potsdam 1914). — Fülster: Deutsches Reichsstaatsrecht (Berlin 1913). — Gebhardt: Verfassung und Verwaltung des Deutschen Reichs (Berlin 1912). — Graf Hue de Grais: Handbuch der Verfassung und Verwaltung in Preußen und dem Deutschen Reich[22] (Berlin 1914). — Heilfron: Lehrbuch des Staats- und Verwaltungsrechts, 1. u. 2. Aufl. (Mannheim 1914). — Jellineck: Allgem. Staatslehre[3] (Berlin 1913). — Illing-Kautz: Handbuch f. preuß. Verwaltungsbeamte[10] (Berlin 1912/14). — Kautz u. Appelius: Preuß. Kommunalbeamtenrecht[2] (Berlin 1912). — Kretschmann: Preuß. Gesetze und Verordnungen des Staats- u. Verwaltungsrechts 1793—1912 (Berlin 1912). — Laband: Das Staatsrecht des Deutschen Reiches[5] (Tübingen 1913). — Derselbe: Deutsches Reichsstaatsrecht[6] (Tübingen 1912). — Ledermann-Brühl: G., betr. die Anstellung und Versorgung der Kommunalbeamten[2] (Berlin 1914). — Maraun-v. Rohrscheid: Verwaltungsvorschriften u. -Gesetze für Gemeinde-, Polizei- u. Kreisbehörden, Jahrg. 1912/13 (Berlin 1913/14). — Mayer: Deutsches Verwaltungsrecht[2], Bd. I (München 1914). — Meyer-Anschütz: Lehrbuch des Deutschen Staatsrechts[7] (München 1915). — Meyer-Dochow: Lehrbuch des deutschen Verwaltungsrechts[4] (München 1913). — Pröbst: Verfassung des Deutschen Reichs[4] (München 1912). — Reichelt: Verwaltungsgesetzbuch für Preußen (Berlin 1914). — Sörgel: Jahrbuch der Rechtsprechung zum Verwaltungsrecht[5] (Stuttgart 1913). — Störk-v. Rauchhaupt: Handbuch der Deutschen Verfassungen[2] (München 1913). — Stier-Somlo: Jahrbuch des Verwaltungsrechts, 7./8. Jahrg. (Berlin 1913). — Derselbe: Sammlung preuß. Gesetze staats- u. verwaltungsrechtlichen Inhalts[2] (München 1913); desgl. 2. Ausg. 1914. — Wölbling: Das Recht der Gemeindebeamten u. Angestellten usw. (Berlin 1913). — Die Zuständigkeit der preuß. Verwaltungsgerichte u. Beschlußbehörden. Nachtrag (Berlin 1913).

I.

Provinzialverbände.

Gesetzliche Grundlagen und Literatur: wie oben.

B. Vertretung und Verwaltung der Provinzialverbände.

2. Der Provinzialausschuß; Beanstandung seiner Beschlüsse.

Nr. 1. Entsch. v. 27. Mai 1913 (OVG. **64** 143) II A 16/12.

Ein Major a. D., der von einem pensionsfähigen Diensteinkommen von 7926 *M* eine Militärpension von 5154 *M* bezog, wurde von einem Provinzialverband in eine Stelle als Beamter angestellt, mit der ein etatsmäßiges Einkommen von 3340 bis 6040 *M* verbunden ist. Der Provinzialverband beschloß, es solle, soweit das etatsmäßige Stelleneinkommen die Grenze erreiche, bei deren Überschreitung nach den gesetzlichen Bestimmungen Abzüge von der Militärpension gemacht werden müssen, der Anspruch auf den diese Grenzen überschreitenden Betrag fortfallen. Infolge dieses Beschlusses erhielt der Beamte von dem Provinzialverbande nur den Unterschied zwischen seinem früheren Militäreinkommen und seiner Militärpension mit (7926 — 5154 =) 2772 *M*. Dieses Verfahren war unzulässig. Gemäß § 24 OffizierPensG. v. 31. V. 06 ruht das Recht auf den Bezug der Pension während einer Anstellung oder Beschäftigung im Zivil- oder Gendarmeriedienste, soweit das Einkommen aus diesem Dienste unter Hinzurechnung der Pension den Betrag des früheren pensionsfähigen Diensteinkommens übersteigt. Wortlaut und Absicht dieser Bestimmung gehen dahin, daß bei Anstellung im Zivildienste das Recht auf den Pensionsbezug ganz oder teilweise ruhen soll, der Provinzialverband aber hat sich in Gegensatz zu dieser gesetzlichen Bestimmung gestellt, indem er den Anspruch auf den entsprechenden Gehaltsbetrag fortfallen läßt. Er will, daß nicht, wie das G. vorschreibt, die Militärpension, sondern umgekehrt das Zivildiensteinkommen gekürzt wird. Das widerstreitet dem § 24.

3. Provinzialbeamte.

Nr. 1. Entsch. v. 11. Febr. 1913 (OVG. **63** 1) II A 5/12.

ProvO. § 118.

1. Dem Provinziallandtage steht ohne landesherrliche Genehmigung die Befugnis nicht zu, von ihm angestellten Baumeistern die Bezeichnung als Provinzialbaurat beizulegen.

2. Das Amt, mit dem der Titel „Provinzialbaurat“ verbunden werden soll, ist das des Vorstandes eines Landesbauamts. Die Hauptobliegenheit der Inhaber dieser Ämter besteht nicht etwa in einer kollegialen Beschlußfassung oder in einem Beraten anderer Behörden, sondern in der verwaltenden, ausführenden Tätigkeit eines Einzelbeamten. Eine derartige Tätigkeit wird durch die Benennung des Beamten als Rat nicht gekennzeichnet, so daß schon dies gegen die Absicht einer reinen Amtsbezeichnung spricht. Durchschlagend aber ist, daß die Beamten zunächst die Amtsbezeichnung „Landesbaumeister“ und erst, wenn sie eine Reihe von Dienstjahren zurückgelegt haben, die Amtsbezeichnung „Provinzialbaurat“ führen sollen. Die Änderung der Amtsbezeichnung ist also lediglich abhängig gemacht von persönlichen Verhältnissen des Amtsinhabers und nicht von den Verhältnissen des Amtes selbst, wie etwa der Zunahme desselben an Umfang oder Bedeutung. Die vom Provinziallandtage beschlossene Benennung „Provinzialbaurat“ kann deshalb nicht als Amtsbezeichnung, sondern nur als ein Titel im engeren Sinne angesehen werden, der für die Person des Amtsinhabers

als Auszeichnung für eine gewisse Dienstzeit bestimmt ist. Einen solchen zu verleihen, war der Provinziallandtag nicht befugt.

3. Aber selbst wenn die Absicht des Provinziallandtags nur auf die Festsetzung einer Amtsbezeichnung gegangen wäre, so würde der Beschluß doch gegen die Gesetze verstoßen, weil er — alsdann unabsichtlich — die dem Könige vorbehaltene Verleihung einer amtlichen Auszeichnung in sich schließt. Zu diesen vorbehaltenen Auszeichnungen gehören auch solche Amtsbezeichnungen — „Amtstitel" —, die außer der Kenntlichmachung des Geschäftskreises die Andeutung einer gewissen Würde des Amtes und seines Inhabers enthalten. Deswegen ist es den Kommunalverbänden versagt, ihre Ämter mit Bezeichnungen auszustatten, die einem staatlichen Amtstitel gleichen oder auch ohne das eine besondere Würde andeuten, folglich über eine reine Amtsbezeichnung hinausgehen und als eigentliche Amtstitel erscheinen. Als eine gewisse Würde in sich schließend hat in Preußen und wohl in ganz Deutschland von jeher die Bezeichnung als „Rat" gegolten, und die berechtigte Führung dieses Titels gibt überall ein gehobenes Ansehen. Unter diesen Umständen würde die Bezeichnung eines Amtes als Ratsstelle überall den Eindruck hervorrufen, daß der Inhaber sich im Besitz einer ihn auszeichnenden Würde befinde, und deswegen stellt sich eine solche Benennung nicht als bloße Kennzeichnung der Geschäftsstelle, sondern als ihre Ausstattung mit einem (auszeichnenden) Amtstitel dar. Von diesem Gesichtspunkt aus müßte die Bezeichnung eines unmittelbaren oder mittelbaren Staatsamts als Ratsstelle ohne Kgl. Genehmigung auch dann als unzulässig erscheinen, wenn ein ausdrücklicher Vorbehalt für die Krone nicht bestände. Aber ein solcher Vorbehalt besteht. Die Vd. v. 27. X. 1810 über die veränderte Verfassung aller obersten Staatsbehörden in der Preuß. Monarchie (GS. 3) enthält in ihrem „Die Staatsminister und die Departementschefs" behandelnden Abschnitte die Bestimmung, daß die Minister zwar sonst in ihrer Verwaltung auf ihre Verantwortlichkeit verfügen, aber an die Allerhöchste Genehmigung gebunden sein sollen unter anderem für „die Erteilung von Titeln, welche den Rats-Charakter geben". Mit Recht nimmt der Beklagte an, daß diese Allerhöchste Willenskundgebung auch der Verwendung des Ratstitels als einer bloßen Amtsbezeichnung entgegensteht. Nicht minder verfehlt ist der Versuch, das Wort Rats-Charakter so zu betonen, daß von der Bestimmung nur die Verleihung des Ranges und der Würde eines Rates, nicht aber die in dieser Hinsicht wirkungslose Beilegung einer Bezeichnung als Rat getroffen würde. Da Rang und Würde wirksam nur vom Könige beigelegt werden können, wäre es sinnlos gewesen, solches Dritten zu verbieten.

Die Vorschrift der Vd. v. 27. X. 1810 wendet sich nun allerdings nur an die Staatsminister und regelt nicht die Befugnisse der Kommunalverbände. Daraus folgt aber nicht, daß diese bei der Wahl der Amtstitel freie Hand hätten.

D. Gesetzliche Leistungen der Provinzialverbände; Zwangsetatisierung.

Nr. 1. Entsch. v. 9. Okt. 1913 (OVG. 65 38) I B 30/13.

1. Nach § 6 G., betr. die Beschulung blinder und taubstummer Kinder, v. 7. VIII. 11 (GS. 168) sind die zur Fürsorge für das Blinden- und Taubstummenwesen allgemein berufenen Kommunalverbände verpflichtet, blinde oder taubstumme Kinder, die der Schulpflicht unterliegen und für deren Unterricht nicht sonst in ausreichender Weise gesorgt wird oder werden kann, in einer Blinden- oder Taubstummenanstalt unterzubringen. Die fürsorgepflichtigen Verbände sind nach § 12 Abs. 4 aaO. berechtigt, die erstattungsfähigen Kosten des Unterhalts, soweit diese nicht oder nur teilweise aus dem Vermögen des Kindes oder durch seine unterhaltspflichtigen Angehörigen gezahlt werden, und sofern es sich nicht um ein

landarmes Kind handelt, nach den Vorschriften des § 31a G. v. 11. VII. 91 (GS. 301) von dem endgültig unterstützungspflichtigen Ortsarmenverbande zu verlangen, der sie durch Vermittelung und unter Beihilfe des Kreises, dem er angehört, zu erstatten hat. Zur Fürsorge für das Blinden- und Taubstummenwesen sind nach § 4[4] DotG. v. 8. VII. 75 (GS. 497) die Provinzialverbände bzw. die diesen gleichstehenden Kommunalverbände und, soweit es sich um die Bewahrung, Kur und Pflege hilfs- und anstaltspflegebedürftiger Personen dieser Art handelt, nach § 31 Abs. 1 G. v. 11. VII. 91 die Landarmenverbände berufen. Das Bundesamt für Heimatwesen hat in seinem U. v. 12. IV. 13 (Entsch. **46** 49 ff.) angenommen, daß unter den Kommunalverbänden, denen das G. v. 7. VIII. 11 die Beschulung blinder und taubstummer Kinder auferlegt, nicht die Landarmenverbände, sondern die Provinzial- usw. Verbände als solche zu verstehen seien, denen diese Verpflichtung auch dann obliege, wenn die Kosten aus dem Vermögen des Kindes oder durch dessen Angehörige gezahlt werden können. Das Bundesamt für das Heimatwesen hat deshalb den Unterhaltskosten die Eigenschaft als Armenpflegekosten abgesprochen und die Erstattungsklage des Landarmenverbandes wegen Unzulässigkeit des armenrechtlichen Streitverfahrens abgewiesen.

2. Ob dieser Auffassung beizupflichten sein möchte, kann dahingestellt bleiben. Der Kläger hat sich von vornherein auf den Standpunkt des Bundesamts gestellt, die Klage als Provinzialverband erhoben und dies demnächst noch ausdrücklich dahin erläutert, daß er nicht als Landarmenverband eine armenrechtliche Erstattungsforderung im armenrechtlichen Streitverfahren verfolge, sondern als Provinzialverband mit seinem Anspruch im Verwaltungsstreitverfahren auftrete. Nun bilden zwar der Provinzialverband und der Landarmenverband da, wo beide zusammenfallen, was abgesehen von bestimmten Ausnahmefällen regelmäßig zutrifft, keine voneinander verschiedenen Rechtssubjekte, vielmehr fassen jene Bezeichnungen, wenn sie auf dieselbe Kommune anzuwenden sind, nur die verschiedenen Beziehungen zusammen, in denen dasselbe einheitliche Rechtssubjekt, die Provinz, als Träger von Rechten und Verbindlichkeiten in Betracht kommt. Weiter trifft nicht minder zu, daß auch das armenrechtliche Streitverfahren ein Verwaltungsstreitverfahren ist, das in erster Instanz mit dem ordentlichen Verwaltungsstreitverfahren vor dem Bezirksausschuß im wesentlichen zusammenfällt. Indessen weicht es doch in der zweiten Instanz von dem ordentlichen Verwaltungsstreitverfahren dergestalt ab, daß es in seinem ganzen Verlaufe dem letzteren als ein besonderes Verfahren gegenübersteht, und zwar so, daß es nur für Streitigkeiten zwischen Armenverbänden wegen öffentlicher Unterstützung Hilfsbedürftiger eröffnet ist. Die Beschreitung dieses Verfahrens hängt von der Entschließung desjenigen ab, der als Kläger auftritt. Das gilt auch dann, wenn, wie hier, die klagende Korporation die Eigenschaft eines Kommunalverbandes mit derjenigen eines Armenverbandes in einheitlicher Rechtspersönlichkeit vereinigt. Hier will der Kläger nicht als Landarmenverband auftreten, er stützt seinen Anspruch nicht auf armenrechtliche Grundlage und will ihn nicht im armenrechtlichen Streitverfahren geltend machen. Er erhebt als Kommunalverband einen Anspruch, den er auf eine Gesetzesvorschrift gründet, die seiner Meinung nach dem Gebiete des öffentlichen Armenrechts nicht angehört, und er will ihn im Wege des ordentlichen Verwaltungsstreitverfahrens zum Austrage gebracht wissen. Diese Stellungnahme des Klägers ist maßgebend; das Verfahren kann nicht wider seinen Willen in das armenrechtliche Streitverfahren umgewandelt oder übergeleitet werden.

3. Nach § 7 Abs. 2 und § 54 Abs. 2 LVG. findet das Verwaltungsstreitverfahren nicht schlechthin für alle Ansprüche statt, die auf öffentlich-rechtlicher Grundlage erhoben werden, sondern nur in denjenigen Fällen, die das G. besonders bezeichnet. Das G. v. 7. VIII. 11 überweist zwar in § 12 Abs. 5 die Streitigkeiten zwischen den Ortsarmenverbänden und den zur Beihilfe verpflichteten Kreisen ver-

möge der Bezugnahme auf § 31 c G. v. 11. VII. 91 der Entsch. im ordentlichen Verwaltungsstreitverfahren. Dagegen enthält es darüber nichts, in welchem Wege die Erstattungsansprüche, die der Kommunalverband nach § 12 Abs. 4 aaO. gegen den endgültig unterstützungspflichtigen Ortsarmenverband erheben kann, zum Austrage zu bringen sind. Scheidet nun das im § 39 ZustG. vorgesehene Armenstreitverfahren, das auch für die auf Grund des § 31a G. v. 11. VII. 91 erhobenen Erstattungsansprüche der Landarmenverbände gilt, nach der eigenen Stellungnahme des Klägers aus, so ist nicht ersichtlich, auf welche Gesetzesvorschrift die Zulässigkeit des ordentlichen Verwaltungsstreitverfahrens und die Zuständigkeit des Bezirksausschusses für die erste Instanz zu stützen sein sollte. Der Umstand, daß es sich um einen Erstattungsanspruch handelt, dessen Grundlage dem öffentlichen Rechte angehört und der von einem Provinzialverbande gegen einen Ortsarmenverband erhoben wird, reicht nicht aus, um mangels einer ausdrücklichen Gesetzesvorschrift die Zulässigkeit jenes Verfahrens und jene Zuständigkeit zu begründen.

II.

Kreise.

Gesetzliche Grundlagen und Literatur: wie oben.

E. Der Kreistag.

1. Verteilung der Abgeordneten auf die einzelnen Wahlverbände.

Nr. 1. Entsch. v. 7. Jan. 1913 (OVG. **64** 151) II C 32/12.

Ein aus Anlaß einer außerordentlichen Revision der Verteilung der Kreistagsabgeordneten gefaßter Beschluß des Kreistags unterliegt der Anfechtung gemäß § 99 SchlHolstKrO. v. 26. V. 88 nur wegen der Punkte, auf die er sich unmittelbar oder mittelbar erstreckt, nicht aber wegen der von der Revision nicht betroffenen Punkte früherer, unangefochten gebliebener Beschlüsse des Kreistags über die Verteilung der Kreistagsabgeordneten.

Nr. 2. Entsch. v. 20. Juni 1913 (OVG. **64** 148) II C 57/13.

KrO. § 91.

Der Verwaltungsrichter ist nicht nur berechtigt, sondern auch verpflichtet, den bei der regelmäßig wiederkehrenden Revision gefaßten, mit der Klage angefochtenen Beschluß des Kreistags über den Verteilungsplan für Kreistagswahlen auch auf dessen Zweckmäßigkeit und Angemessenheit hin zu prüfen. Die Auffassung ist unrichtig, daß die KrO. die Verteilung der Abgeordneten auf räumlich abgegrenzte Wahlbezirke nach ganz bestimmten Vorschriften regele, und daß nur dann eine Neuordnung erfolgen könne, wenn sie durch jene Vorschriften anbefohlen würde. Solche feste Vorschriften enthält das G. nicht, es stellt nur gewisse Richtlinien auf, die der Zweckmäßigkeit und Angemessenheit weiten Spielraum lassen.

3. Wählbarkeit zum Wahlmann und Kreistagsabgeordneten.

Nr. 1. Entsch. v. 17. März 1914 (OVG. **66** 27) II B 3/14.

KrO. §§ 97, 106, 108.

1. Das G. enthält keine Bestimmung darüber, in welcher Weise die Bestellung des Stellvertreters für unverheiratete Besitzerinnen aus der Zahl der ländlichen Grundbesitzer des Kreises (§ 97[4] KrO.) geschehen soll; es finden daher die allgemeinen Grundsätze Anwendung. Sie schließen an sich nicht aus, daß ein Bevoll-

mächtigter die Befugnis erhält, Untervollmacht zu erteilen. Der Umstand, daß es sich um die Ausübung des Wahlrechts handelt, und dieses an sich ein persönliches Recht ist, steht dem nicht entgegen; denn im § 97 aaO. handelt es sich gerade um die ausnahmsweise zugelassene Teilnahme an der Wahl durch einen Stellvertreter statt in eigener Person, und der Stellvertreter übt zwar ein Wahlrecht aus, nimmt aber kein persönliches Recht wahr, stimmt vielmehr statt eines persönlich Berechtigten. Aber die Substitutionsbefugnis liegt nicht ohne weiteres in der Bestellung eines Stellvertreters für die Wahl.

2. Selbst wenn der Stellvertreter aber zur Übertragung der Vollmacht auf einen Dritten berechtigt gewesen wäre, so würde er doch nicht die Wahlfähigkeit nach § 106 aaO. dadurch erlangt haben, daß der unterbevollmächtigte N. in dem Wahlverbande XIII der Landgemeinden das Wahlrecht der Frau v. H. ausübte. Dazu hätte vielmehr gehört, daß der Kläger in Person an der Versammlung teilgenommen und die Stimme für Frau v. H. abgegeben hätte. Wie die Dinge liegen, würde bei Gültigkeit der Untervollmacht N. als Bevollmächtigter der Frau v. H. an die Stelle des ausgeschiedenen Klägers getreten sein, deren Wahlrecht ausgeübt und dadurch selbst die Wahlfähigkeit — wenn er sie nicht schon besaß — erlangt haben.

3. Das gesamte Wahlverfahren ist ein einheitliches Ganzes, so daß die Ausübung des Wahlrechts durch den Kläger im Wahlverbande der Großgrundbesitzer seine Wählbarkeit im Wahlverbande der Landgemeinden bewirkt hat. Sonst könnte durch die Ausübung des Wahlrechts im Wahlverbande der größeren Grundbesitzer die Wählbarkeit im Wahlverbande der Landgemeinden überhaupt nicht begründet werden, da die Wahlen in diesem vor den Wahlen im Verbande der größeren Grundbesitzer zu erfolgen haben. Daß der Wahlrechtsausübung iS. des § 106^2 jene Kraft beigemessen werden muß, geht aber auch aus dieser Bestimmung selbst hervor; denn sie begründet nach der Überschrift und den Eingangsworten des Paragraphen die Wählbarkeit nicht nur zum Mitgliede des Kreistags, sondern auch zum Wahlmanne, die Wahlmännerwahlen aber gehen zeitlich den Versammlungen voraus, in denen die Kreistagsabgeordneten gewählt werden, und nur solche Versammlungen sind unter den Verbandsversammlungen im § 106^2 zu verstehen.

4. Wahlverfahren.

a) Allgemeines.

Nr. 1. Entsch. v. 10. Okt. 1911 (**OVG. 61** 1) II B 27/10.

SchlHolstKrO. § 86.

Die nach § 86 SchlHolstKrO. aus der Gemeindevertretung und dem Gemeindevorsteher zum Zwecke der Wahlmännerwahl gebildete Versammlung stellt zwar keine Verbandsversammlung, wohl aber eine besondere Wahlversammlung dar, die den für die Gemeindeversammlung geltenden Vorschriften nicht ohne Einschränkung untersteht. Es gilt für sie dasselbe wie für die auf Grund des § 100 KrO. gebildete Versammlung. Die Absicht des G. kann nur dahin gehen, daß die Berufung zu jener Versammlung von dem tatsächlichen Bestande der Gemeindevertretung abhängen, d. h. daß die Versammlung neben dem Ortsvorsteher aus denjenigen Gemeindevertretern gebildet werden soll, die tatsächlich einen Sitz in der Gemeindevertretung innehaben. Deshalb ist hinsichtlich der Gültigkeit der Wahlmännerwahl eine Prüfung nur nach der Richtung hin zulässig, ob die Gemeindevertretung unter Teilnahme der ihr tatsächlich angehörenden Mitglieder ordnungsmäßig gewählt hat, nicht dagegen, ob statt derjenigen Mitglieder, die der Gemeindevertretung zur Zeit der Wahl infolge ihrer Einführung tatsächlich angehörten, ihr andere hätten angehören müssen.

Nr. 2. Entsch. v. 4. Febr. 1913 (OVG. **64** 155) II B 10/12.

RhKrO. v. 30. V. 87 § 48.

Hinsichtlich der städtischen Kreistagsabgeordneten in der Rheinprovinz hat der Landrat nur die Vornahme der Wahl anzuordnen, nicht auch den Wahltermin anzuberaumen.

Durch § 48 RhKrO. v. 30. V. 87 ist die Wahl der städtischen Kreistagsabgeordneten in denjenigen Städten, die für sich einen oder mehrere Abgeordnete zu wählen haben, der Stadtverordnetenversammlung zugewiesen. Die AusfInstr. v. 9. VI. 87 für das Verfahren bei der Wahl der Kreistagsabgeordneten in der Rheinprovinz bestimmt im Art. 3 Abs. 1, daß gleichzeitig mit den Wahlen der Wahlmänner im Wahlverbande der Landbürgermeistereien von dem Landrate die Vornahme der Wahl der städtischen Kreistagsabgeordneten anzuordnen ist. Hätte dem Landrate nicht nur die Anordnung der Vornahme, sondern die weitergehende Befugnis der Anberaumung des Wahltermins übertragen werden sollen, so hätte das ausgesprochen werden müssen.

Nr. 3. Entsch. v. 23. Jan. 1914 (PrVerwBl. **36** 38) II B 13/13.

Ein Stimmzettel zur Wahl der Kreistagsabgeordneten durch Magistrat und Stadtverordnetenversammlung, der auf der Außenseite den Stempel der Stadtverordnetenversammlung trägt, ist nach § 6^1 des der KrO. beigefügten Wahlreglements ungültig, weil er äußerlich kenntlich ist.

b) Legitimationsprüfung.

Nr. 1. Entsch. v. 19. Nov. 1912 (OVG. **64** 153) II B 6/12.

RhKrO. v. 30. V. 87 § 58.

Der Kreistag hat die Prüfung des Wahlverfahrens bei der Wahl der Kreistagsabgeordneten in der Rheinprovinz und der Legitimation seiner Mitglieder auch darauf zu erstrecken, ob die Wahlen der Wahlmänner gesetzmäßig zustande gekommen sind. Das ist nicht der Fall, wenn in einer von mehreren zu einem Wahlverbande vereinigten Landbürgermeistereien weniger Wahlmänner gewählt worden sind, als gesetzmäßig hätten gewählt werden müssen. Dieser Mangel macht die Wahl der Kreistagsabgeordneten durch den Wahlverband ungültig, ohne daß es darauf ankommt, ob die Wahl bei einer Mitwirkung der nicht gewählten Wahlmänner das gleiche oder ein anderes Ergebnis gehabt haben würde.

F. Kreiskommunalbeamte.

Nr. 1. Entsch. v. 30. Jan. 1913 (PrVerwBl. **34** 755) II C 94/12.

1. Die im § 1 KommBG. bestimmte gesetzliche Folge der Aushändigung der Anstellungsurkunde kann nicht nach dem Willen der Anstellungsbehörde rechtswirksam auf einen früheren Zeitpunkt als den der Aushändigung verlegt werden. Dem steht die konstitutive (rechterzeugende) Bedeutung, die das G. dem Formalakte der Aushändigung der Anstellungsurkunde für die Begründung des Beamtenverhältnisses beimißt, begrifflich entgegen.

2. Den nach dem 1. IV. 00 in den Dienst der im KommBG. genannten Kommunalverbände eingetretenen und gegen Besoldung hauptamtlich beschäftigten Personen wohnt Beamteneigenschaft iS. der Vd. v. 23. IX. 67 nur dann inne, wenn sie eine Anstellungsurkunde erhalten haben. Allerdings gibt die Vd. v. 1867 selbst keine Erläuterung des Begriffs der von ihr steuerlich bevorrechtigten öffentlichen Beamten, sie setzt diesen vielmehr als gegeben voraus, so daß für die einzelnen Kategorien der darin benannten Beamten auf das für sie

geltende allgemeine und besondere Beamtenrecht zurückzugehen ist, für die Kommunalbeamten also auf das jeweilig geltende Kommunalbeamtenrecht im allgemeinen und, soweit dieses eine Regelung nicht enthält, auf die besonderen dienstpragmatischen Vorschriften des anstellenden Kommunalverbandes im besonderen. Es hieße aber Inhalt, Zweck und Entstehungsgeschichte des G. v. 30. VII. 99 verkennen, wenn man annimmt, daß es die Anstellung der darin bezeichneten Kommunalbeamten nur im Hinblick und mit Beschränkung auf ihre wirtschaftlichen Rechtsverhältnisse zu den anstellenden Kommunalverbänden geregelt habe und habe regeln wollen. Freilich enthält das G. keine Kodifikation des gesamten Kommunalbeamtenrechts, es regelt weder die Rechtsverhältnisse der Beamten aller Kommunalverbände, noch diejenigen aller Beamten der von ihm berücksichtigten Kommunalverbände, noch alle Rechtsverhältnisse der Beamten, auf die es sich bezieht. Es ist auch richtig, daß das G. in der Hauptsache nur die wirtschaftlichen Verhältnisse der von ihm behandelten Kommunalbeamten im Auge hat. Das genügt jedoch nicht, um die bezeichnete Annahme zu rechtfertigen. Das G. betitelt sich selbst in seiner Überschrift als „G., betr. die Anstellung und Versorgung der Kommunalbeamten"; das zeigt schon, daß es die Frage, wann und wie eine Person die Eigenschaft eines Kommunalbeamten erlange, für diejenigen Beamten, auf die es sich erstreckt, als einen besonderen selbständigen Gegenstand der Regelung betrachtet. Demgemäß stellt es auch im § 1 die Vorschrift darüber, auf welche Weise ein Kommunalbeamtenverhältnis begründet wird, seinen weiteren Bestimmungen voran. Wenn es ihr den Zusatz hinzufügt „im Sinne dieses Gesetzes", so war diese Beschränkung deshalb nötig, weil es die Anstellungsform eben nicht für alle Kommunalbeamten, sondern nur für die von ihm herausgegriffenen Kategorien, für die es allein ein Bedürfnis danach anerkannte, regelt und hat regeln wollen. Der Zusatz enthält aber in seinem Wortlaute nichts, was darauf hindeutet, daß die Art, wie jemand Kommunalbeamter wird, nur für einen Teil seiner aus dem Amtsverhältnis entspringenden Rechte und Pflichten, nämlich nur für die finanzielle Seite, geordnet werden sollte. Es ist auch an sich schon ein schwer verständlicher Gedanke, daß ein und dieselbe Person ihre Anstellung für dasselbe Amt je nach dessen verschiedenen Rechtsseiten gleichzeitig durch verschiedene Akte erhalten soll.

3. Wo es sich um eine im Hauptamte beschäftigte Person einer der in den §§ 8 bis 22 des G. angeführten Kategorien handelt, greift daher für ihre beamtenrechtlichen Verhältnisse die Bestimmung des § 1 Satz 2 daselbst stets Platz. Auf diesem Standpunkte steht auch die AAnw. v. 12. X. 99, Art. I².

Demgemäß hat denn auch das OVG. bereits in mehrfachen anderen Beziehungen, die sich aus dem Beamtenrecht ergeben, bei denjenigen Kommunalbeamten, auf welche das G. v. 30. VII. 99 zutrifft, die Aushändigung einer Anstellungsurkunde als notwendige Voraussetzung für die Erlangung der Beamteneigenschaft betrachtet, so für die Gewährung des Schutzes des KonflG., in Disziplinarsachen, bei der Prüfung der Wahlfähigkeit für die Gemeindevertretung.

III.

Amtsbezirke in den Provinzen Ost- und Westpreußen, Brandenburg, Pommern, Schlesien, Sachsen und Schleswig-Holstein.

C. Die Kosten der Amtsverwaltung.

Nr. 1. Entsch. v. 6. Nov. 1913 (PrVerwBl. **35** 762) I C 41/12.

Aus der Vorschrift des durch § 146 LGemO. aufgehobenen § 53 KrO., daß die Überweisung einzelner kommunaler Angelegenheiten an den Amtsbezirk durch übereinstimmenden Beschluß der zu dem Amtsbezirke gehörigen Gemeinden und Gutsbezirke zu erfolgen habe, ist unmittelbar zu entnehmen, daß ein solcher Beschluß nur dann rechtsgültig zustande kommen konnte, wenn sämtliche zu dem Amtsbezirke gehörigen Gemeinden und Gutsbezirke in der Fassung des Beschlusses übereinstimmten. Nahm auch nur eine einzige Gemeinde oder ein einziger Gutsbezirk eine ablehnende Stellung ein, so lag ein übereinstimmender Beschluß nicht vor und es konnte dementsprechend eine Überweisung der Angelegenheit an den Amtsbezirk in rechtsverbindlicher Weise nicht erfolgen. Stand dabei, wie hier, die Überweisung der Fürsorge für die Unterhaltung der Wege und Bachufer in Frage, so mußte sich die Übereinstimmung der Beteiligten gemäß § 53 Abs. 2 KrO. auch auf den Maßstab erstrecken, nach welchem die für die Erfüllung jener Aufgaben erforderlichen Abgaben aufgebracht werden sollten; denn jene Angelegenheit gehörte nicht zu den gesetzlich dem Amtsverband übertragenen Aufgaben, so daß der Aufbringungsmaßstab keineswegs nach § 70 KrO. gesetzlich feststand, ebensowenig wie etwa durch andere gesetzliche Vorschriften ein Maßstab für die Verteilung solcher Abgaben auf die zu dem Amtsbezirke gehörigen Gemeinden und Gutsbezirke gegeben war. Da es sich hierbei ferner um einen von den Gemeinden und Gutsbezirken zu fassenden Beschluß handelte, konnte dieser Beschluß auch nicht durch die Zustimmung der dem Amtsausschuß angehörigen Vertreter der einzelnen Gemeinden und Gutsbezirke ersetzt werden; vielmehr bedurfte es einer übereinstimmenden Beschlußfassung der verfassungsmäßig zur Vertretung der einzelnen Gemeinden und Gutsbezirke berufenen Organe.

Nr. 2. Entsch. v. 5. Jan. 1914 (PrVerwBl. **36** 57) I B 1/12.

In einem Amtsbezirke, der nur aus einem Gutsbezirke (§ 48^3 KrO.) besteht, fällt der Amtsausschuß (§ 51^3 ebenda) weg, der in zusammengesetzten Amtsbezirken über die Bewilligung der vom Amtsbezirk aufzubringenden Kosten der Amtsverwaltung zu beschließen hat (§ 52^1 ebenda). Diese Kosten werden gleich den übrigen Kommunalbedürfnissen im Gutsbezirk aufgebracht (§ 71 ebenda), fallen mithin dem Gutsbesitzer zur Last, der nach § 122 LGemO. für den Bereich des Gutsbezirks zur Aufbringung der Kommunalbedürfnisse verbunden ist. Ein solcher Amtsbezirk bildet keine vom Gutsbezirke verschiedene selbständige Korporation iS. von § 55 KrO., sondern lediglich einen Verwaltungsbezirk, innerhalb dessen der Gutsbezirk bzw. Gutsbesitzer Träger der öffentlichen Lasten, darunter auch der Kosten der örtlichen Polizeiverwaltung ist. Auf einen derartigen Amtsbezirk findet der die Zwangsetatisierung gegen Amtsverbände regelnde § 72 KrO. keine Anwendung; denn dieser betrifft nur das Verfahren gegen korporative Amtsverbände, also gegen zusammengesetzte Amtsbezirke iS. von §§ 48^4 und 55 KrO., zu denen diejenigen Amtsbezirke nicht gehören, die nur aus einer Gemeinde oder einem Gutsbezirke gebildet werden. Für Fälle der letzteren Art bemißt sich das Zwangsetatisierungsverfahren nicht nach § 72 KrO., sondern nach § 141 LGemO., wie dies auch auf dem Gebiete der Schulunterhaltung gegenüber § 48 ZustG. für solche Gemeinden und Gutsbezirke gilt, die für sich allein einen Schulverband bilden. Nun weist zwar das Verfahren aus § 72 KrO. gegenüber demjenigen aus § 141 LGemO. im übrigen keine Verschiedenheiten auf, wohl aber in dem einen Punkte, auf den es gerade ankommt, nämlich hinsichtlich der Passivlegitimation für die Inanspruchnahme und hinsichtlich der Aktivlegitimation für die Anfechtung der letzteren. Nach § 72 aaO. hat sich die Feststellung der Leistungspflicht und die Zwangsetatisierung gegen den Amtsverband zu richten, dem dafür auch die Anfechtung durch seine Organe — Amtsvorsteher oder Amtsausschuß — zusteht; nach § 141 aaO. fällt dagegen die beiderseitige Legitimation lediglich dem Gutsbesitzer zu.

Nr. 3. Entsch. v. 23. Febr. 1914 (OVG. 66 59) I C 46/12.

KrO. § 70.

Bei der Verteilung der Amtsverwaltungskosten in zusammengesetzten Amtsbezirken darf dem Gesamtprinzipalsoll an Einkommensteuer und Realsteuern, das in den zum Amtsbezirke gehörigen Gemeinden und Gutsbezirken kreisumlagefähig ist, das Prinzipalsoll an besonderer Kreiseinkommensteuer für die nach § 7 Abs. 6 KrProvAbgG. kreissteuerpflichtigen Einzelzensiten des Amtsbezirkes nicht hinzugerechnet werden.

Vorweg ist zu bemerken, daß die Amtsverwaltungskosten nicht nach dem Kreisabgabensolle der zum Amtsbezirke gehörigen Kommunen, sondern nach dem im Kreise für die Kreisabgaben bestehenden Maßstabe von den Kommunen aufzubringen sind. Wäre das Kreisabgabensoll der Kommunen unmittelbar maßgeblich, so könnte kein Zweifel darüber bestehen, daß die Kreisabgaben der Einzelzensiten nicht mit anzurechnen wären; denn sie gehören nicht zum Solle der Kommunen, stehen vielmehr neben diesem und außer jeder Beziehung zur Kommune. Anderseits gilt nur der im Kreise festgestellte Maßstab, also der allgemeine Maßstab, so daß besondere Maßstäbe, wie sie durch eine Mehr- oder Minderbelastung einzelner Kreisteile bedingt werden, ausscheiden. Jenen allgemeinen Maßstab legt § 70 Abs. 5 KrO. der Aufbringung der Amtsverwaltungskosten zugrunde, während dasselbe G. in der Inhaltsangabe am Rande zu § 10 von den Grundsätzen über die Verteilung und Aufbringung der Kreisabgaben spricht. Allein in § 70 ist unter Aufbringung auch die Verteilung mit verstanden, und der daselbst in bezug genommene Maßstab ist eben der Kreisabgabenverteilungsmaßstab (§§ 10, 12). Nachdem nun die Kreisabgaben — mit Ausnahme derjenigen der Einzelzensiten des § 7 Abs. 6 — auf die Kommunen kontingentiert sind, handelt es sich fortab bei den Kreisabgaben wie bei den Amtsabgaben um die nämliche Maßnahme der Verteilung eines bestimmten Bedarfes auf Gemeinden und Gutsbezirke, und zwar nach dem für die Kreisabgaben bestehenden Maßstabe. Das legt allein schon die Annahme nahe, daß den Kommunen bei der Verteilung der Amtsabgaben nichts anderes angerechnet werden darf, als was bei der Verteilung der Kreisabgaben ihnen in Anrechnung gebracht wird. Damit erscheint es nicht unverträglich, daß bei der Verteilung der Amtsabgaben nicht alles in Anrechnung gebracht wird, was bei der Verteilung der Kreisabgaben in Rechnung gestellt wird, wie dies z. B. bei den Präzipualquoten zutrifft. Wohl aber erscheint es ausgeschlossen, daß bei der Verteilung der Amtsabgaben den Kommunen etwas angerechnet wird, was bei der Verteilung der Kreisabgaben nicht zur Berücksichtigung gelangt; denn dann würde eben nach einem andern Maßstabe verteilt werden, als er für die Kreisabgaben gilt. Bei den Kreisabgaben wird aber den Kommunen das Prinzipalsoll der Einzelzensiten nicht angerechnet.

Wollte man die Einzelzensiten bei der Verteilung der Amtsabgaben berücksichtigen, so wäre dies ohne Durchbrechung des Kreisabgabenverteilungsmaßstabs nur so möglich, daß auf sie wie die Kreisabgaben so auch die Amtsabgaben in Gleichstellung neben den Kommunen unmittelbar mit verteilt würden. Das stände aber im Widerspruche mit § 70 Abs. 4 KrO., demzufolge nur die zum Amtsbezirke gehörigen Kommunen beitragspflichtig sind. Und eine entsprechende Erweiterung des Kreises der Amtsbeitragspflichtigen, also eine Änderung des § 70 Abs. 4 KrO. kann aus der Übertragung des Kreissteuerverteilungsmaßstabs in seiner jetzigen Gestalt unmöglich gefolgert werden. Diese Übertragung setzt einen bestimmten Kreis von Amtsbeitragspflichtigen voraus, ändert ihn aber nicht. Der vorerwähnte Weg ist also nicht gangbar. Wollte man nun das Prinzipalsoll der Einzelzensiten dem Prinzipalsolle der betreffenden Kommunen hinzurechnen, so würde dies nicht eine Anwendung, sondern eine völlige Durchbrechung des Kreissteuerverteilungsmaßstabs bedeuten. Dann würde an Stelle der kreissteuerrechtlichen Gleichstellung der Einzelzensiten mit den Kommunen deren Einordnung in die Kommunen gesetzt, was mit den Grundsätzen des Kreissteuerrechts in unvereinbarem Widerspruche steht. Das Prinzipalsoll der Kommunen ist gesetzlich festgelegt (§ 7 Abs. 2—4). Würde ihm das Prinzipalsoll der Einzelzensiten, die nicht gemeindeeinkommensteuerpflichtig, mithin an dem Prinzipalsolle der Kommunen insoweit nicht beteiligt sind, hinzugerechnet, so würde für die Kommunen ein anderes Soll zugrunde gelegt werden als bei der Verteilung der Kreisabgaben; das ist nicht zulässig. Damit würde ein vom Kreissteuerrecht abweichender Verteilungsmaßstab angewendet und § 11 Abs. 1 KrProvAbgG. verletzt werden, wonach der Kreissteuerbedarf auf die Gemeinden und Gutsbezirke nach Abzug der für die Einzelzensiten besonders veranlagten Steuerbeträge zu verteilen ist.

VI.

Armenverbände.

Literatur. Baath: Praktische Behandlung von Armenpflegefällen (Berlin 1914). — Derselbe: Entsch. des Bundesamts für Heimatwesen, Bd. 47 (Berlin 1914). — Gerlach: Handbuch der praktischen Armenpflege (Jena 1914). — Gräffner u. Simm: Das Armenrecht (Berlin 1914). — Koppe: G. über den Unterstützungswohnsitz[3] (Berlin 1913). — Krech: Die ReichsG. über den Unterstützungswohnsitz, die Freizügigkeit, die Reichs- u. Staatsangehörigkeit[8] (Berlin 1914). — Schlosser: Ausübung der Armenpflege bei Arbeitsscheuen usw.[2] (Berlin 1913). — Wohlers-Krech: G. über den Unterstützungswohnsitz[13] (Berlin 1913).

B. Ortsarmenverbände.

2. Armenpflege in Gutsbezirken gemäß § 8 AGUWG. v. 8. III. 71.

Nr. 1. Entsch. v. 11. Juni 1912 (PrVerwBl. 34 167) I C 21/11.

1. Gegen einen Beschluß des Kreisausschusses, durch den die Umlage, die die Gutseingesessenen für Armenzwecke aufzubringen haben, auf einen bestimmten Prozentsatz der Staatseinkommensteuer festgesetzt wird, ist die Klage im Verwaltungsstreitverfahren nicht gegeben.

2. Die bloße Bekanntmachung der zu erhebenden Zuschläge gewährt dem Steuerpflichtigen noch kein Einspruchsrecht. Die Erhebung des Einspruchs und die darauf folgende Klage hat eine Heranziehung der Steuerpflichtigen zur notwendigen Voraussetzung. Eine solche, die nur durch den Gutsvorsteher hätte erfolgen können, war bei Einreichung der Klage nicht ergangen. Es lag lediglich der Beschluß des Kreisausschusses vor, durch den die von den Gutsanwohnern zu Armenzwecken aufzubringende Umlage auf 90 % der Staats- und fingierten Einkommensteuer und der Grundsteuer festgesetzt worden war. Eine Heranziehung der einzelnen Pflichtigen — der Kläger — auf Grund dieses Beschlusses, sei es durch Auslegung einer Hebeliste, sei es durch Zahlungsaufforderung, hatte bisher nicht stattgefunden. Der Beschluß des Kreisausschusses war lediglich dem Gutsvorsteher (dem Beklagten) und den drei stellvertretenden Armenvorstehern (den späteren Bevollmächtigten der Kläger) mitgeteilt worden. Ob dieser Beschluß überhaupt den Gutsanwohnern bekannt gemacht worden ist, geht aus den Akten nicht hervor, aber selbst eine solche Bekanntmachung würde die formelle Heranziehung nicht ersetzen.

Nr. 2. Entsch. v. 16. Febr. 1914 (OVG. 66 113) I C 39/13.

Die Frage, ob der Beschluß des Gutsarmenvorstandes über die Höhe des zur Deckung der Armenpflegekosten im Gutsbezirke zu erhebenden Prozentsatzes der Staats- und staatlich veranlagten Steuern in sinngemäßer Anwendung der Bestimmung des § 55 Abs. 1 KommAbgG. einer Genehmigung der Aufsichtsbehörde bedarf, ist zu bejahen.

Die Vorinstanzen verkennen die rechtliche Bedeutung des § 8 G. v. 8. III. 71. Was zunächst die Bezeichnung „Bestimmungen über die Verteilung der Kommunallasten" anlangt, so ist diese dem damals (1871) geltenden LGemVerfG. entnommen, das in den §§ 11 ff. Bestimmungen über die „Verteilung der Gemeindeabgaben usw." enthält. Die erwähnte Bestimmung bedeutet, daß die zur Zeit des Erlasses des Statuts über Kommunalabgaben in den ländlichen Gemeinden geltenden gesetzlichen Bestimmungen auch für Gutsbezirke Geltung haben sollen, sobald für diese die Voraussetzungen des § 8 Abs. 2 aaO. vorliegen, jetzt also die Bestimmungen des KommAbgG. v. 14. VII. 93.

Ein Gutsbezirk, für den gemäß § 8 aaO. ein Statut über die öffentliche Armenpflege erlassen ist, wird insoweit zu einem korporativen Verbande. Der Gutsbesitzer ist nicht mehr der alleinige Träger der Armenpflegelasten, sondern er ist berechtigt, die Gutseinwohner zu Beiträgen heranzuziehen. Diese sind damit den Angehörigen einer Landgemeinde in dieser Beziehung gleichgestellt. Ihre Verpflichtungen, wie auch die Berechtigung des Gutsbesitzers sind durch das Statut näher zu umschreiben, das hinsichtlich der Regelung der Beitragspflicht den gesetzlichen Bestimmungen über die Kommunalabgaben in den ländlichen Gemeinden folgen muß. Hieraus folgt, daß nicht notwendigerweise alle die Art und das Maß jener Beiträge betreffenden Vorschriften in solchem Statut Aufnahme finden müssen, und daß nicht etwa nur diejenigen Bestimmungen des KommAbgG. auf die Gutseinwohner Anwendung zu finden haben, die in das Statut aufgenommen worden sind. Die grundlegenden Vorschriften der Kommunalbesteuerung sollen in einem Gutsbezirke, für den ein Armenpflegestatut erlassen ist, ohne weiteres Anwendung finden, also ohne Rücksicht darauf, ob das Statut eine entsprechende Bestimmung enthält oder nicht.

Es ist die Absicht des Gesetzgebers gewesen, dem Gutsbesitzer zwar die Möglichkeit zu geben, die im Gutsbezirk angesiedelten, oft recht leistungsfähigen Anwohner an seinen Armenpflegelasten in gleicher Weise zu beteiligen, wie die Angehörigen einer Landgemeinde an deren Armenlasten teilnehmen müssen; dieses Recht des Gutsbesitzers muß aber in gleicher Weise seine Schranke finden, wie das Besteuerungsrecht der Landgemeinden. Hieraus folgt, daß diejenigen Bestimmungen des KommAbgG., die dem Besteuerungsrechte der Landgemeinden eine Grenze setzen, in gleicher Weise Anwendung finden müssen auf Gutsbezirke der hier fraglichen Art. Zu diesen Bestimmungen gehört die Vorschrift des § 55 KommAbgG., wonach Zuschläge über den vollen Satz der Staatseinkommensteuer hinaus sowie Abweichungen von den im § 54 enthaltenen Vorschriften der Genehmigung bedürfen.

3. Gesamtarmenverbände.

Nr. 1. Entsch. v. 26. Mai 1913 (**PrVerwBl. 35** 441) I B 15/12.

1. Bei Abtrennung eines Teiles von einem Ortsarmenverband und Vereinigung dieses Teiles mit einem anderen wird die Armenlast hinsichtlich derjenigen Personen, die in dem ungeteilten Ortsarmenverbande bereits ihren Unterstützungswohnsitz erworben haben, eine gemeinschaftliche Last derjenigen Ortsarmenverbände, welchen Teile des alten ungeteilten Armenverbandes nunmehr angehören. Hiernach wurde durch die Eingemeindung von Hasseldieksdamm in die Stadtgemeinde Kiel letztere mit Trägerin der Armenlast hinsichtlich sämtlicher im Bezirke des Gesamtarmenverbandes Kronshagen am Tage der Eingemeindung vorhandenen unterstützungsbedürftigen Personen, und nicht bloß hinsichtlich der-

jenigen, die auf Grund ihres Aufenthalts in der früheren Landgemeinde Hasseldieksdamm ihren Unterstützungswohnsitz in dem Gesamtarmenverbande hatten.

2. Dadurch, daß die Stadtgemeinde Kiel im Wege der Auseinandersetzung die bisher gemeinschaftliche Last für die nach Hasseldieksdamm gehörigen Armen allein übernommen hat, ist zwar der Gesamtarmenverband von diesem Teile der gemeinschaftlichen Armenlast befreit worden. Zugleich ist aber auch eine Entlastung der Stadtgemeinde Kiel eingetreten, indem für die Armenlast in den übrigen Ortschaften des Gesamtarmenverbandes nunmehr der Gesamtarmenverband Kronshagen allein einzutreten hat, während die Stadtgemeinde von ihrer durch die Eingemeindung von Hasseldieksdamm begründeten Verpflichtung, auch zu der Armenlast in den letztgedachten Ortschaften beizutragen, befreit worden ist. Nun ist in der früheren Gemeinde Hasseldieksdamm seit zehn Jahren ein Unterstützungsfall nicht vorgekommen und bei dem Charakter des Ortes als einer Villenkolonie auch kaum zu erwarten. Unter diesen Umständen ist der von Kiel übernommene Teil der gemeinschaftlichen Armenlast nur ein nomineller, und eine tatsächliche Entlastung für Kronshagen dadurch nicht eingetreten. Anderseits sind die auf den übrigen Ortschaften des Verbandes ruhenden Armenlasten recht erheblich. Durch die Befreiung von diesem Teile der gemeinschaftlichen Armenlast ist mithin für Kiel eine ganz bedeutende Entlastung eingetreten, während für Kronshagen eine Erleichterung in der Armenlast nicht festzustellen ist. Bei dieser Sachlage kann ein Anspruch der Stadt Kiel auf eine Entschädigung überhaupt nicht anerkannt werden, denn ein solcher steht nur dem mehrbelasteten gegenüber dem entlasteten Armenverbande zu.

3. Nun hat zwar die Stadt Kiel eine Entschädigung für die Übernahme der Armenlast auch selbst nicht beansprucht, wohl aber die Herausgabe eines Anteils am Verbandsvermögen verlangt. Ob ein derartiger Anspruch der Stadt Kiel auf einen Teil des Verbandsvermögens überhaupt anzuerkennen wäre, kann dahingestellt bleiben. Selbst wenn dies an sich zuträfe, würde der Gewährung eines entsprechenden Betrages der Umstand entgegenstehen, daß es, wie sich aus den obigen Darlegungen ergibt, an dem unerläßlichen Äquivalente der Übernahme einer gleichwertigen effektiven Last fehlt.

VII.

Stadtgemeinden.

Literatur. Gerstmeyer: StO. für die Provinz Schleswig-Holstein² (Kiel 1913). — Ledermann-Brühl: StO. für die 6 östl. Provinzen² (Berlin 1913). — Ortel: StO.⁴ (Liegnitz 1914).

B. Ortsrecht; Bürgerrecht; Bürgerrechtsgeld.

Nr. 1. Entsch. v. 31. Mai 1912 (PrVerwBl. **34** 168) II C 217/11.

BGB. § 7.

Zur ständigen Niederlassung (BGB. § 7) genügt der Wille, bis auf weiteres zwecks Erwerbs seines Lebensunterhalts an einem Orte zu verbleiben und dort sein Hauswesen zu haben, wenn auch von vornherein die Absicht bestanden haben mag, gelegentlich seinen Wohnsitz zu verlegen. War aber durch eine ständige Niederlassung ein Wohnsitz begründet, so wird er allein dadurch nicht wieder verloren, daß jemand in Wahrnehmung seines Dienstes öfters auswärtige Geschäfte von längerer Dauer auszuführen hat, nach deren Erledigung er regelmäßig wieder zurückkehrt.

Nr. 2. Entsch. v. 28. Okt. 1913 (DJZ. **19** 510) II C 68/13.

StO. § 5.

Streitig ist, ob der Kläger einen eigenen Hausstand iS. des § 25 Abs. 5 StO. hat. Nach der ständigen Rechtsprechung des Gerichtshofs hat derjenige iS. der bezeichneten Bestimmung einen eigenen Hausstand, der wirtschaftlich selbständige Person ist und keinem fremden Hausstand angehört, wozu erforderlich ist, daß er die vom Vermieter unabhängige Herrschaft über einen Wohnraum hat. Demgemäß hat der Gerichtshof das Bestehen eines eigenen Hausstandes angenommen, wenn jemand eine eigene, wenn auch gemietete und mit gemietetem Mobiliar ausgestattete Wohnung inne hat, sowie auch dann, wenn eine wirtschaftlich selbständige Person an dem Haushalt einer anderen Person in der Weise teilnimmt, daß ein gemeinsamer Haushalt geführt wird. Verneint hat der Gerichtshof das Vorliegen eines eigenen Hausstandes jedoch dann, wenn jemand einem fremden Haushalt angehört, wie dies z. B. auch bei Schlafstellenmietern der Fall ist, weil ihnen kein von der Herrschaft des Vermieters unabhängiger Wohnraum zur Verfügung steht. Der Kläger, der wirtschaftlich selbständig ist, hat nach seiner eigenen Angabe bei seiner Vermieterin Kost und Logis, nämlich ein mit Möbeln ausgestattetes Zimmer, das er zwar noch mit einer anderen Person teilt, das ihm aber nicht nur zum Schlafen dient, sondern ihm auch zum beliebigen Aufenthalt am Tage, also zum Wohnen, zur Verfügung steht. Ob der Kläger sich tatsächlich meist in den Wohnräumen seiner Vermieterin oder in deren Gastwirtschaftsräumen aufhält, ist ohne Belang; es genügt, daß ihm ein Wohnraum, wenn auch gemeinsam mit einer anderen Person, zur beliebigen freien Benutzung zur Verfügung steht.

Nr. 3. Entsch. v. 23. März 1914 (OVG. **66** 75) I B 7/14.

Ein Ortsstatut, in dem bestimmt ist: „Von der Zahlung des Bürgerrechtsgeldes ist derjenige Neuanziehende befreit, welcher, ohne ein Haus zu besitzen und ohne Gewerbe zu betreiben, hier anzieht und lediglich von seinen Revenüen oder seiner Pension lebt, iF. derselbe das sechzigste Lebensjahr bereits vollendet hat und ausdrücklich auf die Ausübung der mit dem Bürgerrechte verbundenen Berechtigungen verzichtet" ist rechtsungültig.

Damit wird in mehrfacher Beziehung gegen zwingende Grundsätze des öffentlichen Rechtes verstoßen. Einmal würde eine unterschiedliche Behandlung der Bürger, je nachdem diese Hausbesitzer oder Gewerbetreibende oder Rentner sind, hinsichtlich der Befreiung von der Abgabenpflicht grundsätzlich unstatthaft sein. Weiter könnte die Befreiung nicht von einem Verzicht auf die Ausübung der mit dem Bürgerrechte verbundenen Berechtigungen abhängig gemacht werden, da ein solcher Verzicht, der sich in seinen Wirkungen keineswegs auf die Rechtsstellung des betreffenden Bürgers beschränken, vielmehr vermöge des Ausschlusses des Verzichtleistenden aus der Wählerliste uU. die Bildung der Wahlabteilungen erheblich beeinflussen würde, unzulässig ist. Daran ändert es nichts, daß sich infolge der für den Fall der Nichtentrichtung des Bürgerrechtsgeldes gesetzlich vorgesehenen Fernhaltung des Bürgers von der Ausübung des Bürgerrechts ein dem Verzicht in seiner Wirkung gleichkommender Zustand ergeben kann. Diese für einen bestimmten Fall gewissermaßen als Strafe vorgesehene Rechtsfolge der Nichtentrichtung läßt eine Verallgemeinerung iS. der Zulässigkeit eines freien Verzichts auf die Ausübung des Bürgerrechts nicht zu. Endlich kommt entscheidend in Betracht, daß das G., betr. das städtische Bürgerrechts- und Einkaufsgeld, v. 14. V. 60, GS. 237/2. III. 67, GS. 361, eine Befreiung anderer Personen als der in §§ 5, 7 Abs. 2 aufgeführten Beamten, Geistlichen, Lehrer und Militärpersonen überhaupt nicht kennt. Allerdings verpflichtet das G. die Stadtgemeinden nicht zur Erhebung von Bürgerrechtsgeld, wie denn auch in den meisten Städten diese Abgabe nicht oder nicht mehr besteht. Es überläßt vielmehr der f eien Entschließung der einzelnen Stadtgemeinde, die Erhebung dieser Abgabe durch genehmigungsbedürftigen Gemeindebeschluß anzuordnen oder davon abzusehen. Daraus folgt aber nicht, daß, wenn eine Stadtgemeinde zur Einführung dieser Abgabe übergeht, es gleichzeitig ihr überlassen sei, den Kreis der Pflichtigen nach freiem Belieben zu bestimmen.

Nr. 4. Entsch. v. 17. Dez. 1912 (OVG. **64** 178) II B 8/12.

Hann. rev. StO. v. 24. VI. 58 §§ 21, 22, 28, 130.

1. Die Bestimmung in einem gemäß § 130 Hann. rev. StO. v. 24. VI. 58 erlassenen Ortsstatute, wonach zum Erwerbe des Bürgerrechts auch diejenigen nicht im Stadtbezirk ihren Wohnsitz habenden Personen verpflichtet sind, die innerhalb des Stadtbezirkes belegene Wohnhäuser und Grundstücke vor dem Erlasse des Ortsstatuts erworben haben, widerspricht nicht dem § 22 StO.

Andernfalls würden diejenigen im Besitz eines Wohnhauses befindlichen Einwohner, die bei Einführung der StO. nach Maßgabe der früheren gesetzlichen oder ortsrechtlichen Bestimmungen das Bürgerrecht nicht besaßen, zum Erwerbe des Bürgerrechts nicht verpflichtet gewesen sein. Daß der Gesetzgeber diesen Hausbesitzern eine andere rechtliche Stellung hätte geben wollen als den nach Einführung der StO. Hausbesitzer werdenden Personen, ist an sich unwahrscheinlich, wird aber auch durch andere Bestimmungen der StO. widerlegt. Es kommt hier zunächst der § 24 Abs. 1 in Betracht. Nach Satz 1 sollen die „Erwerber" eines Wohnhauses zum Gewinne des Bürgerrechts verbunden sein, wenn sie ihren Wohnsitz im Stadtbezirke nehmen wollen. Nach Satz 2 soll im Ortsstatute bestimmt werden können, daß auch auswärtige „Besitzer" eines Wohnhauses das Bürgerrecht gewinnen müssen. Diese Bestimmung läßt kaum eine andere Deutung zu, als daß die Bezeichnungen „Erwerber" und „Besitzer" gleichbedeutend sind. Ferner sollen nach § 29 Abs. 3 die am 1. X. 52 in der Stadt bereits wohnenden und nach diesem G. zum Erwerbe des Bürgerrechts berechtigten und zugleich verpflichteten Personen das Bürgerrecht unentgeltlich erwerben, wobei hinter dem Worte „Personen" in einer Klammer ausdrücklich auf § 22 verwiesen ist. Wenn man den Kreis der nach § 22 Abs. 1², Alternative 1, Verpflichteten auf die nach Einführung der StO. Hausbesitzer werdenden Personen beschränken wollte, so müßte man notwendigerweise auch den Kreis der nach Alternative 2 aaO. verpflichteten Gewerbetreibenden gemäß den Worten: „diejenigen, welche sich niederlassen, oder betreiben wollen", auf diejenigen Personen beschränken, die nach Einführung der StO. in das Verhältnis eintreten. Dann würden aber für den unentgeltlichen Erwerb des Bürgerrechts nach § 29 Abs. 3 nur die im § 22 Abs. 1¹ aufgeführten Magistratsmitglieder und städtischen Angestellten übrig bleiben, und daß allein für diese Personen die Ausnahmebestimmung des § 29 Abs. 3 geschaffen worden wäre, ist schon deshalb nicht anzunehmen, weil für diese Personen bereits durch die Bestimmung im § 28 Abs. 3 ein gleiches Ausnahmerecht geschaffen war.

2. Nach § 22 Abs. 1² StO. ist es der Autonomie der Städte überlassen, ob und in welchem Umfange sie außer Besitzern von Wohnhäusern auch die Besitzer von sonstigen bürgerlichen Grundstücken der Verpflichtung zum Erwerbe des Bürgerrechts unterwerfen wollen. Wenn also durch Statut bestimmte Klassen von Grundstückseigentümern von der Verpflichtung befreit worden sind, so hat damit die Stadt nicht die Berechtigung verloren, mit Genehmigung der Aufsichtsbehörde diese Befreiungen jederzeit aufzuheben oder einzuschränken.

3. Der Anspruch der Stadt auf Zahlung des Bürgergewinngeldes entsteht erst in dem Augenblicke der Verleihung des Bürgerrechts, da nach § 28 Abs. 1 StO. die Gebühr für die Gewinnung des Bürgerrechts zu zahlen ist und letztere nach § 21 durch Verleihung bewirkt wird. Erst mit diesem Zeitpunkte beginnt der Lauf der Verjährungsfrist.

Nr. 5. Entsch. v. 17. Nov. 1913 (PrVerwBl. 35 808) I B 8/13.

1. Nach § 7² G., betr. die Verfassung und Verwaltung der Städte und Flecken in der Prov. Schleswig-Holstein v. 14. IV. 69 (GS. 589), ist „Selbständigkeit" die Voraussetzung für die Erlangung des Bürgerrechts. Auf eine Feststellung des Begriffs „Selbständigkeit", die das Obertribunal als „das Vermögen, sich selbst durch eigene Kraft und Mittel zu unterhalten" (StriethArch. 35 13) bezeichnet, kommt es hier nicht an, da die StO. in § 7² selbst bestimmt, daß als selbständig u. a. nicht anzusehen ist, wer „im Hause und Brote anderer" steht. Dieser letztere Ausdruck ist entnommen dem § 4 FleckensO. für die Flecken des Herzogtums Holstein. Die hier gewählte Abweichung von den sonstigen damals bekannten StO., die den Besitz eines eigenen Hausstandes als Voraussetzung für den Begriff der Selbständigkeit verlangen, ist gewollt, wie aus den Mot. zu §§ 6, 7, 8 hervorgeht.

2. Der Ausdruck „im Hause und Brote anderer stehen" ist also aus sich selbst heraus und unter Vergleichung mit dem „gleichbedeutenden" Ausdruck: „der einem fremden Hausstande nicht in abhängiger Weise angehört" zu erklären. Bei wörtlicher Auslegung ergibt sich das Erfordernis der Hausgemeinschaft, während nach allgemeinem Sprachgebrauche mit „im Brote" nichts anderes als „im Dienste " eines anderen stehen bezeichnet wird. Der Ausdruck enthält also unzweifelhaft ein gewisses Abhängigkeitsverhältnis. Zu demselben Ergebnisse gelangt man bei einer Vergleichung mit dem anderen in den Motiven als „gleichbedeutend" bezeichneten Ausdruck. Ein Handlungsgehilfe, der, wenn er z. B. einen eigenen Hausstand führt, zweifellos „selbständig" ist, verliert die Selbständigkeit nicht, wenn er sich bei einem Dritten, von dem er in keiner Weise abhängig ist (etwa einer Zimmervermieterin), in Kost und Logis gibt. Anders verhält es sich, wenn er von seinem Prinzipal Kost und Logis als Teil seines Gehalts (seiner Bezüge) erhält. Denn alsdann gehört er dem Hausstande seines Prinzipals in abhängiger Weise an; er hat nicht den freien Willen Kost und Logis zu wechseln, sondern würde, wenn er es aufgäbe, seine Stellung verlieren. Er ist also als „nicht selbständig" in die Bürgerrolle nicht aufzunehmen.

Dasselbe gilt in erhöhtem Maße von dem Hausdiener Sch., der dem Hausstande seines Dienstherrn in abhängiger Weise angehört. Es kann dahingestellt bleiben, ob Sch. in seiner Eigenschaft als „Hausdiener" nicht zum Gesinde gehört, zu dem im allgemeinen zu rechnen ist, wer in die häusliche Gemeinschaft aufgenommen ist und untergeordnete, ungemessene, d. h. der näheren Bestimmung des Berechtigten unterliegende Dienste von häuslicher Art auf bestimmte Zeit, d. h. nicht bloß zur Aushilfe, gegen Vergütung in Geld oder Naturalien leistet. Sch. ist also nicht als „selbständig" iS. von § 7 aaO. anzusehen. Daran ändert auch der Umstand nichts, daß er Getränke vom Gastwirt zu bestimmten Preisen entnimmt und mit einem Aufschlag an die Herbergsgäste verkauft. Denn dies ist nur eine Modalität seiner Beschäftigung; er ist als Hausdiener angenommen und bleibt als solcher in abhängiger Weise dem Hausstande seines Dienstherrn angehörig, steht also in dessen „Haus und Brot".

C. Stadtverordnetenversammlung.

1. Wahlangelegenheiten.

a) Aktives Wahlrecht.

Nr. 1. Entsch. v. 26. Mai 1913 (OVG. 65 51) I B 56/12.

StO. § 25.

Das allein zur Vertretung einer Aktiengesellschaft berechtigte Vorstandsmitglied ist zur Ausübung des der Gesellschaft zustehenden Gemeindewahlrechts befugt und bedarf dazu nicht noch einer besonderen Vollmacht. Denn es ist gemäß §§ 231, 235 Abs. 2 HGB. nach außen hin befugt, alle Rechtshandlungen für die Aktiengesellschaft rechtswirksam vorzunehmen. Aus § 25 Abs. 2 StO. kann nicht geschlossen werden, daß derjenige, der als gesetzlicher Vertreter einer juristischen Person für diese in jeder Beziehung rechtswirksam zu handeln befugt ist, zur Ausübung des der juristischen Person zustehenden Wahlrechts noch einer besonderen Vollmacht bedürfte, sondern es muß auch für die Ausübung des Wahlrechts jene in der Bestellung zum allein zur Vertretung der Gesellschaft berechtigten Vorstandsmitgliede liegende, allgemeine Ermächtigung genügen, die nötigenfalls, d. h. für den Fall, daß dem Wahlvorstande die Stellung der für die Aktiengesellschaft bei der Wahl erscheinenden Person nicht zweifelsfrei bekannt ist, durch Vorlegung eines Auszugs aus dem Handelsregister darzutun ist.

Nr. 2. Entsch. v. 7. Jan. 1913 (OVG. **63** 59) I B 34/12.

Als Hauseigentümer iS. der §§ 83, 84 HannStO. v. 24. VI. 58 ist nicht bloß der Alleineigentümer, sondern sind auch die Miteigentümer eines Hauses anzusehen. Die aus dem Miteigentume für das aktive und passive Wahlrecht folgenden Rechte können aber nur von einem der Miteigentümer ausgeübt werden.

Nach § 19 aaO. nehmen nur die Bürger nach näherer Bestimmung der §§ 83—85 an den Gemeindewahlen teil. Das Bürgerrecht wird durch Verleihung erworben (§ 21) und muß erworben werden unter anderen von denjenigen, welche innerhalb des Stadtbezirkes ein Wohnhaus eigentümlich besitzen (§ 22²) und zugleich daselbst ihren Wohnsitz haben (§ 24). Gelangen mehrere zum ungeteilten Besitz eines Wohnhauses, so ist nur Einer das Bürgerrecht zu gewinnen schuldig (§ 25). Berechtigt zum Erwerbe des Bürgerrechts sind alle Einwohner der Stadt, die daselbst ihren Wohnsitz haben und den Anforderungen entsprechen, die das G. im übrigen aufstellt (§ 26). Das aktive wie das passive Wahlrecht hängt, vorbehaltlich der gesetzlich vorgesehenen Ausschließungsgründe, vom Besitze des Bürgerrechts und der Stimmfähigkeit ab. Stimmfähig ist jeder Bürger, der in der Stadt oder deren Gebiete seinen Wohnsitz hat und daselbst entweder als Hauseigentümer zur Gebäudesteuer oder zur staatlichen Personalsteuer in dem vorgeschriebenen Umfange veranlagt ist (§ 83). Wählbar zu Bürgervorstehern sind nur stimmfähige Bürger; im übrigen bleibt es der Bestimmung der Ortsstatuten überlassen, ob ein Teil und welcher Teil der Bürgervorsteher aus der Mitte der hausbesitzenden, bzw. der nicht hausbesitzenden Bürger zu wählen ist (§ 85).

Mögen nun auch aus den Materalien des G. unmittelbare Anhaltspunkte für die Entscheidung der hier streitigen Frage nicht zu entnehmen sein, so bestätigen sie doch in Übereinstimmung mit dem Zusammenhalte der oben wiedergegebenen Bestimmungen zunächst, daß die gesetzlichen Voraussetzungen des aktiven wie des passiven Wahlrechts durchweg die nämlichen sein sollten und auch sind, so daß unter dem hausbesitzenden Bürger iS. des § 85 nichts anderes zu verstehen ist, als was § 83 unter dem Bürger begreift, der als Hauseigentümer Gebäudesteuer zahlt bzw. hierzu veranlagt ist. Weiter fällt danach ins Gewicht, daß das aktive wie das passive Wahlrecht auf der Grundlage des Bürgerrechts aufgebaut ist und einen nur durch die gesetzlichen Ausschließungsgründe oder sonst zugelassenen Beschränkungen (§§ 83, 84) begrenzten Ausfluß dieses Rechtes bildet. Dadurch rechtfertigt sich die Annahme, daß für die Begriffsbestimmung des Hauseigentümers oder Hausbesitzers auf diejenigen Vorschriften zurückzugehen ist, die nach §§ 22 ff. für den Erwerb des Bürgerrechts gelten, soweit dies in Beziehung zu dem Hausbesitze gebracht ist. Aus diesen Bestimmungen folgt einmal, daß nach Maßgabe des § 22² als Hausbesitzer iS. der §§ 83, 85 nur der zu gelten hat, der ein Wohnhaus eigentümlich besitzt. Ferner aber ergibt sich daraus, und zwar aus § 25 Abs. 1, daß, abweichend von dem Rechtszustande der älteren altländischen StO., der Hausbesitz iS. des § 85 nicht lediglich auf das Alleineigentum an einem Wohnhause beschränkt ist. Auch ein im ungeteilten Besitze mehrerer stehendes Wohnhaus ist daher geeignet, als Grundlage für die Eigenschaft eines Hauseigentümers oder hausbesitzenden Bürgers iS. der §§ 83, 85 HannStO. zu dienen. Dies kann indessen nicht schlechthin für jeden der Miteigentümer gelten. Indem das G. von den Miteigentümern nur einen zum Erwerbe des Bürgerrechts verpflichtet und in dieser Beziehung dem Alleineigentümer eines Hauses gleichstellt, gibt es zugleich zu erkennen, daß auch nur einer zur Ausübung der durch die Erfüllung jener Pflicht begründeten Rechte berufen sein soll. Erwirbt einer von den Miteigentümern das Bürgerrecht auf Grund des § 25 aaO., so hat dieser für das aktive und passive Wahlrecht als Hauseigentümer und hausbesitzender Bürger zu gelten. Erwerben auch die übrigen Miteigentümer das Bürgerrecht, so vollzieht sich für sie der Erwerb ohne jede Beziehung auf den Hausbesitz; sie können deshalb auch für die Ausübung des Bürgerrechts keine Rechte aus diesem Besitz ableiten. Analog sind die Verhältnisse zu beurteilen, wenn ein Wohnhaus zum ungeteilten Besitze mehrerer gelangt, die das Bürgerrecht bereits anderweit erworben haben. Mithin können auch dann, wenn mehrere Personen, die bereits im Besitze des Bürgerrechts sind, zum ungeteilten Besitz eines Wohnhauses gelangen, die daraus für das aktive und passive Wahlrecht folgenden Rechte nur von einem der Miteigentümer ausgeübt werden.

b) Wählbarkeit.

Nr. 1. Entsch. v. 18. Okt. 1912 (DJZ. 18 591) I B 24/12.

Der innere Grund der Vorschrift in § 17 Abs. 1³ StO., daß Geistliche, Kirchendiener und Elementarlehrer nicht Stadtverordnete sein können, ist der, daß diese Personen nicht in das Getriebe kommunaler Kämpfe hineingezogen werden sollen. Dieser Grund besteht so lange, als die Betreffenden sich im Amte befinden, entfällt also, sobald sie aus dem Amte scheiden. Das OVG. hat auch mehrfach ausgesprochen, daß der § 17 aaO. von der Wählbarkeit denjenigen ausschließt, der zur Zeit des Wahlakts eines der dort bezeichneten Ämter bekleidet. Der in den Ruhestand versetzte Volksschullehrer bekleidet indes sein Amt nicht mehr, so daß seiner Wählbarkeit zum Stadtverordneten ein Hindernis aus § 17 Abs. 1³ aaO. nicht mehr entgegensteht. Auch die besoldeten Gemeindebeamten, bei denen der innere Grund der Nichtwählbarkeit (§ 17 Abs. 1² aaO.) zwar ein anderer ist, deren Fall aber gleichartig liegt, gewinnen mit der Pensionierung die Wählbarkeit wieder.

Nr. 2. Entsch. v. 19. Nov. 1912 (OVG. **63** 27) I B 45/11.

Die mit dem Lehrerinnenseminar in Frankfurt a. M. verbundene Übungsschule ist eine Volksschule; die an ihr angestellten Lehrer sind Elementarlehrer iS. des § 26 GemVerfG. für die Stadt Frankfurt a. M. v. 25. III. 67 und daher zu Stadtverordneten nicht wählbar.

Die an den Lehrerbildungsanstalten bestehenden Übungsschulen verfolgen den Zweck, den in den Anstalten ihre Ausbildung erhaltenden Zöglingen als Unterrichtsmittel zu dienen. Sie sind, je nach dem Zwecke des Seminars, als Mittel- oder Volksschulen eingerichtet. Vermittels ihrer sollen die Zöglinge aus eigener Anschauung kennen lernen, welche Anforderungen ihr künftiger Beruf stellt und wie er sich in der Wirklichkeit gestaltet. Zu diesem Zwecke haben sie nicht nur dem Unterricht in den verschiedenen Klassen in den hierfür festgesetzten Stunden beizuwohnen, sondern auch nach näherer Anordnung der mit ihrer Ausbildung betrauten Lehrkräfte den Unterricht zeitweise selbst zu übernehmen, um sich darin für ihren Beruf vorzubereiten. Die Schule selbst, die diesen Ausbildungszwecken dient, wird in ihrem eigentlichen Betriebe durch diese Zweckbestimmung nicht berührt. Sie bleibt in ihren Unterrichtsfächern und in ihren Unterrichtszielen unverändert und wird daher nicht zu einer Sonderschule gegenüber den für die betreffende Art von Schulen bestehenden allgemeinen Bestimmungen. Hieraus erklärt es sich auch, daß bei den staatlichen Seminaren das Verhältnis der Übungsschule, deren ein Seminar nicht entbehren kann, verschieden geregelt ist. An manchen Seminaren wird als Übungsschule eine bestehende Volksschule als solche benutzt. Stellenweise dienen, wie es bei dem früheren städtischen Lehrerinnenseminar in Frankfurt a. M. der Fall war, nur einzelne Klassen diesem Zwecke. Bei anderen Seminaren ist eine besondere Übungsschule als Bestandteil des Seminars eingerichtet, für welche die Schüler auf dem Wege freiwilligen Eintritts gewonnen werden. Bei den nicht staatlichen Lehrerinnenseminaren ist eine Einheitlichkeit auf diesem Gebiete nicht vorhanden. Vielmehr ist den Unterhaltungspflichtigen des Seminars überlassen, wie sie das Verhältnis der Übungsschule zum Seminar im einzelnen gestalten wollen, und es muß lediglich der Zusammenhang der letzteren mit dem Seminar in bezug auf Verwaltung und Beaufsichtigung während der tatsächlichen Benutzung der Schule zu Übungszwecken gewahrt bleiben. Es ist mithin auch nicht für ausgeschlossen zu erachten, das Verhältnis der Übungsschule zu dem Seminare derart zu gestalten, daß die Übungsschule ungeachtet ihrer Vereinigung mit dem Seminar und neben ihrem Zwecke, der Unterweisung der Zöglinge des Seminars in unterrichtlicher Beziehung zu dienen, zugleich dem anderen Zwecke erhalten bleibt bzw. ihm gewidmet wird, einen integrierenden Teil des öffentlichen Volksschulwesens zu bilden und die Aufgaben einer der Erfüllung der allgemeinen Schulpflicht dienenden Schule zu übernehmen. Dieses letztere Verhältnis kommt im vorliegenden Falle in Betracht. Wie die Entwickelungsgeschichte der Übungsschule an dem Frankfurter Oberlyzeum beweist, ist die Absicht der städtischen Behörden dahin gegangen, die Übungsschule zugleich als Volksschule mit allen Rechten und Pflichten einer solchen einzurichten; sie ist aber auch von ihrer Begründung an als Volksschule tatsächlich behandelt worden. Alle das Wesen einer Volksschule bedingenden Merkmale treffen bei der Übungsschule zusammen. Sie ist als Volksschule von der Stadt Frankfurt als der Trägerin der Volksschullast errichtet worden; ihr Ziel ist dasjenige der Volksschule; sie dient der allgemeinen Schulpflicht; die Zuweisung der schulpflichtigen Kinder erfolgt in gleicher Weise wie bei den übrigen Volksschulen der Stadt; Schulversäumnisse werden nach den für diese bestehenden Vorschriften bestraft. Demgegenüber kann die Verbindung, in der die Übungsschule zu dem Lehrerinnenseminar steht, als entscheidend nicht ins Gewicht fallen. Eine solche ist tatsächlich vorhanden, indem beide — Übungsschule und Seminar — nicht nur in einem Gebäude untergebracht sind, sondern auch unter gemeinschaftlicher Verwaltung und Aufsicht stehen. Insoweit ist es daher durchaus zutreffend, wenn von „organischer" Verbindung gesprochen wird. Die Verbindung beider Institute ist aber nur eine äußere und ein innerer Zusammenhang besteht nicht, indem die Zusammensetzung des Lehrkörpers eine andere ist, ferner die Unterrichtsziele völlig verschiedene sind, der Zutritt zu den verschiedenen Lehrinstituten ein anderer ist und beide Einrichtungen, worauf es wesentlich ankommt, im Unterrichtsbetriebe nichts miteinander gemein haben und auch nicht haben können. Der äußere Zusammenhang allein vermag aber den Charakter der Schule ebensowenig zu ändern, wie dies der Fall ist, wenn eine Stadt- oder Landschule nebenher zu Seminarübungszwecken benutzt wird. Sie bleibt in diesem Falle eine gewöhnliche Volksschule und ist als solche zu beurteilen.

Nr. 3. Entsch. v. 5. Nov. 1912 (OVG. **63** 43) **I** B 57/11.

Hann. rev. StO. v. 24. VI. 58 §§ 83—85.

1. Nach § 85 Hann. rev. StO. v. 24. VI. 58 (HannGS. 141) sind nur stimmfähige Bürger zu Bürgervorstehern wählbar; wer gemäß § 83 aaO. nicht

als Wähler an der Wahl teilnehmen darf, ermangelt also der passiven Wahlfähigkeit. Ausgeschlossen von der Stimmfähigkeit sind nach § 83 Abs. 3 u. a. diejenigen, die „wegen eines nach der öffentlichen Meinung entehrenden Verbrechens oder Vergehens bestraft worden oder in Untersuchung gewesen sind, ohne außer Verfolgung gesetzt oder völlig freigesprochen zu sein. Zweifel über die entehrende Beschaffenheit eines Vergehens oder Verbrechens haben Magistrat und Bürgervorsteher zu entscheiden." Es fragt sich zunächst, ob im Hinblicke darauf, daß das StGB. die Folgen einer Bestrafung bezüglich der sogenannten bürgerlichen Ehrenrechte neu geregelt hat, diese Bestimmungen noch gültig sind.

Der Gerichtshof hält daran fest, daß § 83 in seiner hier in Frage stehenden Bestimmung durch das StGB. nicht berührt worden ist. Nach § 2 EGStGB. v. 31. V. 70 (BGBl. 195) tritt mit jenem Zeitpunkt außer Kraft: „das Bundes- (Reichs-) und Landesstrafrecht, insoweit dasselbe Materien betrifft, welche Gegenstand des StGB. für den Norddeutschen Bund (das Deutsche Reich) sind". In Kraft sind dagegen geblieben nach Abs. 2 aaO. die besonderen Vorschriften des Bundes- (Reichs-) und Landesstrafrechts, namentlich über strafbare Verletzungen der Preßpolizei-, Post-, Steuer-, Zoll-, Fischerei-, Jagd-, Forst- und Feldpolizei-G. und über den Holz- (Forst-) Diebstahl. Aus diesen Bestimmungen kann für die HannStO. der Fortfall der Vorschriften über die Folgen gewisser Bestrafungen nicht hergeleitet werden; denn sie gehört nicht zum Landesstrafrecht iS. des § 1 aaO.

2. Zweitens kommt in Frage, ob etwa § 3 EGStGB. Anwendung findet, wo es heißt:

„Wenn in LandesG. auf strafrechtliche Vorschriften, welche durch das StGB. für den Norddeutschen Bund außer Kraft gesetzt sind, verwiesen wird, so treten die entsprechenden Vorschriften des letzteren an die Stelle der ersteren."

Diese Vorschrift ist für § 83 HannStO. insofern von Belang, als dort die Rede ist von Personen, die „zu einer schweren Strafe (Art. 8 des Kriminalgesetzbuchs) verurteilt" sind. Nach Art. 8 HannKriminalgesetzbuchs v. 8. VIII. 40 (HannGS. 195) gehören zu den schweren Strafen: Todesstrafe, Kettenstrafe, Zuchthausstrafe, Dienstentsetzung. An die Stelle dieses Artikels sind jetzt die §§ 13 ff. StGB. getreten. Mehr kann aus § 3 EG. nicht gefolgert werden. Soweit § 83 HannStO. für Personen, die wegen eines „nach der öffentlichen Meinung entehrenden Verbrechens oder Vergehens" bestraft sind, das Stimmrecht beschränkt, scheidet eine Anwendung des § 3 EG. schon darum aus, weil es an einer „Verweisung" auf strafrechtliche Vorschriften fehlt.

3. Drittens bleibt zu prüfen, ob etwa die besonderen Vorschriften des StGB. über die Nebenstrafe des Verlustes oder der Aberkennung der bürgerlichen Ehrenrechte in den §§ 32 ff. eine Aufhebung oder Abänderung der Vorschrift in § 83 HannStO. herbeigeführt haben. Dies ist zu verneinen.

Ist ein Zweifel über die entehrende Beschaffenheit eines Vergehens oder Verbrechens nach dem letzten Satze des § 83 von Magistrat und Bürgervorstehern (jetzt vom Bürgervorsteherkollegium allein) zu Ungunsten eines an sich stimmfähigen Bürgers entschieden, so hat dies zur Folge, daß der Betreffende dauernd oder doch bis zur Änderung der Entscheidung des Bürgervorsteherkollegiums von der Ausübung des Stimmrechts ausgeschlossen ist. Ein derartiger (unter Umständen lebenslänglicher) Ausschluß steht in gewissem Widerspruche mit dem Systeme der Ehrenstrafen, die das StGB. kennt. Denn der Ausspruch, daß der Bestrafte der bürgerlichen Ehrenrechte verlustig sei, kann immer nur auf bestimmte Zeit lauten (bei Zuchthausstrafe mindestens zwei, höchstens zehn Jahre, bei Gefängnisstrafe mindestens ein Jahr, höchstens fünf Jahre). Die in § 34 StGB. näher bezeichneten Ehrenrechte, zu denen auch das Stimmen, Wählen und Gewähltwerden in öffentlichen Angelegenheiten gehört, gehen stets nur für die im Urteile bezeichnete Zeit verloren, so daß die eigentümliche Folge eintreten kann, daß ein hannoverscher an sich stimmfähiger Bürger, der mit Gefängnis bestraft ist, an den städtischen Wahlen nach Reichsrecht höchstens fünf Jahre, nach Landesrecht lebenslänglich nicht teilnehmen darf.

Dennoch ist § 83 HannStGO. durch § 34 StGB. nicht außer Kraft gesetzt, da dies sonst in § 2 EG. zu sagen gewesen wäre.

4. Wenn hiernach auch von der fortbestehenden Geltung des § 83 HannStO. auszugehen war, so mußte doch die im letzten Satze des Abs. 2 enthaltene Vorschrift, daß Zweifel über die entehrende Beschaffenheit der Straftat durch Magistrat und Bürgervorsteher, also durch einen gemeinschaftlichen Beschluß der städtischen Kollegien, zu entscheiden sind, für abgeändert erachtet werden. Nach § 10[2] ZustG. hat die Gemeindevertretung, also das Bürgervorsteherkollegium allein, über die Gültigkeit der Bürgervorsteherwahlen zu entscheiden. Daraus folgt, daß die Frage, ob jemand infolge einer entehrenden Bestrafung die Stimmfähigkeit und damit das passive Wahlrecht verloren habe, jetzt auch allein von den Bürgervorstehern zu beantworten ist; denn das G. das eine Körperschaft zur Entscheidung beruft, überträgt ihr auch das Recht und die Pflicht, die Elemente dieser Entscheidung zu finden.

5. Die Entscheidung hängt nach Erledigung dieser Vorfragen allein davon ab, ob das beklagte Bürgervorsteherkollegium mit Recht angenommen hat, daß der Kläger wegen eines Verbrechens oder Vergehens bestraft sei, das nach der öffentlichen Meinung entehrend ist. Nicht die Art oder Höhe der erkannten Strafe ist für die Ermittelung maßgebend, ob der Bestrafte als nach der öffentlichen Meinung mit einer entehrenden Strafe belegt zu gelten habe; vielmehr ist die Beschaffenheit der Straftat, also der Tatbestand des Vergehens oder Verbrechens, wegen dessen die Bestrafung erfolgt ist, die Grundlage der Prüfung. Daher scheidet der Umstand aus, daß der Strafrichter neben der über den Kläger verhängten fünfmonatigen Gefängnisstrafe nicht auf Verlust der bürgerlichen Ehrenrechte erkannt hat und daß auch in den Urteilsgründen von einem ehrlosen Charakter der Tat nicht die Rede ist.

Nach dem Zwecke des § 83 StO. soll verhütet werden, daß Personen zu Bürgervorstehern gewählt werden, die nicht derjenigen Achtung in der öffentlichen Meinung teilhaftig sind, die erforderlich ist, um die Ehre und den Wert des Bürgervorsteherkollegiums unbedingt zu erhalten. Ist im G. auch nicht ausdrücklich vorgeschrieben, daß für die Prüfung, ob ein Gewählter diesem Erfordernis entspricht, die Zeit der Wahl maßgebend sei, so ergibt sich doch aus dem Zwecke des § 83 aaO., daß jedenfalls nicht außer acht gelassen werden darf, wie die öffentliche Meinung sich zur Beurteilung einer vor längerer Zeit begangenen Straftat später gestellt hat und gegenwärtig stellt. Der Begriff der entehrenden Beschaffenheit eines Vergehens oder Verbrechens ist in der Meinung der Allgemeinheit nicht unwandelbar, und die öffentliche Meinung erkennt die Möglichkeit einer sogenannten „Rehabilitierung" auch in solchen Fällen an, wo sie weder gesetzlich besonders zugelassen ist, noch durch einen Akt Königlicher Gnade ausdrücklich stattgefunden hat. Insbesondere neigt die öffentliche Meinung dazu, daß strafbare Handlungen, die in der Jugend oder unter Einwirkung erklärlicher Erregung, heftiger Leidenschaft usw. begangen sind, als gesühnt gelten, wenn der Täter sich später einwandfrei geführt, durch Tüchtigkeit und tadellosen Lebenswandel eine geachtete Stellung erworben und damit bewiesen hat, daß nicht eine verbrecherische Neigung, sondern nur ein besonderer einzelner Anlaß ihn zur Begehung der Tat gebracht hatte. Diese milde Auffassung ist auch der Gesetzgebung nicht fremd; so sieht der § 84 Abs. 2 HannStO. vor, daß Personen, denen das Stimmrecht entzogen worden ist, weil sie durch unsittliche Handlungen der öffentlichen Achtung verlustig gegangen oder wegen eines peinlichen Vergehens in Untersuchung gewesen sind, das Stimmrecht wieder zurückgegeben werden kann, und § 9 Abs. 3 der HannLGemO. v. 28. IV. 59 verordnet, daß bescholtenen und anderen Personen, die des Stimmrechts in der Gemeinde verlustig erklärt worden sind, auf Antrag die Wiederverleihung des Stimmrechts bewilligt werden darf. An einem inneren Grunde, den Fall des § 83 anders zu behandeln als den des § 84 StO. und für Landgemeinden die Wiedererlangung des Stimmrechts anders zu regeln als für Stadtgemeinden, fehlt es, und die für städtische Verhältnisse damit bei wörtlicher Auslegung des G. eintretende nicht verständliche Härte ist daher nur auf dem Wege zu beseitigen, daß gemäß dem Sinne des G. in Zweifelsfällen auch dem in der öffentlichen Meinung erweislich eingetretenen Wandel bei der Beurteilung über die Beschaffenheit eines Vergehens oder Verbrechens gebührend Rechnung getragen wird.

Nr. 4. Entsch. v. 8. Nov. 1912 (OVG. **63** 69) II B 23/11.

StO. § 18.

Die Wahl zum Stadtverordneten verliert ihre Wirkung kraft G., sobald der Gewählte auch nur mit einem Teile der ihn betreffenden Gemeindeabgaben des letzten Jahres in Rückstand gerät. Das ist jedenfalls dann eingetreten, wenn die Stadtkasse vergeblich versucht hat, die Zahlung eines fälligen Steuerbetrags zu erlangen. Durch die nachträgliche Zahlung wird das verlorene Stadtverordnetenmandat nicht wiedergewonnen.

Nr. 5. Entsch. v. 7. Febr. 1913 (OVG. **63** 16) I B 46/12.

1. Als derjenige Zeitpunkt des Wahlgeschäfts, wo alle Voraussetzungen der passiven Wahlfähigkeit bei dem Gewählten erfüllt sein müssen, hat die Beendigung der Stimmabgabe zu gelten. Denn die Wahl umfaßt, soweit darunter die eigentliche Wahlhandlung verstanden wird, die Zeit von der Eröffnung der Wahl bis zur Beendigung der Stimmabgabe. Im weiteren Sinne gehört zur Wahl, zum Wahlgeschäft, auch die Feststellung und Verkündung des Wahlergebnisses durch den Wahlvorstand, die nicht unbedingt im Wahlraume selbst und unmittelbar nach Schluß der Wahlhandlung erfolgen muß, sondern auch hinterher und an einem anderen Orte geschehen kann. Der Gerichtshof hat den Zeitpunkt der Beendigung der Stimmabgabe, also den Schluß der eigentlichen Wahlhandlung, für den entscheidenden Zeitpunkt erachtet. Das Verlangen des Klägers, zu unterscheiden, welche Stimmen für den zu Wählenden vor und welche nach der Erlangung des Hausbesitzes abgegeben seien, ist abzuweisen; es ist tatsächlich undurchführbar, weil nicht protokolliert wird, zu welcher Zeit die einzelnen Stimmen abgegeben werden, und widerspricht der Einheitlichkeit der Wahlhandlung, die dazu nötigt, die Gültigkeit der Stimmen einheitlich nach einem festbestimmten Zeitpunkte zu beurteilen. Als solcher kann nur der Beginn oder der Schluß der eigentlichen Wahlhandlung in Frage kommen. Der Zeitpunkt der Feststellung des Wahlergebnisses muß dagegen ausscheiden; denn einmal steht dieser Zeitpunkt nicht von vornherein fest, weil die Prüfung des Wahlergebnisses sich oft, namentlich bei Wahlen in verschiedenen Abstimmungsbezirken, nicht unmittelbar an den Schluß der Abstimmung anschließt und längere Zeit, selbst mehrere Tage, in Anspruch nehmen kann; außerdem kann der Feststellung des Ergebnisses der Abstimmung begrifflich nur derjenige Tatbestand zugrunde gelegt werden, der bis zum Schlusse der Abstimmung bereits vorhanden war. Der Beginn der Wahl kann für die Wählbarkeit nicht maßgebend sein, weil dies zu unannehmbaren Folgen führen würde. Wäre beispielsweise ein Gewählter im Laufe der Stimmabgabe gestorben oder in Konkurs verfallen, so würde, falls der Beginn der Wahl entscheidend wäre, der Wahlvorstand diese ihm inzwischen bekannt gewordene Tatsache bei Feststellung des Wahlergebnisses nicht berücksichtigen dürfen, eine Folgerung, deren Widersinnigkeit nicht näher dargelegt zu werden braucht. Anderseits wird dem Endzwecke der Wahl, alsbald und unter Vermeidung von Wiederholungen zur Be-

setzung einer freigewordenen Stelle der Stadtverordnetenversammlung zu führen, nur dann genügt, wenn die für die Wählbarkeit wesentlichen Umstände so, wie sie zur Zeit der Beendigung der Abstimmung tatsächlich vorhanden waren, bei der Festsetzung des Ergebnisses der Abstimmung beurteilt und berücksichtigt werden. Daher ist als Hausbesitzer auch derjenige zu betrachten, der bis zum Schlusse der Abstimmung den Besitz eines Hauses erlangt hat, wobei es unerheblich ist, ob den Wählern bekannt war, daß der von ihnen Gewählte zum Beginne der Wahl noch nicht Hausbesitzer war; denn die Freiheit ihrer Entschließung wird dadurch nicht beeinträchtigt und infolgedessen auch das Wahlergebnis dadurch nicht beeinflußt, daß die Wähler sich darüber, ob bei dem von ihnen Gewählten die Voraussetzungen der Wählbarkeit vorhanden waren, in Unkenntnis befunden haben. Ob ihre Stimme aber tatsächlich auf eine wählbare Person gefallen ist, darf nicht nach der Zeit der einzelnen Stimmabgabe, sondern muß nach dem Zeitpunkte der Beendigung der gesamten, in sich einen einheitlichen Vorgang bildenden Abstimmung beurteilt werden.

2. Der Gerichtshof hat niemals den Grundsatz aufgestellt, daß der Nachweis für den Besitz eines Hauses nicht durch die Bezugnahme auf die Eintragung des Eigentums im Grundbuche geführt werden könne, sondern nur ausgesprochen, daß die grundbuchliche Eintragung jenen Nachweis dann nicht zu erbringen geeignet sei, wenn der grundbuchmäßige Eigentümer zufolge besonderer bei der Eigentumsübertragung getroffenen Abreden sich nicht im Besitze des Grundstücks befindet. An sich ist für den Übergang des Eigentums an einem Grundstücke die Einigung des Berechtigten und des anderen Teiles über den Eintritt der Rechtsänderung — die Auflassung (§ 925 BGB.) — und die Eintragung der Rechtsänderung in das Grundbuch erforderlich (§ 873 aaO.), gleichzeitig aber der Regel nach auch ausreichend, um dem Erwerber alle Rechte des Eigentümers zu verleihen, so daß er insbesondere mit der Sache nach Belieben verfahren und andere von jeder Einwirkung ausschließen kann (§ 903 aaO.). Das Eigentumsrecht, das der Beigeladene mit Erlangung der grundbuchlichen Eintragung nach voraufgegangener Auflassung erworben hat, gibt ihm damit auch den Besitz des Hausgrundstücks, da die Befugnis zum Verfahren nach Belieben die in dem Besitzen und Benutzen sich äußernde tatsächliche Herrschaft über die Sache (vgl. § 854 Abs. 1 aaO.) in sich schließt. Wer Eigentümer eines Hauses geworden ist, hat also auch idR. dessen Besitz und braucht nicht besonders nachzuweisen, daß ihm dieser vertraglich eingeräumt worden sei. Aus § 873 Abs. 2 BGB. folgt, daß die Einigung der Beteiligten in gerichtlicher oder notarieller Urkunde oder vor dem Grundbuchamte nur erforderlich ist, um die Beteiligten vor der Eintragung zu binden; tritt letztere hinzu, so führt auch die formlose (nicht urkundliche) Einigung zur wirksamen Rechtsänderung. Das Fehlen eines Vertrags zwischen G. und seinem Rechtsvorgänger kann deshalb nicht zu der Annahme führen, dem Beigeladenen sei der Besitz des Hauses nicht übertragen worden. Ebensowenig hat die Behauptung des Klägers Bedeutung, daß G. in das Haus nicht eingezogen sei; denn der Hausbesitz kann keineswegs bloß dadurch ausgeübt werden, daß der Eigentümer das Haus selbst bewohnt.

c) Wahlverfahren.

α) Allgemeines.

Nr. 1. Entsch. v. 22. Okt. 1912 (OVG. 63 6) I B 29/12.

Geschieht die Einladung zur Stadtverordnetenwahl durch Bekanntmachung in einer Zeitung, so gilt für die Berechnung der Ladungsfrist als Termin der Veröffentlichung nicht der Tag, dessen Datum die Zeitung trägt, sondern der Tag, an dem die Zeitung ausgetragen worden ist.

Nr. 2. Entsch. v. 3. März 1913 (OVG. 63 11) I B 21/12.

StO. §§ 16, 22.

Die Ansicht des Klägers, daß die durch das Los erfolgte Bestimmung derjenigen Wahlbezirke, in welchen Hausbesitzer zu wählen seien, eine ungerechtfertigte Beschränkung der Wähler der Abteilung enthalte, ist unzutreffend; denn die getroffene Bestimmung findet ihre gesetzliche Stütze in der Vorschrift des § 22 Abs. 2 StO., wo es heißt:

„Ist die Zahl der Hausbesitzer, welche zu wählen sind, nicht durch die Zahl der Wahlbezirke teilbar, so wird die Verteilung auf die einzelnen Wahlbezirke durch das Los bestimmt."

Die nach dieser Vorschrift durch die Losziehung getroffene Bestimmung war ebenso für die Wähler wie für den Wahlvorstand in jedem der Bezirke 11, 14 und 18 verbindlich. Bei Feststellung des Wahlergebnisses hätten daher die Wahlvorstände, da in keinem dieser Bezirke ein Hausbesitzer gewählt war, je eine Wahl als ergebnislos bezeichnen müssen, worauf eine Neuwahl vom Magistrat anzuberaumen gewesen wäre. Nachdem aber die Wahlvorstände unter Nichtachtung der gemäß § 22 Abs. 2 erfolgten Bestimmung die Unangesessenen für gewählt erklärt hatten, fiel der zur Prüfung der Gültigkeit der Wahlen berufenen Stadtverordnetenversammlung die Aufgabe zu, die Wahl je eines Unangesessenen — desjenigen, der unter den mit absoluter Mehrheit Gewählten die wenigsten Stimmen erhalten hatte, — in jedem der Wahlbezirke 11, 14 und 18 für ungültig zu erklären. Dieser Aufgabe war sie nicht dadurch überhoben, daß in anderen Wahlbezirken zwei Hausbesitzer gewählt waren. Richtig ist freilich, daß der gesetzlichen Anforderung in § 16 StO. entsprochen ist, sobald die von derselben Abteilung zu wählenden Stadtverordneten zur Hälfte Hausbesitzer sind. Aber da im vorliegenden Falle diese Mindestzahl nicht durch die Wahl zweier Hausbesitzer erreicht würde, sondern nur durch die Wahl dreier erreicht werden konnte, so durfte bei der Entscheidung über die Gültigkeit der Wahlen in den Bezirken 11, 14 und 18 der Ausfall der Wahlen in den Bezirken 19 und 20 nicht in den Kreis der Berücksichtigung gezogen werden; denn bei der Annahme des Gegenteils fehlt es an einer gesetzlichen Vorschrift darüber, in welchem der drei Wahlbezirke 11, 14 und 18 die Wahl für ungültig zu erklären wäre.

Nr. 3. Entsch. v. 10. Juli 1913 (OVG. 65 72) I B 65/12.

HNStO. § 20.

1. Bei Wahlen zur Verstärkung der Stadtverordnetenversammlung sind die für die erste Bildung oder die Neubildung der Stadtverordnetenversammlung maßgebenden Vorschriften analog anzuwenden.

2. Bei Verstärkungswahlen darf die Bestimmung der Dauer der Wahlperiode der zu wählenden Stadtverordneten weder den Wählern überlassen noch vom Magistrate getroffen werden.

Ist bei solchen Wahlen vom Magistrat angeordnet worden, daß die Wähler einen Stadtverordneten auf sechs Jahre und einen weiteren auf vier Jahre zu wählen hätten, so ist das Wahlverfahren ungültig.

β) Aufstellung der Wählerliste und Bildung der Wählerabteilungen.

Nr. 1. Entsch. v. 16. Febr. 1912 (OVG. 61 8) I B 54/11.

StO. §§ 19, 20.

Nach § 19 StO. gehören in die Wählerliste alle diejenigen Personen, die zur Zeit der Listenberichtigung die erforderlichen Eigenschaften der stimmfähigen Bürger besitzen. Unter diesen Eigenschaften besteht diejenige, auf deren Besitz es hier ankommt, darin, daß der Betreffende „seit einem Jahre die ihn betreffenden

Gemeindeabgaben gezahlt hat". Der Zeitraum eines Jahres ist hierbei von demjenigen Tage ab zurückzurechnen, für den die Feststellung des Besitzes jener Eigenschaft zu treffen ist. Für die Aufnahme in die Wählerliste ist dieser Tag in letzter Linie derjenige, an dem der Wähler noch diese Aufnahme beantragen kann, also der Tag, mit dem die Offenlegung der Liste schließt. Der vom G. erforderte Tatbestand ist mithin erfüllt, wenn von dem hiernach maßgeblichen Tage an zurückgerechnet der Betreffende die auf ihn entfallenden Gemeindeabgaben sämtlich, soweit sie bis dahin überhaupt fällig geworden sind, gezahlt hat. Das Erfordernis der Zahlung ist aber nicht gleichbedeutend mit demjenigen einer pünktlichen Einhaltung der für die Entrichtung der Gemeindeabgaben gesetzlich oder ortsrechtlich vorgeschriebenen Zahlungsfristen oder Zahlungstermine. Das G. macht den Erwerb des Bürgerrechts nicht von der Einha tung dieser Fristen oder Termine, sondern davon abhängig, daß die für das letzte Jahr fällig gewordenen Gemeindeabgaben überhaupt entrichtet worden sind, gleichviel, wann die Zahlung geschehen ist. Daraus folgt, daß das aus der Nichtzahlung der Gemeindeabgaben für den Erwerb des Bürgerrechts erwachsene Hindernis jederzeit durch nachträgliche Zahlung beseitigt werden kann und daß mit dieser Zahlung bei Erfüllung der sonstigen gesetzlichen Voraussetzungen der Erwerb des Bürgerrechts eintritt. Demjenigen, der zu der für die Aufnahme in die Wählerliste maßgeblichen Zeit die für das vorangegangene Jahr fällig gewordenen Gemeindeabgaben überhaupt, wenn auch erst in letzter Stunde, gezahlt hat, kann hiernach die Aufnahme nicht um deswillen versagt werden, weil die Zahlung nicht in den vorgeschriebenen Zeiten oder Zeitpunkten erfolgt ist; denn er hat diejenige Leistung erfüllt, von der neben anderem das G. die Teilnahme an der Verwaltung und Vertretung der Gemeinde einschließlich der Wahlen abhängig macht. Wie dies für den Fall der erstmaligen Aufnahme in die Wählerliste gilt, so hat es nicht minder dann zu gelten, wenn jemand in der Wählerliste gestrichen werden soll; denn ein solcher kann nicht schlechter stehen wie der, welcher überhaupt noch nicht in der Liste gestanden hat. Wer bereits darin verzeichnet war, aber im Laufe des vorangegangenen Jahres mit Gemeindeabgaben im Rückstande verblieben ist, braucht nicht erst nach Beseitigung des Rückstandes ein verzugsfreies Jahr zu warten, um die Belassung in der Liste zu erreichen. Auch für ihn kommt es lediglich darauf an, ob er zu der für den Abschluß der Liste maßgeblichen Zeit die vom G. erforderte Leistung erfüllt hat.

Nr. 2. Entsch. v. 20. Dez. 1912 (**OVG. 63** 23) I B 32/12.

1. Im Geltungsbereiche des G., betr. die Bildung der Wählerabteilungen bei den Gemeindewahlen, v. 30. VI. 00 (GS. 185) sind bei Aufstellung der Wählerlisten für die Wähler grundsätzlich diejenigen Steuern in Ansatz zu bringen, die sie nach ihrer Veranlagung zu entrichten haben (§ 1 Abs. 1). Einsprüche gegen die Richtigkeit der Liste, die auf die Behauptung gestützt werden, daß die Veranlagung zu hoch oder zu niedrig erfolgt sei und daß andere Beträge als die veranlagten in die Liste einzutragen wären, sind mithin unzulässig; denn zu entrichten sind immer nur die veranlagten Steuern, und zwar gleichviel, ob sie auf einer zutreffenden oder unzutreffenden Berechnung beruhen.

2. Der Grundsatz, wonach in die Wählerliste die Steuern mit demjenigen Betrage, den die Wähler zu entrichten haben, einzustellen sind, erfährt eine Ausnahme, wenn die veranlagte Steuer auch den in einer anderen Gemeinde belegenen Grundbesitz oder auswärtigen Gewerbebetrieb mitumfaßt. Der auf die Wahlgemeinde entfallende Teil der Steuer ist dann aus dem veranlagten Betrag auszusondern. Das Ergebnis der Aussonderung kann im Listenberichtigungsverfahren angefochten werden.

Nr. 3. Entsch. v. 11. Febr. 1913 (OVG. **63** 20) I B 47/12.

Bei Aufstellung der Wählerliste ist nicht ordnungsmäßig verfahren worden. Eine Anzahl von Wählern, die nach dem Systeme der Drittelung gemäß § 1 G., betr. die Bildung der Wählerabteilungen, v. 30. VI. 00 (GS. 185) der zweiten Abteilung angehörten, sind, weil sie nicht den überdurchschnittlichen Steuerbetrag entrichten, der dritten Abteilung überwiesen worden. Diese Überweisung, die auch den Übertritt eines Wählers aus der ersten in die zweite Abteilung zur Folge hatte, war unzulässig. Die Abschichtung der Abteilungen, wie sie im vorliegenden Falle vorgenommen worden ist, findet in dem § 2 aaO. keine Stütze. Der hiernach der Liste anhaftende Mangel hätte während der Dauer ihrer Auslegung durch Einspruch geltend gemacht werden können. Dasselbe gilt von dem Angriffe des Klägers, daß der Anforderung des § 20 a EinkStG. v. 26. V. 09 bei Einstellung der Steuerbeträge der Wähler nicht Rechnung getragen sei. In dem jetzigen, die Gültigkeit der Wahlen betreffenden Streitverfahren ist für diese Rügen kein Raum. Der Kläger vertritt zwar den Standpunkt, daß der Grundsatz von der sogenannten formellen Rechtskraft der Wählerliste nicht Platz greifen könne, wenn ihre Aufstellung unter Nichtbeachtung des G. v. 30. VI. 00 erfolgt sei; dieser Ansicht kann jedoch nicht beigetreten werden. Im Grunde bedeutet jede Unrichtigkeit einer Wählerliste einen Verstoß gegen ein G. Von jenem Standpunkte aus betrachtet, müßte daher jeder Angriff gegen die Liste auch im Wahlanfechtungsverfahren statthaft sein. Dies würde indessen mit den durch das Listenberichtigungsverfahren verfolgten Zwecken unvereinbar sein; denn aus dem Umstande, daß das G. das Berichtigungsverfahren neben dem eigentlichen Wahlanfechtungsverfahren vorgesehen hat, geht mit Deutlichkeit hervor, daß von dem letzteren alle Angriffe ferngehalten werden sollten, welche in Mängeln der Wählerliste ihre Begründung finden, und zwar aus der naheliegenden Erwägung, daß im anderen Falle die Entscheidung über die Gültigkeit der Wahlen selbst eine dem öffentlichen Interesse nicht entsprechende Verzögerung erfahren würde. Von der hiernach durchgreifenden Regel, daß aus dem Wahlanfechtungsverfahren alle Einwendungen auszuscheiden haben, die sich auf die Wählerliste beziehen und in dem hierfür geordneten Verfahren zu erledigen sind, findet nur dann eine Ausnahme statt, wenn der Liste solche Mängel anhaften, daß sie wegen derselben der Bedeutung einer für das Wahlgeschäft verwertbaren Unterlage gänzlich entbehrt und infolge hiervon als eine Wählerliste im gesetzlichen Sinne überhaupt nicht anzusehen ist.

Nr. 4. Entsch. v. 27. Okt. 1913 (OVG. **65** 54) I B 25/13.

StO. §§ 5, 13.

1. Ein Bürger einer im Geltungsbereiche der StO. gelegenen Stadt erhob gegen die Wählerliste Einspruch, weil er darin mit 72 *M* Steuern und nicht mit 76 *M* verzeichnet war. Er selbst hatte zwar an direkten Steuern nur 72 *M* zu entrichten, aber seine minderjährige Tochter war selbständig nach einem Einkommen aus gewinnbringender Beschäftigung in Höhe von 900 *M* zu 4 *M* Gemeindeeinkommensteuer veranlagt worden, und diese 4 *M* wollte der Bürger seiner Steuer hinzugerechnet wissen. Geschah diese Hinzurechnung, so hatte das seine Versetzung von der dritten in die zweite Abteilung zur Folge.

2. Der Einspruch ist begründet. Der § 5 StO., der vom Bürgerrechte handelt und unter verschiedenen Voraussetzungen für seinen Erwerb in Abs. 2 unter Ziff. 4 auch die Veranlagung zu einem fingierten Normalsteuersatze von 4 *M* (Art. I § 9 b Klassensteuernov. v. 25. V. 73 in Verbindung mit §§ 77, 85 EinkStG.) nennt, schreibt in seinem dritten Abs. vor, daß Steuerzahlungen der Ehefrau dem Ehemann, Steuerzahlungen der minderjährigen Kinder dem Vater angerechnet werden. Die Anwendbarkeit dieser Vorschrift wird durch die Lage des geltenden Familien- und Steuerrechts erheblich eingeschränkt. Der Regel nach unterliegt das Vermögen der Ehefrau und das des minderjährigen ehelichen Kindes

der Nutznießung des Ehemanns und Vaters (§§ 1363, 1649 BGB.). Er bezieht also das Einkommen daraus unmittelbar und hat es als sein Einkommen zu versteuern. Auch hinsichtlich des Einkommens der Ehefrau aus ihrem Vorbehaltsgut ist der Ehemann für die Einkommensteuer der alleinige Steuerschuldner (§ 10 EinkStG. v. 19. VI. 06). In allen diesen Fällen kommt mithin eine Hinzurechnung der Steuerzahlungen von Frau und Kind nicht in Frage. Dagegen wird das minderjährige Kind wegen seines freien Vermögens (§§ 1650, 1651 BGB.) selbständig besteuert, und wenngleich der Vater idR. das freie Kindesvermögen zu verwalten, also auch die Steuer dafür zu zahlen hat, so zahlt er doch diese Steuer nur namens des allein veranlagten Kindes und aus dessen Vermögen; er entrichtet sie nicht selbst. Lediglich in einem solchen Falle gelangt jene Vorschrift der StO. zur praktischen Bedeutung. Sie gilt jedoch nicht nur, wenn es sich um den Erwerb des Bürgerrechts und somit der Wahlberechtigung handelt; die Hinzurechnung der Steuer findet auch bei Eintragung der Bürger in die Wählerliste statt. Freilich bestimmt die StO. in § 13, daß die Bürger „nach Maßgabe der von ihnen zu entrichtenden direkten Steuern' geordnet und in drei Abteilungen geteilt werden, und dem entspricht auch § 1 GemWahlG. v. 30. VI. 00; an beiden Stellen fehlt es an einer Vorschrift, daß bei Feststellung der Steuersumme die Steuersumme der Ehefrau und der minderjährigen Kinder hinzuzurechnen sei. Gleichwohl ist die Anrechnungsvorschrift nicht nur auf den Erwerb, sondern auch auf die Ausübung des Bürgerrechts zu beziehen. Es wäre auffallend, wenn die maßgebliche Steuersumme für die Frage, ob jemand in die Wählerliste einzureihen sei, nach anderen Grundsätzen festzustellen wäre als für die Frage, in welcher Reihenfolge die Einreihung stattzufinden hat. Ein innerer Grund für eine solche Verschiedenheit läßt sich nicht erkennen und kann auch nicht aus dem Umstande allein entnommen werden, daß für die Wählerliste neben der den Erwerb des Wahlrechts begründenden Steuer auch noch andere Abgaben in Betracht kommen. Die Verschiedenheit würde also nur dann als vom G. gewollt anzusehen sein, wenn es die gegenteilige Annahme geradezu ausschlösse. Das ist nicht der Fall. Es handelt sich um eine Fiktion: Steuerzahlungen einer Person sollen nach § 5 Abs. 3 StO. so angesehen werden, als seien es Steuerzahlungen eines anderen. Wird der andere, weil er auf Grund dieser Fiktion genügend Steuern zahlt, stimmfähiger Bürger, und bemißt sich auch der Umfang des Stimmrechts, wie das G. an anderen Stellen vorschreibt, nach den Steuern, die er entrichtet, so liegt es nahe, die Fiktion auch hier gelten zu lassen. Vor allem aber spricht die Entstehungsgeschichte der Gesetzesvorschrift gegen die Auffassung, als wäre eine unterschiedliche Behandlung der in Rede stehenden Fragen von den gesetzgebenden Faktoren beabsichtigt worden.

(Folgt eingehende Darlegung.)

Nr. 5. Entsch. v. 17. Nov. 1913 (OVG. **66** 64) I B 32/13.

StO. § 8.

Im Geltungsbereiche der StO. sind der Fiskus und eingetragene Genossenschaften m. b. H. von der Aufnahme in die Wählerliste ausgeschlossen. Wie in OVG. **52** 43 eingehend ausgeführt wird, ist nach der Wortfassung in § 8 StO.: „. . . . sowohl an direkten Staats-, als an Gemeindeabgaben entrichtet" der Fiskus schon aus dem Grunde nicht stimmberechtigt, also auch nicht in die Liste aufzunehmen, weil er direkte Staatssteuern nicht entrichtet, zu solchen auch nicht veranlagt wird (§ 5 G. wegen Aufhebung direkter Staatssteuern v. 14. VII. 93, GS. 119). „Eingetragene Genossenschaften m. b. H." sind zu den in § 8 Abs. 2 StO. bezeichneten „juristischen Personen" nicht zu rechnen und danach bei Erfüllung der im Abs. 1 aufgestellten Bedingungen für stimmberechtigt nicht zu erachten.

Nr. 6. Entsch. v. 11. Juni 1912 (PrVerwBl. **34** 241) I B 5/12.

RhStO. §§ 3, 5[1], 18. G. v. 30. VI. 84 (GS. 307), betr. die Bestimmung des Wohnsitzes iS. d. RhGemVerfG.

1. Gemäß dem G., betr. die Bestimmung des Wohnsitzes iS. der RhGemVerfG. v. 30. VI. 84 (GS. 307), ist als Wohnsitz iS. der RhStO. derjenige Ort anzusehen, wo jemand eine Wohnung unter Umständen innehat, die auf die Absicht der dauernden Beibehaltung einer solchen schließen lassen. An dieser Begriffsbestimmung des Wohnsitzes hat das Inkrafttreten des BGB. nichts geändert; denn es umfaßt nur das bürgerliche Recht und hat die bestehenden Vorschriften öffentlich-rechtlichen Inhalts unberührt gelassen. Daher können die Bestimmungen in § 7 BGB. im vorliegenden Falle keine Anwendung finden.

2. Zur Begründung des Wohnsitzes iS. der RhStO. ist der Besitz von Räumen, die zum Bewohnen tauglich und eingerichtet sind, für sich allein nicht genügend; vielmehr muß zu dem Besitze des Verfügungsberechtigten noch der fernere Umstand hinzutreten, daß er jene Räunne mit einer gewissen Regelmäßigkeit für sich und seine Familie zu Wohnzwecken, d. h. als einen der Mittelpunkte seiner Lebenshaltung und nicht lediglich als bloßes Unterkommen in Fällen vereinzelter oder vorübergehender Anwesenheit (als sogenanntes Absteigequartier) entweder tatsächlich benutzt oder doch zu benutzen die erkennbare Absicht hegt (OVG. **30** 24, **53** 151). Diese Bedingungen bilden die maßgebende Regel sowohl bei der Begründung des Wohnsitzes als auch für die Aufgabe, für den Verlust. IS. des G. ist ein Wohnsitz dann verloren, wenn die für das Haben desselben wesentlichen Voraussetzungen fortfallen. Trifft somit ein Merkmal des Begriffs, sei es das tatsächliche Innehaben einer Wohnung, sei es die Absicht, eine solche beizubehalten, nicht mehr zu, so kann auch von dem Fortbestehen des bisherigen Wohnsitzes nicht mehr die Rede sein (OVG. **26** 74/75). Dies ist in der vorliegenden Sache der Fall. Der Kläger betrieb bis zum Jahre 1908 in O. ein Baugeschäft, gab es aber auf, nachdem er in B. eine Ziegelei errichtet und in Betrieb genommen hatte; desgleichen behielt er die Wohnräume, die er früher in O. innehatte, nicht unverändert bei, nachdem er das Wohnhaus in F. bezogen hatte; vielmehr begnügte er sich seit November 1909 mit dem Besitze eines einzigen, als Schlafzimmer eingerichteten Raumes. Aber auch diesen Raum hat er nicht als einen der Mittelpunkte seiner Lebenshaltung, d. h. zu Wohnzwecken benutzt, sondern nur zu ganz vereinzeltem und vorübergehendem Aufenthalte; nachtsüber hat er sich in dem Zimmer überhaupt nicht aufgehalten. Hieraus kann trotz der entgegenstehenden Erklärung des Klägers auf eine Absicht, den gemieteten Raum als Wohnung dauernd beizubehalten, nicht geschlossen werden. Der Kläger irrt, wenn er glaubt, seine Willenserklärung sei für seine Absicht, den Wohnsitz in O. beizubehalten, entscheidend. Sobald die Äußerung des Willens mit den tatsächlichen Verhältnissen im Widerspruch steht, entscheiden nur die letzteren darüber, ob das bloße Besitzen eines eingerichteten Schlafzimmers als ein Innehaben einer Wohnung im Rechtssinn angesehen werden kann.

Nr. 7. Entsch. v. 22. Mai 1913 (OVG. **65** 66) I B 1/13.

RhStO. § 18.

1. Unrichtig ist die von den Klägern vertretene Ansicht, derjenige, der zu einer Willensäußerung nicht imstande und deshalb zur Stimmabgabe nicht zuzulassen sei, dürfe keinesfalls in die Wählerliste aufgenommen werden und müsse, wenn er aufgenommen sei, im Falle einwandfreier Feststellung seines Gebrechens aus der Liste gestrichen werden. Wie der Vorderrichter zutreffend hervorhebt, hat der Bürgermeister nach § 18 RhStO. v. 15. V. 56 (GS. 406) in die von ihm aufzustellende Liste der stimmfähigen Bürger alle diejenigen aufzunehmen, die nach §§ 5, 6, 7 aaO. das Bürgerrecht erworben und nicht verloren haben,

ohne daß weitere Erfordernisse für die Aufnahme in die Liste in Betracht kommen können. Der Umstand aber, daß ein Bürger geistig erkrankt und zur Abgabe einer Willenserklärung nicht fähig ist, bildet für sich allein nach Maßgabe der §§ 5 bis 7 aaO. noch keinen Grund für den Verlust des Bürgerrechts und kann daher auch nicht zum Ausschlusse des Betreffenden von der Aufnahme in die Liste der stimmberechtigten Bürger führen. Seine Aufnahme muß vielmehr erfolgen, und es ist erst Sache des Wahlvorstandes, in eine Prüfung der Frage einzutreten, ob der in die Liste Eingetragene zur Abgabe einer Willenserklärung fähig und deshalb zur Abgabe der Stimme zuzulassen ist oder nicht.

2. Anders liegt der Fall, wenn ein Einwohner, welcher das Bürgerrecht erworben hat, unter Vormundschaft, sei es auch nur unter vorläufige Vormundschaft (§ 1906 BGB.) gestellt wird. Denn nach § 7 RhStO. geht das Bürgerrecht verloren, sobald eines der zu seiner Erlangung vorgeschriebenen Erfordernisse bei dem bis dahin dazu Berechtigten nicht mehr zutrifft. Voraussetzung für die zum Erwerbe des Bürgerrechts erforderliche Selbständigkeit ist nach § 5 aaO., daß dem Gemeindemitgliede „nicht das Verfügungsrecht über sein Vermögen oder dessen Verwaltung durch richterliches Erkenntnis — oder, dem jetzigen Stande der Gesetzgebung entsprechend, durch richterlichen Beschluß — entzogen ist". Wird daher einem Bürger das Verfügungsrecht über sein Vermögen rechtswirksam entzogen, so verliert er damit sein Bürgerrecht, und seine Aufnahme in die Liste der stimmfähigen Bürger wird unzulässig.

3. Die Stellung eines Volljährigen unter Vormundschaft tritt ein, wenn er entmündigt ist (§ 1896 BGB.). Erfolgt die Entmündigung wegen Geisteskrankheit, so zieht sie nach § 104 BGB. Geschäftsunfähigkeit nach sich. Erfolgt sie wegen Geistesschwäche, Trunksucht oder Verschwendung, so steht der Entmündigte nach § 114 BGB. in Ansehung der Geschäftsfähigkeit einem Minderjährigen gleich, der das siebente Lebensjahr vollendet hat; er ist also beschränkt geschäftsfähig und eine Verfügung über sein Vermögen ist nur mit dem Willen seines gesetzlichen Vertreters und gegebenenfalls des Vormundschaftsgerichts möglich. Danach kann es keinem Zweifel unterliegen, daß nicht nur dem wegen Geisteskrankheit Entmündigten, sondern auch demjenigen, der infolge einer Entmündigung wegen Geistesschwäche, Trunksucht oder Verschwendung beschränkt geschäftsfähig ist, das Verfügungsrecht über sein Vermögen durch richterlichen Beschluß entzogen ist, so daß für ihn der Verlust des Bürgerrechts eintritt. Vergleicht man die Rechtsfolgen, die eine Entmündigung wegen Geistesschwäche, Trunksucht oder Verschwendung für den Entmündigten mit sich bringt, mit denjenigen, die die richterliche Anordnung einer vorläufigen Vormundschaft für den darunter Gestellten hat, so ergibt sich aus § 114 BGB., daß ein Unterschied überhaupt nicht besteht; vielmehr finden alle Bestimmungen, die das BGB. für bevormundete Personen aufstellt, auch Anwendung auf Personen, die unter vorläufiger Vormundschaft stehen. Die richterliche Anordnung der vorläufigen Vormundschaft stellt sich somit auch als ein richterlicher Beschluß dar, durch welchen dem unter vorläufige Vormundschaft Gestellten das Verfügungsrecht über sein Vermögen entzogen wird. Damit tritt auch für ihn der Verlust des Bürgerrechts ein.

Nr. 8. Entsch. v. 14. Febr. 1913 (OVG. **63** 38) I B 9/12.

1. Der § 16 SchlHolstStO. v. 14. IV. 69 bestimmt, daß der Magistrat über alle vorhandenen Bürger ein Verzeichnis, die Bürgerrolle, zu führen habe. Die Beklagte ist der Ansicht, daß die Eintragung in dieses Verzeichnis die Anerkennung des Bürgerrechts in sich schließe. Indem sie bestreitet, daß der Kläger das Bürgerrecht besitze, wendet sie sich gegen seine Aufnahme in die Bürger-

rolle. Dem Kläger ist es jedoch nicht um die Anerkennung des Bürgerrechts zu tun; was er verlangt, ist lediglich seine Zulassung zu den Wahlen der Stadtverordnetenversammlung. Die Ausübung dieses Rechtes ist abhängig von der Eintragung in die Wählerliste; sein mit der Klage verfolgter Anspruch auf Eintragung in die Bürgerrolle zielt mithin auf eine Berichtigung der Wählerliste ab, die nach vergeblichem Einspruchsverfahren der Verwaltungsrichter nach §§ 10, 11 ZustG. anzuordnen befugt ist, und dem Anspruche liegt die Auffassung zugrunde, daß die Bürgerrolle iS. der angezogenen Vorschriften des ZustG. als Wählerliste zu betrachten sei. Diese Auffassung ist auch zutreffend.

2. Die SchlHolstStO. kennt allerdings auch Wahllisten (§ 43). Aber diesen kommt keine selbständige Bedeutung zu; sie sind nur ein Auszug aus der Bürgerrolle. Die gegen die Wahllisten zugelassenen Erinnerungen können nur auf die Behauptung gestützt werden, daß jemand gegen den Inhalt der Bürgerrolle oder der Entscheidung eines dagegen erhobenen Einspruchs zuwider in sie aufgenommen oder darin übergegangen sei (§ 43 Abs. 4). Über die Erinnerungen gegen die Wahlliste entscheidet auch nicht die Gemeindevertretung (§ 10 ZustG.), sondern der Vorsitzende der Wahlkommission (§ 43 Abs. 4 und 5 StO.). Es ist daher in der Rechtsprechung anerkannt, daß die in den Städten Schleswig-Holsteins aufzustellenden Wahllisten nicht Wählerlisten iS. des ZustG. sind, und daß das durch dieses G. geordnete Berichtigungsverfahren nur gegenüber der Bürgerrolle, die die Grundlage der Wahllisten bildet, zur Anwendung gelangen könne.

3. Über die Bedeutung des § 20 a EinkStG. v. 26. V. 09 hat sich der Gerichtshof in OVG. 57 64, 58 103 geäußert. Insbesondere ist in de n letzteren Urteile dargelegt worden, daß diese Vorschrift bezwecke, alle Hindernisse aus dem Wege zu räumen, die nach dem früheren Rechte der Zulassung zur Wahl aus dem Gr nde entgegenstanden, weil der Steuerpflichtige wegen des Kinderprivilegs in Ansehung der Besteuerung günstiger gestellt wurde, daß mithin auch denjenigen Personen die Aufnahme in die Wählerliste eröffnet sei, die der Forderung eines Mindeststeuersatzes nur deshalb nicht entsprechen, weil sie wegen jenes Privilegs in der Steuer eine Ermäßigung oder eine Befreiung von derselben erfahren. Nun bildet freilich nach den GemVerfG. die Entrichtung eines Mindeststeuersatzes nicht eine Bedingung für die Wahlberechtigung als solche; die Wahlberechtigung erscheint vielmehr in den GemVerfG. als ein Bestandteil und Ausfluß des Bürgerrechts bzw. des Gemeinderechts; nur der Erwerb des Bürger- (bzw. Gemeinde-) echts ist unter Umständen abhängig von der Entrichtung eines Mindeststeuersatzes. Dies trifft auch für die Stadt O. zu. Aber aus der Entstehungsgeschichte des § 20 a ist ersichtlich, daß auch derjenige Einwohner einer Stadt- oder Landgemeinde, der lediglich wegen ungenügender Steuerleistung des Bürger- (Gemeinde-) echts entbehrt, gleichwohl wahlberechtigt ist, wenn er ohne Berücksichtigung des Kinderprivilegs den Mindeststeuersatz zu zahlen hätte. Dieser Grundsatz gilt für das ganze Geltungsgebiet des EinkStG., mithin auch für die Provinz Schleswig-Holstein. Die Vorschrift des § 20 a ist auch dazu bestimmt, in solchen Gemeinden, wo, wie in den Städten der Provinz Schleswig-Holstein, der Erwerb des Bürgerrechts von einem Zensus abhängt und als Folge hiervon ein Zensuswahlsystem besteht, die Wohltat des G. einzuführen. Der Kläger, der ohne das Kinderprivileg 12 ℳ Einkommensteuer zu zahlen h tte und damit den Anforderungen des Zensus genügt, ist sonach auch in der Stadt O. wahlberechtigt. Zur Ausübung dieses Rechtes ist der Kläger jedoch nur befugt, wenn er in der Wahlliste verzeichnet steht. Die Aufnahme in die Wahlliste setzt aber seine Eintragung in die Bürgerrolle voraus. Seine Eintragung in letztere ist daher geboten. Denn der Aufnahme in die Bürgerrolle steht nicht der Umstand entgegen, daß diese nach Absicht des G. v. 14. IV. 69 dazu bestimmt war, nur solche Personen nachzuweisen, die alle

Eigenschaften eines Bürgers erfüllen. Die ursprüngliche Bedeutung der Bürgerrolle hat durch § 20 a EinkStG. eine Änderung erfahren. Da die Bürgerrolle als Wählerliste gilt, so sind durch die Vorschrift des § 20 a auch solche Personen darin aufnahmefähig geworden, die, ohne sich im Vollbesitze des Bürgerrechts zu befinden, wahlberechtigt sind. Etwaigen Verdunkelungen, die sich hieraus ergeben möchten, kann durch einen Zusatz bei ihrem Namen, der die Annahme, als seien sie Vollbürger, ausschließt, oder auf andere geeignete Weise vorgebeugt werden.

Nr. 9. Entsch. v. 6. Okt. 1913 (OVG. 65 76) I B 48/12.

SchlHolst. StO. § 7.

1. Die SchlHolst.StO. v. 14. IV. 69 (GS. 589) bestimmt in § 7, daß jeder im Vollbesitze der bürgerlichen Ehrenrechte befindliche Angehörige des Deutschen Reichs das Bürgerrecht erwirbt, der seit einem Jahre unter anderem ein Einkommen bezieht, das, nach den Grundsätzen der Klassensteuerveranlagung geschätzt, einen bestimmten im Lokalstatute näher festzusetzenden Betrag erreicht, dessen Minimalsatz nicht unter 200 Taler und nicht über 500 Taler jährlich normiert werden darf. Außerdem bleibt dem Ortsstatute vorbehalten, anstatt eines solchen Minimalsatzes auch die Entrichtung eines entsprechenden Klassensteuersatzes für genügend zu erklären. Die Frist, während der die Erfordernisse für den Erwerb des Bürgerrechts bestanden haben müssen, ist dasjenige Naturaljahr, das dem für den Eintritt des Erwerbes oder die Feststellung des Besitzes des Bürgerrechts maßgeblichen Zeitpunkte vorangegangen ist, und an die Stelle der Klassensteuerveranlagung ist die Einkommensteuerveranlagung getreten. Abgesehen von dieser letzteren Maßgabe ist der Einkommenzensus von der seit dem Jahre 1873 ergangenen Steuergesetzgebung unberührt geblieben, während der Steuersatzzensus durch diese Gesetzgebung wesentliche Einschränkungen erfahren hat. Für den Einkommenzensus, wie er hier in Frage steht, geht nun aus der Fassung des G. zunächst mit Sicherheit hervor, daß das erforderliche Einkommen ein „jährliches", also ein Jahreseinkommen sein und als solches „seit einem Jahre" bezogen werden muß. Es kommt mithin für die Ermittelung des Einkommens nicht darauf an, ob es während des der Ermittelung zugrunde zu legenden Zeitraums stets in gleichmäßiger oder zeitweise in verschiedener Höhe bezogen worden ist; es muß sich nur nach dem gesamten Betrag oder Durchschnitte des maßgebenden Zeitraums ein Einkommen in der erforderlichen Höhe, hier von 1500 ℳ ergeben. Fraglich bleibt dagegen, welches dieser Zeitraum ist, ob die Ermittelung des jährlichen Einkommens den steuerrechtlichen Grundsätzen auch hinsichtlich der Zeit seiner Entstehung zu folgen hat und das Naturaljahr, „seit dem" das Jahreseinkommen bezogen sein muß, nur den Zeitraum bestimmt, während dessen das so ermittelte Einkommen bestanden haben muß, oder ob das Naturaljahr zugleich den Zeitraum bezeichnet, dessen wirtschaftliches Ergebnis der im übrigen nach den steuerrechtlichen Veranlagungsgrundsätzen zu bemessenden Ermittelung des Einkommens zugrunde zu legen ist. Der Unterschied zwischen beiden Möglichkeiten liegt auf der Hand. Nach § 9 EinkStG. v. 19. VI. 06/26. V. 09 ist für die Veranlagung physischer Personen maßgebend der Bestand der einzelnen Einkommensquellen bei Beginn des Steuerjahrs, für das die Veranlagung erfolgt, wenn aber die Veranlagung von einem späteren Zeitpunkt ab stattfindet, der Bestand der Quellen in diesem Zeitpunkte. Bei der Steuerveranlagung wird mithin der Einkommensermittelung grundsätzlich nicht das — mutmaßliche oder tatsächliche — wirtschaftliche Ergebnis des Steuerjahrs, sondern dasjenige vorangegangener Zeiträume (Kalenderjahr, Wirtschaftsjahr oder -jahre) zugrunde gelegt. Demgegenüber würde, wenn im Anwendungsbereiche des § 7⁴ ⁶ StO. bei der Einkommensermittelung das Naturaljahr maßgebend wäre, in allen Fällen lediglich das wirtschaftliche Ergebnis dieses Jahres zu berücksichtigen sein. Zwar

handelt es sich auch bei dem Naturaljahr um einen abgelaufenen Zeitraum, aber dieser fällt, wenigstens der Regel nach, nicht mit demjenigen Zeitraume zusammen, dessen wirtschaftliches Ergebnis für die Ermittelung des Einkommens zum Zwecke der Steuerveranlagung in Betracht kommt. Allerdings ist ein derartiges Zusammenfallen möglich; denn der Besitz des Bürgerrechts ist nicht lediglich für die Aufnahme in die Wählerliste (Bürgerrolle, §§ 16, 40 StO.) maßgebend, und die SchlHolstStO. (§ 40) kennt außer der allgemeinen Berichtigung der Wählerliste, die alljährlich im Juli stattfindet, auch eine *fortlaufende* Berichtigung, die an keine bestimmten Zeitpunkte gebunden ist. Danach kann im Einzelfalle das Naturaljahr mit dem für die steuerliche Einkommensermittelung maßgebenden Zeitraume sich decken, allein dies bleibt eine zufällige Ausnahme. Bei der allgemeinen Berichtigung der Wählerliste dagegen fällt das Naturaljahr immer in zwei Steuerjahre, und es ist klar, daß sich in diesem Regelfalle das Ergebnis völlig verschieden gestalten kann, je nachdem der Einkommensermittelung das Naturaljahr oder die für die Steuerveranlagung maßgebenden Zeiträume zugrunde gelegt werden.

2. Nachdem nun das alte Steuerrecht durch die neue Steuergesetzgebung mit ihren besonders ausgebildeten Veranlagungsgrundsätzen für die Ermittelung des Einkommens ersetzt worden ist, tritt die Frage, nach dem Ergebnisse welcher Zeiträume die Ermittelung des Einkommens zum Zwecke der Feststellung des Erwerbes des Bürgerrechts zu erfolgen hat, mit voller Schärfe hervor. Nun wäre es an sich vielleicht möglich, aus dem Wortlaute des § 7[4c] StO. zu folgern, das G. bestimme, indem es ein Jahreseinkommen für das Naturaljahr verlange, zugleich das letztere als denjenigen Zeitraum, dessen wirtschaftliches Ergebnis das erforderte Einkommen darstellen solle, und die Bindung an die steuerlichen Veranlagungsgrundsätze beziehe sich nur darauf, was von jenem Ergebnis als Roheinkommen und als abzugsfähige Absetzung zu gelten habe. Allein dieser Auslegung stehen überwiegende Bedenken entgegen. Zunächst fällt ins Gewicht, daß das Naturaljahr keineswegs nur für den Einkommensbezug allein, sondern auch für die Erfüllung aller übrigen Bedingungen des Bürgerrechts, abgesehen von der Reichsangehörigkeit und dem Besitze der bürgerlichen Ehrenrechte, gleichmäßig gilt. Das Naturaljahr soll in gewissem Sinne eine Probezeit für den Bestand und damit eine Bürgschaft für den Fortbestand der Bedingungen des Bürgerrechts bilden, also lediglich den Zeitraum bezeichnen, während dessen die Erfüllung jener Bedingungen bereits unverändert vorgelegen haben muß. Daß nun das Naturaljahr für den Einkommensbezug zugleich denjenigen Zeitraum bedeuten sollte, dessen wirtschaftliches Ergebnis als das erforderte Einkommen zu gelten hätte, kann nicht ohne weiteres daraus gefolgert werden, daß das G. während des Naturaljahrs den Bezug eines Jahreseinkommens von bestimmter Höhe verlangt; denn der Begriff dieses Jahreseinkommens kann auch hinsichtlich der für das letztere maßgeblichen Entstehungszeit sehr wohl im Sinne der steuerlichen Veranlagung gemeint sein, und dafür, daß das G von dieser letzteren Auffassung beherrscht wird, spricht unverkennbar der enge Anschluß, in den das G. den Zensus zu dem Steuerrechte gebracht hat Die StO. sieht einen Zensus als Bedingung für das Bürgerrecht in zweifacher Gestalt vor, entweder als Einkommenzensus oder als Steuersatzzensus. Beide Zensusarten haben die Erfassung des nämlichen Objekts, des Einkommens, zum Gegenstande, und die Ermittelung des Einkommens beim Einkommenzensus darf nicht nach anderen Grundsätzen erfolgen als beim Satzzensus.

Zu den steuerlichen Veranlagungsgrundsätzen gehören auch die Vorschriften des § 9 EinkStG. Sie bestimmen zunächst, was als Jahreseinkommen des Pflichtigen, und zwar für das Steuerjahr, zu gelten hat, und sie bestimmen weiter diejenigen Zeiträume, deren wirtschaftliches Ergebnis der Ermittelung des Einkommens zugrunde zu legen ist. Diese Grundsätze haben vermöge der Bindung des

Einkommenzensus an die Veranlagungsgrundlagen des Steuerrechts gleichmäßig auch für diesen Zensus Geltung zu beanspruchen. Zensus sowohl wie Steuerveranlagung verfolgen gleichmäßig das Ziel, ein bestimmtes Maß wirtschaftlicher Leistungsfähigkeit festzustellen, hier zum Zwecke der Auferlegung von Lasten, dort zum Zwecke der Begründung öffentlich-rechtlicher Befugnisse. Jenes Maß wird in einem bestimmten Jahreseinkommen gefunden, und dessen Ermittelung hat das G. für beide Fälle an die nämlichen Grundsätze gebunden. Die StO. macht die Erfüllung des Zensus nicht von dem wirtschaftlichen Ergebnisse des Naturaljahres, sondern davon abhängig, ob der Steuerpflichtige seit Beginn dieses Jahres andauernd als ein Mann zu gelten hat, für den bei steuerlicher Veranlagung ein Jahreseinkommen in der erforderten Höhe festzustellen wäre. Da jene Feststellung steuerrechtlich für ein Steuerjahr oder einen Teil eines solchen zu treffen ist, so folgt daraus, daß sie, soweit das Naturaljahr in zwei Steuerjahre fällt, dementsprechend gesondert vorzunehmen ist, wobei zu beachten bleibt, daß in einem solchen Falle der Zensus nur dann erfüllt wird, wenn dem Steuerpflichtigen nach jeder von beiden Feststellungen ein Jahreseinkommen in der erforderten Höhe anzurechnen ist.

γ) Wahlhandlung.

Nr. 1. Entsch. v. 13. Jan. 1912 (OVG. **61** 3) I B 38/11.

StO. §§ 25, 26.

1. Es ist nicht anzuerkennen, daß mit der Stellung eines Beisitzers im Wahlvorstande die gleichzeitige eigene Ausübung des Wahlrechts dergestalt unvereinbar sei, daß zu ihrer Rechtsgültigkeit ein zuvoriges Ausscheiden des zur Wahl schreitenden Beisitzers aus dem Wahlvorstand erforderlich wäre. Nach § 25 Abs. 1 StO. beschränkt sich bei jeder einzelnen Wahlhandlung die Tätigkeit des Wählers auf die mündliche Erklärung, wem er seine Stimme geben will; der Wahlvorstand dagegen hat, als Kollegium, die Erklärung zu Protokoll entgegenzunehmen. Es fehlt jeder Anhalt, um eine Unvereinbarkeit jener Tätigkeit des Wählers mit derjenigen eines Mitglieds des Wahlvorstandes annehmen zu können. Kann auch in Fällen, in welchen der Wahlvorstand zu einer Beschlußfassung schreiten muß, wie beispielsweise in dem durch § 25 Abs. 2 aaO. geregelten Falle der Prüfung einer Wahlvollmacht, die Notwendigkeit des Eintritts des Stellvertreters dann gegeben sein, wenn ein Mitglied des Wahlvorstandes an dem Ausgange der Sache persönlich beteiligt ist, so ist doch mangels jeden widerstreitenden Interesses die gleiche Notwendigkeit dann nicht vorhanden, wenn es sich lediglich um die Stimmabgabe als solche handelt. Die Beklagte stützt ihre entgegenstehende Auffassung auf den Wortlaut des § 25 Abs. 1 aaO., nach welchem die Stimmabgabe dem Wahlvorstand erklärt werden soll. Keineswegs ist indessen damit zugleich ausgesprochen, daß nicht beides —Mitgliedschaft des Wahlvorstandes und Stimmabgabe — sich in einer Person vereinigen könnten. Die Mitglieder des Wahlvorstandes bleiben Wähler und haben kein anderes Interesse als die Gesamtheit der Wähler, durch die sie in ihr Amt berufen sind, nämlich: die ordnungsmäßige Ausübung des Stimmrechts vorzunehmen und zu überwachen.

2. Das vorstehend Gesagte gilt in noch höherem Maße für die Niederschrift der von R. selbst abgegebenen Stimme in das von ihm geführte Protokoll bzw. die Wählerliste. Eine selbständige Stellung nimmt der Protokollführer nicht ein, vielmehr ist für die Richtigkeit der Eintragung in das Protokoll der Wahlvorstand verantwortlich. Aus welchem Grunde unter diesen Umständen R. nicht befugt gewesen sein sollte, seine eigene, dem Wahlvorstande gegenüber verlautbarte Stimmabgabe in dem Protokolle bzw. der Wählerliste zu ver-

mecken, und inwiefern hieraus die Ungültigkeit der von ihm abgegebenen Stimme herzuleiten wäre, ist um so weniger ersichtlich, als nicht der geringste Anlaß zu der Annahme vorliegt, daß ein zum Protokollführer bestelltes Mitglied des Wahlvorstandes seine eigene Stimme in die Wählerliste falsch eintragen könnte.

Nr. 2. Entsch. v. 20. Sept. 1912 (PrVerwBl. **34** 348) I B 7/12.

1. Das Wesen der Fristwahl liegt darin, daß jeder Wähler, der innerhalb des für die Wahl bestimmten Zeitraumes im Wahllokal erscheint, zur Abgabe seiner Stimme zugelassen werden muß, und zwar selbst dann, wenn im Augenblick seiner Zulassung die Stunde, die das Ende der Frist bezeichnet hatte, bereits verstrichen war. Anderseits ist das Wahllokal mit dem Eintritte des als Ende der Frist festgesetzten Zeitpunkts zu schließen, weil nach Ablauf der Frist erscheinende Wähler keinen Anspruch auf Zulassung haben. Der Kreis der Stimmenden schließt sich also dahin ab, daß alle, aber auch nur diejenigen, die sich innerhalb der Frist im bestimmten Wahlraum einfinden, die Zulassung zur Wahl zu fordern haben, und zwar dergestalt, daß das Wahlverfahren mit einem wesentlichen Mangel belastet wird, wenn dieser Rechtsanspruch verletzt wird.

2. Als Wahllokal war „die Turnhalle der Oberrealschule an der Margaretenstraße" bestimmt worden. Keinesfalls gehörte dazu der 900 qm große Schulhof, welcher von der Straße her den Zugang zur Turnhalle vermittelte; er liegt außerhalb der Turnhalle und bildet mit dieser keinen einheitlichen Raum. Im vorliegenden Falle ist der Schulhof als zum Wahllokal gehörig und als Bestandteil desselben angesehen worden. Sowohl mittags um 1 Uhr wie abends um 8 Uhr ist nicht der Zugang zur Turnhalle, sondern nur das Tor, das den Schulhof nach der Straße hin abschloß, geschlossen, und es sind alle Personen, die sich zu dieser Zeit auf dem Schulhofe befanden, zur Wahl zugelassen worden. Dies war unzulässig. Nach Ablauf der für die Wahl festgesetzten Zeit hatten die bis dahin im Wahllokale nicht erschienenen Wähler ihr Wahlrecht verloren und mußten von der Abstimmung ausgeschlossen bleiben. Es hatte also der Wahlvorstand, für den die hinsichtlich des Wahllokals und der Wahlzeit getroffenen Anordnungen bindend waren, dafür zu sorgen, daß zur festgesetzten Zeit die Turnhalle geschlossen und nach dieser Zeit keinem Wähler der Zutritt in sie gestattet wurde. Die Zahl der trotzdem nach 8 Uhr in die Turnhalle eingelassenen Wähler war bedeutend. Steht die Zahl der zu Unrecht zur Wahl verstatteten Wähler auch nicht ziffermäßig fest, so muß doch damit gerechnet werden, daß sie so groß war, daß sie für das Wahlergebnis erheblich sein konnte. Leidet somit das Wahlverfahren an einem Mangel, der auf das Wahlergebnis von Einfluß sein konnte, so folgt daraus die Ungültigkeit der Wahl. Dabei ist es unerheblich, daß die Stadtverordnetenversammlung die Ungültigkeit nicht hierauf gestützt hat; denn der Verwaltungsrichter hat von Amts wegen alles zu berücksichtigen, was für die Gültigkeit oder Ungültigkeit der angefochtenen Wahl von Bedeutung ist.

3. Eine Wahlzeit von fünf Stunden für eine Wählerzahl von 3000 Wählern muß selbst dann als unzureichend erachtet werden, wenn berücksichtigt wird, daß erfahrungsgemäß sich nur ein gewisser Prozentsatz an den Wahlen beteiligt, und daß von der städtischen Verwaltung und dem Wahlvorstande alle diejenigen Einrichtungen getroffen waren, welche eine schnelle und sachgemäße Abwickelung der Wahlhandlung zu fördern und zu erleichtern geeignet waren.

Nr. 3. Entsch. v. 31. Jan. 1913 (PrVerwBl. **34** 822) I B 45/12.

Die Feststellungen haben ergeben, daß, wenn überhaupt bei Beginn der für die zweite Abteilung festgesetzten Wahlzeit der Zugang zum Wahllokal gesperrt war, dies nur so kurze Zeit gedauert hat, daß von einer irgendwie bedeutsamen Verspätung des Einlasses der Wähler nicht die Rede sein kann. Die Wahlhandlung selbst hat allerdings mit einer Verspätung von einer Viertelstunde begonnen. Diese Abweichung von der festgesetzten Wahlzeit ist aber keine so erhebliche, daß sie geeignet wäre, die Annahme zu begründen, die 32 Wähler, die von den insgesamt 94 Stimmberechtigten der zweiten Abteilung bei der Hauptwahl ausgeblieben waren, hätten sich auch nur zum Teil hierdurch bestimmen lassen, von der Ausübung ihres Wahlrechts abzusehen. Wenn mit einer dahingehenden Möglichkeit in der Tat ernstlich zu rechnen wäre, so würden sich hierfür bei der Einfachheit und Übersichtlichkeit der Verhältnisse in L. unschwer nähere Anhaltspunkte haben ermitteln lassen. Nach den Umständen des vorliegenden Falles ist also der verspätete Beginn der Wahlhandlung nur als eine von den Wählern in den Kauf zu nehmende Unbequemlichkeit, nicht aber als eine solche Unregelmäßigkeit des Wahlverfahrens anzusehen, die eine Verkümmerung des Wahlrechts bedeutete und deshalb zum Ausspruch der Ungültigkeit der vorgenommenen Wahlen führen müßte. Der Fall der von dem Kläger in Bezug genommenen Entsch. v. 5. VII. 10 lag anders; denn dort war das Wahllokal eine Viertelstunde über den festgesetzten Wahlbeginn hinaus geschlossen geblieben und die Wahlhandlung hatte erst nach Verstreichen von mehr als der Hälfte der für den ganzen Wahlakt festgesetzten Zeit begonnen.

Nr. 4. Entsch. v. 31. Jan. 1913 (PrVerwBl. **34** 769) I B 60/12.

Der Gerichtshof hat in OVG. **57** 50 zwar ausgesprochen, daß jede Abweichung von der festgesetzten Wahlzeit eine Unregelmäßigkeit des Wahlverfahrens enthalte; er hat aber zugleich dargelegt, daß sich die Frage, ob und inwieweit diese eine derart erhebliche ist, daß sie die Gültigkeit der Wahl in Frage stellt, nach den Umständen des einzelnen Falles richte, und hat unerörtert gelassen, ob jede, wenn auch nur geringfügige Abweichung dazu geeignet sei, die Ungültigkeit der Wahl herbeizuführen. Die tatsächlichen Verhältnisse des vorliegenden Falles sind nicht geeignet, zu einer solchen Entscheidung zu führen. Zunächst ist nicht zu entnehmen, daß den Wählern der zweiten Abteilung der Eintritt in das Wahllokal zum Beginne der festgesetzten Wahlzeit nicht gestattet gewesen sei, es muß daher davon ausgegangen werden, daß das Wahllokal zur festgesetzten Zeit offen gestanden hat und für jeden Wähler die Möglichkeit gegeben war, in dasselbe zu gelangen, zumal das Wahllokal das gleiche war, welches bei der vorhergegangenen Wahl der dritten Abteilung benutzt worden war. Sonach handelt es sich im vorliegenden Falle nur um eine Verzögerung im Beginne der Wahlhandlung. Die Dauer der Verzögerung steht nicht genau fest. Es kann dahingestellt bleiben, ob der Beginn der Wahlhandlung sich um 10 oder um 15 Minuten verzögert hat, da dies für die Entscheidung nicht von Erheblichkeit ist. Der Beginn der Wahl der zweiten Abteilung ist dadurch hinausgeschoben worden, daß sie sich mit nur halbstündiger Pause an die Wahl der dritten Abteilung anschloß und das Wahlgeschäft der ersten Wahl nicht rechtzeitig beendigt und abgeschlossen war. Somit ist die Verzögerung nicht auf ein Verschulden des Wahlvorstehers oder gar auf eine willkürliche Handhabung seiner Befugnisse zurückzuführen, sondern in der Lage des Wahlgeschäfts, die nicht im voraus mit Sicherheit überblickt werden konnte, begründet gewesen. Bei dieser Sachlage ist die Annahme gerechtfertigt, daß die Wähler der zweiten Abteilung sich darüber nicht im Zweifel befinden konnten, daß die Wahl stattfinden und in absehbarer Zeit ihren Anfang nehmen werde. Daher kann auch nicht damit gerechnet werden, daß sich die rechtzeitig erschienenen Wähler, sei es auch nur zum Teil, in dem Glauben befinden konnten, die Wahl würde nicht stattfinden, und daß sie aus diesem Grunde sich wieder entfernt hätten.

Somit steht nur soviel fest, daß ein Teil der Wähler bis zur Dauer von 15 Minuten hat warten müssen, ehe die Entgegennahme der Stimmen begann. Hierin kann jedoch eine die Ungültigkeit der ganzen Wahl herbeiführende Beeinträchtigung des Wahlrechts der Wähler nicht gefunden werden. Der Wähler, der innerhalb der festgesetzten Wahlzeit erscheint, hat nicht einen unbedingten Anspruch darauf, daß die Wahlhandlung mit ihm sofort vorgenommen werde. Vielmehr ist dieser Anspruch durch die Geschäftslage und das gleiche Recht der übrigen Wähler beschränkt. Daher hat der Gerichtshof in ständiger Rechtsprechung den Anspruch des Wählers auf Zulassung zur Wahl dahin begrenzt, daß kein Wähler verlangen kann, ohne jede Unbequemlichkeit und ohne jedes Opfer an Zeit zur Ausübung seines Wahlrechts zu gelangen. Diese Einschränkungen dürfen auch im vorliegenden Falle nicht unberücksichtigt bleiben. Hier handelt es sich nur um eine Verzögerung von höchstens 15 Minuten, die die Wähler nötigte, im Wahllokal auf den Beginn der Wahlhandlung zu warten. Dies ist eine so geringe Unbequemlichkeit und ein so geringes Opfer an Zeit, daß die Wähler sich damit abfinden mußten. Eine Verkümmerung des Wahlrechts liegt darin nicht, auch hat eine unstatthafte Beeinträchtigung der Rechte der Wähler in sonstiger Beziehung nicht stattgefunden, da unbestritten alle Wähler zur Wahl zugelassen worden sind, die bis zum Ablaufe der festgesetzten Zeit im Wahllokal erschienen waren. Ebensowenig ist die Abweichung von der festgesetzten Wahlzeit im vorliegenden Falle als eine so erhebliche zu erachten, daß sie als eine Verlegung oder doch wesentliche Abänderung derselben angesehen werden könnte.

Nr. 5. Entsch. v. 21. Mai 1912 (PrVerwBl. **34** 131) I B 50/11.

Was die von den Klägern geltend gemachte Wahlbeeinflussung angeht, so läßt sich auch bei Unterstellung der Richtigkeit der bezüglichen tatsächlichen Angaben nicht annehmen, daß erhebliche Unregelmäßigkeiten mit Einfluß auf das Wahlergebnis stattgefunden haben. Die Agitation städtischer Beamter, die Entsendung städtischer Flurhüter zur Heranholung von Wählern und zur Stimmzettelverteilung sowie die Benutzung des städtischen Fernsprechers wären zwar besser unterblieben; indes erhellt nicht, ob dies im Auftrag oder unter Billigung der städtischen Behörden geschehen ist, und die klägerischen Behauptungen lassen nicht erkennen, daß einzelne Wähler infolge der Beeinflussung einem ihre freie Willensbestimmung ausschließenden Drucke gewichen sind, und daß ihre Zahl ohne die Beeinflussung ein anderes als das erzielte Ergebnis herbeigeführt haben würde. Auch sind die angewandten Mittel nicht derartige gewesen, daß anzunehmen wäre, es hätten sich charakterfeste Leute dadurch in ihren Entschließungen umstimmen lassen können; nur unter dieser Voraussetzung aber könnte der Wahlbeinflussung Erheblichkeit beigemessen werden. Da die Wählerliste öffentlich ausgelegen hatte, konnten bei der Hauptwahl die säumig gebliebenen Wähler festgestellt werden, ohne daß dazu eine nochmalige Einsichtnahme durch den Stadtsekretär M. oder einen anderen städtischen Beamten notwendig war. Der Aushang eines Plakats mit den Namen von F. und D. am Wahllokal war ein Mittel, wie es die Parteien zur Empfehlung ihrer Kandidaten anzuwenden pflegen und dessen Anwendung auch der Gegenpartei freistand. Wenn ferner der Polizeisergeant L. einen Wähler zur Ausübung seines Wahlrechts aufgefordert hat, so kann darin auch noch keine unzulässige Einwirkung gefunden werden.

Der Vermerk auf den Wahlkarten, daß die Karte bei der Abstimmung unbedingt persönlich dem Wahlvorstand abgegeben werden müsse, konnte nicht in dem Sinne aufgefaßt werden, daß nur der Besitz der Karte zur Ausübung der Wahl berechtige. Dem Vermerke konnte vielmehr bei verständiger Auslegung nur die Bedeutung beigemessen werden, daß die Karte als Legitimation des

Wählers zu dienen bestimmt war. Ob einzelne Wähler den Vermerk falsch ausgelegt haben, ist aber unerheblich; denn es kommt allein darauf an, ob Wähler ohne Karte zurückgewiesen worden sind.

Die Zulässigkeit der Verlesung des von einem Wähler überreichten Stimmzettels durch ein Mitglied des Wahlvorstandes würde von Fall zu Fall zu prüfen sein. Da indes die Kläger nicht näher dargelegt haben, wie oft und bei welchen Wählern eine solche Verlesung stattgefunden haben soll, fehlt es an der Möglichkeit der Feststellung, ob etwa Unregelmäßigkeiten in dieser Richtung einen Einfluß auf das Wahlergebnis gehabt haben.

Endlich ist die nochmalige Zulassung eines Wählers zur Richtigstellung der ursprünglich falschen Reihenfolge seiner Kandidaten zwar rechtswidrig; aber auch hier folgt daraus nicht die Ungültigkeit der Wahl, weil bei Wegfall der einen Stimme sich an dem Schlußergebnis nichts geändert haben würde.

Nr. 6. Entsch. v. 12. Juni 1913 (PrVerwBl. **35** 521) I B 15/13.

StO. § 25.

1. In der Erörterung und Abstimmung über die vorzeitige Zulassung eines Wählers liegt eine Teilnahme an den Geschäften des Wahlvorstandes. Da bei der Wahl der Aufruf der Wähler in der Reihenfolge geschah, in der sie in der Wählerliste eingetragen waren, durfte der Vorsitzende des Wahlvorstandes hiervon nicht willkürlich abweichen, sondern bedurfte dazu der Zustimmung des Wahlvorstandes. Denn nur der Wahlvorstand ist befugt, die einmal gewählte Art der Abfertigung der Wähler zu ändern und Ausnahmen davon zuzulassen. Sowenig der einzelne Wähler einen Anspruch hat, außer der Reihe zur Stimmabgabe zugelassen zu werden, ebensowenig kann der Vorsitzende des Wahlvorstandes beliebig eine andere als die einmal festgesetzte Art der Abfertigung der Wähler anordnen oder von ihr Ausnahmen gestatten. Die Art der Abfertigung der Wähler ist auch nicht ein nebensächlicher Punkt in dem Verlauf der Wahlhandlung, sondern eine für die Wähler und für die ungestörte, rechtzeitige und sachgemäße Erledigung der Wahl wichtige Maßnahme. An diesem Geschäft haben sich zwei Stellvertreter beteiligt, indem sie an der Erörterung und Beratung über die vorzeitige Abfertigung bestimmter Wähler und auch an der Abstimmung hierüber teilnahmen. Ob die Teilnahme der Stellvertreter an der Beratung und Abstimmung für die getroffene Entscheidung in den einzelnen Fällen ausschlaggebend war, ist ebenso unerheblich wie die Frage, ob die Bevorzugung einzelner Wähler auf das Wahlergebnis Einfluß hatte. Auch wenn tatsächlich nur in 5 bis 6 Fällen die stellvertretenden Vorstandsmitglieder sich an den Geschäften des Vorstandes beteiligt haben und diese Stimmenzahl an dem Ergebnis der Wahl nichts geändert hat, zeigt doch der ganze Verlauf der Wahl, daß die Teilnahme der Stellvertreter an den Obliegenheiten des Wahlvorstandes trotz der ursprünglichen Erklärung des Wahlvorsitzenden in einer für die Abwickelung des Wahlgeschäfts und die Stimmabgabe wichtigen Beziehung während des ganzen Wahlakts für statthaft erachtet worden ist. Hiernach ist es nicht angängig, eine ungesetzmäßige Besetzung des Wahlvorstandes nur für die Dauer der Beratung und Abstimmung über die vorzeitige Zulassung von Wählern anzunehmen, vielmehr hat sie während der ganzen Wahlhandlung bestanden und den Beweis erbracht, daß die Vorstandsgeschäfte in nicht gesetzmäßiger Weise gehandhabt wurden. Hiernach haben die Kläger mit Recht angenommen, daß die Wahl vor einem gesetzwidrig zusammengesetzten Wahlvorstande stattgefunden hat. Dies bewirkt aber die Ungültigkeit der Wahl, da die Wahlhandlung, die unter Leitung eines in ungesetzlicher Weise gebildeten Wahlvorstandes vollzogen wurde, rechtlich wie eine Wahlhandlung beurteilt werden muß, die ohne jeden Wahlvorstand vorgenommen worden ist.

2. An dem Grundsatze des § 25 StO., wonach jeder Wähler dem Wahlvorstande mündlich und laut zu Protokoll erklären muß, wem er seine Stimme geben wolle, ist aber festzuhalten; von ihm kann nur in besonderen Ausnahmefällen, z. B. dann abgewichen werden, wenn der Wähler wegen körperlicher Gebrechen (Taubstummheit) oder aus sonstigen erheblichen Gründen gehindert ist, der gesetzlichen Vorschrift ihrem Wortlaut entsprechend gerecht zu werden.

Nr. 7. Entsch. v. 1. Nov. 1912 (OVG. **63** 7) I B 41/12.

StO. § 26.

1. Bei der Feststellung des Wahlergebnisses sind Stimmen, die auf nicht wählbare Personen gefallen sind*), ebenso wie Stimmen, bei denen die Person des Gewählten nicht unzweifelhaft zu erkennen ist**), als gültige Stimmen zu behandeln.

2. Nach § 26 Abs. 1 StO. sind diejenigen gewählt, „welche bei der ersten Abstimmung die meisten Stimmen und zugleich absolute Stimmenmehrheit (mehr als die Hälfte der Stimmen) erhalten haben." Diese Vorschrift läßt nach ihrem Wortlaute nicht deutlich erkennen, ob nach der Absicht des Gesetzgebers bei der Berechnung der absoluten Stimmenmehrheit alle tatsächlich abgegebenen Stimmen mitgezählt werden sollen oder ob und unter welchen Voraussetzungen einzelne Stimmen hierbei auszuscheiden haben.

Es kann unerörtert bleiben, ob bei der Feststellung des Wahlergebnisses stets diejenigen Stimmen auszuscheiden haben, die nicht wegen ihres Inhalts, sondern deshalb ungültig sind, weil bei den Stimmenden die persönlichen Eigenschaften nicht vorhanden waren, die sie zur Abgabe einer Stimme berechtigen und befähigen. Dahin sind die Fälle zu rechnen, in denen der zur Stimmabgabe Zugelassene nicht in der Wählerliste eingetragen war oder sich fälschlich für den eingetragenen Wähler ausgegeben und dessen Stimmrecht ausgeübt hat oder wegen Unzurechnungsfähigkeit eine rechtsverbindliche Erklärung nicht abgeben konnte. Die Ungültigkeit der Stimme wird vielmehr im vorliegenden Falle nur daraus hergeleitet, daß aus der Stimmabgabe die Person des Gewählten nicht unzweifelhaft zu erkennen war, seine Abstimmung also objektiv wegen ihres Inhalts ungültig war.

3. Die Frage, ob eine objektiv ungültige Stimme bei der Stimmzählung mitzuberücksichtigen ist, ist hinsichtlich der auf nicht wählbare Personen gefallenen Stimmen für das Gebiet der StO. (OVG. **41** 25, 33) und für das Gebiet der LGemO. (OVG. **44** 149) verschieden beantwortet. In der ersten Entsch. ist ohne nähere Begründung ausgesprochen worden, daß, wenn nur eine Person, und zwar ein Hausbesitzer zu wählen sei, ein Wähler, der für einen Nicht-Hausbesitzer gestimmt habe, dem Wähler gleich zu erachten sei, der überhaupt keine Stimme abgegeben habe; die Stimme jenes Wählers sei von vornherein ungültig und dürfe auch bei Feststellung der absoluten Stimmenmehrheit nicht mitgezählt werden. Dagegen ist in der zweiten Entsch. näher ausgeführt, daß auch die auf nicht wählbare Personen gefallenen Stimmen bei Berechnung der Stimmenmehrheit gemäß § 62 LGemO. zu berücksichtigen seien, da auch das Stimmen seien und eine Person, die nicht Gemeindevertreter werden dürfe, doch Stimmen erhalten könne. Am Standpunkte dieser Entsch. muß auch für das Gebiet der StO. festgehalten werden, da die Erwägungen, die dieser Entsch. zugrunde liegen, für den § 26 dieser StO. ebenso zutreffen wie für den § 62 LGemO.

4. Ebenso wie die auf nicht wählbare Personen gefallenen Stimmen sind diejenigen Stimmen zu behandeln, bei denen die Person des Gewählten nicht

*) Abweichend OVG. **41** 25, 33.

) Abweichend Urt. v. 14. XI. 93 (PrVerwBl. **15 261).

unzweifelhaft zu erkennen ist. Zwar ist in Entsch. v. 14. XI. 93 (PrVerwBl. 15 261) ausgesprochen, daß, wenn jemand bei seiner Abstimmung einen Namen bezeichnet, der mehreren gemeinsam ist, ohne erklärende Zusätze überhaupt keine Erklärung darüber vorliege, wem, wie das G. verlange, der Wähler „seine Stimme geben" wolle. Die damit zum Ausdrucke gekommene Auffassung, daß in dem gedachten Falle der Wähler so zu behandeln sei, als wenn er sich an der Stimmabgabe überhaupt nicht beteiligt hätte, kann indessen bei nochmaliger Erwägung nicht aufrechterhalten werden. Es kommt nach dem G. ausschließlich darauf an, daß der an sich wahlberechtigte Wähler von seinem Stimmrechte hat Gebrauch machen wollen und davon tatsächlich Gebrauch gemacht hat; wen er wählt, ist gleichgültig. Daher kann es auch keinen Unterschied machen, ob er jemand wählt, der überhaupt nicht wählbar ist, oder eine Person, deren Identität nicht ausreichend feststeht. In beiden Fällen hat er sich an der Abstimmung beteiligt, und es ist kein innerer Grund ersichtlich, in dem letztgedachten Falle seine Stimme bei der Berechnung der Gesamtzahl der Abstimmenden anders zu bewerten als die für eine nicht wählbare Person abgegebenen Stimmen.

Nr. 8. Entsch. v. 18. Sept. 1913 (OVG. **66** 68) I B 16/13.

1. Es ist richtig, daß der Wahlvorstand eine Stimme erst entgegennehmen kann, nachdem er den Wähler als solchen zuzulassen sich entschlossen hat. Daraus folgt aber nicht, daß auch die Abgabe der Stimme wirksam erst nach dieser Zulassung erfolgen kann. Nennt ein Wähler alsbald, nachdem er an den Wahltisch getreten ist, den Namen des Gewählten, bevor sein Wahlrecht geprüft und sein Name in der Liste gefunden worden ist, so bleibt die Stimmabgabe in der Schwebe, bis der Wahlvorstand sie annimmt, insbesondere ihre Aufzeichnung veranlaßt; es ist nicht nötig, daß er die Stimmabgabe nach Feststellung der Wahlberechtigung wiederholen läßt. Hier hat der Zeuge R., den Namen T. (zusammen mit den nicht von B. genannten Namen D., M. und W., der Kandidaten des Bürgervereins) schon durch Stempelaufdruck in die amtliche Liste hinter dem Namen des B. eingetragen, nachdem B. den T. (nebst N., H., S., den Zentrumskandidaten) als gewählt genannt hatte und auch sein Name in der Liste aufgefunden worden war. Mit diesem Stempelaufdrucke hatte R. im Namen und im Auftrage des anwesenden Wahlvorstandes zu erkennen gegeben, daß die Stimmabgabe des B. entgegengenommen und protokollarisch festgelegt würde.

2. Die Protokollierung wurde von einem unbeteiligten Anwesenden angefochten, und zwar insofern mit Recht, als neben T. versehentlich die drei anderen Kandidaten des Bürgervereins eingezeichnet worden waren statt der Zentrumskandidaten N., H. und S. Daraus ergab sich aber nicht die Notwendigkeit, die Stimmabgabe wiederholen zu lassen und den Wähler durch den Zuruf „Nun wählen Sie nochmals!" in die Gefahr des Widerspruchs zweier Stimmabgaben zu bringen. B. nannte nunmehr die vier Zentrumskandidaten. Nicht aber hat er die erste Nennung widerrufen oder sie irgendwie als irrig gekennzeichnet. Es lag auch für die Zuhörer sonst kein Anhalt dafür vor, daß die erste Nennung weniger wirksam sein sollte als die zweite, oder daß B. sich des Unterschieds seiner beiden Erklärungen überhaupt bewußt war. Da hiernach zwei verschiedene, aber gleich wirksame Stimmabgaben des B. vorliegen, fehlt es an der für solche Erklärungen erforderlichen Klarheit und Bestimmtheit. Weder T. noch E. kann daher als von B. gewählt gelten.

3. Die amtliche Liste muß als maßgebend gelten; aber ein Gegenbeweis gegen sie ist nicht ausgeschlossen. Er ist auch nicht etwa, wie gegenüber einem gerichtlichen Protokolle, das von vereideten und geübten Beamten unter

Aufsicht des Richters gefertigt wird, auf den Nachweis der Fälschung beschränkt (§ 164 ZPO.). Man muß jedoch den vollen Beweis der Unrichtigkeit verlangen, wenn die einen Teil des Protokolls bildende Abstimmungsliste nicht gelten soll.

Nr. 9. Entsch. v. 27. Okt. 1913 (OVG. 65 63) IB 4/13.

Sind mehrere Stadtverordnete zu wählen, so darf kein Wähler von der Stimmabgabe aus dem Grunde zurückgewiesen werden, weil er nur für eine Person stimmen will. Hat der Wahlleiter erklärt, daß er Wähler, die weniger Namen nennen würden, als Verordnete zu wählen sind, zurückweisen werde, so werden die Wähler dadurch über die Grenzen ihrer Wahlbefugnis in einen Irrtum versetzt, der das Ergebnis der Wahl zu beeinträchtigen geeignet ist. Denn dem Wahlvorstand und dem Bürgermeister als seinem Organe liegt es ob, das Wahlgeschäft zu leiten. Dem entspricht die Pflicht des Wählers, sich seinen Weisungen zu fügen. Für den Wähler, der nur einem Kandidaten seine Stimme geben wollte, gab es somit gegenüber der fraglichen Äußerung des Bürgermeisters nur zwei Möglichkeiten: entweder er fügte sich, um überhaupt zur Wahl zugelassen zu werden, der Anordnung des Wahlvorstandes, oder er enthielt sich überhaupt der Abstimmung.

Nr. 10. Entsch. v. 11. Febr. 1913 (PrVerwBl. 35 74) IB 55/12.

WestfStO. § 26.

1. Wenn sich in dem ersten Wahlgang nicht mehr als die Hälfte der Stimmen auf eine Person vereinigt, so liegt es dem Wahlvorstand ob, eine zweite Wahl (Stichwahl) anzusetzen und hierfür solche Personen als Kandidaten zu bezeichnen, die gültig gewählt werden können; denn er muß die Möglichkeit vermeiden, daß eine auf seine Anordnung vollzogene engere Wahl aus einem Grunde für ungültig erklärt wird, den er voraussehen konnte.

2. Wird ein Beschluß des Wahlvorstandes, die engere Wahl aufzuheben, durch die Tatsache überholt, daß der Magistrat eine Neuwahl angeordnet hat, nachdem ihm der Beschluß zugegangen war, so war damit der dem Wahlvorstand erteilte Auftrag erledigt, und das von ihm geleitete Wahlgeschäft hatte sein Ende erreicht. Auf letzteres kann infolgedessen nicht mehr zurückgegangen werden, und es kann sich nur noch darum handeln, ob die nunmehr vollzogene Wahl den gesetzlichen Anforderungen entspricht. Die gegenteilige Annahme würde zu dem unannehmbaren Ergebnis führen, daß während der Dauer der Wahlperiode eine Wahl überhaupt nicht mehr stattfinden könnte. Denn wenn die letztvollzogene Wahl entsprechend dem von dem Kläger vertretenen Standpunkt für ungültig erklärt wird, würde gleichwohl nicht auf das frühere Wahlverfahren zurückgegangen werden können, das seine Erledigung gefunden hat und nicht wieder aufleben kann. Jeder auf Grund der von dem Kläger erhobenen Einwendungen vorgenommenen Neuwahl würde diese Tatsache entgegenstehen und damit das Zustandekommen einer gültigen Wahl vereitelt werden.

Nr. 11. Entsch. v. 15. Jan. 1914 (PrVerwBl. 35 907) IB 53/13.

1. Bei Stadtverordnetenwahlen ist eine Form für die erforderliche sachliche Trennung zwischen Ersatzwahlen und Ergänzungswahlen nicht vorgeschrieben. Es genügt, daß die Bekanntmachung der Wahl eine klare Unterscheidung zwischen den in Betracht kommenden Wahlen beider Art enthält.

2. Die einseitige Befürchtung von Wählern, daß ihnen aus ihrer Stimmabgabe Nachteil erwachsen könnte, genügt ebensowenig wie die Androhung,

daß die ohnehin öffentlich erfolgende Stimmabgabe öffentlich bekannt gemacht werden würde.

δ) Rechtsmittel.

Nr. 1. Entsch. v. 23. Jan. 1912 (OVG. **61** 6) I B 42/11.

Steht zur Zeit der Entscheidung über die Gültigkeit von Stadtverordnetenwahlen rechtskräftig fest, daß die ihnen zugrunde gelegte Wählerliste ungültig — nicht bloß berichtigungsbedürftig — gewesen ist, so sind die Wahlen ebenfalls für ungültig zu erklären.

Nr. 2. Entsch. v. 22. Mai 1913 (DJZ. **19** 105) I B 19/13.

Daß die Klage gegen den Beschluß einer Stadtverordnetenversammlung, durch welchen auf einen Einspruch hin die Berichtigung der Wählerliste angeordnet wird, von jedem Gemeindemitglied erhoben werden kann, kann aus den maßgebenden Vorschriften nicht gefolgert werden. Vielmehr ist auch bei erneuter Prüfung daran festzuhalten, daß das Recht zur Erhebung der Klage gegen den Berichtigungsbeschluß einer Stadtverordnetenversammlung, abgesehen von dem Gemeindevorstand und dem Einspruchерheber, dessen Einspruch nicht volle Berücksichtigung gefunden hat, nur demjenigen zusteht, der sich durch die Änderung der Liste in seinem Stimmrechte verkürzt sieht.

Nr. 3. Entsch. v. 17. Nov. 1913 (OVG. **66** 64) I B 32/13.

StO. § 20, ZustG. § 10.

Die Erhebung des Einspruchs gegen die Wählerliste ist nicht auf diejenigen Tagesstunden beschränkt, in denen die Liste tatsächlich offenliegt. Für die „Einspruchерhebung" bestimmt Abs. 3 des § 20 StO.: „Während dieser Zeit kann jedes Mitglied .... Einspruch erheben" und bestimmt jetzt § 10 Abs. 2 ZustG.: „Einsprüche gegen die Richtigkeit der Wählerliste sind während der Dauer der Auslegung der letzteren .... bei dem Gemeindevorstande zu erheben." Die Worte „während dieser Zeit" und „während der Dauer der Auslegung" beschränken den Einspruch nicht auf die Tagesstunden, an denen die Liste tatsächlich offenliegt, sondern besagen nur, daß Auslegungs- und Einspruchsfrist identisch sind. Da aber der letzte Tag der Auslegung noch voll in die Frist fällt und hieran der Umstand, daß die Auslegung der Liste nur während bestimmter Tagesstunden stattfindet, nichts ändert, kann auch der Einspruch noch während der ganzen Dauer des letzten Tages der Auslegung erhoben werden. Dies schließt nicht aus, daß sich ein Einspruch, der zwar am letzten Tage, aber nach Schluß der Geschäftsstunden erhoben und deshalb nicht mehr an diesem Tage an den Magistrat gelangt ist, als verspätet erweisen kann.

Nr. 4. Entsch. v. 15. Jan. 1914 (PrVerwBl. **35** 907) I B 53/13.

Wie das OVG. wiederholt ausgeführt hat (z. B. **58** 44), ist in Wahlsachen Gegenstand des Verwaltungsstreitverfahrens nur die Gültigkeit einer Wahl, nicht die Rechtsbeständigkeit des von der Gemeindevertretung über die Wahl gefaßten Beschlusses. Wenn der § 11 Satz 2 ZustG. sagt, daß die Verwaltungsklage „gegen" den Beschluß der Gemeindevertretung stattfindet, so bedeutet dies, daß die Klage nur gegeben ist, nachdem die Gemeindevertretung einen dem Kläger ungünstigen Beschluß gefaßt hat. Der Beschluß ist Voraussetzung für die Klage, doch genügt auch ein ungültiger Beschluß. Ebensowenig kann sich das Streitverfahren auf den Akt der Einführung der Beigeladenen erstrecken, da für dessen Nachprüfung die Klage im G. nicht gegeben ist und eine bei der Einführung etwa begangene Gesetzwidrigkeit die Gültigkeit der Wahl nicht beeinflussen kann.

Nr. 5. Entsch. v. 7. Jan. 1913 (OVG. **63** 59) IB 34/12.

1. Im Geltungsbereiche der HannStO. v. 24. VI. 58 ist das durch den Wahlvorsteher festgestellte Wahlergebnis vom Magistrat auch dann bekannt zu machen, wenn er die Feststellung für unrichtig erachtet.

2. Nach § 90 aaO. erfolgt die Wahl unter Leitung eines Magistratsmitgliedes, das zwei Bürgervorsteher oder sonstige stimmfähige Bürger als Gehilfen zuzuziehen hat. Über die Wahlhandlung ist nach §§ 92, 94 ein Protokoll aufzunehmen, das nach Abschluß des Wahlgeschäfts dem Magistrate vorzulegen ist. Dieser hat auch nach § 94 Abs. 2 mit den Bürgervorstehern über die Gesetzmäßigkeit der Wahl zu entscheiden. Mit dem Erlasse des ZustG. ist die Mitwirkung des Magistrats bei der Entsch. über die Wahl weggefallen, da nach §§ 10², 11 das. die Gemeindevertretung (das Bürgervorsteherkollegium) allein über die Gültigkeit der Wahlen zu beschließen hat. Das ZustG. hat zugleich das Verfahren wegen Anfechtung der Wahlen näher dahin geordnet, daß innerhalb zwei Wochen nach Bekanntmachung des Wahlergebnisses gegen dessen Gültigkeit beim Gemeindevorstande (Magistrat) Einspruch erhoben werden kann, über den das Bürgervorsteherkollegium vorbehaltlich des Verwaltungsstreitverfahrens zu befinden hat. Die Bekanntmachung des Wahlergebnisses war der StO. fremd. Diese sieht vielmehr erst nach Abschluß des Wahlprüfungsverfahrens und nach Einführung der Gewählten die öffentliche Bekanntgabe ihrer Namen vor (§ 87 Abs. 5). Damit deckt sich die Bekanntmachung des Wahlergebnisses keineswegs; letztere bildet vielmehr eine formelle Voraussetzung des Wahlanfechtungsverfahrens dergestalt, daß ohne ihre vorgängige Erfüllung eine Wahl nicht für gültig erklärt werden darf. Der Erlaß dieser Bekanntmachung steht nicht dem Wahlvorsteher zu; denn dessen Aufgabe erschöpft sich mit der Leitung der Wahl, die in der Feststellung des Ergebnisses ihren Abschluß findet. Die Bekanntmachung setzt den Abschluß des Wahlgeschäfts voraus; sie kann in rechtswirksamer Weise erst nach diesem erfolgen und steht nach § 38 StO. lediglich dem Magistrate zu, dem nach § 94 Abs. 1 das Wahlprotokoll vorzulegen ist. Hiermit ist jedoch dem Magistrate nicht auch eine Bestimmung über den Inhalt der Bekanntmachung eingeräumt, die das Wahlergebnis zur öffentlichen Kenntnis bringen soll. Die Feststellung des Wahlergebnisses aber gehört zu den Obliegenheiten des Wahlvorstehers; denn sie bildet einen wesentlichen Bestandteil des ganzen Wahlgeschäfts mit der Wirkung, daß das im Wahltermine festgestellte Ergebnis so lange maßgebend bleibt, bis etwa die Gemeindevertretung die Wahl für ungültig erklärt. Deshalb darf der Inhalt der Bekanntmachung nur in der Wiedergabe des vom Wahlvorsteher festgestellten Ergebnisses bestehen.

3. Eines gleichen Verstoßes machte sich das Bürgervorsteherkollegium schuldig, indem es die Wahl des H. für gültig erklärte. Selbst wenn, wie es allein der gesetzlichen Ordnung entsprochen hätte, in der Bekanntmachung des Magistrats der Kläger S. als gewählt bezeichnet gewesen wäre, seine Wahl aber für ungültig erachtet wurde, hätte sich das Bürgervorsteherkollegium darauf beschränken müssen, diese Wahl für ungültig zu erklären, worauf dann, wenn die Ungültigerklärung nicht angefochten oder im Verwaltungsstreitverfahren aufrechterhalten wurde, eine Neuwahl anzuordnen gewesen wäre. Dagegen durfte das Bürgervorsteherkollegium nicht an Stelle des Klägers die Wahl eines anderen für gültig erklären, der vom Wahlvorsteher überhaupt nicht als gewählt bezeichnet war, dessen Wahl mithin nicht stattgefunden hatte. Nach Lage der Sache war überdies für eine Beschlußfassung über die Wahl noch gar kein Raum, weil es an der Bekanntmachung des in Wahrheit Gewählten, mithin des Wahl-

ergebnisses, fehlte. Zwar hinderte dieser Mangel nach den obigen Darlegungen an sich die Ungültigkeitserklärung der Wahl des Klägers nicht. Allein durch den unzulässigen Eingriff des Magistrats war die ganze Grundlage für die Beschlußfassung des Bürgervorsteherkollegiums derart verschoben, daß der in der Verwerfung des Einspruchs etwa liegenden Ungültigkeitserklärung der Wahl des Klägers eine selbständige Bedeutung gegenüber der Gültigkeitserklärung der Wahl des H. nicht zugestanden werden kann. Unter den obwaltenden Umständen mußte sich das Bürgervorsteherkollegium der Beschlußfassung über die Gültigkeit der Wahl enthalten und den Magistrat auffordern, zunächst eine dem G. entsprechende Veröffentlichung des Wahlergebnisses zu bewirken.

2. Amtsgeschäfte.

Nr. 1. Entsch. v. 5. Juli 1912 (PrVerwBl. **34** 313) II B 59/11.

SchlHolstStO. § 94, ZustG. §§ 10, 11.

1. Das Verwaltungsstreitverfahren aus §§ 10 und 11 ZustG. findet auf die Anfechtung der Wahl des Bürgermeisters in den Städten mit vereinfachter Städteverfassung im Geltungsbereiche der Städte- und FleckenO. für Schleswig-Holstein v. 14. IV. 69 keine Anwendung.

2. Das OVG. hat bereits zu der Frage Stellung genommen, ob das durch §§ 10 und 11 ZustG. für die Anfechtung der Wahlen zur Gemeindevertretung eingeführte Verwaltungsstreitverfahren auch auf die Wahl der Magistratsmitglieder im Gebiete der SchlHolstStO. Anwendung finde. Der Gerichtshof hat diese Frage mit folgender Begründung verneint: Richtig sei zwar, daß vor der Einführung des ZustG. ein Unterschied in dem Verfahren und der Zuständigkeit der Behörden, je nachdem es sich um die Wahl eines Magistratsmitglieds oder eines Stadtverordneten handelte, nicht bestand; unrichtig aber sei es, daß das ZustG. das Verwaltungsstreitverfahren auch gegen Beschlüsse der städtischen Kollegien zugelassen habe, durch welche die Wahl von Magistratsmitgliedern für gültig erklärt werde. Durch § 10 ZustG. sei der Gemeindevertretung nur die Beschlußfassung über die Gültigkeit der Wahlen zur Gemeindevertretung übertragen worden, wogegen über die Gültigkeit der Wahl von Magistratsmitgliedern nach wie vor beide städtische Kollegien zu beschließen hätten. In ersterem Falle finde gemäß § 11 ZustG. gegen den Beschluß die Klage im Verwaltungsstreitverfahren statt, in letzterem gemäß § 45 StO. der Rekurs an die Regierung, jetzt den Regierungspräsidenten (Entsch. v. 20. V. 04, II. 929 und 7. VII. 05, II. B. 17. 05).

3. Diese beiden Entsch. hatten allerdings zum Gegenstande die Wahl eines Bürgermeisters in Gemeinden mit kollegialischer Magistratsverfassung; die gleichen Grundsätze müssen indessen auch auf die Wahl des Bürgermeisters in den Städten mit einfacherer Städteverfassung Anwendung finden. Der Unterschied zwischen der regelmäßigen und der „einfacheren" Städteverfassung beruht darin, daß bei der letzteren an die Stelle des Magistrats ein nicht kollegialisch zusammengesetzter, an der Spitze der Gemeindevertretung die Verwaltung führender Ortsvorstand tritt. Dieser besteht aus dem Bürgermeister, dem zwei oder drei Ratmänner zur Unterstützung und Vertretung in Behinderungsfällen beigeordnet sind. Auf den Bürgermeister gehen alle dem Magistrate beigelegten Rechte und Pflichten über (§ 94[5]), im übrigen unterscheidet er sich in nichts von dem Bürgermeister in den Städten mit normaler Städteverfassung, bis auf den Umstand, daß er kraft G. stimmberechtigter Vorsitzender der Stadtverordnetenversammlung ist. Dieser Umstand macht ihn aber nicht zum Stadtverordneten. Seine Stellung ist anders zu beurteilen als die der Ratmänner. Diese können Stadtverordnete sein, d. h. sie können zu Stadtverordneten

gewählt werden. In solchen Fällen unterliegt ihre Wahl zum Stadtverordneten dem Anfechtungsverfahren aus § 10 ZustG., nicht aber ihre Wahl zum Schöffen. Der Bürgermeister wird zum Vorsitz in der Stadtverordnetenversammlung durch das G. selbst, nicht durch Wahl berufen. Der Vorsitz in der Stadtverordnetenversammlung ist Rechtsfolge seiner Wahl zum Bürgermeister, nicht Gegenstand dieser Wahl. Diese Einrichtung ist keineswegs eine Besonderheit der SchlHolstStO.; sie ist, wie überhaupt die Regelung der vereinfachten Städteverfassung, der eine derartige vereinfachte Einrichtung bereits vorsehenden StO. (Tit. VIII §§ 72, 73) und der WestfStO. v. 19. III. 56 (§§ 72, 73) entnommen. Auch nach diesen StO. führt der Bürgermeister in den Städten ohne kollegialischen Gemeindevorstand den Vorsitz in der Stadtverordnetenversammlung mit Stimmrecht. Daß im Geltungsbereiche dieser StO. der Bürgermeister dadurch nicht zum Stadtverordneten wird, ist niemals in Zweifel gezogen worden, ebensowenig wie im Gebiete der RhStO. v. 15. V. 56, wo nach § 36 daselbst dem Bürgermeister allgemein der Vorsitz in der Stadtverordnetenversammlung mit vollem Stimmrechte gesetzlich eingeräumt ist. Der einzige Unterschied, welchen die SchlHolstStO. den anderen StO. gegenüber aufweist, ist der, daß die Wahl des Bürgermeisters nach den für die Stadtverordneten gegebenen Bestimmungen zu erfolgen hat (§ 94³). Dies ist aber für die Beurteilung der Stellung des Bürgermeisters gleichgültig. Damit wird auch im Gebiete der SchlHolstStO. keine Abweichung für die Städte mit vereinfachter Verfassung eingeführt. Denn diese Art der Wahl findet sich, wie bereits oben erwähnt, für sämtliche Magistratsmitglieder — gleichviel ob die Stadt mit regelmäßiger oder vereinfachter Verfassung ausgestattet ist — durch § 31 daselbst vorgeschrieben.

Nr. 2. Entsch. v. 14. März 1913 (Recht 17 344).

Nach § 64 StO. bzw. § 58⁵ RhStO. erhalten Stadtverordnete weder Gehalt noch Remuneration, und ist nur die Vergütung der baren Auslagen zulässig, die für sie aus der Ausrichtung von Aufträgen entstehen. Unter „Aufträgen" sind nur solche zu verstehen, die den Stadtverordneten für den einzelnen Fall von der Stadtverordnetenversammlung oder den städtischen Kommissionen erteilt werden. Es ist also nicht zulässig, aus städtischen Mitteln Karten für die Benutzung der Straßenbahn anzuschaffen und sie den Stadtverordneten auszuhändigen.

Nr. 3. Entsch. v. 9. Jan. 1914 (PrVerwBl. 35 891) II B 11/13.

Die Stadtverordnetenversammlung ist befugt, bei der späteren Errichtung einer neuen Beamtenstelle das Gehalt für sie, mangels eines Normalbesoldungsstatuts, anders festzusetzen, als sie es für eine durch einen früheren Beschluß lediglich einem bestimmten Beamten zugedachte, diesem aber nie wirklich verliehene Stelle vorgesehen hatte.

D. Bürgermeister; Magistrat; städtische Deputationen.

Nr. 1. Entsch. v. 10. Mai 1912 (OVG. 61 11) I A 178/11.

HNStO. § 69.

Der § 69 Abs. 3 HNStO. enthält die Bestimmung, daß in Städten von mehr als 1200 Einwohnern die Bürgermeister eine Besoldung erhalten. Eine ausdrückliche Vorschrift darüber, in welcher Weise die Einwohnerzahl festzustellen ist, besteht nicht. Es unterliegt indessen keinem Bedenken, den in der neueren Verwaltungsgesetzgebung vielfach zum Ausdrucke gekommenen Grundsatz, daß da, wo Rechtsverhältnisse von der Einwohnerzahl einer Gemeinde abhängig sind, als solche die bei der letzten Volkszählung ermittelte zu gelten hat, auch im vorliegenden Falle zur Anwendung zu bringen. Da durch die Volkszählung v. 1. XII. 10 in der Stadt S. eine Einwohnerzahl von mehr als 1200 Seelen festgestellt worden ist, so war damit zugleich die im § 69 Abs. 3 aaO. vorgesehene Verpflichtung, wonach die Stadt dem Bürgermeister eine Besoldung zu gewähren hat, begründet. Diese Verpflichtung ist zwingender Natur. Sie greift infolgedessen auch dann Platz, wenn die Überschreitung der Einwohnerzahl in die Amtsperiode des Bürgermeisters fällt, und es kann ihr nicht der Einwond entgegengehalten werden, daß eine Erhöhung der Bezüge des Bürgermeisters während der Dauer der Amtsperiode gegen den Willen der beteiligten Stadtgemeinde unzulässig sei; denn um eine Erhöhung seiner Bezüge handelt es sich überhaupt nicht. Vielmehr steht die Schaffung eines völlig neuen rechtlichen Verhältnisses zwischen der Stadt und dem Bürgermeister in Frage, indem an die Stelle der bisher gewährten Entschädigung kraft gesetzlicher Vorschrift eine Besoldung mit ihren rechtlichen Wirkungen, insbesondere auch in bezug auf Pensionsanspruch und Hinterbliebenenversorgung, tritt.

E. Gemeindebeamte.

Nr. 1. Entsch. v. 28. Nov. 1912 (PrVerwBl. 34 380) II B 3/12.

1. Die Frage, welcher Teil des Diensteinkommens bei Feststellung des Pensionsanspruchs als Gehalt anzusehen ist, kann nur Gegenstand eines Verwaltungsstreitverfahrens sein, nur hierauf darf sich die binnen zwei Wochen bei dem Bezirksausschuß anzubringende Klage erstrecken. Der Antrag auf Festsetzung eines bestimmten Ruhegehalts gehört vor den ordentlichen Richter oder vor den Provinzialrat. Der Verwaltungsrichter kann einem solchen Antrage nicht stattgeben. Man wird darin jedoch das Begehren finden dürfen, daß, wenn nicht über den Pensionsanspruch endgültig und nach allen Richtungen erkannt werden kann, wenigstens über die dem Verwaltungsstreitverfahren unterliegende Vorfrage, wie hoch das pensionsfähige Gehalt anzunehmen sei, entschieden werden möge.

2. Im vorliegenden Falle liegt kein genügender Grund vor, das Amt eines Rendanten bei der städtischen Sparkasse in B. als Nebenamt anzusehen. Allerdings ist K. zunächst, von 1871 bis 1880, nur Kämmereikassenrendant gewesen, und er hat die Sparkassengeschäfte erst 1880 übernommen. Es kommt aber für die Beurteilung der Rechtslage nur auf das Ende der Dienstzeit an. Damals war das Sparkassenamt dem Kämmereiamte, was Einkommen, Arbeitsumfang und Menge der durchlaufenden Gelder angeht, erheblich überlegen. In dem Ortsstatute, das die Anstellung und Versorgung der Kommunalbeamten der Stadtgemeinde B. regelt, finden sich die Ämter des Stadtkassen- und des Sparkassenrendanten gleichgeordnet nebeneinander aufgeführt. Auch nach den Satzungen der Sparkasse wird der Rendant als Gemeindebeamter angestellt, ohne daß die Anlehnung an ein anderes Amt erkennbar wäre. Wenn K. bei seiner Ernennung zum Sparkassenrendanten im Jahre 1880 nicht so, wie bei seiner ersten Anstellung im Jahre 1871, eine förmliche Bestallung erhalten hat, so wird dadurch nicht das zweite Amt als ein Nebenamt gekennzeichnet. Abgesehen davon, daß die Vorschrift im § 1 Satz 2 KommBG. damals noch nicht galt, war eine die Kommunalbeamteneigenschaft begründende oder bezeugende Urkunde für K. im Jahre 1880 schon deshalb nicht nötig, weil er schon lange unstreitig städtischer Beamter war. Die Reihenfolge der Übernahme beider Ämter kann nicht entscheidend sein. Wie sich aber beide Ämter im Jahre 1911 darstellten, konnte ebensogut das Kämmereiamt als Nebenamt zum Sparkassenamte gelten wie umgekehrt; daraus folgt, daß beide gleichwertig waren.

3. Wegen der Höhe des pensionsfähigen Einkommens aus dem Sparkassenamt entscheidet nach § 12 KommBG. § 10 PensG., und hiervon ist allein die Ziff. 2 anwendbar, d. h. es ist der Durchschnitt der letzten drei Rechnungsjahre anzurechnen. „Bloß zufällige Diensteinkünfte" iS. der Ziff. 3 waren die fest zugesagten und dreißig Jahre bezogenen Gewinnanteile von 25 v. H. des Reinertrags nicht. Ebensowenig kann aber nach einem „Normalgehalt" (Ziff. 4) bei Diensteinkünften gesucht werden, die ihrer Natur nach steigend und fallend sind (OVG. v. 17. IX. 09 II. B. 11. 09).

F. Gemeindeholzungen und Gemeindeanstalten.

Nr. 1. Entsch. v. 25. Juni 1912 (PrVerwBl. **34** 278) IIB 5/11.

Der Erwerb des Rechtes zur Teilnahme am Gemeindenutzen der Stadt Gemünden a. W. (RegBez. Kassel) hat die Entrichtung des vorgeschriebenen Einkaufgeldes zur Voraussetzung. Wenn der Kläger sich wiederholt auf den Beschluß des Magistrats v. 5. III. 08, der übrigens den Erwerb des Nutzungsrechts ebenfalls ausdrücklich von Entrichtung des Einkaufgeldes abhängig macht, beruft, so geht dies fehl, weil der Erwerb des Nutzungsrechts nach den statutarischen Bestimmungen sich nicht durch einen Beschluß des Magistrats, sondern durch Erfüllung der in dem Statut festgesetzten Voraussetzungen des Erwerbs vollzieht. Der Beschluß des Magistrats hat zunächst keine andere Wirkung, als daß der Antragsteller als berechtigter Anwärter für den Fall des Freiwerdens von Nutzungsrechten anerkannt wird und demgemäß in die Anwärterliste aufzunehmen ist. Der Erwerb des Nutzungsrechts selbst kann sich nur bei Erfüllung aller von dem Statut aufgestellten Bedingungen vollziehen.

Nr. 2. Entsch. v. 1. Okt. 1912 (OVG. **64** 172) IIB 17/11.

1. Wie der Gerichtshof in Entsch. v. 25. VI. 12 — II. B 8/1911 — ausgesprochen hat, kann in dem Verwaltungsstreitverfahren nach § 18 ZustG. und § 55 HNStO. v. 4. VIII. 97 (GS. 254) nur über das Recht zur Teilnahme an den Gemeindenutzungen, nicht dagegen über den Anspruch auf Auszahlung eines bei Umwandlung von Bürgervermögen in Kämmereivermögen ausgesetzten Abfindungskapitals entschieden werden.

2. Der Kreis derjenigen Personen, die am Gemeindeglieder- oder Gemeindegliederklassenvermögen Anteil haben, wird durch öffentlichrechtliche Normen des Ortsrechts bestimmt. Deshalb können die Gemeindebehörden einer Person, die nicht zu diesem Kreise gehört, durch Privatvertrag kein Nutzungsrecht einräumen, also auch nicht jemandem, der das Nutzungsrecht nach der öffentlich-rechtlichen Norm verloren hat, dieses Recht vorbehalten. Die Zahlung eines sogenannten Rekognitionsgeldes kann daher dem Zahlenden das Nutzungsrecht am Bürgervermögen nur dann erhalten, wenn öffentlich-rechtliche Satzungen es zulassen. Die Vorschriften in § 20 KurhGemO. v. 23. X. 34 würden, selbst wenn sie noch in Geltung wären, im vorliegenden Falle ohne Bedeutung sein, weil sie sich nur auf Personen bezogen, die außerhalb des Gemeindebezirkes verzogen waren. Eine andere gesetzliche Bestimmung, die der Zahlung eines Rekognitionsgeldes in dem Falle des Klägers öffentlich-rechtliche Bedeutung beilegte, besteht nicht. Es kann daher nur in Frage kommen, ob das Ortsrecht in dieser Beziehung eine Regelung getroffen hat. Dessen Bestehen hat der Verwaltungsrichter von Amts wegen zu prüfen.

3. Besteht die Observanz nicht und handelt es sich um reines Gemeindegliedervermögen, d. h. solches Eigentum der Gemeinde, bei dem das Nutzungsrecht an keine andere Voraussetzung als an die der Gemeindemitgliedschaft ge-

knüpft ist, so konnte die Umwandlung in Kämmereivermögen durch Gemeindebeschluß erfolgen, ohne daß die berechtigten Gemeindeangehörigen dem Beschlusse zuzustimmen brauchten.

4. Wird dagegen das Bestehen einer Observanz erwiesen, durch die die außerhalb der Ringmauer wohnenden Gemeindeangehörigen ausgeschlossen waren, so ist weiter die Frage zu prüfen, ob eine Observanz auch des Inhalts bestanden hat, daß die außerhalb der Ringmauer verzogenen Personen sich durch Zahlung eines Rekognitionsgeldes ihr Recht erhalten konnten. JF. der Bejahung käme es weiter auf den näheren Inhalt der Observanz an. Es wäre denkbar, daß die Zahlung des Rekognitionsgeldes das Recht auf dauernden Fortbezug der Nutzung selbst aufrecht erhalten hätte. Sollte die Observanz diesen Inhalt gehabt haben, so würde der Umstand, daß dem Kläger mit oder ohne seine Zustimmung in den Jahren von 1904 ab die Nutzung nicht mehr ausgezahlt worden ist, ohne Bedeutung sein, da er trotz dieser Unterlassung immer noch zu dem Kreise der Teilnahmeberechtigten gehört haben würde. Anderseits wäre denkbar, daß nach dem Inhalte der Observanz die Zahlung des Rekognitionsgeldes nur die Folge gehabt hätte, daß das Recht auf den Bezug der Nutzungen bei späterer Rückkehr in den Bezirk innerhalb der Ringmauer wieder aufgelebt wäre. Bei dieser Rechtslage würde die Erklärung des Klägers, daß er jederzeit bereit sei, wieder in den Bezirk innerhalb der Ringmauer zu verziehen, keine Bedeutung haben; denn solange der Kläger tatsächlich nicht innerhalb der Ringmauer wohnte, würde er einen Anspruch auf die Teilnahme an den Nutzungen jedenfalls nicht haben.

Ergibt sich hiernach, daß der Kläger sich durch Zahlung des Rekognitionsgeldes observanzmäßig ein Teilnahmerecht erhalten hat, so konnte der Umwandlungsbeschluß ihm gegenüber keine Wirkung ausüben; denn wenn Bedingung für die Teilnahme an der Nutzung des Stadtwaldes nicht die Gemeindeangehörigkeit allein, sondern der Wohnsitz oder Besitz eines Hauses innerhalb der Ringmauer war, so handelte es sich um eine Unterart des Gemeindegliedervermögens, die zum Unterschiede von dem reinen Gemeindegliedervermögen wohl Gemeindegliederklassenvermögen genannt wird, und die nicht ohne Zustimmung der Berechtigten anderen Zwecken überwiesen werden konnte.

G. Gemeindehaushalt und Zwangsetatisierung.

1. Allgemeines.

Nr. 1. Entsch. v. 3. März 1913 (OVG. **64** 161) IA 87/11.

1. Nach § 39 G. v. 17. III. 68 (GS. 249) sind die zur Ablösung ausschließlicher Gewerbeberechtigungen festgesetzten Entschädigungskapitalien von der Staatskasse vorschußweise, vorbehaltlich allmählicher Tilgung durch die Pflichtigen, zu zahlen. Die Tilgung liegt nach § 37 der Gemeinde oder dem Distrikt ob, wo die Berechtigungen bestanden, und denjenigen Gewerbetreibenden innerhalb der Gemeinde oder des Distrikts, die durch die Berechtigungen im Betrieb ihres Gewerbes beschränkt oder davon ausgeschlossen waren. Über die Tilgung und über die Verteilung der von den Entschädigungspflichtigen zu leistenden Beiträge (vgl. § 38) hat nach § 69 unter Ausschluß des Rechtswegs die Regierung, vorbehaltlich der Beschwerde an den zuständigen Minister, Bestimmung zu treffen. Die Einziehung der Beiträge liegt nach § 70 denjenigen Staats- oder Gemeindebehörden ob, die die Regierung bestimmt. Nach der so bestehenden Gesetzeslage bilden die Beiträge auf dem Boden des öffentlichen Rechtes beruhende Leistungen, die zur Aufbringung der von der Staatskasse vorschußweise gezahlten Entschädigungskapitalien bestimmt und den Entschädigungs-

pflichtigen (Gemeinde, Gewerbetreibende) gesetzlich auferlegt sind. Soweit die Gemeinde hierbei beteiligt ist, handelt es sich mithin um eine ihr gesetzlich obliegende Leistung iS. des § 19 ZustG., und danach steht die Zulässigkeit der Zwangsetatisierung außer Zweifel. Daran wird dadurch nichts geändert, daß die Beiträge der Beitreibung im Verwaltungszwangsverfahren unterliegen. An Stelle des ordentlichen Rechtswegs hat das G. in § 70 die Einziehung im Verwaltungswege vorgesehen und damit die Grundlage für das Verwaltungszwangsverfahren geschaffen. Allein dadurch wird der Gemeinde gegenüber die Zwangsetatisierung keineswegs ausgeschlossen; vielmehr ist sie erforderlich, um die nach dem Etatsrechte für die Ausgabe notwendige Zustimmung der nach einem Haushaltsplane wirtschaftenden Gemeinde, deren Etat keine Mittel hierfür zur Verfügung gestellt hat, zu ersetzen. Die Zulässigkeit der Zwangsetatisierung ist danach nicht zu beanstanden, und auch die Vorbedingung vorgängiger Feststellung der Leistungspflicht durch die zuständige Behörde ist erfüllt. Hiezu war der Regierungspräsident, sei es als Kommunalaufsichtsbehörde, sei es auf Grund ausdehnender Auslegung der durch § 69 aaO. ihm zugewiesenen Obliegenheiten, berufen.

2. In der Sache selbst beschränkt sich die Nachprüfung des Verwaltungsrichters keineswegs auf die Beurteilung der Frage, ob die Feststellung der Leistungspflicht durch Verfügung der an sich zuständigen Behörde erfolgt sei. Auch wenn die Zuständigkeit des Regierungspräsidenten zur Feststellung der streitigen Leistungspflicht auf § 69 aaO. zu gründen sein sollte, ist entscheidend, daß es dabei an jedem förmlich geregelten Verfahren zu einem für alle Beteiligten bindenden Austrag etwaiger Streitigkeiten über diese Pflicht fehlt. Die formlose, an keine Frist gebundene Beschwerde, wie sie jene GVschr. vorsieht, ist nicht geeignet, ein derartiges Verfahren zu bilden oder zu ersetzen. Hiernach kann der Auffassung, daß die Leistungspflicht der Stadt durch die auf ihre Beschwerde ergangene Entsch. des Handelsministers in einer auch den Verwaltungsrichter bindenden Weise festgestellt sei, nicht beigetreten werden, vielmehr ist selbständig und unabhängig von dem Ausgange des Beschwerdeverfahrens zu prüfen, ob die der Stadt angesonnene Leistung ihr auch in der Tat gesetzlich obliegt.

3. Die Klägerin macht geltend, daß ihre Beitragspflicht sich auf die Leistung eines Drittels des Gesamtbetrags der Abfindungssumme beschränke und mit der Zahlung dieses Anteils erloschen sei. Es mag ihr zugegeben werden, daß der Wortlaut des G. diesen Einwand an sich nicht als völlig abwegig erscheinen läßt; denn wenn, wie in § 38 aaO. als Regel vorgesehen ist, der Jahresbeitrag der Stadt auf 1 % und derjenige der beitragspflichtigen Gewerbetreibenden auf 2 % des Gesamtbetrags der Ablösungssumme bestimmt ist, so führt dies in 33 1/3 Jahren zur Tilgung dieser Summe dergestalt, daß sie zu einem Drittel von der Stadt und zu zwei Dritteln von den Gewerbetreibenden aufgebracht wird. Und wenn die fragliche GBestimmung den Jahresbeitrag der einzelnen Gewerbetreibenden auf die Höhe des Gewerbesteuersatzes beschränkt und zutreffenderfalls eine entsprechende Verminderung des gesamten Tilgungsbeitrags der Gewerbetreibenden vorsieht, sowie anderseits unter Umständen auch eine Ermäßigung des Beitrags der Stadt zuläßt, so folgt daraus, auch gegenüber dem Umstande, daß das G. diese Ermäßigungen nicht auf Kosten der ersatzberechtigten Staatskasse eintreten läßt, doch noch nicht ohne weiteres, daß iF. der Ermäßigung die beiden Arten von Beitragspflichtigen sich gegenseitig zu übertragen hätten. Der Wortlaut des G. läßt vielmehr sehr wohl auch die Auslegung zu, daß in einem solchen Falle lediglich für die mit der Ermäßigung des Jahresbeitrags bedachte Klasse der Zahlungspflichtigen die Tilgungszeit für die Abtragung ihres Anteils an dem Gesamtbetrage der Ablösungssumme hinausgeschoben werde. Allein der Wortlaut des G. entscheidet für sich allein noch nicht. Es kommt vielmehr darauf an, was der Gesetzgeber hat zum Ausdrucke bringen wollen, und ob dies in einer mit dem Wortlaute

des G. zu vereinbarenden Weise geschehen ist. Daher muß zur Klarstellung der Bedeutung und Tragweite der die Beitragspflicht regelnden Bestimmungen (§§ 37, 38) auf die Entstehungsgeschichte des G. eingegangen werden. Aus dieser ergibt sich klar, daß die Staatskasse keinen Ausfall erleiden, vielmehr unter allen Umständen Anspruch auf Deckung ihres Vorschusses haben soll. Ihr stehen die beiden Klassen von Beitragspflichtigen als Gesamtschuldner gegenüber, von denen jeder nach Maßgabe der gesetzlichen Verteilung zur Tilgung so lange beizutragen hat, bis diese vollständig erledigt ist. Das G. stellt Regeln nur für die Bemessung des Jahresbeitrags jeder der beiden Arten von Beitragsschuldnern auf und hat im übrigen die Erstattungspflicht weder zeitlich noch nach Bruchteilen der ganzen Erstattungssumme begrenzt, so daß sie lediglich durch die volle Tilgung des Vorschusses ihre Erledigung findet. Wie sich das Beitragsverhältnis zwischen den beiden Klassen der Schuldner gestaltet, ist für die Staatskasse im übrigen gleichgültig; es kommt für sie nur insofern in Betracht, als sie Ausfälle am Regelsatze (1 bzw. 2 % der Gesamtsumme) der Jahresbeiträge der einen Klasse nicht in dem betreffenden Jahre von der anderen Klasse verlangen kann, vielmehr sich dabei bescheiden muß, daß durch solche Ausfälle die Tilgungszeit für die Deckung des Vorschusses hinausgeschoben wird. Dagegen kann ihr gegenüber keine von beiden Klassen geltend machen, sie habe ihrer Beitragspflicht im Rahmen der für das Verhältnis zu der anderen Klasse aufgestellten Regel genügt und sei damit auch für die Staatskasse aus der Ersatzpflicht ausgeschieden.

2. Die Kosten der Polizeiverwaltung.

Nr. 1. Entsch. v. 23. Febr. 1912 (OVG. **61** 18) II A 26/10.

Eine von der Gemeinde an die Polizeiverwaltung jährlich dafür zu leistende Entschädigung, daß die Polizeiverwaltung ihr von der Gemeinde unentgeltlich vorzuhaltende Räume dieser zurückgewährt hat, bildet eine Einnahme der Kgl. Polizeiverwaltung. Daran kann auch eine etwaige Einstellung dieses Postens in den Etat der Verwaltung des Innern anstatt in den der Polizeiverwaltung nichts ändern und insbesondere kann dadurch die Entsch. über die Frage dem Verwaltungsrichter nicht entzogen sein.

Nr. 2. Entsch. v. 12. Nov. 1912 (PrVerwBl. **34** 504) I A 182/12.

Nach § 2 der PolVd. v. 15. XII. 98 für den RegBez. Potsdam darf zur Herstellung künstlicher Mineralwässer außer destilliertem Wasser solches aus öffentlichen Wasserleitungen, Tiefbrunnen und Quellen nur dann verwendet werden, wenn es bei chemischer und bakteriologischer Untersuchung durch geeignete Sachverständige als einwandfrei befunden ist. Diese Untersuchungen sind zu wiederholen, sofern und sooft der Verdacht auf stattgehabte Verunreinigung der Wasserquellen gerechtfertigt erscheint. Nach der zu dieser PolVd. ergangenen AAnw. sind die Untersuchungen in hygienischen Instituten durch Nahrungsmittelchemiker, eventuell durch mit solchen Untersuchungen vertraute Medizinalbeamte oder Apotheker auszuführen. Läßt auf Grund dieser Bestimmungen die Ortspolizeibehörde, sei es aus eigener Entschließung, sei es infolge einer Anweisung der Aufsichtsbehörde, Untersuchungen des zur Herstellung künstlicher Mineralwässer verwendeten oder bestimmten Wassers vornehmen, so bilden die Kosten dieser Untersuchungen solche der örtlichen Polizeiverwaltung, zu deren Übernahme die Gemeinde als Trägerin der Kosten dieser Verwaltung gemäß § 3 PolVerwG. verpflichtet ist, und es kann die Beitreibung dieser Kosten geeignetenfalls im Wege der Zwangsetatisierung erfolgen. Hier ist aber die Untersuchung, deren Kosten die klagende Stadtgemeinde zahlen soll, nicht von der Polizeiverwaltung, sondern von der Untersuchungsstelle selbst veranlaßt worden in Ausführung eines Auftrags, der ihr von einer anderen Polizeibehörde erteilt worden war. Ob unter diesen Umständen eine Pflicht der klagenden Stadtgemeinde zur Übernahme dieser Kosten überhaupt in Frage kommen kann, mag dahingestellt bleiben. Es bedarf keiner Erörterung hierüber, weil zur Beitreibung dieser Kosten keinesfalls der Weg der Zwangsetatisierung gegeben ist. Zwangsetatisierungen erfolgen im öffentlichen Interesse behufs Bereitstellung der Mittel, deren es bedarf, um eine Leistung zu erfüllen, die, wiewohl sie nach Feststellung der zuständigen Behörde der Gemeinde gesetzlich obliegt, von der letzteren verweigert oder unterlassen wird. Hier handelt es sich darum, ob die Landwirtschaftskammer für eine Untersuchung, die von der Klägerin bzw. deren Polizeiverwaltung nicht veranlaßt war, gleichwohl von dieser die Zahlung von Gebühren beanspruchen kann. Der Austrag dieser Frage gehört allein dem Gebiete der privaten Auseinandersetzung zwischen der Landwirtschaftskammer und der Stadtgemeinde S. bzw. dem Amte K. an; ein öffentliches Interesse, das die Anwendung des Zwangsetatisierungsverfahrens zu rechtfertigen vermöchte, ist dabei überall nicht beteiligt. Es muß vielmehr der Landwirtschaftskammer lediglich überlassen bleiben, ihren vermeintlichen Rechtsanspruch im Wege des Zivilprozesses geltend zu machen.

Nr. 3. Entsch. v. 19. Sept. 1913 (OVG. **65** 85) II A 20/12.

[PolKostG. v. 3. VI. 08 § 2.

Die Unterstützungen an ausgeschiedene Beamte und deren Hinterbliebene gehören zu den unmittelbaren Kosten der örtlichen Polizeiverwaltung und unterliegen daher der Anteilsberechnung. Sie bilden nicht etwa eine außerhalb der Erfüllung der Aufgaben der Polizeiverwaltung liegende Aufwendung für Wohltätigkeitszwecke, die deshalb bei der Bestimmung des Anteils der Gemeinde außer Betracht bleiben müssen.

Nr. 4. Entsch. v. 29. Okt. 1912 (OVG. **63** 71) II A 6/12 u. 7/12.

1. In der Theorie und Praxis gibt es kein festumschriebenes Gebiet der politischen Polizei; es würde insbesondere irrig sein, wenn man annehmen wollte, daß die Polizeibehörden außerhalb ihrer eigentlich polizeilichen Tätigkeit politische Aufgaben zu erfüllen hätten, die, weil sie im allgemeinen Staatsinteresse erledigt würden, nicht zur örtlichen Polizeiverwaltung gehörten. Vielmehr ist davon auszugehen, daß iS. des PolKostG. v. 3. VI. 08 alles zur örtlichen Polizeiverwaltung gehört, was der Ortspolizeibehörde durch G. oder Vd. dazu befugter Behörden zur eigenen Zuständigkeit übertragen worden ist. Die Stadtgemeinde bezieht sich nun auf eine Reihe von Entsch. des OVG., aus denen hervorgehen soll, daß die Tätigkeit der Ortspolizeibehörde bebegrifflich und hinsichtlich der Kosten insoweit der Landespolizei zuzurechnen sei, als sie unmittelbar und in erster Linie nicht dem Interesse der örtlichen Gemeinde, sondern eines weiteren Bezirkes oder des ganzen Staates zu dienen bestimmt sei. Die grundlegenden Ausführungen, an die dabei gedacht ist, finden sich z. B. in OVG. **26** 85.

Diese Entsch. geht davon aus, daß auch Tätigkeiten, die unmittelbar und in erster Linie dem Staatsinteresse und nicht dem Gemeindeinteresse dienen, dennoch vielfach durch positive Vorschrift zu Angelegenheiten der Ortspolizeiverwaltung erklärt worden seien. In den weiteren Ausführungen wird dann festgestellt, daß solche Vorschriften für die Bekämpfung der ansteckenden Krankheiten zur Zeit des Urteils jedenfalls erschöpfend nicht ergangen waren, und es wird dem auf dem Unterschiede der zu schützenden Interessen beruhenden, sogenannten materiellen Gegensatze zwischen Orts- und Landespolizei nur, weil und soweit es an positiven Vorschriften dieser Art fehlt, maßgebende

Bedeutung für die Entsch. der Frage beigelegt, ob die eine oder andere Behörde zuständig ist, und ob wegen dieser Zuständigkeit die Kosten zu denen der Orts- oder Landespolizei gehören. Auch OVG. **29** 99 und **36** 6 beziehen sich lediglich auf die Bekämpfung der ansteckenden Krankheiten. In anderen Urteilen (OVG. **36** 403 und **46** 423) werden ebenfalls die Kosten der getroffenen Maßnahme als solche der Orts- oder Landespolizei bezeichnet, weil und soweit die Zuständigkeit der einen oder anderen Behörde sich mangels positiver Vorschrift nach dem Zwecke der Maßnahme richtet. Auch der MinErl. v. 20. II. 00 (MBl. 137), welcher anordnet, daß die bei der Ausweisung von Ausländern entstehenden Transportkosten auch dann als Kosten der Landespolizei auf die Staatskasse zu übernehmen seien, wenn die Ausweisung von der Ortspolizeibehörde verfügt worden sei, bezieht sich gleichfalls nur auf ein Gebiet, auf dem die Zuständigkeit der Ortspolizeibehörde nicht durch ausdrückliche GVsch. besonders begrenzt worden ist. Hätte das PolKostG. v. 3. VI. 08 in dieser Beziehung etwas ändern wollen, so hätte dies in irgendeiner Weise zum Ausdrucke gebracht werden müssen. Das ist nicht geschehen.

2. Hiernach ist zunächst zu prüfen, was von dem zwischen den Parteien streitigen Gebiete der sogenannten politischen Polizei zur eigenen Zuständigkeit der Ortspolizeibehörde gehört. Für die Vereins- und Versammlungssachen und die Preßpolizei ist die ausschließliche Zuständigkeit der Ortspolizeibehörde gesetzlich begründet, und ebenso gehören alle kriminalpolizeilichen, d. h. auf die Verfolgung strafbarer Handlungen gerichteten Amtstätigkeiten ausschließlich zur Zuständigkeit der Ortspolizeibehörde. Sie sind daher ohne Rücksicht darauf, welche Interessen dabei verfolgt werden, zur örtlichen Polizeiverwaltung iS. des PolKostG. v. 3. VI. 08 zu rechnen. Deshalb sind die Ausführungen der klagenden Stadtgemeinde und des Bezirksausschusses auch insoweit unzutreffend, als sie Tätigkeiten kriminalpolizeilicher Art, bei denen es sich um Ausländer oder Anarchisten handelt, der Landespolizei zurechnen wollen.

Eine Zuständigkeit der Landespolizeibehörde liegt hinsichtlich der streitigen sogenannten politischen Polizei nur bei der Ausländerpolizei vor. Die Ausweisung von Ausländern aus dem Reichsgebiet auf Grund strafgerichtlichen Urteils gehört nämlich ausschließlich zur Zuständigkeit der Landespolizei. Dagegen wird in der Praxis zur Ausweisung von Ausländern aus dem Staatsgebiet aus anderen Gründen sowohl die Ortspolizei wie die Landespolizei für zuständig erachtet. Es ist also weiter die Frage zu erörtern, inwieweit eine Tätigkeit der Ortspolizeibehörden auf dem Gebiete der landespolizeilichen Zuständigkeit stattfindet und die hierdurch entstehenden Kosten bei der Berechnung des Anteils nach den Vschr. des G. v. 3. VI. 08 auszusondern sind. Dabei kommen folgende allgemeinere Erwägungen in Betracht:

Die Landespolizeibehörde ist nicht etwa berechtigt, ihre Zuständigkeit auf die ihr unterstellte Ortspolizeibehörde zur eigenen Ausübung zu übertragen. Deshalb ist auch die Unterscheidung zwischen Maßnahmen, die von der Ortspolizeibehörde per requisitionem oder per delegationem vorgenommen werden, nicht möglich. Dagegen wird die Ortspolizeibehörde vielfach auf landespolizeilichem Gebiet als unselbständiges Organ der Landespolizeibehörde tätig, und zwar entweder indem sie deren Entsch. vorbereitet, oder indem sie sie durchführt, oder endlich indem sie bei Gefahr im Verzug oder kraft Auftrags eigene Entsch. trifft, die aber dann nur einen vorläufigen Charakter tragen.

3. Bei Erlaß des PolKostG. sind die gesetzgebenden Faktoren von der Annahme ausgegangen, daß die Tätigkeit, die die Ortspolizeibehörde sei es im besonderen Auftrage, sei es als Organ der Landespolizeibehörde ausübt, zu dem Gebiete der örtlichen Polizeiverwaltung gehöre.

Daher müssen rechtlich jeder örtlichen Polizeiverwaltung alle solche unmittelbaren sächlichen und persönlichen Kosten zugerechnet werden, die durch die von der Ortspolizeibehörde für Behörden der Landespolizei oder allgemeinen Landesverwaltung ausgeübten Hilfstätigkeiten erwachsen. Denn die Verpflichtung zur Vornahme dieser Hilfstätigkeiten gehört zu den eigenen gesetzlichen Verpflichtungen der Ortspolizeibehörden und folgt daraus, daß die Polizeigewalt eine einheitliche und ein Teil der gleichfalls einheitlichen Staatsgewalt ist. Hiernach sind die Kosten der Hilfstätigkeiten auf dem Gebiete der Landespolizei und der allgemeinen Landesverwaltung, ebenso wie die Dienstbezüge der Polizeibeamten, in den Gemeinden mit eigener Polizeiverwaltung als Kosten der örtlichen Polizeiverwaltung von der Gemeinde zu tragen. Daraus ergibt sich aber, daß sie auch nach dem PolKostG. v. 3. VI. 08 den Gemeinden anteilig zur Last zu legen sind.

4. Die gleiche Auffassung greift gegenüber denjenigen Maßnahmen durch, die die Ortspolizeibehörde zur Erledigung berechtigter Ersuchen um Rechtshilfe ergreift. Nun gelten allerdings nach der Rechtsprechung Anordnungen, bei denen die Ortspolizeibehörde zu erkennen gibt, daß sie in einer landespolizeilichen Angelegenheit als Organ der Landespolizeibehörde einschreitet, hinsichtlich der Rechtsmittel nicht als ortspolizeiliche Verfügungen. Ebenso werden Zwangsmaßnahmen, die von der Ortspolizeibehörde getroffen werden, um Aufträge von vorgesetzten Behörden auf dem Gebiete der allgemeinen Landesverwaltung zu erledigen oder anderen Behörden Rechtshilfe zu leisten, hinsichtlich der Rechtsmittel nicht als polizeiliche Verfügungen angesehen. Dieser Umstand steht aber der Auffassung, daß auch diese Maßnahmen zu dem Kreise der eigenen Aufgaben der Ortspolizei gehören, nicht entgegen; denn in den gesetzlichen Bestimmungen über die Rechtsmittel und die Zulässigkeit des Rechtswegs gegen polizeiliche Verfügungen ist der Begriff der polizeilichen Verfügung nur auf einen Teil der polizeilichen Tätigkeit eingeschränkt, und es gibt deshalb eine ganze Reihe von Maßnahmen, die zweifellos zu den eigenen Aufgaben der Ortspolizei gehören, ohne doch den Vorschriften über die Rechtsmittel gegen ortspolizeiliche Verfügungen zu unterliegen.

5. Es ist also davon auszugehen, daß das PolKostG. v. 3. VI. 08 grundsätzlich auch alle diejenigen Kosten zu den Kosten der örtlichen Polizeiverwaltung rechnet, die durch Tätigkeiten entstehen, welche die Ortspolizeibehörde, sei es auf Grund besonderen, vorhergegangenen ausdrücklichen Auftrags, sei es ohne solchen als Organ der Landespolizeibehörde oder in Ausübung einer Hilfstätigkeit für die vorgesetzten Behörden der allgemeinen Landesverwaltung oder endlich auf Grund der gesetzlichen Verpflichtung zur Rechtshilfe auf Ersuchen anderer Behörden vornimmt.

Streng genommen würden hiernach zu den eigenen Aufgaben der örtlichen Polizeiverwaltung vielleicht auch diejenigen Obliegenheiten einzelner Polizeibehörden gerechnet werden müssen, die ihnen dadurch erwachsen, daß sie für gewisse Angelegenheiten der Landespolizei zum ständigen Organe der Landespolizeibehörde bestellt sind. Das dürfte z. B. auf einzelne Kgl. Polizeibehörden zutreffen, die in Sachen der Hafenpolizei zum ständigen Organe des Regierungspräsidenten bestellt worden sind. Aber in der Verwaltungsübung hat man, soweit dabei die finanzielle Seite in Betracht kommt, diesen Standpunkt nicht eingenommen, sondern hat die durch eine solche Tätigkeit entstehenden Kosten gesondert von denen der örtlichen Polizeiverwaltung behandelt und in den Etat eingestellt. Es darf deshalb angenommen werden, daß man auch bei Erlaß des PolKostG. nicht beabsichtigt hat, derartige Kosten als ortspolizeiliche behandeln zu lassen, daß daher die geschilderte, auch jetzt noch beibehaltene Übung dem Willen des G. entspricht, und daß deshalb, wenn derartige Kosten doch einmal in Abweichung von der gedachten Verwaltungsübung auf den Etat der Ortspolizeibehörde übernommen sein sollten, ihre Aussonderung gerechtfertigt sein würde.

6. Auch bei Berücksichtigung dieser Grundsätze ist anzuerkennen, daß bei den

Ortspolizeibehörden Kosten für Tätigkeiten entstehen können, die nicht zur örtlichen Polizeiverwaltung überhaupt oder des betreffenden Gemeindebezirkes gehören. So können beispielsweise die Ortspolizeibehörden mit Aufgaben betraut sein, die überhaupt nicht der Polizeiverwaltung angehören, wie z. B. mit den Geschäften des Zivilvorsitzenden der Ersatzkommission. Oder es kann vorkommen, daß die Ortspolizeibehörde Angelegenheiten polizeilicher Natur im Interesse anderer Polizeibehörden und außerhalb ihres eigenen Bezirkes zu erledigen hat, oder auch, daß sie für die vorgesetzte Behörde, gewissermaßen nur als deren Bote, Handlungen vornimmt, durch welche besondere Kosten erwachsen. Für die Entsch. dieser und ähnlicher Fälle kommt folgendes in Betracht: Es ist nicht Aufgabe der Beschlußbehörde und des OVG., in dem durch §§ 5 ff. PolKostG. v. 3. VI. 08 vorgesehenen Verfahren die Frage zu prüfen, ob in den Jahresrechnungen, die der Festsetzung des Polizeikostenanteils zugrunde gelegt werden, Ausgaben enthalten sind, die durch Einzelfälle dieser Art verursacht wurden. Deshalb ist die Frage, ob im einzelnen durch die in der Jahresrechnung nachgewiesenen Ausgaben die Kosten von Handlungen bestritten worden sind, die nach den Vorschriften des Etats oder nach den sonst aus der Gesetzgebung sich ergebenden Grundsätzen aus jenen Positionen nicht bestritten werden sollten, nicht zum Gegenstande des im PolKostG. vorgesehenen Verfahrens gemacht worden. Vielmehr ist die Kontrolle hierüber von den zuständigen Behörden, in letzter Instanz von der Oberrechnungskammer auszuüben, und die Durchführung der von dieser getroffenen Berichtigungen der Rechnung ist nicht in das Festsetzungs- und das daran anschließende Streitverfahren verwiesen. Wenn gleichwohl diesem letzteren Verfahren nach der Absicht des Gesetzgebers auch die Aufgabe gestellt ist, aus den in den Jahresabschluß aufgenommenen Kosten diejenigen auszusondern, die durch Tätigkeiten nicht ortspolizeilicher, insbesondere landespolizeilicher, Art erwachsen sind, so kann das hiernach nicht die Bedeutung haben, daß der Bezirksausschuß und das OVG. von Amts wegen oder auf Grund von Parteibehauptungen den Jahresabschluß nach der gedachten Richtung hin im einzelnen nachzuprüfen hätten. Vielmehr haben diese Behörden eine Aussonderung der Kosten nur insoweit vorzunehmen, als in den Etat der Kgl. Ortspolizeibehörden etwa Ausgaben für solche Tätigkeiten diese Behörden aufgenommen worden sind, die ihnen dauernd überwiesen sind, ohne doch zu dem Gebiete der örtlichen Polizeiverwaltung zu gehören.

Nr. 5. Entsch. v. 11. März 1913 (OVG. 63 152) II A 21/12 u. 22/12.

PolKostG. v. 3. VI. 08 § 6.

1. Die Landespolizei ist nicht die polizeiliche Tätigkeit, die auf dem Lande im Gegensatze zur Stadt ausgeübt wird, sondern die Landespolizei bildet den Gegensatz zur Ortspolizei und umfaßt diejenigen polizeilichen Aufgaben, für die die Ortspolizei nicht zuständig ist. Soweit also letztere „auf dem Lande" zuständig ist, liegt eine ortspolizeiliche und nicht eine landespolizeiliche Tätigkeit vor. Danach ist die Meinung abwegig, daß die Tätigkeit gewisser Beamten der jetzigen Polizeiverwaltung zu E. als landespolizeiliche deswegen anzusehen sei, weil diese Beamten die früher den Gendarmen obliegenden Dienstgeschäfte wahrzunehmen hätten.

2. Die Überwachung der Spionage ist als Sicherheitsdienst nicht eine landespolizeiliche, sondern eine ortspolizeiliche Aufgabe.

3. Die Festsetzung des Verhältnisses, in welchem die einer Kgl. Polizeiverwaltung mit gleichmäßiger Zuständigkeit unterstehenden Gemeinden zu dem Gesamtkostenanteile beizutragen haben, ist nach § 6 G. v. 3. VI. 08 dem Bezirksausschuß übertragen, und wenn auch diese Festsetzung zunächst für die vorläufige Verteilung getroffen wird, so ist sie doch auch für die endgültige Verteilung

maßgebend. Das geht schon daraus hervor, daß der Gesetzgeber gegen die vorläufige Verteilung des Bezirksausschusses das Verwaltungsstreitverfahren zugelassen hat (§ 6 Abs. 3 aaO.).

4. Das im § 7 Abs. 3 bestimmte Verfahren ist grundsätzlich anders beschaffen als das Verfahren nach § 6 Abs. 1 und 3. Nach § 6 Abs. 1 ist der Bezirksausschuß berufen, den vom Regierungspräsidenten nach § 5 des G. vorläufig festgesetzten Gesamtkostenanteil selbständig auf die beteiligten Gemeinden unterzuverteilen; er tritt in Tätigkeit, ohne daß es einer Anrufung seitens der Gemeinden bedarf, seine Beschlußfassung ist stets erforderlich, ohne sie kann das Festsetzungsverfahren nicht durchgeführt werden. Deshalb ist er bei der Entsch. auch an keinerlei Anträge der Beteiligten gebunden und würde insbesondere auch dann, wenn der Regierungspräsident (obwohl er dazu nicht berufen ist) bei der vorläufigen Festsetzung bereits eine Unterverteilung auf die einzelnen Gemeinden vorgenommen haben sollte, befugt sein, nicht nur eine Ermäßigung, sondern auch (ohne Überschreitung der von dem Regierungspräsidenten festgesetzten Gesamtsumme) eine Erhöhung des Kostenanteils einzelner Gemeinden zu beschließen. Dieselbe Freiheit der Entsch. würde auch dem Verwaltungsrichter in dem nach § 6 Abs. 3 zugelassenen Verwaltungsstreitverfahren zustehen, da es sich in diesem Verfahren um die Verteilung einer gemeinschaftlich geschuldeten Summe unter die Schuldner handelt, wobei die Ermäßigung des einen Schuldners nicht zu einer Verkürzung des Gläubigers führen kann, also stets die Erhöhung eines oder mehrerer anderer Schuldner zur Folge haben muß. In diesem Streitverfahren hat also jede Gemeinde sowohl die Rolle eines Beklagten wie die eines Klägers.

Anders ist das im § 7 Abs. 3 vorgesehene Verfahren gestaltet. Hier ist eine Beschlußfassung des Bezirksausschusses an sich nicht erforderlich. Wenn und insoweit die endgültige Kostenfestsetzung des Regierungspräsidenten von den Gemeinden unangefochten bleibt, wird sie rechtsbeständig; eine Beschlußfassung des Bezirksausschusses findet insoweit nicht statt. Daraus folgt, daß der Festsetzungsbescheid des Regierungspräsidenten dem Bezirksausschusse nur in dem Umfange zur Beschlußfassung unterbreitet wird, in welchem er seitens der Gemeinden angefochten ist, so daß für eine Änderung des Bescheids zuungunsten einer Gemeinde nur in dem — unwahrscheinlichen — Falle Raum gegeben wäre, daß eine Gemeinde den Bescheid wegen zu niedriger Bemessung ihres Kostenanteils angefochten hätte.

Nr. 6. Entsch. v. 23. Febr. 1912 (OVG. **61** 14) II A 3/11.

PolKostG. v. 3. VI. 08 §§ 1, 7.

Auf die Anfechtung der endgültigen Festsetzung der Polizeikostenanteile in Gemeinden mit Kgl. Polizeiverwaltung darf der Bezirksausschuß nur auf Grund und im Rahmen der vor ihm erhobenen Anfechtung als Verwaltungsbeschlußbehörde über die getroffene Festsetzung befinden. Der Festsetzungsbeschluß des Regierungspräsidenten bildet die Grundlage und den Gegenstand des Streites, und der Streit selbst wird durch die Anfechtung bestimmt; soweit der Festsetzungsbeschluß nicht rechtzeitig angefochten ist, wird er rechtsbeständig. Die hier bezeichnete Aufgabe des Bezirksausschusses ist schon erkennbar durch die Worte des G.: „Wird . . . angefochten, so beschließt der Bezirksausschuß." Wäre vom Gesetzgeber beabsichtigt gewesen, den Bezirksausschuß iF. der Anfechtung an Stelle des Regierungspräsidenten mit der erneuten Festsetzung des Kostenanteils ohne Einschränkung zu betrauen, so hätte er dies jedenfalls anders, als geschehen, ausgedrückt, zumal es sich dann um eine Tätigkeit der Verwaltungsbeschlußbehörden handeln würde, die an sich nicht zu deren Aufgaben gehört. Im Interesse der beteiligten Gemeinden hat man die

Festsetzung ihres Kostenanteils der Nachprüfung des Verwaltungsrichters unterstellen wollen. Die Befugnis des Bezirksausschusses zur Abänderung des Festsetzungsbescheids des Regierungspräsidenten kann sich daher nur soweit erstrecken, als der Bescheid in dem Beschlußverfahren angefochten wird. Da das Anfechtungsrecht nur der Gemeinde zusteht, ist eine Änderung des Bescheids zuungunsten der Gemeinde von vornherein ausgeschlossen, es sei denn, daß eine Gemeinde von ihrem Anfechtungsrechte zu ihrem eigenen Nachteile Gebrauch machen sollte.

Nr. 7. Entsch. v. 12. März 1912 (OVG. 61 21) II A 13/11.

PolKostG. v. 3. VI. 08 §§ 1, 2, 4, 5, 7.

1. Das G. v. 3. VI. 08 begründet im § 1 für die Gemeinden mit Kgl. Polizeiverwaltung die Verpflichtung zur Tragung eines Drittels der Kosten. Die Voraussetzungen dieser Verpflichtung sind in den §§ 1 und 2 aaO. bestimmt. Die Erfüllung der Vorschrift im § 4 des G. ist dagegen keine Voraussetzung der Beitragspflicht. Von keiner Seite ist in parlamentarischen Verhandlungen die Absicht hervorgetreten, die Anhörung der Gemeinde zur Voraussetzung des Anspruchs des Staates auf den Beitrag zu machen. Hätte der Gesetzgeber dieser Bestimmung eine so einschneidende Bedeutung beilegen wollen, so wäre das zum Ausdrucke gebracht worden. Die unbestimmte Fassung: „Gelegenheit zur Äußerung" beweist schon, daß es sich um eine lediglich instruktionelle Vorschrift handelt.

2. Ebensowenig vermag der Umstand, daß der Klägerin die Einsicht in die Rechnungsbelege der Polizeikasse und in das Verzeichnis und die Veränderungsnachweisungen der Inventarien verweigert worden ist, den Klageantrag zu stützen. Ein solches Recht der Gemeinde kann aus dem G. nicht hergeleitet werden. Die Festsetzung des Beitrags soll nach § 5 vorläufig auf Grund der Kassenetats, und nach § 7 endgültig auf Grund des Jahresabschlusses erfolgen. Damit hat nicht etwa nur gesagt sein sollen, daß der Regierungspräsident in dem Etat und in der Jahresrechnung Unterlagen für seine Berechnung finden könne, vielmehr ist dadurch jenen Aufstellungen die Bedeutung beigelegt, daß ihr Inhalt die — in gewissem Umfang unanfechtbare — Grundlage für die Festsetzung bilden soll. Die Staatsbehörde genügt daher ihren Verpflichtungen, wenn sie diese Unterlagen der Gemeinde mitteilt. Die Klägerin glaubt auf Grund der von ihr verlangten Rechnungsprüfung Einwendungen gegen die einzelnen Ausgaben auch hinsichtlich ihrer Notwendigkeit und Zweckmäßigkeit und ihres richtigen Ansatzes erheben zu dürfen. Aber das würde der Absicht des G. nicht entsprechen, da das Verwaltungsstreitverfahren, wie die Verhandlungen des Abgeordnetenhauses ergeben, eingeführt worden ist, um eine Rechtskontrolle zu schaffen, insbesondere in der Hinsicht, ob die angesetzten Ausgaben wirklich zu den ortspolizeilichen Kosten gehören, ob nicht Ausgaben für landespolizeiliche Zwecke aufgenommen sind, und über ähnliche Fragen. Dagegen unterliegt die Frage der Notwendigkeit und Zweckmäßigkeit und der richtigen Verwendung der Fonds nicht der Prüfung der Gemeinden, sondern der Entsch. der hierzu berufenen staatlichen Instanzen, der Oberrechnungskammer und des Landtags.

Nr. 8. Entsch. v. 15. März 1912 (PrVerwBl. 34 78) II A 12/11.

PolKostG. v. 3. VI. 08 (GS. 149) §§ 4—7.

1. § 6 G. v. 3. VI. 08 bestimmt, daß, wenn sich die Polizeiverwaltung einer Kgl. Behörde in gleichmäßiger Zuständigkeit auf eine Mehrheit von Gemeinden erstreckt, der Bezirksausschuß das den Gemeinden zur Last fallende Drittel der

Gesamtkosten nach dem im G. bezeichneten Maßstabe unterverteilen soll. Nach der Stellung dieser Vorschrift hinter dem § 5 und vor dem § 7 soll sich die vom Bezirksausschuß vorzunehmende Unterverteilung jedenfalls an die im § 5 vorgesehene vorläufige Festsetzung anschließen und auf sie beziehen. Daß wegen der endgültigen Festsetzung eine nochmalige Unterverteilung stattfinden solle, ist nicht vorgeschrieben, und man muß annehmen, daß das G. sie auch nicht gewollt habe. Hierfür spricht namentlich der Umstand, daß das G. gegen die Unterverteilung des vorläufig festgesetzten Beitrags die Klage, die es gegen die vorläufige Festsetzung selbst nicht gegeben hat, zuläßt; denn hieraus erhellt, daß es jene Unterverteilung nicht wie die erste Festsetzung als etwas nur Vorläufiges sondern als die endgültige Bestimmung des Teilnahmeverhältnisses betrachtet. Wenn man eine nochmalige Unterverteilung durch den Bezirksausschuß nach der endgültigen Festsetzung fordert, so muß man auch die Klage gegen den Beschluß zulassen; dann aber erscheint die Klage gegen die erste Unterverteilung als ganz überflüssig, das Verfahren zwecklos beschwert, und daß das G. etwas Derartiges gewollt habe, muß als ausgeschlossen gelten. Diese Auslegung entspricht auch dem Bedürfnis einer praktischen und einfachen Gestaltung des Verfahrens. Zur Sicherung der Interessen der Gemeinden genügt es, wenn die Verwaltungsbeschlußbehörde einmal in jedem Rechnungsjahr das Verhältnis der Beteiligung festsetzt. Der Anteil der Gemeinden an dem endgültig festgesetzten Kostenbetrag ergibt sich dann auf Grundlage des Beschlusses des Bezirksausschusses durch eine einfache Rechnung, so daß eine nochmalige Beschlußfassung der Verwaltungsbeschlußbehörde entbehrlich ist. Demnach muß, wenn der nach § 6 aaO. vom Bezirksausschuß gefaßte Beschluß über die Unterverteilung rechtsbeständig geworden ist, der die endgültige Festsetzung bewirkende Regierungspräsident für befugt erachtet werden, die Gesamtsumme in dem vom Bezirksausschusse für die vorläufige Festsetzung bestimmten Verhältnis auf die Gemeinden umzulegen.

2. In dem im § 6 Abs. 3 G. v. 3. VI. 08 eröffneten Verwaltungsstreitverfahren können Einwendungen wegen der Notwendigkeit der Kosten, der richtigen Verwendung der Fonds usw. überhaupt nicht erhoben werden, und die vorläufige Festsetzung des Kostenanteils der Gemeinden soll nach § 5 des G. auf Grund der Kassenetats und die endgültige Festsetzung nach § 7 auf Grund des Jahresabschlusses der Polizeikasse erfolgen. Damit hat nicht etwa nur gesagt sein sollen, daß der Regierungspräsident in dem Etat und der Jahresrechnung Material für seine Berechnung finden könne, vielmehr ist jenen Aufstellungen dadurch die Bedeutung beigelegt, daß ihr Inhalt die in gewissem Umfang unanfechtbare Grundlage für die Festsetzung bilden soll. Die Kontrolle, die die Klägerin ausüben will, steht nur den dazu berufenen Instanzen: der Oberrechnungskammer, dem Landtage zu. Durch sie werden auch die Interessen der Gemeinden gewahrt.

3. Das Material für die zulässige Anfechtung, die insbesondere z. B. die Eigenschaft einzelner Ausgaben als Kosten der örtlichen Polizeiverwaltung bestreiten, die Berücksichtigung gewisser Einnahmen fordern kann, finden die Gemeinden in der ihnen mitgeteilten Abrechnung, die Einsicht der Belege ist dazu nicht erforderlich, und deshalb steht den Gemeinden ein Recht auf sie nicht zu. Einwendungen wegen der Notwendigkeit und Zweckmäßigkeit von Ausgaben können die Gemeinden nur bei der im § 4 des G. erwähnten Äußerung erheben. Mit dieser Vorschrift einer Anhörung der Gemeinden hat das G. aber keine Voraussetzung für den Eintritt der Beitragspflicht der Gemeinden aufstellen, sondern nur eine instruktionelle Anordnung treffen wollen. Auch wenn die Anhörung unterbleibt, behält es bei der durch § 1 Abs. 2 des G. begründeten Beitragspflicht sein Bewenden.

Nr. 9. Entsch. v. 15. Mai 1914 (PrVerwBl. 36 197) II A 2/14.

PolKostG. v. 3. VI. 08 § 2.

Die Bezüge der Hilfsschutzmänner sind bei Berechnung des 17%igen Pauschbetrags nach § 2 Abs. 2[1] PolKostG. v. 3. VI. 08 nicht zu berücksichtigen.

Das PolKostG. v. 3. VI. 08 verfolgt den Grundgedanken, daß der Anteil der Gemeinden sich richten soll nach dem wirklichen Aufwande des Staates. Diese Tendenz tritt schon in dem Entwurf des G. hervor, der den Anteil der Gemeinden nicht etwa nach mutmaßlichen oder durchschnittlichen Ausgaben oder nach einem sonstigen der Wirklichkeit mehr oder weniger nahekommenden Maßstabe und für längere Zeiträume bestimmen läßt, sondern sich ganz an die Wirklichkeit hält, indem er eine alljährliche Festsetzung nach den etatsmäßigen (voraussichtlichen) Aufwendungen und eine alljährliche Berichtigung der Festsetzung nach Prüfung der Jahresrechnung durch die Oberrechnungskammer vorsieht. Es wird angenommen werden dürfen, daß diese auf Grund der geprüften Jahresrechnung vorzunehmende Berichtigung sich nicht auf die Berücksichtigung etwaiger Monita der Oberrechnungskammer beschränken, sondern daß sie die im Etat vorgesehenen durch die in der Jahresrechnung nachgewiesenen Ausgaben ersetzen sollte. Trifft dies zu, so haben schon die in dem Entwurf vorkommenden Verweisungen auf die Etats nicht die Bedeutung, daß der Anteil der Gemeinden endgültig durch die Etatsansätze bestimmt werden solle, vielmehr ist dann der Entwurf dahin zu verstehen, daß überall zwar von den Positionen der Etats auszugehen sei, die Berichtigung nach der Jahresrechnung aber vorbehalten bleibe. Jedenfalls ist der Gedanke, daß nicht der veranschlagte, sondern nur der wirkliche Aufwand maßgebend sein dürfe und solle zu ganz klarem Ausdruck gelangt durch die Fassung, in der das G. verabschiedet ist. Eine Ausnahme zugunsten der etatsmäßigen Ansätze ist wegen der 17 %, die als Quote der Gehälter und Wohnungsgeldzuschüsse angesetzt werden sollen, in den §§ 5 und 7 nicht gemacht, und auch die Verhandlungen über diese Paragraphen enthalten nichts, was für die Absicht einer solchen Ausnahme spräche. Deshalb wäre bei der endgültigen Festsetzung ein Festhalten an der Etatsposition wegen der Gehälter und Wohnungsgeldzuschüsse nur dann zulässig, wenn das G. anderweit eine Vorschrift enthielte, welche jene Ausgaben von der Wirkung der §§ 5 und 7 ausschlösse. Eine derartige Vorschrift könnte nur in den Worten des § 2 Abs. 2 Al. 1 gesucht werden, nach denen den der Anteilsberechnung unterliegenden Ausgaben hinzutreten:

„zur Bestreitung der Pensionen und Wartegelder für Beamte der Kgl. Ortspolizeiverwaltung sowie der Witwen- und Waisengelder für Hinterbliebene solcher Beamten ein Pauschbetrag von 17% der Gesamtsumme der im Staatshaushaltsetat für diese Beamten ausgebrachten Gehälter und Wohnungsgeldzuschüsse."

Indessen diese Worte enthalten keinerlei Bestimmung darüber, wie der Anteil der Einzelgemeinden berechnet werden soll; denn der Staatshaushaltsetat weist für die Einzelgemeinden die zu zahlenden Gehälter und Wohnungsgeldzuschüsse nicht nach. Der Wortlaut der Vorschrift gäbe wohl einen gewissen Anhalt für die Auffassung, daß den in allen Gemeinden des Staats entstehenden Ausgaben für die Gesamtheit dieser Gemeinden der Pauschbetrag von 17 % der Gesamtsumme hinzutreten und demnächst auf die Einzelgemeinden verteilt werden solle. Allein dann würde wieder über den Verteilungsmaßstab keine Anordnung getroffen sein und jedenfalls ist jene Vorschrift niemals so verstanden, vielmehr ist immer davon ausgegangen worden, daß die 17 % von den Gehältern und Wohnungsgeldzuschüssen der Einzelgemeinden zu berechnen seien, und Zweifel und Streit haben nur darüber bestanden, was bei dieser Berechnung als Gehalt und Wohnungsgeldzuschuß in der Einzelgemeinde zu gelten habe. Um nun die diese Zweifel iS. des Beklagten lösende Vorschrift in dem § 2 aaO. finden zu können, müßte er zunächst dahin verstanden werden, daß der Staatshaushaltsetat endgültige Bedeutung haben solle, und dann müßte diese Anordnung — etwa als Prinzip — auf die Einzeletats der Gemeinden (soweit in diesen Gehälter und Wohnungsgeldzuschüsse vorgesehen sind) übertragen werden. Durch eine derartige gewagte Konstruktion würde jedoch die gegenüber den sonstigen Bestimmungen des G. notwendige klare Vorschrift nicht ersetzt werden können. Auch erscheint eine solche Auffassung wegen ihrer Tragweite unhaltbar. Wenn nämlich einmal die Etatssätze die endgültige Grundlage für die Berechnung der Quote bilden sollten, so müßten doch wohl die im Etat einer Ortspolizeiverwaltung ausgebrachten Beträge ganz, also auch insoweit zum Ansatz gelangen, als sie völlig erspart (auch nicht zu Remunerationen verausgabt) oder (etwa unter Übertragung einer Stelle) zur Besoldung von Beamten in einer anderen Gemeinde verwendet worden wären. In dem zuletzt gedachten Falle würde dann diejenige Gemeinde, für deren Polizeiverwaltung der Beamte im Etat nachgewiesen ist, den höheren Beitrag nach dem Etat zahlen müssen, während diejenige Gemeinde, in welcher der Beamte Verwendung fände, Vorteil hätte. Diese Folge der gedachten Auslegung des § 2 aaO. erscheint mit den Absichten und den sonstigen Vorschriften des G. unvereinbar.

VIII.

Landgemeinden und Gutsbezirke.

Literatur: Antoni: LGemO. für die Provinz Hessen-Nassau[4] (Marburg 1914). — Genzmer: Die LGemO. für die 7 östl. Provinzen[5] (Berlin 1914). — Rolef: Die Rhein. LGemO. seit der französischen Zeit (Berlin-Wilmersdorf 1912).

A. Rechtliche Stellung und kommunale Eigenschaft der Landgemeinden und Gutsbezirke.

1. Kommunale Eigenschaft, Entstehung und Aenderung der Landgemeinden.

Nr. 1. Entsch. v. 27. März 1913 (PrVerwBl. 35 195) I C 7/12.

1. Parteien in einer Grenzstreitigkeit zwischen Gemeinden oder Gutsbezirken sind die Gemeinden und die Gutsherren der Gutsbezirke, nicht die Gemeindevorsteher als solche oder die Gutsvorsteher.

2. Auf Streitigkeiten über die kommunale Zugehörigkeit von Grundstücken findet die Regel des § 107[1] LVG. keine Anwendung.

3. Mittels Pat. v. 9. XI. 1816 ist das ALR. v. 1. III. 1817 ab zur Wiedereinführung in das Großherzogtum Posen gelangt. Aus der Eigenschaft des Dorfes G. als eines Zinsdorfes folgt, daß es von bäuerlichen Wirten, die zu Zinszahlungen an die Gutsherrschaft verpflichtet waren, bewohnt wurde. Das ALR. erklärt die Besitzer der in einem Dorfe oder in dessen Feldmark gelegenen bäuerlichen Grundstücke als Dorfgemeinde mit den Rechten einer Korporation (§§ 18, 19 Tit. 7 T. II ALR.). Wenn daher G. nicht schon früher Landgemeinde gewesen sein sollte, so ist es dazu kraft dieser gesetzlichen Vorschrift am 1. III. 1817 geworden. Einen Unterschied zwischen selbständigen und unselbständigen Gemeinden kennt das G. nicht.

Den Gegensatz zu dem aus den bäuerlichen Grundstücken bestehenden Gemeindebezirke bildete der herrschaftliche Besitz. Feste Grenzen bestanden zwischen diesen Bezirken nicht. Denn die Herrschaft konnte gutsherrliches Land an Bauern austun, wodurch sich der Bezirk der Landgemeinde ohne weiteres vergrößerte. Die Gutsherrschaft konnte aber auch unter Umständen bäuerliches Land einziehen (vgl. KabO. v. 6. V. 1819, GS. 153). Das eingezogene

Land trat alsdann aus dem Gemeindebezirk in den Gutsbezirk über. Dies änderte sich mit dem Inkrafttreten des G. v. 8. IV. 1823. Die Bauern erhielten das Eigentum ihrer Höfe, und es entstanden feste Grenzen zwischen Gemeinde- und Gutsbezirk. Fortan konnte gutsherrliches Land nur iF. der Veräußerung und unter ausdrücklicher Zustimmung der Gemeinde und mit Genehmigung der Landespolizeibehörde dem Gemeindebezirke hinzutreten. Doch erklärte das G. über die Verpflichtung zur Armenpflege v. 31. XII. 1842 in § 6³ auch diejenigen vom Gute abveräußerten Trennstücke als Bestandteile des Gemeindebezirks, die vor Erlaß dieses G. zwar ohne jene Zustimmung und Genehmigung, jedoch ohne Widerspruch der Beteiligten tatsächlich mit der Gemeinde vereinigt waren.

Das Etablissement A. ist unstreitig auf herrschaftlichem Grund und Boden errichtet. Nach den vorstehenden Darlegungen gehörte es mithin weder bei seiner Entstehung zur Gemeinde, noch ist es mit deren Bezirk später vereinigt worden. Eine solche Vereinigung ist schon aus dem Grunde ausgeschlossen, weil das Etablissement dauernd im Besitze der Gutsherrschaft geblieben ist, die Vereinigung aber, gleichviel ob sie sich rechtlich oder lediglich tatsächlich vollzog, immer nur für abveräußerte Trennstücke des Gutes eintreten konnte. Die örtliche Lage, wonach das Etablissement ganz oder teilweise von bäuerlichen Grundstücken umgeben wird, ist für die kommunale Zugehörigkeit ohne Bedeutung.

2. Kommunale Eigenschaft, Entstehung und Aenderung der Gutsbezirke.

Nr. 1. Entsch. v. 20. Sept. 1912 (OVG. **64** 183) I C 58/10.

Das für die Eigenschaft eines Gutes als Gutsbezirk wesentliche Merkmal, daß mit dem Besitze des Gutes eine ortsobrigkeitliche Stellung verbunden ist, kann auch darin gefunden werden, daß dem Erbpächter des Gutes die Befugnis, Familien anzusetzen, eingeräumt und gleichzeitig die Gerichtsbarkeit verliehen worden ist. Allerdings hat das OVG. wiederholt entschieden, daß die Gerichtsbarkeit kein notwendiges Attribut der Gutsherrlichkeit sei und letztere auch beim Mangel einer solchen bestehen könne. Hieraus rechtfertigt sich aber keineswegs der Schluß, daß das Bestehen der Gerichtsbarkeit ohne Hinzutritt weiterer gutsherrlicher Gerechtsame keine ausreichende Unterlage für die Annahme bilde, daß dem Gute herrschaftliche Rechte verliehen seien. Im Gegenteil ist in OVG. **31** 113 ausdrücklich anerkannt, der erweisliche Besitz der Gerichtsbarkeit liefere nicht nur den Beweis der Eigenschaft des Gutes als Gutsbezirk, sondern aus ihrer Verleihung folge auch notwendig, daß dem Erbpächter die Übung gutsherrlicher Rechte übertragen sei. An dieser Rechtsprechung war festzuhalten.

3. Kommunale Eigenschaft von Trennstücken eines Gutsbezirks, von ehemaligen Bauerstellen und Landabfindungen.

Nr. 1. Entsch. v. 10. Dez. 1912 (PrVerwBl. **34** 666) I C 73/11.

Nach ständiger Rechtsprechung des OVG. sind in dem Verwaltungsstreitverfahren aus § 4 LGemO. die Besitzer der beteiligten Grundstücke gemäß § 70 LVG. beizuladen. Daraus folgt zwar, daß sie berechtigt sind, selbständig ein Rechtsmittel gegen die ergangene Entsch. einzulegen. Das bedingt aber noch nicht ohne weiteres, daß nunmehr unter allen Umständen auch in eine sachliche Prüfung des Rechtsmittels eingetreten werden müsse. Vielmehr hängt dies davon ab, ob die als Revisionskläger auftretenden Beigeladenen ein Recht verfolgen, zu dessen Schutze ihnen das Verwaltungsstreitverfahren gegeben ist. Ergibt sich, daß das Rechtsmittel eingelegt ist, um einen

Anspruch zu verfolgen, dessen Geltendmachung im Verwaltungsstreitverfahren den Beigeladenen nach dem G. nicht zusteht, so muß ohne weiteres Eingehen auf das sachliche Vorbringen der Beigeladenen das Rechtsmittel zurückgewiesen werden. Ein derartiger Fall liegt hier vor. Wie in OVG. **54** 51 in ausdrücklicher Abänderung des in früheren Entsch. des Senats eingenommenen Standpunktes dargelegt worden ist, ist der einzelne Grundstücksbesitzer nicht befugt, über die kommunale Zugehörigkeit seines Grundstücks im Wege der Klage aus § 4 LGemO. eine Entsch. herbeizuführen, vielmehr sind Streitigkeiten dieser Art zwischen den beteiligten Kommunalverbänden zum Austrag zu bringen. Der Umstand, daß der beklagte Gutsbesitzer es abgelehnt hatte, zu der Frage der kommunalen Zugehörigkeit der streitigen Grundstücke sachlich Stellung zu nehmen, ist nicht geeignet, eine andere Beurteilung eintreten zu lassen. Für die rechtliche Stellung der Beigeladenen ist es ohne Bedeutung, ob die Parteien ihre Rechte in ausreichender Weise wahrnehmen oder nicht und dadurch möglicherweise die Interessen der Beigeladenen gefährden. Es gibt keine gesetzliche Bestimmung, welche gestattete, in solchen Fällen den Beigeladenen die Rolle der Hauptpartei zuzuweisen.

C. Gemeinderecht und Gemeindewahlen.

1. Aktives Wahlrecht und Wählbarkeit.

a) Allgemeine Grundsätze, Rechtsprechung für die Rechtsgebiete der LGemO. und der SchlHolstLGemO. v. 4. VII. 92.

Nr. 1. Entsch. v. 21. Jan. 1913 (OVG. **63** 119) I C 14/12.

LGemO. §§ 45 Abs. 2, 46 Abs. 4.

1. Die Schriftlichkeit einer Vollmacht wird von der LGemO. nicht gefordert, sie kann daher auch nicht für unbedingt nötig erachtet werden. Gegenüber einer tatsächlich erfolgten Bevollmächtigung dient ihre schriftliche Aufzeichnung nur als Beweismittel. Es steht daher der Zulassung eines nicht mit schriftlicher Vollmacht versehenen Vertreters zur Wahl alsdann nichts entgegen, wenn seine Bevollmächtigung dem Wahlvorstand unzweifelhaft bekannt ist. Gilt dies schon für die Entschließung, ob ein Vertreter zugelassen werden darf, so kann bei der nachträglichen Prüfung, ob die tatsächlich erfolgte Zulassung berechtigt war oder nicht, erst recht nur die Feststellung maßgebend sein, ob der Vertreter, gleichviel ob schriftlich oder mündlich, in der Tat bevollmächtigt war.

2. Der § 45 Abs. 2 LGemO. weist den Aktiengesellschaften sowie den anderen dort bezeichneten Personengesamtheiten und juristischen Personen das Stimmrecht in der Gemeinde für den Fall zu, daß sie in deren Bezirke Grundstücke näher bezeichneten Umfanges besitzen. Bildet hiernach der Grundbesitz die Voraussetzung für das Stimmrecht, so kann, wenn zur Vertretung der Ausübung des Stimmrechts unter anderen auch der Generalbevollmächtigte für befugt erklärt wird, hierbei nicht nur an einen solchen Bevollmächtigten gedacht sein, der den Machtgeber in sämtlichen Beziehungen vertritt; vielmehr entspricht dem G. auch derjenige Bevollmächtigte, der das Grundstück (einschließlich der darauf befindlichen Fabrik oder sonstigen gewerblichen Anlage) verwaltet und bei dessen Verwaltung alle Angelegenheiten des Machtgebers zu besorgen hat.

Nr. 2. Entsch. v. 7. Juli 1913 (PrVerwBl. **35** 557) I C 8/13.

Eine im Grundbuch eingetragene Belastung eines Grundstücks mit einem Vorkaufsrecht und mit der Verpflichtung, vorzugsweise nur Personen einer bestimmten Gattung als Mieter anzunehmen, ist mit dem „Besitz" eines Grundstücks, wie er im § 45 LGemO. erfordert wird, nicht unvereinbar. Allerdings kommt das Gemeindestimmrecht nicht jedem zu, der im Grundbuch als Eigentümer eines Grundstücks der erforderlichen Größe eingetragen ist und die sonstigen Voraussetzungen des § 45 erfüllt. Es ist vielmehr noch erforderlich, daß er an dem Grundstück auch Besitz von rechtlich gesicherter Dauer hat, daß für ihn insbesondere keine Verpflichtung besteht, den Besitz auf den Wunsch eines andern oder bei dem Eintritt einer bestimmten Bedingung wieder aufzugeben. Eine solche die rechtlich gesicherte Dauer ausschließende Beschränkung des Besitzers liegt hier aber nicht vor: Das Vorkaufsrecht tritt erst in Kraft, wenn der Eigentümer sich schon entschlossen hat, den Grundbesitz zu veräußern, ja, wenn er diesen schon an einen Dritten verkauft hat (§§ 1094, 504 BGB.). Es berührt nur die Person des Erwerbers, steht aber einem dauernden Verbleiben des Grundstücks in der Hand des Besitzers nicht entgegen. Ebensowenig vermag die Beschränkung des Besitzers in der Wahl der Mieter die Dauer des Besitzes rechtlich zu beeinflussen.

Nr. 3. Entsch. v. 2. April 1914 (OVG. **66** 92) I C 55/13.

Durch § 20 a EinkStG. idF. der Nov. v. 26. V. 09 ist solchen Personen, die die Voraussetzungen des vollen Gemeinde- (Bürger-) rechts nicht erfüllen, aber erfüllen würden, wenn sie nicht gemäß den §§ 19, 20 EinkStG. eine Ermäßigung der Steuer erfahren hätten, zwar das aktive, aber nicht auch das passive Wahlrecht (d. i. das Recht zur Bekleidung unbesoldeter Ämter in der Verwaltung und Vertretung der Gemeinde) gegeben worden.

Das Gemeinderecht umfaßt nach § 40 LGemO. erstens das Recht zur Teilnahme an dem Stimmrecht in der Gemeindeversammlung oder, wo sie durch eine gewählte Gemeindevertretung ersetzt ist, zur Teilnahme an den Gemeindewahlen, zweitens das Recht zur Bekleidung unbesoldeter Ämter in der Verwaltung und Vertretung der Gemeinde. Das G. geht also davon aus, daß der Regel nach die beiden Rechte, die man kurz als das aktive und das passive Wahlrecht zu bezeichnen pflegt, als zwei Erscheinungen einer rechtlichen Eigenschaft denselben Personen zukommen. Von der Regel kennen die GemVerfG. bereits mehrere Ausnahmen: Für gewisse Beamte, für Geistliche und Volksschullehrer ist das Gemeinderecht (Bürgerrecht) insofern eingeschränkt, als sie nicht Gemeinde- oder Stadtverordnete sein können. Anderseits ist der Kreis der Gemeindeglieder (Bürger) dadurch ausgedehnt worden, daß unter gewissen Voraussetzungen Personen, denen an sich das Gemeinde- (Bürger-) recht nicht zusteht, z. B. Forensen, juristische Personen und andere, ein auf das aktive Wahlrecht beschränktes Gemeinde- (Bürger-) recht erhalten haben. Eine neue Klasse von Personen der letzteren Art hat der durch die Nov. v. 26. V. 09 (GS. 349) eingefügte § 20 a EinkStG. für ganz Preußen geschaffen. Er dehnt den Kreis der Gemeindeglieder (Bürger) aus, jedoch so, daß sie nur ein auf das aktive Wahlrecht beschränktes Gemeinde- (Bürger-) recht besitzen. Während bis dahin das Gemeinde- (Bürger-) recht, soweit es von einem Mindestsatz an Steuern oder Einkommen abhängig war, von der tatsächlichen Zahlung der Steuer, der tatsächlichen Veranlagung dazu oder dem tatsächlichen Bezuge des Einkommens abhing, gab der § 20a solchen Personen, die hiernach nicht die Voraussetzungen des vollen Gemeinde- (Bürger-) rechts erfüllten, aber sie erfüllen würden, wenn sie nicht gemäß §§ 19, 20 des EinkStG. eine Ermäßigung der Steuer erfahren hätten, einen Teil des Gemeinde- (Bürger-) rechts, das aktive Wahlrecht.

Daraus folgt, daß die Frage, ob der § 20 a EinkStG. nicht auch auf das passive Wahlrecht zu beziehen sei, verneint werden muß. Für diesen Teil des Gemeinderechts gilt die Vorschrift, die als AusnahmeG. streng auszulegen ist, nicht. Das passive Wahlrecht ist auch nicht etwa ein Ausfluß des aktiven Wahlrechts, sondern beide Rechte sind gleichgeordnete Teile des Gemeinde- (Bürger-) rechts.

Nr. 4. Entsch. v. 10. Nov. 1913 (PrVerwBl. 45 825) I C 31/13.

LGemO. § 53. ALR. II. 11. §§ 556 ff.

Neben der im Landrechte geregelten kirchenrechtlichen Verleihung eines Kirchenamts kommt die Bestellung einer Person zum Totengräber lediglich nach den Vorschriften des BGB. (§§ 611 ff.) in Frage. Wenn in R. und in anderen schlesischen katholischen Kirchengemeinden seit langer Zeit die Totengräber nur durch bürgerlich-rechtlichen Vertrag angenommen, nicht also als Kirchendiener mit Beamteneigenschaft angestellt worden sind, so fehlt es hinsichtlich der kirchenrechtlichen Anstellung von Totengräbern in diesen Orten an einer Übung, die die Vorschriften der §§ 556 ff. ALR. II 11 ergänzt oder abgeändert haben könnte. Daraus, daß die Anstellung eines Totengräbers als eines beamteten Kirchendieners lange Zeit in einem örtlichen Bezirk unterblieb, folgt nicht, daß sie dort unzulässig geworden ist. Die im ersten Revisionsurteil in den Vordergrund gestellte Frage, welche Vorschriften für R. maßgebend sind, wenn ein Totengräber mit der Eigenschaft eines niederen Kirchendieners angestellt werden soll, hätte also dahin beantwortet werden müssen, daß außer den §§ 556 ff. ALR. II 11 weitere Vorschriften nicht zu ermitteln sind, daß sich insbesondere keine entgegenstehende Observanz feststellen läßt, weil eine Anstellung des Totengräbers als eines Kirchendieners in R. nicht üblich ist, der Totengräber vielmehr durch privaten Vertrag bestellt zu werden pflegt, und daß endlich auch Anweisungen der kirchlichen Behörden über die aufgeworfene Frage nicht erlassen sind. Wenngleich dem Vorderrichter also darin nicht beizutreten ist, daß durch die wiederholte bürgerlich-rechtliche Annahme von Totengräbern in R. das Recht, einen Totengräber als Kirchendiener zu bestellen, aufgehoben sei, so ist dennoch die getroffene Entsch. zu billigen. Sie wird schon ausreichend begründet durch die Feststellung, daß bei der Kirche in R. ein Patronat vorhanden ist, daß ein dem § 556 ALR. II 11 entgegenstehender, auf kirchenrechtlichem Gebiete liegender gewohnheitsrechtlicher Satz dort nicht besteht, und daß P. jedenfalls nicht vom Patrone zum Kirchendiener bestellt worden ist. Daraus ergibt sich, daß P. nicht Kirchendiener iS. des § 53 LGemO. ist, daß er also zum Gemeindeverordneten gewählt werden konnte.

b) Provinzialrechte.

α) In Westfalen.

Nr. 1. Entsch. v. 5. Jan. 1914 (PrVerw.Bl. 35 858) I C 65/13.

WestfLGemO. v. 19. III. 56 §§ 14, 15.

Wenn das Gemeindestatut bestimmt, daß der Gemeindevertretung aus den einzelnen Bauerschaften mindestens je ein Vertreter angehören muß, so ist als Vertreter sowohl derjenige anzusehen, der in dieser Bauerschaft seinen Wohnsitz hat, als auch der, welcher dort nur mit einem Wohnhaus angesessen ist.

β) In der Rheinprovinz.

Nr. 1. Entsch. v. 26. Jan. 1912 (PrVerwBl. 34 44) I C 81/11.

Die Beschäftigung als einfacher Bahnarbeiter nach den Anordnungen des Rangiermeisters läßt sich nicht denjenigen Dienststellungen einreihen, mit denen nach § 45^{1-11}, § 74^{12-14} Eisenbahn-Bau- und BetriebsO. v. 4. XI. 04 die Eigenschaft eines Bahnpolizeibeamten verbunden ist.

Nr. 2. Entsch. v. 20. Okt. 1913 (OVG. 65 111) I C 15/13.

Ein nach Maßgabe der Kgl. Vd. v. 24. XII. 1816 und der Instr. v. 31. VIII. 1839 für den Verband mehrerer Gemeinden angestellter „Gemeinde-Oberförster" ist in seiner Wohnsitzgemeinde weder als Gemeinde-, noch als Polizeibeamter iS. des Art. 14 RhGemVerfG. v. 15. V. 56 anzusehen und darf daher zum Gemeindeverordneten gewählt werden. Wenngleich er in die Lage kommen kann, selbst eine dem Forstschutze dienende, polizeiliche Tätigkeit auszuüben, so tritt doch dieser Teil seines Dienstes hinter dem Verwaltungsdienste zurück. Unter den Polizeibeamten bzw. Polizeiexekutivbeamten, denen nach den Vorschriften der GemVerfG. die passive Wahlfähigkeit mangelt, sind aber nicht alle Beamte zu verstehen, die irgend einmal und ausnahmsweise in die Lage kommen, als Polizei- oder Polizeiexekutivbeamte tätig zu werden, vielmehr kommt es auf den überwiegenden Teil der amtlichen Tätigkeit an.

2. Wahlverfahren.

a) Allgemeine Grundsätze; Rechtsprechung für die Rechtsgebiete der LGemO. und der SchlHolstLGemO. v. 4. VII. 1892.

Nr. 1. Entsch. v. 26. Jan. 1912 (PrVerwBl. 34 44) I C 81/11.

1. Selbst wenn einem einzelnen Wähler die Einsicht der ausgelegten Wählerliste an einem einzelnen Tage verschränkt geblieben ist, so würde hierin noch kein so wesentlicher Mangel des Auslegungsverfahrens zu erblicken sein, daß daraufhin die vollzogene Wahl selbst für ungültig zu erklären wäre. Im vorliegenden Falle ist dies um so weniger anzunehmen, als D. die Liste noch während der Auslegungsfrist eingesehen hat und dadurch zu seinem Rechte gekommen ist, und als im übrigen nicht erhellt, daß auch anderen Wählern die Einsicht der Liste vorenthalten geblieben ist.

2. Nach der öffentlichen Bekanntmachung sollte die Auslegung der Wählerliste vier Wochen dauern. Kläger wendet nun ein, daß der letzte Tag der Auslegungsfrist als Sonntag in die Auslegungsfrist nicht hineingerechnet werden dürfe, letztere daher erst an dem darauffolgenden Montag ihr Ende erreicht habe. Diese Ansicht entbehrt der Begründung. Eine Vorschrift, nach der ein Sonntag als letzter Tag der Auslegungsfrist nicht zu berücksichtigen sei, besteht nicht; insbesondere ist eine solche in der RheinGemO. v. 23. VII. 45 bzw. dem G. v. 15. V. 56 nicht enthalten. Eine analoge Anwendung des § 52 Abs. 1 Satz 2 LVG. und der darin in Bezug genommenen bürgerlichen Prozeßgesetze ist dagegen nicht statthaft, weil, wie aus dem Wortlaute der angeführten GBest. folgt, sie für andere, hier nicht in Betracht kommende Verhältnisse gegeben ist. Ebenso ist die Frage, ob etwa tatsächliche Verhältnisse vorliegen, die die Einrechnung des Sonntags als Schlußtag der Auslegungsfrist auszuschließen geeignet sein könnten, zu verneinen. Solche Verhältnisse sind nicht behauptet worden und nicht vorhanden. An den Sonntagen kann im allgemeinen die Liste ebensogut eingesehen werden, wie an den Wochentagen und es geschieht dies, wie nicht besonders hervorzuheben ist, bei allen Wahlen, bei welchen die vorherige Auslegung der Wählerliste vorgesehen ist. Dabei macht es keinen Unterschied, ob Sonntage innerhalb der Auslegungsfrist liegen oder ob die Auslegungsfrist an einem Sonntage endet.

Nr. 2. Entsch. v. 18. Dez. 1913 (OVG. 66 78) I C 45/13.

LGemO. §§ 55, 56, 59.

1. In Landgemeinden müssen die G. ebenso gewissenhaft angewandt werden wie in den Städten, und eine geringere Bestimmtheit in den Vorschriften der LGemO. als in denen der StO. ist nicht vorhanden. Auch die LGemO. schreibt vor, daß die Wählerliste nach Wahlabteilungen eingeteilt und in dem Zeitraume vom 15. bis 30. Januar öffentlich ausgelegt werden soll. Daraus folgt,

daß die Liste in solcher Weise einzuteilen ist, bevor sie ausgelegt wird; denn die Liste muß während der ganzen Auslegungsfrist schon fertiggestellt, insbesondere in Abteilungen zerlegt sein. Dieser Auslegung der GWorte entspricht auch folgende praktische Erwägung: Die Auslegung der Liste soll jedem Stimmberechtigten während eines bestimmten Zeitraums die Möglichkeit geben, zu prüfen, ob die Wähler in die Liste eingetragen sind, und ob ihnen die richtige Stelle darin zugeteilt ist, oder sachlich ausgedrückt, ob ihnen bei der bevorstehenden Wahl ein Wahlrecht, und zwar ein Wahlrecht in dem richtigen Maße, zugestanden wird. Das Maß des Wahlrechts zeigt sich in der Zugehörigkeit zu einer bestimmten Abteilung. Ob innerhalb einer Abteilung die richtige Reihenfolge nach den Steuerleistungen eingehalten worden ist, hat keine Bedeutung. Der Anspruch auf die richtige Stelle in der Wahlliste erschöpft sich also im Anspruch auf die Zugehörigkeit zu der richtigen Abteilung. Die Zuweisung zu einer bestimmten Abteilung ist hiernach die Grundlage einer ordnungsmäßigen Prüfung, wie sie den Wählern in der Auslegungsfrist zusteht. Eine nicht in Abteilungen zerlegte Liste ist keine Wählerliste, wie sie das G. als Gegenstand der öffentlichen Auslegung verlangt. Eine auf eine solche Liste gegründete Wahl ist deshalb in Land- wie in Stadtgemeinden mit einem wesentlichen Mangel behaftet, der zur Ungültigkeit der Wahl führen muß. Daß im vorliegenden Falle noch innerhalb der Auslegungsfrist die Einteilung der Liste nachgeholt wurde, ist bedeutungslos; denn den Wählern gibt das G. eine mindestens fünfzehn Tage währende Befugnis, die fertige Liste einzusehen und anzufechten.

2. Indem § 59 LGemO. vorschreibt, daß die Wähler eine Woche vor dem Wahltage mittels ortsüblicher Bekanntmachung zu den Wahlen zu berufen sind, wird den Wählern eine einwöchige Frist zwischen Ladung und Terminstag gewährt. Mindestens eine Woche lang sollen sie in der Lage sein, sich auf die Wahl vorzubereiten, indem sie sich etwa über die zu wählende Person durch Besprechung mit anderen oder durch Befragung der Kandidaten schlüssig machen, die Terminsstunde von häuslichen und anderen Geschäften freilegen und dergl. Jeder Wähler muß unter Einhaltung dieser Frist eingeladen werden. Ist der Umlauf mehrerer Einladungsschreiben von Hand zu Hand die ortsübliche Art der Bekanntmachung, so muß noch vor dem Beginne der einwöchigen Frist der Umlauf beendet sein. Nur dann kann man sagen, daß die Wähler, d. h. alle Wähler eine Woche vor dem Wahltage berufen worden sind.

Nr. 3. Entsch. v. 19. Jan. 1914 (OVG. **66** 81) I C 36/13.

LGemO. §§ 55, 56.

1. Die öffentlich ausgelegte Wählerliste hat der Gemeindevorsteher kurz vor dem Ablaufe der Frist in mehrfacher Beziehung geändert, ohne daß gegen die Richtigkeit der Liste Einspruch erhoben oder die Gemeindevertretung mit der Sache befaßt worden wäre. Zutreffend erklären die beiden Vorinstanzen ein solches Verfahren für gesetzwidrig, weil die einmal öffentlich ausgelegte Liste nur auf dem gesetzlich vorgesehenen Wege, nämlich im Einspruchs- und Verwaltungsstreitverfahren, berichtigt werden kann.

2. Die Liste muß, bevor sie ausgelegt wird, fertiggestellt, insbesondere nach Vorschrift des § 55 LGemO. eingeteilt sein. Dies ergibt sich aus der Fassung der §§ 55, 56 dieses G. und sodann aus folgender Erwägung: Zweck der Auslegung ist, den Wahlberechtigten vor der Wahl in dem Zeitraume vom 15. bis 30. Jan. oder wenigstens während einer gleichen Frist die Prüfung zu ermöglichen, ob sie in die Liste eingetragen sind, und ob es an der richtigen Stelle geschehen ist. An richtiger Stelle in diesem Sinne aber steht, wer der richtigen Abteilung zugeteilt ist, während es auf die Reihenfolge innerhalb der Abteilung nicht ankommt; denn die Zugehörigkeit zu dieser oder jener Abteilung ergibt einen

verschiedenen Umfang des Wahlrechts, eine falsche Einreihung innerhalb der Abteilung aber hat keinen Einfluß auf die Rechte des Wählers und kann nicht Gegenstand des Berichtigungsverfahrens sein. Deshalb ist die Grenze zwischen den einzelnen Abteilungen wesentlich, ohne solche erfüllt die Liste ihren Zweck nicht. Die Andeutung des Gemeindevorstehers mittelst eines Bleistiftstrichs, wo er demnächst die Grenze machen wolle, genügt nicht. Die Abgrenzung muß vielmehr für jedermann erkennbar und verständlich, sie muß also vor allem nach der Auffassung des Gemeindevorstehers für ihn endgültig sein, so daß eine Änderung nur noch im Wege des Berichtigungsverfahrens möglich erscheint.

Nr. 4. Entsch. v. 27. Okt. 1913 (OVG. 65 89) I C 33/13.

1. Der Grundsatz, daß Ersatz- und Ergänzungswahlen zeitlich verbunden werden können, aber sachlich getrennt vorzunehmen sind, bezieht sich auch auf solche Wahlen, die außerhalb der regelmäßigen Ergänzung der Gemeindevertretung deshalb notwendig werden, weil ein Gemeindevertreter infolge eines Versehens bei einer früheren Wahl über die sechsjährige Amtszeit hinaus im Amte verblieben ist und darum für den noch übrigen Rest seiner weiteren sechsjährigen Amtszeit durch einen neu zu wählenden Verordneten ersetzt werden muß.

Die Vorschrift, daß jeder Wähler getrennt erst in der einen und sodann in der anderen Wahlgattung seine Stimme abzugeben hat und daß die Reihenfolge vom Wahlvorstand ausdrücklich vor Beginn der Wahl festgelegt werden muß, ist notwendig, weil nur dann die Möglichkeit gegeben ist, den Willen der Wähler darüber, wer sechs Jahre und wer vier Jahre im Amte bleiben sollte, zweifelsfrei festzustellen. Allein die Wähler haben dies zu bestimmen, weder der Gemeindevorsteher, noch der Wahlvorstand, noch die Gemeindevertretung sind dazu befugt; auch eine Entsch. durch das Los hätte keine gesetzliche Grundlage gehabt.

2. Nach § 59 LGemO. muß der Gemeindevorsteher eine Woche vor dem Wahltage die Wähler mittels ortsüblicher Bekanntmachung zu den Wahlen berufen, und zwar unter genauer Bezeichnung von Ort und Zeit der Wahlen. Selbst wenn der Ausdruck „mittels ortsüblicher Bekanntmachung" nicht auf den Inhalt, sondern nur auf die Form der Einberufung bezogen, hier also die Behauptung des Klägers unberücksichtigt gelassen wird, daß es bisher ortsüblich gewesen sei, die Namen der Ausscheidenden zu nennen, so liegt doch ein Mangel insofern vor, als die Wahlen, zu denen einberufen wurde, mindestens nach Zahl und Art richtig hätten bezeichnet werden müssen. Die mit einwöchiger Frist zu erlassende Einladung hat den Zweck, den Wählern Gelegenheit zu geben, sich durch eigenes Überlegen und durch Besprechung mit anderen auf die Wahl vorzubereiten. Sie müssen daher der Bekanntmachung entnehmen können, wie viel Personen jeder zu wählen hat. Die sicherste Art, in diesem Punkte Klarheit zu schaffen, ist, die Ausscheidenden und ihre Abteilung zu nennen; denn daraus ergibt sich zugleich, welche Gemeindeverordneten wieder wählbar werden. Vorgeschrieben ist die Nennung der Ausscheidenden aber nicht. Handelt es sich nur um regelmäßige Ergänzungswahlen, so mag es genügen, daß dies zum Ausdruck gebracht wird, vorausgesetzt, daß sich im Vergleiche zur letzten regelmäßigen Wahl in der Zahl der von jeder Abteilung zu wählenden Personen nichts geändert hat. Wenn sich indes, wie hier, die Zahl der von den einzelnen Abteilungen zu wählenden Personen bei jeder Ergänzungswahl verschiebt, so kann eine Einberufung lediglich „zu den regelmäßigen Ergänzungswahlen" nicht genügen; vielmehr muß dann mindestens je nach der Sachlage gesagt werden, daß z. B. die dritte und die erste Abteilung je einen, die zweite Abteilung aber zwei Gemeindeverordnete zu wählen hat. Den Wählern kann nicht zugemutet werden, daß sie sich nach der Zahl der Wahlen erkundigen, oder daß sie in klarer Erinnerung

an die letzte und an die vorletzte Wahl sich das gegenwärtige Zahlenverhältnis selbst berechnen.

Nr. 5. Entsch. v. 10. Dez. 1912 (DJZ. **18** 926) I C 23/12.

Nach § 61 LGemO. muß jeder Wähler dem Wahlvorstand mündlich zu Protokoll erklären, wem er seine Stimme geben will. Ein taubstummer Wähler ist wegen des ihm anhaftenden Gebrechens nicht in der Lage, dieser Anforderung ihrem Wortlaut entsprechend gerecht zu werden. Dadurch darf sein Wahlrecht aber nicht verkümmert werden. In einem solchen Falle kann es infolgedessen nur darauf ankommen, daß der Taubstumme seinen Willen in so klarer und deutlicher Weise zu erkennen gibt, daß der Wahlvorstand daraus mit Sicherheit zu entnehmen vermag, wem der Taubstumme seine Stimme geben will. Sache des Wahlvorstandes ist es demnächst, die Stimmabgabe vor der Wahlversammlung festzustellen, um auf diese Weise die im G. vorgesehene Öffentlichkeit der Wahl zu sichern. Wie die Willensmeinung verlautbart wird, ist gleichgültig. Es kann dies durch Benennung der zu Wählenden seitens einer Vertrauensperson oder durch Ablesen eines Stimmzettels durch eine solche geschehen, ebenso genügt aber auch die Überreichung eines die Namen der zu Wählenden enthaltenden geschriebenen oder gedruckten Stimmzettels durch den Taubstummen an den Wahlvorstand, weil daraus erhellt, daß der Taubstumme die auf dem Zettel Verzeichneten wählen will. Daher hätte die Annahme der durch Überreichung des Stimmzettels bewirkten Erklärung des K. erfolgen müssen, während der Inhalt des Zettels von dem Wahlvorstande zu verlesen war. Dies ist nicht geschehen; K. ist demnach zu Unrecht als Wähler zurückgewiesen worden, und seine Stimme ist zu zählen.

Nr. 6. Entsch. v. 18. Dez. 1913 (OVG. **66** 76) II C 47/13.

LGemO. §§ 61, 63.

Eine Gemeindeverordnetenwahl ist ungültig, wenn eine ihr Ergebnis beeinflussende Anzahl von Stimmen nicht gegenüber dem Wahlvorstande, sondern gegenüber einem als Schreibhilfe zugezogenen Protokollführer abgegeben worden ist. Denn der Wahlvorstand hat als ein Kollegium die Rolle der Urkundsperson, die sich grundsätzlich bei jeder Stimmabgabe durch eigene Sinneswahrnehmung die Gewißheit verschaffen muß, daß die Vorgänge sich so zugetragen haben, wie sie im Protokoll und in der Liste vermerkt werden. Wird, was zulässig ist, die Liste von einer unverantwortlichen, nicht zum Wahlvorstande gehörigen, besonderen Schreibhilfe geführt, so hat der Vorstand immerhin die Kontrolle auszuüben. Er muß derjenige bleiben, der die Stimmabgabe entgegennimmt und jeden Wähler zur Wahl zuläßt. Es ist unzutreffend, wenn der Revisionskläger meint, die sogenannte „assistentia passiva" des Wahlvorstandes genüge. Vielmehr muß sich der Wahlvorstand vor jeder Stimmabgabe auf Grund der Wählerliste und nach Prüfung des Erschienenen darüber schlüssig machen, ob er diesen als Wähler zulassen will. Das darf er nicht dem Protokollführer überlassen. Wenn auch naturgemäß nicht für jeden Fall eine Beschlußfassung nötig ist, so müssen doch die Mitglieder des Wahlvorstandes ihre Aufmerksamkeit dauernd dem Wahlgeschäfte zugewandt haben.

Nr. 7. Entsch. v. 7. Juli 1913 (PrVerwBl. **35** 600) I C 11/13.

LGemO. § 60.

Allerdings hat nach dem Wortlaute des Wahlprotokolls außer dem Wahlvorsteher und den beiden von der Wahlversammlung gewählten Beisitzern noch der Bäckermeister G. als dritter von der Versammlung gewählter Beisitzer dem Wahlvorstand angehört. Als dritter „Beisitzer" hat G. auch das Protokoll und seine Anlagen mit unterzeichnet. Wären diese Angaben zutreffend, so würde das G.

in einer die Wahl vernichtenden Weise verletzt worden sein, denn nach § 60 LGemO. besteht der Wahlvorstand aus dem Gemeindevorsteher oder einem von dem letzteren zu seinem Stellvertreter ernannten Schöffen und zwei von der Wahlversammlung gewählten Beisitzern. Es herrscht aber Einverständnis darüber, daß das Wahlprotokoll den wahren Sachverhalt insofern nicht richtig wiedergibt, als G. nicht von der Wahlversammlung zum Beisitzer gewählt, sondern in seiner Eigenschaft als zweiter Schöffe vom stellvertretenden Gemeindevorsteher zu dessen Vertreter im Behinderungsfall ernannt worden ist. Ferner hat G. am Wahltische nur deshalb Platz genommen, um bei einer Verhinderung des Wahlvorstehers sogleich zur Stelle zu sein, für die Wahlleitung ist seine Anwesenheit ohne Wirkung und Einfluß gewesen; abgesehen von der Protokollunterzeichnung hat er sich untätig verhalten. Wird hiervon ausgegangen, so liegt eine erhebliche Unregelmäßigkeit nicht vor. Da ein Fall der Behinderung des Wahlvorstehers nicht eingetreten ist, durfte G., selbst wenn er dessen ordnungsmäßig bestellter Vertreter gewesen ist, nicht gleichzeitig mit dem ersten Schöffen als Mitglied des Wahlvorstandes tätig werden. G. ist aber auch als Wahlvorstandsmitglied nicht tätig geworden. Dadurch allein, daß er bei der Wahlhandlung am Vorstandstische gesessen hat, hat er sich an den Beschlußfassungen des Vorstands, an der Annahme der Stimmen und an den sonstigen Geschäften des Vorstandes nicht beteiligt, wenn es auch als wenig zweckmäßig bezeichnet werden muß, daß andere als die zurzeit dem Vorstand angehörenden Personen am Vorstandstische Platz nehmen und so den Anschein erwecken, als gehörten sie zu dem Kollegium, das die Stimmen entgegennimmt. Ebensowenig kann auf die Mitunterzeichnung des Wahlprotokolls entscheidendes Gewicht gelegt werden.

Nr. 8. Entsch. v. 2. Febr. 1914 (OVG. **66** 83) I C 49/13.

LGemO. § 60.

Nach § 60 LGemO. sind die Beisitzer, die mit dem Gemeindevorsteher zusammen den Wahlvorstand bilden, von der Wahlversammlung zu wählen. Die Wahlversammlung aber besteht aus denjenigen Personen, die zur Wahl geladen und rechtzeitig erschienen sind, also je nach der Ladung aus Angehörigen einer Abteilung oder aus Angehörigen mehrerer Abteilungen. Ob in einem Falle, wo die Wahlen der drei Abteilungen zu verschiedenen Stunden desselben Tages stattfinden sollen, anzunehmen ist, daß alle drei auf die Anfangsstunde der gesamten Wahlhandlung eingeladen sind, oder ob in solchem Falle drei verschiedene Wahlhandlungen und somit drei verschiedene Wahlversammlungen zu unterscheiden sind, hängt von der Absicht des einladenden Gemeindevorstehers ab. Hier ergibt die Niederschrift über die Wahlhandlung, daß der Gemeindevorsteher alle drei Abteilungen als auf 10 Uhr eingeladen ansah; denn er hat nur einmal für die gesamte Wahl die Eröffnungsförmlichkeiten vollzogen, insbesondere die Beisitzer wählen lassen. Die Beisitzer mußten also von denjenigen Wahlberechtigten aller drei Abteilungen gewählt werden, die zur Zeit der Eröffnung des Wahlgeschäfts anwesend waren. Beteiligt haben sich aber an der Wahl der Beisitzer auch solche Personen, welche nicht in der Wählerliste verzeichnet, also nicht wahlberechtigt und nicht zur Wahl geladen waren. Daher war der Wahlvorstand nicht ordnungsmäßig zusammengesetzt. Das hat die Ungültigkeit der angefochtenen Wahlen zur Folge.

b) Provinzialrechte.

α) In Westfalen.

Nr. 1. Entsch. v. 18. Okt. 1912 (OVG. **63** 123) I C 19/12.

Über die gegen die Wählerliste erhobenen Einsprüche muß die Gemeindevertretung beschließen, bevor zur Wahl geschritten wird, und die Berichtigungen der Liste, zu denen die dagegen erhobenen Einsprüche Anlaß geben, müssen vor der Wahl stattfinden. Ist die Wahl vollzogen, ohne daß beides geschehen war, so liegt ein die Ungültigkeit der Wahl herbeiführender Mangel des Verfahrens vor.

In der Rechtsprechung des OVG. steht allerdings der Grundsatz fest, daß Einwendungen gegen die Richtigkeit der Wählerliste nur während der Dauer ihrer Auslegung erhoben werden können, und daß es daher unzulässig sei, sie noch nach jener Zeit in irgend einer Weise geltend zu machen, vielmehr die nicht rechtzeitig angefochtene Wählerliste ohne Rücksicht auf ihre sachliche Richtigkeit oder Unrichtigkeit die rechtliche Grundlage für die Wahl bildet. Der Wählerliste kann indessen diese Bedeutung nur in dem Falle zugesprochen werden, daß sie unangefochten geblieben ist, d. h. daß binnen der vorgeschriebenen Frist Einsprüche nicht erhoben worden sind. Hat dagegen eine Anfechtung der Wählerliste durch rechtzeitige Erhebung von Einsprüchen stattgefunden, so bildet die Wählerliste nicht ohne weiteres die Grundlage der vorzunehmenden Wahl. Vielmehr ist zu prüfen, welcher Einfluß auf die Gestaltung der Liste und damit auch auf das Ergebnis der Wahl den erhobenen Einsprüchen zukommt. Der Zweck des Einspruchs geht dahin, Unrichtigkeiten der Wählerliste zu beseitigen. Der Gemeindevertretung ist die Entsch. darüber, ob derartige Unrichtigkeiten tatsächlich vorhanden sind, übertragen. Dieser ihr durch das G. auferlegten Verpflichtung muß sich die Gemeindevertretung unterziehen, und zwar dergestalt, daß die zur Sprache gebrachten und von ihr als zutreffend anerkannten Unrichtigkeiten aus der Wählerliste noch vor Vollziehung der Wahl beseitigt werden; denn das G. will, daß der Wahl eine richtige Wählerliste zugrunde gelegt wird; sonst würde das Einspruchsverfahren überhaupt keine Bedeutung haben. Nur aus dem Grunde, weil das Einspruchsverfahren durch Erhebung der Klage einen längeren Zeitraum in Anspruch nehmen kann, macht das G. für diese eine Ausnahme. In einem solchen Falle soll unbeschadet der Klageerhebung das Wahlverfahren seinen Fortgang nehmen und die Klageerhebung keine Wirkung äußern, da die Unterbrechung des Wahlverfahrens mit Rücksicht auf die Ungewißheit, wann das Prozeßverfahren zu Ende geführt wird, eine Beeinträchtigung anderweit zu schützender öffentlicher Interessen zur Folge haben und unter Umständen zu dem nicht erträglichen Zustande führen kann, daß eine Gemeinde längere Zeit ohne gesetzliche Vertretung bleibt. Dieser Grund trifft für die Beschlußfassung der Gemeindevertretung über die Erhebung von Einsprüchen nicht zu. Die Einsprüche können unterschiedlos, geeignetenfalls durch Beschleunigung der Beschlußfassung in dem dafür vorgesehenen Verfahren, selbst dann erledigt werden, wenn sie erst gegen Ende der für die Auslegung der Wählerliste bestimmten Frist erhoben worden sind. Sollte dies in besonders gearteten Ausnahmefällen nicht möglich sein, so würde eine Verlegung des Wahltermins in Frage kommen. In jedem Falle muß daher verlangt werden, daß über die erhobenen Einsprüche Beschluß gefaßt ist, bevor zur Wahl geschritten wird, und daß vor der Wahl diejenigen Berichtigungen der Wählerliste stattfinden, zu denen die erhobenen Einsprüche Anlaß geben.

Nr. 2. Entsch. v. 24. Jan. 1913 (OVG. **63** 131) I C 16/12.

WestfLGemO. § 28.

In den Westfälischen Landgemeinden muß die Wählerliste vor jeder Wahl, insbesondere auch, wenn diese an Stelle einer für ungültig erklärten Wahl stattfindet, von neuem zur Einsicht der Beteiligten ausgelegt werden.

In denjenigen Fällen, wo nach den GemVerfG., wie dies z. B. in der WestfStO. in § 20 vorgeschrieben ist, alljährlich eine Listenauslegung stattzufinden hat, bleibt allerdings die Liste mit dem Inhalte, den sie bei der Auslegung oder in einem etwaigen Berichtigungsverfahren erhalten hat, so lange in Geltung, bis die neue Liste ausgelegen hat. Aber in den Westfälischen Landgemeinden findet eine solche periodisch wiederkehrende Auslegung nicht statt. Hier erfolgt vielmehr die Auslegung der Liste immer nur im Hinblick auf eine bevorstehende Wahl.

β) In der Rheinprovinz.

Nr. 1. Entsch. v. 19. Mai 1913 (PrVerwBl. **35** 416) I C 39/12.

1. Da der Kläger mit nur einer Stimme Mehrheit zum Gemeindeverordneten gewählt ist, so ist seine Wahl ungültig, wenn auch nur eine der für ihn abgegebenen Stimmen für ungültig zu erachten war. Der Bezirksausschuß hat seine dahingehende Feststellung auf die Aussage des eidlich vernommenen Fuhrknechts S. gestützt. Mit der Revision wird dem Bezirksausschuß vorgeworfen, er habe einen unzulässige Beeinflussung des Zeugen angenommen, ohne daß erwiesen sei, daß er wider seine eigene Überzeugung für den Kläger gestimmt habe. Der Zeuge selbst habe erklärt, es sei von vornherein seine Absicht gewesen, den Kläger zu wählen; er sei vor keiner Seite beeinflußt worden, auch wenn der Kläger nicht zu ihm nach Niederjeutz, seinem damaligen Arbeitsorte, gekommen wäre und ihm seine Auslagen erstattet hätte, würde er jedenfalls trotzdem zur Wahl gefahren sein und für ihn gestimmt haben.

2. Richtig ist, daß der Zeuge diese Äußerungen getan hat. Er hat aber auch weiter erklärt, der Kläger habe ihn am Tage vor der Wahl an seinem Arbeitsort aufgesucht und ihm die Bestellung seiner Eltern überbracht, er solle zur Wahl kommen. In einer Wirtschaft, in der sie sodann einkehrten, habe Kläger ihn gefragt, was er durch die Fahrt zum Wahlort versäumen würde. Nachdem er den Betrag genannt, habe der Kläger ihm den Ausfall der Schicht, die Reisekosten von Diedenhofen aus bezahlt, auch die Zeche beglichen und gesagt: „Dann kommst Du aber morgen". Hinzugefügt hat der Zeuge, daß er zu der Zeit, wo der Kläger zu ihm gekommen, noch nicht bestimmt entschlossen gewesen sei, zur Wahl zu fahren, da er sich wegen der damit verbundenen Auslagen und Versäumnis Gedanken gemacht habe. Wenn der Bezirksausschuß der Versicherung des Zeugen, er sei von keiner Seite beeinflußt worden und würde seine schon vor dem Besuche des Klägers bei ihm bestandene Absicht ausgeführt und auch ohne die Entschädigung der Auslagen den Kläger gewählt haben, keine Bedeutung beigelegt, vielmehr auf die Tatsache Gewicht gelegt hat, daß es zweifelhaft gewesen sei, ob der Zeuge sich zur Wahl begeben hätte, wenn er eine Einbuße an Arbeitsverdienst erlitten hätte, und daß in der Gewährung der Entschädigung und in der Bewirtung eine Einwirkung auf den Kläger zu erblicken sei, die dessen freie Entschließung beeinflußt habe, so liegt darin eine Würdigung der Zeugenaussage, die einen Rechtsirrtum nicht erkennen läßt und im übrigen, weil auf tatsächlichem Gebiete liegend, der Nachprüfung durch den Revisionsrichter entzogen ist.

γ) In Hannover.

Nr. 1. Entsch. v. 7. Jan. 1913 (OVG. **63** 139) I C 25/12.

1. Der Streit der Parteien betrifft die Frage, ob in N. die Form der Stimmabgabe für die Wahlen zum Gemeindeausschuß ortsrechtlich geregelt, insbesondere ob observanzmäßig die öffentliche, mündliche Stimmabgabe festgelegt ist, dergestalt, daß eine geheime Abstimmung durch Stimmzettel nicht stattfinden und demzufolge auch vom Wahlleiter nicht zugelassen werden darf.

2. Nach dem wechselvollen Verfahren, wie es im Laufe der Jahre bei den Gemeindeausschußwahlen in N. beobachtet worden ist, und bei den wiederholten Versuchen, die geheime Stimmzettelwahl durchzusetzen, kann keine Rede davon sein, daß sich in gleichmäßiger Betätigung eine gemeinsame rechtliche Überzeugung am Orte dahin gebildet habe, daß die öffentliche, mündliche Abstimmung

als die allein zulässige Form der Stimmabgabe zu gelten habe. Es fehlt mithin an einer Vorschrift, die eine bestimmte Form der Abstimmung ein für allemal vorschreibt. Zur Vermeidung von Unzuträglichkeiten, die sich daraus ergeben können, wird es Aufgabe der Gemeinde sein, durch entsprechende Ergänzung ihres Verfassungsstatuts mit Genehmigung des Kreisausschusses diesen Mangel zu beseitigen. Hierbei steht es der Gemeinde völlig frei, diejenige Form zu wählen, die nach den örtlichen Verhältnissen angemessen erscheint. Es kann entweder die öffentliche, mündliche Abstimmung oder die geheime Stimmzettelwahl, oder endlich eine Verbindung beider Formen festgelegt werden. Solange dies nicht geschieht, bewendet es dabei, daß bei jeder einzelnen Wahl darüber Bestimmung getroffen werden muß, in welcher Form die Stimmen abzugeben sind. Diese Bestimmung kann indessen nicht der Gesamtheit der zur Wahl erschienenen Wähler, der Wahlversammlung, zugestanden werden. Der Gerichtshof ist nicht nur bereits im Vorprozesse (OVG. 52 67) von dieser Auffassung ausgegangen, sondern hat sie inzwischen auch anderweit grundsätzlich ausgesprochen und damit begründet, daß bei Fristwahlen, die auch im Bereiche der HannLGemO. zulässig sind, möglicherweise bei Beginn des auf einen längeren Zeitraum sich erstreckenden Wahlgeschäfts nur wenige Wähler erscheinen, bei denen von einer Wahlversammlung und folgeweise auch davon nicht die Rede sein könnte, daß die Entschließung über das bei der Stimmabgabe einzuschlagende Verfahren von dieser getroffen werde. Da aber das Verfahren von vornherein feststehen müsse, so bleibe nur übrig, die Befugnis zu jener Bestimmung dem Wahlleiter beizulegen, der für die ordnungsmäßige Vollziehung der Wahlen in erster Linie verantwortlich sei. Was aber für eine Fristwahl als zu Recht bestehend anzusehen sei, müsse auch für eine Terminswahl gelten, da es nicht angängig erscheine, die Befugnisse des Wahlleiters verschieden zu bemessen, je nachdem es sich um die eine oder die andere Art der Wahl handle. In beiden Fällen sei mithin, soweit nicht ortsrechtliche Bestimmungen eine Abweichung bedingen, der Wahlleiter als diejenige Stelle anzusehen, von der allein die über die Art der Wahl erforderlichen Anordnungen auszugehen haben.

δ) In Hessen-Nassau.

Nr. 1. Entsch. v. 23. Okt. 1913 (OVG. **66** 101) I C 25/13.

Wenn ein Stimmberechtigter vor der Wahl durch eine von autoritativer Seite abgegebene Erklärung in den Irrtum, er sei nicht wahlberechtigt, versetzt worden ist, und wenn er daraufhin von der Ausübung seine Wahlrechts Abstand genommen hat, so liegt eine erhebliche Unregelmäßigkeit des Wahlverfahrens vor, die die Ungültigkeit der Wahl nach sich zieht, sofern sie für das Wahlergebnis von Bedeutung gewesen ist.

ε) In Schleswig-Holstein.

Nr. 1. Entsch. v. 3. Mai 1912 (OVG. **61** 36) I C 90/11.

SchlHolstLGemO. §§ 62, 65.

1. Nach § 62 Abs. 2 SchlHolstLGemO. sind in dem Falle, daß sich bei der ersten Abstimmung eine unbedingte Stimmenmehrheit nicht ergeben hat, von denjenigen Personen, die die meisten Stimmen erhalten haben, so viele auf eine engere Wahl zu bringen, daß die doppelte Anzahl der noch zu wählenden Mitglieder erreicht wird. Wie es zu halten ist, wenn mehrere Personen, die an sich an der engeren Wahl zu beteiligen sein würden, die gleiche Stimmenzahl erhalten haben, ist im G. selbst nicht ausgesprochen. Einer ausdrücklichen Bestimmung bedurfte es aber auch nicht, da der einzige Weg, der in einem solchen

Falle die Befolgung der über die engere Wahl gegebenen Vorschriften ermöglicht, darin zu finden ist, daß nach Analogie des letzten Satzes in § 62 Abs. 2 aaO. das Los darüber entscheidet, wer von den Personen mit gleicher Stimmenzahl auf die engere Wahl zu bringen ist.

2. Wenn im Widerspruche hiermit der Wahlvorstand einen von einem Beteiligten ausgesprochenen Verzicht zugelassen hat, so schließt dies eine Verletzung wesentlicher Vorschriften des Wahlverfahrens in sich. Diese Vorschriften gehören dem öffentlichen Rechte an und sind zwingender Natur; sie können infolgedessen weder durch ein zwischen Beteiligten getroffenes privates Abkommen, noch durch den einseitigen Verzicht eines derselben ersetzt und unwirksam gemacht werden, und dies um so weniger, als damit zugleich in die Rechte der Wähler, zu deren Schutze die Bestimmungen über das Wahlverfahren dienen, eingegriffen und ohne ihre Zustimmung das gesamte Wahlgeschäft auf eine andere Grundlage gestellt werden würde. Ein Verzicht auf die aus der Wahl zur Gemeindevertretung sich ergebenden Rechte ist nur zulässig in der Form der Ablehnung der endgültigen Wahl oder der früheren Niederlegung des bereits übertragenen Gemeindeverordnetenamts nach Maßgabe der Vorschriften in § 65 aaO. Ein Verzicht vor beendetem Wahlverfahren zugunsten eines anderen Beteiligten ist dagegen unstatthaft, und die unter Zulassung dieses Verzichts vollzogene Wahl entbehrt daher der Gültigkeit.

c) In Hohenzollern.

Nr. 1. Entsch. v. 3. Jan. 1913 (OVG. 63 149) I B 2/12.

Die Vorschrift im § 30 der HohenzGemO. v. 2. VII. 00, daß die Bekanntmachung des Wahltermins zu den Gemeindeverordnetenwahlen in den letzten drei Tagen vor dem Wahltage zu wiederholen ist, ist eine zwingende Vorschrift, deren Nichtbeachtung die Ungültigkeit der Wahl zur Folge hat. Fällt der dritte Tag vor dem Wahltag auf einen Sonntag, so darf die Bekanntmachung des Wahltermins nicht auf den dem Sonntage vorangehenden Werktag verlegt werden.

3. Rechtsmittel.

Nr. 1. Entsch. v. 17. Sept. 1912 (OVG. 63 133) I C 13/12.

RhGemO. v. 23. VII. 45 §§ 57, 58.

1. Der Einspruch gegen die Gültigkeit der Wahlen zur Gemeindevertretung ist erst durch die §§ 10, 27 ZustG. eingeführt worden. Darüber, wer zur Erhebung des Einspruchs berechtigt ist, trifft das G. keine Bestimmung. Für die Feststellung, wer zur Anfechtung von Gemeindewahlen berechtigt ist, muß daher auf die in Betracht kommenden GemVerfG. zurückgegangen werden, zumal der Einspruch bestimmt ist, an die Stelle des in den älteren G. vorgesehenen Anfechtungsmittels der Beschwerde zu treten. Die StO. räumten bzw. räumen das Recht zur Anfechtung von Wahlen zur Gemeindevertretung (Stadtverordnetenversammlung) jedem „stimmfähigen Bürger", „Wahlberechtigten", „Stimmberechtigten" ein. Dies Recht bildet danach einen Ausfluß des Bürgerrechts, das unter anderem das Recht zur Teilnahme an den Gemeindewahlen umfaßt. Wer zur Ausübung dieses Rechtes berufen ist, dem soll auch die Befugnis zur Anfechtung des Wahlergebnisses zustehen. Auf demselben Standpunkte stehen die VerfG. für die Landgemeinden. Zwar enthalten sich diese, abweichend von den StO., durchweg jeder Angabe darüber, wer zur Anfechtung von Gemeindewahlen berechtigt sein soll, und es fehlt auch in der neueren Zuständigkeitsgesetzgebung an einem Anhalte für die Abgrenzung des Kreises der Anfechtungsbe-

rechtigten. Allein es bedarf dessen auch nicht; denn der Inhalt des dem städtischen Bürgerrecht entsprechenden ländlichen Gemeinderechts ist der gleiche. Das gilt auch für den Bereich der RhGemO. v. 23. VII. 45, ohne Rücksicht darauf, daß dies G. in dem die Prüfung der Wahlen betreffenden § 58 von einer besonderen Anfechtung nichts erwähnte.

2. Was die Aufnahme des Klägers in das nach § 57 aaO. aufzustellende und der Wahl zugrunde zu legende Verzeichnis der Wahlberechtigten anlangt, so hat zwar die Wählerliste für die Befugnis zur Anfechtung der Wahl nicht die Bedeutung, daß nur derjenige zur Anfechtung berechtigt wäre, der in der Liste verzeichnet steht; denn das G. macht jene Befugnis nicht von der Eintragung in die Liste, sondern vom Besitze des Gemeinderechts abhängig, und dieses wird durch die Übergehung in der Liste zwar beschränkt, aber nicht beseitigt. Wer in der Wählerliste nicht verzeichnet ist, darf nicht mit wählen, bleibt aber in seinen sonstigen aus dem Besitze des Gemeinderechts folgenden Befugnissen unberührt. Dagegen muß der Wählerliste allerdings die Bedeutung zugesprochen werden, daß die darin Aufgenommenen, einerlei ob die Aufnahme sachlich zu Recht oder Unrecht erfolgt ist, auch zur Anfechtung der Wahl befugt sind. Die Wählerliste ist ein Verzeichnis der Wahlberechtigten, die Wahlberechtigung ihrerseits ein Ausfluß des Gemeinderechts. Die Aufnahme in die Liste hat daher die Bedeutung einer Feststellung dahin, daß die darin verzeichneten Personen sich im Besitze des Gemeinderechts befinden. Zur Nachprüfung dieser Feststellung ist vom G. das besonders geordnete Berichtigungsverfahren gegeben. Mit Ablauf der vorgesehenen Frist oder mit Erledigung dieses Verfahrens erlangt die Liste formale Rechtskraft dergestalt, daß ihr Inhalt unanfechtbar wird. Danach hat auch derjenige, der zwar zu Unrecht in die Liste aufgenommen, aber unangefochten darin verblieben ist, für die Geltungsdauer der Liste rechtlich als im Besitze des Gemeinderechts zu gelten, ohne Rücksicht darauf, daß es ihm in Wahrheit nicht zusteht. Freilich beschränkt sich diese Wirkung der Aufnahme in die Liste auf die aktive Beteiligung an den auf Grund der Liste zu vollziehenden Wahlen; denn nur zur Abgrenzung des Kreises der hierbei Beteiligten ist die Liste bestimmt. Allein diese Beteiligung erschöpft sich nicht mit dem Zutritte zur Stimmabgabe, sondern umfaßt mit Notwendigkeit auch die Befugnis zur Anfechtung des Wahlergebnisses. Diese Befugnis hängt auf das Engste mit der Wahlberechtigung zusammen. Jeder Wahlberechtigte hat ein erhebliches rechtliches Interesse daran, daß die Wahlen, bei denen er mitzuwirken berufen ist, ordnungsmäßig vollzogen werden. Die Wahrnehmung dieses Interesses bildet mit der Wahlberechtigung zusammen den Ausfluß der aktiven Seite des Gemeinderechts, die die GemVerfG. als das Recht zur Teilnahme an den Gemeindewahlen bezeichnen. Von dieser Auffassung ist auch die neuere Zuständigkeitsgesetzgebung ausgegangen.

Der Gesetzgeber hat die Befugnis zur Anfechtung von Gemeindewahlen als ein selbstverständlich aus der Wahlberechtigung entspringendes, zu ihr gehöriges Recht angesehen. Das G. hat sie fortab den Beteiligten uneingeschränkt zugestanden ohne Rücksicht darauf, in welcher Abteilung das Wahlrecht auszuüben ist, und ob der einzelne Beteiligte sich an der Wahl tatsächlich beteiligt hat oder sich aus tatsächlichen oder rechtlichen Gründen von der Abstimmung ferngehalten hat bzw. von ihr ferngehalten worden ist. In der so bestehenden Befugnis stehen den stimmberechtigten Gemeindemitgliedern diejenigen gleich, die sich zwar nicht im Besitze des Gemeinderechts befinden, aber vermöge besonderer gesetzlicher Regelung entweder unmittelbar und ausdrücklich, wie in den Fällen des § 20 a EinkStG. idFass. der Nov. v. 26. V. 09, oder auch nur mittelbar infolge der formalen Rechtskraft der Wählerliste die Gleichstellung hinsichtlich der Wahlberechtigung erlangt haben.

Nr. 2. Entsch. v. 18. Okt. 1912 (**OVG. 63** 145) I C 9/12.

SchlHolstLGemO. § 67.

1. Besteht Streit darüber, ob der Gemeindevorsteher zu Recht in die Gemeindewählerliste aufgenommen ist, so darf er gegen den Beschluß der Gemeindevertretung über den Einspruch nicht in seiner amtlichen Eigenschaft, sondern nur als persönlich Beteiligter klagen. Andernfalls würde ihm die Befugnis, die Klage anzustellen, nicht zugesprochen werden können; denn nach allgemeinen Rechtsgrundsätzen haben sich Beamte, deren persönliches Interesse von einer Amtshandlung wesentlich betroffen wird, der Beteiligung an derselben zu enthalten.

2. Der Gerichtshof hat indessen der Fassung der Klage diese Auslegung nicht zu geben vermocht. Das persönliche Interesse des Klägers an der Erledigung der Streitfrage in seinem Sinne überwiegt derart, daß dagegen das Interesse der Gemeinde für ihn völlig in den Hintergrund trat. Es war infolgedessen nicht anzunehmen, daß der Kläger, der durch den Beschluß der Gemeindevertretung sehr nahe berührt worden war, diesen als Ortsobrigkeit der Gemeinde anfechten wollte, sondern davon auszugehen, daß er mit der Klage lediglich sein eigenes Recht zu verfolgen beabsichtigte. Demgegenüber konnte auch der Bezeichnung des Klägers als Gemeindevorsteher in der Klageschrift eine ausschlaggebende Bedeutung nicht beigelegt werden, dies um so weniger, als der Kläger zur Führung dieser Bezeichnung auch außerhalb seines Amtes berechtigt ist und es einem vielfach geübten Gebrauch entspricht, daß die Amtsbezeichnung dem Namen auch dann beigefügt wird, wenn es sich nicht um dienstliche, sondern um Angelegenheiten privater Natur handelt.

Nr. 3. Entsch. v. 29. Okt. 1912 (**OVG. 63** 128) I C 42/12.

WestfLGemO. § 28 ZustG. § 27.

Zwar steht jedem Wahlberechtigten die Befugnis zu, gegen die Gültigkeit der Wahlen zur Gemeindevertretung Einspruch zu erheben; auch hat die Rechtsprechung anerkannt, daß der Einspruchserheber, wenn die Gemeindevertretung seinen Einspruch als unbegründet zurückgewiesen und die von ihm angefochtene Wahl für gültig erklärt hat, befugt ist, den Beschluß der Gemeindevertretung durch Klage im Verwaltungsstreitverfahren anzufechten und in diesem Verfahren die von ihm behauptete Ungültigkeit der Wahl durch die zulässigen Rechtsmittel weiter zu verfolgen (OVG. **17** 117). Damit ist jedoch nicht ausgesprochen, daß dem Wahlberechtigten durch die Einspruchserhebung das Recht verliehen sei, die Frage, ob die vollzogenen Wahlen gültig oder ungültig sind, auch dann zur Entsch. durch den Verwaltungsrichter zu bringen, wenn die Gemeindevertretung die Wahl für ungültig erklärt hat. Daß in diesem Falle nicht ihm, sondern — außer dem Gemeindevorsteher und dem Amtmanne — nur dem Gewählten die Klage gegeben ist, hat der Gerichtshof in ständiger Rechtsprechung anerkannt (OVG. **17** 117, **20** 82 [88]). In gleicher Weise muß ihm aber auch die Verfolgung seiner Stellungnahme in einem zwischen dem Gewählten oder dem Gemeindevorsteher (Amtmann) und der Gemeindevertretung anhängigen Streitverfahren durch Einlegung von Rechtsmitteln versagt werden, und zwar selbst dann, wenn der Verwaltungsrichter ihn in dem Streitverfahren beigeladen und unter Aufhebung des Beschlusses der Gemeindevertretung die Wahl für gültig erklärt hat. Denn die Befugnis, die Gültigkeit der Wahl durch Einspruch anzufechten, schließt nicht die Verfolgung eines dem Wahlberechtigten zustehenden eigenen Rechtes in sich; sie hat vielmehr nur die Bedeutung, daß hierdurch die größtmögliche Gewähr gegeben werden soll, daß bei der Prüfung der Wahlen alle in Betracht kommenden Gesichtspunkte berücksichtigt werden und nichts übersehen wird, was auf die Gültigkeit der Wahlen einen Einfluß auszuüben geeignet sein könnte. Hieraus folgt aber, daß, wenn von der Gemeindevertretung, die über die Gültigkeit der Wahlen von Amts wegen zu entscheiden und dabei ohne Unterschied, ob Einspruch erhoben war oder nicht, das öffentliche Interesse gleichmäßig wahrzunehmen hat, der Einspruch für begründet erachtet worden ist, das Interesse des einzelnen Wahlberechtigten, das insoweit mit dem öffentlichen Interesse zusammenfällt, erschöpft ist, und daß sich das Weitere lediglich zwischen demjenigen, dem durch den Beschluß der Gemeindevertretung die ihm durch die Wahl tatsächlich beigelegten Rechte entzogen werden, und der Gemeindevertretung abzuspielen hat, während der Einspruchserheber ausscheidet. Dementsprechend ist die Beiladung von Einspruchserhebern, wenn sie auch unter Umständen zweckmäßig sein mag, weder durch das G. noch in der Rechtsprechung als notwendig anerkannt worden. Gehören hiernach die Einspruchserheber nicht zu denjenigen Personen, deren eigene, ihrer Verfügung unterliegende Sonderrechte im Streitverfahren befangen sind und deren Beiladung notwendigerweise erfolgen muß, so können sie auch eine sachliche Prüfung ihres formell zulässigen Rechtsmittels nicht beanspruchen. Dabei macht es keinen Unterschied, wenn der Beigeladene die Ungültigkeit der Wahl deshalb betreibt, weil er selbst der Gegenkandidat war und behauptet, daß er zu Unrecht bei der Wahl unterlegen sei und als der richtig Gewählte hätte bekannt gemacht werden müssen; denn im Verwaltungsstreitverfahren kann immer nur die als Ergebnis des Wahlverfahrens verkündete und angefochtene Wahl für gültig oder ungültig, nicht aber auch ein anderes Wahlergebnis als zu Recht bestehend, mithin nicht die Wahl eines Gegenkandidaten für gültig erklärt werden.

Nr. 4. Entsch. v. 19. März 1914 (OVG. 66 85) I C 52/13.

1. Wird eine Person, der zugestellt werden soll, nicht in ihrer Wohnung angetroffen, so kann die Zustellung nicht an jede andere in der Wohnung befindliche Person erfolgen, auch dann nicht, wenn sie mit dem Adressaten verwandt ist. Voraussetzung für eine gültige Ersatzzustellung ist vielmehr, daß die Person, der in Abwesenheit des Adressaten das Schriftstück übergeben wird, sein Hausgenosse ist und zugleich entweder zu seiner Familie gehört oder in der Familie dient.

2. Wird gegen eine Wählerliste während der Dauer ihrer Auslegung Einspruch erhoben, so darf sie nur, nachdem zuvor die Gemeindevertretung über den Einspruch Beschluß gefaßt hat, und zwar in der dieser Beschlußfassung entsprechenden Gestalt, der Wahl zugrunde gelegt werden. Geschieht dies nicht, wird vielmehr die Wahl auf der Grundlage der Liste vorgenommen, ohne daß über den rechtzeitig eingelegten Einspruch entschieden ist, so bedeutet dies einen Mangel, der die Ungültigkeit der Wahl nach sich zieht. Die Grundsätze, die für die Angriffe gegen die Richtigkeit einer Wählerliste gelten, sind nicht ohne weiteres auch auf diejenigen Fälle zur Anwendung zu bringen, wo die Gültigkeit von Wahlen den Gegenstand des Streites bildet. Über die Gültigkeit von Wahlen hat sich die Gemeindevertretung, gleichviel ob ein Einspruch eingelegt wird oder nicht, von Amts wegen schlüssig zu machen. Dagegen liegt ihr eine Prüfung der Richtigkeit der Wählerlisten von Amts wegen nicht ob. Vielmehr bildet die unerläßliche Voraussetzung für die Beschlußfassung der Gemeindevertretung über die Berichtigung der Liste der Einspruch, und daraus folgt, daß sie lediglich über die darin behaupteten Mängel der Liste zu entscheiden hat. Lehnt sie daher die Berichtigung ab, und verfolgt darauf der Einspruchserheber sein Ziel im Streitverfahren weiter, so darf er mit der Klage nicht neue Behauptungen vorbringen, über die die Gemeindevertretung nicht befunden hatte und auch gar nicht befinden durfte. Anders liegt der Fall, wo es sich um

die Gültigkeit von Wahlen handelt. Da hier die Gemeindevertretung zur selbständigen Prüfung nach allen in Betracht kommenden Richtungen ebenso berechtigt wie verpflichtet ist, so ist es auch demjenigen, dessen Einspruch gegen die Wahl zurückgewiesen worden ist, nicht verwehrt, mittels Klage neue Behauptungen vorzubringen und auf sie den Antrag der Ungültigkeitserklärung der Wahl zu stützen.

3. Zu einer mündlichen Ablehnung des Einspruchs ist der Gemeindevorsteher befugt; denn wenn auch die Erhebung eines Einspruchs auf mündlichem Wege nicht unzulässig ist, und wenn daher auch, falls auf eine entsprechende mündliche Erklärung ein Beschluß gefaßt wird, die nur nach Erledigung eines Einspruchsverfahrens gegebene Klage angestellt werden kann, so war doch der Gemeindevorsteher nicht verpflichtet, einen mündlichen Einspruch anzunehmen. Da, wo die mündliche Form nicht ausdrücklich vorgeschrieben oder zugelassen ist, findet der Verkehr zwischen dem Publikum und den Behörden üblicherweise auf schriftlichem Wege statt. Es kann keinem Beamten zugemutet werden, eine Reihe von Rügen, wie sie der Kläger nach der Klage vorgebracht haben will, im Gedächtnisse zu behalten, um sie vollständig und richtig der Gemeindevertretung mitzuteilen, der die Beschlußfassung über den Einspruch zusteht. Dadurch, daß somit zulässigerweise der Gemeindevorsteher die Erklärung des Klägers nicht entgegennahm, gelangte der von diesem beabsichtigte Einspruch nicht zur Existenz.

4. Die im § 142 LGemO. getroffene Bestimmung, daß eine Neuwahl innerhalb einer bestimmten Frist anzuordnen sei, beschränkt sich auf den dort in Rede stehenden Fall, daß eine Gemeindevertretung durch KglVd. aufgelöst ist. Dagegen enthält das G. keine Vorschrift darüber, daß für den Fall der Ungültigkeitserklärung einer Wahl die neue Wahl binnen eines gewissen Zeitraums erfolgen müsse. Wäre aber auch das Gegenteil der Fall, so würde eine solche Vorschrift gleichwohl ohne Bedeutung für die Frage sein, welche Liste der Wahl zugrunde gelegt werden kann. Diese Frage ist vielmehr ein für allemal dahin zu beantworten, daß nur diejenige Liste in Betracht kommen kann, die zur Zeit der Wahl gilt. Jede frühere Liste wird durch die neuere außer Anwendung gesetzt.

D. Der Gemeinde- und Gutsvorsteher.

Nr. 1. Entsch. v. 19. Mai 1913 (OVG. 65 105) I C 11/12.

1. In den Rheinischen Landgemeinden ist die Vereinigung der Ämter eines Gemeindevorstehers und eines Gemeindeverordneten in ein und derselben Person zulässig.

Gegenwärtig wird der Gemeindevorsteher aus der Zahl der zur Ausübung des Stimmrechts befähigten Gemeindemitglieder von dem Gemeinderate gewählt. Dieses Verfahren beruht auf § 23 RhKrO. v. 30. V. 87 (GS. 209). Bevor die KrO. in Kraft trat, wurde der Gemeindevorsteher nicht gewählt, sondern gemäß § 72 RhGemO. v. 23. VII. 45 (GS. 523) bzw. Art. 20 RhGemVerfG. v. 15. V. 56 (GS. 435) von dem Landrat aus den Mitgliedern des Gemeinderats ernannt. In keinem der beiden G. ist eine Bestimmung darüber enthalten, daß das zum Gemeindevorsteher ernannte Mitglied des Gemeinderats durch diese Ernennung seine bisherige Stellung im Gemeinderate verliere.

Auch besteht ein notwendiger Gegensatz zwischen Gemeinderat und Gemeindevorsteher nicht. Diesem kommt in den Rheinischen Landgemeinden keine selbständige Stellung zu; er ist Organ des Bürgermeisters und hat ihn unter Umständen im Vorsitz im Gemeinderate zu vertreten (§§ 63, 76 GemO.). Die Ernennung des

Gemeindevorstehers durch den Landrat bedeutete daher im Grunde die Bestellung eines Organs für den Bürgermeister; wie diese Ernennung die Mitgliedschaft des Ernannten zum Gemeinderate voraussetzte, so war auch das Vorsteheramt von der fortdauernden Zugehörigkeit des Ernannten zum Gemeinderat abhängig. Hiernach war bis zum Inkrafttreten der KrO. v. 30. V. 87 die Bekleidung des Gemeindevorsteheramts durch ein Mitglied des Gemeinderats geboten und dieses Amt mit der Stellung eines gewählten Gemeindeverordneten vereinbar. Es ist hierin durch § 23 KrO. eine Änderung insofern herbeigeführt worden, als der Kreis derjenigen Personen, aus denen der Gemeindevorsteher gewählt werden kann, eine Erweiterung erfahren hat; jedes zur Ausübung des Stimmrechts befähigte Gemeindemitglied kann jetzt Gemeindevorsteher werden. Da zu diesen Stimmberechtigten auch die Gemeinderatsmitglieder gehören, so kann der Gemeindevorsteher auch aus den Mitgliedern des Gemeinderats hervorgehen; aber die Auswahl ist nicht auf dessen Mitglieder beschränkt. Diese Abweichung von dem früheren Rechtszustande hat eine Verschiedenheit in der Zusammensetzung des Gemeinderats zur Folge. Die Ernennung eines Mitglieds des Gemeinderats zum Gemeindevorsteher durch den Landrat konnte eine Änderung in der Zahl seiner Mitglieder nicht herbeiführen. Dagegen erfährt der Gemeinderat eine Verstärkung, wenn nach dem gegenwärtig geltenden Rechte ein ihm nicht angehöriges Mitglied zum Gemeindevorsteher gewählt wird; denn da nach § 63 GemO., der von den späteren G. unberührt geblieben ist, dem Gemeindevorsteher immer volles Stimmrecht gebührt, so steht auch dem nicht zu den geborenen oder gewählten Mitgliedern des Gemeinderats gehörigen Gemeindevorsteher immer Sitz und Stimme im Gemeinderate zu. Eine solche Verstärkung des Gemeinderats, die selbstredend nur für größere Gemeinden in Betracht kommt, da sich in den kleineren Gemeinden der Kreis der zur Ausübung des Gemeindestimmrechts befähigten Gemeindemitglieder mit dem der Gemeinderatsmitglieder deckt, tritt dann nicht in die Erscheinung, wenn der Gemeindevorsteher aus der Zahl der Gemeinderatsmitglieder gewählt wird. Hierin liegt eine gewisse Unstimmigkeit, und diese gibt zu der Frage Anlaß, ob nicht unter der Herrschaft der KrO. die Wahl eines Gemeindeverordneten zum Gemeindevorsteher den Verlust der bisherigen Stellung zum Gemeinderat und die Ersetzung durch einen neu zu wählenden Gemeindeverordneten bedinge, da andernfalls der rein zufällige Umstand, ob ein dem Gemeinderat angehöriges oder ihm nicht angehöriges Gemeindemitglied Gemeindevorsteher wird, eine Verschiedenheit in der Zusammensetzung des Gemeinderats nach sich ziehe. Diese Frage ist jedoch zu verneinen. Es gibt nicht nur keine Vorschrift, die den Gemeindevorsteher in Gegensatz zu den gewählten Gemeindeverordneten stellt und damit die gleichzeitige Vereinigung beider Ämter in derselben Person ausschließt, sondern es besteht auch keine Vorschrift, die die Zahl der gewählten Gemeindeverordneten in ein bestimmtes Verhältnis zu den bei der Verwaltung der Gemeindeangelegenheiten beteiligten Beamten (Bürgermeister, Gemeindevorsteher und Beistand) setzt. Ist somit in den größeren rheinischen Landgemeinden die Zusammensetzung des Gemeinderats schwankend, so kann kein Gewicht auf den Umstand gelegt werden, daß, je nachdem zum Gemeindevorsteher ein dem Gemeinderate nicht angehöriges oder ein ihm angehöriges Mitglied gewählt wird, dem Gemeinderat eine weitere Stimme hinzutritt oder nicht. Vielmehr ist anzunehmen, daß auch unter der Herrschaft der KrO. ein Gemeindeverordneter, wenn er zum Gemeindevorsteher gewählt wird, damit seine Eigenschaft als gewähltes Mitglied der Gemeindevertretung nicht verliert, sondern beibehält.

2. Daraus folgt, daß es umgekehrt auch zulässig ist, einen Gemeindevorsteher, der dem Gemeinderote weder als geborenes Mitglied noch als Gemeindeverordneter angehört, zum Gemeindeverordneten zu wählen.

Diese Möglichkeit wird auch nicht ausgeschlossen durch die in Art. 14 Abs. 4 GemVerfG. v. 15. V. 56 enthaltene Vorschrift, daß Gemeindebeamte (mit Ausnahme der Beigeordneten) und Polizeibeamte nicht Gemeindeverordnete sein können. Denn da vor dem Inkrafttreten der KrO. und unter der Herrschaft des GemVerfG. die Bestellung zum Gemeindevorsteher die Gemeinderatsmitgliedschaft und damit in größeren Gemeinden entweder die Eigenschaft des Meistbegüterten oder die des gewählten Gemeindevertreters zur notwendigen Voraussetzung hatte, so folgt daraus, daß iS. des Art. 14 aaO. der Gemeindevorsteher nicht als Gemeinde- oder Polizeibeamter anzusehen ist.

E. Gemeindebeamte.

Nr. 1. Entsch. v. 19. März 1912 (OVG. 61 26) I C 85/11.

KommBG. § 7. WestfKrO. § 28.

1. Der durch § 28 Abs. 2 WestfKrO. geschaffene Kassenverband, zu dem die Amtsverbände und Landgemeinden der Provinz Westfalen vereinigt sind, hat an Stelle der früher verpflichteten Kommunalverbände die pensionierten Beamten der Amtsverbände und Landgemeinden wegen ihrer Ruhegehaltsansprüche zu befriedigen. Denn wenn es auch richtig ist, daß weder im G. selbst noch bei den Beratungen desselben ausdrücklich ausgesprochen ist, daß die bisher den einzelnen Kommunalverbänden obliegende Verpflichtung zur Gewährung der Pension mit der Begründung des Kassenverbandes auf diesen übergehen solle, so darf doch daraus nicht gefolgert werden, daß der in den Ruhestand getretene Beamte wie ehemals seinen Pensionsanspruch nur gegen den zuletzt dienstberechtigt gewesenen Kommunalverband geltend machen könne. Diese Annahme ist unvereinbar mit der Bestimmung des Abs. 2 aaO., daß dem Kassenverband „obliegt, den in Ruhestand versetzten besoldeten Beamten der Amtsverbände und Landgemeinden die ihnen zustehenden Pensionen zu zahlen". Wenn der Gesetzgeber einen Kassenverband schafft, dem er eine Zahlungspflicht auferlegt — so daß diese ihm nunmehr „obliegt" —, so ist damit ein neuer Träger der Pensionsverpflichtung ins Leben getreten. Den Kommunalverbänden ist die Pensionslast abgenommen und dem Kassenverband ist diese Last übertragen worden. Daß der Abs. 2 des § 28 so auszulegen ist, findet seine Bestätigung in der Art und Weise, wie die neue Einrichtung weiter ausgestaltet worden ist. Nach Abs. 3 haben die Amtsverbände und Landgemeinden nicht mehr wie früher für die einzelnen Pensionszahlungen aufzukommen, sondern nur noch Beiträge an die Pensionskasse zu entrichten nach Verhältnis des Diensteinkommens ihrer pensionsberechtigten Beamten, und in Abs. 5 ist vorgesehen, daß die Pensionskasse — neben den Beiträgen der zu ihr gehörigen Verbände — aus Provinzialfonds Zuschüsse erhalten kann. Die Pensionskasse ist somit nicht ein für die Auszahlung der Pensionen bestelltes Kasseninstitut, sondern eine mit eigenen Mitteln ausgestattete Trägerin der ehemals den westfälischen Landgemeinden und Amtsverbänden obliegenden Pensionsverpflichtungen. Demgemäß ist auch in dem Regulative, welches auf Grund der in Abs. 4 des § 28 erteilten Ermächtigung der Minister des Innern erlassen hat, dem Landesdirektor, der die Kasse unter Aufsicht des Provinzialausschusses zu verwalten hat, in § 7 bei der Ermittelung der von der Kasse zu erfüllenden Verpflichtungen eine bestimmende Mitwirkung zugewiesen worden. Nachdem die Gemeindebehörde die Nachweisung über die in jedem Falle zu gewährende Pension aufgestellt und der Landrat sie geprüft und hinsichtlich der Richtigkeit bescheinigt hat, muß sie vom Landesdirektor festgesetzt werden; erst dann ist die Verpflichtung der Kasse begründet. Bei der dem Landesdirektor übertragenen Festsetzung handelt es sich mithin nicht um eine im Kassenbetriebe zu erteilende Zahlungsanweisung,

sondern um eine die Zahlungspflicht der Kasse erst begründende Entscheidung darüber, ob und in welcher Höhe eine Pension zu gewähren sei. Mit dieser Festsetzung durch den Landesdirektor soll die Gewähr dafür geschaffen werden, daß der Verbandskasse nicht weitergehende Verpflichtungen auferlegt werden, als das G. ihr zuweist, und daß nicht den Beamten der in ihr verbundenen Kommunalverbände mehr als die „ihnen zustehenden" Pensionen gezahlt werden (§ 28 Abs. 2 KrO.), d. h. nur diejenigen Beträge, auf die sie nach den der Festsetzung ihrer Pensionsbezüge zugrunde liegenden gesetzlichen Vorschriften Anspruch haben. Ihre Rechtfertigung findet diese Auffassung auch in der Erwägung, daß nach dem Gesamtbetrage der zu zahlenden Pensionen sich die Beiträge der zu dem Verbande vereinigten Amtsverbände und Landgemeinden bestimmen. Jeder Betrag, der über das Maß der gesetzlich zu gewährenden Pension hinaus von der Kasse gezahlt würde, muß infolgedessen zu einer Erhöhung der von den Kommunalverbänden zu leistenden Beiträge führen, zu welchen diese gesetzlich nicht verpflichtet sind; dagegen kann nur die Mitwirkung des Vertreters der Kasse bei der Pensionsfestsetzung Abhilfe schaffen, da nur auf diesem Wege die Kasse in der Lage ist, unberechtigte, das Interesse der zu ihrem Verbande zusammengeschlossenen Kommunen benachteiligende Ansprüche abzuwehren.

2. Ergibt sich aus diesen Erwägungen, daß nach Begründung der Pensionskasse der in den Ruhestand getretene Beamte der westfälischen Amtsverbände und Landgemeinden nicht mehr dem Kommunalverband, in dessen Diensten er stand, sondern der Pensionskasse mit seinem Anspruch auf Zahlung der Pension gegenübersteht, so folgt daraus auch die Unhaltbarkeit der weiteren Ausführung des Berufungsrichters, daß das in § 7 KommBG. geordnete Verfahren nicht zwischen dem Beamten und dem Kassenverbande stattfinden könne; denn wenn nunmehr die Pensionskasse der Träger der Pensionsverpflichtung ist, so muß die Pensionskasse auch bei einem Streite über die Pensionsleistung zu den Beteiligten gehören. Weder für das Beschlußverfahren vor dem Bezirksausschuß (iF. der §§ 18 bis 20 vor dem Kreisausschusse) noch für das nachfolgende Verwaltungsstreitverfahren hat das G. die Parteirollen bestimmt. Wie die Parteistellung zu regeln ist, und wer zu den „Beteiligten" gehört, die gegen den im administrativen Vorverfahren ergangenen Beschluß „gegeneinander" zu klagen befugt sind, läßt sich allein aus dem Gegenstande des Streites herleiten. Wo Pensionskassenverbände bestehen, für deren Zahlungspflicht eine besondere Amtsstelle nach Benehmen mit dem Kommunalverband, in dessen Diensten der Beamte gewesen war, eine Pensionsfestsetzung zu treffen hat, lassen sich verschiedene Anlässe zum Streite denken. Insbesondere kann der in den Ruhestand getretene Beamte sowohl die von der Gemeindebehörde aufgestellte als auch die von dem Verwalter der Pensionskasse festzusetzende Nachweisung seiner Pension bemängeln; ersterenfalles hat er die Aufstellung der Gemeindebehörde, letzteren alles die Festsetzung des Kassenverwalters zum Gegenstande seines Angriffs zu machen. Aber auch der Verwalter der Pensionskasse kann in die Lage kommen, sich gegen die Aufstellung der Pensionsnachweisung durch die Gemeindebehörde wenden zu müssen, sobald er nämlich glaubt, daß höhere Beträge berechnet sind, als sie dem Beamten gesetzlich zustehen, weil die Kasse nur im Rahmen der gesetzlichen Pensionsbeträge zahlungspflichtig ist. Ferner kann die Gemeindebehörde mit der Pensionskasse in Meinungsverschiedenheiten darüber geraten, welche Bezüge der Pensionsberechnung zugrunde zu legen seien, dies insbesondere dann, wenn die Gemeindebehörde dem Beamten aus Anlaß seines Übertritts in den Ruhestand höhere Beträge zugebilligt hat, als die dem G. entsprechenden. Alle derartigen Streitigkeiten sind im Rahmen des § 7 KommBG. zu erledigen; und da, wo eine Pensionskasse als Trägerin der Pensionszahlungspflicht in Betracht kommt, wird sie idReg. schon in dem administrativen Vorverfahren wegen ihres Interesses an der Festsetzung der Pension zu beteiligen sein. Für das an das Vorverfahren sich anschließende

Verwaltungsstreitverfahren ergeben sich die Parteirollen der Beteiligten daraus, daß als Kläger derjenige aufzutreten hat, der durch den Beschluß des Bezirks-(Kreis-) Ausschusses benachteiligt zu sein meint; als Beklagte sind diejenigen Beteiligten anzusehen, die den Beschluß für zutreffend erachten. Es kann also auch vor den Verwaltungsgerichten über die Pensionsansprüche in der Begrenzung des § 7 aaO. nicht bloß zwischen den Beamten der westfälischen Landgemeinden und Amtsverbände einer- und ihren Gemeindebehörden anderseits, sondern auch zwischen den Beamten und dem Kassenverband oder dem Kommunalverbande gestritten werden. Mitbeteiligt am Verwaltungsstreitverfahren kann jedenfalls immer derjenige werden, der in dem Vorverfahren zugezogen gewesen ist, da das G. ohne Einschränkung das Streitverfahren allen Beteiligten des Vorverfahrens „gegeneinander" gewährt.

Nr. 2. Entsch. v. 2. Febr. 1914 (PrVerwBl. 35 645) I H C 119/13.

LGemO. §§ 74, 88, 89.

1. Nach § 88 Abs. 4[5] LGemO. hat der Gemeindevorsteher das Recht und die Pflicht, die Gemeindebeamten, nachdem die Gemeindeversammlung (Gemeindevertretung) darüber beschlossen hat, anzustellen. Das trifft für alle Landgemeinden, mithin auch für die größeren zu, wo nach § 74 aaO. ein kollegialischer Gemeindevorstand durch Ortsstatut eingeführt ist; denn das Anstellungsrecht des Gemeindevorstehers ist gesetzlich auf den kollegialen Gemeindevorstand nicht übertragbar (§ 89 Abs. 1). Daraus folgt ohne weiteres, daß nur eine Anstellung durch den Gemeindevorsteher, nicht aber eine solche durch den Gemeindevorstand die Begründung eines Kommunalbeamtenverhältnisses zur Folge haben kann. Deshalb ist auch der Gemeindevorsteher und nicht der Gemeindevorstand dazu berufen, die Anstellungsurkunde auszustellen.

2. Ein Einberufungsschreiben, daß der Gemeindevorsteher nicht in seiner angegebenen Eigenschaft, sondern namens des Gemeindevorstandes vollzogen hat, stellt nicht den Willen des Gemeindevorstehers dar, ein Gemeindeamt zu übertragen, sondern es findet der Wille des Gemeindevorstandes darin seinen Ausdruck. Der letztere war aber für die Anstellung nicht maßgebend. Selbst wenn es daher nach der Rechtsprechung des Gerichtshofs zulässig ist, unter Umständen in dem Einberufungsschreiben an den Anzustellenden eine Anstellungsurkunde zu erblicken, so kann im vorliegenden Falle doch nicht damit gerechnet werden, da das Schreiben nicht von der ausschließlich berechtigten Anstellungsbehörde, dem Gemeindevorsteher, ausgegangen ist.

Nr. 3. Entsch. v. 17. Juli 1913 (Recht 17 565).

Eine Gemeinde ist nicht berechtigt, dem Gemeindebaumeister den Titel „Gemeindebaurat" zu verleihen. Die Verleihung des Titels „Rat" ist ein der staatlichen Obrigkeit vorbehaltenes Recht. Nur in Ortschaften, wo für bestimmte Beamte diese Bezeichnung hergebracht oder ausdrücklich durch G. zugelassen ist (vgl. § 29 StO.: z. B. Schulrat, Baurat), kann sie von dem mit dem Amte Bekleideten angenommen werden. In diesem Falle ist eine besondere Verleihung durch Gemeindebeschluß entbehrlich. Die Gemeindebeamten sind nur mittelbare Staatsbeamte und die Gemeinden daher nicht berechtigt, ihnen eigene Amtstitel beizulegen, d. h. Benennungen, die mit einer Rangstellung oder ähnlichen Vorrechten verbunden sind; vielmehr müssen sich ihre Amtsbezeichnungen deutlich von denen der Staatsbeamten unterscheiden.

Nr. 4. Entsch. v. 26. Febr. 1914 (OVG. 66 108) I C 46/13.

1. Nach Vorschrift des durch das KommBG. v. 30. VII. 99 (§ 25[2]) unberührt gebliebenen § 85 HNLGemO. v. 4. VIII. 97 (GS. 301) erhalten die Beamten,

sofern nicht mit Genehmigung des Kreisausschusses etwas anderes vereinbart ist, bei eintretender Dienstunfähigkeit eine Pension nach den für die Pensionierung der unmittelbaren Staatsbeamten geltenden Grundsätzen. Einer dieser Grundsätze ist in dem § 10 PensG. ausgesprochen. Danach ist der Berechnung der Pension das von dem Beamten zuletzt bezogene Diensteinkommen, soweit es nicht zur Bestreitung von Repräsentations- und Dienstaufwandskosten gewährt wird, zugrunde zu legen, jedoch nach Maßgabe näherer Bestimmungen, darunter derjenigen, daß feststehende Dienstemolumente, namentlich freie Dienstwohnung sowie die anstatt derselben gewährte Mietentschädigung nur soweit zur Anrechnung zu bringen sind, als ihr Wert in den Besoldungsetats auf die Geldbesoldung des Beamten in Rechnung gestellt oder zu einem bestimmten Geldbetrag als anrechnungsfähig bezeichnet ist.

2. Es kann keinem Zweifel unterliegen, daß das Wohnungsgeld dem Kläger nicht zur Bestreitung von Repräsentations- oder Dienstaufwandskosten gewährt war, und daß es der Kläger vor seinem Ausscheiden aus dem Amte, also zuletzt bezogen hat, und zwar als dienstliches Einkommen. Unter diesen Umständen ist es auch nach § 10 aaO. bei Feststellung der Pension mit zu berücksichtigen; denn zu denjenigen feststehenden Emolumenten, die nur unter besonderen Voraussetzungen anrechnungsfähig sind, gehört es nicht. Der Bezirksausschuß ist mit Unrecht von einer Gleichstellung des Wohnungsgeldes mit der Mietentschädigung ausgegangen, von der der § 10 spricht. Das G. hat die Fälle im Auge, in denen einem Beamten eine freie Dienstwohnung zur Verfügung zu stellen ist. Geschieht dies, so soll ihr Wert als pensionsfähiges Einkommen nur dann in Anrechnung kommen, wenn eine entsprechende Bestimmung in dem Besoldungsetat getroffen ist. Und dasselbe gilt, wenn dem Beamten, weil ihm die freie Dienstwohnung aus irgendeinem Grunde nicht gewährt werden kann, an ihrer Stelle eine Mietentschädigung gewährt wird. Die Mietentschädigung ist somit eine Ersatzleistung, die voraussetzt, daß zur Ausstattung der vom Beamten bekleideten Stelle eine Dienstwohnung gehört, und die nur gezahlt wird, wenn und weil ihm diese Wohnung nicht zur Verfügung gestellt werden kann.

3. Die Gewährung von Wohnungsgeldzuschüssen an die unmittelbaren Staatsbeamten beruht auf dem G. v. 12. V. 73 (GS. 209). Zweck dieses G. war es, das Diensteinkommen der Beamten aufzubessern. Der Wohnungsgeldzuschuß ist hiernach nicht, wie das Wohnungsgeld, dazu bestimmt, die zur Befriedigung des Wohnbedürfnisses erforderlichen Ausgaben zu decken, sondern soll nur als eine Beihilfe zur Bestreitung des Lebensbedarfes dienen. Gegenüber den Beamten einer Gemeinde, bei denen, von besonderen Ausnahmefällen abgesehen, eine Verschiedenheit im Wohnorte nicht besteht und daher auch innerhalb einer Beamtenklasse mit gleichen Gehaltssätzen für jene Abstufung kein Anlaß vorliegt, kann daher von einem Wohnungsgeldzuschuß iS. des G. v. 12. V. 73 nicht die Rede sein. Wäre aber auch das Gegenteil der Fall, und würden die dem Kläger jährlich gezahlten 150 ℳ als Wohnungsgeldzuschuß anzusehen sein, so würde doch die Anrechnung bei der Pensionierung nicht ausgeschlossen sein; denn nach Vorschrift des § 6 G. v. 12. V. 73 gilt der Wohnungsgeldzuschuß mit einer hier nicht in Betracht kommenden Einschränkung in allen Beziehungen als Teil der Besoldung; sein Durchschnittssatz kommt bei Bemessung der Pension in Anrechnung. Diese Vorschrift gehört zu den für die Pensionierung der unmittelbaren Staatsbeamten geltenden Grundsätzen. Gemäß § 85 HNLGemO. findet sie daher auch auf die Pensionierung der Gemeindebeamten Anwendung. Daß bei diesen idReg. nicht von abgestuften Wohnungsgeldzuschüssen und daher auch nicht von einem Durchschnittssatze der Zuschüsse die Rede sein kann, steht ihrer Anwendung nicht entgegen. Die Behandlung des Wohnungsgeldzuschusses als eines Teiles der Besoldung hat in den Fällen, wo eine Durchschnittsberechnung ausgeschlossen ist, seine Anrechnung in unveränderter Höhe zur Folge.

Bei freier Beurteilung ist nach der vorstehenden Darlegung das Wohnungsgeld als ein Teil des Gehalts des Klägers anzusehen, sofern nicht eine entgegenstehende Vereinbarung gemäß § 85 HRLGemO. stattgefunden hat. Dies ist nicht geschehen.

4. Das Kleidergeld dagegen ist, sofern nicht im Wege der Vereinbarung eine andere Festsetzung getroffen ist, nicht als Teil des Gehalts anzusehen, weil es zur Bestreitung von Dienstaufwandskosten iS. des § 10 G. v. 27. III. 72 gewährt ist.

Die Entsch. des Kreisausschusses, die den Beklagten zur Zahlung einer nach einem Jahresgehalte von 1300 ℳ zu berechnenden Pension verurteilt, geht über den Rahmen der dem Verwaltungsrichter zugewiesenen Feststellung hinaus; es darf nur darüber entschieden werden, welcher Teil des Diensteinkommens bei Feststellung des Pensionsanspruchs als Gehalt anzusehen ist, während eine Verpflichtung zur Zahlung nicht auszusprechen ist.

F. Geschäfte der Gemeindeversammlung (Gemeindevertretung, Gemeinderat, Gemeindeausschuß).

Nr. 1. Entsch. v. 31. Mai 1912 (OVG. 61 38) I C 7/11.

HannLGemO. §§ 41, 42, 52, 54.

1. Nach § 52 HannLGemO. vertritt der Gemeindeausschuß idReg. die Stelle der Gemeindeversammlung, namentlich in den Fällen der §§ 41 und 42, sofern nicht einzelne der im § 41 aufgeführten Gegenstände der Beschlußfassung der Gemeindeversammlung vorbehalten worden sind. Es war daher nur der Gemeindeausschuß, nicht aber die Gemeindeversammlung zuständig, über eine Änderung in der Zusammensetzung des Gemeindeausschusses zu beschließen. Der Mangel der Zuständigkeit der Gemeindeversammlung konnte auch durch die Genehmigung ihres Beschlusses seitens des Kreisausschusses nicht geheilt werden. Schon hiernach ergibt sich, daß der Fortbestand des dem Kläger beigelegten Virilstimmrechts durch jenen Beschluß nicht berührt werden konnte und nicht berührt worden ist.

2. Aber auch wenn die Gemeindeversammlung zu einer Beschlußfassung über eine anderweitige Zusammensetzung des Gemeindeausschusses im übrigen berufen gewesen wäre, würde die Sache nicht anders liegen. Es bedarf keiner Erörterung darüber, ob, unter welchen Voraussetzungen, von wem und in welchem Verfahren ein Virilstimmrecht, das einem Gutsbesitzer auf Grund von § 54 LGemO. beigelegt ist, entzogen werden kann. Keinesfalls ist hierzu die Gemeinde bzw. deren Organ, sei es die Gemeindeversammlung, sei es der Gemeindeausschuß, befugt. So wenig wie sie die Beilegung dieses Rechtes durch eine ablehnende Beschlußfassung zu hindern vermag, ebensowenig ist sie in der Lage, es zu entziehen oder einseitig Beschlüsse über die Zusammensetzung des Ausschusses zu fassen, welche mit diesem Rechte unvereinbar sind und in dessen Fortbestand eingreifen. Derartige Beschlüsse vermögen das der Verfügung der Gemeinde nicht unterliegende Recht des Virilstimmberechtigten auch dann nicht zu beseitigen, wenn sie die Genehmigung des Kreisausschusses finden.

Nr. 2. Entsch. v. 19. Juni 1913 (OVG. 65 135) I C 24/13.

1. Auch im Geltungsbereiche der HannLGemO. v. 28. IV. 59 gilt der Grundsatz, daß die Amtsniederlegung der Mitglieder der Gemeindevertretung durch eine bedingungslos abzugebende, unwiderrufliche Erklärung erfolgt, die eines genehmigenden oder zustimmenden Beschlusses der Gemeindevertretung nicht bedarf.

2. Eine Gemeindevertretung (ein Bürgervorsteherkollegium) besteht iS. des § 27 ZustG. auch dann, wenn sie zeitweilig beschlußunfähig ist, sei es, daß die Mitglieder wegen ihrer persönlichen Beteiligung und widersprechender Interessen an der Beschlußfassung nicht teilnehmen dürfen, sei es, daß infolge Todes oder wegen Amtsniederlegung vorübergehend Mitglieder nicht in beschlußfähiger Zahl vorhanden sind. Die in einem solchen Falle von dem Gemeindevorstande (vom Magistrate) getroffene Beschlußfassung über die Berechtigung der Gemeindevertreter (Bürgervorsteher) zur Amtsniederlegung ist auf erhobene Klage wegen Unzuständigkeit des Gemeindevorstandes (des Magistrats) zur Entscheidung ohne Prüfung ihres sachlichen Inhalts aufzuheben.

Nr. 3. Entsch. v. 20. Nov. 1913 (OVG. **66** 95) I C 50/12.

HannLGemO. v. 28. IV. 59 §§ 6, 17, 43. ZustG. §§ 27, 28.

1. Im Geltungsbereiche der HannLGemO. v. 28. IV. 59 kann eine für eine Gemeinde beschlossene StimmO. auf Grund der §§ 27, 28 ZustG. auch nach Bestätigung durch den Kreisausschuß mittels Klage im Verwaltungsstreitverfahren angefochten werden, um festzustellen, ob und in welchem Maße dem einzelnen Gemeindeglied ein Stimmrecht zusteht.

Der § 27 Abs. 1[1] ZustG. umfaßt nicht nur die Ansprüche auf die Gemeindemitgliedschaft und auf das Stimmrecht in der Gemeindeversammlung iF. völliger Verweigerung, sondern auch die Zugehörigkeit zu einer bestimmten Klasse von Stimmberechtigten und die Richtigkeit der Gemeindewählerliste. Nicht nur ob, sondern auch in welchem Maße das Gemeindestimmrecht dem einzelnen zusteht, ist also die Frage, die Gegenstand des Einspruchs- oder Beschwerde- und dann des Streitverfahrens werden kann. Um das Maß des den Klägern zustehenden Gemeindestimmrechts handelt es sich hier. Das in Streit befangene subjektive Recht der Kläger kann aber nur beurteilt werden auf Grund des objektiven Rechtes, insbesondere der für M. bestehenden RechtsO.

2. Hiernach ist es irrig, wenn der Bezirksausschuß den Klägern die Klage aus §§ 27, 28 ZustG. in der Erwägung versagt hat, daß ihnen sonst nach Jahren die Möglichkeit gegeben wäre, die formell zu Recht bestehende StimmO. anzufechten und damit die Gültigkeit aller nach ihr inzwischen gefaßten Beschlüsse in Frage zu ziehen. Das Recht, den Gemeindebeschluß über die neue StimmO. als die angebliche Grundlage für den Umfang ihres Stimmrechts nachgeprüft zu sehen, haben die Kläger allerdings, und dies Recht wird ihnen auch nicht dadurch genommen, daß der Beschluß nach Vorbringung ihrer Beschwerdepunkte vom Kreisausschusse bestätigt worden ist. Das Recht besteht ferner unabhängig von der im § 6 HannLGemO. geregelten Befugnis, den Stimmrechtsbeschluß unmittelbar anzufechten. Diese Befugnis ist durch § 31 Abs. 1 ZustG. nicht berührt worden; nur darin ist in formeller Beziehung eine Änderung eingetreten, daß nunmehr an Stelle der Aufsichtsbehörde der Kreisausschuß über die Anfechtung zu beschließen hat. Sachlich ist dagegen durch die neuere Verwaltungsgesetzgebung insofern eine durchgreifende Wandlung herbeigeführt worden, als neben die Verwaltungsbeschwerde aus § 6 HannLGemO. die Klage aus §§ 27, 28 ZustG. getreten ist, während früher über streitige Gemeindestimmrechte allein die Aufsichtsbehörden zu entscheiden hatten. Die Verwaltungsbeschwerde, über die übrigens in höherer Instanz nach der neueren Verwaltungsgesetzgebung nicht der Regierungspräsident, sondern der Bezirksausschuß zu befinden hat, erschöpft sich danach in dem jedem Gemeindeangehörigen zustehenden Rechte, auf die Entschließungen der Selbstverwaltungskörper iS. der von ihm geltend gemachten Ansprüche hinzuwirken. Die Verfolgung der angeblichen Verletzung des individuellen Gemeindestimmrechts im Wege des Ver-

waltungsstreitverfahrens wird dagegen durch die Verwaltungsbeschwerde nicht behindert, wie die Klage im Verwaltungsstreitverfahren auch dann statthaft ist, wenn eine Verwaltungsbeschwerde überhaupt nicht erhoben worden ist.

3. Nach § 17 HannLGemO. soll behufs Bestimmung des Stimmverhältnisses der stimmberechtigten Gemeindemitglieder regelmäßig eine Klasseneinteilung stattfinden, und zwar sollen die Grundlage für diese Einteilung die verschiedenen Klassen der in der Gemeinde vorhandenen Höfe und Güter bilden. Die gedachte Bestimmung ist aber, wie das Wort „regelmäßig" erkennen läßt, nicht als zwingende Vorschrift erlassen, sondern der § 17 wollte die Möglichkeit geben, das Stimmrecht nach den eigentümlichen Verhältnissen jeder einzelnen Gemeinde zu ordnen. Seit dem Erlasse des G. (1859) aber haben sich die ländlichen Verhältnisse in Hannover derart verschoben, daß eine dem alten sogenannten Höfefuß angepaßte Klasseneinteilung meist nicht mehr möglich ist. Demgemäß haben unter Billigung der Verwaltungsbehörden und des OVG. (OVG. **46** 136, **51** 41) die meisten hannoverschen Landgemeinden gegenwärtig ihr Stimmrecht nicht nach den Klassen der Höfe, sondern nach der Steuerleistung geregelt. Dieser Übung entgegenzutreten, gibt das G. keinen Anlaß.

4. Nach § 43 HannLGemO. kann eine Gemeindeversammlung nur dann als beschlußfähig gelten, wenn entweder sämtliche stimmberechtigte Gemeindemitglieder wirklich versammelt sind, oder wenn die Versammlung unter allgemeiner Angabe des Zweckes in der Gemeinde entweder zeitig Haus bei Haus oder in herkömmlicher Weise bekannt gemacht worden ist. Hiernach sind alle Gemeindemitglieder zu laden. Auf die Befolgung dieser Vorschrift können einzelne Stimmberechtigte für ihre Person nicht verzichten, wie überhaupt niemand seine im öffentlichen Rechte wurzelnden Befugnisse durch Verträge oder Verzichte zu ändern vermag. Der trotz unvollkommener Einladung gefaßte Beschluß ist daher ungültig.

Nr. 4. Entsch. v. 20. Sept. 1912 (OVG. **63** 147) I C 18/12.

HNLGemO. § 69.

1. Macht die Gemeindevertretung nach § 69 HNLGemO. v. 4. VIII. 97 (GS. 301) von der Befugnis der Festsetzung regelmäßiger Sitzungstage Gebrauch, so ist sie zugleich berechtigt, nicht nur die Sitzungstage selbst, sondern auch die Terminsstunde zu bestimmen; denn das Recht der Festsetzung der Sitzungstage begreift zugleich das engere Recht der Festsetzung der Sitzungsstunde in sich. Dies geht auch aus dem Wortlaute des § 69 aaO. hervor, nach welchem bei Festsetzung regelmäßiger Sitzungstage durch die Gemeindevertretung eine Zusammenberufung derselben nicht mehr erfolgt, vielmehr nur noch die Gegenstände der Beratung den Mitgliedern der Versammlung angezeigt werden sollen. Der Bürgermeister hat demnach in einem solchen Falle mit der Zusammenberufung nichts mehr zu tun; seine Tätigkeit ist lediglich darauf beschränkt, den Mitgliedern der Gemeindevertretung von den Beratungsgegenständen rechtzeitig Kenntnis zu geben.

2. In W. hat die Gemeindevertretung von ihrem Rechte, zugleich mit Festsetzung der Sitzungstage auch die Sitzungsstunde festzusetzen, keinen Gebrauch gemacht und sich auf die Festsetzung der ersteren beschränkt, die Festsetzung der letzteren dagegen dem Gemeinderat übertragen. Für eine derartige Übertragung gewährt das G. keinen Anhalt. Indem das G. die Festsetzung der Sitzungstage und damit zugleich der Sitzungsstunden der Beschlußfassung der Gemeindevertretung überweist, bringt es zugleich zum Ausdrucke, daß die Ausübung dieser Befugnisse an die Gemeindevertretung, als das hierzu berufene Gemeindeorgan, gebunden ist. Die Übertragung dieser Befugnisse auf ein anderes Gemeindeorgan kann mithin ebensowenig für statthaft erachtet werden wie die Übertragung anderer Befugnisse, zu deren Ausübung die Gemeindevertretung durch das G. berufen ist.

Nr. 5. Entsch. v. 17. Nov. 1913 (PrVerwBl. 35 924) I C 28/13.

Ein Ortsstatut für die Geschäftsführung der Gemeindevertretung enthält folgende Bestimmung:

„Der Vorsitzende hat darüber zu wachen, daß jeder Redner ohne Störung zu Ende sprechen kann. Er ist berechtigt, den Redner auf den Gegenstand der Verhandlung zurückzuweisen und zur Ordnung zu rufen. Ist das eine oder andere in der nämlichen Rede zweimal ohne Erfolg geschehen, so kann der Vorsitzende dem Redner nach vorheriger Androhung das Wort entziehen. Der Vorsitzende ist aber verpflichtet, das entzogene Wort wieder zu erteilen, sobald die Versammlung dies ausdrücklich beschließt."

Hier wird das Recht der freien Rede geordnet und insbesondere festgesetzt, was geschehen kann, wenn ein Redner in der nämlichen Rede zweimal ohne Erfolg zur Sache gerufen ist: dann kann der Vorsitzende ihm die Entziehung des Wortes androhen und, wenn auch das erfolglos bleibt, das Wort entziehen. Damit verträgt sich nicht die Auffassung, als könne statt dessen alsbald zur Verhängung einer Ordnungsstrafe übergegangen werden.

Die beklagte Gemeindevertretung gibt folgende Schilderung des Vorganges: Der Gemeindevorsteher habe den Kläger unterbrochen und zweimal vergeblich zur Sache gerufen; dann habe er gesagt: „Wenn Sie nicht sofort aufhören in dieser Weise zu sprechen, entziehe ich Ihnen das Wort," und habe ihm einen Ordnungsruf erteilt. Darauf habe der Kläger erwidert: „Ich spreche über das, was ich will, und so lange ich Lust habe, ich habe jetzt das Wort und lasse es mir nicht verbieten; im übrigen sind wir von Ihnen gewöhnt, daß Sie alles abstreiten." Hierauf habe ihm der Gemeindevorsteher das Wort entzogen, der Kläger aber habe weiter gesprochen, und nun erst sei die Strafe von 3 ℳ beschlossen worden. Entspricht diese Darstellung den Tatsachen, so hat der Gemeindevorsteher die Vorschrift des Ortsstatuts beachtet, und erst als der Kläger nach Erschöpfung aller dort vorgesehenen Maßnahmen immer noch weiter sprach, ist die Bestrafung beschlossen worden. Das wäre gerechtfertigt. Außerdem würde eine Ordnungswidrigkeit schon allein in der ungehörigen Äußerung zu finden sein: „Ich spreche über das, was ich will usw."

Nr. 6. Entsch. v. 7. Jan. 1913 (OVG. 63 115) I C 26/12.

LGemO. §§ 49, 104, 112.

1. Die Vorschrift in § 104 Abs. 4 LGemO., wonach die Versammlungen der Gemeindevertretung „idReg. nicht in Wirtshäusern oder Schänken abgehalten" werden sollen, ist, wie aus ihrem Wortlaute hervorgeht, keine Zwangsvorschrift in dem Sinne, daß bei ihrer Nichtinnehaltung die gefaßten Beschlüsse der Gültigkeit entbehren. Sie ist vielmehr lediglich instruktioneller Natur; ihre Befolgung unterliegt infolgedessen auch nicht der Prüfung des Verwaltungsrichters, sondern es ist ausschließlich Sache der Aufsichtsinstanzen, auf ihre Beachtung hinzuwirken.

2. Nach § 49 Abs. 3 LGemO. sind der Gemeindevorsteher und die Schöffen (Gerichtsmänner) kraft ihres Amtes Mitglieder der Gemeindevertretung. Dieses Recht, welches nicht, wie dasjenige der Gemeindeverordneten, auf einer Wahl beruht, ist Beschränkungen nicht unterworfen; es schließt daher die Befugnis in sich, jederzeit und ohne daß von dritter Seite hiergegen Einspruch erhoben werden könnte, an den Sitzungen der Gemeindevertretung teilzunehmen. Hiermit würde es nicht vereinbar sein, wenn angenommen werden sollte, daß die genannten Gemeindebeamten auf Grund statutarischer, in Gemäßheit des § 12 aaO. erlassenen Vorschriften von der Gemeindevertretung ausgeschlossen werden könnten. Um so weniger wäre ein derartiges Ergebnis annehmbar, als damit die Möglichkeit gegeben sein würde, den gesetzlich zum Vorsitz in der Gemeindevertretung berufenen Personen dieses Recht zu entziehen und damit unter Umständen die gesamte Gemeindeverwaltung lahmzulegen. Zu dem gleichen Ergebnisse

führt eine andere Erwägung. Die im § 112 aaO. vorgesehenen Strafbestimmungen, die dazu dienen sollen, die innere und äußere Ordnung in den Gemeindevertreterversammlungen sicherzustellen, sind keine Disziplinarstrafen im eigentlichen Sinne des Wortes; wohl aber tragen sie einen disziplinaren Charakter an sich. Derartige Maßnahmen auch auf den Gemeindevorsteher und die Schöffen anzuwenden, verbietet sich aus dem Grunde, weil die letzteren ungeachtet ihrer Zugehörigkeit zur Gemeindevertretung Beamte bleiben und auch als Mitglieder der Gemeindevertretung für ihr Verhalten und ihre Tätigkeit daselbst disziplinarisch verantwortlich sind. Machen sie sich daher hierbei einer Verletzung der ihnen obliegenden Pflichten schuldig, wozu auch die Pflicht zur Teilnahme an den Gemeindevertreterversammlungen zu rechnen ist, so ist zum Einschreiten die zuständige Aufsichtsbehörde im Disziplinarwege berufen. Für ein disziplinares Einschreiten der Gemeindevertretung bleibt dagegen kein Raum, und auch mit Rücksicht hierauf muß die Möglichkeit, gegen den Gemeindevorsteher oder die Gerichtsmänner auf Grund von Bestimmungen der im § 112 vorgesehenen Art vorzugehen und sie wegen unentschuldigten Ausbleibens aus den Versammlungen von der Teilnahme an den Sitzungen auszuschließen, in Abrede gestellt werden.

Nr. 7. Entsch. v. 15. Mai 1913 (PrVerwBl. 35 304) I C 24/12.

1. Wie es — abgesehen von dem Falle einer gesetzlichen Verpflichtung — der freien Entschließung der Gemeinde unterliegt, ob sie überhaupt eine Anstalt, z. B. eine Wasserleitung, ins Leben rufen will, so ist es ihr unbenommen, eine Einrichtung, die nach ihrer ursprünglichen Absicht allen ihren Bewohnern zur Benutzung offen stehen sollte, abweichend hiervon so zu gestalten, daß sie nur den Bewohnern eines bestimmten Ortsteils zugute kommen kann. Geschieht dies, so darf eine solche Änderung jedoch den von der Benutzung ausgeschlossenen Einwohnern nicht so zum Nachteil gereichen, daß diese auch an der Aufbringung der Mittel für die Anlegung und Unterhaltung der Einrichtung beteiligt würden. Vielmehr sind zur Deckung dieser Ausgaben von den Benutzern der Anstalt Gebühren zu erheben, sofern nicht die Ausgleichung durch Beiträge oder durch eine Mehrbelastung der Bewohner des Ortsteils herbeigeführt wird. Dieses Erfordernis wird in den §§ 4, 9, 20 KommAbgG. aufgestellt; daß ihm auch entsprochen werde, dafür hat nötigenfalls die Aufsichtsbehörde zu sorgen.

2. Gegen einen Gemeindebeschluß des in Rede stehenden Inhalts ist die Klage im Verwaltungsstreitverfahren, das nur in den ausdrücklich durch G. bestimmten Fällen stattfindet, nicht gegeben.

Nr. 8. Entsch. v. 30. Juni 1913 (OVG. 65 98) I C 20/13.

1. Der Verwaltungsrichter ist bei Prüfung der Rechtmäßigkeit der Beanstandung eines Beschlusses der Gemeindevertretung über die Anstellung eines Gemeindesekretärs nicht auf die in der Verfügung angegebenen Gründe der Beanstandung beschränkt, sondern hat zu entscheiden, ob der Inhalt der Verfügung dem bestehenden öffentlichen Rechte entspricht. Er ist keineswegs an die sachlichen und rechtlichen Gesichtspunkte gebunden, von denen die Behörde sich bei Erlaß der bekämpften Anordnung hat leiten lassen. Es ist daher unwesentlich, ob der Gemeindebeschluß gerade den § 6 Abs. 3 G. v. 21. VII. 92, betr. die Besetzung der Subaltern- und Unterbeamtenstellen mit Militäranwärtern, verletzt; vielmehr ist er auch dann mit Recht beanstandet worden, wenn er überhaupt gegen das G. verstößt.

2. Ist eine Stelle in der Gemeindeverwaltung in rechtsgültiger Weise zur Besetzung durch eine nicht zu den Militäranwärtern gehörende Person einmal freigegeben worden — sei es, daß gemäß § 14 G. v. 21. VII. 92 die Kommunal-

aufsichtsbehörde festgestellt hat, die Stelle gehöre nicht zu den den Militäranwärtern vorbehaltenen, sei es, daß nach dem Ergebnisse des gesetzlich vorgeschriebenen Verfahrens ein zur Übernahme der Stelle befähigter oder bereiter Militäranwärter nicht vorhanden ist —, so hat dadurch die Anstellungsbehörde in der Besetzung der Stelle freie Hand bekommen, und zwar solange, bis die Stelle von neuem frei wird und wieder besetzt werden muß. Dabei macht es keinen Unterschied, ob der Beamte in die Stelle zunächst auf Probe oder sogleich endgültig berufen, und ob er gegen Kündigung oder auf Lebenszeit angestellt wird. Vielmehr bewirkt auch eine nur auf Probe erfolgte Besetzung der Stelle, daß sie endgültig bis zur Neubesetzung den Militäranwärtern verschlossen bleibt; die Umwandlung der probeweise geschehenen Anstellung in eine endgültige oder lebenslängliche ist keine Neubesetzung der Stelle iS. des G. v. 21. VII. 92, sondern bedeutet nur eine anderweitige Regelung der Anstellungsbedingungen des Inhabers der Stelle.

3. Jede Anstellung eines Gemeindebeamten, die im Widerspruche mit den Bestimmungen des G. v. 21. VII. 92 stattgefunden hat, ist unwirksam. Nach diesen Bestimmungen dürfen diejenigen Stellen in der Verwaltung der Kommunalverbände, die den Militäranwärtern vorbehalten sind, nur dann mit anderen Personen besetzt werden, wenn sich nach Erledigung des im G. geordneten Verfahrens Militäranwärter nicht finden, die zur Übernahme der Stelle befähigt oder bereit sind (§§ 11 bis 13). Welche Stellen den Militäranwärtern vorbehalten sind, ist im G. selbst nicht in abschließender Weise geordnet, sondern in verschiedenen Fällen von dem Vorhandensein bestimmter, durch die Kommunalaufsichtsbehörde erst festzustellender Voraussetzungen abhängig gemacht worden. Das G. bezeichnet selbst nur in § 3 diejenigen Stellen, die ausschließlich, und in § 4 diejenigen, die mindestens zur Hälfte mit Militäranwärtern zu besetzen sind. Für die übrigen, nicht unter die §§ 3 und 4 fallenden Stellen wird in § 5 angeordnet, daß unter Berücksichtigung der Anforderungen des Dienstes und unter sinngemäßer Zugrundelegung der für die Reichs- und Staatsbehörden jeweilig geltenden Verzeichnisse über die den Militäranwärtern vorbehaltenen Stellen zu bestimmen ist, in welchem Umfange sie mit Militäranwärtern zu besetzen sind; ferner wird in § 6 Abs. 3 bestimmt, daß, wenn in einem Kommunalverband eine Klasse von Subaltern- und Unterbeamten nur eine Stelle enthält, diese den Militäranwärtern vorgehalten oder versagt bleibt, je nachdem sie unter Berücksichtigung der Anforderungen des Dienstes zur Besetzung mit einem Militäranwärter geeignet oder nicht geeignet ist. Die hiernach zu treffende Entsch., welche Subaltern- und Unterbeamtenstellen, und gegebenenfalls in welcher Anzahl diese den Militäranwärtern vorzubehalten sind, ist in § 14 der Kommunalaufsichtsbehörde übertragen worden, gegen deren Feststellung die Beschwerde zulässig ist.

4. Im vorliegenden Falle hatte der Landrat als Kommunalaufsichtsbehörde hinsichtlich der Stelle des Gemeindesekretärs gemäß § 14 G. v. 21. VII. 92 festgestellt, daß sie zur Hälfte den Militäranwärtern vorzubehalten sei. Dies entsprach nicht den Bestimmungen des G.; denn da in A. nicht mehrere Beamte vorhanden sind, deren dienstliche Obliegenheiten ihrer Natur nach im wesentlichen dieselben sind, wie die des Gemeindesekretärs, so mußte der Landrat gemäß § 6 Abs. 3 aaO. prüfen, ob die Stelle unter Berücksichtigung der Anforderungen des Dienstes zur Besetzung mit einem Militäranwärter geeignet war oder nicht. Er konnte nach dem Ergebnisse dieser Prüfung bestimmen, daß die Stelle den Militäranwärtern vorbehalten, oder daß sie ihnen versagt bleibe; er durfte aber nicht eine zwischen einem Militäranwärter und einer Zivilperson abwechselnde Besetzung anordnen. Hieraus folgt indessen noch nicht ohne weiteres, daß die auf Grund dieser Feststellung geschehene Besetzung der Stelle unter allen Umständen ungesetzlich war.

5. Unstreitig hat die Gemeinde die Stelle durch Aufnahme in die Vakanzen-

liste für Militäranwärter ausgeschrieben und die Meldungen entgegengenommen und geprüft, sie aber nicht berücksichtigt, weil sie die Bewerber nicht für genügend befähigt zur Übernahme der Stelle erachtete. Dabei ist es gleichgültig, ob die Gemeinde freiwillig oder, weil sie sich dazu für verpflichtet hielt, das Verfahren eingeleitet und durchgeführt hat; entscheidend bleibt allein, ob es den gesetzlichen Vorschriften entsprechend stattgefunden und zu dem Ergebnisse geführt hat, daß unter den Bewerbern ein befähigter Militäranwärter nicht vorhanden war.

Die Vorderrichter verneinen, daß dieses Ergebnis in rechtsgültiger Weise eingetreten sei, weil die Gemeindevertretung die Frage der Befähigung unter Zugrundelegung unrichtiger Gesichtspunkte geprüft und beantwortet habe, und weil jedenfalls der Militäranwärter W. als befähigt iS. des G. anzusehen gewesen sei, ihm also die Stelle hätte übertragen werden müssen. Hierin kann den Vorderrichtern nicht beigetreten werden. Das G. überträgt in § 13 die Entsch. über die Befähigung der Bewerber in erster Linie der Anstellungsbehörde und nur iF. der Beschwerde der Aufsichtsbehörde. Im vorliegenden Falle hat die Gemeindevertretung die Befähigung der Bewerber geprüft und sich dahin entschieden, daß die Militäranwärter zur Übernahme der Stelle nicht geeignet seien; sie hat davon der Aufsichtsbehörde (dem Landrat) unter Vorlegung der Bewerbungsgesuche Kenntnis gegeben und deren Zustimmung zu ihrer Entsch. sowie zur probeweisen Anstellung des Zivilanwärters erbeten und erhalten. Daß die Anstellungsbehörde befugt ist, nach freiem, pflichtmäßigem Ermessen zu prüfen und zu entscheiden, ob der Bewerber die genügende Befähigung besitzt, kann um so weniger einem Zweifel unterliegen, als die Aufsichtsbehörde gemäß Erl. v. 14. VII. 97 (MBl. 217) befugt ist, eine Stelle den Militäranwärtern iF. des § 6 Abs. 3 ganz zu versagen, wenn wegen des Umfanges und der Schwierigkeit der mit der Stelle verbundenen Geschäfte die Annahme begründet ist, daß die Bewerber die zur Verwaltung notwendigen Kenntnisse innerhalb einer angemessenen Probedienstzeit nicht würden erwerben können. Ebensowenig ist entscheidend, daß die Zurückweisung der Militäranwärter später durch den Regierungspräsidenten gemißbilligt worden ist; denn die der staatlichen Aufsichtsbehörde zustehende Befugnis, Verfügungen und Anordnungen nachgeordneter Behörden außer Kraft zu setzen und diese Behörden mit Anweisungen zu versehen, geht nicht so weit, daß dadurch auch Rechte, die aus Maßnahmen der nachgeordneten Behörden bereits erwachsen sind, beseitigt werden könnten.

Nr. 9. Entsch. v. 11. Febr. 1913 (**OVG. 64** 187) I C 29/12.

1. Daß ein Beschluß Rechte einzelner Mitglieder des Gemeinderats betrifft und von den letzteren nicht angefochten worden ist, steht der Beanstandung gemäß § 15 Abs. 1 ZustG. nicht entgegen. Auch verletzen iS. dieser Vorschrift nicht nur solche Beschlüsse die G., deren Inhalt gegen gesetzliche Bestimmungen verstößt, sondern auch solche, die auf ungesetzlichem Wege zustande gekommen sind.

Der § 62 RhLGemO. v. 23. VII. 45 ordnet die geschäftliche Tätigkeit des Gemeinderats in formeller Hinsicht dahin, daß der Regel nach die Zusammenberufung und Bestimmung der Gegenstände der Beratung und Beschlußfassung dem Bürgermeister bzw. Gemeindevorsteher nach eigener Entschließung zusteht. Von dieser Regel sieht das G. zwei Ausnahmen vor. Einmal muß die Zusammenberufung auf Antrag des vierten Teiles der Mitglieder bzw. dreier Mitglieder erfolgen, und zwar wie im Regelfall auch unter Mitteilung der — von den Antragstellern zu bestimmenden — Gegenstände der Beratung und Beschlußfassung. Sodann ist, abweichend von den sonstigen GemVerfG., jedem Mitgliede das Recht eingeräumt, Anträge und Vorschläge über Gemeindeangelegenheiten zur Beratung zu bringen.

Das einzelne Mitglied kann also zwar nicht die Zusammenberufung einer Versammlung, wohl aber eine Ergänzung der Tagesordnung erzwingen. Diese Ergänzung ist nicht unbedingt an die Mitteilungsfrist von drei Tagen gebunden. Die Innehaltung der dreitägigen Frist kann aber sowohl vom Bürgermeister wie von jedem anderen Mitgliede verlangt werden. In diesem Falle schreibt das G. vor, daß die Anträge und Vorschläge bis zur nächsten Sitzung „ausgesetzt" werden müssen. Die Aussetzung hat keinen Sinn, wenn damit nicht die Beschlußfassung gemeint ist. Es wäre widerspruchsvoll, dem Worte „Beratung" im Satze 5 des § 62, wo von der Antragsberechtigung der Gemeinderatsmitglieder die Rede ist, eine andere Bedeutung beizulegen als im Satze 3 ebendort, wo der Regelfall behandelt ist, daß die Angabe der zur Beratung kommenden Gegenstände bei der Zusammenberufung des Gemeinderats erfolgt. Daß in diesem Regelfalle „Beratung" soviel wie „Beschlußfassung" bedeutet, unterliegt keinem Zweifel; dementsprechend kann dem Worte „Beratung" auch in dem anderen im § 62 vorgesehenen Falle eine andere Bedeutung nicht beigelegt werden.

Nr. 10. Entsch. v. 23. Okt. 1913 (OVG. **66** 103) I C 12/13.

Auch im Geltungsbereiche der RhGemO. v. 23. VII. 45 bleiben die nach sechsjähriger Amtszeit ausscheidenden Gemeindeverordneten so lange in Tätigkeit, bis die neugewählten Mitglieder in ihr Amt eintreten können.

Bei der Stellung, die der Gemeinderat in der Verwaltung der rheinischen Landgemeinde einnimmt, wäre es ein schwer zu ertragender Zustand, wenn die Amtsdauer der Gemeindeverordneten genau mit dem Ende des sechsten Jahres ihrer Wahlzeit abliefe; denn dann wäre, da alle drei Jahre die Hälfte der Gemeindeverordneten ausscheidet und der Gemeinderat erst bei Anwesenheit von mehr als der Hälfte der Mitglieder beschlußfähig ist, in jedem dritten Jahre die Möglichkeit gegeben, daß der Gemeinderat während eines — vielleicht lang andauernden — Streitverfahrens über die Gültigkeit der gesamten Neuwahlen stets — oder, falls neben den gewählten Gemeindeverordneten noch der Gemeindevorsteher oder geborene Gemeinderatsmitglieder stimmberechtigt sind, wenigstens beim Fehlen nur weniger Mitglieder — beschlußunfähig würde. Daß ein solcher Zustand im regelmäßigen Verlaufe der Dinge häufig wiederkehre, kann nicht vom Gesetzgeber gewollt sein. Es bedarf nicht der Erörterung, ob in derartigen Fällen einer durch Mitgliedermangel hervorgerufenen Beschlußunfähigkeit aushilfsweise gemäß § 64 Abs. 2 RhGemO. und § 33² ZustG. der Kreisausschuß einzutreten hat, oder ob nicht lediglich die Kommunalaufsichtsbehörde eingreifen könnte, die dafür sorgen muß, daß die Verwaltung der Gemeinde fortwährend in dem vorgeschriebenen Gange bleibt und alle Störungen beseitigt werden (§ 114 RhGemO.). Jedenfalls sind beide Ersatzmittel nur für Ausnahmefälle vorgesehen, und sie können nach dem Gedanken des G. nicht bei jeder Ergänzungswahl zur Anwendung kommen, deren Gültigkeit erst nach Ablauf der vorhergegangenen sechsjährigen Amtsdauer festgestellt wird.

Nr. 11. Entsch. v. 12. Juni 1913 (OVG. **65** 139) I C 7/13.

HNLGemO. § 112.

1. Die Beanstandung eines Beschlusses des Gemeinderats nach § 112 HNLGemO. setzt begrifflich voraus, daß ein Beschluß vorliegt, der seinem Inhalt und seiner Bedeutung nach einer Beanstandung überhaupt fähig ist. In dieser Beziehung hat der Gerichtshof in ständiger Rechtsprechung daran festgehalten, daß für eine Beanstandung nur solche Beschlüsse in Frage kommen können, die einen positiven Inhalt haben und, wenn sie unbeanstandet bleiben,

Wirkungen äußern würden, deren Beseitigung aus gesetzlichen Erwägungen erforderlich erscheint. Die Beanstandung hat den Zweck, die Vollziehung solcher Beschlüsse zu verhindern; sie kann daher gegenüber solchen Beschlüssen nicht stattfinden, die lediglich einen negativen Inhalt haben. Hier handelt es sich um einen Beschluß dieser letzteren Art. Im wesentlichen bedeutet der beanstandete Beschluß nur die Willensäußerung des Gemeinderats, von einer Beanstandung des vorhergegangenen Beschlusses der Gemeindevertretung abzusehen; denn die weitere Entschließung, ihn auszuführen, entspricht nur einer gesetzlichen Pflicht (§ 59 Abs. 4³, § 60 Abs. 1 LGemO.) und hat keine selbständige Bedeutung. Die Entschließung, eine Beanstandung zu unterlassen, bedurfte aber nicht einer besonderen Beschlußfassung, sie konnte auch stillschweigend erfolgen. Anderseits hatte das in der Beanstandung liegende Veto gegenüber dem Beschlusse des Gemeinderats keine Wirkung; insbesondere vermochte es nicht etwa an die Stelle des negativen Beschlusses, nicht zu beanstanden, das entsprechende Positive, die Beanstandung des Gemeindevertretungsbeschlusses, zu setzen. Diese letztere Beanstandung konnte vielmehr nur unmittelbar und ausdrücklich ausgesprochen werden, nötigenfalls auf Anweisung der Aufsichtsbehörde. Der Beschluß des Gemeinderats, die Beanstandung zu unterlassen, hinderte aber weder den Gemeinderat selbst, trotzdem die Beanstandung auszusprechen, noch auch die Aufsichtsbehörde, ihn hierzu anzuhalten. Der Beschluß des Gemeinderats hatte also keinen Inhalt, dessen Wirkung durch eine Beanstandung hätte beseitigt werden können.

2. Nach der HNLGemO. ist die Beanstandung ungesetzlicher Beschlüsse der Gemeindevertretung nicht nur Sache des Gemeinderats, wo ein solcher besteht, sondern auch Sache des Bürgermeisters. Allerdings hat für den Geltungsbereich der StO. der Gerichtshof den Satz aufgestellt, daß Beschlüsse der Stadtverordnetenversammlung nur vom Magistrate, nicht vom Bürgermeister beanstandet werden können. Aber dieser Satz ist bei der Verschiedenheit der GemVerf. auf die größeren, mit einem Gemeinderat ausgestatteten Landgemeinden Hessen-Nassaus nicht ohne weiteres entsprechend anzuwenden. Die HNLGemO. unterscheidet im Anschluß an die sonstige Gemeindeverfassungsgesetzgebung bei der Repressivkontrolle gegenüber Beschlüssen der Gemeindekollegien unter der Voraussetzung, daß sie einer Ausführung überhaupt fähig sind, nach einer zweifachen Richtung. Soweit solche Beschlüsse das Gemeinwohl oder das Gemeindeinteresse erheblich verletzen, ist deren Ausführung auszusetzen und nach nochmaliger Beschlußfassung gegebenenfalles die Entsch. des Kreisausschusses einzuholen (§ 59 Abs. 3, Abs. 4³, § 60 Abs. 5), welcher diese Entsch. im Beschlußverfahren zu treffen hat. Soweit die Beschlüsse die Befugnisse des beschließenden Kollegiums überschreiten oder die G. verletzen, unterliegen sie der Beanstandung, gegen welche dem Kollegium die Beschreitung des Verwaltungsstreitverfahrens offensteht (§ 112). Die Beanstandung ist ein Ausfluß des staatlichen Aufsichtsrechts, ihre Überweisung an ein Gemeindeorgan stellt sich als die Übertragung einer staatlichen Befugnis dar, zu deren Ausübung jenes Organ von der Aufsichtsbehörde angehalten werden kann. Die Aussetzung der Ausführung dagegen gehört dem Rahmen der inneren Gemeindeverwaltung an. Sie gebührt demjenigen Gemeindeorgane, das die Verwaltung der Gemeinde zu führen hat, zur Ausführung des Beschlusses berufen ist und nach eigenem pflichtmäßigen Ermessen darüber zu befinden hat, ob der Beschluß nach Maßgabe der vom G. gegebenen Richtlinien sich zur Ausführung eignet oder nicht. Diese Aufgabe weist die LGemO. grundsätzlich dem Bürgermeister zu, der an der Spitze der Gemeindeverwaltung steht (§ 45 Abs. 1), diese Verwaltung (§ 59 Abs. 1) und den Vorsitz in der Gemeindeversammlung oder Gemeindevertretung (§ 59 Abs. 2) zu führen hat. Wenn in § 112 die Befugnis zur Beanstandung dem Gemeinderate beigelegt worden ist, so beruht dies darauf, daß diesem nicht zugemutet werden

kann, ja gesetzlich untersagt ist, Beschlüsse zur Ausführung zu bringen, welche die G. verletzen oder die Zuständigkeit des beschließenden Kollegiums überschreiten. Völlig unabhängig ist davon die entsprechende Befugnis des Bürgermeisters, die die innere Rechtfertigung für ihre Zuweisung in dessen Stellung als verantwortlicher Leiter der Gemeindeverwaltung und als Vorsitzender der Gemeindeversammlung (Gemeindevertretung) findet, die durch die Einrichtung des kollegialischen Gemeindevorstandes nicht berührt wird.

G. Gemeindevermögen und Gemeindegliedervermögen; Teilnahme an den Gemeindenutzungen; gemeinschaftliche Angelegenheiten.

Nr. 1. Entsch. v. 17. März 1913 (OVG. 65 118) I C 31/11.

1. Die Kläger klagen im Verfahren aus § 8^5 G., betr. die Verf. der Realgemeinden in der Provinz Hannover, v. 5. VI. 88 (GS. 233) und haben ihre Klage gegen die Forstgenossenschaft als solche gerichtet. Nach jener Gesetzesbestimmung ist auf Beschwerden und Einsprüche, betr. das Recht zur Teilnahme an den Nutzungen und Erträgen des Genossenschaftsvermögens, vom Vorstande der Genossenschaft zu beschließen; gegen dessen Beschluß ist innerhalb zwei Wochen die Klage im Verwaltungsstreitverfahren gegeben. Diese Klage hat sich nicht gegen die Genossenschaft zu richten, sondern lediglich gegen den Vorstand, der den Beschluß erlassen und ihn im Verwaltungsstreitverfahren zu vertreten hat. Als Beklagter war daher nur der Vorstand der Genossenschaft zuzuziehen.

2. Die Kläger verlangen auf Grund der Behauptung, daß die Nutzungen des Genossenschaftsvermögens an Bau- und Nutzholz, Jagdpachtgeldern und Kaliförderzinsen seither unrichtig verteilt worden seien, zweierlei. Was den Anspruch auf anderweitige Verteilung der Kaliförderzinse für die Vergangenheit anlangt, so ist zu dessen Verfolgung das Verwaltungsstreitverfahren überhaupt nicht gegeben. Das RealGemG. läßt ein Verwaltungsstreitverfahren zwischen den Genossen nur im Anschluß an die Aufstellung des Statuts zu (§ 7 Abs. 4) und kennt daneben nur das Streitverfahren gegen den Vorstand (§ 8^5). Für die Zulassung eines solchen Streitverfahrens unter den Mitgliedern über den Fall des § 7 Abs. 4 hinaus bietet das G. um so weniger Anhalt, als der ordentliche Rechtsweg zwischen den Genossen keineswegs für alle Fälle, z. B. für die Frage der Veräußerlichkeit der Mitgliedsberechtigungen, hat ausgeschlossen werden sollen. Unter § 7 Abs. 4 RealGemG. fällt die Forderung vorenthaltener Nutzungen nicht, und im Verfahren aus § 8^5 kann sie nur insoweit geltend gemacht werden, als es sich um noch nicht verteilte Nutzungen handelt. Durch die Verteilung gehen die Nutzungen in das Privatvermögen der Interessenten über. Glauben die Kläger, daß andere Interessenten mehr erhalten haben, als diesen zukomme, und daß sie selbst dadurch benachteiligt seien, so muß es ihnen überlassen bleiben, sich im ordentlichen Rechtsweg an die vermeintlich bevorteilten Interessenten zu halten.

3. Soweit der Klageanspruch auf die Zukunft gerichtet ist, begehren die Kläger nicht die Zuweisung eines zahlenmäßig bestimmten Teiles einer zur Verteilung anstehenden Masse, sondern allgemein ein für allemal die Feststellung der ihnen gegenüber zu beachtenden Teilungsgrundsätze. Es kann dahingestellt bleiben, ob und inwieweit dieses Ziel überhaupt im Verfahren aus § 8^5 G. v. 5. VI. 88 verfolgbar ist, wo den Klägern lediglich der Genossenschaftsvorstand gegenübersteht und eine Beteiligung der übrigen Interessenten am Rechtsstreite nur in der Form der Beiladung, nicht aber als Parteien möglich wäre,

während das G. die Feststellung der Teilnahmerechte für die Gesamtheit der Mitglieder, freilich nur im Anschluß an die Aufstellung des Statuts, dem Streitverfahren unter den Mitgliedern der Realgemeinde (§ 7 Abs. 4) vorbehält. Eine Erörterung hierüber ist entbehrlich, weil einerseits hinsichtlich der Holznutzungen der in dieser Beziehung völlig klare Inhalt des Statuts und der dazu gehörigen Nachweisung dem Anspruche der Kläger entgegensteht, und im übrigen hinsichtlich der Jagdpachtgelder und der Kaligelder im Statute jede verwertbare Bestimmung fehlt. Erachteten die Kläger die in der Nachweisung niedergelegten Grundsätze über die Anteilsberechtigungen der Genossen am Bau- und Nutzholze bzw. an dem dafür aufkommenden Erlöse nicht als dem nach ihrer Meinung bestehenden Rechte entsprechend, so wäre es ihre Sache gewesen, ihre Ansprüche bei Aufstellung des Statuts in dem durch § 7 Abs. 4 des G. eröffneten Verwaltungsstreitverfahren zum Austrage zu bringen. Nachdem die Kläger von jener Möglichkeit keinen Gebrauch gemacht haben, können sie nicht im Verfahren aus § 8[5] eine Feststellung verlangen, die sie selbst zwar als Klärung oder Deutung des Statuts bezeichnen, die aber in Wahrheit eine Abänderung des im Statute festgelegten Rechtszustandes bedeutet. Hinsichtlich der Jagdpachtgelder und der Kaligelder enthält das Statut unverkennbar eine Lücke, indem das Teilnahmeverhältnis für diese Nutzungen weder ausdrücklich geordnet, noch aus den im Statute niedergelegten Bestimmungen zu entnehmen ist. Die so bestehende Lücke kann nicht im Verfahren aus § 8[5] des G. ergänzt werden, ihre Ausfüllung setzt eine Feststellung des unter den Mitgliedern der Realgemeinde bestehenden Rechtsverhältnisses voraus, und diese kann nur auf demjenigen Wege erfolgen, den das G. für die Aufstellung und Anfechtung des Statuts bzw. der darin aufzunehmenden Bestimmungen über die Teilnahmerechte vorsieht (§§ 3 ff., 7). Sollte die Ergänzung des Statuts hinsichtlich der Feststellung der Teilnahmerechte an den Jagdpacht- und Kaligeldern zu einem den Klägern ungünstigen Ergebnisse führen, so bleibt es ihnen unbenommen, auf dem durch § 7 Abs. 4 des G. eröffneten Wege über den von ihnen erhobenen Anspruch eine Entsch. durch den Verwaltungsrichter herbeizuführen.

Nr. 2. Entsch. v. 20. Okt. 1913 (OVG. 65 124) I C 32/11.

1. Das G., betr. die Verf. der Realgemeinden in der Provinz Hannover, v. 5. VI. 88 (GS. 233) kennt ein Verwaltungsstreitverfahren über die Teilnahmerechte am Vermögen und am Stimmrecht in der Realgemeinde nur in zweifacher Form, einmal unter den Mitgliedern im Anschluß an die Aufstellung oder an die Ergänzung bzw. Abänderung des Statuts (§ 7 Abs. 2), und sodann gegen den Vorstand der Realgemeinde, der über Beschwerden und Einsprüche betreffs jener Rechte vorbehaltlich des Streitverfahrens zu beschließen hat (§ 8[5]). In keinem dieser Fälle ist die Realgemeinde als solche berufen, als Beklagte aufzutreten. Im ersteren Falle stehen dem Kläger oder den Klägern die übrigen Mitglieder der Realgemeinde gegenüber, im letzteren Falle lediglich der Vorstand, der über die Beschwerden und Einsprüche kraft eigenen Rechtes zu beschließen und seinen Beschluß im Streitverfahren zu vertreten hat. Hiernach ist eine Klage aus § 8[5] aaO. lediglich gegen den Vorstand der Realgemeinde zu richten. Außerdem hat eine solche Klage zur unerläßlichen Voraussetzung, daß ein Beschluß des Vorstandes vorliegt, der mit der Klage angreifbar ist.

2. Die im Statute als Vermögen der Realgemeinde aufgeführten Grundstücke sind im Gemeinheitsteilungs- und Verkoppelungsrezesse für die dort bezeichneten Interessenten ausgewiesen worden. Dies führt zu der Frage, ob für die Organisation der Gemeinschaft das auch in der Provinz Hannover geltende G. v. 2. IV. 87, betr. die durch ein Auseinandersetzungsverfahren begründeten gemeinschaftlichen Angelegenheiten (GS. 105), in Betracht kam. Dieses G. weicht von dem RealGemG. v. 5. VI. 88 wesentlich ab, nicht nur

in betreff der Organisation der Gemeinschaften, sondern vor allem auch hinsichtlich der Rechtsbehelfe, mit denen, und bezüglich der Wege, auf denen Ansprüche der Beteiligten geltend zu machen sind. Die Organisation erfolgt durch die Auseinandersetzungsbehörde, und zwar mittels Regelung einer Vertretung der Gesamtheit der Beteiligten sowie der Verwaltung der gemeinschaftlichen Angelegenheiten. Die Vertretung und Verwaltung ist grundsätzlich dem Gemeindevorstande zu übertragen. In Beziehung auf die Vertretung untersteht der Gemeindevorstand der Kommunalaufsichtsbehörde. Soweit ihm die Verwaltung übertragen ist, finden diejenigen Vorschriften sinngemäß Anwendung, welche für Gemeindeangelegenheiten bezüglich der Verwaltung, der Aufsicht des Staates und der den Mitgliedern zustehenden Rechtsmittel gelten (§§ 1, 2, 6). Mit diesen Rechtsmitteln kann aber nicht die Frage zum Austrage gebracht werden, ob ein Anspruchserheber zu dem Kreise derjenigen Personen gehört, denen nach dem Rezeß ein Nutzungsrecht an den Gemeinstücken zusteht. Vielmehr sind dahingehende Ansprüche lediglich im ordentlichen Rechtsweg und nicht im Verwaltungsstreitverfahren zu verfolgen. Der Kläger, der die Zugehörigkeit zu einem Kreise von Nutzungsberechtigten beansprucht, würde mithin iF. der Anwendbarkeit des G. v. 2. IV. 87 seinen Anspruch im Verwaltungsstreitverfahren auch dann nicht geltend machen können, wenn die Rechtsgemeinschaft eine Organisation auf Grund dieses G. erhalten hätte oder erhielte.

3. Ob auf eine Rechtsgemeinschaft das G. v. 5. VI. 88 oder das G. v. 2. IV. 87, betr. die durch ein Auseinandersetzungsverfahren begründeten gemeinschaftlichen Angelegenheiten, anzuwenden ist, hängt nicht davon ab, welcher Art die der Rechtsgemeinschaft gehörigen Grundstücke sind und wie sie wirtschaftlich genutzt werden, sondern allein davon, ob die Rechtsgemeinschaft die Grundlage ihres rechtlichen Bestandes in der alten Markenverfassung oder in einem Auseinandersetzungsverfahren findet.

Dabei wird, wenn eine Realgemeinde bei einem solchen Verfahren beteiligt gewesen ist, im Zweifel die Vermutung zugunsten der Anwendbarkeit des G. v. 5. VI. 88 zu sprechen haben; denn dieses zielt darauf ab, die besonderen Verhältnisse in der Provinz Hannover, wie sich solche in Anlehnung an die alten Markgenossenschaften in den Realgemeinden erhalten hatten, nach Möglichkeit zu schonen, und hat deshalb für sie eine besondere Organisierung eröffnet, die auf den Boden des öffentlichen Rechtes gestellt ist. Die Anwendbarkeit des G. v. 5. VI. 88 wird daher in einem derartigen Falle nur dann als ausgeschlossen zu erachten sein, wenn das Auseinandersetzungsverfahren zur Auflösung der Realgemeinde hat führen sollen und auch geführt hat. Unter welchen Verhältnissen dies anzunehmen sein wird, ist abgesehen von dem Falle, daß von dem Besitze der Realgemeinde nichts übrig bleibt, dieser vielmehr völlig verteilt wird und in das Sondereigentum der einzelnen Mitglieder übergeht, schwer zu entscheiden. Zu verneinen ist die Frage der Auflösung jedenfalls dann, wenn ein Teil der Gemeinheit von der Verteilung ausgeschlossen und den bisher Berechtigten ausdrücklich vorbehalten bleibt. In einem solchen Falle wird zwar die ursprüngliche Gemeinheit verringert, aber die Realgemeinde nicht beseitigt. Zu bejahen ist anderseits die Frage dann, wenn zwar eine Gemeinheit erhalten bleibt, diese aber aus der gesamten Verkoppelungsmasse ohne Rücksicht auf deren Ursprung gebildet wird und Sonderrechte für die bisherigen Realgemeindeberechtigten hieran nicht gebildet werden. In der Mitte liegen die zweifelhaften Fälle, die verschieden geartet sein können. Wie sie zu entscheiden sind, und ob für sie der Fortbestand der Realgemeinde anzuerkennen oder zu verneinen ist, kann nur im einzelnen Falle nach dem erkennbaren Willen der Beteiligten beurteilt werden.

4. Besteht eine Realgemeinde iS. des G. v. 5. VI. 88 nicht mehr, so ist ein für sie nach Maßgabe dieses G. erlassenes Statut rechtsungültig; ein aus dem Statute hergeleiteter Anspruch auf Teilnahmerechte an Gemeinstücken kann

in solchem Falle nicht im Verwaltungsstreitverfahren, sondern nur im ordentlichen Rechtswege geltend gemacht werden.

Nr. 3. Entsch. v. 15. Okt. 1912 (PrVerwBl. **34** 544) I C 51/10.

1. In der Sache handelt es sich um die Feststellung des für die Teilnahme am Allmandrechte in L. (Hohenzollern) geltenden örtlichen Rechts. Auszugehen bleibt für die Entsch. von der Bedeutung, dem Inhalte und der Tragweite eines sog. Vereinödungsvertrages. Er enthält nicht lediglich Abmachungen privatrechtlicher Art zwischen der Gemeinde und den Einödern, sondern auch solche öffentlich-rechtlicher Natur über die Stellung der Einöder in der Gemeinde und insbesondere zu dem Allmandgute. Er ist von der Landesherrschaft genehmigt und damit zu einem Bestandteile der Ortsverfassung geworden. Soweit er sich auf die Rechtsverhältnisse am Allmandgute bezieht, ist er von der späteren einschlägigen Gesetzgebung unberührt geblieben. Das gilt zunächst von der Hohenzollernschen Gesetzgebung. Diese hat zwar im BürgerrechtsG. v. 5. VIII. 37/9. IV. 47 und in dem GemVerf.- u. VerwG. v. 6. VI. 40 die Rechtsverhältnisse am Allmandgute neu geregelt und dabei eine Individualteilung zu Besitz und Genuß bei Waldungen überhaupt nicht (§ 95 des letzteren G.) und bei sonstigen Allmandgütern jedenfalls nicht dergestalt zugelassen, daß die Teilung unwiderruflich wurde und zu vererblichem und veräußerlichem Besitze führte (§ 91 ff. aaO.). Dadurch wurden aber die von alters her, zumal aus frem herrlicher Zeit stammenden besonderen Rechtsverhältnisse nicht beseitigt, und es ist denn auch derartiger Verhältnisse in den §§ 109 ff. BürgerrechtsG. v. 5. VIII. 37 nebst der Nov. v. 9. IV. 47 besonders gedacht. Auf dem nämlichen Standpunkte steht die jetzt geltende GemO. v. 2. VII. 1900. Sie bringt die Aufrechterhaltung älterer besonderer Rechtstitel für die Gestaltung der Allmandberechtigung in § 39 noch besonders zum Ausdruck dahin, daß auch Abweichungen vom neuen wie vom bisherigen allgemeinen Rechte weiter gelten sollen, soweit sie sich auf Verleihungsurkunden oder vertragsmäßige Festsetzungen stützen. Hiernach bewendet es nach wie vor bei dem durch den Vereinödungsvertrag begründeten Ortsrechte, wenn und soweit dies dem Anspruche der Kläger auf Aufnahme unter die Allmandberechtigten entgegensteht.

2. Die Rechtswirkung dieser Satzung beschränkt sich keineswegs auf die Einöder und deren Universalrechtsnachfolger. Indem die Gemeinde bei Gelegenheit der Vereinödung, mit der sie einen bis dahin unbewohnten Teil ihres Gebiets der Besiedlung erschloß, dazu überging, die Rechtsstellung der Einsassen insbesondere hinsichtlich der Allmandberechtigung besonders zu ordnen, machte sie von der ihr zustehenden Autonomie Gebrauch, der als alleinige Schranke die den vereinödeten Bürgern zustehende Allmandberechtigung gegenüberstand. Zur Beseitigung dieser Schranke diente die Abfindung der Berechtigten, die ihnen in Gestalt einer Ausscheidung ihrer „Betreffnisse an Gemeindegütern" zuteil wurde. Mit dieser Abfindung schieden die Einöder aus dem Kreise der Allmandberechtigten aus. Im übrigen war die Gemeinde in der Lage, nach eigenem Befinden mit Genehmigung der Landesherrschaft das Ortsrecht dahin zu gestalten, daß fortab kein Einsasse des vereinödeten Bezirks Anteil an den Allmandnutzungen mehr haben sollte. Derartige Satzungen begründen objektives Recht, dessen Anwendbarkeit von der Rechtsnachfolge nach den ersten Ansiedlern auf dem dem Sonderrechte unterstellten Bezirke völlig unabhängig ist und lediglich durch die Tatsache der Seßhaftigkeit auf diesem Bezirke bestimmt wird. Für den letzteren wurde damit ein ähnlicher Rechtszustand geschaffen wie ihn hinsichtlich der Allmandberechtigung für Gemeinden die Einzelortschaften mit besonderem Allmandvermögen umfassen, §§ 7 ff. BürgerrechtsG. v. 5. VIII. 37 vorsah und nunmehr § 102 GemO. v. 2. VII. 1900 vorsieht.

Nr. 4. Entsch. v. 31. Jan. 1913 (PrVerwBl. 35 8) I C 61/11.

HohenzGemO. v. 2. VII. 00 § 42.

1. Der eigene Hausstand iS. der GemVerfG., der keineswegs mit dem Haushalt identisch ist, bedeutet diejenige äußere wirtschaftliche Unabhängigkeit, deren Begriff wesentlich bestimmt wird durch den Gegensatz der Zugehörigkeit zum Hausstand eines andern. Diese wirtschaftliche Unabhängigkeit hat weder mit der Geschäftsfähigkeit (§§ 104 ff. BGB.) noch mit der Fähigkeit zur Besorgung der eigenen Angelegenheiten (§ 1910 ebenda) etwas zu tun. Auch Minderjährige oder Entmündigte oder solche Personen, die wegen geistiger oder körperlicher Gebrechen ihre Angelegenheiten ganz oder zum Teil nicht zu besorgen vermögen, können einen eigenen Hausstand haben und besitzen ihn, wenn sie sich in jener wirtschaftlichen Unabhängigkeit befinden. Daß der Gesetzgeber weit davon entfernt gewesen ist, den Begriff des eigenen Hausstandes mit jenen persönlichen Fähigkeiten irgendwie zu verquicken, geht aus dem G. selbst mit unverkennbarer Deutlichkeit hervor, denn es schließt in § 11 Abs. 5 die Zuerkennung der Selbständigkeit nur dann aus, wenn dem Betreffenden das Verfügungsrecht über sein Vermögen oder dessen Verwaltung durch richterlichen Beschluß entzogen ist. Damit wird ein Ausschließungsgrund nicht für den Besitz eines eigenen Hausstandes, sondern für die Selbständigkeit aufgestellt, der die Erfüllung ihrer sonstigen Bedingungen, darunter auch den Besitz eines eigenen Hausstandes, gerade zur Voraussetzung hat. Dieser Ausschließungsgrund ist zugleich der einzige, der bei sonstiger Erfüllung der Voraussetzungen für die Selbständigkeit dieser entgegenzustehen vermag, und es kann nicht daneben der Mangel der Geschäftsfähigkeit oder der Fähigkeit zur Besorgung der eigenen Angelegenheiten noch mittelbar, überdies ohne jede Einschränkung, auf dem Wege verwertet werden, daß er den Besitz des eigenen Hausstandes hindere.

2. Daß jemand nicht Alleineigentümer des Hauses und der Liegenschaften geworden ist, schließt den Erwerb eines eigenen Hausstandes nicht aus, denn auch ein gemeinschaftlicher Hausstand mehrerer Personen kann für jede von ihnen als eigener gelten. Allerdings behauptet der Beklagte, daß der Vater die ganze Wirtschaft geleitet und den Haushalt auf seine Rechnung geführt habe, indem er alle Einkünfte vereinnahmte, alle Ausgaben bestritt und auch die Steuern und Abgaben aus den Grundstücken zahlte. Allein diese Behauptung wird, was zunächst die Steuern und Abgaben anlangt, durch den bei den Akten befindlichen Steuerzettel widerlegt. Der Zettel ist zwar auf den Namen des Vaters ausgefertigt, umfaßt aber auch Staats- und Gemeindeabgaben der Kinder, darunter des Klägers. Diese sind danach selbständig veranlagt worden, und wenn der Vater in der Tat die Abgaben auch für die Kinder mitbezahlt haben sollte, so würde das als ein lediglich dem Gebiete der Geschäftsführung angehörender Vorgang ohne Bedeutung sein. Soweit die Behauptungen des Beklagten sich auf die Führung des Haushalts beziehen, stehen ihnen die Angaben des Vaters entgegen, der als Zeuge bekundet hat, daß der Haushalt in Einnahme und Ausgabe auf seine und der Kinder gemeinschaftliche Rechnung geführt worden ist. Was im übrigen die Leitung des Haushalts wie des Wirtschaftsbetriebs anlangt, so mag diese vom Vater geführt, das vereinnahmte Geld von ihm aufbewahrt und mögen Anschaffungen und Verkäufe, sei es durchweg, sei es mit vereinzelten Ausnahmen, von ihm bewirkt worden sein. Alles dies berührt den Besitz eines eigenen Hausstandes für den Kläger selbst dann nicht, wenn diese Leitung nicht nur in einer auf Rücksichten der Pietät der Kinder gegenüber dem Vater beruhenden Unterordnung, sondern auch in körperlicher oder geistiger Gebrechlichkeit der Kinder ihren Grund gehabt haben sollte.

3. Der Besitz der Allmandberechtigung bemißt sich nach der GemO. v. 2. VII. 00, die in § 39 das bisherige Recht nur mit dem aus den weiteren Bestimmungen dieses G. sich ergebenden Maßgaben aufrechterhält. Daß aus diesen

Bestimmungen die Einräumung der Allmandberechtigung an die Ledigen sich ergibt, hat der Gerichtshof in OVG. 53 82 dargetan, an der lediglich festzuhalten ist. Steht aber danach den Ledigen in der Tat die Allmandberechtigung zu, so ist das selbstverständlich kein inhaltsleeres Recht, sondern ein solches, das bei Erfüllung der gesetzlichen und ortsrechtlichen Vorbedingungen den Anspruch auf Teilnahme an den Gemeindenutzungen und zwar in eben dem Umfange begründet, wie er vordem den Gemeindebürgern zustand. Auch hierfür kann lediglich auf die mehrerwähnte Entsch. verwiesen werden. Dort ist nur ein Unterschied hinsichtlich des Umfanges des Teilnahmerechts gemacht worden, und zwar um deswillen, weil nach dem Ortsrechte der Stadt Hechingen ein Unterschied hinsichtlich des Umfanges der Nutzungen je nach stehender oder getrennter Ehe besteht und ein Lediger nicht mehr an Nutzungen beanspruchen kann, als was im Falle getrennter Ehe z. B. einem Witwer gewährt wird. Im vorliegenden Falle kommt eine solche ortsrechtliche Abstufung des Umfanges der Teilnahmerechte nicht in Frage. Zwischen den Parteien besteht Einverständnis darüber, daß seither auch für den Fall getrennter Ehe keine Einschränkung des Bürgernutzens in R. stattgefunden hat. Somit kann ein Unterschied zwischen den Ledigen und den sonstigen Allmandberechtigten auch nicht hinsichtlich des Umfanges der Teilnahmerechte gemacht werden, vielmehr steht den Ledigen gleichfalls der volle Nutzen zu.

Nr. 5. Entsch. v. 12. Febr. 1914 (OVG. 66 119) I C 30/12.

HohenzGemO. §§ 42—46, 49—52.

1. Der 1873 geborene Kläger hat unstreitig die Allmandberechtigung in B. durch Geburt erworben. Vor Erlaß der HohenzGemO. v. 2. VII. 00 konnte er diese Berechtigung nicht antreten, weil er ledig war und damals die Teilnahme an den Allmandnutzungen im Bereiche des vormaligen Fürstentums Hechingen, abgesehen von Ausnahmen, die hier nicht in Betracht kommen, nur den verheirateten männlichen Bürgern offen stand. Mit dem Inkrafttreten jenes G. fiel dieser Hinderungsgrund für den Antritt des Allmandrechts weg; fortab stand die Teilnahme an den Allmandnutzungen denjenigen ledigen Personen, die den jetzt geltenden gesetzlichen Voraussetzungen genügen, ebenso zu, wie vordem den Gemeindebürgern. Mithin war der Kläger vom 1. IV. 01 ab trotz seines ledigen Standes befugt, die Teilnahme an den Allmandnutzungen zu beanspruchen, sofern oder sobald er die Anforderungen der GemO. (§ 42) erfüllte. Die Teilnahme macht das G. von der Erfüllung der in § 42 Abs. 1 vorgesehenen sachlichen und persönlichen Voraussetzungen, sowie iF. des Erwerbes der Allmandberechtigung durch Geburt davon abhängig, daß der Berechtigte das Recht antritt und vom Gemeindevorstande zugelassen wird. Die zum Antritte zugelassenen Allmandberechtigten rücken mit denjenigen, die das Recht durch Aufnahme erworben haben, nach der Zeitfolge des Antritts bzw. der Aufnahme entstehendenfalls in die verfügbaren Allmandteile ein (§§ 44, 45 aaO.). Antritt und Zulassung sind nicht gleichbedeutend mit dem Einrücken in die Allmandteile bzw. der Überweisung von solchen. Sie können zwar zeitlich damit zusammenfallen, sind aber rechtlich davon zu unterscheiden. Der Antritt enthält die Erklärung des Entschlusses, von der durch Geburt erworbenen Allmandberechtigung Gebrauch zu machen, sowie den Antrag auf Anerkennung, daß der Antragsteller die gesetzlichen Voraussetzungen für ihre Ausübung erfülle, und die Zulassung bedeutet eben diese Anerkennung. Mit der Zulassung erwirbt der Allmandberechtigte den Anspruch auf Überweisung eines verfügbaren Allmandteils, und zwar desjenigen, der ihm nach der Reihenfolge zukommt, die durch den Zeitpunkt der Anbringung jenes Antrags (Antritts) bei dem Gemeindevorstande bestimmt wird. Sowohl für die Zulassung als auch für die Überweisung des dem Berechtigten zukommenden Allmandteils sind die in § 51 des G. vorgesehenen

Rechtsmittel gegeben. Durch den Antrag beim Gemeindevorstande kann nicht beliebig und ohne weiteres die Anwartschaft auf eine bestimmte Stelle in der Reihenfolge der Bewerber begründet und diese Stelle gewissermaßen für die Zukunft in Beschlag genommen werden. Der Antrag kann vielmehr die ihm in § 44 des G. beigelegte Wirkung nur dann haben, wenn zur Zeit seiner Anbringung die Voraussetzungen für den Antritt der Allmandberechtigung erfüllt waren, und wenn er auch in der Tat zu dem Ergebnisse der Zulassung des Berechtigten zum Antritte des Allmandrechts geführt hat. Ein erfolglos gebliebener Antrag vermag die Offenhaltung der Stelle in der Reihenfolge der Anwärter nicht zu begründen, und dies auch in dem Falle nicht, wenn ihm später ein erneuter Antrag gefolgt ist, der dann zur Zulassung des Berechtigten geführt hat. Vielmehr bemißt sich in einem solchen Falle die Reihenfolge für den Zugelassenen lediglich nach dem Zeitpunkte der Anbringung des letzteren Antrags. Indem das G. die Reihenfolge der Anwärter iS. der Zulassung nach dem Zeitpunkte der Anbringung des Antrags bei dem Gemeindevorstande bestimmt, legt es diese Wirkung demjenigen Antrage bei, der der Zulassung zugrunde liegt. Dabei ist es gleichgültig, ob der frühere Antrag mit Recht oder mit Unrecht ohne Erfolg geblieben war. Dem Berechtigten stehen gegen die Vorenthaltung einer beantragten Zulassung die gesetzlichen Rechtsmittel zu Gebote. Erteilt ihm der Gemeindevorstand auf seinen Antrag keinen Bescheid, so kann der Berechtigte ihn im Wege der Beschwerde bei der Aufsichtsbehörde hierzu anhalten, und versagt ihm der Gemeindevorstand die Zulassung, so kann er die Versagung im Wege des Einspruchs und des Verwaltungsstreitverfahrens anfechten. Es ist seine Sache, von diesen Rechtsmitteln Gebrauch zu machen; tut er dies nicht, beschränkt er sich vielmehr darauf, in der Folgezeit einen anderweitigen Antrag zu stellen, so hat er es sich selbst zuzuschreiben, wenn der nicht weiter verfolgte Antrag zu seinen Ungunsten als erledigt zu gelten hat.

2. Die GemO. v. 2. VII. 00 bestimmt in § 42 Abs. 4 und § 43 Abs. 3, daß eine durch Geburt oder Aufnahme allmandberechtigte männliche Person seine nicht allmandberechtigte Ehefrau, und im ersteren Falle deren in die Ehe gebrachten, ehelichen, minderjährigen Kinder, im letzteren Falle die vorhandenen, ehelichen, minderjährigen Kinder in das Allmandrecht einkaufen bzw. gleichfalls aufnehmen lassen kann. Damit wird für den Ehemann und Vater bzw. Stiefvater lediglich ein Recht begründet, dessen Bedeutung darin besteht, daß auf diesem Wege für die Ehefrau und die Kinder unter erleichterten Bedingungen die Allmandberechtigung gewonnen werden kann, die jene sonst nur unter den wesentlich schwereren Bedingungen der selbständigen Aufnahme würden erlangen können. Wie die Entstehungsgeschichte des G. ergibt, sollte es den Gemeinden vorbehalten bleiben, im Wege ortsstatutarischer Satzung dieses Recht in eine entsprechende Pflicht umzuwandeln, um eine völlige Gleichstellung der Verhältnisse mit denjenigen Ehen herbeizuführen, in denen beide Teile allmandberechtigt seien. Zu diesem Behufe wurde in § 46 Abs. 1 Satz 2 die Bestimmung eingefügt, daß durch Ortsstatut die in § 42 Abs. 4 und in § 43 Abs. 3 behandelten Fälle in anderer Weise geordnet werden können. Wollte die Gemeinde zur Einführung dieser Pflicht übergehen, so konnte es nur gleichmäßig für alle Beteiligten stattfinden. Diejenigen Personen, die durch Aufnahme die Allmandberechtigung erworben haben, stehen den vermöge Geburt Allmandberechtigten gleich. Die Pflicht konnte mithin nicht lediglich für die letzteren, sondern mußte gleichmäßig auch für die ersteren Allmanberechtigten begründet werden. Daher entbehrt ein Ortsstatut, daß die Einkaufspflicht lediglich denjenigen Allmandberechtigten auferlegt, die ihre Berechtigung durch Geburt erworben haben, ungeachtet der Genehmigung durch den Amtsausschuß, der Rechtsgültigkeit. Nicht minder trifft dies zu wegen der Bedeutung, welche die Satzung der Einkaufspflicht für die Allmandberechtigung des Ehemanns bei-

gelegt hat. Dem vermöge Geburt allmandberechtigten Ehemann gegenüber kommt folgendes in Betracht: durch den Einkauf der Ehefrau erwirbt der Allmandberechtigte für sich nichts hinzu; er besitzt bereits die Allmandberechtigung, und diese erfährt durch den Einkauf keine Erweiterung. So wenig dies iF. der Ehe mit einer allmandberechtigten Frau zutrifft, deren Allmandrecht während der Dauer der Ehe ruht (§ 50 Abs. 1 GemO.), ebensowenig ist es beim Einkaufe der nicht allmandberechtigten Ehefrau der Fall, und zwar auch da nicht, wo ortsrechtlich der Umfang des Teilnahmerechts für Ledige geringer ist als für Verheiratete; denn da tritt die Erweiterung des Umfanges mit der Verheiratung und nicht erst mit dem Einkauf ein. Durch den Einkauf wird auch nicht die Allmandberechtigung des Ehemanns auf die Ehefrau übertragen, sondern für die Ehefrau eine solche Berechtigung selbständig begründet, die entstehendenfalls nach Trennung der Ehe in Wirksamkeit tritt. Daß unter diesen Umständen durch die ortsstatutarische Einkaufspflicht der Besitz der eigenen Allmandberechtigung des Ehemanns nicht berührt wird und nicht berührt werden kann, bedarf keiner weiteren Erörterung. Danach kann auch nicht der Besitz jener Berechtigung infolge Nichterfüllung der Einkaufspflicht verloren gehen oder auch nur ruhen. Das G. bestimmt die Gründe, welche diese Folgen nach sich ziehen (§ 50 aaO.), und zu diesen gehört die Nichterfüllung der Einkaufspflicht nicht. Ebensowenig kann dieser Pflicht eine Bedeutung für den Antritt der Allmandberechtigung durch den Ehemann oder für die Fortdauer der Rechtswirksamkeit dieser die Ausübung der Berechtigung vorbereitenden Handlung zugestanden werden. Die Bedeutung der Einkaufspflicht für die Allmandberechtigung des Ehemanns ist vielmehr auf einem anderen Gebiet, und zwar auf demjenigen der Ausübung der Berechtigung, also des Genusses des Allmandnutzens zu suchen. Nach § 49 GemO. kann der Gemeindevorstand wegen einer der Beitreibung im Verwaltungszwangsverfahren unterliegenden Forderung der Gemeinde gegen einen Allmandberechtigten dessen Nutzungen zugunsten der Gemeinde nach fruchtloser Mahnung bis zur Tilgung der Schuld und der Kosten entsprechend beschränken oder entziehen. Zu diesen Forderungen gehört nach § 52 ebenda auch das Einkaufs- oder Aufnahmegeld. Schuldner dieses Geldes ist der einkaufspflichtige Ehemann. Kommt er seiner Verpflichtung bis zum Einrücken in den ihm nach seiner Stelle in der Reihenfolge der Anwärter zustehenden Allmandteil nicht nach, so hat ihm der Gemeindevorstand entstehendenfalls zwar diesen Teil zu überweisen; er ist aber gleichzeitig in der Lage, den Teil so lange zugunsten der Gemeinde einzubehalten, bis aus den Nutzungen das Einkaufsgeld gedeckt ist. Sobald dies geschehen ist, hat er diesen Allmandteil dem Allmandberechtigten herauszugeben. In gleicher Weise ist er in der Lage, einem zur Zeit des Eintritts der Einkaufspflicht bereits im Allmandgenusse befindlichen Allmandberechtigten seinen Allmandteil zu dem nämlichen Zwecke zeitweilig zu entziehen. Die Gemeinde war daher nicht in der Lage, an die Nichterfüllung der Einkaufspflicht die Folge zu knüpfen, daß dem Pflichtigen die Zulassung zum Allmandantritte vorenthalten bzw. das schon angetretene Allmand — uneingeschränkt — wieder entzogen werde. Indem sie dies gleichwohl tat und damit die Erfüllung der Einkaufspflicht zu einer Bedingung für den Antritt der Allmandberechtigung des Ehemanns bzw. für den Fortbestand der Rechtswirkungen des Antritts machte, überschritt sie die für ihre Autonomie bestehenden Grenzen. Das Ortsstatut entbehrt mithin auch aus diesem Grunde der Rechtsgültigkeit.

Nr. 6. Entsch. v. 12. Febr. 1914 (OVG. **66** 131) I C 21/12.

HohenzGemO. v. 2. VII. 00.

1. Nach § 40 GemO. v. 2. VII. 00 ist allmandberechtigt in einer Gemeinde: 1. wer beim Inkrafttreten dieses G. nach den Bestimmungen des bis-

herigen Rechtes das Gemeindebürgerrecht besitzt; 2. wer nach den Vorschriften dieses G. das Allmandrecht durch Geburt oder Aufnahme erwirbt. Nach § 41[1] des G. erwerben das Allmandrecht durch Geburt eheliche Kinder in der Gemeinde, in der ihr Vater, uneheliche in der Gemeinde, in der ihre Mutter zur Zeit ihrer Geburt allmandberechtigt war. Hiernach und nach dem Standpunkte der AAnw. ist mithin für den Erwerb des Allmandrechts durch Geburt der 1. IV. 01 dergestalt entscheidend, daß die vor diesem Termine geborenen Personen das Recht nach Maßgabe des alten Rechtes, die später geborenen es nach Maßgabe des neuen Rechtes erwerben. Für keine von beiden Gruppen kommt es darauf an, ob der Rechtsvorgänger vor oder nach der Geburt des Abkömmlings jemals zum Antritt oder Genusse des Rechtes gelangt war. Es genügt, daß er sich zur Zeit der Geburt im Besitze des Rechtes selbst befunden hat, und er übermittelt das Recht an seine Kinder, auch wenn er selbst nie zu dessen Antritt und Genusse gelangt war.

2. Der Begriff des subjektiven Allmandrechts wird in verschiedenem Sinne gebraucht. Er bezeichnet einmal das Recht an sich, gleichbedeutend mit der Anwartschaft auf dessen spätere Ausübung; sodann diese Ausübung und endlich beides: Recht und Ausübung zusammen. Im ersten Sinne wird der Begriff in §§ 40, 41 der jetzt geltenden GemO. gebraucht, während die folgenden Paragraphen sich teils auf die Ausübung, teils auf das Recht und dessen Ausübung beziehen. Soweit das G. vom Erwerbe des Allmandrechts spricht, versteht es darunter nur die Anwartschaft auf die Teilnahme am Allmandgenusse.

Zu denjenigen Personen, die beim Inkrafttreten des neuen G. nach dem alten Rechte das Gemeindebürgerrecht besaßen, gehören nicht bloß diejenigen, die bereits zu dessen Genuß oder Antritt gelangt waren, sondern alle diejenigen, die insbesondere durch Geburt die Anwartschaft auf das Recht erworben hatten, und zwar auch dann, wenn ihr Rechtsvorgänger zur Zeit des abgeleiteten Erwerbes ebenfalls nur die Anwartschaft besaß. Wollte man den § 40 Abs. 1 auf diejenigen beschränken, die sich am 1. IV. 01 bereits im Genusse der Allmand befanden, so würden die vor diesem Termine geborenen Personen, die noch nicht zum Genusse gelangt waren, das Recht überhaupt nicht durch Geburt, sondern nur durch die wesentlich erschwerte Aufnahme (§ 43) erlangen können, was unannehmbar erscheint und mit der Entstehungsgeschichte des G. im Widerspruche steht. Danach erscheint die Auffassung der AAnw. durchaus zutreffend, daß auch die vor dem 1. IV. 01 geborenen Kinder Allmandberechtigter, auch wenn letztere ihrerseits nur Anwärter waren, unter § 40 Abs. 1[1] fallen.

3. Während das G. so für den Erwerb der Allmandberechtigung nach dem alten und nach dem neuen Rechte unterscheidet, macht es für die Ausübung der Berechtigung den nämlichen Unterschied nicht überall und nicht mit der gleichen Schärfe. Die Ausübung zerfällt in die vorbereitende Handlung des Antritts des Allmandrechts bzw. der Zulassung dazu und in die Ausübung im engeren Sinne, die im Einrücken in den Genuß eines Allmandteils besteht. Antritt und Zulassung sind nicht gleichbedeutend mit dem Einrücken in die Allmandteile bzw. der Überweisung von solchen. Beide können zwar zeitlich zusammenfallen, sind aber rechtlich voneinander zu unterscheiden. Der Antritt enthält die Erklärung des Entschlusses, von der durch Geburt erworbenen Allmandberechtigung Gebrauch zu machen, sowie den Antrag auf Anerkennung, daß der Antragsteller diese Berechtigung besitzt und die gesetzlichen Voraussetzungen für ihre Ausübung erfüllt, und die Zulassung bedeutet eben diese Anerkennung. Mit dem Einrücken in den Allmandteil wird der Genuß des Allmandnutzens eröffnet. Hinsichtlich der Ausübung der Allmandberechtigung im engeren Sinne stimmt die gesetzliche Regelung mit derjenigen des Erwerbes der Berechtigung insofern überein, als auch hier entweder das alte oder das neue Recht zur Anwendung gelangt; beide Fälle unterscheiden sich aber darin, daß bei der Ausübung

der Berechtigung die Anwendung des einen oder des anderen Rechtes nicht wie beim Erwerbe der Berechtigung von einem im G. selbst bestimmten Umstande, sondern von der Entschließung der Berechtigten abhängig gemacht ist. Nach §§ 48 Abs. 1 und 50 Abs. 3 behalten diejenigen, die die Allmandberechtigung nach dem alten Rechte erworben haben, das Allmandrecht nach Maßgabe dieses Rechtes; sie können indessen die Teilnahme nach dem neuen Rechte verlangen. Dieses Wahlrecht bezieht sich nur auf die Ausübung des Rechtes. Dagegen bestimmt sich das für den Erwerb der Berechtigung maßgebliche Recht gemäß §§ 40, 41 GemO. allein danach, ob der Betreffende vor oder nach dem 1. IV. 01, dem Tage des Inkrafttretens dieses G., geboren bzw. aufgenommen ist. Hinsichtlich des hiernach maßgeblichen Rechtes ist den Beteiligten eine Wahlbefugnis nicht eingeräumt. Dies gilt nicht minder für die vorbereitende Handlung des Antritts des durch Geburt erworbenen Allmandrechts mit der Maßgabe, daß die hierfür in §§ 42, 48 Abs. 1 Satz 4 aufgestellten Bedingungen für alle Beteiligten gleichmäßig maßgebend sind, mag die Allmandberechtigung selbst, also die Anwartschaft auf die Teilnahme am Allmandgenusse, nach dem alten oder nach dem neuen Rechte erworben sein. Auch wer die Berechtigung nach dem alten Rechte erworben hat, aber bis zum Inkrafttreten der GemO. noch nicht zu deren Antritte gelangt war, kann sie seitdem nur nach Maßgabe jener Vorschriften antreten. Hiernach kommt für die Frage, ob der Kläger, der vor dem 1. IV. 01 geboren ist, die Allmandberechtigung besitzt, die er nunmehr antreten will, lediglich das alte Recht in Betracht.

4. Durch das G. v. 1. VII. 40 (Vd.- u. Intelligenzbl. 40 141) sind die unehelichen Kinder den ehelichen in allen gemeindebürgerlichen Verhältnissen gleichgestellt worden. Daß diese Gleichstellung auch die Allmandberechtigung umfaßte, ergibt sich aus § 3 des G., wo für die vor dem 1. VII. 40 geborenen unehelichen Kinder der Vorbehalt eines Einkaufsgeldes für die Allmandberechtigung gemacht ist. Dieser Vorbehalt gilt oder galt für die nach dem 1. VII. 40 geborenen unehelichen Kinder nicht; dagegen war für diese vom unehelichen Vater ein Beitrag von 5 Gulden zum Lokalschulfonds zu zahlen. Außerdem bestimmte das G., die Gründung und Vermehrung der Lokalschulfonds betr., von demselben Tage (VdBl. 173) unter A 4, daß bei Geburten unehelicher Kinder die Mutter 12 Kreuzer, der Schwängerer 5 Gulden an den Fonds zu zahlen habe. Diese Abgaben bestehen nicht mehr. Keinesfalls handelte es sich dabei um ein Einkaufsgeld, von dessen Zahlung der Erwerb oder die Ausübung der gemeindebürgerlichen Rechte abhängig war. Unter diesen Umständen kommt es nicht darauf an, ob für den Kläger oder dessen Mutter seinerzeit eine Abgabe an den Schulfonds überhaupt, und ob sie auf Grund des einen oder des anderen G. oder auf Grund beider G. v. 1. VII. 40 gezahlt worden ist. Allein entscheidend bleibt, daß die Mutter des Klägers unbestritten nach Erlaß des G. v. 1. VII. 40 unehelich von einer W.er Bürgerstochter geboren worden ist. Danach erwarb sie mit der Geburt das angeborene Bürgerrecht, und ebenso ihr am 14. I. 84 gleichfalls unehelich geborener Sohn, der Kläger.

5. An diesem durch die bestehende Gesetzeslage begründeten Rechtserwerbe konnte die vom Beklagten behauptete Ortsgewohnheit, derzufolge unehelichen Kindern das Bürgerrecht, abgesehen von wenigen Ausnahmefällen, entgegen dem G. v. 1. VII. 40, in W. versagt geblieben sein soll, nichts ändern. Zwingendes allgemeines Gesetzesrecht kann nicht durch partikuläres Gewohnheitsrecht geändert oder beseitigt werden. Das G. v. 1. VII. 40, betr. die bürgerliche Aufnahme der unehelichen Kinder in den Gemeinden, war für das ganze Fürstentum Hohenzollern-Hechingen erlassen und enthielt zwingendes Recht wie nicht minder der jetzt geltende § 41 GemO. v. 2. VII. 00. Der dadurch begründete Rechtszustand konnte durch eine etwa entgegenstehende Übung in der Gemeinde W. nicht für diese beseitigt werden.

H. Gemeindehaushalt und Zwangsetatisierung.

Nr. 1. Entsch. v. 24. April 1913 (OVG. **65** 113) I B 9/13.

Nach § 55 ZustG. und § 132 LVG. ist die Wegepolizeibehörde befugt, die von ihr in Ausübung der polizeilichen Gewalt getroffenen Anordnungen selbst durch Anwendung der gesetzlichen Zwangsmittel durchzusetzen; sie hat also, „sofern die Ausführung ihrer Anordnungen durch einen Dritten tunlich ist, diese anzuordnen und den vorläufig zu bestimmenden Kostenbetrag im Zwangswege von dem Verpflichteten einzuziehen". Erst wenn die Gemeinde sich auch gegenüber dieser durch die zuständige Wegepolizeibehörde getroffenen Festsetzung weigerlich verhält, ist die Kommunalaufsichtsbehörde befugt, im Wege der Zwangsetatisierung die Gemeinde zur Bereitstellung der Mittel zu zwingen, die zur Erfüllung der ihr obliegenden, von der Wegepolizeibehörde festgesetzten Leistung erforderlich sind. Diese Zuständigkeit der Wegepolizeibehörde ist auch dann begründet, wenn es sich in dem einzelnen Baufall um die Heranziehung von Personen oder Gemeinden handelt, denen zwar nicht die Baulast in erster Linie obliegt, die aber auf Grund positiver gesetzlicher Bestimmungen oder durch Herkommen öffentlich-rechtlich verpflichtet sind, dem Wegebaupflichtigen bei der Herstellung oder Unterhaltung eines Weges Hilfe zu leisten, wie dies z. B. nach dem ostpreußischen Provinzialrechte der Fall war, welches die Gemeinden bei dem dem Fiskus obliegenden Landstraßenbau zur Leistung von Hand- und Spanndiensten verpflichtete. Eine andere Regelung der Zuständigkeit der Wegepolizeibehörde ist jedoch dann gegeben, wenn die Pflicht, dem nach öffentlichem Rechte Wegebaupflichtigen bei der Herstellung oder Unterhaltung eines Weges Hilfe zu leisten, nicht unmittelbar auf G. oder gesetzesgleicher Vorschrift beruht, sondern erst durch die Feststellung und Anordnung der dafür zuständigen Behörde begründet wird. In diesen Fällen ist die Wegepolizeibehörde nicht befugt, die Nachbarhilfe unmittelbar anzuordnen und zu erzwingen, vielmehr auf die Mitwirkung der zuständigen Behörde angewiesen, die die Person des Pflichtigen und den Umfang seiner Hilfeleistung festzustellen hat. Diese auf dem Gebiete der Nachbarhilfe zu treffende Entsch. ist nicht eine wegepolizeiliche Anordnung, gegen welche die Rechtsmittel des § 56 ZustG. gegeben wären; sie ist auch keine mit der Klage aus § 130 LVG. anfechtbare Verfügung der Landespolizeibehörde, sondern eine Verwaltungsanordnung der Landesverwaltungsbehörde.

Nr. 2. Entsch. v. 16. Febr. 1914 (PrVerwBl. **36** 167) I B 57/12.

1. Nach § 35 ZustG. kann, wenn eine Landgemeinde es unterläßt oder verweigert, die ihr gesetzlich obliegenden, von der Behörde innerhalb der Grenzen ihrer Zuständigkeit festgestellten Leistungen auf den Haushaltsetat zu bringen oder außerordentlich zu genehmigen, der Landrat die Eintragung in den Etat oder die Feststellung der außerordentlichen Ausgabe verfügen. Die Anordnung der Zwangsetatisierung setzt mithin voraus, daß die Leistung als eine der Landgemeinde gesetzlich obliegende von der zuständigen Behörde festgestellt worden ist. Die Zuständigkeit für diese Feststellung ist nicht einheitlich geregelt, richtet sich vielmehr nach dem Charakter der Leistung. So kann auch eine polizeiliche Verfügung die Grundlage einer Zwangsetatisierung bilden, sofern sie die Anordnung der Zahlung eines bestimmten Kostenbetrags enthält. Wie in OVG. **58** 62 im Anschluß an die ständige Rechtsprechung des Gerichtshofs dargetan ist, kann, soweit die Feststellung der Leistung durch eine polizeiliche Verfügung erfolgt, die Frage, ob die Leistung der Gemeinde gesetzlich obliegt, nur in dem zur Anfechtung polizeilicher Verfügungen ver-

ordneten Verfahren, insbesondere der §§ 127 ff. LVG. zum Austrage gebracht werden, und verbleibt der Nachprüfung in dem zur Anfechtung der Zwangsetatisierung gegebenen Verfahren nur die Vorfrage, ob die Polizeibehörde zum Erlasse der die Feststellung der Leistungspflicht enthaltenden Anordnung örtlich und sachlich zuständig war.

2. Hier ist der Klägerin durch polizeiliche Verfügung die Einrichtung einer zentralen Wasserleitung aus gesundheitspolizeilichen Gründen aufgegeben worden. Zum Erlasse dieser Verfügung war der Bürgermeister als Ortspolizeibehörde örtlich wie auch gemäß § 35 Abs. 2 und 3 des ReichsseuchenG. v. 30. VI. 00 sachlich zuständig. Ob die tatsächlichen Voraussetzungen für diese Anordnung gegeben waren und ob die letztere notwendig, angemessen und mit der Leistungsfähigkeit der Gemeinde verträglich war, das sind Fragen, die nach den obigen Darlegungen jeder Nachprüfung im gegenwärtigen Verfahren entzogen sind. Zur Anfechtung der Anordnung waren der Gemeinde die Rechtsmittel des vierten Titels des LVG. eröffnet, und sie hat auch, wennschon erfolglos, von der Beschwerde Gebrauch gemacht. Gegen den abweisenden Bescheid des Regierungspräsidenten stand der Gemeinde noch die Klage im Verwaltungsstreitverfahren offen. Mit dem ungenutzten Ablaufe der Klagefrist steht auch für das nunmehrige Zwangsetatisierungsverfahren unanfechtbar und vollstreckbar fest, daß die Gemeinde gesetzlich verpflichtet ist, die Wasserleitung entsprechend der Verfügung einzurichten. Eine Entsch. hierüber vermag die Klägerin auch nicht durch die Berufung auf § 133 Abs. 1 LVG. zu erreichen, demzufolge die gegen die Androhung eines Zwangsmittels (§ 132 daselbst) gegebenen Rechtsmittel sich zugleich auf die Anordnung erstrecken, sofern diese nicht bereits Gegenstand eines besonderen Beschwerde- oder Verwaltungsstreitverfahrens geworden ist. Im übrigen ist aber auch die Zwangsetatisierung zwar eine Vollstreckungsmaßnahme, indessen kein Zwangsmittel iS. des § 132 LVG. Sie hat die Aufgabe, die nach dem Etatsrechte für eine Ausgabe notwendige Zustimmung der nach einem Haushaltsplane wirtschaftenden Gemeinde, deren Etat keine Mittel hierfür zur Verfügung gestellt hat, zu ersetzen und so erforderlichenfalls die Mittel für die Durchführung eines Zwangsverfahrens zu beschaffen. Die Zwangsetatisierungsverfügung enthält mithin keine Androhung eines Zwangsmittels iS. des § 132 aaO., und von einer analogen Anwendung der von der Klägerin angerufenen GVorschr. kann um so weniger die Rede sein, als die Rechtsmittel der §§ 127 ff. LVG. sich mit demjenigen des § 35 ZustG. nicht decken, auch an dem Streitverfahren nicht in beiden Fällen dieselben Behörden als Beklagte beteiligt sind. Scheidet hiernach die Anfechtung der polizeilichen Verfügung im vorliegenden Verfahren aus, so wird die Verwertbarkeit der letzteren als Grundlage für die Zwangsetatisierung auch nicht dadurch in Frage gestellt, daß sie ohne Androhung eines Zwangsmittels erlassen worden ist. Da sie nicht für vorläufig vollstreckbar erklärt war, trat mit ihrer Unanfechtbarkeit auch ihre Vollstreckbarkeit ein (§§ 53, 133 LVG.), und da sie auch die Feststellung des Kostenbedarfs enthielt, der für die Ausführung der Naturalleistung erforderlich ist, so stand nichts entgegen, daß nunmehr die Kommunalaufsichtsbehörde im Wege der Zwangsetatisierung die verweigerte Zustimmung der Gemeinde zur Bereitstellung dieses Betrags ersetzte. In der mündlichen Verhandlung ist endlich von der Klägerin noch geltend gemacht worden, die Zwangsetatisierungsverfügung gehe über das Maß dessen hinaus, was von der Gemeinde nach § 27 G. v. 28. VIII. 05 aufzubringen sei. Auch dieser Einwand geht fehl. Nach jener GVschr. ist einer Gemeinde mit weniger als 5000 Einwohnern, wenn gewisse Kosten, die ihr nach der Seuchengesetzgebung zur Last fallen, die im G. bestimmte Höhe übersteigen, der Mehrbetrag auf Antrag vom Kreise zu zwei Dritteln zu erstatten. Es kann ganz dahingestellt bleiben, ob diese Vorschrift auf die Kosten einer Einrichtung überhaupt Anwendung findet, welche der Gemeinde zum Zwecke der allgemeinen Sanierung des Ortes auf Grund von § 35 ReichsseuchenG. aufgegeben wird. Selbst wenn dies anzu-

erkennen und die Voraussetzungen der Vorschrift auch im übrigen gegeben wären, würde sich die Klägerin im gegenwärtigen Verfahren nicht mit der Berufung hierauf schützen können, da es sich bei jener Vorschrift nur um die Begründung und Regelung einer Erstattungsforderung handelt, welche die Leistungspflicht der Gemeinde gegenüber der Polizei nicht berührt.

IX.

Zweckverbände.

Literatur: Wirckau: Das preuß. ZweckverbandsG. (Marburg 1913).

Nr. 1. Entsch. v. 24. April 1913 (OVG. **64** 190) I A 34/13.

1. Nach § 19[9] ZweckverbandsG. für Groß-Berlin v. 19. VII. 11 (GS. 123) ist die Gültigkeit der Wahlen zur Verbandsversammlung von der letzteren zu prüfen, und nach § 20 Abs. 2 findet gegen ihren Beschluß binnen vier Wochen die Klage bei dem OVG. statt. Damit ist der Verbandsversammlung die nämliche Aufgabe und Stellung zugewiesen, die die neuere Gesetzgebung kommunalen Vertretungskollegien auf dem Gebiete der Prüfung und Anfechtung von Wahlen zu denselben beigelegt hat. Nach diesen G. hat über die Gültigkeit der Wahlen zur Gemeindevertretung (Stadtverordnetenversammlung) in Stadt- und Landgemeinden, zum Kreistag in Landkreisen, zum Provinziallandtag in Provinzen das Kollegium, zu dessen Bildung oder Ergänzung die Wahlen erfolgen, zu beschließen, und ist gegen dessen Beschluß die Klage im Verwaltungsstreitverfahren vorgesehen. Hierbei hat die Rechtsprechung für das gegen den Beschluß etwa eingeleitete Streitverfahren die Rolle des Beklagten durchweg dem Kollegium zugewiesen, dessen Beschluß die Prozeßvoraussetzung für dieses Verfahren bildet. Daran ist auch im vorliegenden Falle festzuhalten und die Rolle der Beklagten lediglich der Verbandsversammlung zuzuerkennen, nicht aber dem Zweckverband oder dem Verbandsdirektor.

2. Bei der Anfechtung von Wahlen zur Gemeindevertretung in Stadt- und Landgemeinden hat die Rechtsprechung die Vertretung des Kollegiums, unbeschadet der gesetzlich vorbehaltenen Möglichkeit der Bestellung eines besonderen Vertreters, dem Vorsitzenden (Stadtverordnetenvorsteher, Gemeindevorsteher) zugewiesen. Ebenso ist bei der Anfechtung von Kreistagswahlen dem Landrate die Befugnis zur Vertretung des Kreistags zuerkannt worden. Dies beruht auf der Erwägung, daß der Vorsitzende, der das Kollegium zusammenzuberufen und seine Verhandlungen zu leiten hat, damit auch berufen ist, als dessen Organ zur Verteidigung eines Beschlusses aufzutreten, den das G. dem Kollegium als eine selbständige behördliche Aufgabe zugewiesen hat. Die gleiche Erwägung führt dahin, hier die Befugnis zur Vertretung der Verbandsversammlung weder dem Verbandsdirektor noch dem Verbandsausschusse, sondern lediglich dem Vorsitzenden der Verbandsversammlung (§§ 15 Abs. 1, 21 ZweckverbandsG.) zuzuerkennen; denn die Vertretung des in Wahrnehmung jener besonderen selbständigen Aufgabe der Verbandsversammlung ergangenen Beschlusses fällt unter keine derjenigen Obliegenheiten, die das G. als solche des Verbandsdirektors (§ 34) oder des Verbandsausschusses (§ 29) bezeichnet hat.

3. Nach § 16 Abs. 2 des G. sind mit Ausnahme der Beamten des Verbandes als Vertreter zur Verbandsversammlung wählbar alle Angehörigen der beteiligten Gemeinden und Landkreise, die die Wählbarkeit für den Gemeindevorstand oder die Gemeindevertretung bzw. den Kreistag besitzen. Demgegenüber bestimmt das allgemeine ZweckverbandsG. v. 19. VII. 11 (GS. 115) in § 13 Abs. 2, daß

die Abgeordneten der Beteiligten durch ihre Vertretungskörperschaften zu wählen und wählbar nur solche Personen sind, welche in die Vertretungskörperschaft gewählt werden können. Nach dieser letzteren GVschr. ist ohne weiteres klar, daß kein sogenanntes Verbandsindigenat für die Wählbarkeit besteht, der Abgeordnete vielmehr die Wählbarkeit in der Wahlgemeinde besitzen muß. Das ZweckverbandsG. für Groß-Berlin enthält dagegen eine entsprechende ausdrückliche Vorschrift nicht.

Ebenso bietet die Entstehungsgeschichte des G. keinen unmittelbar ausschlaggebenden Anhalt für die streitige Frage.

Entscheidend ist die Bedeutung, die dem Verband als solchem nach seiner gesetzlich gegebenen Organisation innewohnt. Die Zweckverbände sind nicht Gemeinden oder gemeindeartige Gebilde mit selbständiger Mitgliedschaft der Einwohner ihres Gebiets, sondern korporative Zusammenschlüsse von Gemeinden und Kreisen, die ihrerseits die Mitglieder des Verbandes bilden und die Beziehungen zwischen ihren Angehörigen und dem Verbande, soweit solche bestehen, vermitteln. Deshalb sind auch zur Mitwirkung bei der Schaffung oder Zusammensetzung der Verbandsorgane nicht die Einwohner des Verbandsgebiets als solche, sondern die zum Verbande gehörigen Kommunen berufen. Diese haben, soweit sie an der Bildung jener Organe beteiligt sind, deren Mitglieder als ihre Vertreter zu entsenden, denen die Aufgabe obliegt, die gemeinsamen Interessen des Verbandes unter Ausgleich etwa widerstreitender Einzelinteressen der Verbandsglieder wahrzunehmen. Auch im Zweckverband Groß-Berlin setzt sich die Verbandsversammlung unter dem Vorsitze des Ersten Bürgermeisters der Stadt Berlin aus Vertretern der Verbandsglieder (Gemeinden, Kreise) zusammen, und hier wie dort bildet die Berufung der Gewählten einen Ausfluß des Rechtes zur Teilnahme an der Verwaltung und Vertretung derjenigen Kommune, die ihn in die Versammlung entsendet. Allerdings umschreibt das ZweckverbandsG. für Groß-Berlin die Wählbarkeit insofern abweichend von anderen G., als es sie nicht lediglich von der Wählbarkeit zur Vertretungskörperschaft des Verbandsgliedes (Gemeindevertretung, Kreistag), sondern für Gemeinden daneben auch wahlweise von der Wählbarkeit zum Gemeindevorstand abhängig macht. Allein das bedeutet keine Durchbrechung jenes Grundsatzes, sondern nur eine Ergänzung, die in der besonderen Organisation gerade dieses Zweckverbandes ihre Erklärung findet. In allen anderen Fällen des Zusammenschlusses von Gemeinden zu kommunalen Verbänden erfolgt die Vertretung der Gemeinden in den Verbandsorganen in erster Linie durch den Gemeindevorsteher oder durch Mitglieder des Gemeindevorstandes (Magistrats), denen nur erforderlichenfalls gewählte Vertreter zur Seite treten. Nach dem ZweckverbandsG. für Groß-Berlin setzt sich dagegen die Verbandsversammlung, abgesehen vom Vorsitzenden, nur aus gewählten Vertretern der Verbandsglieder zusammen. Demgegenüber lag für den Gesetzgeber um so mehr Anlaß vor, auch die Mitglieder des Gemeindevorstandes (Magistrats) zu berücksichtigen, als bei diesen, soweit sie besoldet sind, der Besitz des Gemeinde-(Bürger-)Rechts keine Bedingung der Wählbarkeit für ihr Gemeindeamt ist. Daneben mag für die Fassung des G. mitbestimmend gewesen sein der Hinblick darauf, daß die Voraussetzungen für die Wählbarkeit zum Gemeindevorstand und zur Gemeindevertretung, auch abgesehen von dem vorerwähnten Falle, sich nicht überall decken. Immerhin bildet indessen auch insoweit, als danach der Besitz des Gemeinde-(Bürger-)Rechts keine unerläßliche Vorbedingung der Wählbarkeit ist, doch das ohne diese Vorbedingung bestehende Recht, an der Verwaltung und Vertretung der Gemeinde teilzunehmen, die Grundlage für die Berechtigung zur Vertretung der Gemeinde im Verbandsorgane.

Hiernach sind unter den „beteiligten Gemeinden und Landkreisen" iS. des § 16 Abs. 2 ZweckverbandsG. für Groß-Berlin in der Tat die Wahlgemeinden und -kreise zu verstehen, und die Wählbarkeit kommt nur demjenigen zu, der sie in der betreffenden Wahlgemeinde oder in dem zur Wahl berufenen Landkreise besitzt.

Nr. 2. Entsch. v. 5. Mai 1913 (OVG. 65 94) I C 17/13.

Gegen die Satzungsvorschriften eines gemäß §§ 128, 137 der LGemO. *) gebildeten Zweckverbandes steht den Beteiligten eine Klage im Verwaltungsstreitverfahren auch insoweit nicht zu, als darin die Verteilung der gemeinsamen Ausgaben abweichend von den gesetzlichen Bestimmungen geregelt ist.

---

*) Aufgehoben durch ZweckverbandsG. v. 19. VII. 11 (GS. 115).

Zweite Abteilung.

Kultus, Schule, Personenstand, Staatsangehörigkeit, Fürsorgeerziehung.

I.
Die evangelische Kirche.

Literatur: Caspar: Die Bd., betr. die Beitragspflicht der Rittergutsbesitzer und anderen Grundbesitzer in den vormals Kgl. Sächsischen Landesteilen der Provinz Sachsen zur Unterhaltung von Kirchen, Pfarren und Schulen (Berlin 1914). — Freisen: Das Militärkirchenrecht (Paderborn 1913). — Gebser: Kirchengemeinde- u. SynodalO. u. GeneralsynodalO.[2] (Berlin 1914). — Goßner: Preuß. evangelisches Kirchenrecht[2], Bd. I (Berlin 1914). — Heilfron: Lehrbuch des Kirchenrechts, 1. u. 2. Aufl. (Mannheim 1914). — Martinius: Die Pflicht der Stadtgemeinden der Mark Brandenburg, evangelische Kirchen zu bauen (Frankfurt a. O. 1914).

A. Staatsaufsicht über das Kirchenvermögen und Allgemeines.

Nr. 1. Entsch. v. 3. März 1913 (PrVerwBl. 35 159) I C 5/12.

1. Die Klage aus § 9 G., betr. die Verteilung der öffentlichen Lasten bei Grundstücksteilungen usw. v. 25. VIII. 76 setzt eine Bekanntmachung der Verteilung an die Beteiligten voraus. In welcher Weise jene zu erfolgen hat, ist im G. nicht vorgeschrieben. Sie kann, wie in § 13 AAnw. v. 10. III. 77 (MBl. 103) angeordnet ist, zu Protokoll oder durch Zustellung einer Ausfertigung des Verteilungsplans an jeden Beteiligten geschehen, es genügt aber auch in Ermangelung einer entgegenstehenden Bestimmung in dem G. die Benachrichtigung der Beteiligten von dem auf sie entfallenden Anteil unter gleichzeitiger Bekanntgabe der für die Aufstellung des Verteilungsplans maßgebenden Grundsätze und zahlenmäßigen Unterlagen.

2. § 3 des genannten G. ordnet in Abs. 1 an, daß die Verteilung nach dem Maßstabe der Grund- und Gebäudesteuer zu bewirken ist. Hiernach ist die ganze Grund- und die ganze Gebäudesteuer zum Verteilungsmaßstab zu nehmen, nicht aber ein Prozentsatz einer dieser beiden Steuern. Eine Ausnahme hiervon ist in Abs. 2 des § 3 nur in dem Falle gestattet, daß der Maßstab der Grund- und Gebäudesteuer für die Lastenverteilung nicht anwendbar ist oder von dem Verhältnisse des Ertrags-(Nutzungs-)Wertes der einzelnen Teilstücke erheblich abweicht. In einem solchen Falle würde es auch nicht ausgeschlossen sein, worauf in § 5 der AAnw. hingewiesen ist, die Grund- bzw. Gebäudesteuer nur mit einer Quote in Ansatz zu bringen. Soll aber von der Befugnis aus Abs. 2 Gebrauch gemacht und von dem normalen Verteilungsmaßstab abgewichen werden,

so ist dies in dem Verteilungsplan näher zu begründen, damit die Beteiligten in der Lage sind, ihrerseits die Zulässigkeit einer derartigen Abweichung zu prüfen. Im vorliegenden Fall ist von dem Gemeindekirchenrat zwar die ganze Grundsteuer, aber nur die halbe Gebäudesteuer als Verteilungsmaßstab angewendet worden, ohne daß diese Abweichung von der gesetzlichen Norm in dem Verteilungsplane selbst irgendwie erläutert oder gerechtfertigt worden wäre. Der Verteilungsplan verstößt daher gegen die Vorschrift in § 3 des G., was zur Folge hat, daß er als ein nach den Vorschriften des G. aufgestellter Verteilungsplan überhaupt nicht angesehen werden kann.

B. Geetzliche Leistungen der evangelischen Kirchengemeinden und ihre Zwangsetatisierung.

Nr. 1. Entsch. v. 6. Dez. 1912 (OVG. **64** 381) VIII A 10/12.

Nach § 1 Abs. 1 und 3 und § 7 KirchG. v. 10. VII. 09 (GS. 622), betr. Umzugskosten der Geistlichen, liegt in allen Fällen, in denen ein Pfarrer für eine einzelne Kirchengemeinde berufen ist, dieser Gemeinde die Zahlung der Umzugskosten als eine aus dem kirchlichen Vermögen zu bestreitende gesetzliche Leistung ob, und es ist somit bei Weigerung der kirchlichen Gemeindeorgane, den Betrag der Umzugskosten in den Etat einzustellen, sowohl das Konsistorium als auch die Staatsbehörde im gegenseitigen Einvernehmen zur Zwangsetatisierung befugt.

Wenn weiter im § 1 Abs. 2 KirchG. bestimmt ist:

„Bei den unter einem Pfarramte vereinigten Kirchengemeinden entscheidet über das Verhältnis, in welchem sie zu den Umzugskosten beizutragen haben, in Ermangelung vorhandener Bestimmungen oder rechtsgültiger Vereinbarungen das Konsistorium endgültig nach Anhörung des Kreissynodalvorstandes",

so kann diese Vorschrift in Verbindung mit § 1 Abs. 1 und 3 nur dahin aufgefaßt werden, daß auch die nach Maßgabe des Abs. 2 festgesetzten, von einer jeden der unter einem Pfarramte vereinigten Kirchengemeinden zu tragenden Anteile an den Umzugskosten des für sie berufenen Pfarrers ohne Rücksicht auf den Besetzungsmodus sich als gesetzliche, aus dem kirchlichen Vermögen der betreffenden Gemeinden zu bestreitende Leistungen darstellen.

2. Nach § 1 Abs. 2 aaO. hat das Konsistorium in Ermangelung vorhandener Bestimmungen oder rechtsgültiger Vereinbarungen nach Anhörung des Kreissynodalvorstandes über das Verhältnis, in welchem die unter einem Pfarramte vereinigten Kirchengemeinden zu den Umzugskosten beizutragen haben, endgültig zu entscheiden. Klägerin meint, es stehe observanzmäßig fest, daß sie zu den Umzugskosten des Pfarrers nicht beizutragen habe, und in dieser Observanz sei eine Bestimmung über das Verhältnis der Tragung der Umzugskosten iS. des § 1 Abs. 2 KirchG. zu erblicken, die vom Konsistorium hätte beachtet werden müssen. Diese Auffassung ist unzutreffend. Wie die Worte des § 1 Abs. 2 aaO.: „in Ermangelung vorhandener Bestimmungen und rechtsgültiger Vereinbarungen" durch ihre Zusammenstellung der „Bestimmungen" mit den „rechtsgültigen Vereinbarungen" ergeben, können unter den „Bestimmungen", welche nach § 1 Abs. 2 auch weiterhin maßgebend bleiben sollen, nur solche verstanden werden, durch die das Beitragsverhältnis bezüglich der Umzugskosten eine ausdrückliche Regelung, sei es durch ProvG. oder durch eine von einer Behörde im Rahmen ihrer Zuständigkeit getroffene Anordnung, derart erfahren hat, daß das Beitragsverhältnis in gleicher Weise ausdrücklich festgestellt ist, wie es etwa in einer „rechtsgültigen Vereinbarung" geschehen sein könnte. Eine angebliche Observanz kann aber als eine solche Bestimmung nicht angesehen werden.

Nr. 2. Entsch. v. 4. März 1913 (PrVerwBl. **35** 180) VIII C 205/12.

1. Nach § 6 Abs. 1 G., betr. die Bestreitung der Kosten für die Bedürfnisse der Kirchengemeinden in den Landesteilen des linken Rheinufers, v. 14. III. 80 (GS. 225) bewendet es bei den Bestimmungen im § 1 G. v. 14. III. 45 (GS. 163). Im § 1 des letzteren G. ist vorgeschrieben: daß Zuschüsse zu den Kosten für ordentliche (jährlich wiederkehrende) .... kirchliche Bedürfnisse einer Pfarrgemeinde, welche bei Verkündigung des G. bereits auf dem Haushaltsetat der Zivilgemeinde stehen, von dieser, nach Maßgabe des Beschlusses, auf dem sie beruhen, auch künftig zu gewähren sind, sofern sie nicht durch veränderte Umstände entbehrlich werden. Damit ist nur gemeint, daß die Naturallieferungen nach den Beschlüssen als Last der politischen Gemeinde bei Verkündigung des G. von 1845 bestehen mußten. Da nun auch unstreitig die Tatsache, daß der Zuschuß durch veränderte Umstände entbehrlich geworden, nicht eingetreten ist, so ist es bei der der politischen Gemeinde obliegenden Last nach § 6 Abs. 1 G. v. 14. III. 80 verblieben. Das G. über die Vermögensverwaltung in den kath. Kirchengemeinden v. 20. VI. 75 (GS. 241) hatte nach Zweck und Bedeutung nicht die Wirkung, daß die Last der bürgerlichen Gemeinde abgenommen und auf die katholische Kirchengemeinde gelegt wurde. Auch das KommAbgG. hatte die angegebene Wirkung nicht. Daß zur Aufbringung der Last nur die Glieder der katholischen Kirchengemeinde herangezogen werden, ändert endlich auch nichts daran, daß es sich um eine der Zivilgemeinde gegenüber Pfarrer und Küster obliegende Verpflichtung handelt.

2. Soll diese Last unterverteilt werden, so kann als veranlagende Steuerbehörde nur der Gemeindevorstand in Betracht kommen. Der Gemeindevorstand bestimmt für jeden Abgabepflichtigen, was er leisten soll, und das mechanische Ausschreiben der einzelnen Lieferzettel wird dann für den Gemeindevorstand durch den Pfarrer und bzw. dessen Küster besorgt. Der Heranziehende aber ist und bleibt die Gemeindesteuerbehörde. Die eigentümlichen Verhältnisse haben auch eigentümliche Wirkungen gehabt. Es soll von den katholischen Gemeindegliedern eine Last aufgebracht werden, die die politische Gemeinde gegen die katholische Kirchengemeinde zu erfüllen hat. Bei dieser Eigentümlichkeit erklärt sich leicht die Mitbeteiligung des Pfarrers und Küsters am Heranziehungsgeschäft, und weiter, daß der Bürgermeister 3 % als Vergütung für die Aufstellung der Naturallieferungsliste erhält.

3. Nach § 1 KommAbgG. sind die Gemeinden berechtigt, zur Deckung ihrer Ausgaben und Bedürfnisse nach Maßgabe dieses G. Gebühren und Beiträge, indirekte und direkte Steuern zu erheben, sowie Naturaldienste zu fordern. Unter keine der hier genannten, den Gemeinden erlaubten Abgaben gehört die hier streitige Lieferung von Feldfrüchten. Insbesondere ist eine derartige Lieferung etwas anderes als die Leistung von Naturaldiensten, und sie gehört auch nicht unter den Begriff der direkten Steuer. Das KommAbgG. hat die Berechtigung der Gemeinden, zur Deckung ihrer Ausgaben Naturallieferungen zu fordern, auch da, wo früher eine solche Berechtigung bestand, beseitigt.

Nr. 3. Entsch. v. 30. Mai 1913 (OVG. **64** 420) VIII A 59/12.

1. Die Frage, ob auf dem Lande im ehemaligen Herzogtume Magdeburg die Witwe eines Predigers berechtigt ist, freie Wohnung in einem Predigerwitwenhaus und, falls ein solches Haus in der Parochie noch nicht vorhanden ist, einstweilen die Zahlung von Wohnungsgeldern zu beanspruchen, ist in OVG. **45** 184 bejaht worden. Nach der Lage der gegenwärtigen Gesetzgebung besteht jedoch der Anspruch auf Zahlung von Wohnungsgeldern nicht. Die Fürsorge für die Witwen und Waisen der Geistlichen der ev. Landeskirche der älteren Provinzen ist durch das KirchG. v. 26. V. 09 (GS. 283) und die

zu ihm gehörigen Satzungen, betr. den Pfarr-Witwen- und Waisenfonds der im Gebiete des Preußischen Staates vorhandenen ev. Landeskirchen, erschöpfend geordnet. Danach erhalten die Witwen ein bestimmtes Witwengeld aus dem bezeichneten Fonds vom Ablaufe der den Hinterbliebenen zustehenden Gnadenzeit ab. Mit dieser Ordnung sollte die Fürsorge für das Unterhaltungsbedürfnis der Witwen vollkommen neu geregelt werden. Sie ersetzt daher etwaige provinzialrechtliche Vorschriften, die sich über diesen Gegenstand verhalten. Eine solche Vorschrift ist die in dem Kapitel 15 § 2 RevKirchO. für das Herzogtum Magdeburg und die Grafschaft Mansfeld v. 9. V. 1739 erlassene Anordnung, wonach sich jedes Ortes Obrigkeit die Pfarrwitwen mit Fleiß befohlen lassen sein soll, damit sie „notdürftigen Unterhalt" haben mögen. An Stelle dieses „notdürftigen Unterhalts" ist jetzt das vom Pfarr-Witwen- und Waisenfonds zu zahlende Witwengeld getreten. Es ersetzt auch den im Kapitel 15 § 2 aaO. als zum notdürftigen Unterhalte gehörig bezeichneten Anspruch auf ein „Witwenhaus zur Wohnung". Eine Verpflichtung der Kirchengemeinden, wie sie im Kapitel 32 § 7 aaO. vorgeschrieben ist, „an denen Örtern, wo noch keine Witwenwohnungen vorhanden, dergleichen annoch anzuschaffen", besteht daher nicht mehr. Folgeweise ist auch die Verpflichtung der Kirchengemeinden fortgefallen, „ad interim die Pfarr-Witwen mit billigmäßigen Wohnungsgeldern zu versehen".

2. Anders als mit den provinzialrechtlichen, den Unterhalt der Witwen bestimmenden Vorschriften verhält es sich mit denjenigen Einrichtungen für die Witwenversorgung, die das KirchG. bei seinem Inkrafttreten vorfand, insbesondere den „örtlichen Pfarrwittümern, Diözesan- und anderen Verbandswitwenkassen sowie provinzialrechtlichen Einrichtungen", nach denen den Witwen der Geistlichen nach Ablauf der Gnadenzeit dauernde Bezüge von der Kirchengemeinde oder aus sonstigen kirchlichen Mitteln, z. B. der Pfarrpfründe zustanden. Solche Einrichtungen hat das KirchG. vom Jahre 1909 nicht berührt. Daher ist auch an der Verpflichtung einer im Gebiete der Magdeburger KirchO. belegenen Kirchengemeinde, ein bestehendes Pfarrwitwenhaus der Pfarrwitwe zur Wohnung zu überlassen, nichts geändert worden.

Nr. 4. Entsch. v. 30. Juni 1914 (PrVerwBl. **36** 58) VIIIB 4/14.

Der Zwangsetatisierungsverfügung eines Landrats von Leistungen zu einem Pfarrhausbau fehlt es an der gesetzlichen Grundlage der vorgängigen Feststellung, wenn sie die durch den Baubeschluß der Schulaufsichtsbehörde festgesetzten Naturallieferungen und Naturaldienste in eine Geldleistung umwandelt. Denn diese Umwandlung stellt sich als eine Abänderung des Baubeschlusses dar, die nur von der Schulaufsichtsbehörde in den Formen eines Nachtrags zu diesem Beschlusse den beteiligten Gemeinden gegenüber vorgenommen werden kann.

C. Erhebung von Kirchensteuern.

1. In den älteren Provinzen der Monarchie.

a) Besteuerungsrecht und Kirchensteuerpflicht.

Nr. 1. Entsch. v. 1. Dez. 1911 (OVG. **61** 100) VIIIA 36/11.

EvKirchStG. v. 26. V. 05 § 7.

1. JS. des § 7 KirchStG. v. 26. V. 05 ist ein aus dem Militärdienst ausgeschiedener Militärgeistlicher ein „Geistlicher", und das Ruhegehalt, das er als ausgeschiedener Militärgeistlicher bezieht, ein „Ruhegehalt". Nach der Begründung des Gesetzentwurfes soll der Begriff „Geistliche" sich auch auf die

Hilfsgeistlichen, wie auf solche Geistliche beziehen, die neben dem geistlichen Amte ein anderes, z. B. ein Amt im Kirchenregimente, bekleiden. Es sollen nicht nur die in landeskirchlichen Pfarrämtern angestellten Geistlichen, sondern auch Vereins- oder Anstaltsgeistliche, auch wenn die Anstalt Parochiolrechte nicht besitzt, berücksichtigt werden. Die Anstellung im Dienste der Kirchengemeinde soll nicht Voraussetzung der Steuerbefreiung sein. Ein evangelischer Militärgeistlicher würde danach iS. der Steuerbefreiungsvorschrift ein „Geistlicher" sein, und diese würde an sich, wenn er Wohnsitz innerhalb des Bezirkes der steuerberechtigten Kirchengemeinde hätte, auf ihn Anwendung finden. Sie kommt jedoch deshalb nicht zur Anwendung, weil der Militärgeistliche als Mitglied der Militärgemeinde überhaupt nicht der Kirchensteuer unterliegt (§ 28 KirchStG., § 1 Vd., betr. die Zugehörigkeit zu den Militärgemeinden, v. 19. X. 04 — GS. 273 —, §§ 4, 5 und Verzeichnis unter B. MilStG. v. 2. V. 74 — RGBl. 45 —, Vd., betr. die Klasseneinteilung der Militärbeamten des Reichsheeres und der Marine, v. 1. VIII. 08 — RGBl. 483 —). Mit dem Zeitpunkte des Ausscheidens aus dem Militärdienste fällt die aus der Zugehörigkeit zur Militärgemeinde folgende völlige Befreiung des Militärgeistlichen von der Kirchensteuer hinweg, und damit tritt für ihn die den Geistlichen im § 7 KirchStG. gewährte Steuerbefreiung ein.

2. Als Geistlicher ist er hinsichtlich seines Ruhegehalts von der Kirchensteuer befreit. Da der Begriff des Ruhegehalts im G. selbst keine Einschränkung erfahren hat, insbesondere nicht dahin, daß nur ein aus kirchlichen Quellen fließendes Ruhegehalt gemeint sei, so ist auch das Ruhegehalt eines Militärgeistlichen dahin zu rechnen. Der Fall, daß ein Geistlicher ein mit dem Kirchenamte dauernd verbundenes anderes Amt versieht oder versah, hat in der Verbindung mehrerer Ämter seine Besonderheit; daher ist eine Schlußfolgerung hieraus auf den Fall unzulässig, wo eine solche Verbindung, wie bei einem ausgeschiedenen Militärgeistlichen, nicht in Frage steht.

3. Ausgeschiedene Militärgeistliche sind daher hinsichtlich ihres Ruhegehalts von der Kirchensteuer frei. Einen Unterschied kann es hierbei nicht machen, ob der ausgeschiedene Militärgeistliche völlig im Ruhestande lebt, oder ob er, wie der Kläger, ein geistliches Amt in der Landeskirche bekleidet.

Nr. 2. Entsch. v. 19. April 1912 (OVG. 61 104) VIII A 17/11.

KirchStG. v. 26. V. 05 §§ 3, 26.

Nach § 3 KirchStG. v. 26. V. 05, der ebenso wie die übrigen Vorschriften dieses KirchStG. nach § 26 auf die Berliner Stadtsynode sinngemäß Anwendung findet, erlischt die Steuerpflicht durch das Aufgeben des Wohnsitzes mit dem Ablaufe des Monats, in welchem der Wohnsitz tatsächlich aufgegeben worden ist, sofern jedoch bis zu diesem Zeitpunkte der Kirchengemeinde, im vorliegenden Falle der Berliner Stadtsynode, d. h. dem zu deren Vertretung berechtigten, geschäftsführenden Ausschusse keine Anzeige erstattet worden ist, erst mit dem Ablaufe des folgenden Monats. Wenn es nun auch richtig ist, daß diese Bestimmung derjenigen des § 60 Abs. 3[2b] KommAbgG. nachgebildet ist, so rechtfertigt doch nichts den Schluß, daß die für das Gebiet des Kommunalabgabenrechts geltenden Grundsätze auch für das Gebiet des Kirchensteuerrechts Anwendung finden müßten. Vielmehr stellt sich das KirchStG. gegenüber dem KommAbgG. als ein völlig selbständiges G. dar, dessen Vorschriften unabhängig vom KommAbgG. lediglich aus sich selbst heraus auszulegen sind, soweit nicht etwa ausdrücklich (vgl. z. B. §§ 4, 17, 22, 23 KirchStG.) einzelne Vorschriften des KommAbgG. auf dem Gebiete des kirchlichen Steuerrechts für anwendbar erklärt sind. Im vorliegenden Falle schreibt aber der klare Wortlaut des § 3 KirchStG. vor, daß die Kirchensteuerpflicht für den Fall, daß ein Wechsel des Wohnsitzes der Kirchengemeinde bzw. (§ 26 aaO.) der Berliner Stadtsynode nicht angezeigt ist, erst mit dem Ablaufe des auf die tatsächliche Aufgabe des Wohnsitzes folgenden Monats erlischt. Entscheidend ist somit nach dieser Vorschrift allein, ob eine derartige Anzeige der Kirchengemeinde bzw. der Berliner Stadtsynode erstattet ist, ohne daß es auf die Abmeldung bei der Polizeibehörde ankommen kann.

Nr. 3. Entsch. v. 31. Jan. 1913 (OVG. **64** 394) VIII A 12/12.

KirchStG. § 6.

1. Die „spezielle Verpflichtung" des § 6 KirchStG. bildet den Gegensatz zu den allgemeinen Verpflichtungen. Dies sind die, welche auf der Parochialangehörigkeit beruhen und also den Eingepfarrten als solchen obliegen. „Spezielle" Verpflichtungen sind daher solche, die nicht auf der Parochialangehörigkeit, sondern auf einem anderen, besonderen Rechtsgrunde beruhen. Verpflichtungen dieser Art können sowohl einem Dritten als auch einem Eingepfarrten obliegen. Worin der Rechtsgrund besteht, insbesondere ob in einem besonderen Rechtstitel oder in einer Observanz, ist für den Begriff der „speziellen" Verpflichtung nicht von Bedeutung.

2. Bei freier Beurteilung ist anzuerkennen, daß der Kläger (ein Rittergutsbesitzer) mit Recht die Eigenschaft eines „speziell Verpflichteten" im gesetzlichen Sinne für sich in Anspruch nimmt. Ob durch die von seinen Rechtsvorgängern übernommene, über 200 Jahre bestehende und unter der Herrschaft des KirchStG. aufrecht erhaltene Verpflichtung zur Leistung des Drittels der Materialien bei Kirchenbauten in wirtschaftlicher Hinsicht tatsächlich nur der Fiskus als Patron entlastet worden ist, kann nicht entscheidend sein. Dies ist vielmehr nur die Tatsache, daß die Verpflichtung der Rittergutsbesitzer zur Lieferung der Baumaterialien nicht eine Parochiallast ist und nicht den Eingepfarrten als solchen obliegt, mag auch für ihre Begründung im vorliegenden Falle vielleicht die Eigenschaft der Rittergutsbesitzer als Eingepfarrter den Anlaß gegeben haben.

3. Besteht somit eine „spezielle Verpflichtung" des Klägers, so durfte er zu der von ihm geforderten Kirchensteuer nicht herangezogen werden. Wenn der § 6 aaO. nach seinem Wortlaute die Befreiung „insoweit" eintreten läßt, als „der speziell Verpflichtete . . . . für einzelne kirchliche Bedürfnisse . . . . . beizutragen hat", so ist „insoweit" lediglich dahin zu verstehen, daß der „speziell Verpflichtete" hinsichtlich solcher Baufälle von der Kirchensteuer befreit sein soll, für die er bisher von der Kirchen umlage befreit war, aber aus einem anderen Rechtsgrunde beitrug. Der Kläger hat mithin im vorliegenden Falle zu den Kosten der Reparaturbauten am Küsterei- und Schulgebäude nicht beizusteuern, da ihm für diese Bauten als „speziell" Verpflichtetem Leistungen obliegen.

Nr. 4. Entsch. v. 18. Okt. 1912 (OVG. **63** 233) VIII A 31/11.

Bei einer offenen Handelsgesellschaft ist Inhaber des Gewerbebetriebs die Gesamtheit der Gesellschafter, und der einem jeden Gesellschafter daraus erwachsene Gewinn ist „sein gewerblicher Ertrag". Handelt es sich um eine Umlegung der Kirchensteuer nach dem Maßstabe der staatlichen Gewerbesteuer, so ist daher jedem Gesellschafter derjenige Bruchteil der Steuer, der seiner Beteiligung an der Gesellschaft entspricht, zuzuweisen, und es sind demgemäß Zuschläge zu erheben.

Nr. 5. Entsch. v. 3. Dez. 1912 (OVG. **63** 235) VIII A 8/12.

Eine Witwe reformierten Bekenntnisses, die nach dem Tode ihres lutherischen Ehemanns dessen Wohnsitz beibehält, ist, wenn der Wohnsitz in einem Bezirke liegt, der eine evangelisch-reformierte und eine konsensus-unierte Kirchengemeinde umfaßt, der letzteren Kirchengemeinde steuerpflichtig.

In Übereinstimmung mit OVG. 52 233 und der vom Ev. Oberkirchenrat am 22. III. 06 erlassenen AAnw. (KGVBl. 5) Ziff. III. Buchst. E muß auch bei erneuter Prüfung daran festgehalten werden, daß die Klägerin durch ihre Eheschließung Mitglied der Kirchengemeinde ihres Ehemanns geworden ist. Nun ist davon auszugehen, daß eine konsensus-unierte evangelische Kirchengemeinde sowohl das lutherische als auch das reformierte Bekenntnis in sich vereinigt. Gehörte aber die Klägerin, wie oben dargelegt, mit Rücksicht auf die Gemeindeangehörigkeit ihres Ehemanns zu der Zeit seines Todes einer konsensus-unierten Kirchengemeinde an, so konnte sie nach dem Tode des Mannes jener beide evangelische Bekenntnisse in sich vereinigenden, konsensus-unierten Kirchengemeinde auch nach ihrem eigenen, reformierten Bekenntnis angehören. Der Tod des Ehemanns hatte demnach im vorliegenden Falle nicht die Folge, daß die Klägerin die Mitgliedschaft in derjenigen Kirchengemeinde, der sie während ihrer Ehe angehört hatte, ohne weiteres verlor und wieder Mitglied der konfessionell abgeschlossenen, reformierten Kirchengemeinde wurde.

Nr. 6. Entsch. v. 20. Mai 1913 (OVG. **64** 415) VIII A 13/12.

1. Die Frage, ob ein Baptist als „Evangelischer" anzusprechen ist, ist unbedenklich zu bejahen. Für das Verständnis dessen, was das KirchStG. unter „evangelisch" versteht, kann nur die in Preußen bei dem Erlasse des G. geltende staatsrechtliche Auffassung in Betracht kommen. Nach dieser Auffassung gehören aber zu den „Evangelischen" nicht nur die Angehörigen aller evangelischen Landeskirchen, sondern auch die Angehörigen aller Religionsgesellschaften, die sich zu den Grundsätzen der deutschen Reformation, d. h. zu dem sogenannten „Schriftprinzip" und dem „Heilsprinzipe" bekennen, wobei nicht unbedingt erforderlich ist, daß ihr Bekenntnis in allen seinen Bestandteilen sich entweder als lutherisch oder als reformiert kennzeichnet.

Daß in diesem Sinne die Baptisten zu den „Evangelischen" zu rechnen sind, ist nie bezweifelt worden.

2. Der Kläger ist sonach „evangelisch".

Es kommt danach nur noch in Frage, ob er kraft ausdrücklicher staatsgesetzlicher Vorschrift von der landeskirchlichen Steuerpflicht befreit ist. Er ist nicht aus der Kirche ausgetreten. Eine Befreiung auf Grund des G., betr. den Austritt aus der Kirche, v. 14. V. 73 kommt deshalb nicht in Frage. In dem G., betr. die Erteilung der Korporationsrechte an Baptistengemeinden, v. 7. VII. 75 ist eine Vorschrift über die Befreiung von den landeskirchlichen Steuern nicht enthalten. Damit steht es in erkennbarem Gegensatze zu dem G., betr. die Verhältnisse der Mennoniten, v. 12. VI. 74 (GS. 238).

Die Verschiedenheit der beiden G. beweist, daß für die Baptisten eine Steuerbefreiung, wie es für die Mennoniten geschehen war, nicht eingeführt werden sollte. Seinem Inhalte nach beschränkt sich das G. v. 7. VII. 75 auf die Bestimmung, daß Baptistengemeinden Korporationsrechte erhalten können (§ 1), und unter welchen Voraussetzungen dies geschehen kann (§ 2). Das G. betrifft also die Rechtsfähigkeit der Baptistengemeinden.

Nr. 7. Entsch. v. 7. Nov. 1913 (OVG. **65** 229) VIII A 32/13.

Nach § 1 Abs. 1[1] Vd., betr. die Zugehörigkeit zu den Militärgemeinden, v. 19. X. 04 (GS. 273) gehören zu den Militärgemeinden 1. die Personen des Soldatenstandes, 2. die Militärbeamten und 3. die Zivilbeamten der Militärverwaltung des aktiven Heeres, und zwar die den beiden letzten Gruppen angehörenden Personen unter der Voraussetzung, daß sie in einem Standort oder

Standortsverbande wohnen, in welchem ein Militärgeistlicher oder ein Militärhilfsgeistlicher oder ein Zivilgeistlicher kraft ausdrücklichen Auftrags die Militärseelsorge ausübt.

Der Kläger ist „Geheimer expedierender Sekretär im Reichskolonialamt" und auf Lebenszeit im Dienste dieser Behörde angestellt. Einen bestimmten militärischen Rang hat er nicht. Er will aber aus dem Grunde Glied der Militärgemeinde sein, weil er zu den „Zivilbeamten der Militärverwaltung des aktiven Heeres" zu rechnen sei. Selbst wenn der Kläger Zivilbeamter der Reichsmilitärverwaltung und nicht der Reichszivilverwaltung sein sollte, würde es doch an der weiteren Voraussetzung für seine Zugehörigkeit zur Militärgemeinde fehlen, daß er Zivilbeamter der Militärverwaltung des aktiven Heeres ist. Sein Hinweis darauf, daß die Offiziere, Unteroffiziere, Gemeinen, Apotheker, Intendantursekretäre und Zahlmeister im Reichskolonialamte zur Militärgemeinde gehörten, ist verfehlt; die genannten Personen gehören entweder zu den Personen des Soldatenstandes oder zu den Militärbeamten und sind aus dem Grunde Mitglieder der Militärgemeinde. Zu den Zivilbeamten der Militärverwaltung des aktiven Heeres gehört der Kläger nicht, weil die Militärverwaltung im Reichskolonialamte keine Militärverwaltung des aktiven Heeres ist. Die Aufgabe der Schutztruppen weicht von der des aktiven Heeres ab, da sie zur Aufrechterhaltung der öffentlichen Ordnung und Sicherheit in den Afrikanischen Schutzgebieten verwendet werden sollen. Sie sind durch besondere gesetzliche Bestimmung dem Kaiser als dem obersten Kriegsherrn unterstellt worden. Ihre Zusammensetzung hat nicht die verfassungsmäßig verordnete allgemeine Wehrpflicht zur Grundlage, sondern sie werden, abgesehen durch Anwerbung von Farbigen, gebildet aus Offizieren, Ingenieuren des Soldatenstandes, Sanitätsoffizieren, Beamten und Unteroffizieren des Reichsheers und der Kaiserlichen Marine, die auf Grund freiwilliger Meldung den Schutztruppen zeitweise zugeteilt werden und hiermit aus dem Heere und, soweit sie der Kaiserlichen Marine angehören, aus dieser ausscheiden. Gehören danach die Schutztruppen nicht zum „aktiven Heere", so ist auch die auf sie bezügliche Verwaltung nicht eine Militärverwaltung des aktiven Heeres. Der Kläger gehört somit nicht zu den Zivilbeamten der Militärverwaltung des aktiven Heeres. Der Polizeipräsident hat daher rechtlich nicht geirrt, wenn er angenommen hat, daß der Kläger nicht zur Militärgemeinde gehöre.

Nr. 8. Entsch. v. 5. Dez. 1913 (OVG. **66** 289) VIII A 26/13.

1. Der § 78 ALR. II 19 kennt als Voraussetzung des Bestehens einer Anstaltsparochie nur die vorgeschriebenen gesetzlichen Erfordernisse; danach ist aber ein besonderer Parochialschaffungsakt nach §§ 238 ff. ALR. II 11 nicht nur nicht nötig, er kann sogar überhaupt nicht mit Rechtswirksamkeit erfolgen. Lediglich die gesetzlichen Voraussetzungen sind entscheidend, ob eine „Anstaltsparochie" besteht. Dazu ist erforderlich, daß für eine Anstalt der in Rede stehenden Art eine Kirche oder Kapelle besonders errichtet ist (§§ 78, 77 aaO.). Dieses Erfordernis ist im vorliegenden Falle gegeben. Die Anstalt besitzt eine Anstaltskapelle. Aus dem Zusammenhange der mitgeteilten Vorschriften des ALR. ergibt sich, daß die Vorschrift der §§ 78 und 79 aaO. sich nur auf Kirchen und Kapellen solcher Anstalten bezieht, die im § 76 behandelt sind. Nach der dort erwähnten „Ordnung und Instruktion" kann jedoch die Anstalt derart eingerichtet sein, daß, trotz des Vorhandenseins einer besonderen Kirche oder Kapelle, „wirkliche Parochialrechte" nicht bestehen. Das trifft für die Diakonissen-Krankenanstalt in P. nicht zu.

2. Das die Aufhebung der Parochialexemtionen betreffende G. v. 3. VI. 76 (GS. 154) hat die Personal-Militär- und Anstaltsgemeinde unberührt gelassen. Nach § 78 ALR. II 19 gehören, abgesehen von den Offizianten, zur Anstaltsgemeinde

„die in der Anstalt lebenden Personen". Der Kreis dieser Personen deckt sich nicht mit den im § 74 bezeichneten in die Anstalt aufgenommenen Personen. Eine Vergleichung mit den §§ 50, 55, 60, 61 bis 66, 67, 71, 72, 73, 84, 87, 89 aaO. ergibt, daß, wo von Aufgenommenen gesprochen wird, damit diejenigen Personen gemeint sind, die in der Anstalt die dieser eigentümliche Fürsorge erhalten sollen. Wenn nun der § 79 den im § 78 genannten „in der Anstalt lebenden Personen" diejenigen gegenüberstellt, „welche außerhalb der Anstalt leben", auf die die Anstaltskirche keine Parochialrechte sich anmaßen kann, so ist klar, daß der Begriff „Anstalt" hier im räumlichen Sinne zu verstehen ist. Danach gehört zur Parochie, wer auf dem Anstaltsgrundstück, also auch wer in dem Anstaltspfarrhause lebt. Dort wohnt der Anstaltspfarrer und bei ihm seine zu seinem Haushalte gehörige Schwiegermutter, die Beklagte. Da diese keinen anderen Wohnsitz hat, sondern in dem zur Anstalt gehörenden Pfarrhaus ihr Heim sucht und findet, so hat sie dort auch ihren gesetzlichen Wohnsitz. Gehört sie hiernach zu den „in der Anstalt lebenden Personen" und infolgedessen auch zur Anstaltsgemeinde der Diakonissenanstalt in P., so ist sie nicht Mitglied der St.-L.-Gemeinde. Daraus ergibt sich ihre Steuerfreiheit gegenüber der letztgenannten Gemeinde.

Nr. 9. Entsch. v. 20. Febr. 1914 (OVG. **66** 296) VIII A 68/13.

Zu den speziellen Rechtstiteln, die Befreiungen von der Kirchensteuer gewähren, gehören die gemäß § 1 G. v. 16. II. 80 erlassenen Gemeindestatuten, die den Mitgliedern bisheriger vagierender Gemeinden Steuervorrechte einräumen. Durch das G. v. 16. II. 80 war den vagierenden und Gastgemeinden der Provinz Schlesien bis zum 1. I. 83 die Wahl gelassen, „entweder eine selbständige Parochie zu bilden oder sich nach Maßgabe der nach § 46 KGSynO. besonders zu treffenden Bestimmungen einer bereits bestehenden Parochie einzuverleiben". Die Angehörigen der vagierenden Gemeinde Neu-R. wählten das letztere. Die im § 1 G. v. 16. II. 80 vorgesehene „Einverleibung" sollte die vagierenden oder Gastgemeinden in Schlesien vollständig in eine bestehende Kirchengemeinde einpfarren, also ihren selbständigen Fortbestand beendigen; das G. geht daher weiter als das ALR., das für vagierende und Gastgemeinden nur eine Zuschlagung „zu einer benachbarten Kirche" ohne „die Wirkung einer beständigen Einpfarrung" vorsah (§§ 294—301 ALR. II 11). Wie aber der § 297 aaO. vorschreibt, daß bei der Zuschlagung Sonderbestimmungen durch Verträge getroffen werden sollten, so sieht auch für die Einverleibung das G. v. 16. II. 80 den Erlaß besonderer Bestimmungen vor. Als Gegenstand der Sonderbestimmungen nennt § 297 ALR. II 11 die Regelung der „Abgaben und Beiträge" und die „Teilnehmung an einem der Gemeinde bei Besetzung der Pfarrstellen zukommenden Wahlrecht". Im § 2 Abs. 4 KGSynO. wurde verordnet, daß die Teilnahme zugeschlagener Vagantengemeinden (Gastgemeinden) an dem Gemeindekirchenrat und der Gemeindevertretung der Pfarrgemeinde durch statutarische Bestimmung zu regeln sei. Die statutarische Bestimmung erfolgt nach § 46 aaO. Hieran anschließend verweist § 1 G. v. 16. II. 80 allgemein für die „besonders zu treffenden Bestimmungen" auf die „nach Maßgabe des § 46 KGSynO. besonders zu treffenden statutarischen Bestimmungen". Dabei kommt insbesondere die im § 297 ALR. II 11 hervorgehobene „Regelung der Abgaben und Beiträge" in Betracht.

Nr. 10. Entsch. v. 20. Jan. 1914 (OVG. **66** 292) VIII A 36/13.

Die französisch-reformierte Gemeinde zu Berlin ist räumlich auf das Weichbild der Stadt beschränkt.

In Berlin hatte die französische Kolonie im Jahre 1705 bereits drei Kirchen, eine Parochialeinteilung bestand nicht. König Friedrich Wilhelm I. bestimmte durch die KabO. v. 9. I./19. II. 1715, daß die Gemeinde in die drei Parochien Werder, Dorotheenstadt und Friedrichstadt geteilt werde. Da sich die Zahl der Französisch-Reformierten in Berlin mehrte, wurden später vier weitere Kirchensprengel eingerichtet. Anfangs der sechziger Jahre des neunzehnten Jahrhunderts bestanden vier oder fünf Parochien der französischen Gemeinde in Berlin. Zurzeit kommt das vom Konsistorium der Provinz Brandenburg am 4. X. 76 erlassene Regulativ für das Kirchenwesen der französischen Gemeinden in Berlin in Betracht, das durch den hierzu vom König ermächtigten Evangelischen Oberkirchenrat bestätigt worden ist. Nach diesem Regulative besitzt die französische Gemeinde drei Kirchen: die Kirche in der Klosterstraße Nr. 43, die Friedrichstädtische Kirche auf dem Gendarmenmarkt und die Kirche in der Kommandantenstraße. Auf diese drei Kirchen verteilt sich die Gemeinde nach einer im § 2 des Regulativs näher angegebenen Begrenzung in die Berliner, die Friedrichstädtische und die Luisenstädtische Parochie. Die Grenzen der beiden ersten Parochien werden im einzelnen geographisch bezeichnet, eine Grenze der Berliner Parochie reicht „vom rechten Spreeufer bis zu den Grenzen des Weichbildes von Berlin"; die Luisenstädtische Parochie umfaßt den außerhalb der beiden anderen Parochieen bleibenden „ganzen übrigen Teil der Stadt bis zu den östlichen und südlichen Grenzen des Weichbildes jenseits des Schlesisch-Kottbuser und Halleschen Tores".

Danach kann kein Zweifel sein, daß die französische Gemeinde zu Berlin, wenngleich sie eine Personalgemeinde ist, deren Mitgliedschaft durch persönliche Eigenschaften bestimmt wird, doch eine bestimmte territoriale Umgrenzung hat, die sich mit den Grenzen des Weichbildes der Stadt Berlin deckt. Ist dies aber der Fall, so kann ein Evangelischer, der nur außerhalb des Weichbildes von Berlin seinen Wohnsitz hat, ihr nicht angehören.

2. In den neueren Provinzen.

Nr. 1. Entsch. v. 30. April 1912 (OVG. **61** 108) VIII A 18/11.

JS. des Staatsrechts gibt es in der Provinz Hannover eine einheitliche evangelische Kirche nicht, sondern nur eine evangelisch-lutherische und eine evangelisch-reformierte Kirche, die einander als gesonderte Rechtsgemeinschaften derart gegenüberstehen, daß der Übertritt von der evangelisch-lutherischen zur evangelisch-reformierten Kirche rechtlich in gleicher Weise zu beurteilen ist wie ein Übertritt von einer der genannten Kirchen zu der römisch-katholischen Kirche. Hieraus folgt, daß auch die Bestimmungen des G. v. 14. V. 73 für den Fall des Übertritts von der evangelisch-lutherischen Kirche der Provinz Hannover zu der dortigen evangelisch-reformierten Kirche Platz greifen. Wenn dieses G. neben der im § 1 Abs. 2 enthaltenen Vorschrift, daß es rücksichtlich des Übertritts von einer Kirche zur anderen bei dem bestehenden Rechte verbleibe, im Abs. 3 die Bestimmung trifft, es sei die in dem G. und zwar im § 2, vorgeschriebene Form für den Fall zu beobachten, daß der Übertretende von den Lasten seines bisherigen Verbandes befreit werden wolle, so kann dies nur dahin ausgelegt werden, daß der ohne Beobachtung der Form des § 2 des G. erfolgte Übertritt von einer Kirche zur anderen hinsichtlich der Verpflichtung des Übertretenden, zu den Lasten des bisherigen Verbandes beizutragen, ohne Bedeutung ist, und daß somit der Übertretende insoweit, als jene Beitragspflicht in Frage kommt, nach wie vor als Mitglied desjenigen Verbandes, dem er bis zum Übertritt angehört hat, zu behandeln und demgemäß entsprechend den jeweilig für den betreffenden Verband maßgebenden Vorschriften zu den zur Erhebung gelangenden Abgaben heranzuziehen ist. Diese Verpflichtung findet erst durch Beobachtung der im § 2 aaO. vorgeschriebenen Form durch den Übergetretenen nach Maßgabe der im § 3 aaO. enthaltenen Bestimmungen oder dadurch ihr Ende, daß der Übergetretene aus dem Bezirke des betreffenden Verbandes verzieht, so daß hierdurch die Verbindung mit diesem Verbande gelöst wird. Ist dies aber anzunehmen, so kann es nicht darauf ankommen, ob durch das G. v. 10. III. 06 neue Kirchensteuern in den Kirchengemeinden der evangelisch-lutherischen Kirche der Provinz Hannover eingeführt sind, und ob dadurch insbesondere eine bis dahin nicht bestehende Besteuerung von Frauen, welche mit einer den evangelischen Kirchen der Provinz Hannover nicht angehörigen Person in Ehe leben, für zulässig erklärt ist.

Nr. 2. Entsch. v. 3. Okt. 1913 (OVG. **66** 275) VIII A 25/13.

1. Die evangelisch-reformierte Kirchengemeinde Hannover gehört der evangelisch-reformierten Kirche der Provinz Hannover an. Nach § 2 des danach anzuwendenden KirchStG. v. 10. III. 06 (KGVBl. für die ev.-ref. Kirche der Prov. Hannover **3** 263) ist ihr gegenüber der Beklagte steuerpflichtig, wenn er evangelisch ist und der Kirchengemeinde durch Wohnsitz angehört. Er ist evangelisch und hat Wohnsitz in der Kirchengemeinde. Die Frage, ob er ihr angehört, stimmt mit der Frage überein, ob er ihr Mitglied ist. Diese Frage aber ist nicht durch das KirchStG. geregelt, sondern nach dem zur Zeit des Erlasses des KirchStG. geltenden Rechte zu beurteilen. Dabei handelt es sich um denjenigen Begriff der Kirchengemeindemitgliedschaft, der für die Steuerpflicht auch bisher schon galt.

Die reformierte Gemeinde zu Hannover gehörte zu denjenigen „konföderierten Gemeinden evangelisch-reformierter Konfession in Niedersachsen", für welche die KirchO. v. 14. IX. 39 erlassen worden ist (OVG. **60** 275). Beitragspflichtiges Mitglied einer unter diese KirchO. fallenden Gemeinde war nach §§ 72, 73 Abs. 1[3] daselbst nur, wer „in der Stadt, wo die einzelne Kirche sich befindet, oder deren Umgegend seinen Wohnsitz hat, durch die Konfirmation oder auf eingereichtes Kirchenzeugnis in dieselbe aufgenommen worden ist und zum Tische des Herrn bei derselben sich hält". Die Aufnahme ist daher ein wesentliches Erfordernis. Es tritt also, jedenfalls insoweit, als es sich um den Kreis der beitragspflichtigen Mitglieder der Gemeinde handelt, für die niedersächsischen konföderierten Gemeinden die Regel des gemeinen deutschen Kirchenrechts, daß die Gemeindemitgliedschaft beim Vorliegen der Glaubensgemeinschaft von Rechts wegen durch Wohnsitz entsteht, nicht ein, sondern es bedarf eines besonderen Aktes, nämlich der Aufnahme.

2. Ist sonach nach der KirchO. v. 14. IX. 39 nur der Aufgenommene ein beitragspflichtiges Mitglied der Kirchengemeinde, so ist auch die Meinung irrtümlich, diese Vorschrift sei durch Gewohnheitsrecht beseitigt. Geschlossen wird dies namentlich daraus, daß der § 72 aaO. dem § 2 RhWestfKirchO. nachgebildet und hier die Bestimmung „längst obsolet" geworden sei. Diese Schlußfolgerung ist unzutreffend. Aus einer gewohnheitsrechtlichen Beseitigung im Rechtsgebiete der einen KirchO. würde eine solche Beseitigung im Rechtsgebiete der anderen nicht folgen. Auch kennt die RhWestfKirchO. eine Gemeindemitgliedschaft im weiteren und im engeren Sinne, während § 72 KirchO. diesen Unterschied nicht macht; bei solcher Verschiedenheit ist die Schlußfolgerung unzulässig. Übrigens ist das Erfordernis der Aufnahme, wie es in der RhWestfKirchO. aufgestellt ist, keineswegs „obsolet" geworden; denn die Bestimmung findet sich noch in der auf Grund des KirchG. v. 5. I. 08 neu hergestellten Fassung der RhWestfKirchO. v. 5. III. 35 (KGVBl. **08** 1, 2, 3).

3. Vom Kläger und dem Ministerialkommissar ist geltend gemacht worden, daß die Zuweisung der Gemeinde in den Geschäftskreis des Konsistoriums zu Aurich und ihre Aufnahme in den Gesamtsynodalverband der evangelisch-reformierten Kirche in Verbindung mit der anschließenden Zuteilung in den Synodalbezirk Hannover eine „fundamentale" Änderung herbeigeführt

habe, insofern es sich dabei um eine autonome Regelung der Gemeinde gehandelt habe und als mittelbare Folge jener Verwaltungsakte auch eine Veränderung der Voraussetzungen der Gemeindemitgliedschaft eingetreten sei. Demgegenüber ist folgendes zu bemerken: Daraus, daß die reformierte Gemeinde Hannover mit rechtlicher Wirkung aus der Konföderation ausgeschieden ist, folgt zunächst nicht, daß für sie das Erfordernis der Aufnahme zur Begründung der Gemeindemitgliedschaft fortgefallen ist. Indem in die KirchO. der von den „Mitgliedern der Gemeinde" handelnde Abschnitt eingesetzt wurde, wurde auch beurkundet, daß die darüber sich verhaltenden Vorschriften die für die Einzelgemeinden geltenden Rechtsgrundsätze waren. Diese blieben auch nach dem Ausscheiden für die Gemeinde so lange maßgebend, bis anderweitige Vorschriften über die Voraussetzungen der Mitgliedschaft ergingen. Die Gemeinde selbst hat eine Änderung dieser Vorschriften nicht beschlossen. Auch die anschließenden Verwaltungsakte haben den Wegfall des Erfordernisses der Aufnahme nicht zur mittelbaren oder unmittelbaren Folge gehabt. Es ist geltend gemacht worden, durch jene Verwaltungsakte habe die Gemeinde die Rechtsstellung einer landeskirchlichen Gemeinde erhalten; mit dieser Rechtsstellung sei aber die Gemeindemitgliedschaftsbestimmung des § 72 unvereinbar. Das ist unzutreffend. Es handelt sich um eine Gemeinde, die dem Geschäftskreise des Konsistoriums zu Aurich zugewiesen und deren Aufnahme in den Gesamtsynodalverband der evangelisch-reformierten Kirche der Provinz Hannover verfügt worden ist. Mit Erl. v. 10. IV. 01 bestimmte der König „als Träger des landesherrlichen Kirchenregiments", „daß die evangelisch-reformierte Kirchengemeinde Hannover und die in der Stadt Hameln neu zu errichtende evangelisch-reformierte Kirchengemeinde dem Geschäftskreise des Konsistoriums in Aurich zugewiesen werden". Dann wurde „dem von den beiden Gemeinden gestellten Antrage gemäß" vorweg verfügt, daß „nach erfolgter Zustimmung des Ausschusses der Gesamtsynode der evangelisch-reformierten Kirche der Provinz Hannover" die Aufnahme der genannten Kirchengemeinden in den Gesamtsynodalverband der evangelisch-reformierten Kirche der Provinz Hannover erfolge. Die vorbehaltene Zustimmung des Gesamtsynodalausschusses wurde erteilt, und der Minister verfügte danach die Bildung eines Synodalbezirkes Hannover, der zunächst aus den beiden genannten Gemeinden bestehen sollte. Der AhErl v 10. IV. 01 rechnet mit der reformierten Gemeinde Hannover als einer schon bestehenden Kirchengemeinde und im Gegensatze dazu mit der reformierten Gemeinde Hameln als einer noch zu errichtenden und er ergibt weiter, daß Anträge vorlagen, wonach die Gemeinden in den Gesamtsynodalverband der evangelisch-reformierten Kirche der Provinz Hannover aufgenommen werden wollten. Nachdem diese Aufnahme erfolgt ist, gehört die reformierte Gemeinde Hannover zu den im § 1 KGSynO. der ev.-ref. Kirche der Prov. Hannover v. 12. IV. 82 (GS. 225) genannten Gemeinden und also zur evangelisch-reformierten Kirche der Provinz Hannover. Daß dazu nur Kirchengemeinden gehören könnten, die die Gemeindemitgliedschaft allein von Wohnsitz und Bekenntnis abhängig machen, ist nicht vorgeschrieben.

4. Ist es daher mit dem bestehenden G. vereinbar, daß zur Mitgliedschaft bei einer Kirchengemeinde, die in den Gesamtsynodalverband der evangelisch-reformierten Kirche der Provinz Hannover eingefügt und damit der KGSynO. dieser Kirche v. 12. IV. 82 unterworfen ist, die „Aufnahme" erforderlich ist, so kann dies auch nicht dem Wesen der Landeskirche widersprechen. Es ist auch nicht erkennbar, inwiefern aus diesem Wesen folgen soll, daß für den Fall der Nichtaufnahme eine zweite Kirchengemeinde derselben Kirchen- und Glaubensgemeinschaft vorhanden sein müsse, der der Nichtaufgenommene anheimfalle, oder daß die unkonfirmierten getauften Kinder der Kirchengemeindemitglieder selbst beitragspflichtige Gemeindemitglieder sein müßten. Wenn endlich gefolgert wird, dem Wesen der Landeskirche widerspreche das ebenfalls im § 72 KirchO. aufgestellte Erfordernis des „Sichhaltens zum Tische des Herrn", so erhellt wieder

nicht, worin die Unvereinbarkeit mit dem Wesen der Landeskirche liegen könnte. Läge sie vor, so würde sich daraus die Unvereinbarkeit des Erfordernisses der Aufnahme mit jenem Wesen nicht ergeben.

Nr. 3. Entsch. v. 3. Okt. 1913 (OVG. 65 227) VIII A 15/13.

Der Austritt aus der Kirche in der Form des G. v. 14. V. 73 (GS. 207) bewirkt die Befreiung des Austretenden von seiner Steuerpflicht gegenüber derjenigen Kirchengemeinde, der er bisher angehört hat. Die Wirkung wird dadurch nicht gehindert, daß der Austretende gleichzeitig einer anderen Kirche gleichen Bekenntnisses angehört. Sie wird dadurch nicht beseitigt, daß er eine solche Angehörigkeit durch Verzug in eine andere Kirchengemeinde erwirbt und darauf erneut in der früheren Kirchengemeinde Wohnsitz nimmt. Ohne seine ausdrückliche oder stillschweigende Willenserklärung kann die Wirkung nicht rückgängig gemacht werden.

Nr. 4. Entsch. v. 14. Mai 1912 (OVG. 61 111) VIII A 61/11.

Nach § 2 KirchG., betr. die Erhebung von Kirchensteuern in den evangelischen Kirchengemeinden im Amtsbezirke des Konsistoriums zu Wiesbaden, v. 10. III. 06 sind kirchensteuerpflichtig alle Evangelischen, die der Kirchengemeinde durch Wohnsitz angehören. Nach § 5 aaO. ist der evangelische Teil einer gemischten Ehe von der Hälfte des der kirchlichen Besteuerung zugrunde liegenden Steuersatzes (§ 9), zu dem der Ehemann veranlagt ist, oder, soweit die Ehefrau zu den Staatssteuern selbständig veranlagt wird, nach Maßgabe seiner Veranlagung zur Kirchensteuer heranzuziehen. Die Heranziehung des nichtevangelischen Teiles einer gemischten Ehe zur evangelischen Kirchensteuer ist dem KirchG. unbekannt und deshalb unberechtigt. Aus der Bestimmung des § 5 aaO. folgt, daß nur der evangelische Teil „in die Heberolle aufzunehmen ist, und daß daher auch nur diesem Teile die Mitteilung des Steuersatzes und die Zahlungsaufforderung zugestellt werden soll."

Nr. 5. Entsch. v. 8. April 1913 (OVG. 64 403) VIII A 75/12.

1. Nach § 2 KirchG., betr. die Erhebung von Kirchensteuern in den ev. Kirchengemeinden im Amtsbezirke des Konsistoriums zu Wiesbaden, v. 10. III. 06 sind kirchensteuerpflichtig alle Evangelischen, die der Kirchengemeinde durch ihren Wohnsitz angehören. Die Bezeichnung „Evangelische" bringt zum Ausdrucke, daß Voraussetzung der Steuerpflicht die evangelische Konfessionsgenossenschaft ist. Zu dieser gehören im Bezirke des Konsistoriums zu Wiesbaden und insbesondere dem des vormaligen Herzogtums Nassau, wie in den anderen evangelischen Landeskirchen, jedenfalls die Lutheraner und die Reformierten. Dies ergibt sich unmittelbar aus dem NassEd., betr. die Vereinigung der ev.-luth. und ev.-ref. Kirche, v. 11. VIII. 1817, der GemO. für die ev. Kirchengemeinden im Bezirke des Konsistoriums zu Wiesbaden, v. 27. VIII. 69 (GS. 1024) und der KGem.- u. SynO. für die ev. Gemeinden im Amtsbezirke des Konsistoriums zu Wiesbaden, v. 4. VII. 77 (GS. 181). Lutherisches und reformiertes Bekenntnis bedeuteten aber in Nassau, insbesondere bei der im Jahre 1817 erfolgten Union, nichts anderes, als dasjenige, was man überall im Deutschen Reiche darunter verstand, nämlich die beiden auf dem Boden der deutschen Reformation erwachsenen Bekenntnisse. Ist aber die nassauische Landeskirche gerade so wie die preußische Landeskirche hervorgegangen aus der Vereinigung der beiden alten evangelischen Religionsparteien der deutschen Reformation, der lutherischen und der reformierten Kirche, und ist daher in ihrem Sinne jedenfalls das lutherische und das reformierte Bekenntnis „evangelisch", so ist auch für

diese Landeskirche die Frage, ob ein Anglikaner „evangelisch" ist, nicht anders zu beantworten, als für die preußische Landeskirche. Sie ist deshalb aus den Gründen in OVG. **54** 208, an denen festzuhalten ist, zu bejahen.

2. Ist hiernach das erste Erfordernis der Steuerpflicht der Klägerin, nämlich daß diese „evangelisch" ist, außer Zweifel, so trifft auch zu, daß sie der steuerfordernden Kirchengemeinde „durch ihren Wohnsitz angehört". Dabei stellt sie nicht in Abrede, daß sie im Bezirke der Kirchengemeinde ihren Wohnsitz hat. Nun bestimmen die KirchStG. nicht, welche Voraussetzungen für die Zugehörigkeit zur Kirchengemeinde gelten sollen. Nach den Begründungen der Gesetzentwürfe sollen vielmehr für das Vorhandensein der Zugehörigkeit zur Kirchengemeinde die allgemeinen gesetzlichen Vorschriften maßgebend bleiben. Hiernach kommen hinsichtlich der Voraussetzungen der Kirchengemeindezugehörigkeit für § 2 KirchStG. diejenigen Vorschriften zur Anwendung, die die landeskirchliche Verfassung gibt. Diese finden sich für die nassauische Landeskirche im § 2 KGSynO. v. 4. VII. 77, wo bestimmt ist:

„Der Wohnsitz in dem Kirchspiele begründet für jeden Glaubensgenossen die Gemeindeangehörigkeit mit allen Rechten und Pflichten nach Maßgabe dieser KirchO."

Hiernach ist die Klägerin, da sie als Evangelische das Glaubensbekenntnis der evangelischen Kirchengemeinde A. teilt, also zu den „Glaubensgenossen" zählt und auch im Kirchspiele der genannten Gemeinde Wohnsitz hat, deren Gemeindeangehörige. Sie gehört ihr durch Wohnsitz an.

Nr. 6. Entsch. v. 6. Mai 1913 (OVG. **64** 407) VIII A 51/12.

1. Nach OVG. **54** 189, **55** 228 steht in Cassel den Räten vierter Klasse das Wahlrecht der Parochie nach dem Regulative des Fürstlich Hess. Konsistoriums v. 19. I. 1795 zu. Insbesondere ist daran nichts durch das G., betr. die Aufhebung der Parochialexemtionen, v. 3. VI. 76 (GS. 154) geändert worden, da dieses G. nichts in bezug auf den Mitgliederbestand der Personalgemeinden geändert hat, es sich vielmehr nur um Immunitäten, die, wie die Vorschriften der §§ 283—287 ALR. II 11, auf staatlichem Boden erwachsen sind, handelt, eine solche Immunität aber bei dem Wahlrechte der Räte in Kassel nicht in Frage kommt.

2. Nun entscheidet zwar auch im Konsistorialbezirke Cassel für die Kirchensteuerpflicht grundsätzlich und nach der Regel des Abs. 1 des § 2 KirchGSt. die Kirchengemeindemitgliedschaft. Die eigentümliche Ordnung aber, die im Abs. 2 aaO. für den Fall, daß der Wohnsitz innerhalb der Bezirke mehrerer Kirchengemeinden liegt, getroffen worden ist, führt zu Ausnahmen von dem angegebenen Grundsatze.

Hier liegt der Fall des Abs. 2 vor. Der Kläger hat seinen Wohnsitz im Bezirke der Freiheiter Gemeinde, zugleich aber auch in dem der Hofgemeinde. Der Kläger hatte den Wohnsitz bereits vor dem 1. IV. 06 begründet; er hatte schon vor dieser Zeit zu den kirchlichen Lasten der Freiheiter Gemeinde, aber nicht zu denen der Hofgemeinde beigetragen. Nach der klaren Vorschrift des Abs. 2 besteht daher eine Steuerpflicht nur gegenüber der Freiheiter Gemeinde auch, wenn Kläger sich im Jahre 1911 der Hofgemeinde angeschlossen hat.

Nr. 7. Entsch. v. 6. Mai 1913 (OVG. **64** 410) VIII A 2/13.

1. Im § 2 Abs. 1 KirchG., betr. die Erhebung von Kirchensteuern in den Kirchengemeinden und Gesamtverbänden der ev. Kirchengemeinschaften im Bezirke des Konsistoriums zu Cassel, v. 10. III. 06 wird als Regel aufgestellt: „Kirchensteuerpflichtig sind alle der reformierten oder der lutherischen oder der unierten Kirchengemeinschaft angehörigen Evangelischen, welch in dem Bezirke der Kirchengemeinde einen Wohnsitz haben." Kommt allein diese Regel zur Anwendung, so muß angenommen werden, daß der Beklagte sowohl zur reformierten Oberneustädter, als auch zur lutherischen Kirchengemeinde zu Cassel

steuerpflichtig war; denn einmal hatte er seinen Wohnsitz im Bezirke beider Kirchengemeinden, sowohl in dem der Oberneustädter Gemeinde als auch in dem der lutherischen Gemeinde, da deren Bezirk die Gesamtheit der Sprengel der Casseler reformierten Gemeinden umfaßt; dann aber erfüllte er auch die Voraussetzung eines „der reformierten oder der lutherischen oder der unierten Kirchengemeinschaft angehörigen Evangelischen“. Da er einer Kirchengemeinde entstammt, die zur Union der Landeskirche der älteren Provinzen gehört, so ist er ein „Evangelischer“, weil die Union die beiden evangelischen Bekenntnisse umfaßt; er würde auch, da die Union kein besonderes evangelisches Bekenntnis darstellt und der Beitritt zu ihr, sei es der Kultusunion, sei es der Lehrunion, einen Konfessionswechsel nicht herbeiführt, seine Zugehörigkeit in einer reformierten oder lutherischen oder unierten Kirchengemeinde des Konsistorialbezirkes Cassel finden. Daher ist der Sinn der Vorschrift keineswegs, daß der Reformierte oder Lutheraner oder Unierte, der aus einer nicht althessischen evangelischen Landeskirche in eine evangelische Kirchengemeinde des Konsistorialbezirkes Cassel zuzieht, dort kirchensteuerfrei bleibe.

2. In § 2 Abs. 2 aaO. ist für den Fall, daß der Wohnsitz des Evangelischen innerhalb der Bezirke mehrerer Kirchengemeinden liegt, der Evangelische also nach der Regel des Abs. 1 den mehreren Kirchengemeinden steuerpflichtig sein würde, eine eigentümliche Ordnung geschaffen worden. Sie unterscheidet (vgl. OVG. **54** 189, 195 ff., **55** 228), ob der Wohnsitz schon am 1. IV. 06 begründet war oder erst nach diesem Tage begründet worden ist. Für jeden der beiden Fälle werden Vorschriften gegeben nach denen die Konkurrenz der mehreren nach Abs. 1 steuerberechtigten Kirchengemeinden gelöst werden soll. Für den Fall der Begründung des Wohnsitzes nach dem 1. IV. 06 ist in erster Linie entscheidend, ob der zuziehende Evangelische binnen drei Monaten nach der Wohnsitzbegründung dem Presbyterium einer der konkurrierenden Gemeinden die schriftliche Erklärung abgegeben hat, zu ihren Lasten beitragen zu wollen. Eine solche Erklärung hat der Beklagte dem Vorsteheramte der reformierten Oberneustädter Kirche gegenüber abgegeben. Er ist also nach dem G. dieser Kirchengemeinde gegenüber, nicht aber der lutherischen Gemeinde, steuerpflichtig.

3. Aus den obigen Ausführungen ergibt sich, daß das G. im § 2 Abs. 2 den Fall, daß der Wohnsitz eines Evangelischen innerhalb der Bezirke mehrerer Kirchengemeinden liegt, vollständig und erschöpfend geregelt hat, und zwar sowohl wenn der Wohnsitz am 1. IV. 06 begründet war, als auch wenn er später begründet wurde. Für jeden der beiden Fälle sind die Folgen genau bestimmt. Demgegenüber ist es ausgeschlossen, über die Konkurrenz mehrerer Wohnsitzgemeinden etwas anderes zu bestimmen. Dies würde eine Abweichung vom G. und eine Änderung desselben sein. Insbesondere ist es nicht gestattet, durch einen Verwaltungsakt, wie den der „Personalumpfarrung“ durch die Kirchen- und Staatsaufsichtsbehörde das G. dahin zu ändern, daß der Evangelische in derjenigen Kirchengemeinde, der er nach dem G. kirchensteuerpflichtig ist, steuerfrei gestellt und seine Kirchensteuerpflicht in einer Kirchengemeinde, zu deren Lasten er nach dem G. nicht beizutragen hat, begründet werden könnte.

II.

Die katholische Kirche.

Literatur: Die preuß. Gesetzgebung über die Vermögensverwaltung in den kath. Kirchengemeinden und Diözesen[3] (Berlin 1913).

Nr. 1. Entsch. v. 21. Jan. 1913 (OVG. **64** 385) I C 34/11.

1. Die Bildung einer Observanz, wonach im ehemaligen Fürstentume Münster eine politische Gemeinde zur Fürsorge für das Begräbnis-

wesen verpflichtet ist, ist zulässig. Ist im vorliegenden Falle davon auszugehen, daß die politische Gemeinde H. unter der Herrschaft des ALR. und ohne erkennbaren obrigkeitlichen Zwang den neuen Kirchhof angelegt hat und dessen Eigentümerin geworden ist, so ist damit die Grundlage gegeben, auf der sich nach OVG. 36 440 eine die politische Gemeinde zur Fürsorge für das Begräbniswesen verpflichtende Observanz entwickeln konnte.

2. [Nach Erörterung der in dieser Beziehung ermittelten Vorgänge, die ohne allgemeines Interesse sind, wird die Observanz festgestellt und darauf fortgefahren:]

Die nachgewiesene Observanz ist auch nicht inzwischen beseitigt worden. Infolge der Beschlußfassung vom Jahre 1902 hat die politische Gemeinde mit Genehmigung des Kreisausschusses den Begräbnisplatz an die katholische Kirchengemeinde übereignet. Letztere erwarb zur Vergrößerung des Platzes eine an ihn angrenzende Fläche und erhielt zu ihrer Benutzung für Beerdigungszwecke die Erlaubnis der Ortspolizeibehörde. Diese zog jedoch später die Erlaubnis zurück, weil sie zu ihrer Erteilung unzuständig gewesen sei. Der Regierungspräsident, bei dem darauf die Genehmigung von dem Kirchenvorstande nachgesucht wurde, versagte sie in der Erwägung, daß die Fürsorge für die Leichenbestattung in H. Aufgabe der politischen Gemeinde sei. Die gegen die Versagung eingelegte Beschwerde ist durch endgültigen Bescheid des Oberpräsidenten zurückgewiesen worden. Da die allseitig als notwendig anerkannte Erweiterung des Begräbnisplatzes durch die politische Gemeinde nicht vorgenommen wurde, so ist von dem Regierungspräsidenten die Verwendung jener von der Kirchengemeinde erworbenen Fläche zur Leichenbestattung einstweilen gestattet worden.

3. Wo eine solche Observanz besteht, kann die Frage, wer Träger des Begräbniswesens sein solle, nicht im Wege des Übereinkommens zwischen der kirchlichen und der politischen Gemeinde geregelt werden. Dem Staate gegenüber bedeutet die Fürsorge für das Begräbniswesen eine im öffentlichen Rechte wurzelnde Pflicht. Einer solchen Pflicht kann sich der Pflichtige nicht durch Übertragung auf einen andern entledigen. Das zwischen den Gemeinden getroffene Übereinkommen ist daher von keiner öffentlich-rechtlichen Bedeutung. Weder das Übereinkommen noch der sich daran anschließende Wechsel in der Person des Eigentümers des Begräbnisplatzes, noch beide Umstände zusammen haben die Kraft, das objektive Recht zu ändern, die Kirchengemeinde zum Träger der Fürsorge für das Beerdigungswesen zu machen und damit die Observanz zu beseitigen.

4. Wie die angefochtene Verfügung der Polizeibehörde an die politische Gemeinde H. auf Anlegung eines Begräbnisplatzes ihre rechtliche Grundlage in der nach wie vor bestehenden Observanz findet, so entbehrt sie auch nicht der tatsächlichen Voraussetzungen. Es wird zwar eingewendet, daß dem Bedürfnisse genügt sei einerseits durch das Bestehen des israelitischen Begräbnisplatzes, andererseits dadurch, daß die von der Kirchengemeinde erworbene Fläche mit Erlaubnis des Regierungspräsidenten zur Leichenbestattung benutzt werde. Diese Einwendung ist jedoch unerheblich. Der Begräbnisplatz, dessen Anlegung gefordert wird, ist nicht für die Aufnahme der Leichen der Angehörigen mosaischen Glaubens bestimmt; denn die Juden haben in H. ihren eigenen Friedhof. Aber für die Angehörigen der christlichen Bekenntnisse fehlt es an einem solchen. Gerade auf der Anerkennung dieses Mangels beruht die Erlaubnis des Regierungspräsidenten, jene Fläche zur Leichenbestattung einstweilen zu benutzen. Hierdurch ist der Fläche aber nicht die Eigenschaft eines Begräbnisplatzes, geschweige denn eines solchen der katholischen Kirchengemeinde zuteil geworden. Zur Anlegung eines Begräbnisplatzes bedarf letztere der staatlichen Genehmigung. Diese ist zwar nachgesucht, aber in zwei Instanzen endgültig versagt worden. Die Erlaubnis des Regierungspräsidenten vom Jahre 1905 ist der politischen Gemeinde erteilt. Wie diese Erlaubnis im übrigen zu beurteilen sein möchte, ist hier nicht zu erörtern;

sie bezweckt nur, dem vorhandenen Notstande vorläufig abzuhelfen, und steht einer Anordnung, die auf die dauernde Befriedigung des Bedürfnisses abzielt, nicht entgegen.

Nr. 2. Entsch. v. 17. Nov. 1911 (OVG. 61 71) VIII A 124/09.

1. Die Kläger stützen ihren Anspruch auf Freistellung von Kirchensteuern darauf, daß sie nicht Mitglieder der katholischen Pfarrgemeinde zu Bromberg seien, sondern der von dieser verschiedenen, vermögensrechtlich selbständigen, aus den deutschen Katholiken Brombergs gebildeten katholischen Jesuitenkirchengemeinde angehörten. Der Beklagte hat dagegen das von den Klägern behauptete Bestehen einer aus den deutschen Katholiken Brombergs gebildeten Personalgemeinde innerhalb des Gebiets der katholischen Pfarrgemeinde für rechtlich unmöglich erklärt, da das kanonische Recht die Personalgemeinde als kirchliche Einrichtung nicht kenne, und da jedenfalls nach den in Sessio XXIV c. 13 de ref. des Tridentiner Konzils enthaltenen Vorschriften eine Personalgemeinde innerhalb des Gebiets einer Pfarrgemeinde nicht mehr habe begründet werden können. Diese Ansicht ist nicht zutreffend. Soweit es sich um die Zeit vor dem Tridentiner Konzile handelt, steht fest, daß eine nicht geringe Zahl von Personalpfarreien bestanden hat. Für den gegenwärtigen Fall kann es jedoch hierauf nicht ankommen, da das Dekret des Bischofs Sarnowski von Wloclawek, durch welches nach der Ansicht der Kläger aus den deutschen Katholiken Brombergs eine besondere, von der Pfarrgemeinde verschiedene katholische Kirchengemeinde gebildet sein soll, im Jahre 1679, also unter der Herrschaft der Vorschriften des Tridentiner Konzils erlassen ist.

Legt man diese Vorschriften der Prüfung zugrunde, so ergibt sich (was eingehend untersucht wird), daß der Bischof Sarnowski durch das Dekr. v. 11. I. 1679 in einer nach katholischem Kirchenrechte zulässigen Weise ohne Änderung der zwischen der ecclesia parochialis S. Aegidii und der ecclesia parochialis SS. Martini et Nicolai bestehenden unio per aequalitatem die deutschen Katholiken Brombergs, unter Lösung ihrer Zugehörigkeit zu der Parochie der ecclesia SS. Martini et Nicolai, bei der Ägidienkirche eingepfarrt und zugleich zu einer mit besonderen Organen ausgestatteten Personengesamtheit zusammengefaßt hat, der gewisse Rechte zustanden und gewisse Pflichten oblagen. Hierin ist in der Zeit bis zur Einführung des ALR. in der Provinz Posen keine Änderung eingetreten, da bei den im Jahre 1737 durch den Bischof Szembek von Wloclawek bezüglich einer Reihe von kirchlichen Benefizien in Bromberg vorgenommenen Inkorporationen die Ägidienkirche ausgenommen wurde. Beim Inkrafttreten des ALR. war somit bei der Ägidienkirche eine iS. jenes Gesetzbuchs als Kirchengemeinde anzusehende Personengesamtheit vorhanden, die neben der Pflicht, alle kirchlichen Lasten zu tragen, das Recht hatte, den bei der Kirche anzustellenden Geistlichen und als ihre Organe Seniores und Oeconomi zu wählen, denen die Verwaltung des Kirchenvermögens oblag. Es bedurfte somit keiner Neugründung, und ebensowenig war eine besondere, staatliche Anerkennung erforderlich, da die vorhandene Gemeinde als katholische Kirchengemeinde nach § 17 ALR. II 11 ohne weiteres die Rechte privilegierter Korporationen hatte. Wenn späterhin im Laufe des 19. Jahrhunderts das Gebäude der Ägidienkirche verkauft und abgetragen wurde, so konnte dadurch der Bestand der vorhandenen Kirchengemeinde nicht berührt, geschweige denn vernichtet werden. Sie blieb nach wie vor eine privilegierte Korporation. Auch die sonstigen Vorgänge bis zur Gegenwart haben hierin eine Änderung nicht herbeigeführt. Daß im übrigen im Laufe der Zeit die durch das Dekret des Bischofs Sarnowski angeordnete Art der Abgrenzung dieser Personalgemeinde gegenüber der jetzt als Pfarrgemeinde bezeichneten, bei der Kirche SS. Martini et Nicolai bestehenden Gemeinde auf Grund der Nationalität unter Umständen zu Zweifeln über die Gemeindeangehörigkeit Anlaß gegeben haben und noch geben mag, kann rechtlich nicht von Bedeutung sein, sondern nur zu einer anderweitigen Abgrenzung im Verwaltungswege durch die staatlichen und kirchlichen Behörden Anlaß geben. Solange aber eine derartige Maßnahme nicht getroffen worden, ist das von dem Bischofe Sarnowski erlassene und niemals in rechtsgültiger Weise abgeänderte Dekret derart für maßgebend zu erachten, daß die in Bromberg wohnhaften Katholiken deutscher Nationalität als Mitglieder der durch jenes Dekret begründeten, aus den deutschen Katholiken bestehenden Personalgemeinde anzusehen sind.

2. Wendet man dies auf den vorliegenden Fall an, so gehören die Kläger, die unbestritten deutscher Nationalität sind, der in Bromberg bestehenden, deutschen, katholischen Personalgemeinde an, die jetzt nach der ihr vom Fiskus übereigneten Jesuitenkirche als Jesuitenkirchengemeinde bezeichnet wird. Ein Abhängigkeitsverhältnis dieser Gemeinde gegenüber der Gemeinde der Kirche SS. Martini et Nicolai, der jetzigen Pfarrgemeinde, besteht nicht. Da zwischen der ecclesia S. Aegidii und der ecclesia SS. Martini et Nicolai lediglich eine unio per aequalitatem erfolgt war, bei der die beiden Kirchen unabhängig voneinander bestehen blieben und nur durch die Person des gemeinsamen Pfarrers miteinander verbunden waren, stellten sich beide Kirchen zur Zeit des Inkrafttretens des ALR. in dessen Sinn als „vereinigte Mutterkirchen" dar. Hieran ist in der folgenden Zeit nichts geändert worden, so daß auch die in Betracht kommenden beiden Gemeinden, abgesehen von der durch die Person des gemeinsamen Pfarrers hergestellten Verbindung, unabhängig voneinander bestehen. Hiernach waren aber die kirchlichen Gemeindeorgane der katholischen Pfarrgemeinde nicht befugt, den Mitgliedern der ihnen selbständig gegenüberstehenden Jesuitenkirchengemeinde eine Kirchensteuer aufzuerlegen. Wenn etwa mit Rücksicht auf die durch die Person des gemeinsamen Pfarrers zwischen beiden Gemeinden hergestellte Verbindung eine von den Mitgliedern beider Gemeinden zu entrichtende Kirchensteuer zur Deckung gemeinsamer Ausgaben ausgeschrieben werden sollte, so bedurfte es hierzu des Zusammenwirkens der Gemeindeorgane beider Gemeinden, d. h. der Kirchenvorstände, und — gemäß § 21[8] G. über die Vermögensverwaltung in den katholischen Kirchengemeinden v. 20. VI. 75 (GS. 241) — auch der Gemeindevertretungen, die in beiden Gemeinden bestehen.

Nr. 3. Entsch. v. 28. Nov. 1911 (OVG. 61 92) VIII A 21/11.

KathKirchStG. v. 14. VII. 05 §§ 2, 34. G. v. 4. VII. 75 (GS. 333), betr. die Rechte der altkath. Kirchengemeinden am kirchlichen Vermögen, §§ 2—5.

1. Nach §§ 2, 34 KathKirchStG. v. 14. VII. 05 sind steuerpflichtig alle Katholiken, die einer der zum Gesamtverbande vereinigten Kirchengemeinden angehören. Wer iS. des G. „Katholik" ist, wird im G. nicht bestimmt. Hiernach sagt die AAnw. v. 24. III. 06 (MBl. 121) unter Ziff. III. A. mit Recht, für diese Frage bleibe das geltende Recht maßgebend. Dabei kann es sich nur um das Staatsrecht, nicht aber um das Kirchenrecht handeln. Nach dem Rechte des preußischen Staates gehören aber zu den „Katholiken" auch die Altkatholiken.

2. Gleichwohl ist der Kläger nicht steuerpflichtig, da er mit seinem Beitritte zur altkatholischen Parochie Berlin aus der zum Verbande gehörigen Kirchengemeinde ausgeschieden ist. Das G., betr. die Rechte der altkath. Kirchengemeinschaften an dem kirchlichen Vermögen, v. 4. VII. 75 (GS. 333) regelt die Benutzung des kirchlichen Vermögens „in denjenigen Kirchengemeinden, aus welchen eine erhebliche Anzahl von Gemeindegliedern einer altkatholischen Gemeinschaft beigetreten ist". Unbedenklich findet es auch Anwendung, wenn der Beitritt nicht vor Inkrafttreten des G., sondern erst nachher erfolgt ist. Zu den altkatholischen „Gemeinschaften" rechnen nach § 5 Abs. 1 insbesondere „die altkatholischen Parochien". Abs. 2 aaO. bestimmt: „Die Mitglieder der altkatholischen Parochien

bleiben verpflichtet, zu der Unterhaltung der Kirche, des Kirchhofs und der sonstigen Vermögensstücke beizutragen, deren Benutzung ihnen nach den §§ 2 bis 4 dieses G. zusteht." Hiernach erkennt das G. das rechtliche Bestehen altkatholischer Parochien an, obgleich bei deren Errichtung die geistlichen Oberen der Kirche, von der sich die Altkatholiken sonderten, nicht mitgewirkt hatten. Es wurde von dem geltenden Rechte ausgegangen, daß nur der Staat bestimmen könne, zu welcher der verschiedenen Kirchengemeinden seiner eigenen Religionspartei jeder Einwohner als ein beitragendes Mitglied gerechnet werden soll (§ 111 ALR. II 11), und daß nach den Grundsätzen des preußischen Staatsrechts die Befugnis, Parochien zu errichten und ihre Grenzen zu bestimmen, eine „dem Staate vorbehaltene Attribution" sei. Daher besteht auch die altkatholische Parochie Berlin zu Recht.

3. Das G. handelt, soweit eine altkatholische Parochie in Frage kommt, von dem Falle, daß eine solche Parochie an einem Orte besteht, wo eine römisch-katholische Parochie oder deren mehrere vorhanden sind. Wenn Mitglieder solcher Parochien der altkatholischen Parochie beitraten, so sollten sie in bestimmten Beziehungen an der Benutzung des kirchlichen Vermögens, die sie bisher ganz genossen hatten, fernerhin teilnehmen dürfen; anderseits sollen sie, insoweit ihnen die Benutzung nach dem G. gestattet wurde, auch zu den Lasten der Parochie, aus welcher sie zur katholischen Parochie beitraten, verpflichtet bleiben. Wurde hiernach für nötig erachtet, daß den in eine altkatholische Parochie Übergehenden jene Mitbenutzung eingeräumt und jene Beitragspflicht auferlegt wurde, so lag der Gedanke zugrunde, daß an und für sich der zur altkatholischen Parochie Übergehende von den Rechten und Pflichten des Parochialverbandes frei werde und also aus dem bisherigen Verbande durch den Beitritt zur altkatholischen Parochie ausscheide. Dieser Beitritt stellt daher eine Parochialveränderung, eine Auspfarrung aus der bisherigen Parochie und eine Einpfarrung in die altkatholische Parochie dar. Wie nach § 239 ALR. II 11 eine vermögensrechtliche Auseinandersetzung unter den Beteiligten stattzufinden hat, so ordnete das G. ein für allemal für den Übergang zu einer altkatholischen Parochie die Rechte und Pflichten, die die Mitglieder der altkatholischen Parochie gegenüber dem bisherigen Parochialverbande erhalten sollten.

Wer daher, wie der Kläger, in den in der Urkunde vorgeschriebenen Formen seinen Beitritt zur altkatholischen Parochie Berlin erklärt hat, hat damit sein bisheriges Parochialverhältnis gelöst; er ist nicht mehr Mitglied der Kirchengemeinde, der er als Katholik infolge seines Wohnsitzes angehört hatte, sondern er ist nur Mitglied der altkatholischen Kirchengemeinde Berlin.

4. Aus einer solchen Parochialveränderung folgt an sich die Befreiung von Kirchensteuern für den bisherigen Parochialverband, soweit nicht eine Ausnahme besonders gemacht worden ist. Das G. v. 4. VII. 75 hat, wie gesagt, eine solche Ausnahme im § 5 Abs. 2 dahin bestimmt, daß, soweit den Mitgliedern der altkatholischen Parochie eine Benutzung der Kirche, des Kirchhofs und der sonstigen Vermögensstücke des bisherigen Parochialverbandes zusteht, sie auch beitragspflichtig bleiben sollen. Diese Ausnahme trifft indes für das Verhältnis der Mitglieder der altkatholischen Parochie Berlin zu ihrem bisherigen Parochialverbande nicht zu; denn ihnen stehen keinerlei Gebrauchs- oder Nutzungsbefugnisse an den Vermögensstücken des letzteren zu.

Nr. 4. Entsch. v. 12. April 1912 (OVG. 61 97) VIII A 59/11.

KathKirchStG. v. 14. VII. 59 (GS. S. 28) § 7.

1. Eine Voraussetzung der Steuerbefreiung ist zwar nicht, daß ein Geistlicher zum Dienste an der steuerberechtigten Kirchengemeinde selbst berufen ist, erheblich ist aber, daß seine Anstellung von der kirchlichen Aufsichtsbehörde erfolgt oder anerkannt ist.

2. Die im § 7 Abs. 2 KirchStG. v. 4. VII. 05 bestimmte Befreiung von der Kirchensteuer bezieht sich in allen Fällen auf das Kirchenamt: wo, wie idReg., nur ein Kirchenamt in Frage steht, wird hinsichtlich des auf dieses sich beziehenden Diensteinkommens oder Ruhegehalts Steuerbefreiung gewährt; wo hingegen eine dauernde Verbindung des Kirchenamts mit einem anderen Amte vorliegt, tritt, wie dies der Natur des organisch verbundenen einheitlichen Amtes und der Einheitlichkeit des Diensteinkommens entspricht, Steuerbefreiung hinsichtlich der „gesamten Dienstbezüge" ein, und nicht bloß hinsichtlich des auszusondernden Teiles, der sich als Diensteinkommen für das zuerst übertragene Kirchenamt darstellt. Bei einem mit einem anderen Amte dauernd verbundenen Kirchenamt ist daher Voraussetzung der Steuerbefreiung, daß ein für beide verbundene Ämter bezogenes einheitliches Einkommen vorhanden ist; im anderen Falle stehen „gesamte" Dienstbezüge überhaupt nicht in Frage. Wird also für ein Kirchenamt, das ein Gymnasiallehrer versieht, überhaupt kein Einkommen gewährt, so besteht auch keine Steuerbefreiung.

Nr. 5. Entsch. v. 28. Febr. 1913 (OVG. **64** 400) VIII A 24/12.

Eine Kapellengemeinde kann innerhalb einer katholischen Pfarrgemeinde bestehen, wenn für die erstere besonders bestimmte kirchliche Vermögensstücke vorhanden sind oder ihren Gemeindegliedern besondere Leistungen zur Bestreitung der kirchlichen Bedürfnisse dieser Gemeinde obliegen (§ 2 G. über die Vermögensverwaltung in den kath. Kirchengemeinden v. 20. VI. 75 (GS. 241). Auch in solchen Kapellengemeinden können Kirchensteuern erhoben werden (vgl. Ziff. I B AAnw. v. 24. III. 06 — MBl. 121 —). Bei einer derartigen innerhalb einer Pfarrgemeinde bestehenden Kapellengemeinde bleiben die Gemeindeglieder regelmäßig in betreff der bedeutsamsten Parochialhandlungen (z. B. der Eucharistie) der Pfarrkirche zugewiesen. Die Bildung einer Kapellengemeinde innerhalb einer Pfarrgemeinde ist deshalb noch keine Parochialveränderung im eigentlichen Sinne. Geschieht die Bildung der Kapellengemeinde in rechtsgültiger Weise innerhalb einer Parochie, so ist Voraussetzung gerade der Umstand, daß es sich um eine einzige Parochie handelt. Wird jedoch bei der Bildung irrtümlich angenommen, diese Voraussetzung liege vor, während das Gebiet, das tatsächlich für die Kapellengemeinde ausgeschieden wird, mehreren Parochien angehört, so wird der Zweck nicht erreicht: eine innerhalb einer Parochie liegende Kapellengemeinde wird nicht geschaffen, ebensowenig aber auch eine neue Parochialgemeinde, da hierfür die Grundlagen, insbesondere die Auseinandersetzung mit der nicht zugezogenen Parochialgemeinde, fehlen.

Nr. 6. Entsch. v. 8. April 1913 (PrVerwBl. **35** 339) VIII A 73/12.

1. Gemäß § 24 G., betr. die Erhebung von Kirchensteuern in den kath. Kirchengemeinden und Gesamtverbänden, v. 14. VII. 05 (GS. 281) kann iF. der Heranziehung zur Kirchensteuer seitens mehrerer Kirchengemeinden (§ 4) der Steuerpflichtige an Stelle des Einspruchs gegen die Heranziehung oder Veranlagung in jeder einzelnen der beteiligten Gemeinden auch einen Antrag auf Verteilung des kirchensteuerpflichtigen Einkommens auf die mehreren Kirchengemeinden seitens der zuständigen Staatsbehörde stellen, und der Verteilungsantrag tritt alsdann an die Stelle des Einspruchs. Nach § 25 daselbst ist der Verteilungsantrag von dem Steuerpflichtigen binnen einer Frist von vier Wochen, die mit dem ersten Tage nach erfolgter Aufforderung zur Zahlung der Steuer seitens der zweiten oder einer weiteren, eine Steuerforderung erhebenden Kirchengemeinde beginnt, an die bischöfliche Behörde zu richten, in deren Bezirk eine der beteiligten Kirchengemeinden gelegen ist. Im vorliegenden Falle handelt

es sich um den Beweis des bestrittenen Zeitpunkts des Beginnes einer Frist, des Tages der Aushändigung der in Rede stehenden Steuerzettel an den Rentner F. Zwar ist die zur Beschlußfassung über das Rechtsmittel berufene Behörde bei Feststellung der Tatsache, wann die Zustellung im einzelnen Falle erfolgt ist, nicht auf urkundliche Bescheinigungen über die Zustellung — amtliche Behändigungsscheine — beschränkt; vielmehr dürfen dabei alle zulässigen Beweismittel, namentlich auch die Aussagen von Zeugen benutzt werden. Dagegen ergibt sich aus der Natur und dem Wesen eines zum Zwecke des Rechtsschutzes in Verwaltungssachen geordneten, förmlichen, unter die Kontrolle der Verwaltungsgerichte gestellten Rechtsmittelverfahrens mit Ausschlußfristen, deren Beginn an den bestimmten Zeitpunkt der Zustellung der angefochtenen Verfügungen geknüpft ist, der Grundsatz, daß die Annahme des Verlustes eines gesetzlich zulässigen Rechtsmittels wegen Fristversäumung in dem Falle nicht gerechtfertigt ist, wenn in bezug auf den Zeitpunkt des Beginnes der Frist — den Tag der Zustellung der Verfügung — kein Beweis erbracht ist, vielmehr die Feststellung eines solchen Zeitpunkts jeder aktenmäßigen Unterlage entbehrt. Ist das der Fall, so kann die Ausschließung des Verteilungsantrags aus dem Gesichtspunkte der Versäumung der gesetzlichen Antragsfrist nicht als dem bestehenden Rechte entsprechend erachtet werden.

2. Nach § 25 aaO. ist der Verteilungsantrag von der bischöflichen Behörde mit ihrer Äußerung derjenigen Staatsbehörde vorzulegen, in deren Bezirke die Kirchengemeinde gelegen ist, deren Zahlungsaufforderung dem Steuerpflichtigen ausweislich seines Antrags zuerst zugegangen ist. Die Staatsbehörde beschließt nach Anhörung der beteiligten Kirchengemeinden und bischöflichen Behörden. Unstreitig ist der die Berliner Kirchensteuer betreffende Steuerzettel des Erstbeklagten dem Kläger vor der Aufforderung zur Zahlung der D.er Kirchensteuer zugegangen. Die bischöfliche Behörde zu M. hätte sonach den Verteilungsantrag nicht dem Regierungspräsidenten zu M., sondern dem Polizeipräsidenten zu Berlin zur Entsch. vorlegen müssen. Denn nur der letztere war für die zu treffende Entsch. zuständig. Die Zuständigkeitsbestimmung des § 25 ist eine Vorschrift zwingenden Rechtes. Hiernach war im vorliegenden Falle nur der Polizeipräsident zu Berlin, nicht aber der Regierungspräsident zu M., zur Entsch. berufen. Die mangelnde Zuständigkeit des letzteren mußte daher zur Außerkraftsetzung der von ihm gleichwohl getroffenen Entsch. führen.

3. Endlich steht aber auch die Auffassung des Regierungspräsidenten, der bischöflichen Behörde zu M. und des Kirchenvorstandes zu D., der Verteilungsantrag des Klägers sei schon um deswillen hinfällig, weil dieser selbst behaupte, nur einen Wohnsitz zu haben, nämlich in Berlin, nicht im Einklange mit dem geltenden Rechte; denn der Verteilungsantrag hat nach § 24 aaO. nichts weiter zur Voraussetzung, als daß der Antragsteller von mehreren Kirchengemeinden zur Steuer herangezogen worden ist. Es ist gerade Zweck des Verteilungsverfahrens, festzustellen, ob und in welchem Umfange jede einzelne der heranziehenden Gemeinden steuerberechtigt ist.

III.

Die Synagogengemeinden.

Nr. 1. Entsch. v. 1. Juli 1913 (OVG. 64 424) VII B 32/12.

Die Erklärung nach § 2 G. v. 28. VII. 76, betr. den Austritt aus den jüdischen Synagogengemeinden, muß sich darauf erstrecken, daß der Austritt aus religiösen Bedenken erfolgt. Einer Versicherung dessen bedarf es nicht, denn es kann aus dem Wortlaut und dem übrigen Inhalte des G. nicht gefolgert werden, daß die Abgabe der vorgeschriebenen Erklärung in besonders feierlicher Form erfolgen müsse, so daß es nicht nur auf den Inhalt der Erklärung, sondern auch auf die Form, in welcher diese abgegeben werden muß, ankäme. Die Erklärung muß nicht nur vor dem Richter abgegeben, sondern auch von diesem beurkundet sein.

Nr. 2. Entsch. v. 19. März 1914 (OVG. **66** 300) I H B 1/13.

1. Nach § 2 des Statuts, der mit § 35 G. über die Verhältnisse der Juden v. 23. VII. 47 (GS. 263) im Einklange steht, sind Mitglieder der Synagogengemeinde zu P. alle im Synagogenbezirke wohnenden Juden. Die Möglichkeit, dieser Mitgliedschaft durch Erklärung des Austritts aus dem Judentum oder der Synagogengemeinde ein Ende zu setzen, ist erst durch das G. v. 14. V. 73 und das G., betr. den Austritt aus den jüd. Synagogengemeinden, v. 28. VII. 76 (GS. 353) eröffnet worden. Bei Abfassung des Statuts vom Jahre 1855 konnte man somit unter den Fällen des „Abganges" das Erlöschen der Mitgliedschaft durch derartige Austrittserklärungen nicht mitverstehen. Man kann den Austritt aus dem Judentume, nachdem er inzwischen durch G. ermöglicht ist, auch nicht nunmehr deshalb ohne weiteres als unter § 8 des Statuts fallend ansehen, weil der Sprachgebrauch es erlaubt, unter „Abgang" auch diese Art des Ausscheidens mitzubegreifen. Das würde sich rechtfertigen lassen, wenn das G. sich einschlägiger Vorschriften über die Wirkung der Austrittserklärung enthielte. Nun hat aber das G. v. 14. V. 73 die Folgen der Austrittserklärung in der Weise geregelt, daß es als Endpunkt der Beitragspflicht den Schluß des auf die Erklärung folgenden Kalenderjahrs festgesetzt hat. Diese Regelung des vom G. selbst neu eingeführten Falles des Austritts aus dem Judentume muß Anwendung finden, solange nicht abändernde Vorschriften nachgefolgt sind.

2. Die KirchStG. vom Jahre 1905 enthalten Bestimmungen einerseits für den evangelischen, anderseits für den katholischen Teil einer gemischten Ehe und schränken das Steuerrecht der Kirchengemeinden hinsichtlich solcher Ehegatten ein. Dagegen bestimmen weder diese G. noch ein sonstiges für das hier in Betracht kommende Rechtsgebiet geltendes G. etwas darüber, daß ein Jude, der in einer Mischehe lebt, von seiner Synagogengemeinde mit Rücksicht auf diese Ehe nur in beschränktem Umfange besteuert werden darf. Aus dem Umstand an sich, daß das unbeschränkte Steuerrecht der Synagogengemeinden gegenüber den in Mischehen lebenden jüdischen Ehegatten Doppelbesteuerungen zur Folge haben kann, läßt sich nichts zur Begründung der Klage herleiten. Eine Doppelbesteuerung ist nicht als solche ohne weiteres unzulässig; sie ist nur dann unstatthaft, wenn sie durch das G. ausdrücklich ausgeschlossen ist. Der Umfang der Steuerpflicht des Klägers ist demnach ausschließlich nach dem § 94 des Statuts zu bestimmen, der in § 58 G. über die Verhältnisse der Juden v. 23. VII. 47 seine Grundlage hat. Danach ist die Kultussteuer des Klägers mit Recht von dem vollen Satze, zu dem er zur Staatseinkommensteuer veranlagt war, berechnet. Ob ihm bei der Veranlagung zur Staatssteuer gemäß § 10 EinkStG. Einkommen seiner Ehefrau zugerechnet ist oder nicht, ist hier ohne Belang. Zur Zeit des Inkrafttretens des Statuts vom Jahre 1855 galt für die staatliche Steuer der Grundsatz der Besteuerung nach Haushaltungen; dem Familienvorstande wurde das Einkommen aller in seiner Haushaltung vereinigten Familienmitglieder angerechnet. Nach dem Inhalte des § 94 des Statuts ist davon auszugehen, daß der Haushaltungsvorstand zu der Kultussteuer nach Maßgabe des vollen Betrags der von ihm zu zahlenden Staatssteuer herangezogen werden sollte. Durch die jetzt geltende Einkommensteuergesetzgebung ist die Familienbesteuerung nur noch in beschränktem Umfange durchgeführt; es findet nur noch eine Gesamtbesteuerung der Ehegatten in der Person des Ehemanns statt. In diesem Umfang aber muß der Ehemann nach dem Statut um so eher

als kultussteuerpflichtig behandelt werden, als nach dem Rechtszustande zu Beginn der Geltung des Statuts die Steuerpflicht des Haushaltungsvorstandes noch weiterging. Etwaiges eigenes — dem Ehemanne bei der staatlichen Veranlagung zugerechnetes — Einkommen der Ehefrau könnte demnach nicht aus dem Grunde bei der Berechnung der Kultussteuer ausgeschieden werden, weil die Frau der Synagogengemeinde gegenüber nicht steuerpflichtig ist.

Nr. 3. Entsch. v. 15. Juni 1914 (PrVerwBl. 35 928) I H B 12/13.

1. Streitig war die Einhaltung der Frist für die Geltendmachung eines Anspruchs auf Ermäßigung von Synagogengemeinde-Abgaben iS. der nachträglichen Herabsetzung des der Veranlagung zugrunde gelegten staatlichen Steuerbetrags.

Dabei wird von dem Kläger in erster Linie der Standpunkt vertreten, daß ein Verlust des Anspruchs als Rechtsfolge verspäteter Anmeldung überhaupt nicht eintreten könne. Zwar bestimme § 79 der Satzungen der Synagogengemeinde:

Wird dem Vorstande nachgewiesen, daß der der Veranlagung zugrunde gelegte Steuerbetrag hinterher ermäßigt worden ist, so tritt auch eine vom Beginne des Steuerjahrs an zu rechnende Ermäßigung der Gemeindesteuer ein. Dieser Nachweis muß jedoch binnen zwei Monaten nach Benachrichtigung der Steuerpflichtigen von ihrer Steuerermäßigung geführt werden, widrigenfalls die Ermäßigung der Gemeindesteuer erst von dem auf die Erbringung des Nachweises folgenden Monat an eintritt.

Diese Vorschrift hält der Kläger auf den vorliegenden Fall aber nicht für anwendbar, da sie nach seiner Ansicht nur die Reklamation gegen die Veranlagung selbst treffen soll und deshalb bei Versäumnis der zweimonatigen Frist lediglich eine Ermäßigung der künftig fällig werdenden Steuern eintreten könne. Dagegen vermeint er, daß bei nachträglicher Ermäßigung der Staatssteuer infolge eingetretener Minderung des ursprünglich veranlagten Einkommens der hierauf gestützte Anspruch auf Herabsetzung der Gemeindeabgaben unbefristet sei. Aber auch bei Anwendung der erwähnten statutarischen Vorschrift will der Kläger eine Fristversäumnis nicht zugeben, da das Ermäßigungsverfahren nach einer rechtskräftigen Veranlagung ein einheitliches Verfahren darstelle und erst nach dessen vollständiger Durchführung der Betrag der zurückzuzahlenden Abgabe feststehe. Deshalb könne die im § 79 normierte Frist erst von der Bekanntgabe der ministeriellen Entsch. an zu laufen beginnen, und diese Frist sei eingehalten.

Der Beklagte ist gleichfalls der Auffassung, daß die Vorschrift des § 79 hier nicht Platz greife, da durch das G. über die Verjährungsfristen der öffentlichen Abgaben v. 18. VI. 40 ein für allemal die Reklamationen gegen Synagogengemeinde-Abgaben an eine dreimonatige Frist, vom Tage der Heranziehung an gerechnet, gebunden seien und diese Frist im Wege statutarischer Anordnungen nicht geändert werden könne. Selbst wenn aber auch die abweichende Bestimmung des § 79 bei der Beurteilung des Klageanspruchs zu berücksichtigen sei, so müsse die erfolgte Staatssteuerermäßigung dem Synagogengemeinde-Vorstande binnen zwei Monaten von jeder dem Steuerpflichtigen günstigen Entsch. der Staatssteuerbehörde an gerechnet nachgewiesen werden. Da die Regierung dem Ermäßigungsanspruche des Klägers teilweise stattgegeben habe, sei mit der Bekanntgabe dieser Entsch. die Frist in Lauf gesetzt worden. Für den Fall, daß der Minister auf die Beschwerde des Klägers eine weitere Herabsetzung des Steuersatzes hätte eintreten lassen, würde mit der Mitteilung dieser Entsch. ein weiterer Ermäßigungsantrag binnen der Frist von zwei Monaten begründet gewesen sein.

2. Der Vorderrichter hat die Anwendbarkeit des mehrgedachten § 79 auf den gegenwärtigen Streitfall ohne weiteres bejaht. Das war zutreffend. Wie die Satzungen der Synagogengemeinde unzweideutig erkennen lassen, soll die Anforderung der Gemeindeabgaben unter engem Anschluß an das Ergebnis der Staatseinkommensteuer durch Erhebung von Zuschlags-

prozenten erfolgen (§ 76). Gegen die auf Grund der vollstreckbar erklärten Heberolle erfolgte Heranziehung der Gemeindemitglieder ist allgemein die durch das G. v. 18. VI. 40 vorgeschriebene Frist der Beschwerde auf drei Monate festgesetzt (§ 81). Schon hieraus ergibt sich, daß der § 79 nicht den Fall der Reklamation gegen die Veranlagung (Heranziehung) vorsieht, sondern einen anderen Zweck verfolgt. In fast wörtlicher Übereinstimmung mit den Vorschriften des EinkStG. (§§ 62 bis 64) über die Veränderung der veranlagten Steuer innerhalb des Steuerjahrs soll nach den Satzungen der Synagogengemeinde gleichfalls eine im Laufe des Steuerjahrs eingetretene Vermehrung und Minderung des Einkommens eine der abgeänderten staatlichen Steuer entsprechende Veränderung des Gemeindeabgabensatzes nach sich ziehen. Dementsprechend muß auch die Bestimmung des § 79 der Satzungen dahin ausgelegt werden, daß sie nicht nur die Fälle treffen will, wenn die ursprüngliche Veranlagung des Staates mit den Rechtsmitteln der §§ 45, 46 und 49 des EinkStG. von dem Steuerpflichtigen angefochten und daraufhin ermäßigt wird, sondern auch dann Anwendung finden soll, wenn die bereits rechtskräftig gewordene Staatssteuerfestsetzung nachträglich auf Grund des § 65 EinkStG. herabgesetzt wird. Die Vorschrift der Satzungen ist deshalb auch hier anwendbar.

3. Muß hiernach dem Vorderrichter zugestimmt werden, insofern er mit einer zweimonatigen Frist des Ermäßigungsanspruchs gerechnet hat, so trifft ihn doch der Vorwurf unrichtiger Auslegung des § 79 der Satzungen. Freilich konnte der Kläger erst nach Beendigung des Beschwerdewegs in der Ministerialinstanz beurteilen, in welchem Umfange seinem Verlangen auf Herabsetzung der Gemeindeabgaben stattgegeben werden mußte. Das kann aber für den Fristenlauf nicht entscheidend sein. Nach dem Wortlaute der Satzungen muß der dem Synagogenvorstande zu erbringende Nachweis binnen zwei Monaten nach Benachrichtigung des Steuerpflichtigen von seiner (Staats-) Steuerermäßigung geführt werden. Ermäßigt war die Steuerforderung aber bereits durch die Entsch. der Regierung. Die Herabsetzung der Steuer bis auf den Jahressatz von 300 ℳ stand danach endgültig fest. Daran wurde auch nichts durch den Umstand geändert, daß über den weitergehenden Ermäßigungsantrag des Klägers noch ein Verfahren in der Beschwerdeinstanz schwebte. Der Kläger war deshalb gehalten, binnen zwei Monaten nach Bekanntgabe seiner Steuerherabsetzung durch die Regierung dem Synagogenvorstande den Nachweis hiervon zu erbringen. Falls seine Beschwerde bei dem Minister zu einer weiteren Herabsetzung geführt haben würde, hätte es ihm überlassen bleiben müssen, binnen der Frist von zwei Monaten nach Benachrichtigung von dem Ergebnisse der Beschwerde einen erneuten Antrag auf Ermäßigung der Synagogengemeinde-Abgaben bei dem Vorstand anzubringen. Unstreitig hat der Kläger binnen zwei Monaten nach Erhalt des Bescheids der Regierung von der erfolgten Steuerermäßigung dem Synagogenvorstande keine Mitteilung gemacht. Dadurch ist er des mit der Klage geltend gemachten Anspruchs verlustig gegangen.

IV.

Schulangelegenheiten.

Literatur: v. Rohrscheidt: SchulunterhaltungsG.[4] (Berlin 1913).

A. Rechtsverhältnisse der Volksschullehrer.

1. Allgemeines. Lehrerberufung.

Nr. 1. Entsch. v. 18. April 1913 (PrVerwBl. 35 230) VIII C 19/13.

Der § 61 Abs. 1 VolksschulUG. hält nur diejenige weitergehende Mitwirkung bei der Berufung der Lehrkräfte aufrecht, die unter gewissen Voraussetzungen den bürgerlichen Gemeinden, Gutsherren sowie den durch § 24 aaO. aufgehobenen und zu Schulverbänden des neuen Rechtes umgestalteten Schulgemeinden beim Inkrafttreten des genannten G. zugestanden hatte oder von ihnen tatsächlich ausgeübt worden war. Nach § 61 Abs. 2 aaO. beschließt die Schulaufsichtsbehörde darüber, ob die Voraussetzungen „von Absatz 1 Satz 1" vorliegen — womit aber der ganze Absatz 1 gemeint ist. Die Entsch. der Schulaufsichtsbehörde nach § 61 Abs. 2 aaO. hat sich also nur darauf zu erstrecken, ob einer einen Eigenschulverband bildenden bürgerlichen Gemeinde, einem Gutsbesitzer oder einem an die Stelle einer Schulgemeinde getretenen Einzel- oder Gesamtschulverband, bzw. einem eine bürgerliche Gemeinde der gedachten Art enthaltenden Gesamtschulverband eine weitergehende Mitwirkung bei der Berufung der Lehrkräfte ferner zusteht oder nicht. Der § 61 Abs. 2 Satz 2 aaO. gibt den „Beteiligten", also den betr. bürgerlichen Gemeinden, Gutsbesitzern oder Schulverbänden gegen den Beschluß der Schulaufsichtsbehörde die Klage im Verwaltungsstreitverfahren. Den Gegenstand dieser Klage kann also nur die Behauptung der genannten Beteiligten bilden, daß ihnen eine weitergehende Mitwirkung bei der Berufung der Lehrkräfte zustehe, als ihnen von der Schulaufsichtsbehörde in deren Beschluß zugebilligt worden ist. Für den Anspruch anderer zur Zeit des Inkrafttretens des VolksschulUG. zur Mitwirkung bei der Lehrerberufung Berechtigter als der genannten Beteiligten auf fernere Mitwirkung ist vom G. das Verwaltungsstreitverfahren nicht zugelassen. Der Anspruch der hier in Frage kommenden „stimmberechtigten kirchlichen Interessenten" auf Mitwirkung bei der Lehrerberufung unterliegt daher nicht der Erörterung im Verwaltungsstreitverfahren, ganz abgesehen davon, daß der Gesamtschulverband zur prozeßrechtlichen Vertretung dieser kirchlichen Interessenten nicht berufen wäre. Daß etwa die frühere Schulgemeinde B., an deren Stelle jetzt der klagende Gesamtschulverband getreten ist, zu einer weitergehenden Mitwirkung bei der Lehrerberufung berechtigt gewesen sei oder eine solche ausgeübt habe, ist vom Kläger nicht behauptet worden. Er konnte dies auch nicht behaupten, da unstreitig bis zum Inkrafttreten des VolksschulUG. die Berufung des Lehrers und Kirchenbeamten in die hier streitige „erste kombinierte Schul- und Kirchenstelle" durch einen einheitlichen Wahlakt der sogenannten kirchlichen Interessenten erfolgt ist.

Nr. 2. Entsch. v. 13. Juni 1913 (OVG. **64** 362) VIII B 21/12.

1. Eine Mitwirkung ist iS. des VolksschulUG. dann eine „weitergehende", „wenn sie entweder dem Inhalt oder der Ausübungsart nach über die in den §§ 59 und 60 bezeichneten Schranken hinausreichte, oder wenn außer den dort genannten Organen ein anderes Gemeindeorgan mitwirkte" (OVG. **58** 182, 218). Aus dem letzteren Grunde ist die Tätigkeit der — im G. nicht genannten — Stadtverordnetenversammlung für den Fall als weitergehende Mitwirkung angesehen worden, daß sie gegenüber der Schulaufsichtsbehörde geübt wurde. Dafür ist insbesondere auf § 59 Abs. 2[1] hingewiesen worden, wo für den gesetzlichen Fall die Anhörung der Schuldeputation vorgeschrieben worden ist. Diese Anhörung bedeutet eine Mitwirkung; und ein von dieser gesetzlichen Mitwirkung abweichendes Verfahren kann eine weitergehende Mitwirkung darstellen. Stand der Gemeinde das Recht zu, nicht die Schuldeputation anhören zu müssen, und durfte sie sich mit der Anhörung des sachverständigen Mitglieds der Schuldeputation begnügen, oder ist sie als Gemeinde so verfahren, so handelt es sich um mehr, als im § 59 vorgeschrieben ist; die Mitwirkung war eine „weitergehende". Voraussetzung aber ist, daß es sich um ein Gemeinderecht handelt oder daß, wo ein Recht nicht in Frage steht, die Ausübung durch ein Gemeindeorgan als solches erfolgte. Davon ist hier keine Rede.

2. Die Klägerin stützt sich darauf, daß nach § 20 Instr. für die Schuldeputationen v. 26. VI. 1811 und nach § 6 PrSchulO. v. 11. XII. 45 (GS. **46** 1) sie nur das

sachverständige Mitglied der Schuldeputation hören brauche, behauptet also ein „Recht auf weitergehende Mitwirkung". Was der Magistrat hinsichtlich der Lehrerwahl nach der Instr. vom Jahre 1811 übte, geschah nicht in Ausübung eines Gemeinderechts, sondern kraft staatlichen Auftrags. § 6 SchulO. erwähnt nur das Wahlrecht der Magistrate, aber nicht die Anhörung der Schuldeputation. Es sollte aber, wie die Motive zur SchulO. ergeben, „in betreff des Berufungsrechts der Lehrer im allgemeinen nichts in dem bestehenden Rechte geändert werden". Daher wurden auch nach wie vor in Preußen vor der Wahl eines Lehrers die technischen Mitglieder der Schuldeputation gehört. Darin, daß die Magistrate nur im Auftrage des Staates handelten, wurde nichts geändert. Ein Gemeinderecht, nur das sachverständige Mitglied der Schuldeputation zu hören, bestand also nicht. Vielmehr verfuhr der Magistrat, wenn er nur dieses Mitglied hörte, lediglich in Befolgung des ihm durch das G. erteilten staatlichen Auftrags. War aber dies der Fall, dann kann auch die tatsächliche Übung nicht in Betracht kommen. Sie erfolgte nicht durch die Gemeinde oder ein Gemeindeorgan als solches, sondern durch eine hierzu staatlich beauftragte Behörde auf Grund der gesetzlichen Vorschrift. An Stelle dieses allgemeinen Rechtes ist aber das des § 59 getreten, wonach jetzt die Anhörung der Schuldeputation erfolgt und die Anhörung der sachverständigen Mitglieder nicht mehr genügt. Die das frühere Recht aufhebende Vorschrift des § 63 greift durch. Die in diese eingeschlossene, früheres Recht aufrechterhaltende Bestimmung kommt nicht zur Anwendung, weil zu den im Widerspruche mit dem G. stehenden Rechten nach § 61 Abs. 1 nur Mitwirkungsrechte oder Mitwirkungen der „Gemeindeorgane" gehören, gerade dies aber bei der Nichtanhörung der ganzen Schuldeputation nicht zutrifft. Die beanspruchte weitergehende Mitwirkung besteht somit nicht.

Nr. 4. Entsch. v. 9. Jan. 1914 (OVG. **66** 265) VIII A 55/13.

VolksschulUG. §§ 59, 60, 62.

1. Die Grenzen der Zuständigkeit von Staat und Gemeinde auf dem Gebiete des Volksschulwesens in Preußen ergeben sich aus der Unterscheidung zwischen inneren und äußeren Schulangelegenheiten. Äußere Schulangelegenheiten sind diejenigen, die die Erbauung, Ausstattung und Unterhaltung, sowie das Vermögen der Schule betreffen. Zu den inneren Schulangelegenheiten gehört alles, was sich auf den Unterricht, den Lehrplan, die Methode, den Schulbesuch und die Schulzucht bezieht. Während die Verwaltung der äußeren Schulangelegenheiten der Gemeinde, jetzt nach dem VolksschulUG. dem Schulverbande, zusteht, verwaltet der Staat die inneren Schulangelegenheiten. Wenn die Verwaltung der inneren Schulangelegenheiten häufig auch als Schulaufsicht bezeichnet wird, so trifft dieser Ausdruck strenggenommen nicht zu, weil es an einer selbstverwaltenden Tätigkeit eines dem Staate untergeordneten und von ihm beaufsichtigten Gemeinwesens auf dem Gebiete des inneren Schulwesens fehlt; der Staat hat insoweit die Verwaltung selbst. Hieran ändert sich auch dann nichts, wenn der Staat mit der Verwaltung einzelner innerer Schulangelegenheiten Organe der ihm untergeordneten Gemeinwesen betraut; diese handeln dann lediglich im Auftrage des Staates und nicht kraft eigenen Rechtes. Zu den inneren Schulangelegenheiten gehört die Erteilung von Urlaub an die Lehrpersonen. Sie wird im § 18 Abs. 1 b RegInstr. v. 23. X. 1817 (GS. 248) auch ausdrücklich der Schulaufsichtsbehörde als ein ihr gebührendes Recht zugewiesen. Handelt es sich aber bei der Urlaubserteilung um eine der Schulaufsichtsbehörde obliegende Verwaltungstätigkeit, so bestimmt sich deren Ausübung lediglich nach dem pflichtmäßigen Ermessen dieser Behörde. Dem Verwaltungsrichter steht die Nachprüfung, ob die Behörde von ihrem Ermessen einen durch die Sachlage nicht gerechtfertigten

Gebrauch gemacht habe, nicht zu. Eine gesetzliche Schranke, daß die Schulaufsichtsbehörde nur im Interesse des Volksschulunterrichts oder in Wahrung der rechtlichen Urlaubsansprüche des Lehrers Urlaub erteilen dürfe, besteht nicht. Die Lehrpersonen haben, ebenso wie alle Beamten, überhaupt keinen rechtlichen Anspruch auf Urlaub. Im vorliegenden Falle ist der Lehrer auf zwei Jahre, aus persönlichen Gründen, damit er sich unterrichtlich fortbilde, von seinem Dienste befreit worden; er hat also auf zwei Jahre Urlaub erhalten. Die Möglichkeit, daß diese unterrichtliche Fortbildung vielleicht später den Übertritt des Lehrers in eine höhere Lehrtätigkeit zur Folge haben kann, nimmt der bewilligten Dienstbefreiung nicht ihren rechtlichen Charakter als „Urlaub".

2. Ist hiernach davon auszugehen, daß die Schulaufsichtsbehörde dem Lehrer gemäß der ihr rechtlich zustehenden Befugnis Urlaub erteilt hat, so gebührt ihm für die Urlaubszeit auch sein Gehalt, soweit es nicht um die Vertretungskosten von der Regierung gekürzt worden ist; denn es bestehen keine gesetzlichen Vorschriften, die ihn seines Diensteinkommens während der Urlaubszeit für verlustig erklären. Er bleibt auch während der Beurlaubung Lehrer des Schulverbandes.

3. Aus dem durch § 59 VolksschulUG. den Schulverbänden eingeräumten Vorschlagsrecht erwächst ihnen keineswegs ein rechtlicher Anspruch darauf, daß sie sich die Dienstleistung der auf ihren Vorschlag angestellten Lehrperson dauernd nutzbar machen dürfen. Dies ergibt sich schon daraus, daß die Volksschullehrer jederzeit im Interesse des Dienstes ohne Zustimmung des Schulverbandes in ein anderes Amt versetzt werden können (§ 87[1] G. v. 21. VII. 52, GS. 465 und § 62 Abs. 1 VolksschulUG.). Diese Maßnahme greift also in die vermeintlichen Rechte des Schulverbandes noch viel weiter ein als die zeitweilige Beurlaubung. Abgesehen hiervon treffen die von der Klägerin angestellten Erwägungen, daß den Schulverbänden durch ihr gesetzliches Wahlrecht die Möglichkeit gegeben sei, die Güte ihres Lehrkörpers selbst zu bestimmen, allgemein überhaupt nicht zu; denn in Schulverbänden mit 25 oder weniger Stellen erfolgt die Wahl aus drei von der Schulaufsichtsbehörde als befähigt Bezeichneten, und bei der Besetzung von Stellen, deren Inhabern Leitungsbefugnisse zustehen, haben die Schulverbände gar kein Wahlrecht, vielmehr werden diese Stellen von der Schulaufsichtsbehörde lediglich nach Anhörung der Organe der Schulverbände besetzt (§§ 59 Abs. 1 und 60 aaO.).

4. Wenn § 59 Abs. 3 aaO. bestimmt, daß die von den Schulverbänden gewählten Lehramtsbewerber von der Schulaufsichtsbehörde „für den Schulverband" angestellt werden, so bedeutet dies nicht, daß der Lehrer in ein Dienstverhältnis zum Schulverbande trete, vielmehr besagen jene Worte nur, daß dem Lehrer von der Schulaufsichtsbehörde der Schulverband als örtlicher Wirkungskreis zugewiesen wird. Aus der Anstellungsbefugnis der Schulaufsichtsbehörde kraft der ihr gesetzlich gebührenden Verwaltung der inneren Schulangelegenheiten ergibt sich, daß der Volksschullehrer bei Ausübung seiner dienstlichen Tätigkeit nicht Geschäfte erledigt, die dem Schulverband obliegen, vielmehr übt er eine Tätigkeit aus, die als Staatsaufgabe, als Erfüllung einer staatlichen Pflicht, anzusehen ist. Der Auftrag zur Wahrnehmung des Schulamtes wird dem Volksschullehrer vom Staate erteilt. Seine ganze lehramtliche Tätigkeit ist nicht als Dienst dem Schulverbande gegenüber anzusehen, weil dieser mit ihr nichts zu tun hat. Der Schulverband ist daher gegenüber dem Volksschullehrer nicht der Berechtigte aus dem Anstellungsverhältnisse. Der Lehrer wirkt bei Ausübung seines Lehramtes nicht für den Schulverband, sondern im Schulverbande für die Erfüllung rein staatlicher Aufgaben. Daher steht der Schulaufsichtsbehörde als der Verwalterin der inneren Schulangelegenheiten die Befugnis zur Beurlaubung der im Volksschuldienste tätigen Lehrpersonen kraft eigenen Rechtes schlechthin und unbeschränkt zu.

Nr. 4. Entsch. v. 3. März 1914 (OVG. **66** 259) VIII B 14/13.

1. Dafür, daß die nach dem G. v. 5. VII. 12 (GS. 191) der Schulaufsichtsbehörde übertragene Entsch., ob ein Lehrer Schulleiter sei, in Gestalt eines dem Schulverband und dem Lehrer bekannt zu gebenden formellen Beschlusses ergehen müsse, fehlt es in dem G. an jedem Anhalte. Die Entsch. iS. des G. ist ein rein deklaratorischer Ausspruch darüber, daß ein Lehrer als Schulleiter anzusehen sei. Eine bestimmte Form ist für diesen Ausspruch nicht vorgeschrieben. Es genügt jede Verfügung, aus der der Ausspruch mit Sicherheit zu entnehmen ist. Andere „bestimmte Tatsachen" sind nach dem G. von der Schulaufsichtsbehörde in ihrer Entsch. nicht festzustellen. Daß die Verfügung, die die Feststellung der streitigen Leistung als einer dem Schulverbande gesetzlich obliegenden enthält, und von der jene Entsch. nur ein Bestandteil ist, nicht unmittelbar an den Schulverband ergangen, sondern an den Landrat mit dem Auftrage gerichtet worden ist, der Schuldeputation von ihrem Inhalte Kenntnis zu geben, ist ohne Bedeutung. Auch wenn der Landrat dem Schulverband im Auftrage der Regierung von dem Inhalt ihrer Anordnung Kenntnis gab, ist die Feststellungsverfügung als dem Schulverbande gegenüber ergangen anzusehen.

2. Nach § 87[1] G. v. 21. VII. 52 kann die Versetzung im Interesse des Dienstes nur in ein anderes Amt von nicht geringerem etatsmäßigen Diensteinkommen erfolgen. Was als das etatsmäßige Diensteinkommen des Lehrers anzusehen ist, das durch eine Versetzung im Interesse des Dienstes nicht verringert werden darf, ergibt das LehrBesG. Dessen § 31 Abs. 4 bestimmt, daß bei Versetzungen von Lehrpersonen der Verlust der Amtszulage in den Fällen des § 24 Abs. 2 und 4 nicht als Verringerung des Diensteinkommens gilt. Daraus folgt, daß er in den Fällen des § 24 Abs. 1, um deren einen es sich hier handelt, als Verringerung des Diensteinkommens gilt, also bei Versetzungen im Interesse des Dienstes in eine Schulstelle, mit der eine solche Amtszulage nicht verbunden ist, die vorher bezogene Amtszulage dem Lehrer weiter zu gewähren ist.

3. In dem G. v. 5. VII. 12 ist der Schulaufsichtsbehörde nicht die Befugnis beigelegt worden, für eine vor dem Inkrafttreten des G. liegende Zeit mit bindender Wirkung darüber zu entscheiden, daß eine Lehrperson als „Schulleiter" anzusehen sei. Dies ergibt sich schon daraus, daß das G. unter materieller Abänderung des § 24 LehrBesG. andere Klassen von Lehrpersonen mit Leitungsbefugnissen aufstellt, als sie vorher nach § 24 Abs. 1 aaO. bestanden. Das neue G. beseitigt aus dem § 24 die besondere Klasse der ersten Lehrer an Volksschulen mit Leitungsbefugnissen und stellt allein gegenüber die „Leiter von Schulen mit sechs oder mehr aufsteigenden Klassen" und „andere Schulleiter". Der Schulaufsichtsbehörde konnte daher die Befugnis, endgültig zu entscheiden, ob eine Lehrperson als „Schulleiter" iS. des G. v. 5. VII. 12 anzusehen sei, durch dieses G. erst für die Zeit nach seinem Inkrafttreten übertragen werden. Wenn die Schulaufsichtsbehörde eine solche Entsch. für die Vergangenheit trifft, überschreitet sie ihre gesetzliche Zuständigkeit. Diese hat der Verwaltungsrichter nachzuprüfen; denn die Entsch., daß eine Lehrperson Schulleiter iS. des G. sei, bildet einen rechtlichen Bestandteil der von ihm nachzuprüfenden Feststellung, daß die streitige Leistung dem Schulverbande gesetzlich obliege. Die Entsch. einer ihre Zuständigkeit überschreitenden Schulaufsichtsbehörde hat nicht die Wirkung, daß der Betreffende endgültig als Schulleiter iS. des G. anzusehen ist, eine solche Entsch. bindet den Verwaltungsrichter nicht.

Nr. 5. Entsch. v. 8. Mai 1914 (OVG. **66** 272) VIII B 2/14.

1. Die Schulaufsichtsbehörde war befugt, den Lehrer auf zwei Jahre zu beurlauben. Allerdings war der Lehrer der Regierung, als sie seine Beur-

laubung verfügte, noch nicht als Beamter wieder unterstellt. Eine durch das Beamtenverhältnis bedingte Aufsichtsmaßnahme konnte aber schon vor dessen Begründung mit Wirkung von dem feststehenden Tage der Begründung an rechtsgültig vorgenommen werden. Zur Beurlaubung eines Lehrers ist die Regierung, Abteilung für Kirchen- und Schulwesen, gemäß § 18 Abs. 1 b RegInstr. in ihrer Eigenschaft als Schulaufsichtsbehörde zuständig.

2. Dem rechtmäßig von der Schulaufsichtsbehörde beurlaubten Lehrer gebührt für die Urlaubszeit sein Gehalt, soweit es nicht von der Regierung um die Vertretungskosten gekürzt worden ist; denn es bestehen keine gesetzlichen Vorschriften, die ihn seines Diensteinkommens während der Urlaubszeit für verlustig erklären. Der MinErl. v. 23. XII. 04 (ZBl.UV. 05 225), von dem die Regierung bei ihrer Anforderung ausgegangen ist, entspricht daher dem geltenden Rechte. Er bestimmt: „Bei Beurlaubungen von Volksschullehrern zu ihrer weiteren Ausbildung behalten die Beurlaubten den Anspruch auf ihr volles Diensteinkommen (Grundgehalt, Alterszulagen, Mietentschädigung). Die Lehrer sind jedoch, sofern nicht zwischen ihnen und den Schulverbänden (Gemeinden) anderweite Vereinbarungen getroffen werden, verpflichtet, aus ihrem Diensteinkommen die Kosten der Stellvertretung zu bestreiten." Unrichtig ist die Meinung, daß dieser Erlaß neben dem LehrBesG. v. 26. V. 09 (GS. 93), da dieses die Diensteinkommensbezüge der Lehrpersonen abschließend regele und dem beurlaubten Lehrer die ihm hier zugebilligten Gehaltsteile nicht zuspreche, nicht mehr zu Recht bestehe. Das LehrBesG. ordnet erschöpfend nur die Höhe der den einzelnen Gattungen von Lehrpersonen zustehenden Dienstbezüge. Darüber Bestimmung zu treffen, unter welchen Voraussetzungen der Anspruch der Lehrpersonen auf diese Dienstbezüge, insbesondere iF. der Beurlaubung, fortfalle, lag außerhalb des Rahmens des BesG.

3. Der Vorwurf, daß die Regierung, dem Erlasse zuwider, die Gemeinde vor der Beurlaubung nicht gehört und ihr dadurch die Möglichkeit einer für den Schulverband günstigeren Vereinbarung mit dem Lehrer über dessen Gehaltsansprüche während der Zeit der Beurlaubung genommen habe, ist unbegründet. Der Erlaß ist eine Verwaltungsverordnung und enthält lediglich Anweisungen an die Regierungen, deren Nichtbefolgung diese nur der Aufsichtsinstanz gegenüber zu vertreten haben. Er sieht aber überhaupt nicht die Möglichkeit von Vereinbarungen der Schulverbände mit dem beurlaubten Lehrer darüber vor, daß dieser auf sein Diensteinkommen während der Urlaubszeit, soweit es nicht durch Vertretungskosten in Anspruch genommen werde, ganz oder teilweise verzichte. Nach seinem Inhalte soll vielmehr der beurlaubte Lehrer mindestens denjenigen Teil seines Gehalts, welcher nach Abzug der Vertretungskosten verbleibt, behalten. Die im Erlaß erwähnten Vereinbarungen können nur dahin gehen, daß der Lehrer vom Schulverbande ganz oder zum Teil von der ihm an sich obliegenden Pflicht, die Vertretungskosten zu tragen, befreit wird, sind also nur zugunsten des Lehrers vorgesehen.

2. Einkommen und Hinterbliebenenversorgung.

a) Einkommen.

Nr. 1. Entsch. v. 4. März 1913 (**OVG. 63** 218) VIII A 43/12.

1. Durch die Verfügung der Schulaufsichtsbehörde war die Verpflichtung des Schulverbandes festgestellt worden, fortlaufend jährlich den beiden Rektoren je 700 ℳ Amtszulage und je 470 ℳ Mietentschädigung zu zahlen. Falls der Regierungspräsident mit seiner Verfügung beabsichtigt hätte — wofür allerdings deren Wortlaut spricht —, diese fortlaufende Leistung als außerordentliche Ausgabe festzustellen, so würde seine Anordnung dem G. widersprechen; denn wiederkehrende jährliche Ausgaben, deren Betrag sich im

voraus bestimmen läßt, müssen durch die Jahresetats der Gemeinden nachgewiesen werden (vgl. §§ 66, 67 StO.). Der Regierungspräsident hätte somit, wenn seine Absicht dahin ging, die jährlich wiederkehrenden Zahlungen der Amtszulagen und Mietentschädigungen im voraus durch einmalige Anordnung zwangsweise zu etatisieren, die Leistung der bereits fälligen Beträge als außerordentliche Ausgabe außerhalb des damals laufenden Jahresetats verfügen und die Eintragung der künftig fällig werdenden Jahresleistungen in die jedesmaligen künftigen Jahresetats anordnen müssen. Seine Verfügung ist aber gerade deshalb, weil er nur die Feststellung einer außerordentlichen Ausgabe angeordnet hat, dahin auszulegen, daß sie nur die bis zu ihrem Erlasse rückständig gebliebenen Beträge zum Gegenstande haben sollte.

2. Bestehen sonach keine zur Aufhebung der Zwangsetatisierungsverfügung führenden formellen Mängel, so bleibt zu prüfen, ob die festgestellte Leistung der Klägerin als Schulverband gesetzlich obliegt. Zu diesem Behufe bedarf es zunächst der Untersuchung, zu welcher Klasse der im § 57 Abs. 1 Satz 3 aaO. aufgeführten Lehrpersonen mit Leitungsbefugnissen die Rektoren G. und K. gehören.

Der Beklagte ist allerdings der Ansicht, daß die Frage nach der Höhe der den beiden Rektoren zustehenden Amtszulage auf Grund des G., betr. die Dekl. und Ergänzung des § 24 G. über das Diensteinkommen der Lehrer und Lehrerinnen an den öffentlichen Volksschulen v. 26. V. 09 (GS. 93), v. 5. VII. 12 (GS. 191) zu beantworten sei. Allein diese Annahme ist irrig. Zunächst ergibt sich die Unstimmigkeit, daß durch das G. v. 5. VII. 12 zwar die Fassung des § 24, aber, anscheinend versehentlich, nicht auch diejenige des § 57, auf den es hier ankommt, abgeändert worden ist. Nach dem § 57 gibt es sonach eine Klasse von Lehrpersonen mit Leitungsbefugnissen, die auf den Mindestbetrag der Amtszulage Anspruch haben, aber in der nunmehr abgeänderten Fassung des § 24 ausgeschaltet worden sind, nämlich „die ersten Lehrer an Volksschulen mit drei oder mehr Lehrkräften, denen Leitungsbefugnisse übertragen worden sind". Für diese Klasse des § 57 ist in dem nunmehrigen § 24 keine Amtszulage mehr vorgesehen. Es bedarf hier keiner Erörterung, ob trotz dieses Versehens der Gesetzgebung angenommen werden könnte, daß gleichwohl auch in den Fällen des § 57 die Klasse der „ersten Lehrer an Volksschulen mit drei oder mehr Lehrkräften, denen Leitungsbefugnisse übertragen worden sind", in die Klasse der „anderen Schulleiter" mitaufgegangen sei, wie solche durch das G. v. 5. VII. 12 den „Leitern von Schulen mit sechs oder mehr aufsteigenden Klassen" allein noch gegenübergestellt worden sind; denn dem G. v. 5. VII. 12 ist überhaupt keine rückwirkende Kraft zuzusprechen.

Das G. legt sich selbst keine rückwirkende Kraft bei, sondern spricht nur aus, daß es mit dem Tage der Verkündung in Kraft trete. Es fragt sich daher, ob es hinsichtlich des hier zu bestimmenden Begriffs der „Schulleiter" seinem Inhalte nach sich lediglich als eine authentische Interpretation des VolksschulLehrBesG. v. 26. V. 09 darstellt, der dann rückwirkende Kraft bis zum 1. IV. 08 (§ 56 aaO.) zukäme.

Dies kann nicht anerkannt werden. Weder die Überschrift des G. als eines zum Teil eine Dekl. enthaltenden G. noch die Einigkeit der Staatsregierung und der parlamentarischen Körperschaften darüber, daß das G. ein DeklG. sein solle, können ihm die rechtliche Natur eines solchen beilegen, wenn sein Inhalt diese deklaratorische Eigenschaft ausschließt. Im vorliegenden Falle wird aber durch den Inhalt des G. die Annahme, daß es eine authentische Interpretation des § 24 zum Gegenstande habe, ausgeschlossen. Eine authentische Interpretation liegt nur dann vor, wenn ohne Veränderung des Gesetzestextes festgestellt wird, welchen Sinn der Gesetzesbefehl nach der bei seinem Erlaß obwaltenden Absicht der gesetzgebenden Faktoren haben sollte. Von einer authentischen Interpretation eines G. kann dagegen dann keine Rede sein, wenn der

Gesetzesbefehl **inhaltlich abgeändert** wird. So liegt der Fall hier: durch das G. v. 5. VII. 12 wird der § 24 LehrBesG. v. 26. V. 09 in zweifacher Hinsicht **materiell abgeändert**. Der § 24 unterschied hinsichtlich der Höhe der zu gewährenden Amtszulagen „Leiter von Schulen mit sechs oder mehr aufsteigenden Klassen" einerseits, sowie „**andere Schulleiter und solche erste Lehrer an Volksschulen** mit drei oder mehr Lehrkräften, denen Leitungsbefugnisse übertragen sind", anderseits. Das G. v. 5. VII. 12 beseitigt zunächst aus dem § 24 die besondere Klasse der ersten Lehrer an Volksschulen mit Leitungsbefugnissen und stellt allein gegenüber die „Leiter von Schulen mit sechs oder mehr aufsteigenden Klassen" und „andere Schulleiter". Das OVG. hatte aber gerade aus der Aufführung der ersten Lehrer mit Leitungsbefugnissen neben den Schulleitern im § 24 gefolgert, daß unter diesen ersten Lehrern etwas anderes zu verstehen sei als unter den „Schulleitern" (OVG. **59** 203). Abgesehen hiervon wird im G. v. 5. VII. 12 der nunmehr allein noch in Frage kommende gesetzliche Begriff der „Schulleiter" nicht etwa erläutert, wie es für die Annahme eines DeklG. unabweisbar notwendig wäre, vielmehr im zweiten Satze des Art. I Abs. 1 materiell abgeändert. Hier werden nicht etwa die gesetzlichen Begriffe des Schulleiters und der Schule mit sechs oder mehr aufsteigenden Klassen, wie solche der § 24 im Auge gehabt habe, näher umschrieben und die Feststellung, ob die umschriebenen Begriffe im einzelnen Falle auf die betreffende Lehrperson oder Schule zutreffen, dem Verwaltungsrichter, wie bisher, überlassen, sondern es wird gar kein gesetzlicher Begriff aufgestellt, vielmehr wird dessen Bestimmung aus dem G. ausgeschieden, dadurch **der Auslegung durch den Verwaltungsrichter entzogen und endgültig der Schulaufsichtsbehörde übertragen**. Daß ein solches, den nach § 24 bisher bestehenden Rechtszustand materiell abänderndes G. keine authentische Interpretation des § 24 darstellen kann, liegt auf der Hand.

3. Unstreitig stehen **die beiden Rektoren an der Spitze von Schulen mit sechs aufsteigenden Klassen**. Das OVG. hat nun in dem Urt. v. 7. VII. 11 dargelegt, daß unter den „Leitern" von Schulen mit sechs oder mehr aufsteigenden Klassen iS. des § 24 Abs. 1 diejenigen Lehrpersonen zu verstehen sind, die unter Abstandnahme von der Unterstellung unter einen Ortsschulinspektor neben der Leitung des äußeren Schulbetriebes die sonst den Ortsschulinspektoren zustehenden Aufsichtsbefugnisse ausüben. An dieser Auffassung ist festzuhalten. Es fragt sich also, ob den beiden Rektoren im vorliegenden Falle die sonst den Ortsschulinspektoren zustehenden Aufsichtsbefugnisse übertragen und sie selbst **unmittelbar dem Kreisschulinspektor unterstellt** sind. Dies ist jedoch nicht der Fall. Beide Rektoren unterstehen, wie sich aus den in Betracht kommenden DstAnw. ergibt, dem Ortsschulinspektor und haben demgemäß auch den Lehrern gegenüber nicht die sonst dem Ortsschulinspektor zustehenden Aufsichtsbefugnisse.

Sie haben deshalb einen **gesetzlichen Anspruch nur auf den Mindestbetrag der Amtszulage von 200 ℳ**, da sie nicht als „Leiter" von Schulen mit sechs oder mehr aufsteigenden Klassen im gesetzlichen Sinne anzusehen sind. Dem Rektor G. (K. hat unstreitig eine Dienstwohnung inne) steht demgemäß auch nur eine Mietentschädigung in Höhe von 400 ℳ zu.

Nr. 2. Entsch. v. 18. Nov. 1913 (OVG. **65** 222) VIII B 6/13.

1. Die **Gewährung von Ortszulagen** ist dem **Ermessen der Schulverbände überlassen** (§§ 20, 21 LehrBesG. v. 26. V. 09, GS. 93). Hat eine Gemeinde N. von dieser Befugnis Gebrauch gemacht und eine BesoldungsO. mit festen Sätzen erlassen, so ist **zur Feststellung der Leistung** hiernach die **Aufsichtsbehörde zuständig**, und zwar auch bei einem **Eigenschulverbande die Schulaufsichtsbehörde**; denn es handelt sich um eine von der Gemeinde **als Schulverband** aufzubringende Leistung.

2. Im § 22 Abs. 2 LehrBesG. v. 26. V. 09 ist vorgeschrieben: „Den Schulverbänden bleibt die Bestimmung darüber überlassen, ob und in welcher Weise der Beginn und die Höhe der Ortszulagen von der Erreichung einer bestimmten Dienstzeit (§§ 34 bis 36) abhängig gemacht werden soll . . . ." Die Bedeutung der im § 22 Abs. 2 enthaltenen Verweisung auf die §§ 34 bis 36 ist nicht völlig zweifelsfrei. An und für sich wäre es nicht ausgeschlossen, den § 22 Abs. 2 dahin auszulegen, daß den Schulverbänden nicht nur darüber die Bestimmung überlassen bleiben solle, ob und in welcher Weise der Beginn und die Höhe der Ortszulagen von der Erreichung einer bestimmten Dienstzeit abhängig sein soll, sondern daß auch in ihr Ermessen gestellt sein soll, inwieweit ie die in den §§ 34 bis 36 aufgestellten Regeln ihrer Berechnung zugrunde legen wollen. Jedoch hat der Gerichtshof aus der unmittelbaren Anfügung des Hinweises „(§§ 34 bis 36)" an das Wort „Dienstzeit" als Sinn des G. entnommen, daß iF. der Anwendung des § 22 Abs. 2 die Berechnung der Dienstzeit mit zwingender Kraft nach den Vorschriften der §§ 34 bis 36 zu erfolgen hat. Wenn also Schulverbände auf Grund des ihnen durch § 22 Abs. 2 freigegebenen Ermessens den Beginn und die Höhe der Ortszulagen von der Erreichung einer bestimmten Dienstzeit abhängig gemacht haben, dann muß die Berechnung der Dienstzeit nach den Bestimmungen der §§ 34 bis 36 vorgenommen werden. Nun wird durch die §§ 34 bis 36 die Berechnung der Dienstzeit für die einzelnen Teile des Diensteinkommens — Grundgehalt, Mietentschädigung und Alterszulagen — verschieden geregelt: bei der Bemessung der Alterszulagen ist unter gewissen Voraussetzungen auch die Zeit der Lehrtätigkeit an Privatschulen auf die Dienstzeit anzurechnen (§ 36), während für die Gewährung des Grundgehalts und der Mietentschädigung ausnahmslos nur die im öffentlichen Schuldienst oder in den diesem Dienste gleichzuachtenden Lehrtätigkeiten zugebrachte Zeit als Dienstzeit in Ansatz kommt (§§ 34, 35). Es fragt sich daher, welche der in den §§ 34 bis 36 hinsichtlich der einzelnen Dienstbezüge getroffenen Vorschriften auf die Berechnung der Dienstzeit bei den Ortszulagen Anwendung finden sollen. Die Frage ist dahin zu beantworten, daß die Berechnung der Dienstzeit für die Gewährung der Ortszulagen iF. des § 22 Abs. 2 nach den Vorschriften über die Bemessung der Dienstzeit für die Alterszulagen zu erfolgen hat. Wenn also im Einzelfall eine Lehrperson auf Grund des § 36 durch Nachzahlung der dort vorgeschriebenen Beträge den Anspruch auf Anrechnung von Privatschuldienstzeit für die Bemessung der Alterszulagen erlangt hat, dann muß diese erweiterte Dienstzeit auch bei der Bemessung der Ortszulagen iF. des § 22 Abs. 2 zugrunde gelegt werden.

Nr. 3. Entsch. v. 18. Okt. 1912 (OVG. **64** 339) VIII B 7/12.

1. Die Zuständigkeit der Regierung zur Feststellung von Anforderungen für Volksschulen ist durch § 2 G. v. 26. V. 87 (GS. 175) eingeschränkt. Nach dieser Vorschrift wird, wenn von der Schulaufsichtsbehörde für eine Volksschule Anforderungen gestellt werden, die durch neue oder erhöhte Leistungen der zur Unterhaltung der Schule Verpflichteten zu gewähren sind, in Ermangelung des Einverständnisses der Verpflichteten die zu gewährende Anforderung, soweit solche innerhalb der gesetzlichen Zuständigkeit nach dem Ermessen der Verwaltungsbehörden zu bestimmen ist, bei Landschulen durch Beschluß des Kreisausschusses festgestellt. Soweit hiernach neue oder erhöhte Anforderungen an die Schulunterhaltungspflichtigen gestellt werden, ist die Befugnis der Regierung zur Feststellung der Anforderungen auf solche Leistungen beschränkt, die durch zwingende gesetzliche oder ortsrechtliche Normen sowohl hinsichtlich des Eintritts der Verpflichtung als auch ihres Umfanges fest bestimmt und dadurch jedem Ermessen der

Verwaltungsbehörden entzogen sind. Gründet sich dagegen die Verpflichtung zu einer Leistung auf eine abstrakte Vorschrift, die dem Ermessen der Behörde Spielraum läßt, muß also die Verpflichtung im Streitfall erst unter Zugrundelegung dieser Vorschrift durch eine konkrete Anordnung der Behörde näher bestimmt werden, so ist nicht die Regierung, sondern die Beschlußbehörde zur Feststellung berufen.

2. Nach § 20 G. über das Diensteinkommen der Lehrer und Lehrerinnen an den öffentlichen Volksschulen v. 26. V. 09 (GS. 93) können die Schulverbände unter gewissen Voraussetzungen die Gewährung pensionsfähiger Ortszulagen an ihre sämtlichen Lehrkräfte oder einzelne der im G. bezeichneten Arten beschließen. Die Gewährung der Ortszulagen ist also eine freiwillige, in das Ermessen der Schulverbände gestellte Leistung. Das Gleiche gilt hinsichtlich des Umfanges der Leistung. Nach § 22 aaO. darf die Ortszulage nur einen bestimmten Höchstbetrag, je nach dem bisherigen Endgehalte, nicht überschreiten. Auch bleibt den Schulverbänden die Bestimmung darüber überlassen, ob und in welcher Weise der Beginn und die Höhe der Ortszulagen von der Erreichung einer bestimmten Dienstzeit abhängig gemacht werden soll, und ob die Zulagen für einzelne Arten von Lehrkräften verschieden gestaltet werden sollen. Die §§ 20, 22 aaO. enthalten also keine Vorschriften, die den Eintritt der Verpflichtung zur Gewährung von Ortszulagen und deren Umfang fest bestimmen. Aus diesen gesetzlichen Bestimmungen allein kann also die Zuständigkeit der Regierung zur Feststellung der Leistung nicht hergeleitet werden.

3. Es fragt sich weiter, ob hier etwa auf Grund dieser Bestimmungen ein sowohl den Eintritt der Verpflichtung als auch ihren Umfang fest begrenzendes gültiges Ortsrecht zustande gekommen ist, auf Grund dessen die Regierung zur Feststellung der Anforderung berufen wäre. Allein auch diese Frage ist zu verneinen.

Nach § 23 aaO. bedürfen die Beschlüsse der Schulverbände über die Gewährung von Ortszulagen der Genehmigung der Schulaufsichtsbehörde. Läge hier ein von der Regierung genehmigter Beschluß der Klägerin über die Gewährung von Ortszulagen vor, so würde er allerdings ein gültiges Ortsrecht darstellen. Ein solcher Beschluß ist aber nicht zustande gekommen. Die Klägerin hatte beschlossen: den am Dienstorte wohnenden Lehrpersonen Ortszulagen zu gewähren. Die von der Regierung hierzu erteilte Genehmigung lautet: „Wir genehmigen den Beschluß . . . . ., wonach den dortigen Lehrern und Lehrerinnen Ortszulagen . . . . . gewährt werden sollen." Die Regierung führt hierzu aus, sie habe absichtlich diese Fassung gewählt, um festzustellen, daß, abweichend von dem Inhalte des Gemeindebeschlusses, die Ortszulagen nicht nur den am Dienstorte wohnenden, sondern allen an den Volksschulen der Gemeinde angestellten Lehrkräften zu gewähren seien. Eine Genehmigung mit einer Maßgabe, wie der vorliegenden, ist eine Versagung der erbetenen Genehmigung zugleich mit dem Anerbieten, einen Gemeindebeschluß anderen Inhalts zu genehmigen. Solange die Gemeinde einen dieser Maßgabe entsprechenden anderweitigen Beschluß nicht faßt, hat die mit jener Maßgabe erteilte Genehmigung keinen Gegenstand. Inzwischen kann also von dem Zustandekommen eines Ortsrechts keine Rede sein.

Nr. 4. Entsch. v. 7. März 1913 (OVG. 64 344) VIII A 47/12.

1. Die Gemeinden sind gesetzlich nicht verpflichtet, höhere Schulen zu errichten oder die freiwillig errichteten den Anforderungen der Schulaufsichtsbehörde gemäß zu unterhalten. Ist aber die Aufsichtsbehörde nicht befugt, bezüglich der höheren Schulen über die im Unterrichtsinteresse aufzubringenden Leistungen Vorschriften mit bindender Kraft den Gemeinden gegenüber zu er-

lassen und ihre Erfüllung zu erzwingen, so ergibt sich, daß die ministeriellen Best. v. 18. VIII. 08 (B. IV[33]) eine Verpflichtung der Klägerin, das Diensteinkommen der städtischen Oberlehrerinnen nach der Besoldung der Oberlehrerinnen an staatlichen Anstalten zu bemessen, nicht begründen konnten.

2. Wenn übrigens in Ziff. 33 bestimmt ist, daß bei den nichtstaatlichen öffentlichen höheren Mädchenschulen, höheren Seminaren, Lyzeen und Studienanstalten die Gehaltssätze der Direktoren, akademischen Oberlehrer und Oberlehrerinnen nach der BesoldungsO. der staatlichen Anstalten zu bemessen sind, so bezieht sich das Eigenschaftswort „akademisch" nach sprachlichen Regeln nicht nur auf die Klasse der Oberlehrer, sondern auch auf die Oberlehrerinnen.

3. Es besteht aber auch kein G., nach welchem die Klägerin zu der von ihr jetzt erforderten Leistung besonders verpflichtet wäre. Der Beklagte hat darauf hingewiesen, daß nach Klasse 20 der BesoldungsO., Anl. 6, zum G. v. 26. V. 09, betr. die Bereitstellung von Mitteln zu Diensteinkommensverbesserungen (GS. 85, 372) die Besoldungen für die Oberlehrerinnen an der Elisabethschule, an dem Lehrerinnenseminar und der Augustaschule in Berlin und an den übrigen Lehrerinnenseminaren geregelt seien. Da auch mit der städt. Viktoriaschule in D. ein Lehrerinnenseminar verbunden sei, könne in der angeführten Vorschrift die gesetzliche Grundlage für die Verpflichtung der Klägerin erblickt werden. Diese Ausführung ist verfehlt. Das in bezug genommene G. hat nur die Diensteinkommensverbesserungen für Oberlehrerinnen an den vom Staate unterhaltenen Lehrerinnenseminaren zum Gegenstand und bezieht sich nicht auf die von den Gemeinden unterhaltenen Anstalten. Die Viktoriaschule wird aber allein aus städtischen Mitteln unterhalten.

Ist jene Besoldungsvorschrift für die Oberlehrerinnen an den staatlichen Seminaren hier nicht anwendbar, so fehlt es überhaupt an einer gesetzlichen Vorschrift über die Höhe der den städtischen Oberlehrerinnen zu gewährenden Besoldung.

4. Es fragt sich endlich, ob die Klägerin vor oder bei Anerkennung der Viktoriaschule als einer höheren Lehranstalt für die weibliche Jugend freiwillig die Verpflichtung übernommen hat, die Besoldung der beiden Oberlehrerinnen den Gehaltssätzen der Oberlehrerinnen an den staatlichen Anstalten anzupassen. Hätte sie eine solche Verpflichtung in rechtsverbindlicher Weise übernommen, so würde allerdings deren Erfüllung als eine ihr gesetzlich obliegende Leistung iS. des § 19 ZustG. anzusehen sein.

b) Naturalbezüge; Dienstwohnung und Mietentschädigung.

Nr. 1. Entsch. v. 1. März 1912 (OVG. 61 43) VIII A 49/11.

LehrBesG. v. 26. V. 09 §§ 16, 37.

1. Wenn auch nach § 37 LehrBesG. v. 26. V. 09 den Lehrpersonen die Beschreitung des Rechtswegs zur Geltendmachung ihrer vermögensrechtlichen Ansprüche gegen den Schulverband offen steht, so wird dadurch das Zwangsetatisierungsverfahren grundsätzlich nicht ausgeschlossen. Die Zwangsetatisierung wegen des gesetzlichen Diensteinkommens der Lehrpersonen an den Volksschulen ist vielmehr statthaft, wenn das öffentliche Interesse an der Feststellung oder Erfüllung jener Verpflichtung beteiligt ist. Das öffentliche Interesse erfordert es aber behufs Erhaltung der Ordnung in den wirtschaftlichen Verhältnissen der Beamten, daß das zu ihrem Unterhalte bestimmte Diensteinkommen ihnen rechtzeitig entrichtet wird.

2. Liegen die Begriffsmerkmale des eigenen Hausstandes vor, so steht dem Lehrer ein gesetzlicher Anspruch auf die unverkürzte Mietentschädigung zu, und das öffentliche Interesse ist an dessen Durchführung be-

teiligt, ohne daß zu untersuchen ist, welche Beweggründe den Lehrer geleitet haben, wofern nur die Ernstlichkeit seines Willens nicht in Frage gestellt ist. Unerheblich ist es auch für die Zulässigkeit der Zwangsetatisierung, ob die sachlichen Fragen, die in dem Verwaltungsstreitverfahren zu erörtern sind, auch in einem etwa nachfolgenden bürgerlichen Rechtsstreit erörtert und entschieden werden müssen. Ist das öffentliche Interesse beteiligt, so ist die Aufsichtsbehörde berechtigt, die betreffende Leistung, sofern die sachlichen Voraussetzungen dafür vorliegen, als eine dem Verbande gesetzlich obliegende festzustellen und deren Erfüllung erforderlichenfalls im Wege der Zwangsetatisierung herbeizuführen. Als Aufsichtsbehörde über das gesamte Volksschulwesen war daher die Regierung, Abteilung für Kirchen- und Schulwesen, gemäß § 18e RegInstr., die durch das LehrBesG. nicht berührt ist, zur Festsetzung der streitigen Leistung an sich zuständig.

3. Es fragt sich danach allein, was unter einem „eigenen Hausstand" iS. des § 16 Abs. 2 LehrBesG. zu verstehen ist. Das G. selbst gibt keine Erläuterung dieses Begriffs. IS. der GemVerfG. gehört zum eigenen Hausstande nicht notwendig, daß jemand einen Haushalt für sich allein hat. Die äußerliche Unabhängigkeit, auf die es ankommt, ist auch bei demjenigen vorhanden, der Anteil an einem gemeinsamen Hausstande hat und daher nicht zu einem fremden Hausstande gehört. Der Anteil des Betreffenden am gemeinsamen Hausstande macht diesen rechtlich für ihn zu einem „eigenen". Es ist kein innerer Grund dafür ersichtlich, den Begriff des „eigenen Hausstandes" iS. des § 16 Abs. 2 LehrBesG. anders zu deuten, als es für jene G. geboten ist. Im vorliegenden Falle hat der Lehrer C. mit seinen Eltern eine gemeinsame Wohnung inne, er hat den Mietvertrag über diese abgeschlossen; er bestreitet den größten Teil der Kosten des Haushalts aus eigenen Mitteln und ist auch Eigentümer eines großen Teiles der Wohnungseinrichtung. Es besteht also ein gemeinsamer Hausstand, an dem der Lehrer Anteil hat. Die Regierung hat daher nach der tatsächlichen Lage des Falles mit Recht angenommen, daß der Lehrer C. ein unverheirateter Lehrer mit eigenem Hausstand ist und somit auf die unverkürzte Mietentschädigung nach § 16 Abs. 1 aaO. einen gesetzlichen Anspruch hat.

4. Nun kann zwar durch die der Zwangsetatisierung zugrunde liegende Feststellungsverfügung eine Verpflichtung zur Zahlung von Dienstbezügen für einen der Vergangenheit angehörenden Zeitraum nicht begründet werden. Dagegen ist es zulässig, die Erfüllung einer für die Vergangenheit bereits bestehenden gesetzlichen Verpflichtung als eine dem betreffenden Verbande gesetzlich obliegende Leistung festzustellen. Dieser letztere Fall liegt hier vor. Der Umstand, daß die Dienstbezüge auch gezahlt werden sollen, soweit sie auf Etatsjahre entfallen, die inzwischen ihr Ende erreicht haben und für welche verfügbare Bestände bei Erlaß der Verfügung möglicherweise nicht mehr vorhanden waren, steht der Zulässigkeit der getroffenen Anordnung nicht entgegen. Ist eine Leistung, zu der die Stadtgemeinde bereits in abgelaufenen Rechnungsjahren gesetzlich verpflichtet war, in diesen unerfüllt geblieben, so müssen die Geldmittel zu ihrer Erfüllung von der Stadtgemeinde in einem späteren Etatsjahr in derselben Weise aufgebracht werden, wie die Geldmittel, welche zur Erfüllung der dieses spätere Etatsjahr betreffenden Verpflichtungen erforderlich sind.

Nr. 2. Entsch. v. 4. Febr. 1913 (OVG. 63 207) VIII B 19/12.

LehrBesG. §§ 6, 37. ZustG. § 48.

1. Die Klage, die der § 48 ZustG. gegen die Zwangsetatisierungsbehörde und zugleich gegen den vermeintlichen Drittverpflichteten gibt, ist, wie die Klage aus § 47 Abs. 2 aaO., der sie nachgebildet ist, einheitlich und unteilbar. Eine Trennung der Entsch., wie sie der Vorderrichter dahin vorgenommen hat, daß er dem Begehren des Klägers auf Verurteilung des

Fiskus zu der dem Kläger angesonnenen Leistung stattgibt, dagegen den Antrag auf Außerkraftsetzung der Zwangsetatisierungsverfügung abweist, ist rechtlich unmöglich. War der vom Kläger als Drittverpflichteter bezeichnete Fiskus zu der dem Kläger angesonnenen Leistung aus Gründen des öffentlichen Rechtes statt seiner nicht verpflichtet, dann durfte er auch im Streitverfahren über die Zwangsetatisierung als Drittverpflichteter nicht verurteilt werden. War er aber statt des Klägers zu der diesem angesonnenen Leistung aus Gründen des öffentlichen Rechtes verpflichtet, so mußte die Zwangsetatisierungsverfügung gegen den Kläger außer Kraft gesetzt werden. Das rechtliche Schicksal des Antrags auf Außerkraftsetzung der Zwangsetatisierungsverfügung ist von demjenigen des Antrags auf Verurteilung des Dritten an Stelle des Klägers abhängig; beide Teile bilden einen einheitlichen Antrag. Legte daher der zweitbeklagte Fiskus gegen seine Verurteilung Berufung ein, so ergriff diese den ganzen Inhalt der Vorentsch., da es sich um keine trennbaren Ansprüche handelt.

2. Nach dem G. über das Diensteinkommen der Lehrer und Lehrerinnen an den öffentlichen Volksschulen v. 26. V. 09 (GS. 93) steht den Lehrpersonen ein Anspruch auf ihr Diensteinkommen, zu dem auch die Mietentschädigung gehört (§ 1 aaO.), nur gegen den Schulverband zu. Dies ist ausdrücklich in § 6 Abs. 3 des G. bezüglich derjenigen Lehrpersonen ausgesprochen worden, die ein mit dem Volksschulamte dauernd verbundenes Kirchenamt bekleiden, dasselbe gilt aber auch bezüglich sämtlicher übrigen Lehrpersonen. War hiernach der Gesamtschulverband M. dem Lehrer gegenüber zur Zahlung des Diensteinkommens öffentlich-rechtlich verpflichtet, so war die Zwangsetatisierungsverfügung gerechtfertigt und es mußte die Klage ihrem ganzen Umfange nach abgewiesen werden, da dann ein Dritter, der statt des Gesamtschulverbandes M. aus Gründen des öffentlichen Rechtes zur Zahlung des Diensteinkommens an den Lehrer verpflichtet ist, nicht vorhanden war und nicht vorhanden sein konnte. Glaubte der Gesamtschulverband, daß ihm ein Recht auf Erstattung der von ihm an den Lehrer zu zahlenden Mietentschädigung durch den Fiskus zustehe, so hätte der Verbandsvorsteher dieses Recht gemäß § 54 VolksschulUG. im Wege der Heranziehung geltend machen müssen.

3. Die Ansicht des Bezirksausschusses, die Zahlung der Mietentschädigung, als eines „Surrogats" für die fehlende Lehrerwohnung, liege dem Schulbaupflichtigen ob, ist rechtsirrtümlich. Mietentschädigungen iS. des LehrBesG. v. 3. III. 97 kennzeichnen sich für Lehrpersonen, die nach dem G. oder der Ortsschulverfassung Anspruch auf Dienstwohnung haben, als ein persönlicher Dienstaufwand; ihre Zahlung liegt nicht den Trägern der Schulbaulast, sondern den Trägern der allgemeinen Schulunterhaltungslast ob. Hieran ist auch nichts durch das G. über das Diensteinkommen der Lehrer und Lehrerinnen an den öffentlichen Volksschulen v. 26. V. 09 geändert worden.

Nr. 3. Entsch. v. 4. Nov. 1913 (OVG. **66** 252) VIII B 5/13.

Nach §§ 1 und 16—18 LehrBesG. v. 26. V. 09 (GS. 93) erhalten die endgültig angestellten Lehrer entweder freie Dienstwohnung oder eine Mietentschädigung, die eine ausreichende Entschädigung für die nicht gewährte Dienstwohnung darstellt und für jede Provinz in einem gemäß §§ 17, 18 aaO. zu erlassenden Tarife festzusetzen ist. Der tarifmäßige Mietentschädigungssatz ermäßigt sich jedoch für „unverheiratete Lehrer ohne eigenen Hausstand", der endgültigen Anstellung ungeachtet, um ein Drittel. Der gesetzliche Anspruch endgültig angestellter Lehrer auf eine Familienwohnung oder die einen Ersatz dafür darstellende volle Mietentschädigung ist also allein von der Tatsache der Verheiratung oder der Führung eines eigenen Hausstandes abhängig gemacht worden: er entsteht mit dem Zeitpunkte der Verheiratung oder der Begründung eines eigenen Hausstandes. Wird also in einem solchen Falle eine Familien-Dienstwohnung nicht gewährt, so ist der gesetzliche Ersatz dafür, die unverkürzte Mietentschädigung, zu zahlen. Nun bestimmt freilich die AAnw-LehrBesG. v. 21. VI. 09 (ZBlUV. 625) unter Ziff. I[8], daß ein Lehrer, der vokationsmäßig eine Dienstwohnung für einen Unverheirateten innehabe, iF. der Verheiratung an sich keinen Rechtsanspruch auf Überweisung einer Wohnung für einen Verheirateten oder auf entsprechende Mietentschädigung habe. Allein abgesehen davon, daß es sich unstreitig hier um einen Fall vokationsmäßiger Überweisung einer Dienstwohnung für einen Unverheirateten nicht handelt, entbehrt jene in der AAnw. zum Ausdrucke gebrachte Auffassung der gesetzlichen Grundlage und kann deshalb nicht für bindend erachtet werden. Das LehrBesG. kennt die vokationsmäßige Einschränkung der gesetzlichen Diensteinkommensansprüche nicht.

2. Die Feststellung der streitigen Leistung als einer dem Kläger gesetzlich obliegenden und deren Zwangsetatisierung sind hier zu einem Akte verbunden worden, indem der Landrat zugleich mit der Mitteilung des Feststellungsbeschlusses der Schulaufsichtsbehörde an den Kläger die zwangsweise Einstellung der Leistung in den Etat des Gesamtschulverbandes angeordnet hat. Dies war unzulässig. Jene beiden Anordnungen durften nur getrennt und nur innerhalb einer zur Entschließung des Klägers auf die Feststellung hinreichenden Zwischenzeit vorgenommen werden; denn demjenigen Verbande, gegen den die Feststellung ergeht, muß die Möglichkeit der Entschließung darüber gelassen werden, ob er der Feststellung genügen wolle oder nicht. Sonst würde es an der gesetzlichen Voraussetzung für die Zwangsetatisierung (§ 48 ZustG.) fehlen, daß der Verband es unterlassen oder verweigert habe, die ihm nach öffentlichem Rechte obliegenden, von der Behörde innerhalb der Grenzen ihrer Zuständigkeit festgestellten Leistungen auf den Haushaltsetat zu bringen oder außerordentlich zu genehmigen bzw. zu erfüllen.

Nr. 4. Entsch. v. 16. Dez. 1913 (OVG. **66** 255) VIII B 9/13.

Das LehrBesG. v. 26. V. 09 bestimmt im § 18 Abs. 2 Satz 2 allerdings nur, daß in Gesamtschulverbänden, zu denen Gemeinden (Gutsbezirke) verschiedener Klassen gehören, die höhere Klasse maßgebend sein soll. Es fragt sich, ob diese Vorschrift auch auf Gemeinden verschiedener Stufen derselben Klasse anwendbar ist. Legt man nur den Wortlaut des G. zugrunde, so ist die Frage zu verneinen. Allein der Wortlaut kann hier nicht entscheiden, da die Absicht des G. klar ist und lediglich in dessen Fassung unvollkommen zum Ausdrucke gelangt. Sinn und Absicht des G. gehen dahin, daß innerhalb eines Gesamtschulverbandes nur ein einheitlicher Betrag der Mietentschädigung für jede Gattung von Lehrkräften gezahlt werden soll: es sollen alle Lehrpersonen eines Gesamtschulverbandes, nach ihrer Gattung, dieselbe Mietentschädigung erhalten.

c) Alterszulagen.

Nr. 1. Entsch. v. 19. Dez. 1913 (OVG. **66** 247) VIII B 8/13.

LehrBesG. v. 26. V. 09 § 41.

Wie in OVG. 57 241 dargelegt worden ist, können die Alterszulagekassenbeiträge für Lehrer- und Lehrerinnenstellen, die nach Aufstellung des Verteilungsplans, d. h. nach seiner Absendung an den Kassenanwalt, im Laufe desjenigen Rechnungsjahrs, für welches der Verteilungsplan bestimmt ist, neu errichtet werden, vom Tage der Besetzung der Stellen mit besonderen Lehrkräften ab nach § 41 Abs. 3 LehrBesG. v. 26. V. 09 (GS. 93) durch Einzelverfügung der Bezirksregierung außerhalb des Planes von den betreffenden Schulverbänden nachgefordert werden. Hieran ist festzuhalten.

§ 41 Abs. 1 aaO. bestimmt nur, daß der Bedarf der Kasse nach dem Stande der Alterszulagen vom 1. X. des Vorjahrs unter Berücksichtigung der voraussichtlichen Steigerung oder Verminderung der Alterszulagen berechnet werden soll, schreibt aber nicht vor, daß auch bei der Verteilung dieses Bedarfes auf die einzelnen Schulverbände zur Ermittelung der zu zahlenden Beiträge künftige, bei der Aufstellung des Planes noch nicht errichtete Schulstellen als Rechnungsposten eingesetzt werden sollen. Vielmehr ordnet § 41 Abs. 2 an, daß den Maßstab für die Verteilung des Bedarfes auf die Schulverbände die Anzahl der der Alterszulagekasse angeschlossenen Lehrer- und Lehrerinnenstellen bildet. Darunter können nur solche Stellen verstanden werden, die zur Zeit der Vornahme der Verteilung, also bei der Aufstellung des Verteilungsplans, bereits errichtet und, wenn auch vielleicht augenblicklich unbesetzt, doch seit ihrer Neuerrichtung erstmalig bereits zur Besetzung gelangt gewesen waren; denn vom Zeitpunkte der Besetzung neu errichteter Stellen ab beginnt erst ihre Beitragspflicht (vgl. § 41 Abs. 3 aaO.). Schulstellen aber, die zur Zeit der Aufstellung des Verteilungsplans überhaupt noch nicht vorhanden waren, sondern erst künftig ins Leben treten sollen, waren zur Zeit der Aufstellung des Planes der Alterszulagekasse noch nicht „angeschlossen". Davon, daß den Maßstab der Verteilung des Bedarfes auf die Schulverbände außer den der Alterszulagekasse angeschlossenen Lehrer- und Lehrerinnenstellen auch etwaige im Laufe des Etatsjahrs nach Aufstellung des Verteilungsplans voraussichtlich zur Errichtung kommende neue Stellen bilden sollen, wie die Klägerin annimmt, sagt das G. (§ 41 Abs. 2) nichts. Ausgeschlossen ist also, daß bei der zur Ermittelung des Beitrags-Einheitssatzes vorzunehmenden Teilung des Gesamtbedarfes der Kasse durch die Anzahl der ihr angeschlossenen Schulstellen in die Zahl dieser Stellen auch etwaige voraussichtlich im Kassenbezirke künftig neu errichtete Stellen miteingerechnet werden, und ebenso ist ausgeschlossen, daß bei der Vervielfältigung der Zahl der Lehrerstellen der einzelnen Schulverbände mit dem Beitrags-Einheitssatz etwaige, voraussichtlich in den einzelnen Schulverbänden neu zu errichtende Stellen mit in Ansatz gebracht werden. Denn der Sinn der Bestimmung des § 41 Abs. 2 geht dahin, daß zur Ermittelung des den einzelnen Schulverbänden zur Last fallenden Anteils am Gesamtbedarfe der Kasse in Vergleich gesetzt werden soll die Zahl aller der Kasse angeschlossenen Stellen zur Zahl der angeschlossenen Stellen der einzelnen Schulverbände. Kann hiernach einerseits ein Beitrag für etwaige, voraussichtlich nach Aufstellung des Verteilungsplans im Laufe des Etatsjahrs zur Errichtung kommende Stellen durch den Verteilungsplan nicht gefordert werden, und bestimmt anderseits § 41 Abs. 3, daß für Schulstellen, die nach Aufstellung des Verteilungsplans im Laufe des Etatsjahrs neu errichtet werden, die Beitragspflicht mit dem Tage beginnt, seit welchem die Stelle durch eine besondere Lehrkraft versehen wird, so ergibt sich, daß die Beiträge für Stellen dieser Art nur außerhalb des Verteilungsplans durch Einzelverfügung der Regierung erfordert werden können.

d) Ruhegehalt und Hinterbliebenenfürsorge.

Nr. 1. Entsch. v. 22. Okt. 1912 (OVG. **63** 229) VIII B 12/12.

1. § 26 LehrPensG. v. 6. VII. 85 legt die Pflicht zur Leistung der Lehrerpension nur den Schulinteressenten, als den zur Unterhaltung des Lehrers als Lehrer Verpflichteten auf. Unter den Schulunterhaltungspflichtigen unterscheidet Abs. 1 § 26 aaO. zwei Klassen: einmal die ordentlichen, d. h. nach allgemeiner Rechtsnorm Schulunterhaltungspflichtigen, sodann die „Dritten", die auf Grund besonderen Rechtstitels verpflichtet sind. Als ordentlicher Schulunter-

haltungspflichtiger kommt die Kirchengemeinde nicht in Frage. Wohl aber kann sie als Dritter auch schulverfassungsmäßig zur Unterhaltung des Lehrers in seiner Eigenschaft als Lehrer und zur Aufbringung seiner Pension als Lehrer verpflichtet sein. Eine solche Verpflichtung einer Kirchengemeinde als eines schulunterhaltungspflichtigen Dritten bildet, wenn sie auf besonderem Rechtstitel beruht, nach Art. I § 26 Abs. 1 Satz 2 LehrPensG. auch die Grundlage für die gesetzliche Verteilung der Lehrerpensionslast gemäß § 26 aaO. und begründet dann eine Beteiligung der Kirchengemeinde an der Aufbringung der Lehrerpension, während die Tatsache, daß der Inhaber eines vereinigten Kirchen- und Schulamts in seiner Eigenschaft als Kirchenbeamter eine Besoldung aus kirchlichen Mitteln erhält (§ 4 Abs. 5 und § 12 LehrPensG.), die kirchlich Beteiligten noch nicht zu Mitträgern der Lehrerpension nach dem LehrPensG. macht. Nach der ausdrücklichen Bestimmung dieses G. in Art. I § 26 Abs. 1 Satz 2 kann sich aber jene Beteiligung der Kirchengemeinde an der Lehrerpensionslast als schulunterhaltungspflichtiger Dritter niemals auf Observanz, sondern immer nur auf besonderem Rechtstitel (Vereinbarungen, Stiftungen, Widmungen u. dergl.) gründen.

2. Das G., betr. die Ruhegehaltskassen für die Lehrer und Lehrerinnen an öffentlichen Volksschulen, v. 23. VII. 93 (GS. 194) hat an dem bis dahin hinsichtlich der Aufbringung der Lehrerpensionen bestehenden Rechtszustande nur so viel geändert, daß seitdem die einzelnen Schulverbände die Ruhegehaltslast nicht mehr jeder für sich zu tragen haben, sondern daß sie regierungsbezirksweise zu gemeinschaftlichen Kassen (Ruhegehaltskassen) zusammengefaßt sind, denen die Auszahlung der Ruhegehälter obliegt und an welche die Schulverbände fortlaufende Jahresbeiträge zu zahlen haben (§§ 1, 5, 6, 7 aaO.). § 26 LehrPensG. hat dadurch keine veränderte Tragweite erlangt. Vielmehr bestimmt § 15 RuhegehaltskassenG. ausdrücklich, daß auf die Aufbringung der Kassenbeiträge die Best. des Art. I § 26 LehrPensG. v. 6. VII. 85 Anwendung finden. Der Kreis der zur Aufbringung der Kassenbeiträge Verpflichteten soll also derselbe sein, wie der Kreis der bisher zur Aufbringung des Ruhegehalts Verpflichteten; er wird nicht erweitert. Danach ist auch iF. der dauernden Vereinigung eines Schulamts mit einem Kirchenamte die Kirchengemeinde zur Beteiligung an der Aufbringung der Ruhegehaltskassenbeiträge nur dann verpflichtet, wenn sie schulverfassungsmäßig — als Dritte — auf Grund besonderen Rechtstitels verpflichtet ist, zu der Pension des Lehrers oder während dessen Dienstzeit zu seiner Unterhaltung beizutragen, oder wenn sie ebenfalls durch besonderen Rechtstitel etwa die Mittragung der Kassenbeiträge übernommen hat.

3. Darauf, ob etwa die Kirchengemeinde dem Küster gegenüber observanzmäßig verpflichtet sei, eine Pension aus kirchlichen Mitteln zu zahlen, kommt es hiernach für die Frage der Beitragspflicht zu den Leistungen an die Ruhegehaltskasse nicht an. Einmal nämlich ist das Rechtsverhältnis der Kirchengemeinde ihrem Beamten gegenüber für die Frage ihrer schulverfassungsmäßigen Verpflichtung ohne Bedeutung. Sodann könnte auch abgesehen hiervon eine Observanz sie als „Dritte" nach § 15 G. v. 23. VII. 93 in Verbindung mit § 26 LehrPensG. nicht schulverfassungsmäßig zur Beteiligung an der Aufbringung, wie früher der Pension, so jetzt der Ruhegehaltskassenbeiträge, verpflichten.

Wenn ein Anspruch des Inhabers eines vereinigten Kirchen- und Schulamts auf Gewährung einer Pension aus kirchlichen Mitteln bei seiner Versetzung in den Ruhestand besteht (§ 12 LehrPensG.), wird der Betrag der Pension auf das Ruhegehalt der vereinigten Stelle angerechnet. In diesem Falle hat also der kirchlich Verpflichtete den betreffenden Betrag zu dem Ruhegehalte der Stelle beizusteuern. Bei Eintritt der Pensionierung ergibt sich demnach eine Entlastung der zur Kasse vereinigten Schulverbände insoweit, als der Bedarf der Kasse um diese

Beisteuer der kirchlich Verpflichteten gemindert wird. Die Kassenbeiträge nach dem einheitlichen Stelleneinkommen der vereinigten Kirchen- und Schulämter, gleichviel aus welchen Quellen es fließt, fallen aber gesetzlich allein den betreffenden Schulverbänden zur Last. Dies entspricht der untrennbaren Einheitlichkeit des Stelleneinkommens.

Die Ausführungen in OVG. v. 1. X. 97 (PrVerwBl. **19** 467) und OVG. **50** 164 bedürfen sonach einer Einschränkung dahin, daß die Schulverbände bei vereinigten Kirchen- und Schulämtern die kirchlich Verpflichteten auf anteilige Aufbringung der Ruhegehaltskassenbeiträge nur dann in Anspruch nehmen können, wenn die kirchlich Beteiligten auf Grund öffentlich-rechtlichen, zum Bestandteile der Schulverfassung gewordenen besonderen Rechtstitels zur Aufbringung der Pension oder zur Unterhaltung des Lehrers während dessen Dienstzeit verpflichtet sind oder durch solchen besonderen Rechtstitel die Verpflichtung zur Beteiligung an den Ruhegehaltskassenbeiträgen übernommen haben.

Nr. 2. Entsch. v. 22. April 1913 (OVG. **64** 348) VIII B 13/12.

Nach § 7 Abs. 1 RuhegehaltskassenG. v. 23. VII. 93 (GS. 194) bildet die Jahressumme des ruhegehaltsberechtigten Diensteinkommens der Lehrer und Lehrerinnen an den öffentlichen Volksschulen des Kassenbezirkes am 1. Oktober des Vorjahrs — abzüglich eines Betrags bis 800 ℳ für jede Stelle — den Maßstab für die Verteilung des Ruhegehaltskassenbedarfes auf die Schulverbände. Ruhegehaltsberechtigt ist das Diensteinkommen, das, unter Berücksichtigung des jetzt geltenden LehrBesG. v. 26. V. 09 (GS. 93) nach § 4 PensG. v. 6. VII. 85 (GS. 298) der Berechnung der Pension zugrunde zu legen ist. Dazu gehört zur Zeit, da die im § 1 Abs. 1 Satz 2 LehrBesG. genannten Orts- und Amtszulagen außer Betracht bleiben: a) das Grundgehalt, b) die Alterszulagen, c) die freie Dienstwohnung oder Mietentschädigung. Diese drei Bestandteile des Diensteinkommens scheiden sich nach § 4 Abs. 1 und 2 PensG. in zwei Gruppen:

(Abs. 1) das Grundgehalt (a) und die freie Dienstwohnung oder Mietentschädigung (c) — vom „Lehrer zuletzt bezogenes, mit der ihm verliehenen Lehrerstelle dauernd verbundenes Diensteinkommen",

(Abs. 2) „außerdem" die Alterszulage (b), d. i. ein Bestandteil des Diensteinkommens, den der Lehrer „zuletzt bezogen" hat, der aber nicht „mit der Lehrerstelle verbunden" war. Das RuhegehaltskassenG. faßte zwar im § 7 Abs. 1 Satz 1 und 2 beide Gruppen zusammen, bestimmte aber (Satz 3 aaO.) bezüglich der Alterszulagen besonders, daß sie „bei unbesetzten Stellen" für das ruhegehaltsberechtigte Diensteinkommen nicht in Anrechnung kommen sollten.

Aus diesen Anführungen ergeben sich folgende Schlüsse:

1. „Diensteinkommen" wird zugrunde gelegt, d. h. Einkommen, das der Lehrer als Entgelt für seinen Dienst bezogen hat. Mit dem Tode des Lehrers hört sein Dienst auf; er bezieht kein Diensteinkommen mehr. Seine Erben können „Diensteinkommen" nur beziehen, wenn und soweit solches rückständig ist.

Was nach § 32 LehrBesG. die Hinterbliebenen beziehen, gehört nicht in das Rechtsgebiet der Lehrerbesoldung oder der Lehrerpension, sondern in das der Fürsorge für die Hinterbliebenen der Lehrer. Es hat nicht den rechtlichen Charakter des Diensteinkommens, und deshalb wird es vom G. nicht als Diensteinkommen bezeichnet, sondern mit einem besonderen Namen als „das Gnadenvierteljahr", „die Gnadenbezüge" (§ 32 Abs. 1, 3, 4, 5) bezeichnet. An dieser rechtlichen Verschiedenheit wird weder dadurch etwas geändert, daß das G. den Betrag des Gnadenvierteljahrs auf denjenigen des „vollen Diensteinkommens" des Verstorbenen, also auf die Summe des Grundgehalts, der Alterszulage und der Mietentschädigung in der Höhe, wie er sie zuletzt bezogen hatte, festsetzt, noch dadurch, daß nach Verwaltungsvorschrift (Ziff. 19 AAnw. v. 20. III. 97) der in den Gnadenbezügen enthaltene Posten der „Alterszulage" aus der Alterszulagekasse bestritten werden soll.

Ist nun das Gnadenvierteljahr nicht „Diensteinkommen", so können auch zur Berechnung des ruhegehaltsberechtigten Diensteinkommens nicht die Summanden des Gnadenvierteljahrs in Betracht kommen. Das Gnadenvierteljahr muß vielmehr mit seinen Ansätzen für diese Berechnung ausscheiden.

2. Grundgehalt, Alterszulage und Mietentschädigung bilden „das von dem Lehrer zuletzt bezogene Diensteinkommen". Aber nur das Grundgehalt und die Mietentschädigung sind Bestandteile des Diensteinkommens, die „mit der Lehrerstelle dauernd verbunden" sind, während die Alterszulage vom Dienstalter des Stelleninhabers, also von seiner Person abhängt. Grundgehalt und Mietentschädigung lassen sich daher berechnen, auch wenn die Stelle nicht besetzt ist; die Alterszulage kann dagegen, wenn am 1. X. des Vorjahrs die Stelle mit einem ruhegehaltsberechtigten Lehrer nicht besetzt ist, nicht berechnet werden.

3. „Unbesetzt" ist iS. des § 7 RuhegehaltskassenG. v. 23. VII. 93 eine Stelle, die nicht von einem Stelleninhaber versehen wird. Dies ist regelmäßig während der Gnadenzeit der Fall; nur ausnahmsweise, soweit eine Vertretung im Amte nicht zu ermöglichen ist, kann die „Wiederbesetzung der Stelle" während der Gnadenzeit erfolgen (§ 32 Abs. 6 LehrBesG.). Solange nach dem Tode des Stelleninhabers die Stelle nicht einem anderen verliehen ist, ist sie somit „unbesetzt".

B. Der Schulvorstand.

Nr. 1. Entsch. v. 19. Nov. 1912 (Recht 17 101).

Als der Superintendent als Vorsitzender das Schulzimmer, in dem die Sitzung stattfand, betrat, hatte er die zusammenstehenden Vorstandsmitglieder durch Darreichung der Hand begrüßt, den abseits stehenden Kläger aber nur durch Verneigen. Nach Schluß der Sitzung verabschiedete sich der Superintendent, indem er auch dem Kläger die Hand bot. Dieser verweigerte die Annahme und gab als Grund das Verhalten des Superintendenten beim Eintritt an. Die dieserhalb angeordnete Ausschließung des Klägers als Vorstandsmitgliedes auf Grund des § 44 III G., betr. die Unterhaltung der öffentlichen Volksschulen v. 28. VII. 06, (GS. 335) ist gerechtfertigt, da die Mitglieder des Vorstandes sich gegenseitig und insbesondere dem Vorsitzenden gegenüber rücksichtsvolle Achtung zu bezeugen haben. Der Superintendent hat beim Eintritt dem Kläger deshalb die Hand nicht dargeboten, sondern sich mit einer Verneigung begnügt, weil er sich erst in umständlicher Weise dem Kläger hätte nähern müssen.

C. Die Schule.

3. SchulO. und Schulpflicht; Aufsicht über den Privatunterricht.

Nr. 1. Entsch. v. 23. Sept. 1913 (OVG. **65** 204) VIII B 7/13.

Den Gegenstand der polizeilichen Verfügung bildet eine in den Bereich der Schulaufsichtsbehörde fallende Schulverwaltungsangelegenheit. Was zu diesen Angelegenheiten gehört, bestimmt sich nach dem Umfange der Schulaufsicht. Dem Staate steht die Aufsicht über alle Privatunterrichtsanstalten zu (G., betr. die Beaufsichtigung des Unterrichts- und Erziehungswesens, v. 11. III. 72 — GS. 183 —). Diese Aufsicht übt der Staat aus, soweit es sich nicht um die in den Geschäftsbereich des Ministers für Handel und Gewerbe gewiesenen gewerblichen Fortbildungs- und Fachschulen oder die dem Minister für

Landwirtschaft unterstellten ländlichen Fortbildungsschulen handelt, durch die Provinzialschulkollegien und die Schulabteilungen der Regierung. Die Aufsicht erstreckt sich, wie aus §§ 3 ff. ALR. II 12, KabO. v. 10. VI. 34 (GS. 135) und StaatsMinInstr. v. 31. XII. 39 (MBl. **40** 94) hervorgeht, auf alle Verhältnisse, die im öffentlichen Unterrichtsinteresse der Regelung bedürfen, auf die Wahrung der öffentlichen (publizistischen) Ordnung auf dem Unterrichtsgebiete. Zur Wahrung der öffentlichen Ordnung auf dem Unterrichtsgebiete gehört auch die Überwachung der Benennung und Bezeichnung der Privatunterrichtsanstalten. Ob die gewählte Benennung oder Bezeichnung einer Privatunterrichtsanstalt zutreffend ist oder nicht, und ob sie geduldet werden darf oder nicht, untersteht daher der Entsch. der Schulaufsichtsbehörden. Besteht aber die Zuständigkeit dieser Behörden, so ist die Polizei nur ausnahmsweise zuständig in Ausübung der Polizeigewalt einzuschreiten. Diese Ausnahme findet statt, einmal, wenn sie durch besondere Vorschrift bestimmt ist, und ferner dann, wenn die Voraussetzungen des § 10 ALR. II 17 vorliegen und entweder der Schulaufsichtsbehörde eine materiellrechtliche Handhabe zum Einschreiten fehlt oder der Fall so dringlich ist, daß das Eingreifen der Schulaufsichtsbehörde zu spät kommen würde. Der beklagte Polizeidirektor, der die Verfügung allein darauf stützt, daß der Zusatz „staatlich konzessioniert" gemäß dem MinErl. v. 9. II. 12 bei einer Privatschule unzulässig sei, war hiernach zum Einschreiten nicht zuständig.

Nr. 2. Entsch. v. 14. Nov. 1913 (OVG. **65** 217) VIII A 80/12.

1. Die staatliche Aufsicht auf dem Gebiete des gewerblichen Unterrichtswesens steht dem Regierungspräsidenten und in der Zentralinstanz dem Minister für Handel und Gewerbe zu (AhErl. v. 3. IX. 84 — GS. 95 —, Vf. v. 11. XI. 05 — HMBl. 355 —). Diesen Behörden liegt daher auf dem genannten Gebiete die Wahrung der öffentlichen (publizistischen) Ordnung als eines Teiles der Unterrichtsverwaltung ob. Die Untersagung des Betriebs eines Handelslehrers ist hiernach ein Gegenstand, der in die Zuständigkeit des Regierungspräsidenten fällt. Gegen die Verfügung des Regierungspräsidenten steht dem Betroffenen der Rechtsbehelf der Beschwerde an den Minister für Handel und Gewerbe zu (Vf. v. 15. II. 08 Nr. VII HMBl. 67.)

2. Der Regierungspräsident ist berechtigt, seine in Ausübung der obrigkeitlichen Gewalt getroffenen Anordnungen durch Anwendung der im § 132 LVG. bezeichneten Zwangsmittel durchzusetzen; er ist aber auch befugt, bei solcher Durchsetzung seiner Verfügung sich der ihm nachgeordneten Organe sowie erforderlichenfalls der starken Hand der Polizei zu bedienen. Bedient er sich der Mitwirkung der Polizeibehörde, so kann dies nicht dahin geschehen, daß die Polizeibehörde an Stelle des Regierungspräsidenten die Anordnung selbst nach eigenem Ermessen erläßt; sie ist vielmehr nur berufen, die Anordnung des Regierungspräsidenten mit den ihr zu Gebote stehenden Mitteln durchzusetzen. Hat sie hierbei äußerlich erkennbar als Organ des Regierungspräsidenten gehandelt, so findet gegen die Anordnung die Beschwerde an den Minister für Handel und Gewerbe statt; die Rechtsmittel gegen polizeiliche Verfügungen (§§ 127 ff. LVG.) sind dann nicht gegeben.

3. Aus eigenem Rechte kann die Polizeibehörde im Gebiete des gewerblichen Unterrichtswesens eine Anordnung nur erlassen, wenn eine besondere gesetzliche Vorschrift dafür vorliegt oder der Fall des § 10 ALR. II 17 in Frage steht und zugleich entweder dem Regierungspräsidenten eine materiellrechtliche Bestimmung zur Abwendung der Gefahr nicht zu Gebote steht oder die Dringlichkeit so groß ist, daß das Eingreifen des Regierungspräsidenten zu spät

kommen würde. Der Inhalt der Anordnung, „das Gewerbe als Handelslehrer innerhalb drei Tagen einzustellen und die Gewerbeabmeldung beim Magistrate zu bewirken oder die Erlaubnis des Magistrats einzureichen", geht auf Untersagung des Gewerbebetriebs eines Handelslehrers. Sie gehört daher, da eine Ausnahme, nach der der Polizeipräsident aus eigenem Rechte zum Einschreiten befugt ist, nicht vorliegt, zur Zuständigkeit des Regierungspräsidenten. War die Anordnung nach ihrer Fassung oder den äußeren Umständen als eine solche des Regierungspräsidenten nicht zu erkennen, so mußte sie als eine vom Polizeipräsidenten aus eigenem Rechte erlassene angesehen werden. Dann ist die Klage, weil eine „polizeiliche" Verfügung in Frage steht, zulässig, und es ist auf die Klage die Anordnung außer Kraft zu setzen, weil dem Polizeipräsidenten die sachliche Zuständigkeit fehlte.

5. Schulgeld; Staatsbeiträge.

Nr. 1. Entsch. v. 25. Okt. 1912 (OVG. **63** 168) VIII A 18/12.

1. Zweifellos ist der Handels-, Zoll- und Schiffahrtsvertrag zwischen dem Deutschen Reiche und Italien v. 6. XII. 91 ein ReichsG. und als solches im RGBl. verkündigt worden. Wird der völkerrechtliche Vertrag durch die verfassungsmäßige Mitwirkung von Bundesrat und Reichstag zum ReichsG., so gehen seine Bestimmungen den LandesG. selbst dann vor, wenn — was der richterlichen Nachprüfung entzogen ist — die Reichsgesetzgebung bei dessen Abschluß die ihr durch die Reichsverfassung gezogenen Grenzen der materiellen Zuständigkeit überschritten haben sollte; denn ReichsG. gehen unter allen Umständen den LandesG. vor.

2. Wenn also Art. 4 des deutsch-italienischen Handelsvertrags die Erhebung des Fremdenschulgeldes von Kindern italienischer Staatsangehöriger innerhalb des Deutschen Reichs regelte, so würden diese Festsetzungen dem Landesrechte — § 6 VolksschulUG. — unter allen Umständen vorgehen, gleichviel ob die Reichsgesetzgebung zu dieser Regelung zuständig war oder nicht. Der Art. 4 des Handelsvertrags befaßt sich aber gar nicht mit der Regelung von Schulgeld, so daß der angebliche Widerspruch zwischen ihm und dem § 6 VolksschulUG. nicht besteht. (Folgt nähere Beweisführung.)

Für den Besuch der öffentlichen Volksschulen durch nicht reichsangehörige italienische Kinder kann daher Fremdenschulgeld verlangt werden.

Nr. 2. Entsch. v. 8. Nov. 1912 (OVG. **63** 178) VIII C 180/12.

VolksschulUG. § 6.

1. Nach § 6 VolksschulUG. v. 28. VII. 06 (GS. 335) kann der Schulverband für den Besuch der Schule durch nicht einheimische Kinder ein Fremdenschulgeld verlangen. In OVG. **60** 244 hat der Gerichtshof dargelegt, daß die von auswärts in Waisenhäuser, Verpflegungsanstalten, Rettungshäuser und ähnliche Anstalten aufgenommenen Kinder als nicht einheimisch fremdenschulgeldpflichtig sind, so daß der Schulverband ihnen gegenüber das im § 6 aaO. angegebene Recht hat. Es ist daher nicht rechtsirrtümlich, wenn der Bezirksausschuß im vorliegenden Falle das Bestehen einer Fremdenschulgeldpflicht grundsätzlich bejaht. Das VolksschulUG. enthält keine Vorschrift darüber, wer für die in der bezeichneten Weise untergebrachten Zöglinge das Schulgeld zu bezahlen hat. Insbesondere ist in der angeführten Entsch. ausgeführt, daß es an einer Vorschrift fehle, wonach die Verwaltungen der Anstalten zur Schulgeldzahlung verpflichtet seien, und daß sich dies auch nicht aus der Entstehungsgeschichte des G. folgern lasse.

2. Daher besteht die Pflicht eines Ortsarmenverbandes zur Zahlung von Fremdenschulgeld nur, wenn sie sonst im bestehenden Rechte begründet ist.

Aus OVG. **60** 244 ergibt sich, daß die Pflicht zur Zahlung des Schulgeldes sich nicht danach richtet, wem nach bürgerlichem Rechte die Sorge für das Kind obliegt, und auch nicht danach, wem öffentlich-rechtlich die Verpflichtung zukommt, das Kind in die Schule zu schicken, sondern daß, weil das Schulgeld eine Gegenleistung für Gewährung des Unterrichts ist, das Kind oder derjenige, der ihm nach bürgerlichem Rechte den Unterhalt zu gewähren hat, zur Entrichtung des Fremdenschulgeldes verpflichtet ist. Zur Grundlage dieser Pflicht des unterhaltspflichtigen Verwandten gehört die Vorschrift des § 1610 Abs. 2 BGB., wonach der Unterhalt „bei einer der Erziehung bedürftigen Person auch die Kosten der Erziehung" umfaßt. Eine solche Pflicht liegt in Preußen den Armenverbänden nicht ob. Ihre Pflicht betrifft nach § 2 UWG. v. 30. V. 08 (RGBl. 381) „die öffentliche Unterstützung hilfsbedürftiger Deutscher"; über die Art und das Maß der iF. der Hilfsbedürftigkeit zu gewährenden öffentlichen Unterstützung haben nach § 8 aaO. die LandesG. zu bestimmen. Das preuß. G. v. 8. III. 71 (GS. 130) verordnet in § 1, daß jedem hilfsbedürftigen Deutschen von dem zu seiner Unterstützung verpflichteten Armenverband Obdach, der unentbehrliche Lebensunterhalt, die erforderliche Krankenpflege und iF. seines Ablebens ein angemessenes Begräbnis zu gewähren ist. Es besteht also für die Armenverbände auch eine Unterhaltspflicht. Diese ist aber auf die erwähnten Leistungen beschränkt. Eine Vorschrift, wie die des § 1610 Abs. 2 BGB., ist hinsichtlich des vom Armenverbande zu gewährenden „unentbehrlichen Lebensunterhalts" nicht getroffen. Ohne solche Vorschrift kann aber eine Pflicht, die Kosten der Erziehung zu tragen, für den Armenverband nicht bestehen; denn daraus, daß reichsgesetzlich die Armenverbände zur öffentlichen Unterstützung hilfsbedürftiger Deutscher berufen sind, ergibt sich begrifflich noch nicht, daß jene Verbände auch die Kosten der Erziehung beim Vorliegen von Hilfsbedürftigkeit tragen müssen. Solche allgemeine Pflicht besteht daher in Preußen nicht, da sie das LandesG. nicht verordnet hat. Dem steht nicht entgegen, daß in einem einzelnen Falle, wofern einem hilfsbedürftigen deutschen Kinde der zur Abwendung geistiger oder sittlicher Verwahrlosung nötige Schutz ohne Zuwendung eines gewissen Maßes von Erziehung nicht gewährt werden kann, dies unter den Begriff des unentbehrlichen Lebensunterhaltes zu bringen ist. Damit ist eine allgemeine Pflicht zur Tragung der Erziehungskosten und des etwa erforderlichen Schulgeldes nicht begründet. Der „unentbehrliche Lebensunterhalt" iS. des G. v. 8. III. 71 umfaßt also die Darreichung des Schulgeldes nicht.

D. Die Schulunterhaltung.

2. Begriff und Umfang der Schulbaulast.

Nr. 1. Entsch. v. 6. März 1914 (OVG. **66** 241) VIII A 44/13.

VolksschulUG. § 17. ZustG. § 47.

1. Die Einschränkung des staatlichen Baubeitrags auf die Erstattung der Kosten für „notwendige" Bauten in § 17 VolksschulUG. soll eine Sicherheit gegen ein unwirtschaftliches Verhalten der Gemeinden bieten; die Gemeinden sollen nicht veranlaßt werden, auf Staatskosten zu hohe Aufwendungen zu machen. Eine begriffliche Begrenzung des „Notwendigen" ist im G. nicht enthalten. Danach ist es dem pflichtmäßigen Ermessen der Schulaufsichtsbehörde und der im Streitfall an ihre Stelle tretenden Beschlußbehörden überlassen, im Einzelfalle zu entscheiden, ob und inwieweit ein Bau für Volksschulzwecke „notwendig" gewesen und daher ein staatlicher Baubeitrag zu seinen Kosten zu leisten sei. Freilich wird es idReg. zusammenfallen, daß ein gemäß § 17 als „notwendig" erkannter Bau für Volksschulzwecke zugleich auch ein solcher ist, dessen

Herstellung, als in der gesetzlichen Schulbaulast einbegriffen, dem Schulverband auch gegen seinen Willen zwangsweise auferlegt werden könnte. Aber eine begriffliche Voraussetzung bildet die Erzwingbarkeit der baulichen Leistung auf Grund des § 47 ZustG. für die „Notwendigkeit" des Baues iS. des § 17 aaO. nicht.

2. Im vorliegenden Falle hat der Provinzialrat von dem ihm durch § 17 übertragenen pflichtmäßigen Ermessen Gebrauch gemacht und entschieden, daß die Badeeinrichtung für die Schulkinder nach Lage der Sache „notwendig" gewesen sei. Daß sein Beschluß das bestehende Recht verletze, ist nicht ersichtlich. Eine solche Verletzung des bestehenden Rechtes bei Ausübung seines Ermessens würde in Frage kommen können, wenn er etwa sich mit den von der Schulaufsichtsbehörde innerhalb ihrer gesetzlichen Zuständigkeit getroffenen allgemeinen Anordnungen über die Ausführung von Schulbauten in Widerspruch gesetzt hätte; denn wenn durch solche allgemeinen Anordnungen das Ermessen der Schulaufsichtsbehörde im Einzelfall ausgeschlossen oder eingeschränkt wird, muß dies auch für die bei Streitigkeiten an ihre Stelle tretende Beschlußbehörde gelten. Allein vom Vorliegen derartiger, das Ermessen ausschließender oder einschränkender allgemeiner Anordnungen ist hinsichtlich der hier in Frage kommenden Einrichtung keine Rede.

3. Es ist nicht richtig, daß der zunächst freiwillige Beschluß des Schulverbandes, eine Badeeinrichtung herzustellen, durch die Genehmigung der Schulaufsichtsbehörde öffentlich-rechtliche Geltung erlange. Das Bauvorhaben ist lediglich eine Verwaltungsentschließung und wird auch kein öffentlich-rechtlicher Rechtstitel dadurch, daß die Schulaufsichtsbehörde sich mit ihm einverstanden erklärt. Wenn der Schulverband demnächst die Ausführung der Badeanlage unterläßt, kann er nicht lediglich auf Grund seines Beschlusses, sondern nur dann zur Herstellung der Einrichtung zwangsweise angehalten werden, wenn sie ihm gesetzlich obliegt.

3. Die Schulunterhaltungspflichtigen.

a) Nach dem G., betr. die Unterhaltung der öffentlichen Volksschulen, v. 28. VII. 06.

Nr. 1. Entsch. v. 15. März 1912 (OVG. **61** 48) VIII A 67/11.

VolksschulUG. §§ 1, 8, 17.

1. Die „Dritten" iS. des § 17 Abs. 1 VolksschulUG. bilden einen Gegensatz zu den Schulverbänden oder, was dasselbe sagen will, zu den Gemeinden und Gutsbezirken als gesetzlichen Trägern der Schullast; denn die bürgerlichen Gemeinden und die Gutsbezirke, soweit sie Träger der Schullasten sind, werden vom G. als Schulverbände bezeichnet (§ 1 aaO.). „Dritte" in jenem Sinne sind also alle diejenigen Rechtssubjekte, die nicht zu den Gemeinden und Gutsbezirken als gesetzlichen Trägern der Schullasten gehören. Das G. wollte durch die Vorschrift des § 17 Abs. 1 den Schulverbänden eine Erleichterung ihrer baulichen Lasten nur insoweit zuteil werden lassen, als sie diese Lasten aus ihren eigenen Mitteln aufgebracht haben. Für denjenigen Teil der Baukosten, den andere als die gesetzlichen Träger der Schullasten beigesteuert haben, soll der Staat den Schulverbänden nichts zu erstatten haben, da insoweit ihre Leistungsfähigkeit nicht in Anspruch genommen worden ist. Selbst wenn daher im vorliegenden Falle die P.sche Ansiedlungsgesellschaft den Beitrag in ihrer Eigenschaft „als Gutsherr des Gutsbezirkes P." übernommen und geleistet hätte, würde sie als „Dritte" iS. des § 17 Abs. 1 zu erachten sein; denn gesetzlicher Träger der Schullast ist nach dem VolksschulUG. nicht der Gutsbesitzer, sondern der Gutsbezirk als Körperschaft des öffentlichen Rechtes (§ 1 Abs. 4 aaO.). Wenn

der Gutsbesitzer auch, insoweit eine Unterverteilung der Schullasten im Gutsbezirke nicht stattfindet, nach § 8 Abs. 1 aaO. die Schullasten des Gutsbezirkes als einer Körperschaft des öffentlichen Rechtes zu tragen hat, so macht ihn diese Pflicht zur Deckung der dem Träger der Schullast obliegenden Kosten nicht zum gesetzlichen Träger der Schullast selbst. Allein die P.sche Ansiedlungsgesellschaft war zu jener Leistung gar nicht in ihrer Eigenschaft als Gutsherr, sondern als Ansiedlungsunternehmerin im Rentengutsverfahren gemäß Art. III § 17 G. v. 10. VIII. 04 durch Festsetzung des Kreisausschusses verpflichtet worden. Daß ihr zugleich die gutsherrlichen Rechte über das aufzuteilende Gut zustanden, war für ihre Verpflichtung nicht entscheidend. Nach Art. III § 17 aaO. hat, falls „infolge der Ansiedlung eine Änderung oder Neuordnung der . . . Schulverhältnisse erforderlich werden sollte, die Festsetzung besonderer Leistungen des Antragstellers für den Zweck dieser Änderung oder Neuordnung" zu erfolgen. Danach bildet die Rechtsgrundlage der Verpflichtung das Ansiedlungsunternehmen, nicht die Gutsherrlichkeit. Auch Ansiedlungsunternehmern, deren aufzuteilende Güter keine selbständigen Gutsbezirke bilden, sind solche besonderen Leistungen aufzuerlegen, falls die Voraussetzungen des Artikels III § 17 vorliegen. Als Ansiedlungsunternehmerin gehört aber, wie keiner weiteren Ausführung bedarf, die P.sche Ansiedlungsgesellschaft zu den „Dritten" iS. des § 17 Abs. 1 VolksschulUG. Diese Verpflichtung ist nach § 32 Abs. 2 aaO. bestehen geblieben.

2. Nach Art. III § 17 G. v. 10. VIII. 04 bildet die in Rede stehende Beitragsleistung eine „besondere Leistung des Antragstellers für den Zweck der Änderung oder Neuordnung der Schulverhältnisse". Es ist hiernach rechtlich ausgeschlossen, sie als eine Leistung der neu angesiedelten Hausväter aufzufassen, zumal deren Personen und jedenfalls deren einzelne Beitragsquoten zur Zeit der Festsetzung der Leistung noch nicht einmal feststanden. Außerdem kam die Leistung nicht allein den Rentengutserwerbern, sondern dem ganzen Schulverbande zugute. Übrigens würden die betreffenden einzelnen Hausväter, wenn sie als die Beitragspflichtigen angesehen werden könnten, auch „Dritte" iS. des § 17 Abs. 1 aaO. sein, da nicht sie Träger der Schullast sind, sondern der Gutsbezirk als Körperschaft des öffentlichen Rechtes. Wenn der Kreisausschuß und mit ihm der Provinzialrat auf Grund der an sich schon rechtsirrigen Unterstellung, es handle sich hier um Beiträge der neu angesiedelten Hausväter, zu der weiteren Annahme gelangt, „der Beitrag sei sonach keine Leistung Dritter, sondern eine Mehrbelastung eines Teiles der Schulunterhaltungspflichtigen, nämlich des zum Schulverbande P. gehörigen „Gutsbezirkes", so liegt dieser Auffassung somit eine fernere Verletzung des bestehenden Rechtes zugrunde.

3. Wenn auch die von dem Schulverbande angesammelten Baufonds nur ihm zugute kommen und daher nicht vor der Teilung nach § 17 abzusetzen sind, so gilt dasselbe doch nicht von denjenigen Beträgen, die ein Dritter zu der Bausumme beigesteuert hatte; denn die Schulverbände sollen durch die Vorschrift des § 17 in der Aufbringung der baulichen Kosten nur insoweit entlastet werden, als sie diese aus eigenen Mitteln bestritten haben, da nur insoweit ihre Leistungsfähigkeit in Anspruch genommen worden ist.

Nr. 2. Entsch. v. 16. April 1912 (OVG. 61 54) VIII C 211/11.

VolksschulUG. §§ 30, 32, 54.

1. Von dem Falle, daß mit dem Volksschulamt ein kirchliches Amt dauernd vereinigt ist, handelt § 30 VolksschulUG. Nach Abs. 2 das. bleiben die Vermögensstücke, die schon seither zugleich für Schul- und für kirchliche Zwecke bestimmt gewesen sind, diesen Zwecken erhalten. Diese Bestimmung enthält also eine Bestimmung über die Zwecke des nach § 29 Abs. 2 aaO. gemeinschaftlichen Vermögens. Dieses soll sowohl den Schulzwecken als auch den kirchlichen Zwecken

erhalten und anderen Zwecken nicht dienstbar gemacht werden. Die hier streitige Verpflichtung bildet aber auch nicht ein „Vermögensstück". Zum Vermögen gehören insbesondere die im Eigentume stehenden sowie die zur Dotation der Stelle bestimmten Grundstücke, Gebäude, Gerechtigkeiten, Kapitalien, Nutzungsrechte, Forderungen, Schulden und Verbindlichkeiten. Das Vermögen ist also der Inbegriff der Gegenstände, Rechte und Verbindlichkeiten, für die eine privatrechtliche Grundlage vorhanden ist. Dazu ist auch ein auf solcher Grundlage beruhendes Recht auf wiederkehrende Leistungen zu rechnen. Hier aber handelt es sich um eine dem öffentlichen Rechte angehörige, den Charakter einer steuerartigen Leistung an sich tragende Verpflichtung. Eine solche gehört nicht zu den „Vermögensstücken".

2. Ist sie aber eine Verpflichtung der bezeichneten Art, so ist sie auch nach den Grundsätzen geltend zu machen, die für die Einforderung von Beiträgen zur Unterhaltung einer Küsterschulstelle vorgeschrieben sind. Nach § 54 aaO. ist in einem Gesamtschulverbande der Verbandsvorsteher berufen, die „Leistungen für den Verband und die Schule" auf die Gemeinden (Gutsbezirke) und Dritte, nach öffentlichem Rechte Verpflichtete zu verteilen und wegen ihrer Einziehung und Abführung die erforderlichen Anordnungen zu treffen. Da es sich hier um einen Gesamtschulverband handelt, dem gegenüber die Kläger Dritte sind, und da die Holzlieferungspflicht auf öffentlichem Rechte beruht, so war der Verbandsvorsteher zuständig, die Kläger zu der jährlichen Holzlieferung heranzuziehen, wenn diese eine „Leistung für den Verband und die Schule" ist.

3. Der Gerichtshof hat in OVG. v. 15. XII. 05 (PrVerwBl. 27 579) ausgesprochen: die durch § 46 Abs. 1 ZustG. der örtlichen Schulbehörde übertragene Befugnis erstrecke sich nur auf solche nach öffentlichem Rechte zu fordernde Leistungen, die für Schulen, die der allgemeinen Schulpflicht dienten, bestimmt seien; zu den Leistungen der letzteren Art gehörten aber bei dauernder Vereinigung eines Schul- und Kirchenamts nicht diejenigen Einkünfte, die dem Inhaber eines solchen vereinigten Amtes aus kirchlichen Quellen zuständen. An dieser Auffassung kann nicht festgehalten werden. Das Einkommen dauernd verbundener Schul- und Kirchenämter stellt sich vielmehr, der einheitlichen Natur des Amtes entsprechend, rechtlich als ein einheitliches dar, ohne Rücksicht auf die Quellen, aus welchen es in seinen einzelnen Bestandteilen fließt. Ist danach das Amt eines Küsterlehrers derart einheitlich, daß dem Lehrer ein Anspruch nur gegen den Schulverband zusteht, und ihm gegenüber für sein ganzes Diensteinkommen die Schulunterhaltungspflichtigen aufkommen müssen, so können auch die Leistungen, die ihrem Ursprunge nach Vergütungen für die kirchlichen Dienste darstellen, um der Einheitlichkeit des Amtes willen nur als „Leistungen für den Verband und die Schule" angesehen werden, die der Verbandsvorsteher im Wege der Heranziehung geltend zu machen hat.

4. Nach § 32 Abs. 1 VolksschulUG. sind mit dem Inkrafttreten des G. die bisher auf allgemeiner Rechtsnorm (Gesetz, Provinzialrecht, Orts- oder Schulverfassung, Gewohnheitsrecht oder Herkommen) beruhenden Verpflichtungen für die Zwecke der Volksschule, soweit sie nicht durch das G. selbst aufrechterhalten worden sind, in Fortfall gekommen. Bestehen geblieben sind dagegen nach Abs. 2 aaO. die auf besonderen Rechtstiteln beruhenden Verpflichtungen Dritter für die Zwecke der Volksschule. Ferner sind die von den Kirchengemeinden und sonstigen kirchlichen Beteiligten für ein vereinigtes Kirchen- und Schulamt nach G., Provinzial-, Bezirksrecht, Herkommen oder Ortsverfassung zu erfüllenden Verpflichtungen durch das G. nicht berührt worden. Nur also, wenn einer dieser beiden Fälle vorliegt, ist die Brennholzverpflichtung der Kläger aufrechterhalten geblieben. Hier wird behauptet: die Verpflichtung sei von den Klägern als „kirchlich Beteiligten" zu erfüllen gewesen. Somit kommt es allein darauf an, ob die Verpflichtung auf Grund des § 30 Abs. 4 aaO. bestehen geblieben ist, ob

die Kläger als Kirchenpatrone zu der Leistung verpflichtet waren. Das in dieser Hinsicht maßgebende kurhessische protestantische Kirchenrecht kennt eine solche Verpflichtung des Patrons als Regel nicht. Was aber den Küsterdienst betrifft, so fand dieser seine Vergütung in der Küsterpfründe, die gewöhnlich aus Wohnung, Garten und einigen Grundstücken und den Beiträgen aus dem Kirchenkasten zu deren Unterhaltung bestand. Diesem gesetzlichen Zustande gegenüber bedurfte es des Nachweises, daß die Verpflichtung ihrem Ursprunge nach auf das Patronatrecht der Kläger zurückgeht. Um so mehr mußte es auf solchen Nachweis ankommen, als die Vermutung besteht, daß die Leistung gutsherrlicher Natur ist. Die Unterhaltung der Ortsschulen lag im allgemeinen den Gemeinden und deren Angehörigen ob, insbesondere hatten diese für das Lehrergehalt und das für die Heizung der Schulstube erforderliche Brennholz aufzukommen. Was aber das sogenannte Besoldungsholz betrifft, so hatte der landesherrliche Erl. v. 13. VII. 1803 dem Konsistorium aufgetragen, „communicative mit der Ober-Rentcammer zu verfügen, daß ein jeder Schulmeister, der damit noch nicht versehen, eine Klafter forstfreien Holzes erhalte". Auf Anfrage der Oberrentkammer wurde darauf durch Geheimeratsbeschl. v. 18. VII. 1804 bestimmt, daß die Bewilligung des Besoldungsholzes auf die Schulmeister in den adeligen Dörfern sich nicht erstrecke, und im Geheimeratsbeschl. v. 25. VI. 1805 wurde in einem Sonderfalle der Antrag „auf die jährliche Verabreichung einer Klafter Besoldungsholzes an die von der Verwilligung ausgeschlossenen Schullehrer aus den Gemeindswaldungen, oder in deren Ermangelung aus herrschaftlicher Waldung, wenn deren in der Gegend vorhanden, jedoch gegen Bezahlung des gewöhnlichen Forstgeldes von den Gemeinden, gnädigst approbiert". Entsprach es daher den gesetzlichen Grundsätzen, daß Gutsherren aus ihren Waldungen das Besoldungsholz in gleicher Weise wie die Freiherrlich D.schen Familienfideikommißbesitzer hergaben, so liegt die Vermutung nahe, daß die Leistung in dem gutsherrlichen Verhältnis ihre Grundlage hatte.

Lag hiernach die Verpflichtung nicht den Fideikommißbesitzern als kirchlichen Beteiligten ob, so fiel sie aus den angeführten Gründen mit dem Inkrafttreten des VolksschulUG. fort. Der Verbandsvorsteher konnte die Kläger zu der Leistung nicht heranziehen.

Nr. 3. Entsch. v. 22. Mai 1914 (PrVBl. **36** 87) VIII C 175/13.

VolksschulUG. §§ 30, 32.

1. Das, ebenso wie der katholische Bonifatiusverein selbst, der Rechtsfähigkeit entbehrende Breslauer Diözesankomitee des Bonifatiusvereins, aus dem sich die Bonifatiusstiftung des Bistums Breslau entwickelt hat, hatte sich durch Erklärung v. 7. VI. 68 verpflichtet, aus den Mitteln des Bonifatiusvereins alljährlich 80 Thlr. zu dem Gehalt des Lehrers an der katholischen Schule zu H. zu gewähren. Auf Grund dieser Erklärung fordert der Schulverband unter Hinweis auf § 32 Abs. 2 VolksschulUG. von dem „Verwaltungsrat des Bonifatiusvereins zu Breslau" die Zahlung jenes Betrages. Die hiergegen von der Bonifatiusstiftung erhobene Klage wurde für begründet erachtet.

2. Die klagende Bonifatiusstiftung des Bistums Breslau hat die Erklärung v. 7. VI. 68 nicht abgegeben. Sie trat erst mit der landesherrlichen Genehmigung v. 6. I. 71 in den Rechtsverkehr ein. Daher kann auch nicht davon die Rede sein, daß die Erklärung in ihrem Namen oder für sie abgegeben worden sei. Eine eigene Erklärung, durch die sie eine Verpflichtung übernommen oder die Erklärung des Diözesankomitees als sie verpflichtend anerkannt hätte, liegt auch nicht vor. Sie wird auch nicht durch die Tatsache, daß sie unbestritten bis zum Jahre 1880 die Gehaltszuschüsse geleistet hat, ersetzt; insbesondere kann in den Zahlungen eine der Schulaufsichtsbehörde gegenüber abgegebene Willenserklärung nicht gesehen werden. Ein die Klägerin verpflichtender besonderer Rechtstitel liegt

also nicht vor. Von Aufrechterhaltung einer auf solchem Rechtstitel beruhenden Verpflichtung eines Dritten gemäß § 32 Abs. 2 VolksschulUG. ist daher nicht die Rede, ebensowenig aber, wenn die Klägerin iS. des § 30 Abs. 4 aaO. zu den „kirchlichen Beteiligten" zu rechnen ist. Hat dies zu geschehen, so wird auch eine Verpflichtung, die nach Herkommen zu erfüllen ist, durch das VolksschulUG. nicht berührt. Nun ist die Voraussetzung der Anwendung des § 30 aaO., daß es sich um ein vereinigtes Kirchen- und Schulamt handelt; diese Voraussetzung liegt hier vor. Dagegen ist zu verneinen, daß eine nach Herkommen zu erfüllende Verpflichtung dargetan ist. Dabei kann unerörtert bleiben, ob im übrigen die Voraussetzungen eines Herkommens vorliegen würden; denn jedenfalls fehlt es an der gemeinsamen Rechtsüberzeugung der Beteiligten, daß die klagende Bonifatiusstiftung zu den Zahlungen verpflichtet gewesen sei. Unbekannt ist, in welcher Absicht und aus welchen Gründen die Klägerin die Zahlungen geleistet hat; nahe liegt die Vermutung, daß sie damit nicht eine eigene, sondern die vermeintliche Verpflichtung des Bonifatiusvereins oder des Diözesankomitees dieses Vereins hat erfüllen wollen. Nichts spricht ferner dafür, daß die Schulgemeinde oder deren Vorstand und die Schulaufsichtsbehörde sich auch nur bewußt gewesen sind, daß nicht der Bonifatiusverein oder das Diözesankomitee, sondern die Bonifatiusstiftung des Bistums Breslau die Mittel für die Gehaltszuschüsse hergebe, und daß diese Stiftung zu den Zahlungen verpflichtet sei. Die rechtsunverbindliche Erklärung v. 7. VI. 68 war als rechtsverbindlich angenommen worden. Wahrscheinlich ist daher, daß Schulvorstand, Schulgemeinde und Schulaufsichtsbehörde glaubten, mit den Zahlungen werde die Verpflichtung des Bonifatiusvereins erfüllt, und zwar, wenn sie überhaupt erfahren haben, daß die Stiftung die Zahlungen leistete, durch Vermittelung dieser Stiftung. Dies ist um so wahrscheinlicher, als in den Einkommensnachweisungen der vereinigten Lehrer-, Küster- und Organistenstelle der Zuschuß fortlaufend nicht als Beitrag der Klägerin, sondern des Bonifatiusvereins bezeichnet wurde.

Hiernach fehlt es an dem Nachweise, daß der Klägerin vor dem Inkrafttreten des VolksschulUG. die Verpflichtung zum Gehaltszuschuß obgelegen hat. Eine solche Verpflichtung kann daher auch nicht aufrechterhalten sein. Die Beitragsforderung des beklagten Verbandsvorstehers ist deshalb unbegründet.

Nr. 4. Entsch. v. 1. Nov. 1912 (OVG. 63 190) VIII B 9/12.

VolksschulUG. §§ 8, 9.

1. Die Verteilung der Schullasten im Gesamtschulverband erfolgt auf dessen Glieder, d. h. die ihm angehörenden Gemeinden und Gutsbezirke. Die Vertretung des Gutsbezirkes als einer Körperschaft des öffentlichen Rechtes im Gesamtschulverbande steht zwar grundsätzlich dem Gutsbesitzer zu; sie gebührt jedoch dem Gutsvorsteher, wenn die Unterverteilung der Schullasten in dem Gutsbezirke nach einem gemäß § 8 Abs. 2 VolksschulUG. erlassenen Statut erfolgt. In dem letzteren Falle hat der Verbandsvorsteher bei der Oberverteilung der Verbandslasten die Heranziehung des Gutsbezirkes an den Gutsvorsteher zu richten, und dieser ist dagegen zur Einspruchseinlegung berufen.

2. In § 9 Abs. 1 VolksschulUG. wird eine allgemeine Verteilungsregel für alle Gesamtschulverbände ohne Unterschied aufgestellt. Nach dieser Regel soll die eine Hälfte des Bedarfes gemäß dem Grundsatze von Leistung und Gegenleistung nach dem Verhältnisse der Zahl der die Schule des Gesamtschulverbandes aus den Gemeinden (Gutsbezirken) besuchenden Kinder, und die andere Hälfte des Bedarfes gemäß dem Grundsatze der Leistungsfähigkeit nach dem Verhältnisse des der Kreisbesteuerung zugrunde zu legenden Steuersolls mit gewissen Besonderheiten verteilt werden. An dieser Regel ändert sich auch in dem hier vorliegenden Falle (§ 9 Abs. 2 aaO.), wo der Gutsbezirk gleichzeitig einem andern Gesamtschulverband (B.) angehört, nichts, nur daß bei der Verteilung der zweiten

Hälfte nicht das ganze Steuersoll des Gutsbezirkes in die Verhältnisrechnung gelangen darf, sondern für den Gutsbezirk derjenige Bruchteil seines der Kreisbesteuerung zugrunde zu legenden Steuersolls in die Rechnung zu setzen ist, der dem Verhältnis entspricht, in dem Kinder aus dem Gutsbezirke die Schule des Gesamtschulverbandes (A.) und öffentliche Volksschulen überhaupt besuchen (OVG. **59** 236, 238, 239).

3. Für den vorliegenden Fall fragt sich, ob ein zum Gutsbezirke gehöriges Kind, das in die Schule des Gesamtschulverbandes A. gehört, aber weder diese noch die Schule des Gesamtschulverbandes B., sondern die zu keinem der beiden Verbände gehörige Schule in C. besucht, und zwar ohne dorthin gemäß § 5 VolksschulUG. gastweise eingeschult zu sein,

a) bei der nach der Kinderzahl zu verteilenden Hälfte zu den „die Schule des Gesamtschulverbandes (A.) aus dem Gutsbezirke besuchenden Kindern",

b) bei der verhältnismäßigen Teilung des Steuersolls des Gutsbezirkes hinsichtlich der nach dem Steuersolle zu verteilenden Hälfte mitzurechnen ist, weil es zu den „aus dem Gutsbezirk öffentliche Volksschulen überhaupt besuchenden Kindern" gehört.

Hält man sich an den reinen Wortlaut, so ist das die Schule in C. besuchende Kind bei der Kinderzahlhälfte (a) nicht mitzurechnen, weil es zu den „die Schule des Gesamtschulverbandes besuchenden Kindern" nicht gehört; es ist dagegen bei der Steuersollhälfte (b) mitzurechnen, weil es zu den „öffentliche Volksschulen überhaupt besuchenden Kindern" gehört.

Der Regierungsentwurf kannte die Verteilung der Schullasten unter die Verbandsmitglieder nicht nach dem doppelten Maßstabe der Kinderzahl und des Steuersolls, sondern hatte nur den einen Maßstab des Steuersolls. Das wollte die Kommission des AH. beseitigen, weil es ungerecht sei, den Maßstab des Steuersolls, d. h. die Leistungsfähigkeit, zu wählen. Es sollte vielmehr der Maßstab von Leistung und Gegenleistung, wie ihn die Kinderzahl darstelle, zur Geltung gebracht werden. Lediglich diesem Grundsatze sollte, als man zu dem doppelten Maßstabe kam, mit dem Maßstabe der Kinderzahl Raum geschaffen werden. Die Einführung des Maßstabs der Kinderzahl hat daher zur notwendigen Folge, daß nur Kinder, deren Schulbedürfnis tatsächlich durch den Gesamtschulverband befriedigt wird, mitgerechnet werden dürfen; denn nur insoweit leistet der Gesamtschulverband dem Gutsbezirk etwas, und nur insoweit kann eine Gegenleistung des letzteren in Frage kommen. Daraus ergibt sich, daß bei derjenigen Hälfte des Bedarfes, der nach der Kinderzahl zu verteilen ist, dem Wortlaut entsprechend ein Kind, dem der Gesamtschulverband nichts gewährt, nicht mitgerechnet werden darf.

4. Bei der Ermittelung der für die Verteilung der zweiten Hälfte des Bedarfes einzusetzenden Sollsteuerquote des Gutsbezirkes ist davon auszugehen, daß der Gutsbezirk, auch wenn er mehreren Gesamtschulverbänden angehört, sein ganzes Kreissteuersoll aufwenden muß, wie dies grundsätzlich für jedes Glied des Gesamtschulverbandes vorgeschrieben ist. Nur soll er nicht mehr aufwenden. Dies würde aber geschehen, wenn er bei jedem Gesamtschulverbande, dem er angehört, mit dem ganzen Steuersolle teilnähme. Damit dies vermieden werde, soll sein ganzes Steuersoll unter die Gesamtschulverbände, denen er angehört, nach Bruchteilen geteilt werden, und er soll dann bei dem einzelnen Gesamtschulverbande nur mit dem diesem zugeteilten Bruchteile teilnehmen. Rechnete man nun hier die zwei Kinder des Gesamtschulverbandes A. und die fünf Kinder des Gesamtschulverbandes B., aber außerdem, dem reinen Wortlaut entsprechend, die zwei Kinder, welche auf die Schule in C. entfallen, zu deren Schulverband der Gutsbezirk nicht gehört, so würde sich ergeben, daß der Gutsbezirk im Gesamtschulverband A. mit $^2/_9$, im Gesamtschulverbande B. mit $^5/_9$ seines Kreissteuersolls beteiligt würde, während er mit den restlichen $^2/_9$ an der

Unterhaltung keines Gesamtschulverbandes teilzunehmen hätte. Wenn die zwei Kinder der Schule C. mitgerechnet würden, würde also der Gutsbezirk an den Schulunterhaltungskosten nicht sein ganzes Kreissteuersoll, sondern nur 7/9 aufwenden. Das stände aber im Gegensatze zu dem oben angeführten Grundsatze, daß der Gutsbezirk sein ganzes Kreissteuersoll aufwenden muß. Daraus folgt, daß der Ausdruck im Abs. 2: „der aus dem Gutsbezirk öffentliche Volksschulen überhaupt besuchenden Kinder" nicht rein wörtlich verstanden werden kann, sondern daß seine Bedeutung ist: derjenigen Kinder aus dem Gutsbezirke, die die Volksschule eines der Gesamtschulverbände besuchen, denen der Gutsbezirk angehört.

Nr. 5. Entsch. v. 17. Dez. 1912 (PrVerwBl. **34** 807) VIII C 190/12.
VolksschulUG. §§ 30, 32.

1. Ein Lehramt ist mit einem Kirchenamt dauernd verbunden, wenn diese Verbindung nicht nur vorübergehend, also insbesondere nicht auf Widerruf oder für die Person eines einzelnen Lehrers erfolgt ist. Daß diese Vereinigung beider Ämter untrennbar sei, ist keine Voraussetzung für den Begriff des vereinigten Amtes. Im Gegenteil wird vom G. der Fall der Trennung des kirchlichen Amtes von dem Schulamte bei dauernd vereinigten Schul- und Kirchenämtern ausdrücklich vorgesehen und geordnet (vgl. § 6 Abs. 4 LehrBesG. v. 26. V. 09, GS. 93).

2. Rechtsirrig ist es, wenn der Kläger ausführt, die organische Verbindung der Küsterei bestehe nur mit der Lehrerstelle des Ortes Z., nicht aber „mit dem Gesamtschulverband" oder „der Lehrerstelle des Gesamtschulverbandes". Ein Kirchenamt kann nur vereinigt sein mit einer bestimmten Schulstelle als solcher, nicht aber mit dem Orte, an dem sich diese befindet. Eine begriffliche Trennung einer Schulstelle in eine Schulstelle des betreffenden Ortes und eine solche des betreffenden zu ihrer Unterhaltung verpflichteten Schulverbandes ist rechtlich unmöglich. Im vorliegenden Falle ist die Schulstelle, mit der die Küsterämter zu Z. und G. dauernd vereinigt sind, die — jetzt erste — Lehrerstelle an der früher von der Schulgemeinde Z., seit dem Inkrafttreten des VolksschulUG. von dem gleichnamigen Gesamtschulverbande zu unterhaltenden Volksschule.

3. Unter die „für das vereinigte Amt" zu erfüllenden Verpflichtungen iS. des § 30 Abs. 4 aaO. ist nicht nur die Lieferung des zum persönlichen Bedarfe des Küsterschullehrers erforderlichen, sondern auch des zur Heizung der Küsterschulklasse benötigten Brennholzes einzubegreifen. Wenn das G. im § 30 Abs. 3 bestimmt, daß es hinsichtlich der Leistungen der kirchlichen Beteiligten bei den bestehenden Vorschriften über den Bau und die Unterhaltung der Gebäude und Nebenanlagen sein Bewenden behalte, und im Anschluß daran die von den kirchlichen Beteiligten „für das vereinigte Amt" zu erfüllenden Verpflichtungen aufrechterhält, so versteht es unter den letzteren alle persönlichen und die sonstigen sächlichen Leistungen für Küsterschulzwecke, außer den im Abs. 3 behandelten Baulasten; denn das G. will erschöpfend alle Leistungen kirchlicher Beteiligter für die Küsterschulen aufrechterhalten. Die Küsterwohnung war ursprünglich regelmäßig zugleich das Schulzimmer. Die Lieferung des Brennmaterials war also von Ursprung an eine einheitliche, sowohl für den persönlichen Bedarf des Lehrers als auch für die Schule bestimmte Leistung. In diesem Sinne umfaßt auch heute noch die Brennholzlieferung „für das vereinigte Amt" begrifflich zugleich die Lieferung des Brennbedarfs zur Heizung der Küsterschulklasse. Der Kläger ist also zur Weitergewährung der von ihm und seinen Rechtsvorgängern bis zum Inkrafttreten des VolksschulUG. unstreitig hergegebenen einheitlichen Brennholzmengen auch ferner verpflichtet, wenn diese Leistung auf einer von ihm in seiner Eigenschaft als kirchlicher Beteiligter, d. h. als Kirchenpatron, nach Gesetz, Provinzial-, Bezirksrecht, Herkommen oder Ortsverfassung zu

erfüllenden Verpflichtung beruht. Diese Voraussetzung trifft, worin dem Vorderrichter gleichfalls beizupflichten ist, im vorliegenden Falle zu.

4. Auszugehen ist von dem „Vergleich" von 1862, der zwischen dem damaligen Eigentümer des Ritterguts Z., den Vertretern der Küsterei und Schule, sowie dem Pfarramtsverweser der Parochie Z. abgeschlossen und von der Schulaufsichtsbehörde genehmigt worden ist. Er bildet die Rechtsgrundlage für die streitige Verpflichtung, gleichviel welcher Rechtszustand vor Abschluß dieses Vergleichs obgewaltet hat; denn nach der aus dieser Vergleichsverhandlung hervorgehenden unverkennbaren Absicht der Beteiligten sollte den in der Verhandlung niedergelegten Festsetzungen rechtsbegründende Wirkung für die Zukunft beiwohnen: die Verpflichtung des Eigentümers des Ritterguts Z. sollte durch die Schaffung dieses Rechtstitels für die Folgezeit eine rechtlich einwandfreie und klare Grundlage erhalten, nach der allein seine Leistung künftig sich zu richten hatte.

Durch den Hinzutritt der Genehmigung erlangte das Abkommen öffentlich-rechtliche Wirkung und wurde ein Teil der Ortsschulverfassung. Nun spricht sich dieser Rechtstitel allerdings nicht ausdrücklich darüber aus, ob die Holzlieferung von dem Eigentümer des Ritterguts Z. in seiner Eigenschaft als Gutsherr oder als Kirchenpatron, der er unstreitig auch ist, bewirkt werden sollte.

In dem Vergleiche vom Jahre 1862 hat der Rittergutsbesitzer Baron von R. jedoch erklärt, die Festsetzungen zwischen seinem Vorbesitzer, dem Grafen von W., und dem Oberkonsistorium im Jahre 1798 hätten ihn bestimmt, sich auch zur Lieferung von 12 Klaftern zu verpflichten. Es muß daher angenommen werden, daß er sich in derselben rechtlichen Eigenschaft, wie sein Vorbesitzer, also als Kirchenpatron, hat verpflichten wollen. Verfehlt ist es, wenn der Kläger ausführt, der Vergleich vom Jahre 1862 sei nicht als ein besonderer Rechtstitel zu bewerten, der von der allgemeinen Norm, nämlich der Vorschrift des § 33 ALR. II 12 abweiche; in ihm sei der damalige Rittergutsbesitzer als Gutsherr des Schulortes für die leistungsschwache Hausvätergemeinde nach den landrechtlichen Bestimmungen eingetreten. Zunächst würde es jeden erkennbaren Zweckes ermangelt haben, die gesetzliche Norm zum Gegenstand eines Vergleiches zu machen und in ihm lediglich zu wiederholen. Ganz abgesehen davon, hat der Vergleich aber einen von der angezogenen gesetzlichen Vorschrift völlig abweichenden Inhalt. Nach § 33 aaO. sind Gutsherrschaften auf dem Lande verpflichtet, ihre Untertanen, die zur Aufbringung ihres schuldigen Beitrages ganz oder zum Teil auf eine Zeitlang unvermögend sind, dabei nach Notdurft zu unterstützen. An Stelle dieser vom G. angeordneten subsidiären und zeitweisen Beitragspflicht übernahm der Baron von R. im Vergleiche eine prinzipale und dauernde Pflicht zu einer ein für allemal fest bestimmten Leistung. Es handelte sich dabei auch nicht lediglich um eine Entlastung seiner Untertanen im Schulorte Z., sondern die übernommene Leistung kam ebenso den gleichfalls zur Schulgemeinde gehörigen Hausvätern des Kgl. Amtsdorfes G. zugute, die nicht unter seiner Gutsherrlichkeit standen.

5. Unrichtig ist es allerdings, wenn der Vorderrichter ausführt, daß die Verpflichtung des Klägers selbst dann durch das VolksschulUG. unberührt geblieben sei, wenn sie dem Kläger nicht in seiner Eigenschaft als kirchlicher Beteiligter obliegen sollte, da der Vergleich von 1862 als eine auf besonderem Rechtstitel beruhende Verpflichtung iS. des § 32 Abs. 2 aaO. anzusehen sei. Er übersieht hierbei, daß durch diese GVschr. nur die auf besonderen Rechtstiteln beruhenden Verpflichtungen Dritter für die Zwecke der Volksschule aufrechterhalten worden sind. „Dritter", d. h. ein außerhalb des Kreises der durch allgemeine Rechtsnorm bestimmten Träger der Schullast stehender Pflichtiger, war der Kläger aber, sofern er nicht als Kirchenpatron in Betracht kam, vor dem Inkrafttreten des VolksschulUG. nicht, vielmehr gehörte er als Gutsherr des Schulorts zu den gesetzlichen Trägern der Schullast im Umfange der durch §§ 33, 36 ALR. II 12 bestimmten Leistungen. Die Leistungen aber, die den nach allgemeiner

Rechtsnorm für Schulzwecke Verpflichteten bisher öffentlich-rechtlich oblagen, sind gemäß § 32 Abs. 1 aaO. mit dem Inkrafttreten des VolksschulUG. auch dann fortgefallen, wenn sie auf einem zum Bestandteil der Ortsschulverfassung gewordenen besonderen Rechtstitel beruhten.

Nr. 6. Entsch. v. 27. Febr. 1914 (OVG. **66** 237) VIII B 15/13.

VolksschulUG. § 4.

1. Die Zulässigkeit von Rechtsmitteln gegen einen Verwaltungsakt wird durch diejenige Auffassung von der rechtlichen Natur der angegriffenen Verfügung bestimmt, die in ihr zum Ausdrucke kommt, und kann nicht danach beurteilt werden, ob die Anforderung begründet ist oder nicht. Für die Zulässigkeit der Klage kommt es hier also allein darauf an, ob die angefochtene Anordnung sich nach ihrem Inhalt als ein auf Grund des § 4 VolksschulUG. erlassener Auseinandersetzungsbeschluß darstellt, und nicht darauf, ob die sachlichen Voraussetzungen für den Erlaß eines solchen Beschlusses gegeben waren.

2. Das Vorliegen gemeinschaftlicher Rechte oder Verpflichtungen mehrerer Beteiligter an einem Vermögensstücke bildet die Voraussetzung für eine Vermögensauseinandersetzung iS. des § 4 aaO. Das Wesen einer Vermögensauseinandersetzung besteht eben darin, daß die Gemeinsamkeit von Rechten und Pflichten mehrerer Beteiligter an einem Vermögensgegenstande gelöst wird. Im vorliegenden Falle sind aber von der Schulaufsichtsbehörde Vermögensstücke eines Beteiligten dem Gesamtschulverband überwiesen worden. Eine derartige Maßnahme liegt außerhalb des Rahmens des Auseinandersetzungsverfahrens gemäß § 4. Sie entbehrt aber auch überhaupt einer gesetzlichen Grundlage. Es gibt weder im VolksschulUG. noch sonst eine gesetzliche Vorschrift, derzufolge iF. der Zuweisung einer bis dahin einen Eigenschulverband bildenden bürgerlichen Gemeinde zu einem Gesamtschulverbande das Eigentum des der bürgerlichen Gemeinde gehörigen Vermögens, soweit es Schulzwecken gewidmet war, kraft G. auf den Gesamtschulverband überginge oder letzteren durch die Schulaufsichtsbehörde gegend den Willen der bürgerlichen Gemeinde überwiesen werden könnte. Der § 24 VolksschulUG. kommt hier nicht in Frage: Diese Vorschrift bestimmt lediglich, daß das Vermögen einer durch das G. aufgehobenen Schulgemeinde oder einer solchen Schule, die bisher als selbständiges Rechtssubjekt Träger der Volksschullast war, als Ganzes auf den mit dem Inkrafttreten des G. an ihrer Stelle gebildeten Schulverband des neuen Rechtes übergeht. Davon ist hier keine Rede.

3. War hiernach zwar für den Erlaß des angefochtenen Beschlusses gesetzlich kein Raum, so kann gleichwohl in der Sache selbst zugunsten der Klägerin nicht entschieden werden, weil sie die Klage nicht gegen den richtigen Beklagten erhoben hat. Richtiger Beklagter war der Gesamtschulverband L., nicht der Gutsbezirk F., gegen welchen die Klage gerichtet worden ist. Dem Gutsbezirke F. sind durch den angefochtenen Beschluß irgendwelche Vermögensstücke nicht überwiesen worden, er kann also auch als möglicher Schuldner einer Abfindung für eine Vermögensüberweisung nicht in Betracht kommen. Vielmehr konnte die Frage, ob die durch den Beschluß erfolgte Überweisung von Vermögensstücken der Stadtgemeinde L. an den Gesamtschulverband zu Recht ausgesprochen war und gegebenenfalls, ob eine Abfindung hierfür zu zahlen sei, nur durch eine gegen den Gesamtschulverband gerichtete Klage zum Austrage gebracht werden.

Nr. 7. Entsch. v. 21. Okt. 1913 (PrVerwBl. **35** 623) VIII C 84/13.

1. Für die Entsch. der Frage, ob ein beim Inkrafttreten des VolksschulUG. zu Leistungen für die Schule verpflichtetes Rechtssubjekt ein „Dritter" iS. des § 32[2] jenes G. sei, ist nicht maßgebend, ob er jetzt, nach den Bestimmungen des

VolksschulUG., zum Kreise der nach allgemeiner Rechtsnorm zur Unterhaltung der Schule Verpflichteten gehört oder nicht, sondern ob dies vor dem Inkrafttreten des VolksschulUG. der Fall war oder nicht. Denn es werden durch dessen § 32 Abs. 2 die auf besonderen Rechtstiteln beruhenden Verpflichtungen „Dritter" aufrechterhalten; sie bleiben bestehen, wie es im G. heißt, sie müssen also beim Inkrafttreten des G. Verpflichtungen „Dritter" gewesen sein. Von seinem rechtlich unzutreffenden Standpunkt aus verfällt der Vorderrichter aber noch in einen weiteren Rechtsirrtum, indem er annimmt, daß der Fiskus jetzt zu den gesetzlichen Trägern der Schullast gehöre, weil er, wie alle anderen Gemeindeangehörigen, Gemeindeabgaben und, in ihnen einbegriffen, die nach gesetzlicher Norm als Gemeindelast aufzubringenden Schullasten zahle. Dies ist rechtsirrig, weil nach §§ 1, 7 Abs. 1 aaO. jetzt gesetzliche Träger der Schullast allein die Gemeinden und Gutsbezirke sind. Die einzelnen Gemeindeabgabenpflichtigen innerhalb der Gemeinde, auf welche die Gemeinde ihre Schullast mit dem anderen Ausgabebedarf verteilt, tragen keine Schullast, sondern eine Gemeindelast, in der nach der gesetzlichen Norm die Schullast rechtlich vollkommen verschwindet. Dem Schulverbande gegenüber sind sie also „Dritte", d. h. außerhalb des Kreises der gesetzlichen Träger der Schullast Stehende".

2. Es fragt sich, ob die Berlin-Hamburger Eisenbahngesellschaft, die Rechtsvorgängerin des jetzt herangezogenen Fiskus, zur Zeit der Abgabe ihrer Erklärung v. 9. XI. 69, durch die sie die streitige Verpflichtung übernahm, zum Kreise der durch allgemeine Rechtsnorm bestimmten Träger der Schullast gehörte oder nicht. Für die Beantwortung dieser Frage ist lediglich zu prüfen, ob die Eisenbahngesellschaft objektiv nach den damals geltenden allgemeinen Rechtsnormen zur Unterhaltung der Schule verpflichtet war. Als allgemeine Rechtsnorm kommt allein die damals geltende LandschulO. für das Herzogtum Lauenburg v. 10. X. 68 in Betracht. Nach deren Bestimmungen kann kein Zweifel darüber bestehen, daß im Gebiete der LandschulO. allgemein, auch wo die einzelnen Landschuldistrikte sich räumlich mit den politischen Landgemeinden deckten, neben den letzteren besondere Schulgemeinden bestanden haben.

Es fragt sich nun, ob die Berlin-Hamburger Eisenbahngesellschaft als juristische Person zu den Lasten dieser Schulgemeinde nach allgemeiner Rechtsnorm beitragspflichtig war. Zwar bezieht sich die Bestimmung des § 34 LauenbLandschulO., nach der in den Schulgemeinden „alle dispositionsfähigen und zu den Realschullasten kontribuierenden Hauswirte" stimmberechtigt sind, zweifellos nur auf physische Personen, was auch daraus hervorgeht, daß nach § 35 aaO. die Schulvorstandsmitglieder aus der Zahl der „Hauswirte" gewählt werden sollten. Allein nach der LandschulO. hat die Stimmberechtigung mit der Beitragspflicht nichts zu tun. Denn der § 37 Abs. 2 bestimmt, daß sämtliche Leistungen für die Landschulen und Landschullehrer Reallasten sind, mit alleiniger Ausnahme des für jedes Kind von den Eltern oder Vormündern zu entrichtenden Schulgeldes und der neben dem Schulgelde herkömmlichen Naturallieferungen an Schulbroten und dergleichen. Aus dieser Vorschrift ergibt sich, daß zu den Lasten des Schulverbandes alle diejenigen beitragspflichtig waren, die im Schulbezirke Grundeigentum besaßen, also auch die Forensen und juristischen Personen. Da die Eisenbahngesellschaft Grundeigentum im Schulbezirke besaß, war sie an sich nach allgemeiner Rechtsnorm schulunterhaltungspflichtig. Nun hatte sie allerdings behauptet, daß sie durch Art. 11 Staatsvertr. v. 8. XI. 41 wegen Herstellung einer Eisenbahnverbindung zwischen Berlin und Hamburg von allen Schullasten eximiert worden sei. Und § 37 Abs. 1 aaO. bestimmt, daß Exemtionen von Schullasten, soweit sie den einem Schulverbande schon angehörigen Gütern und Bauerstellen etwa bereits rechtlich zustehen, durch die LandschulO. nicht aufgehoben werden. Allein es bedarf keiner Erörterung, ob die behauptete Exemtion nach jenem Staatsvertrage der Eisenbahngesellschaft wirklich zustand und ob die im § 37 Abs. 1 ausgesprochene Aufrechterhaltung gewisser Exemtionen auf sie überhaupt zutraf. Denn selbst wenn alles dies zu bejahen ist, gehörte die Eisenbahngesellschaft trotz der Exemtion doch in gewissem Umfange zu den durch allgemeine Rechtsnorm bestimmten Schulunterhaltungspflichtigen. Wenn sie nun in der Erklärung v. 9. XI. 69 sich auch zur Beitragsleistung für die nicht erhöhten Schulbedürfnisse verpflichtete und sich auch für die erhöhten Schulbedürfnisse zur Beisteuer nach einem weitergehenden Maßstabe bereit erklärte, so stellen diese Erklärungen zwar einen besonderen Rechtstitel dar. Dieser ist aber durch § 32 Abs. 1 VolksschulUG. aufgehoben worden, da es sich in ihm um laufende Verpflichtungen handelte, die ein nach allgemeiner Rechtsnorm für Schulzwecke Verpflichteter mit Rücksicht auf diese Verpflichtung über das durch die Norm gegebene Maß hinaus freiwillig übernommen hatte (§ 31 Abs. 1 Satz 2 aaO.). Der Umstand, daß die Gesellschaft jene Leistungen subjektiv nicht mit Rücksicht auf ihre Verpflichtung, sondern ohne Rücksicht auf die Rechtsfrage, ob sie überhaupt beitragspflichtig sei, übernommen hatte, ist unerheblich. Es genügt, daß sie objektiv durch die allgemeine Rechtsnorm zu einem gewissen Maße verpflichtet war. Der Eisenbahnfiskus als Rechtsnachfolger der Gesellschaft muß also von der Heranziehung freigestellt werden.

c) Sonstige Träger der Schullasten.

α) Im Geltungsgebiete des ALR.

bb) Die Schulbaupflichtigen.

ββ) Bei Schul- und Küsterhäusern insbesondere.

Nr. 1. Entsch. v. 23. Mai 1913 (OVG. **64** 352) VIII C 295/12.

1. Das G. v. 21. VII. 46 (GS. 392) überträgt die Kosten des Baues und der Unterhaltung der Küsterschulhäuser auf die Schulinteressenten, soweit nach seinem Inkrafttreten infolge Vermehrung der Schülerzahl eine Erweiterung der Grundfläche der Schulräume gegenüber dem Zustande zur Zeit seines Inkrafttretens erforderlich geworden ist. Handelt es sich also um den erstmaligen Neu- oder Erweiterungsbau eines Küsterschulhauses seit dem Inkrafttreten jenes G., so ist bei Prüfung der Frage, ob diese bauliche Maßnahme durch eine Vermehrung der Schülerzahl verursacht sei, in Vergleich zu stellen die Schülerzahl zur Zeit des betreffenden Baufalls mit derjenigen im Jahre 1846. Wird dann, ohne daß eine weitere Zunahme der Schülerzahl stattgefunden hat, ein Neubau für ein seit dem Jahre 1846 infolge von Vermehrung der Schülerzahl bereits erweitertes Küsterschulhaus notwendig, so ist auch dieser Neubau insoweit, als er bestimmt ist, die seit dem Jahre 1846 erweiterte Grundfläche zu ersetzen, als ein Erweiterungsbau anzusehen, im übrigen als Ersatzbau für die im Jahre 1846 vorhanden gewesenen Küsterschulräume.

2. § 3 aaO. macht von der Regel des § 1, wonach die Pfarrbaupflichtigen das vereinigte Küster- und Schulhaus durch Reparatur- und Neubau in seinem bisherigen, wie in dem durch das jeweilige Bedürfnis erforderten Zustand unterhalten müssen, die Ausnahme, daß — sobald dessen Erweiterung über den bei Erlaß des G. vorhandenen Umfang durch das Schulbedürfnis notwendig wird — die Schulbaupflichtigen diese Erweiterung, mag sie in einem besonderen Gebäude bestehen oder mit dem alten Hause in Verbindung gebracht werden, sowohl neu herzustellen als auch künftig zu unterhalten haben. Zwar enthält das G. eine ausdrückliche Bestimmung für den Fall nicht, daß gleichzeitig das Bedürfnis hervortritt zu einem gänzlichen oder teilweisen Ersatzneubaue des vorhandenen Hauses und einem mit ihm in Verbindung zu bringenden Erweiterungsbaue. Allein der Gerichtshof hat in ständiger Rechtsprechung dargelegt, daß die Grund-

sätze des § 3 aaO. auch in diesem Falle sinngemäß Anwendung finden müssen. Was von der Verbindung eines Erweiterungsbaues mit dem vorhandenen Hause gilt, muß auch von der Verbindung eines solchen mit dem — ganz oder teilweise — an die Stelle des alten Küsterschulhauses tretenden Ersatzneubaue gelten: auf die Schulbaupflichtigen entfällt von den Kosten des neuen Schulgebäudes nur derjenige Teil, der für die Herstellung der durch das Anwachsen der Schülerzahl notwendig gewordenen erweiterten Räume aufzuwenden ist. Ob der Ersatz durch Anbau an das nunmehr nur noch die Wohnung des Küsterlehrers enthaltende alte Haus oder durch ein neu errichtetes selbständiges Gebäude beschafft wird, ist für die Entsch. ohne Bedeutung. Rechtsirrig ist es auch, wenn der Vorderrichter die Beitragspflicht der Pfarrbaupflichtigen zu dem jetzigen Neubaue der Schulklasse deshalb verneint, weil nicht an Stelle der alten Schulklasse eine neue Klasse errichtet werde, sondern die alte Klasse in ihrem bisherigen Umfang erhalten bleibe und nur eine anderweitige Verwendung eintrete, indem sie der Wohnung des Lehrers zugelegt werde, also jedenfalls dem Schulzweck erhalten bleibe und die bezüglich ihrer bestehende Unterhaltungspflicht des Patrons in keiner Weise berührt werde. In welcher Weise die alte Schulklasse nunmehr anderweit verwendet wird, ist für die Frage, wer die Kosten der als Ersatz für sie errichteten neuen Schulklasse zu tragen hat, belanglos. Entscheidend ist, daß die alte Schulklasse als solche nicht mehr verwendbar ist und durch eine neu zu bauende ersetzt werden muß. Die Verpflichtung der Pfarrbaupflichtigen, neben ihrem Anteil an den Kosten dieses Neubaues auch die Unterhaltungskosten der alten, jetzt wegen Unzulänglichkeit der bisherigen Wohnung des Küsterlehrers dieser zugelegten alten Schulklasse zu tragen, ergibt sich daraus, daß es ihnen nach dem G. obliegt, die Küsterei — abgesehen von dem Ausnahmefalle des § 3 aaO. — in dem durch das jeweilige Bedürfnis erforderten Zustande zu erhalten.

3. Diese Verpflicht ungder Schulbaupflichtigen zur anteilsweisen Tragung der Kosten des jetzigen Neubaues würde allerdings nicht Platz greifen, wenn der Patron ihnen gegenüber durch Vergleich die alleinige Tragung sämtlicher durch zukünftige Ersatz- und Erweiterungsbauten der Schule entstehenden Kosten übernommen hätte. Eine solche Entlastung der Schulbaupflichtigen durch besonderen Rechtstitel ist rechtlich möglich. Allein der Vergleich kann nicht in jenem Sinne ausgelegt werden. Wenn der Patron in ihm „die künftigen Unterhaltungskosten nach der Erweiterung des Kantorats und der Schule durch den jetzigen Bau allein übernimmt", so beschränkt sich diese Verpflichtung, wie aus dem Hinweis auf die Erweiterung durch den damaligen Bau hervorgeht, nur auf die Unterhaltung des durch den damaligen Anbau vervollständigten und erweiterten Küsterschulhauses in dem dadurch bedingten räumlichen Umfang, erstreckt sich aber nicht auf künftige, über diesen Umfang hinausgehende Ersatz- und Erweiterungsbauten.

Eine observanzmäßige Entlastung der Schulbaupflichtigen durch die kirchlichen Beteiligten würde nach dem G. v. 21. VII. 46 (§ 6) nicht mehr zulässig sein.

4. Es bewendet also hier bei der gesetzlichen Regel, nach der die Pfarrbaupflichtigen und die Schulbaupflichtigen anteilsweise die Kosten des Neubaus aufzubringen haben. Den Maßstab für die Verteilung der Baukosten unter ihnen bildet die erweiterte Grundfläche der Räume im Verhältnisse zur ursprünglichen Grundfläche, also die Ausdehnung des Grundflächenmaßes über den bisherigen Umfang.

5. Der Kläger will zu dem kirchlichen Anteile nur den Wert der Hauptmaterialien an Holz, Kalk und Steinen beisteuern und ihn im übrigen, bei Unvermögen der Kirchenkasse, der Kirchengemeinde auferlegt wissen. In der Tat ist der Patron nach der Magdeburger KirchenO. v. 9. V. 1739 nur zur Lieferung der Hauptmaterialien verpflichtet. Nun geht aber der Baubeschluß davon aus, daß der

Kirchenpatron observanzmäßig zur alleinigen Aufbringung des auf die Pfarrbaupflichtigen entfallenden Anteils der Küsterschulbaukosten verpflichtet sei. Eine solche Observanz, die abweichend vom ProvG. das Anteilsverhältnis der Pfarrbaupflichtigen unter diesen anderweit regelt, würde zulässig und durch das G. v. 21. VII. 46 nicht berührt sein. Nach § 37 ALR. II 12, § 790 ALR. II 11 finden bei Bauten von Küsterschulhäusern ebenso wie bei solchen von Pfarrhäusern wegen Aufbringung und Verteilung der Beiträge dieselben Grundsätze wie bei Kirchengebäuden statt. In Ansehung der Kosten zum Baue der letzteren aber soll es nach § 710 ALR. II 11 bei den durch Verträge, rechtskräftige Erkenntnisse, ununterbrochene Gewohnheiten oder besondere ProvG. bestimmten Regeln ferner bewenden. Das ALR. verweist hier also in Ermangelung von Verträgen und rechtskräftigen Erkenntnissen auf Observanzen, die den ProvG. vorgehen. Damit ist auch eine spätere Observanzbildung zugelassen. Das gilt nicht nur im Verhältnisse zu den Bestimmungen des ALR. selbst, sondern auch im Verhältnisse zu den ProvG.

Nr. 2. Entsch. v. 27. Febr. 1914 (PrVerwBl. 35 859) VIII C 48/13.

1. Nach § 37 ALR. II 12 gelten für Küsterschulen dieselben Vorschriften wegen der Baulast wie für Kirchenbauten. Die Baulast trifft also diejenigen, die die Kirchenbaulast tragen. Die Einschränkung dieser Vorschrift, wie sie im G. v. 21. VII. 46 vorgesehen ist, ist im vorliegenden Falle im Baubeschlusse berücksichtigt worden, die Art der Verteilung zwischen den Schulbau- und den Kirchenbaupflichtigen ist von dem Kläger nicht angegriffen worden. Streitig ist nur die Verteilung des den Kirchenbaupflichtigen zufallenden Anteils unter diese. Es handelt sich hier um die Verteilung von Baukosten „auf Gemeinden, Gutsbezirke, Gutsverbände und dritte statt derselben oder neben denselben Verpflichtete" (§§ 47, 49 ZustG.). Die Verteilung dieser Kosten unterliegt, falls — wie hier — Streit entsteht, nicht der Zuständigkeit des Verbandsvorstehers, sondern allein derjenigen der Schulaufsichtsbehörde.

2. Die Rechtssätze über die Kirchenbaupflicht, die hiernach zunächst festzustellen ist, sind gemäß § 710 ALR. II 11 dem Provinzialrechte zu entnehmen. In der Kurmark, zu der Groß- und Klein-Ziethen gehören, gilt eine in der KabO. v. 11. XII. 1710 bekundete Provinzialobservanz, von der die KabO. sagt:

„Was die Repartition der Kirchen- und Pfarrgebäude (Kosten) betrifft, so soll es bei der bisherigen Observanz dergestalt verbleiben, daß die patroni alle Materialien an Holz, Steinen, Kalk und dergleichen anschaffen."

Wenn der Kläger hieraus entnimmt, daß er nur verpflichtet sei, die Materialien in natura herbeizuschaffen und nicht ohne seine Einwilligung verpflichtet werden könnte, die Beschaffung den Mitverpflichteten zu überlassen und einen Ersatz in Geld zu leisten, so ist ihm darin beizutreten, daß eine solche Umwandlung der Pflicht der Beschaffung von Materialien jedenfalls ohne besonderen rechtlich erheblichen Anlaß nicht zulässig ist. Ein solcher Anlaß ist aber im vorliegenden Falle vom Vorderrichter mit Recht als gegeben angesehen worden. Mit dem Kläger haben eingehende Verhandlungen wegen des Baues an der Küsterschule stattgefunden, und der Kläger hat schließlich seine Zustimmung zum Baue und seine Beteiligung an den Kosten abgelehnt. Es ist also auf dieses von ihm zu vertretende Verhalten des Klägers zurückzuführen, daß eine Lieferung der Materialien für den inzwischen fertiggestellten Bau bei Erlaß des Baubeschlusses nicht mehr in Betracht kommen und die Abgeltung der Beitragspflicht nur noch in Geld erfolgen konnte. War hiernach die Forderung eines Geldbetrags berechtigt, so konnte seine Höhe nur durch Schätzung ermittelt werden. Es konnten nicht die Kosten der tatsächlich beim Baue verwendeten Baumaterialien zugrunde gelegt werden. Denn nicht die gesamten Baukosten waren Gegenstand des Baubeschlusses.

Die beklagte Regierung ging vielmehr davon aus, daß der in Wirklichkeit ausgeführte Bau über das Bedürfnis hinausgehe und der einer solchen Bauausführung widersprechende Patron nur verpflichtet sei, an den Kosten eines Baues teilzunehmen, der nicht 47000 *M*, wie der tatsächlich vorgenommene Bau, sondern 37000 *M* erfordert haben würde. War somit eine Schätzung nicht zu umgehen, so entzog sich die vom Vorderrichter insbesondere im Hinblick auf die Praxis für angemessen erachtete Schätzung mit 40% der Bausumme als eine tatsächliche Feststellung der Nachprüfung in der Revisionsinstanz.

3. Es ist allerdings wahrscheinlich, daß mit dem Gute Klein-Ziethen ein Patronat zugunsten der früheren Kirche in Klein-Ziethen verbunden gewesen ist, und daß diese Kirche zur Kirche in Groß-Ziethen im Verhältnisse der filia zur mater gestanden und hieraus sich auch ein Beitragsverhältnis der Kirchenbaupflichtigen der filia zur mater ergeben hat. Durch KabO. v. 16. V. 1809 wurde aber die Kirchengemeinde Klein-Ziethen in die Kirchengemeinde Groß-Ziethen eingepfarrt. Infolgedessen wurde von den dadurch in dieser Gemeinde vorhandenen zwei Kirchen die in Klein-Ziethen bald darauf abgebrochen. Damit erlosch das Patronat des Gutsherrn an Klein-Ziethen, das dieser Kirche gegenüber bestand; denn mit Wegfall der Kirchenanstalt, zu deren Gunsten ein Patronat besteht, erlischt dieses nicht nur der Ausübung nach, sondern auch der Substanz nach. Erlosch aber das Patronat der Kirche in Klein-Ziethen gegenüber, so endeten auch die Rechtsbeziehungen, die vielleicht vorher — lediglich durch Vermittelung des Verhältnisses der Kirche in Klein-Ziethen zu der in Groß-Ziethen — dieser gegenüber für den Gutsbesitzer von Klein-Ziethen bestanden haben mögen. Durch die bloße Einpfarrung der Kirchengemeinde Klein-Ziethen in die Kirchengemeinde Groß-Ziethen konnte sich das an der Kirche in Klein-Ziethen bestehende Patronat nicht in ein solches an der Kirche in Groß-Ziethen verwandeln, dazu hätte es eines besonderen Begründungsaktes bedurft. Auch nach der Einpfarrung war aber übrigens zunächst noch die Kirche in Klein-Ziethen und damit das an ihr bestehende Patronat vorhanden, erst nachher ging dieses mit dem Abbruche der Kirche unter. Auch späterhin hat sich eine observanzmäßige Leistungspflicht des Gutsherrn von Klein-Ziethen der Kirche in Groß-Ziethen gegenüber nicht herausbilden können. Aus gelegentlichen Handlungen des Gutsherrn, auch aus tatsächlichen Leistungen für die Kirche in Groß-Ziethen kann eine solche Observanz nicht gefolgert werden. Denn einmal ist nicht ersichtlich, ob die Übernahme von Leistungen durch den Gutsherrn von Klein-Ziethen in der vermeintlichen Eigenschaft als Patron und nicht etwa lediglich in seiner Eigenschaft als Eingepfarrter geschehen ist, und dann ist es anerkannten Rechtes, daß das Handeln im Irrtum über die tatsächliche Rechtslage nicht geeignet ist, zur Bildung einer Observanz zu führen. Übrigens fehlte es auch, da es sich um Rechtsbeziehungen lediglich zweier Personen — des Patrons von Groß-Ziethen und eines der Kirchengemeinde angehörigen Rittergutsbesitzers — untereinander handeln würde, an der einer Observanz begrifflich notwendigen Gemeinschaft, in der sich eine Rechtsüberzeugung bilden könnte.

β) Im Geltungsbereiche der PrSchulO. v. 11. XII. 45.

bb) Die Leistungen der Gutsherren.

αα) Lieferung von Brennmaterial.

Nr. 1. Entsch. v. 12. März 1912 (OVG. **61** 60) VIII C 224/11.

VolksschulUG. §§ 9, 32. PrSchulO. § 45.

1. Bereits in OVG. **59** 226 ist dargelegt, daß Abs. 4 des § 32 SchulUG. die bisherigen Leistungen des Fiskus zugunsten der Schule nur dem Umfange nach unverändert lassen will und sich auf die bisherige Gestaltung des Rechtsverhältnisses nicht bezieht. Bisher war der Fiskus in seiner Eigenschaft

als Gutsherr gesetzlicher Träger der Schullast, und soweit er zur Schulunterhaltung beitrug, verminderte sich die gesetzliche Schulunterhaltungslast der einzelnen Gemeinden und Gutsbezirke, welche die Eigenschaft der Domänendörfer hatten. Diese Rechtslage ist aber gerade durch das VolksschulUG. geändert worden. Die schulunterhaltungspflichtigen Gemeinden und Gutsbezirke haben bestimmte Naturalbedürfnisse der Schule und des Lehrers, wie das Brennmaterial, jetzt nicht mehr in Natur aufzubringen. Vielmehr wird der ganze Ausgabebedarf des Gesamtschulverbandes ohne Aussonderung der Naturalbedürfnisse auf sie verteilt. Die Beschaffung der letzteren liegt dem Gesamtschulverband ob. Infolgedessen ist keine Holzlieferungspflicht der Gemeinden und Gutsbezirke mehr vorhanden, die sich durch die gutsherrlichen Leistungen mindern könnte. Außerdem wird jetzt die Verteilung der Schulunterhaltungslast auf die Gemeinden und Gutsbezirke nicht mehr, wie es auf Grund der PrSchulO. geschah, nach dem Verhältnisse der Haushaltungszahlen, sondern nach einem ganz anderen Maßstabe vorgenommen, nämlich zur Hälfte nach der Kinderzahl, zur Hälfte nach dem Steuersolle (§ 9 Abs. 1 aaO.).

2. Dieser veränderten Rechtslage hat der § 32 aaO. Ausdruck gegeben, indem er den Fiskus bezüglich seiner fortzugewährenden „bisherigen Leistungen" aus § 45 SchulO. v. 11. XII. 45 trotz des ihnen zugrunde liegenden gutsherrlichen Verhältnisses fortan in die Rechtsstellung eines „Dritten" verweist. Abs. 1 und 2 dieses Paragraphen beseitigen alle bisherigen öffentlich-rechtlichen Verpflichtungen zur Schulunterhaltung mit Ausnahme der auf besonderen Rechtstiteln beruhenden Verpflichtungen „Dritter"; Abs. 3 bestimmt allgemein, daß alle nicht guts- oder grundherrlichen oder domanialen Verpflichtungen des Fiskus als auf besonderen Rechtstiteln beruhend vermutet werden, mithin, falls diese Vermutung nicht entkräftet wird, als Leistungen eines Dritten gewährt werden sollen. Wenn Abs. 4 nun weiter von dem Grundsatze des Abs. 3 die Ausnahme macht, daß die bisherigen Leistungen aus § 45 SchulO. obwohl sie gutsherrlicher Natur sind, gleichwohl (zur Schonung der Schulverbände) fortgewährt werden sollen, so ergibt sich daraus, daß der Fiskus nicht als nach allgemeiner Rechtsnorm verpflichteter Träger der Schullast, sondern als „Dritter" zu gelten hat. Die Last des Fiskus ist — abgesehen von der Umwandlung der Naturalleistung in eine Geldleistung — lediglich nach Gegenstand und Umfang unverändert geblieben; seine Leistung kommt daher jetzt dem ganzen Schulverbande zugute. Daß dem so ist, ergibt sich auch noch aus dem Schlußsatze des Abs. 4, der die Ablösung der Holzgeldrente sowohl auf Verlangen des Fiskus wie des „Berechtigten" eintreten läßt.

Nr. 2. Entsch. v. 7. Juni 1912 (OVG. **63** 158) VIII C 193/11.

PrSchulO. v. 11. XII. 45 §§ 44, 45.

1. Der § 44 der PrSchulO. bestimmt, daß alle Gutsherren des Schulbezirkes zu den dort näher bezeichneten Bauholzleistungen gesetzlich verpflichtet sein sollen. Diese Vorschrift greift auch für die Besitzer von selbständigen Gutsbezirken des neuen Rechtes Platz; denn durch die Bildung eines neuen Gutsbezirkes entstehen für dessen Besitzer gegenüber der Schule gutsherrliche Rechte und Pflichten, die denjenigen der Güter alten Rechtes gleichwertig sind. Wenn daher der Fiskus ein im Privatbesitze befindlich gewesenes selbständiges Gut erwirbt, so wird er zu den Leistungen des § 44 aaO. gesetzlich verpflichtet (sofern nicht Verträge oder Herkommen ein anderes bestimmen), gleichviel, ob es sich um ein selbständiges Gut alten oder neuen Rechtes handelt, nur mit dem Unterschiede, daß sich seine Verpflichtung bei den Gütern des alten Rechtes auch auf die ehemals der obrigkeitlichen Gewalt dieser Gutsherrschaften unterworfenen Landgemeinden miterstreckt, während er bei den selbständigen Gutsbezirken des neuen Rechtes lediglich für die Haushaltungen dieses Gutsbezirkes einzutreten hat.

2. Nun legt der § 45 aaO. „in betreff der Schulen in Domänendörfern" dem Fiskus noch besonders geartete weitere Leistungen auf. Wenn in dieser Vorschrift bezüglich der „Schulen in Domänendörfern" noch der Zusatz gemacht wird: „auf welche der § 44 ebenfalls Anwendung findet", so bedeutet dies lediglich, daß auch für die Fälle des § 45 der im § 44 gemachte Vorbehalt: „sofern nicht Verträge oder Herkommen ein anderes bestimmen", gelten soll, wie aus der Verhandlung des Staatsministeriums über den Entwurf der SchulO. hervorgeht. Wie das OVG. wiederholt dargelegt hat, sind unter „Schulen in Domänendörfern" Schulen für Domänendörfer, d. h. Schulen, die für die Einwohnerschaft von „Domänendörfern" bestimmt oder mitbestimmt sind, zu verstehen. „Domänendörfer" waren nicht nur Wohnplätze von Domanialeinsassen mit ländlicher Gemeindeverfassung. Vielmehr erstreckte sich die Verpflichtung des Fiskus zu den im § 45 aaO. bezeichneten Leistungen nach dem vor Erlaß der SchulO. bestehenden, durch diese lediglich aufrechterhaltenen und deshalb für die Auslegung des § 45 maßgebenden Rechtszustand auf alle Ortschaften, in denen Domanialeinsassen wohnten, gleichviel, ob sie ländliche Gemeindeverfassung hatten oder nicht. Der Fiskus wurde also durch § 45 zu den dort bezeichneten Leistungen für den gesamten Bereich des sogenannten Domaniums, d. h. für dasjenige Territorium verpflichtet, in dem dem Landesherrn die ortsobrigkeitliche Gewalt zustand. Dem Landesherrn stand nun auf den Grundstücken des nicht zu herrschaftlichen Rechten besessenen platten Landes die ortsobrigkeitliche Gewalt ohne Rücksicht auf die sonstige Art des Besitzrechts zu. Auch dort, wo der Landesherr Ländereien, deren Eigentümer er gewesen war, ohne Rechte verliehen hatte, die für den Erwerber eine gutsherrliche Gewalt über seinen Grundbesitz und dessen Bewohner begründeten, bestand das Bedürfnis, die Ländereien und ihre Bewohner einer ortsobrigkeitlichen Gewalt zu unterstellen. Während aber die ortsobrigkeitliche Gewalt des Privatgutsherrn, soweit nicht besondere Verleihungen durch den Landesherrn in Frage kamen, sich nur auf sein eigenes Grundeigentum und die davon veräußerten Grundstücke erstreckte, konnten der ortsobrigkeitlichen Gewalt des Vertreters des Landesherrn in den Domänenamtsbezirken auch Grundstücke unterworfen werden, die nicht innerhalb der Grenzen eines einzelnen Domänenguts lagen, und Personen, die nicht zum Stande der erbuntertänigen Bauern gehörten, wie z. B. die Kölmer.

Unter „Domänendörfern" in dem Sinne, welchen die SchulO. mit ihm verband, waren die in diesem Verwaltungsbereiche belegenen Wohnplätze der Domanialhintersassen zu verstehen. Der ortsobrigkeitliche Verwaltungsbereich der Domänenämter bildete hiernach das sogenannte Domanium. In diesem historischen Sinne ist auch heute noch der Begriff der „Domänendörfer" auszulegen. Infolge der durch § 46 KrO. ausgesprochenen Aufhebung der gutsherrlichen Polizeigewalt kamen nun die Domänenämter und ihre Verwaltungsbezirke in Fortfall. Mit dem Zeitpunkte des Inkrafttretens der KrO. wurde hiernach der örtliche Umfang des Domaniums derart festgelegt, daß es sich räumlich zwar verringern, aber nicht mehr erweitern konnte. Wenn aus Teilen dieses räumlichen Gebiets nach Inkrafttreten der KrO. ein selbständiger fiskalischer Gutsbezirk oder eine Landgemeinde gebildet wird, so sind dies „Domänendörfer" iS. des § 45. Keinesfalls aber kann ein „Domänendorf" nach dem Inkrafttreten der KrO. dadurch entstehen, daß der Fiskus ein außerhalb jenes Territoriums liegendes selbständiges Privatgut erwirbt. Entscheidend für den Begriff des „Domänendorfs" ist danach nicht, daß die Gutsherrlichkeit über eine Ortschaft in die Hand des Fiskus gelangt und ihre Einwohner dadurch „Hintersassen" des Fiskus als nunmehrigem Gutsherrn werden, sondern daß diese „Domänen"hintersassen des Fiskus sind, d. h., daß ihre öffentlich-rechtlichen Beziehungen zum Fiskus als Gutsherrn auf dem alten Domanialverhältnisse beruhen, und dies ist nur dann der Fall, wenn die betreffende Ortschaft in dem

Herrschaftsgebiete der früheren Domänenämter belegen und nicht etwa durch Erhebung zu einem selbständigen Privatgutsbezirk aus ihm ausgeschieden ist.

Bei dem Erwerb eines selbständigen Privatguts tritt der Fiskus als Erwerber hinsichtlich der gutsherrlichen Schullasten lediglich in die Rechtsstellung des Privatgutsherrn ein. Eine gesetzliche Pflicht zur Lieferung des Brennholzes aus § 45 aaO. für die Haushaltungen des Gutsbezirkes und einer etwa nach altem Rechte dessen Gutsherrlichkeit unterworfenen Landgemeinde besteht hiernach für den Fiskus in solchen Fällen nicht. Nur wenn der Privatgutsherr etwa durch besonderen Rechtstitel oder herkömmlich zur Lieferung des Brennbedarfs für seine Hintersassen verpflichtet gewesen ist, hat der Fiskus als sein Rechtsnachfolger diese Leistungen fortzugewähren.

Nr. 3. Entsch. v. 1. April 1913 (OVG. **63** 163) VIII C 280/12.

PrSchulO. v. 11. XII. 45 § 45.

1. Der Fiskus hatte im Jahre 1834 die Herrschaft V., mit der die Gutsherrlichkeit über die Gemeinde W. verbunden war, käuflich erworben. In der Prästationstabelle der Regierung vom Jahre 1838 wird demgemäß auch das Dorf W. als „ehemals zur Herrschaft V. gehörig gewesen, jetzt Domänenrentamts V.", bezeichnet. Mit diesem Erwerbe der Herrschaft V. durch den Fiskus wurde die Gemeinde W., noch vor dem Inkrafttreten der SchulO., ein „Domänendorf" in dem Sinne, den der § 45 PrSchulO. mit diesem Ausdrucke verbindet. Unter „Domänendörfern" in jenem Sinne sind alle im Verwaltungsbereiche der Domänenämter belegenen Wohnplätze der Domanialhintersassen zu verstehen.

2. Verfehlt ist die Ausführung des Klägers, als Domänendörfer seien nur, wie sich aus § 1 Vd. v. 30. XI. 40 (GS. **41** 11) ergebe, solche Ortschaften anzusehen, in denen die Schule unter den Bedingungen der Principia regulativa eingerichtet gewesen sei, was bei W. nicht zuträfe. Diese Vd., die lediglich zur Behebung von Zweifeln die fortdauernde Gültigkeit der auf den Regulativprinzipien beruhenden Regelung der Schulunterhaltung für Schulen Kgl. Patronats bis zum Erlaß einer allgemeinen SchulO. für Ost- und Westpreußen feststellte, hat mit der Einführung der SchulO. v. 11. XII. 45 ihre Geltung verloren und ist für den Umfang des Begriffs der Domänendörfer, wie ihn dieses G. aufstellt, ohne jede Bedeutung.

3. Ist sonach W. (H.) ein Domänendorf, so ist nach § 45^5 aaO. der Fiskus verpflichtet, den Brennbedarf für die Schule und den Lehrer bis zur Höchstgrenze von 50,1 rm herzugeben.

Gesetzlich zugelassen ist aber, daß diese dem Fiskus obliegende Leistung durch Herkommen eine Minderung erfährt. Dies ergibt sich aus den Eingangsworten des § 45, in welchen es heißt:

„In betreff der Schulen in den Domänendörfern, auf welche der § 44 ebenfalls Anwendung findet, gelten außerdem folgende Bestimmungen:"

Der Zusatz „auf welche der § 44 ebenfalls Anwendung findet" bedeutet, daß auch für die Fälle des § 45 der im § 44 gemachte Vorbehalt „sofern nicht Verträge oder Herkommen ein anderes bestimmen" gelten soll.

Nr. 4. Entsch. v. 24. Okt. 1913 (OVG. **65** 213) VIII C 171/13.

PrSchulO. v. 11. XII. 45 (GS. **46** 1) § 45.

Unter „Schulen in Domänendörfern" iS. des § 45 PrSchulO. sind Schulen für Domänendörfer, d. h. Schulen, die für die Einwohnerschaft von „Domänendörfern" bestimmt sind, zu verstehen. „Domänendörfer" waren aber nicht nur Wohnplätze von Domanialeinsassen mit ländlicher Gemeindeverfassung. Vielmehr erstreckte sich die Verpflichtung des Fiskus zu den im § 45 aaO. bezeichneten Leistungen nach dem vor Erlaß der SchulO. bestehenden, durch diese lediglich aufrechterhaltenen und deshalb für die Auslegung des § 45 maßgebenden Rechtszustand auf alle Ortschaften, in denen Domanialeinsassen wohnten, gleichviel, ob sie ländliche Gemeindeverfassung hatten oder nicht (vgl. OVG. **12** 217 ff., **44** 213, 214). Zu Unrecht beruft sich der Vorderrichter für seine Auffassung auf die zweite der angezogenen Entsch. Diese läßt in ihren Darlegungen keinen Zweifel darüber, daß sie aussprechen will, die SchulO. habe bei ihren Bestimmungen über die Patronatslast der Brennmaterialienlieferung einzig und allein das gutsherrlich-bäuerliche Verhältnis auf dem platten Lande im Auge. Im § 45 aaO. sei von Domänendörfern, also offenbar von ländlichen Ortschaften, die Rede. Wenn es dann im Anschlusse hieran in der Entsch. weiter heißt, Städten gegenüber falle die Patronatslast der Brennmaterialienlieferung des Fiskus fort, weil sie nur im Verhältnisse zu Ortschaften mit ländlicher Verfassung bestehe, so ergibt der Zusammenhang klar, daß mit letzterem Ausdrucke nur der Gegensatz zur Stadt, nämlich das platte Land, bezeichnet, keineswegs aber gesagt werden sollte, jene Verpflichtung sei nur Ortschaften mit ländlicher Gemeindeverfassung gegenüber rechtlich möglich. Es können also die dem Fiskus nach § 45 aaO. obliegenden Verpflichtungen begrifflich auch gegenüber solchen Ortschaften bestehen, die weder Gutsbezirke noch mit Landgemeindeverfassung ausgestattete Gemeindeverbände oder Teile von solchen sind, vorausgesetzt nur, daß es sich nicht um Stadtgemeinden oder Teile von solchen handelt.

2. Es kann nun ein Marktflecken nicht als eine Stadtgemeinde iS. der StO. angesehen werden. Von jeher waren die Flecken Bestandteile des platten Landes, denen gegenüber gutsherrlich-bäuerliche Rechte und Pflichten bestehen konnten. Wenn der § 1 Abs. 2 StO. vorschreibt, daß in Ansehung der Flecken, wo bisher weder eine der StO. gegolten noch die ländliche Gemeindeverfassung bestanden hat, die nähere Festsetzung ihrer Gemeindeverhältnisse, mit Berücksichtigung der Vorschriften in Tit. VIII StO., der Bestimmung des Königs nach Anhörung des Provinziallandtags vorbehalten bleibt, so sind sie damit zwar den Städten angenähert, ihnen aber keineswegs in jeder Beziehung gleichgestellt worden. Durch jene Bestimmung der StO. und die danach erlassenen Gemeindeverfassungsstatuten wurden demgemäß weder etwaige den Flecken gegenüber bestehende gutsherrliche Verpflichtungen aufgehoben, noch wird durch sie ausgeschlossen, daß solche Verpflichtungen, wenn sie eingemeindeten Teilen gegenüber bestanden, nach der Eingemeindung in den Flecken fortbestehen.

ββ) Bauverpflichtungen.

Nr. 1. Entsch. v. 11. Okt. 1912 (PrVerwBl. **34** 351) VIII C 53/12.

PrSchulO. v. 11. XII. 45 §§ 6, 28, 29, 44.

1. Der Kläger (Bischöfliche Stuhl zu Culm) ist allerdings nicht als Gutsherr des Gutsbezirkes Neuhof auf Grund des § 44 PrSchulO. v. 11. XII. 45 zur Lieferung des Bauholzes verpflichtet; denn Gutsherr dieses Gutes ist er schon aus dem Grunde nicht, weil er unstreitig lediglich Nießbrauchsrechte an ihm hat. Der Nießbraucher eines Gutes kann nicht dessen Gutsherr sein, vielmehr setzt die Gutsherrlichkeit das Eigentum an dem betreffenden Gute voraus. Die Gutsherrlichkeit über das bischöfliche Tafelgut Neuhof verblieb also bei dessen Verleihung an den bischöflichen Stuhl im Jahre 1823 dem Fiskus. Dieser übte demgemäß auch ferner die Gerichtsbarkeit und die Schulpatronatsrechte (§§ 6, 28, 29 SchulO.), insbesondere das Lehrerberufungsrecht aus, ebenso wie er unstreitig die Patronatsverpflichtungen (§§ 44 ff. aaO.) erfüllte. Es sei hierbei bemerkt, daß unter Schulpatronen iS. der SchulO. nach deren amtlicher Begründung die Gutsherren des Schulbezirks zu verstehen sind. Eine Änderung in der Gutsherrlichkeit über das Gut Neuhof trat auch nicht dadurch ein, daß der Minister der geistlichen, Unterrichts- und Medizinal-Angelegenheiten durch Vf. v.

24. IV. 63 den Übergang „des seither von dem Fiskus ausgeübten Patronats über die Schule in dem bischöflichen Tafelgut Neuhof" einschließlich des Lehrerberufungsrechts auf den Bischof von Culm genehmigte; denn, wie hervorgehoben, war die Übertragung der Gutsherrlichkeit an den Nießbraucher eines Gutes rechtlich unmöglich, zu einer solchen Übertragung würde auch der Minister nicht zuständig gewesen sein. Er genehmigte lediglich die Ausübung eines einzelnen gutsherrlichen Rechtes, nämlich des Schulpatronats iS. der SchulO. durch den bischöflichen Stuhl. Gutsherr des Tafelguts Neuhof blieb der Fiskus, ihm lag daher auch ferner die gesetzliche Holzlieferungspflicht nach § 44 SchulO. ob.

2. Allein der Kläger ist zu der ihm angesonnenen Bauholzlieferung aus einem anderen Rechtsgrunde verpflichtet: die gesetzliche Verpflichtung des Gutsherrn zur Hergabe des Bauholzes besteht nach § 44 nur, „sofern nicht Verträge oder Herkommen ein anderes bestimmen". Im vorliegenden Falle hatte nun der Minister, zugleich mit der Übertragung des Schulpatronats auf den Bischof, genehmigt, daß, dessen Anerbieten gemäß, auf ihn auch die Pflichten des Schulpatrons, insbesondere der unentgeltlichen Gewährung des zu Bauten und Reparaturen an den Schulgebäuden erforderlichen Bauholzes, übergingen. Auf Grund dieses vom Minister gutgeheißenen Anerbietens des bischöflichen Stuhls wurde dann am 27. IV. 63 im Einverständnis aller Beteiligten eine diese Verpflichtung des bischöflichen Stuhls festlegende Matrikel aufgestellt und von Schulaufsichts wegen bestätigt. Wenn nun auch eine Matrikel an sich idReg. kein neues Recht schafft, so stellt sie sich doch im vorliegenden Falle als ein den bischöflichen Stuhl verpflichtender öffentlich-rechtlicher Titel dar, mag man nun annehmen, daß die der Matrikelaufstellung vorausgegangenen Verhandlungen der Beteiligten einen Vertrag enthalten, der dann in der Matrikel beurkundet worden ist, oder mag man in der Matrikel selbst nach der Art ihres Zustandekommens einen Vertrag der Beteiligten über die Veränderung des Trägers der Bauholzlast erblicken. Dieser Vertrag hat durch die hinzutretende Genehmigung der Matrikel seitens der Schulaufsichtsbehörde öffentlich-rechtliche Wirkung erlangt und ist dadurch ein Bestandteil der örtlichen Schulverfassung geworden. Durch diesen öffentlich-rechtlichen Titel ist der bischöfliche Stuhl zur Lieferung des Bauholzes an Stelle des Gutsherrn verpflichtet und dessen gesetzliche Pflicht aus § 44 aaO. ortsschulverfassungsmäßig ausgeschlossen worden. Nun hatte der bischöfliche Stuhl allerdings, wie zugegeben werden muß, das Anerbieten zur künftigen Lieferung des Bau- und Brennholzes nur in der Voraussetzung und unter der Bedingung gemacht, daß er das Lehrerberufungsrecht erlange. Er hat es auch erlangt, es ist ihm aber durch das G. v. 15. VII. 86 (GS. 185) wieder entzogen worden. Der Kläger ist der Meinung, daß durch den Fortfall der Bedingung, an die er die Übernahme der streitigen Verpflichtung geknüpft habe, auch letztere selbst hinfällig geworden sei. Dieser Auffassung kann jedoch nicht beigepflichtet werden. Die Übertragung und Gewährleistung des Lehrerberufungsrechts konnte überhaupt nicht Gegenstand des in der Matrikel beurkundeten Vertrags sein, da es sich hierbei um ein Staatshoheitsrecht handelte. Wenn auch die Holzlieferungsverpflichtung des Klägers und die Übertragung des Lehrerberufungsrechts in gegenseitiger Bedingtheit entstanden sind, so ist doch, nach ihrer Entstehung, ein rechtlicher Zusammenhang zwischen ihnen nicht mehr vorhanden.

cc) Die Leistungen der Grundherren (Anwohner auf gutsherrlichem Lande) — §§ 55—65 PrSchulO. v. 11. XII. 45.

Nr. 1. Entsch. v. 7. Febr. 1913 (PrVerwBl. 35 27) VIII C 315/12.

PrSchulO. §§ 39, 55 ff.

1. Die Schulunterhaltungspflicht liegt nach § 39 PrSchulO. v. 11. XII. 45, soweit sie nicht auf besonderen Stiftungen oder besonderen Rechtstiteln beruht,

den zur Schule gehörigen Ortschaften ob. In den Gutsbezirken sind deren „Anwohner" nach §§ 55 ff. aaO. verpflichtet, die auf die Ortschaft entfallenden Schulunterhaltungskosten aufzubringen. Wieviel ein jeder Anwohner zu leisten hat, bestimmt die Regierung als Schulaufsichtsbehörde. Den „Ausfall", d. h. den Betrag, den die Anwohner nach der Festsetzung der Regierung aufzubringen außerstande sind, trägt der Grundherr (§ 60 aaO.). Ist es unterlassen worden, die Regierung wegen Bestimmung der Beiträge der Anwohner anzugehen, so haben diese die Schulbeiträge nach dem Verhältnisse, das bei Einführung der SchulO. in Kraft war, so lange fortzuentrichten, bis eine Anordnung der Regierung über den Umfang ihrer Beitragspflicht erfolgt.

2. Der Fiskus kann als juristische Person begrifflich kein Anwohner iS. der §§ 55 ff. aaO. sein. Schon nach dem gemeingewöhnlichen Sprachgebrauch können unter „Anwohnern" eines Gutsbezirks nur Personen verstanden werden, die im Gutsbezirk einen Wohnsitz haben. Einen Wohnsitz können aber nur physische Personen haben. Juristische Personen haben zwar einen Sitz ihrer Verwaltung, sind aber begrifflich nicht fähig, einen Wohnsitz zu begründen, können daher nicht „Anwohner" sein. Dies bestätigt auch der § 55 aaO., der als Anwohner „die auf gutsherrlichem Vorwerkslande wohnenden Dienstboten, Tagelöhner, Ansiedler und herrschaftlichen Beamten" aufführt. Wenn er damit auch nur die hauptsächlichsten Klassen der in den §§ 56 bis 62 behandelten „Anwohner" bezeichnet, so geht er doch davon aus, daß dies immer physische Personen sein müssen. Es kann endlich für die „Anwohner" keine andere Begriffsbestimmung gelten, als für die im Geltungsbereich des ALR. zur Schulunterhaltung verpflichteten „Hausväter" (§ 29 ALR. II 12), die gleichbedeutend im § 34 aaO. als „alle zu einer solchen Schule gewiesenen Einwohner" bezeichnet werden. Als „Hausväter" oder „zur Schule gewiesene Einwohner" sind aber nur alle wirtschaftlich selbständigen physischen Personen anzusehen, die im Schulbezirke ihren Wohnsitz haben.

3. Für ein etwaiges Herkommen des Inhalts, daß auch die Forensen wegen ihres Grundbesitzes im Gutsbezirk schulabgabenpflichtig gewesen seien, ist nach der SchulO. kein Raum.

Nr. 2. Entsch. v. 28. Febr. 1913 (PrVerwBl. 35 112) VIII C 297/12.

PrSchulO. v. 11. XII. 45 §§ 54, 55 ff.

1. Die in den Gutsbezirken im Wege der Unterverteilung auf die Anwohner ausgeschriebenen Schulbeiträge haben nicht die rechtliche Eigenschaft von Kommunalabgaben. Ihre Höhe ist nach der Leistungsfähigkeit der Anwohner von der Schulaufsichtsbehörde zu bestimmen. Für die Heranziehung der Anwohner des Gutsbezirks sind daher nicht die gesetzlichen Vorschriften über Kommunalabgaben, sondern die Bestimmungen der PrSchulO. sowie die Anordnungen maßgebend, die die Schulaufsichtsbehörde auf Grund dieser Bestimmungen in ihrer Festsetzung getroffen hat.

2. „Anwohner" iS. der §§ 55 ff. SchulO. ist jede physische, wirtschaftlich selbständige Person, die im Gutsbezirk ihren Wohnsitz hat. Da diese Voraussetzungen bei dem Lehrer zutreffen, ist er „Anwohner" des Gutsbezirks und hat als solcher zu dessen Schullasten nach Maßgabe der Festsetzung der Regierung ebenso beizutragen, wie die Lehrer im Geltungsgebiete des ALR. als „Hausväter" oder „Einwohner" innerhalb der Schulgemeinde (§§ 29, 34 ALR. II 12) schulbeitragspflichtig sind. Die Behauptung, daß die Lehrer in P. seit Jahrhunderten von den Schulabgaben tatsächlich freigeblieben seien, ist rechtlich unerheblich; denn eine herkömmliche Befreiung der Anwohner von Schulbeiträgen kennt die PrSchulO. nicht. Auch der § 54 enthält keine dahingehende Bestimmung.

4. Die Heranziehung zur Schulunterhaltung und die Rechtsmittel dagegen.

a) Allgemeine Grundsätze; Ausschreibung und Einziehung.

Nr. 1. Entsch. v. 26. März 1912 (OVG. **61** 64) VIII B 1/12.

VolksschulUG. § 54. ZustG. § 46.

1. Das VolksschulUG., das im § 54 die Verteilung der Leistungen für die Gesamtschulverbände und deren Schulen auf die Gemeinden (Gutsbezirke) und Dritte, nach öffentlichem Rechte Verpflichtete regelt, enthält keine Bestimmungen über die Art und Weise der Geltendmachung und Durchführung von Ansprüchen gegen Dritte, die nach öffentlichem Rechte zu Leistungen für einen Eigenschulverband verpflichtet sind. Es muß daher angenommen werden, daß insoweit § 46 ZustG. in Kraft geblieben und demgemäß der Dritte von dem Gemeindevorstand als örtliche Schulbehörde heranzuziehen ist. Nun gehört zwar der forderungsberechtigte Schulverband nicht zu den „Beteiligten" iS. dieser Vorschrift, er hat vielmehr seine öffentlich-rechtlichen Ansprüche gegen die gesetzlichen Träger der Schullast und Drittverpflichtete durch das zu seiner gesetzlichen Vertretung berufene Organ im Wege der Heranziehung geltend zu machen, so daß ein Streit zwischen dem forderungsberechtigten Schulverband und dem Leistungspflichtigen nur auf dem im Abs. 1 und 2 des § 46 bezeichneten Wege auszutragen ist. Allein der Gerichtshof hatte in seiner Rechtsprechung vor dem Inkrafttreten des VolksschulUG. bereits ausgeführt, daß, wenn eine Volksschule als Kommunalanstalt eingerichtet sei, also wenn z. B. eine Gemeinde eine Sozietätsschule als Gemeindeanstalt übernommen habe, die Schule keineswegs ausschließlich durch die Gemeinde als Schulverband repräsentiert werde, sondern eine gewisse Rechtsfähigkeit besitze. Forderungsberechtigt sei mithin unter solchen Umständen die Schulanstalt, nicht der Schulverband. Wenn eine Kommunalschule in Frage stehe, könne daher der Dritte aus § 46 Abs. 3 aaO. gegen die Gemeinde und umgekehrt diese gegen den Dritten klagen. An dieser Auffassung ist auch nach dem Inkrafttreten des VolksschulUG. hinsichtlich der Ansprüche von Gemeinden, welche Eigenschulverbände bilden, gegen öffentlichrechtlich zu Schulleistungen verpflichtete Dritte und umgekehrt festzuhalten; denn die Schulen der nach § 1 Abs. 2 aaO. einen eigenen Schulverband bildenden Gemeinden sind Gemeindeanstalten, die materielle Rechtslage deckt sich also jetzt im Ergebnisse mit den Fällen, in denen früher eine Gemeinde eine Sozietätsschule als Kommunalanstalt übernommen hatte.

Ob im Einzelfall Ausgaben sich als Aufwendungen zur Erfüllung der Aufgaben der Volksschule darstellen, hat im Streitfalle der Verwaltungsrichter frei zu prüfen, ohne an Entsch. der Schulaufsichtsbehörde über die Notwendigkeit der betreffenden Veranstaltungen gebunden zu sein. Daß die hier streitigen Kosten der Unterhaltung einer Hilfsklasse für schwachbegabte Kinder sich als Aufwendung zur Erfüllung der Aufgaben der Volksschule, „als Bedarf des evangelischen Volksschulwesens", darstellen, kann keinem Zweifel unterliegen; denn durch den Besuch von Hilfsschulen oder Hilfsklassen, die lediglich Unterrichtsabteilungen für schwach begabte Volksschulkinder sind, erfüllen die dorthin gewiesenen Kinder ihre gesetzliche Schulpflicht; folglich bilden derartige Hilfsschulen oder Hilfsklassen, wo eine Gemeinde sie einzurichten beschließt, einen Teil des Volksschulwesens und sind von dem Träger der Schullast genau so wie normale Volksschulklassen zu unterhalten.

Nr. 2. Entsch. v. 21. Juni 1912 (OVG. **63** 215) VIII C 47/11.

VolksschulUG. § 54. LehrBesG. §§ 43 ff.

Nach § 54 Abs. 1 VolksschulUG. hat der Verbandsvorsteher die Leistungen für den Verband und die Schule nach den G. und den Beschlüssen des Schulvorstandes auf die Gemeinden (Gutsbezirke) und Dritte, nach öffentlichem Rechte Verpflichtete zu verteilen und wegen ihrer Einziehung und Abführung die erforderlichen Anordnungen zu treffen. Eine Befugnis des Verbandsvorstehers zur Heranziehung des Staates zu den hier in Rede stehenden Staatsbeiträgen bestände somit nur dann, wenn der Staat als zur Leistung der gesetzlichen Staatsbeiträge Verpflichteter zu den Dritten, nach öffentlichem Rechte Verpflichteten, iS. des § 54 Abs. 1 aaO., also zu den Kontribuenten des Schulverbandes zu rechnen wäre. Dies ist nicht der Fall. Zu den „Dritten" iS. des § 54 Abs. 1 gehört der Staat nur dann, wenn er auf Grund eines Rechtsverhältnisses zu einem bestimmten, einzelnen Schulverbande diesem zu Leistungen nach öffentlichem Rechte verbunden ist, nicht aber dann, wenn er auf Grund staatshoheitlicher Fürsorge für das Schulwesen nach dem G. für alle Schulen oder bestimmte Arten von Schulen gewisse Leistungen zu gewähren hat, wie hier die Staatsbeiträge. In den letzteren Fällen tritt der Staat nicht in den Kreis der Kontribuenten des betreffenden Schulverbandes ein. Es kann daher der Staat zur Leistung der Staatsbeiträge durch den Verbandsvorsteher nicht herangezogen werden, ebensowenig wie auf Grund des § 54 Abs. 7 VolksschulUG. gegen ihn wegen seiner Verpflichtung zur Leistung der Staatsbeiträge eine Klage der zum Gesamtschulverbande gehörenden einzelnen Gemeinden und Gutsbezirke möglich ist, die bei Annahme der entgegengesetzten Auffassung gleichfalls zugelassen werden müßte.

Nr. 3. Entsch. v. 27. Sept. 1912 (OVG. **63** 185) VIII C 54/12.

VolksschulUG. §§ 54, 57.

1. Den Gegenstand des Streites bildet die Frage, ob die angebliche Heranziehung des Gutsbezirkes zu den Schullasten des Gesamtschulverbandes mit Recht erfolgt ist oder nicht. Dies ist keine Angelegenheit, welche sich auf Grundstücke bezieht. Es kommt also § 57² VolksschulUG. zur Anwendung, wonach in erster Instanz die Behörde desjenigen Bezirkes örtlich zuständig ist, in welchem die im Verwaltungsstreitverfahren in Anspruch genommene öffentliche Behörde ihren Sitz hat. Da der mit der Klage in Anspruch genommene Verbandsvorsteher des Gesamtschulverbandes S. seinen Sitz im Kreise F. hat, ergibt sich die örtliche Zuständigkeit des Kreisausschusses dieses Kreises zur Entsch. über die Klage in erster Instanz.

2. Eine Veranlagung zu den Schulunterhaltungslasten für mehrere Jahre ist, abgesehen von dem hier nicht in Frage kommenden Falle einer auf die Dauer wirkenden Belastung des Abgabepflichtigen mit regelmäßig wiederkehrenden Leistungen, gesetzlich unzulässig. Diese Unzulässigkeit ergibt sich schon daraus, daß nach § 9 Abs. 1 VolksschulUG. v. 28. VII. 06 (GS. 335) die Verteilung der Schullasten zur einen Hälfte nach dem Verhältnisse des Steuersolls der zum Gesamtschulverbande gehörenden Gemeinden und Gutsbezirke, das der Kreisbesteuerung zugrunde zu legen ist, zu erfolgen hat. Dieses Steuersoll ist aber jährlichen Schwankungen unterworfen. Die Feststellung des Schulhaushalts für mehrere Jahre hat keineswegs die Zulässigkeit der Verteilung des im Schulhaushalte nachgewiesenen Ausgabebedarfes für einen mehrjährigen Zeitraum zur Folge.

3. Das Ersuchen des Landrats, die „noch rückständigen" Schulabgaben für das Jahr 1908 und das erste und zweite Vierteljahr 1909 zu zahlen, ist keine Heranziehung. Es enthält nicht etwa eine vom Landrat im Namen des Verbandsvorstehers mitgeteilte Verteilung der Schulbeiträge, sondern setzt eine solche Verteilung als bereits erfolgt voraus und erinnert nur an die Begleichung der aus dieser vermeintlich hervorgegangenen Verteilung herrührenden Rückstände. Das Gleiche gilt von dem Schreiben des Schulkassenrendanten, in dem er den Gutsvorstand um Abführung der dritten Vierteljahrsrate ersucht. Es handelt sich

hier lediglich um eine Mahnung des Kassenorgans zur Zahlung der auf Grund bereits vermeintlich geschehener Heranziehung zu leistenden Beiträge.

4. Mit dem Inkrafttreten der KrO. sind keineswegs kraft G. die sich über mehrere Kreise erstreckenden Gutsbezirke je nach der Kreisangehörigkeit in ebensoviel einzelne Gutsbezirke zerlegt worden. Der Umstand, daß die sich über mehrere Kreise erstreckenden Oberförstereien seit dem Erlasse der KrO. jedenfalls tatsächlich je nach der Kreisangehörigkeit als besondere Gutsbezirke behandelt worden seien, ist für die Frage, ob ihren Teilen diese Eigenschaft rechtlich zukomme, ohne Bedeutung. Sie hätten die rechtliche Eigenschaft besonderer Gutsbezirke nur durch öffentlich-rechtlichen Akt der hierfür zuständigen Instanz erlangen können, der unstreitig nicht erfolgt ist.

5. Bildet sonach die Kolonie N. mit den übrigen Teilen der Oberförsterei P. einen Gutsbezirk, so können künftige Ausschreibungen von Gesamtschulverbandslasten von dem Verbandsvorsteher nur auf den Gutsbezirk Oberförsterei P. vorgenommen werden; denn die Gutsbezirke als Träger der Schullasten, auch innerhalb der Gesamtschulverbände, haben nach § 1 Abs. 4 VolksschulUG. die Rechte der Körperschaften des öffentlichen Rechtes. Diese Ausschreibungen müßten an den Forstgutsbezirk zu Händen der Kgl. Regierung als der Vertreterin des Gutsbesitzers, des Forstfiskus, gerichtet werden. Zwar wird der Gutsbezirk, falls ein Statut über die Unterverteilung der Schullasten gemäß § 8 Abs. 2 aaO. erlassen ist, nicht vom Gutsbesitzer, sondern vom Gutsvorsteher vertreten. Im vorliegenden Falle besteht aber kein rechtsgültiges Statut dieses Inhalts; denn das vorhandene Statut entbehrt der rechtlichen Wirksamkeit, weil Statuten der bezeichneten Art für Teile von Gutsbezirken nicht erlassen werden dürfen.

Nr. 4. Entsch. v. 24. Jan. 1914 (PrVerwBl. 35 732) VIII C 202/13.

VolksschulUG. §§ 61, 62.

Unter den „Beteiligten" iS. des § 61 Abs. 2 VolksschulUG. sind nur die nach diesem G. gebildeten Eigen- oder Gesamtschulverbände oder die Gutsbesitzer zu verstehen: nur ihnen ist die Klage aus der angeführten Gesetzesvorschrift gegeben, um geltend zu machen, daß ihnen infolge der durch sie oder ihre Rechtsvorgänger vor dem Inkrafttreten des VolksschulUG. ausgeübten, über die Vorschriften dieses G. hinausgehenden Mitwirkung bei der Lehrerberufung auch nach dessen Inkrafttreten eine solche weitergehende Mitwirkung zustehe. Wo also vor dem Inkrafttreten des VolksschulUG. Schulgemeinden bestanden und diese eine weitergehende Mitwirkung ausgeübt haben, können nach § 61 aaO. nur die mit dem Inkrafttreten des VolksschulUG. an deren Stelle getretenen Eigen- oder Gesamtschulverbände im Wege der Klage das Recht auf weitergehende Mitwirkung geltend machen. Die Vertretung der einen Eigenschulverband bildenden bürgerlichen Gemeinden erfolgt hierbei durch deren verfassungsmäßige Organe nach Maßgabe der GemVerfG. (§§ 43, 46 VolksschulUG.), also durch den Gemeindevorstand, die Vertretung der Gesamtschulverbände durch den Verbandsvorsteher (§ 53 Abs. 4 aaO.). Der Schulvorstand ist zur Vertretung der in Gemäßheit des VolksschulUG. gebildeten Schulverbände nach außen nicht berufen (§ 47 Abs. 1 und 2, § 49 aaO.). Hieraus ergibt sich, daß die im vorliegenden Falle „von den Interessenten der Kirchen- und Schulgemeinde Potshausen, dem Kirchen- und Schulvorstande" auf Grund des § 61 Abs. 2 erhobene Klage unter allen Umständen unzulässig ist: keinem dieser Kläger steht nach jener Gesetzesvorschrift ein Klagerecht zu, weder um geltend zu machen, daß ihnen, noch auch daß etwa dem Schulverband ein Recht auf weitergehende Mitwirkung bei der Lehrerberufung gebühre. Der Umstand, daß es sich im gegenwärtigen Falle um eine mit einem Kirchenamte vereinigte Lehrerstelle handelt, kann an diesem Ergebnisse nichts ändern. Der § 61 aaO. ordnet auch für solche vereinigten Stellen lediglich die weitergehende Mitwirkung bei der Berufung in das Schulamt, während § 62 Abs. 3 bestimmt, daß hinsichtlich der mit einem Kirchenamte vereinigten Schulstellen an dem bestehenden Rechte, betreffend die Berufung zu dem kirchlichen Amte, nichts geändert wird. Das G. regelt also für die vereinigten Stellen das Recht zur Mitwirkung bei der Berufung in das Schulamt und das Recht zur Mitwirkung bei der Berufung in das Kirchenamt ausdrücklich als zwei vollkommen voneinander getrennte Rechtsangelegenheiten. Der Beschluß der Schulaufsichtsbehörde und die gegen ihn gerichtete Klage aus § 61 können auch bei vereinigten Stellen nur die Mitwirkung bei der Berufung in das Schulamt zum Gegenstande haben. Im vorliegenden Falle entscheidet der angefochtene Beschluß auch nur über die Mitwirkung bei der Berufung in das Schulamt und stellt dabei lediglich in Wiederholung der Gesetzesvorschrift (§ 62 Abs. 3) fest, daß hinsichtlich der Berufung zu dem kirchlichen Amte an dem bestehenden Rechte nichts geändert wird. Selbst wenn er aber an dem bestehenden Rechte hinsichtlich des kirchlichen Amtes etwas geändert hätte, würde insoweit weder den kirchlichen Interessenten noch dem Kirchenvorstande die Klage im Verwaltungsstreitverfahren gegeben sein, da letzteres nur insoweit stattfindet, als es die G. ausdrücklich zulassen (§§ 7 Abs. 1 und 54 Abs. 2 LVG.). Hinsichtlich der Mitwirkung bei der Berufung in das mit einer Lehrerstelle vereinigte Kirchenamt ist aber vom G. das Verwaltungsstreitverfahren nicht gegeben.

d) Verwaltungsstreitverfahren.

β) Nach § 47 ZustG.

Nr. 1. Entsch. v. 22. Nov. 1912 (OVG. **63** 197) VIII C 186/12.

VolksschulUG. §§ 13, 14, 54. ZustG. § 47.

1. Der Verbandsvorsteher hat die Leistungen für den Verband und die Schule nach § 54 Abs. 1 aaO. auf die Gemeinden (Gutsbezirke) und Dritte, nach öffentlichem Rechte Verpflichtete, zu verteilen. Hier handelt es sich um die Heranziehung des Gutsbezirkes. Der Gutsbezirk hat als Träger der Schullast die Rechte einer Körperschaft des öffentlichen Rechtes (VolksschulUG. § 1 Abs. 4) und kann in dieser Eigenschaft zu Händen seines gesetzlichen Vertreters herangezogen werden. Da im vorliegenden Falle die Schullasten im Gutsbezirke nicht gemäß § 8 Abs. 2 aaO. auf Grund eines Statuts unterverteilt werden, es also bei der im § 8 Abs. 1 aaO. aufgestellten Regel, wonach im Gutsbezirke die Schullasten vom Gutsbesitzer getragen werden, verbleibt, so kommt als gesetzlicher Vertreter des Gutsbezirkes A. nicht die Person des Gutsvorstehers, sondern des Gutsbesitzers in Betracht.

2. Der Bezirksausschuß geht zutreffend davon aus, daß es sich um eine nach § 54 aaO. erhobene Reklamationsklage handelt, und daß deren formelle Voraussetzungen vorliegen. Diese bestehen darin, daß auf einen gegen eine Heranziehung gerichteten Einspruch der Verbandsvorsteher Einspruchsbescheid erlassen hat und dagegen frist- und formgerecht Klage erhoben wird. Wird mit der Klage aber der Einspruchsbescheid des Verbandsvorstehers angegriffen, so muß sie Erfolg haben, wenn der Verbandsvorsteher nicht zuständig war, den Einspruchsbescheid zu erlassen. Wie durch § 46 Abs. 1 ZustG. die Regel aufgestellt ist, daß über Beschwerden und Einsprüche, betreffend die Heranziehung zu Abgaben und sonstigen nach öffentlichem Rechte zu fordernden Leistungen für Schulen, die der allgemeinen Schulpflicht dienen, die örtliche Behörde zu beschließen hat, von der die Abgaben und Leistungen für die Schule ausgeschrieben worden sind, aber zugleich die Ausnahme „vorbehaltlich der Bestimmungen des § 47" hinzugefügt ist, so besteht das gleiche Verhältnis zwischen dem dem § 46 ZustG. entsprechenden § 54 VolksschulUG. und dem durch das VolksschulUG. nicht berührten

§ 47 ZustG. Sobald und soweit die Voraussetzungen des § 47 ZustG. vorliegen, tritt die Zuständigkeit der Schulaufsichtsbehörde ein, die diejenige des Verbandsvorstehers verdrängt. Dieser ist also nicht zuständig, wenn es sich um „Neu- und Reparaturbauten bei Schulen, die der allgemeinen Schulpflicht dienen", und die dafür aufzubringenden und zu verteilenden „Baukosten" handelt und „Streit entsteht". Hat der Verbandsvorsteher zu Leistungen der im § 47 bezeichneten Art herangezogen, so „entsteht Streit" mit der Einlegung des Einspruchs. Damit hört die Zuständigkeit des Verbandsvorstehers auf, er darf die Heranziehung nicht aufrechterhalten, sondern muß sie zurücknehmen und der Schulaufsichtsbehörde das Weitere überlassen.

Insbesondere läßt sich auch nicht anerkennen, daß infolge der Vorschrift des § 13 VolksschulUG. hinsichtlich der „kleinen baulichen Reparaturen" eine Änderung dahin eingetreten ist, daß der Verbandsvorsteher zur Einspruchsbescheidung zuständig geworden ist. Die §§ 13, 14 aaO. dienen — § 13 hinsichtlich der kleinen baulichen Reparaturen, § 14 hinsichtlich der Volksschulbaukosten, die nicht zu den laufenden kleineren Reparaturen gehören — demselben Zwecke, nämlich der Bereitstellung von Mitteln (Baufonds) zur Vermeidung unwirtschaftlicher sowie dem finanziellen Interesse der Schulverbände und dem Interesse der Schule und der Lehrer nachteiliger Verzögerung nötiger baulicher Maßnahmen. Insbesondere steht in dem auf dem Schulvorstandsbeschlusse beruhenden, für kleine bauliche Reparaturen festgesetzten etatsmäßigen Betrag ein Fonds zur Verfügung, aus dem jene kleinen Reparaturen sogleich bewirkt werden können und wodurch sich die vorgängige Verteilung der Kosten der einzelnen Reparatur erübrigt. Hiermit ist der Inhalt der genannten Vorschrift des § 13, die wesentlich etatsrechtlicher Natur ist, erschöpft. Die in OVG. 57 226, 229 f. zum Ausdrucke gelangte Auffassung konnte hiernach nicht aufrechterhalten werden.

3. Den allgemeinen Bezeichnungen Ofensetzerarbeiten, Brunnenreparatur, Malerarbeiten, Tischlerarbeiten, Zaunerneuerung, kleine Reparaturen, läßt sich nicht ohne weiteres entnehmen, ob es sich um Baukosten iS. des § 47 ZustG. handelt. Es müssen erst im einzelnen die Gegenstände der Leistungen dargelegt und an der Hand der für den Begriff jener „Baukosten" maßgebenden Grundsätze geprüft werden, ob Leistungen in Frage standen, die mit der Bereitstellung der zur Unterrichtserteilung und Unterbringung des Lehrers bestimmten Räume in unmittelbarem Zusammenhange stehen und deshalb in der Fürsorge für das Baubedürfnis der Schule einbegriffen sind.

Nr. 2. Entsch. v. 22. Nov. 1912 (OVG. **63** 202) VIII C 144/12.

VolksschulUG. § 54. ZustG. § 47.

1. Die Vorschrift des § 47 ZustG. ist durch die Bestimmungen des VolksschulUG. nicht abgeändert worden, unzutreffend ist aber, daß der Erlaß eines Schulbaubeschlusses von der Zubehöreigenschaft eines Gartenzaunes abhängig sei. Diese Eigenschaft kam nach den für das frühere Recht von der Rechtsprechung entwickelten Grundsätzen für die Frage, ob der Gutbesitzer baupflichtig sei, in Betracht. Dagegen ist sie nicht als Voraussetzung für die Zuständigkeit der Regierung zum Erlaß eines Schulbaubeschlusses angesehen worden. Nach § 47 ZustG. beschließt über die Anordnung von Neu- und Reparaturbauten bei Schulen, die der allgemeinen Schulpflicht dienen, über die öffentlich-rechtliche Verpflichtung zur Aufbringung der Baukosten sowie über deren Verteilung auf Gemeinden (Gutsbezirke), Schulverbände und Dritte, statt derselben oder neben ihnen Verpflichtete, sofern Streit entsteht, die Schulaufsichtsbehörde. Voraussetzung ist also nur, daß eine Anordnung eines Neu- oder Reparaturbaues bei einer Volksschule in Frage ist und Streit entsteht. Im vorliegenden Falle kam es also nur darauf an, ob die streitige Erneuerung und Verlegung des Zaunes sich als ein Neu- oder Reparaturbau darstellt, indem es sich unstreitig um eine der allgemeinen Schul-

pflicht dienende Schule handelt und über die Verpflichtung Streit bestand. Danach wird durch die Annahme des Bezirksausschusses, der streitige Zaun bilde nicht ein Zubehör des Schulgebäudes, die Anwendbarkeit des § 47 ZustG. nicht ausgeschlossen. Dann fehlt es für die Annahme der Zuständigkeit des Verbandsvorstehers zur Einspruchsbescheidung an der Begründung; auf dieser Annahme beruht aber die Entsch. des Bezirksausschusses. Sie war deshalb aufzuheben.

2. Bei freier Beurteilung ist davon auszugehen, daß das Verwaltungsstreitverfahren zulässig ist. Der Verbandsvorsteher hat bei der Verteilung von Leistungen für die Schule den Gutsbezirk, vertreten durch den Gutsbesitzer, veranlagt und auf den Einspruch des Gutsbesitzers Einspruchsbescheid erteilt. Gegen den letzteren findet nach § 54 Abs. 5 VolksschulUG. die Klage im Verwaltungsstreitverfahren statt. Unrichtig ist die Ansicht, das Verwaltungsstreitverfahren nach § 54 aaO. könne nicht stattfinden, wenn der Verbandsvorsteher nicht zuständig gewesen sei, sondern die Schulaufsichtsbehörde nach § 47 ZustG. hätte verfahren müssen. War der Verbandsvorsteher zur Veranlagung und Einspruchsbescheidung nicht zuständig, so bietet gerade die Klage im Verwaltungsstreitverfahren dem Herangezogenen das Mittel, die Außerkraftsetzung der Erlasse der unzuständigen Behörde herbeizuführen.

Die Voraussetzung der Zuständigkeit der Schulaufsichtsbehörde zu Anordnungen der im § 47 ZustG. bezeichneten Art ist das Entstehen eines Streites. Besteht diese Voraussetzung nicht, so ist die Zuständigkeit des Verbandsvorstehers zur Verteilung der Leistungen nach § 54 VolksschulUG. nicht eingeschränkt. Besteht Streit, so ist er zur Heranziehung nicht zuständig; entsteht der Streit erst durch Einlegung des Einspruchs, so hört die Zuständigkeit des Verbandsvorstehers auf; er darf die Heranziehung nicht aufrechterhalten, sondern muß sie zurücknehmen und der Schulaufsichtsbehörde das Weitere überlassen. In diesen Beziehungen ist an dem früheren Rechte nichts geändert.

3. Hiernach ergibt sich, daß der Verbandsvorsteher im gegenwärtigen Falle zur Heranziehung, da schon vorher Streit bestand, und folgeweise zur Einspruchsbescheidung dann nicht zuständig war, wenn in der Erneuerung und Verlegung des Zaunes ein „Neu- oder Reparaturbau bei einer Schule, welche der allgemeinen Schulpflicht dient", zu erblicken ist. Diese Frage ist nicht davon abhängig, ob der Zaun Zubehör des Schulgebäudes ist.

Der Gerichtshof hat dargelegt, daß zu den baulichen Maßnahmen, von denen § 47 ZustG. handelt, nicht ausschließlich die Aufführung, Erhaltung und Erneuerung der zur Unterrichtserteilung und Unterbringung des Lehrers bestimmten Räume, sondern darüber hinaus auch mannigfache weitere Leistungen gehören, die je nach der Bewandtnis des Einzelfalls mit der Bereitstellung jener Räume in unmittelbarem Zusammenhange stehen und deshalb in der Fürsorge für das Baubedürfnis der Schule einbegriffen sind. Auch die Reparatur des Zaunes des Schulgehöfts ist dazu gerechnet worden (OVG. **23** 153). Nach dem Vorbringen der Parteien handelt es sich um die Erneuerung eines Zaunes, der den Schulgarten von der Dienstwiese abgrenzte, und um eine solche Verlegung des Zaunes, der die Dienstwiese mit einschließen sollte. Ob und bejahendenfalls wie die Erneuerung und Verlegung des Zaunes mit der Bereitstellung der Räume für den Unterrichtsbetrieb und die Lehrerwohnung in unmittelbarem Zusammenhange stehen, ist aufzuklären.

Nr. 3. Entsch. v. 4. Juni 1912 (OVG. **61** 67) VIII C 144/11.

ZustG. § 47.

1. Die Voraussetzung für die Anwendbarkeit des § 47 Abs. 3 ZustG. ist schon dann vorhanden, wenn die klagende Partei ihren Anspruch auf eine angeblich dem Gegner obliegende öffentlich-rechtliche Verpflichtung zu der betreffenden Leistung stützt.

2. Zur Begründung eines Klageanspruchs aus § 47 Abs. 3 aaO. gehört außer dem Nachweise der öffentlich-rechtlichen Pflicht des Beklagten die Darlegung des privatrechtlichen Titels — Geschäftsführung ohne Auftrag, Bereicherung (§§ 677 ff., 812 BGB.) —, auf welchem der Anspruch beruht. Das BGB. unterscheidet hinsichtlich der aus der Geschäftsführung ohne Auftrag dem Geschäftsführer erwachsenden Erstattungsansprüche zwei Gruppen von Fällen. Entspricht die Übernahme der Geschäftsführung dem Interesse und dem wirklichen oder dem mutmaßlichen Willen des Geschäftsherrn oder würde selbst bei entgegenstehendem Willen des Geschäftsherrn ohne die Geschäftsführung eine von diesem im öffentlichen Interesse zu erfüllende Pflicht oder eine ihm obliegende gesetzliche Unterhaltungspflicht nicht rechtzeitig erfüllt worden sein, so kann der Geschäftsführer wie ein Beauftragter Ersatz seiner Aufwendungen fordern (§ 683 BGB.). Keiner dieser Fälle liegt hier vor. Für diejenigen Fälle der Geschäftsführung ohne Auftrag, für die die Voraussetzungen des § 683 nicht gegeben sind, bestimmt der § 684 aaO. dagegen, daß der Geschäftsherr verpflichtet ist, dem Geschäftsführer alles, was er durch die Geschäftsführung erlangt, nach den Vorschriften über die Herausgabe einer ungerechtfertigten Bereicherung herauszugeben. In Fällen dieser Art hat der Geschäftsführer, im Gegensatze zu den Fällen des § 683, also keinen Anspruch auf Ersatz der Aufwendungen, die ihm aus der Geschäftsführung erwachsen sind und die er den Umständen nach für erforderlich halten durfte (§ 670), sondern er darf, wenn der Geschäftsherr die Geschäftsführung nicht genehmigt, lediglich Erstattung desjenigen Betrags verlangen, um welchen der andere, dessen Geschäfte er geführt hat, ungerechtfertigt bereichert ist. Um einen der Fälle des § 684 aaO. handelt es sich aber hier, da die Ableistung der Handdienste durch die Arbeiter des Baugewerksmeisters an Stelle der Gemeinde weder deren wirklichem oder mutmaßlichem Willen entsprach noch erkennbar ist, wie ohne jene Ableistung eine Pflicht der Gemeinde, deren Erfüllung im öffentlichen Interesse lag, nicht rechtzeitig erfüllt worden wäre. Die Gemeinde hatte sich ausdrücklich nur verpflichtet, die Handdienste in Natur zu leisten. Sie ist daher nur nach den Vorschriften über die ungerechtfertigte Bereicherung — §§ 812 ff. BGB. — erstattungspflichtig.

Die Beklagte hat nun durch die Geschäftsführung des Klägers, in dessen Auftrage die Handdienste durch die Arbeiter des Baugewerksmeisters geleistet wurden, den Vorteil erlangt, daß sie diese Naturaldienste nicht mehr zu leisten brauchte. Sie kann diese Dienste jetzt, nachdem die Bauten ausgeführt worden sind, in Natur nicht mehr ableisten. Nach § 818 Abs. 2 aaO. hat der Empfänger aber, wenn die Herausgabe des Erlangten wegen dessen Beschaffenheit nicht möglich ist, den Wert zu ersetzen. Die Beklagte hat also dem Kläger denjenigen Betrag zu erstatten, den sie selbst für Gestellung der Handlanger zu verausgaben gehabt hätte. Wie hoch dieser Betrag zu bemessen sei, hat nicht sie näher darzulegen, sondern der Kläger; denn die Angabe dieses Betrags gehört zur Begründung des ihm nach § 684 aaO. zustehenden Klageanspruchs.

Nr. 4. Entsch. v. 6. Febr. 1914 (OVG. **66** 244) VIII C 294/13.

Eine allgemeine Feststellungsklage über die zwischen den Parteien streitige öffentlich-rechtliche Schulbaulast ist, neben den Leistungs- oder Erstattungsansprüchen im Einzelfalle, durch § 47 Abs. 3 ZustG., der nach § 49 auch auf die Küsterschulbaulast Anwendung findet, ausdrücklich zugelassen. Ist aber durch rechtskräftiges Urteil allgemein festgestellt, wie die Baulast der Küsterschule in Z. sich auf Kirchengemeinde und Patron verteilt, so ist eine Entsch. in der Sache selbst im gegenwärtigen Streitverfahren nicht zulässig. Wenn über eine gemäß § 47 Abs. 3 ZustG. erhobene Feststellungsklage materiell rechtskräftig entschieden worden ist, so kann eine zwischen denselben Parteien im Einzelfall angestellte Leistungsklage, die sich mit jener Feststellung in Widerspruch setzt, keinen Erfolg haben. Ihr steht die Rechtskraft des Feststellungsurteils entgegen; denn die allgemeine Feststellung der öffentlich-rechtlichen Verpflichtung schließt bereits die grundsätzliche Entsch. aller in Zukunft entstehenden, im Rahmen jener Feststellung liegenden Streitigkeiten derselben Beteiligten über das von ihnen im Einzelfalle zu Leistende in sich. Dabei macht es rechtlich keinen Unterschied, ob der Anspruch auf Leistung in der Form der Interessentenklage gemäß § 47 Abs. 3 und 4 aaO. erhoben oder ob auf dem durch § 47 Abs. 2 gewiesenen Wege der Reklamationsklage zugleich Abbürdung der dem Kläger angesonnenen Leistung auf den vermeintlich hierzu aus Gründen des öffentlichen Rechtes verpflichteten Gegner verlangt wird; denn auch im letzteren Falle beansprucht der Kläger, daß der Beklagte anstatt seiner leiste. Im vorliegenden Falle hat nun die Kirchengemeinde die Abbürdungsklage gegen den Patron als den vermeintlich aus Gründen des öffentlichen Rechtes statt ihrer zu der ihr angesonnenen Leistung Verpflichteten gerichtet. Durch das auf die Feststellungsklage ergangene Urteil steht aber rechtskräftig fest, daß der Patron zu der der Kirchengemeinde angesonnenen Leistung, nämlich zur Tragung der über die sogenannten Patronatsmaterialien hinausgehenden Baukosten, statt ihrer aus Gründen des öffentlichen Rechtes nicht verpflichtet ist. Der Anspruch, daß der Patron statt ihrer leiste, kann sonach keinen Erfolg haben.

Nr. 5. Entsch. v. 27. Febr. 1914 (PrVerwBl. 35 859) VIII C 48/13.

ZustG. § 47.

Das LVG. kennt zwar regelmäßig eine Vervollständigung einer Klage innerhalb einer vom Gerichte zu gewährenden Nachfrist nicht, und eine nach Ablauf der Klagefrist eingebrachte Erweiterung der Klage würde unzulässig sein. In § 47 Abs. 4 ZustG. — und ebenso in den ähnlichen §§ 56, 66 — ist aber ausnahmsweise vorgesehen, daß eine Nachfrist zur Vervollständigung der Klage gewährt werden kann. Unter Vervollständigung ist hier nicht nur die nähere Begründung des ursprünglichen Klagebegehrens zu verstehen; denn dann wäre die Bestimmung überflüssig, da nähere begründende Ausführungen jederzeit, wenigstens in der ersten und in der Berufungsinstanz, zulässig sind. Es soll vielmehr zugelassen werden, die notwendigen Bestandteile der Klage noch innerhalb der Nachfrist anzubringen. Die Bestimmung soll in erster Linie der Schwierigkeit Rechnung tragen, die bei den Abbürdungsklagen der §§ 47, 56, 66 ZustG. die Ermittelung des Mitbeklagten machen kann. Da aber eine Beschränkung auf diesen Zweck jedenfalls nicht zum Ausdruck gekommen ist, so kann die Nachfrist auch dazu benutzt werden, andere Klagebestandteile, als die Angabe der Parteirollen, zu vervollständigen. Es ist daher zulässig, innerhalb der Nachfrist dem zunächst gestellten Antrag einen neuen weitergehenden hinzuzufügen.

E. Angelegenheiten öffentlicher Fortbildungsschulen.

Nr. 1. Entsch. v. 24. Juni 1913 (OVG. 64 367) VIII C 41/13.

Das G., betr. die Erhebung von Beiträgen für die gewerblichen und kaufmännischen Fortbildungsschulen, v. 1. VIII. 09 (GS. 733) schreibt (Abs. 3) in bezug auf Streitigkeiten über die von Gemeinden und weiteren Kommunalverbänden durch ihre gesetzlichen Organe erfolgten Heranziehungen zu Beiträgen der gedachten Art vor, daß sich die Einlegung von Rechtsmitteln gegen die Heranziehung zu den Fortbildungsschulbeiträgen nach den entsprechenden Vorschriften für die Abgaben der Gemeinden und weiteren Kommunalverbände richtet. Auf die Ämter in der Provinz Westfalen als weitere Kommunalverbände treffen die Vorschriften des KommAbgG., §§ 69, 70, nach welchen gegen die Heranziehung das Rechtsmittel des Einspruchs und gegen dessen Zurückweisung die Klage im Verwaltungsstreitverfahren stattfindet, allerdings nicht zu. Zwar bestimmt § 5 WestfLGemO. v. 19. III. 56 (GS. 265):

„Das Amt kann zugleich (d. h. abgesehen von der ihm zunächst zukommenden Stellung eines Verwaltungsbezirks, § 4 aaO.) in Ansehung solcher Angelegenheiten, welche für alle zu demselben gehörige Gemeinden ein gemeinschaftliches Interesse haben, einen Kommunalverband mit den Rechten einer Gemeinde bilden."

Aus den Worten „mit den Rechten einer Gemeinde" darf aber nicht entnommen werden, daß das Amt als „Gemeinde" iS. des KommAbgG. anzusehen sei. Dieses versteht, wo es von „Gemeinden" spricht, darunter nur die Stadt- und Landgemeinden, aber nicht weitere Kommunalverbände, wie die Ämter. Dagegen sind die Vorschriften über die Einlegung von Rechtsmitteln gegen die Heranziehung zu Abgaben für die westfälischen Ämter im § 34 ZustG. enthalten (OVG. 25 137). Nach § 34 findet nun gegen die Heranziehung zu den Gemeindelasten in diesem weiteren Sinne, ebenso wie dies in den §§ 69, 70 KommAbgG. für Gemeindeabgaben im engeren Sinne vorgeschrieben ist, der Einspruch und gegen den diesen zurückweisenden Beschluß die Klage im Verwaltungsstreitverfahren statt. Da Abs. 3 G. v. 1. VIII. 09 anordnet, daß sich die Einlegung von Rechtsmitteln gegen die Heranziehung zu den Fortbildungsschulbeiträgen nach den entsprechenden Vorschriften für die Abgaben der Gemeinden und weiteren Kommunalverbände richten soll, so folgt daraus, daß als Rechtsmittel gegen die Heranziehung zu Fortbildungsschulbeiträgen für einen Amtsverband der Einspruch und gegen dessen Zurückweisung die Klage im Verwaltungsstreitverfahren gegeben sind. Diese Rechtsmittel sind gegenüber jeder unter der Herrschaft des G. v. 1. VIII. 09 durch die gesetzlichen Organe der Gemeinden und weiteren Kommunalverbände erfolgten Heranziehung zu Fortbildungsschulbeiträgen zulässig (OVG. **60** 239).

Nr. 2. Entsch. v. 23. Sept. 1913 (OVG. **65** 208) VIII A 24/13.

Es ist keine gesetzliche Vorschrift vorhanden, welche die Gemeinden verpflichtete, gewerbliche Fortbildungsschulen zu errichten oder die freiwillig errichteten dauernd zu erhalten oder zu unterhalten. Eine solche Pflicht zur Errichtung und Erhaltung besteht nur bezüglich der Volksschulen, die der allgemeinen Schulpflicht dienen. Durch übereinstimmenden Beschluß der beiden städtischen Körperschaften kann daher die Fortbildungsschule aufgehoben werden. Einer Zustimmung des Bezirksausschusses zu den auf Aufhebung der Fortbildungsschule als einer von der Stadtgemeinde unterhaltenen Anstalt gerichteten Beschlüssen der städtischen Körperschaften bedarf es nicht. Es kann dahingestellt bleiben, ob diese Zustimmung zur Aufhebung des seinerzeit vom Bezirksausschusse genehmigten Ortsstatuts über die Verpflichtung zum Besuche der Fortbildungsschule erforderlich sein würde; denn dessen Aufhebung haben jene Beschlüsse weder ausdrücklich noch inhaltlich zum Gegenstande. Zur Aufhebung der Fortbildungsschul-Anstalt bedurfte es aber auch nicht der Aufhebung des Ortsstatuts; denn das Ortsstatut schafft nicht die Fortbildungsschule, sondern setzt ihre Errichtung voraus. Es begründet lediglich die Verpflichtung zum Besuche der durch anderweitigen Gemeindebeschluß geschaffenen Anstalt und trifft die zur Durchführung dieser Verpflichtung erforderlichen Bestimmungen. Wenn die Gemeinde die Aufhebung der Anstalt beschließt, wird dadurch das deren Besuch regelnde Ortsstatut zwar tatsächlich gegenstandslos, bleibt aber rechtlich bestehen.

V.

Personenstand und Staatsangehörigkeit.

Gesetzliche Grundlagen (nebst Materialien): Reichs- und Staatsangehörigkeits G. v. 22. VII. 13 (RGBl. 583). VhdlRT. 1912/14: Anl. Bd. 298 Nr. 6, Bd. 301 Nr. 962 (KommB.), Bd. 302 Nr. 1010—1013, 1015, 1016—1019, 1029 (Beschl. II. Beratung), 1087, 1089/90, 1144 (Beschl. III. Beratung). StenB. Bd. 283: 248, 271; Bd. 290: 5270, 5294, 5326 (II. Beratung), 5330, 5760, 5767, 5776 (III. Beratung). — G. v. 18. VI. 14 (GS. 118) zur Abänderung des G. über die Zuständigkeit der Verwaltungs- und Verwaltungsgerichtsbehörden v. 1. VIII. 83 (GS. 237). VhdlHH. Drucks. Nr. 56, 57; StenB. 181; AH. Drucks. Nr. 505; StenB. 7669, 7696.

Literatur: Cahn: Reichs- und StaatsangehörigkeitsG.[4] (Berlin 1914). — Delius: Desgl. (Mannheim 1913). — v. Keller u. Trautmann: Desgl. (München 1914). — Meyer: Desgl. 1. u. 2. Aufl. (Berlin 1913/14). — Romen: Desgl. (Berlin 1913). — Seeger: Desgl. (Berlin 1914). — Schult: Desgl. (Neustadt a. H. 1914). — Weck: Desgl. (Berlin 1913). — Frhr. v. Welser. Desgl. (München 1914). — Wiest: Desgl. (Leipzig 1914). — Woeber: Desgl. (München 1914). — v. Erichsen-Weise: Die Führung der Standesregister[11] (Berlin 1914).

Nr. 1. Entsch. v. 12. Nov. 1912 (OVG. **63** 239) I C 76/11.

1. Für die Option bestehen keine allgemein gültigen Rechtssätze; maßgebend sind die von Fall zu Fall getroffenen Festsetzungen der vertragschließenden Staaten. Hat infolge eines Friedensvertrags ein Gebietswechsel der beteiligten Staaten stattgefunden, so soll dem ein Gebiet verlierenden Staate durch die Einführung der Option ein Mittel gewährt werden, denjenigen Teil der mit dem Gebiet abgetretenen Bevölkerung, der die alte Staatsangehörigkeit zu bewahren wünscht, in das dem verlierenden Staate verbliebene Gebiet zu überführen, während anderseits dem erwerbenden Staate damit die Möglichkeit gewährt wird, die der Annexion abgeneigten Teile der Bewohnerschaft abzuleiten. Die Option ist also ein Weg, um die Bevölkerungsverhältnisse in den beiderseitigen Gebieten endgültig zu gestalten, die wirtschaftlichen Interessen der durch eine Annexion betroffenen Bevölkerung zu wahren und ihr die Freiheit der Staatswahl zu gewährleisten.

2. Nach Art. XIX des Wiener Friedenstraktats v. 30. X. 64 (VBl. für Schleswig-Holstein und Lauenburg **65** 1—11) war den in den abgetretenen Gebieten domizilierten Untertanen das Recht vorbehalten, „während sechs Jahre, vom Tage der Auswechselung der Ratifikationen an gerechnet, mittels einer vorgängigen Anzeige an die zuständige Behörde ihr Mobiliarvermögen zollfrei auszuführen und sich mit ihren Familien in die Staaten Seiner Dänischen Majestät zurückzuziehen, in welchem Falle ihnen ihre Eigenschaft als dänische Untertanen vorbehalten" bleiben sollte. Dafür, was im Wiener Frieden das „se retirer ... dans les États de sa Majesté Danoise" bedeuten sollte, findet sich in den vorausgegangenen Verhandlungen kein Anhalt. Es kann deshalb nach den gebrauchten Worten nur angenommen werden, daß man lediglich für erforderlich erklären wollte, der Optant müsse der abgegebenen Optionserklärung tatsächlich Folge geben, sie in Vollzug setzen, nämlich sich nach Dänemark begeben. Wie bereits in OVG. **41** 387 betont war, kann selbstverständlich eine Scheinauswanderung oder eine Überwanderung zu einem erweislich nur vorübergehenden Aufenthalt auf kurze Zeit nicht als eine solche angesehen werden, die geeignet wäre, die Optionserklärung tatsächlich zu vollziehen; denn in solchen Fällen würde die Handlung nicht das verwirklichen, was nach der Erklärung gewollt war, nämlich die Rückkehr nach Dänemark, um Däne zu bleiben. Aber von solchen Ausnahmefällen abgesehen, erscheint es unmöglich, dem Friedensvertrage v. 30. X. 64 mehr Erfordernisse für die Vollziehung der Optionserklärung zu

entnehmen, als das in der früheren Entsch. aufgestellte: die im Anschluß an die Optionserklärung zu vollziehende Überwanderung nach Dänemark. Aus der den Optanten zugesicherten Befugnis, ihre Familien mitzunehmen und ihr Mobiliar zollfrei auszuführen, darf eine besondere Voraussetzung für die Rechtsgültigkeit der Option nicht dahin hergeleitet werden, daß ein Optant, der sich nach Dänemark zurückbegeben hat, Preuße bleibe, sofern er seine bewegliche Habe ganz oder teilweise oder seine Familie in Preußen zurückgelassen habe. Jene Vorschrift begründet bezüglich der Ausführung des Mobiliars und der Mitnahme der Familie ein Recht, aber keine Pflicht; ob von dem Rechte Gebrauch gemacht wird, ist für die Rechtsgültigkeit der Option ohne Belang. Unter dem „se retirer" läßt sich danach weiter nichts verstehen, als daß mit der Überwanderung nach Dänemark die bereits durch Abgabe der Optionserklärung zu erkennen gegebene Absicht, die dänische Staatsangehörigkeit zu behalten oder wiederzuerwerben, tatsächlich in Vollzug gesetzt wird.

3. Der Vater der Beigeladenen hat im Jahre 1870 nicht unter den preußischen Fahnen gegen Frankreich kämpfen wollen und deshalb noch kurz vor dem Ablaufe der sechsjährigen Frist die Optionserklärung abgegeben, wobei von ihm ausdrücklich darauf hingewiesen wurde, daß er „nicht als preußischer Soldat zu dienen gedächte". Ob er sofort nach Abgabe dieser Erklärung oder erst nach mehrwöchigem Verborgenhalten in seinem Heimatsorte sich nach Dänemark begeben hat, bedurfte keiner Feststellung, da eine Frist, innerhalb deren Erklärung und Vollziehung der Option einander folgen müßten, nicht bestimmt ist. Wenn weiter geltend gemacht ist, daß die Überwanderung des Philipp Hansen M. von P. nach Dänemark nur geschehen sei, um ihm die Möglichkeit des Besuchs einer landwirtschaftlichen Schule in S. zu verschaffen, so konnte auch hierauf Gewicht nicht gelegt werden. Es mag dahingestellt bleiben, ob der Besuch einer Schule im Ausland als ein Beweis für die Verlegung des Wohnsitzes in das Ausland im allgemeinen und unter gewöhnlichen Verhältnissen zu betrachten ist. Bei Philipp Hansen M. kamen besondere Umstände hinzu, welche es geboten erscheinen lassen, von dem mit dem Aufenthalt in Dänemark sonst etwa verbundenen Zwecke völlig abzusehen. Er hatte in Preußen kurz zuvor für Dänemark optiert, um nicht in Preußen seiner Militärpflicht genügen zu brauchen, und er meldete sich im Anschluß an seine Überwanderung in Dänemark sofort zur dortigen Stammrolle. Endlich haben die Beigeladenen sich darauf berufen, daß ihr Vater im Jahre 1871 als Deserteur behandelt und von den preußischen Behörden veranlaßt worden sei, seine Entlassung aus dem dänischen Staatsverbande herbeizuführen und in Preußen seiner Militärpflicht zu genügen. Mögen aber auch die Behörden im Jahre 1871 die Option des Vaters der Beigeladenen als ungültig angesehen und behandelt haben, so hindert dies nicht, im gegenwärtigen Verfahren ihre Gültigkeit auszusprechen, nachdem sich herausgestellt hat, daß alle ihre Voraussetzungen erfüllt gewesen sind.

War Philipp Hansen M. durch die Option dänischer Staatsangehöriger geworden, so wurde er infolge seiner späteren Entlassung aus dem dänischen Staatsverbande staatenlos. Da der Erwerb der deutschen Reichs- oder der preußischen Staatsangehörigkeit für ihn anderweitig nicht hat nachgewiesen werden können, bleibt es bei der Feststellung des Vorderrichters, daß den Beigeladenen ebenfalls die Reichsangehörigkeit fehlt; sie besitzen danach auch das Gemeinderecht in S. nicht und sind somit in der Liste der Wahlberechtigten mit Recht gestrichen worden.

Dritte Abteilung.
Polizeiliche Angelegenheiten.

Gesetzliche Grundlagen (nebst Materialien): MoorschutzG. v. 4. III. 13 (GS. 29). VhdlHH. 1912/13: Drucks. Nr. 95, 116, 208, 213, 218; StenB. 279, 917; AH. Drucks. Nr. 451, 947, 1011, 1013—1016, 1019—1022 1031, 1034, 1038, 1039, 1061, 1063—1066; StenB. 6331, 9567, 9649, 9724. — G. v. 30. III. 14 (GS. 39), betr. Ausdehnung des MoorschutzG. v. 4. III. 13 auf die Provinzen Pommern und Schlesien. VhdlHH. 1913/14: Drucks. Nr. 39, 48; StenB. 138/9; AH. Drucks. Nr. 167; StenB. 3147, 3287/8, 3344. — AusgrabungsG. v. 26. III. 14 (GS. 41). VhdlHH. 1913/14: Drucks. Nr. 9, 40, 49, 55; StenB. 111; AH. Drucks. Nr. 174, 197, 209, 210; StenB. 3126, 3276, 3339. — G. v. 28. III. 13 (GS. 285), betr. Abänderung von Zusammenlegungs- und GemeinheitsteilungsG. VhdlAH. 1912/13: Drucks. Nr. 612, 1283, 1428/9, 1433, 1462; StenB. 7119, 14762, 14897; HH. Drucks. Nr. 301, 323; StenB. 1643. — G. v. 25. VII. 14 (GS. 150) zur Ergänzung des G. über die Errichtung v. Rentenbanken v. 2. III. 50 (GS. 112). VhdlAH. Drucks. Nr. 299, 528; StenB. 6118, 7668; HH. Drucks. Nr. 106, 114; StenB. 607.

Literatur: Holzapfel: Die Gesetzgebung über Gemeinheitsteilung und Zusammenlegung in der Rheinprovinz (Düsseldorf 1914). — Linckelmann: HöfeG. für die Provinz Hannover[2] (Hannover 1914). — Nobiling: Die LandeskulturG., ErgBd. (Paderborn 1913).

I.
Besondere polizeiliche Angelegenheiten.
A. Wasserpolizei.

Gesetzliche Grundlagen (nebst Materialien): WasserG. v. 7. IV. 13 (GS. 53). VhdlAH. 1912/13: Drucks. Nr. 9A und B, 606A—C, 611A—C, 690—790, 801—813, 814, 815—819, 820—845, 870—891, 892, 893, 894, 895, 1145, 1171, 1200, 1225; StenB. 1230, 1294, 7952, 8059, 8149, 8237, 8504, 8589, 8597, 8677, 11800; HH. Drucks. Nr. 192, 209A und B, 220—227, 231—244, 246; StenB. 891, 966, 1033. — RawaG. v. 21. IV. 13 (GS. 238). VhdlHH. 1912/13: Drucks. Nr. 91, 132, 198, 213 zu 2; StenB. 219, 679, 911; AH. Drucks. Nr. 600, 859, 916, 923, 1129; StenB. 7101, 9037, 11805. — EntwässerungsG. für das linksrheinische Industriegebiet v. 29. IV. 13 (GS. 251). VhdlHH. 1912/13: Drucks. 92A u. B, 196, 213; StenB. 218, 682, 906; AH. Drucks. Nr. 601, 854, 861, 862; StenB. 7101, 8825, 8961. — RuhrreinhaltungsG. v. 5. VI. 13 (GS. 305). VhdlAH. 1912/13: Drucks. Nr. 1405A u. B, 1436, 1488, 1503; StenB. 14556, 15094, 15189, 15197; HH. Drucks. Nr. 311, 318; StenB. 1551. — RuhrtalsperrenG. v. 5. VI. 13 (GS. 317). VhdlAH. 1912/13: Drucks. Nr. 1406, 1435, 1504; StenB. 14556, 15105, 15190, 15197; HH. Drucks. Nr. 310, 318 zu 2; StenB. 1555. — GesekeG. v. 5. VI. 13 (GS. 329). VhdlAH. 1912/13: Drucks. Nr. 1407A u. B, 1434, 1485; StenB. 14556, 15071; HH. Drucks. Nr. 305, 318; StenB. 1547.

Literatur: Baumert: Leitfaden des preuß. Wasserrechts (Halle 1914). — Bitta u. v. Kries: Komm. zum WassG. (Berlin 1913). — Bochalli: Die Wassergenossenschaften nach dem neuen WassG. (Berlin 1913). — Gottschalk: WassG. (Bonn 1913). — Herrmann: WassG. (Breslau 1913). — Hermes: WassG. (Berlin 1913). — v. Hippel: WassG. (Berlin 1913). — Holtz u. Kreutz: WassG. (Berlin 1914). — Kloeß: WassG. (Berlin 1913).

— Ders.: Grundriß des preuß. Wasserrechts (Halle 1913). — Kreutz: WassG. (Berlin 1913). — Lenhard u. Reichau: WassG. (Berlin 1914/15). — Schlemmer: Rechtsgrundsätze aus den Entsch. über öffentliche Wassergenossenschaften in ihrer Anwendbarkeit für das WassG. (Königsberg i. Pr. 1913). — Wulff u. Herold: WassG. (Berlin 1913).

a) Wasserpolizeiliche Verfügungen iS. des § 66 ZustG.; Räumung von Gräben, Bächen und Wasserläufen (Privatflüsse); Streitigkeiten der Beteiligten.

Nr. 1. Entsch. v. 27. Febr. 1912 (PrVerwBl. **34** 279) IX C 29/11.

PrivFlG. § 7.

1. In Übereinstimmung mit den Vorderrichtern ist auf Grund der gesamten Beweisaufnahme, die der Gerichtshof, da es sich um objektives Recht handelt, frei zu würdigen hat, als erwiesen zu erachten, daß die Kläger (drei Mühlenbesitzer) nach ununterbrochener Gewohnheit (§ 7 PrivFlG.) zur Räumung des Mühlenfließes insoweit, als es zur Beschaffung der Vorflut notwendig ist, rechtlich verpflichtet sind.

2. Derartige observanzmäßige Verpflichtungen der Mühlenbesitzer zur Räumung der Mühlenbäche sind auch keineswegs etwas Außergewöhnliches oder Seltenes; sie bestehen vielmehr in großer Zahl in den verschiedensten Landesteilen von Preußen. Auch erklärt sich ihre Entstehung in ganz natürlicher Weise aus den tatsächlichen Verhältnissen. Der Mühlenbesitzer bedarf des Wassers des Mühlbachs zur Ausübung seines Gewerbebetriebes; zufolge seiner Berechtigung staut er das Wasser auf und greift dadurch zuungunsten der Uferbesitzer in die gesamten Verhältnisse des Flusses und insbesondere in die für die Entwässerung der Grundstücke überaus wichtige Vorflut ein. Nicht nur wird diese durch die Ausübung des Staurechts in erheblicher Weise verschlechtert, sondern die Unterbrechung des Abflusses durch die Stauanlage bringt vielfach auch eine leichtere Versandung, Verschlammung oder Verkrautung des Wasserlaufs mit sich und erschwert außerdem die Räumung dadurch, daß der Uferbesitzer auch in den Jahreszeiten, in denen sonst die Räumung bei niedrigeren Wasserständen ausgeführt zu werden pflegt, von der Bedienung der Stauanlagen und dem Ablassen des Wassers durch den Mühlenbesitzer je nach den örtlichen Verhältnissen mehr oder weniger abhängig ist. Daß sich unter solchen Verhältnissen bei den Uferbesitzern und insbesondere auch bei dem Eigentümer der Mühle selbst unschwer die rechtliche Überzeugung herausbilden kann, daß der Mühlenbesitzer, der die Vorteile von dem Wasserlaufe zieht und mit seinem Gewerbebetriebe von dessen Bestehen und ordnungsmäßigem Funktionieren abhängig ist, auch die Last der Räumung und Instandhaltung des Wasserlaufs zu tragen habe, und daß es durchaus unbillig sein würde, wenn die Uferbesitzer die an erster Stelle dem Mühlenbesitzer wegen Verbesserung der Wasserzuführung zur Mühle zugute kommende Räumung auszuführen polizeilich gezwungen würden, erhellt ohne weiteres und bedarf daher einer eingehenderen Ausführung nicht. Wenn die Kläger geltend machen, daß die Räumungsstrecke von etwa 7 Kilometern besonders lang und die Last für sie daher eine ungewöhnlich große sei, so bringen sie nicht in Rechnung, daß die Verpflichtung nicht von einer, sondern von drei Mühlen, unter denen sich nach den Zeugenaussagen auch ein besonderer fester Verteilungsmaßstab gewohnheitsmäßig herausgebildet hat, die aber der Polizei gegenüber gemeinschaftlich zur Räumung verpflichtet sind, zu tragen ist, und daß die von den Zeugen für eine Reihe von Räumungsfällen bekundete Kostenaufwendung keineswegs eine übermäßig hohe Belastung der Mühlen darstellt.

3. Richtig ist nun, daß für den Zeitraum von etwa 12 bis 16 Jahren vor Erlaß der Räumungsanordnung von den Zeugen eine Reihe von Räumungs-

handlungen bekundet worden sind, die einzelne Uferbesitzer im Interesse der schnelleren Abführung des Wassers von ihren unter zu hohem Wasserstande leidenden Wiesen vorgenommen haben. Es fragt sich daher, ob sich etwa, sei es im ganzen, sei es in bezug auf einzelne bestimmte Bachstrecken, eine ununterbrochene Gewohnheit iS. des § 7 PrivFlG. gebildet hat, wonach an die Stelle der nach den vorstehenden Ausführungen zu Anfang der neunziger Jahre des vorigen Jahrhunderts unzweifelhaft seit langer Zeit bestehenden observanzmäßigen Verpflichtung der drei Mühlenbesitzer zur Räumung des Mühlenfließes die Verpflichtung der Uferbesitzer oder doch einzelner Uferbesitzer getreten ist. Das ist aber schon deshalb ohne weiteres zu verneinen, weil nach den eigenen Angaben der Kläger von einer ununterbrochenen Gewohnheit, wonach in den letzten 16 Jahren ausschließlich die Uferbesitzer geräumt hätten, nicht die Rede sein kann.

Nr. 2. Entsch. v. 19. Nov. 1912 (PrVerwBl. 35 215) IXC 44/11*).

1. Mit einer Räumungsanordnung kann nicht die Neuherstellung des wünschenswerten Zustandes eines Wasserlaufs, sondern nur die Wiederherstellung des vorhanden gewesenen und zwar des bis in die neueste Zeit hineinreichenden Zustandes verlangt werden. Der Begriff der Räumung eines Flusses beschränkt sich auf die Erhaltung des Bettes und der Ufer in normalem Zustande, soweit dies zur Beschaffung der Vorflut notwendig ist. Als der normale Zustand kommt derjenige in Betracht, in dem sich das Bett und die Ufer zu der Zeit, in der hierüber zu entscheiden ist, tatsächlich seit längerer Zeit befinden. Danach kommt es auf die tatsächlich seit längerer Zeit bestehenden Verhältnisse an, gleichviel, ob diese ursprünglich von der Natur oder von Menschenhand geschaffen worden sind. In diesem Sinne ist der Begriff der normalen Sohle der Bode auf der für die Räumung in Betracht kommenden Strecke in dem Gutachten des Meliorationsbauinspektors nicht verstanden worden, weil dort als die normale Sohle die normale Bahn bezeichnet wird, in der sich das Wasser zu bewegen hat. Wie die Bahn des Wassers nach den Abflußverhältnissen normalerweise beschaffen sein soll, ist aber für den Rechtsbegriff des normalen Zustandes, wie er in früheren Entsch. entwickelt wird, nicht entscheidend.

2. Wenn ferner der Vorderrichter noch ausgeführt hat, daß die Tieferlegung des Flußbettes zweifellos eine erhebliche Erschwerung der Räumung zur Folge gehabt habe und es unzulässig sei, daß die öffentlich-rechtliche Räumungspflicht durch Handlungen eines Dritten, die seinem Privatinteresse dienten, erschwert werde, so ist nicht abzusehen, welchen Einfluß diese Erwägungen auf die hier zu treffende Entsch. haben können, da die öffentlich-rechtliche Räumungspflicht durch sie erschwerende Veranstaltungen Dritter nicht berührt wird. Solchen Erschwerungen gegenüber kann die Klägerin sich nur der Rechtsbehelfe bedienen, die durch die G. demjenigen, dessen Verbindlichkeit zur Räumung erschwert wird, gegen den Urheber der unzulässigen Erschwerung behufs ihrer Abwehr oder auf Schadensersatz gegeben sind.

3. Irrig ist endlich die Ansicht des Vorderrichters, daß ein Grund zum Erlasse der Anordnung deshalb nicht gegeben sei, weil nicht ein öffentliches Interesse, sondern nur das Privatinteresse des Elektrizitätswerks in Frage käme. Denn für die polizeiliche Geltendmachung der Räumungspflicht ist gemäß § 7 PrivFlG. maßgebend, daß die Räumung zur Beschaffung der Vorflut, d. h. zur Beseitigung von Hemmnissen der ordnungsmäßigen Räumung in der normalen Breite und Tiefe des Flußbettes notwendig ist. War dieses Erfordernis erfüllt, womit bei der Wichtigkeit des Privatflusses für die Wohlfahrt und die gesamten wirtschaftlichen Verhältnisse der von ihm durchströmten Landesteile auch das

---

*) Vgl. §§ 113ff. WassG. v. 7. IV. 13.

öffentliche Interesse an der ordnungsmäßigen Erhaltung seines Laufes gegeben ist, so konnte die Polizeibehörde auch dann die Räumung verlangen, wenn diese im wesentlichen nur dem Privatinteresse des Elektrizitätswerkes zugute kam.

4. Dafür, welcher Zeitraum unter einer „längeren Zeit“, in der sich der normale Zustand eines Flusses herausbilden kann, zu verstehen ist, kommt es auf die besonderen Verhältnisse des einzelnen Falles an, aus denen sich ergeben muß, welcher Zeitraum für lange genug zu erachten ist, daß der während desselben bestehende Zustand nach allgemeiner Anschauung als der normale erscheint. Im vorliegenden Falle hat der neugeschaffene Zustand, ohne daß von einem der Beteiligten jemals die Wiederherstellung der früheren Verhältnisse verlangt wurde, bei Erlaß der streitigen Verfügung etwa zehn Jahre lang bestanden. Unter diesen Verhältnissen trägt der Gerichtshof kein Bedenken, anzunehmen, daß der seit der Regulierung verflossene Zeitraum genügt, um den während desselben unangefochten vorhanden gewesenen Zustand des Flußlaufes heute als den normalen anzuerkennen.

5. Über die Rechtsgültigkeit der Verfügung zur Zeit ihres Erlasses ist in dem anhängigen Verfahren zu entscheiden, und deswegen kann dieses durch den inzwischen etwa eingetretenen Wegfall ihrer Voraussetzungen nicht seine Erledigung finden. Sollte die Kiesbank tatsächlich inzwischen vollständig weggeschwemmt worden sein, so würde daraus nur folgern, daß die an sich rechtsgültige Verfügung nicht mehr ausführbar ist. Die Verfügung diente im Vorflutinteresse zur Wiederherstellung des normalen Zustandes des Flußbetts und hielt sich daher in den Grenzen einer Räumungsanordnung iS. des § 66 ZustG.

Nr. 3. Entsch. v. 20. Juni 1913 (OVG. **65** 306) IX C 7/13.

1. Anders als bei Privatflüssen (vgl. OVG. **55** 329) ist die Polizeibehörde bei Gräben, die dem ordentlichen und gewöhnlichen Wasserabflusse dienen, **nicht** ohne weiteres berechtigt, gegen einen ohne ihre Genehmigung erfolgten Eingriff in den Bestand des Grabens einzuschreiten oder ihn als nicht zu Recht bestehend bei ihren Anordnungen außer acht zu lassen. Der Eigentümer ist vielmehr an und für sich berechtigt, einen offenen Graben zu überdecken oder in eine Röhrenleitung zu fassen und ebenso auch einen Graben zu verlegen. Vorausgesetzt ist nur, daß die Vorflut nicht behindert oder erschwert wird, d. h. daß durch den in Röhren gefaßten oder an eine andere Stelle verlegten Graben das Wasser in dem bisherigen und weiterhin erforderlichen Umfange seinen ungestörten Ablauf hat. Ist dieser Voraussetzung genügt, so fehlt es für die Wasserpolizeibehörde an einem berechtigten Anlasse zu einem Einschreiten. Ist ihr anderseits nicht genügt, so kann die Wasserpolizeibehörde fordern, daß entweder die Herrichtung des umgestalteten oder verlegten Grabens in den zur Gewährung der Vorflut erforderlichen Zustand oder die ordnungsmäßige Wiederherstellung des früheren Zustandes erfolge. Demgemäß war es rechtlich zutreffend, daß der Beklagte mit der angefochtenen Verfügung den Ausbau des Ersatzgrabens in den von ihm für erforderlich erachteten Abmessungen oder die ordnungsmäßige Räumung des Wiesengrabens anordnete.

2. Die Räumungsbedürftigkeit des Wiesengrabens ist nicht bestritten. Die Beschaffenheit des Ersatzgrabens und seine Fähigkeit zur Gewährung der erforderlichen Vorflut bedarf aber noch der näheren Feststellung. In dieser Beziehung kommt es nicht darauf an, ob der Ersatzgraben im ganzen oder in einzelnen Teilen räumungsbedürftig im eigentlichen Sinne war, oder ob stellenweise durch Abrutschen des Erdreichs am Ufer Vorfluthindernisse entstanden waren, sondern darauf, ob die Herstellung und der Ausbau des Grabens in den vom Amtsvorsteher angeordneten Abmessungen, sowohl hinsichtlich der Breite und Tiefe als auch hinsichtlich der Böschungsneigung, erforderlich ist.

Bei einfachen kleinen Vorflutgräben sind Uferabböschungen, und gar solche von einer Neigung, wie sie hier verlangt ist, nicht immer vorhanden oder notwendig. Wenn die Ufer derart angelegt sind, daß bei den Verhältnissen des Grabens ein Abbrechen und Nachrutschen des Erdbodens und infolgedessen eine Störung der Vorflut zu besorgen ist, so kann eine solche Abböschung, die dieses zu verhindern geeignet ist, aber auch nur eine solche, polizeilich gefordert werden. Es wird also zu prüfen sein, ob nach den Verhältnissen des Grabens, wobei Wassermenge, Gefälle und die lockere (sandige) oder standfeste (lehmige oder dgl.) Beschaffenheit des umgebenden Erdreichs in Betracht kommen, die angeordneten eineinhalbfachen Böschungen notwendig sind. Ferner fragt es sich, ob zur ungehinderten Ableitung derjenigen Wassermengen, die bisher der Wiesengraben aufzunehmen und abzuführen hatte, in dem Ersatzgraben eine Sohlenbreite von 50 cm bei der durch die Niveauverhältnisse gewiesenen Tiefe erforderlich ist. Hierfür sind nicht ohne weiteres die Abmessungen des Wiesengrabens maßgebend, namentlich dann nicht, wenn anzunehmen ist, daß bei der im Jahre 1905 im Wege polizeilichen Zwanges bewirkten Räumung eine Vertiefung des Grabens stattgefunden hat, die auf Grund einer Räumungsverfügung nicht hätte durchgesetzt werden können, sondern es kommt auf die Wassermenge an, die der Wiesengraben nach den bestehenden Wasserabflußverhältnissen abzuführen hat.

Nr. 4. Entsch. v. 8. Okt. 1912 (PrVerwBl. **34** 859) IXC 39/11

Unter § 3 Abs. 1 PrivFlG. v. 28. II. 43 fallen gewerbliche Anlagen jeder Art, die das von ihnen benutzte Wasser einem Privatflusse zuleiten. Demnach fällt auch die Zuckerfabrik der Klägerin, wenn deren Abwässer in einen Privatfluß gelangen, unter diese Bestimmung. Mit dem Vorderrichter ist diese Vorschrift dahin auszulegen, daß nur die Einleitung der schädlichen Abwässer iS. des § 3 in die Privatflüsse davon betroffen wird. Denn die Voraussetzung für das Verbot bildet die Beeinträchtigung des Bedarfs der Umgegend an reinem Wasser oder eine erhebliche Belästigung des Publikums, und diese Voraussetzung fehlt bei Einleitungen, die keine Wirkung nach dieser Richtung hin auf das Wasser des Privatflusses haben können. Werden also aus einer gewerblichen Anlage sowohl verunreinigte wie reine Abwässer einem Privatflusse zugeführt, so kann auf Grund des § 3 nur gegen die Einleitung der verunreinigten Abwässer, und zwar auch nur dann polizeilich eingeschritten werden, wenn durch sie der Bedarf der Umgegend an reinem Wasser beeinträchtigt oder eine erhebliche Belästigung des Publikums herbeigeführt wird. Die Annahme, daß in einem solchen Falle die Einleitung aller Abwässer einschließlich der nicht verunreinigten verboten sein sollte, würde des inneren Grundes entbehren und mit dem Zwecke der Bestimmung, Schutz vor der Verunreinigung der Privatflüsse in dem dort bezeichneten Umfange zu gewähren, nicht vereinbar sein. Die angefochtene Verfügung verbietet ausdrücklich — abgesehen von den Fall- und Kondenswässern — die Einleitung aller Abwässer aus dem Betriebe der Zuckerfabrik, indem sie davon ausgeht, daß mit Ausnahme der genannten Fall- und Kondenswässer sämtliche Abwässer der Fabrik schädlich seien. Das Gleiche nimmt auch der Vorderrichter an, indem er feststellt, daß es außer den in der Verfügung genannten Fall- und Kondenswässern nicht verunreinigte Fabrikwässer in einer Zuckerfabrik überhaupt nicht gibt. Indessen läßt die Vorentsch. nicht erkennen, worauf diese Feststellung beruht, die in solcher Allgemeinheit anfechtbar erscheint. Für den vorliegenden Fall läßt sich nicht ohne weiteres übersehen, ob sich nicht unter den von dem Verbot betroffenen Fabrikabwässern auch solche unschädlicher Art befinden. Die Bezugnahme der Revision auf das zum Speisen der Dampfkessel benutzte Wasser ist, sofern der Betrieb tatsächlich dessen Ableitungsmöglichkeit erfordert, nicht unzutreffend, da es sich dabei um Wasser aus dem Betriebe der Fabrik handelt, dessen

Schädlichkeit iS. des § 3 nicht erhellt. Was unter dem weiter in der Revision genannten Niederschlagswasser verstanden wird, ist nicht gesagt worden. Sollte damit nur das durch atmosphärische Niederschläge entstehende Wasser verstanden worden sein, so ist darauf hinzuweisen, daß dieses nicht zu den Abwässern aus dem Betriebe der Fabrik gehört, auf die sich das Verbot beschränkt. Es hätte sonach einer speziellen Begründung bedurft, daß tatsächlich im vorliegenden Falle sämtliche im Betriebe der Fabrik entstehenden Abwässer mit Ausnahme der Fall- und Kondenswässer verunreinigt und geeignet sind, eine der im G. bezeichneten nachteiligen Wirkungen herbeizuführen.

Nr. 5. Entsch. v. 26. Sept. 1913 (OVG. **65** 310) IX C 30/12.

1. Die Frage, ob durch ein nach § 3 VorflutG. für Neuvorpommern und Rügen erlassenes Reglement dem Räumungskommissar die Befugnisse der Wasserpolizeibehörde übertragen werden können, ist zu verneinen.

Es ist ausgeschlossen, als gesetzmäßigen Gegenstand des Reglements (§ 3) etwas anderes als diejenigen Bestimmungen anzusehen, durch welche die Pflicht zur Räumung und Unterhaltung der Wasserläufe von den Schultern der einzelnen Uferbesitzer auf diejenigen ihrer Gesamtheit übertragen, der einzelne zwecks Deckung der Räumungs- usw. Kosten zu einer entsprechenden Geldzahlung verpflichtet und alles das angeordnet und geregelt wird, was zur praktischen Durchführung dieser neuen Einrichtung nötig ist. Dazu gehört die Schaffung eines Organs der Gemeinschaft — hier des „Räumungskommissars" — und die nähere Bestimmung seiner Pflichten und Rechte. Davon unberührt bleibt aber das durch § 2 des G. umgrenzte Gebiet der Zuständigkeit der Polizeibehörde. Ihre Befugnisse sind nicht durch Schaffung einer neuen besonderen, mit polizeilichen Befugnissen ausgestatteten Behörde beschränkt; sie allein ist zu polizeilichen Anordnungen — wegen Räumung gegen den Räumungskommissar, wegen Aufbringung oder Verteilung der dazu erforderlichen Kosten gegen die einzelnen — zuständig.

2. Geht ein Reglement über denjenigen Rahmen hinaus, innerhalb dessen durch das G. ein Bestimmungsrecht eingeräumt worden ist, so ermangelt die in ihm getroffene Bestimmung der einzigen, für sie in Betracht kommenden gesetzlichen Grundlage; sie ist daher rechtsungültig, und der beklagte Räumungskommissar besitzt nicht die Stellung und Befugnisse der Wasserpolizeibehörde. Eine Anordnung, die als eine wasserpolizeiliche von einer als Wasserpolizeibehörde auftretenden, die Wasserpolizei tatsächlich ausübenden, mit behördlichen Befugnissen ausgestatteten Stelle, wie es bei dem Räumungskommissar der Fall war, erlassen ist, muß aber dennoch zur Vermeidung zwangsweiser Durchführung der Anfechtung mit den gegen derartige Verfügungen zulässigen Rechtsmitteln unterliegen. Zum Schutze des Herangezogenen ist somit durch § 66 ZustG. bzw. §§ 127 ff. LVG., je nachdem es sich um eine Räumungsanordnung oder um eine wasserpolizeiliche Verfügung anderer Art handelt, die Klage im Verwaltungsstreitverfahren — ersterenfalls unter der Voraussetzung eines vorangehenden Einspruchsbescheides — gegeben, und zwar gegenüber der Verfügung einer unzuständigen Stelle mit dem Erfolg ihrer Aufhebung.

b) Örtliche Wasserpolizei; Schaurichter; Strom-, Schiffahrts- und Hafenpolizei; ihre verschiedenen Zuständigkeiten; öffentliche Flüsse und ihre Schiffbarkeit; Leinpfad; Uferbauten; Fähren; StrombauVerwG.; Wasserbauinspektionen; Meer und Meeresufer; Schlesisches HochwasserG.

Nr. 1. Entsch. v. 27. Juni 1913 (DJZ. **19** 239) IX A 43/13.

Die Errichtung einer Badeanstalt in einem öffentlichen Strome ist von der Genehmigung der Strom- und Schiffahrtspolizeibehörde abhängig, und zwar auch dann, wenn die baulichen Anlagen nicht über die Buhnen hinaus in den Stromlauf selbst hineinragen. Vor ihrer Entsch. über die Zulassung einer derartigen Badeanstalt hat sich die Strompolizeibehörde, gegebenenfalls nach Anhörung der Ortspolizeibehörde, u. a. auch darüber schlüssig zu machen, ob etwa dem geplanten Betriebe nach den örtlichen Verhältnissen sanitätspolizeiliche Bedenken irgendwelcher Art entgegenstehen. Die Zuständigkeit, hierüber zu entscheiden, einer anderen Polizeibehörde zuzuweisen und diejenige der Strompolizeibehörde lediglich auf eine Prüfung der Anlage selbst, abgesehen von ihrem Betriebe und von dessen voraussehbaren Folgen, zu beschränken, geht nicht an; denn wie die Bedeutung einer derartigen Anlage für den Strom nicht von derjenigen ihres bestimmungsgemäßen Betriebes zu trennen ist, so ist auch nur einheitlich über ihre Zulassung einschließlich des Betriebes zu entscheiden.

Nr. 2. Entsch. v. 13. Febr. 1914 (OVG. **66** 357) IXA 113/13.

1. Es kann nach den Akten des Regierungspräsidenten, betr. die Einrichtung einer Hafenpolizeikommission zu Königsberg, keinem Zweifel unterliegen, daß die jetzige Kgl. Hafenpolizeiverwaltung daselbst ein Organ des Regierungspräsidenten ist. Hieraus ergibt sich, daß sie nur im Auftrage des Regierungspräsidenten die ihr nach den Dienstanweisungen für den Hafenbezirk Königsberg obliegenden strom-, schiffahrts- und hafenpolizeilichen Aufgaben wahrzunehmen hat und in bezug auf den Erlaß hafenpolizeilicher Verfügungen zu dem Regierungspräsidenten keine andere Stellung einnimmt, als dies für die Polizeidirektion in Danzig, soweit ihr die Verwaltung der Strom-, Schiffahrts- und Hafenpolizei für eine bestimmte Stelle der Weichsel übertragen worden ist, in OVG. **31** 233 dargelegt worden ist. Hat danach die Hafenpolizeibehörde die angefochtene Verfügung als Organ des Regierungspräsidenten erlassen, so findet gemäß § 130 LVG. die Beschwerde dagegen unmittelbar beim Oberpräsidenten statt. Selbstverständlich ist es aber dem durch die polizeiliche Verfügung eines Organs der Landespolizeibehörde Betroffenen unbenommen, eine Entsch. der letzteren darüber herbeizuführen, ob sie die Verfügung ihres Beauftragten billigt oder nicht. Beschreitet er diesen Weg an Stelle der unmittelbaren Beschwerde beim Oberpräsidenten, so stellt die hierauf ergehende Entsch. des Regierungspräsidenten eine die Anordnung seines Organs ersetzende landespolizeiliche Verfügung iS. des § 130 LVG. dar, so daß nach Zustellung der Ersatzverfügung der Lauf der gesetzlichen Rechtsmittelfrist beginnt.

2. Eine Hafenpolizeiverordnung kann rechtsgültig vorschreiben, daß bestimmte Anlegestellen im Hafen nur von den Wasserfahrzeugen auswärtiger Händler benutzt werden dürfen, da diese Vorschrift den Verkehr der Kähne im Hafengebiete regelt, sich also im Rahmen der der Hafenpolizeiverwaltung obliegenden Aufgabe hält. Eine Beschränkung der in der Verfassungsurkunde gewährleisteten persönlichen Freiheit ist in der Vorschrift nicht enthalten, ebensowenig verstößt sie gegen den Grundsatz der Gewerbefreiheit, wie er in § 1 GewO. enthalten ist, da dieser Grundsatz nur für die Zulassung zum Gewerbebetriebe, nicht auch für die Art der Ausübung desselben gilt.

Nr. 3. Entsch. v. 27. März 1914 (PrVerwBl. **35** 733) IXA 33/13.

1. Die Polizeibehörde kann die Beseitigung von Pfählen, die im Bette eines öffentlichen Stromes stehen, ohne weiteres fordern, weil niemand berechtigt ist, den öffentlichen Strom über den Gemeingebrauch hinaus zu benutzen und in unregelmäßiger Reihe im Wasser stehende Pfähle unzweifelhaft eine Gefahr oder doch mindestens ein Hindernis für die Schiffahrt zu bilden geeignet sind.

2. Maßgebend für die Frage, ob Pfähle auf einem privaten Ufergrundstück oder im Strombette stehen, ist diejenige Linie, die sich nach den gegenwärtig

bestehenden tatsächlichen Verhältnissen bei mittlerem Wasser als Uferlinie, d. h. als Grenze zwischen Wasser und Land, darstellt *).

Nr. 4. Entsch. v. 7. Jan. 1913 (OVG. 63 344) IXA 157/11.

1. Gegen den Erlaß der Räumungsanordnung durch den Wasserbauinspektor und den eingeschlagenen Beschwerdeweg liegen, sofern die in Frage kommende Tollensestrecke ein öffentlicher Strom ist, keine Bedenken vor; denn in diesem Falle steht dem Regierungspräsidenten die gesamte Polizeigewalt auf der Tollense, soweit sie öffentlicher Strom ist, zu; er ist überall da zuständig, wo es sich überhaupt darum handelt, den Strom in einer polizeilich zu überwachenden, durch das öffentliche Interesse erforderten Verfassung zu erhalten und kann sich bei Ausübung der strompolizeilichen Befugnisse des Wasserbauinspektors als seines Organs bedienen.

2. Eigentums- und Nutzungsrechte von Privatpersonen stehen mit dem Charakter eines Wasserlaufs als eines schiffbaren und der Schiffahrtspolizei des Staates unterliegenden Flusses nicht in Widerspruch. Die Einrichtung von Schaukommissionen für einen Wasserlauf berührt die Frage nach dessen rechtlicher Eigenschaft als öffentlicher Strom oder Privatfluß nicht. Maßgebend hierfür ist allein seine Schiffbarkeit; ein Fluß ist insoweit ein öffentlicher, als seine Schiffbarkeit reicht.

Es muß angenommen werden, daß die Schiffahrt auf der Tollense zurzeit nur in unbedeutendem Umfange betrieben wird und offenbar die Schiffahrtsinteressen den Landeskulturinteressen, wie sie durch die angeordnete Räumung zur Erhaltung ordnungsmäßiger Vorflut gefördert werden sollen, nachstehen. Indessen kommt es für die Frage, ob der Fluß ein von Natur schiffbarer ist (§ 21 ALR. II 14, § 38 ALR. II 15), lediglich darauf an, ob er dazu tauglich ist, dem Schiffahrtsverkehre zu dienen, und nicht darauf, ob die Schiffahrt auch tatsächlich ausgeübt wird. Der Fluß muß als Wasserstraße benutzt werden können. Dies trifft hier zu, da die Tollense von Kähnen mit 40 bis 50 t Tragfähigkeit befahren werden kann. Diese Tragfähigkeit geht weiter über das Maß der kleinen Kähne hinaus, deren Verkehrsmöglichkeit auf Flüssen nach der Rechtsprechung des OVG. die Schiffbarkeit derselben nicht begründen kann. Die Fähigkeit, solche Kähne zu tragen, verleiht der hier in Rede stehenden Tollensestrecke die Eigenschaft einer für den Frachtverkehr geeigneten Wasserstraße. Daß die Schiffahrt nur zu bestimmten Zeiten im Jahre — im Frühjahr und Herbst — ausgeübt werden kann, schließt die Annahme der Schiffbarkeit nicht aus, da der Fluß während dieser Zeiten regelmäßig als Wasserstraße dienen kann, und nur eine dauernde natürliche Untauglichkeit des Flusses zur Schiffahrt die Schiffbarkeit im Rechtssinne verloren gehen läßt. Danach ist die Eigenschaft der betreffenden Tollensestrecke als öffentlicher Strom anzuerkennen. Daraus folgt, daß die Wahrnehmung der Räumungspolizei durch den Regierungspräsidenten bzw. sein Organ, den Wasserbauinspektor, zu Recht erfolgt ist.

3. Im vorliegenden Falle wird die Räumungspflicht der Uferanlieger im Vorflutinteresse auf eine Observanz gestützt. Die Frage, ob die Bildung einer solchen Observanz überhaupt möglich sei, ist zu bejahen. § 4 der Einleitung zum ALR. schreibt vor:

„Insofern aber durch Observanzen etwas bestimmt wird, was die G. unentschieden gelassen haben, hat es bis zum Erfolge einer gesetzlichen Bestimmung dabei sein Bewenden."

Danach ist die Bildung einer Observanz praeter legem nicht ausgeschlossen. Eine gesetzliche Vorschrift, wonach die Uferbesitzer oder der Staat zur Räumung eines öffentlichen Stromes im Vorflutinteresse angehalten werden können, besteht

---

*) Vgl. §§ 12, 25ff. WassG.

nicht; es fehlt jedoch auch an jeder Bestimmung, wonach eine solche Räumungspflicht als einer zwingenden Rechtsnorm entgegenlaufend angesehen werden könnte. Insbesondere kann aus § 79 ALR. II 15 nicht gefolgert werden, daß eine solche Räumungspflicht der Absicht des Gesetzgebers widerspricht, also mittelbar contra legem wäre. Denn diese Vorschrift setzt nur die Pflicht des Staates fest, für die zur Sicherheit und Bequemlichkeit der Schiffahrt nötigen Anstalten zu sorgen, schließt aber Veranstaltungen im Vorflutinteresse nicht aus. Vielmehr werden in der Mehrzahl der Fälle die Anstalten, die der Staat zur Sicherheit und Bequemlichkeit der Schiffahrt trifft, z. B. Ausbaggerungen zur Erhaltung der erforderlichen Tiefe des Stromes, auch gleichzeitig Vorflutinteressen förderlich sein. Jedenfalls kann ein Rechtssatz, daß der Staat verpflichtet sei, das Schiffahrtsinteresse allein unter Hintenansetzung aller bei öffentlichen Strömen in Frage kommenden anderweitigen öffentlichen Interessen wahrzunehmen, aus dieser Vorschrift nicht entnommen werden. Der Gesetzgeber hat daher die Räumung öffentlicher Ströme im Vorflutinteresse nicht ausschließen wollen, wenn er es auch nicht für erforderlich erachtet hat, eine dahingehende Pflicht des Staates oder Dritter zu begründen. Aus einer etwaigen Kollision des Schiffahrtsinteresses mit dem Landeskulturinteresse, wie sie hier anscheinend vorliegt, würde demnach nur folgen, daß es Aufgabe der mit der Strom- und Schiffahrtspolizei betrauten Behörde sei, ihre polizeilichen Obliegenheiten so zu handhaben, daß ein den Verhältnissen entsprechender Ausgleich beider Interessen erreicht wird. Hiernach ist die Frage des Vorhandenseins einer Räumungspflicht der Uferanlieger an öffentlichen Strömen vom Gesetzgeber unentschieden gelassen worden und eine Observanzbildung in dieser Hinsicht möglich.

4. Voraussetzung für die Observanzbildung ist die gleichförmige Übung während eines längeren Zeitraums in der aus den Umständen geschöpften Überzeugung von der rechtlichen Verpflichtung zu dieser Übung, der opinio necessitas. Beruht diese Überzeugung auf einem tatsächlichen oder rechtlichen Irrtume, so kann allerdings die bloße Übung für sich allein zu einer Observanzbildung nicht führen. Daß aber hier die Observanzbildung durch einen solchen Irrtum verhindert worden sei, ist nicht erwiesen. Es kann auch nicht zweifelhaft sein, daß diese Observanz schon bei Erlaß des PrivFlG. bestanden hat, so daß, selbst wenn seitdem die betreffende Tollensestrecke von einzelnen Uferanliegern als Privatfluß und ihre Räumungspflicht als auf § 7 PrivFlG. beruhend angesehen worden wäre, ein solcher Irrtum in Rücksicht auf den damals schon vorhandenen Rechtszustand ohne Bedeutung gewesen wäre.

Nr. 5. Entsch. v. 19. Jan. 1914 (ZPolVerwB. **22** 385) I C 27/12.

Zum Gemeingebrauch am Meeresstrand gehört auch das Reiten. Die Ortspolizeibehörde ist zuständig und berufen, den Gemeingebrauch zu regeln und zu schützen, namentlich einer Überschreitung der danach den einzelnen zustehenden Befugnisse im Interesse der übrigen Gleichberechtigten entgegenzutreten. Diese Regelung ist nicht auf die Fernhaltung von Gefahren für das Publikum beschränkt; sie umfaßt auch neben dem Schutz der öffentlichen Ordnung die Sorge für die Leichtigkeit des Verkehrs am Strande. Der demgemäß der Polizeibehörde obliegende sachgemäße Ausgleich zwischen den verschiedenen Arten des Gebrauchs und den beteiligten Interessen kann dahin führen, daß bestimmte Benutzungsarten zugunsten von anderen nach Zeit und Örtlichkeit Beschränkungen unterworfen werden, die bis zum völligen Ausschluß gehen können. Wie die Regelung zu erfolgen hat, ist im wesentlichen dem pflichtmäßigen Ermessen der Polizeibehörde überlassen, nur müssen ihrer Entschließung objektive polizeiliche Beweggründe zur Seite stehen. Wenn die Polizeibehörde am Badestrande mit Rücksicht darauf, daß dieser dem Badepublikum zum Aufenthalt und insbesondere zum Lagern dient, das Reiten während der Saison nicht zuläßt, so handelt sie aus sachlich berechtigten Beweggründen und im Rahmen ihrer Befugnisse.

c) Wassergenossenschaften.

Nr. 1. Entsch. v. 26. Sept. 1911 (OVG. **61** 278) I B 5/10.

Zwangsetatisierungen erfolgen im öffentlichen Interesse; sie setzen voraus, daß eine öffentlich-rechtliche Korporation eine Leistung, die ihr nach dem G. obliegt, ungeachtet deren Feststellung durch die zuständige Behörde unterläßt oder verweigert. Im vorliegenden Falle verfolgt die Zwangsetatisierungsverfügung nicht den Zweck, die Wassergenossenschaft zu nötigen, ihrerseits mit den zwangsweise in den Etat eingestellten Mitteln eine ihr obliegende, aber unterlassene Leistung auszuführen; sie ist vielmehr in der Absicht erlassen, die Genossenschaft zur Aufbringung von Geldern anzuhalten, durch die die von der Kreiskasse zur Beseitigung der Versandungen aufgewendeten Kosten gedeckt werden sollen. Dazu ist aber der Weg der Zwangsetatisierung nicht gegeben. Ist einmal, gleichviel von welcher Seite, eine im öffentlichen Interesse erforderliche Leistung ausgeführt, so ist damit auch dem öffentlichen Interesse Genüge geschehen. Demjenigen, der die Leistung bewirkt hat, ist es, wenn er vermeint, daß nicht er, sondern ein anderer dazu verpflichtet sei, unbenommen, wegen Ersatzes seiner Aufwendungen den anderen in Anspruch zu nehmen. Soweit hierzu nicht ein besonderes Verfahren, wie bei Streitigkeiten zwischen Armenverbänden oder bei Aufwendungen für den Bau und die Unterhaltung öffentlicher Wege usw., vorgeschrieben ist, steht zur Geltendmachung des Anspruchs die Klage im Zivilprozeß offen. Keinesfalls aber ist die Aufsichtsbehörde befugt, zur Zwangsetatisierung zu schreiten, um dem Gläubiger zur Befriedigung seines Anspruchs zu verhelfen.

Nr. 2. Entsch. v. 17. Jan. 1913 (OVG. **63** 362) IX A 96/11.

1. In OVG. **45** 327 ist näher dargelegt, daß das WassGenG. keine Bestimmung enthalte, die den Genossenschaftsvorsteher ermächtige, den Genossen das Stechen von Torf auf ihren zur Genossenschaft gehörigen Grundstücken auch dann zu untersagen, wenn die Genossenschaftsanlagen dadurch nicht geschädigt würden. Inwieweit ein solches Verbot im Genossenschaftsstatute rechtsgültig ausgesprochen werden könne, bedürfe nicht der Entsch.; denn das in Betracht kommende Statut enthalte Bestimmungen über die Ausübung des Torfstichs durch die Genossen oder die Befugnis des Vorstehers, es zu verbieten oder bestimmten Beschränkungen zu unterwerfen, überhaupt nicht. Die angefochtene Verbotsverfügung des Vorstehers entbehre deshalb, weil nicht behauptet worden sei und aus den Akten auch nicht hervorgehe, daß der Kläger in irgendeiner Weise beim Torfstechen die Anlagen der Genossenschaft beschädigt oder in ihrer ordnungsmäßigen Wirkung beeinträchtigt habe, jeder rechtlichen Grundlage und müsse daher aufgehoben werden.

2. Auch hier liegt keine Veranlassung vor, zu der Frage Stellung zu nehmen, inwieweit ein Verbot des Torfstechens rechtsgültig im Genossenschaftsstatut ausgesprochen werden kann; denn das Statut der Genossenschaft enthält irgendeine auf das Torfstechen bezügliche ausdrückliche Vorschrift nicht. Für die Genossen besteht aber in bezug auf die Möglichkeit, ihre Rechte wahrzunehmen und ihrer Auffassung über die Zulässigkeit des Torfstechens auf den zur Genossenschaft gezogenen Grundstücken Geltung zu verschaffen, ein wesentlicher Unterschied darin, ob die Frage bei der Gründung der Genossenschaft und der Aufstellung des Statuts zur Erörterung und Entsch. gebracht wird oder ob der Vorsteher, wie hier, erst nach der Begründung der Genossenschaft und der Genehmi-

gung des Statuts auf Grund der allgemeinen Bestimmungen desselben gegen das Torfstechen einschreitet. Denn im ersteren Falle ist das Zustandekommen der Genossenschaft davon abhängig, daß zum mindesten die Mehrheit der Beteiligten dem Verbote des Torfstechens zustimmt, und es ist deshalb eine zuverlässige Gewähr dafür gegeben, daß die für das Verbot und gegen dasselbe sprechenden Gründe je nach den Verhältnissen der einzelnen Genossenschaft einer eingehenden Prüfung und Erörterung unterzogen und gegen die Beteiligten nicht Maßregeln ergriffen werden, die vielleicht der wirtschaftlichen Auffassung und Überzeugung der großen Mehrheit der Genossen durchaus widersprechen und denen sie daher, wenn sie darüber gehört worden wären, nicht zugestimmt haben würden; im letzteren Falle dagegen ist irgendeine Gewähr in dieser Beziehung, wenn der Vorsteher lediglich auf Grund der allgemeinen Vorschriften des Statuts ein völliges oder, wie hier, eingeschränktes Verbot des Torfstechens ausspricht, überhaupt nicht gegeben.

3. Der Kläger stellt sich nun in der Klage selbst auf den Standpunkt, daß die Verfügung des Vorstehers dann nicht als ungerechtfertigt würde angesehen werden können, wenn durch das verbotene tiefe Austorfen auf seinem Lande die Entwässerung der übrigen Genossenschaftsgrundstücke erschwert und damit der auf die Verbesserung ihrer Ertragsverhältnisse abzielende Genossenschaftszweck vereitelt werden würde; vielmehr erachtet er unter einer solchen, hier aber seiner Ansicht nach in keiner Weise zutreffenden Voraussetzung ein Eingreifen des Genossenschaftsvorstehers für zulässig. In OVG. **45** 327 ist auf die Frage, ob das Torfstechen wegen einer dadurch herbeigeführten Gefährdung des Genossenschaftszwecks für die Grundstücke der übrigen Genossen einem Beteiligten verboten werden könne, nicht eingegangen worden, weil der damalige Sachverhalt keine Veranlassung dazu bot, und es bedarf auch nach Lage der vorliegenden Streitsache der Entsch. dieser Frage nicht. Auch wenn sie, wofür wesentliche Gesichtspunkte aus Ziel und Zweck des G. geltend gemacht werden können, iS. der vorstehend wiedergegebenen eigenen Ausführungen des Klägers zu beantworten wäre, würde daraus doch nicht gefolgert werden können, daß der Genossenschaftsvorsteher gegen den Kläger, wie geschehen, habe einschreiten dürfen.

4. Die angefochtene Verfügung würde also nur dann begründet sein, wenn, wie der Beklagte annimmt, sich aus dem G. und den Vorschriften des Statuts herleiten ließe, daß der Genossenschaftsvorsteher die einzelnen Genossen ohne eine ausdrückliche im Statute getroffene Regelung in der Bewirtschaftung ihrer Grundstücke, insbesondere in der Gewinnung von Torf auf ihnen, auch dann Einschränkungen mit Rücksicht auf den von der Genossenschaft verfolgten Zweck zu unterwerfen befugt wäre, wenn durch die Art und Weise der Bewirtschaftung weder auf die Verbandsanlagen noch auf die Grundstücke der anderen Genossen irgendein nachteiliger Einfluß ausgeübt würde. Daß der Gesetzgeber einen so weitgehenden und schwerwiegenden Eingriff in das Eigentumsrecht und die wirtschaftliche Freiheit der Genossen auch, wo das Statut keinerlei Einschränkungen vorsieht, habe vornehmen oder zulassen wollen, kann aber, da das G. keinerlei Bestimmungen in dieser Beziehung trifft, nicht angenommen werden. Wenn es in § 3 des Statuts in Satz 2 heißt: „Dagegen bleiben die nach den Zwecken der Melioration behufs ihrer nutzbringenden Verwendung für die einzelnen beteiligten Grundstücke erforderlichen Einrichtungen, wie Anlage und Unterhaltung besonderer Zu- und Ableitungsgräben usw., den betreffenden Eigentümern überlassen", so hat in der bisherigen Rechtsprechung irgendein Zweifel darüber nicht bestanden, daß die betreffenden Eigentümer zu solchen Einrichtungen, auch wenn ohne sie der Genossenschaftszweck überhaupt nicht erreicht werden kann, doch niemals gezwungen werden können, es vielmehr ihrem eigenen Ermessen und ihrer wirtschaftlichen Einsicht überlassen bleibt, ob sie sie ausführen oder die Grundstücke ohne die notwendigen Folgeeinrichtungen in dem alten Zu-

stande, selbst wenn er eine ordnungsmäßige Bewirtschaftung unter den veränderten Verhältnissen unmöglich macht, belassen wollen. Gefolgert ist aus dieser Vorschrift in der Rechtsprechung nur, daß die Genossen, wenn sie die erforderlichen Einrichtungen in bezug auf die Kultivierung ihrer Grundstücke unterlassen und diese deshalb den an sich möglichen Vorteil von dem Unternehmen nicht haben oder gar Nachteile davon erleiden, darauf eine Klage aus § 66 Abs. 2 und 3 des G. auf Beitragserlaß oder Ausscheiden aus der Genossenschaft nicht stützen können. An der grundsätzlichen Auffassung, daß das WassGenG. die Ausübung eines Zwanges gegen die Genossen, ihre Grundstücke nach Maßgabe des Genossenschaftszwecks, auch soweit die Interessen der übrigen Beteiligten dadurch nicht betroffen werden, herzurichten und zu bewirtschaften, nicht vorsieht, ist dabei stets festgehalten worden.

Nr. 3. Entsch. v. 23. Sept. 1913 (OVG. **65** 315) IXB 45/12.

WassGenG. § 66.

1. Das G. gibt den Klägern keinen Anspruch darauf, daß mit der Ausführung des Unternehmens der Genossenschaft sofort und unmittelbar eine Verbesserung ihrer Wiesen eintritt. Der Gerichtshof hat vielmehr in gleichmäßiger Rechtsprechung angenommen, daß die zu einer Genossenschaft zugezogenen Grundstücke auch schon dann Vorteil von dem Unternehmen haben, wenn die Anlagen der Genossenschaft dem Eigentümer die Möglichkeit gewähren, durch wirtschaftlich gerechtfertigte Maßregeln, insbesondere also beispielsweise durch Umpflügen, Düngen und Neuansäen bisher versumpfter oder übermäßig nasser Wiesen, diese in einen höheren Kulturzustand zu versetzen und dadurch bessere Erträge zu erzielen. Wenn der Eigentümer diese Möglichkeit unbenutzt läßt und seinerseits nichts tut, um die durch das Unternehmen geschaffenen besseren Produktionsbedingungen zu verwirklichen, so kann er das darauf beruhende Ausbleiben des sonst möglichen Vorteils oder den ihm durch Vernachlässigung der gebotenen Kulturarbeiten etwa entstehenden Nachteil nicht dem Unternehmen, sondern nur seiner eigenen Untätigkeit zur Last legen. Für einen solchen Fall sind die Klagen aus § 66 Abs. 2 und 3 WassGenG. nicht gegeben.

2. Es ist auch eine allgemein bekannte Tatsache, daß bei Wiesenmeliorationen nach Ausführung der Entwässerung, wenn sich eine sachgemäße Bearbeitung der entwässerten Wiesen durch Umpflügen, künstliche Düngung und Einsaat der für den Boden passenden Gräser nicht anschließt, die Erträge an den bisher darauf wachsenden minderwertigen sauren Gräsern zurückzugehen pflegen. Denn der Zweck der Melioration besteht eben darin, durch Entwässerung dem Gedeihen dieser minderwertigen Gräser den Boden zu entziehen und die Lebensbedingungen für einen ertragreichen, nutzbringenden und als Viehfutter gut verwertbaren Graswuchs bei sachgemäßer Bearbeitung der entwässerten Wiesen zu schaffen. Werden diese Lebensbedingungen durch Unterlassung der Folgeeinrichtungen nicht geboten, so geht der Ertrag an minderwertigen Pflanzen zufolge der Entwässerung zurück, ohne daß der Ersatz an brauchbaren Pflanzen eintritt. Mit Recht kann daher aus dem Mindererträge der zwar durch das genossenschaftliche Unternehmen entwässerten, aber noch nicht mit den Folgeeinrichtungen versehenen Wiesen kein Anhalt dafür entnommen werden, daß die Grundstücke der Kläger keinen Vorteil von dem Unternehmen hätten. Der Einwand, daß die Kläger nicht in der Lage seien, die Meliorationskosten aufzubringen, konnte keine Berücksichtigung finden, weil es für die Entsch. darüber, ob die Klage aus § 66 Abs. 2 begründet ist, lediglich darauf ankommt, ob das betreffende Grundstück von dem Unternehmen keinen Vorteil hat, nicht aber darauf, in welcher wirtschaftlichen Lage sich der zufällig gegenwärtige Eigentümer desselben befindet.

Nr. 4. Entsch. v. 30. Jan. 1914 (OVG. **66** 361) IXB 41/13.

WassGenG. §§ 3, 57, 65, 66, 70.

1. Nach § 3² WassGenG. sind neu zu errichtende Genossenschaften seinen Vorschriften nicht unterworfen, wenn sie dem Bezirke der Herzogtümer Bremen und Verden angehören, und zwar „soweit die DeichO. v. 29. VII. 1743 Anwendung findet". Dieser Zusatz hat die Bedeutung einer räumlichen Begrenzung des Anwendungsgebiets, wie im Anschluß an die völlig analoge Vorschrift der Ziff. 4 des bezeichneten Paragraphen in OVG. **17** 329 ff näher ausgeführt ist. Das Gebiet der beklagten Genossenschaft gehört zum Bezirke des Herzogtums Bremen.

2. Die Frage, ob die DeichO. von 1743 auf die Herzogtümer Bremen und Verden oder nur auf Teile von ihnen, die Marschlande, Anwendung findet, ist im letzteren Sinne zu entscheiden. Bestimmungen der Verordnung, die sich selbst ein nur räumlich beschränktes Anwendungsgebiet beimessen, dürfen nicht unterschiedslos auf das Gesamtgebiet der Herzogtümer angewendet werden. Eine solche räumliche Beschränkung der Anwendbarkeit ihrer Bestimmungen ergibt sich zunächst schon aus ihrem Zweck. Er besteht darin, das Marschland des Herzogtums durch ordnungsmäßig herzustellende und dauernd zu unterhaltende Teiche (Deichwälle) gegen die verderblichen Einflüsse der ungestümen See, der Hauptströme Elbe und Weser und gewisser anderer, dem Einflusse der Ebbe und Flut unterliegender Flüsse zu schützen. Auch die Vorschrift in Art. III G. v. 11. IV. 72, betr. die Ausdehnung des G. v. 28. I. 48 über das Deichwesen auf die Provinzen Schleswig-Holstein und Hannover (GS. 377), und die Motive zu § 3 WassGenG. lassen nicht erkennen, daß der Gesetzgeber bei Erlaß dieser G. davon ausgegangen sei, die DeichO. vom Jahre 1743 gelte für das ganze Gebiet der Herzogtümer Bremen und Verden; vielmehr spricht der Zusatz „soweit die DeichO. v. 29. VII. 1743 Anwendung findet" in beiden G. gegen eine solche Annahme.

3. Indessen bedarf es einer endgültigen Stellungnahme, ob die G.-Genossenschaft im Anwendungsgebiete der Bremischen DeichO. von 1743 gelegen ist, nicht, weil, auch wenn diese Frage zu bejahen wäre, die einschlägigen Bestimmungen des WassGenG. (§§ 66 und 70) hier dennoch zur Anwendung kommen müssen. Das Statut der Genossenschaft ist im Wege der entsprechend den Bestimmungen des G. v. 10. IV. 72 (GS. 357) verkündeten Kgl. Vd. v. 20. II. 09 erlassen worden. Eine Prüfung der Rechtsgültigkeit dieser gehörig verkündeten Kgl. Verordnung ist nach Art. 106 PrVerfUrk. für den Verwaltungsrichter ausgeschlossen; ihr Inhalt, d. h. das für die Genossenschaft erlassene Statut, ist anzuwendendes, zwingendes Recht. Demnach kommt es nur darauf an, festzustellen, welches der Inhalt dieses Rechtes ist. Ging der Wille des Gesetzgebers dahin, daß für die G.-Genossenschaft die Bestimmungen des WassGenG. anzuwenden sind, so sind diese für die genannte Genossenschaft in Kraft gesetzt, auch wenn sie auf Grund des § 3 G. v. 1. IV. 79, weil die Genossenschaft im Anwendungsgebiete der DeichO. von 1743 gelegen ist, für diese nicht gelten.

Nr. 5. Entsch. v. 27. Febr. 1914 (OVG. **66** 368) IXB 9/13.

Nach Art. 3 § 2 TalsperrenG. für das Gebiet der Wupper usw. v. 19. V. 91 dürfen Eigentümer von gewerblichen Anlagen, die nach Begründung der Genossenschaft den Betrieb der Anlage auf die Benutzung des Wassers der Sammelbecken oder der aus denselben fließenden Wasserläufe einrichten, das Wasser erst benutzen, nachdem sie der Genossenschaft beigetreten sind. Nach § 3 das. unterliegen Streitigkeiten in den Fällen der §§ 1, 2 mit Ausschluß des ordentlichen Rechtswegs der Entscheidung des Bezirksausschusses.

Klagt eine Talsperrengenossenschaft gegen den in die Genossenschaft nicht eingetretenen Eigentümer einer gewerblichen Anlage auf Unterlassung der Benutzung des Wassers der Sammelbecken auf Grund des Art. 3 § 2 aaO., so kann der Beklagte weder einwenden, daß das Unternehmen der Klägerin für seine Anlage eine erhöhte Ertragsfähigkeit nicht in Aussicht stelle und gegen ihn daher ein Zwang zum Eintritt nicht begründet sei (Art. 1 Abs. 3 aaO.), noch, daß die Voraussetzungen des § 66 Abs. 2 bzw. 3 WassGenG. für ihn vorlägen.

Von der Frage einer erhöhten oder nicht erhöhten Ertragsfähigkeit kann überhaupt nicht die Rede sein, wenn erst nach Begründung der Genossenschaft eine Neueinrichtung des Betriebs der Anlage auf die Benutzung des Genossenschaftswassers erfolgt. Die fragliche Bestimmung ist eine zur Vermeidung von Härten getroffene Übergangsbestimmung, aber keineswegs deshalb gegeben, um dem Eigentümer, der seinen Betrieb nach Begründung der Genossenschaft freiwillig auf die Benutzung des Genossenschaftswassers einrichtet, als Grundlage zu Einwendungen gegen seinen Beitritt zu dienen. Was sodann die Klage aus § 66 Abs. 2 WassGenG. anbetrifft, so kann mit dieser von dem Genossen, wenn seine Anlage keinen Vorteil von dem Unternehmen hat, „für die Dauer dieses Zustandes" Beitragserlaß verlangt werden. Bei dieser Klage und der Klage aus Art. 3 § 2 aaO. handelt es sich also um ganz verschiedene Voraussetzungen und verschiedene Ziele. § 2 aaO. bezweckt Unterlassung der Wasserbenutzung oder Beitritt; § 66 Abs. 2 setzt die Angehörigkeit zur Genossenschaft voraus und zielt bei Fortbestehen des Genossenschaftsverhältnisses auf Beitragserlaß für eine bestimmte Zeit („für die Dauer dieses Zustandes"). Beide Klagen haben also nichts miteinander gemein. Wird die Beklagte infolge des für sie ungünstigen Ausganges dieses Prozesses zum Beitritte veranlaßt, so bleibt ihr die Anstellung einer Klage aus § 66 Abs. 2 nichtsdestoweniger offen, und sie kann dann, in der Parteirolle als Klägerin, sofern sie sich davon Erfolg verspricht, alle die Anführungen machen, die sie in bezug auf den angeblich mangelnden Vorteil in der vorliegenden Streitsache vorgebracht hat.

Was endlich die in § 66 Abs. 3 WassGenG. gegebene Klage auf Ausscheiden aus der Genossenschaft angeht, so ist der Natur der Sache nach kaum anzunehmen, daß die Voraussetzung für eine solche Klage, nämlich dauernder Nachteil des Grundstücks (der Anlage) von dem Unternehmen der Genossenschaft, iS. des Art. 3 § 2 G. v. 19. V. 91 jemals vorliegen wird, da der Eigentümer einer gewerblichen Anlage nach Begründung der Genossenschaft den Betrieb der Anlage nicht auf die Benutzung des Wassers der Sammelbecken einrichten wird, wenn für ihn ein dauernder Nachteil von dem Unternehmen zu erwarten ist. Sollte ein solcher Fall aber dennoch vorkommen, so gilt auch hier dasselbe, was vorstehend für § 66 Abs. 2 ausgeführt worden ist. In dem Verfahren gemäß Art. 3 § 2 kann der Einwand aus § 66 Abs. 3 nicht geltend gemacht werden, sondern nur im Wege der Klage, wie sie in § 66 Abs. 3 und § 70 WassGenG. vorgesehen ist

d) Entwässerung; Verschaffung von Vorflut.

Nr. 1. Entsch. v. 8. März 1912 (PrVerwBl. **34** 260) IXC 14/11.

ALR. I 8 § 100; VorflutGb. § 10.

1. In der Rechtsprechung des OVG. ist die Befugnis der Räumungspflichtigen anerkannt worden, einen bisher offenen Vorflutgraben zu kanalisieren und zuzudecken, wenn es ohne Beeinträchtigung der Vorflut geschieht, d. h. der Raum, den der Graben nach seiner Breite und Tiefe dem fließenden Wasser zum Abfließen gewährt, nicht geschmälert wird.

2. Es ist ein wesentlicher Mangel des Verfahrens, daß der Vorderrichter die Behauptung in der Berufung, der Oberlieger R. habe während des schwebenden Verfahrens den in seinem Gelände liegenden Graben um zwei

Fuß vertieft und aus diesem Grunde bleibe das Wasser während des Frühjahrs stehen, nicht beachtet hat. Traf diese Behauptung zu, so konnte der Vorderrichter auf Grund der stattgehabten Beweisaufnahme nicht, wie geschehen, feststellen, daß die Röhrenleitung ein Vorfluthindernis d. h. eine Verschlechterung der Vorflutverhältnisse gegen den früheren Zustand, bilde. Denn das Gutachten des Wiesenbaumeisters O., das auf Grund örtlicher Besichtigung nach der behaupteten Grabenvertiefung durch R. erstattet worden ist, läßt nicht erkennen, daß er davon Kenntnis gehabt habe und etwa seine Feststellungen sich lediglich auf die Zeit vor Ausführung dieser Vertiefung beziehen sollten. Darauf kam es aber an, da die angefochtene Anordnung in § 10 VorflutEd. nur dann ihre Stütze findet, wenn und soweit die Röhrenleitung schon vor der von R. vorgenommenen Vertiefung, falls diese nicht — was nicht angenommen werden kann — für die Wasserabführung durch die Röhrenleitung bedeutungslos war, ein Vorfluthindernis bildete. Bezog sich das Gutachten erst auf die nach der Grabenvertiefung durch R. obwaltenden Vorflutverhältnisse, so konnte daraufhin nicht festgestellt werden, daß die Röhrenleitung eine hier allein in Frage stehende Verschlechterung der Vorflutverhältnisse gegen den vor der Zuschüttung des Grabens bestehenden Zustand herbeigeführt habe.

Nr. 2. Entsch. v. 9. Mai 1913 (PrVerwBl. 35 880) IX C 15/12.

Die Räumung iS. des § 100 ALR. I 8 und des § 10 VorflutG. umfaßt nur die Reinigung und Auskrautung bis zur natürlichen Grabensohle. Die Vertiefung der Grabensohle, sofern solche auf einzelnen Stellen des Wasserlaufs zur Wiederherstellung der ordnungsmäßigen Vorflut infolge außergewöhnlicher Umstände, wie hier infolge teilweiser Senkung des Grund und Bodens, erforderlich wird, fällt nicht unter den gesetzlichen Begriff der Räumung und kann daher dem Räumungspflichtigen durch polizeiliche Verfügung gemäß § 66 ZustG. nicht aufgegeben werden*). Zur Durchführung einer solchen Maßnahme ist vielmehr nur das Verfahren auf Verschaffung von Vorflut gemäß § 68 ZustG. und der dort angezogenen Bestimmungen des ALR. und des VorflutG. oder der Weg der Genossenschaftsbildung nach den Vorschriften des WassGenG. gegeben. Der angefochtene Beschluß des Beklagten und die durch ihn aufrechterhaltene Räumungsanordnung verlangen daher, da unbestritten zur Wiederherstellung der Vorflut bei G der Handzeichnung eine Durchstechung der Tonschicht über die Tiefe der alten Grabensohle hinaus erforderlich und vom Amtsvorsteher auch gewollt ist, vom Kläger mehr, als er kraft der ihm gesetzlich obliegenden Räumungsverpflichtung zu leisten verbunden ist.

Nr. 3. Entsch. v. 17. Sept. 1912 (PrVerwBl. 34 789) IX C 1/12.

VorflutEd. §§ 11 ff., 18, 23; ALR. I 8 § 114.

In dem Verfahren zur Verschaffung der Vorflut auf Grund der §§ 11 ff. VorflutEd. hat die Vorschrift des § 114 ALR. I 8, wonach die Unterhaltung des verbreiterten Grabens demjenigen obliegt, der den alten Graben zu unterhalten hatte, keine Geltung. Nach § 18 VorflutEd. hat vielmehr die Provinzialbehörde an deren Stelle jetzt nach der abändernden Vorschrift des § 68 ZustG. der Kreisausschuß getreten ist, auf Grund vorgängiger örtlicher Untersuchung zu beschließen, „ob die Ablassung des Wassers überhaupt stattfinden könne und unter welchen Modalitäten sie ausgeführt werden müsse.“ Ferner bestimmt § 23 Satz 2 VorflutEd.:

---

*) S. WassG. § 114.

„Zugleich haben sie (die Schiedsrichter) die künftige Unterhaltung der neu angelegten Abzugsgräben näher zu bestimmen, wobei der Grundsatz anzuwenden ist, daß der oder diejenigen, welche in einem bestimmten Verhältnisse Vorteil von der neuen Anlage haben, auch in eben dem Verhältnisse zur Unterhaltung derselben verpflichtet sind."

Daß die in § 23 Abs. 2 vorstehend gebrauchten Worte „neu angelegte Abzugsgräben" und „neue Anlagen" sich auch auf den Fall mitbeziehen lassen, wenn bereits vorhandene Gräben, wie im vorliegenden Falle, durch Verbreiterung und Vertiefung verändert und dem Entwässerungsbedürfnis angepaßt werden, hat das OVG. bereits in OVG. 3 226, 229 ausgesprochen, und daran ist auch jetzt festzuhalten. Es ist ferner davon auszugehen, daß nach § 18 VorflutEd. in Verbindung mit § 68 ZustG. der Kreisausschuß neben den übrigen Modalitäten des Entwässerungsplans zugleich auch die künftige Unterhaltung der neu angelegten oder veränderten Vorflutgräben zu regeln befugt ist, wenn er es für zweckmäßig und die Angelegenheit auch insoweit für spruchreif erachtet; wenn und soweit er dagegen von einem Beschluß über die Unterhaltung absieht, weil er die spätere Regelung für zweckmäßiger erachtet, so ist es nach § 23 Satz 2 aaO. Sache der Schiedsrichter, die Unterhaltung „näher zu bestimmen".

Nr. 4. Entsch. v. 10. Jan. 1913 (OVG. **63** 356) IXA 83/11.

VorflutEd. § 15.

1. Weder von dem Amtsvorsteher noch von den Beschwerdeinstanzen ist geltend gemacht worden, daß durch die von dem Kläger ausgeführte Dränage ein polizeiwidriger Zustand geschaffen worden sei, dessen Fortbestehen von der Polizei nach Maßgabe der ihr durch § 10 ALR. II 17 oder durch sonstige gesetzliche Vorschriften zugewiesene Aufgabe nicht geduldet werden könne. Allerdings ist es nicht ausgeschlossen, daß die Unterhaltung des Vorflutgrabens, in den der Kläger das Wasser aus einem Teile der dränierten Fläche einleitet, hierdurch in mehr oder weniger erheblichem Grade erschwert wird. Nach den bestehenden gesetzlichen Bestimmungen ist es aber, von besonderen hier nicht vorliegenden Verhältnissen (z. B. Notstand, Überschwemmungsgefahr usw.) abgesehen, nicht die Aufgabe der Polizeibehörde, gegen eine derartige Erschwerung der Verpflichtung zur Unterhaltung eines Wasserlaufs ihrerseits einzuschreiten; vielmehr bleibt es dem Betroffenen überlassen, seine Rechte im Wege der Klage bei den ordentlichen Gerichten geltend zu machen, wenn er glaubt, daß ihm durch die Anlage des Oberliegers ein Nachteil erwachse.

2. Niemand kann polizeilich dazu gezwungen werden, Konzessionen oder Vergünstigungen irgendwelcher Art, die er nicht beantragen will, bei den Behörden für sich zu erbitten oder in Antrag zu bringen. Es ist vielmehr nach allgemeinen Rechtsgrundsätzen Sache seiner freien Entschließung, ob er derartige Genehmigungen oder Vergünstigungen in dem vorgeschriebenen Verfahren in Anspruch nehmen oder darauf verzichten will. Sofern der von ihm geschaffene Zustand polizeiwidrig ist, kann er selbstverständlich von der Polizeibehörde, falls er die Genehmigung nicht nachsucht, zu seiner Beseitigung gezwungen werden, und die Polizei kann auch in der Weise vorgehen, daß sie ihm eine Frist zur Beschaffung der Genehmigung mit der Androhung gewährt, daß nach fruchtlosem Ablaufe der Frist die Beseitigung der Anlage erfolgen werde. Die Erzwingung des Antrags selbst durch die Polizeibehörde ist aber in keinem Falle zulässig. Auf einem anderen Standpunkte steht auch der § 15 VorflutEd. nicht. Rein sprachlich genommen, bedeutet das Wort „müssen" in dem Satze „Besitzer von Grundstücken, welche sich des Wassers entledigen wollen, müssen von ihrem Vorhaben dem Kreisausschusse Anzeige machen," dem ganzen Zusammenhange der Vorschrift nach nichts weiter, als daß für solche Besitzer die Anzeige

der gegebene Weg sei, um ihren Zweck zu erreichen, aber keineswegs, daß das G. sie zur Einschlagung dieses Weges, nötigenfalls durch polizeiliches Eingreifen, zwingen will*).

Daß auch die gegenwärtig in bezug auf die Verschaffung von Vorflut bestehenden gesetzlichen Bestimmungen, die im Interesse der Landeskultur und somit zugunsten der Besitzer der oberhalb liegenden Grundstücke getroffen sind, die Verpflichtung des Unterliegers zur Gewährung der Vorflut und somit die Berechtigung des Oberliegers, die Vorflut unter bestimmten Voraussetzungen zu beanspruchen, zu regeln beabsichtigen, keineswegs aber den Oberlieger zur Stellung von Anträgen auf Einleitung des Verfahrens zwingen wollen, ergibt auch die Fassung der §§ 103 ff. ALR I 8.

e) Uferbesitz; Eigentum an Privatflüssen und an Flußbetten; Nutzungen; Wassernutzung; Bewässerung.

Nr. 1. Entsch. v. 21. Febr. 1913 (OVG. **64** 497) IXB 4/12.

1. Die Verlegung eines Privatflusses auf einer Strecke seines Laufes in ein anderes Bett — und zwar auch innerhalb der Grenzen des Besitztums eines und desselben Uferanliegers — darf ohne zuvorige Genehmigung der zuständigen Polizeibehörde nicht erfolgen. Wenn die Versagung der Genehmigung, die übrigens nicht ausdrücklich nachgesucht worden war, von beiden Parteien als ein Verbot der Verlegung aufgefaßt worden ist, so änderte dies an der Rechtslage nichts; sowohl die Versagung der Genehmigung wie ein Verbot stellten eine polizeiliche Verfügung dar, die darauf gerichtet war, der geplanten Änderung des Wasserlaufs polizeilich entgegenzutreten, und es blieb daher im Streitverfahren jedenfalls in den durch die §§ 128, 127 LVG. vorgeschriebenen Grenzen zu prüfen, inwieweit das auf § 99 ALR. I 8 und § 10 ALR. II 17 gestützte polizeiliche Vorgehen gerechtfertigt war.

2. Wenn der Kläger sich auf § 196 BergG. v. 24. VI. 65 beruft und behauptet, daß die Wahrnehmung bergpolizeilicher Interessen Sache der Bergpolizei sei, sowie daß letztere nur im öffentlichen Interesse, nicht aber im Interesse eines Bergwerksbesitzers der Verlegung des Flusses hätte widersprechen können, so treffen diese Ausführungen nicht zu. Hier handelt es sich nicht um ein bergpolizeiliches Einschreiten auf Grund des § 196 oder um Wahrnehmung der Interessen eines Bergwerksbesitzers, sondern lediglich um die Verlegung eines Privatflusses, der die Polizeibehörde entgegentritt. Das bei einem solchen Eingriff in den Bestand des Privatflusses stets vorliegende öffentliche Interesse ist aber von der Wasserpolizeibehörde wahrzunehmen, und nur dieses — nicht das Interesse eines Bergwerksbesitzers — ist von der zuständigen Wasserpolizeibehörde geltend gemacht worden, wenn sie die angefochtene Verfügung im Verwaltungsstreitverfahren gemäß der ihr nach § 10 ALR. II 17 zugewiesenen Aufgabe damit begründet hat, daß durch die Verlegung des S.kanals eine Verschlechterung der Vorflut und infolgedessen Gesundheitsgefahren für die Stadt K. sowie eine Gefährdung der Grubenbaue und damit der Sicherheit der Grubenarbeiter durch Wassereinbrüche in den nahegelegenen Abbau herbeigeführt würden. Die Bergpolizei, wie sie nach § 196 BergG. den Bergbehörden zusteht, ist im allgemeinen nur die Polizei des bergbaulichen Betriebs, und dieser ist nicht Gegenstand der hier in Frage kommenden polizeilichen Verfügung.

3. Die Entschließung über die Erteilung oder Versagung der Genehmigung zur Verlegung eines Privatflusses ist nicht in das freie und unbeschränkte Ermessen der Polizeibehörde gestellt. Die Versagung ist vielmehr nur

*) Vgl. jetzt §§ 330, 331 ff. WassG. v. 7. IV. 13 (GS. 53).

aus polizeilichen Gründen zulässig, d. h. aus Gründen, die einem der Obhut der Polizei gesetzlich, insbesondere nach § 10 ALR. II 17 anvertrautem Gebiet angehören, mit anderen Worten, die Versagung ist — abgesehen von der in § 99 ALR. I 8 besonders hervorgehobenen nachteiligen Hemmung des Ablaufs — nur gerechtfertigt, wenn sie auf objektive und tatsächlich begründete polizeiliche Gesichtspunkte gestützt wird. Auf der anderen Seite ist dies aber auch ausreichend, und der Nachweis einer wirklich bevorstehenden Gefahr für Leben oder Eigentum ist nicht erforderlich; es genügt vielmehr, wenn nach Lage der Sache mit einer nicht ganz entfernten und unwahrscheinlichen Möglichkeit der Gefahr gerechnet werden darf. Dieser Fall ist aber hier gegeben.

f) Stauanlagen für Wassertriebwerke; Merkpfahlsetzung.

Nr. 1. Entsch. v. 24. Mai 1912 (OVG. **61** 280) IX A 122/09.

1. Das einem Mühlenbetriebe an der Neiße dienende Stauwehr war durch Hochwasser und Eisgang zerstört worden. Die Polizeiverwaltung gab der Inhaberin des Betriebes, einer offenen Handelsgesellschaft, verschiedene Schutzmaßregeln auf, darunter namentlich die wirksame Fertigstellung eines Fangdamms vor der von ihr hergestellten Spundwand, weil sie verpflichtet sei, das Egelneißewehr zu unterhalten und nach seiner Zerstörung alle Maßnahmen zu treffen, um den Zweck des Wehres, das Hochwasser von der Egelneiße fernzuhalten und deren Umgebung dadurch vor Zerstörung zu schützen, zu erfüllen, und weil jeder Eigentümer öffentlich-rechtlich verpflichtet sei, sein Eigentum in dem durch die öffentlichen Interessen erforderten Zustande zu erhalten. Die Klägerin hat diese Darlegungen in tatsächlicher und rechtlicher Beziehung in ihren Grundlagen als hinfällig zu Unrecht angefochten.

2. Nicht durchgreifend ist zunächst ihr Einwand, daß sie nicht Eigentümerin der Mühlengrundstücke und des Egelneißewehrs sei. Wenn auch die Polizeiverwaltung ebenso wie die Beschwerdeinstanzen offenbar davon ausgegangen sind, daß die Klägerin Eigentümerin des Egelneißewehrs sei, so kommt es doch auf dieses Eigentum nicht entscheidend an. Die Klägerin ist unstreitig Unternehmerin des Mühlenbetriebs und Inhaberin der für einen Umbau der Stauanlage in der Neiße gemäß §§ 16, 25 GewO. erteilten Konzession. Das Egelneißewehr ist aber ein wesentlicher Bestandteil der zur Mühle gehörigen Betriebsanlagen. Der gewerbliche Betriebsunternehmer ist als solcher öffentlich-rechtlich der Polizeibehörde gegenüber dafür verantwortlich nicht nur, daß wesentliche Änderungen der Betriebsstätte nicht ohne die erforderliche Genehmigung vorgenommen werden (§§ 25, 147 GewO.), sondern auch überhaupt, daß der Betrieb und die Betriebsanlagen den polizeilich zu stellenden Anforderungen entsprechen, und daß polizeiwidrige Zustände abgestellt werden. Insofern demnach der durch die gewaltsame Zerstörung des Egelneißewehrs herbeigeführte Zustand als die Ursache von Gefahren bildend und demgemäß als polizeiwidrig anzusehen ist, war die Polizeibehörde, weil das Egelneißewehr einen wesentlichen Bestandteil der von der Klägerin betriebenen Mühlen- und Stauanlagen bildet, berechtigt, sich wegen Abstellung dieses Zustandes an die Klägerin zu halten, gleichviel ob diese grundbuchrechtlich Eigentümerin des Egelneißewehrs ist oder nicht.

Ein solcher polizeiwidriger Zustand war gegeben. Da das Egelneißewehr ein Bestandteil der zur Stadtmühle gehörigen Stauanlage ist, so bedeutet seine Zerstörung eine wesentliche Veränderung der Betriebsstätte iS. des § 25 GewO., die nach § 147 Abs. 3 daselbst die Polizeibehörde berechtigt, die Wegschaffung der Stauanlage oder die Wiederherstellung des früheren Zustandes zu fordern. Die Wiederherstellung des Wehrs ist von der Klägerin allerdings alsbald in die Wege geleitet worden, war aber naturgemäß nicht sofort wirksam durchzuführen. Trat während das Egelneißewehr zerstört und nicht wieder wirksam geschlossen war, erneutes Hochwasser mit Eisgang ein, so war die Möglichkeit einer Abdrängung des Hochwassers in die Egelneiße und damit die Befürchtung einer Wiederholung des Gefahrzustandes unmittelbar gegeben, weil, wenn mindestens ein Teil des Hochwassers durch das zerstörte Wehr sofort in die Egelneiße abfließt, die Bildung von Eisversetzungen und ähnlichen Hindernissen des Hochwasserabflusses unterhalb des Egelneißewehrs in hohem Grade erleichtert werden muß. Die Ursache der hiernach zu besorgenden Gefahr lag in dem beschädigten Zustande der Stauanlage der Klägerin, durch den eine Schließung der Wehröffnung bei Eintritt von Hochwasser mit Eisgang und das zur Verhinderung von Eisversetzungen notwendige Zusammenhalten des Hochwassers im Hauptstrome verhindert wurde.

3. Wegen Abstellung dieses gefährlichen und deshalb polizeiwidrigen Zustandes der Stauanlage konnte sich die Polizeiverwaltung außer an den Eigentümer auch an den Unternehmer halten, der die Stauanlage seinem Gewerbebetriebe dienstbar macht; denn dieser ist — selbstverständlich innerhalb des Rahmens der Festsetzungen der Konzession — als solcher der Polizei gegenüber verpflichtet, sein Gewerbe so zu betreiben, daß polizeilich zu schützende Interessen nicht gefährdet werden, und ist deshalb dafür verantwortlich, daß der Betrieb und die Betriebsanlagen, und zwar die letzteren nicht nur in Beziehung auf den Betrieb selbst, sondern auch in Beziehung auf etwaige gefährliche Wirkungen nach außen, den polizeilich zu stellenden Anforderungen entsprechen, und daß ein diese betreffender polizeiwidriger Zustand abgestellt wird. Wenn insbesondere der Unternehmer eines konzessionspflichtigen Gewerbebetriebs, auch wenn er nicht Eigentümer der Betriebsanlagen ist, durch die §§ 25, 147 GewO. gehindert ist, wesentliche Änderungen der Betriebsstätte ohne neue Konzession vorzunehmen, und er demgemäß auch eine durch Naturgewalt wesentlich veränderte Betriebsstätte ohne Wiederherstellung des früheren Zustandes oder ohne neue Konzession nicht weiterbenutzen darf, so muß er — jedenfalls dann, wenn wie hier an eine Aufgabe des Betriebs nicht gedacht wird — als solcher auch dafür verantwortlich sein, daß in der Zwischenzeit bis zu der nicht sofort durchführbaren Wiederherstellung der beschädigten Anlagen aus deren vorschriftswidrigen Beschaffenheit keine Gefährdung öffentlicher und polizeilich zu schützender Interessen entspringt bzw. daß solcher Gefährdung vorgebeugt wird.

4. War infolge Zerstörung des Egelneißewehrs ein von der Klägerin zu vertretender polizeiwidriger Zustand gegeben, so kommt es nicht weiter darauf an, welche Umstände den Eintritt dieses Zustandes verursacht hatten, und ob er etwa auf die Schuld eines Dritten zurückzuführen war. Wenn auch die Polizeibehörde den Urheber eines polizeiwidrigen Zustandes zu dessen Beseitigung anhalten kann, so steht ihr doch die Wahl zwischen diesem und dem Eigentümer der Anlage oder dem für den polizeimäßigen Zustand der Betriebsanlagen verantwortlichen Gewerbeunternehmer frei, und der letztere kann sich auf das Verschulden eines Dritten der Polizei gegenüber nicht wirksam berufen.

5. Ergibt sich hiernach die Berechtigung der Polizeibehörde, von der Klägerin zur Verhütung der bei Eintritt von Hochwasser und Eisgang zu besorgenden Gefahr einer übermäßigen Abdrängung des Neißehochwassers in die Egelneiße die alsbaldige einstweilige Schließung der Wehröffnung zu fordern, so muß auch die zu diesem Zwecke getroffene Anordnung der Herstellung bzw. Fertigstellung des streitigen Fangdamms als gerechtfertigt anerkannt werden. Da die Grundlage der streitigen Verfügung in § 10 ALR. II 17 zu suchen ist, so ist die Notwendigkeit der angeordneten Maßregel Voraussetzung für deren Rechtmäßigkeit. Jedoch ist die Wahl der Konstruktion des Fangdamms eine Frage der Zweckmäßigkeit und der technischen Angemessenheit, die der Nachprüfung durch den Verwaltungsrichter entzogen ist. Aus

der Verpflichtung, bei Eintritt von Hochwasser und Eisgang für einen wirksamen Verschluß des Egelneißewehrs zu sorgen, folgt ohne weiteres die Verpflichtung, Mängel der Schutzbauten, die die Erreichung ihres Zweckes in Frage stellen, zu beseitigen. Daß diese Voraussetzungen wegen Durchlässigkeit und nicht genügender Standfestigkeit des Fangdamms und Unterspülung der Spundwand tatsächlich vorhanden waren, ist nicht bestritten. Ob sie etwa auf die Unzweckmäßigkeit der von der Polizei angeordneten Maßregeln oder auf technische Fehler der Ausführung zurückzuführen sein mögen, ist unerheblich, weil die Tatsache, daß der durch die polizeilichen Anordnungen erstrebte Zweck noch nicht erreicht bzw. in Frage gestellt war, die Anordnungen wegen Ergänzung und Verstärkung der Schutzbauten rechtfertigt. Endlich hat die Klägerin die Unterhaltung des Fangdamms so lange zu übernehmen, als nicht durch Wiederherstellung des Wehres der polizeiwidrige Zustand, zu dessen Behebung der Fangdamm diente, endgültig beseitigt worden ist.

g) Hannoversches Wasserrecht.

Nr. 1. Entsch. v. 9. Jan. 1912 (OVG. **61** 292) IXB 76/10.

1. Die dem Kläger aufgegebene Räumung betrifft einen natürlichen Wasserzug iS. der §§ 1 und 2 des hann. G. v. 22. VIII. 47 über Ent- und Bewässerung der Grundstücke sowie über Stauanlagen (Hann. GS. 262). Da der Kläger unbestritten Eigentümer des an die zu räumende Strecke angrenzenden Grundstücks ist, so ist er zu der ihm aufgegebenen Räumung nach der Vorschrift des § 2 aaO. verpflichtet, sofern nicht, wie es im § 2 heißt, „etwas Abweichendes rechtsgültig (durch Herkommen usw.) feststeht". Der Vorderrichter sieht auf Grund der Beweisaufnahme als dargetan an, daß der streitige Wasserlauf seit Menschengedenken bis etwa zum Jahre 1901 niemals von den Anliegern bis zur Hälfte, sondern stets in seiner ganzen Breite von der Provinzialverwaltung, der Anliegerin auf der Chausseeseite, geräumt worden sei, und hat daher den Provinzialverband, gegen den der Kläger die Klage gemäß § 66 Abs. 2 ZustG. zugleich miterhoben hat, zur Räumung verurteilt. Den Ausführungen des angefochtenen Urteils ist im wesentlichen beizutreten.

2. Wenn seit dem Jahre 1901 die Chausseebauverwaltung auf Grund der Annahme, die streitige Grabenhälfte stehe entgegen ihrer früheren Auffassung nicht in ihrem Eigentume, sondern in dem der Anlieger oder der Stadtgemeinde, die Räumung verweigert hat, so hat sich doch seither eine gleichmäßige anderweitige auf die Räumung bezügliche Übung, die zur Aufhebung einer bis dahin bestehenden Observanz hätte führen können, bis zum Erlasse der angefochtenen Räumungsverfügung nicht gebildet. Sofern im Jahre 1901 sich ein Herkommen, wonach der Provinzialverband räumungspflichtig war, gebildet hatte, ist es daher durch die Einstellung der Räumung seitens des Provinzialverbandes und die anderweitig seitdem vorgenommenen Räumungshandlungen nicht aufgehoben worden.

3. Der Provinzialverband macht nun geltend, daß er die Räumung der streitigen Hälfte des Wasserlaufs nur in der Annahme ausgeführt habe, er sei Eigentümer des ganzen an die Chaussee angrenzenden Wasserzugs; er habe sich daher in einem tatsächlichen Irrtum in bezug auf die ihm gesetzlich obliegende Räumungsverpflichtung befunden. Das würde aber nur dann zutreffen, wenn nach dem in der Provinz Hannover geltenden Rechte in gleicher Weise, wie dies für das Geltungsgebiet des preuß. G. über die Benutzung der Privatflüsse v. 28. II. 43 (GS. 41) der Fall ist, die Räumungspflicht, sofern jemand das ausschließliche Eigentum des Flusses hat, diesem obläge. Dies trifft aber für das Hann. Ent- und BewässerungsG. v. 22. VIII. 47 in keiner Weise zu. Dieses G. bestimmt in § 2 schlechtweg, daß zu der in § 1 näher beschriebenen

Instandsetzung und Unterhaltung der Wasserzüge „an jeder Seite des Gewässers die Eigentümer der daranstoßenden Grundstücke nach deren Uferlänge verpflichtet sind, sofern nicht etwas Abweichendes rechtsgültig (durch Herkommen usw.) feststeht." Dafür, daß diese Verpflichtung als eine aus den Nutzungsrechten der Ufereigentümer sich ergebende Belastung aufgefaßt werden müsse, läßt sich aus den sonstigen Bestimmungen des hann. G. irgend ein Anhalt nicht entnehmen.

Für die Räumungsverpflichtung ist es daher nach dem G. v. 22. VIII. 47 gleichgültig, wem das Eigentum am Wasserlaufe zusteht; verpflichtet zur Räumung ist, sofern nicht etwas Abweichendes durch Herkommen usw. feststeht, in jedem Falle der Eigentümer des anstoßenden Grundstücks. Auch wenn sich daher im vorliegenden Falle der Provinzialverband in bezug auf das Eigentum an dem streitigen Wasserlauf in einem Irrtume befand, so war doch dieser Irrtum für die hier allein in Betracht kommende Frage seiner rechtlichen Verpflichtung zur Instandhaltung und Räumung des Wasserzugs gleichgültig, und es bedarf somit einer Erörterung darüber nicht, welchen Einfluß eine irrtümliche Annahme des Übenden auf die Entstehung der Observanz hat; ein Irrtum über tatsächliche Verhältnisse, die nebensächlicher Natur und für die Bildung der Überzeugung der Übenden, daß das tatsächlich Geübte dem bestehenden Rechte entspreche, gleichgültig sind, kommt überhaupt nicht in Betracht.

Nr. 2. Entsch. v. 28. Febr. 1913 (OVG. **64** 506) IX C 10/11.

1. Der beklagte Seekanalschleusenverband ist eine schon seit längerer Zeit bestehende Entwässerungsgenossenschaft, deren Rechtsverhältnisse durch Statut geregelt sind. Er ist nicht als öffentliche Wassergenossenschaft iS. des G. v. 1. IV. 79 auf Grund der §§ 90, 70—85 das. begründet worden und konnte dies nach 3 Nr. 2 daselbst auch nicht werden, weil er im Gebiete von Ebbe und Flut und demgemäß im Geltungsbereiche der geänderten und verbesserten TeichO. für das Herzogtum Bremen und Verden v. 29. VII. 1743 (vgl. Kap. I § 1 das.) belegen ist. Da sonach für ihn das WassGenG. nicht gilt, so sind die in dessen §§ 53 und 66 vorgesehenen Klagen im Verwaltungsstreitverfahren wegen der Zugehörigkeit zur Genossenschaft und der Teilnahme an den Verbandslasten, sowie wegen des Erlasses von Beiträgen und des Ausscheidens aus der Genossenschaft gegen ihn nicht gegeben. Anwendbar sind vielmehr neben der Bremen-Verdenschen TeichO., soweit diese keine entgegenstehenden Bestimmungen enthält, das Hann. G. über Ent- und Bewässerung der Grundstücke sowie über Stauanlagen v. 22. VIII. 47 (Hann. GS. Abt. I 263) und der hierzu erlassene § 84 ZustG.

2. In dem gemäß § 84 Abs. 2 aaO. gestellten Antrag auf mündliche Verhandlung im Verwaltungsstreitverfahren haben nun die Kläger das ursprüngliche Klagebegehren auf Entlassung ihrer Grundstücke aus dem Seekanalschleusenverbande aufrechterhalten und zu dessen Begründung in erster Linie geltend gemacht, daß sie mit ihren Grundstücken dem beklagten Verbande nicht angehören.

Für den Antrag der Kläger auf Austritt aus dem beklagten Verbande ist deren Zugehörigkeit zum Verbande notwendige Voraussetzung. Wäre diese zu verneinen, so müßte der Antrag und die Klage ohne weiteres als gegenstandslos abgewiesen werden. Durch die Feststellung des Bezirksausschusses, daß die Kläger Mitglieder des beklagten Verbandes sind, werden diese also nicht beschwert. Da aber jedes Rechtsmittel zur notwendigen Voraussetzung hat, daß die angefochtene Entsch. demjenigen, der sich seiner bedient, zur Beschwerde gereicht, so kommt es auf die von den Klägern gegen jene Feststellung in der Revisionsschrift erhobenen Angriffe nicht weiter an.

Die Entsch. über die Ablehnung des Ausscheidens der Kläger aus dem beklagten Verbande stützt der Bezirksausschuß auf § 51 G. v. 22. VIII. 47. Der § 51 kann jedoch im vorliegenden Falle nicht für anwendbar erachtet werden. Nach § 147 das. sollen durch das gedachte G. die Provinzial-Deich- und SielO. nicht außer Kraft gesetzt werden, vielmehr ihm vorgehen, wenn ihre Vorschriften von seinen Bestimmungen abweichen. Nach dem Inhalt der als solches ProvinzialG. hier in Betracht kommenden DeichO. für das Herzogtum Bremen und Verden ist in ihrem Geltungsbereiche hinsichtlich der Verbandslasten und ihrer Verteilung der bestehende Zustand aufrecht zu erhalten und können einzelne Grundstücke jedenfalls gegen den Willen der Beteiligten nicht aus dem Verband ausscheiden; denn eine Trennung der Grundstücke vom Verbande würde sie von der auf ihnen ruhenden Verbandslast befreien. Dementsprechend ist in der Praxis stets angenommen worden, daß hinsichtlich der Verbandslasten und ihrer Verteilung eine Änderung nur einstimmig beschlossen werden kann. Auch das Statut des beklagten Verbandes enthält keine Bestimmungen über die Zulässigkeit des Ausscheidens von Genossen bzw. von Grundstücken; es braucht deshalb nicht untersucht zu werden, ob solche Zulässigkeit in Abweichung von dem G. durch das Statut begründet werden könnte. Ergibt sich hiernach die gesetzliche Unzulässigkeit des von den Klägern begehrten Ausscheidens ihrer Grundstücke aus dem beklagten Verbande, so ist die gegen den Beschluß des Kreisausschusses an sich zulässige Klage im Ergebnisse mit Recht als unbegründet abgewiesen worden.

h) Schleswig-Holsteinisches und Lauenburgisches Wasserrecht.

Nr. 1. Entsch. v. 5. Juli 1912 (PrVerwBl. **34** 638) IXB 22/11.

1. Unter den Wegegräben, von denen § 7 WasserlösungsO. für die Geestdistrikte des Herzogtums Holstein v. 16. VII. 57 spricht, sind auch gepflasterte Rinnen am Rande der Fahrbahn zu verstehen, wenn sie entsprechend dem § 189 der WegeVd. v. 1. III. 42 (GS. 191) dazu bestimmt sind, Seitengräben zu ersetzen. Es ist ferner auch nicht anzuerkennen, daß der in § 7 Abs. 3 enthaltene Hinweis auf den in § 1 WasserlösungsO. ausgesprochenen Grundsatz, die Pflicht zur Abnahme des Wassers habe sich nach dem vorwiegenden landwirtschaftlichen Nutzen zu richten, auch für die Wasserabnahmepflicht gegenüber einem Wege die Feststellung zur Voraussetzung mache, daß die Aufnahme und Ableitung des Wassers von dem Wege im vorwiegenden landwirtschaftlichen Nutzen erfolge. Eine Berücksichtigung dieses Grundsatzes ist vielmehr bei Erörterung der für die Wasserabnahme gegenüber Wegen maßgebenden Gesichtspunkte schon deshalb ausgeschlossen, weil Wege nach ihrer Beschaffenheit und Zweckbestimmung nicht zu den landwirtschaftlich nutzbaren Grundstücken zu rechnen sind. Eine wesentliche Voraussetzung für die Pflicht des Wegeanliegers, das Wasser von den Wegen aufzunehmen, ist dagegen, daß es ihm nach dem natürlichen Gefälle zugeführt wird. Auch nach Vollendung des Ausbaues der Dorfstraße trifft diese Voraussetzung hier zu. Die einzige Änderung, die der Ausbau für die Gefällverhältnisse mit sich gebracht hat, ist, daß das Planum der Dorfstraße mit gleichmäßigem Gefälle über diejenige Stelle hinweggeführt ist, welche nach wie vor in der Umgebung den tiefsten und damit zugleich denjenigen Punkt bildet, von dem das Wasser, weil es ihm aus zwei entgegengesetzten Richtungen zuströmt, einer seitlichen Ableitung nach dem natürlichen Gefälle bedarf. Unverändert ist dagegen das Gebiet geblieben, aus welchem das Wasser der Ableitungsstelle zugeführt wird; nur geschieht die Zuführung jetzt infolge der Verbesserung der Abflußverhältnisse (Herstellung gepflasterter, gleichmäßig abfallender Rinnen) mit besserem Erfolge sowohl hinsichtlich der Menge des Wassers wie auch in der Schnelligkeit seines Abflusses.

2. Nach § 7 Abs. 3 WasserlösungsO. hat ferner der Wegeanlieger das Wasser vom Wege nur insofern aufzunehmen, als die Wegegräben zur Entwässerung des Wegekörpers nicht genügen. Auch diese Voraussetzung ist hier gegeben. So wie die Straßenrinnen entsprechend dem allgemeinen natürlichen Gefälle und der bisherigen Entwässerung des Wegekörpers bei dem Ausbau der Dorfstraße angelegt worden sind, folgt die Notwendigkeit der Ableitung nach dem Grundstück des Beklagten aus der Tatsache, daß es von beiden Seiten dem tiefsten Punkt zuströmt und von dort nach dem natürlichen Gefälle darauf angewiesen ist, auf jenes tiefer gelegene Grundstück abzufließen.

3. Der Erfüllung der ihm hiernach gesetzlich obliegenden Wasserabnahmepflicht wird der Beklagte auch dadurch nicht enthoben, daß die Stelle, an der das Wasserabflußrohr seitlich aus dem Wegekörper heraustritt, um 2 m, wie er behauptet, verlegt und daß das Abflußrohr durch ein solches mit größerem Durchmesser ersetzt worden ist. Daß für diese Änderungen der Ableitungsanlage nicht Willkür, sondern Rücksicht auf ihren Zweck maßgebend gewesen ist, hat der Beklagte nicht in Abrede gestellt; derartigen Änderungen aber hat sich das dienende Grundstück anzupassen. Auch wenn infolgedessen eine Änderung der Rohranlage auf dem Grundstücke des Beklagten erforderlich wird, kann er deswegen nicht die Aufnahme des Wassers ablehnen. Er kann sie aber auch nicht von der Übernahme der Kosten durch die Gemeinde abhängig machen, zu welcher die letztere verpflichtet sei, weil sie seinerzeit die Kosten der ersten Rohrlegung getragen und dadurch zugleich die Pflicht zur Unterhaltung der Rohrleitung für alle Zukunft übernommen habe. Denn selbst wenn, was dahingestellt bleiben kann, die Durchsetzung der Erfüllung der streitigen Wasserabnahmepflicht gegenüber dem Beklagten von der Frage abhängig wäre, ob er oder ein anderer zur Unterhaltung der Rohrleitung verpflichtet sei, so könnte doch auf die angegebene Behauptung des Beklagten schon deshalb nicht mit Erfolg ein Widerspruch gegen seine Heranziehung zur Wasserabnahme gestützt werden, weil die von ihm behauptete Übernahme der Kosten der erstmaligen Herstellung der Rohrleitung für sich allein überhaupt nicht den Schluß zuläßt, daß die Gemeinde damit auch die Pflicht zur dauernden Unterhaltung der Rohrleitung übernommen habe. Auch die Bildung eines speziellen Rechtstitels iS. des § 9 WasserlösungsG., durch den die Wasserlösungsverhältnisse abweichend von der Norm der §§ 1 und 7 Abs. 3 der WasserlösungsO. geregelt worden sein sollten, kann hiernach, und zwar von vornherein, nach dieser Richtung hin nicht in Frage kommen. Das Gleiche gilt für die Behauptung, daß dem Beklagten vor dem Ausbau der Straße von der Gemeinde J. erklärt worden sei, er werde nach dem Straßenausbau von dem Wasserlauf befreit werden. Eine Zusage dieser Art würde eine wesentliche Änderung der für die Entwässerung des Weges geltenden Grundsätze bedeutet haben. Die Fürsorge für eine ordnungsmäßige Entwässerung gehört zu den für die Unterhaltung der Wege wesentlichen Maßnahmen. Deshalb müssen Vereinbarungen, die die Entwässerung eines Weges abweichend von den allgemeinen gesetzlichen Normen materiell-rechtlich regeln wollen, die Genehmigung der mit der Aufsicht über das öffentliche Wegewesen betrauten Behörde erhalten haben, wenn sie Anspruch auf rechtliche Geltung erheben wollen.

Nr. 2. Entsch. v. 10. Jan. 1913 (OVG. **64** 501) IX C 27/11.

1. Mit Unrecht glauben die Kläger aus den Verhandlungen des Abgeordnetenhauses über den § 66 Abs. 6 ZustG. herleiten zu können, daß diese Bestimmung in Wasserlösungsangelegenheiten nur die Deichbehörde selbst und namentlich auch nur in Fällen, in denen die Grabenunterhaltung dem Deichverband als solchem obliegt, der Zuständigkeit des Amtsvorstehers nicht habe

unterwerfen wollen, daß aber darüber hinaus die Zuständigkeit der örtlichen Wasserpolizeibehörde nicht habe eingeschränkt und die Anwendbarkeit des § 66 in Fällen nicht habe ausgeschlossen werden sollen, in denen Landanlieger oder, wie hier, Landanlieger und eine selbständige Entwässerungsgenossenschaft über die Räumungspflicht streiten.

Aus den Verhandlungen geht vielmehr unzweideutig hervor, daß die Eigenart der rechtlichen und wirtschaftlichen Verhältnisse in erster Linie der Deich- und Sielverbände in den Provinzen Hannover und Schleswig-Holstein und dann überhaupt der Deichverbände sowie die Rücksicht auf die besondere Rechtsentwickelung des Deichwesens — „die bestehende Gesetzeslage" —, in welche unvorsichtig einzugreifen, besser vermieden werde, den Grund für die Hinzufügung des letzten Absatzes in § 66 gebildet hat.

2. Hiernach kommt es darauf an, ob das Wasserlösungswesen im Bereiche des III. Holsteinschen Deichverbandes bezüglich derjenigen Gräben, zu welchen der streitige Graben gehört, d. h. bezüglich der Siel- und Zuggräben eine Deichangelegenheit iS. der Rechtsprechung des OVG. ist, und dies ist zu bejahen. In OVG. 28 261, 270 ff. ist dargelegt, daß den Deichverbänden iS. des § 66 Abs. 6 die hannoverschen Sielverbände gleichzustellen sind. An dieser Auffassung ist festzuhalten. Den hannoverschen Sielverbänden müssen aber in den hier in Betracht kommenden Beziehungen die Schleusen-, Wettern-, Wasserlösungs- usw. Verbände und Kommunen in den Schleswig-Holsteinschen Marschdistrikten, soweit das Pat. v. 29. I. 1800 und das Allg. Deichregl. v. 6. IV. 1803 Platz greifen, wenn nicht überhaupt, so doch jedenfalls idReg. und soweit nicht besondere Verhältnisse ein anderes bedingen, gleichgestellt werden. Ihre Rechtsverhältnisse sind ebenso eigenartig wie die der Deichverbände und haben sich zum mindesten regelmäßig in enger Berührung mit denjenigen der Deichverbände entwickelt. Wenn die beklagte Wasserlösungs-Interessentschaft zu den genannten Verbänden gehört, was zum mindesten sehr wahrscheinlich ist, so würde ohne weiteres folgen, daß ihr gegenüber die Bestimmung des § 66 Abs. 1—5 eine Anwendung finden und demgemäß auch eine Feststellungsklage nach Abs. 3 daselbst nicht zulässig ist.

3. Doch kann das dahingestellt bleiben. Nach den amtlichen Bekundungen des Deichgrafen des III. Holsteinschen Deichverbandes ist die Räumung der Zuggräben und sämtlicher anderer Gräben im eingedeichten Marschgebiete mit Ausnahme der Grenzgräben nach altem Herkommen Deichverbandssache. Die Räumungspflicht liegt entweder — insbesondere bei den Sielzügen — den zu dem Zwecke gebildeten Wasserlösungskommunen oder Verbänden oder — insbesondere bei den Zuggräben — Dritten, und zwar „den einzelnen Besitzern", d. h. meist wohl den Landanliegern, diesen aber den Wasserlösungskommünen und Verbänden gegenüber ob. Die Kommünen bzw. Verbände wiederum sind dem Deichverbande gegenüber für die ordnungsmäßige Ausführung der Räumung verantwortlich. Die Verbände sind demgemäß Teile der gesamten Deichorganisation und der Beaufsichtigung durch die Deichbehörden unterworfen. Aus diesen Bekundungen ergibt sich, daß im Bereiche des III. Holsteinschen Deichverbandes (zum mindesten im Kreise Eiderstedt) das Wasserlösungswesen bezüglich aller Gräben im eingedeichten Marschgebiete mit Ausnahme der Grenzgräben, welche lediglich der Einfriedigung der einzelnen Grundstücke dienen, und demgemäß auch bezüglich des von der Klage betroffenen Grabens, von dem nur streitig ist, ob er als Sielzug oder als Zuggraben anzusehen ist, zur Zuständigkeit des Deichverbandes gehört. Daraus folgt gemäß § 66 Abs. 6 ZustG. die Unanwendbarkeit der Verfahrensvorschriften dieses Paragraphen und demgemäß die Unzulässigkeit der Klage.

i) Kurhessisches Wasserrecht.

Nr. 1. Entsch. v. 26. Jan. 1912 (PrVerwBl. **34** 149) IXA 109/10.

Nach § 1 KurhWasserbauVd. v. 31. XII. 1824 liegen die dort bezeichneten Uferarbeiten, zu denen die hier geforderten unstreitig gehören, den Anliegern ob. Es fragt sich nur, ob dies durch den Rezeß geändert ist. Danach hatte allerdings die Gemeinde die Uferunterhaltung übernommen, zugleich war aber bestimmt, daß sie das Eigentum an der Losse erhalten sollte, und diese Bestimmung über das Eigentum wurde von der Bestätigung ausgeschlossen. Damit hing jedoch nach dem Inhalte des Rezesses die Vereinbarung über die Unterhaltung untrennbar zusammen, so daß auch diese öffentlich-rechtliche Wirkung nicht erlangen konnte.

Der Äußerung der Generalkommission ist zu entnehmen, daß diese Behörde schon im Jahre 1886 das Bedenken hegte, ob Rezeßbestimmungen, durch welche die Unterhaltung der Ufer öffentlicher Wasserläufe in Abweichung von dem Inhalte der Vorschriften in § 1 KurhWasserbauVd. v. 31. XII. 1824 auf die Gemeinden übertragen wird, als öffentlich-rechtlich wirksam anzusehen seien. Hieraus folgt allerdings nicht, daß der Bestätigungsbeschl. v. 30. XII. 86, indem er die Bestimmungen des Rezesses von Bettenhausen über das Eigentum an den die Losse bildenden Grundstücken von der Bestätigung ausschloß, hiermit auch die Ausschließung der die Uferunterhaltung betreffenden Bestimmungen dieses Rezesses ausgesprochen habe. Gerade nach der Rechtsauffassung, um deren Geltendmachung es sich für die Bestätigungsbehörde zunächst handelte, war die Pflicht zur Uferunterhaltung an und für sich kein Ausfluß aus dem Eigentum an dem Flusse selbst, weil ein solches Eigentum rechtlich überhaupt nicht möglich war. Wohl aber ist anzunehmen, daß es den Ansichten und Absichten der Bestätigungsbehörde entsprach, wenn die Nichtbestätigung der Rezeßbestimmungen über das Eigentum bewirkte, daß auch die Bestimmungen über die Uferunterhaltung nach öffentlichem Recht unwirksam blieben. Aus der sonst einigermaßen auffälligen Nichterwähnung der letzteren Bestimmungen darf also Gegenteiliges nicht gefolgert werden. Jedenfalls ist es nicht angängig, die enge Verbindung, in der die Bestimmungen des Rezesses, insbesondere des § 9¹ über das Eigentum an dem Lossebache, mit denen über die Uferunterhaltung (und Nutzung) nach ihrem eigenen Inhalte stehen, unberücksichtigt zu lassen und zu der Annahme zu gelangen, daß die letzteren Bestimmungen von der beabsichtigten Eigentumserlangung unabhängig und von dem Schicksale der Eigentumsbestimmungen nicht erfaßt worden seien. Demgegenüber kann auch dem Umstande, daß demnächst, nach Klarstellung der Rechtslage bezüglich des Eigentums, die Gemeinde Bettenhausen tatsächlich die Uferunterhaltung bewirkt hat, keine durchgreifende Bedeutung für die Feststellung und Würdigung des Rezeßinhalts beigelegt werden. Die Gemeinde konnte es für zweckmäßig und im Landeskulturinteresse geboten, wie auch den im Zusammenlegungsverfahren maßgebend gewesenen Absichten aller Beteiligten entsprechend halten, die Ufer des regulierten Lossebaches ihrerseits zu unterhalten, auch wenn ihr das Eigentum an diesem nicht zustand und ihr eine öffentlich-rechtliche Verpflichtung dazu nicht oblag. In dem Rezesse selbst ist aber eine entsprechende, von dem Eigentumserwerb unabhängige Regelung nicht getroffen worden. Danach mag dahingestellt bleiben, ob überhaupt durch den Rezeß die öffentlich-rechtliche Pflicht zur Vornahme der Uferarbeiten von den Anliegern auf die Gemeinde übertragen werden konnte.

k) Nassauisches Wasserrecht.

Nr. 1. Entsch. v. 12. Nov. 1912 (PrVerwBl. 35 143) IX C 23/12.

Nach § 18 in Verbindung mit § 3 NassVd. v. 27. VII. 58, betr. Ent- und Bewässerungsanlagen, ist eine von der Gemeinde für ihre Gemarkung oder einen größeren Gemarkungsteil beschlossene Drainage ebenso eine Gemeindeangelegenheit wie die ihr obliegende Sorge für den Vizinalwegebau. Durch den von der Gemeinde gefaßten und gemäß § 2 aaO. genehmigten Beschluß wird festgestellt, daß die Drainage auszuführen ist, und damit die Pflicht der daran beteiligten Besitzer begründet, sich die Ausführung auf ihren Grundstücken gefallen zu lassen. Die Interessen der Beteiligten wurden dabei vor Inkrafttreten des ZustG. von den Organen der Gemeinde und der Landesregierung wahrgenommen, die über die sachliche Berechtigung etwaiger Widersprüche durch ihre Beschlüsse über Ausführung und Genehmigung des Unternehmens Entsch. zu treffen hatten. An dieser Rechtslage ist durch § 89¹ ZustG. materiell insofern nichts geändert worden, als diese Bestimmung den Beteiligten kein besonderes Widerspruchsrecht verleihen, sondern nur die Zuständigkeit regeln wollte. Aufgabe des dort geregelten Verfahrens ist es demnach festzustellen, ob nach den gesetzlichen Vorschriften und der Lage der Sache ein Widerspruchsrecht besteht. Vorschriften entsprechender Art enthalten der § 84¹ aaO. für das Hann. und § 86¹ für das Kurh. Wasserrecht. Diese Bestimmungen sind in feststehender Rechtsprechung des OVG. dahin ausgelegt worden, daß eine Berechtigung zum Widerspruch nur dann anerkannt wird, wenn der Widersprechende befugt ist, kraft eigenen Rechts die Ausführung oder Veränderung der Anlage zu verhindern. Ein solches Widerspruchsrecht hat einen besonderen Rechtstitel zur Voraussetzung und läßt sich nicht schon auf allgemeine Vorschriften der G. stützen, die nicht sowohl ein Individualrecht begründen, als vielmehr nur Grundsätze für die Übung des Ermessens der zur Genehmigung der Anlage zuständigen Behörden aufstellen. Wenn nach dem Hann. G. über Entwässerung usw. v. 22. VIII. 47 nicht jedem an der Entwässerungsanlage beteiligten Grundstückseigentümer als solchem ein Widerspruchsrecht zusteht (§ 97 aaO.), so kommt in Betracht, daß nach § 8 aaO. von den Teilnehmern über die Ausführung der Entwässerung durch absolute Mehrheit der Stimmen mit verbindender Kraft für die Minderzahl zum Beitritte zu entscheiden ist. Eine derartige dem einzelnen beteiligten Grundstückseigentümer ein Recht zum Widerspruch verschränkende Vorschrift besteht aber nicht für das ehemalige Herzogtum Nassau. Daher ist in diesem Rechtsgebiet das Grundstückseigentum des einzelnen Teilnehmers als ein besonderer Rechtstitel für den Widerspruch anzusehen. Dabei kann es sich aber nur um den Schutz der individuellen Verhältnisse des einzelnen Grundstücks handeln, nicht um die Zweckmäßigkeit des ganzen Unternehmens, weil hierüber nach § 87² ZustG. von dem Bezirksausschuß in einem gesonderten Verfahren zu beschließen ist. Eine sachliche Begründung des Widerspruchs kann somit nur dann angenommen werden, wenn das Unternehmen nach den individuellen Verhältnissen des einbezogenen Grundstücks für den Widersprechenden unvorteilhaft erscheint, sei es, daß dadurch ein direkter Schaden für das Grundstück entsteht oder die Kosten den zu erwartenden Vorteil übersteigen.

B. Deichpolizei.

Nr. 1. Entsch. v. 4. Febr. 1913 (OVG. 63 368) IX B 71/11.

Die von der „Deichaufsicht" im Gebiete der Deich- und AbwässerungsO. für die Grafschaften Hoya und Diepholz v. 22. I. 64 erlassenen Verfügungen sind ortspolizeiliche Verfügungen iS. der §§ 127, 128 LVG. und mit den dort bezeichneten Rechtsmitteln anfechtbar. Entsprechend dem § 79 der genannten DeichO. ist die angefochtene Verfügung der Deichaufsicht, da das dort in § 79 bezeichnete Amt des Landkommissars nicht mehr besteht, von dem Landrate, der an die Stelle des Amtes getreten ist, und dem Wasserbauinspektor erlassen worden. Nach § 79 Abs. 2 aaO. richten sich die Zuständigkeit der Behörden in Deich- und Abwässerungsangelegenheiten und das Verfahren im übrigen nach der Vd., das Wasserbauwesen betr., v. 1. IX. 52 (HannovGS. 257) und nach den hierüber ferner etwa ergehenden Vorschriften. Daß aber die von dem Landrat und dem Wasserbauinspektor auf Grund der Bestimmungen der HannVd. v. 1. IX. 52, betr. das Wasserbauwesen, erlassenen Anordnungen als ortspolizeiliche Verfügungen des Landrats anzusehen sind, hat das OVG. in gleichmäßiger Rechtsprechung unter ausführlicher Begründung angenommen.

D. Jagdpolizei.

Literatur: Bauer: Das in Deutschland geltende Recht, revierende Hunde und Katzen zu töten[4] (Neudamm 1913). — Dalcke-Delius: Jagdrecht[6] (Breslau 1914). — Rasch: Die Feld- und ForstschutzG. (Berlin 1914).

a) Jagdscheine.

Nr. 1. Entsch. v. 4. Juli 1910 (OVG. 58 358) III A 1/10.

JagdO. § 33. ForstDG. § 23.

Nach § 14 JagdPolG. erhielten die im Kgl. oder Kommunaldienst angestellten Forst- und Jagdbeamten, sowie die lebenslänglich angestellten Privat-Forst- und Jagdbedienten den Jagdschein unentgeltlich, „soweit es sich um die Ausübung der Jagd in ihren Schutzbezirken handelt". Es kamen also nach dieser Bestimmung für die Erteilung eines unentgeltlichen Jagdscheines nur solche Personen in Betracht, denen ein Schutzbezirk unterstellt war. Nach der Ausdrucksweise der Forst- und Jagdpolizeigesetzgebung sind aber unter „Schutzbezirken" Forstschutzbezirke zu verstehen. Hieraus folgt, daß schon das JagdPolG. das Recht auf einen unentgeltlichen Jagdschein nur solchen Forst- und Jagdbeamten verlieh, die mit Wahrnehmung des Forstschutzes beauftragt waren. Die Betrauung mit der Ausübung des Jagdschutzes begründete für sich allein diesen Anspruch nicht. Die spätere Gesetzgebung hat hierin eine Änderung nicht herbeigeführt. Daß aber nach dem ForstDG. — ebenso wie nach den älteren G., an deren Stelle es getreten — nur solche Personen, die mit dem Forstschutze betraut sind, gemäß § 23 beeidigt werden dürfen, kann keinem Zweifel unterliegen. Abgesehen davon, daß der § 23 in seinem Eingang ausdrücklich von diesen Personen spricht, stellt das ForstDG. überhaupt nur Handlungen unter Strafe, die die Nutzungen aus Forsten (planmäßig bewirtschafteten Waldungen) oder anderen hauptsächlich zur Holznutzung bestimmten Grundstücken gefährden. Es befaßt sich mithin nur mit dem Forstschutze, dagegen in keiner Weise mit der Jagd und mit dem Schutze der Jagdnutzungen. Dementsprechend bezieht sich die im § 23 angeordnete Beeidigung, wie der im § 24 enthaltenen Eidesfassung zu entnehmen, auch bloß auf die Pflicht, Zuwiderhandlungen gegen „dieses G.", d. h. das ForstDG., also Forstkontraventionen anzuzeigen. Es ist daher ausgeschlossen, zu den nach § 23 zu beeidigenden Personen auch solche zu rechnen, die lediglich einen Jagdschutz wahrzunehmen haben. Der oben besprochene § 14 JagdPolG. ist sodann durch den § 5 JagdSchG., mit dem der § 33 JagdO. wörtlich übereinstimmt, aufgehoben worden. Daß durch den Erlaß dieser Vorschriften der Kreis der zur Führung eines unentgeltlichen Jagdscheins Berechtigten nicht hat geändert werden sollen, muß aus der Begründung des § 5 aaO. gefolgert werden, da diese mit den Worten beginnt: „Wenn es schon dem in dem größten Teile der Monarchie geltenden Rechte entspricht, daß die gerichtlich beeidigten Forst- und Jagdbeamten, zu deren Dienstberuf die Jagd und der Jagdschutz gehört, von der Jagdscheingebühr befreit sind, so rechtfertigt dies die höhere Gebühr um so mehr."

Hiernach ist anzunehmen, daß die Betrauung mit dem Forstschutz eine Voraussetzung für die im § 23 ForstDG. vorgesehene Beeidigung und damit auch für das Recht auf Erteilung eines unentgeltlichen Jagdscheins bildet und daß mit dem Fortfalle dieser Voraussetzung auch das gedachte Recht erlischt.

Nr. 2. Entsch. v. 20. Febr. 1913 (PrVerwBl. **34** 874) III B 128/12.

Wenn ein Jäger sein Gewehr in einer Schankwirtschaft geladen auf dem Rücken trägt, so ist darin eine große Unvorsichtigkeit in der Führung des Schießgewehrs zu erblicken.

Ein Losgehen des Schusses durch Anhaken, Bücken, Zerren des Jagdhundes an der Leine oder andere Ursachen lag — auch wenn die Hähne in Ruhrast waren — keineswegs außer jeder Berechnung. In der Schankwirtschaft befanden sich Menschen, die durch das Losgehen des Schusses gefährdet wurden. Wenn der Kläger Vorsicht walten ließe, würde er das Gewehr vor dem Betreten des Schankraums entladen haben. Daß ein solches Verhalten geboten ist, konnte er schon den auf dem Jagdschein abgedruckten „Hauptregeln für das Verhalten der Schützen auf Treibjagden" entnehmen, wo es unter anderem heißt, daß die Gewehre vor dem Passieren größerer Geländehindernisse und namentlich vor dem Aufsteigen auf den Wagen zu entladen sind.

b) Allgemeine jagdpolizeiliche Verfügungen; Tötung von Hunden; Streitigkeiten der Beteiligten; gemeinschaftliche und Einzeljagdbezirke, Waldenklaven; Jagdpachtverträge; Verteilung der Erträge.

Nr. 1. Entsch. v. 19. Febr. 1912 (OVG. **61** 306) III C 78/11.

JagdO. §§ 4, 25.

1. Da das G. keine Vorschriften über die Form und den Inhalt eines Einspruchs iS. des § 25 Abs. 3 JagdO. enthält, so ist eine ziffermäßige Angabe nicht notwendig. Es reicht vielmehr aus, wenn aus dem Schriftsatze, durch den ein Einspruch erhoben werden soll, zu entnehmen ist, aus welchem Grunde der Einsprechende sich durch die Verteilung der Jagdpachtgelder verkürzt fühlt, nach welchen Richtungen hin er den Verteilungsplan bemängelt und dessen Abänderung verlangt. Wenn der Beklagte meint, es müßten hier diejenigen Grundsätze zur Anwendung gelangen, die das OVG. für den Einspruch gegen die Heranziehung zu den Gemeindeabgaben aufgestellt hat, so ist dem nicht beizutreten. Während bei der gedachten Heranziehung der Einsprechende fast ausnahmslos diejenigen Unterlagen, deren er zur Begründung seiner Beschwerde bedarf, entweder schon besitzt oder sich doch leicht beschaffen kann, wird bei der Prüfung der Richtigkeit der Jagdpachtgelderverteilung häufig das Gegenteil der Fall sein.

2. Den gemeinschaftlichen Jagdbezirk bilden nach der ganz allgemeinen Vorschrift im § 7 Abs. 1 JagdO. alle Grundflächen des Gemeinde- (Guts-) Bezirkes, die nicht zu einem Eigenjagdbezirke gehören und im Zusammenhange wenigstens 75 Hektar umfassen. Zum gemeinschaftlichen Jagdbezirk gehören

auch solche Grundflächen, die nicht forst- oder landwirtschaftlich benutzbar sind, oder auf denen die Jagd nicht ausgeübt werden kann, also auch mitverpachtete Dorflagen mit den Dorfstraßen, Gehöften und Gärten.

3. Zur Bildung eines Eigenjagdbezirkes auf Grund vollständiger Einfriedigung (§ 4 Abs. 1[1] JagdO.) ist eine Erklärung des Eigentümers erforderlich.

Nr. 2. Entsch. v. 25. April 1912 (OVG. **61** 310) III C 105/11.

JagdO. § 25.

Für § 11 JagdPolG. und für § 106 ZustG. hat das OVG. angenommen, daß das Verwaltungsstreitverfahren den Jagdgenossen nur zu dem Zwecke einer Anfechtung des Verteilungsplans auf Grund der Behauptung eröffnet sei, der Jagdgenosse sei bei der Verteilung des Jagdertrăgnisses zu Unrecht übergangen oder nicht mit dem ihm zukommenden Betrage berücksichtigt worden. Für Anträge dagegen, die darauf abzielten, den Gemeindevorsteher zur Verteilung eines höheren Jagderträgnisses zu verurteilen, ist die Zuständigkeit der Verwaltungsgerichte verneint worden, gleichviel, ob der Antrag darauf gestützt war, daß der Gemeindevorsteher aus der Jagd mehr erzielt habe oder habe erzielen können, als in dem Verteilungsplane berücksichtigt war, oder darauf, daß er Beträge in Ausgabe gestellt habe, die den Jagdgenossen nicht zur Last fielen. Für Anträge dieser Art hat das Reichsgericht den Rechtsweg gegen den Gemeindevorsteher auf Klage eines von der Aufsichtsbehörde zu ernennenden Vertreters für statthaft erachtet. An dieser Rechtslage ist hinsichtlich der Zuständigkeit der Verwaltungsgerichte durch § 25 JagdO. nichts geändert, obschon hier abweichend von dem bisherigen Rechte die Anordnung getroffen worden ist, daß der Verteilungsplan eine Berechnung der Einnahmen und Ausgaben enthalten muß.

Nr. 3. Entsch. v. 4. Nov. 1912 (DJZ. **18** 703) III B 1/12.

Dem Kl. stand nach § 26 JagdO. v. 15. VII. 07 wegen der Höhe der Pacht nur der Antrag auf mündliche Verhandlung im Verwaltungsstreitverfahren zu. Welche Stelle zur Entgegennahme dieses Antrags und Entsch. über ihn zuständig ist, sagt weder der § 26 noch § 69 LVG. ausdrücklich. Aus dem Fehlen einer solchen Aussage folgt aber mit Notwendigkeit, daß die Zuständigkeit der im Beschlußverfahren bereits mit der Angelegenheit befaßten Behörde begründet werden sollte. Offenbar ist gerade dies die Absicht bei Schaffung der Vorschrift gewesen. Danach muß schon aus inneren Gründen für den Antrag auf mündliche Verhandlung der Abs. 1 Satz 1 des § 63 LVG. entsprechend gelten: „Die Klage ist bei dem zuständigen Gericht schriftlich einzureichen", selbst wenn Bedenken bestehen sollten, aus dem Abs. 2 des § 69 diese Geltung unmittelbar zu entnehmen. Der zwar innerhalb der Antragsfrist bei dem Bezirksausschuß, aber nach Ablauf dieser Frist beim Kreisausschuß eingegangene Antrag hat daher die Frist nicht wahren können, und der Beschluß des Kreisausschusses ist, soweit er sich auf die Höhe der Pacht bezieht, durch Fristablauf rechtskräftig geworden.

Nr. 4. Entsch. v. 7. Juli 1910 (OVG. **65** 318) III A 71/09.

JagdO. § 4.

Es liegt im Rahmen der jagdpolizeilichen Befugnisse, durch polizeiliche Verfügungen der durch das G. bestimmten RechtsO. Geltung zu verschaffen und Störungen dieser öffentlichen Ordnung zu verhindern. Als eine solche Störung würde es anzusehen sein, wenn Grundstücke als Eigenjagdbezirke behandelt würden, die die Voraussetzungen solcher nicht erfüllen, insbesondere nicht im Zusammenhang einen land- oder forstwirtschaftlich benutzbaren Flächenraum von mindestens 75 ha einnehmen. Die Rechtmäßigkeit einer aus diesem Grunde die Bildung eines Eigenjagdbezirkes verbietenden Verfügung ist aber dadurch bedingt, daß tatsächlich die gesetzlichen Voraussetzungen für die Bildung eines solchen nicht vorliegen.

2. In dem hier fraglichen Vertrage ist zwar unter anderem festgesetzt, daß jedem der beiden Vertragschließenden die alleinige und selbständige Verwaltung und Nutzung seines früheren Grundstücks unter Ausschluß der Rechnungslegung verbleiben, daß auch der Erlös der gemeinsam auszuübenden Jagdnutzung nach Verhältnis der Morgenzahl ihres ursprünglichen Besitzes verteilt werden und daß iF. der vorbehaltenen Teilung jeder sein früheres Grundstück mit allem Zubehöre zurückerhalten solle, so daß, wie es wörtlich heißt, „der ursprüngliche Besitz und Eigentum wieder vollständig hergestellt" werde. Daraus folgt aber nicht, daß die Vertragschließenden die Eigentumsübertragung selbst, ohne die ihr erstrebtes Ziel der Erlangung eines Eigenjagdbezirkes unerreichbar war, nicht ernstlich beabsichtigten. Im Gegenteile können gerade für die ernstliche Absicht der Eigentumsübertragung auch andere Bestimmungen des Vertrags herangezogen werden, so z. B. daß das Recht auf Auflösung der Gemeinschaft während der Lebenszeit der Besitzer auf fünf Jahre ausgeschlossen wird, daß auch für den Todesfall Bestimmungen über die Dauer der Gemeinschaft getroffen sind, daß die Vertragschließenden sich gegenseitig ein Vorkaufsrecht eingeräumt haben usw. Es muß also angenommen werden, daß den beiden Klägern tatsächlich das ideelle Miteigentum an den Streitgrundstücken zusteht.

Nr. 5. Entsch. v. 13. Okt. 1910 (OVG. 61 297) III C 61/10.

JagdO. § 12 Abs. 2.

1. Nach § 12 Abs. 2 JagdO. ist der Pachtzins für die einem Eigenjagdbezirk angeschlossenen Grundflächen nach dem Werte der Jagdnutzung zu ermitteln, und zwar nach den Grundsätzen einer pfleglichen Behandlung der Jagd, jedoch, abgesehen vom Falle des § 4 Abs. 1 Ziff. 2 Abs. 1, mindestens nach den Pachtpreisen benachbarter Jagdbezirke unter Berücksichtigung der besonderen jagdlichen Verhältnisse der zu verpachtenden Grundflächen. Hiermit ist in zweifelsfreier Art zum Ausdrucke gebracht, daß der Pachtzins nach dem Werte der für die angeschlossenen Grundflächen, unter Berücksichtigung ihrer besonderen jagdlichen Verhältnisse, zu ermittelnden Jagdnutzung zu bestimmen ist, es sei denn, daß die Pachtpreise benachbarter Jagdbezirke bei gleichartigen Jagdverhältnissen über den Wert der Jagdnutzung auf den angeschlossenen Grundflächen hinausgehen. Alsdann sind diese Pachtpreise zugrunde zu legen. Die Absicht ging dahin, daß der Eigenjagdbesitzer für die angeschlossene Grundfläche den Pachtzins erlegen sollte, der bei der Ermittelung in der einen und in der anderen Art sich als der höhere erweist; dies auch dann, wenn die Pachtpreise für die benachbarten Jagdbezirke über das erzielbare Erträgnis der Jagd hinausgehen und deshalb als Liebhaberpreise gelten. Anderseits hat mit der Bestimmung, daß bei der Ermittelung des Wertes der Jagdnutzung auf der angeschlossenen Grundfläche von einer pfleglichen Behandlung auszugehen sei, die Berücksichtigung einer nicht pfleglichen Jagdausübung ausgeschlossen werden sollen.

2. Danach ist für die Ermittelung des Wertes der Jagdnutzung auf der einem Eigenjagdbezirk angeschlossenen Grundfläche als Rechtens ausdrücklich festgestellt, daß er nach der Jagdergiebigkeit auf der angeschlossenen Grundfläche festzustellen sei. Ob der in dieser Art ermittelte Pachtzins den Betrag erreicht, der sich aus der Vergleichung mit den Pachtzinsen für benachbarte Jagdbezirke ergibt, kann indes freilich nicht anders festgestellt werden, als durch eine

Berechnung, wieviel von dem Pachtzinse für einen benachbarten Jagdbezirk nach dem Verhältnisse seines Flächeninhalts zu demjenigen der angeschlossenen Grundfläche auf letztere entfällt.

3. Es ist völlig selbstverständlich, daß es nicht darauf ankommt, ob auf der angeschlossenen Grundfläche Standwild vorhanden sei, und daß das Wechselwild auch zu berücksichtigen sei. Zu berücksichtigen ist jede nach dem G. erlaubte Ausübung der Jagd, wenn auch freilich, da der Pachtzins für die Dauer zu bemessen ist, nur in dem Umfange, daß sie nicht zur alsbaldigen Vernichtung oder zu einer erheblichen Verminderung des Wildstandes führt. Auch dafür, inwieweit mit dem Übertritte von Wild aus dem umschließenden Eigenjagdbezirk und aus anderen hierfür in Betracht kommenden Jagdbezirken zu rechnen sei, ist eine derartige Ausübung der Jagd zugrunde zu legen.

Nr. 6. Entsch. v. 14. März 1912 (OVG. 61 301) III C 222/11.

JagdO. § 12.

1. Was iS. des § 12 JagdO. mit der Verweisung auf die Ermittelung des Wertes der Jagdnutzung nach den Grundsätzen einer pfleglichen Behandlung der Jagd erreicht werden sollte, ging dahin, die Berücksichtigung schonungslosen Abschusses unter Anwendung ungewöhnlicher Mittel, wie z. B. absichtliche Herüberziehung des Wildes durch Fütterung, bei der Feststellung des Jagdertrágnisses auszuschließen. Dieser Anordnung wird durch die Nichtberücksichtigung einer Jagdausübung, die alsbald zur Vernichtung oder wesentlichen Verminderung des Wildstandes führt, genügt. Aus § 12 und insbesondere aus der Unzulässigkeit der Berücksichtigung einer nicht pfleglichen Behandlung der Jagd läßt sich aber nicht herleiten, daß die Feststellung des Jagdertrágnisses auf anzuschließenden Flächen davon abhängen solle, welche Wirkung es auf den Wildstand hat, wenn auch der Besitzer des Eigenjagdbezirkes in ihm einen dem Größenverhältnis entsprechenden gleich hohen Abschuß eintreten läßt. Wie der Besitzer des Eigenjagdbezirkes für den Fall, daß er die Anpachtung der Jagd auf den zum Anschlusse geeigneten Flächen nicht beliebt, keinen Anspruch darauf hat, daß die Jagdausübung auf ihnen nicht über den Umfang hinausgeht, der sich nach dem Verhältnis ihrer Größe zu derjenigen des Eigenjagdbezirkes ohne erhebliche Verminderung des Wildstandes rechtfertigt, so hat er auch für den Fall der Anpachtung der Jagd nicht darauf Anspruch, daß für die Feststellung des Jagdpachtgeldes das Jagdertrágnis auf den angeschlossenen Flächen hiernach bemessen wird. Auch dafür bietet das G. keinen Anhalt, daß hierbei in Betracht zu nehmen ist, ob der Besitzer des Eigenjagdbezirkes dann, wenn er die Jagd nicht anpachtet, deren Ertrágnis durch Veranstaltungen auf seinem Besitze zu beeinträchtigen vermag.

2. Der Wortlaut des § 12 Abs. 2 JagdO. läßt keinen Zweifel darüber, daß es nicht darauf ankommt, welche Pachtpreise in benachbarten Jagdbezirken erzielbar gewesen wären, sondern darauf, welche Pachtpreise tatsächlich erzielt worden sind. Wenn die jagdlichen Verhältnisse anzuschließender Grundflächen günstiger als diejenigen benachbarter Jagdbezirke sind, so entspricht es zwar dem Sinne des G., den Wert der Jagdnutzung der anzuschließenden Grundflächen nicht unter die Pachtpreise herabzusetzen, die für benachbarte Jagdbezirke mit weniger günstigen jagdlichen Verhältnissen erzielt worden sind. Unstatthaft ist es aber, der Wertsermittelung fingierte Pachtpreise derart zugrunde zu legen, daß im Wege der Schätzung ermittelt wird, welcher Pachtpreis für benachbarte Jagdbezirke bei gleichartigen jagdlichen Verhältnissen erzielbar gewesen wäre oder wieviel der Pächter von dem angelegten Pachtpreise mutmaßlich für denjenigen Teil eines gemeinschaftlichen Jagdbezirkes berechnet habe, der seiner jagdlichen Eigenart nach dem jagdlichen Werte der anzuschließenden

Grundflächen entspricht. Benachbart heißt nicht angrenzend, es dürfen deshalb auch nicht angrenzende Jagdbezirke berücksichtigt werden.

Nr. 7. Entsch. v. 5. Febr. 1912 (OVG. **65** 324) III C 197/11.

JagdO. § 4.

1. Im Bereiche der JagdO. sind in Ermangelung einer gegenteiligen Vorschrift für den Begriff des Miteigentums nach Bruchteilen und für die Art, wie ein solches Miteigentum zur Entstehung gelangen kann, die Grundsätze des BGB. maßgebend. JS. dieses Gesetzbuchs ist das Anteilsrecht des Miteigentümers Eigentum. Hieraus folgt, daß ein Miteigentum dieser Art unter Ausschluß der mit dem Eigentume verbundenen Rechte nicht begründet werden kann. Wohl aber ist eine Regelung der Ausübung dieser Rechte nach dem Ermessen der Miteigentümer zulässig. Dies jedoch mit der Maßgabe, daß eine dem Anteilsrechte nicht entsprechende Regelung der Verwaltung und Nutzung eines gemeinschaftlichen Grundstücks und eine Vereinbarung über den Ausschluß des Antrags auf Auflösung der Gemeinschaft oder über die Kündigungsfrist den Sondernachfolger eines Miteigentümers nur iF. der grundbuchlichen Eintragung bindet, und daß der Ausschluß oder die Beschränkung des Verfügungsrechts die Rechtsgültigkeit der von einem Miteigentümer unter Überschreitung seiner Befugnis einem Dritten zugestandenen Rechte nicht berührt (§§ 1010 und 137 BGB.).

2. Der Bezirksausschuß konnte die Entstehung eines Miteigentums iS. des BGB. und damit auch iS. des § 4 JagdO. verneinen, wenn die Kläger das Miteigentum nur zum Schein in der Absicht vereinbart und aufgelassen haben, um durch die grundbuchliche Eintragung den Besitz einer für einen Eigenjagdbezirk geeigneten Grundfläche nachweisen zu können. Für diesen Fall steht die Tatsache, daß der Grundbuchrichter in Unkenntnis des Scheingeschäfts die Eintragung des Miteigentums verfügt hat, dem nicht entgegen, daß der Verwaltungsrichter mit Wirkung für den seiner Entsch. unterliegenden Streit die Nichtigkeit der Auflassung und der grundbuchlichen Eintragung feststellt.

Für das JagdPolG. und das Gebiet des ALR., das eine gleiche Begriffsbestimmung des Miteigentums enthielt, hat das OVG. in OVG. **26** 264 bei freier Prüfung die Beschränkung des Zweckes der Gemeinschaft auf gemeinschaftlichen Waldschutz, die Belassung der Teilhaber in dem Besitz und Genuß ihres in die Gemeinschaft eingebrachten Grundstücks, die Einschränkung der Befugnis zur Verpfändung und Veräußerung des Anteils am Miteigentum, weil mit dem Wesen des Miteigentums vereinbar, zum Nachweise des Scheingeschäfts für nicht geeignet erachtet. Hieran ist für die JagdO. in OVG. **65** 318 festgehalten worden.

Inzwischen hat ein Grundbuchamt unter Billigung des Landgerichts in einem gleichartigen Falle die Annahme der Auflassungserklärung abgelehnt, weil es Abreden der vorerwähnten Art entnahm, daß die beteiligten Grundbesitzer die Form des Miteigentums nur zum Schein und behufs Erlangung nicht wahren, sondern nur Bucheigentums gewählt haben. Das Kammergericht hat die Beschwerde abgewiesen, aber allein deshalb, weil ihm die Nachprüfung der Feststellung des Scheingeschäfts als einer Erwägung tatsächlicher Art nicht zustehe. Das OVG. nimmt für sich auch als Revisionsgericht das Recht zur Nachprüfung sowohl dahin in Anspruch, ob die Tatsachen, die für den Nachweis eines Scheingeschäfts verwertet werden, einwandfrei festgestellt worden sind, wie auch dahin, ob sie ihrer Art nach zu solchem Nachweise geeignet sind. Nach wie vor erachtet es aber hierzu Abreden für ungeeignet, die in gesetzlich zulässiger Art den Zweck und die Dauer der Gemeinschaft, die Anteilsrechte am

Eigentume, die Rechte und Pflichten der Miteigentümer und die Verwendung der in die Gemeinschaft eingebrachten Grundstücke für den Fall der Auflösung der Gemeinschaft regeln. Insbesondere legt es der Feststellung, daß die Miteigentümer ernstlich die Erreichung des als Beweggrund für die Schaffung des Miteigentums angegebenen Zweckes anstreben, Beweiskraft für die Ernstlichkeit des Willens, Miteigentum zu schaffen, bei.

3. Die Festsetzung der Höhe des Bruchteils am Eigentume steht in dem freien Ermessen der Beteiligten. Seine Bemessung auf einen geringfügigen Bruchteil kann demnach ebensowohl ernstlich wie zum Schein gemeint sein. Deshalb kann das Scheingeschäft mit der Geringfügigkeit des Bruchteils allein nicht bewiesen werden.

4. Rechtsirrtümlich ist die Ansicht, daß die Begründung von Miteigentum in der hier gegebenen Art eine Umgehung des Zieles der JagdO. sei oder daß sie gegen die guten Sitten verstoße. Für § 4 JagdO. kommt jedes nach den Grundsätzen des BGB. rechtsgültige Miteigentum in Betracht.

5. Endlich kann die Rechtsgültigkeit des Miteigentums der Kläger und damit die Zulässigkeit der Bildung des Eigenjagdbezirkes auch nicht deshalb beanstandet werden, weil die Anteile der Kläger an den in die Gemeinschaft eingebrachten Grundstücken verschieden bemessen worden sind. Das Erfordernis gleicher Anteile läßt sich weder für die Gesamtfläche noch für deren einzelne Bestandteile aus § 1008 BGB. herleiten und kann deshalb auch für § 4 JagdO. nicht aufgestellt werden.

Nr. 8. Entsch. v. 6. Mai 1912 (OVG. 65 329) III C 239/11.

1. Die Landwirte B. und S. übertrugen sich ihren in der Gemeinde A. belegenen Grundbesitz gegenseitig in der Weise, daß das Miteigentum dem ursprünglichen Eigentümer zu achthundertneunundneunzig Neunhundertsteln, dem neuen Eigentümer zu einem Neunhundertstel zustand. Sie behaupteten, nunmehr einen Eigenjagdbezirk zu besitzen.

2. Der Bezirksausschuß folgert aus „der Natur der Sache", daß der Gesetzgeber ein Miteigentum im normalen Sinne, d. h. ein vollinhaltliches Miteigentum, wie es durch normale Vorgänge im Rechtsleben (durch Erbgang oder den Zweck gemeinschaftlicher Bewirtschaftung u. dgl.) zur Entstehung gebracht wird, nicht aber das Zerrbild eines Miteigentums ohne realen Inhalt, wie es hier vorliege, im Auge gehabt habe. Indessen trägt er damit eine Unterscheidung in das G. hinein, die nicht darin liegt. Der § 4 JagdO. spricht schlechtweg von Miteigentum. Solches ist hier vorhanden. Auch müßte der Bezirksausschuß nach seiner Darlegung das durch Erbgang erworbene Miteigentum zu $^1/_{900}$ Anteil als vollgültig anerkennen. Die Quote ist also nicht entscheidend. Auf den weiterhin betonten Zweck der Erwerbung des Miteigentums kommt es für dessen Begründung nicht an. Auch das schließlich noch aufgestellte Erfordernis der objektiven Einheitlichkeit des wenigstens 75 ha umfassenden Besitzes ist dem G. nicht zu entnehmen. Einem Besitzer, der zwei Besitztümer von zusammen 75 ha Größe vollkommen getrennt bewirtschaftet, wird man bei bestehendem Zusammenhange den Besitz eines Eigenjagdbezirkes nicht absprechen können.

Nr. 9. Entsch. v. 28. April 1913 (OVG. 65 331) III C 206/12.

1. Die Landwirte S. und B. übertrugen sich ihren in der Gemeinde A. belegenen Grundbesitz gegenseitig in der Weise, daß das Miteigentum dem ursprünglichen Eigentümer zu $^{999}/_{1000}$, dem neuen Eigentümer zu $^1/_{1000}$ zustand. Nach Eintragung des Miteigentums im Grundbuche beantragten sie bei dem Jagdvorsteher die Ausscheidung ihres Eigenjagdbezirkes aus dem gemeinschaftlichen Jagdbezirke.

2. Der Kreisausschuß erklärt, daß Miteigentum iS. des § 4 Abs. 1 JagdO. hier nicht vorliege, weil die Wirkungen der Eigentumsübertragung für die Kläger

in wirtschaftlicher Beziehung ohne jede Bedeutung seien. Ein rein formelles Miteigentum genüge nicht. Es handle sich um eine Umgehung des G. Der Bezirksausschuß tritt dieser Begründung bei. Das Miteigentum sei hier zu dem alleinigen Zwecke übertragen worden, den Eigenjagdbezirk herzustellen. Im übrigen bringe die Übertragung keine Vorteile, sondern nur Nachteile in der Verfügung über die Grundstücke mit sich. Dem Sinne und Zwecke der JagdO. werde dadurch nicht entsprochen. Die auf pflegliche Behandlung der Jagd gerichtete Absicht des G. werde vereitelt. Auch diesen Anführungen gegenüber muß das OVG. an seiner abweichenden Rechtsauffassung in OVG. **65** 318, 320, 324, 329 festhalten. Danach ist unter dem Miteigentume des § 4 Abs. 1 JagdO. nichts anderes als das Miteigentum des BGB. zu verstehen, das zwar eine rechtsgültige Begründung, eine bestimmte Mindestgrenze des Anteils aber nicht voraussetzt.

Nr. 10. Entsch. v. 17. Juni 1912 (OVG. **65** 320) III C 212/17.

JagdO. § 4.

1. Nach den Vertragsbestimmungen soll jedem der beiden Vertragschließenden die selbständige und alleinige Verwaltung und Nutzung seines früheren Grundstücks unter Ausschluß der Rechnungslegung verbleiben; der Erlös der gemeinsam auszuübenden Jagdnutzung soll nach Verhältnis der Morgenzahl ihres ursprünglichen Besitzes unter ihnen verteilt werden; iF. der künftigen Teilung des gemeinsamen Besitzes soll jeder sein früheres Grundstück mit allem Zubehöre zurückerhalten, so daß „der ursprüngliche Besitz und Eigentum wieder vollständig hergestellt" werde. Während der Lebenszeit der Besitzer soll das Recht auf Auflösung der Gemeinschaft für die Dauer von fünf Jahren ausgeschlossen sein. Die Vertragschließenden haben sich gegenseitig ein Vorkaufsrecht eingeräumt und auch für den Todesfall besondere Bestimmungen über die Fortdauer der Gemeinschaft getroffen.

Der Begründung eines vollgültigen Miteigentumsrechts iS. der §§ 1008 ff. BGB. — und ein anderes Miteigentumsrecht hat auch § 4 Abs. 1 JagdO. nicht im Auge — steht es nicht entgegen, wenn die Parteien hinsichtlich der Ausübung der aus dem Miteigentume sich ergebenden Nutzungsrechte und hinsichtlich einer späteren Auflösung des Miteigentumsverhältnisses und der Wiederherstellung des früheren Zustandes solche Bestimmungen getroffen haben. Die Begründung eines solchen Miteigentums ist nirgends verboten und deshalb an sich zulässig. Da nun das G. (§ 4 Abs. 1 JagdO.) das Recht auf Bildung eines Eigenjagdbezirkes ohne weitere Einschränkung an den Tatbestand knüpft, daß ein zusammenhängendes, land- oder forstwirtschaftlich benutzbares Grundstück von mindestens 75 ha Grundfläche im Eigentum eines einzelnen oder im Miteigentume derselben Miteigentümer steht, so haben die Beklagten nichts weiter getan, als in gesetzlich zulässiger Weise diesen Tatbestand hergestellt, also von einer ihnen im G. offen gelassenen Möglichkeit, sich einen Eigenjagdbezirk zu schaffen, Gebrauch gemacht. Eine Umgehung des G. liegt unter diesen Umständen nicht vor.

2. Liegt hiernach eine Umgehung des G. nicht vor, so kann auch davon nicht die Rede sein, daß der Vertrag, weil in Umgehung des G. abgeschlossen, gegen die guten Sitten sei. Es braucht deshalb nicht darauf eingegangen zu werden, obschon jede Umgehung des G. gleichzeitig einen Verstoß gegen die guten Sitten iS. des § 138 BGB. darstellt.

Nr. 11. Entsch. v. 2. Jan. 1913 (Recht 17 474).

JagdO. § 8.

Der § 7 Abs. 5 JagdO. bezieht sich nur auf den Fall, daß der Besitzer eines Eigenjagdbezirks den Anschluß fremder, von seinem Jagdbezirk zu mehr als 90 % umschlossener Grundstücke **fordert**, ohne das Eigentum an den umschlossenen Grundstücken erworben zu haben; für den **Zusammenschluß verschiedener**, einem und demselben Eigentümer gehöriger Grundstücke zu einem Eigenjagdbezirk ist § 7 Abs. 5 **ohne Bedeutung**.

Nr. 12. Entsch. v. 7. Okt. 1912 (Recht 17 474).

JagdO. § 8.

JS. des § 8 Abs. 2 JagdO. ist ein Grundstück „**ganz oder größtenteils umschlossen**", wenn die Umschließung **mehr als die Hälfte** beträgt. Ein sack- oder zungenartiges Hineinspringen in den umschließenden Jagdbezirk kann nicht gefordert werden.

Nr. 13. Entsch. v. 21. Okt. 1912 (Recht 17 474).

Wasserflächen, z. B. Landseen usw., können land- oder forstwirtschaftlich benutzbar sein und dann **Teile eines Eigenjagdbezirks** bilden.

Nr. 14. Entsch. v. 16. Jan. 1913 (OVG. **63** 374) III C 66/11.

1. Nach § 71 Abs. 1 JagdO. v. 15. VII. 07 (GS. 207) unterliegen Streitigkeiten der Beteiligten über ihre in den öffentlichen Rechten begründeten Berechtigungen und Verpflichtungen hinsichtlich der Ausübung der Jagd, soweit dieses G. nicht etwas anderes bestimmt, der Entsch. im Verwaltungsstreitverfahren. Weder aus dieser Bestimmung noch aus dem sonstigen Inhalte der JagdO. folgt aber, daß in einem Streite darüber, ob ein **Grundstück zu einem Eigenjagdbezirk oder zum gemeinschaftlichen Jagdbezirke** gehört, schon die **Legitimation zur Prozeßführung** gegen die Jagdgenossenschaft von dem **Nachweise des Eigentums an dem Grundstück** abhängig ist. Zutreffend bezeichnen Engelhard und Danckelmann, Jagdrecht S. 237, als Beteiligte einerseits diejenigen, die **auf Grund des öffentlichen Rechtes** eine Berechtigung **hinsichtlich der Ausübung der Jagd** zu haben glauben, oder denen in dieser Hinsicht **Verpflichtungen zugemutet** werden, **anderseits ihre Gegner**. Der gegenwärtige Streit beruht auf der Forderung des Beklagten, die Schlei als Eigenjagdbezirk zu besitzen. Der Beklagte hat die Schlei für einen Eigenjagdbezirk erklärt und nimmt das Jagdrecht in Anspruch, hat auch durch Verpachtung bereits darüber verfügt. Die Bildung eines Eigenjagdbezirkes ist nur auf Grund der JagdO. (§§ 4 und 5) rechtlich möglich. Danach macht der Beklagte eine in **den öffentlichen Rechten begründete Berechtigung hinsichtlich der Ausübung der Jagd für sich geltend**. Diese Tatsache genügt, um ihn zu einem **Beteiligten** iS. des § 71 JagdO. zu machen. Anderseits erhebt die Klägerin einen unter den § 71 fallenden Streit, wenn sie behauptet, daß die Schlei, insoweit ihre Fläche in die Gemeinde U. eingemeindet sei, zu **dem gemeinschaftlichen Jagdbezirk** U. gehöre. Dadurch, daß der Beklagte diese auf § 7 JagdO. gestützte Forderung bestreitet, wird er zum Beteiligten iS. des § 71.

2. Die **Schlei**, die, von der Ostsee ausgehend, sich etwa sechs Meilen lang in südwestlicher Richtung und wechselnder Breite in das Land erstreckt, ist weder ein Strom noch ein Landsee, noch eine Kette von Landseen, sondern ein **Meeresarm**, den man auch als Meeresbucht bezeichnen kann. Daran ändert nichts, daß der Zusammenhang mit dem offenen Meere nur schmal ist, und daß in den am meisten landeinwärts gelegenen Teilen das Süßwasser überwiegt. Diese Eigenschaft der Schlei kann aber nicht dazu führen, die Anwendbarkeit der JagdO. und namentlich ihres § 7 auszuschließen. Die JagdO. ist für ihren Geltungsbereich die fast ausschließliche Quelle des Jagdrechts. Abgesehen davon, daß nach der ausdrücklichen Bestimmung des § 86 die dort aufgeführten Gesetzesvorschriften aufgehoben werden, kommen neben der JagdO. nämlich nur noch die einschlägigen

Bestimmungen des BGB., insbesondere über den Wildschaden, und das geltende Recht über die Befugnis zum Töten von Hunden und Katzen in Jagdrevieren, in Betracht. Daß namentlich bezüglich der Gewässer ein Vorbehalt nicht gemacht worden ist, ergibt sich u. a. aus der Vorschrift des § 4 Abs. 1[1] JagdO., nach welcher „Gewässer" den erforderlichen Zusammenhang der Grundflächen nicht unterbrechen. Hiermit sind Gewässer aller Art, also auch die Schlei, bezeichnet. Dabei kann dahingestellt bleiben, ob und inwieweit die Küstengewässer den Vorschriften der JagdO. über die Bildung von Jagdbezirken unterliegen. Die Schlei ist nicht ein nur der Territorialhoheit des Staates unterworfenes Küstengewässer, sondern sie bildet einen Bestandteil des Staatsgebiets. Hiernach und da die JagdO. in der Provinz Schleswig-Holstein vorbehaltlos eingeführt ist, läßt sich ein Grund, die Schlei von der Anwendung des § 7 Abs. 1 auszuschließen, nicht erkennen.

3. Es fragt sich dann nur noch, ob der in die Gemeinde U. eingemeindete Teil der Schlei zu einem Eigenjagdbezirke des Fiskus gehört. Bei Anwendung der Bestimmungen der JagdO. ist die Frage gleichfalls zu verneinen. Die Bildung eines Eigenjagdbezirkes bedingt nach § 4 JagdO. die land- oder forstwirtschaftliche Benutzbarkeit der Grundfläche. An dieser Voraussetzung fehlt es hier. Schon die Verkehrsanschauung steht der Anerkennung eines Meeresarmes als einer land- oder forstwirtschaftlich benutzbaren Grundfläche entgegen. Den öffentlichen Strömen ist in OVG. 18 290 die land- oder forstwirtschaftliche Benutzbarkeit schlechthin abgesprochen. An diesem Grundsatze wird festgehalten. Er muß auch für einen Meeresarm gelten, dessen land- oder forstwirtschaftliche Benutzbarkeit die der öffentlichen Ströme keinesfalls übertrifft.

Hiernach gehört die Schlei, soweit sie Bestandteil der Gemeinde U. ist, auch zu deren gemeinschaftlichem Jagdbezirke.

Nr. 15. Entsch. v. 14. Nov. 1912 (PrVerwBl. **34** 547) III C 60/12.

JagdO. §§ 21, 23.

Wenn dem in den §§ 21 Abs. 3 und 23 Abs. 1 JagdO. aufgestellten Erfordernisse der Bekanntmachung in ortsüblicher Weise nicht genügt worden ist, so hat das die Nichtigkeit des Jagdpachtvertrages zur Folge. Ob die Jagdgenossen auf anderen Wegen von Ort und Zeit der Auslegung Kenntnis erhalten haben, ist unerheblich.

Nr. 16. Entsch. v. 22. Dez. 1913 (OVG. **66** 373) III C 84/13.

Wenn § 24 Abs. 2 JagdO. v. 15. VII. 07 Streitigkeiten über die Frage der Nichtigkeit von Jagdpachtverträgen zwischen dem Jagdvorsteher und dem Jagdpächter der Entsch. im Verwaltungsstreitverfahren unterwirft, so meint er damit offenbar die im vorhergehenden Abs. 1 desselben Paragraphen bezeichnete, als Folge von Verstößen „gegen die vorstehenden Vorschriften" eintretende Nichtigkeit. „Die vorstehenden Vorschriften" sind aber die §§ 21 bis 23 JagdO., in denen Form und Inhalt der vom Jagdvorsteher gemäß § 20 JagdO. über den gemeinschaftlichen Jagdbezirk abzuschließenden Jagdpachtverträge insoweit geregelt werden, wie es das öffentliche Recht erfordert. Fragen der Nichtigkeit, die sich aus privatrechtlichen Mängeln des Pachtvertrags ergeben, gehören danach nicht vor den Verwaltungsrichter, sondern vor die ordentlichen Gerichte, auch wenn sie lediglich zwischen Jagdvorsteher und Jagdpächter auszutragen sind. Um so mehr muß es als ausgeschlossen gelten, daß das G. dem Verwaltungsstreitverfahren den Streit über die Nichtigkeit solcher Jagdpachtverträge habe zuweisen wollen, die nicht vom Jagdvorsteher und nicht auf Grund und im Rahmen der diesem übertragenen öffentlich-rechtlichen Pflichten, sondern von dritten vermeintlich oder tatsächlich Berechtigten auf dem Boden des Privatrechts, also außerhalb des Geltungsbereichs der §§ 21 bis 23 JagdO. ohne Mitwirkung des Jagdvorstehers abgeschlossen worden sind, daher auch von den Vertragschließenden gar nicht unter Berücksichtigung der in jenen Paragraphen gegebenen Formvorschriften geschlossen werden konnten. Die rechtliche Tragweite solcher rein privatrechtlichen Abmachungen unterliegt der Beurteilung des ordentlichen Richters; nur als Vorfrage, z. B. nach der Berechtigung einer jagdpolizeilichen Verfügung, die in die durch solche Verträge geschaffenen Rechtsbeziehungen eingriffe, könnte sie vom Verwaltungsrichter mittelbar als sogenannter Inzidentpunkt mit zu entscheiden sein, niemals aber den unmittelbaren Gegenstand eines Verwaltungsstreitverfahrens bilden, in dem ja auch keine Möglichkeit gegeben sein würde, die dem Jagdpächter gegenüberstehende Vertragspartei als Prozeßpartei am Verfahren zu beteiligen.

Nr. 17. Entsch. v. 5. Febr. 1914 (OVG. **66** 377) III C 167/13.

Über die Gültigkeit von Jagdpachtverträgen gemäß § 24 JagdO. v. 15. VII. 07 kann zwischen dem Jagdvorsteher und dem Jagdpächter im Verwaltungsstreitverfahren nur dann gestritten werden, wenn die Gültigkeit des Vertrags aus dem Grunde in Abrede gestellt wird, weil er gegen die Bestimmungen der §§ 21—23 JagdO. verstoße. Gegen den § 21 Abs. 1 verstößt aber ein Vertrag, den der Jagdvorsteher mit sich selbst, wenn auch nur als Mitpächter, abschließt, bei dem er deshalb wegen persönlicher Beteiligung an der Vertretung der Jagdgenossenschaft verhindert war und sich gemäß § 16 Abs. 4 JagdO. hätte vertreten lassen müssen. In diesem Falle ist der Vertrag nicht von dem zuständigen Jagdvorsteher abgeschlossen und deshalb nichtig.

Nr. 18. Entsch. v. 20. Okt. 1913 (OVG. **65** 332) III C 56/13.

Der Jagdvorsteher ist es, der nach § 25 JagdO. die Pachtgelder erhebt und verteilt und den Verteilungsplan aufstellt, sowie auf Einsprüche gegen diesen durch Bescheid befindet und, sofern sein Bescheid durch Klage angefochten wird, als Beklagter auftritt. Gegenüber den Einspruch oder Klage erhebenden Jagdgenossen ist er Partei lediglich in seiner Eigenschaft als Jagdvorsteher, die in dem Augenblicke wegfällt, wo er aufhört, Gemeinde- und folgeweise Jagdvorsteher zu sein. Wird auf Klage sein Jagdpachtverteilungsplan aufgehoben, so treffen, wenn er inzwischen aufgehört hat, Jagdvorsteher zu sein, die öffentlich-rechtlichen Folgen dieser Aufhebung nicht mehr ihn, sondern seinen Nachfolger. Wegen solcher Ausgaben, die er zu Unrecht gemacht hat, kann er nur noch im Wege des Zivilprozesses in Anspruch genommen werden.

c) Hannoversches Jagdrecht.

Nr. 1. Entsch. v. 23. Jan. 1913 (OVG. **64** 511) III A 25/11.

Gegen den auf Grund des § 4 Abs. 3 letzter Satz HannJagdO. v. 11. III. 59 von der Obrigkeit verfügten Anschluß von Grundstücken an einen angrenzenden Jagdbezirk findet das Verwaltungsstreitverfahren nicht statt. Diese Vorschrift ist eine Ausnahme von der sonst in der HannJagdO. getroffenen Regelung, nach der die Jagdbezirke im allgemeinen nicht durch eine obrigkeitliche Feststellung gebildet werden, sondern idReg. auf Grund gewisser tatsächlicher Verhältnisse und Willensakte der Beteiligten kraft des G. bestehen oder zur Entstehung kommen. Abweichend hiervon ist im § 4 Abs. 3 bestimmt, daß dann, wenn die Beteiligten von dem ihnen eingeräumten Wahlrechte keinen Gebrauch machen, die Obrigkeit, also in ländlichen Bezirken der Landrat, über den Anschluß der in Betracht kommenden Grundstücke zu verfügen hat. Diese

Verfügung ist keine Anordnung, die erlassen wird zum Schutze der bestehenden öffentlichen jagdlichen Ordnung oder zur Abwehr der durch eine gesetzwidrige Jagdausübung der Allgemeinheit oder Einzelnen drohenden Gefahren, und deshalb keine jagdpolizeiliche. Es handelt sich bei ihr vielmehr um eine organisatorische Verwaltungsmaßregel, die im G. der Jagdaufsichts- oder Jagdverwaltungsbehörde ausdrücklich zugewiesen ist, die ihrem Gegenstande nach des polizeilichen Charakters entbehrt und für die im wesentlichen Zweckmäßigkeitsgründe maßgebend sind. Solange eine nach § 4 Abs. 3 erforderliche Verfügung des Landrats nicht getroffen ist, hat die Jagd auf den anzuschließenden Grundflächen zu ruhen. Stellt sich hiernach die vorliegende Verfügung nicht als eine jagdpolizeiliche Verfügung dar, so ist dagegen nur die Beschwerde an die vorgesetzten Instanzen, nicht aber sind dagegen die im § 127 LVG. vorgesehenen Rechtsmittel gegeben.

Nr. 2. Entsch. v. 30. Juni 1913 (OVG. **65** 335) III C 166/12.

HannJagdO. v. 11. III. 59 § 2.

1. Auch unter den in § 2 HannJagdO. den Gewässern gleichgestellten Wegen sind nicht reine Privatwege zu verstehen, sondern nur solche Wege, die entweder dem öffentlichen Verkehre gewidmet sind, oder auf denen wenigstens auf Grund eines öffentlich-rechtlichen Titels anderen ein Benutzungsrecht zusteht. Eine solche Einschränkung rechtfertigt sich hinsichtlich der Wege, weil es für die Frage, ob ein Geländestreifen als Weg anzusprechen ist, wesentlich auf dessen rechtliche Eigenschaft als Weg ankommt. Ob ein Geländestück sich als Gewässer darstellt, ist allein eine tatsächliche Frage, und es fehlt jeder Anhalt für die Annahme, daß als Gewässer gemäß § 2 HannJagdO. nur solche Gewässer anzusehen seien, die sich als „öffentliche Gewässer" darstellen, wenn auch nur in dem Sinne, daß an ihnen ein Gemeingebrauch besteht, oder daß ihr Bestand durch öffentliches Recht oder durch einen auf öffentlichem Rechte beruhenden Titel gesichert ist. Als Gewässer iS. des § 2 HannJagdO. sind also alle Gewässer zu betrachten, die tatsächlich mit der Bestimmung, für eine gewisse Dauer in diesem Zustande zu bleiben, vorhanden sind. Ob dies im einzelnen Falle zutrifft, ist Sache der tatsächlichen Würdigung. Der Annahme eines Gewässers iS. des § 2 steht der Umstand nicht entgegen, daß der betreffende Grund und Boden im uneingeschränkten Eigentum einer Privatperson steht, und daß diese berechtigt und tatsächlich auch in der Lage ist, das Gewässer vollständig eingehen zu lassen. Solange dies nicht geschieht, bleibt das Geländestück „Gewässer"; geschieht es, so ändern sich damit gegebenenfalls auch die jagdrechtlichen Verhältnisse der anliegenden Grundstücke. Sache der tatsächlichen Feststellung ist es, zu prüfen, ob ein vorhanden gewesenes Gewässer aufgehört hat, als solches zu bestehen. Im übrigen kommt es auch nicht darauf an, ob es sich um natürliche oder künstliche, und ob es sich um Gewässer handelt, die der Ent- oder der Bewässerung dienen. Auch Bewässerungsgräben können ständige Einrichtungen und damit Gewässer in dem hier fraglichen Sinne sein. Ob der Vorderrichter sich dies vor Augen gehalten hat, ist seinen Ausführungen nicht mit Sicherheit zu entnehmen.

2. Den Gewässern iS. des § 2 aaO. sind nicht ohne weiteres solche Geländestreifen — auch wenn sie nur eine Breite von 2 Fuß haben — zuzurechnen, die der Eigentümer des Gewässers hat liegen lassen, um sich eine bequeme Begehung und Räumung des Gewässers, die Ablagerung des Räumungsaushubs usw. zu ermöglichen. Der § 2 hat nur die Gewässer selbst im Auge. Diesen kann man nicht solche Streifen, sondern nur das zurechnen, was zum Bestande des Gewässers selbst gehört, also den Uferrand und, falls Dämme vorhanden sind, auch diese.

Nr. 3. Entsch. v. 5. Jan. 1914 (OVG. **66** 374) III C 95/13.

Nach § 4 HannJagdO. v. 11. III. 59 hat die obrigkeitliche Feststellung des Pachtpreises zur Voraussetzung, daß der Kläger den Anschluß der fiskalischen Enklaven an seinen Eigenjagdbezirk nicht ablehnt. Eine bindende Erklärung hierüber hat der Kläger offenbar nicht beabsichtigt. Sein Verhalten weist darauf hin, daß er seinen Entschluß, die Enklaven zu pachten oder nicht zu pachten, von dem Ausgange des vorliegenden Rechtsstreits abhängig machen will. Der Bezirksausschuß faßt das Rechtsverhältnis dahin auf, daß der Anschluß vom Kläger einstweilen nicht abgelehnt und die Ablehnung nur für eine spätere Zeit vorbehalten worden sei. Jedoch ist für das Hannoversche, ebenso wie für das altländische Recht das Bestehen eines Pachtverhältnisses die Voraussetzung, unter der ein Streit über die Höhe des Pachtpreises erst geführt werden kann. Allerdings werden nach den Vorschriften der JagdO. v. 15. VII. 07 das Angebot zum Pachten (§ 8 Abs. 2) und das Bereitsein zur Anpachtung (§ 19) erfordert, während nach § 4 Abs. 1 HannJagdO. der Anschluß erfolgt, wenn er von dem Vertreter des umschließenden oder begrenzenden Jagdbezirkes nicht abgelehnt wird. Der Unterschied ist aber nicht erheblich genug, um die Grundsätze, die in OVG. **55** 356 entwickelt sind, auf Hannover nicht anzuwenden. Dort ist ausgeführt, daß, bevor über die Höhe der Jagdpachtentschädigung im Verwaltungsstreitverfahren gestritten werden könne, das Zustandekommen des Pachtverhältnisses feststehen müsse. Daran fehlt es im vorliegenden Falle. Zur bloßen Unterrichtung der Beteiligten darüber, welchen Pachtpreis sie fordern können oder bewilligen müssen, ist das auf die behördliche Festsetzung der Höhe des Jagdpachtpreises gerichtete Verfahren nicht gegeben.

f) Wildschaden.

Nr. 1. Entsch. v. 4. Nov. 1912 (Recht **17** 442).

JagdO. §§ 58 ff.

Die vom Bezirksausschuß vorgenommene Erhöhung des Wildschadenbetrages ist lediglich mit der Absicht begründet, „sicher auf eine ausreichende Entschädigung herauszukommen" und mit der Erwägung, daß „dem Jahrgang", d. i. offenbar dem Ergebnis der Kartoffelernte im allgemeinen, ein Ertrag von einem Pfund auf die Staude entsprach. Das ist unzulässig. Das Bestreben, sicher auf eine ausreichende Entschädigung zu kommen, darf nicht dazu führen, eine Entschädigung zu gewähren, die möglicherweise zu hoch ist, denn beide Parteien haben den gleichen Anspruch auf Berücksichtigung ihrer Interessen. Es ist ferner nicht statthaft, sich bei Abschätzung des Schadens über die tatsächlichen Verhältnisse des Einzelfalles hinwegzusetzen, und von unbewiesenen Aufnahmen und den durchschnittlichen Verhältnissen eines größeren, vielleicht ganz verschiedenartige Verhältnisse umfassenden Bezirks auszugehen.

Nr. 2. Entsch. v. 6. Febr. 1913 (OVG. **63** 380) III C 88/12.

JagdO. §§ 56 ff.

Zur Herabsetzung der von der Ortspolizeibehörde für die Abschätzung von Wildschaden erforderten Kosten steht dem Ersatzpflichtigen das Verwaltungsstreitverfahren nicht zu Gebote. Sie kann vielmehr nur durch Anrufen der Aufsichtsbehörde erreicht werden, die in erster Linie zu prüfen haben wird, ob die Ortspolizeibehörde bei Erledigung der ihr durch §§ 56ff. JagdO. übertragenen Obliegenheiten überhaupt berechtigt ist, Reisekosten und Tagegelder oder Erstattung barer Auslagen zu beanspruchen.

F. Ansiedelungen und Kolonien; Errichtung von Feuerstellen in der Nähe von Waldungen.

a) Ansiedelungen nach dem G. v. 10. VIII. 04.

Nr. 1. Entsch. v. 15. April 1912 (PrVerwBl. 34 431) IV C 248/11.

AnsiedlG. § 13.

Die Berechtigung des Amtsvorstehers zu dem Erlasse der angefochtenen Verfügung hängt davon ab, ob der Kläger ein vorhandenes Gebäude zum Wohnhaus eingerichtet hat, und zutreffendenfalls, ob dies Gebäude sich außerhalb einer im Zusammenhange gebauten Ortschaft befindet (§ 13 AnsiedlG. v. 10. VIII. 04, GS. 227). Der Vorderrichter hat beide Fragen bejaht. Die Revision rügt eine Verkennung des Begriffs des Wohnhauses, indem sie als Voraussetzung für diesen Begriff eine gewisse äußere Ausdehnung und ein wohnhausmäßiges Aussehen verlangt und ausführt, daß ein Hühnerstall dadurch, daß ein damit verbundener Nebenraum tatsächlich als menschlicher Wohnraum benutzt werde, nicht als „zum Wohnhaus eingerichtet" gelten könne. Diese Annahme findet im G. keine Stütze. JS. des § 13 aaO. kommt es nur darauf an, daß ein Gebäude dazu bestimmt oder eingerichtet wird, Wohngelegenheit für Menschen, also eine neue Wohnstätte, zu schaffen. Ist dies der Fall, so handelt es sich um ein „Wohnhaus", ohne Rücksicht darauf, ob die Baulichkeit sich nach baupolizeilichen, ortsüblichen, verkehrsmäßigen oder sonstigen Begriffen als solches darstellt oder nicht, und ohne Rücksicht auf ihre Ausdehnung und ihr Aussehen. So hat der Gerichtshof unbedenklich in der Umwandlung eines Stalles und einer Schmiede sowie in der Aufstellung eines sogenannten Wohnwagens die Einrichtung zu einem Wohnhause bzw. die Errichtung eines solchen iS. der angezogenen Gesetzesbestimmung gefunden. Dasselbe muß auch hier gelten, da der Kläger dem Stallgebäude die Bestimmung als „Wohnhaus", d. h. als eine nicht bloß vorübergehende Unterkunftsstelle für Menschen, gegeben, es dementsprechend „eingerichtet" hat und es auch mit seiner Familie bewohnt.

Nr. 2. Entsch. v. 5. Dez. 1912 (PrVerwBl. 35 503) IV A 28/12.

1. Die Frage des „Ersatzbaues" ist nur für den § 13 G. v. 10. VIII. 04, nicht aber für den § 13a daselbst von Erheblichkeit.

2. Für den Begriff des Landguts kommt es darauf an, daß die einzelnen Grundstücke eine wirtschaftliche Einheit darstellen. Dies wird noch nicht dadurch ausgeschlossen, daß die Grundstücke räumlich voneinander getrennt liegen.

Nr. 3. Entsch. v. 13. Febr. 1913 (OVG. 63 255) IV C 156/12.

1. Nach § 13 G. v. 10. VIII. 04 (GS. 227) bedarf der Ansiedlungsgenehmigung, wer außerhalb einer im Zusammenhange gebauten Ortschaft und nicht in den Grenzen eines nach dem BauflG. festgestellten Bebauungsplans ein Wohnhaus errichten will. Das G. macht dabei keinen Unterschied, ob in dem Wohnhause Familienwohnungen eingerichtet werden sollen oder Wohnungen anderer Art. Demgemäß ist es für die Erteilung der Ansiedlungsgenehmigung ohne Bedeutung, in welcher Weise das Haus zum Wohnen benutzt werden soll.

2. Es unterliegt keinem Bedenken, die für die Gründung neuer Ansiedlungen geltenden Gesetzesbestimmungen dann zur Anwendung zu bringen, wenn der Staat in seiner Eigenschaft als Fiskus Wohngebäude errichtet, also bei den sogenannten fiskalischen Bauten. Ein solcher Bau steht hier nicht in Frage; die Luftschiffhalle ist vielmehr ausschließlich oder doch vornehmlich den Zwecken der Landesverteidigung zu dienen bestimmt. Ihre Herstellung erfolgt

daher in Ausübung von Befugnissen der Staatsgewalt, eines Staatshoheitsrechts, nämlich des Militärhoheitsrechts; denn in dem Rahmen dieser Befugnisse liegt es nicht allein, zu bestimmen, ob und daß, sondern auch wie und wo eine derartige Halle anzulegen ist. Wird es aus militärischen Gründen für erforderlich befunden, die Halle außerhalb einer im Zusammenhange gebauten Ortschaft zu errichten und mit ihr eine Wohnung zu verbinden, so stellt sich diese Maßnahme immer noch lediglich als ein Ausfluß des Militärhoheitsrechts dar. Zu entscheiden ist deshalb, ob eine Ansiedlungsgenehmigung nach dem G. v. 10. VIII. 04 auch für Wohnhäuser erforderlich ist, die nicht fiskalische, sondern in dem vorstehenden Sinne staatliche Bauten sind.

Das AnsiedlG. sagt zwar allgemein, daß unter den von ihm festgestellten Voraussetzungen eine Ansiedlungsgenehmigung erforderlich ist, und enthält keine Einschränkung zugunsten von Wohnhäusern, die in Ausübung staatlicher Hoheitsrechte errichtet werden sollen. Der Wortlaut des G. ist indes nicht allein ausschlaggebend, sondern es kommt darauf an, was nach seinem Sinne und Zwecke als von ihm gewollt anzusehen ist. Danach ist aber seine Anwendung für Bauten des Staates als solchen, also für Wohngebäude, die er in Ausübung von Hoheitsrechten errichtet, zu verneinen und anzunehmen, daß insoweit das G. nicht hat eingreifen wollen und infolgedessen nicht eingreift. Das ergibt sich aus dem allgemeinen Wesen der Hoheitsrechte und aus der Beschränktheit der Gründe, wegen deren die Ansiedlungsgenehmigung vorgeschrieben worden ist.

Es mag zutreffen, daß die Ansiedlungsgenehmigung für staatliche Bauten idReg. anstandslos erteilt werden wird. Das ist indessen für die grundsätzlich zu treffende Entsch. belanglos. Es muß stets mit der rechtlichen Möglichkeit gerechnet werden, daß, wenn für derartige Bauten die Ansiedlungsgenehmigung erforderlich wäre, verhältnismäßig untergeordnete Behörden in die Lage kommen würden, sie, trotzdem es sich um die Ausübung eines Staatshoheitsrechts handelt, zu versagen, und daß dies zum Schutze von Rechten und Interessen geschehen würde, deren Berücksichtigung sich nach dem AnsiedlG. selbst nicht als unzulässig erweist, die aber entweder nur einzelnen Privatpersonen zustehen oder gegenüber den Bedürfnissen der Staatsgewalt von durchaus untergeordneter Bedeutung sind. Unter allen Umständen sind verhängnisvolle Verzögerungen nicht ausgeschlossen; denn die Genehmigungsbehörde würde die Pflicht haben, den Antrag dem G. gemäß auf ortsübliche Art mit der vorgeschriebenen Frist öffentlich bekannt zu machen, um festzustellen, ob Einspruch erhoben wird, und alsdann zu erwägen und zu entscheiden, ob ein solcher begründet ist oder nicht. Abgesehen davon, daß die Veröffentlichung der beabsichtigten Veranstaltung, z. B. mit Wohnräumen versehener Befestigungs- und Verteidigungswerke, das Staatswohl gefährden kann und deshalb die Geheimhaltung solcher Anlagen notwendig, vielleicht auch anderweit vorgeschrieben ist, könnte bis zur Beschlußfassung auf den Ansiedlungsantrag und bis zu dessen Erledigung in einem sich vielleicht daran anschließenden Verwaltungsstreitverfahren leicht so lange Zeit vergehen, daß die Errichtung des Wohnhauses nicht mit der Schleunigkeit möglich wäre, welche das Staatswohl erheischt. Es darf in dieser Beziehung nur auf eine drohende Kriegsgefahr und auf Werke der soeben bezeichneten Art hingewiesen werden. Der Grundsatz, daß zu staatlichen Bauten keine Ansiedlungsgenehmigung notwendig ist, gilt, gleichviel ob es sich um Hoheitsrechte des Preußischen Staates oder um solche des Deutschen Reichs handelt, und ob das Militärhoheitsrecht oder ein anderes Hoheitsrecht in Betracht kommt.

Nr. 4. Entsch. v. 14. April 1913 (PrVerwBl. 35 843) IVA 64/12.

AnsiedlG. v. 10. VIII. 04 §§ 13, 13a.

1. Der Kläger hält die Ansiedlungsgenehmigung nicht für notwendig, weil er kein neues Wohnhaus errichten und auch nicht ein vorhandenes Gebäude zum

Wohnhause einrichten wolle, vielmehr ein Gebäude, das bis zum Jahre 1907 schon Wohnzwecken gedient habe, und in welchem nur von 1907 bis 1910 eine Molkereianlage eingerichtet worden sei, wiederum als Wohnhaus herzustellen beabsichtige, ohne eine bauliche Veränderung an dem Hause selbst vorzunehmen. Danach kann es jedoch bei dem Mangel von Umständen, die auf eine andere Sachlage hindeuten, nicht zweifelhaft sein, daß das in Betracht kommende Gebäude, mag es auch vorher ein Wohnhaus gewesen sein, durch die Einrichtung zur Molkerei und lediglich zu einer solchen seine etwaige frühere Eigenschaft als Wohnhaus endgültig verloren hat und demgemäß von der Ehefrau des Klägers als Molkereigebäude, nicht aber als Wohnhaus erworben worden ist.

2. Die geplante Einrichtung soll zweifellos vom Kläger als eine Folge der Zerteilung des G.schen Landgutes in zwei ländliche Stellen herbeigeführt werden. Denn der Kläger will die neue Wohnung einrichten, um das Teilgrundstück bewirtschaften zu können. Daß ein solcher Wille obwaltet, hat der Gerichtshof daraus gefolgert, daß der Kläger diese Anführung nicht bestritten hat, auch ein Bestreitenwollen nirgends erhellt. Auch nur zwei ländliche Stellen sind als „mehrere" anzusehen.

Nr. 5. Entsch. v. 28. April 1913 (OVG. **65** 233) IV A 9/13.

Wer außerhalb einer im Zusammenhange gebauten Ortschaft ein Wohnhaus errichten oder ein vorhandenes Gebäude zum Wohnhaus einrichten will, bedarf nach § 13 AnsiedlG. v. 10. VIII. 04 einer Ansiedlungsgenehmigung, vor deren Aushändigung die polizeiliche Bauerlaubnis nicht erteilt werden darf.

Die Entsch. der Frage, ob dem Kläger die Bauerlaubnis mit Recht verweigert worden ist, hängt davon ab, ob er ein Wohnhaus oder ein Wohngebäude iS. der §§ 12, 15 BauflG. errichtet oder eingerichtet hat. Unstreitig besteht das Bauwerk aus einem Erdgeschoß und einem in Fachwerk ausgeführten, mit Biberschwänzen gedeckten Obergeschosse. Das erste Geschoß enthält eine Vorhalle mit zwei heizbaren Räumen, mit dem Obergeschoß ist es durch eine Wendeltreppe verbunden. Die Zimmer sind mit Fenstern, Fußböden aus gehobelten und gestrichenen Brettern, Tapeten sowie Gardinen versehen; die Schornsteine sind derartig angelegt, daß durch bewegliche Heizungsanlagen jeder Raum des Gebäudes mit Leichtigkeit heizbar gemacht werden kann. — Es ist nicht zweifelhaft, daß ein solcher Bau an sich geeignet ist, als Wohnstätte zu dienen, also ein Wohnhaus oder Wohngebäude darzustellen. Die objektive Beschaffenheit des Gebäudes als Wohngebäude genügt aber noch nicht, ihm diese Eigenschaft zuzusprechen. Dazu ist vielmehr außerdem erforderlich, daß es tatsächlich als Wohnstätte benutzt worden ist, oder daß die Absicht, es bewohnen zu wollen, erhellt.

Nr. 6. Entsch. v. 7. Juli 1913 (OVG. **64** 447) IV A 57/12.

JS. des § 13 AnsiedlG. v. 10. VIII. 04 kommt es darauf an, daß ein Gebäude dazu bestimmt oder eingerichtet wird, Wohngelegenheit für Menschen, eine neue Wohnstätte, zu schaffen. Es handelt sich um ein „Wohnhaus", wenn einmal das Gebäude seiner Einrichtung nach ein Bewohnen gestattet, an sich — objektiv — geeignet ist, als Wohnstätte zu dienen. Dies trifft hier zweifellos zu. Weiter ist aber zur Erfüllung des Begriffs „Wohnhaus" iS. des § 13 aaO. erforderlich, daß ihm auch die Zweckbestimmung, als Wohnhaus zu dienen, gegeben ist. Diese läßt sich in erster Linie aus der tatsächlichen Benutzung erkennen. In dieser Beziehung steht aber fest und ist unbestritten, daß der Kläger und seine Familie in der wärmeren Jahreszeit öfter von Sonnabend zu Sonntag in der mit Betten und Wohneinrichtung versehenen Laube sich aufgehalten und insbesondere auch dort genächtigt haben. In dieser

Art der Benutzung des Gebäudes ist ein „Wohnen" iS. des § 13 zu erblicken. Daß das Bewohnen nur zeitweise an einzelnen Tagen und nicht fortdauernd für längere Zeit erfolgt, steht der Annahme, daß es sich um ein Wohngebäude handelt, nicht entgegen.

Nr. 7. Entsch. v. 4. Dez. 1913 (OVG. **65** 235) IVB 41/13.

AnsiedlG. v. 10. VIII. 04 §§ 13, 15.

1. Die mehr oder weniger isolierte Lage außerhalb der geschlossenen Ortschaft ist dasjenige allgemeine Merkmal, das dem Bauunternehmen die Eigenschaft einer Ansiedlung iS. des § 13 G. v. 10. VIII. 04 gibt. Darüber hinaus ist ihm aber eine Bedeutung für den einzelnen Fall nicht beizumessen, insbesondere nicht die, daß sich schon darauf allein iS. des § 15 aaO. die Behauptung eines Einsprechenden, der Schutz der Nutzungen seiner Forstwirtschaft werde gefährdet, stützen läßt. Es mag allenfalls die Besorgnis vorliegen, daß von einer in besonderem Grade isoliert und unübersichtlich belegenen Wohnstätte aus der Schutz der Nutzungen der benachbarten Grundstücke gefährdet werden könnte. Eine solche Besorgnis vermag indessen für sich allein noch nicht die Versagung der Ansiedlungsgenehmigung zu begründen; hierzu müssen Tatsachen, aus denen mit Sicherheit auf die Schädigung der Nutzungen geschlossen werden kann, bereits begangene strafbare Handlungen der Bewohner der geplanten Wohnstätte oder dergleichen, nachgewiesen sein. Dasselbe gilt auch von dem Umstande der Verdeckung des Ansiedlungsgrundstücks durch hohe Bäume. Hiernach hat der Gerichtshof nicht die Überzeugung gewonnen, daß die Einsprüche, die die Einsprechenden gegen das Ansiedlungsvorhaben geltend gemacht haben, begründet sind.

2. Die Zugänglichkeit des Ansiedlungsgrundstücks durch einen jederzeit offenen, fahrbaren Weg hat der Verwaltungsrichter von Amts wegen zu prüfen. Die Ansiedlungsgenehmigung kann daher nicht schon deshalb zurückgewiesen werden, weil der Antragsteller den Nachweis für das Vorhandensein eines solchen Weges nicht genügend geführt habe.

Nr. 8. Entsch. v. 11. Juli 1912 (OVG. **63** 248) IVA 66/11.

Die Umwandlung eines Landguts in mehrere ländliche Stellen gemäß § 13a AnsiedlG. v. 10. VIII. 04 ist erst dann erfolgt, wenn außer der tatsächlichen Zerteilung des Landguts auch die Schaffung der neuen ländlichen Stellen stattgefunden hat. Die Umwandlung kann sich während eines langjährigen Zeitraums vollziehen; ein innerhalb der Umwandlungsdauer eingetretener Wechsel in der Person der Stellenbesitzer ist belanglos.

Nr. 9. Entsch. v. 19. Juni 1913 (OVG. **65** 237) IVA 5/13.

AnsiedlG. v. 10. VIII. 04 § 13a.

Die Umwandlung eines Landguts in mehrere ländliche Stellen gemäß § 13a AnsiedlG. v. 10. VIII. 04 durch Abverkauf eines Vorwerkes liegt nur dann vor, wenn dies Vorwerk zu dem Landgut in einem Verhältnisse wirtschaftlicher Abhängigkeit oder Zugehörigkeit gestanden hat.

Wenn der Gutsbesitzer von T., der nicht dort, sondern auf seinem anderen Gute B. wohnte, einzelne Verwaltungsgeschäfte sich selbst vorbehalten und seinem örtlichen Angestellten nicht überlassen hat, so beweist diese Tatsache noch keineswegs, daß T. in wirtschaftlicher Abhängigkeit oder Zusammengehörigkeit zu dem Gute B. stand. Die gleichen Verhältnisse walten fast überall dort ob, wo jemand Eigentümer mehrerer selbständiger Güter ist. Daraus, daß von ein und derselben oberleitenden Stelle aus für jedes Gut der dieses betreffende Bestellungsplan angegeben, die hierfür erforderlichen Futter- und Dungmittel beschafft, und sonstige, das einzelne besondere Gut betreffende Rechtsgeschäfte abgeschlossen werden, ist noch keine Verbindung der beiden Güter zu einer wirtschaftlichen Einheit zu ersehen, ebensowenig aus der Ablieferung von Geflügel an die Gutsherrschaft und der Lieferung von Brennereikartoffeln und Schlempe von einem Gute an das andere.

Nr. 10. Entsch. v. 2. Febr. 1914 (OVG. **66** 308) IV A 56/13.

AnsiedlG. v. 10. VIII. 04 § 13 a.

Die Entsch. der Frage, ob der Tatbestand des § 13a AnsiedlG. v. 10. VIII. 04 vorliegt, wonach die Ansiedlungsgenehmigung erforderlich ist, wenn infolge oder zum Zwecke der Umwandlung eines Landguts oder eines Teiles eines solchen in mehrere ländliche Stellen ein Wohnhaus errichtet werden soll, hängt in erster Linie davon ab, ob das Grundstück des Klägers trotz seiner geringen Größe von 11 3/4 Morgen und seiner teilweise wirtschaftlich wenig guten Beschaffenheit ein Landgut ist. Das AnsiedlG. bestimmt diesen Begriff nicht näher.

Im gewöhnlichen Sinne des Wortes ist ein Landgut nicht gleichbedeutend mit einem nicht in einer Stadt, sondern auf dem Lande oder in einer Landgemeinde (einem Gutsbezirke) belegenen Grundstück und ebensowenig mit einem landwirtschaftlich benutzten Grundstücke, so daß jedes Grundstück von der einen oder der anderen Art ein Landgut wäre. Nach der Entstehungsgeschichte des § 13a ist offenbar zunächst nur an größere Güter gedacht worden, so daß selbst Bauerstellen nicht unter die Landgüter fielen. Dann ist dieser Begriff unter Hinweis auf § 98 BGB. dahin erweitert worden, daß auch bäuerlicher, ja kleinbäuerlicher Besitz, jedes eine selbständige Ackernahrung darstellende Gut unter Landgut zu verstehen sei, und die AAnw. v. 28. XII. 04 sagt in Übereinstimmung hiermit: „Zu Landgütern iS. dieser Vorschrift — des § 13a — gehören nicht nur Güter im engeren Sinne (Gutsbezirke, Rittergüter usw.), sondern auch bäuerliche, kleinbäuerliche und ähnliche Besitzungen."

Zu einem Landgute gehört demnach ein größeres Besitztum von nicht allzu kleinem landwirtschaftlichen Betriebe sowie mit nicht zu geringen Betriebsmitteln, und um diesen Begriff zu erfüllen, reicht ein Grundstück in der Größe von nur 11 3/4 Morgen mit dem wenigen, was dazu gehört, um es für die Zwecke der Landwirtschaft mit ihren jährlich wiederkehrenden Erträgnissen nutzbar zu machen, nicht aus. Von einem bäuerlichen oder auch von einem kleinbäuerlichen Besitze kann keine Rede sein. Es fehlt auch die Ähnlichkeit mit einer solchen Besitzung. Endlich stellen die 11 3/4 Morgen noch nicht eine selbständige Ackernahrung dar; sie sind vielmehr bei ihrer Lage in den Grenzen eines festgestellten Bebauungsplans weiter nichts als teilweise bebaute, teilweise noch nicht bebaute Baustellen. Ist hiernach die Besitzung des Klägers kein Landgut, wie es in § 13a vorausgesetzt wird, so scheidet die Umwandlung eines solchen in mehrere ländliche Stellen und damit die Möglichkeit für die Anwendung der angezogenen Vorschrift schon aus diesem Grunde aus.

Zu berücksichtigen bleibt stets, daß der § 13a eine Ausnahmevorschrift ist, mit der keine politischen Zwecke verfolgt werden. Sie ist daher nicht ausdehnend auszulegen. Dies gilt auch bei den Begriffen Landgut und ländliche Stelle.

Nr. 11. Entsch. v. 2. Dez. 1912 (OVG. **63** 251) IV C 120/12.

Voraussetzung des § 13b Abs. 4 AnsiedlG. v. 10. VIII. 04 ist die Teilung zwischen Erben oder die Überlassung im Wege der Teilung an Kinder, d. h. es wird ausdrücklich eine Teilung unter eine Mehrheit von Personen vorausgesetzt. Hier liegt der Fall vor, daß das ganze Grundstück der Eltern nicht an eine Mehrheit von Kindern, sondern nur an eins überlassen worden ist; von einer Verteilung des Grundstücks an mehrere Kinder kann sonach nicht die Rede sein.

Nr. 12. Entsch. v. 10. Okt. 1912 (OVG. **64** 436) IV C 42/12.

AnsiedlG. v. 10. VIII. 04 § 15a.

1. Wenn der Vorderrichter ausführt, eine Prüfung der Einsprüche der Mitbeklagten M. und F. sei deshalb nicht notwendig, weil sämtliche Einsprechende notwendige Streitgenossen seien, und das Urteil gegen sie alle nur einheitlich ergehen könne, so ist dies nicht zutreffend. Der Gerichtshof hat wohl eine notwendige Streitgenossenschaft in Ansiedlungsstreitigkeiten zwischen der Genehmigungsbehörde und dem Unternehmer, sowie zwischen ersterer und einem Einsprechenden bei dem Vorliegen bestimmter tatsächlicher Voraussetzungen angenommen. Dagegen besteht in Ansiedlungsstreitigkeiten keine notwendige Streitgenossenschaft zwischen den mehreren Einsprechenden, die ihre Einwendungen mit der Klage, jeder für sich gesondert, geltend machen. Die Versäumung der gesetzlichen Rechtsmittelfrist durch einen Einsprechenden hat daher den Verlust des Rechtsmittels auch dann zur Folge, wenn ein anderer als Kläger an demselben Streitverfahren beteiligter Einsprechender die Frist durch Einlegung des Rechtsmittels gewahrt hat.

2. Die Vorschrift des § 15a AnsiedlG. v. 10. VIII. 04, nach welcher der Einspruch gegeben ist, wenn der Abbau des Feldes in absehbarer Zeit in Angriff genommen wird, sieht nur vor, daß der Betrieb, falls er nicht schon unter dem zu besiedelnden Grundstück umgeht, doch nach bestimmten tatsächlichen Anzeichen in naheliegender, jedenfalls nicht ganz unsicherer und ganz ferner Zeit dort umgehen wird. Als tatsächliche Unterlagen für die Feststellung dieser Tatsache sind u. a. die bisherige Gestaltung des Betriebs, die neuen Betriebspläne und die beim Abbau über dessen Einwirkungen auf die hangenden Gebirgsschichten und die Erdoberfläche gemachten Beobachtungen zu berücksichtigen.

3. Ungerechtfertigt ist der Vorwurf, der Vorderrichter habe bei der Abwägung der Interessen der Ansiedlung und des Bergbaues an erster Stelle geprüft, ob vom allgemein volkswirtschaftlichen Standpunkt aus das letztere überwiege, und dies angenommen, sich aber hierdurch mit der Rechtsprechung des OVG. in Widerspruch gesetzt. Es ist allerdings richtig, daß er von einer Prüfung der Angelegenheit vom allgemein volkswirtschaftlichen Standpunkte gesprochen hat. Er ist aber auch bereits im unmittelbaren Anschluß an diesen Satz auf die besonderen Verhältnisse der Parteien eingegangen. Er hat in den Urteilsgründen weiterhin die einander gegenüberstehenden Einzelinteressen der geplanten Ansiedlung und des von dem mitbeklagten Vereine betriebenen Bergbaues festgestellt und gegeneinander abgewogen. Seine Entsch. wird hierdurch in jedem Falle getragen.

Die Untersuchung der Frage, ob, nachdem die Vergleichung der Privatinteressen zuungunsten des Klägers ausgefallen war, doch überwiegende öffentliche Interessen für die Ansiedlung sprächen, brauchte der Vorderrichter in den Gründen nicht ausdrücklich zu erwähnen. Beachtenswerte Interessen dieser Art hatte der Kläger nicht dargelegt; der Vorderrichter hatte aber auch gerade bei der Besprechung der allgemein volkswirtschaftlichen Interessen hervorgehoben, daß nach der Lage des zu besiedelnden Grundstücks kein Bedürfnis für die Errichtung einer Wohnstätte auf diesem Grundstück anzuerkennen sei.

Ob das Ansiedlungsgelände als Bauland anzusprechen war oder nicht, ist eine Frage der tatsächlichen Würdigung. Maßgebend sind dafür im wesentlichen die Lage an einer bebauungsfähigen Straße und die verkehrsmäßige Eigenschaft des Ansiedlungsgrundstücks als Baugelände. Nicht jedes Grundstück, das mit einem Wohnhause besetzt werden kann, ist deshalb schon Baugelände. Auf der anderen Seite ist nicht zu übersehen, daß auf hierzu geeigneten Grundstücken auch nicht zu Wohnzwecken bestimmte Gebäude errichtet werden können, und daß diese einer Ansiedlungsgenehmigung gar nicht bedürfen würden.

Nr. 13. Entsch. v. 21. Nov. 1912 (PrVerwBl. 35 360) IV C 85/12.
AnsiedlG. v. 10. VIII. 04 §§ 15, 17, 18.

1. Für die Festsetzung besonderer Leistungen des Ansiedlers zugunsten der politischen und der Schulgemeinde ist im Verwaltungsstreitverfahren kein Raum, da solche Festsetzung nach §§ 17, 18 G. v. 10. VIII. 04 (GS. 227) dem Beschlußverfahren vorbehalten worden ist.

2. Es handelt sich deshalb lediglich darum, ob der von der beklagten Zuckerfabrik K. erhobene Einspruch durch Tatsachen begründet wird, die die Annahme rechtfertigen, daß die geplante Ansiedlung den Schutz der Nutzungen benachbarter Grundstücke aus der Landwirtschaft gefährden werde. Der Gerichtshof hat stets angenommen, daß die vorgebrachten Tatsachen geeignet sein müssen, daraus mit Sicherheit schließen zu lassen, daß die Nutzung der angrenzenden Grundstücke gefährdet sei und daß bloße Vermutungen, Besorgnisse oder Befürchtungen nicht genügen, um dem Eigentümer das an sich zustehende Recht, auf seinem Grundstück eine Ansiedlung zu errichten, zu entziehen, dieses vielmehr erst dann geschehen könne, wenn bestimmte tatsächliche Unterlagen für die Gefährdung der Nutzung vorhanden seien. Weiter hat das OVG. oft entschieden, die in § 15 aaO. vorausgesetzte Gefährdung müsse eine solche sein, die durch strafbare Handlungen von Bewohnern der Ansiedlung hervorgerufen werde.

Der einzige Umstand, auf den der Vorderrichter die Annahme der Gefährdung von Nutzungen aus der Landwirtschaft stützt, ist der, daß der Kläger in der Ansiedlung Mietwohnungen einrichten und in diese Arbeiter aufnehmen will, und die „isolierte" Lage des zu besiedelnden Grundstücks. Eine solche abseitige Lage ist indessen keine Besonderheit des vorliegenden Falles, sondern kommt bei Ansiedlungen nicht selten vor. Und wenn der Kläger als Mieter Arbeiter in das zu errichtende Wohnhaus aufnehmen will, so ist damit keineswegs dargetan, daß dies nur solche seien, die strafbare Handlungen, insbesondere Felddiebstähle, begehen. Dem Gesetzgeber hat es auch ferngelegen, die Ansiedlungsfreiheit so weit zu beschränken, daß schon geringfügige und unbedeutende Schädigungen der Feldfrüchte, wie sie durch Übertritt von Federvieh in nicht besonders großer Anzahl veranlaßt werden können, für die Versagung der Ansiedlungsgenehmigung genügen sollen. Für die Beurteilung der Gefährdung von Nutzungen aus der Landwirtschaft muß deshalb die Tatsache ausscheiden, daß die Mieter sich Federvieh halten werden.

Nr. 14. Entsch. v. 15. April 1912 (OVG. **61** 117) IV C 251/11.
AnsiedlG. v. 10. VIII. 04 § 20.

Die Klägerin ist minderjährige Haustochter, deren Aufenthalt der Vater zu bestimmen hat (§ 1631 Abs. 1 BGB.). Sie muß bei ihrem Vater wohnen und wohnt deshalb bei ihm. In der Tatsache des Wohnens in dem ohne die erforderliche Ansiedlungsgenehmigung zum Wohnhaus eingerichteten Gebäude kann bei der Klägerin die „Weiterführung der Ansiedlung" nicht erblickt werden, weil von ihr nur der von dem Vater zum Wohnen eingerichtete Raum mitbenutzt worden ist, ohne daß diese Mitbenutzung von ihrem eigenen freien Willen abhing. Die Polizeibehörde ist daher nicht befugt, ihr das weitere Wohnen in dem Gebäude zu untersagen *).

*) Das Gleiche gilt von einer Wirtschafterin, die auf Grund eines Gesindedienstverhältnisses oder eines sonstigen dauernden Dienstverhältnisses in einem ohne die erforderliche Ansiedlungsgenehmigung errichteten Gebäude wohnt, Entsch. v. 15. IV. 12 (OVG. **61** 118) IV C 250/11.

Nr. 15. Entsch. v. 13. Nov. 1913 (DJZ. **19** 511) IV C 134/13.

Die Vorschrift des § 20 AnsiedlG. v. 10. VIII. 04 gilt auch, wenn in den Fällen des § 13a daselbst jemand mit einer Ansiedlung begonnen hat, obwohl eine Ansiedlungsgenehmigung nach dem § 13a erforderlich war. — Bei der Anwendung des § 20 hat der Gerichtshof bereits entschieden, daß dafür, ob eine Ansiedlungsgenehmigung erforderlich war oder nicht, die Zeit der Urteilsfällung maßgebend sei. Dabei handelte es sich aber um andere Fälle der Notwendigkeit der Ansiedlungsgenehmigung und nicht um den § 13a. Fragt es sich jedoch, ob die Errichtung eines Wohnhauses zum Zwecke der Umwandlung eines Landgutes oder eines Teiles eines solchen in mehrere ländliche Stellen geschehen ist, so kann es nur auf die Zeit der Errichtung des Gebäudes ankommen.

Nr. 16. Entsch. v. 5. Jan. 1914 (OVG. **66** 304) IV A 54/13.
AnsiedlG. v. 10. VIII. 04 §§ 13, 20.

1. Die Kläger haben zugestanden, daß der unstreitig außerhalb einer im Zusammenhange gebauten Ortschaft liegende Wagenschuppen zum Wohnen benutzt wird und daß dieses Gebäude mit den zum Wohnen nötigen Gegenständen, Möbeln u. dgl. ausgestattet worden ist. Es ist hiernach ein vorhandenes Gebäude zum Wohnhaus eingerichtet worden. Hierzu hätte es nach § 13 AnsiedlG. v. 10. VIII. 04 der Ansiedlungsgenehmigung bedurft. Liegt also der Beginn oder die Weiterführung einer Ansiedlung vor Erteilung der Ansiedlungsgenehmigung vor, so war die Ortspolizeibehörde grundsätzlich berechtigt, die Benutzung des Wagenschuppens zu verbieten und die Entfernung der bezeichneten Gegenstände anzuordnen (§ 20 aaO.).

2. In der Tatsache des Wohnens in dem ohne die erforderliche Ansiedlungsgenehmigung zum Wohnhaus eingerichteten Gebäude kann bei solchen Personen die Weiterführung der Ansiedlung iS. des § 20 aaO. nicht erblickt werden, bei denen es sich nur um eine nicht von ihrem freien Willen abhängende Mitbenutzung der zum Wohnen eingerichteten Räume handelt. Dies trifft an sich bei der Ehefrau, die die Wohnung ihres Ehemanns teilt, und bei einem minderjährigen Sohne, der die Wohnung seines Vaters mitbewohnt, zu. Im gegebenen Falle ist, was den mitklagenden Sohn anlangt, jedoch zu beachten, daß er gegenwärtig, beim Erlasse dieses Urteils, bereits volljährig ist. Der Gerichtshof hat bei der Anwendung des § 20 aaO. bereits mehrfach entschieden, daß dafür, ob eine Ansiedlungsgenehmigung erforderlich war oder nicht, die Zeit der Urteilsfällung maßgebend sei. Dies gilt auch unbedenklich bei der hier in Betracht kommenden Selbständigkeit in der Bestimmung hinsichtlich des Wohnens. Es kann daher der mitklagende Sohn dem Verlangen der Polizei nicht mehr mit Erfolg jenen Einwand entgegenstellen.

Eine Ehefrau dagegen ist in der Wahl der Wohnung nicht frei, sondern der Bestimmung und dem Willen ihres Ehemanns unterworfen; denn nach § 1354 BGB. steht dem Ehemanne die Bestimmung der Wohnung der Ehefrau zu. Das Vorgehen der Polizeibehörde ihr gegenüber entbehrte deshalb der gesetzlichen Grundlage. Aus § 1354 Abs. 2 BGB. konnte die Polizeibehörde zur Stütze für ihr Vorgehen ein Recht oder eine Pflicht der Ehefrau, im gegebenen Falle der Willensbestimmung ihres Ehemanns nicht zu folgen, nicht herleiten, da diese Vorschrift ausschließlich das persönliche Verhältnis der Ehegatten zueinander, nicht aber Dritten gegenüber regelt. Sie kann nur dann zur Anwendung kommen, wenn die Ehefrau für sich geltend gemacht hat, daß ein Mißbrauch der Rechte ihres Ehemanns iS. jener Vorschrift vorliege, und sie deshalb nicht verpflichtet sei, der Entsch. des Mannes Folge zu leisten. Solange dies nicht geschehen ist, verbleibt es bei der Regel des Abs. 1, und die Frau ist an die Bestimmung des Mannes über ihren Wohnort und ihre Wohnung gebunden, d. h. sie ist dieser Bestimmung gegenüber nicht selbständig.

Nr. 17. Entsch. v. 1. April 1912 (OVG. **61** 115) IVB 66/11.

AnsiedlG. v. 10. VIII. 04 §§ 14, 15.

Wird die Klage gegen einen Bescheid erhoben, der die Ansiedlungsgenehmigung auf Grund der §§ 14, 15 AnsiedlG. v. 10. VIII. 04 versagt, so müssen die Einsprechenden als Mitbeklagte zu dem Streitverfahren zugezogen werden. Von dieser Pflicht wird der Verwaltungsrichter auch dadurch nicht befreit, daß er die Klage nur wegen mangelnder Zugänglichkeit des Ansiedlungsplatzes gemäß § 14 aaO. abweist.

Nr. 18. Entsch. v. 3. Juni 1912 (OVG. **63** 252) IVC 44/12.

Das Recht zur Erhebung von Einsprüchen gegen ein Ansiedlungsvorhaben kann im Geltungsbereiche des AnsiedlG. v. 10. VIII. 04 nur auf die in den §§ 15 und 15a angeführten, nicht aber auch auf solche Gründe gestützt werden, die die Genehmigungsbehörde bei der Entsch. über die Erteilung oder Versagung der Ansiedlungsgenehmigung von Amts wegen zu berücksichtigen hat.

Nr. 19. Entsch. v. 2. Jan. 1913 (PrVerwBl. **35** 580) IVC 149/12.

AnsiedlG. §§ 13, 16.

1. Das OVG. hat stets daran festgehalten, daß eine Ansiedlungsgenehmigung erforderlich ist, wenn ein Wohnhaus nicht innerhalb einer im Zusammenhange gebauten Ortschaft errichtet werden soll. Der Umstand, daß es an einer im Zusammenhange gebauten Ortschaft ganz fehlt, macht die Ansiedlungsgenehmigung nicht entbehrlich.

2. Im Verwaltungsstreitverfahren kann nur darüber entschieden werden, ob der Bescheid, der angefochten wird, zu Recht besteht oder aber als rechtswidrig aufzuheben ist, dagegen nicht darüber, ob die Ansiedlungsgenehmigung zu erteilen ist. Nimmt jemand den von einem anderen gestellten, von diesem aber zurückgezogenen Antrag auf Erteilung der Ansiedlungsgenehmigung auf und macht ihn zu dem seinen, so handelt es sich um einen ganz neuen Ansiedlungsantrag, der zunächst noch nach dem § 16 AnsiedlG. v. 10. VIII. 04 zu behandeln ist. Die Vorgänge des früheren Verfahrens können deshalb nicht ohne weiteres der Entsch. über den neuen Antrag zugrunde gelegt werden, weil die Tatsachen, die für die Versagung der Ansiedlungsgenehmigung in Betracht kommen, nicht nur den Eigenschaften des zu besiedelnden Grundstücks und dem Bauvorhaben, sondern auch den persönlichen Eigenschaften dessen, der bauen will oder für den gebaut werden soll, entnommen werden können.

Nr. 20. Entsch. v. 4. Dez. 1913 (OVG. **65** 239) IVC 177/13.

AnsiedlG. v. 10. VIII. 04 § 16.

1. Ein Wechsel in der Person desjenigen, der die Erteilung der Ansiedlungsgenehmigung für sich beantragt hat, erfordert stets die erneute Durchführung des in § 16 AnsiedlG. v. 10. VIII. 04 vorgeschriebenen Bekanntmachungsverfahrens.

Werden im Streitverfahren die im Vorverfahren gegenüber dem ersten Unternehmer angebrachten und im Streitverfahren gegenüber dessen Nachfolger im Besitze des Ansiedlungsgrundstücks festgehaltenen Einsprüche für begründet erachtet, und wird ihretwegen gegenüber dem Nachfolger die Versagung der Ansiedlungsgenehmigung für gerechtfertigt erklärt, so ist allerdings wahrscheinlich, daß es nach der Erneuerung des Vorverfahrens gegenüber dem zweiten Unternehmer bei demselben Ergebnisse bleiben wird. Das ist aber etwas rein Tatsächliches, und es ist immerhin nicht ausgeschlossen, daß auch ein anderes Ergebnis eintritt. Rechtlich — und hierauf kommt es allein an — ist eine solche mehr oder weniger große, tatsächliche Wahrscheinlichkeit nicht imstande, von dem, was das G. schlechthin verlangt, zu entbinden. Wird dagegen im Streitverfahren der Klage des Nachfolgers stattgegeben, weil die Einsprüche nicht begründet seien, so ist nicht einmal mit einer gleichen Wahrscheinlichkeit desselben Ergebnisses zu rechnen; denn diese Einsprüche können leicht durch die nach ordnungsmäßigem Vorverfahren anderweit erhobenen Einsprüche eine wesentlich andere Bedeutung erlangen, und nicht minder können auch die letzteren Einsprüche für sich dazu führen, daß nicht wieder der Klage stattgegeben, sondern die Klage abgewiesen wird.

Nach § 16 aaO. sind vor Erteilung der Ansiedlungsgenehmigung die beteiligten Gemeinde- (Guts-) Vorsteher von dem Ansiedlungsvorhaben in Kenntnis zu setzen, damit sie die dort weiter vorgeschriebenen Prüfungen und Bekanntmachungen vornehmen. Der Vorderrichter durfte deshalb über den Mangel einer erneuten Bekanntmachung des Ansiedlungsantrags des Klägers nicht hinwegsehen, weil der Kläger den von seinem Bruder verfolgten Antrag als seinen eigenen aufgenommen habe.

2. Nach der ständigen Rechtsprechung des Gerichtshofs muß die Gefährdung iS. des § 15 AnsiedlG. eine solche sein, die durch strafbare Handlungen von Bewohnern der Ansiedlung oder Personen, die mit ihnen in Verbindung stehen, hervorgerufen wird.

b) Ansiedelungen in den Provinzen Hannover, Hessen-Nassau und Schleswig-Holstein.

Nr. 1. Entsch. v. 27. März 1913 (PrVerwBl. 35 909) IVB 1/13.

1. Im Geltungsbereiche des G. v. 4. VII. 87 kann das Verfahren wegen Errichtung von Feuerstellen in der Nähe von Waldungen mit demjenigen wegen Genehmigung einer Ansiedlung verbunden werden. Der Verwaltungsrichter hat nur in dem ersteren Verfahren darüber zu entscheiden, ob die erforderliche Genehmigung zu versagen oder unbedingt zu erteilen oder an seinerseits vorzuschreibende Bedingungen zu knüpfen ist; in dem letzteren hat er nicht die Ansiedlungsgenehmigung an Stelle der Genehmigungsbehörde selbst zu erteilen, sondern nur darüber zu befinden, ob die Genehmigung von der zuständigen Behörde mit Recht oder mit Unrecht versagt worden ist.

2. Eine gegen die versagende „Verfügung des Landrats" gerichtete Klage ist auch als gegen den Einsprechenden gerichtet anzusehen.

3. Den Wert des Streitgegenstandes in Ansiedlungssachen nach dem Bauwerte der Ansiedlung zu bemessen, ist unrichtig. Maßgebend ist vielmehr das Interesse des Klägers daran, die beantragte Genehmigung zu erhalten und der Gegenpartei daran, daß sie nicht erteilt wird. (Nr. VIII Tarif 27 II 80).

Nr. 2. Entsch. v. 23. Okt. 1913 (OVG. 65 242) IVB 39/13.

HannAnsiedlG. v. 4. VII. 87 § 15.

Für die Beurteilung der Frage, ob die Gemeinde-, Kirchen- und Schulverhältnisse der Ansiedlung gemäß § 15 Abs. 3 HannAnsiedlG. v. 4. VII. 87 in einer dem öffentlichen Interesse und den örtlichen Verhältnissen entsprechenden Weise geordnet sind, kommt es nur auf die gegenwärtige Sach- und Rechtslage, aber nicht darauf an, was in Zukunft geschehen soll oder vielleicht geschehen wird. Einwendungen, die nach dieser Richtung hin gemacht werden, sind nur so weit zu berücksichtigen, als sie die Verhältnisse der geplanten Ansiedlung selbst zur Gemeinde, Kirche und Schule betreffen.

Nr. 3. Entsch. v. 7. Dez. 1911 (OVG. **61** 112) IV C 179/11.
SchlHolstAnsiedlG. v. 13. VI. 88 § 13.

Der Umstand, daß es an einer im Zusammenhange gebauten Ortschaft ganz fehlt, macht die Ansiedlungsgenehmigung nicht entbehrlich. Auch in der Provinz Schleswig-Holstein hat, wenn die Ansiedlungsgenehmigung versagt wird, der Verwaltungsrichter von Amts wegen zu prüfen, ob diese Genehmigung überhaupt erforderlich ist oder nicht, und eine Ansiedlungsgenehmigung ist stets notwendig, wenn das zu errichtende Wohnhaus nicht innerhalb einer im Zusammenhange gebauten Ortschaft errichtet werden soll.

Nr. 4. Entsch. v. 10. Juni 1912 (OVG. **64** 431) IV C 186/11.

1. In der Provinz Schleswig-Holstein steht eine Prüfung, ob die hinsichtlich der Gemeinde-, Kirchen- und Schulverhältnisse einer Ansiedlung von der Ortspolizeibehörde gestellten Anforderungen begründet oder angemessen sind, dem Verwaltungsrichter nicht zu.

2. Die Ortspolizeibehörde kann, wenn die in dieser Beziehung von ihr gestellten Anforderungen nicht erfüllt sind, die Genehmigung versagen oder erteilen. Sie kann ihrer Entschließung auch Nebenbestimmungen beifügen, die nicht gegen das G. verstoßen. Stellen solche Nebenbestimmungen nach dem Willen der Ortspolizeibehörde keine Bedingungen im engeren Sinne dar, bei deren Nichterfüllung die Genehmigung als nicht erteilt gelten soll, sondern enthalten sie bloße Auflagen, so macht ihre Nichterfüllung die Ansiedlungsgenehmigung nicht unwirksam, und die Ortspolizeibehörde ist nicht befugt, dem Ansiedler die Räumung des Wohnhauses aufzugeben.

c) Errichtung von Feuerstellen in der Nähe von Waldungen.

Nr. 1. Entsch. v. 1. April 1912 (PrVerwBl. **34** 332) IV C 233/11.

Es steht nicht im Belieben des Verwaltungsrichters, die Genehmigung zur Errichtung einer Feuerstelle in der Umgebung einer Waldung zu versagen oder sie an Bedingungen zu knüpfen. Er muß sich vielmehr auf das Notwendige beschränken und sich daher mit einer bedingten Genehmigung begnügen, wenn die Feuersgefahr für den Wald dadurch beseitigt wird.

Nr. 2. Entsch. v. 3. April 1913 (OVG. **64** 458) IV C 26/13.
FFPolG. § 47.

1. Bei der Entsch. über die Genehmigung zur Errichtung einer Feuerstelle müssen, abgesehen von den Einschränkungen bei dem Rechtsmittel der Revision, Veränderungen, die bis zur Urteilsfällung eingetreten sind, berücksichtigt werden. Allerdings handelt es sich hierbei um eine polizeiliche Verfügung iS. des § 127 LVG., und für solche polizeilichen Verfügungen gilt idReg. der Rechtsgrundsatz, daß es auf die tatsächlichen Verhältnisse zur Zeit des Erlasses der angefochtenen Verfügung ankomme. Jedoch von der Regel gibt es Ausnahmen. Anerkannt ist die Ausnahme z. B. bei den Verfügungen, die auf dem Gebiete des Baurechts, und denen, die auf dem Gebiete des Ansiedlungsrechts ergehen. Eine Ausnahme wird auch in einem Falle der vorliegenden Art schon im Hinblick auf die Ähnlichkeit der Rechtslage mit derjenigen jener Fälle, vor allem aber deshalb anzuerkennen sein, weil bei der Entsch. über die Genehmigung zur Errichtung einer Feuerstelle das Verwaltungsgericht völlig an die Stelle der für diese Genehmigung zunächst zuständigen Ortspolizeibehörde tritt, sie selbständig entweder erteilt, an Bedingungen knüpft oder versagt (§ 48 G. v. 1. IV. 80).

2. Ob solche Veränderungen in der Absicht herbeigeführt worden sind, um das Bauvorhaben des die Genehmigung Nachsuchenden zu vereiteln, ist ohne Belang. § 226 BGB. kann hier keine Anwendung finden.

H. Baupolizei.

Literatur: Eger: G. über die Enteignung v. Grundeigentum² (Breslau 1913). — Koffka: Desgl. (Berlin 1913).

a) Baupolizeiliche Vorschriften im allgemeinen; Zuständigkeit der Behörden; Verfahren in Baupolizeisachen; örtliche BauO.

Nr. 1. Entsch. v. 8. März 1912 (PrVerwBl. **34** 415) IXA 135/11.

1. Ein von der Reichsmarineverwaltung für Rechnung des Reichs auszuführender Bau von Magazinen zur Lagerung von Schießbedarf für die Kriegsflotte fällt unter den Begriff „öffentliche Bauten" iS. des § 73a BauO. für die Kieler Vororte v. 11. VI. 00.

Diese Magazine dienen nicht fiskalischen Zwecken, sondern den Zwecken der Landesverteidigung, also zweifellos hoheitlichen Zwecken. Sie müssen als öffentliche Bauten aufgefaßt werden, auch wenn etwa bei dem Erlasse der BauO. von einschränkenden Absichten oder Voraussetzungen ausgegangen sein sollte. Denn solche Absichten oder Voraussetzungen haben in der BauO. jedenfalls keinen erkennbaren Ausdruck gefunden.

2. Den Ausführungen des Klägers über die Unzulässigkeit der Zurücknahme von Baudispensen kann nicht beigetreten werden. Die Tragweite der Beschlüsse und Entsch. von Verwaltungsbehörden kann nur für ihre einzelnen Arten unter Berücksichtigung der dafür maßgebenden Vorschriften und unter Berücksichtigung der Natur des in Betracht kommenden Rechtsverhältnisses bestimmt werden. Das G. selbst bietet aber keinen Anhalt für die Annahme, daß die Zurücknahme von Dispensbeschlüssen grundsätzlich ausgeschlossen sei. In § 145 ZustG. heißt es einfach:

„Über Dispense von Bestimmungen der BaupolizeiO. beschließt nach Maßgabe dieser Ordnungen der Kreisausschuß . . . . . ."

Der erkennbare Inhalt dieser Bestimmung würde offenbar nicht hindern, daß den Dispensbehörden durch positive Vorschrift einer BauO. die Befugnis zur Zurücknahme erteilter Dispense beigelegt würde. Daß BauO., die dies nicht ausdrücklich tun, vielmehr sich ihrer Wortfassung nach darauf beschränken zu bestimmen, welche Behörden Ausnahmen und Dispense erteilen dürfen, hierdurch die Zurückziehung erteilter Dispense ausgeschlossen haben, kann aber nicht angenommen werden. Die BauO. handelt in § 73 lit. a von den Ausnahmen, zu deren Bewilligung die Baupolizeibehörde zuständig ist, und in § 73 lit. b von den ebenfalls als Ausnahmen bezeichneten Dispensen des Kreisausschusses, ohne erkennen zu lassen, daß die letzteren im Gegensatze zu den von der Baupolizeibehörde selbst zu bewilligenden Ausnahmen schlechthin unwiderruflich sein sollen. Das würde dem Wesen des Baudispenses nicht entsprechen. Dieser besteht allerdings in einer Änderung des objektiven Rechtes, und zwar in der Ausschaltung einer Rechtsnorm für einen bestimmten Baufall mit der Wirkung, daß nunmehr die Bauerlaubnis erteilt, d. h. von der Baupolizeibehörde erklärt werden kann, dem Bauvorhaben stehe ein Hindernis in dem anzuwendenden öffentlichen Rechte nicht mehr entgegen. Seiner sachlichen, insbesondere wirtschaftlichen Bedeutung nach aber ist der Baudispens der Bauerlaubnis insofern gleichzustellen, als er wie diese die Befugnis zum Bauen eröffnet und nur wegen der Wichtigkeit des Gegenstandes die Entsch. über den Dispens in die Hände einer anderen Behörde gelegt ist. Daß der einzelne Dispensbeschluß sich selbst Widerruflichkeit beilegen oder seine Geltung von dem Vorhandensein bestimmter Voraussetzungen abhängig machen kann, muß als allgemein anerkannt gelten. Es folgt unmittelbar daraus, daß der Dispens nach freiem Ermessen versagt werden kann, und entspricht auch sachlich durchaus dem Wesen des Dispenses. Denn die durch diesen bewirkte Ausschaltung des Regelrechtes hat stets eine bestimmte außerordentliche Lage zur Voraussetzung, und es besteht an und für sich kein Grund, das im Regelrechte vertretene öffentliche Interesse durch Aufrechterhaltung der Geltung des Dispenses auch für den Fall preiszugeben, daß diese Voraussetzung weggefallen ist oder sich vielleicht in ihr Gegenteil verkehrt hat. Aber eben deshalb kann es begrifflich nicht von entscheidender Bedeutung sein, ob der Dispens selbst ausdrückliche oder sonst mehr oder minder deutliche Festsetzungen über die Bedingungen seiner Geltung enthält oder nicht. Er ist in jedem Falle eine Ausnahme für einen Ausnahmezustand. Mit diesem Ausnahmezustande fällt auch die innere Berechtigung weiterer Geltung der Ausnahme fort.

Nr. 2. Entsch. v. 2. April 1912 (OVG. 61 375) IXB 52/11.

1. Gleich der Wege-, Verkehrs- und Sicherheitspolizei gehört in den vormalig Herzoglich Nassauischen Landesteilen auch die Verwaltung der Baupolizei zur Zuständigkeit des Bürgermeisters und nur, soweit es sich um die Erteilung und Versagung der Bauerlaubnis handelt, ist zur Entsch. und Verfügung der Landrat berufen. Es ist demnach nicht ein einzelner, in sich abgegrenzter Zweig der örtlichen Polizei aus der allgemeinen Zuständigkeit der Ortspolizeibehörde ausgeschieden und einer anderen Behörde zur eigenen Verwaltung übertragen, sondern es ist lediglich eine bestimmte Art von Entsch. und Verfügungen, welche die Verwaltung der an sich dem Bürgermeister verbleibenden Baupolizei mit sich bringt — offenbar wegen ihrer besonderen Wichtigkeit und lediglich aus praktischen Gründen — dem Landrat und damit derjenigen Behörde überwiesen worden, die in ihrer Eigenschaft als Aufsichts- und Beschwerdeinstanz die Geschäftsführung des Bürgermeisters bei Verwaltung der Baupolizei zu überwachen hat und damit insoweit zu einer Mitwirkung in deren Wahrnehmung sachlich berufen ist. Die Bedeutung und Tragweite einer solchen Regelung kann nur dahin aufgefaßt werden, daß der Landrat über die Erteilung oder Versagung einer nachgesuchten Bauerlaubnis lediglich an Stelle des Bürgermeisters und damit im Rahmen der diesem zugewiesenen Zuständigkeit zu befinden hat. Da die Wege-, Verkehrs- und Sicherheitspolizei, wie erwähnt, vom Bürgermeister wahrgenommen wird, so handelte demnach der Landrat innerhalb der Grenzen seiner Zuständigkeit, wenn er Gründe, die diesem Gebiete der Ortspolizei angehören, für die Versagung der vom Kläger nachgesuchten Bauerlaubnis geltend machte.

2. Die Verfügung des Landrats kann aber sachlich nicht für gerechtfertigt erachtet werden. Allerdings kann durch Versagung der Bauerlaubnis der Errichtung eines Gebäudes polizeilich entgegengetreten werden, das — auch ohne Verstoß gegen bestimmte polizeiliche Vorschriften — durch seine Art und Beschaffenheit oder die Eigenart seines Zweckes und seiner bestimmungsmäßigen Benutzung Gefahren für die öffentliche Sicherheit verursacht. Voraussetzung ist aber einerseits, daß diesen Gefahren nicht auf andere Weise als durch Verhinderung des Baues vorgebeugt werden kann, weil nach dem Wesen der Polizei der Polizeibehörde nur die nötigen Anstalten zur Erhaltung der öffentlichen Sicherheit zu treffen zusteht (vgl. § 10 ALR. II 17), und anderseits, wenigstens der Regel nach, daß die Gefahren die notwendige Folge des Baues selbst sind, daß der Bau als solcher gemeinschädlich oder gemeingefährlich ist. Diese Voraussetzungen sind hier nicht gegeben. Die Gefahren, denen durch die Versagung der Bauerlaubnis vorgebeugt werden soll, hängen mit der Art und Beschaffenheit des Gebäudes als solchem in keiner Weise zusammen und sind auch keine notwendige und unmittelbare Folge seines besonderen Zweckes und seiner beabsichtigten besonderen Benutzung. Sie sollen vielmehr nach der Annahme des Beklagten dem Wagenverkehr entspringen, der infolge des Betriebs

des Sanatoriums zu erwarten sei. Ob derartige mittelbare Folgen der bestimmungsmäßigen Benutzung eines Gebäudes unter besonderen Umständen geeignet und ausreichend sein möchten, die polizeiliche Unzulässigkeit des Gebäudes selbst zu begründen, kann unerörtert bleiben. Für den vorliegenden Fall kann jedenfalls nicht anerkannt werden, daß der Betrieb eines Sanatoriums mit etwa zwanzig Krankenzimmern einen größeren und nicht nur gelegentlichen Verkehr schwerer Fuhrwerke notwendig und unvermeidlich mit sich bringt. Die Möglichkeit einer künftigen Vergrößerung des Sanatoriums zur Begründung der Gemeingefährlichkeit und Polizeiwidrigkeit des jetzt geplanten Baues heranzuziehen, muß als unzulässig ohne weiteres schon deshalb abgelehnt werden, weil Gegenstand der angefochtenen Bauversagung nur das gegenwärtig vorliegende Bauvorhaben ist und auch jeder Anhalt dafür fehlt, daß eine solche Erweiterung beabsichtigt oder mit einiger Sicherheit zu erwarten sei. Nicht anzuerkennen ist ferner auch, daß den etwaigen Gefahren eines Verkehrs schwerer Fuhrwerke nicht auf andere Weise als durch Verbot des Baues selbst vorgebeugt werden könne.

3. Endlich ist auch den Ausführungen des Bezirksausschusses darin beizutreten, daß im allgemeinen und von besonderen Verhältnissen abgesehen ein Verkehr schwerer Fuhrwerke auf der T.straße, wie er bei den Geländeverhältnissen der Gegend und dem Betrieb eines Sanatoriums regelmäßig nur in Frage kommen kann, die Besorgnis von Gefahren für den öffentlichen Verkehr und die Sicherheit der angrenzenden Gebäude nicht rechtfertigt. Wenn der Landrat darzulegen sucht, daß der Verkehr beladener Lastfuhrwerke zu Berg gefährlicher sei als zu Tal, so ist seinen Ausführungen entgegenzuhalten, daß ein ungewolltes und regelloses Abwärtsrollen der Wagen bei der Fahrt zu Berg leichter verhindert wird als bei der Fahrt zu Tal, weil bei der ersteren die Zugkraft der Pferde vollständiger ausgenutzt wird als bei der letzteren.

Nr. 3. Entsch. v. 24. Okt. 1912 (DJZ. 18 647) IVB 41/12.

An der Unterscheidung bei Nebenbestimmungen zwischen eigentlichen Bedingungen und Auflagen muß festgehalten werden. Die im vorliegenden Falle der Bauerlaubnis unter Ziff. 13 beigefügte Nebenbestimmung ist zweifellos keine eigentliche Bedingung, sondern hat die rechtliche Eigenschaft einer Auflage. Daraus, daß die Klägerin den Bauschein trotz aller seiner Nebenbestimmungen — darunter der Auflage in Ziff. 13 — nicht nur nicht angefochten, sondern von der Bauerlaubnis Gebrauch gemacht hat, und aus ihrem sonstigen Verhalten bis zu der Verfügung, durch die der gegenwärtige Rechtsstreit veranlaßt worden ist, namentlich auch daraus, daß sie bis dahin in keiner Weise bei der maßgebenden Stelle gegen die Nebenbestimmung Widerspruch erhoben hat, ist zu entnehmen, daß sie sich mit dem Verlangen, den Bürgersteig umzuändern usw., stillschweigend — d. h. durch sog. schlüssige (konkludente) Handlungen und Unterlassungen — einverstanden erklärt, also sich der Auflage unterworfen hat. Sie ist deshalb an diese Auflage gebunden und kann nunmehr ihre Erfüllung nicht mehr deswegen ablehnen und sie anfechten, weil sie rechtlich nicht statthaft gewesen sei und ihr gar nicht hätte gemacht werden dürfen. Etwas anderes könnte nur gelten, wenn die Auflage schlechthin nichtig gewesen wäre und durch die Unterwerfung unter sie mithin gar keine Pflicht für die Klägerin hätte begründet werden können. Davon kann aber keine Rede sein. Aus dem § 133 Abs. 1 Satz 2 LVG. läßt sich ein Recht der Klägerin, jetzt noch die Auflage und damit die erlassene Verfügung anzufechten, nicht herleiten, weil für den hier gegebenen besonderen Fall — d. h. den des Einverständnisses mit der Auflage und der Unterwerfung unter sie — diese Bestimmung nach ihrem Wortlaut und nach dem mit ihr verfolgten Zwecke keine Anwendung findet. Allerdings ist ferner vielfach vom Gerichtshof ausgesprochen worden, dadurch, daß jemand auf Grund einer bedingten Baugenehmigung gebaut habe, sei die Baubedingung noch nicht völlig unanfechtbar geworden. Hiermit geraten die vorstehenden Ausführungen gleichfalls nicht in Widerspruch. Denn es ist dort nur von Baubedingungen die Rede, und nirgends ist vom Gerichtshof ausgesprochen worden, daß eine in einer Bauerlaubnis enthaltne Auflage auch dann noch angefochten werden dürfe, wenn derjenige, dem sie gemacht worden ist, sich in der Weise, wie es im vorliegenden Falle von der Klägerin geschehen ist, mit ihr einverstanden erklärt und ihr unterworfen hat.

Nr. 4. Entsch. v. 18. Nov. 1912 (PrVerwBl. 35 281) IV C 143/12.

Eine Verfügung, durch die jemand auf ein Gesuch um Erteilung der Bauerlaubnis dahin beschieden wird, vorher die Ansiedlungsbescheinigung einzuholen, versagt die Bauerlaubnis und ist mit den Rechtsmitteln der §§ 127ff. LVG. anfechtbar.

Die rechtliche Natur der durch Klage angefochtenen Verfügung ist auch in der Revisionsinstanz frei nachzuprüfen. Diese Prüfung mußte zu dem Ergebnisse führen, daß es sich um eine Versagung der Bauerlaubnis handelt. Denn wenn der Beklagte auch selbst erklärt hat, er habe mit der Verfügung nur zur Vervollständigung des Bauantrags auffordern und über diesen noch nicht entscheiden wollen, so kann die Auslegung des Beklagten doch nicht als maßgebend dafür angesehen werden, wie der Inhalt der Verfügung objektiv aufzufassen war.

Nr. 5. Entsch. v. 6. Dez. 1912 (PrVerwBl. 34 915) IXB 65/12.

1. Die Bestimmung des Dispenses ist keine polizeiliche Auflage; zu einer solchen war die zu seiner Bewilligung berufene Verwaltungsbeschlußbehörde nicht befugt. Seinem Wesen nach bedeutet der Dispens, durch den von der zuständigen Behörde eine Abweichung von den die allgemeine Rechtsregel bildenden baupolizeilichen Bestimmungen für den einzelnen Fall zugelassen wird, eine Abänderung des materiellen öffentlichen Baurechts für einen bestimmten Bau. Hier handelt es sich nun um die Durchführung einer in dem Dispensbeschluß an die Ausnahmebewilligung geknüpften Bedingung. Der Kläger hat auf Grund des ihm erteilten Dispenses den sonst nicht zulässigen Anbau ausgeführt und ist auch jetzt nicht gewillt, auf den dadurch erreichten Vorteil durch Wiederherstellung des Zustandes, wie er vor Ausführung des Anbaues war oder wie er ohne die Bewilligung der Ausnahme gestaltet sein müßte, zu verzichten. Bei solcher Sachlage ist, da der Kläger das ihm durch den Dispens eingeräumte Recht nicht ohne Erfüllung der Dispensbedingungen ausüben darf, der Polizeibehörde die Befugnis zuzusprechen, deren Erfüllung zur Herbeiführung einer Übereinstimmung des tatsächlichen Zustandes mit dem öffentlichen Baurechte nach Maßgabe des Dispenses mit den ihr hierfür zu Gebote stehenden Mitteln durchzusetzen. Des Rechtes, auf dieser Grundlage die Beseitigung der Treppe zu fordern, hat sich die Polizeibehörde auch dadurch nicht begeben, daß sie in Kenntnis von dem Vorhandensein der Treppe unter gewissen Voraussetzungen sich bereit erklärte, von der Durchführung ihrer berechtigten Forderung Abstand zu nehmen. Denn abgesehen davon, daß die Voraussetzung nicht eingetroffen ist, war die Polizeibehörde überhaupt nicht zuständig, an der durch den Dispensbeschluß des Bezirksausschusses geschaffenen, für sie verbindlichen Grundlage ihrerseits etwas zu ändern.

2. Was sodann die Frage anbetrifft, inwieweit die Engigkeit des Hofes der Erreichbarkeit des oberen Geschosses der Bäckerei vermittels einer außen anzulehnenden Leiter entgegenstehe, so kann es sich dabei nur um die Beurteilung der Zweckmäßigkeit, nicht einer Unausführbarkeit dieser von dem Bezirksausschusse geforderten Maßregel handeln. Eine Prüfung der Dispensbestimmungen

in der Richtung auf ihre Zweckmäßigkeit ist aber für den Verwaltungsrichter ausgeschlossen.

Nr. 6. Entsch. v. 29. April 1913 (OVG. 65 409) IXB 51/12.

1. Der Bauherr hat Anspruch auf eine Entsch. darüber, ob die Versagung der Baugenehmigung, die sich auf Grund der nach der Versagung eingetretenen rechtlichen oder tatsächlichen Verhältnisse als begründet erweist, auch schon im Zeitpunkte des Erlasses der mit der Verwaltungsklage angefochtenen Verfügung berechtigt war (§ 6 G. über die Zulässigkeit des Rechtsweges v. 11. V. 42).

2. Ein derartiges Klagebegehren ist nicht nur dann zulässig, wenn die angefochtene Verfügung zurückgezogen oder eine Bauversagung lediglich deshalb aufrechterhalten wird, weil sie durch eine nachträglich eingetretene Änderung der Sach- und Rechtslage ihre Rechtfertigung findet, sondern auch dann, wenn die Partei infolge der durch die Bauversagung eingetretenen Verzögerung genötigt wird, das Bauvorhaben aufzugeben. Voraussetzung für die vorstehende Auffassung des Klageantrags ist allerdings, daß der Kläger wegen unmittelbarer Verletzung seiner Rechte zur Anfechtung der dem Fabrikanten M. gegenüber erklärten Bauversagung berechtigt ist, und dies muß bejaht werden. Dem Grundstückseigentümer steht auf Grund seines Eigentums das Recht zu, soweit nicht das G. und die auf Grund G. erlassenen polizeilichen Vorschriften oder Rechte Dritter entgegenstehen, auf seinem Grund und Boden zu bauen oder andere bauen zu lassen. Dieses Recht wird verletzt, wenn für einen Bau auf dem Grundstücke von der Polizeibehörde die Bauerlaubnis ohne gerechtfertigten Grund versagt wird. Unerheblich ist dabei, aus welchen Gründen die Versagung erfolgt, d. h. ob diese Gründe den Eigenschaften des Grundstücks oder den Eigenschaften des geplanten Bauwerkes entnommen sind, sowie ferner, ob der Eigentümer selbst zu bauen beabsichtigt oder ein Dritter, und ob dieser Dritte die Bauerlaubnis bei der Polizeibehörde auf Grund eines Auftrags des Eigentümers oder auf Grund eines ähnlichen ihn zur Wahrnehmung der Rechte des Eigentümers ermächtigenden Rechtsverhältnisses, oder ob er sie lediglich kraft eigenen Rechtes und in eigenem Interesse nachgesucht hat. Auch in diesem letzteren Falle liegt bei einer nicht gerechtfertigten Bauversagung ein Eingriff in die Baufreiheit des Grundstückseigentümers vor, den dieser abzuwehren berechtigt ist.

Nr. 7. Entsch. v. 20. Mai 1913 (PrVerwBl. 35 827) IXB 68/12.

1. Das Urt. des OVG. v. 4. VII. 11, durch welches die Vf. der beklagten Polizeiverwaltung v. 20. VII. 09 außer Kraft gesetzt worden ist, hat nicht die Bedeutung, daß nunmehr der Kläger die Bauerlaubnis für sein damaliges Bauvorhaben erhalten habe, oder daß die Beklagte ohne weiteres verpflichtet sei, diese zu erteilen. Der Gegenstand der Entsch. erschöpft sich vielmehr in der Aufhebung der Verfügung, und diese Aufhebung hat lediglich die Wirkung, daß die Polizeiverwaltung über das ihr vorgelegte Baugesuch unter Berücksichtigung der gesamten Sach- und Rechtslage anderweit zu befinden hat, daß sie aber dabei nicht wiederum diejenigen Versagungsgründe geltend machen darf, die in dem Urt. des OVG. als unberechtigt verworfen worden sind. Aus dem Wesen der Bauerlaubnis als der Erklärung der zuständigen Behörde, daß dem beabsichtigten Bau Hindernisse in dem geltenden öffentlichen Rechte nicht entgegenstehen, folgt aber, daß die Polizeiverwaltung ihrer erneuten Entschließung die nunmehr — zur Zeit dieser Entschließung — gegebene Sach- und Rechtslage zugrunde zu legen hat.

2. Für die Versagung der Bauerlaubnis ist entscheidend allein die Tatsache, daß der Plan der Straßenanlegung in bestimmter Form besteht. Ob

dieser Plan in den tatsächlichen Verhältnissen und einem hervorgetretenen Bedürfnisse seine sachliche Rechtfertigung findet, ist unerheblich. Ebenso ist es unerheblich, ob die geplanten Straßen mit dem im Zusammenhange bebauten Ortslage in unmittelbarer Verbindung stehen oder durch andere projektierte Straßen in Verbindung gebracht werden sollen, denn es ist den städtischen Behörden unbenommen, auch entferntere Gebietsteile der Feldmark, bei welchen sie die Voraussetzungen für die Entwicklung einer städtischen Bebauung als gegeben ansehen, durch Anlegung von Straßen dieser Bebauung zu erschließen. Wenn die städtischen Behörden die Feststellung des Fluchtlinienplanes für das hier in Betracht kommende Gelände mit Rücksicht auf vorliegende oder zu erwartende Baugesuche, insbesondere vielleicht auch mit Rücksicht auf das Baugesuch des Klägers beschleunigt haben, so ist hieraus nichts anderes zu entnehmen, als eine nicht zu beanstandende Wahrnehmung wichtiger kommunaler Interessen. Der Einwand des Klägers endlich, daß die Beklagte die Entsch. auf sein Baugesuch ungebührlich verzögert habe, um die Beschlußfassung der städtischen Behörden über den Fluchtlinienplan abzuwarten, unterliegt gegebenenfalls lediglich der Prüfung durch die Aufsichtsbehörde.

Nr. 8. Entsch. v. 12. Dez. 1913 (DJZ. **19** 887) IX C 24/13.

Falls bauliche Zustände mit den positiven Vorschriften des öffentlichen Baurechts in Widerspruch stehen, hat die Polizeibehörde, selbst wenn sie ihrerseits die vorschriftswidrige Anlage genehmigt hat, einzuschreiten, ohne Unterschied, ob der Bau schon ausgeführt ist oder nicht. Die Befugnis der Polizei, gegen den ungesetzlichen Zustand vorzugehen, geht durch Zeitablauf nicht verloren.

Nr. 9. Entsch. v. 26. Juni 1914 (ZPolVerwB. **22** 513) IX B 49/13.

Der Weg, von welchem das zu errichtende Gebäude weniger als 2,50 m entfernt ist, ist bei dem Bau der Eisenbahn zur Verbindung einer Chaussee mit dem Bahnhofe als Privatzufuhrweg hergestellt worden. Für eine spätere Umwandlung in eine öffentliche Straße fehlt es an einem Anhalt. Zweifellos ist diese Bahnhofszufuhrstraße auch nicht eine mit der Billigung der Polizeibehörde für den Anbau bestimmte Privatstraße. Dies erhellt aus dem Situationsplan, der keinen Anbau aufweist, in Verbindung mit der Auskunft der Eisenbahndirektion, wonach diese mehrfachen Versuchen, Gebäude an der Straße zu errichten, entgegengetreten ist. Ist hiernach der Bahnhofszufuhrweg ein nicht zum Anbau bestimmter Privatweg, so bildet die Grenze zwischen ihm und dem Grundstück des Klägers die Nachbargrenze iS. der baupolizeilichen Vorschriften über die von solchen einzuhaltende Entfernung der Gebäude, und dürfen bei einer Entfernung von weniger als 2,50 m in der dieser Grenze zugekehrten Wand Fenster und sonstige Öffnungen nicht angebracht werden.

Nr. 10. Entsch. v. 7. Nov. 1911 (OVG. **61** 407) IX B 53/10.

Nach § 1[3] der Berliner BauPolVd. v. 15. VIII. 97 müssen bei einer Bebauungstiefe von mehr als 35 m alle hinteren Gebäude mittels einer Zufahrt von mindestens 2,30 m lichter Breite oder einer durch die vorderen Gebäude führenden Durchfahrt von überall 2,80 m lichter Höhe und 2,30 m lichter Breite mit der Straße in Verbindung gebracht werden, wobei unter der lichten Breite „die freie Durchfahrtsöffnung zwischen den äußersten Ausladungen aller vortretenden Teile, ausschließlich der Radabweiser" zu verstehen ist. Dem Kläger kann darin nicht beigetreten werden, daß das Vorgehen der Polizei gegen eine gewerbliche Benutzung von Durchfahrtsräumen nicht auf diese Vorschrift, sondern nur auf § 10 ALR. II 17 gestützt werden könne. Allerdings handelt es sich, soweit in § 1³ aaO. über die Beschaffenheit der geforderten Durchfahrt Bestimmung getroffen wird, um deren bauliche Beschaffenheit. Insbesondere muß bei Feststellung des Begriffs der „lichten Breite" unter der freien Durchfahrtsöffnung eine baulich freie verstanden werden. Wenn aber überhaupt eine Durchfahrt gefordert wird, so ist damit auch die Zweckbestimmung der herzustellenden baulichen Einrichtung mit der Wirkung bezeichnet, daß eine Verletzung der Vorschrift vorliegt, wenn die bauliche Einrichtung dieser Zweckbestimmung durch eine mit ihr nicht vereinbare Art der Benutzung entfremdet wird. Eine solche Entfremdung kann für vorliegend nicht erachtet werden, wenn bei Ab- und Zureisen das Reisegepäck, bei Umzügen einzelne Möbel usw. in den Durchfahrten der Häuser vorübergehend niedergelegt werden; denn dabei handelt es sich um normale und unvermeidliche Begleiterscheinungen des Verkehrs, dem die Durchfahrt als solche zu dienen hat. Auch ist nicht jede gewerbliche Benutzung einer Durchfahrt mit deren Zweckbestimmung unvereinbar. Wann dies anzunehmen ist, muß nach Lage des einzelnen Falles beurteilt werden. Im allgemeinen wird als der Zweckbestimmung der Durchfahrt widerstreitend eine Benutzung angesehen werden müssen, die mit einer erheblichen Verengung der vorgeschriebenen Durchfahrtsweite verbunden ist, d. h. die nach vernünftigem Ermessen vorzusehende Möglichkeit zur Folge hat, daß iF. eines Brandes die Ausnutzung der Durchfahrtsweite durch die Feuerwehr bzw. die das Haus verlassenden Bewohner in nicht unbeträchtlichem Maße behindert wird. Eine solche Behinderung des Durchfahrtsverkehrs muß aber hier von dem streitigen Gewerbebetriebe erwartet werden. Es muß als tatsächlich möglich und nicht unwahrscheinlich angesehen werden, daß die vorhandenen, zum Teil oder ganz mit Fleischwaren bedeckten Tische sowie der schwere Fleischblock noch nicht aus dem frei zu haltenden Raume entfernt sein werden, wenn die Feuerwehr erscheint. Fast unvermeidlich ist eine Behinderung der Hausbewohner bei der Benutzung der Durchfahrt zum Verlassen des Hauses und beim Hinausschaffen ihrer Sachen. Diese Behinderung wird durch die notwendigen Bemühungen zur Entfernung der Verkaufseinrichtungen und der Vorräte verstärkt. Eine Verzögerung ist um so wahrscheinlicher, als der Betriebsinhaber sich vermutlich aus wirtschaftlichen wie auch aus technischen Gründen veranlaßt finden wird, zunächst seine Warenvorräte zu bergen. Diese behindernden Wirkungen, die nicht deshalb unbeträchtlich sind, weil sie nur während einiger Tagesstunden eintreten, würden von dem beanstandeten Betrieb im ganzen ausgehen. Die angefochtene Verfügung richtet sich daher mit Recht gegen diesen Betrieb als Gesamtveranstaltung, und es bedarf keiner Untersuchung, inwieweit die einzelnen Bestandteile der Ladeneinrichtung in den freizuhaltenden Raum hineinragen und ob nicht durch Änderung ihres Standorts bzw. im Wege ihrer Ersetzung durch andere Geräte oder überhaupt im Wege anderer Einrichtung des Betriebs unter Aufrechterhaltung des letzteren geholfen werden könnte. Es muß vielmehr dem Kläger überlassen bleiben, zu erwägen, inwieweit durch anderweitige Einrichtungen, ohne die Zweckbestimmung der Durchfahrt zu beeinträchtigen, eine gewerbliche Ausnutzung seines Durchfahrtsraumes möglich bleibt und unter Darlegung dieser Verhältnisse die Aufhebung oder Einschränkung des Verbots der Benutzung zum Fleischverkaufe bei der Polizei zu beantragen.

Nr. 11. Entsch. v. 12. Nov. 1912 (PrVerwBl. 35 59) IXA 95/12.

1. Das Verbot einer weiteren Benutzung des in Rede stehenden Dachgeschoßraums zum dauernden Aufenthalt von Menschen, gestützt auf § 37 Abs. 3¹ BauPolVd. für den Stadtkreis Berlin v. 15. VIII. 97, hatte zur tatsächlichen Voraussetzung, daß der Zweck, dem der Raum gewidmet ist, ihn als zum dauernden Aufenthalt von Menschen bestimmt kennzeichnet. Nach der für Lagerräume geltenden besonderen Vorschrift des Abs. 1 des § 37 aaO. würde diese Voraussetzung dann

nicht zutreffen, wenn der Raum nur „zur Lagerung von Waren und Aufbewahrung von Gegenständen einschließlich der damit notwendigerweise verbundenen Arbeiten bestimmt" würde. Nach den eigenen Angaben des Klägers werden dort aber die demnächst zur Lagerung bestimmten Waren nicht nur ihren Überbringern abgenommen, ausgepackt, journalisiert, etikettiert und aufgehängt, sondern vor ihrer Abnahme zur Lagerung erst noch durch technisch hierzu geschultes Personal einer eingehenden Prüfung unterworfen, die sich nicht nur auf eine zur allgemeinen Feststellung der Proberichtigkeit und zur Einordnung der Waren, wie üblich, erforderliche Besichtigung derselben beschränkt, sondern außerdem dazu bestimmt ist, ein eingehendes Urteil über die Be- und Verarbeitung der von der Firma dazu hergegebenen Materialien, über die Ordnungsmäßigkeit der Ausführung der aufgetragenen Arbeit im einzelnen, über ihre Vollständigkeit und über die Angemessenheit des geforderten Arbeitslohns nach seinen einzelnen Positionen zu gewinnen. Diese Tätigkeit, die sich nach der Natur der Sache je nach den besonderen Umständen noch weiter ausdehnen kann, geht auch unter Beachtung der Bestimmungen des MinErl. v. 30. XI. 07 erheblich über den Rahmen derjenigen Arbeiten hinaus, die iS. der angeführten Vorschrift der BauPolVd. als mit der Lagerung von Waren notwendigerweise verbunden zu gelten haben. Wenn sie auch entsprechend ihrem Zwecke mit der Annahme der angefertigten Sachen zur Lagerung in unmittelbarem Zusammenhange steht und mit dieser nach der Geschäftseinrichtung der Firma auch örtlich verbunden ist, so ist diese (zeitliche und örtliche) Verbindung doch keine an und für sich notwendige. Die Prüfung könnte ebensogut in anderen Geschäftsräumen erfolgen, zumal zu ihrer Vornahme bei der Verschiedenheit der erforderlichen Kenntnisse auch keineswegs dasselbe Personal wie zu der Journalisierung usw. der Waren herangezogen wird bzw. herangezogen zu werden braucht, so daß also auch nicht das Erfordernis einer Einheit des zu den verschiedenen aufeinanderfolgenden, mit der Einlagerung abschließenden Tätigkeiten berufenen Geschäftspersonals zutrifft.

2. Sind hiernach die Arbeiten, die in Ausübung der geschilderten Prüfung in dem Dachgeschoßraume der Firma vorgenommen werden, nicht als notwendig mit der Lagerung usw. verbunden iS. der BauPolVd. anzusehen, so bedurfte es, wenn der Raum nicht den zum dauernden Aufenthalte von Menschen bestimmten Räumen hinzugerechnet werden sollte, der positiven Feststellung, daß die ihm durch die Zuweisung der bezeichneten Arbeiten gegebene Zweckbestimmung eine nur vorübergehende Benutzung zum Aufenthalte von Menschen verbürgt. Die eignenen Erklärungen des Klägers stehen einer solchen Feststellung entgegen. Der geschilderte Umfang und Zweck der Arbeitsprüfungen macht die Dauer jeder einzelnen von ihnen unbestimmt. Bei der Größe des Geschäfts ist ohne Zweifel auch die tägliche Zahl der Ablieferer ebenso wie auch der abgelieferten Arbeiten groß. Auch die Einrichtung eines besonderen Warteraums läßt darauf schließen, daß die Firma mit einer längeren Zeitdauer der prüfenden Tätigkeit als einer nicht nur ausnahmsweisen, sondern gewöhnlichen Erscheinung rechnet.

3. Dem polizeiwidrigen Zustande konnte die Polizeibehörde durch Erlaß eines entsprechenden Benutzungsverbots, wie geschehen, entgegentreten. Sie war aber auch befugt, die Entfernung des Heizkörpers zu verlangen. Derselbe sicherte dem Raum auch für die kalte Jahreszeit eine Wärme, die ihn zum dauernden Aufenthalte von Menschen geeignet machte. Daß der Raum auch für andere, aber mit dem öffentlichen Baurecht im Einklang stehende Bestimmungszwecke einer derartigen Erwärmung bedurfte, war dem Sachverhalt, insbesondere den Ausführungen des Klägers, nicht zu entnehmen. Es galt weder für die unveränderte Erhaltung der dort zu lagernden Waren der Firma noch für die Vornahme der mit dieser Lagerung notwendigerweise verbundenen Arbeiten.

Unter solchen Umständen kennzeichnet sich das polizeiliche Gebot als eine Maßregel, die zulässig war, um dem vorher erörterten Benutzungsverbote die erforderliche dauernde Beachtung zu sichern.

Nr. 12. Entsch. v. 20. Dez. 1912 (PrVerwBl. 35 363) IX B 36/11.

1. Es handelt sich ausschließlich um die Auflage, die in den Dachgeschoßräumen des klägerischen Hauses befindlichen Heizkörper von der Leitung abzutrennen, so daß deren Benutzung ausgeschlossen ist. Das Vorhandensein dieser Heizkörper hat bereits zweimal einem unrechtmäßigen Zwecke, nämlich einer verbotenen Benutzung der Dachgeschoßräume zum dauernden Aufenthalte von Menschen, gedient. Nach § 37 BauO. v. 15. VIII. 97 für Berlin durfte in dem Gebäude ein weiteres zum dauernden Aufenthalte von Menschen bestimmtes Geschoß nicht angelegt, d. h. eingerichtet werden. Verstieß daher die Einrichtung des Dachgeschosses gegen das anzuwendende Recht, so war die Polizei befugt, die Beseitigung einer solchen Einrichtung, also derjenigen Ausgestaltung des Dachgeschosses zu fordern, durch welche dieses als zum dauernden Aufenthalte von Menschen bestimmt erschien. Sind die Heizkörper im Dachgeschosse nur zu dem Zwecke da, dieses zum dauernden Aufenthalte von Menschen geeignet zu machen, so wird ihre Beseitigung oder Unbrauchbarmachung zweifellos mit Recht gefordert. Sie ist „die nötige Anstalt" zur wirksamen Abstellung des polizeiwidrigen Zustandes, der darin besteht, daß ein weiteres zum dauernden Aufenthalte von Menschen bestimmtes Geschoß angelegt, d. h. eingerichtet ist.

2. Die Kläger machen jedoch geltend, daß das Vorhandensein der Heizkörper auch rechtmäßigen Zwecken diene. Die Heizkörper sollen

a) als Bestandteil der Gesamtheizanlage ein Einfrieren der Wasserstränge verhindern und eine genügende Erwärmung der Aufenthaltsräume des darunter liegenden Geschosses bewirken helfen,

e) eine Benutzung des Dachgeschosses zur Lagerung auch solcher Waren ermöglichen, die einer besonderen Heizung bedürfen.

Es ist aber dem Vorderrichter darin beizutreten, daß gleichwohl die Beseitigung der Heizkörper zur Herstellung eines polizeimäßigen Zustandes notwendig ist, weil die angegebenen Zweckbestimmungen praktisch untergeordneter Natur sind und deshalb das Wesen der Heizkörper als einer Einrichtung zur verbotswidrigen Benutzung des Dachgeschosses hier nach Lage der Sache nicht entscheidend zu berühren vermögen. Die Polizeibehörde mußte daher für berechtigt erachtet werden, die beanstandete Heizanlage als eine Einrichtung zur rechtswidrigen Benutzung der Dachgeschoßräume zu behandeln und zur Sicherung nachhaltiger Wirksamkeit des erlassenen Benutzungsverbots die Beseitigung dieser Einrichtung zu fordern. Abgesehen davon, daß sie sich nicht mit Repression, mit dem Einschreiten gegen eine bereits eingetretene Gesetzesverletzung, zu begnügen braucht, sondern schon deren Eintritt präventiv bekämpfen darf, hat sie im allgemeinen nicht nur nicht die Mittel, sondern auch gar nicht die Aufgabe, alle Bauten so intensiv und unausgesetzt zu überwachen, wie dies zu einer dauernden sicheren Vereitelung des erörterten Mißbrauchs erforderlich wäre. Einer so ausgedehnten Beunruhigung der Eigentümer aller, auch der legal benutzten Bauten gegenüber erscheint die Anwendung des hier streitigen Mittels in den Fällen festgestellten wirklichen Mißbrauchs im ganzen als das schonendere, die Freiheit des Eigentums besser wahrende Verfahren. Sollten etwa später die Dachgeschoßräume wirklich zur Aufbewahrung von Waren bestimmt werden, die der Wärme bedürfen, so würde in Frage kommen, ob die Kläger dann wegen Veränderung der tatsächlichen Verhältnisse eine Aufhebung des Verbots der Anbringung von Heizkörpern beantragen könnten.

Nr. 13. Entsch. v. 14. Nov. 1913 (OVG. **66** 410) IX A 143/12.

1. Ein Hauseigentümer in Berlin beabsichtigte, das Dachgeschoß seines Hauses zu Wohnzwecken auszubauen. Der Polizeipräsident versagte die Genehmigung, weil durch die Errichtung eines weiteren Geschosses auf dem jetzt bestehenden Hause, die schon beim Vorderhause bis auf 10 cm — bei den Seitenflügeln voll ausgenutzte, nach § 3[1] BauPolO. v. 15. VIII. 97 zulässige Fronthöhe nicht unwesentlich überschritten werden würde. An dieser Tatsache wird auch dadurch nichts geändert, daß die Frontwand des neuen Obergeschosses über die oberhalb der zulässigen Gebäudehöhe im Winkel von 45° zur vorhandenen Front gedachte Luftlinie nicht hinausragen soll, ebensowenig wie durch die Anordnung von Dachstreifen zwischen dem vorhandenen Hauptgesims und der Oberkante der nach der Straße oder dem Hofe zu gelegenen Außenwände des projektierten Obergeschosses diesen Wänden der Charakter zurückgesetzter Fronten genommen wird. Diese schmalen Dachflächen dienen beim vorliegenden Projekte vielmehr im wesentlichen nur dazu, die zurückgesetzten Frontwände als solche möglichst wenig in die Erscheinung treten zu lassen. Daß die Erzielung einer größeren Gebäudehöhe durch ein Zurücksetzen der Frontwände nach den baupolizeilichen Vorschriften nicht allgemein und ohne weiteres zulässig ist, geht aus dem Wortlaute des § 3 Ziff. 1a letzter Satz hervor; denn nach dieser Bestimmung ist es der Polizeibehörde freigestellt, beim Zurücktreten von Gebäuden hinter die Baufluchtlinie ein entsprechend gesteigertes Höhenmaß entweder zuzulassen oder zu versagen. Das OVG. hielt den Bescheid aufrecht.

2. Durch § 3 BauPolO. v. 15. VIII. 97 ist die Höhe der Gebäude erschöpfend geregelt worden und es sind für sie bestimmte Grenzen gezogen. Dies erhellt besonders auch aus Abs. 4, wonach bei Anbringung der dort vorgesehenen Frontaufbauten eine Durchschnittsberechnung stattfindet, die zu einer Ermäßigung der sonst nach der Straßenbreite sich richtenden Höhe führen kann. § 3 ergibt ferner mit aller Deutlichkeit, daß oberhalb des zugelassenen Höhenmaßes an baulichen Anlagen nur Dächer bzw. die ihnen gleichzuachtenden Dachgeschosse sowie die unter Abs. 2 und 4 fallenden Herrichtungen statthaft sind. Daher ist auch der vom Kläger projektierte Bau im Vorderhause, das die in § 3 Abs. 1a vorgesehene Höchsthöhe unstreitig jetzt schon bis auf 10 cm erreicht, nur zulässig, wenn er als Teil des Daches oder Dachgeschosses gelten kann. Begrifflich bildet das Dach den oberen Abschluß eines Gebäudes und das Dachgeschoß im Gegensatze zu einem Haupt- oder Vollgeschosse dasjenige Geschoß, das unmittelbar unter dem Dache liegt, von den Dachschrägen eingeschlossen wird und den Dachstuhl enthält. Ohne eine oder mehrere geneigte Flächen wird namentlich auch nach den mitgeteilten Vorschriften der Berliner BauO. kein eigentliches Dach gebildet; es kann danach nicht aus wesentlich lotrechten Wänden bestehen, die Neigung ist nötig. Daß im übrigen die geneigten Flächen nicht bis zu einer Firstlinie gleichmäßig durchgeführt zu werden brauchen, sondern innerhalb des Neigungswinkels mit bald mehr, bald weniger steilen Absätzen unterbrochen werden dürfen, ist nach jenen Vorschriften ohne weiteres zuzugeben. Im vorliegenden Falle hatte der Kläger sein Gesuch dahin erläutert: Das alte Dach solle, weil es wegen zu geringer Neigung einen Ausbau von Wohnungen nicht gestatte, abgebrochen und ein neues unter einem Winkel von 45° aufgebaut werden. Der Raum unter der Kehlbalkenlage war für Wohnzwecke, der obere Dachteil als Trockenboden bestimmt und mittels eines gesonderten, durch eine feuersichere Tür abgeschlossenen Zuganges vom Treppenhaus erreichbar. Die lichte Zimmerhöhe war mit 3,20 m angegeben. Die zurücktretende Umfassungswand für die neuen Wohnräume an der K.straße sollte als doppelte Schützsche Wand hergestellt und von Fenstern bzw. Türen durchbrochen werden. Teile der Dachkonstruktion greifen in die Räume durchgehends nicht hinein, sie sind aber nach der Erklärung des Klägers zu der im Verhandlungstermine benutzten Zeichnung an den Ecken sichtbar.

Nun hat der Gerichtshof den begrifflichen Unterschied zwischen einem Dachgeschoß und einem Haupt- oder Vollgeschosse schon wiederholt erörtert, so an der Hand einer früheren Berliner und einer VorortsbauO. in OVG. **21** 385ff. und **29** 384ff. Er hat damals die Auffassung zurückgewiesen, daß etwa schon die örtliche Lage schräger Streben und dgl., die zur Unterstützung des Daches dienen, für die Bestimmung des Dachgeschosses allein maßgebend sein könne, vielmehr ausgeführt, daß es auch wesentlich auf das Verhältnis der davon berührten Räume zum Dache selbst, das heißt zu der geneigten Dachfläche ankomme. Wenn ein Geschoß schon in der äußeren Umfassung ein den Erfordernissen eines Wohngeschosses entsprechendes, den übrigen Geschossen gleichwertiges Stockwerk darstelle, so könne es nicht dadurch allein, daß der Unternehmer die Unterstützungen der geneigten Dachfläche in dieses Stockwerk hineinverlege, zu einem Dachgeschosse gemacht werden. Hier ist in dem klägerischen Projekte für das neue Geschoß eine, die in § 37³ der jetzigen Berliner BauO. vorgeschriebene Mindesthöhe überschreitende, Höhe von 3,20 m angegeben. Wird diese in den an der Straße hinter der zurückgesetzten Außenwand gelegenen Räumen zwischen lotrechten Wänden auch nicht voll erreicht, und soll dort auf die mangelnde Höhe teilweise die geneigte Dachfläche ergänzend einwirken, so reicht dieser Umstand bei der sonstigen Ausgestaltung des geplanten Geschosses keineswegs dazu hin, letzteres in ganzem Umfang oder auch nur zu einem Teile als Dachgeschoß zu kennzeichnen. Dem steht vor allem die oberhalb der zulässigen Fronthöhe vorgesehene, wegen ihrer breiten Entwickelung und senkrechten Stellung mit dem Dachbegriff unvereinbare Wand entgegen, die als Teil des Daches um so weniger gelten kann, weil über dem neuen Geschosse, dessen Außenwand an der Straße sie bilden soll, noch der Trockenboden mit einer Firsthöhe von 2,90 m geplant ist und dieser den oberen Abschluß des ganzen Gebäudes bildet. Die Wand wird auch nicht zu einem Dachteile durch Anbringung der in der Zeichnung neben den Fenstern sichtbaren sogenannten Dachstreifen, weil diese auch bei geneigter Form und dachgleicher Deckung gegenüber den breiten und senkrechten Fenster- und Türanlagen von untergeordneter Bedeutung sind und, wie das Bauamt sich ausdrückt, die Vorderwand des projektierten Geschosses nur verschleiern sollen. Daß aber die letztere bei ihrer Entwickelung längs der ganzen über 16 m langen Front auch nicht zu den nach § 3⁴ BauO. zulässigen Aufbauten zu rechnen ist, die ihrem Wesen nach in Abmessung und Form untergeordnete Bauteile iVerh. zu den Gebäudefronten und Dachflächen bleiben müssen, liegt auf der Hand.

3. Abzuweisen war ferner der klägerische Einwand mangelnder Bestimmtheit der angefochtenen Verfügung; denn darin ist die nachgesuchte Genehmigung klar versagt und als Begründung die Überschreitung der zulässigen Gebäudehöhe vorangestellt worden. Wenn der Kläger betont: die polizeiliche Verfügung müsse klar erkennen lassen, was von dem Betroffenen mindestens zu leisten sei, so übersieht er, daß hier nicht über polizeiliche Anforderungen und deren Erfüllung zu befinden ist, sondern über die Rechtmäßigkeit der Erklärung, daß dem beabsichtigten Baue Hindernisse des öffentlichen Rechtes entgegenstehen. Ist auch in solchen Fällen eine möglichst vollständige Mitteilung der mit einem Projekte nach Ansicht der prüfenden Behörde verbundenen Mängel angezeigt, damit der Bauherr die Anstände tunlichst in einem Zuge berücksichtigen kann, so hängt doch die Rechtsbeständigkeit der Verfügung keineswegs von einer sofortigen erschöpfenden Darlegung der Projektmängel und der Art ihrer Beseitigung ab.

Nr. 14. Entsch. v. 3. Jan. 1913 (OVG. **63** 445) IX A 145/11.

1. Unter den Parteien ist ausschließlich streitig, ob die beanstandete Einrichtung wider die Vorschrift in § 2 Ziff. 4 Abs. 3 letzter Satz BauPolO. für den Stadtkreis Berlin v. 15. VIII. 97 verstößt, wonach der überdachte Teil des Hofes unbeschadet der Bestimmung, daß da, wo eine Durchfahrt vorgeschrieben ist, diese innerhalb der Überdachung durch Wände aus unverbrennlichen Baustoffen abgeschlossen werden muß, einheitlich in seiner Form angelegt werden muß. Sowohl die Wortfassung dieser Vorschrift wie der obwaltende Zusammen-

hang lassen mit ausreichender Sicherheit erkennen, daß es sich um die bauliche Form handelt. Das Anlegen eines glasüberdachten Hofteils ist eine bauliche Maßnahme. Eine Absicht des Gesetzgebers, auch eine nichtbauliche Raumeinteilung zu treffen, ist nicht erkennbar.

2. Im vorliegenden Falle war aber auch die Einheitlichkeit der baulichen Form für verletzt zu erachten. Der glasüberdachte Hofteil des Grundstücks wird zu einem Teile von einer Bank, zu einem anderen Teile von dem L.schen Schuhwarengeschäfte benutzt. Diese beiden Teile sind voneinander durch ein Regal geschieden, dessen Rückseite mit Pappe und Streckmaterial bekleidet und mit feuersicherem Putze versehen ist.

Obwohl jede „konstruktive" Verbindung mit Seitenwänden, Fußboden und Decke vermieden werden sollte, und jedenfalls eine besondere bauliche Befestigung — durch Einfugung, Verankerung und dgl. — fehlt, konnte in der streitigen Anlage nicht einfach eine Möbelaufstellung erblickt werden. Für ihre Herstellung ist offenkundig der Zweck bestimmend gewesen, den glasüberdachten Hofteil dauernd, d. h. bis auf weiteres, jedenfalls bis zum Ablaufe der bestehenden Mietverträge, in einer den Ansprüchen großer Geschäfte genügenden Weise in zwei selbständig benutzbare Räume zu zerlegen. Zweck und Wesen der Anlage bedingen also, daß diese nach Art eines Bauteils unbewegt an ihrer Stelle bleibt. Jedenfalls ist sie entsprechend der bezeichneten Zweckbestimmung mit ihrer baulichen Umgebung vermöge genauer Einpassung in deren Formen und durch ihre eigene Schwere so fest verbunden, daß sie in ihrer gegenwärtigen Verfassung und Zweckbestimmung selbst einen Bestandteil der überdachten Hofanlage bildet.

Nr. 15. Entsch. v. 29. März 1912 (PrVerwBl. 34 296) IXA 68/11.

1. § 48[1] BauPolVd. für die Vororte von Berlin v. 28. V. 07 lautet:

„Die Herstellung von Anlagen, welche starken Rauch oder Ruß, üble Gerüche oder schädliche Ausdünstungen oder ungewöhnliches Geräusch verursachen, ist im Gebiete der Bauklassen A, B, D und E sowie in denjenigen Gebieten, in welchen die Bauklasse C oder die Bauklasse D nach Wahl des Bauenden Anwendung findet, ohne weiteres, im Gebiete der geschlossenen Bauweise sowie im Gebiete der Bauklassen C und F in denjenigen Gebietsteilen verboten, für welche dies in der Anlage ausdrücklich bestimmt ist."

Bei Anwendung dieser Vorschrift muß von der Beschaffenheit, Eigenart und Unterbringung der projektierten Anlage ausgegangen und im einzelnen untersucht werden, ob und inwieweit deren Betrieb die nach § 48 Abs. 1 aus dem Gesamtgebiet fernzuhaltenden Einwirkungen, starker Rauch, üble Gerüche, hervorruft und die Anlage daher zu versagen ist. Auf die Unterschiede, die die zahlreichen Orte des vor störenden Betrieben zu schützenden Gebiets hinsichtlich der Bauweise — offene und geschlossene — sowie in den Bauklassen, in der Benutzung der Grundstücke und sonstwie enthalten, kommt es nicht entscheidend an, und diese darf nicht derart ausgelegt werden, daß je nach der örtlichen Umgebung dieselbe Neuanlage in gewissen Teilen des Gesamtgebiets zuzulassen und in anderen auszuschließen ist. Ob das Gebiet mit Rücksicht auf die dafür einheitlich bestimmten Begriffe starker Rauch, ungewöhnliches Geräusch überall zweckmäßig abgegrenzt worden ist, hat der Verwaltungsrichter nicht nachzuprüfen.

2. Die große Ausdehnung des unter die Verbotsvorschrift des § 48 Abs. 1 gestellten Gebiets spricht von vornherein dagegen, der Gesetzgeber habe kleine, von jeher in Stadt und Land bekannte, den Bedürfnissen der Einwohner unmittelbar dienende Unternehmungen schon ausschließen wollen, weil der Betrieb nicht immer ohne die eine oder andere der in § 48 genannten Wirkungen vonstatten geht. Hier soll die Schmiede nur handwerksmäßig — anscheinend mit einem Gesellen und Lehrling — in einem nach den vorgelegten Zeichnungen

6,39 : 6,65 m großen massiven Raum betrieben werden. Letzterer liegt etwa 70 m entfernt von der Königstraße, einen Teil der überaus belebten Berlin-Potsdamer Chaussee, auf einem Grundstück, das bereits mit einem Wohnhause, Ställen und dergleichen bebaut ist. Besondere, die Annahme rechtfertigende Umstände, das in der Beschlagschmiede entstehende Geräusch werde ein ungewöhnliches sein, also bei der regelmäßigen Arbeit nach Stärke oder Dauer von den Geräuschen erheblich abweichen, die das tägliche Leben der zahlreichen Einwohnerschaft eines großen Gebiets und der darin stattfindende öffentliche Verkehr gewöhnlich hervorbringen, waren nicht erkennbar. Von der Erzeugung starken Rauches oder Rußes oder übler Dünste ist in den Prozeßschriften ausdrücklich nicht die Rede gewesen; den ersteren könnte übrigens durch geeignete Schornsteinanlagen zweifellos vorgebeugt oder das Ausströmen doch auf ein — für Küchenfeuerungen und dergleichen — gewöhnliches Maß gemindert werden, auch können etwaige üble Dünste durch eine kleine Beschlagschmiede erfahrungsgemäß nur vorübergehend entstehen.

Nr. 16. Entsch. v. 29. März 1912 (OVG. **61** 410) IX A 98/10.

Lediglich wegen konsenslofer Errichtung einer genehmigungspflichtigen Anlage darf deren Beseitigung nicht gefordert werden, vielmehr gehört dazu ein Verstoß gegen materielle Vorschriften. Von solchen kommt hier an erster Stelle § 48¹ BauPolVd. für Potsdam v. 28. V. 07 in Betracht, wonach in den dort bezeichneten Gebieten die Herstellung von Anlagen, die starken Rauch oder Ruß, üble Gerüche oder schädliche Ausdünstungen oder ungewöhnliches Geräusch verursachen, verboten ist. Diese Bestimmung ist auch in den nämlichen Paragraphen der jetzt geltenden VorortsbauO. v. 30. I. 12 aufgenommen. Ihr Verbot richtet sich gegen solche Anlagen, von denen gefahrbringende oder verkehrsstörende Einwirkungen ausgehen. Wenn der Gutachter meint, die Vorschrift lasse sich bei einer Ausdehnung auf ganze Ortschaften nicht in voller Schärfe durchführen, und es sei in solchen Fällen je nach der Beschaffenheit der einzelnen Ortsteile ein verschiedener Maßstab hinsichtlich der auszuschließenden Betriebe anzulegen, so findet diese in dem Wortlaute des § 48¹ allerdings keine Stütze. Die Vorschrift schließt für ein Gesamtgebiet die störenden Anlagen aus und läßt nicht erkennen, es solle bei dem gebotenen Ausschlusse nach den in dem weiten Gebiete vorgesehenen Bauweisen (der offenen und geschlossenen), ferner nach den einzelnen Bauklassen, der seitherigen Benutzung der Grundstücke oder nach anderen Eigenschaften der Umgebung neuer Betriebe unterschieden werden. Vielmehr ist überall von der Beschaffenheit der neuen Anlagen selbst auszugehen und im einzelnen zu untersuchen, ob deren Eigenart die Fernhaltung von dem durch § 48 geschützten Gebiete rechtfertigt. Bei dem Unternehmen des Klägers, das aus einer Wagenreparaturwerkstätte und einer Schmiede besteht und einheitlich geführt wird, sind von den Polizeiinstanzen der angeblich starke Rauch und das ungewöhnliche Geräusch beanstandet worden; die Entstehung übler Gerüche, an die man bei einer Hufbeschlagschmiede ebenfalls denken könnte, ist von ihnen nicht erwähnt. Der Gerichtshof ist nach Einsicht des von ihm eingeforderten Gutachtens zu der Überzeugung gelangt, daß keine der genannten Einwirkungen in einem die Anwendung des § 48 gebietenden Maße zur Zeit des Erlasses der umstrittenen Verfügung stattfand oder ernstlich zu befürchten war. Über den vorgefundenen Betrieb hat sich ein Sachverständiger geäußert.

Daß nach diesem Befunde nur noch die Frage nach dem Entstehen ungewöhnlichen Geräusches Zweifeln begegnen konnte, für die vermeintliche Belästigung oder Schädigung durch Ausströmen starken Rauches aber kein Anhalt mehr blieb, auch etwaigen üblen Gerüchen nicht nachzuforschen war, ergab ohne weiteres der Inhalt des Gutachtens. Hinsichtlich des Geräusches durfte aber die im Gutachten betonte Lage des Betriebs in einer verhältnismäßig ruhigen Straße und die daraus folgende verstärkte Wahrnehmung des Schalles der Schmiedearbeiten für die Feststellung der Ungewöhnlichkeit nicht ausschlaggebend sein, weil nach dem Obengesagten die Vorschrift des § 48[1] in ihrem ganzen Geltungsbereiche gleichmäßig, unter Beachtung der Einrichtung und Beschaffenheit des Betriebs, Platz greift, und nicht je nach der örtlichen Umgebung des letzteren — relativ — derart gehandhabt werden darf, daß dieselbe Anlage in gewissen Teilen des Gesamtgebiets zugelassen und in anderen untersagt wird. Ob das Gebiet mit Rücksicht auf die dafür einheitlich bestimmten Begriffe „ungewöhnliches" Geräusch, „starker" Rauch u. a. überall eine zweckmäßige Abgrenzung gefunden hat, ist vom Verwaltungsrichter nicht nachzuprüfen. Anderseits sprach aber die weite Ausdehnung des unter das Verbot des § 48[1] gestellten Gebiets von vornherein dagegen, der Gesetzgeber habe auch kleine, von jeher in Stadt und Land bekannte und den Bedürfnissen der Einwohner unmittelbar dienende Unternehmungen schon ausschließen wollen, weil der Betrieb nicht immer ohne heftiges Geräusch oder eine andere der genannten Wirkungen vonstatten geht. In der Mehrzahl solcher Fälle würde für die Ausschließung ein polizeilicher Beweggrund — die Abwehr von Gefahren oder Verkehrsstörungen — nicht zu finden sein; auch ist für die Annahme einer zukünftigen übermäßigen, polizeilich zu wahrende Interessen schädigenden Vermehrung derartiger Unternehmungen in dem hier fraglichen Gebiete kein Grund ersichtlich. Nach dem Befunde des Sachverständigen mußte aber das klägerische Unternehmen zu den kleinen bekannten handwerksmäßigen Betrieben gerechnet werden. Deren Geräusch ist an sich nichts Ungewöhnliches und übertrifft regelmäßig an Stärke oder Dauer nicht manche andere Geräusche des täglichen Lebens und des Verkehrs der zahlreichen Bewohner eines großen Bezirkes. Die Anstellung nur eines Gesellen schließt Arbeitsverrichtungen zur ungeeigneten Zeit, wie am späten Abend und bei Nacht, von vornherein aus und macht auch am Tage ein dauerndes Umgehen mit schweren, lautdröhnenden Hämmern nicht wahrscheinlich. Es mag unter Umständen schwierig sein, die Grenzen zwischen einem gewöhnlichen und einem ungewöhnlichen Geräusche sicher zu bestimmen; zu dem letzteren in einem großen und gewerblich nicht unbedeutenden Bezirk aber regelmäßig das Geräusch zu rechnen, das bei der Bearbeitung von Eisen in kleinen wohleingerichteten Werkräumen und bei normaler Arbeitszeit entsteht, erschien iS. des § 48[1] der VorortsbauO. unstatthaft.

Nr. 17. Entsch. v. 9. Juli 1912 (PrVerwBl. 34 810) IX A 97/11.

1. Nach § 9 der für den Bauerlaubnisschein maßgebenden BauPolO. für den Landkreis Bochum v. 1. III. 84 war damals bis zu einer Entfernung von 1 ½ m von dem unbebauten, aber zur Bebauung geeigneten Nachbargrundstück für jede ihm zugewandte Außenwand die feuersichere Herstellung unerläßlich, wenn nicht die Regierung zur Vermeidung von Härten (gemäß den einleitenden Worten der BauPolO.) eine Ausnahme gestattete. Feuersicherheit besitzt eine Mauer dann nicht, wenn in ihr Fenster angelegt sind, wie dies für die westliche Außenwand des Hauses des Klägers zutrifft. Da diese Wand trotzdem nur 0,36 m von der Nachbargrenze entfernt errichtet wurde, so widersprach ihr Zustand von vornherein den maßgebenden baupolizeilichen Bestimmungen; denn dafür, daß von zuständiger Stelle, d. h. seitens der Regierung, eine Ausnahme zugelassen worden sei, fehlt jeder Anhalt. Wenn auch die Vorschriften der BauPolO. von 1884 (mit dieser selbst) inzwischen ihre Geltung verloren haben, so ist doch die Bestimmung, daß Gebäude von den Nachbargrenzen, wenn sie nicht unmittelbar auf ihnen errichtet werden, eine 0,36 m erheblich überschreitende Mindestentfernung innezuhalten haben, innerhalb dieser Entfernung aber keine von Fenstern durch-

brochene Außenwand dem Nachbargrundstück zugekehrt besitzen dürfen, sowohl in der zunächst an ihre Stelle tretenden PolVd. v. 10. V. 05, §§ 16^1, $22^{1 u. 2}$, wie auch in der gegenwärtig geltenden PolVd. v. 16. III. 10, §§ 16^1, 22^1 u. ^{2}, beibehalten worden. Die Illegalität des Zustandes der westlichen Umfassungswand des Hauses des Klägers ist also nach dem öffentlichen Baurecht unerachtet seiner inzwischen erfolgten Weiterentwickelung erhalten geblieben. Sie ist auch nicht durch nachträgliche stillschweigende Dispenserteilung seitens des gemäß § 57^2 BauPolVd. v. 16. III. 10 hierfür zuständigen Landrats neuerdings behoben worden. Denn, wenn auch die Möglichkeit und Zulässigkeit stillschweigender Dispenserteilung an und für sich anzuerkennen ist, so fehlt es doch für die Annahme einer solchen im vorliegenden Falle an den allernotwendigsten Anhaltspunkten, wie insbesondere an einem Dispensgesuch.

2. Das Recht, gegen den Fortbestand des illegalen Zustandes einzuschreiten, ist der Polizeibehörde auch nicht durch die Länge des Zeitablaufes seit seiner Entstehung verloren gegangen. Ihrem Vorgehen hat es endlich auch nicht an dem erforderlichen gesetzmäßigen Motiv gefehlt; in Ausübung der ihr durch § 6g PolVerwG. zugewiesenen Fürsorge gegen Feuersgefahr bei Bauausführungen hat sie die nach dieser Richtung hin besonders wichtigen Vorschriften des öffentlichen Baurechts über die Brandmauern pflichtgemäß zur Anwendung gebracht. Für ihre bezüglichen Entschließungen besitzt der Ausgang des zwischen den Grundstücksnachbarn schwebenden Zivilprozesses keine maßgebende Bedeutung.

Nr. 18. Entsch. v. 18. Okt. 1912 (OVG. **63** 448) IX C 6/12.

Die Polizei darf mit Rücksicht auf die von ihr zu wahrenden Interessen, insbesondere aus sanitären Gründen, auch in die Art und den Umfang der Bebauung und Benutzung der Grundstücke eingreifen und dabei dem Eigentümer gewisse Beschränkungen auferlegen. Dahin gehören Vorschriften, die die Benutzung der Nebengeschosse (des Dach- und des Kellergeschosses) zum dauernden Aufenthalte von Menschen einschränken. Indem die BauPolVd. v. 28. V. 07 für die Vororte von Berlin für die Bauklassen I, II und A ausgehend von dem Bestreben, eine derartige Benutzung des Kellergeschosses nach Möglichkeit einzuschränken, gleichwohl übereinstimmend (Ziff. 5 der §§ 50, 51, 52) in Kellergeschosse der Vordergebäude die Anlegung einer selbständigen „Wohnung" mit höchstens 60 qm Flächeninhalt gestattete, im übrigen aber die Einrichtung von Räumen zum dauernden Aufenthalte von Menschen in Kellergeschossen untersagte, trug sie unter Ausgleichung der verschiedenen dabei in Betracht kommenden Interessen einem nach den bestehenden Verhältnissen von ihr anzuerkennenden Bedürfnisse der Hauseigentümer wie auch der Bewohner Rechnung, nahe dem Hauseingang und zugleich ohne Verkürzung eines Hauptgeschosses Räume zur „wohnlichen" Unterbringung einer Familie zur Verfügung zu haben, der die Bedienung und Beaufsichtigung des Hauses anvertraut werden könne. Aus diesem berechtigten Grunde wurde „eine selbständige Wohnung" im Kellergeschosse zugelassen, nicht aber ein Raum, der lediglich zum Gewerbebetriebe dient. Dafür gilt mithin, da die Ausnahme nicht zutrifft, das Verbot der Einrichtung des Kellergeschosses zum dauernden Aufenthalte von Menschen. Dem widerstreitet es aber, wenn ein Raum im Kellergeschosse die Bestimmung eines Laden- oder Geschäftsraums erhält und dadurch aufhört, Teil einer Wohnung zu sein. Hiermit soll keineswegs ausgesprochen sein, daß in der nach § 50^5 zugelassenen Kellerwohnung keine gewerblichen Arbeiten vorgenommen werden dürften, wofern nur der Raum dadurch nicht den Charakter eines Teiles der Wohnung, eines Wohnraums verliert. Widersprach hiernach die geschehene Einrichtung des Ladens dem geltenden öffentlichen Baurechte, so durfte die Polizeibehörde jederzeit die Abstellung des polizeiwidrigen Zustandes von dem Hauseigentümer fordern, gleichviel, ob etwa vorher seine Zulassung rechtswidrig erfolgt war.

Nr. 19. Entsch. v. 8. Juli 1913 (PrVerwBl. **35** 558) IX A 15/12.

Nach § 37¹ der für Berlin-Wilmersdorf geltenden BauO. v. 22. VIII. 98 dürfen in einem Gebäude niemals mehr als fünf zum dauernden Aufenthalte von Menschen bestimmte Geschosse übereinander angelegt werden. Ob die Bestimmung Beachtung gefunden hat, bleibt Frage des einzelnen Baufalls. Daß hier Keller- und Dachgeschoß unbewohnbar sein sollten, war nach den geprüften Zeichnungen von vornherein klar. Von den sechs übrigen Geschossen waren die vier obersten nach der in die Zeichnungen eingetragenen Benutzungsart nur zum Wohnen bestimmt. Das sogenannte Zwischengeschoß enthält im Vorderhause außer einer an der Hinterfront gelegenen Stube und Küche nebst Bade- und Bedürfnisräumen an der Straße einen rund 7 × 7 m großen Geschäftsraum und — mit diesem auf gleicher Ebene — Balkone von 38,63 m Fläche in einem „Lokale", dessen Fußboden im Erdgeschosse liegt. Dieses Lokal, zuerst als Café, dann als Restaurant benutzt, ist in dem von den „Balkonen" nicht bedeckten Teile rund 6 m hoch. In dem Erdgeschosse liegen neben dem „Lokal" ein Bedürfnisraum, Flure und Lagerräume sowie die Durchfahrt zum Hofe. Die Zeichnungen ergaben deutlich, daß die sogenannten Balkone nicht etwa Anlagen von untergeordneter Bedeutung, kleine Austritte und dergleichen, für das zum Café- oder Restaurationsbetriebe bestimmte Lokal sind, sondern daß sie in dem etwa 10 × 8 m großen Raum eine Sonderfläche von über 38 qm einnehmen, mit der noch ein schmaler Außenbalkon unmittelbar verbunden ist. Auch ruhen die fraglichen Innenbalkone nicht auf besonders eingemauerten Konsolen oder Schienen, sondern es fällt ihr Fußboden mit dem Fußboden des Zwischengeschosses zusammen. Der letztere hat hiernach im Interesse des „Lokals" nur eine Unterbrechung, die „Durchsicht" erhalten. Sodann sind die Balkone außer von der im Lokale liegenden breiten Treppe von dem oben erwähnten 7 × 7 m großen Geschäftsraum und von anderen Räumen des Zwischenstocks aus zugänglich. Über und unter ihnen befinden sich freie Lufträume von etwa 3 m Höhe (s. § 37³ BauO.), und sie können zweifellos eine größere Personenzahl aufnehmen. Nach allem mußte das Gastlokal als ein in zwei Geschossen belegener, zum dauernden Aufenthalte von Menschen bestimmter Raum angesprochen werden. Da über ihm unstreitig noch vier Wohngeschosse liegen, besteht ein ungesetzlicher Zustand. Bemerkt mag noch sein, wie es nicht darauf ankommt, ob die Aufenthaltsräume in dem einen Geschosse genau über den gleichem Zwecke dienenden Räumen eines anderen Geschosses liegen. Ebenso ist rechtlich belanglos, daß bei Erteilung des Baukonsenses die Lage des „Lokals" in zwei Geschossen verkannt und die Zeichnung betreffs dieses Punktes unbeanstandet geblieben ist; denn die oben mitgeteilte Vorschrift ist zwingender Natur und kann gemäß § 42 BauO. nur im Wege des Dispenses durch den Bezirksausschuß für den einzelnen Fall außer Kraft gesetzt werden.

Nr. 20. Entsch. v. 5. Dez. 1913 (OVG. **66** 422) IX A 126/12.

1. Nach den Bauvorlagen handelt es sich um je zwei Glasdächer im dritten und im vierten Stockwerke des Hauses P.straße Nr. 3, die vorne durch je zwei dünne Stützen (Stäbe) mit den darunter befindlichen Balkonen verbunden sind und eine Ausladung von je 1,30 m vor der Umfassungswand wie auch vor der Baufluchtlinie haben. Der Kläger nimmt in rechtlicher Hinsicht für diese Dächer als für Bestandteile der darunter liegenden Balkone alles in Anspruch, was für diese teils unmittelbar in der BauO. v. 22. VIII. 98 für die Vororte von Berlin

teils durch Ausnahmebewilligung bei der Konsentierung auf Grund des § 42 aaO. (idFass. der PolVd. v. 2. VII. 04) sowie nachträglich durch Dispens nachgelassen worden ist. Die Polizei dagegen geht davon aus, daß die streitigen Dächer weder in der einen noch in der anderen Hinsicht dem rechtlichen Schicksale der Balkone folgen.

2. Die BauO. v. 22. VIII. 98 läßt nach dem Eingange des § 14 das Vortreten von Bauteilen über die Umfassungswände nur innerhalb gewisser Grenzen zu und verbietet es damit im übrigen. Die Vorschriften über die Zulassung innerhalb der gedachten Grenzen kennzeichnen sich daher von vornherein als Ausnahmebestimmungen, die nicht ausdehnend auszulegen sind. Die Auslegung, die ihnen der Kläger bezüglich der Balkone gibt, war als eine ausdehnende abzulehnen. Ein Balkon ist ein an der Außenseite eines Gebäudes angebrachter unbedeckter Austritt. Das hinzugefügte Dach ist eine dem begrifflichen Wesen des Balkons fremde und keineswegs notwendige oder übliche, sondern regelwidrige Zutat. Wenn aber Balkone regelmäßig nicht mit Dächern versehen sind, zu einem Balkone begrifflich nicht auch ein Dach gehört, so kann eine das Vortreten von Bauteilen abgrenzende Bestimmung, die unter Begünstigung der Anlage von Balkonen deren Vortreten über die Umfassungswände gestattet, nicht auf die Hinzufügung eines Daches über dem Balkone bezogen werden, mag das Dach auch nur dieses Balkons wegen da sein und wirtschaftliche Selbständigkeit nicht besitzen. Daß ein Balkon nach gemeinem Sprachgebrauche seine Benennung als solcher nicht deshalb verliert, weil über ihm andere Balkone und seitlich Erker oder Risalite liegen, ändert an dem begrifflichen Wesen des Balkons nichts; denn der Balkon selbst ist in solchem Falle nicht durch (eigenes) Dach und eigene Seitenwände abgeschlossen.

Sind hiernach die streitigen Glasdächer nach den maßgebenden Vorschriften nicht als Bestandteile von Balkonen zugelassen, so gehören sie anderseits auch nicht zu den übrigen daselbst unter bestimmter Benennung aufgeführten vortretenden Bauteilen (Risaliten, Erkern, Galerien, Kellerhälsen). Da sie selbstverständlich auch nicht zu den neben Risaliten bzw. Erkern genannten „geschlossenen Vorbauten" gehören, so verstößt ihr Vorhandensein zwar nicht gegen die Vorschriften unter Ziff. 1 aaO., aber sie nehmen auch nicht an der nach Ziff. 3 daselbst nur den Balkonen, Galerien, Erkern und geschlossenen Vorbauten zustehenden Vergünstigung einer zulässigen Ausladung von 1,30 m teil. Für die Zulassung und das Maß ihres Vortretens über die Baufluchtlinie kann daher in Ermangelung einer anderen für sie geltenden Norm nur die Vorschrift unter Ziff. 4 daselbst bestimmend sein, wonach ein Vortreten „anderer Bauteile" bis zu 0,60 m zugelassen werden kann, wenn der Bürgersteig mindestens 3 m breit ist. Die Vorschrift unter Ziff. 4 rechtfertigt aber nicht den Anspruch des Klägers auf Genehmigung der vier Glasdächer, weil alle mehr als 0,60 m über die Baufluchtlinie vortreten, und weil diese Vorschrift nur sagt, daß ein Vortreten anderer Bauteile insoweit zugelassen werden kann.

Nr. 21. Entsch. v. 3. Mai 1912 (PrVerwBl. 34 403) IX C 7/11.

1. Die BauPolVd. für die Städte des Regierungsbezirkes Potsdam v. 1. XII. 94 (ABl. 461) bestimmt in § 24[3], daß die Polizeibehörde für die Herstellung von Düngergruben auf landwirtschaftlich genutzten Grundstücken und die Ableitung des Tagewassers geringere Anforderungen stellen kann, als unter Ziff. 1 und 2 aaO. gestellt sind. Mit Recht hat der Vorderrichter angenommen, daß es dem Ermessen der Polizeibehörde überlassen ist, ob sie geringere Anforderungen stellen will, und daß der Verwaltungsrichter nicht dieses Ermessen durch sein eigenes zu ersetzen und nachzuprüfen hat, ob nicht iS. des Klägers derartige geringere Anforderungen zweckmäßig gewesen wären und daher zu stellen waren. Zu Unrecht hat der Vorderrichter aber unter-

lassen festzustellen, ob dieses Ermessen hier ausgeübt worden ist. War daher die Berufungsentscheidung wegen Rechtsirrtums bzw. wegen wesentlichen Mangels des Verfahrens aufzuheben, so mußten gleichzeitig bei freier Beurteilung die angefochtenen, lediglich auf § 24^2 aaO. gestützten polizeilichen Verfügungen außer Kraft gesetzt werden, weil durch ihren Erlaß ohne vorgängige Erwägung, ob nicht nach der gegebenen Sachlage geringere Anforderungen zur Herbeiführung eines polizeigemäßen Zustandes genügten, das bestehende Recht unrichtig angewendet und der Kläger in seinen Rechten verletzt worden ist.

2. Obwohl das Grundstück der Ehefrau J. gehört und die angefochtenen Verfügungen an sie gerichtet sind, ist doch auch der Ehemann in seinen Rechten verletzt und zur Anfechtung legitimiert (vgl. § 1380 BGB.).

Nr. 22. Entsch. v. 8. Nov. 1912 (PrVerwBl. 34 894) IX C 17/12.

1. Ohne Rechtsirrtum oder Verfahrensmangel hat der Vorderrichter tatsächlich festgestellt, daß der Gesamtbau auf dem Grundstück des Klägers nur ein einziges Gebäude darstellt. Zutreffend ist dies aus dem hierfür wesentlichen Umstande gefolgert, daß beide Bauteile dort, wo sie zusammenstoßen, des für selbständige Gebäude notwendigen gegenseitigen Abschlusses durch Umfassungswände ermangeln. Eine weitere wesentliche Stütze findet die Auffassung von der Einheit des Baues in der Einheitlichkeit des Baugrundstücks, auf dem er nach den Bauzeichnungen errichtet ist.

2. Handelt es sich hiernach um nur ein einziges Haus, so durfte nach dem zur Zeit des Erlasses der angefochtenen Verfügung geltenden öffentlichen Baurecht in seinem Kellergeschosse nur eine selbständige Wohnung mit höchstens 60 qm Flächeninhalt eingerichtet werden, im übrigen aber war dort die Einrichtung von Räumen zum dauernden Aufenthalt von Menschen verboten. Da schon eine fast 60 qm große Fläche des Kellergeschosses in dem nach der Parkstraße belegenen Bauteil als Wohnung diente, widersprach also die Bestimmung weiterer Kellerräume zum dauernden Aufenthalt von Menschen dem öffentlichen Baurecht.

3. Die Rechtmäßigkeit der angefochtenen polizeilichen Verfügung hing unter diesen Umständen nur noch davon ab, daß die von dem Schuhmacher B. als Werkstatt benutzten Räume des Kellergeschosses als zum dauernden Aufenthalt von Menschen bestimmte Räume anzusehen waren. Indem der Vorderrichter auch dies feststellte, verkannte er nicht den Begriff solcher Räume. Es ist nicht erforderlich, daß der betreffende Raum ohne Unterbrechung zum Aufenthalt von Menschen dient, vielmehr genügt es, daß seine Zweckbestimmung nicht schon seine nur vorübergehende Benutzung verbürgt. In Werkstätten aber soll sich nach ihrer Zweckbestimmung regelmäßig eine gewerbliche Tätigkeit vollziehen, die weder ihrer Natur noch ihrem Zwecke nach als ganz vorübergehend anzusehen ist; deshalb sind sie den Räumen zum dauernden Aufenthalt von Menschen zuzurechnen.

Nr. 23. Entsch. v. 4. März 1913 (PrVerwBl. 35 483) IX A 69/12.

1. § 18^9 der BauPolVd. für die Vororte von Berlin v. 28. V. 07 bestimmte, daß diejenigen Teile des Kellergeschosses, die nicht zum dauernden Aufenthalt von Menschen benutzt werden dürfen, u. a. auch nach ihrer Ausstattung die Ausnutzung zu diesem Zwecke ausschließen müssen (sofern sie nicht offenbar Zubehör einer Wohnung, wie Korridore, Abortanlagen, Badestuben sind und dem Bedürfnis ihrer Zweckbestimmung entsprechend angelegt werden); und nach § 50^5 war die Einrichtung von Räumen zum dauernden Aufenthalt von Menschen in Kellergeschossen, mit einziger Ausnahme der für das Kellergeschoß der Vordergebäude zugelassenen einen selbständigen Wohnung (für den Portier) mit höchstens 60 qm Flächeninhalt, untersagt. Auch die seitdem in Kraft getretene VorortbauO. v. 30. I. 12 enthält

in den §§ 18⁹ und 50⁵ im wesentlichen die gleichen Bestimmungen; nur ist hier für Kellergeschosse die Einrichtung von Räumen zum dauernden Aufenthalt von Menschen ausnahmslos untersagt. Daß die von der angefochtenen Verfügung betroffenen Räume in der Tat solche Teile des Kellergeschosses bilden, die auch nach der VorortbauO. v. 28. V. 07 nicht zum dauernden Aufenthalt von Menschen benutzt werden durften, ist nicht bestritten. Daß ferner Räume, wenn sie in der von der Polizei gerügten Weise ausgestattet sind, die Ausnutzung zum dauernden Aufenthalt von Menschen nicht, wie § 18⁹ beider BauO. fordert, ausschließen, wird durch die Tatsache der früheren Benutzung einzelner von den bezüglichen Kellerräumen in dem Hause des Klägers zu Bureauzwecken ohne weiteres bestätigt. Widersprach hiernach der Zustand der Kellerräume dem geltenden Baurecht, so konnte die Polizei gegen denselben einschreiten, wenn er nicht nach dem zu der Zeit seiner Herstellung geltenden Rechte zulässig war. Letzteres war indes nicht der Fall.

2. Allerdings fehlte der VorortbauO. v. 21. IV. 03, die zur Zeit der Erteilung des Bauscheins galt und unter deren Herrschaft die bemängelte Einrichtung der Kellerräume ausgeführt worden ist oder doch ausgeführt sein kann, eine Vorschrift nach Art derjenigen des § 18⁹ der späteren BauO. Dagegen galt auch damals schon die die Ausnutzung des Kellergeschosses beschränkende Vorschrift, daß in den Kellerräumen, und zwar auch nur in denjenigen von Vordergebäuden, falls sie gewissen Anforderungen, die hier erfüllt sind, entsprächen, die Einrichtung von Räumen zum dauernden Aufenthalt von Menschen höchstens bis zu einem Flächeninhalt von 60 qm zugelassen werden durfte (§ 50⁵). Dementsprechend wurde dem Kläger die Einrichtung einer Portierwohnung im Kellergeschosse gestattet, eine weitergehende Erlaubnis dagegen nicht erteilt; ihre Erteilung wäre bei der Größe der Portierwohnung auch nicht zulässig gewesen. Die Benutzung und Einrichtung anderer Räume des Kellergeschosses zum dauernden Aufenthalt von Menschen widersprach hiernach dem öffentlichen Baurecht, und die Polizei war befugt, ihr mit den ihr zu Gebote stehenden Mitteln entgegenzutreten. Dazu gehörte das Verbot einer wohnlichen Einrichtung der Kellerräume bzw. das Gebot der Entfernung einer solchen aus ihnen, zumal wenn nach den Umständen ein solches Vorgehen nach dem pflichtmäßigen Ermessen der Polizeibehörde nötig war, um einem vorauszusehenden Mißbrauch der Räume zum dauernden Aufenthalt von Menschen mit Erfolg entgegenzutreten. Linoleumbelag, glatter Wandputz und Füllungstüren gehören aber zu denjenigen Vorkehrungen, die geeignet sind, Kellerräume wohnlich herzurichten. Der Linoleumbelag ist ein moderner Ersatz für Dielung, von deren Vorhandensein nach den für das Haus des Klägers maßgebenden Verhältnissen die Benutzbarkeit von Räumen zum dauernden Aufenthalt von Menschen zweifellos abhängt. In derartigen Mietshäusern ist es ferner Regel, daß die Anwendung von Mörtelputz nur auf die Innenwände solcher Räume, die nicht zum dauernden Aufenthalt von Menschen bestimmt sind, beschränkt bleibt, während Räume, die diese Bestimmung haben, regelmäßig mit glattem (eine Tapete ersetzenden oder ihre künftige Anbringung ermöglichenden) Wandputz versehen zu sein pflegen. Den Verschlußzweck der Türen endlich erfüllen einfache Brettüren an und für sich ebenso gut wie die kostspieligeren Füllungstüren. Die Ausstattung mit den letzteren ist aber für bewohnte Räume derartig üblich, daß mit ihr als mit einer regelmäßigen Art der Einrichtung der letzteren zu rechnen ist.

3. Wenn der Kläger glaubt, daß die Polizeibehörde die aus Vorstehendem folgende Befugnis zum Erlasse der angefochtenen Verfügung durch das Unterlassen einer Rüge bei der Gebrauchsabnahme eingebüßt habe, so verkennt er die durch ihren Zweck gekennzeichnete Bedeutung dieser letzteren wie auch die Grenzen der Zuständigkeit der mit ihrer Vornahme betrauten Polizeiorgane.

4. Folgt hieraus die Abweisung der Klage, so bleibt es dem Kläger doch ungeachtet dieses Ausgangs des gegenwärtigen Streitverfahrens unbenommen, an die Polizei mit einem Antrag auf Einschränkung oder Aufhebung der gegenwärtig aufrechterhaltenen Verfügung heranzutreten, sobald er in der Lage ist, nachzuweisen, daß die eine oder andere von denjenigen Vorkehrungen, gegen deren Fortbestand die Polizei gegenwärtig zwecks Ausschließung der Benutzbarkeit der Räume zum dauernden Aufenthalt von Menschen eingeschritten ist, von besonderem Wert für die Ausnutzbarkeit der Räume zu einem anderen, den Vorschriften des öffentlichen Baurechts nicht widersprechenden Zwecke sei.

Nr. 24. Entsch. v. 7. Okt. 1913 (OVG. **65** 413) IXB 14/11.

1. Nach feststehender Rechtsprechung und der in der juristischen Literatur herrschenden Meinung gehören die vom Lichte und von der Aussicht handelnden §§ 137ff. ALR. I 8, wovon durch Art. 89[1b] AGBGB. die §§ 137 bis 140, 142 bis 144, 146 und 147 ausdrücklich aufrechterhalten worden sind, dem Nachbarrecht an, sind privatrechtlicher Natur und beschränken die öffentlich-rechtlichen Befugnisse der Polizei nicht.

2. Die Vorschriften der die zulässige Bebauung der Grundstücke und die Höhe der Gebäude betreffenden §§ 2 und 3 BauPolO. des RegPräs. zu Potsdam v. 22. VIII. 98 beziehen sich lediglich auf Verhältnisse des Baugrundstücks, geben Vorschriften für die Art seiner Bebauung bei Neubauten bzw. etwaigen ihnen gemäß § 40 BauO. gleichzustellenden Änderungen vorhandener Bauten mit Rücksicht auf die Verhältnisse des Baugrundstücks. Daraus ist nicht zu entnehmen, daß sich der Bauende nach der Art der Bebauung des Nachbargrundstücks zu richten, die bauliche Ausnutzung seines Grundstücks der Art der Bebauung des Nachbargrundstücks anzupassen habe. Das Verhältnis zum Nachbargrundstück ist in der BauO. besonders geregelt, so in dem die Entfernung zwischen Gebäuden behandelnden § 5 und in dem die Beschaffenheit der massiven Wände der Gebäude, namentlich an den Nachbargrenzen, betreffenden § 7 das. Ihrer öffentlich-rechtlichen Natur wegen sind diese Vorschriften unabhängig von der Erfüllung der privatrechtlichen Bestimmungen zu beachten.

Nr. 25. Entsch. v. 6. Febr. 1912 (PrVerwBl. **34** 171) IXA 21/11.

1. Als irrig erwies sich zunächst der aus § 140 LVG. erhobene klägerische Einwand rechtsungültiger Verkündung der BauPolO. für die Stadtgemeinden . . . des RegBez. Cöln v. 20. III. 94. Ausweislich des Amtsblatts für 1894 S. 111 ist die vom Regierungspräsidenten erlassene Ordnung unter der in Sperrdruck hergestellten Überschrift „Polizei-Verordnung" bekannt gemacht. Daß statt dieser von § 140 geforderten Bezeichnung, die an mehreren Stellen des Textes wiederkehrt, oft auch der dem Sinne nach gleichwertige und gar nicht mißzuverstehende Ausdruck BauPolO. gebraucht worden ist, und zwar schon in den Eingangsworten der Bekanntmachung, ist rechtlich unerheblich und verletzt keinenfalls die gesetzliche Formvorschrift.

2. Auf das schon vor der jetzigen BauO. hergestellte Fenster fanden die für neue bauliche Anlagen erlassenen Vorschriften der letzteren, namentlich auch die Bestimmungen der §§ 25[2] und 34[1] über Grenzmauern und feuersichere Wände, aber nur dann unmittelbare Anwendung, wenn das hier fragliche Fenster im zweiten Obergeschoß des Hauses illegal entstanden war. Abweichendes ist auch aus OVG. v. 10. V. 04 (PrVerwBl. **26** 276) nicht zu entnehmen. Der Bescheid betont nun allerdings, das Fenster sei baupolizeilich niemals genehmigt worden; da aber die vorgelegten Akten nur bis zum Jahre 1889, in dem gleichfalls ein Umbau des Hauses geschah, zurückreichten, konnte mit einer formellen Illegalität

des Fensters nicht sicher gerechnet werden. Dagegen ergab der in der angefochtenen Verfügung noch erwähnte § 46 der jetzigen BauO., daß die Polizeibehörde die Beseitigung der Fensteröffnung ohne Rücksicht darauf, ob diese früher rechtmäßig angelegt worden ist, verlangen konnte. Nach Abs. 2 daselbst bleibt nämlich bei erheblichen Veränderungs- und Anbauten vorbehalten, die baupolizeiliche Genehmigung auch davon abhängig zu machen, daß gleichzeitig die durch den Entwurf an sich nicht berührten älteren Gebäudeteile, soweit sie den Vorschriften der BauO. widersprechen, mit denselben in Übereinstimmung gebracht werden. Von dieser Bestimmung durfte die Polizeibehörde im Jahre 1910 bei Prüfung des oben erwähnten Umbaues, der sämtliche Geschosse des Wohn- und Geschäftshauses ergriff und in der Aufführung neuer Wände und Pfeiler sowie von Küchenanbauten und dergleichen bestand, Gebrauch machen. Die Ausführung des Umbaues mußte nach der Bauerlaubnis gemäß der dazu gehörigen Zeichnung geschehen. Weder in dieser noch in den übrigen Bauvorlagen war aber das hier fragliche Fenster kenntlich gemacht, es war vielmehr die nach der jetzigen klägerischen Angabe das Fenster von jeher enthaltende Grenzwand als festgeschlossene massive Mauer dargestellt. Dasselbe traf auch bei der in den Akten befindlichen, anläßlich des Umbaues von 1889 seitens der Vorbesitzer des Klägers beigebrachten Zeichnung zu. Worauf diese Abweichung der zeichnerischen Darstellungen von der Wirklichkeit zurückzuführen ist, hat der Kläger nicht angegeben, es kann auch dahingestellt bleiben, weil keinenfalls durch Vorlage unrichtiger Zeichnungen die in § 46 Abs. 2 der Polizeibehörde eingeräumte Befugnis bei erheblichen Umbauten die Änderung älterer, dem jetzigen Baurechte widersprechender Gebäudeteile zu verlangen, beeinträchtigt wird. Sie durfte von diesem Recht auch noch nach erteilter Umbaugenehmigung hinsichtlich der fraglichen Fensteröffnung, deren Bestehen ihr zunächst verborgen geblieben war, Gebrauch machen, da der Bauschein insofern auf Grund unrichtiger oder unvollständiger Vorlagen erteilt war.

3. Daß durch private Vereinbarungen oder grundbuchmäßige Eintragungen die von dem öffentlichen Baurechte verlangte Schließung von Fensteröffnungen nicht gehindert wird, ist vom OVG. schon oft ausgesprochen worden.

Nr. 26. Entsch. v. 25. Okt. 1912 (OVG. **63** 434) IX A 5/12.

Nach dem die Gebäudehöhe an Höfen behandelnden § 29 der maßgebenden BauO. „ist für die Höhe der Hinterfront des Vorderhauses die für seine Vorderfront zulässige Höhe maßgebend. Übertrifft jedoch die senkrecht zur Hinterfront gemessene Ausdehnung des Hofes die Breite der Straße, so kann die Hinterfront so hoch errichtet werden, wie jene Ausdehnung des Hofes beträgt, keinesfalls jedoch höher als 17 m, in Bromberg 20 m." Gedacht ist hier an einen Hof, der den für Höfe überhaupt gestellten Forderungen, somit auch der Vorschrift in § 27[4] BauO. genügt, wonach jedes Baugrundstück einen freien Hofraum besitzen muß, dessen geringste Abmessung 6 m und dessen Flächeninhalt mindestens 60 qm beträgt. Dies tut auch bei Beachtung des § 27[2], wonach Eckgrundstücke nur bis zu $^3/_4$ ihrer Grundfläche bebaut werden dürfen, die vom Kläger als Hof bezeichnete Fläche im ganzen, da sie nach dem eingereichten Plane eine Grundfläche von wenigstens 60 qm aufweist, bei der jede Seite von der gegenüberliegenden senkrecht gemessen mit jedem Punkte mindestens 6 m entfernt ist. Dabei sind jedoch zwei besondere Umstände zu beachten. Zu dem Hofe gehört ein 20 m tiefer, aber nur 5 m breiter Landstreifen unmittelbar an der Nordseite, und ferner soll der Hof mit zwei zu den Hinterfronten gehörenden Treppenhäusern und mehreren Balkonen von 19,44 + 32,60 m Fläche derart bebaut werden, daß zwischen den in der Mitte an der Hinterfront der S.straße gelegenen beiden Balkonen und dem Treppenhaus an der Hinterfront der N.straße nur ein freier Raum von rund 5 m bleibt. Da der 8,10 × 2,05 m Fläche einnehmende Balkonbau auf gemauerten Pfeilern ruhen, eine massive Mittelwand erhalten und vom Erdgeschosse bis zum Dachgeschosse reichen soll, bildet er mit seiner Tiefe von 2,05 m eine Unterbrechung des vor der Hinterfront der N.straße gelegenen Teiles des Hofraums. Beide Besonderheiten, die schlauchartige Erweiterung des Hofes und der große Balkonvorbau, führen zur Anwendung des § 29³ BauO., wonach betreffs der Gebäudehöhe an Höfen bei ungleicher Gestaltung der letzteren Durchschnittsberechnung einzutreten hat. Nähere Bestimmungen über ihre Ausführung, wie sie z. B. § 3¹ᵇ BauO. für den Stadtkreis Berlin v. 15. VIII. 97 enthält, fehlen in der Bromberger Verordnung. Unbedenklich sind dabei aber die Längenmaße der einzelnen Frontteile der Gebäude und die Tiefenmaße des Hofraums vor ihnen einzustellen. Hiernach entfällt auf diejenigen 5 m der Hinterfront an der S.straße, vor denen der 5 m breite Hofstreifen liegt, die nach § 29¹ zulässige Höchsthöhe von 20 m. Diesen Streifen, der als Teil des Hofraums anzusehen ist, zuungunsten des Bauherrn auch bei der Durchschnittsberechnung der Ziff. 3 ganz auszuscheiden, weil ihm, für sich allein betrachtet, die Mindestabmessung des § 27⁴ fehlt, ist kein Grund ersichtlich. Für den übrigen Teil jener Hinterfront ist gemäß § 29¹ die Straßenbreite von 14 m einzusetzen, da diese von der Hofausdehnung vor ihr nicht übertroffen wird. Letzteres gilt auch für denjenigen Teil der Hinterfront an der N.straße, welchem in einer Entfernung von nur 5 m der erwähnte Balkonbau vorgelagert ist; für ihn ist das Maß der X straße von 14,50 m einzustellen; auf den übrigen Teil dieser Front entfällt wegen der die Straßenbreite überschreitenden Hofausdehnung wiederum das Höchstmaß von 20 m.

Nr. 27. Entsch. v. 29. Okt. 1912 (OVG. 63 439) IXB 80/11.

Die Entsch. hängt von der Beantwortung der Frage ab, ob die beanstandeten Räume zum dauernden Aufenthalte von Menschen bestimmt bzw. zu Zwecken des dauernden Aufenthalts von Menschen eingerichtet sind. Wie schon der Wortsinn der anzuwendenden Vorschriften ergibt, ist entscheidend die Zweckbestimmung der Räume, nicht aber deren tatsächliche Benutzung. Es fragt sich also nur, inwieweit diese Zweckbestimmung selbst der Benutzung zeitliche Grenzen zieht, d. h. ob ein dauernder Aufenthalt von Menschen bezweckt ist. Was unter einem dauernden Aufenthalte von Menschen zu verstehen ist, kann dem Wortlaut der maßgebenden Vorschriften nicht ohne weiteres entnommen werden. Es muß indes beachtet werden, daß dieser Begriff seit langem in den baupolizeilichen Vorschriften eine sehr ausgedehnte Verwendung und Ausgestaltung erfahren und in seinen Grundzügen, insbesondere soweit es sich um Art und Maß des menschlichen Aufenthalts handelt, längst eine allgemein feststehende Bedeutung erlangt hat. Der Gerichtshof ist daher niemals darüber im Zweifel gewesen, daß auch da, wo in den Polizeiverordnungen selbst der Begriff der zum dauernden Aufenthalte von Menschen bestimmten Räume nicht näher begrenzt worden ist, nach dem Zwecke und der Absicht dieser Polizeiverordnungen zu den gedachten Räumen jedenfalls doch alle diejenigen zu zählen sind, in denen im Gegensatze zu den zum bloß vorübergehenden Aufenthalte von Menschen dienenden Gelassen ständige gewerbliche, der willkürlichen Ausdehnung fähige Arbeiten verrichtet werden, wobei es auf die Zeit, welche hierauf am Tage tatsächlich verwendet wird, nicht wesentlich ankommt. Nächst den Wohn- und Schlafräumen sind zu den zum dauernden Aufenthalte von Menschen bestimmten Räumen stets in erster Reihe gewerbliche Arbeitsstätten (Werkstätten) jeder Art gerechnet worden.

Nr. 28. Entsch. v. 29. Okt. 1912 (OVG. 63 441) IXB 52/12.

1. Eine BauPolVd. kann rechtsgültig vorschreiben, daß Baugrundstücke über eine bestimmte Entfernung von der Baufluchtlinie hinaus in

der Tiefe nicht bebaut oder daß dort nur Wohnungen für Angestellte usw. errichtet werden dürfen. Diese Vorschrift gehört zu den Bestimmungen über die „Bebauungsfläche" und dient dem polizeilichen Zwecke, im Interesse des Schutzes der menschlichen Gesundheit, insb sondere zur Sicherstellung der erforderlichen Zuführung von Luft und Licht, einer zu ausgedehnten Bebauung der Grundstücke entgegenzuwirken. Hieran kann der Umstand nichts ändern, daß Ausnahmen zugunsten der Zulassung einzelner Wohngebäude für Gärtner, Kutscher usw., also von Gebäuden vorgesehen sind, die in einer bestimmten Art benutzt werden sollen; denn eben die Zweckbestimmung solcher Gebäude ist geeignet, die Erwartung zu rechtfertigen, daß sie regelmäßig nur in bescheidenen Abmessungen errichtet werden, eine Erwartung, die in bezug auf Gebäude mit anderen Zweckbestimmungen, insbesondere in bezug auf selbständige Wohnhäuser nicht zutrifft.

2. Rechtsgültige Polizeivorschriften sind aber einfach nach Maßgabe ihres Inhalts, mithin auch in solchen Fällen anzuwenden, deren besondere Lage an sich den Erlaß einer diesem Inhalt entsprechenden polizeilichen Anordnung nicht erforderlich machen würde. Es ist also rechtlich unerheblich, ob das Haus des Klägers Abmessungen erhalten soll, die etwa denen einer Gärtnerwohnung usw. entsprechen.

Nr. 29. Entsch. v. 1. April 1913 (OVG. 65 396) IX B 14 u. 15/12.

Es bedarf keiner Entsch. darüber, ob die Bestimmung einer Polizeiverordnung, wonach dem Magistrat und der Baukommission die Befugnis verliehen ist, durch übereinstimmenden Beschluß unter bestimmten Voraussetzungen für gewisse Straßen und Straßenabschnitte außerhalb der Wälle den Reihenhausbau zuzulassen, eine unzulässige Übertragung polizeilicher Befugnisse auf andere Behörden enthält; denn in jedem Falle würde, auch abgesehen hiervon, ein Beschluß der gedachten Art rechtsunwirksam sein. Durch die von Magistrat und Baukommission zu treffende Bestimmung, daß für eine oder mehrere Straßen oder Straßenabschnitte der Reihenhausbau zugelassen sei, soll eine vorhandene Rechtsnorm, die ihn ausschließt (Polizeiverordnung), nicht für einen einzelnen Baufall, sondern ohne jede Beziehung zu einem solchen innerhalb gewisser Grenzen allgemein außer Kraft gesetzt bzw. durch eine neue Vorschrift ersetzt werden. Auch an und für sich kann eine Bestimmung des Inhalts, daß ein gewisses Gebiet ein für allemal unter ein bestimmtes Baupolizeirecht treten oder darunter nicht mehr stehen soll, nur als Schaffung oder Änderung einer polizeilichen Rechtsnorm angesehen werden. Kann aber zwar in einer Polizeiverordnung vorgesehen werden, daß geltendes Baurecht für den einzelnen Baufall durch Beschluß oder Verfügung der durch das G. oder das örtliche Baurecht selbst berufenen Behörde (Dispens, Ausnahmebewilligung) außer Wirksamkeit gesetzt werden darf, so ist doch ein solcher Vorbehalt in einer Polizeiverordnung nur zulässig, damit die besonderen Verhältnisse des einzelnen Falles, die die Anwendung der Regel ungerechtfertigt erscheinen lassen können, Berücksichtigung finden. Dagegen ist die Befugnis zur Schaffung oder Änderung von Rechtsnormen durch das G. an die Form der Polizeiverordnung gebunden, und es kann nicht durch den Vorbehalt in einer Polizeiverordnung die Beobachtung der Form einer solchen entbehrlich gemacht werden. Nicht durch Beschluß einer Behörde, gleichviel welcher, auf Grund einer sie dazu ermächtigenden Polizeiverordnung, sondern nur durch Polizeiverordnung selbst konnte bestimmt werden, in welchem räumlichen Umfange der Reihenhausbau statthaft sein sollte.

Nr. 30. Entsch. v. 13. Juni 1913 (PrVerwBl. 35 766) IX B 23/12.

1. Nach dem in Frankfurt a. M. im Jahre 1863 geltenden öffentlichen Baurecht mußte bei Bauten an der Straße die Straßen- bzw. Weglinie

und, wo im Alignementsplan eine davon abweichende Baulinie festgesetzt ist, diese eingehalten werden, und Bauten darüber hinaus waren nicht zugelassen. Den in den Alignementsplänen vorgesehenen Straßen- und Baulinien wohnt deshalb insoweit im wesentlichen dieselbe rechtliche Bedeutung bei wie den auf Grund des BauflG. v. 2. VII. 75 festgesetzten Straßen- und Baufluchtlinien. Hiernach hätte dem Handelsmann M., wie dieser inhalts seines Baugesuches v. 10. IX. 63 auch nicht verkannt hat, die Bauerlaubnis zur Errichtung des Stallgebäudes überhaupt versagt werden können. Wenn demnach das Bauamt mit Genehmigung des Senats als der obersten Regierungsbehörde seinen Anträgen entgegenkam und die Bauerlaubnis unter dem Vorbehalt des Widerrufes oder, was gleichbedeutend ist, unter dem Vorbehalt erteilte, daß der Bau bei dem Eintritt eines bestimmten Ereignisses, nämlich des Abbruches des benachbarten Stallgebäudes, wieder beseitigt werden müsse, so wurde ihm damit eine Vergünstigung gewährt, auf die er kein Recht hatte. Es kann nun dahingestellt bleiben, ob nach den damals in Frankfurt geltenden Rechtsnormen dem Senat die rechtliche Befugnis gegeben war, ungeachtet der angeführten gesetzlichen Bestimmungen ausnahmsweise einen Bau über die Baulinie hinaus zuzulassen, wie dies nach § 11 BauflG. möglich ist. Denn wenn dies zu verneinen wäre, würde die erteilte Bauerlaubnis überhaupt der Rechtswirksamkeit entbehren und das Stallgebäude unter Verstoß gegen das geltende öffentliche Recht errichtet sein. Jedenfalls konnte die dem M. erteilte Bauerlaubnis, wenn überhaupt, nur mit dem darin ausgesprochenen Vorbehalte Rechtswirksamkeit erlangen.

2. Das hat aber nicht zur Folge, daß nunmehr nach Eintritt des in dem Vorbehalt bestimmten Ereignisses, d. h. mit dem Abbruch des auf dem Nachbargrundstück anstoßenden Stallgebäudes ohne weiteres die Beseitigung des Stallgebäudes auf dem Grundstück des Klägers gefordert werden dürfte. Denn durch den Baubescheid konnte eine besondere, in dem damals geltenden wie in dem heutigen öffentlichen Baurecht nicht begründete und eine weitergehende Verpflichtung, als sie sich bei konsenslosem Bau ergeben würde, nicht polizeilich auferlegt und mit öffentlich-rechtlicher Wirkung begründet werden. Die Folge des Vorbehalts in dem Baubescheide ist vielmehr die, daß mit dem Eintritt des gesetzten Ereignisses die Bauerlaubnis ihre Gültigkeit verloren hat, und daß nunmehr die Sache so anzusehen ist, als wenn eine Bauerlaubnis überhaupt nicht erteilt, der Bau also ohne Genehmigung über die Baulinie hinaus ausgeführt worden wäre. Die Beseitigung des hierbei sich ergebenden nicht polizeimäßigen, d. h. den jetzt geltenden Vorschriften nicht entsprechenden Zustandes ist die Polizeibehörde jederzeit zu fordern berechtigt, und sie zu bewirken, ist jeder Eigentümer des Grundstücks verpflichtet, also auch der Besitznachfolger, der die Baulichkeit nicht selbst errichtet hat. Die auf dieses Ziel gerichtete Anordnung der Polizeibehörde könnte als rechtswidrig im Verwaltungsstreitverfahren nur dann mit Erfolg angefochten werden, wenn sie nicht aus objektiven polizeilichen Beweggründen hervorgegangen wäre, jedes polizeilichen Beweggrundes entbehrte, namentlich ausschließlich darauf abzielte, ein Vorgehen der Gemeinde zu unterstützen, durch welches diese sich widerrechtlich ihr nicht zustehende Vorteile verschaffen will. Für eine derartige Annahme fehlt es aber im vorliegenden Falle an jedem Anhalt.

Das Stallgebäude auf dem Grundstück des Klägers widerspricht dem geltenden Baurecht, weil es über die Baufluchtlinie hervortritt. Polizeiwidrig ist aber aus diesem Grunde der bestehende Zustand nur insoweit, als die Baufluchtlinie überschritten wird. Nur insoweit kann deshalb in Anwendung des Grundsatzes, daß wegen des Fehlens der erforderlichen Bauerlaubnis nicht ohne weiteres die Beseitigung der Baulichkeit, sondern nur deren Umänderung nach Maßgabe der bestehenden Vorschriften polizeilich angeordnet werden kann, zur Herstellung eines polizeimäßigen Zustandes die Beseitigung des Gebäudes gefordert werden. Indem die angefochtene Verfügung dem Kläger schlechthin und ohne Einschränkung die Beseitigung des Stalles aufgab, überschritt sie hinsichtlich des Maßes der Anordnung die rechtlich gezogenen Grenzen. Daran wird auch dadurch nichts geändert, daß nach § 8 Nr. 2 PolVd., betr. das Bauen in der Außenstadt Frankfurt a. M., Stallungen an öffentlichen Straßen nicht errichtet werden dürfen. Denn wenn auch diese Bestimmung, was hier dahingestellt bleiben kann, auf den hinter der Baufluchtlinie liegenden Teil des Stallgebäudes des Klägers nunmehr, nachdem die dafür erteilte Bauerlaubnis hinfällig geworden ist, anzuwenden ist, so kann daraus nur die Forderung einer entsprechenden Änderung des Gebäudes, nicht die Forderung der Beseitigung hergeleitet werden.

Nr. 31. Entsch. v. 31. Okt. 1913 (OVG. **66** 403) IX A 180/12.

1. Die polizeiliche Genehmigung zur Erbauung eines Wohnhauses wurde mit der Begründung versagt, daß die geplanten Bauausführungen den Bestimmungen der Bau-PolVd. für einige Städte und Landgemeinden im RegBez. Wiesbaden v. 29. X. 07, insbesondere dem § 18 daselbst, nicht entsprächen. Die vorgeschriebene Gebäudehöhe werde durch Anlagen überschritten, die als eine Erhöhung der Front und nicht, wie Kläger meine, als Dachaufbauten anzusehen seien.

In dem Bauplane waren drei Hauptgeschosse (Erdgeschoß und zwei Obergeschosse) vorgesehen, über denen sich ein „Dachgeschoß" mit einem Zimmer und drei „Mansarden" nach vorne, einem Zimmer und einer Küche nach hinten erhob. Von den Vorderräumen dieses Geschosses wurden nach der Straße zu drei durch eine senkrechte Wand mit einem Fenster für jeden Raum abgeschlossen, welches um ein Geringes kleiner als die Fenster der Hauptgeschosse war. Diese Wand nahm mehr als drei Viertel der Breite des Gebäudes ein und stand 0,50 m hinter der Straßenfront der Hauptgeschosse auf der Dachkonstruktion, aus der sie mit ihrer — nach vorn etwas überragenden — Überdachung etwa nach Art eines Mansardendachs hervortrat, indem sie die vorgeschriebene Dachneigungslinie innerhalb der für „Aufbauten" maßgebenden Grenzen überschritt. In gleicher Weise wurden die beiden Hinterräume des „Dachgeschosses" durch eine senkrechte Wand (mit zwei Fenstern) abgeschlossen, welche die ganze Breite der Hinterfront bis zu dem (flügelartig) etwas vortretenden Treppenhause einnahm. Der vierte Vorderraum lag dagegen in der Dachschräge und hatte ein gewöhnliches kleines Dachfenster. Das OVG. billigte die Versagung der Genehmigung.

2. Bei Aufbauten, iS. des § 18 aaO. muß es sich um Bauteile handeln, die gegenüber den Gebäudefronten und den Dachflächen von untergeordneter Bedeutung sind und dementsprechende Abmessungen und Formen haben. Die streitigen Anlagen stellen sich nach ihrer Form weder als Giebel noch als Türme, überhaupt nicht als besondere untergeordnete Bauteile iVerh. zu der Gebäudefront und dem Dache, sondern als Erhöhung der Gebäudefront oder als Ausgestaltung des Daches — also nicht als besondere Aufbauten — dar. Ihre Breitenentwickelung schließt jede Wesensverwandtschaft mit gewöhnlichen Dachaufbauten aus. Eine Verwandtschaft besteht vielmehr mit dem Mansardendache. Bei der Auffassung als Mansardendächer oder Umwandlung in solche (durch mäßige Schrägstellung der Vorderwände) würde aber die Unzulässigkeit der Anlagen klar erhellen; denn Mansardendächer haben sich als Bestandteile des Daches innerhalb der vorgeschriebenen Dachneigungslinie zu halten.

Nr. 32. Entsch. v. 18. Nov. 1913 (OVG. **66** 419) IX B 61/12.

1. Wenn der Kläger die streitige Verfügung formell für ungültig erachtet, weil für die Entfernung der Schuppen und die damit verbundene Androhung der Zwangsausführung nur eine achttägige Frist gesetzt worden sei, während die Frist zur Anfechtung der Verfügung mit den nach § 127 Abs. 2 bzw. § 128 LVG. gegebenen Rechtsmitteln zwei Wochen betrage, so übersieht er, daß die Be-

grenzung der Erfüllungszeit einer polizeilichen Anforderung, die naturgemäß von der Art der Auflage, besonders ihrem Umfang, und von der Dringlichkeit der Abstellung des gerügten polizeiwidrigen Zustandes abhängt, vom G. lediglich in das Ermessen der Polizeibehörde gestellt und daß letzteres keinenfalls durch die Vorschriften über die Dauer der Rechtsmittelfristen eingeschränkt worden ist. Dem steht die Bestimmung in § 53 LVG., die die aufschiebende Wirkung idReg. an die Einreichung der Beschwerde und Klage knüpft, keineswegs entgegen.

2. In sachlicher Hinsicht war zwar mit dem Beklagten anzunehmen, daß die Schuppen ohne den vorgeschriebenen Konsens errichtet worden sind. In Ermangelung der Genehmigung gelten sie als formell unrechtmäßige Bauten, über deren Fortbestand lediglich nach dem jetzt geltenden öffentlichen Baurecht, also nach der Wiesbadener Ordnung v. 7. II. 05 zu befinden war. Von den materiellen Vorschriften der letzteren kam zunächst § 42 Ziff. 2 Abs. 1 in Betracht, welcher lautet:

„Alle Bauanlagen einschließlich der Einfriedigungen und überhaupt alle Einrichtungen in Landhausvierteln müssen auf allen Seiten ein gefälliges Aussehen erhalten. Die Einfriedigungen an Straßen und Plätzen müssen in angemessener Weise architektonisch oder gärtnerisch behandelt werden."

Diese Bestimmung findet ihre rechtliche Grundlage im wesentlichen in § 23n der mit Gesetzeskraft ausgestatteten VerwaltungsO. für die Behörden des vormaligen Herzogtums Nassau v. 5. VI. 1816, wonach der Polizei „die Aufsicht beim Bau neuer Häuser, insbesondere die Sorge für möglichste Anständigkeit im Äußern" obliegt. Daraus folgt aber nicht etwa eine Pflicht des Eigentümers, Anlagen von schönen Formen und Umrissen zu schaffen. Der Vorschrift und dem Begriffe des gefälligen Aussehens ist mit der Abwehr des Unschönen genügt. Es konnte dahingestellt bleiben, ob die Annahme: die beiden Schuppen wirkten häßlich und abstoßend, tatsächlich zutrifft, weil ein polizeiliches Einschreiten schon gerechtfertigt war, wenn den Schuppen ein gefälliges Aussehen fehlte.

Nr. 33. Entsch. v. 4. März 1913 (PrVerwBl. 36 200) IXA 104/12.

1. Unter den Parteien ist zunächst streitig, ob durch die Aushändigung einer Ausfertigung des vollzogenen Bauscheins die Bauerlaubnis erteilt worden ist. Diese Frage ist zu verneinen, wenn es wahr ist, daß die Aushändigung gegen den Willen des Inhabers der Polizeigewalt erfolgt ist. Dann würde diese Gewalt nur scheinbar, nicht wirklich ausgeübt worden sein. Die Vollziehung des Bauscheins ist nach Zweck und Wesen noch keine nach außen wirkende Ausübung, sondern nur die Vorbereitung einer solchen Ausübung. Daran ändert sich auch dann nichts, wenn es wahr ist, daß die Zurückhaltung des Bauscheins nur dem Zwecke diente, die Kläger gegenüber dem städtischen Anspruch auf Zahlung von Straßenbaukosten willig zu machen. Dann würde eine vielleicht ungerechtfertigte Nichterteilung, nicht aber eine Erteilung vorliegen.

2. § 46 BauO. v. 20. III. 94 für die Stadtgemeinden des RegBez. Cöln bestimmt nur, daß die an vorhandenen baulichen Anlagen vorzunehmenden Veränderungen, d. h. die geplanten Maßnahmen selbst nicht gegen das neue Recht verstoßen dürfen. Wenn § 46 Abs. 2 von den „durch den Entwurf an sich nicht berührten älteren Gebäudeteilen" spricht, so folgt daraus nicht, daß die Vorschrift in Abs. 1 sich auch auf „berührte", d. h. auf solche Gebäudeteile erstrecke, die zwar selbst nicht verändert werden sollen, aber — wie beispielsweise Seitenwände, Fußböden oder Decken mit einer zu erneuernden Frontwand — mit zu verändernden Teilen in unmittelbarer baulicher Verbindung stehen. Anderenfalls würde vielfach eine an sich unbedeutende Veränderung zu einer umfassenden,

ja vollständigen Umgestaltung von Gebäuden führen. Ist mit der Erneuerung einer Zimmerwand zugleich die Geschoßhöhe des Zimmers dem neuen Recht anzupassen, so wirkt dies durch das ganze Haus. Je nach dessen Anlage würden solche mittelbaren Wirkungen sehr verschieden sein. Derartige weittragende Zufallsergebnisse können nicht in der Absicht einer Vorschrift wie derjenigen in Abs. 1 aaO. liegen, und zwar um so weniger, als daneben — in Abs. 2 — der Polizeibehörde für wichtigere Fälle ein Ermessen eingeräumt ist, das die polizeilich erwünschte Umgestaltung vorhandener Gebäude in umfassender Weise gewährleistet.

Die Vorschrift in § 46 Abs. 2 aaO. durfte an und für sich auf das Bauvorhaben der Kläger angewendet werden, da dieses als erheblicher Veränderungsbau angesehen werden mußte. Diese Anwendung konnte aber zur Versagung der Bauerlaubnis nicht führen. Der Gerichtshof hat bereits in Entsch. v. 22. VI. 88 (PrVerwBl. 9 363) in bezug auf die gleiche Bestimmung einer anderen BauO. ausgesprochen, daß das Vorhandensein neuzugestaltender Gebäude nicht etwa iS. einer direkten Versagung des projektierten Veränderungsbaues verwertet werden darf, daß sich die Bestimmung vielmehr auf die Ermächtigung der Behörde beschränkt, den Konsens zu diesem Bau an die Bedingung zu knüpfen, daß gleichzeitig eine Umgestaltung jener anderen Gebäudeteile erfolge — ein Unterschied, dessen prinzipielle Bedeutung und Tragweite auch nicht dadurch wesentlich abgeschwächt wird, daß im praktischen Erfolge — mittelbar — auch schon durch die hinzugefügte Bedingung die Ausführung des beabsichtigten Veränderungsbaues untunlich werden kann. Hieran war lediglich festzuhalten. Die Polizei hatte es den Klägern zu überlassen, ob es deren Absichten entsprach, ihr Bauvorhaben mit den geforderten Änderungen auszuführen. Von objektiver Unausführbarkeit des abgeänderten Bauvorhabens konnte keine Rede sein.

b) Begriff eines Wohnhauses, eines Baues, von Umbauten, Ausbauten usw.; Baubeschränkungen auf Grund des BauflG.

Nr. 1. Entsch. v. 29. Okt. 1912 (PrVerwBl. 35 810) IX A 143/11.

1. Soweit sich die Klage gegen die Versagung der Bauerlaubnis richtet, ist sie abzuweisen, weil das Bauvorhaben einen Umbau über die Fluchtlinie hinaus bildet, auch wenn es unter Ausscheidung der in ihrem Wesen streitigen Trägerkonstruktion nur als aus der Aufführung einer massiven (südlichen) Giebelwand mit zwei Pfeilern bestehend angesehen wird. Denn die Ersetzung einer aus Fachwerk bestehenden ganzen Umfassungswand durch eine massive Wand unter Hinzufügung von mindestens zwei gemauerten Pfeilern mußte als eine eingreifende, das Bauwerk teilweise umgestaltende Veränderung angesehen werden. Eine Änderung der Zweckbestimmung ist begrifflich keineswegs erforderlich.

2. Soweit es sich um den Abbruch des Hauses handelt, kann dahingestellt bleiben, ob die technisch mögliche einfache Erneuerung eines großen Teiles der südlichen Fachwerkwand in Verbindung mit den weiter erforderlichen Arbeiten an der Ostwand als Umbau anzusehen ist oder nicht. Denn eine solche Erneuerung ist rechtlich unmöglich, weil sie dem anzuwendenden örtlichen Baurechte widerstreitet. Zwar bestimmt die BauPolVd. für die Städte der Prov. Westpreußen usw. v. 13. VI. 91, nach der jede dem Nachbargrundstücke zugewandte Außenwand, die diesem näher als 5 m steht, als Brandmauer und jede nach der Straße liegende Wand massiv ausgeführt werden muß (§ 16 lit. a Ziff. 1, lit. c Ziff. 1), nicht ausdrücklich, daß bauliche Veränderungen an vorhandenen — vor ihrem Inkrafttreten errichteten — Gebäuden, wie dem hier streitigen, nach Maßgabe ihrer Vorschriften zu bewirken seien. Einer solchen Be-

stimmung bedarf es aber auch nicht. Denn es versteht sich von selbst, daß nur geltendes Recht angewendet werden kann. Jedenfalls können diejenigen baulichen Maßnahmen, zu denen es einer baupolizeilichen Genehmigung bedarf, nur nach dem Rechte der Gegenwart beurteilt werden. Dies folgt aus dem rechtlichen Wesen der Baugenehmigung, die nichts ist, als die behördliche Erklärung, daß dem Bauvorhaben Hindernisse in dem zur Zeit der Entsch. geltenden öffentlichen Rechte nicht entgegenstehen.

3. Da also die vorhandene Einsturzgefahr nur durch massive Erneuerung der Südwand in Verbindung mit einigen Instandsetzungsarbeiten an der Ostwand, also durch einen Umbau über die Fluchtlinie hinaus, abgewendet werden konnte, so ist der Abbruch des klägerischen Hauses mit Recht gefordert.

4. Durchaus fehl gehen die Ausführungen der Klage über den angeblich bestimmend gewesenen Zweck des polizeilichen Vorgehens. Das Handeln der Polizei gipfelt darin, daß sie einen Umbau über die Fluchtlinie hinaus nicht dulden wollte, ohne den das Haus der Klägerin einsturzgefährlich und abgängig war. Wenn sie zu dieser ihrer Stellungnahme in der Umbaufrage von Rücksichten auf das wirtschaftliche Interesse der straßenbaupflichtigen Gemeinde bestimmt worden ist, d. h. diese dagegen schützen wollte, daß durch eine bauliche Veränderung der Wert eines zu Straßenzwecken bestimmten, von ihr demnächst zu erwerbenden Grundstücks gesteigert wurde, so handelte sie durchaus im Einklange mit den Absichten des G. (§ 11 BauflG.), die sich gerade auf den Schutz der Gemeinden gegen Schädigungen dieser Art richten.

Nr. 2. Entsch. v. 7. März 1913 (OVG. 65 393) IX A 48/12.

Was unter einem Vorbau zu verstehen sei, ist in der BauO. nicht näher angegeben, und deshalb nur aus dem Inhalt und dem Wortlaute der Bestimmung selbst zu entnehmen. Nicht entscheidend kann dabei der technische oder wirtschaftliche Zweck des Vorbaues sein.

Ebenso ist es unerheblich, daß es sich hier um einen Ladenvorbau handelt, d. h. einen Vorbau, der dazu dient, den dahinter liegenden Ladenraum zu vergrößern. Es kann nicht entscheidend sein, ob der Vorbau sich technisch als etwas Besonderes und gewissermaßen Selbständiges an die Front des Hauses ansetzt, wie ein Balkon oder ein durch Türen abgeschlossener Erker, oder ob der durch ihn gewonnene Raum mit dem dahinter liegenden Innenraume des Hauses in freier Verbindung steht. Risalitartige Vorbauten, welche zur Vergrößerung von Zimmern und sonstigen Innenräumen dienen, sind sehr häufig.

Unerheblich ist es auch, daß der geplante Umbau sich nur auf das Keller- und Erdgeschoß erstrecken soll. Die Beurteilung müßte notwendig die gleiche sein, wenn der geplante Umbau bis zum Dache hochgeführt werden sollte. Einen Anhalt, was unter den Vorbauten iS. der BauO. zu verstehen ist, geben nur die dort angeführten Beispiele, nämlich Rampen, Freitreppen, Terrassen, Altane und bzw. Portale, Risalite, Vordächer, Erker, Veranden, Balkone. Die Anführung solcher Beispiele führt mit Notwendigkeit zu dem Schlusse, daß diese Beispiele das, was gemeint ist, kennzeichnen, also einen Anhalt für die Begriffsbestimmung der Vorbauten geben sollen, und schließen die Annahme aus, als ob es sich nur darum handle, die Maßgrenzen zu bestimmen, innerhalb welcher Bauteile irgendwelcher Art im Vorgarten über die Fluchtlinie vortreten dürfen. Ein Vorbau ist nun der Wortbedeutung nach eine bauliche Anlage, die an etwas anderem oder über etwas anderes hervorgebaut ist. Da es sich bei den angeführten Beispielen überall um Bestandteile eines Gebäudes oder um bauliche Anlagen handelt, die, wie Rampen, sich unmittelbar an ein Gebäude anlehnen, so ist zu folgern, daß bei den Vorbauten iS. der fraglichen BauO. nicht die Fluchtlinie dasjenige ist, über welches, sondern daß vielmehr das Gebäude es ist, an welchem bzw.

über dessen Umfassungs- oder Frontwand hervorgebaut wird. Es handelt sich demnach um Vorsprünge an der eigentlichen Hausfront von größerer oder geringerer Erheblichkeit, die die Linien der Frontwand durchbrechen und im Verhältnisse zu dieser Frontwand von untergeordneter Bedeutung sind, und die demgemäß zu einem Hervortreten der Frontwand selbst — ganz oder teilweise — über die Fluchtlinie im Gegensatze stehen.

Nr. 3. Entsch. v. 13. März 1914 (ZPolVerwB. 22 249).

BauflG. § 12.

Dem Kläger ist die Bauerlaubnis zur Erweiterung eines in Holzkonstruktion ausgeführten Gartenhäuschens (einer „Laube") durch einen in gleicher Konstruktion auszuführenden Anbau auf Grund des § 12 BauflG. und des dazu erlassenen Ortsstatuts versagt worden. Diese Bauversagung wurde außer Kraft gesetzt, weil das Bauvorhaben nicht auf die Errichtung eines Wohngebäudes gerichtet sei. Es kommt darauf an, ob der Bau, wenn er so, wie beabsichtigt, hergestellt wird, nach seiner aus den Bauvorlagen und der sonstigen Sachlage sich ergebenden Besonderheit die Eigenschaft eines Wohngebäudes haben wird, d. h. eines Gebäudes, das nicht nur nach seiner Einrichtung geeignet ist, bewohnt zu werden, sondern namentlich auch, und dies ist entscheidend, nach der ihm gegebenen Zweckbestimmung bewohnt werden, als Wohnhaus dienen soll. Es genügt nicht die bloße — wenn auch des Anhaltes nicht entbehrende — Befürchtung, daß sich aus dem zunächst nur hergestellten Gartenhäuschen ein Wohngebäude entwickeln werde; auch kann die Absicht des Klägers, das Gartenhäuschen entgegen seiner ausdrücklichen Versicherung später tatsächlich doch zum Wohnen zu benutzen, nicht schon ohne weiteres daraus in Verbindung mit der Größe des Gebäudes und der Zahl der geschlossenen Räume gefolgert werden, daß derartige Gartenhäuschen überhaupt oder gerade in der in Betracht kommenden Stadtgegend (Laubengelände) im Sommer vielfach zum Wohnen benutzt werden. Der Umstand, daß es praktische Schwierigkeiten macht, der tatsächlichen Ausführung einer solchen vermuteten Absicht nach Ausführung des Baues wirksam entgegenzutreten, kann die Versagung der Bauerlaubnis für den nicht als Wohngebäude geplanten Bau nicht rechtfertigen.

Nr. 4. Entsch. v. 2. April 1912 (PrVerwBl. 34 333) IX A 154/11.

BauflG. §§ 2, 10, 11.

1. Nach § 11 BauflG. kann die Polizei die Ausführung solcher Bauten untersagen, die über die in dem gesetzlich geregelten Verfahren ordnungsmäßig festgestellten Fluchtlinien einer Straße vortreten; die Behörde hat hierbei lediglich ihrem eigenen freien, pflichtmäßigen Ermessen zu folgen. Billigkeitsmomente darf sie hierbei berücksichtigen; inwieweit sie ihnen folgt, bleibt aber Sache ihres pflichtmäßigen Ermessens, und der Verwaltungsrichter ist nicht in der Lage, an die Stelle dieses Ermessens das seinige zu setzen. Insbesondere gilt dies hier auch für die wechselseitige Abwägung der wirtschaftlichen Interessen der Stadt und des Klägers.

2. Die tatsächlichen Voraussetzungen für die Anwendbarkeit des § 11 waren im vorliegenden Falle gegeben. Der von dem Kläger geplante Neubau überschritt die ordnungsmäßig festgestellten Fluchtlinien der Verbindungsstraße. Der bezügliche Fluchtlinienplan bestand noch zu Recht; zu seiner Abänderung oder Aufhebung hätte es des durch § 10 BauflG. geregelten besonderen Verfahrens bedurft. Der rechtsgültige Fortbestand des Fluchtlinienplanes wird auch nicht durch die von dem Kläger hervorgehobene spätere Stellungnahme der städtischen Körperschaften zu der Frage der alsbaldigen Durchlegung der Verbindungsstraße, insbesondere aber zu der ursprünglich beabsichtigten Enteignung des Grundstücks des

Klägers berührt. Endlich ist aber auch nicht anzuerkennen, daß § 11 nur auf solche Straßenzüge anwendbar sei, bezüglich deren Herstellung schon greifbare Schritte, wie insbesondere in der Richtung auf Grunderwerb durch Enteignung, getan worden seien. Die Festsetzung von Fluchtlinien erfolgt nach dem G. nicht nur für die Gegenwart, sondern auch „nach dem voraussichtlichen Bedürfnisse der näheren Zukunft", und es ist gerade die wesentliche Bedeutung des § 11, daß durch ihn zur Erleichterung der Straßenanlegung diejenigen Flächen, die durch den Bebauungsplan für Straßen und Plätze bestimmt sind, schon vor ihrer Enteignung und vor ihrer Widmung zu Straßen diesen letzteren selbst bezüglich der Einschränkung ihrer Bebauung gleichgestellt werden.

Nr. 5. Entsch. v. 6. Dez. 1912 (OVG. **64** 531) IX A 150/11.

BauflG. § 11.

1. Die Klage richtet sich gegen die Versagung der nachträglich nachgesuchten Bauerlaubnis zur Anlegung zweier Fenster in der vorspringenden Seitenwand des vom Kläger erbauten Hauses. Die Nachsuchung der nachträglichen Bauerlaubnis für eine bereits hergestellte bauliche Anlage ist begrifflich möglich und rechtlich zulässig. Die Ablehnung solchen Gesuchs stellt jedenfalls eine mit den Rechtsmitteln der §§ 127ff. LVG. anfechtbare Verfügung dar, mag man sie als eigentliche Konsensversagung oder als Anordnung der Beseitigung der beanstandeten baulichen Anlage auffassen.

2. Die Versagung der Bauerlaubnis stützt sich auf § 27 der maßgebenden BauPolO., der vorschreibt, daß Gebäude, die unmittelbar an der Nachbargrenze oder in einem Abstande von weniger als 2,50 m davon errichtet werden, durch Brandmauern ohne Öffnungen abzuschließen sind. Diese Bestimmung kann jedoch im vorliegenden Falle keine Anwendung finden. Daß das Geländedreieck, nach dem die streitigen Fenster hinausgehen, bisher zur Straße gehört hat, und daß — abgesehen von der unten zu erörternden Fluchtlinienfestsetzung — bisher nichts geschehen ist, um es aus dem Straßenkörper auszuscheiden und seiner Eigenschaft als Bestandteil der öffentlichen Straße zu entkleiden, muß nach Lage der Akten als feststehend angenommen werden. Der Auffassung des Beklagten, das Geländedreieck habe durch die Fluchtlinienfestsetzung den Charakter als Bauland erhalten und sei vom baupolizeilichen Standpunkt in seiner Beziehung zu dem Grundstücke des Klägers als bebauungsfähiges Nachbargrundstück anzusehen, ist nicht beizutreten.

In der Baupolizeiverordnung für die Stadt A. ist nicht vorgeschrieben, was unter einem Nachbargrundstück und einer Nachbargrenze zu verstehen ist. Dies kann deshalb nur aus der Wortbedeutung und aus allgemeinen Grundsätzen entnommen werden. Die Wirkung der Fluchtlinienfestsetzung ist nun in § 11 BauflG. dahin bestimmt, daß Neubauten, Um- und Ausbauten über die Fluchtlinie hinaus versagt werden können, und daß die Gemeinde das Recht erwirbt, das zur Straße bestimmte Gelände dem Eigentümer zu entziehen. Ihre rechtliche Bedeutung besteht demnach nicht darin, festzustellen, wo gebaut werden darf, sondern zu kennzeichnen, welche Flächen zu öffentlichen Straßen und Plätzen vorbehalten werden sollen und deshalb nicht bebaubar sind. Nur wenn für das hinter der Baufluchtlinie liegende Gelände die Baufreiheit nicht ausgeschlossen oder beschränkt ist, bildet die Fluchtlinie die Grenze, bis zu der gebaut werden darf. Die Festsetzung einer Fluchtlinie als solcher gibt demnach dem hinter dieser belegenen Gelände nicht die Eigenschaft als Bauland. Die Fluchtlinienfestsetzung enthält ferner, abgesehen von der oben angegebenen Rechtswirkung, als solche lediglich das Programm und die Norm für die künftige Anlegung oder Veränderung der Straßen und bewirkt weder ohne weiteres die Entstehung einer öffentlichen Straße noch eine Veränderung der von ihr betroffenen

Grundstücke und insbesondere eines von ihr betroffenen Weges und seiner Bestandteile. Voraussetzung hierfür ist vielmehr die Durchführung des Fluchtlinienplanes. Welcher Maßnahmen es im vorliegenden Falle zur Durchführung des Fluchtlinienplans bedurft hätte, kann unerörtert bleiben; jedenfalls kann diese nicht schon als durch die Festsetzung des Fluchtlinienplans erfolgt angesehen werden. Zwar wird die Einziehung einer Straße und die bei Begradigungen und sonstigen Regulierungen erfolgende Ausscheidung einzelner Flächen aus dem Straßenkörper rechtlich schon durch bloßen Beschluß der wegeunterhaltungspflichtigen Gemeinde unter Zustimmung der Wegepolizeibehörde wirksam vollzogen, ohne daß notwendig zugleich eine Änderung in den äußeren Verhältnissen der Straße vorgenommen wird; auch bedurfte es, um die in Rede stehende Fläche ihrer Eigenschaft als Bestandteil der Straße zu entkleiden, des Verfahrens nach § 57 ZustG. nicht. Ein solcher Beschluß kann jedoch nicht oder doch nicht ohne weiteres schon in dem mit Zustimmung der Polizeibehörde erfolgten Beschlusse über die Festsetzung der Fluchtlinie gefunden werden; denn dieser enthält als solcher, wie dargelegt, seinem Wesen nach nur den Plan der Straßenanlegung oder -veränderung; daß er im einzelnen Falle ein Mehr enthalten sollte, müßte klar erhellen. Insbesondere kann auch in einem Falle, wie dem vorliegenden, wo der Plan, soweit er hier in Betracht kommt, sich auf die Begradigung der Straßen- und Baufluchtlinie einer bestehenden Straße beschränkte, nicht ohne weiteres angenommen werden, daß insoweit, unter Zustimmung der Polizeibehörde, zugleich die Durchführung des Planes habe ausgesprochen, den jenseits der Fluchtlinie liegenden Flächen also die Eigenschaft als Straßenland alsbald habe entzogen werden sollen. Das fragliche Geländedreieck hat demnach noch gegenwärtig die Eigenschaft eines Bestandteils der öffentlichen Straße. Eine Straßenfläche ist aber nicht als Nachbargrundstück, ihre Grenze nicht als Nachbargrenze iS. der BauO. anzusehen. Die aus der Fluchtlinienfestsetzung zu entnehmende Absicht der Stadtgemeinde, die Fläche aus dem Straßenkörper auszuscheiden und zu einem Nachbargrundstücke zu machen, ist rechtlich — auch vom baupolizeilichen Standpunkt — ohne Belang, zumal nicht feststeht, ob und wann diese Absicht zur Durchführung gelangen wird. § 27 BauPolVd. kann hiernach der angefochtenen Bauversagung nicht zur Stütze dienen.

3. Mit Unrecht beruft sich endlich der Beklagte auf Art. 679 RhBGB.; denn dieser enthält nur privatrechtliche Vorschriften über Beschränkungen des Eigentums an Grundstücken zugunsten der Nachbarn, die auf Grund des Art. 124 EGBGB. durch Art. 89 AGBGB. aufrechterhalten worden sind. Auf solche kann aber, wenn auch die Polizeibehörde nachbarrechtliche Verhältnisse bei Prüfung von Baugesuchen nicht unbeachtet zu lassen hat, die Versagung der Bauerlaubnis nicht gestützt werden.

Nr. 6. Entsch. v. 24. Jan. 1913 (OVG. **64** 537) IX A 133/12.

BauflG. § 11.

1. Nach § 11 BauflG. hat die Polizeibehörde das Recht, Umbauten über die Fluchtlinie hinaus zu versagen. Für die Anwendbarkeit dieser Vorschrift ist es nicht erforderlich, daß die den Umbau darstellende Änderung sich auf dem über die Fluchtlinie hinausragenden Teile des Grundstücks vollziehe; vielmehr genügt es, wenn, wie hier, die Fluchtlinie den Raum durchschneidet, der durch das Bauvorhaben geändert werden soll. Ob ferner eine an einer baulichen Anlage vorgenommene Umänderung als „Umbau" iS. des angeführten G. zu gelten hat, läßt sich nicht allgemein, sondern nur unter Würdigung der Verhältnisse des Einzelfalls beurteilen. IdReg. liegt ein Umbau dann vor, wenn die Substanz eines Gebäudes im Inneren oder Äußeren auf eine mehr oder minder eingreifende, das Bauwerk teilweise umgestaltende Art verändert wird. Nicht unter allen Umständen wird daher,

wie in der Herstellung, so in der Entfernung einer Innenräume trennenden Bretterwand, ein solcher Umbau erkannt werden können.

2. Ist die Frage zu bejahen, so stand der Zulässigkeit des polizeilichen Vorgehens folgende Erwägung entgegen. Nach der unbestrittenen Angabe der Klägerin war auch schon die Errichtung der Wand der Festsetzung der Fluchtlinie zeitlich gefolgt. Ist die Beseitigung der Wand ein Umbau, so war es ihre Errichtung ebenfalls. Auch deren Zulassung war daher gemäß § 11 BauflG. seinerzeit von der Genehmigung der Polizei abhängig gewesen. Diese hatte aber, solange die Wand bestand, zu der Frage, ob sie ungeachtet der Überschreitung der Fluchtlinie zuzulassen sei, noch nicht Stellung genommen. Die Klägerin konnte also, bis sie selbst dazu schritt, die Wand wieder zu beseitigen, sich jederzeit der Möglichkeit ausgesetzt sehen, zu ihrer Entfernung polizeilich herangezogen zu werden. Nur einen insofern dem Hause durch das Bestehen der Wand der Polizei gegenüber anhaftenden Mangel stellte sie durch Wiederentfernung der Wand ab. Hiergegen einzuschreiten, wie das durch die angefochtene Verfügung geschah, war mit den aus § 11 hergeleiteten Aufgaben der Polizeibehörde nicht vereinbar.

Nr. 7. Entsch. v. 4. Febr. 1913 (**OVG. 64** 539) IXB 64/11 u. 64/12.

BauflG. § 11.

1. Enthält eine vor dem BauflG. v. 2. VII. 75 ergangene KabO. von 1856 eine rechtswirksame Fluchtlinienfestsetzung, so war die Polizeibehörde auf Grund des § 66 ALR. I 8 berechtigt, die polizeiliche Genehmigung zu den geplanten baulichen Veränderungen in dem fast vollständig vor der Baufluchtlinie liegenden Hause des Klägers zu versagen. Daß die geplanten Änderungen einen eingreifenden Umbau darstellen und unter den Begriff der „Veränderungen zum Schaden des gemeinen Wesens" fallen, die nach § 66 aaO. I 8 an Bauwerken nicht vorgenommen werden sollen, kann keinem Zweifel unterliegen. Der gleichen Beurteilung unterliegt auch das eingeschränkte Bauvorhaben. Unzweifelhaft stellt dieses einen Umbau iS. des § 11 BauflG. dar; denn, auch bei Außerachtlassung der keineswegs völlig unwesentlichen Beseitigung vorhandener Scheidewände der Bureau- und Geschäftsräume, bedeutet die Umgestaltung des Treppenhauses eine eingreifende Veränderung der Substanz des Gebäudes, und dies ist entscheidend. Ob durch die Umgestaltung des Treppenhauses eine Änderung der Zweckbestimmung der betroffenen Räume oder eine Änderung des Umfanges der Nutzflächen bewirkt wird, ist nicht ausschlaggebend, wenn auch unter Umständen von Erheblichkeit. Auch kommt es nicht darauf an, ob aus feuer- und sicherheitspolizeilichen Gesichtspunkten die geplante Änderung als erwünscht und zweckmäßig anzusehen sein würde.

2. Da es sich hier um eine vor Erlaß des BauflG. festgesetzte Fluchtlinie handelt, kommt jedoch nicht § 11 aaO., sondern § 66 ALR. I 8 zur Anwendung; demnach fragt es sich, ob eine Veränderung vorliegt, die zum Schaden des gemeinen Wesens gereicht. In OVG. 8 303 ist aber nachgewiesen, daß § 11 mit dem früheren Rechtszustand insofern übereinstimmt, als nicht bloß Neubauten über die Fluchtlinie hinaus schon früher unstatthaft waren, sondern auch Um- und Ausbauten sich stets als Änderungen der bezeichneten Art charakterisieren, und daß deshalb ein Bau, der zu der Klasse der Umbauten gerechnet werden muß, sich auch nach älterem Rechte als unzulässig darstellt, wenn er die Fluchtlinie überschreitet. Hieran ist in Übereinstimmung mit der bisherigen Rechtsprechung des Gerichtshofs lediglich festzuhalten. Im übrigen ist die geplante bauliche Änderung auch zweifellos für die Standfestigkeit des Hauses und für dessen Wert von Erheblichkeit. Sie würde also geeignet sein, die Durchführung des Fluchtlinienplans zu erschweren, und damit ist die Anwendbarkeit des § 66 aaO. gegeben.

Nr. 8. Entsch. v. 4. April 1913 (PrVerwBl. **36** 26) IXB 36/12.

BauflG. § 11.

1. Für die Frage, ob Gebäude unter den § 11 BauflG. fallen, kommt es nicht darauf an, ob für sie nach den erlassenen Vorschriften eine baupolizeiliche Genehmigung notwendig ist oder nicht; die Gebäude müssen nur nach Festsetzung der Fluchtlinie errichtet sein.

2. Im vorliegenden Falle sind, und zwar nach Festsetzung der in Betracht kommenden Fluchtlinien, vor diesen

a) mit einer unter dem Vorbehalte des Widerrufs oder der Wiederbeseitigung erteilten Genehmigung errichtet worden fünf Gebäude,

b) ohne Genehmigung aufgeführt worden mehrere weitere Gebäude.

Es ist hierbei in den Fällen zu a davon auszugehen, daß es lediglich auf die polizeiliche Bauerlaubnis selbst ankommt, und daß etwaige Verhandlungen, privatrechtliche Abmachungen und grundbuchliche Eintragungen neben dem Inhalte der Bauerlaubnis außer Betracht bleiben. Entscheidend ist, ob die Bauerlaubnis vorbehaltlos erteilt worden ist oder nicht. Daß in Fällen, wie der vorliegende, ein derartiger Vorbehalt rechtlich zulässig ist, kann keinem Zweifel unterliegen. Es ist der Zweck des § 11 BauflG., die Gemeinden dagegen zu schützen, daß durch eine nach Festsetzung der Fluchtlinie vorgenommene bauliche Änderung der Wert eines ganz oder teilweise zu Straßenzwecken bestimmten Grundstücks gesteigert und die Gemeinde dadurch in die Lage gebracht wird, dem Eigentümer bei der demnächstigen Abtretung eine höhere Entschädigung als im Zeitpunkte der Fluchtlinienfestsetzung zahlen zu müssen. Wenn daher die Polizeibehörde anstatt die Baugenehmigung überhaupt zu versagen, dem sie Nachsuchenden dadurch entgegenkommt daß sie sie widerruflich oder, was gleichbedeutend ist. unter dem Vorbehalte der Verpflichtung ihrer Wiederbeseitigung erteilt, so bewegt sie sich im Rahmen der ihr in § 11 übertragenen Befugnisse. Hierbei handelt es sich um eine dem freien Ermessen der Baupolizeibehörde überlassene Genehmigung; mit der Erlaubnis und der Ausnahmebewilligung wird selbst wenn das Widerrufsrecht oder die Wiederbeseitigung vorbehalten bleibt, dem Baulustigen etwas gewährt, worauf er kein Recht hat.

3. Anderseits kann allerdings die Baupolizeibehörde nach bereits eingetretenem Beginne der Bauausführung nicht die Zurücknahme des Baukonsenses aussprechen, weil sie nachträglich zu der Überzeugung gelangt, daß sie sich bei dem ihr zustehenden freien Ermessen geirrt habe und daß die Verhältnisse anders als geschehen zu beurteilen seien. Das ist aber nicht der Fall, wenn die Polizeibehörde irrtümlich übersehen hat, daß ein unter § 11 aaO. fallender Bau vorlag. Ein derartiger Irrtum hindert sie nicht, nachträglich den irrtümlich genehmigten Bau gemäß § 11 zu prüfen und die Genehmigung ganz zurückzunehmen oder sie durch den Vorbehalt der Widerruflichkeit hinterher einzuschränken, weil ein Anlaß, den geplanten Bau über die Fluchtlinie überhaupt oder vorbehaltlos zu gestatten, nach ihrem pflichtmäßigen Ermessen nicht vorgelegen hat, und dies selbst dann, wenn die Bauausführung inzwischen bereits begonnen hatte.

4. Macht die Baupolizeibehörde später von dem ihr zustehenden Widerrufsrecht oder dem Verlangen auf Beseitigung eintretendenfalls Gebrauch, so ist die Sache so anzusehen, als wenn eine Bauerlaubnis gar nicht erteilt worden, der Bau also ohne Genehmigung vor der Fluchtlinie ausgeführt worden ist. Zur Beseitigung eines solchen, nicht polizeimäßigen Zustandes ist jeder Eigentümer des Grundstücks verpflichtet, d. h. auch der Nachfolger, der die Baulichkeiten nicht selbst errichtet hat. Demgemäß war die Baupolizeiverwaltung in allen Fällen berechtigt, die Wegschaffung der Gebäude zu verlangen. Ihre Anordnung könnte

als rechtswidrig im Verwaltungsstreitverfahren nur dann mit Erfolg angefochten werden, wenn sie nicht aus objektiven polizeilichen Beweggründen hervorgegangen wäre. Denn der Polizei ist bei Anwendung des § 11 BauflG. eine Schranke nur dahin gesetzt, daß sie nicht willkürlich verfahren, namentlich nicht ein Vorgehen der Gemeinde unterstützen darf, durch das sich diese widerrechtlich ihr nicht zustehende Vorteile verschaffen will.

Nr. 9. Entsch. v. 24. Juni 1913 (PrVerwBl. **35** 625) IXA 51/12.

BauflG. § 11.

1. Daß es sich bei dem Bauvorhaben des Klägers etwa um einen Akt der Militärhoheit handle und die Polizeibehörde mit der angefochtenen Verfügung unzulässigerweise der Ausübung der Militärhoheit entgegengetreten sei, ist nicht behauptet worden und nach Lage der Akten nicht anzunehmen. Denn für die Ausübung der Militärhoheit ist es gleichgültig, ob das Gebäude in die Fluchtlinie gerückt wird oder nicht, die Entsch. hierüber stellt sich vielmehr als ein fiskalischer Verwaltungsakt dar, bei dem lediglich nach ökonomischen Gesichtspunkten von der zuständigen Verwaltungsbehörde verfahren worden ist. Versagt wird die Genehmigung zum Umbau der Offiziersspeiseanstalt in ein Regimentsgeschäftshaus für den Fall, daß der Kläger nicht auf die von der Stadt gestellte Forderung eingeht, und gestützt ist diese Versagung auf § 11 BauflG., da unstreitig das Gebäude in der in den vorliegenden Plänen und Skizzen bezeichneten Weise von der Fluchtlinie geschnitten wird und die Polizeibehörde der Ansicht ist, daß hier ein Umbau über die Fluchtlinie hinaus vorliegt.

2. Nach § 11 aaO. kann die Polizeibehörde Umbauten über die Fluchtlinie hinaus nach ihrem Ermessen untersagen oder genehmigen. Versagt sie die Genehmigung zu einem Umbau, so bedarf es im Verwaltungsstreitverfahren nicht der Feststellung, daß dies nach Lage der Verhältnisse des Falles durch das öffentliche Interesse geboten gewesen sei, insbesondere nach der Richtung hin, daß durch die beabsichtigten baulichen Maßnahmen eine Verteuerung oder Erschwerung des nach der Fluchtlinienfestsetzung in Aussicht genommenen Ausbaues der Straße eintreten werde. Die hierauf gerichteten Ausführungen des Klägers gehen fehl und beruhen auf Verkennung der das BauflG. beherrschenden gesetzgeberischen Absichten. Diesen Absichten entspricht als Regel, daß festgesetzte Fluchtlinien auch durchgeführt werden. Aus dem Rechte der Polizei zur Erteilung der Genehmigung folgt nicht, daß dem Eigentümer ein Recht auf diese Erteilung erwachsen kann; durch die Versagung wird er in seinen Rechten nicht verletzt. Die Polizei ist stets im Rechte, wenn sie zur Durchführung einer bestehenden Fluchtlinie von ihrer gesetzlichen Befugnis, einen Bau (Umbau, Ausbau) über die Fluchtlinie hinaus zu versagen, Gebrauch macht. Eine weitere Prüfung als die, ob ein Anwendungsfall des § 11 vorliegt, ist im Verwaltungsstreitverfahren nicht vorzunehmen, sofern nicht etwa ganz besondere Umstände in Betracht kommen, die die Annahme zu rechtfertigen geeignet sind, daß die äußersten Grenzen des polizeilichen Ermessens überschritten, also fremde, nicht auf Durchführung der Fluchtlinie gerichtete oder sonstige nicht polizeiliche Motive bestimmend gewesen sind. Der Fall aber, daß die Polizeibehörde durch die Ablehnung einer bedingungslosen Baugenehmigung ein Vorgehen der Gemeinde unterstützt habe, durch die sich diese widerrechtlich ihr nicht zukommende Vorteile verschaffen wollte, liegt hier nicht vor. Denn von einem auf die Erlangung widerrechtlicher Vorteile abzielenden Vorgehen der Gemeinde kann keine Rede sein, wenn diese ihre Zustimmung zu einer Genehmigung der Fluchtlinienüberschreitung von der vertraglichen Regelung ihrer Entschädigungsverpflichtung bei künftiger Freilegung der Straße (Festsetzung eines bestimmten Preises für das Quadratmeter und Eintragung einer

entsprechenden Verpflichtung im Grundbuch) abhängig macht. Die Polizeibehörde hält sich innerhalb der Grenzen des ihr zugewiesenen pflichtmäßigen Ermessens, wenn sie mit Rücksicht auf dieses Verlangen der Gemeinde die Bauerlaubnis, so lange als diesem Verlangen nicht entsprochen wird, versagt, weil eine den finanziellen und sonstigen Interessen der Gemeinde entsprechende Förderung und Erleichterung der Durchführung des Fluchtlinienplans bei Handhabung des § 11 nach dem Zweck und der Absicht des G. im Rahmen ihrer Aufgaben liegt.

3. Ein „Umbau" liegt idReg. dann vor, wenn es sich um eine mehr oder minder eingreifende, das Bauwerk teilweise umgestaltende Veränderung der Substanz im Inneren oder Äußeren handelt. Dahin ist unzweifelhaft die geplante bauliche Veränderung zu rechnen. Denn es handelt sich dabei um eine erhebliche Umgestaltung des ganzen Gebäudes, das aus einer Offizierspeiseanstalt in ein Regimentsgeschäftshaus verwandelt werden soll. Diese Umwandlung soll sich mit einem weit ausgedehnten Eingriff in die Substanz des Gebäudes vollziehen, in welchem vorhandene Gebäudeteile durch einen Lichthof ersetzt und durch Ziehen neuer und Wegnahme alter Wände sowie durch Einrichtung und Veränderung von Treppen und Fenstern neue Räume geschaffen bzw. alte verändert werden sollen.

4. Auch die weitere Frage, ob hier ein Umbau über die Fluchtlinie hinaus beabsichtigt wird, ist zu bejahen. Wenn auch die Fluchtlinie nur in geringem Maße in das Gebäude hineingreift und der projektierte Umbau sich hinter der Fluchtlinie vollzieht, so werden von ihr doch Räume getroffen, in denen ein Umbau stattfinden soll. Das gilt von der Veränderung der Fenster und Herstellung der Lichtschächte im Kellergeschoß, von der völligen Umgestaltung des Saales im Obergeschoß durch Ziehen mehrerer Wände daselbst und durch Errichtung einer Wand im Dachgeschoß. Ein Umbau iS. des § 11 BauflG. ist aber jeder Umbau eines Raumes, der von der Fluchtlinie an irgendeinem seiner Teile getroffen wird.

Nr. 10. Entsch. v. 8. Mai 1914 (ZPolVerwB. 22 442) IXA 152/13.

BauflG. § 11.

In Beziehung auf den häufigen Fall, daß die Gemeinde ihre Zustimmung zu einem die Fluchtlinie überschreitenden Neubau, Um- oder Ausbau von einer alsbaldigen Regelung der Entschädigungsfrage im Falle der künftigen Freilegung der Straße oder von anderen Bedingungen abhängig macht, und die Polizeibehörde dann bei Ablehnung jener Forderungen die polizeiliche Bauerlaubnis versagt, wird ausgeführt: Wenngleich § 11 BauflG. für die Polizeibehörde auch gegenüber einem Widerspruch der Gemeinde nur die Befugnis, nicht die Verpflichtung zur Versagung der Bauerlaubnis begründet, so daß ihr das Recht zur Erteilung der Bauerlaubnis verbleibt (vgl. OVG. **53** 403), so hat deshalb der Bauherr doch nicht Anspruch auf Erteilung der Bauerlaubnis. Durch ihre Versagung an sich wird er also in seinen Rechten nicht verletzt. Die Polizei ist stets im Recht, wenn sie zur Durchführung einer bestehenden Fluchtlinie von ihrer gesetzlichen Befugnis, einen Bau über die Fluchtlinie hinaus zu versagen, Gebrauch macht. Der Verwaltungsrichter hat eine weitere Prüfung als die, ob die Voraussetzungen des § 11 BauflG. gegeben sind, nicht vorzunehmen, sofern nicht etwa ganz besondere Umstände in Betracht kommen, die die Annahme zu rechtfertigen geeignet sind, daß die äußerste Grenze des polizeilichen Ermessens überschritten, also fremde, nicht auf die Durchführung der Fluchtlinie gerichtete oder sonstige, nicht polizeiliche Motive bestimmend gewesen sind. Rechtlich erheblich ist allerdings der Einwand, daß die Polizeibehörde ein Vorgehen der Gemeinde unterstütze, durch das diese sich widerrechtlich ihr nicht zustehende Vorteile verschaffen wolle, d. h. also, daß ihre Verfügung nicht aus objektiven polizeilichen Beweggründen hervorgegangen sei, sondern erkennbare Zwecke verfolge, die den gesetzlichen Aufgaben der Polizei fremd sind. Von einem auf die Erlangung widerrechtlicher Vorteile abzielenden Vorgehen der Gemeinde kann jedoch keine Rede sein, wenn diese ihre Zustimmung zu einer Fluchtlinienüberschreitung von der vertraglichen Regelung der Entschädigungsverpflichtung bei künftiger Freilegung der Straße abhängig macht, und die Polizeibehörde hält sich innerhalb der Grenzen des ihr zugewiesenen pflichtmäßigen Ermessens, wenn sie mit Rücksicht auf den Widerspruch der Gemeinde die Bauerlaubnis versagt, weil eine den finanziellen und sonstigen Interessen der Gemeinde entsprechende Förderung und Erleichterung der Durchführung des Fluchtlinienplanes bei Handhabung des § 11 nach dem Zweck und der Absicht des G. im Rahmen ihrer Aufgaben liegt.

Nr. 11. Entsch. v. 16. April 1912 (OVG. 61 386) IXB 19/11.

BauflG. § 1.

1. Die Grundlage für die rechtliche und tatsächliche Beurteilung der Frage, ob Vorgartenland im Rechtssinne vorliegt, bildet auf Grund des § 1 Abs. 4 BauflG. allein der Fluchtlinienplan und nicht eine etwaige abweichende Eintragung im Grundbuch oder Kataster. Der Fluchtlinienplan hat nicht lediglich die Bedeutung einer Zeichnung; vielmehr hat er konstitutive Wirkung und schafft unmittelbar öffentliches Baurecht.

2. Es gehört nicht zum Wesen des Vorgartens, daß dieser unmittelbar an das dahinter liegende Gebäude grenzt. Das Gegenteil liegt sehr häufig vor. Ob in dieser Beziehung eine andere Beurteilung Platz greifen müßte, wenn der zwischen Gebäude und Baufluchtlinie liegende sogenannte Vorplatz nicht Bestandteil des Grundstücks des Klägers und fremdes Eigentum wäre, braucht nicht untersucht zu werden; denn dafür, daß dies der Fall sei, fehlt es an jedem Anhalte.

3. Der Kläger hat geltend gemacht, daß nur der Eigentümer des zum Vorgarten bestimmten Geländes zu dessen entsprechender Herrichtung verpflichtet sei. Die grundsätzliche Erheblichkeit oder Unerheblichkeit dieser Einwendung braucht jedoch gegenwärtig nicht erörtert zu werden, und es kann dahingestellt bleiben, ob der Eigentümer des Baugrundstücks als solcher grundsätzlich und in erster Linie zur Vorgartenanlegung öffentlich-rechtlich verpflichtet ist oder ohne weiteres dazu polizeilich angehalten werden kann. Der Vorgarten steht nach seinem Wesen und Zwecke und nach dem Inhalte des Fluchtlinienplans jedenfalls in engen Beziehungen zu dem dahinter liegenden Baugrundstücke: Das zwischen Straßen- und Baufluchtlinie liegende Gelände soll nach dem Fluchtlinienplane nicht Straße sein oder werden, anderseits aber der Errichtung von Gebäuden an der Straße auf dem hinter der Baufluchtlinie liegenden Gelände nicht entgegenstehen und als Vorgarten die Zuführung von Licht und Luft nach dem Baugrundstücke bzw. den darauf errichteten Gebäuden und deren Zugang zur Straße vermitteln. In der Rechtsprechung ist demgemäß der Vorgarten als ein Mittel- und Bindeglied zwischen Straße und Baugrundstück bezeichnet, und es ist ausgesprochen worden, er stehe im engsten Zusammenhange mit dem Gebäude, vor dem er liege, und sei ähnlich den Höfen als dessen Zubehör anzusehen. Im vorliegenden Falle muß angenommen werden, daß der Kläger mit dem Hausgrundstück auch den Besitz der streitigen Fläche von seinem Vorbesitzer erworben hat. Der Eigentümer des Hausgrundstücks kann aber, wenn er zugleich Besitzer des Vorgartengeländes ist, wegen der vorschriftsmäßigen Anlegung, Unterhaltung und Einfriedigung des Vorgartens polizeilich in Anspruch genommen werden, ohne Rücksicht darauf, ob der Vorgarten privatrechtlich ebenfalls in seinem Eigentume steht.

Nr. 12. Entsch. v. 3. Okt. 1913 (OVG. 65 421) IXB 11/12.

BauflG. § 1.

1. Für die M.straße ist ein Fluchtlinienplan festgesetzt worden, der auf Grund des § 1 Abs. 4 BauflG. getrennte Straßen- und Baufluchtlinien vorsieht. Diese Maßnahme war auf Grund des BauflG. ohne weiteres zulässig. Die bereits erfolgte Bebauung der an der Straße liegenden Grundstücke stand ihr nicht entgegen. Ob sie zweckmäßig und angemessen war und den Verhältnissen der Straße entsprach, ist der Nachprüfung des Verwaltungsrichters entzogen. Durch jene Fluchtlinienfestsetzung ist in rechtsverbindlicher Weise das zwischen den beiden Fluchtlinien belegene Gelände zum Vorgarten bestimmt und für die Straßenanlieger unter der Voraussetzung der planmäßigen Anlegung der Straße und der Bebauung ihrer Grundstücke die Verpflichtung begründet worden, den Vorgarten als solchen, d. h. als gärtnerische Anlage, herzustellen und zu unterhalten. Diese Verpflichtung beruht demnach unmittelbar auf dem G. und dem ordnungsmäßig festgesetzten Fluchtlinienplan; durch Polizeiverordnung kann nur die Art der Anlegung und Benutzung der Vorgärten geregelt werden.

2. Mit Unrecht fühlt sich der Kläger namentlich auch dadurch beschwert, daß der Beklagte von der Vorgartenanlegung dann absehen will, wenn das Vorgartengelände unentgeltlich an die Stadt abgetreten und auf Kosten des Klägers gepflastert wird. Er folgert hieraus, daß das öffentliche Interesse die Anlegung des Vorgartens nicht erfordere, und daß der Beklagte mit der Verfügung lediglich im Interesse der Stadt einen Druck auf ihn ausüben wolle, damit er das Gelände für den Bürgersteig hergebe. Diese Darlegungen gehen fehl. Allerdings kann der Magistrat nach der Polizeiverordnung in besonderen Fällen Ausnahmen zulassen. Auf solche Ausnahmebewilligung hat jedoch der Kläger kein Recht. Über sie hat der Magistrat als Baupolizeibehörde nach freiem pflichtmäßigen Ermessen zu befinden, und ihre Versagung bedarf keiner besonderen Rechtfertigung, weil sie lediglich zum Ausdrucke bringt, daß es bei der Regelvorschrift sein Bewenden haben soll, daß also die für diese bestimmend gewesenen Gründe auch im einzelnen Falle für maßgebend erachtet werden und Geltung behalten sollen. Der Kläger wird deshalb durch die Versagung der Ausnahme oder deren Abhängigmachung von der Erfüllung gewisser Bedingungen nicht in seinen Rechten verletzt. Dies würde nur dann der Fall sein, wenn die Polizeibehörde bei ihrer Entschließung die äußersten, ihrem pflichtmäßigen Ermessen gezogenen Grenzen überschritten und sich ausschließlich von Gesichtspunkten hätte leiten lassen, die außerhalb des Rahmens der ihrer Fürsorge anvertrauten öffentlichen Interessen liegen, d. h. wenn ihre Entsch. jedes polizeilichen Beweggrundes entbehrte.

Nr. 13. Entsch. v. 3. Okt. 1913 (OVG. 65 415) IXA 34/12.

1. Das Haus des Klägers hat im Erdgeschoß in der Mitte den Haupteingang und zu dessen beiden Seiten je ein Zimmer mit Fenster und je einen Laden mit Eingang und Schaufenster; vor den beiden Schaufenstern liegt je ein mit eisernen Klappen überdeckter Kellerhals. Der 15 m breite und 6,5 m tiefe Vorgarten ist in der Weise angelegt, daß an der Straße zu beiden Seiten eines etwas über 4 m breiten Zuganges zwei etwas über 5 m breite und fast 3 m tiefe Flächen gärtnerisch hergerichtet sind, während die übrigen Flächen, d. h. der erwähnte Zugang und ein etwa 3,5 m tiefer Streifen vor dem Hause, ohne Gartenanlagen gelassen sind. Die Gartenfläche nimmt etwas mehr als ein Viertel des ganzen Vorgartens ein. Daß diese Vorgartenanlage den Bestimmungen in § 11[5] BauPolVd. für die Vororte von Berlin v. 28. V. 07, wonach Vorgärten in ihrer ganzen Ausdehnung als Ziergärten anzulegen und zu unterhalten und

Unterbrechungen der Gartenanlagen nur zulässig sind, soweit sie zur Herstellung von Haus- und Ladeneingängen notwendig sind, nicht entspricht, kann keinem Zweifel unterliegen. Denn die Haus- und Ladeneingänge sind danach — allerdings unter angemessener Berücksichtigung der Bedürfnisse des Verkehrs, wie dieser sich nicht nur regelmäßig, sondern namentlich auch in Zeiten und Stunden des lebhafteren Geschäftsbetriebs gestaltet, sowie der wirtschaftlichen Bedürfnisse und Interessen des Hauseigentümers und der Ladenbesitzer bei Benutzung des in der vorliegenden Gestalt polizeilich genehmigten Hauses — unter Beachtung der Vorschrift, daß der Vorgarten grundsätzlich in seiner ganzen Ausdehnung als Ziergarten anzulegen ist, im ganzen also sein Charakter als gärtnerische Anlage nicht wesentlich beeinträchtigt werden darf, auf das notwendige Maß zu beschränken.

2. Die Bestimmung in § 11^5 aaO. hat, ebenso wie — vorbehaltlich der Vorschriften in § 73 — überhaupt die ganze BauO., keine rückwirkende Kraft. Wenn beabsichtigt worden wäre, auch die nach den Regeln des bisherigen Rechtes rechtmäßig bestehenden Vorgartenanlagen der Bestimmung in Nr. 5 zu unterwerfen, so hätte dies klar zum Ausdrucke gebracht werden müssen, und zwar um so mehr, als Vorgärten als Zubehörungen der auf dem Grundstück errichteten Baulichkeiten anzusehen sind und deshalb insofern mittelbar die Vorschriften in § 73 über Beschränkung der Anwendung der Verordnung auf zu Recht bestehende Gebäude auch für sie Geltung haben.

3. Die im Widerspruche mit dem damals maßgebenden öffentlichen Baurechte hergestellte Anlage würde auch dann nicht rechtmäßig gewesen sein, wenn der Amtsvorsteher ihr ausdrücklich zugestimmt haben und bei der Gebrauchsabnahme des Gebäudes eine Beanstandung unterblieben sein sollte. Allerdings war der Amtsvorsteher nach § 2^1 BauPolVd. v. 5. XII. 92 befugt, Ausnahmen von der Regelvorschrift über die Vorgartenanlegung „für die Benutzung der Vorgartenflächen zu gewerblichen Zwecken" aus besonderen Gründen zu bewilligen. Jedoch hat nach der gesamten Sachlage der Amtsvorsteher, auch wenn er mündlich seine Zustimmung zu der Art der Einrichtung des Vorgartens erklärt hat, dadurch eine Ausnahme von der Regelvorschrift nicht bewilligen wollen und nicht bewilligt. In dem Bauscheine war unter Nr. 4 der allgemeinen baupolizeilichen Vorschriften auf die Notwendigkeit der Vorgartenanlegung in der vorschriftsmäßigen Breite besonders hingewiesen. Wenn dann der Amtsvorsteher den Antrag des Klägers, mit Rücksicht auf die fünf Haus-, Laden- und Kellereingänge und die Schaufenster von der Anlegung des Vorgartens absehen zu dürfen, im Einverständnisse mit der Wegekommission ausdrücklich und unbedingt mit dem Hinzufügen ablehnte, der Vorgarten sei demnach nach Maßgabe des Bebauungsplans anzulegen, so kann nicht angenommen werden, daß er sich nachträglich doch wieder mit einer Abweichung von der Verordnungsvorschrift habe einverstanden erklären wollen. Seine Zustimmung zu der Art der Vorgartenanlegung kann vielmehr nur dahin aufgefaßt werden, daß er glaubte anerkennen zu dürfen, diese Art der Vorgartenanlegung halte sich innerhalb der Grenzen der Regelvorschrift der Polizeiverordnung, und meinte, damit nicht mehr zu dulden, als diese zuließ. Wenn er sich darin irrte, und wenn demgemäß der vorschriftswidrige Zustand bisher unbeanstandet bestehen blieb, so ist daraus dem Kläger kein Recht auf dessen fernere Beibehaltung erwachsen. Die Polizeibehörde ist vielmehr jederzeit berechtigt, seine Abstellung und eine den öffentlich-rechtlichen Bestimmungen entsprechende Anlegung des Vorgartens zu fordern. Maßgebend ist für diese Forderung das zur Zeit ihres Einschreitens geltende Recht.

4. Der Einwand des Klägers, daß die polizeiliche Verfügung der erforderlichen Bestimmtheit entbehre, kann nicht für durchgreifend erachtet werden. Allerdings würde, wenn unter der Androhung des Zwangsmittels der Ausführung durch einen Dritten schlechthin die vorschriftsmäßige Anlegung des Vorgartens

angeordnet worden wäre, sich das Bedenken ergeben, ob der Kläger bei der gegebenen Sachlage erkennen konnte, was er leisten soll, inwiefern er die vorhandene Vorgartenanlage abändern oder ergänzen soll, und wozu er bei Vollstreckung der Verfügung angehalten werden darf, da die Bestimmung in § 11[5] Bd. v. 28. V. 07, insbesondere bezüglich der Art und des Maßes der notwendigen Zugänge, dem Ermessen Spielraum läßt. Dieses Bedenken wird jedoch dadurch beseitigt, daß dem Kläger aufgegeben worden ist, zunächst Zeichnungen zur Genehmigung vorzulegen; denn dadurch ist dem Kläger Gelegenheit gegeben, über die Einzelheiten der Anlage seinerseits der Polizeibehörde geeignete Vorschläge zu machen, während er in der Hauptsache erkennen mußte, inwiefern sein nur etwa zum vierten Teile gärtnerisch hergerichteter Vorgarten der hinreichend klaren Bestimmung in § 11[5] nicht entsprach.

Nr. 14. Entsch. v. 5. Jan. 1912 (OVG. **61** 401) IXA 1/11.

BauflG. § 12.

1. Die Herstellung eines Ausganges für ein Wohnhaus nach der Straße steht der Errichtung eines Wohnhauses an der Straße mit einem Ausgange dahin iS. des § 12 BauflG. rechtlich gleich.

2. Die Neue S.straße ist bei ihrer Lage innerhalb der Stadt mindestens eine in der Entstehung begriffene Ortsstraße und entspricht, wenn sie auch im übrigen vorschriftsmäßig ausgebaut sein mag, hinsichtlich der Beschaffenheit der Bürgersteige (Gehbahnen) nicht den baupolizeilichen Bestimmungen. Daher unterliegt sie dem ortsstatutarischen Bauverbote, wenn sie nicht als eine historische Straße anzuerkennen ist, d. h. als eine Straße, die bereits beim Inkrafttreten des Bauverbots für den inneren Verkehr und den Anbau bestimmt und in ihrer Entwickelung als solche Ortsstraße in allen wesentlichen Beziehungen zum Abschlusse gelangt war. Hierfür kommt es auf die jetzige rechtliche Eigenschaft der Straße nicht entscheidend an.

Nach Inhalt der vorgelegten Akten, betreffend die Anlegung der Neuen S.straße, ist diese Anlegung anfangs der 70er Jahre des vorigen Jahrhunderts seitens der Stadt auf einem ehemaligen Speichergrundstück erfolgt. Die Veranlassung dazu gab das anerkannte Bedürfnis des Verkehrs und der Feuersicherheit auf dem ausgedehnten, mit Speichern besetzten Gelände. Demgemäß beschloß der Magistrat die Anlegung der Straße unter der Bedingung, „daß die Straße nicht als eine öffentliche, sondern als Privateigentum der Stadt betrachtet wird, daß also jede Seitenbenutzung von den angrenzenden Speichergrundstücken aus, sowohl die Anlegung von Türen und Fenstern wie der Gebrauch zur Überladung usw., unzulässig ist". Diesem Beschluß ist die Stadtverordnetenversammlung beigetreten. Die Straße ist dann alsbald hergestellt, gepflastert und mit vier Laternen versehen worden. Es kann dahingestellt bleiben, ob auf Grund dieser Vorgänge in Verbindung mit der Tatsache, daß die Straße offenbar alsbald unter stillschweigender Zustimmung der Polizeibehörde dem öffentlichen Verkehre freigegeben worden ist, anzunehmen sein möchte, daß der Straße alsbald die Eigenschaft einer öffentlichen beizulegen war, sowie ferner, ob für den Fall, daß dies zu bejahen wäre, die in dem Beschluß ausgesprochene unbedingte Ausschließung aller Fenster- und Türöffnungen nach der Neuen S.straße in vollem Umfange rechtsbeständig war. Jedenfalls ergibt sich unzweifelhaft der Wille der städtischen Behörden, daß die Neue S.straße als Verkehrsweg nur der Verbindung zweier Straßen innerhalb der Stadt, und insofern zwar dem inneren Ortsverkehrs, nicht aber dem Verkehre von Haus zu Haus und von und nach den angrenzenden Grundstücken und Gebäuden, und nicht dem Anbaue dienen sollte und dementsprechend auch nur in verhältnismäßig geringer Breite angelegt worden ist.

3. Gegen die rechtliche Zulässigkeit einer solchen Beschränkung der Bestimmung des Weges bestehen auch bei der Annahme, daß die Neue S.straße alsbald oder doch vor Inkrafttreten des Bauverbots die Eigenschaft einer öffentlichen Straße erlangt hat, keine Bedenken. Daß eine fertige, dem Bauverbote nicht unterliegende Ortsstraße nicht nur dem inneren Verkehre, sondern auch dem Anbaue gewidmet sein muß, folgt unmittelbar aus § 12 BauflG. und ist dementsprechend auch für historische Straßen in der Rechtsprechung stets gefordert worden. Beides ist aber begrifflich und nach dem Wesen der Sache als zusammengehörig, als etwas Einheitliches nicht aufzufassen. Wenn auch die Widmung eines öffentlichen Weges für den Anbau diejenige für den öffentlichen inneren Verkehr notwendig zur Folge hat und in sich schließt, so ist doch das gleiche nicht umgekehrt der Fall. Eine Straße kann vielmehr dem Ortsverkehre dienen, ohne doch für den Anbau bestimmt zu sein, wie dies z. B. bei Straßen, die öffentliche Anlagen durchschneiden, durch den I. Festungsrayon führen oder beiderseits von Festungswerken begrenzt sind, der Fall ist.

Die Neue S.straße hat also die Eigenschaft einer historischen Straße nicht erlangt.

Nr. 15. Entsch. v. 18. Juni 1912 (PrVerwBl. 34 487) IX C 35/11.

BauflG. § 12.

1. Das gemäß § 12 BauflG. wirksam erlassene ortsstatutarische Bauverbot ist Teil des örtlichen öffentlichen Baurechts und dem Schutze der Polizei anvertraut. Eine unter Verstoß gegen dieses Bauverbot bzw. unter Nichtbeachtung desselben erfolgte Errichtung eines Wohngebäudes ist deshalb insoweit polizeilich unzulässig und berechtigt die Polizeibehörde zum Einschreiten. Der Bezirksausschuß hat, nachdem er an sich zutreffend gesagt hat, daß die Sicherstellung der Straßenbaukosten, die die Beklagte offenbar zugunsten der Gemeinde erzwingen wolle, nicht dem öffentlichen Baurecht angehöre, ausgeführt: Wenn auch das ortsstatutarische Bauverbot der Gemeinde das Recht gebe, an ein von ihm betroffenes Bauvorhaben Bedingungen, wie die Sicherstellung der Straßenbaukosten, zu knüpfen, so dürfe doch die Polizeibehörde diese Bedingungen nicht ohne weiteres zu den ihrigen machen und ihre Erfüllung im Wege der polizeilichen Baubedingung durchzusetzen unternehmen. Sie müsse vielmehr die Durchsetzung der außerhalb des öffentlichen Baurechts liegenden Bedingungen der Gemeinde überlassen und könne nur so lange die Bauerlaubnis überhaupt verweigern. Diese Ausführungen sind mindestens nicht erschöpfend. Sie lassen zunächst im Hinblick darauf, daß die Beklagte in erster Linie das Fehlen einer wirksamen Bauerlaubnis geltend gemacht hat, die Darlegung vermissen, welche Schlußfolgerungen aus der vom Bezirksausschuß anerkannten Befugnis der Polizeibehörde zur Verweigerung der nachträglichen Bauerlaubnis sich für den vorliegenden Fall ergeben. Sodann kommt folgendes in Betracht. Wenn die Gemeinde die Bewilligung einer Ausnahme von dem ortsstatutarischen Bauverbot an gewisse Bedingungen knüpft, über diese Bedingungen sich mit dem Bauherrn einigt und dann der Baupolizeibehörde mitteilt, daß sie — im Hinblick auf die erfolgte Einigung über die Bedingungen — gegen den Bau nichts einzuwenden habe, so ist für die Polizeibehörde das Bauverbot ausgeschaltet, und hat sie, wenn der Bau sonst dem öffentlichen Rechte entspricht, die Bauerlaubnis zu erteilen oder von einem Einschreiten gegen den ohne vorherige Genehmigung ausgeführten Bau abzusehen. Wenn anderseits die Gemeinde die Bewilligung der Ausnahme von der vorherigen Erfüllung gewisser Leistungen abhängig macht, also an eine aufschiebende Bedingung knüpft, so bleibt das Bauverbot wirksam, solange die Bedingung nicht erfüllt oder ihre Erfüllung verweigert wird: die Bauerlaubnis ist deshalb zu versagen, und der ohne Genehmigung unternommene Bau verstößt gegen das öffentliche Baurecht.

2. Bei freier Beurteilung ergibt sich folgendes: Der Kläger hat die Bauerlaubnis dazu nachgesucht, in dem Hinterhause seines Grundstücks an Stelle des Futterraumes und Pferdestalles eine Waschküche anzulegen und die Küche zu teilen und im Obergeschoß (Dachgeschoß) zwei Zimmer mit Flur einzurichten, und hat, da die Erteilung der Bauerlaubnis sich verzögerte, die Änderungen ohne diese vorgenommen. Nach der Behauptung der Beklagten soll er hierdurch in dem bisherigen Stall- und Wirtschaftsgebäude eine Wohnung eingerichtet und damit iS. des § 12 BauflG. und des Ortsstatuts ein Wohngebäude errichtet haben. Dies trifft nicht zu. Nach Inhalt der vorliegenden Bauakten ist das Hintergebäude ebenso wie das Vordergebäude auf Grund der Bauerlaubnis v. 16. VII. 02 errichtet worden. Nach der diesem Konsens zugrunde liegenden Bauzeichnung war in dem Hintergebäude — anschließend an das vordere Wohnhaus und mit diesem im Erd- und im Obergeschoß durch je eine Tür verbunden — ein etwa $3^1/_2$ m tiefer Teil durch eine (mit zwei ausdrücklich zugelassenen eisernen Türen versehene) Brandmauer abgeteilt, von welcher im Bauschein gesagt ist, daß sie das Wohngebäude von dem Ökonomiegebäude trenne. In diesem Teil befanden sich im Erdgeschoß eine Spül- und Waschküche und ein Fohlenstall und im Obergeschoß eine Knechtekammer, eine Mägdekammer und ein Raum mit Treppe. Hiernach ergibt sich, daß das Hintergebäude bereits damals zum Wohnen bestimmt war und so genehmigt worden ist, denn die in den Bauvorlagen als Knechte- und Mägdekammer bezeichneten Räume sind unbedenklich als Wohn- und Schlafräume und nicht bloß als Aufenthaltsräume für Arbeitspausen oder dergleichen anzusehen.

Nr. 16. Entsch. v. 5. Juli 1912 (PrVerwBl. **34** 600) IXB 34/12.

BauflG. § 12.

1. Daß unter „Straßenteilen" nicht diejenigen Stücke der Straße, die von einem Bauinteressenten beliebig für seine Bauzwecke herausgeschnitten werden, vielleicht nur das gerade vor dem Baugrundstücke liegende, sondern nur solche Abschnitte der Straße zu verstehen sind, die sich objektiv, äußerlich oder nach ihrer geschichtlichen Entwickelung als besondere Abschnitte einer Straße darstellen, ist anerkannten Rechtens.

2. Abgesehen davon, daß die Vorschrift einer Baupolizeiverordnung eines berechtigten polizeilichen Zweckes und damit der Rechtsgültigkeit entbehrt, wenn sie nur Gebäude, die mit Erdgeschoß, einem Obergeschoß und ausgebautem Dachgeschoß versehen sind, zuläßt, also einen bestimmten Wohnhaustyp vorschreibt und z. B. auch die Errichtung von eingeschossigen Einfamilienhäusern und solchen ohne ausgebautes Dachgeschoß untersagt, geht die gedachte Bestimmung über die Grenzen des Polizeiverordnungsrechtes zweifellos hinaus, weil sie mit der Beschränkung auf Einfamilienhäuser die Errichtung aller nicht Wohnzwecken dienenden Gebäude verbietet. Daß ein solches Verbot unzulässig ist, hat der Gerichtshof in zahlreichen Entsch. ausgesprochen und näher dargelegt (vgl. insbesondere OVG. **37** 401). Dieses Verbot der Errichtung von anderen Gebäuden als von Wohnhäusern steht aber hier mit dem Verbote der Errichtung anderer Wohnhäuser als solcher, die für die Benutzung durch eine Familie bestimmt sind, wie auch mit dem übrigen Inhalte der gedachten Vorschrift in so enger Verbindung, daß der Gerichtshof eine Scheidung dahin, daß zwar das Verbot der Errichtung von anderen Gebäuden als von Wohnhäusern für ungültig, dagegen die Bestimmung, soweit sie für Wohnhäuser erlassen ist, für gültig zu erachten wäre, für unzulässig, die ganze Vorschrift vielmehr für unanwendbar erachten mußte. Es bedurfte daher keines Eingehens auf die von dem Vorderrichter bejahte Frage, ob die in der Rechtsprechung des Gerichtshofes ständig angewendeten Grundsätze über die Rechtsgültigkeit von Polizeiverordnungen, die

die Benutzung von Gebäudeteilen, insbesondere von Dach- und Kellergeschossen, einschränkend regeln und damit im Gesundheitsinteresse auf die Höhe und Dichtigkeit der Bebauung (Bevölkerung) begrenzend einzuwirken bezwecken, auch die Annahme rechtfertigen, daß eine Bestimmung gültig sei, die als Wohnhäuser bloß Einfamilienhäuser zuläßt.

Nr. 17. Entsch. v. 20. Sept. 1912 (PrVerwBl. **34** 825) IXB 58/11.

BauflG. § 12.

1. Der Kläger beabsichtigt, auf seinem Eckgrundstück an der S.- und W.straße ein Wohngebäude zu errichten, das seinen Ausgang in der Einfriedigung an der abgestumpften Ecke erhalten soll. Da dieser Ausgang nach beiden Straßen führt, so ist die auf § 12 BauflG. und das Ortsstatut gestützte Versagung der Bauerlaubnis gerechtfertigt, wenn auch nur eine der beiden Straßen dem Bauverbot unterliegt.

2. Auch ein Wegezug, der in seiner Gesamtheit unzweifelhaft ein durchgehender Verbindungsweg ist, kann streckenweise die Eigenschaft einer Ortsstraße haben, sei es, daß er über eine schon vorher vorhandene Ortsstraße hinweggelegt worden ist oder sich infolge des Anbaues zu einer solchen entwickelt hat. Dem Kläger muß aber darin beigetreten werden, daß die S.straße auf der hier in Betracht kommenden Strecke schon vor dem Inkrafttreten des ortsstatutarischen Bauverbots die Eigenschaft einer Ortsstraße erlangt hatte. Wenn der Bezirksausschuß sagt, aus den vorgelegten Karten und Akten sowie aus der geschichtlichen Entwickelung des Ortes Recklinghausen gehe hervor, daß eine eigentliche Ortschaft Hillen als solche niemals bestanden habe, daß Hillen vielmehr von jeher eine Bauerschaft gewesen sei, die auch heute noch einen vorwiegend ländlichen Charakter aufweise, und wenn er meint, daß die Straßen nur, soweit sie innerhalb des früher umwallten Ortsberings der Altstadt belegen waren, dem inneren Ortsverkehr gedient hätten, so ist dem nicht beizutreten. Aus den Vorgängen ist zu entnehmen, daß Hillen schon längere Zeit vor Erlaß des ersten Ortsstatuts nach §§ 12 und 15 BauflG. einen zwar von der eigentlichen Stadt getrennten und wesentlich verschiedenen, aber doch für sich bestehenden Ortsteil mit geschlossener Ortslage, eine Ortschaft, gebildet hat. Die innerhalb dieses Ortsteils belegene bebaute S.straße diente dem Anbau und dem inneren örtlichen Verkehr und war dafür mit dem Willen der Gemeinde bestimmt, hatte also die Eigenschaft einer Ortsstraße. Dem steht nicht entgegen, daß Hillen nach seinen wirtschaftlichen Verhältnissen als Bauerschaft zu bezeichnen ist und mindestens vorwiegend aus Bauernhöfen und ländlichen Gehöften bestand, und daß die Art des Anbaues und die gesamten örtlichen und wirtschaftlichen Verhältnisse daselbst sich von denjenigen der Altstadt erheblich unterschieden.

3. Muß aber hiernach der S.straße auch die Eigenschaft einer Ortsstraße beigelegt werden, so ist sie doch in ihrer Entwickelung als solche nach ihrem Gesamtcharakter und ihrer baulichen Beschaffenheit bisher noch nicht zum Abschluß gekommen, niemals eine fertige Ortsstraße (historische Straße) gewesen. In dieser Beziehung kommt einerseits in Betracht, daß Hillen keine selbständige Landgemeinde ist oder war, sondern wohl von jeher zum Stadtbezirk Recklinghausen gehört hat, und anderseits, daß es abseits von der im engen Zusammenhang gebauten Altstadt liegt und vorwiegend ländlichen Charakter hat. Während in kleinen Landgemeinden unter Umständen schon Straßen primitivster Beschaffenheit als fertige Ortsstraßen anzuerkennen sind, wird für Straßen eines Stadtbezirks, damit sie als solche gelten können, vorausgesetzt werden müssen, daß sie nach Maßgabe der bestehenden örtlichen Verhältnisse nicht wesentlicher Eigenschaften städtischer Straßen entbehren. Anderseits pflegen an Straßen der Vororte und Ausbauten geringere Anforderungen gestellt zu werden als an die Straßen

der inneren Stadt. Bei Berücksichtigung dieser Gesichtspunkte kommt es nicht darauf an, ob in Hillen für das Pflaster geringeres Material verwendet worden ist als in der Altstadt und daß die Straßenunterhaltung daselbst nur mangelhaft war. Die Straße zeigte aber vor dem Ausbau in den Jahren 1895—1897 offenbar überhaupt noch keine planmäßige Regulierung. Sie hatte innerhalb der bebauten Ortslage von Hillen eine ungleichmäßige und zum Teil sehr geringe Breite und eine wechselnde Höhenlage, so daß bei dem Straßenausbau erhebliche Verbreiterungen und Anschüttungen vorgenommen werden mußten. Sie war nicht überall gepflastert. Entwässerungsrinnen bzw. Gossen scheinen zwar vorhanden gewesen zu sein, waren aber offenbar unzureichend, denn das Wasser floß wild über die Straße derart, daß diese bei nassem Wetter streckenweise unpassierbar wurde und der Verkehr über die angrenzenden Höfe geleitet werden mußte. Bürgersteige fehlten. Damit entbehrte die Straße eines nach der maßgebenden Polizeiverordnung zu ihrer Fertigstellung als städtische Straße notwendigen Bestandteils.

Nr. 18. Entsch. v. 7. März 1913 (PrVerwBl. **36** 89) IXB 50/12.

BauflG. § 12.

1. Eine Straße untersteht dem Bauverbot aus § 12 BauflG., falls sie auch nur in einem einzigen, wenn auch vielleicht untergeordneten Punkte den baupolizeilichen Bestimmungen nicht entspricht. Unerheblich ist der Einwand, die Stadtgemeinde sei jederzeit in der Lage, das noch fehlende Straßenland zu erwerben und die Bürgersteige herzustellen, und unterlasse dies nur deshalb, weil sie die geforderten Kaufpreise nicht zahlen wolle. Denn an der Tatsache der Unfertigkeit der Straße wird hierdurch nichts geändert. Es ist aber lediglich eine Angelegenheit der kommunalen Selbstverwaltung, darüber zu bestimmen, wann eine Straße ausgebaut und gemäß den bestehenden Vorschriften fertig hergestellt werden soll. Abgesehen von dem hier nicht in Frage kommenden Falle, daß das öffentliche Verkehrsinteresse die Herstellung der Straße erfordert, steht hierauf weder der Polizeibehörde noch dem Verwaltungsrichter eine Einwirkung zu. Der Kläger meint aber, daß ungeachtet jener Mängel das ortsstatutarische Bauverbot für die Straße nicht zur Anwendung gebracht werden dürfe und keine Geltung habe, weil die in allen wesentlichen Beziehungen in ganzer Ausdehnung durchaus fertige und als solche sich darstellende Straße mit dem Willen der Stadtgemeinde für den öffentlichen Verkehr und den Anbau bestimmt und freigegeben und deshalb von der Stadtgemeinde, wenn auch nicht ausdrücklich, so doch stillschweigend auf Grund des ihr zustehenden Ausnahmebewilligungsrechts als fertige, anbaufähige und dem Bauverbote nicht mehr unterliegende Straße anerkannt worden sei. Diesen Ausführungen steht zunächst die Tatsache entgegen, daß der Magistrat der Erteilung der Bauerlaubnis an den Kläger auf Grund des Ortsstatuts wegen der Unfertigkeit der Straße ausdrücklich widersprochen hat. Aber auch abgesehen hiervon sind die Ausführungen des Klägers rechtsirrig. Die Bestimmung des Ortsstatuts, daß an Straßen und Straßenteilen, die noch nicht gemäß den baupolizeilichen Bestimmungen für den öffentlichen Verkehr und den Anbau fertig hergestellt sind, Wohngebäude, die nach diesen Straßen einen Ausgang haben, nicht errichtet werden dürfen, ist ein Bestandteil des örtlichen öffentlichen Rechts. Wenngleich also diese Bestimmung gemäß der Absicht des G. vorwiegend im Interesse der Gemeinde eingeführt worden ist, so sind doch die Gemeindebehörden, ebenso wie die Polizeiverwaltung, solange das Ortsstatut nicht rechtsgültig abgeändert worden ist, daran gebunden und — vorbehaltlich des unten zu erörternden Rechts der Ausnahmebewilligung — nicht befugt, sie für den ganzen Gemeindebezirk oder für einzelne Teile desselben bzw. für einzelne Straßen mit allgemeiner Wirkung außer Kraft zu setzen. Darauf würde es aber hinauslaufen, wenn die

Gemeindebehörden eine den baupolizeilichen Bestimmungen noch nicht entsprechende Straße als anbaufähig anerkennen und von dem Bauverbote befreien wollten. Ein dahingehender Beschluß — und das gleiche muß selbstverständlich von einer entsprechenden stillschweigenden, aus Handlungen und Unterlassungen schlüssig zu folgernden Willenserklärung gelten — würde also der rechtlichen Wirksamkeit entbehren und von der Polizeibehörde bei Handhabung des ortsstatutarischen Bauverbots nicht zu beachten sein. Dem steht auch nicht entgegen, daß nach § 2 des Statuts der Magistrat über die erfolgte Fertigstellung von Straßen eine öffentliche Bekanntmachung zu erlassen hat. Denn diese Bekanntmachung hat nach dem Inhalt der Bestimmung zweifellos nur deklaratorische, keine rechtsbegründende Bedeutung.

2. Nun steht allerdings dem Magistrate das Recht der Ausnahmebewilligung zu. Allein dieses Recht kann und darf mangels einer es näher umgrenzenden gesetzlichen Vorschrift nur auf Grund und nach Maßgabe des Ortsstatuts ausgeübt werden. § 1 des Ortsstatuts für Posen bestimmt: „Ausnahmen können durch den Magistrat bewilligt werden, die Bedingungen sind für jeden Einzelfall vom Magistrate festzusetzen." Die Bewilligung einer Ausnahme kann hiernach nicht allgemein und abstrakt für gewisse Gegenden, Straßen, Straßenteile oder dergleichen, sondern nur gegenüber beteiligten Dritten für die von diesen geplanten Bauten unter gleichzeitiger Beschlußfassung über die etwa zu stellenden Bedingungen geschehen. Von einer solchen Ausnahmebewilligung ist aber im vorliegenden Falle keine Rede.

Nr. 19. Entsch. v. 15. April 1913 (OVG. 65 400) IX A 113/11.

BauflG. §§ 12, 15.

1. Die Versagung der Bauerlaubnis zur Herstellung der vom Kläger geplanten Einfriedigung seines Grundstücks ist erfolgt, weil die in der Einfriedigung vorgesehenen Eingänge unzulässig seien. Die Unzulässigkeit wird von der Polizeiverwaltung und den Beschwerdeinstanzen auf das ortsstatutarische Bauverbot aus § 12 BauflG. gestützt, und dies erweist sich als gerechtfertigt.

2. Nach § 1 des auf Grund der §§ 12 und 15 BauflG. erlassenen Ortsstatuts dürfen an Straßen und Straßenteilen, die noch nicht gemäß den baupolizeilichen Bestimmungen für den öffentlichen Verkehr und den Anbau fertig hergestellt sind, Wohngebäude, die nach diesen Straßen einen Ausgang haben, nicht errichtet werden. Die S.straße ist, da Fluchtlinien für sie förmlich festgesetzt worden sind, jedenfalls eine projektierte Straße. Sie genügt den Anforderungen der jetzt geltenden baupolizeilichen Bestimmungen deshalb nicht, weil das vor dem Hause des Klägers belegene Gelände, dessen Einfriedigung geplant ist, ausweislich des Fluchtlinienplans zur Straße bestimmt, aber unstreitig noch nicht an die Stadtgemeinde übereignet ist. Die S.straße ist auch keine historische Straße. Sie war ihrer Entstehung nach ursprünglich eine Verbindungsstraße nach dem Orte S. Um die Eigenschaft einer historischen Straße zu erlangen, d. h. einer bei dem Inkrafttreten des ortsstatutarischen Bauverbots mit dem Willen der Stadtgemeinde für den Anbau und den inneren örtlichen Verkehr bestimmten und in ihrer Entwickelung als solche nach den damaligen Verhältnissen zum Abschlusse gelangten, fertigen Ortsstraße, bedurfte es deshalb zunächst ihrer Umwandlung in eine Ortsstraße. Diese Umwandlung war im Jahre 1879 noch nicht erfolgt. Die von einem Eisenbahnunternehmer im Zusammenhange mit der Anlegung der Eisenbahn bewirkte Umgestaltung des Wegenetzes läßt für sich allein keinerlei Schluß auf die Eigenschaft der neu hergestellten Wege als Verbindungswege oder Ortsstraßen zu, weil der Eisenbahnunternehmer nur Ersatz für die eingezogenen Wegeverbindungen zu schaffen, nicht aber das Wegenetz zu ergänzen und zu verbessern verpflichtet ist. Dasselbe gilt von der

Übernahme der durch den Eisenbahnunternehmer hergestellten Wegezüge durch die Stadt, da diese nicht nur bezüglich der Ortsstraßen, sondern bezüglich aller öffentlichen Wege innerhalb ihres Bezirkes wegeunterhaltungspflichtig ist. Aus den Vorgängen bei dem Baue der Eisenbahn ist demnach noch nicht zu folgern, daß die S.straße auf der hier in Betracht kommenden Anfangsstrecke schon damals die Eigenschaft einer Ortsstraße gehabt oder erlangt habe. Hierfür ist endlich auch der Umstand ohne Belang, daß sich nach Eröffnung der Eisenbahn alsbald ein lebhafter Verkehr und ein fortschreitender Anbau auf den zum Bahnhof und um ihn herum führenden Straßen entwickelt hat, da hieraus allein auf eine Umwandlung dieser Straßen und insbesondere der streitigen Straßenstrecke in Ortsstraßen noch nicht geschlossen werden kann.

3. Die oben wiedergegebene Bestimmung in § 1 des Ortsstatuts gilt nun unbedingt, da — abweichend von der allgemeinen Regel — die Bewilligung von Ausnahmen in dem Ortsstatute nicht vorgesehen ist, und ist zwingender Art dergestalt, daß **beim Vorliegen ihrer Voraussetzungen** die Erteilung **der Bauerlaubnis durch die Baupolizeibehörde nicht** — auch nicht **im Einverständnisse mit den städtischen Behörden** — **zulässig** ist und eine erteilte Bauerlaubnis als mit dem öffentlichen Rechte im Widerspruche stehend der Rechtswirksamkeit entbehren würde. Insbesondere kann auch keine Rede davon sein, daß etwa nach dem Ortsstatute die Gemeinde eine Genehmigung zur Errichtung von Wohngebäuden an unfertigen Straßen zu erteilen hätte oder die polizeiliche Bauerlaubnis dann erteilt werden dürfte, wenn die Gemeinde ihre Zustimmung zur Errichtung eines Wohnhauses an der unfertigen Straße gibt. Es steht zwar im Ermessen der Gemeinde, ob sie von der ihr durch § 12 BauflG. eingeräumten Befugnis der Einführung des ortsstatutarischen Bauverbots Gebrauch machen will, sowie ferner, ob sie dies in dem vollen, gesetzlich zugelassenen Umfang oder mit gewissen Einschränkungen tun, und ob und unter welchen Voraussetzungen sie insbesondere den städtischen Behörden die Zulassung von Ausnahmen vorbehalten will. Hat aber die Gemeinde auf Grund des § 12 aaO. ein Ortsstatut erlassen, so bilden **dessen Bestimmungen einen Bestandteil des öffentlichen örtlichen Baurechts** und sind als solche — soweit sie sich in den Grenzen des G. halten — **für die Polizeibehörde ebenso wie für die städtischen Behörden bindend**. Das nach § 12 BauflG. erlassene Ortsstatut hat, anders als ein Ortsstatut nach § 15 daselbst, nicht etwa die Bedeutung, der Gemeinde ein Recht einzuräumen, auf dessen Ausübung sie im einzelnen Falle verzichten kann.

4. Durfte nach dem Ortsrecht an der S.straße ein Wohngebäude mit Ausgängen dahin nicht errichtet werden, so war die Bauerlaubnis dafür unzulässigerweise und unter Verstoß gegen § 1 des Ortsstatuts erteilt worden und entbehrt insoweit daher der Rechtsgültigkeit. **Zur Herstellung eines den bestehenden Vorschriften entsprechenden Zustandes** ist deshalb die **Polizeiverwaltung berechtigt**, die **Beseitigung oder die Absperrung der Hauseingänge** nach der S.straße zu verlangen, und unter diesem Gesichtspunkte konnte sie, sofern die Hauseingänge nicht beseitigt oder anderweit abgesperrt wurden, die Absperrung mittels der Einfriedigung und daher die **Fortlassung von Türen in der vom Kläger in Aussicht genommenen Einfriedigung des Grundstücks** an der S.-straße fordern.

Nr. 20. Entsch. v. 29. April 1913 (PrVerwBl. **36** 10) IX C 38/12.

BauflG. § 12.

1. Der Bezirksausschuß hat den **Begriff der historischen Straße als einer zur Zeit des Inkrafttretens des ortsstatutarischen Bauverbots für den inneren örtlichen Verkehr und den Anbau bestimmten** und nach den damals in der Gemeinde bestehenden Verhältnissen und Bedürf-

nissen in allen wesentlichen Beziehungen in ihrer Entwickelung als solche zum Abschluß gelangten fertigen Ortsstraße nicht verkannt. Er geht zutreffend davon aus, daß eine an sich zur Verbindung mehrerer Orte untereinander und für den Durchgangsverkehr bestimmte Provinziolstraße und Chaussee streckenweise sehr wohl eine Ortsstraße und demgemäß eine historische Straße sein kann, und zwar insbesondere auch dann, wenn sie ihrer rechtlichen Eigenschaft als Provinzialstraße und Chaussee nicht entkleidet worden ist. Dieses ist nicht nur dann der Fall, wenn die Chaussee über eine bestehende Ortsstraße hinweggelegt wird, wodurch selbstverständlich dieser ihre bisherige Eigenschaft als solche nicht genommen wird, sondern auch dann, wenn sie infolge der Entwickelung des Anbaues und des ihm folgenden inneren Verkehrs zu einem den örtlichen Verhältnissen und Bedürfnissen entsprechenden Gliede des mit dem Willen der Gemeinde für den Anbau und den inneren Verkehr bestimmten Ortsstraßennetzes geworden ist. Das letztere hat der Bezirksausschuß für den vorliegenden Fall aus der Lage der Straße, der fast lückenlosen Bebauung und der namentlich durch Beseitigung der Chausseegräben und durch Pflasterung den Bedürfnissen des inneren Verkehrs angepaßten Beschaffenheit der Straße in Verbindung mit dem Umstande gefolgert, daß im übrigen durch nichts dargetan sei, daß die Gemeinde die Straße auf jenem Teile nicht als eine Ortsstraße behandelt hätte. Diese auf einer Würdigung der tatsächlichen Verhältnisse beruhenden Ausführungen sind vom Standpunkt des Revisionsrichters aus nicht zu beanstanden.

2. Der Bezirksausschuß hat ferner angenommen, daß nach den zur Zeit des Inkrafttretens des Bauverbots bestehenden Verhältnissen das Vorhandensein von Bürgersteigen und namentlich durchgehenden Bürgersteigen nicht als ein wesentliches Erfordernis einer fertigen Ortsstraße angesehen worden sei, aus dem Fehlen solcher Bürgersteige also auf die Unfertigkeit, die noch nicht abgeschlossene Entwickelung der Straße in ihrer Eigenschaft als Ortsstraße, nicht geschlossen werden dürfe; wenn bei Neubauten die Herstellung von Bürgersteigen gefordert worden sei, so sei dies offenbar lediglich aus Rücksichten auf die in der Zukunft zu erwartende starke Entwickelung, d. h. also in der Absicht einer Verbesserung der den bisherigen Bedürfnissen des Orts entsprechenden und deshalb an sich fertigen Straßen geschehen. Diese Erwägungen sind rechtlich nicht zu beanstanden. Wenn die neuere Entwickelung eines längst bestehenden Orts oder etwa neuzeitliche Anschauungen über die Bedürfnisse des Verkehrs, der öffentlichen Wohlfahrt oder dergleichen vor dem Erlasse eines Ortsstatuts aus § 12 BauflG. dazu führen, daß an die bauliche Ausgestaltung der Straßen, die Art ihrer Befestigung, ihrer Entwässerung usw., erhöhte Anforderungen gestellt werden, so kann dies nicht dazu führen, daß nun alle alten Straßen, bei denen diesen erhöhten Anforderungen bei dem Inkrafttreten des Bauverbots noch nicht genügt ist, dem Bauverbot unterworfen werden. Der vom OVG. für die Zeit nach Erlaß des Ortsstatuts aus § 12 stets festgehaltene Grundsatz, daß eine Straße, die einmal gemäß den geltenden baupolizeilichen Bestimmungen fertig hergestellt gewesen ist, durch die Aufstellung erhöhter Anforderungen in neueren baupolizeilichen Bestimmungen nicht wieder zu einer unfertigen Straße werden kann, muß mit der Maßgabe, daß es regelmäßig nicht auf den Inhalt baupolizeilicher Bestimmungen, an denen es zu fehlen pflegt, sondern auf die auf die örtlichen Verhältnisse und Bedürfnisse gegründeten Anschauungen über die Eigenschaften fertiger Ortsstraßen ankommt, auch bei den historischen Straßen gelten.

3. Für die Beurteilung der Sachlage durch die Gemeinde vor dem Inkrafttreten des ortsstatutarischen Bauverbots kann es auf die Stellungnahme der Gemeinde in der Zeit nach diesem Inkrafttreten nicht entscheidend ankommen. Wenn es auch möglich und zulässig ist, hieraus Rückschlüsse auf die frühere Zeit zu ziehen, so ist es doch lediglich eine Frage der tatsächlichen Würdigung,

ob dies zu geschehen hat oder nicht. Es bedeutet deshalb keinen wesentlichen Mangel des Verfahrens, wenn der Bezirksausschuß die Behauptung der Beklagten unerörtert gelassen hat, es sei auch bei der N.straße ebenso wie bei gänzlich unregulierten Straßen stets das ortsstatutarische Bauverbot durch Auferlegung entsprechender Bedingungen bei Erteilung von Baukonsensen zur Anwendung gebracht worden, und es sei der bestimmte Wille der Gemeinde zum Ausdruck gekommen, daß in B. mit Ausnahme der fertigen Unternehmerstraßen keine ohne weiteres anbaufähige Straße vorhanden sei.

c) Schutz gegen Feuersgefahr.

Nr. 1. Entsch. v. 31. Jan. 1913 (OVG. 65 370) IX C 17/11.

1. Eine polizeiliche Auflage an den Eigentümer eines Grundstücks — an das infolge Erweiterung einer Bahnhofsanlage die Betriebsgeleise der Eisenbahn nahe herangelegt worden sind —, einen darauf vor Ausführung der Bahnhofserweiterung mit polizeilicher Genehmigung vorschriftsmäßig errichteten Holzschuppen zur Beseitigung der durch den Funkenauswurf der Lokomotiven hervorgerufenen Feuersgefahr feuersicher umzugestalten, ist zulässig, denn es besteht unzweifelhaft ein Zustand, der aus feuer- und sicherheitspolizeilichen Gründen polizeilich nicht geduldet werden kann, also polizeiwidrig ist. Die Brandgefahr entspringt allerdings aus der durch die Erweiterung des Bahnhofs herbeigeführten Nähe der Eisenbahnanlagen und dem nunmehr auf das Gebäude wirkenden Funkenwurfe der Lokomotiven in Verbindung mit der leichten Bauart des Hauses, also aus einem Zusammenwirken verschiedener Ursachen, die teils auf dem Zustande des Grundstücks des Klägers und teils auf der Bestimmung der Grundstücke der Eisenbahnverwaltung beruhen. Dies kann jedoch nicht dazu führen, den Sitz des beanstandeten polizeiwidrigen Zustandes auf den letzteren Grundstücken zu finden, weil das auf Grund der Genehmigung ordnungsmäßig ausgeführte und betriebene Eisenbahnunternehmen sowohl in seinen Anlagen und Einrichtungen wie in seinem Betriebe gesetzlichen Schutz genießt und deshalb bei ihm die Annahme eines polizeiwidrigen Zustandes abzulehnen ist. Der polizeiwidrige Zustand besteht hiernach auf dem Grundstücke des Klägers und allein auf diesem. Es ist anerkannten Rechts, daß der Eigentümer als solcher öffentlich-rechtlich, der Polizei gegenüber, verpflichtet ist, sein Eigentum in einem den polizeilich zu stellenden Anforderungen entsprechenden Zustande zu erhalten und polizeiwidrige Zustände abzustellen, gleichviel, ob diese von ihm selbst oder durch Dritte oder durch Zufall und höhere Gewalt herbeigeführt worden sind. Diese Verpflichtung des Eigentümers wird dadurch nicht ausgeschlossen, daß er gegen einen Dritten privatrechtlich, z. B. wegen Eingriffs in sein Eigentumsrecht, einen Anspruch auf Abstellung des beanstandeten Zustandes oder auf Schadensersatz hat, ein solcher privatrechtlicher Anspruch bleibt von dem Eingreifen der Polizeibehörde völlig unberührt; und ebensowenig wird die Verpflichtung des Eigentümers dadurch ausgeschlossen, daß die Polizeibehörde neben ihm auch einen Dritten aus öffentlich-rechtlichen Gründen in Anspruch zu nehmen berechtigt sein würde. Der Polizeibehörde steht in solchen Fällen die Wahl frei, an wen sie sich halten will, und die Zweckmäßigkeit oder Angemessenheit ihrer Wahl entzieht sich der Nachprüfung des Verwaltungsrichters.

2. Ausgeschlossen ist jedoch die auf jenem allgemeinen Grundsatze beruhende öffentlich-rechtliche Pflicht des Eigentümers dann, wenn und insoweit es sich um Verhältnisse handelt, für die die öffentlich-rechtlichen Pflichten durch besondere Vorschriften geregelt sind, und in diesen — insbesondere auch hinsichtlich des Eigentümers als solchen — ihre rechtliche Schranke finden, d. h. es kommt nicht nur darauf an, ob sondergesetzliche Normen die Pflichten

des Eigentümers regeln und begrenzen, und anderseits auch nicht nur darauf, ob solche Normen die öffentlich-rechtliche Pflicht eines Dritten begründen, sondern darauf, ob die sondergesetzliche Regelung der öffentlich-rechtlichen Pflichten bezüglich der in Betracht kommenden Verhältnisse — von besonderen, im einzelnen Falle gegebenen Rechtsgründen wie Urheberschaft abgesehen — dergestalt eine erschöpfende ist, daß darüber hinaus in Anwendung allgemeiner Rechtsgrundsätze polizeiliche Anforderungen überhaupt nicht und insbesondere nicht gegen den Eigentümer als solchen gestellt werden können.

3. Durch § 14 EisenbG. und § 14 EnteignG. (GS. 221) wird der Fall der Unanwendbarkeit des allgemeinen Grundsatzes von der Pflicht des Eigentümers nicht begründet. Unter den Anlagen iS. dieser Bestimmungen sind wegen des Zusatzes „usw." nicht nur die aufgeführten, sondern auch andere ähnliche Anlagen zu verstehen. Die Ähnlichkeit liegt aber nicht in der Art der Anlagen, sondern darin, daß sie für nötig erachtet werden bzw. bestimmt sind, die benachbarten Grundstücke gegen Gefahren und Nachteile zu sichern, die von der Eisenbahnanlage zu besorgen sind. Diese Voraussetzung trifft bei Anlagen zu, die dazu bestimmt sind, die in der Nähe der Eisenbahn stehenden Gebäude gegen die durch den Eisenbahnbetrieb bedingte Feuersgefahr zu schützen. Die genannten Gesetzesbestimmungen müssen demgemäß auch auf solche Anlagen Anwendung finden. Unerheblich ist dabei, daß § 14 EisenbG. nur den Schutz benachbarter Grundstücke gegen Gefahren und Nachteile betrifft, nicht aber, wie § 14 EnteignG., auch auf den Schutz öffentlicher Interessen erstreckt ist. In erster Linie hat § 14 EisenbG. allerdings nur den Schutz privater und nicht öffentlicher Interessen im Auge. Er enthält aber unzweifelhaft eine öffentlich-rechtliche, von der Landespolizeibehörde zu handhabende Rechtsnorm, und wenn die Sicherung benachbarter Grundstücke gegen die von einem Eisenbahnunternehmen ausgehenden Gefahren Zweck und Gegenstand der landespolizeilichen Anordnung ist, so werden — zum mindesten idReg. und in Fällen der vorliegenden Art — sicherheits- und insbesondere feuerpolizeiliche Interessen mit berührt, derart, daß sie gar nicht ausgeschieden werden können, vielmehr für den Inhalt der Anordnung von bestimmendem Einflusse sein müssen. Auch Anlagen zum Schutze benachbarter Grundstücke, die hauptsächlich im feuerpolizeilichen und somit im öffentlichen Interesse erforderlich sind, fallen demnach unter § 14 aaO.

4. Ist somit die hier geforderte Sicherungsmaßnahme an sich eine Anlage iS. des § 14, so kommt es auf die Bedeutung und Tragweite der Bestimmung an, wonach der Eisenbahnunternehmer zur Einrichtung aller derartigen Anlagen, die die Regierung nötig findet, verpflichtet ist.

Zweifellos regelt § 14 EisenbG. nur Verpflichtungen des Eisenbahnunternehmers; es können also auf Grund des § 14 nur diesem Auflagen gemacht werden und, wenn und soweit zur Durchführung dieser Auflagen benachbarter Grundbesitz in Anspruch genommen werden muß, kann dies im allgemeinen nur im Wege der Enteignung erreicht werden. Daraus folgt aber nicht, daß nicht unabhängig von § 14 EisenbG. andere aus anderen öffentlich-rechtlichen Gründen zu einer gleichen oder ähnlichen Leistung verpflichtet sind, und daß sie, wenn für sie eine solche Verpflichtung im allgemeinen besteht, davon befreit wären, soweit die Befugnis reicht, auf Grund des § 14 EisenbG. den Eisenbahnunternehmer mit einer entsprechenden Auflage zu belasten, auch wenn dies tatsächlich nicht geschehen ist. Für die Entscheidung der Frage, ob durch § 14, soweit die Möglichkeit der Anwendung dieser Bestimmung reicht, die sonstigen Verpflichteten — darunter der Grundstückseigentümer hinsichtlich seiner Pflicht, das Grundstück in polizeigemäßem Zustande zu erhalten — entlastet oder — was dasselbe ist — die öffentlich-rechtliche Verpflichtung zu Leistungen, wie sie nach § 14 dem Eisenbahnunternehmer auferlegt werden können, erschöpfend und ausschließend geregelt ist, kommt folgendes in Betracht: Außer zur Geldentschädigung soll der Unternehmer nach § 14 zu gewissen Anlagen im Interesse der benachbarten Grundbesitzer verpflichtet sein. Die Materialien stellen außer Zweifel, daß es der Absicht des Gesetzgebers nicht entspricht, den § 14 außer auf Anlagen, die nötig sind, damit die benachbarten Grundbesitzer gegen Gefahren und Nachteile gesichert werden, darüber hinaus auch auf Anlagen anzuwenden, die weitergehende öffentliche Interessen zum Gegenstande haben. Es handelt sich also bei § 14 um die Interessen der Grundstücksbesitzer, mögen auch öffentliche Interessen damit zusammenfallen können. Da die Landespolizeibehörde dem Eisenbahnunternehmer zur Sicherung der Grundstücksbesitzer gewisse Auflagen machen soll, so handelt es sich weiter um das Verhältnis der Landespolizeibehörde zu dem Eisenbahnunternehmer. Dagegen läßt der § 14 nach seinem Wortlaut und Zusammenhange nicht erkennen und die Entstehungsgeschichte bietet keinen Anhalt dafür, daß damit die polizeilichen Befugnisse hinsichtlich der in Frage kommenden Anlagen auch im Verhältnisse zu Dritten allgemein und erschöpfend haben geregelt und andere, insbesondere die Grundbesitzer, von ihren etwaigen polizeilichen Pflichten in gewissem Umfang ohne weiteres haben befreit werden sollen. Der Umstand, daß § 14 nicht bloß Gefahren, sondern auch Nachteile betrifft, gegen die die Grundbesitzer gesichert werden sollen, und daher über den Rahmen der sonstigen polizeilichen Aufgaben hinausgeht, weist ebenfalls darauf hin, daß hier nicht die Pflichten gegenüber der Polizei allgemein geregelt werden sollten, sondern daß die gesetzliche Regelung auf einem anderen Gebiete liegt, nämlich der Sicherung der benachbarten Grundeigentümer durch die dem Unternehmer zu machenden Auflagen. Diese Auflagen werden, indem sie die Gefahren beseitigen oder zu beseitigen bestimmt sind, die Folge haben, daß die Grundeigentümer nicht in die Lage kommen, für die Beseitigung der Gefahren sorgen zu müssen; das ist aber erst die Wirkung der Auflage, nicht schon die Wirkung des G. Das G. schränkt die allgemeinen polizeilichen Befugnisse gegenüber den sonstigen öffentlichrechtlich Verpflichteten an sich nicht ein.

§ 14 EisenbG. begründet ferner überhaupt nicht eine unmittelbare gesetzliche Verpflichtung des Eisenbahnunternehmers, die als solche geeignet sein könnte, der Anwendung des allgemeinen Grundsatzes von der Verpflichtung des Eigentümers, sein Grundstück in einem polizeimäßigen Zustande zu erhalten, eine Schranke zu setzen, sondern lediglich eine Befugnis der Landespolizeibehörde, nach ihrem Ermessen ihm entsprechende Auflagen zu machen. Nach den zu § 14 ergangenen Entsch. des in letzter Instanz zuständigen Ministers der öffentlichen Arbeiten sind zu den Anlagen iS. des G. Vorkehrungen einfachster Art (wie einfache Grabenüberbrückungen) nicht zu rechnen, ist deren Anlegung vielmehr den Interessenten gegen Entschädigung zu überlassen. Der Unterschied zwischen derartigen unbedeutenden Vorkehrungen, die der Eigentümer selbst gegen Entschädigung zu treffen hat, und anderen Anlagen, die dem Eisenbahnunternehmer aufzuerlegen sind, ist jedoch nicht ein begrifflich scharfer, so daß dem Ermessen in vielen Fällen Raum bleibt. Ferner soll dem Unternehmer die Verpflichtung zur Herstellung der Anlagen nur dann auferlegt werden, wenn die dadurch entstehenden Kosten in einem angemessenen Verhältnisse zu den zu wahrenden pekuniären Interessen stehen, und sonst deren Ausgleichung dem Entschädigungsverfahren überlassen werden. Bei einer Vereinbarung zwischen dem Unternehmer und dem Anlieger ist zwar, wenn öffentliche Interessen bestehen, auf diese Rücksicht zu nehmen und auch sonst die Vereinbarung nicht maßgebend, vielmehr dem Ermessen der Behörde überlassen, inwieweit sie der Vereinbarung Rechnung tragen will; sie wird es aber idReg. dabei bewenden lassen, wenn nicht besondere Gründe ein anderes Verfahren rechtfertigen. Es wird unter Umständen auch zweckmäßiger sein, wenn die Herstellung und Unterhaltung der Einrichtung — z. B. der feuersicheren Eindeckung eines Gebäudes —

dem Eigentümer überlassen wird. Hiernach ist bei Anwendung des § 14 allerdings ein Ermessen auszuüben. Wenn Einrichtungen zum Schutze gegen Gefahren, z. B. gegen Feuersgefahr, erforderlich erscheinen, so ist weiter von der Behörde zu ermessen, welche Einrichtungen zu fordern sind. Dem allen entsprechen die Worte des G.: „welche die Regierung .... nötig findet." Darin ist eine Ermächtigung der Regierung zu erblicken, nach ihrem Ermessen darüber zu entscheiden, ob und welche Anlagen nötig und dem Eisenbahnunternehmer aufzuerlegen sind, und hierzu ist die Regierung ausschließlich für zuständig erklärt worden.

§ 14 EnteignG. betrifft, insofern über § 14 EisenbG. hinausgehend, auch Anlagen, die im öffentlichen Interesse notwendig werden; eine solche Erweiterung der Befugnisse der Landespolizeibehörde gegenüber dem Unternehmer würde jedoch eher für eine Verminderung der polizeilichen Rechte gegenüber dem benachbarten Grundbesitzer sprechen. Nun erlischt freilich die Befugnis zu Auflagen aus § 14 EnteignG. mit Abschluß des Enteignungsverfahrens, und daher kann, wenn sich später polizeiwidrige Zustände herausstellen, die Handhabung der im § 14 gewährten Befugnis nicht ausreichen; es müssen also die sonstigen Verpflichtungen zur Herstellung polizeigemäßer Zustände daneben bestehen. Wenn daraus folgt, daß die Befugnis zu Auflagen gemäß § 14 EnteignG. anderweitige öffentlich-rechtliche Verpflichtungen zu gleichen Leistungen nicht ausschließen können, so rechtfertigt sich der Schluß, daß dasselbe für § 14 EisenbG. gilt, dem der § 14 EnteignG. nachgebildet ist.

5. In betreff der Kleinbahnen hat das OVG. in U. v. 20. X. 05 (Archiv für Eisenbahnwesen **06** 217) bereits angenommen, daß sich aus der Möglichkeit, der Bahnverwaltung Auflagen zur Sicherung gegen Gefahren zur Pflicht zu machen, keineswegs folgern lasse, daß die Ortspolizeibehörde nicht befugt sei, dazu dienende Anlagen innerhalb ihrer Zuständigkeit von dem sonst rechtlich dazu Verpflichteten, insbesondere von dem Grundeigentümer, zu fordern. Das KleinBG. v. 28. VII. 92 (GS. 225) bestimmt, ähnlich wie § 14 EisenbG. und § 14 EnteignG., im § 18, daß dem Unternehmer bei der Planfeststellung die Herstellung derjenigen Anlagen aufzuerlegen sei, die die Behörde zur Sicherung der benachbarten Grundstücke gegen Gefahren und Nachteile oder im öffentlichen Interesse für erforderlich erachte, desgleichen die Unterhaltung dieser Anlagen, soweit dieselbe über den Umfang der bestehenden Verpflichtungen zur Unterhaltung vorhandener, demselben Zwecke dienender Anlagen hinausgehe.

Eine Abweichung von dem § 14 EisenbG. besteht allerdings — ebenso wie bei § 14 EnteignG. — darin, daß die Regelung der Verpflichtungen des Unternehmers — bei der Planfeststellung — innerhalb des Enteignungsverfahrens zu geschehen hat. Wäre aber mit dieser Beschränkung auf die Dauer des Enteignungsverfahrens die weitere Abweichung von dem EisenbG. verbunden, daß im Gegensatze zu dem letzteren sonstige öffentlich-rechtliche Verpflichtungen nach dem KleinBG. nicht in Fortfall kämen, so hätte der Gesetzgeber gewiß Veranlassung gehabt, dies auszusprechen. Das ist nicht geschehen, und daraus ist zu schließen, daß der Gesetzgeber auch dem EisenbG. eine solche Wirkung nicht beigemessen hat.

6. Durch die Auflagen, die gemäß § 14 EisenbG. dem Eisenbahnunternehmer zu machen sind, wird endlich den polizeilichen Interessen hinsichtlich der Vorkehrungen zum Schutze der benachbarten Grundstücke gegen Gefahren, die vom Eisenbahnbetrieb ausgehen, nicht genügt. Zunächst muß in betreff der ganz einfachen Vorkehrungen, auf die § 14 nicht bezogen wird, ein anderer öffentlich-rechtlich Verpflichteter, an den sich die Polizei halten kann, vorhanden sein. Wollte man dessen Haftung auf „Vorkehrungen einfachster Art" beschränken, so würde die Grenze für die Zulässigkeit eines Einschreitens der Polizeibehörde sehr unsicher sein. Weiter wird aber nach dem oben Gesagten angenommen, daß bei Unverhältnismäßigkeit der Kosten und bei Übereinkommen mit den Beteiligten

von Belastung des Eisenbahnunternehmers mit einer derartigen Auflage abgesehen und den Beteiligten die Herstellung der Anlage gegen Entschädigung überlassen werden kann. Wenn sich die Polizei in allen solchen Fällen nicht an den sonst für Herstellung polizeigemäßer Zustände Verantwortlichen halten könnte, so würde es an einem Verpflichteten hier überhaupt fehlen. Durch eine Vereinbarung mit dem Unternehmer, wonach der Grundbesitzer die Herstellung der Anlage gegen Entschädigung selbst ausführen soll, wird nicht ein öffentlich-rechtlicher Titel gegenüber dem Grundbesitzer für die Polizei begründet, sondern auf die Entstehung eines weiteren öffentlich-rechtlichen Titels gegenüber dem Eisenbahnunternehmer verzichtet und es allein bei der dem Grundbesitzer nach allgemeinen Grundsätzen obliegenden Verpflichtung zur Erhaltung seines Grundstücks in polizeigemäßem Zustande belassen. Nach alledem kann nicht angenommen werden, daß der Grundstückseigentümer darum entlastet ist, weil die Leistung, die von ihm gefordert wird, gemäß § 14 EisenbG. dem Eisenbahnunternehmer hätte auferlegt werden können, daß also durch § 14 die Anwendung des allgemeinen Grundsatzes, daß der Eigentümer sein Grundstück in einem polizeimäßigen Zustande zu erhalten verpflichtet ist, ausgeschlossen wird.

Aus der Entstehungsgeschichte des Eisenbahngesetzes ist nichts zu entnehmen, was diesem Ergebnis entgegenstünde.

7. Steht hiernach der von der Landespolizeibehörde (Minister der öffentlichen Arbeiten) zu handhabende § 14 EisenbG. ebenso wie der nur im Enteignungsverfahren anwendbare § 14 EnteignG. der polizeilichen Inanspruchnahme des der Eisenbahnanlage benachbarten Grundbesitzers zur Herstellung eines polizeimäßigen Zustandes auf seinem Grundstücke nicht im Wege, so ist weiter auch die Zuständigkeit der Ortspolizeibehörde zum Erlasse der angefochtenen Anordnung zu bejahen. Die Verfügung ist in Wahrnehmung feuerpolizeilicher Interessen erlassen worden. Die Verwaltung der Feuerpolizei gehört zur Zuständigkeit der Ortspolizeibehörde. Der Umstand, daß die abzuwehrende Feuersgefahr aus dem Eisenbahnbetrieb entspringt, in ihm in der Hauptsache ihre Ursache hat, ist, solange sich das Vorgehen der Polizei nicht gegen den Eisenbahnunternehmer richtet, für die Frage der Zuständigkeit unerheblich, ebenso wie die Zuständigkeit der Ortspolizeibehörde dadurch nicht ausgeschlossen wird, daß der Zweck der Verfügung die Abwehr einer der Eisenbahnanlage drohenden Gefahr ist.

Da aber in Fällen der vorliegenden Art, wo die Erweiterung einer Eisenbahnanlage zu polizeilichen Anordnungen behufs Vermeidung der infolge des Eisenbahnbetriebs auf dem benachbarten Grundstück entstehenden Gefahren führt, neben einem ortspolizeilichen Einschreiten gegen den benachbarten Grundbesitzer auch Auflagen der Landespolizeibehörde gegenüber dem Eisenbahnunternehmer auf Grund des § 14 EisenbG. in Frage kommen können, so ist es zur Vermeidung widersprechender Maßregeln allerdings gerechtfertigt, daß die Ortspolizeibehörde ihre Anordnungen nicht ohne vorheriges Benehmen mit dem Regierungspräsidenten trifft. Dies erscheint um so mehr erforderlich, als unter Umständen die auf dem benachbarten Grundstück angeordnete Maßregel mittelbar oder unmittelbar eine Rückwirkung auf die Anlage und den Betrieb der Eisenbahn ausüben kann, deren Zulässigkeit allein der Beurteilung der Landespolizei- und der Eisenbahnbehörde unterliegt.

e) Entwässerung der Hausgrundstücke.

Nr. 1. Entsch. v. 12. Dez. 1911 (OVG. **61** 395) IX A 17/11.

1. Nach ständiger Rechtsprechung des OVG. sind Straßengräben und Rinnsteine idReg. nur zur Entwässerung der Straße und nicht dazu bestimmt, zur Aufnahme der Abwässer der anliegenden Grundstücke

zu dienen, ohne Rücksicht darauf, ob es sich dabei um Gebrauchswasser oder Niederschlagswasser handelt. Soweit diese Regel Platz greift, kann die Polizei zwar die Benutzung der Straßenrinnsteine zur Entwässerung der anliegenden Grundstücke gestatten oder dulden, aber dadurch wird für die Anlieger ein Recht auf diese Benutzung nicht begründet. Durch die Gestattung oder Duldung begibt sich die Polizei nicht des Rechtes, dagegen einzuschreiten, und zwar kann dies Einschreiten bis zur Untersagung jeder Wasserzuführung erstreckt werden ohne Rücksicht darauf, ob diese gesundheitsgefährlich oder auch nur belästigend ist. Indem die Polizei der Einführung von Abwässern aus den anliegenden Grundstücken in den Straßenrinnstein entgegentritt, wahrt sie nur die öffentlich-rechtliche Bestimmung der Wegeentwässerungsanlagen.

2. Der Gerichtshof hat aber in seiner Rechtsprechung nicht minder ständig anerkannt, daß jene Regel mit den daraus abgeleiteten Folgerungen Ausnahmen erleidet, und zwar dann, wenn die Benutzung der Straßenrinnsteine zur Entwässerung der anliegenden Grundstücke einer auch für die Polizei verbindlichen ortsrechtlichen Ordnung entspricht. Besteht eine derartige Ausnahme, dann hat die Polizeibehörde zur Wahrung der einschlagenden polizeilichen Interessen sich idReg. zunächst an den Straßenunterhaltungspflichtigen und nicht an den Anlieger zu halten. Gegen den letzteren kann sie nur dann und insoweit vorgehen, als die Benutzung des Straßenrinnsteins zur Grundstücksentwässerung zu Mißständen führt, die aus polizeilichen Rücksichten abgestellt werden müssen und sich in keiner anderen Weise als durch einen Eingriff in die dem Anlieger zustehende Benutzung des Straßenrinnsteins sachgemäß beheben lassen.

3. Hier liegt eine derartige Ausnahme vor. Sie kann allerdings nicht lediglich durch polizeiliche Vorschriften begründet werden, da Polizeivorschriften ihrer Natur nach rechtliche Verbindlichkeiten weder neu begründen noch bestehende Verpflichtungen abändern und daher auch ein über den bestimmungsmäßigen Gebrauch der öffentlichen Wege und Straßen hinausgehendes Recht der Anlieger zu ihrer Benutzung nicht schaffen können. Vielmehr bedarf es zur Begründung eines solchen Rechtes der Zustimmung der Wegepolizeibehörde, des Wegebaupflichtigen und des etwa davon verschiedenen Eigentümers des Wegegrundstücks. Eigentümer und Wegeunterhaltungspflichtiger ist bei der hier in Frage kommenden K.straße unbestritten die Stadt K. Unstreitig ferner ist es in K. allgemein seit altersher üblich, die Rinnsteine nicht kanalisierter Straßen, zu denen die K.straße gehört, zur Ableitung der Wirtschaftswässer aus den anliegenden Grundstücken zu benutzen. Diese Benutzung geschieht, wie hiernach anzunehmen ist, mit Wissen und Willen der wegeunterhaltungspflichtigen Stadt, da die tatsächliche dauernde Übung den Schluß rechtfertigt, daß in Rücksicht auf die örtlichen Verhältnisse die Straßenrinnsteine von den städtischen Gemeindeorganen allgemein zur Ableitung der Wirtschaftswässer aus den anliegenden Grundstücken stillschweigend bestimmt worden sind. Es bedurfte daher nach der angeführten Rechtsprechung des Gerichtshofs nur noch der Zustimmung der Wegepolizeibehörde zu dieser über den Gemeingebrauch des Weges hinausgehenden Benutzung der Rinnsteine, um ihr die ortsrechtliche Anerkennung zu verleihen, d. h. um diese Art der Entwässerung der Grundstücke als den dem bestehenden Rechte entsprechenden Zustand erscheinen zu lassen. Eine solche Zustimmung liegt vor. Daraus folgt, daß bei dieser Art der Grundstücksentwässerung die Polizeibehörde zur Wahrung der einschlagenden polizeilichen Interessen sich idReg. zunächst an den Straßenunterhaltungspflichtigen und nicht an den Anlieger zu halten hat.

Nr. 2. Entsch. v. 2. Febr. 1912 (PrVerwBl. **34** 169) IXA 87/10.

1. Gleich der überwiegenden Mehrzahl aller BauO. fordert die in Rheydt geltende BauO. für die Landkreise des RegBez. Düsseldorf v. 26. X. 03 (Beil. zu Stück 45 des Amtsblatts) zwar als Regel, aber keineswegs unbedingt,

daß Baugrundstücke an die Straße grenzen. Sie läßt vielmehr die Errichtung von Gebäuden auf anderen Grundstücken zu, wenn diese mit einem öffentlichen Wege durch einen dauernd gesicherten Zufahrtsweg von mindestens 3 m Breite in Verbindung stehen (§ 12[1] aaO.). Schon gegenüber dieser Vorschrift hätte eine etwaige Absicht des Gesetzgebers, der PolVd. v. 23. VII. 07 über den Anschluß der bebauten Grundstücke an die städtischen Kanäle und die Anlage der Hausentwässerungen eine einschränkende Bedeutung iS. der erwähnten Annahme beizulegen, eines positiven Ausdrucks bedurft. Dies ergibt sich ebenfalls aus dem gemeinen Sprachgebrauch und aus der Natur der Sache. Denn es kann nicht zweifelhaft sein, daß der herrschende Sprachgebrauch Hausgrundstücke, die unter der Namensbezeichnung einer bestimmten Straße numeriert, mit dieser durch Zuweg verbunden und auf sie mit ihren Verkehrsbedürfnissen angewiesen sind, gemeinhin als an oder in dieser Straße liegend bezeichnet. Auch würde sich eine Regelung, die auf den Anschluß solcher Hausgrundstücke verzichtete, insoweit mit dem Grundgedanken jeder öffentlichen Kanalisationsanstalt als einer Einrichtung zur einheitlichen und planmäßigen raschen Entfernung bedenklicher Stoffe, insbesondere der menschlichen Abgänge, aus dem bebauten Gemeindegebiete geradezu in Widerspruch setzen. Dieser Grundgedanke wird hier von allen Polizeiinstanzen auf das entschiedenste als maßgebend hervorgehoben, und ihm entspricht auch das tatsächliche Verhalten der Ortspolizeibehörde.

2. Demgegenüber ist auch dem Umstande, daß das Ortsstatut, betr. die für den Anschluß an die städtische Kanalisation und die Entwässerung der Grundstücke zu zahlenden Beiträge und Gebühren, v. 20. VIII. 07 in § 2 bestimmt, daß der von jedem angeschlossenen Grundstücke zu entrichtende einmalige Beitrag nach der Frontlänge zu bemessen ist, mit dem das zu entwässernde Grundstück an die Straße grenzt, maßgebende Bedeutung nicht beizulegen. Abgesehen davon, daß es zweifelhaft bleibt, ob hier wirklich die Absicht obgewaltet hat, Grundstücke, die mit der Straße ohne unmittelbares Angrenzen durch Zufahrtsweg verbunden sind, von der Beitragspflicht frei zu lassen (für die Benutzungsgebühr gilt nach § 11 aaO. ein anderer Maßstab, vgl. im übrigen auch § 9 aaO.), würde daraus ein sicherer Rückschluß auf die der Polizeiverordnung zugrunde liegende Absicht nicht zu gewinnen sein.

3. Daß die streitigen Hausgrundstücke des Klägers, wenn sie selbständig sind, in dem erörterten — weiteren — Sinne an der Friedensstraße liegen, kann nach dessen eigenen Angaben nicht zweifelhaft sein. Nach dem festgestellten Inhalte der PolVd. v. 23. VII. 07 sind sie daher der Anschlußpflicht unterworfen. Seine Annahme, daß die genannte Polizeiverordnung insoweit rechtsungültig sei, hat der Kläger nicht näher erläutert und begründet. Es muß vermutet werden, daß er die Unzulässigkeit einer so weitgehenden Vorschrift aus der Unmöglichkeit ihrer Erfüllung ableitet. Er geht aber von einem rechtsirrtümlichen Begriffe der Unmöglichkeit aus. Durch Unmöglichkeit der Erfüllung werden polizeiliche Anordnungen und Vorschriften nicht schon dann rechtsunwirksam, wenn es an voller Sicherheit für ihre Ausführbarkeit fehlt, wenn also ihre Ausführung an tatsächlichen oder rechtlichen Hindernissen scheitern kann. Insbesondere folgt die Unmöglichkeit nicht aus dem Erfordernisse der Genehmigung eines Dritten, sofern nicht von vornherein feststeht oder anzunehmen ist, daß diese Genehmigung versagt wird. Es kann aber weder im allgemeinen davon ausgegangen werden, daß die etwa erforderliche Zustimmung Dritter zur Herstellung der Kanalanschlüsse über das Gelände der Zufahrtswege nicht zu erlangen sei, noch ist dies in dem besonderen Falle des Klägers anzunehmen.

Nr. 3. Entsch. v. 5. März 1912 (PrVerwBl. **34** 229) IX C 9/11.

Nach § 1 einer PolVd. ist in denjenigen Ortsteilen, die mit unterirdischer Entwässerungsanlage versehen sind, jedes nicht ausdrücklich davon ausgenommene bebaute Grundstück durch ein in dasselbe einzuführendes Rohr (Hausableitungsrohr) an den Straßenkanal anzuschließen. Streitig ist, ob mit der Errichtung der im Dez. 1909 widerruflich konsentierten Abortanlage das Grundstück ein bebautes geworden ist. In der den Anschluß regelnden Verordnung sind bestimmte Merkmale der von ihr gemeinten Bebauung nicht angegeben. Daß Wohn- und Wirtschaftsgebäude, Fabriken und dergleichen darunter fallen sollen, ergibt ohne weiteres die Bezeichnung der zur Einführung in den Straßenkanal bestimmten Abwässer in den §§ 1 und 5. Den genannten Bauten sind unbedenklich alle Bauten gleichzuachten, die dem dauernden Aufenthalt einer größeren Anzahl von Menschen auf dem Grundstück zu dienen pflegen, einen solchen wegen der Zweckbestimmung des Grundstücks begünstigen oder bei dessen Benutzung durch eine größere Anzahl Personen mehr oder weniger unentbehrlich erscheinen. Da die Verordnung keine Umstände nennt, bei deren Vorhandensein ein mit einer Baulichkeit besetztes Grundstück gleichwohl nicht als bebautes gelten soll, z. B. weite Entfernung des Bauwerks von der kanalisierten Straße und sehr beschränkte Abwässererzeugung, so bleibt dem einzelnen Streitfalle die Prüfung vorbehalten, ob besondere Verhältnisse trotz Bestehens einer Baulichkeit die Annahme des Bebautseins eines Grundstücks iS. der örtlichen Verordnung ausschließen. Ein dahingehender Nachweis ist hier aber keineswegs erbracht worden. Widerspricht es im allgemeinen schon dem Grundgedanken einer jeden die sanitäre Reinhaltung der Grundstücke durch geregelte Entwässerung anstrebenden Verordnung, daß menschliche Auswurfstoffe innerhalb des kanalisierten Ortsgebiets angesammelt werden, so lassen hier auch die Polizeiakten deutlich erkennen, daß mit den auf dem klägerischen Pachtgrundstück errichteten Abortanlagen, mögen deren hölzerne Außenwände selbst nur lose gezimmert sein, die Benutzung des Grundstücks als Vergnügungsstätte für viele Menschen dauernd ermöglicht oder doch wesentlich unterstützt werden sollte.

Nr. 4. Entsch. v. 10. Dez. 1912 (PrVerwBl. 35 361) IX A 26/12.

1. Es muß davon ausgegangen werden, daß an und für sich die rasche Entfernung der Schmutzstoffe, die in den von Menschen benutzten, namentlich in den bewohnten Gebäuden entstehen, aus dem Bereiche menschlicher Wohn- und Aufenthaltsräume ein hervorragend wirksames und sicheres Mittel zur Abwendung der mit dem Vorhandensein jener Schmutzstoffe verbundenen gesundheitlichen Gefahren bildet, und daß somit eine die umfassende planmäßige Durchführung dieser Entfernung für das bebaute Gebiet einer Gemeinde oder auch für einen Teil dieses Gebiets bezweckende und bewirkende öffentliche Einrichtung regelmäßig in sehr wirksamer Weise der Verstärkung und Sicherung des der Polizei anvertrauten Schutzes der menschlichen Gesundheit dient. Eine öffentliche Gemeindekanalisationsanstalt ist daher ihrem Wesen nach eine Anstalt zur Verfolgung wichtiger polizeilicher Zwecke. Ihre Zwecke können aber nur bei allgemeiner Durchführung voll erreicht werden. Eine polizeiliche Vorschrift, die den Anschluß an die öffentliche Kanalisation allgemein vorschreibt, verfolgt damit ihrem Inhalte nach einen polizeilichen Zweck. Hieran ändert weder die in der Polizeiverordnung vorgesehene Zulassung von Ausnahmen für besondere Fälle, noch der Umstand etwas, daß das Kanalnetz noch nicht das ganze bebaute Stadtgebiet umfaßt. Mit dem Erlaß einer solchen Vorschrift sind die mit deren Befolgung verbundenen polizeilichen Wirkungen auch gewollt. Daraus folgt, daß es an dem erforderlichen polizeilichen Motive nicht fehlt, daß das Handeln der Polizei in der Tat ein polizeiliches, nicht ein außerhalb des Bereiches der polizeilichen Aufgaben sich bewegendes ist. Ob der Entschluß zu diesem Handeln von kommunalpolitischen Rücksichten und Absichten beeinflußt, ja selbst bestimmt worden ist, ändert hieran nichts,

solange das Handeln selbst ein polizeiliches bleibt, nicht zum bloßen Scheine eines solchen wird, d. h. solange es objektiv vorhandene polizeiliche Ziele wirklich verfolgt. Dies ist nach vorstehendem hier um so mehr gegeben, als auch die angeblich bestimmend gewesenen kommunalpolitischen Absichten sich lediglich auf die Fürsorge für die wirtschaftlichen Grundlagen des Kanalisationsunternehmens, einer polizeilichen Gemeindeanstalt, also auf einen polizeilichen Endzweck gerichtet haben würden.

Nr. 5. Entsch. v. 6. Juni 1913 (PrVerwBl. **36** 58) IXA 24/13.

1. Die Polizeibehörden sind befugt, zur Sicherstellung und Verbesserung des ihnen obliegenden Schutzes der menschlichen Gesundheit alle bebauten Grundstücke einer Ortschaft der Pflicht zum Anschluß an eine vorhandene öffentliche Kanalisation zu unterwerfen, gleichviel, ob bei dem einen oder dem anderen vielleicht die Entwässerung ohne Gefährdung der Gesundheit in anderer Weise bisher bewirkt worden ist.

2. Ohne rechtliche Bedeutung ist ferner die Behauptung des Klägers, daß ihm aus dem Anschlusse Schaden für seinen landwirtschaftlichen Betrieb, insbesondere für seine Obstbaukultur entstehen würde, weil er bei dem vorschriftsmäßigen Anschlusse den Inhalt der Abortgrube nicht mehr für die Düngung der Obstbäume nützen könne und dieses Dungmittel nutzlos verloren ginge. Ob es im gegebenen Falle angängig sein würde, die dem Betriebe der Landwirtschaft oder der Obstkultur dienenden Grundstücke von der Anschlußpflicht auszunehmen, ist eine die Gesetzmäßigkeit der Polizeiverordnung nicht berührende Frage der Notwendigkeit und Angemessenheit, die allein von den für das Zustandekommen der Verordnung maßgebenden Behörden zu entscheiden und vom Verwaltungsrichter nicht nachzuprüfen ist.

3. Die Gültigkeit der Polizeiverordnung wird auch nicht dadurch beeinflußt, daß die in Betracht kommende städtische Kanalisation nicht durch Ortsstatut dem öffentlichen Gebrauche gewidmet ist. Es genügt, daß die Stadtgemeinde die Kanalisation zur Entwässerung der Hausgrundstücke angelegt und gewidmet hat, mag diese Widmung ausdrücklich oder durch konkludente Handlungen erfolgt sein.

Nach der Aktenlage haben die städtischen Behörden die Einrichtung der Kanalisation auf städtische Kosten beschlossen und ein Ortsstatut darüber dem Bezirksausschuß überreicht, das deshalb nicht die Bestätigung erhielt, weil es für gegenstandslos erachtet wurde. Dieses Ortsstatut enthielt den Hinweis auf die Verpflichtung der Eigentümer von bebauten Grundstücken, diese an die städtische Kanalisation anzuschließen. Da dieser Hinweis sich nur auf die Polizeiverordnung beziehen konnte, die den Anschlußzwang ausnahmslos für alle an Straßen mit betriebsfähigen Kanälen gelegenen Grundstücke aussprach und auf Grund der §§ 4, 7, 8, 69, 70 und 90 KommAbgG. die Erhebung von Gebühren für die Benutzung der städtischen Kanalisationseinrichtungen ortsstatutarisch eingeführt worden ist, so muß angenommen werden, daß die städtische Kanalisation in K. zur Entwässerung der Hausgrundstücke von der Stadt angelegt und bestimmt, also eine öffentliche Gemeindeanstalt ist, auf deren Benutzung nach § 4 StO. v. 4. VIII. 97 (GS. 254) die Gemeindeangehörigen ein Recht haben. Der in der Rechtsprechung feststehende Grundsatz, daß dem Zwange zum Anschluß ein Recht auf Anschluß entsprechen muß, ist somit hier nicht verletzt.

Ist aber die Polizeiverordnung, soweit sie den Anschlußzwang vorschreibt, gültig, so ist sie entsprechend ihrem Wesen als polizeiliches G. nach Maßgabe ihres Inhalts einfach anzuwenden, ohne daß es darauf ankommt, ob im einzelnen Falle durch dessen besondere Lage eine diesem Inhalt entsprechende Anordnung, d. h. die Forderung des Anschlusses, gerechtfertigt wird. Es ist also ohne Bedeutung, wenn etwa hygienische Bedenken gegen das Fortbestehen der bisherigen Verhältnisse auf dem Grundstücke des Klägers nicht obwalten. Unzutreffend ist die Behauptung des Klägers, daß die städtische Kanalanlage gesetzwidrig sei, weil sie kein Klärbassin besitze und auf Privatwiesen auslaufe. Denn eine gesetzliche Vorschrift, wonach Kanalanlagen der hier in Rede stehenden Art mit einem Klärbassin versehen sein müssen und nicht auf Privatwiesen auslaufen dürfen, besteht nicht. Voraussetzung für den Anschlußzwang ist, daß die Straße, an der das Grundstück des Klägers liegt, mit einem betriebsfähigen Kanale versehen ist.

g) Schutz gegen Verunstaltung der Ortschaften usw.

Nr. 1. Entsch. v. 2. April 1912 (OVG. 61 391) IXA 126/11.

1. Die Vorschrift des § 1 G. gegen die Verunstaltung von Ortschaften und landschaftlich hervorragenden Gegenden v. 15. VII. 07 findet nur auf solche baulichen Änderungen Anwendung, die der Genehmigung bedürfen.

2. Das bloße Verputzen eines bestehenden Gebäudes stellt keinen Umbau iS. des § 11 BauflG. dar. Ebensowenig kann darin, wenn nicht besondere Ausnahmeverhältnisse vorliegen, eine gröbliche Verunstaltung der Straße erblickt werden.

Eine Außenfront, wie sie die mit dem Baugesuche vorgelegte Zeichnung aufweist, wird zwar weniger gut aussehen als die in der beigebrachten Photographie dargestellte Fachwerkswand: die erstere aber ohne weiteres als grobe Verunstaltung einer Dorfstraße zu bezeichnen, ist mit der Rechtsprechung unvereinbar. Nach dieser darf die Polizei nur einen positiv häßlichen Zustand abwehren, der jedes für ästhetische Gestaltung offene Auge verletzt. Einen solchen Zustand ruft aber nicht ein gewöhnlicher Verputz hervor.

Nr. 2. Entsch. v. 5. Juli 1912 (PrVerwBl. 34 569) IXB 9/12.

1. Unter der in § 1 G. v. 15. VII. 07 genannten gröblichen Verunstaltung ist nach feststehender Rechtsprechung die Schaffung eines positiv häßlichen Zustandes zu verstehen, der jedes für ästhetische Gestaltung offene Auge verletzt. Sodann ist bereits früher dargelegt, ein Ortsbild iS. des § 1 sei gegeben, wo ein Bauwerk in der Stadt oder auf dem Lande auf eine bereits vorhandene Gebäudegruppe und deren nächste Umgebung einwirken kann.

2. Wenn der Vorderrichter meint, die Bauversagung sei gerechtfertigt, weil von den beanstandeten Giebelwänden eine der zukunftsreichsten Gegenden Spandaus in sehr grober Weise verunstaltet werden würde, so sei bemerkt, daß auf Grund des § 1 aaO. nicht allgemein Gegenden bzw. Gemeindeflächen geschützt werden können, deren Aufschließung durch öffentliche Straßen nach einem Bebauungsplan erst in ungewisser Zeit zu erwarten ist.

3. Entscheidend für den Ausfall des Streites blieb, ob anzunehmen war, daß die öffnungslosen Seitenwände an der sogenannten Zufahrtsstraße zu den Bahnhöfen ungeachtet der Herstellung des in den Baugesuchen angebotenen Putzes mit blinden Fenstern entstellend wirken. Der zur Abwehr dieser Annahme unternommene Versuch des Klägers, der Zufahrt die Eigenschaft einer Straße oder wie an anderen Stellen wohl wegen deren Kürze gesagt ist, eines Platzes (Vorplatzes) iS. des § 1 G. von 1907 abzusprechen und sie als ein städtisches Privatgrundstück hinzustellen, an dessen Grenzen bei Neubauten die Umfassungswände als Brandmauern hergestellt werden müßten, konnte nicht gelingen. Wenn der Kläger auch jetzt noch verhindert ist, an der Straße etwaige Ausgänge der geplanten Wohngebäude ohne Zustimmung des Magistrats anzubringen (vgl. § 12 BauflG.), so bleibt dies unerheblich, da die nur unter gewissen Beschränkungen

zur Bebauung zugelassenen Straßen doch immerhin Straßen sind. Bei der Frage nach der Wirkung der beanstandeten Wände auf das Aussehen der Straße hat der Gerichtshof kein Bedenken getragen, mit dem Vorderrichter anzunehmen, daß öffnungslose Hausmauern, die, auch wenn sie verputzt sind, stets eintönig wirken, bei einer Länge von etwa 44 bis 50 m und 18 m Höhe auf beiden Seiten der Straße einen abstoßenden Zustand schaffen, der von jedem, ästhetischem Empfinden überhaupt zugänglichen Auge als gröbliche Verunstaltung eines sehr lebhaften und von allen Bevölkerungsschichten oft benutzten Verkehrswegs empfunden wird. Völlig anders ist der Eindruck bei dem gewohnten Anblick der zum Abschluß von Privatgrundstücken gegeneinander dienenden Brandmauern. Obwohl an sich unschön, werden sie als etwas Unvermeidliches und meist Vorübergehendes ertragen. Für das hier vorliegende Projekt ließen sich von solchen Rücksichten ausgehende mildernde Eindrücke aber nicht geltend machen und es ist die nachgesuchte Genehmigung daher mit Recht nach § 1 aaO. versagt worden.

Nr. 3. Entsch. v. 8. Juli 1913 (PrVerwBl. 35 542) IXA 130/12.

ALR. I 8 § 66. VerunstG. v. 15. VII. 07 § 1.

1. § 66 ALR. I 8 lautet:

„Doch soll zum Schaden oder zur Unsicherheit des gemeinen Wesens oder zur Verunstaltung der Städte und öffentlichen Plätze kein Bau und keine Veränderung vorgenommen werden."

Von den hiernach ein Einschreiten rechtfertigenden Voraussetzungen hat die Polizeibehörde im jetzigen Falle von vornherein nur mit einer gröblichen Verunstaltung des Straßenbildes durch den vom Kläger als Hauseigentümer bewirkten Fassadenanstrich gerechnet. Einer schon vor Erlaß der Verfügung gegebenen Anregung: der Möglichkeit einer Gesundheitsschädigung durch den bei Sonnenschein vermeintlich stark blendenden Anstrich nachzugehen, ist der Polizeipräsident nicht gefolgt, ebenso hat der Beklagte noch in seinem letzten Schriftsatz gegenüber den vom Kläger eingereichten Bescheinigungen der Augenärzte: die Farbe des Anstrichs wirke nicht schädlich, erklärt, dies sei gegenstandslos, weil die Schädlichkeit nicht behauptet worden sei. Somit blieb die Entsch. auf die Prüfung der Frage beschränkt, ob durch den polizeilich beanstandeten Ölanstrich die Straße grob verunstaltet, d. h. ein positiv häßlicher — jedes für ästhetische Gestaltung offene Auge verletzender Zustand — herbeigeführt worden ist.

2. Der Umstand, daß die Erteilung einer Bauerlaubnis nicht in Frage kommt, schließt ein polizeiliches Einschreiten auf Grund des § 66 nicht aus. Auch durch § 1 G. gegen die Verunstaltung v. 15. VII. 07 (GS. 260) hat in dieser Beziehung § 66 keine Einschränkung erfahren. Somit blieb auch rechtlich belanglos, daß ein Anstrich, da er wie der Verputz in die Substanz des Gebäudes nicht erheblich eingreift, nicht als Umbau iS. des § 11 BauflG. gilt; denn ausschlaggebend ist, daß er doch Bestandteil einer Baulichkeit wird und je nach seiner Ausführung und der Umgebung schädigend und entstellend wirken kann.

3. Nach der unternommenen örtlichen Besichtigung ist der Gerichtshof auch hier zur Feststellung einer gröblichen Straßenverunstaltung durch den geschilderten Anstrich mit den verschiedenen Aufzeichnungen und Inschriften, letztere meist in gewöhnlichen Schriftzeichen, nicht gelangt. Der Prüfung waren die zur Zeit des Erlasses der Verfügung bestehenden Verhältnisse zugrunde zu legen. Diese Zeit ist aber bei baulichen und manchen anderen Maßnahmen nicht stets oder regelmäßig ein bestimmter Tag oder ein anderer kurz bemessener Zeitteil, sondern ein Zeitraum, innerhalb dessen die betreffende Anlage auch nach außen hin ihr gemeingewöhnliches Ansehen erreicht. Vorübergehende Mängel rechtfertigen idReg. kein polizeiliches Einschreiten, vielmehr muß einer zu bekämpfenden Entstellung eine dauernde Wirkung beizulegen und so von dem grellen oder blendenden Ölanstrich des an einer Verkehrsstraße liegenden Hauses nicht zu

erwarten sein, das anstößige Aussehen werde durch natürliche Einflüsse bald sich ändern. Im vorliegenden Falle trug der Gerichtshof kein Bedenken, den im Ortstermin gefundenen Zustand der Außenseite des klägerischen Gebäudes als den für die polizeiliche Bekämpfung noch maßgebenden anzusehen. Nach dem Befunde wich nun zwar diese fragliche Außenseite durch ihre gelbe Farbe und die weiter angebrachte Reklame von dem üblichen grauen Farbenton der umliegenden, durchgehends gut unterhaltenen und meist stattlichen Bauten auffällig ab, doch war der Gegensatz bei der verhältnismäßig geringen Breite des klägerischen Hauses von 12,50 m und bei dessen infolge vieler Fenster schmalen Fensterpfeilern nicht als die Schaffung eines positiv häßlichen, Anstoß oder Ärgernis allgemein erregenden Zustandes anzusehen.

Nr. 4. Entsch. v. 20. Jan. 1914 (OVG. **66** 427) IXB 73/12.

VerunstG. v. 15. VII. 07 § 4.

1. Ein Ortsstatut, das auf Grund des § 4 G. gegen die Verunstaltung von Ortschaften und landschaftlich hervorragenden Gegenden, v. 15. VII. 07 (GS. 260), erlassen worden ist, bestimmt im § 9:

„Als Umwehrung der Vorgärten an der Straßenfront und bis zur Tiefe von 8 m von derselben sind nur eiserne Gitter, und zwar auch solche aus Drahtgeflecht, mit eisernen Pfosten oder massiven Pfeilern, sowie auch hölzerne Gitter aus Latten oder Springelwerk zwischen hölzernen Pfosten oder massiven Pfeilern zulässig. An der Straßenfront müssen sie auf einem 30 cm hohen massiven Sockel stehen."

2. Unter Vorgärten sind an sich allerdings diejenigen gartenmäßig anzulegenden Geländestreifen zu verstehen, die zwischen gesetzmäßig festgesetzten getrennten Bau- und Straßenfluchtlinien liegen. Doch steht grundsätzlich nichts im Wege, mit dieser Bezeichnung in einem auf Grund des G. v. 15. VII. 07 erlassenen Ortsstatut auch einen anderen Begriff zu verbinden, und dies ist hier geschehen. Auf Grund des § 4 aaO. können auch für die Einrichtung und Benutzung der zu den Gebäuden gehörigen Hofräume und Hausgärten über das sonst zulässige baupolizeiliche Maß hinausgehende Anforderungen gestellt werden. Die Worte „für die Bebauung" in § 4 dürfen, da die Bebauung der Landhausviertel usw. in ihrer Gesamtheit, nicht diejenige der einzelnen Baugrundstücke, gemeint ist, nicht zu eng ausgelegt und auf die Gebäude und baulichen Anlagen selbst beschränkt werden. Anderseits gehört es zu den Befugnissen der Baupolizei, innerhalb des Rahmens des § 10 ALR. II 17 auch die Gestaltung und Einrichtung der mit Gebäuden nicht besetzten Teile bebauter Grundstücke wie auch der als Bauplätze angesprochenen noch unbebauten Grundstücke zu regeln. Von der dargelegten Befugnis hat das K.er Ortsstatut dadurch Gebrauch gemacht, daß es in § 6 Abs. 2 bestimmt hat, daß die zwischen dem Gebäude und der Straße liegende Fläche als Ziergarten anzulegen ist. Nur diese hiernach als Ziergärten anzulegenden Flächen können unter den Vorgärten iS. des § 9 das. verstanden werden.

3. Die Bestimmung in § 9 ist hiernach rechtsgültig und verbindlich. Sie ist, wenn mehrere Straßen an ein Grundstück grenzen, auf jede dieser Straßen zu beziehen, da unter Vorgärten die zwischen Gebäude und Straße liegenden Flächen iS. des § 6 Abs. 2 zu verstehen sind. Aus dem Ausdrucke „Vorgarten" läßt sich Gegenteiliges nicht herleiten, da darunter dem Wortsinne nach zwanglos der von der Straße aus vor dem Gebäude liegende Garten zu verstehen ist. Die im Widerspruche mit der Vorschrift des § 9 massiv hergestellte Mauer ist rechtswidrig, materiell illegal. Dies hat zur Folge, daß die Polizeibehörde die Beseitigung des vorschrifts- und damit polizeiwidrigen Zustandes und die Herstellung desjenigen Zustandes jederzeit zu fordern berechtigt ist, der den zur Zeit ihres Einschreitens geltenden Vorschriften entspricht.

4. Für die Ausführung der Verfügung ist jedoch zu beachten, daß inzwischen das im Bezirke der Kolonie W. geltende öffentliche Recht eine Änderung erfahren hat; auch nach dem Ortsstatute v. 4. III. 12, das an die Stelle des Statuts v. 11. XII. 09 getreten ist, ist die Mauer unzulässig, weil in § 5^2 für die Vorgärten an den Nachbargrenzen der Sache nach ebenso wie früher durchbrochene Einfriedigungen vorgesehen sind, eine nachträgliche Genehmigung der unzulässigerweise errichteten Mauer also nicht erfolgen könnte. Die Anordnung der Herstellung der Einfriedigung nach Maßgabe der Vorschriften in § 9 Statuts v. 11. XII. 09 hält sich jedoch sachlich nicht völlig innerhalb der Grenzen der Bestimmung in § 5^2 des neuen Statuts v. 4. III. 12. Bezüglich der zulässigen Herstellungsart der Einfriedigung weicht das neue Ortsstatut von dem alten insofern ab, als es an Stelle von Einzelvorschriften allgemein nur durchbrochene Einfriedigungen unter Voraussetzung der Billigung des gewählten Materials durch die Baupolizeibehörde vorschreibt. Das neue Recht gewährt also dem Bauherrn eine größere Bewegungsfreiheit, und von dieser — etwa durch die Wahl eines anderen Materials, die aber die Billigung der Baupolizeibehörde voraussetzt — Gebrauch zu machen, wird dem Kläger gegebenenfalls nicht verwehrt werden können.

Nr. 5. Entsch. v. 5. Mai 1914 (ZPolVerwB. 22 442) IXA 82/11.
VerunstG. v. 15. VII. 07 § 1.

1. Der Inhalt des § 1 VerunstG. erschöpft sich nicht in seinem Wortlaut. Das G. hat nach seiner Absicht und seinem Zweck die Zuständigkeit der Polizeibehörden über den durch den allgemeinen Begriff der Polizei (s. § 10 ALR. II 17) an sich gezogenen Rahmen hinaus erweitert und auf die Wahrnehmung ästhetischer Interessen erstreckt, und durch § 1 den Polizeibehörden die Aufgabe gestellt und zur Pflicht gemacht, eine grobe Verunstaltung der Straßen und Plätze durch Bauten zu verhüten. Die demnach entgegen dem Willen des G. zu Unrecht herbeigeführte grobe Verunstaltung stellt deshalb nunmehr einen polizeiwidrigen, einen polizeilich nicht zu duldenden Zustand dar, und daraus folgt notwendig die Berechtigung der Polizeibehörde, gegen einen solchen Zustand einzuschreiten und Abstellung des Mangels zu fordern. Da aber nach der Fassung des G. in bewußter Absicht die Möglichkeit polizeilichen Einschreitens nur für solche Bauausführungen vorgesehen ist, für die es nach den bestehenden BauO. der baupolizeilichen Genehmigung bedarf, so stellt sich als gesetzwidrig nur eine solche grobe Verunstaltung dar, die durch eine genehmigungspflichtige Bauausführung oder bauliche Änderung verursacht wird. Dagegen ist durch § 1 VerunstG. den Polizeibehörden nicht, wie dies aus §§ 66, 71 ALR. I 8 hergeleitet worden ist (OVG. **40** 398; **60** 372), die Befugnis gegeben, allgemein gegen jede bestehende oder jede nach dem Inkrafttreten des G. entstandene grobe Verunstaltung einer Straße usw. durch ein Bauwerk als gegen einen polizeiwidrigen Zustand einzuschreiten.

2. Im Gebiet des vormaligen gemeinen Rechts hat vor Erlaß des VerunstG. eine — neben diesem in Kraft gebliebene (OVG. **60** 469) — Rechtsnorm, die die Herbeiführung von Verunstaltungen der Straßen und Plätze durch bauliche Anlagen verbietet und der Polizeibehörde die Aufgabe zuweist, solchen Verunstaltungen im Wege polizeilichen Zwanges entgegenzutreten, nicht bestanden. Die (übrigens ziemlich häufigen) Vorschriften in Baupolizeiverordnungen, die sich gegen die Verunstaltungen von Straßen usw. richten, sind deshalb, soweit sie über den Rahmen des § 1 G. v. 15. VII. 07 hinausgehen, ungültig.

Nr. 6. Entsch. v. 29. Mai 1914 (ZPolVerwB. 22 348) IXB 23/14.
VerunstG. v. 15. VII. 07 § 4.

Das für Berlin auf Grund des VerunstG. ergangene Ortsstatut verordnet in § 5, daß bestimmte Ortsteile, darunter der Pariser Platz, in ihrer Eigenart erhalten bleiben sollen. Hier sind nur solche Bauten und baulichen Einrichtungen sowie solche baulichen Änderungen zugelassen, die durch ihr Äußeres die Eigenart dieser Ortsteile nicht beeinträchtigen. Insbesondere dürfen die Ausgestaltung der Außenwände, namentlich die Lage, Größe und Form der Fenster, Türen und sonstigen Öffnungen oder von Ausbauten dem Charakter eines lediglich für Wohnzwecke bestimmten Gebäudes nicht widersprechen. Die Anlegung und Einrichtung von Fabriken, Lagerplätzen und Schuppen sowie von Ställen und Garagen, deren Umfang über den Bedarf der Hausbewohner hinausgeht, von Kranken-, Irren- und Besserungsanstalten, von offenen Läden, Hotels, Logierhäusern, Gast- und Schankwirtschaften, von Theatern einschließlich der Lichtspielunternehmungen, von Konzerthäusern und sonstigen öffentlichen Vergnügungslokalen sind verboten. Auf Grund dieser Vorschrift hat das OVG. die Versagung der Bauerlaubnis für einen am Pariser Platz behufs Einrichtung eines Caférestaurants geplanten Neubau für gerechtfertigt erachtet. § 5 des Statuts beruht auf § 4 G. v. 15. VII. 07. Daß der Pariser Platz eine der in § 4 bezeichneten Flächen qualifizierter Art ist, ist nicht zu bezweifeln. Nach OVG. **59** 423 sagt § 4 über die statutarisch bestimmbaren Anforderungen in ihrem Wortsinne nicht mehr, als daß es sich um Anforderungen handeln müsse, die die Bebauung der „bestimmten Flächen" betreffen und über das sonst baupolizeilich zulässige Maß hinausgehen, also eine Erweiterung der geltenden bzw. der sonst rechtlich möglichen baupolizeilichen Anforderungen bilden. Auch ist aus der vorgesehenen Einschränkung auf besonders qualifizierte räumliche Gebiete zweifellos zu folgern, daß die zugelassenen besonderen Anforderungen zu den besonderen Eigenschaften dieser Gebiete in Beziehung stehen, also der Begründung, Entfaltung und Erhaltung dieser Eigenschaften zu dienen haben. Schließlich sollen vom G. nur solche baulichen Maßnahmen betroffen werden, die störend auf das Auge wirken. Da nun die am Pariser Platz errichteten, zum Teil monumentalen Bauwerke fast ausschließlich den Charakter von Wohngebäuden tragen, so bleibt § 5 des Statuts insoweit im Rahmen des gesetzlich Zulässigen, wenn er für diesen Ortsteil nur solche Bauten zuläßt, die durch ihr Äußeres diese seine Eigenart nicht beeinträchtigen, und eine Ausgestaltung der Außenwände untersagt, die diesem Charakter, d. h. dem Charakter von lediglich zu Wohnzwecken bestimmten Gebäuden widerspricht. Das Verbot der Anlegung und Einrichtung der in § 5 genannten Veranstaltungen, insbesondere der Schankwirtschaften, zu welchen das geplante Caférestaurant begrifflich zu rechnen ist, würde allerdings ungültig sein, wenn es ohne Rücksicht auf die Art der Bebauung schlechthin die gewerbliche Betätigung innerhalb der Gebäude treffen und verhindern wollte. Zu Eingriffen in die Benutzungsart an sich hat das G. die Gemeinden nicht ermächtigt. Nur soweit bauliche Maßnahmen damit verknüpft sind, die störend auf das Auge wirken, dürfen sie durch Ortsstatut ferngehalten werden. In diesem Sinne ist § 5 des Statuts auch aufzufassen. Die Ortsteile, die nach Abs. 1 des § 5 in ihrer Eigenart erhalten bleiben sollen, enthalten durchweg außer öffentlichen Gebäuden mit unbeträchtlichen Ausnahmen nur Wohnhäuser. An die Spitze des Abs. 2 ist sodann der allgemeine Satz gestellt, daß nur solche Bauten und baulichen Einrichtungen zuzulassen sind, die durch ihr Äußeres die Eigenart der Ortsteile nicht beeinträchtigen. Durch die Überleitung des Wortes „insbesondere" zu dem übrigen Inhalte des § 5 ist zu erkennen gegeben, daß es sich im folgenden um die nähere Ausführung und Erläuterung dieses Grundsatzes und um Beispiele handelt, die vom Gesichtspunkte der Beeinträchtigung der Eigenart in baulicher Hinsicht aus bestimmt sind. Lediglich in diesem Sinne ist auch das Verbot von Schankwirtschaften zu verstehen. Nicht etwa soll der Betrieb des Schankgewerbes an sich untersagt werden, sondern nur die Anlegung und Einrichtung solcher Betriebsstätten, die durch die äußere Erscheinung und Gestaltung erkennen lassen, daß das Gebäude nicht lediglich Wohnzwecken dient. Daß dies auch nach der zugrunde liegenden Absicht der Sinn der

Bestimmung ist, wird an der Hand der Entstehungsgeschichte eingehend dargelegt. So verstanden ist die Vorschrift des § 5 gültig, aber auch zwingender Natur. Für das Verbot der Einrichtung einer der genannten Betriebsstätten genügt es, wenn durch sie der bauliche Charakter des reinen Wohnhauses äußerlich erkennbar verletzt wird, wenn das Bauwerk sich nach seiner äußeren Erscheinung offensichtlich als Schankwirtschaft darstellt, ohne daß es noch auf die Frage der Beeinträchtigung der Eigenart des Ortsteils im einzelnen Fall ankäme. Der hier geplante Neubau verstößt gegen § 5, weil die nach den Bauzeichnungen bis zum Fußboden hinabreichenden Fenster des Erdgeschosses nach Lage der örtlichen Verhältnisse dem Charakter eines lediglich zu Wohnzwecken bestimmten Gebäudes widersprechen und da diese Fensteranlagen erkennbar und beabsichtigtermaßen dem Betriebe eines Caférestaurants, d. h. einer Schankwirtschaft dienen sollen.

Nr. 7. Entsch. v. 19. Nov. 1912 (PrVerwBl. 35 162) IXB 74/11.

1. Die Verunstaltung des Straßenbildes durch die Schilder anlangend, so waren an dem fraglichen Eckhause, das vier Vollgeschosse sowie ein hohes ausgebautes Dachgeschoß enthält und mit dem ihm gegenüberliegenden Hause das größte Gebäude am alten Markt — Ecke Rathausstraße — ist, anscheinend schon vor längerer Zeit drei breite horizontale Schilder über den beiden unteren, Läden und Verkaufsräume aufweisenden Geschossen und über dem obersten Geschosse angebracht, von denen die mittleren in großer Schrift die Firma des Klägers und die Worte „Größtes Kaufhaus mit Kreditbewilligung" und „Kaufhaus für Möbel und Ausstattungen auf Kredit" enthalten. Die dann hinzugekommenen, jetzt umstrittenen Schilder haben neben bzw. zwischen den sechs breiten Fenstern des I. Obergeschosses die Aufschriften „Verkauf auf Kredit, Verkauf gegen bar, höchste Kulanz, feste Preise und dgl." sowie zwischen den Fenstern des II. Obergeschosses — auf mehrere Meter breiten Wandflächen — die Ankündigungen: „Vollständige Brautausstattungen, separate Ausstellungsräume — Komplette Wohnungseinrichtungen in allen Stilarten — Möbel, Betten, Polsterwaren und dgl." Keines der Nachbarhäuser am Markt, unter denen sich ältere Gebäude mit geschmackvollen Fronten und hohen Giebeln befinden, zeigt eine derartige Reklame. Mehrere sind ganz frei davon, und selbst das andere große Eckhaus am Markt hat nur zwei kleinere Schilder über den Läden des Erdgeschosses mit einer gewöhnlichen Inschrift und ein größeres Schild auf der Dachfirst. Unter diesen Verhältnissen war das mit Billigung des städtischen Bauausschusses und des von diesem noch hinzugezogenen Sachverständigen erfolgte Vorgehen der Polizei gegen die ohne Genehmigung zwischen den Fenstern des I. und II. Obergeschosses angebrachten Reklameschilder wohlberechtigt. Bei der baulichen Umgebung des Marktes schuf zweifellos die Masse der Schilder, die Ausfüllung der breiten wie schmalen Wandflächen der mittleren Geschosse mit Verkaufs- und Warenanpreisungen in weißer Schrift auf blauem Grunde einen positiv häßlichen Zustand auf dem mit manchen alten Häusern besetzten Marktplatze. Das G. will zweifellos Ausartungen der Reklame hindern. Glaubt der Kläger, für sein Geschäft genügten die breit um beide Fronten gezogenen horizontalen Schilder nicht, so bleibt es ihm unbenommen, zur Erwirkung der Genehmigung für weitere Schilder bei der Baupolizeibehörde Vorschläge zu machen, die den örtlichen Verhältnissen und statutarischen Bestimmungen Rechnung tragen.

2. War hiernach das Bestehen einer gröblichen Verunstaltung anzunehmen, so bedurfte es keines Eingehens auf die Frage, ob auch alle diejenigen Voraussetzungen des Ortsstatuts gegeben waren, wonach schon die Beeinträchtigung der Eigenart des Orts- oder Straßenbildes durch Reklameschilder und Aufschriften ein polizeiliches Einschreiten rechtfertigt.

3. Für die Veröffentlichung von Ortsstatuten bestehen auch da, wo diese geboten ist, regelmäßig keine Formalvorschriften.

Nr. 8. Entsch. v. 18. Febr. 1913 (PrVerwBl. 35 404) IXA 24/12.

VerunstG. v. 15. VII. 07 §§ 1—3, 5.

1. Das Ortsstatut gegen die Verunstaltung der Straßen und Plätze der Stadt Tangermünde v. 22. X. 09 schreibt in § 6 vor:

„Die Anbringung von Reklameschildern, Schaukästen, Aufschriften und Abbildungen bedarf der Genehmigung der Baupolizeibehörde. Die Genehmigung ist unter den gleichen Voraussetzungen zu versagen, unter denen nach §§ 1 und 2 G. v. 15. VII. 07 (GS. 260) sowie nach §§ 1 bis 3 dieses Ortsstatuts die Genehmigung zu Bauausführungen zu versagen ist."

Als die jetzige Klägerin Ende Mai 1911 bei der Polizeiverwaltung in Tangermünde um die Genehmigung einkam, an dem Geschäftslokal ihrer dortigen Niederlage ein angeblich künstlerisch ausgeführtes Emailleschild anzubringen, das — 1 m breit und 1,50 m hoch — auf schwarzem Grunde den Kopf eines Hundes und darunter die Worte „Spratt's Hundekuchen" in vorwiegend gelber Farbe zeigte, lehnte die Polizeiverwaltung, entsprechend einem Beschlusse des von ihr gehörten Magistrats, das Gesuch unter Hinweis auf die §§ 1, 3 und 6 des Ortsstatuts ab, weil durch das Schild die Eigenart des Straßenbildes beeinträchtigt werden würde. Zugleich wurde die schleunige Beseitigung des — inzwischen angebrachten — Schildes gefordert.

2. Die hiergegen erhobene Klage erwies sich als unbegründet. Wie schon der Wortlaut der §§ 1 bis 3 G. v. 15. VII. 07 ergibt, steht den Gemeinden frei — über den durch § 1 des G. allgemein gewährten polizeilichen Schutz der Straßen und des Ortsbildes gegen gröbliche Verunstaltung hinaus —, im Wege ortsstatutarischer Regelung Vorschriften zu erlassen, die die Eigenart bestimmter Straßen und Plätze sowie einzelne bestimmte Bauwerke und deren Umgebung auch schon vor einer Beeinträchtigung durch Bauten und bauliche Änderungen sowie durch die nach § 3 des G. baulichen Maßnahmen gleichgestellte Anbringung von Reklameschildern und dergleichen bewahren sollen. Dies ist für Tangermünde in dem oben mitgeteilten § 6 des Ortsstatuts geschehen. Wenn die Klägerin meint, § 6 sei schon wegen seiner allgemeinen Fassung ungültig und unterscheide namentlich betreffs der Reklameschilder nicht entsprechend der Ausführungsanweisung zu dem G. zwischen Art, Größe und Stellung der Schilder, so war ihr nicht beizupflichten.

3. Daß das Schild der Reklame dienen soll, ist von vornherein zugegeben worden, ebenso ist kein Zweifel gelassen, daß dasselbe Schild in gleicher Größe und Ausstattung an vielen Orten verwendet, also der einzelnen öffentlichen Aushangstelle und ihrer Umgebung nicht besonders angepaßt wird. Über feinkünstlerische Ausführung an sich befinden und dabei auszusprechen, es halte sich von ausschreitender und ungewöhnlicher Reklame fern, werde auch schwerlich eine Straße irgendwo verunstalten, fehlt der Anlaß, weil es nach der maßgebenden Vorschrift nur darauf ankommt, ob das von der durch § 1 des Statuts geschützten Langen Straße dem Publikum sich darbietende Bild durch Anbringung des Schildes beeinträchtigt wird, ob letzteres also besonders nach Form oder Farbe in die seitherige Eigenart der Straße, namentlich bei der näheren Umgebung der Schildstelle nicht hineinpaßt und störend auf das für ästhetische Gestaltungen offene Auge des Beschauers wirkt.

Die Wirkung des Schildes auf die Umgebung anlangend, so war zu beachten, daß in kurzer Entfernung am Markte das Rathaus sich befindet, welches unter den aus dem Mittelalter herrührenden Bauten der auf eine lange Geschichte zurückblickenden Stadt Tangermünde besonders hervorragt. Den beigebrachten Abbildungen war ferner zu entnehmen, daß auch die am Markte vorbeiführende Lange Straße — nach den Schriftsätzen ein Hauptverkehrsweg der Stadt — außer den in ihr sichtbaren alten Türmen selbst noch manche meist kleinere Bürgerhäuser mit altüberliefertem Aussehen aufweist. Bei dieser Sachlage konnte mit den Beschwerdeinstanzen unbedenklich angenommen werden, daß die Anbringung des mit grellen Farben ausgestatteten Reklameschildes in das Bild der wegen ihrer geschichtlichen Eigenart unter Schutz gestellten Straße störend eingreift.

4. Von der Klägerin war schließlich noch die Gültigkeit des ganzen Statuts in Zweifel gezogen worden, weil darin der übliche Vermerk über die nach § 5 G. v. 15. VII. 07 erforderliche Anhörung Sachverständiger fehlt. Die Vorgänge ergaben jedoch, daß dem Statut mehrere Beratungen der städtischen Kollegien vorangegangen sind, und zwar auf Grund eines Entwurfs, an dessen Ausarbeitung als besondere Sachverständige der Oberpfarrer Z. und der Kgl. Baurat H. teilgenommen haben. Damit ist der gesetzlichen Vorschrift genügt worden.

Nr. 9. Entsch. v. 18. Febr. 1913 (PrVerwBl. **35** 505) IX B 13/12.

VerunstG. v. 15. VII. 07 (GS. 260) §§ 1, 2.

1. Die Milchkannengasse in Danzig gehört nach § 1 des Ortsstatuts v. 30. XII. 08 zu den Straßen von geschichtlicher oder künstlerischer Bedeutung, für die die baupolizeiliche Genehmigung zur Ausführung von Bauten und baulichen Änderungen zu versagen ist, wenn dadurch die Eigenart des Orts- oder Straßen- (Platz-) Bildes beeinträchtigt werden würde. Gleiches gilt nach § 6 des Statuts hinsichtlich der Anbringung von Reklameschildern u. dgl. Wenn dazu in Absatz 2 bestimmt ist: „Insbesondere sollen Architekturteile nicht in störender Weise durch Firmenschilder u. dgl. verdeckt und überschnitten werden", so kann, da mit der Anbringung von Schildern regelmäßig — besonders bei allen flach an eine Wand gelehnten Schildern — mehr oder minder eine Verdeckung der Außenarchitektur verbunden ist, nur gemeint sein, die Schilder müßten nach Größe und Aussehen dem Gepräge der Umgebung, namentlich auch dem Aufbau des Gebäudes sich anpassen, um dessen an der geschützten Straße gelegene Außenseite durch störende Formen oder sonstige ungeeignete sichtbare Eigenschaften nicht zu beeinträchtigen. Das Gepräge der Milchkannengasse wird durch eine größere Anzahl alter, künstlerisch bemerkenswerter Bauten gekennzeichnet. Das hier fragliche, an sich sehr einfache Haus Nr. . . hat im ersten und zweiten Stockwerk seiner etwa 8,50 m breiten Front je vier nahe beieinander liegende Fenster und darüber in einem stufenförmigen Giebel noch zwei Fensteröffnungen bzw. eine solche. Daß diese gleichartige Gliederung der oberen Außenwand, besonders die senkrechte Fensterlinie, durch Anbringung des die äußersten Fensterkanten der oberen Geschosse noch um mindestens je 1 m überragenden Spiegelglasschildes mit vergoldetem Rahmen und ebensolchen Aufschriften gestört und damit auch die Eigenart der sehr alten Straße beeinträchtigt wird, war mit dem Vorderrichter unbedenklich anzunehmen. Auf die Feststellung gröblicher Verunstaltung durch das Schild (vgl. dazu § 1 des G. und OVG. **57** 471) kam es bei der unter besonderen Schutz gestellten Straße nach der einwandfreien ortsstatutarischen Vorschrift in den §§ 6 und 1 nicht an. Ebenso blieb belanglos, daß durch neuere, vor dem Inkrafttreten des Ortsstatuts angebrachte Schildereien das Aussehen der alten Milchkannengasse stellenweise sich geändert hat, weil offenbar mittels des Statuts einer fortschreitenden Störung der überlieferten Eigenart bestimmter Danziger Straßen und Bauwerke entgegengetreten werden soll.

2. Zutreffend erachtete der Vorderrichter auch den auf § 2 Abs. 2 G. v. 15. VII. 07 gestützten Einwand für nicht begründet. Will man die Anwendbarkeit dieser Vorschrift, die lautet:

„Wenn die Bauausführung nach dem Bauentwurfe dem Gepräge der Umgebung der Baustelle im wesentlichen entsprechen würde und die Kosten der trotzdem auf Grund des Ortsstatuts geforderten Änderungen in keinem angemessenen Verhältnisse zu den dem Bauherrn zur Last fallenden Kosten der Bauausführung stehen würden, so ist von der Anwendung des Ortsstatuts abzusehen",

auf die in § 3 des G. behandelten Anlagen (Reklameschilder usw.) auch nicht von vornherein verneinen, so würden die Voraussetzungen der Anwendung hier doch jedenfalls fehlen. Denn zunächst wäre nicht anzuerkennen, daß der von der Klägerin überreichte Entwurf der Umgebung, wobei auch der Aufbau der Gebäudefront zu beachten blieb, im wesentlichen entsprach, noch weniger könnte aber die Abänderung des Entwurfs mit einem erheblichen Kostenaufwand verbunden sein. Daß die Klägerin bereits früher ohne Benehmen mit der Polizeibehörde, deren Zustimmung zur Anbringung von Aushängeschildern an den Straßen schon ältere Verordnungen forderten, ein über die ganze Breite des Hauses reichendes schwarzes Glasschild für einen Preis von 350 ℳ beschafft hat und dieses Schild angeblich nur mit einem Kostenaufwande von mindestens 100 ℳ in einen der umstrittenen polizeilichen Anforderung entsprechenden Zustand zu bringen ist, kann als ein die Anwendung des Ortsstatuts iS. des oben mitgeteilten § 2 Abs. 2 des G. ausschaltender Umstand nicht angesehen werden. Bei Billigung der gegenteiligen klägerischen Ansicht würden Durchführungen der auf Grund der §§ 2 und 3 des G. erlassenen ortsstatutarischen Vorschriften nicht selten von dem Belieben des Bauherrn abhängig und die Vorschriften damit wirkungslos werden.

3. Wenn die Klägerin schließlich noch behauptet, mit dem verkürzten Schilde sei keine Reklame mehr zu erzielen, so war ihr auch hierin nicht zu folgen. Es verbleibt zur Anbringung des Schildes zwischen den Fenstern des zweiten und dritten Geschosses eine ca. 4 × 0,68 m große Wandfläche. Daß auf dieser in gut lesbarer Schrift die Firma und die Bezeichnung ihrer hauptsächlichsten Verkaufsartikel Platz finden könne, war unbedenklich anzunehmen, und somit erscheint ein Vorwurf: durch die polizeiliche Anordnung werde in einer vom G. nicht gewollten Weise die Reklame unterbunden, nicht begründet. Das G. wollte gerade den Gemeinden im Wege ortsstatutarischer Satzung eine weitgehende Freiheit zum Schutze ihrer überlieferten charakteristischen Straßen und Bauwerke gewähren, und eine über den Wortlaut und Zweck des Statuts hinausgehende Reklameversagung war in der umstrittenen polizeilichen Verfügung nicht zu erkennen.

Nr. 10. Entsch. v. 21. Febr. 1913 (OVG. 64 546) IXB 35/12.

1. Der Auffassung des Bezirksausschusses, daß das Vorhandensein marktschreierischer Reklame um die Zeit des Erlasses der angefochtenen Verfügung zu verneinen sei, ist vom Gerichtshofe nicht zugestimmt worden. Als die Beklagte auf Grund des Ortsstatuts einschritt, war nach den eingereichten Akten das Firmenschild an der Brüstung des ersten Obergeschosses mit einer über neun Schaufenster sich erstreckenden, etwa 30 m langen Leinwand verdeckt. Auf dieser standen mit etwa 0,60 m hohen roten Anfangsbuchstaben, sonst in schwarzen 0,45 m hohen Schriftzeichen drei- bis viermal die Worte: „Totalausverkauf usw."; darunter waren in der ganzen Breite eines jeden Schaufensters Aufschriften desselben Inhalts angebracht. Ob damals auch bereits die bunten Reklamezettel auf den Schaufenstern sich befanden, kann dahingestellt bleiben, weil auch ohne sie die zwölffache Wiederholung derselben Worte über und auf den Schaufenstern als marktschreierisch zu bezeichnen war. Ist hierunter wörtlich genommen das aufdringliche Anpreisen einer Marktware durch lautes Rufen zu verstehen, so mußte dem letzteren iS. des Statuts die Häufung derselben Worte auf einer Ladenfront gleichgeachtet werden.

2. § 4 VerunstG. v. 15. VII. 07 gestattet aber den Gemeinden nur, für die Bebauung bestimmter Flächen, wie Landhausviertel, Badeorte, Prachtstraßen, besondere, über das sonst baupolizeilich zulässige Maß hinausgehende Anforderungen zu stellen. Die letzteren dürfen sich aber nicht auf die Versagung der nicht zur Bebauung gehörenden Anbringung von Reklameschildern usw. beziehen, da der hiervon handelnde § 3 des G. nur auf die §§ 1 und 2 daselbst verweist. Somit bleibt im Statut die Bezugnahme auf dessen § 3, soweit es sich um die Versagung der Genehmigung zur Anbringung von Reklameschildern handelt, als der gesetzlichen Grundlage ermangelnd unwirksam, und damit fehlt der angefochtenen polizeilichen Verfügung die rechtliche Stütze. — Daß durch das beanstandete Schild etwa die B.straße gröblich verunstaltet wurde und deshalb ein Vorgehen

auf Grund des § 1 des G. gegen die nach dem Statut genehmigungspflichtige Anlage statthaft war, ist weder von der Beklagten behauptet noch sonst aus den Akten zu entnehmen. Wenn der Vertreter der Polizeibehörde ferner auf Befragen noch erklärt hat, die B.straße gehöre zu den Hauptverkehrs- und Geschäftsstraßen von D. und sei als eine der ältesten Straßen des Ortes durch das Statut gegen Verunstaltung geschützt, so konnte auch hierdurch das Begehren der Beklagten nicht gerechtfertigt werden, weil die genannte Straße nicht zu den gemäß § 2 des G. zu schützenden und in § 1 des Statuts aufgenommenen Straßen gehört, sondern in § 3 aufgeführt ist, wodurch nach den vorstehenden Ausführungen ein Schutz gegen verunzierende Reklamen, da der Tatbestand gröblicher Verunstaltung nicht vorlag, nicht gegeben ist.

Nr. 11. Entsch. v. 14. März 1913 (PrVerwBl. **36** 138) IX C 47/12.

Gemäß § 3 VerunstG. v. 15. VII. 07 kann durch Ortsstatut vorgeschrieben werden, daß die Anbringung von Reklameschildern, Schaukästen, Aufschriften und Abbildungen der Genehmigung der Baupolizeibehörde bedarf. Die Genehmigung ist unter den gleichen Voraussetzungen zu versagen, unter denen nach den §§ 1 und 2 des G. die Genehmigung zu Bauausführungen zu versagen ist. Nach der Entstehungsgeschichte des genannten G. erfolgte die Wahl der vier Ausdrücke: Reklameschilder usw. auf den schon in der ersten Lesung des Entwurfs gemachten Vorschlag eines Abgeordneten. Über die Bedeutung und Abgrenzung der Ausdrücke, worunter regelmäßig keine baulichen Anlagen verstanden werden, ist im einzelnen damals nicht weiter verhandelt worden. Mag nun, abgesehen vielleicht von den Schaukästen, eine zuverlässige begriffliche Scheidung der in § 3 des G. verwendeten Bezeichnungen nicht selten zu Zweifeln Anlaß bieten, da weder der allgemeine Sprachgebrauch noch G. und Verordnungen auf verwandten Gebieten einen festen Anhalt gewähren, so muß für den hier maßgebenden § 3 doch davon ausgegangen werden, daß keine der gebrauchten Bezeichnungen mit einer der anderen gleichbedeutend ist und sie begrifflich ersetzt, daß vielmehr beim Ausscheiden einer von ihnen eine Lücke entsteht und damit die Zahl und Art der nach § 3 durch Ortsstatut für genehmigungspflichtig erklärbaren Anlagen vermindert wird. Zwar sind Reklameschilder oft mit Aufschriften und Abbildungen versehen, sie müssen aber, um iS. des § 3 als Schilder zu gelten, selbst Träger der Reklame bleiben, für sich einen Bestand haben. Daher ist die Wand eines zu Wohn- und Geschäftszwecken bestimmten Hauses nicht als Schild einer unmittelbar darauf angebrachten Schrift oder Malerei zu bezeichnen. Ob etwa die Wand eines von vornherein nur zu Reklamezwecken errichteten Bauwerks als Schild angesprochen werden kann, bleibt dahingestellt, weil der hier maßgebende § 3 derartige idReg. schon an sich konsenspflichtige und damit ohne weiteres dem § 1 des G. unterworfene Anlagen nicht im Auge hat. Zum Unterschied von Reklameschildern kommt es bei den der Reklame dienenden Aufschriften und Abbildungen auf den Träger nicht wesentlich an, ihnen gibt, wie die tägliche Erfahrung zeigt, oft eine freigelegene Hauswand und dergleichen unmittelbar den Platz.

Nr. 12. Entsch. v. 4. April 1913 (PrVerwBl. **36** 73) IX B 81/12.

Ausweislich der von den Parteien eingereichten Photographien der Häuser L.straße Nr. 12 und 13 sowie nach den Beschreibungen in den Akten zeigt jedes der beiden beanstandeten Schilder außer dem Firmennamen F. H. ein Bierfaß, auf dessen Spundöffnung — über der Umschrift Tip-Top — ein von Schaum umgebenes weibliches Wesen mit einem Glase in der Hand steht. Die Farben der Bemalung sind ein grelles Blau, ferner gelb und weiß. Ob der Entwurf zu dieser Reklame von einem Künstler stammt, ist unerheblich, ebenso, ob dieselben Schilder in sehr großer Zahl in vielen preußischen Städten angebracht und niemals beanstandet worden sind. Entscheidend ist nur, ob die ohne Rücksicht auf eine bestimmte Umgebung vervielfältigten Schilder das ortsrechtlich geschützte Nachbarhaus durch ihr Aussehen und den Gegenstand der Darstellung iS. der oben mitgeteilten, dem G. nicht zuwiderlaufenden Vorschriften beeinträchtigen. Daß dabei auch die Farbengebung in Betracht kommt, ist rechtlich stets anerkannt.

Nun war der Polizeibehörde und dem Vorderrichter unbedenklich darin beizutreten, daß das zwei Straßenfronten aufweisende alte Bürgerhaus Nr. 13 einen vortrefflichen Eindruck macht. Sein harmonischer ernster Aufbau, seine Formen und Farben werden auch nicht, wie die Kläger meinen, ernstlich durch die in neuerer Zeit daran befestigten vergoldeten Wappenschilder gestört, diese sind, ähnlich den im Giebel sich findenden alten Zieraten, ein Kennzeichen für die in dem Hause geführten kaufmännischen Geschäfte. Dagegen rufen die unmittelbar daneben im Erdgeschoß von Nr. 12 angebrachten, oben beschriebenen trivialen Schilder einen schroffen Gegensatz hervor; jede Rücksichtnahme auf das Aussehen des ortsrechtlich geschützten Nachbarhauses ist unterblieben und nur das Bestreben, weithin aufzufallen, erkennbar. Ihr Verbot ist daher berechtigt.

Nr. 13. Entsch. v. 30. Mai 1913 (OVG. 64 466) IXA 18/13.

1. Das G. v. 2. VI. 02 (GS. 159) gegen die Verunstaltung landschaftlich hervorragender Gegenden spricht selbst von solchen Reklameschildern, die das Landschaftsbild „verunzieren". Die „Verunzierung" stellt also einen Gesetzesbegriff dar, der der Auslegung des Richters unterliegt. Das G. umschreibt den Tatbestand so bestimmt, daß weder der Wortsinn der Vorschrift noch der Inbegriff der in Betracht kommenden sachlichen Erwägungen Anlaß zu begründeten Zweifeln gibt. Wenn die Polizeiverordnung sich diesem Wortlaute des G. anschließt, so kann sie nicht wegen Unbestimmtheit als ungültig angesehen werden.

2. Durch das G. v. 2. VI. 02 ist die Zuständigkeit der Landespolizeibehörden zum Erlasse von Polizeiverordnungen in bezug auf den Gegenstand erweitert worden. Das G. bestimmt, daß nunmehr auch zum Schutze gewisser ästhetischer Interessen Polizeiverordnungen erlassen werden dürfen. Andere Wege zur Erreichung dieses Zieles werden nicht eröffnet. Damit ist gegeben, daß es sich einfach um eine Erweiterung des PolG. v. 11. III. 50 und der anderen den Kreis der Gegenstände des Polizeiverordnungsrechts umschreibenden G., nicht aber um ein etwa dem EnteignG. analoges SonderG. handelt.

Eine auf Grund des PolG. v. 11. III. 50, also zur Abwendung von Gefahren, von Störungen der öffentlichen Ordnung usw. erlassene Polizeiverordnung ist nach den feststehenden Grundsätzen der Rechtsprechung nur unter der Voraussetzung rechtsgültig, daß die abzuwendende Gefahr oder Störung objektiv besteht oder droht. Um eine Frage der Zweckmäßigkeit handelt es sich hierbei nicht. Eine solche liegt vor, wenn zu fragen ist, ob und in welchem Umfang eine vorhandene Gefahr usw. bekämpft werden soll. Ist aber durch das G. v. 2. VI. 02 nur ein neuer Gegenstand des Polizeiverordnungsrechts, ein neues polizeiliches Ziel eingeführt, so müssen die dargelegten Grundsätze des Polizeirechts auch hier Anwendung finden, sofern nicht Abweichendes bestimmt ist. Dies ist nicht geschehen. Die Fassung, in der das neue polizeiliche Ziel gesetzt ist, entspricht der erörterten Regel. Im übrigen fehlt es im G. selbst an einem Anhalte für die Annahme einer Abweichung. Hieraus folgt aber, daß der Richter zu prüfen hat, ob die anzuwendende Polizeiverordnung objektiv dem Schutze landschaftlich hervorragender Gegenden dient, d. h. ob die zu schützende Gegend wirklich landschaftlich hervorragend ist. Gegenüber dem klaren Inhalte des G. selbst würde es eines Zurückgehens auf dessen Entstehungsgeschichte zum Zwecke der Erforschung der Absichten des Gesetzgebers überhaupt nicht bedürfen. Es ist aber auch aus der Entstehungsgeschichte des G. keineswegs, zum mindesten nicht mit der für die Verwendung zur Auslegung erforderlichen Sicherheit, zu ersehen, daß bei den Faktoren der Gesetzgebung die Absicht einer Abweichung von den dargelegten allgemeinen Grundsätzen des Polizeirechts einheitlich geherrscht habe. Insbesondere ist eine solche Absicht nicht auf seiten der Staatsregierung hervorgetreten.

3. Da auf dem von dem G. betroffenen Gebiet eine polizeiliche Zuständigkeit bis zu seinem Erlaß überhaupt nicht bestand, diese durch das G. aber nur für die Landespolizeibehörden begründet ist, so ergibt sich, daß die Ortspolizeibehörden auch zu polizeilichen Verfügungen im einzelnen Falle auf Grund der von den Landespolizeibehörden erlassenen Polizeiverordnungen kraft eigenen Rechtes nicht befugt sind, daß vielmehr auch für solche Verfügungen die Landespolizeibehörden ausschließlich zuständig sind. Den Landespolizeibehörden ist indessen nicht verwehrt, sich bei der Ausführung der Polizeiverordnungen der ihnen nachgeordneten Behörden als ihrer Organe zu bedienen; nur bleiben die von diesen, sei es kraft allgemeinen Auftrags, sei es kraft Auftrags im einzelnen Falle, erlassenen Verfügungen rechtlich solche der Landespolizeibehörden und sind mit den Rechtsmitteln des § 130 LVG. anfechtbar.

Es ist zutreffend, daß die MAnw. v. 16. VI. 02 Ziff. 6 den Erlaß einer polizeilichen Zwangsverfügung erst für den Fall ins Auge faßt, daß trotz strafrechtlicher Verurteilung ein beanstandetes Reklameschild oder dgl. nicht beseitigt wird. Dem Ministerialkommissar ist aber darin zuzustimmen, daß die ministerielle Verfügung lediglich eine den inneren Dienst betreffende Anordnung darstellt, deren Verletzung wohl von der vorgesetzten Behörde gerügt werden kann, die indessen die Rechtswirksamkeit der Anordnung nicht berührt. Etwas anderes wäre es, wenn das G. selbst dem Minister einen entsprechenden Auftrag erteilt hätte. Das ist aber nicht der Fall. Auch im übrigen enthält das G. keinen Anhalt für die Annahme, daß die Befugnis der Polizeibehörden, die Beseitigung eines polizeiwidrigen Zustandes zu fordern, in der erörterten Weise eingeschränkt worden sei.

4. In sachlicher Beziehung hängt die Entsch. in erster Linie davon ab, ob die Gegend, die das durch die Reklametafel angeblich beeinflußte Landschaftsbild darstellt, als „hervorragend" iS. des G. anzusehen ist oder nicht.

Nach dem S.schen Gutachten ist die Gegend landschaftlich hervorragend zu nennen. Es sei, so wird darin ausgeführt, dort ein leichter Höhenzug — Hügellandschaft —, der in malerischen Gruppen mit vorwiegend Nadelholzbestand und auch Laubholz bewachsen sei. Indem sich die Ebene an diesen Höhenzug heranziehe, gewinne die Landschaft eine außerordentliche Raumtiefe, die durch Luft- und Wolkenbildung für den Beschauer stets schön wirke. Demgegenüber hat der Maler K. des näheren dargelegt, daß es sich um eine traurige und öde Gegend handle, die einen ganz gleichgültigen und langweiligen Eindruck mache. Landschaftsmaler hätten zu allen Zeiten aus oft ganz unscheinbaren Landschaftseinzelheiten große künstlerische Wirkungen gezogen. Dies sei aber lediglich eine Folge des aufs äußerste gesteigerten seelischen Empfindens des betreffenden Künstlers gewesen und habe mit dem Naturcharakter und der landschaftlichen Schönheit, deren Schutz das G. fordere, nichts zu tun. Im Hinblick auf die in der mündlichen Verhandlung vorgelegten Photographien, die ein ebenes und nur im weiteren Hintergrunde mit Kiefern bestandenes Gelände aufweisen, und bei Abwägung der beiden Gutachten, von denen das S.sche Gutachten offenbar dem subjektiven ästhetischen Empfinden mehr Rechnung trägt, als mit der Absicht des G. vereinbar ist, hat der Gerichtshof auf Grund des gesamten vorliegenden Materials die Überzeugung gewonnen, daß es sich hier nicht um eine iS. des G. v. 2. VI. 02 landschaftlich hervorragende Gegend handelt.

Nr. 14. Entsch. v. 30. Mai 1913 (OVG. 64 476) IX A 111/12.

1. Wie das OVG. wiederholt ausgesprochen hat, haftet der Eigentümer für den polizeimäßigen Zustand seines Grundstücks, und zwar ohne Rücksicht darauf, ob er den polizeiwidrigen Zustand selbst herbeigeführt hat oder nicht. Fallen die hier im Streite befindlichen Reklameschilder also unter das Verbot der Polizeiverordnung, so war die Polizeibehörde befugt, sich zur Beseitigung des polizeiwidrigen Zustandes auch an den Eigentümer des Grundstücks zu halten, auf dessen Boden sie aufgestellt sind. Hierfür ist es auch gleichgültig, ob der Kläger dem Reklameinstitut durch Vertrag vor Inkrafttreten der Polizeiverordnung die Benutzung eines Stückes Land zur Aufstellung von Reklametafeln gegen Entgelt gestattet hat oder nicht. Das Recht des Pächters oder Mieters kann nicht weiter gehen als das Recht des Eigentümers. Das Eigentumsrecht ist kein unbeschränktes; seine Ausübung unterliegt den Schranken, die durch die G. und die auf gesetzlicher Grundlage erlassenen Verordnungen gezogen sind. Ist es dem Eigentümer verboten, die Reklametafeln auf seinem Grundstück aufzustellen oder zu belassen, so gilt das auch dem Pächter des Grund und Bodens gegenüber. Handelt letzterer dem zuwider, so befindet er sich nicht in der Ausübung eines ihm zustehenden Rechtes, sondern im Unrecht. Vertragliche Abmachungen können den Grundeigentümer nicht von der Verpflichtung entheben, sein Grundstück in einem polizeimäßigen Zustande zu erhalten.

2. Selbstverständlich darf die Polizeibehörde von dem Grundstückseigentümer nicht verlangen, daß er durch Selbsthilfe rechtswidrig in den Besitz des Pächters eingreift. Das hat sie im vorliegenden Falle aber auch nicht getan. Die Verfügung ist vielmehr so aufzufassen, daß der Grundstückseigentümer den Weg einschlagen sollte, auf dem er ihrer Anordnung in rechtlich geordneter Weise genügen konnte. Das war aber, da die Weigerung des Pächters, die Tafel freiwillig zu beseitigen, nach Lage der Sache ohne weiteres vorausgesetzt werden konnte, nur das Anrufen der ordentlichen Gerichte. Hierfür war indessen die von der Polizeibehörde gestellte Frist von acht Tagen zweifellos zu kurz bemessen. Es war also dem Kläger rechtlich unmöglich, der polizeilichen Verfügung so, wie sie erlassen war, nachzukommen. Glaubte die Polizeiverwaltung auf die Beseitigung der Tafel innerhalb einer so kurzen Frist drängen zu sollen, so konnte sie die polizeilichen Interessen genügend dadurch wahren, daß sie die Entfernung dem Eigentümer der Tafel selbst aufgab.

Nr. 15. Entsch. v. 30. Mai 1913 (DJZ. 19 175) IX A 109/12.

Es fragt sich, ob die Prüfung der Gültigkeit der auf Grund des G. v. 2. VI. 02 (GS. 159) erlassenen Polizeiverordnungen sich auch darauf zu erstrecken hat, ob es sich tatsächlich um eine landschaftlich hervorragende Gegend handelt oder nicht. Die Kläger bejahen die Frage, während der beklagte Oberpräsident und der Ministerialkommissar sie verneinen. Der Gerichtshof hat sich ebenso wie neuerdings das Kammergericht für die Bejahung entschieden.

Nr. 16. Entsch. v. 10. Juni 1913 (PrVerwBl. 35 702) IX A 31/13.

Nach dem G. v. 2. VI. 02 (GS. 159) dürfen die Landespolizeibehörden Polizeiverordnungen zum Schutze einer landschaftlich nicht hervorragenden Gegend nicht erlassen. Die Prüfung der Gültigkeit der Polizeiverordnung hat sich auch darauf zu erstrecken, ob es sich tatsächlich um eine landschaftlich hervorragende Gegend handelt oder nicht. Im vorliegenden Falle handelt es sich bei der Umgebung des beanstandeten Reklameschildes lediglich um ein ebenes, nennenswerter landschaftlicher Reize entbehrendes Gelände, dessen weiteren

Hintergrund ein Wald bildet. Das mag unter Berücksichtigung der Flächen- und Farbenwirkung vielleicht genügen, um das Landschaftsbild als lieblich gelten zu lassen; es reicht aber nicht aus, um der Gegend die Eigenschaft einer landschaftlich hervorragenden iS. des G. zu verleihen. Einer Beweiserhebung durch Vernehmung von Sachverständigen über den Charakter der Gegend bedurfte es hiernach nicht.

Nr. 17. Entsch. v. 19. Mai 1914 (ZPolVerwB. 22 384) IX C 41/13.

VerunstG. v. 15. VII. 07 § 4.

1. Ortsstatutarische Vorschriften müssen die für ihre unmittelbare Anwendung erforderliche Bestimmtheit besitzen. Der Begriff des Landhausstiles ist allerdings nach der positiven Seite hin nicht so fest umgrenzt, daß jede äußere Erscheinungsform eines Wohngebäudes mit Sicherheit als darunter fallend oder nicht darunter fallend angesprochen werden kann. Nach der negativen Seite fehlt aber dem Begriff des Landhausstils eine gewisse Umgrenzung insofern nicht, als einzelne hauptsächlich den Städten eigentümliche äußere Erscheinungsformen des Häuserbaues, wie Geschäftshäuser, Mietskasernen, Reihenbauten, für den Landhausstil als ausgeschlossen zu gelten haben. Dementsprechend enthält das Statut besondere, auf die Ausschließung derartiger Bauformen gerichtete Vorschriften, insbesondere über die Beschränkung der Stockwerkszahl und über die offene Bauweise. Mit Rücksicht hierauf war die Vorschrift, daß Wohnhäuser im Landhausstil zu errichten sind, nicht für zu unbestimmt zu erachten, um daraus ihre Ungültigkeit herzuleiten. Ein Verstoß gegen die Vorschrift ist aber nicht schon daraus herzuleiten, daß der geplante Bau eine überladene Fassade, eine häßliche Veranda und ein häßliches Dach aufweist. Denn aus dem Ortsstatut geht nicht hervor, daß es äußerlich gefällige und reizvolle Formen für die Bauweise vorschreiben und nur solche als dem Landhausstil entsprechend angesehen wissen will.

2. Zulässig ist ferner in einem auf Grund des § 4 G. v. 15. VII. 07 erlassenen Statut ungeachtet des Hinübergreifens auf den in § 2 des G. behandelten Schutz der Straßen von geschichtlicher oder künstlerischer Bedeutung, eine Bestimmung, wonach Wohngebäude in dem geschützten Gebiet nach ihrem Äußeren derart auszubilden sind, daß sie sich in angemessener Weise dem Orts- und Straßenbilde einfügen. Denn der Gesetzgeber wollte in § 4 den Gemeinden in den dort gezogenen Grenzen volle Freiheit gewähren. Der genügenden Bestimmtheit entbehrt die Vorschrift nicht, da die Anpassung von Bauwerken an den besonderen Charakter der Umgebung ein genügend sicheres Merkmal für die zulässige Gestaltung gewährt. Es wird darauf ankommen, daß der Bau keine dem Charakter des in Betracht kommenden Orts- und Straßenbildes in auffälliger und unschöner Weise widersprechende Baulichkeit darstellt.

Nr. 18. Entsch. v. 19. Mai 1914 (ZPolVerwB. 22 408) IX B 61/13.

VerunstG. v. 15. VII. 07 § 2.

In der gemäß § 2 VerunstG. durch Ortsstatut unter Schutz gestellten nur kurzen Straße stehen zu beiden Seiten mehrgeschossige Häuser aus älterer Zeit mit meist schlichten und einfachen Fassaden; einzelne Häuser weisen namentlich an den Giebeln reichere Architektur auf; in der Nähe der geschützten Straße, an einer deren Verlängerung bildenden anderen Straße, steht ein als solches im Statut besonders geschütztes Haus von künstlerischer Schönheit. Das OVG. nahm an, daß durch die Aufnahme dieser Straße unter die schutzwürdigen Straßen die durch das G. gezogenen Grenzen nicht überschritten seien, und daß die Straße um die Zeit des Erlasses des Statuts einen überlieferten eigenartigen Charakter aufgewiesen habe: die Eigenart, zu deren Wahrung § 2 des G. eine statutarische Regelung vorsieht, braucht keine weithin bekannte und hervorragende zu sein; vielmehr kann auch den nur an die Geschichte des Orts erinnernden und dessen Vergangenheit veranschaulichenden Straßenbildern ein Schutz aus § 2 des G. mit dem Willen der Gemeinde zuteil werden. — Die Frage, ob etwa die Eigenart des Straßenbildes durch andere inzwischen zugelassene Anlagen — es kommen Reklameschilder und Aufschriften in Frage — nach Erlaß des Ortsstatuts zerstört worden sei, wurde verneint.

J. Wegepolizei.

Literatur: Hecht: G. über die Reinigung öffentlicher Wege[2] (Berlin 1913). — Meyer: G., betr. die Anlegung u. Veränderung von Straßen u. Plätzen in Städten und ländlichen Ortschaften (Berlin 1913). — Boßen: G., betr. die Vorausleistungen für den Wegebau[2] (Düsseldorf 1914).

1. Begriff und Umfang öffentlicher Wege; Fuß- und Schulsteige.

Nr. 1. Entsch. v. 18. April 1912 (OVG. **61** 272) IV B 41/11.

Die Annahme, daß nach rheinisch-französischem Rechte, abweichend von dem in den anderen Provinzen des preußischen Staates geltenden Rechtszustande, die Leinpfade stets als öffentliche Wege anzusehen sind, trifft nicht zu. Allerdings wird der Leinpfad in der Bd. v. 13. VIII. 1669 Tit. 28 als chemin royal bezeichnet. Auch wird er von der französischen Rechtslehre den Regeln des großen Straßenwesens unterworfen. Anderseits dient der Leinpfad zufolge gesetzlicher Vorschrift ausschließlich den Zwecken der Schiffahrt und unterliegt mit Rücksicht auf seine Bestimmung den Anordnungen der Verwaltungsbehörde. Er darf nicht zu anderen Zwecken benutzt, insbesondere nicht ohne Zustimmung des Eigentümers dem öffentlichen Wagen- oder Fußverkehre zugänglich gemacht werden. Hieraus ergibt sich, daß der Leinpfad nach französischem Rechte ebenfalls nicht von selbst die Eigenschaft eines öffentlichen Weges besitzt, daß vielmehr zur Umwandlung eines Leinpfads in einen öffentlichen Weg die Zustimmung aller Rechtsbeteiligten erforderlich ist. Aus der allgemeinen Benutzung des Weges kann ein sicherer Schluß auf die Öffentlichkeit nicht gezogen werden, weil der Wegekörper im Eigentume des Fiskus steht und hierdurch eine Vermutung für die Nichtöffentlichkeit begründet wird.

Nr. 2. Entsch. v. 4. Nov. 1912 (PrVerwBl. **35** 245) IV C 133/12.

Durch die Bestimmungen der §§ 43 bis 47 KleinBG. v. 28. VII. 92 ist den Genehmigungsbehörden bei der Planfeststellung der genannten Bahnen die Befugnis eingeräumt, den Unternehmern in gleicher Weise wie bei Eisenbahnunternehmungen zur Sicherung gegen Gefahren und Nachteile der benachbarten Grundstücke und zugleich im öffentlichen Interesse Auflagen zu machen. Dazu gehört auch die Befugnis zur Verlegung öffentlicher Wege, und es kann rechtlich keinem Zweifel unterliegen, daß ein in diesem Verfahren verlegter öffentlicher Weg die Eigenschaft eines öffentlichen Weges behält.

Nr. 3. Entsch. v. 2. Okt. 1913 (OVG. **65** 299) IV C 11/13.

Eine Fläche, die einmal Bestandteil eines öffentlichen Weges oder Platzes geworden ist, behält die Eigenschaft der Öffentlichkeit auch nach ihrer äußerlichen Abtrennung von dem Wege oder Platze so lange, als sie derselben nicht in einer dem G. entsprechenden Weise entkleidet, namentlich nicht als öffentlicher Weg (Platz) eingezogen worden ist. Es bedarf daher bei ihr keines besonderen Nachweises der Widmung durch die Rechtsbeteiligten.

Nr. 4. Entsch. v. 11. Juli 1912 (PrVerwBl. **34** 689) IV B 18/12.

1. Nach dem Inkrafttreten des HannWegeG. v. 28. VII. 51 (HannGS. **51** Abt. I 141), d. h. seit dem 1. V. 55, kann ein nicht öffentlicher Weg nur durch besondere Bestimmung (Beschluß) in einen „öffentlichen" umgewandelt werden. Dies gilt auch für Wege in selbständigen Gutsbezirken (§ 11 aaO. und G. v. 24. V. 94, GS. 82, Art. 1 Nr. 4 §§ 11 und 12).

2. Nach der Darstellung des Vorderrichters haben die zuständigen Behörden stets daran festgehalten, daß es sich um einen der freien Verfügung des Domänenfiskus unterstehenden privaten Weg handelt. Diese „im inneren Verkehr der Behörden" vertretene Auffassung wird vom Vorderrichter aber als unerheblich angesehen gegenüber der Tatsache, daß sich nach außen hin der entgegengesetzte Wille kundgetan habe. Denn der Wille des Domänenfiskus, den Weg als Privatweg aufrechtzuerhalten, sei nach außen hin nirgends in die Erscheinung getreten. Dagegen habe der Domänenfiskus durch die jahrzehntelange Duldung des allgemeinen Verkehrs nach außen hin den Willen bekundet, den Weg dem öffentlichen Verkehr zu übergeben. Diese Auffassung des Vorderrichters ist nicht haltbar. Er übersieht, daß aus Handlungen oder Unterlassungen des Klägers sich im vorliegenden Falle ein Schluß auf seinen Willen nur dann ziehen ließe, wenn dieser Wille nicht sonst zum Ausdruck gelangt wäre. Aus der Darstellung des Vorderrichters ergibt sich aber, daß unzweifelhaft sowohl die Provinzial- als auch die Zentralbehörden den Weg nicht als öffentlich angesehen und daß sie ausdrücklich die Absicht ausgesprochen haben, ihn nicht ohne weiteres für den öffentlichen Verkehr zu widmen.

3. Verfehlt erscheint auch die Annahme des Vorderrichters, es ergebe sich schon aus dem Erlasse der angefochtenen Verfügung, daß die Wegepolizeibehörde den Weg für den öffentlichen Verkehr habe bestimmt wissen wollen. Er übersieht hierbei, daß es auf den Willen der Wegepolizeibehörde zur Zeit einer etwaigen Widmung des Weges für den öffentlichen Verkehr zwischen 1846 und 1855 ankommt, nicht auf ihre jetzige Auffassung.

Nr. 5. Entsch. v. 8. Mai 1913 (PrVerwBl. **36** 155) IV B 7/13.

Wie in OVG. **60** 374 ausgeführt ist, kann nach dem Inkrafttreten des HannWegeG. v. 28. VII. 51 innerhalb seines Geltungsbereichs ein nichtöffentlicher Weg nur durch Gemeindebeschluß in einen öffentlichen umgewandelt werden, der ausdrücklich erfolgen muß und, weil mit der Beschwerde anfechtbar, nicht aus schlüssigen Handlungen gefolgert werden kann. Für das Vorhandensein eines solchen Beschlusses bietet die Eintragung eines Weges in das Verzeichnis der Gemeindewege namentlich dann keinen Anhalt, wenn es obrigkeitlich nicht beglaubigt ist und daher den Anforderungen des § 10 aaO. nicht entspricht.

2. Gemeingebrauch an öffentlichen Wegen.

Nr. 1. Entsch. v. 23. Mai 1912 (OVG. **63** 302) IV C 54/12.

ZustG. §§ 55, 56. LVG. §§ 64, 67.

1. Auf Grund der §§ 64, 67 LVG. erlassene Bescheide verlieren mit dem Antrag auf mündliche Verhandlung ihr rechtliches Dasein; sie können also, als nicht mehr vorhanden, auch nicht bestätigt oder aufrechterhalten werden.

2. Hätte der Kläger seinen Anspruch auf Belassung der Überfahrtsbrücke über den Wegegraben nach dem öffentlichen Wege hin auf ein ihm zustehendes Privatrecht gestützt, also eine die Benutzung des Wegekörpers einschränkende Privatberechtigung behauptet, so hätte zweifellos in dem Einschreiten

der Wegepolizeibehörde der Tatbestand der Inanspruchnahme für den öffentlichen Verkehr gelegen und das Verfahren aus § 56 Abs. 4 aaO. zur Anwendung kommen müssen. Dies ist aber nicht der Fall. Die Wegepolizeibehörde fordert die Beseitigung der Überbrückung als einer nicht zu Recht bestehenden Einrichtung, und der Kläger macht geltend, daß ihm auf Grund des Gemeingebrauchs die für seinen Fuhrverkehr nach der Straße hin unbedingt notwendige Verbindungsanlage nicht genommen werden dürfe. Die angefochtene Anordnung muß also als eine auf Grund des § 55 ZustG. und des § 127 LVG. erlassene polizeiliche Verfügung, der Einspruchsbescheid als eine weitere auf Gegenvorstellung ergangene und diese zurückweisende neue Verfügung gleicher Art betrachtet und behandelt werden.

3. In der Sache selbst ist es zwar richtig, daß die öffentlichen Wege an sich für den auf ihnen sich bewegenden Verkehr und nicht ohne weiteres für den Anbau bestimmt sind, und daß daher den an ihnen bauenden Grundstücksbesitzern nicht immer ein Anspruch auf die Gestattung oder gar die Beschaffung von Überfahrten über die Wegegräben auf den Wegekörper der Wegepolizeibehörde und dem öffentlich-rechtlich Wegeunterhaltungspflichtigen gegenüber zusteht. Anders liegt die Sache indes hinsichtlich derjenigen Wege, die zugleich für den Anbau bestimmt sind, und an denen daher Vorrichtungen unerläßlich sind, die den Verkehr der Anlieger mit der auch gerade für deren Gebrauch bestimmten Straße vermitteln. Die städtischen Straßen stellen die in dem Bebauungsbereiche der Städte belegenen Wege dar, die ihrem Wesen nach dazu bestimmt sind, für die Häuser, die auf den angrenzenden Grundstücken errichtet sind oder errichtet werden, als notwendiges Verkehrsmittel zu dienen. Diese, in gleicher Weise für ländliche Ortsstraßen gültige Begriffsbestimmung muß zu dem Schlusse führen, daß die Polizeibehörde mit Rücksicht auf den entgegenstehenden Gemeingebrauch nicht befugt ist, beim Mangel besonderer zwingender Gründe dem Anlieger eine seit Jahrzehnten bestehende, also mindestens stillschweigend von ihr zugelassene Überfahrt zu nehmen, ohne die er das Gebäude nicht bestimmungsmäßig nutzen kann.

Nr. 2. Entsch. v. 31. Okt. 1912 (**OVG. 63** 305) IV B 44/12.

1. Ein Privatrecht, die Chaussee zur Anlage einer Abfahrt zu benutzen, kann an öffentlichen Wegen, und zwar auch durch Ersitzung, erworben werden. Das Bestehen eines solchen Privatrechts, insbesondere einer Dienstbarkeit, hat der Kläger jedoch nicht behauptet. Seine Ausführung, er habe ein unentziehbares Recht, die seit urdenklichen Zeiten vorhandene Rampe als Zubehör zu benutzen, ist vielmehr dahin zu verstehen, daß er einen aus dem Gemeingebrauch an der Chaussee, also einer öffentlich-rechtlichen Befugnis, folgenden Anspruch geltend machen will. Die Verfügung ist daher nicht als Inanspruchnahme iS. des § 56 ZustG., sondern als allgemein polizeiliche Verfügung aufzufassen.

2. Die Polizeibehörde ist gegen Eingriffe in den Bestand eines öffentlichen Weges einzuschreiten befugt, ohne daß es des Nachweises eines besonderen polizeilichen, namentlich wegepolizeilichen Interesses bedarf. Die Befugnis folgt bereits daraus, daß der Polizeibehörde das Recht und die Pflicht obliegt, den Bestand eines öffentlichen Weges zu wahren. Eine Schranke ist der Polizeibehörde nur insofern gesetzt, als sie nicht gegen Anlagen einschreiten darf, die auf Grund eines besonderen, ihrem Einschreiten entgegenstehenden Rechtes hergestellt worden sind.

3. Für den Anlieger an einem öffentlichen Wege ist der Gemeingebrauch begrifflich kein anderer als für das gesamte Publikum.

Deshalb hat der Anlieger keinen Anspruch darauf, sich an jeder beliebigen Stelle seines Grundstücks Überfahrten nach einem öffentlichen Wege anzulegen. Der Vorderrichter hat aber verkannt, daß es einer Prüfung bedarf, ob nicht im einzelnen Falle aus dem Gemeingebrauch ein Anspruch des Anliegers folgt, eine bestimmte einzelne Überfahrt zu haben oder zu behalten. Darüber, was zum Gemeingebrauch, insbesondere zu dem an einem öffentlichen Wege zu rechnen ist, bestehen keine allgemeinen festen Bestimmungen. Es muß dies nach der Art und Lage des Weges, der Bebauung an seiner in Betracht kommenden Strecke, dem jeweiligen Stande des sich auf ihm bewegenden Verkehrs, der Entwickelung der Verkehrsbedürfnisse und Verkehrsmittel und den sonstigen Verhältnissen beurteilt werden. Nun ist es zwar richtig, daß zahlreiche öffentliche Wege an sich nur für den auf ihnen sich vollziehenden Verkehr und nicht ohne weiteres auch für den Anbau bestimmt sind, und daß daher den an ihnen bauenden Grundstücksbesitzern nicht allgemein ein Anspruch auf Überfahrten über die Wegegräben zum Wegekörper hin der Wegepolizeibehörde und dem öffentlich-rechtlich Wegeunterhaltungspflichtigen gegenüber zusteht. Anders liegt die Sache indes hinsichtlich derjenigen Wege, die zugleich für den Anbau bestimmt sind und dienen, und an denen daher Vorrichtungen unerläßlich sind, die den Verkehr der Anlieger mit dem auch gerade für deren Gebrauch bestimmten Wege vermitteln. Zum Gemeingebrauche gehört bei solchen Wegen, daß sie für die daran gebauten Häuser und Gehöfte als notwendiges Kommunikationsmittel benutzt werden können. Hieraus ergibt sich, daß die Polizeibehörde wegen des entgegenstehenden Gemeingebrauchs grundsätzlich nicht befugt ist, dem Anlieger eine seit langer Zeit bestehende und stillschweigend von ihr zugelassene Überfahrt zu nehmen, ohne die er sein Gebäude oder Gehöft nicht mehr bestimmungsmäßig nutzen könnte.

Nr. 3. Entsch. v. 14. Nov. 1912 (PrVerwBl. 35 338) IVB 62/11.

Es ist an dem Grundsatze festzuhalten, daß die Befugnis der Anlieger zur Benutzung der Straße, um mit ihren Fuhrwerken auf ihre Grundstücke und von diesen zu fahren, zum Gemeingebrauch der Straße gehört. Es ist irrig, wenn der Bezirksausschuß meint, es könne dies zweifelhaft werden, wenn es sich um ein Grundstück handle, auf dem ein ausgedehnter gewerblicher Fuhr- und Speditionsbetrieb stattfindet. Auf die Zwecke, denen ein Grundstück dient, kommt es nicht an, auch gewerbliche oder sonstige Grundstücke, auf denen ein noch so umfangreicher Fuhrverkehr stattfindet, haben an sich gleich anderen, wo dies nicht der Fall ist, Anspruch auf das Zufahren und das Abfahren, und zwar auch mit den Wagen, die ihrem Gewerbebetriebe dienen, immer ist dies ein Ausfluß des Gemeingebrauchs der Straße. Richtig aber bleibt, daß daraus nicht zu folgern ist, der angrenzende Grundbesitzer könne den Fahrverkehr zu und von seinem Grundstück nach seinem Belieben gestalten, er habe ein Recht auf den Gebrauch in dem Sinne, daß ihm dieser stets und unter allen Umständen gestattet werden müsse. Vielmehr hat sich der Gebrauch der öffentlichen Straße nach dem Interesse des öffentlichen Verkehrs, nach dem des gesamten Publikums zu richten. Die sich daraus ergebenden notwendigen Einschränkungen zu bestimmen, desgleichen zu überwachen, ist Aufgabe der Polizei. Zuzugeben ist ohne weiteres, daß sich dabei auch Fälle denken lassen, in denen so starke verkehrspolizeiliche und zugleich sicherheitspolizeiliche Interessen zu schützen sind, daß das ausnahmslose Verbot der Benutzung einer Einfahrt oder Ausfahrt für die Fuhrwerke des Anliegers geboten ist. Doch muß unter Verhältnissen, wie sie hier obwalten, damit gerechnet werden, daß die Führer der Fuhrwerke die befürchteten Kollisionen nach Möglichkeit zu vermeiden suchen werden.

3. Wegebaulast.

a) Allgemeine Wegebaulast; Begriff und Umfang.

Nr. 1. Entsch. v. 25. April 1912 (OVG. **63** 299) IV C 70/11.

1. Die Wiederherstellung eines tatsächlich und dauernd nicht mehr als solcher bestehenden Weges kann erst dann von dem Wegebaupflichtigen gefordert werden, wenn die Wegepolizeibehörde das ihrer Ansicht nach noch einen öffentlichen Weg darstellende Gelände mit Erfolg demjenigen gegenüber in Anspruch genommen hat, der es besitzt und ein den öffentlichen Verkehr ausschließendes Privatrecht daran zu haben behauptet.

2. Die dem Wegebaupflichtigen gemachte Auflage, einen rechtlich nicht mehr bestehenden Weg neu anzulegen, hat stets zur Voraussetzung, daß ein unabweisbares Bedürfnis diese Neuanlegung erheischt. Der Mangel eines öffentlichen Weges zu einem bebauten oder unbebauten Grundstücke berechtigt an und für sich die Wegepolizeibehörde noch nicht, die Anlegung eines Weges zu fordern.

Nr. 2. Entsch. v. 8. Juli 1912 (OVG. **64** 481) IV B 70/11.

Der Grundsatz, daß eine wegebaupolizeiliche Leistung von dem öffentlich-rechtlich Wegebaupflichtigen nur gefordert werden kann, wenn ihre Ausführung seine Kräfte nicht übersteigt, gilt auch gegenüber dem Wegebaupflichtigen, dem observanzmäßig die Unterhaltung eines Bürgersteigs obliegt. Die Leistungsfähigkeit muß zu der Zeit vorhanden sein, in der die Ausführung der geforderten Leistung verlangt wird.

Nr. 3. Entsch. v. 4. Nov. 1912 (OVG. **63** 329) IV B 47/12.

Die öffentlich-rechtliche Wegebaulast erstreckt sich nicht auf die Beschaffung von technischen Vorarbeiten, die der Wegepolizeibehörde die Unterlagen für Art und Umfang der als notwendig und zweckmäßig dem Wegebaupflichtigen aufzugebenden Leistung bieten sollen.

Nach allgemeinen Rechtsgrundsätzen hat der Wegebaupflichtige alles das zu leisten, was zur Erhaltung und Besserung bestehender Wege und Brücken erforderlich ist. Die Bestimmung darüber aber, was im einzelnen Falle zur Erhaltung und Besserung zu geschehen hat, ist Sache der Wegepolizeibehörde. Auch die neueren WegeO., die genau festsetzen, was den Inhalt der Wegebaulast bildet, enthalten nichts davon, daß hierzu auch technische Vorarbeiten gehören, die der Wegebaupflichtige auf seine Kosten zu machen hätte, und die dazu dienen sollen, der Polizeibehörde die Unterlagen für das, was sie demnächst als in dem betreffenden Falle der Wegebesserung notwendig und zweckmäßig fordern will, zu verschaffen.

Nr. 4. Entsch. v. 3. Okt. 1912 (PrVerwBl. **34** 12) IV C 38/12.

Handelt es sich um die Schaffung eines neuen Weges von chausseemäßiger Beschaffenheit, der innerhalb zweier Gemeindebezirke als Verbindungsweg zwischen zwei Chausseen nach einem einheitlichen Plane hergestellt werden soll, so muß der Verwaltungsrichter bei der Prüfung der Notwendigkeit des Wegebaues den ganzen Weg innerhalb der beiden Gemeinden seiner Prüfung unterziehen.

b) Entwässerung und Beleuchtung.

Nr. 1. Entsch. v. 30. Jan. 1913 (PrVerwBl. **35** 797) IV B 31/12.

ALR. II 17 § 10. PolVerwG. § 6 b.

Hat eine Stadtgemeinde die Straßenbeleuchtung selbst übernommen, so gehört es zur Zuständigkeit der Ortspolizeibehörde, die Ausdehnung der bereits bestehenden städtischen Beleuchtung zu verlangen. Ein solches Verlangen ist schon dann berechtigt, wenn die geforderte Beleuchtung zur Regelung der Ordnung und der Leichtigkeit des Verkehrs auf der in Betracht kommenden Straße erforderlich ist. Denn die Frage, ob die Verfügung begründet ist, hat nicht allein auf Grund des § 10 ALR. II 17, wonach es das Amt der Polizei ist, die nötigen Anstalten zur Erhaltung der öffentlichen Ruhe, Sicherheit und Ordnung und zur Abwendung der dem Publikum usw. bevorstehenden Gefahr zu treffen, ihre Beantwortung zu finden, sondern es ist dazu noch § 6 b PolVerwG. heranzuziehen, wonach zu den Gegenständen der ortspolizeilichen Vorschriften auch die Ordnung, Sicherheit und Leichtigkeit des Verkehrs auf öffentlichen Straßen, Wegen usw. gehören.

c) Verpflichtung der Anlieger zur Straßenreinigung.

Nr. 1. Entsch. v. 13. Juni 1912 (DJZ. 18 414) IV B 38/11.

Die Zeugen wie die Polizeiverordnung sprechen allerdings nur von Häusern oder Hausbesitzern. Anderseits ist weder in dem Ergebnisse der Beweisaufnahme noch in anderen Unterlagen ein Anhalt dafür zu finden, daß vor nicht bebauten Grundstücken die Eigentümer nicht gereinigt hätten, oder daß insoweit von der Gemeinde oder einem Dritten die Reinigung besorgt worden wäre. Da es aber sicherlich auch immer einige unbebaute Grundstücke in C. gegeben hat und offenbar eine vollständige Reinigung der ganzen Stadt in allen ihren Teilen stattfand, so kann die unbedingt für Hausbesitzer vorhandene Verpflichtung auch für die Eigentümer von unbebauten Grundstücken angenommen werden.

Nr. 2. Entsch. v. 17. Okt. 1912 (PrVerwBl. 35 110) IV C 125/12.

1. Eine Straßenreinigung, die nach ihrem Grund und Zweck eine polizeimäßige ist, hört noch nicht deshalb auf, eine solche zu sein, weil sie nur gelegentlich und im eigenen Interesse der Hausbesitzer erfolgt.

2. Wie der Kreisausschuß und mit ihm der Bezirksausschuß aus der erfolgten Zustellung der Polizeiverordnung von 1845 an die einzelnen Hausbesitzer ableiten will, daß die letzteren von diesem Zeitpunkte an lediglich unter dem Druck der Polizeiverordnung gereinigt haben, ist nicht abzusehen. Die Zustellung der Polizeiverordnung an die einzelnen Hausbesitzer ist, soweit es hier darauf ankommt, nichts anderes, als eine allgemeine Bekanntmachung. Will man ihr überhaupt eine Bedeutung beilegen, so liegt die Annahme weit näher, daß die Anlieger die bisherige Übung fortsetzten, weil diese schon vorher bestand, nicht aber, daß sie glaubten, es sei durch die ihnen mitgeteilte Polizeiverordnung eine neue Verpflichtung für sie begründet worden. Wenn der Bezirksausschuß den Nachweis der Überzeugung der Anlieger vermißt, einer öffentlich-rechtlichen Verpflichtung nachzukommen, so trifft dies nicht zu. Für die Überzeugung von der rechtlichen Notwendigkeit bedarf es keines besonderen Beweises. Das Vorhandensein der Überzeugung ist beim Mangel entgegenstehender Umstände ohne weiteres aus der lange Zeit hindurch fortgesetzten, häufigen und gleichmäßigen Übung zu entnehmen.

3. Bezüglich der durch Polizeiverordnung festgesetzten Pflicht der Anlieger, die Straßen bei Glatteis zu bestreuen, kann dahingestellt bleiben, ob der Annahme des Reichsgerichts, daß die Streupflicht durch Polizeiverordnung begründet werden könne, beizutreten sein würde. Denn die polizeiliche Anordnung findet ihre Stütze in der bestehenden Observanz. Die observanzmäßige Pflicht zur Straßenreinigung umfaßt auch die Pflicht zum Bestreuen mit abstumpfenden Stoffen bei Eis- und Schneeglätte.

Nr. 3. Entsch. v. 18. Nov. 1912 (OVG. 64 450) IVB 2/12.

1. Das OVG. ist stets davon ausgegangen, daß zur polizeimäßigen Reinigung der Bürgersteige die Eis- und Schneebeseitigung und das Bestreuen mit abstumpfenden Stoffen zur Entfernung der Schnee- und Eisglätte gehört, und daß namentlich das Bestreuen ein Teil der polizeimäßigen Reinigung und nicht neben ihr und der davon zu unterscheidenden, dem Wegebaupflichtigen als ein Teil der Wegebaulast obliegenden, sogenannten verkehrsmäßigen Reinigung ein von beiden verschiedenes, besonders bestehendes und eigenen rechtlichen Regeln unterliegendes Drittes ist. Der Gerichtshof hat weiter in zahlreichen Fällen ausgesprochen, daß Polizeiverordnungen nicht neues Recht schaffen können, vielmehr das Bestehen einer öffentlich-rechtlichen Pflicht voraussetzen; insbesondere ist oft ausgeführt worden, daß durch Polizeiverordnung auch eine Straßenreinigungspflicht den Anliegern nicht neu auferlegt werden könne.

Das Reichsgericht hat in neuerer Zeit den Standpunkt eingenommen, daß es, während im übrigen die Straßenreinigungspflicht durch bloße Polizeiverordnung nicht auf die Anlieger abgewälzt, sondern nur gegenüber den zur Straßenreinigung bereits Verpflichteten nach Art und Maß näher geregelt werden könne, einer solchen Grundlage für die polizeiliche Regelung der Streupflicht nicht bedürfe.

Jedoch läßt sich der Ansicht des Reichsgerichts nicht beitreten. Bezüglich der Streupflicht von seiner bisherigen Ansicht abzugehen, sieht sich der Gerichtshof um so weniger in der Lage, als auch das G. über die Reinigung öffentlicher Wege v. 1. VII. 12 (GS. 187) unter der Straßenreinigungspflicht auch das Bestreuen mit abstumpfenden Stoffen begreift.

Der allgemein anerkannte Grundsatz, daß sich durch Polizeiverordnung keine neuen Pflichten begründen lassen, gilt, wie objektiv für die Pflicht überhaupt, so subjektiv für die Person des Verpflichteten, d. h. eine Polizeiverordnung kann auch die Person des Pflichtigen nicht ändern, nicht an die Stelle des allein Pflichtigen eine andere Person, einen bisher nicht Pflichtigen setzen.

2. Fällt die Pflicht der Straßenanlieger in R. zur Beseitigung von Schnee und Eis und zum Bestreuen der Bürgersteige unter die Straßenreinigungspflicht, so liegt sie als Teil dieser Pflicht der Regel nach der Gemeinde ob. Die Regel kann dadurch ausgeschlossen werden, daß ein Dritter, z. B. die Anlieger auf Grund einer Observanz, der Polizei gegenüber zur Straßenreinigung verpflichtet ist. Sind nun in R. die Anlieger früher zur Straßenreinigung der Polizeibehörde gegenüber verpflichtet gewesen, weil sich eine Observanz dieses Inhalts gebildet hatte, so hat die Stadtgemeinde die Pflicht der Anlieger seit dem Jahre 1887 übernommen.

Nun meint die Klägerin, der von ihr gefaßte Beschluß, die Reinigung der Straßen auf Kosten der Gemeinde in Zukunft bewirken zu lassen, habe sich nur auf die allgemeine Reinigung der Straßendämme und Bürgersteige von dem Schmutze, wie ihn der Verkehr mit sich bringe, bezogen, keinesfalls aber auf die Entfernung von Schnee und Eis und das Bestreuen der Bürgersteige bei Winterglätte. Nach den vorstehenden Ausführungen ist es jedoch unbedenklich, daß zur allgemeinen Straßenreinigungspflicht die Schneeräumungs- und Streupflicht gehört, und daß daher, wenn jene übernommen ist, auch diese mangels ausdrücklicher Ausschließung als übernommen gelten muß. Aber selbst wenn das bei der Beschlußfassung nicht zum Ausdrucke gekommen ist, so ist doch der dahin gehende Wille der Stadtgemeinde, auch die Schneeräumungs- und Streupflicht zugleich mit der allgemeinen Straßenreinigung zu übernehmen, durch die Art und Weise der Ausführung der Reinigung unzweideutig zum Ausdrucke gebracht worden; denn nach der Einrichtung der Straßenreinigungsanstalt mußte nach einer von dem Inspektor erlassenen allgemeinen Dienstanweisung die

Mannschaft der Reinigungsanstalt bei plötzlich eintretender Glätte die Arbeit auf der Straße sofort abbrechen und die Straßen einschließlich der Bürgersteige mit abstumpfenden Stoffen bestreuen. Unstreitig hat die Klägerin mehrere Jahre hindurch, von 1887 bis 1901, unentgeltlich die Bürgersteige in dieser Weise bestreut. Dies geschah nicht nur in Notfällen oder nachdem zuvor die Anlieger dazu angehalten worden wären, sich aber geweigert hätten, sondern regelmäßig bei plötzlich eintretender Glätte mußten die Mannschaften ihre gewöhnlichen Reinigungsarbeiten abbrechen, mit der Streuarbeit beginnen und sie ohne Pause durchführen. Das verursachte der Stadt bedeutende Kosten an Arbeitslöhnen und für Streustoffe. Sie würde diese bedeutenden Kosten, deren Aufwendung weder dem Magistrate noch der Stadtverordnetenversammlung entgangen sein kann und deren Aufwendung niemals beanstandet worden ist, nicht geleistet haben, wenn sie nicht selbst der Auffassung gewesen wäre, daß sie nicht nur zur Beseitigung des Schmutzes von den Straßendämmen und Bürgersteigen, sondern auch zur Schneeräumung und Bestreuung verpflichtet gewesen sei, nachdem einmal die Straßenreinigung als solche von ihr übernommen worden war.

Nr. 4. Entsch. v. 17. Dez. 1912 (DJZ. 18 927) IXA 144/11.

Straßengräben und Rinnsteine sind idReg. nur zur Entwässerung der Straßen und nicht dazu bestimmt, zur Aufnahme der Abwässer der anliegenden Grundstücke zu dienen, ohne Rücksicht darauf, ob es sich dabei um Gebrauchswässer oder Niederschlagswässer handelt. Zur Begründung eines Rechts der Anlieger zur Benutzung der Rinnsteine der öffentlichen Wege und Straßen über ihren bestimmungsmäßigen Gebrauch bedarf es der Zustimmung der Wegepolizeibehörde, des Wegebaupflichtigen und des etwa davon verschiedenen Eigentümers des Wegegrundstücks.

Nr. 5. Entsch. v. 29. April 1912 (PrVerwBl. **34** 652) IVB 17/11.

1. Es ist nicht zweifelhaft, daß die kurfürstlichen Verordnungen — und diesen stehen von anderen Behörden unter Bestätigung der Kurfürsten erlassene gleich — als Rechtsquellen die Bedeutung eines G. im heutigen Sinne haben, da die Kurfürsten in früheren Zeiten in ihren Landen — der Kurfürst von Trier also in der Stadt Trier — landesherrliche Gewalt besaßen, die das Recht der Gesetzgebung jedenfalls für die hier in Rede stehende Straßenreinigung in sich schlossen. Die Bestimmung des Statutenbuchs ist im Jahre 1670 von dem späteren Erzbischof Carl Caspar von Trier wieder bestätigt worden, und die nachfolgende Gesetzgebung hat hieran nichts geändert, insbesondere nicht der § 2 Art. IV Nr. 9 G. v. 11. frimaire VII (1. XII. 1798). Die polizeimäßige Reinigung der Straßen fällt zweifellos unter Nr. 9. Im Einklange hiermit steht das G. v. 16./24. août 1790, das im Titre XI Art. 3 Nr. 1 zu den Gegenständen der Ortspolizei rechnet: Alles, was sich bezieht auf die Sicherheit und die Bequemlichkeit des Verkehrs auf den Straßen, Kais, Plätzen und öffentlichen Wegen; was umfaßt die Reinigung (nettoiement), Beleuchtung, Beseitigung von Hindernissen . . . . In § 2 IV Nr. 9 aaO. ist danach bestimmt, daß die Kosten der Straßenreinigung zu den Gemeindeausgaben zu rechnen sind. Hiermit hat aber nicht gesagt werden sollen, daß die Straßenreinigung überall von den Gemeinden zu bewirken ist oder stets nur der Gemeinde obliege.

2. Unbedenklich gehören die Vorschriften über Straßenreinigung dem öffentlichen Rechte an. Sie sind deshalb auch nicht bei der französischen Besitzergreifung der Rheinlande durch Art. 7 des für das linke Rheinufer erlassenen EG. z. Code civil v. 30. ventôse XII (21. III. 1804) aufgehoben worden. Denn dieser Artikel läßt alle allgemeinen und lokalen Bestimmungen bestehen über Materien, die nicht durch die französischen G. geregelt sind.

Daß vor der französischen Besitzergreifung im linksrheinischen Rechtsgebiete der Rheinprovinz bestehende Observanzen, wonach die Straßenreinigung den Anliegern und nicht der Stadtgemeinde als solcher oblag, durch die französische Gesetzgebung im Ausgange des 18. und zu Anfang des 19. Jahrhunderts nicht beseitigt worden sind, ist bereits in Entsch. v. 1. XI. 09 (IV A 8. 09 — PrVerwBl. 31 800 — und IV A 15. 09) je in einem Falle ausgesprochen. Ob für den Geltungsbereich des G. v. 11. frimaire VII die Neubildung von Lokalobservanzen über die Straßenreinigungspflicht ausgeschlossen sei oder nicht, brauchte in jenen Entsch. nicht untersucht zu werden. Für den Gerichtshof würden aber Bedenken nicht entgegenstehen, die Möglichkeit einer solchen Neubildung von Observanzen des angegebenen Inhalts für das genannte Rechtsgebiet für zulässig zu erachten.

3. Daß auch juristische Personen Träger öffentlicher Pflichten sein können, ist anerkanntes Recht. Die polizeilichen Vorschriften treffen juristische Personen in gleicher Weise wie natürliche, soweit sie nicht der Natur der Sache nach für erstere als unanwendbar gelten müssen. Sodann übersieht die Klägerin, daß die Straßenreinigungspflicht, wenn angeordnet war, daß sie vor den Häusern erfüllt werden sollte, lediglich von der Anliegereigenschaft und nicht etwa von der rechtlichen Stellung des Eigentümers oder Nutznießers des angrenzenden Grundstücks abhängig gemacht ist. Nur eine solche Regelung konnte den Zweck der Vorschrift, eine allgemeine und vollständige Reinigung auf den Straßen durchzuführen, erreichen lassen.

Wenn die Klägerin anführt, der Anwendung der Vorschrift des Statutenbuchs ihr gegenüber stehe ein Gewohnheitsrecht entgegen, so genügt das von ihr hierfür Vorgebrachte keineswegs, um eine solche Außerkraftsetzung annehmen zu können. Denn jene Vorschrift verliert noch nicht dadurch die Kraft, daß die Leistungen, die ihren Inhalt ausmachen, von der Klägerin nicht ausgeführt oder ihr von der zuständigen Behörde bisher nicht aufgegeben worden sind. Daß aber ein anderer die polizeimäßige Straßenreinigung in der Stadt Trier, für die ein Bedürfnis zweifellos vorlag, ständig und regelmäßig besorgt hätte und dadurch observanzmäßig verpflichtet worden wäre, dafür bietet sich kein Anhalt.

4. Es ist anerkanntes Recht, daß, wenn wie hier, überhaupt eine Pflicht der Anlieger zur Straßenreinigung besteht, deren Art und Maß nach den Bedürfnissen des Verkehrs und den Anforderungen der Gesundheitspflege von der Polizeibehörde geregelt werden kann. Im übrigen liegen die Verhältnisse bei dem gegenwärtigen Rechtsstreite denen in OVG. 52 302 gleich. Durch die dortigen Ausführungen, an denen der Gerichtshof festhält, werden alle weiteren Einwendungen der Klägerin widerlegt. Über die Art der Reinigung entscheiden lediglich polizeiliche Gesichtspunkte. Wenn nach diesen, wie es bei asphaltierten Straßen unbedenklich erscheint, sich die Reinigung durch die einzelnen Anlieger als nicht zulänglich erweist, so ist es das Recht der Polizei und liegt im Rahmen ihrer Befugnisse, dafür zu sorgen, daß die den polizeilichen Interessen genügende Anstalt ins Leben gerufen werde. Ein Widerspruchsrecht gegen die Auflage, sich der vorhandenen Reinigungsanstalt zu bedienen, würden die Anlieger nur haben können, wenn das Vorgehen der Polizeiverwaltung der polizeilichen Gründe entbehrt hätte, wenn es namentlich etwa auf Schikane zurückzuführen wäre. Die nach den Ausführungen der angezogenen Entsch. weiter erforderlichen Voraussetzungen, das Bestehen einer städtischen Reinigungsanstalt, die die Pflichten der Anlieger asphaltierter Straßen zur Reinigung übernimmt, und die Regelung der Benutzung dieser Anstalt durch eine auf Grund des § 4 KommAbgG. erlassene GebO., die von der Aufsichtsbehörde genehmigt ist und die Gebühren nach festen Sätzen und Normen bestimmt, sind unstreitig vorhanden. Deshalb konnte der Klägerin die Bestellung der Reinigung bei dieser Anstalt aufgegeben werden. Daß diese die ihr hiernach obliegende Pflicht, sich zur Erfüllung ihrer

Reinigungspflicht der städtischen Straßenreinigungsanstalt in der von der Beklagten verlangten Weise zu bedienen, in der Tat nicht erfüllen will, der Beklagten somit Grund zum Einschreiten zur Vollziehung des für Trier geltenden Ortsrechts gegeben war, ist daraus genügend ersichtlich, daß sie ihre Reinigungspflicht schlechthin bestritten hat.

Nr. 6. Entsch. v. 19. Sept. 1912 (OVG. **63** 339) IV B 39/11.

1. In der Stadt Homburg v. d. H. sind die Straßenanlieger zur polizeimäßigen Reinigung der vor ihren Grundstücken belegenen Straßen gesetzlich verpflichtet.

Maßgebend als Rechtsquelle für die Reinigungspflicht der Anlieger ist die Landgräflich Hessen-Homburgische Vd. v. 10. VII. 1816. Sie bestimmt unter XVIII: „Die Straßen in hiesiger Stadt sollen bei trockener Witterung wöchentlich einmal, bei nasser Witterung aber zweimal und in den Ortschaften wöchentlich einmal gereiniget, auch kein Koth auf den Straßen an den Häusern und an Mauern aufbewahrt, sondern sogleich weggeschafft werden, alles bei Vermeidung von 45 kr. Strafe."

2. Ist hiernach für die Stadt Homburg v. d. H. ein die Straßenanlieger zur Straßenreinigung verpflichtendes G. vorhanden, so scheidet die Frage, ob eine solche Pflicht durch Observanz begründet worden sei, aus. Zu untersuchen bleibt nur, ob sich später in Homburg v. d. H. eine jenes G. beseitigende Observanz gebildet hat. Eine solche Observanzbildung wäre, da Homburg v. d. H. im ehemaligen Geltungsgebiete des gemeinen Rechts liegt, an sich möglich. Als Verpflichtete, zu deren Lasten sich eine die Anlieger von der ihnen gesetzlich obliegenden Reinigungspflicht befreiende Observanz gebildet haben könnte, würde nur die Stadtgemeinde in Homburg v. d. H. in Betracht kommen, sei es in ihrer Eigenschaft als politische Gemeinde oder als Besitzerin des Bades Homburg v. d. H., in dessen Bereiche sich der Reinigung bedürfende städtische Straßen befinden. Eine Observanz zu Lasten der Gemeinde hat sich jedoch nicht gebildet.

Nr. 7. Entsch. v. 10. Okt. 1912 (PrVerwBl. **34** 843) IV B 54/12.

1. Das Ortsrecht derjenigen Gemeinde, in die eine andere Gemeinde eingemeindet wird, ergreift die letztere und erstreckt seine Geltung ohne weiteres auf deren Bezirk, sofern nicht besondere Gründe entgegenstehen oder Ausnahmen gemacht sind. Dies gilt auch für Observanzen, die objektives Recht bilden.

2. Für Gelsenkirchen besteht eine observanzmäßige Verpflichtung der Eigentümer von bebauten und unbebauten Grundstücken zur Reinigung der angrenzenden gepflasterten Straßen.

Nr. 8. Entsch. v. 8. Mai 1913 (PrVerwBl. **36** 199) IV A*42/12.

Die Entsch. der Frage, ob der Kläger zur Reinigung der in Rede stehenden Straßenflächen verpflichtet ist, hängt davon ab, ob für Adelnau eine die Anlieger zur Straßenreinigung verpflichtende Observanz besteht und — bejahendenfalls — welchen Inhalt sie hat. Nach den Aussagen der von der Polizeiverwaltung in Adelnau gehörten Zeugen kann es nicht zweifelhaft sein, daß die Observanz sowohl für bebaute wie für unbebaute Grundstücke besteht. Daß die für die Hausbesitzer vorhandene Verpflichtung auch für die Eigentümer von unbebauten Grundstücken gilt, ist um so unbedenklicher, als weder in dem Ergebnisse der von der Polizeiverwaltung veranstalteten Beweisaufnahme noch in anderen Unterlagen ein Anhalt dafür zu finden ist, daß vor nicht bebauten Grundstücken die Eigentümer nicht gereinigt hätten, oder daß insoweit von der Gemeinde oder einem Dritten die Reinigung besorgt worden wäre, zumal es sicherlich in Adelnau mindestens eine Zeitlang unbebaute Grundstücke gegeben und offenbar eine vollständige Reinigung der ganzen Stadt in allen ihren Teilen stattgefunden hat. Unrichtig ist die Behauptung, es habe sich eine Observanz in Ansehung solcher Grundstücke nicht bilden können, die, wie der in Betracht kommende Teil des Bahngrundstücks, dauernd unbebaubar seien.

In OVG. 58 330 ist ausgeführt, die bloße Annahme, es seien bei der Observanzbildung die unbebaubaren Grundstücke von den unbebauten unterschieden worden, und erstere fielen nicht mehr unter die Observanz, müsse schon zu zahlreichen Zweifeln und Schwierigkeiten führen. Dabei würde namentlich zu entscheiden sein, ob zu den unbebaubaren Grundstücken nur die gehören, die es von Natur seien, oder auch die, die es durch menschliche Bestimmung oder menschliches Zutun seien, und im letzteren Falle, von welcher Art die Bestimmung, das Zutun, sein müßte, ferner ob dazu nur die dauernd unbebaubaren oder auch die vorübergehend unbebaubaren zu rechnen wären. Ein Anlaß zu solchen Unterscheidungen sei im Wesen der Observanz nicht begründet; sie solle mit den bebauten und den unbebauten Grundstücken alle Grundstücke treffen, einerlei, aus welchem Grunde die letzteren noch nicht bebaut seien oder nicht haben bebaut werden können. An diesen Erwägungen hält der Gerichtshof auch für einen Fall der vorliegenden Art, in welchem es sich um die polizeimäßige Reinigung der Straßen handelt, fest. Zum mindesten müßte irgendein Anhalt dafür gegeben sein, die Observanz habe sich, weil die tatsächliche Übung nur entsprechend beschränkt gewesen, mit der Beschränkung gebildet, daß sie für Grundstücke, die aus bestimmten Gründen nicht bebaut werden können, keine Anwendung zu finden habe. An solchen Anhaltspunkten fehlt es vollständig.

Nr. 9. Entsch. v. 14. Febr. 1913 (PrVerwBl. 34 913) II C 239/12.

1. Wo eine observanzmäßige polizeiliche Pflicht der Anlieger zur Straßenreinigung besteht, hat die Gemeinde mit der Angelegenheit überhaupt nichts zu tun, kann also auch keine Naturaldienste verlangen. Wo dagegen die Gemeinde die Reinigungspflicht hat, da fällt die Observanz, und die Anlieger scheiden aus.

2. In Merseburg hat die Gemeinde die Straßenreinigungspflicht nicht als ihre eigene Pflicht übernommen.

3. Selbst wenn aber die Verpflichtung der Gemeinde bestände, würde sie nur Hand- und Spanndienste, d. h. Arbeit, für die von ihr zu bewirkende Straßenreinigung fordern dürfen. Was hier verlangt worden, ist aber die Herstellung und dauernde Erhaltung eines ordnungsmäßigen, den polizeilichen Anforderungen an die Reinlichkeit der Straße entsprechenden Zustandes. Die Gemeinde fordert nicht, um die alte Rechtssprache zu gebrauchen, operae, sondern ein opus. Das kann die Gemeinde ihren Angehörigen nach dem KommAbgG. nicht auferlegen, und eine etwaige Observanz der Gemeinde gegenüber würde durch das KommAbgG. beseitigt sein.

Nr. 10. Entsch. v. 3. April 1913 (OVG. 65 286) IV A 12/12.

1. In der Stadt Allendorf a. d. Werra sind die Hauseigentümer auf Grund der insoweit noch gegenwärtig geltenden LandgräflHessO. für die Städte des Ober- und Niederfürstentums v. 16. VI. 1614 zur polizeimäßigen Reinigung der vor ihren Hausgrundstücken belegenen Straßen gesetzlich verpflichtet.

2. Der Einwand, es handle sich um keine städtische Straße, vielmehr um eine ungepflasterte Landstraße, würde schon deshalb keine Bedeutung besitzen, weil die Pflicht zur polizeimäßigen Reinigung sich nicht auf Straßen im engeren Sinne beschränkt, sondern für alle öffentlichen Wege besteht, bei denen sich ein

Bedürfnis für diese Art von Reinigung nach Lage der Verhältnisse ergibt. Hier handelt es sich um eine teilweise mit Gebäuden besetzte und dem städtischen Verkehre dienende Wegestrecke, die bereits Bürgersteige besitzt und zum mindesten eine in der Anlegung begriffene Straße darstellt.

d) Unterhaltung der Bürgersteige.

Nr. 1. Entsch. v. 14. Dez. 1911 (DJZ. **17** 1134) IV B 9/11.

Um festzustellen, wer iS. einer Observanz, die die Anliegereigenschaft allein als maßgebend und bestimmend für die Unterhaltungspflicht der Bürgersteige erachtet, als an den Bürgersteig angrenzender Grundstückseigentümer zu gelten hat, kommt es nicht darauf an, als was sich das Grundstück bei anderen besonderen rechtlichen Verhältnissen darstellt, namentlich nicht, ob dafür etwa es als sogenannter Vorgarten anzusehen und deshalb das freie Verfügungsrecht des Eigentümers beschränkt wäre. Allein das tatsächliche Angrenzen an den Bürgersteig ist vielmehr für dessen Unterhaltung entscheidend.

Nr. 2. Entsch. v. 29. Febr. 1912 (PrVerwBl. **34** 29) IV B 37/11.

Bestehen keine allgemeinen Bestimmungen über die Art der Herstellung der Bürgersteige, so muß die Anwendung von Zementplatten, wenn sie auch für den Unterhaltungspflichtigen unwirtschaftlich sein mag, trotzdem bei dessen Willen zugelassen werden, sofern sie den Verkehrsbedürfnissen, wie sie zurzeit sind und vorläufig bleiben werden, genügt.

Nr. 3. Entsch. v. 18. Nov. 1912 (OVG. **63** 315) IV C 90/12.

BauflG. § 15. ZustG. § 56. BGB. §§ 1385, 1388.

1. Die einer Ehefrau auf Grund des § 15 BauflG. obliegende Verpflichtung zur Hergabe des für die Anlegung des Bürgersteigs erforderlichen Landes gehört zu den außerordentlichen Lasten, die iS. des § 1385[1] BGB. als auf den Stammwert des eingebrachten Gutes gelegt anzusehen sind und für die der Ehemann nach § 1388 aaO. nicht haftet.

Allerdings ist der Ehemann nach der gesetzlichen Regel die der Frau obliegenden öffentlichen Lasten zu tragen verpflichtet. Diese Regel hat aber nicht ausnahmslose Geltung, sondern erleidet zwei Ausnahmen: der Ehemann haftet nicht für die auf dem Vorbehaltsgute ruhenden Lasten, auch nicht für die außerordentlichen Lasten, die als auf den Stammwert des eingebrachten Gutes gelegt anzusehen sind.

2. Im Gegensatze zu den ordentlichen Lasten, die im Laufe der Dinge regelmäßig wiederkehren und die Pflichtigen im wesentlichen gleichmäßig treffen, wie Staatseinkommen-, Vermögens-, Gemeindesteuern und Abgaben, sind unter außerordentlichen solche zu verstehen, deren man sich im gewöhnlichen Laufe der Dinge nicht zu versehen hat, solche, die nur einmal und aus einem besonderen Anlasse zu erfüllen sind. Gerade in diesem Abweichen von der Regelmäßigkeit, also dem Ordentlichen, liegt das Kennzeichen des Außerordentlichen. Eine solche außerordentliche Last ist die Hergabe einer Grundstücksfläche zum Bürgersteig unter Zurücksetzung des Zaunes. Die Erfüllung dieser Pflicht erfolgt nicht in wiederkehrender Regelmäßigkeit, sondern nur einmal, sobald ein Bürgersteig neu angelegt oder verbreitert wird, und zu einem Zeitpunkte, der von den Handlungen und dem Willen des Pflichtigen ganz unabhängig ist. Wesentlich in Berücksichtigung zu ziehen ist auch der Umstand, daß der Gemeinde die Pflicht zur Anlegung der Bürgersteige obliegt, und daß die Herstellung der Bürgersteige durch die Straßenanlieger etwas von dieser Regel Abweichendes, also gegenüber der ordentlichen Last der Gemeinde eine außerordentliche Last darstellt, ferner, daß

diese Last der Anlieger auf einem der Regel gegenüber außerordentlichen Rechtsgrunde, wie es das Herkommen ist, beruht.

3. Unter Lasten, die als auf den Stammwert gelegt anzusehen sind, sind diejenigen zu verstehen, die nach der Absicht der die Last auferlegenden Anordnung nicht aus den Erträgen, sondern aus dem Stammwerte bestritten werden sollen. Ob eine solche Absicht vorliegt, ist aus der Art und Weise zu entnehmen, in welcher die Last auferlegt wird. Es ist also im wesentlichen eine tatsächliche Frage, ob es sich um eine derartige Last handelt, worauf auch die Fassung „als auf den Stammwert gelegt anzusehen sind" hinweist. Darauf, daß die Last auf dem ganzen eingebrachten Gute und allen seinen Teilen zu ruhen hat, kann es nicht ankommen; für diese Annahme bietet die Fassung und die Absicht der Bestimmung keine Handhabe. Vielmehr sind Lasten als auf den Stammwert gelegt anzusehen, wenn sie auf einzelnen Teilen des eingebrachten Gutes, also auch auf einem dazu gehörigen Grundstücke ruhen. Eine solche Last ist die Verpflichtung zur Hergabe einer Grundstücksfläche zum Bürgersteig unter Zurücksetzung des Zaunes; sie trifft die Substanz des eingebrachten Grundstücks, ruht also recht eigentlich auf dem Stammwerte des zum eingebrachten Gute gehörigen Grundstücks und liegt jedem Eigentümer dieses Grundstücks ob. Ist hiernach die gedachte Verpflichtung eine außerordentliche Last, die als auf den Stammwert des eingebrachten Gutes gelegt anzusehen ist, so liegt sie allein der Ehefrau ob, und der Kläger haftet als Ehemann nicht für sie.

Nr. 4. Entsch. v. 27. März 1913 (OVG. **65** 283 IV B 32/12.

1. Die angefochtene Verfügung stellt an den Kläger die Forderung, den vor seinem Grundstücke vorhandenen Bürgersteig in einen den Bedürfnissen des öffentlichen Verkehrs entsprechenden Zustand zu versetzen. Der Kläger behauptet, daß diese Verpflichtung der mitbeklagten Stadtgemeinde in ihrer Eigenschaft als Straßeneigentümerin, und weil das Bedürfnis zu der geforderten Bürgersteigbesserung durch Verschulden der städtischen Bauverwaltung hervorgerufen worden sei, obliege. Es handelt sich also um eine sogenannte Abbürdungsklage, die nur dann Erfolg haben kann, wenn der an Stelle des Herangezogenen für die Leistung in Anspruch genommene Dritte nach öffentlichem Wegebaurechte zu der Leistung verpfichtet ist, und mit der insbesondere Schadensersatzansprüche, Ansprüche aus Verschulden usw. nicht geltend gemacht werden können.

2. In der Stadt Breslau sind die Hausbesitzer zur Unterhaltung der vor ihren Hausgrundstücken belegenen Bürgersteige gesetzlich verpflichtet. In Betracht kommt hierfür das Regl. v. 26. V. 1744, „wie es mit Säuberung der Straßen in der Kgl. Hauptstadt Breslau zu halten" (Kornsche Sammlung von **1744** 76ff.), das gehörig veröffentlicht worden, welchem mithin unbedenklich Gesetzeskraft beizumessen ist.

Durch diese Gesetzesvorschrift wird die Pflicht der Hausbesitzer zur „Reparatur" und zum „Bauständighalten" des Bürgersteigs ausgesprochen, und sie besteht, da seither abändernde Gesetzesvorschriften nicht ergangen sind, noch jetzt. Ursprünglich hat sie allerdings nur die im Jahre 1744 in Breslau vorhanden gewesenen Straßen zum Gegenstande gehabt. Es ist aber in ständiger Rechtsprechung vom OVG. an dem Rechtsgrundsatze festgehalten worden, daß sich das Ortsrecht auf alle der Ortschaft hinzutretenden Gebiete ohne weiteres ausdehnt.

Nr. 5. Entsch. v. 25. Sept. 1913 (ZPolVerwB. **22** 266) IV C 88/12.

1. Bürgersteige, die dem Verkehr von Haus zu Haus und der Verbindung der Baugrundstücke mit der Straße zu dienen bestimmt sind, anzulegen, ist nicht

Aufgabe der Chausseebaupflichtigen. Solche Bürgersteige können jedoch neben der Chaussee als besondere Verkehrsanstalt angelegt werden; sie sind von dem Wegebaupflichtigen, unter Umständen kraft Ortsrechts (Observanz) von den Straßenanliegern zu unterhalten und unterstehen der Wegepolizeibehörde.

2. Eine Wegepolizeibehörde gab mehreren Straßenanliegern auf, den Bürgersteig vor ihren Grundstücken gemäß den bestehenden Polizeivorschriften ordnungsmäßig herzurichten, und zwar auf einem Gelände, das unstreitig ursprünglich Teil der an den Grundstücken entlang führenden Chaussee im Rechtssinne gewesen ist. Es wurde festgestellt, daß bei einem Teil der Grundstücke der Bürgersteig tatsächlich schon längere Zeit vorhanden ist, und daß bei einem anderen Teile der Umbau des vorhandenen Bürgersteiges und die Neuanlegung eines Fußsteiges durch Vertrag zwischen dem Provinzialverbande und der Stadt genehmigt worden war, daß aber bei dem Regierungspräsidenten Unterlagen über diesen Sachverhalt nicht vorhanden waren. Das OVG. verneinte darauf die Zuständigkeit der Wegepolizeibehörde zum Erlasse der streitigen Anordnung. Voraussetzung für diese Zuständigkeit ist, daß zunächst der Regierungspräsident als Chausseebaupolizeibehörde, dessen Genehmigung es zu jeder Verminderung des Bestandes des Chausseekörpers bedarf, nach Verhandlung mit dem chausseebaupflichtigen Provinzialverbande als Wegeeigentümers sein Einverständnis mit der Ausscheidung der herzurichtenden Fläche aus der Chaussee und der Umwandlung des Geländes in einen Bürgersteig erklärte. Diese Zustimmung brauchte nicht ausdrücklich erklärt zu werden, sondern konnte auch stillschweigend erfolgen und aus Handlungen oder Unterlassungen schlüssig gefolgert werden. Sie liegt aber hier nicht vor. Die Vereinbarung zwischen dem Provinzialverband und der Stadtgemeinde hat hiermit nichts zu tun. Da demnach die fraglichen Flächen zur Zeit des Erlasses der angefochtenen Verfügung noch nicht mit Zustimmung des Regierungspräsidenten aus der Chaussee ausgeschieden waren, war die Wegepolizeibehörde unzuständig, über deren Herrichtung als Bürgersteig zu verfügen.

Nr. 6. Entsch. v. 19. Jan. 1914 (DIZ. 19 998) IVB 29/13.

Es fragt sich, ob der Kläger Urheber oder Miturheber der Bürgersteigbeschädigung ist. Dies ist zu verneinen. Unstreitig sind die Beschädigungen durch Arbeitsleute des Fuhrunternehmers B. verursacht, der die Erdarbeiten als selbständiger Unternehmer vom Kläger übernommen hatte. Der Kläger stand zu B. nur in einem vertraglichen Verhältnis über die Ausschachtung und hatte auf die Ausführung dieses Werkes keinen Einfluß. Trat bei dieser Ausführung eine Beschädigung ein, so war sie nicht, auch nicht mittelbar, von ihm verursacht. Er kann also weder als deren Urheber noch als ihr Miturheber angesehen werden.

e) Provinzialrechte.

Nr. 1. Entsch. v. 12. Okt. 1911 (**OVG. 61** 265) IVC 90/11.

WestprWegeO. v. 27. IX. 05 §§ 39, 42.

Zu den bisherigen allgemeinen und besonderen gesetzlichen Vorschriften, an deren Stelle die WegeO. für die Prov. Westpreußen v. 27. IX. 05 getreten ist, gehören auch die gesetzlichen Bestimmungen, welche der Stadtgemeinde Danzig auf Grund ihrer ehemaligen Territorialhoheit eine öffentlich-rechtliche Wegeunterhaltungspflicht auferlegten, und die zu ihren Lasten auf demselben Gebiet entstandenen Observanzen. Letztere gehören nach § 39 aaO. nicht zu den Titeln, die aufrechterhalten worden sind.

Nr. 2. Entsch. v. 27. Juni 1912 (OVG. **63** 323) IV C 72/10.

SächsWegeO. v. 11. VII. 91 § 42 u. G. v. 8. VI. 08 Art 2.

Die Vorschrift des § 42 Abs. 1 WegeO. für die Prov. Sachsen v. 11. VII. 91 ist hinsichtlich der observanzmäßigen Verpflichtungen des Fiskus in Beziehung auf den Bau der öffentlichen Wege durch Art. 2 G. v. 8. VI. 08 mit rückwirkender Kraft vom 1. IV. 92 ab beseitigt worden. Die bei dem Inkrafttreten der WegeO. vorhanden gewesenen fiskalischen Verpflichtungen dieser Art bestehen daher in der Weise fort, als ob § 42 Abs. 1 aaO. in bezug auf sie niemals in Kraft getreten wäre.

Nr. 3. Entsch. v. 4. Juli 1912 (OVG. **64** 478).

Wegeunterhaltungspflichtig sind in der Provinz Schlesien nach dem Landstraßen- und WegeRegl. für das Herzogtum Schlesien und die Grafschaft Glatz v. 11. I. 1767 (Korn, Neue schl. EdS. X 3) §§ 5 bis 7, soweit nicht durch Observanz, Vertrag oder Richterspruch etwas anderes bestimmt ist, die anliegenden Dominien und Gemeinden. Als anliegend werden dabei nach der Rechtsprechung in erster Linie diejenigen Gemeinden oder Güter angesehen, in deren kommunalen Grenzen der Weg liegt; die kommunale Zugehörigkeit des Wegekörpers ist für die Unterhaltungspflicht maßgebend.

In der Rechtslehre ist dieser vom OVG. ständig festgehaltene Grundsatz hinsichtlich seiner Anwendbarkeit auf die Dorfstraßen bekämpft worden. Indessen geben die dagegen geltend gemachten Bedenken keine Veranlassung, ihn einzuschränken. Er ist aus der geschichtlichen Entwickelung des Wegerechts hergeleitet und erleidet allein dann eine Ausnahme, wenn die einzelnen an den Weg grenzenden Grundstücke Träger der Wegebaulast sind. Dieser Ausnahmefall liegt in Schlesien zweifellos nicht vor.

Nr. 4. Entsch. v. 7. Okt. 1912 (PrVerwBl. **35** 43) IV B 22/12.

Nach § 24 G. über die Gemeindewege und Landstraßen v. 28. VII. 51 (HannGS. **51**, Abt. 1 141) trifft die Wegepflicht diejenige Ortsgemeinde, durch deren Bezirk der Weg läuft und soweit letzteres der Fall ist. Sonach ist die Klägerin zur Unterhaltung der streitigen Wegestrecke verpflichtet, wenn sie nicht den Nachweis führt, daß ein die Gemeinde A. hierzu verpflichtender Ausnahmefall vorliegt. Einen solchen Nachweis hat die Klägerin nicht geführt. Zwar sind nach § 24 Abs. 2[1] und Abs. 3 G. v. 28. VII. 51 und § 50 ZustG. Vereinbarungen über die Verbindung mehrerer benachbarter Ortsgemeinden zur gemeinschaftlichen Anlegung und Unterhaltung der für sie alle wichtigen Gemeindewege innerhalb des einen oder anderen Bezirks zugelassen, und es kann die Vereinbarung auch dahin gehen, daß eine Gemeinde die Unterhaltung einer in den Bezirk einer Nachbargemeinde fallenden Wegestrecke übernimmt. Sie liegt jedoch nicht schon dann vor, wenn eine Gemeinde behufs Erlangung einer Beihilfe sich der Provinz oder dem Kreise gegenüber zur Unterhaltung einer solchen Wegestrecke verpflichtet. Mangels solcher Vereinbarung ist die Klägerin zur Unterhaltung der streitigen Wegestrecke verpflichtet, und es ist nur noch zu prüfen, ob dasjenige, was seitens der Polizeibehörde von der Klägerin verlangt worden ist, über das Maß des Notwendigen und Zweckmäßigen hinausgeht. Hierbei ist damit zu rechnen, daß ein Pflaster vorhanden und mit Zustimmung der Gemeinde Ketzendorf angelegt worden ist. Bei dieser Sachlage kann nicht beanstandet werden, wenn von der Polizeibehörde die Instandsetzung des Pflasters wieder verlangt wird.

Nr. 5. Entsch. v. 24. Okt. 1912 (OVG. **64** 488) IV C 33/11.

Das bis zur Einführung des ALR. II 7 § 37[1] für die Oberlausitz in Geltung gewesene Kursächs. Straßenbaumandat v. 28. IV. 1781 ergibt keine allgemeine Observanz, nach der in der Oberlausitz die öffentlichen Kommunikationswege von den Anliegern zu unterhalten wären. Diese Wege sind daher, falls sich nicht für den einzelnen Weg eine besondere Observanz zu Lasten der Anlieger gebildet hat, von den Gemeinden zu unterhalten, in deren Kommunalbezirken sie belegen sind.

Nr. 6. Entsch. v. 5. Dez. 1912 (OVG. 63 320) IV C 137/12.

ZustG. § 56. OstprWegeO. v. 10. VII. 11 §§ 38, 42.

1. Für die allgemeine Feststellungsklage gemäß § 56 Abs. 5 ZustG. ist die Entsch. auch in der Revisionsinstanz nach dem zur Zeit ihres Erlasses geltenden objektiven Rechte zu treffen. Dem steht weder der Grundsatz, daß der Revisionsrichter die angefochtene Entsch. nur in rechtlicher Beziehung nachzuprüfen hat, und daß neue tatsächliche Anführungen in der Revisionsinstanz unzulässig sind, noch der Umstand entgegen, daß der Berufungsrichter nicht in der Lage war, das neue objektive Recht zu berücksichtigen.

Die Aufgabe des Revisionsrichters ist im Falle einer Feststellungsklage von der vorliegenden Art eine wesentlich andere als in den Fällen, in denen jener Grundsatz gilt und jener Umstand Bedeutung hat, und in denen der Gegenstand und das Ziel des Rechtsstreits nicht die Ermittelung und Feststellung des objektiven materiellen Rechtes bilden.

2. Nach § 38 OstprWegeO. v. 10. VII. 11 sind im allgemeinen die Observanzen in bezug auf die Wegebaulast mit dem 1. IV. 12 aufgehoben. Wegebauverpflichtungen des Staates, die auf Observanzen oder besonderen öffentlich-rechtlichen Titeln beruhen, bleiben jedoch nach § 42 Abs. 1 aaO. bestehen. Es kommt für die Entsch. der Sache also auch jetzt noch auf das Vorhandensein einer Observanz oder eines besonderen öffentlich-rechtlichen Titels an. Dies hat der Revisionsrichter frei zu prüfen.

Durch die Beweisaufnahmen ist als erwiesen anzusehen, daß vom Jahre 1889 an mit den Arbeiten auf der streitigen Wegestrecke auf fiskalische Kosten begonnen, daß die Strecke besandet und bekiest und während eines ungefähr 16 jährigen Zeitraums fortdauernd unterhalten und gebessert worden ist. Es muß ferner angenommen werden, daß bei dem damals zuständigen Oberförster G. wie bei dem auf Inspektionsreisen anwesenden Forstaufsichtsbeamten die Überzeugung bestand, daß der Forstfiskus zur Unterhaltung des Streitwegs verpflichtet sei. Es kann dahingestellt bleiben, ob nicht schon hieraus ohne weiteres auf die Überzeugung von der rechtlichen Notwendigkeit der Übung auf seiten des Forstfiskus zu schließen ist. Jedenfalls aber müssen die fortdauernden Leistungen des Fiskus im Hinblick auf die Länge der Zeit sowie mit Rücksicht auf den Umstand, daß zum mindesten die Kosten des Wegeausbaues in den Wegebauplan aufgenommen worden sind, auch der beaufsichtigende höhere Forstbeamte damit einverstanden gewesen ist, notwendig auch zur Kenntnis der Kgl. Regierung, Abt. für direkte Steuern, Domänen und Forsten, gelangt sein. Das genügt für die Begründung der Verpflichtung dem Fiskus gegenüber.

Nr. 7. Entsch. v. 9. Jan. 1913 (PrVerwBl. 35 715) IV C 196/12.

1. Die Anwendung des § 1 Satz 1 DeichG. in Verbindung mit § 96 ZustG. setzt voraus, daß es sich um ein Gewässer handelt, das zeitweise, d. h. mit einer gewissen Regelmäßigkeit, über die Ufer tritt*).

2. Durch § 41 WegeO. für die Prov. Posen v. 15. VI. 07 sind die Rechte und Verbindlichkeiten in Beziehung auf den Wegebau aus besonderen

*) Vgl. §§ 285ff. WasG.

Titeln **insoweit aufgehoben**, als in diesen die Wegelast bloß nach den bisherigen **Observanzen** festgestellt ist. Das Bestehen solcher Observanzen muß nachgewiesen werden.

4. Land- und Heerstraßen; Unterhaltungspflicht des Fiskus.

Nr. 1. Entsch. v. 28. April 1913 (PrVerwBl. **36** 116) IVB 50/12.

1. Aus den vorgelegten Akten erhellt, daß verschiedene Straßen im Regierungsbezirk Merseburg, darunter die Eisleben-Weißenfelser Straße, im Anfang des 19. Jahrhunderts während der kursächsischen Zeit als Kommerzialstraßen gemäß § 8 sächs. Straßenbaumandat v. 28. IV. 1781 und nach Einführung des Landrechts als **Land- und Heerstraßen** von den Behörden angesehen worden sind. Irrig war dabei nur, daß das kursächsische Mandat auch nach Einführung des Landrechts noch Wirkung haben und daher die Gemeinden zur Unterhaltung der Landstraßen innerhalb der Ortslage verpflichtet sein sollten. Denn das Mandat v. 28. IV. 1781 ist ein **allgemeines** G. und daher durch § 2 des Patents wegen Einführung des ALR. in die mit dem preußischen Staat vereinigten ehemals sächsischen Provinzen und Distrikte v. 16. XI. 1816 (GS. 233) aufgehoben und **durch die Vorschriften des ALR. ersetzt** worden. Nach dem ALR. liegt **dem Fiskus die Unterhaltung der Land- und Heerstraßen** ob; er hat diese Pflicht **also auch innerhalb der Ortslage der durch die Straße berührten Gemeinden.** Eine **abweichende Observanz** war **nicht möglich**, da sich ein dem ALR. entgegenstehendes Gewohnheitsrecht nach der Publikation des ALR. nicht mehr bilden kann. Wenn die Gemeinden daher innerhalb der Ortslage die Unterhaltungspflicht weiter ausübten, so konnte dies zu keiner sie verpflichtenden Observanz führen.

2. Nur in dem einen Falle würde der Fiskus von der Unterhaltung frei geworden sein, wenn eine **Deklassierung der** Eisleben-Weißenfelser **Landstraße** durch die Regierung stattgefunden hätte. Der Vorderrichter nimmt an, daß die Regierung zu Merseburg durch Vf. v. 15. IV. 1839 die genannte Straße **deklassiert** und dadurch ihrer Eigenschaft als Land- und Heerstraße entkleidet habe. Dem kann aber **nicht** beigetreten werden. Nach Ansicht des Berufungsgerichts ist vielmehr zweierlei möglich. Entweder ist die Deklassierung bloß geplant gewesen, ihre Durchführung hat aber nicht stattgefunden, da die Behörde davon Abstand genommen hat; oder durch die Vf. v. 15. IV. 1839 ist die Deklassierung vollzogen, später ist aber die Straße von neuem zur Land- und Heerstraße erhoben worden. Für die erstere Annahme würde der Wortlaut der Verfügung sprechen, die Regierung sei höheren Orts ermächtigt worden, die Eisleben-Weißenfelser Straße als Landstraße aufzuheben und, insofern die Kommunen den Weg zu einer Kommunikation nicht entbehren könnten, ihnen diesen als Kommunikationsweg zu belassen, nachdem er zuvor noch vom Fiskus in polizeimäßigen Stand gesetzt worden sei. Hiernach wird angenommen werden können, daß die **Deklassierung erst nach vollständiger Instandsetzung** ausgesprochen werden sollte, daß es aber nicht dazu gekommen ist, da die Regierung infolge des LTAbschd. v. 6. VIII. 41 II B 8 am 4. I. 42 anordnete, es sei „von einer Übergabe der gedachten Straße zu abstrahieren". Ist aber in der Vf. v. 15. IV. 1839 die Deklassierung schon ausgesprochen worden, so würde sie durch deren Mitteilung an die Gemeinden und auch an die Klägerin vollzogen sein; denn die Übergabe an die nunmehr Unterhaltungspflichtigen ist nur eine Folge, **keine Vorbedingung der Deklassierung.** Dann würde aber aus der auf Grund des LTAbschd. erlassenen Vf. der Reg. v. 4. I. 42 in Verbindung mit der weiteren Behandlung der Angelegenheit, insbesondere der weiteren Unterhaltung der streitigen Strecke durch den Fiskus, zu entnehmen sein, daß durch jene Verfügung an den Landrat die **Eigenschaft der Straße als Land- und Heerstraße wiederhergestellt** worden ist. Zu einer solchen

Verfügung bedurfte es keiner Genehmigung der Zentralbehörde und keiner Mitteilung an die von der Wegebaulast Befreiten, sondern es genügte die Herausgabe der Verfügung an den Landrat, damit er wisse, daß fortan der Fiskus die Unterhaltung habe. Und das ist geschehen.

In beiden Fällen ist somit die Eigenschaft der Eisleben Weißenfelser Straße als Land- und Heerstraße noch fortbestehend, und der Provinzialverband nach § 44 WegeO. für die Provinz Sachsen als Rechtsnachfolger zur Unterhaltung der streitigen Straßenstrecke verpflichtet.

Nr. 2. Entsch. v. 22. Dez. 1913 (OVG. **66** 348) IV C 105/13.

1. Nach § 4 ALR. II 15 ist der Staat berechtigt, die Land- und Heerstraßen so, wie er es zum gemeinen Besten dienlich findet, zu verändern und zu verlegen. Hierbei ist zwischen der sogenannten Deklassierung und der Einziehung (Verlegung) grundsätzlich zu unterscheiden. Die Deklassierung hat nicht die Wirkung, daß die deklassierte Land- und Heerstraße oder der deklassierte Teil einer solchen die Eigenschaft als öffentlicher Weg ganz verlieren, sondern nur die, daß sie öffentliche Wege von geringerer Verkehrsbedeutung oder öffentliche Wege einer niederen Ordnung, mithin nicht freies Eigentum werden, also die Eigenschaft der Öffentlichkeit behalten. Befugt zu dieser Deklassierung ist der Regierungspräsident. Sie erfolgt ohne vorgeschriebenes besonderes Verfahren und kann ausdrücklich geschehen oder aus schlüssigen Handlungen und Unterlassungen zu entnehmen sein.

Die Einziehung (Verlegung) öffentlicher Wege dagegen bewirkt, daß die Fläche die Eigenschaft der Öffentlichkeit ganz und gar verliert. Zu ihr ist bei Land- und Heerstraßen, wenn sie im Zusammenhang oder in unmittelbarem Anschluß an eine Deklassierung, in diesem Sinne also gleichzeitig mit einer Deklassierung stattfindet, der Regierungspräsident ebenfalls zuständig. Das Verfahren nach § 57 aaO. ist dann dafür nicht gegeben; auch diese Einziehung kann durch den Regierungspräsidenten ausdrücklich oder durch stillschweigende Handlungen bewirkt werden.

2. Im vorliegenden Falle kommt es somit, da für eine ausdrückliche Deklassierung und Einziehung durch den Regierungspräsidenten bisher nichts vorliegt, darauf an, ob etwa der in Betracht kommende Teil der früheren Land- und Heerstraße stillschweigend, d. h. in einer aus schlüssigen Handlungen oder Unterlassungen zu entnehmenden Weise, bei dem Baue der Chaussee in den Jahren 1893/94 deklassiert und eingezogen worden ist oder nicht deklassiert oder zwar deklassiert, jedoch nicht zugleich eingezogen worden ist. Im ersten Falle würde es sich bei den streitigen Flächen um solche handeln, die nicht mehr die Eigenschaft eines öffentlichen Weges oder des Teiles eines solchen haben. Dann wären die angefochtenen Verfügungen und der Einspruchsbescheid ohne weiteres rechtswidrig, weil die Polizeibehörde zu einer Inanspruchnahme für den öffentlichen Verkehr nur zuständig ist, wenn es sich um einen öffentlichen Weg handelt (§ 56 ZustG.). Im zweiten Falle, d. i. wenn die Land- und Heerstraße als solche nicht einmal deklassiert worden ist, würde es in erster Linie darauf ankommen, ob zu der Inanspruchnahme für den öffentlichen Verkehr der Amtsvorsteher oder nicht der Regierungspräsident zuständig war. Im dritten Falle würden die Flächen noch die Eigenschaft eines öffentlichen Weges haben, und der Amtsvorsteher würde zu seinem Vorgehen zuständig gewesen sein.

Nr. 3. Entsch. v. 5. Febr. 1914 (DJZ. **19** 1115) IVB 8/13.

Die Vorschrift des § 57 ZustG. gilt nur, soweit nichts anderes Rechtens ist. Eine Land- und Heerstraße kann aber in dem Verfahren, welches sie regelt, erst eingezogen werden, wenn sie dieser Eigenschaft durch Deklassierung seitens der Landespolizeibehörde entkleidet und damit zu einem öffentlichen Wege minderer Ordnung geworden ist. Daher ist das eingeleitete Einziehungsverfahren nichtig und die Klage begründet. Es ist nicht ausgeschlossen, daß die beklagte Polizeiverwaltung, nachdem jetzt die OstprWegeO. v. 10. VII. 11 in Kraft getreten ist, von neuem mit der Einziehung des Wegestücks vorgehen wird. Für diesen Fall wird bemerkt, daß sie jetzt dazu zuständig ist. Denn durch das Inkrafttreten der WegeO. hat es seine Eigenschaft als Land- und Heerstraße insoweit verloren, als es in dem Verfahren nach § 57 ZustG. einziehbar ist.

5. Chausseen; Chausseegelderhebung.

Nr. 1. Entsch. v. 14. März 1912 (OVG. **61** 267) IV B 48/10.

1. Auch in den zu der vormaligen Landgrafschaft Hessen-Homburg gehörigen Teilen des Regierungsbezirkes Wiesbaden steht die Chausseebaupolizei dem Regierungspräsidenten zu. Eine Chausseebaupolizeibehörde ist in der Landgrafschaft Hessen-Homburg unbekannt gewesen oder doch jedenfalls nicht hervorgetreten, weil der staatliche Baubeamte die Chausseen angemessen hat unterhalten lassen. Die Zuständigkeit des Regierungspräsidenten zur Wahrnehmung der Chausseebaupolizei ergibt sich daraus, daß die für die älteren Provinzen nach § 3 Ziff. 2 Buchst. c RegInstr. v. 23. X. 1817 begründete Zuständigkeit durch § 6 AhVd. v. 22. II. 67 auch auf die Regierungen, jetzt Regierungspräsidenten, in Cassel und Wiesbaden übertragen worden ist.

2. In denselben Gebietsteilen liegt den Gemeinden gemäß § 3 GroßhHessVd. v. 14. IX. 1810 die Pflicht ob, das für die Herstellung und Unterhaltung der durch ihre Orte führenden Bezirksstraßen (Chausseen) benötigte Material anzufahren.

Nr. 2. Entsch. v. 20. Mai 1912 (PrVerwBl. **34** 636) IV B 7/12.

1. Die Chausseebaupolizei steht dem Regierungspräsidenten auch in der Provinz Posen zu. Wer der Unterhaltungspflichtige ist und um welche Chausseebestandteile es sich handelt, ist ohne Belang.

2. Eine Promenade, die auf Grund und Boden liegt, der zu dem Körper der Chaussee gehört, ist Bestandteil der letzteren. Durch den bloßen Gebrauch als Bürgersteig wird sie noch nicht zu einem solchen im Rechtssinne.

Nr. 3. Entsch. v. 5. Juni 1913 (OVG. **64** 494) IV A 6/13.

1. Das G. v. 20. VI. 87, betr. die Abänderung der Vd. v. 17. III. 1839, betr. den Verkehr auf den Kunststraßen usw., trifft nur Anordnungen über das Ladegewicht und stuft dessen zulässige Höhe nach der Radfelgenbreite ab, bestimmt aber nichts über das Eigengewicht der Wagen. Von einer Ladung kann bei einer Straßenlokomotive keine Rede sein. Ladung ist etwas begrifflich vom Transportmittel Verschiedenes, eine Last, deren Transportmittel beliebig gewechselt werden kann, für die der Wagen lediglich ein Fortbewegungsmittel ist, die zur Fortbewegung auf den Wagen aufgeladen wird, von dem sie bei Erreichung ihres Zieles wieder getrennt wird. Diese Begriffsmerkmale treffen bei einer Straßenlokomotive nicht zu. Sie ist ein einheitliches Werk, dessen Bestandteile nicht ohne Zerstörung des Werkes voneinander getrennt werden können, und daher ist es ausgeschlossen, ihre tatsächlich eng zusammenhängenden Bestandteile für die Beurteilung in rechtlicher Hinsicht in zwei Teile, nämlich in die Plattform, Räder, Steuer und Bremse einerseits und die übrigen aufmontierten Bestandteile anderseits, zu zerlegen, und jene als Wagen, diese als Ladung anzusehen.

2. Das ReichsG. über den Verkehr mit Kraftfahrzeugen v. 3. V. 09 ist ebenfalls auf den vorliegenden Fall nicht anwendbar; denn nach § 2 der auf Grund

des § 6 dieses G. erlassenen Vd. v. 3. II. 10 gelten seine Bestimmungen nicht für Straßenlokomotiven, deren betriebsfertiges Eigengewicht neun Tonnen übersteigt. Die Lokomotive des Klägers ist aber etwa elfeinhalb Tonnen schwer.

3. Es kommt also auf die Frage an, ob der Kläger sich mit seinem Lokomotivenbetrieb innerhalb des Gemeingebrauchs hält oder darüber hinausgeht. Im letzteren Falle darf er die Kunststraßen nicht benutzen, und dann ist das polizeiliche Verbot gerechtfertigt. Zu einer Benutzung der Wege, die über den Gemeingebrauch hinausgeht, ist niemand berechtigt. Darüber, was zum Gemeingebrauche zu rechnen ist, bestehen keine festen Vorschriften, vielmehr muß dies nach dem jeweiligen Stande des öffentlichen Verkehrs, nach der Entwickelung der Verkehrsbedürfnisse und Verkehrsmittel beurteilt werden. Deshalb wird in OVG. **50** 284 das Befahren der Wege mit Straßenlokomotiven, die auf Anhängewagen Lasten befördern sollen, nicht zum Gemeingebrauche gerechnet. Das hier Gesagte muß auch gegenwärtig noch gelten. Auch jetzt ist der Gemeingebrauch noch nicht auf die Benutzung von Kunststraßen durch Straßenlokomotiven mit Anhängewagen zu erstrecken, und darum ist eine solche Benutzung nach wie vor von der durch die landesgesetzlichen Bestimmungen vorgeschriebenen Zustimmung der Wegepolizeibehörde, des Wegeunterhaltungspflichtigen und des Wegeeigentümers abhängig und ohne sie unzulässig.

6. Eisenbahnzufuhrwege und Ähnliches.

Nr. 1. Entsch. v. 18. März 1912 (PrVerwBl. **34** 169) IV C 26/11.

Das Vorgehen der Wegepolizeibehörde nach § 55 ZustG. ist nicht nur in dem Falle unzulässig, wenn die Zuständigkeit dafür, wie beim Fehlen der Öffentlichkeit des Weges, gar nicht begründet ist, sondern auch schon dann, wenn sie nur in beschränkter Weise besteht, trotzdem aber ohne die Einschränkung ausgeübt ist, insbesondere also dann, wenn bei der polizeilichen Anordnung eine für andere Behörden gesetzlich begründete Zuständigkeit zur Mitwirkung bei der zu regelnden Angelegenheit unbeachtet gelassen worden ist. Letzteres ist hier der Fall. Nach § 4 EisenbG. darf ohne Zustimmung des Ministers der öffentlichen Arbeiten keine Veränderung der Eisenbahnanlage erfolgen. Das OVG. hat demgemäß bereits grundsätzlich dahin entschieden (OVG. **42** 215; **43** 227), daß die Wegepolizeibehörde die Umgestaltung eines öffentlichen Weges, z. B. seine Verbreiterung, die ohne Eingriff in eine Eisenbahnanlage nicht ausführbar ist, erst nach Einholung der Zustimmung des Ministers dem Wegebaupflichtigen aufgeben darf.

7. Fähren und Brücken und deren Unterhaltung.

Nr. 1. Entsch. v. 28. März 1912 (OVG. **63** 325) IV C 82/11.

Die Vorschrift des § 12¹ WegeO. für die Prov. Westpreußen v. 27. IX. 05, nach welcher die Wegebaulast „die Anlegung und Unterhaltung von Anstalten und Vorrichtungen, die einem der Wegeanlage fremden Zwecke dienen", nicht in sich begreift, ist der entsprechenden Vorschrift des § 7 Abs. 2 WegeO. für die Prov. Sachsen v. 11. VII. 91 nachgebildet, wobei indessen die beispielsweise Anführung der „nur zum Gebrauche der angrenzenden Grundbesitzer dienenden Brücken über die Seitengräben der Wege und Durchfahrten durch diese Gräben," die § 7 Abs. 2 aaO. enthält, fortgelassen worden ist. Die Streichung dieses Zwischensatzes erfolgte nur im Interesse der Anlieger, denen die Geltendmachung etwaiger Entschädigungsansprüche bei Beseitigung der besonders aufgeführten Brücken und Durchfahrten nicht grundsätzlich abgeschnitten werden sollte. Eine Bestimmung im wesentlichen gleichen Inhalts findet sich bereits in dem § 56 Abs. 2ᵃ, §§ 57, 58 Hann. G. über

Gemeindewege und Landstraßen v. 28. VII. 51, woselbst von der Regel, daß alle in die Linie einer Landstraße oder eines Kommunikationswegs aufgenommenen Brücken und Durchlässe dem rücksichtlich dieses Weges pflichtigen Wegeverband anheimfallen, die Brücken und Durchlässe behufs solcher künstlichen Anlagen und Vorrichtungen, die für einen der Landstraße oder dem Kommunikationswege fremdartigen Zweck bestehen, ausgenommen sind; letztere sollen von den bisher Verpflichteten unterhalten und erneuert werden. In OVG. **25** 253 ist diese Vorschrift dahin ausgelegt, daß sich ihre Anwendung nicht auf den Fall beschränke, in dem Brücke oder Durchlaß ausschließlich für einen dem Wege fremdartigen Zweck bestanden haben, sondern daß es darauf ankomme, ob die Anlagen und Vorrichtungen, die das Vorhandensein der bezeichneten Anlagen notwendig gemacht haben, für einen dem Wege fremdartigen Zweck bestehen. Das sei stets anzunehmen, wenn ein bereits bestehender Weg durch die künstliche Anlegung eines Wasserlaufs unterbrochen werde und deshalb eine Brücke hergestellt werden müsse. Bei der Auslegung der entsprechenden Bestimmungen der neuen WegeO. wird an dieser Auffassung grundsätzlich festzuhalten sein. Brücken, die im Zuge eines öffentlichen Weges über nicht zu seiner Entwässerung bestimmte künstliche Wasserzüge führen, sind hiernach nur dann als einem der Wegeanlage fremden Zwecke dienstbar zu behandeln, wenn die Wasserzüge, über die sie führen, nachweisbar später als der Weg angelegt und die Brücken nicht etwa durch gleichzeitige oder spätere Bestimmung der Rechtsbeteiligten auch rechtlich Bestandteile des öffentlichen Weges geworden sind.

Nr. 2. Entsch. v. 23. Mai 1912 (OVG. **63** 308) IV C 43/12.

Der Vorderrichter hat ohne Rechtsirrtum festgestellt, daß die Sorge an der Stelle, an der sich die Brücke befindet, zwar nicht von Natur schiffbar, aber künstlich schiffbar gemacht ist. Dies hat zur Folge, daß § 53 ALR. II 15 zur Anwendung kommt, wonach die Unterhaltung der Brücken über öffentliche Ströme idReg. demjenigen obliegt, der daselbst die Nutzung des Stromes hat. Allerdings spricht der § 53 nur von öffentlichen, d. i. von Natur schiffbaren Strömen. Es besteht jedoch kein Bedenken, die künstlich schiffbar gemachten Wasserläufe den von Natur schiffbaren insoweit gleichzustellen, als es sich um den § 53, also um die Unterhaltung der vom Fiskus hergestellten Bauwerke, handelt.

Nr. 3. Entsch. v. 26. Sept. 1912 (OVG. **64** 484) IV C 61/12.

1. Es kann dahingestellt bleiben, ob die Unterhaltung der Brücke stets durch die Mühlenbesitzer erfolgt und etwa auf Grund der Bestimmungen des WestprWegeRegl. v. 4. V. 1796 (§ 5) oder auf Grund anderweitiger Umstände und in einer Weise vorgenommen worden ist, die zur Bildung eines Gewohnheitsrechts oder einer Observanz geführt hat oder nicht. Jedenfalls ist ihre Verpflichtung durch die §§ 39, 42 WestprWegeO. v. 27. IX. 05 beseitigt.

2. Die WegeO. für die Prov. Westpreußen v. 27. IX. 05 enthält keine Vorschrift, nach der Brücken dann nicht von der regelmäßig unterhaltungspflichtigen Gemeinde zu unterhalten sind, wenn sie mit anderen, dem Wege fremdartigen Werken organisch verbunden sind. Eine organische Verbindung der Brücke mit einer Schleuse würde daher in dem Geltungsbereiche des HannWegeG. v. 28. VII. 51 gemäß § 56[3] eine Ausnahme von der allgemeinen Rechtsregel begründen können, nicht aber im Gebiete der WestprWegeO. Es kommt lediglich die Brücke als solche, ohne Rücksicht auf irgendwelche mit ihr verbundenen Nebenanlagen in Betracht, sofern und soweit sie dem Verkehrsbedürfnis auf dem öffentlichen Wege zu dienen hat, in dessen Zuge sie liegt. Nach § 5 aaO. gilt sie insoweit als Zubehör des Weges. Von der

Wegebaulast des § 10 aaO. würde sie nach § 12[1] nur dann ausgenommen sein, wenn sie einem der Wegeanlage fremden Zwecke diente. Davon könnte bei der Brücke als solcher aber nur dann die Rede sein, wenn der Wasserlauf, über den sie führt, nachweisbar später als der Weg angelegt, und die Brücke nicht nach Bestimmung der Rechtsbeteiligten Bestandteil des Weges geworden wäre.

Nr. 4. Entsch. v. 19. Dez. 1912 (PrVerwBl. 35 523) IV C 241/11.

1. Auszugehen ist davon, daß die streitige Brücke eine Brücke über einen öffentlichen Fluß ist, daß sie nicht im Zuge einer Chaussee liegt und keinen Teil einer solchen bildet, sondern daß sie bestand, bevor die Chausseen von B. nach P. und von M. nach P. gebaut sind, und daß diese Chausseen nur bis an die Brücke herangebaut sind, ohne sie zu ihrem Bestandteile zu machen. Die Brücke über die Dahme bildet also eine selbständige Verkehrsanlage. Der Vorderrichter hat festgestellt, daß die dem Kläger angesonnene Verlängerung der Brücke kein Neubau sei. Denn ein Neubau liege nur vor, wenn vorher überhaupt keine Brücke bestanden habe. Hier sei aber schon eine Brücke vorhanden, über die sich ein reger Verkehr bewege, und sie solle nur infolge besonderer Umstände verändert werden. Diese Feststellung, daß es sich um eine Unterhaltungsmaßnahme handle, bewegt sich auf tatsächlichem Gebiet und läßt weder einen Rechtsverstoß noch einen wesentlichen Verfahrensmangel erkennen. Ob eine Brücke über einen öffentlichen Fluß angelegt oder ob eine vorhandene wieder beseitigt werden soll, hängt von dem alleinigen Ermessen des Staates ab. Ist aber eine Brücke vorhanden, so hat die Wegepolizei darüber zu wachen, daß sie den polizeilicherseits an alle öffentlichen Verkehrsanlagen zu stellenden Anforderungen entsprechend erhalten wird. Im vorliegenden Falle führen die Chausseen beiderseits nur bis an die Brücke, umfassen sie aber nicht. Gehört sie danach nicht zu einer der Chausseen, so untersteht sie auch nicht der Aufsicht der Chausseebaupolizeibehörde, sondern blieb der allgemeinen Wegepolizeibehörde, d. h. der Ortspolizeibehörde, unterstellt. Unstreitig liegt die Brücke im Amtsbezirk P. Demnach war der beklagte Amtsvorsteher zum Erlaß der angefochtenen Verfügung zuständig. Allerdings darf er eine Verfügung, die ohne einen Eingriff in einen Wasserbau an oder in einem öffentlichen Flusse oder ohne Veränderung der Ufer eines solchen nicht ausführbar ist, nicht ohne das Einverständnis der Wasserbauverwaltung erlassen. In gleicher Weise ist er an das Einverständnis der Chausseebaupolizeibehörde gebunden, wenn seine Verfügung nicht ohne einen Eingriff in den Bestand einer Chaussee ausführbar ist. Diese Einverständnisse sind aber erteilt.

2. Wenn der Vorderrichter den Fiskus deshalb für verpflichtet erklärt, weil er durch den Bau des Spree-Umflut-Kanals und die Ableitung des Spreehochwassers in die Dahme in den Bestand der vorhandenen Wege eingegriffen und eine Brücke, die ihrem Zwecke bisher vollkommen gerecht wurde, als Verkehrsanstalt untauglich gemacht hat, so gibt es einen so weitgehenden allgemeinen Rechtssatz nicht. An sich hat der Wege- und Brückenbaupflichtige hinsichtlich der Unterhaltung alles zu leisten, was der Verkehr erfordert, und seine Pflicht ändert sich mit einer Änderung in den Anforderungen des Verkehrs, ohne daß es darauf ankommt, aus welchem Anlaß sie eintritt. Allerdings gibt es Ausnahmen von diesem Grundsatz, indem insbesondere ausgesprochen ist, daß der Staat als Unternehmer von Eisenbahnen für eine Unterhaltungsvermehrung des Wegebaupflichtigen aufzukommen habe. Diese Ausnahmen sind aber keiner Ausdehnung fähig, und von ihnen trifft keine im vorliegenden Falle zu.

Nr. 5. Entsch. v. 6. Nov. 1913 (PrVerwBl. 35 732) IV C 88/13.

Eine Verfügung, die die Instandsetzung einer Brücke derart fordert, „daß sie wieder dem öffentlichen Verkehr übergeben werden kann", muß außer Kraft gesetzt werden, weil sie nicht bestimmt zum Ausdruck bringt, was der Inanspruchgenommene zu leisten hat, um den Anforderungen der Polizei zu genügen. Die Wegepolizeibehörde muß sich selbst darüber schlüssig machen, was im Interesse des öffentlichen Verkehrs notwendig und zweckmäßig ist.

8. Verfahren in Wegeunterhaltungsangelegenheiten nach §§ 55 f. ZustG.; Streitigkeiten der Beteiligten.

Nr. 1. Entsch. v. 11. April 1912 (OVG. 61 270) IV C 2/11.

KrO. §§ 59, 199. ZustG. § 55.

Nach § 59 KrO. ist in ihrem Geltungsbereiche der Amtsvorsteher Wegepolizeibehörde und nach § 199 aaO., wodurch „alle dem gegenwärtigen G. zuwiderlaufenden Bestimmungen" aufgehoben worden sind, ist die durch Nr. 9 PommWegeRegl. v. 25. VI. 1752 anders geordnete Zuständigkeit beseitigt. Durch § 55 ZustG. ist dem Amtsvorsteher die Aufsicht über die öffentlichen Wege und deren Zubehörungen sowie die Sorge dafür, daß den Bedürfnissen des öffentlichen Verkehrs in bezug auf das Wegewesen Genüge geschieht, „in dem bisherigen Umfange" belassen, und damit sollte zum Ausdrucke gebracht werden, daß in der bisherigen Zuständigkeit der Wegepolizeibehörden nichts geändert würde. Da nun § 164 ZustG. alle mit seinen Vorschriften in Widerspruch stehenden Bestimmungen außer Kraft setzt, so ergibt sich daraus, daß die Nr. 9 PommWegeRegl. nur noch materielles Recht enthält. Der Amtsvorsteher hat also in Pommern die Pflichtigen zu Wegebauten und zur Erstattung der von ihm gemäß § 55 ZustG. verauslagten Wegebaukosten heranzuziehen, und zwar hat er gegen denjenigen vorzugehen, den er für verpflichtet hält. Geht die Wegepolizeibehörde gegen einen falschen Verpflichteten vor, so hat dieser den Einspruch und die Klage, die er zugleich gegen denjenigen richten muß, den er für verpflichtet hält.

Nr. 2. Entsch. v. 2. Mai 1912 (OVG. 61 275) IV B 31/11.

1. Die Wegepolizeibehörde ist nicht befugt, dem Reichsmilitärfiskus eine für den öffentlichen Verkehr notwendige Wegeverbreiterung aufzugeben, die ohne Änderung einer Festungstoranlage nicht ausgeführt werden kann. Die Festungstoranlage besteht an sich und in ihrer Gestaltung und Ausrüstung mit Rücksicht darauf, daß sie den Zwecken der Landesverteidigung dienen soll, und so, wie sie diesen am besten dienen kann. Hierüber zu befinden, gehört ausschließlich zu den Obliegenheiten der Militärhoheit. Die diese ausübenden Militärbehörde hat allein darüber zu entscheiden, ob solche Anlagen herzustellen, wie sie zu gestalten, zu unterhalten und zu verändern oder ob sie zu beseitigen sind. Die Polizeigewalt kann dabei überhaupt nicht in Tätigkeit treten. Sie darf daher auch keine Verfügung treffen, die in dieses Militärhoheitsrecht eingreift.

2. Allerdings ist es, da sowohl die Ausübung der Militärhoheit als die Polizeigewalt den allgemeinen Endzwecken der Staatsverwaltung dienen, nicht ausgeschlossen, daß bei der Wahrnehmung der einem jeden dieser beiden Zweige anvertrauten Befugnisse ein Gegensatz hervortritt. Die Ausgleichung eines solchen Gegensatzes kann aber nicht durch einseitige Entsch. einer einzelnen Staatsbehörde getroffen werden, schon um deswillen nicht, weil das G., von etwaigen besonderen Vorschriften abgesehen, keinem der einander gegenüberstehenden öffentlichen Interessen eine so entscheidende Bedeutung beigelegt hat, daß ihnen die anderen Rücksichten des Staatswohls unbedingt zu weichen hätten.

Nr. 3. Entsch. v. 31. Okt. 1912 (PrVerwBl. 35 126) IV B 39/12.

1. Anforderungen der Wegepolizei an den Reichsmilitärfiskus mit Beziehung auf ein Grundstück, das Festungsgelände ist, müssen an die betreffende

Kommandantur gerichtet werden. Daran ändert auch die Tatsache nichts, daß es als Exerzierplatz benutzt wird.

2. Ist die wegebaupolizeiliche Verfügung unrichtigerweise an die Intendantur gerichtet, so hat diese das Einspruchs- und Klagerecht als Vertreterin des Fiskus erlangt und dessen Anspruch auf Aufhebung der Verfügung und des Einspruchsbeschlusses ist gerechtfertigt.

Nr. 4. Entsch. v. 10. Okt. 1912 (PrVerwBl. **34** 843) IV C 45/12.

Die angefochtene Verfügung kennzeichnet sich als wegebaupolizeiliche Verfügung iS. des § 56 ZustG. Denn sie richtet sich an die als wegebaupflichtig in Anspruch genommene klagende Gemeinde und legt dieser Leistungen auf, die in der Wegebaupflicht begründet sind, nämlich die Herstellung entweder des alten, früher vorhanden gewesenen Weges oder eines Ersatzweges. Es kann dahingestellt bleiben, ob eine solche wegebaupolizeiliche Anordnung ohne voraufgegangene Inanspruchnahme des Wegegeländes gegenüber demjenigen, der zurzeit privatrechtliche Ansprüche daran zu haben vermeint, sich nicht auch wegen dieses Mangels als ungerechtfertigt erweist. Jedenfalls ist die angefochtene Verfügung bereits aus einem anderen Grunde unhaltbar. Eine polizeiliche Verfügung muß dem Verpflichteten klar und bestimmt zum Ausdruck bringen, was von ihm verlangt wird, und darf nach dieser Richtung hin keinen Zweifel lassen. Hiergegen verstößt die Verfügung. Sie fordert von der Klägerin wahlweise die Wiederherstellung des alten Gl. Pfades oder, „wenn dies nicht angängig", die Herstellung eines „geeigneten für den Verkehr gleichwertigen" Ersatzweges. Mag man selbst — obwohl auch dies nicht bedenkenfrei ist — das erstgestellte Verlangen als hinreichend bestimmt ansehen, so hatte die Klägerin doch die Wahl, ob sie diesem Verlangen nachkommen oder die zuzweit gestellte Forderung erfüllen wollte. Letztere läßt es aber völlig im unklaren, unter welchen Voraussetzungen die Wiederherstellung des alten Weges für nicht angängig zu erachten ist und welche Eigenschaften der Ersatzweg aufweisen müßte, um als „geeignet und für den Verkehr gleichwertig" gelten zu können, insbesondere welche Richtung, Breite und Befestigung er zu erhalten hätte.

Nr. 5. Entsch. v. 18. Nov. 1912 (OVG. **63** 332) IV B 25/12.

ZustG. §§ 55, 56. LVG. §§ 127—130.

Aus der Entstehungsgeschichte des § 56 Abs. 2 ZustG. erhellt allein, daß ihm die Bestimmung in § 129 Abs. 5 LVG. als Vorbild gedient hat, und daß daher die Absicht, die man bei der Fassung der letzteren verfolgt hat, auch bei der des § 56 Abs. 2 ZustG. vorgewaltet haben wird. Hält man sich daher zunächst an den Wortlaut der Bestimmung, so ergibt sich, daß die Anbringung des Einspruchs bei allen Behörden zulässig ist, die zur Beschlußfassung oder Entsch. über wegepolizeiliche Verfügungen schlechthin, also über Verfügungen nach § 55 ZustG., die sich nach den §§ 127—129 LVG. regeln, berufen sind. Wollte man dies nicht aus dem § 56 Abs. 2 herauslesen, so würde die Bestimmung keinen Zweck haben; denn in den nach § 56 Abs. 1 zu behandelnden wegebaupolizeilichen Verfügungen gibt es keine Beschwerde, für sie ist nur das Verwaltungsstreitverfahren nach vorangegangenem Einspruchsverfahren gegeben; es fehlt also hinsichtlich dieser Verfügungen an Behörden, die zur Entsch. oder Beschlußfassung auf Beschwerden gegen Beschlüsse oder Verfügungen der Wegebaupolizei zuständig sind. Nach § 129 Abs. 5 LVG., dem § 56 Abs. 2 nachgebildet ist, gilt aber bei Beschwerden oder Klagen gegen polizeiliche Verfügungen die Frist als gewahrt, wenn Beschwerde oder Klage innerhalb der Frist bei der zur Entsch. über sie zuständigen Behörde eingegangen sind. Diese Bestimmung hat den ausgesprochenen Zweck, daß, wenn ein Beteiligter irrtümlich ein Schriftstück bei der Ober- statt bei der Unterbehörde eingereicht hat, eine Übersendung an die richtige Adresse erfolgen soll, ohne daß für den Absender durch Versäumung der Fristen ein Nachteil erwächst, d. h. die Beteiligten sollen aus einer Anbringung der Beschwerde oder Klage bei der Beschwerdebehörde oder dem Verwaltungsgerichte keinen Schaden erleiden. Dieser Gedanke, der bei den wegepolizeilichen Beschwerden nach § 55 ZustG. wegen deren Behandlung nach den §§ 127—129 LVG. ohne weiteres Anwendung findet, muß auch bei dem der Vorschrift des § 129 Abs. 5 LVG. nachgebildeten § 56 Abs. 2 ZustG. hinsichtlich des Einspruchs angewandt werden und unterstützt dann die oben gegebene Auslegung. Da nach § 130 LVG. bei wegepolizeilichen Verfügungen des Regierungspräsidenten die Beschwerde an den Oberpräsidenten stattfindet, so wahrt auch bei dessen chausseebaupolizeilichen Verfügungen die rechtzeitige Anbringung des Einspruchs beim Oberpräsidenten die Frist.

Nr. 6. Entsch. v. 21. Nov. 1912 (PrVerwBl. 35 197) IV A 23/12.

Die Klage gegen einen Bescheid des Regierungspräsidenten setzt nach §§ 127ff. LVG. voraus, daß dieser in einem Beschwerdeverfahren über eine ortspolizeiliche Verfügung erlassen ist, daß also ein polizeiliches Gebot oder Verbot oder eine polizeiliche Erlaubnis oder die Verweigerung einer solchen zugrunde liegt. An einer solchen polizeilichen Verfügung fehlt es aber. Vielmehr ist aus den beiden Beschwerdeschriften der Kläger zu schließen, daß eine solche nicht erlassen ist, sondern die Wegepolizeibehörde ein Einschreiten zugunsten der Kläger abgelehnt hat. Beschwerden hierüber fallen nicht unter § 127 LVG., sondern sind Beschwerden im Dienstaufsichtswege und gegen Bescheide der übergeordneten Behörden auf Beschwerden im Dienstaufsichtswege ist das Verwaltungsstreitverfahren nicht gegeben (§ 48 LVG.).

Nr. 7. Entsch. v. 26. Juni 1913 (OVG. 65 288) IV A 15/13.

1. In der Rechtsprechung des OVG. ist allgemein anerkannt, daß zur Einlegung von Rechtsmitteln gegen eine polizeiliche Verfügung nicht nur derjenige befugt ist, an den die Verfügung sich unmittelbar wendet, sondern auch ein Dritter, in dessen Rechte durch sie eingegriffen wird. Dieser Rechtssatz gilt in gleicher Weise auch für die auf Grund des § 56 ZustG. erlassenen Anordnungen, die an sich auch polizeiliche Verfügungen darstellen, für die nur aus sachlichen Gründen ein von dem der §§ 127ff. LVG. abweichendes Rechtsmittelverfahren vorgeschrieben ist.

2. Ein polizeiliches Einschreiten gegen die Eigentümer nichtöffentlicher Grundstücke ist regelmäßig dadurch bedingt, daß die Voraussetzungen des § 10 ALR. II 17 vorliegen.

Nr. 8. Entsch. v. 7. Juli 1913 (OVG. 65 294) IV B 16/13.

Der Anlieger an einem öffentlichen Wege, der zu dessen Verbreiterung gemäß § 56 ZustG. einen Landstreifen abtreten soll und hierzu nicht sich, sondern einen anderen für öffentlich-rechtlich verpflichtet erachtet, ist nicht genötigt, die Klage gegen den abweisenden Einspruchsbeschluß der Wegepolizeibehörde auch gegen jenen anderen zu richten.

Nr. 9. Entsch. v. 27. Okt. 1913 (OVG. 65 304) IV C 232/12.

Die im § 11 Abs. 1 G. über die Reinigung öffentlicher Wege v. 1. VII. 12 zugelassene Klage gegen eine polizeiliche Verfügung, die die polizeimäßige Reinigung eines öffentlichen Weges anordnet, und die im § 11

Abs. 2 aaO. gegebene Klage bei Streitigkeiten der Beteiligten darüber, wem von ihnen die öffentlich-rechtliche Verpflichtung zur polizeimäßigen Reinigung obliegt, können nicht miteinander verbunden werden.

Nr. 10. Entsch. v. 8. Jan. 1914 (OVG. **66** 351) IV C 137/13.

Im Geltungsbereiche der WestprWegeO. v. 27. IX. 05 regelt sich die Anfechtung von Verfügungen der Wegepolizeibehörde, die die Anlegung und Unterhaltung von Anstalten und Vorrichtungen betreffen, die zwar Zubehörungen der Wege sind, aber einem der Wegeanlage fremden Zwecke dienen, gemäß den §§ 12 und 13¹ aaO. nicht nach § 56 ZustG., sondern nach den §§ 127ff. LVG. Der Inanspruchgenommene ist daher nicht befugt, seine Klage gleichzeitig gegen den andern zu richten, den er als nach öffentlichem Rechte an seiner Stelle zu der ihm angesonnenen Leistung verpflichtet erachtet.

9. Inanspruchnahme von Wegen für den öffentlichen Verkehr; Privatrechte an öffentlichen Wegen.

Nr. 1. Entsch. v. 30. Mai 1912 (DJZ. **18** 358) IV B 3/12.

Nach der Auffassung des Klägers kann der Eigentümer des Körpers eines unter der ihn bindenden Mitwirkung seines Vorbesitzers entstandenen öffentlichen Weges der Inanspruchnahme des Weges für den öffentlichen Verkehr mit Erfolg den Einwand entgegensetzen, daß dasjenige, was mit dem Wege geschehen soll, und um dessentwillen die Inanspruchnahme erfolgt ist, nicht nötig sei. Dazu gibt ihm sein Eigentumsrecht nicht die Befugnis oder mit anderen Worten: es fehlt ihm insoweit an dem zur Abwehr der Inanspruchnahme erforderlichen Privatrechte, denn sein Eigentum ist infolge und nach der Herstellung des öffentlichen Weges kein unbeschränktes mehr, sondern nur noch ein durch das Vorhandensein dieses öffentlichen Weges sehr beschränktes. Über den Weg aber hat die Polizei zu verfügen. In dieses Verfügungsrecht darf der Eigentümer nicht eingreifen, noch auch nur wegen seines Eigentumsrechts es beeinflussen. Er würde damit über dessen Beschränktheit hinausgehen. Anders wäre es, wenn das, was die Polizei ausführen oder von dem Wegebaupflichtigen ausgeführt haben will, nicht mehr den Weg beträfe, z. B. so hoch über dem Wege oder so tief unter dem Wege vorgenommen werden soll, daß der Bestand des Weges nicht mehr berührt wird, oder keine Wegeentwässerung mehr wäre, sondern eine Entwässerung der anliegenden Grundstücke. Denn dann würde kein Verfügungsrecht der Polizei über den Weg bestehen, dort räumlich und hier sachlich nicht, und das Eigentumsrecht nicht mehr als ein beschränktes in Betracht kommen. So liegt aber hier die Sache nicht.

Nr. 2. Entsch. v. 30. Mai 1912 (OVG. **63** 310) IV B 40/11.

ZustG. § 56.

1. In Wissenschaft und Rechtsprechung ist anerkannt, daß, vorbehaltlich entgegenstehender Vorschriften, auch an den sogenannten öffentlichen Sachen besondere Rechte, namentlich Dienstbarkeiten an öffentlichen Wegen, durch Ersitzung erworben werden können. Die neueren WegeO. enthalten sogar ausdrückliche Bestimmungen über privatrechtliche Nutzungs- und sonstige Rechte Dritter an öffentlichen Wegen ohne Beschränkung auf Rechte, die schon bestanden haben, ehe ein öffentlicher Weg vorhanden war. Dem ist im vorliegenden Falle hinsichtlich der Zulässigkeit der Ersitzung des Rechtes auf Benutzung von Bäumen einer Land- und Heerstraße beizutreten, und es ist ferner

anzunehmen, daß diese Ersitzung erfolgt ist. Nachdem die Landstraße 1905 in das Grundbuch eingetragen worden ist, hätte ein Benutzungsrecht an den Bäumen, da sie auf die Straße gepflanzt und damit deren Zubehör geworden sind, als Recht an einem Grundstücke nur durch Einigung und Eintragung in das Grundbuch (§ 873 BGB.), aber nicht durch Ersitzung begründet werden können. Seine Entstehung wäre also nach jenem Tage ausgeschlossen; sie wäre dies auch in der Zeit vom Inkrafttreten des BGB. bis zur Eintragung der Landstraße in das Grundbuch, weil landesgesetzliche, unter den Art. 128 EGBGB. fallende Vorschriften über die Begründung einer Dienstbarkeit an einem Grundstücke, das im Grundbuche nicht eingetragen ist und nach den Vorschriften der GrundbuchO. nicht eingetragen zu werden braucht, für Preußen nicht bestehen.

2. Die Ersitzung jenes Baumbenutzungsrechts hat sich indessen noch unter der Herrschaft des ALR. vollzogen. Es wurde nach dessen Vorschriften gemäß den allgemeinen Grundsätzen über die erwerbende Verjährung erworben. Gegen den Fiskus als den Eigentümer der Landstraße fand nach § 629 ALR. I 9 die ungewöhnliche Verjährung von vierundvierzig Jahren statt. Weiteres Erfordernis war auch für diese Ersitzung Redlichkeit des Besitzes sowie, daß der Erwerber die Absicht hatte, ein Recht für sich zu besitzen und nicht eine bloße Vergünstigung auszuüben. Alle diese Voraussetzungen sind gegeben. Die Zweckbestimmung der Land- und Heerstraße, dem öffentlichen Verkehre zu dienen und ihn zu erleichtern, schloß die Entstehung dieses Benutzungsrechts nicht aus.

3. Das ersessene Benutzungsrecht besteht so lange, als die Bäume vorhanden sind, und hindert, sie ohne den Willen des Nutzungsberechtigten fortzunehmen, schließt also sowohl das polizeiliche Verlangen, daß der Berechtigte die Wegnahme dulde, als auch das, daß er sie selbst bewirke, aus. Könnte ein solches Verlangen gestellt werden, so wäre von einem Benutzungsrechte nicht mehr die Rede. Verträgt sich das ersessene Recht nicht mehr mit dem öffentlichen Verkehrsbedürfnisse, so kann sein Aufgeben nur gegen Entschädigung gefordert werden.

Nr. 3. Entsch. v. 17. Okt. 1912 (PrVerwBl. 35 76) IVB 35/12.

1. Zu dem Wegebestande, in den die Wegepolizeibehörde jeden Eingriff zurückzuweisen berechtigt ist, gehört auch der Luftraum über und der Grund und Boden unter der Wegeoberfläche.

2. Das Eigentum an einem öffentlichen Wege ist ein durch die Eigenschaft des Wegekörpers als öffentlicher Weg beschränktes und muß zurücktreten, wenn und insoweit es sich um die Wahrung der Zweckbestimmung des Weges für den öffentlichen Verkehr handelt. Es gibt dem Eigentümer nicht das Recht zur Herstellung einer Niederspannungsfreileitung für elektrischen Strom auf dem Wege. Es hängt vielmehr lediglich vom Ermessen der Polizeibehörde ab, ob sie eine solche Einrichtung zulassen will oder nicht.

Nr. 4. Entsch. v. 16. Jan. 1913 (PrVerwBl. 35 764) IVB 58/12.

1. In der angefochtenen Verfügung wird die Beseitigung der vom Kläger errichteten Mauer aus verschiedenen Gründen gefordert. Einmal wird sie verlangt, weil die Fläche, auf der sich die Mauer befindet, Teil eines öffentlichen Weges (Platzes) sei. Demgegenüber hat der Kläger geltend gemacht, daß diese Fläche sein freies Privateigentum sei. Hiernach liegt eine Inanspruchnahme von Gelände für den öffentlichen Verkehr, also eine wegepolizeiliche Anordnung iS. des § 56 ZustG. vor, und es war als Rechtsbehelf der Einspruch mit darauffolgender Klage gegeben. Die Beklagte hat die angefochtene Verfügung aber außerdem noch damit begründet, daß der vom Kläger geschaffene Zustand gegen das VerunstG v. 15. VII. 07 und gegen die örtliche BauPolO. verstoße und ein Verkehrshindernis bilde. Insoweit handelt es sich um eine allgemein-polizeiliche Verfügung

iS. des § 127 LVG., die als solche an und für sich nicht durch Einspruch, sondern sofort durch Klage oder durch Beschwerde mit nachfolgender Klage anfechtbar war.

Der Regierungspräsident, an den die streitige Anglegenheit im Wege der Beschwerde gelangte, hat sie an die Wegepolizeibehörde abgegeben, um „zunächst" auf die Beschwerde, soweit sie die Verfügung als Inanspruchnahmeverfügung bekämpfte, Entsch. zu treffen; soweit dagegen eine Beschwerde gemäß §§ 127 ff. LVG. in Frage steht, hatte er sich, als der hierfür zuständigen Beschwerdeinstanz, die Entsch. ausdrücklich vorbehalten. Die Entsch. auf den vom Kläger angebrachten Rechtsbehelf war daher der Wegepolizeibehörde nur insoweit überwiesen und die Angelegenheit überhaupt nur insoweit an sie gelangt, als es sich dabei um den Streit über die Inanspruchnahme des Geländes, auf dem die Mauer des Klägers errichtet ist, für den öffentlichen Verkehr handelte. Mithin konnte allein der letzterwähnte Streit Gegenstand des Einspruchsbeschlusses sein.

2. Der Einspruchsbeschluß ist die Grundlage für das ihm nachfolgende Verwaltungsstreitverfahren; mit der Klage kann nur dasjenige bekämpft werden, was im Einspruchsbeschlusse vorläufig entschieden ist. Hieraus folgt, daß die Verfügung nur insoweit den Gegenstand des gegenwärtigen Streitverfahrens bildet, als sie die Inanspruchnahme von Gelände für den öffentlichen Verkehr enthält, und daß insbesondere im jetzigen Verfahren nicht darüber zu befinden ist, ob sich die angefochtene Verfügung durch ihre auf das VerunstG., ein Verkehrshindernis und die BauPolO. zurückgreifende Begründung als zu Recht ergangen erweist.

3. Handelt es sich sonach auch für das gegenwärtige Berufungsverfahren lediglich um die Untersuchung der Frage, ob die Beklagte berechtigt ist, das Gelände, auf welchem der Kläger die Mauer errichtet hat, für den öffentlichen Verkehr in Anspruch zu nehmen, so hängt die Entsch. in der Sache davon ab, ob jenes Gelände die Eigenschaft eines öffentlichen Weges oder Platzes hat. Beweispflichtig hierfür ist die Wegepolizeibehörde. Nach der Rechtsprechung bedarf es dazu in einem Falle der vorliegenden Art des Nachweises, daß das streitige Gelände unter dem ausdrücklichen oder stillschweigenden Einverständnis der Rechtsbeteiligten dem öffentlichen Verkehre gewidmet worden ist. Dieser Nachweis ist nicht erbracht. Die Fläche, auf der die Mauer errichtet ist, steht im Privateigentum des Klägers. Unmittelbar daran stößt das Privateigentum der Kirchengemeinde, welches letztere durch verschiedene Maßnahmen (Setzen von Prellsteinen, Ziehen von Ketten, Vorbehalt der Genehmigung zur Marktabhaltung, Erhebung von Anerkennungsgebühren usw.) von der Eigentümerin als der Öffentlichkeit nicht dienend wiederholt ausdrücklich gekennzeichnet worden ist. Öffentliche Wege sind auf dem Kirchplatze danach anscheinend überhaupt nicht vorhanden. Es handelt sich bei den Wegeverbindungen, die über den Kirchplatz führen, vielmehr wahrscheinlich nur um Privatwege, Zugänge zur Kirche und zu den sie umgebenden Grundstücken. Daß der Fußgängerverkehr und, insoweit es sich um den gelegentlichen Marktverkehr und die Heranschaffung von Bedürfnissen für die am Platze Wohnenden handelt, auch ein Fuhrverkehr über den Kirchplatz und den dem Kläger gehörigen Vorplatz geduldet worden ist, ist für die Entsch. unerheblich, da nicht im geringsten nachgewiesen erscheint, daß sich dieser Verkehr unter Umständen herausgebildet hat, die auf eine Widmung auch der Eigentümer der Grundstücke an die Allgemeinheit schließen lassen. Die Polizeibehörde selbst hat den Verkehr über den Kirchplatz früher durch Anbringung einer Warnungstafel verboten. Die Pflasterung der Wege ist durch die Kirchengemeinde und die Hausbesitzer bewirkt worden. Der streitige Platz unmittelbar vor dem Grundstück des Klägers ist früher durch eine Hecke eingefriedigt gewesen. Nach alledem ist nicht nur nichts dafür vorgebracht, daß der Kirchplatz, insbesondere der hier streitige Teil, von den Rechtsbeteiligten dem öffentlichen Verkehr gewidmet worden sei, sondern es sprechen im Gegenteil eine Anzahl gewichtiger Momente gegen eine solche Annahme.

Nr. 5. Entsch. v. 8. Mai 1913 (PrVerwBl. 36 183) IV C 231/12.

1. Der Kläger hat die Öffentlichkeit der in Betracht kommenden Wegestrecke bestritten. Die Zuständigkeit der beklagten Wegepolizeibehörde zum Erlasse von Anordnungen, die die Inanspruchnahme von Wegen für den öffentlichen Verkehr sowie die Aufsicht über die öffentlichen Wege und die Sorge dafür, daß den Bedürfnissen des öffentlichen Verkehrs in bezug auf das Wegewesen Genüge geschieht, zum Gegenstande haben — §§ 56 Abs. 1, 55 ZustG. —, ist nur dann vorhanden, wenn sich die getroffenen Anordnungen auf einen öffentlichen Weg beziehen.

2. Der von Lüttingen nach Scholtenhof führende Weg liegt im Gebiete des ehemaligen Herzogtums Cleve westlich des Rheins. Im linksrheinischen Gebiete kommt das französische Wegerecht zur Anwendung.

Der Vorderrichter hat festgestellt, der Weg sei ungehindert durch das Publikum benutzt worden, sein Grund und Boden gehöre der Gemeinde Wardt, in deren Wegelagerbuch er ebenso wie in der Katasterkarte verzeichnet sei. Die Wegepolizeibehörde habe sich mehrfach um ihn und seine Unterhaltung gekümmert, und Umstände, die auf eine privatrechtliche Verfügungsbefugnis einzelner an dem Wege hindeuteten, seien nicht vorhanden. Hieraus hat der Vorderrichter auf die Öffentlichkeit des Weges geschlossen. Diese Feststellung ist tatsächlicher Natur und kann mit der Revision nicht angegriffen werden, da sie weder einen Rechtsverstoß enthält, noch in einem an wesentlichen Mängeln leidenden Verfahren erfolgt ist.

Ist hiernach die Öffentlichkeit des Weges vom Vorderrichter unangreifbar dargetan, so war die Beklagte befugt, ihn für den öffentlichen Verkehr in Anspruch zu nehmen, und daraus folgt, da der Kläger ein iS. der Öffentlichkeit des Weges ihm zustehendes Recht, auf dem Wege Hecken zu haben, nicht geltend gemacht und dargetan hat, die Befugnis der Beklagten, die Beseitigung der den freien Verkehr auf dem Wege hindernden Hecken zu verlangen.

3. Was das Begehren der Beklagten nach Herstellung einer Einfriedigung angeht, so will der Kläger auf seinem Grundstücke, das zu beiden Seiten des Weges liegt, in der gleichen Weise wie bisher sein Vieh weiter weiden lassen, ohne das Weideland gegen den öffentlichen Weg durch eine den Austritt des Viehes verhindernde Umzäunung abzugrenzen. Er ist auch nicht gewillt, andere Maßregeln zu treffen, durch die einem Übertreten auf den Weg vorgebeugt würde. Der Vorderrichter hat es nach der gegebenen Sachlage als selbstverständlich vorausgesetzt, daß das auf beiden Wegeseiten befindliche, sich selbst überlassene Vieh von den Weidestellen auf den Weg gelangt und dort sowohl eine Gefahr für die den Weg benutzenden Personen und Fuhrwerke verursachen, zweifellos aber der ungestörten Abwickelung des Verkehrs Hindernisse bereiten kann. Wenn er unter diesen Umständen die Anordnung der Beklagten, die geeignet ist, der Gefahr entgegenzutreten, für zutreffend erachtet hat, so ist er offenbar davon ausgegangen, daß die Befugnis dazu für die Polizeibehörde durch die gesetzlichen Bestimmungen des auch in der Rheinprovinz zur Anwendung kommenden § 10 ALR. II 17 und des § 6b PolVerwG. gegeben war, wonach insbesondere zu den Gegenständen der ortspolizeilichen Vorschriften die Sicherheit und Leichtigkeit des Verkehrs auf öffentlichen Wegen gehört. Die angegriffene Verfügung erweist sich demnach auch insoweit begründet, als sie eine sichere Einfriedigung der Weide vom Kläger fordert.

Nr. 6. Entsch. v. 16. Okt. 1913 (OVG. 65 301) IV C 54/13.

Bei der Inanspruchnahme eines Weges für den öffentlichen Verkehr durch die Wegepolizeibehörde liegt dieser keine besondere Beweispflicht hinsichtlich der Öffentlichkeit des Weges ob.

Die Meinung, es müsse die Wegepolizeibehörde die Öffentlichkeit des Weges beweisen, ist daraus hergeleitet worden, die Behörde sei zunächst zu dem Nachweise verpflichtet, daß sie zum Erlasse der angefochtenen Verfügung an sich zuständig sei und sich auf einem Gebiete bewege, das ihrer Fürsorge gesetzlich unterstehe. Wenn diese Ansicht richtig wäre, so müßte auch in den anderen Fällen, in denen von der Wegepolizeibehörde die Erfüllung einer unter die öffentlich-rechtliche Wegebaulast fallenden Leistung verlangt wird, eine Pflicht der Polizei zum Beweise der Öffentlichkeit des Weges angenommen werden. Davon ist indessen in der Rechtsprechung nicht die Rede gewesen. Mit der sonst fehlenden Zuständigkeit zum Einschreiten bei der Inanspruchnahme von Wegen für den öffentlichen Verkehr kann demnach eine im übrigen aus keiner besonderen Bestimmung folgende Beweispflicht der Behörde nicht begründet werden.

Nr. 7. Entsch. v. 22. Dez. 1913 (ZPolVerwB. 22 284) IV C 129/13.
ZustG. § 56.

Bisher ist allerdings in der Rechtslehre wie in zahlreichen Entsch. des OVG. die Meinung zum Ausdruck gekommen, daß die Wegepolizeibehörde, wenn sie einen Weg für den öffentlichen Verkehr in Anspruch nimmt, dessen Öffentlichkeit zu beweisen habe. Hergeleitet ist diese Meinung daraus, die Behörde müsse zunächst nachweisen, daß sie zum Erlasse der Verfügung an sich zuständig sei und sich auf einem Gebiet bewege, das ihrer Fürsorge gesetzlich unterstehe. Dieser Gesichtspunkt müßte indes, wenn er richtig wäre, in gleicher Weise auch in anderen Fällen Platz greifen, in denen von der Wegepolizeibehörde die Erfüllung einer unter die öffentlich-rechtliche Wegebaulast fallenden Leistung verlangt wird. Davon ist jedoch in der Rechtsprechung nie die Rede gewesen. Mit der fehlenden Zuständigkeit zum Einschreiten bei Inanspruchnahme von Wegen für den öffentlichen Verkehr kann demnach eine im übrigen aus keiner besonderen Bestimmung folgenden Beweispflicht der Behörde nicht begründet werden. Das OVG. hat deshalb den bisherigen Standpunkt aufgegeben. Eine Inanspruchnahme-Verfügung kann also nicht schon deshalb aufgehoben werden, weil der Wegepolizeibehörde der Beweis der Öffentlichkeit des Weges nicht gelungen ist.

10. Einziehung und Verlegung öffentlicher Wege.

Nr. 1. Entsch. v. 9. Mai 1912 (PrVerwBl. 34 471) IV C 153/11.

1. Der Vorderrichter hat ausgeführt, die in der mündlichen Verhandlung der Berufungsinstanz vorgelegte Erklärung mit 26 Unterschriften sei deshalb unerheblich, weil die Unterzeichner sich nicht bereits vor Jahresfrist dem Widerstande des Klägers gegen die Verlegung des Weges angeschlossen hätten, mithin „nicht wirkliche Interessenten sein" könnten. Es kann dahingestellt bleiben, ob diese Ausführung schon an sich insofern unrichtig ist, als sich doch sehr wohl erst im Laufe des letzten Jahres Gründe gegen die Wegeverlegung herausgestellt haben und als unter gewissen Umständen und in gewissem Maße auch Einwendungen von „Nichtinteressenten" zu berücksichtigen sein könnten. Jedenfalls war, da der Kläger diese Erklärung überreicht hatte, der Vorderrichter verpflichtet, sie zu prüfen, denn es handelt sich dabei um Beweismaterial, das der Kläger zur Begründung seines Anspruchs beigebracht hatte. Darin, daß der Vorderrichter die Prüfung ganz unterlassen hat, ist daher ein wesentlicher Mangel des Verfahrens zu finden.

2. Der Vorderrichter hat ferner nicht geprüft, ob die Unterhaltung des neuen Ersatzwegs als öffentlicher Weg gesichert ist. Erst wenn auch die Unterhaltungspflicht bezüglich des Ersatzwegs geregelt ist, kann die Voraussetzung, daß das öffentliche Interesse durch die Wegeverlegung nicht geschädigt wird, als gegeben angesehen werden.

Nr. 2. Entsch. v. 4. Juli 1912 (PrVerwBl. **34** 669) IV C 222/11.

1. Die in der früheren Rechtsprechung festgehaltene Scheidung der Wege in überflüssige und nicht überflüssige ist in einer neueren Entsch. v. 14. XII. 11 IV. B 20/11 aufgegeben und es ist darin ausgesprochen worden, daß für jeden Fall der Einziehung oder Verlegung öffentlicher Wege gleichmäßig eine Abwägung aller dafür und dagegen geltend gemachten, auf öffentlichen wie privaten Interessen beruhenden Gründe vorzunehmen sei.

2. Von wesentlichen öffentlichen Interessen, die für die geplante Wegeeinziehung sprechen, hat der Vorderrichter zunächst hervorgehoben: Die Wegeverhältnisse der Gemeinde H. würden ganz erheblich verbessert. Weiter würde dadurch ein sehr gefährlicher Übergang in Schienenhöhe beseitigt. Ferner würden diese Verkehrsverbesserungen durch die Gewerkschaft . . . . ohne irgendwelche eigene Aufwendungen der Gemeinde H. bewirkt, und erhielte die Gemeinde von dieser noch wertvolle Geländeflächen am Rhein, die zu Hafenanlagen besonders geeignet seien. Es handelt sich hier endlich um die Herstellung von neuen Gleisanlagen sowie von Fabrikanlagen allergrößten Umfangs, die ohne die geplanten Wegeverlegungen und -einziehungen nicht ausführbar sei und deren Unterlassung die Gewerkschaft sehr wesentlich beeinträchtigen würde, weil die Möglichkeit ihres Bestehens und ihre Konkurrenzfähigkeit bei dem scharfen Wettbewerb im In- und Auslande dadurch in Frage gestellt würde. Durch diese Hebung der Gewerkschaft vermehre sich aber die Steuerkraft der Gemeinde, deren Wohl und Wehe für Vergangenheit und Zukunft mit dem Gedeihen der Gewerkschaft verbunden sei. Dies alles sind öffentliche Interessen und sie hören nicht auf, solche zu sein dadurch, daß sie auch die Interessen der Gewerkschaft . . . fördern und ihr Vorteil bringen. Würde die Polizeibehörde sich lediglich für Privatinteressen einsetzen, und würde sie ausschließlich im Interesse und zum Vorteil der Gewerkschaft eingegriffen haben, so wäre dies nicht zu billigen. Davon kann aber keine Rede sein. Im übrigen hat der Gerichtshof schon früher die Berücksichtigung derartiger ursprünglich privater, aber doch wegen der Bedeutung des privaten Unternehmens weit über den Bereich privater Verhältnisse hinausgehender und das öffentliche Interesse berührender Interessen als zu berücksichtigender öffentlicher Interessen anerkannt und die Einziehung und Verlegung öffentlicher Wege zugelassen, um die Anlegung einer Schiffswerft oder die Ausbeutung eines Kohlenfeldes oder die Erweiterung einer Fabrik oder den Weiterbetrieb eines Steinbruchs zu ermöglichen.

2. Es ist nicht zulässig, durch ein Wegeeinziehungsverfahren dem Anlieger an einer öffentlichen Straße die Zugänglichkeit zu einer öffentlichen Straße ganz zu entziehen. Ein Verfahren, durch das ihm die Verbindung mit dem öffentlichen Wege- und Straßennetze vollständig genommen wird, ist auch durch überwiegende öffentliche Interessen nicht zu rechtfertigen.

Nr. 3. Entsch. v. 26. Sept. 1912 (PrVerwBl. **34** 772) IV C 3/12.

Wie in OVG. **60** 367 ausgesprochen ist, und woran festgehalten wird, ist bei der Einziehung öffentlicher Wege von der Unterscheidung zwischen überflüssigen und nicht überflüssigen Wegen abzusehen und stets eine Abwägung aller für und gegen die Einziehung sprechenden Gründe vorzunehmen. Eine solche Abwägung hat der Vorderrichter unterlassen. Allerdings stellt er fest, daß der Weg für allein gehende Frauen, besonders bei hochstehendem Getreide nicht ganz sicher war, und daß die Zeugin aus diesem Grunde den Weg späterhin überhaupt nicht mehr benutzt hat. Daraus und weil es sich um einen Weg in der Nähe von Berlin handelt, wo ein so schmaler Fußgängerweg nicht nur mehr Gelegenheit zu Feld- und Jagdfreveln biete, sondern auch dem zu Ordnungsstörungen und Verbrechen neigenden Teile der Bevölkerung Deckung für Unfug und Übeltaten aller Art gewähre, schließt er weiter, daß wichtige Interessen der öffentlichen Sicherheit für die Beseitigung des Weges sprächen. Danach berücksichtigt er jedoch hierbei nur ein einziges öffentliches Interesse für die Einziehung des Fußweges, nimmt aber keine Abwägung der entgegenstehenden Gründe vor. Es kann daher auch diese Erwägung nicht dazu führen, von der Aufhebung der Vorentscheidung abzusehen.

Nr. 4. Entsch. v. 16. Jan. 1913 (PrVerwBl. 35 716) IV C 134/12.

ZustG. § 57.

Die Rechtsgültigkeit des Verfahrens wegen Einziehung eines öffentlichen Fußweges ist durch die Beobachtung der formellen Vorschriften des § 57 ZustG. bedingt. Hierzu gehört die ortsübliche Bekanntmachung des Einziehungsvorhabens. Allerdings schreibt das G. nicht vor, in welchem Umfang und an welchen Orten das Vorhaben ortsüblich bekanntzumachen sei. Es ist aber als das Mindeste, was dieserhalb verlangt werden muß, anzunehmen, daß dies zum wenigsten an denjenigen Orten, die bisher auf den betreffenden Weg derartig angewiesen sind, daß sie durch ihn unmittelbar miteinander verbunden werden, zu geschehen hat.

Nr. 5. Entsch. v. 16. April 1914 (ZPolVerwB. 22 408) IV C 199/13.

Es ist rechtlich nicht zulässig, bei Abwägung der für und gegen die Einziehung eines öffentlichen Weges sprechenden Gründe gegeneinander als für die Einziehung ausschlaggebend die Erwägung zu bezeichnen, daß die Benutzung des Weges den angrenzenden Grundbesitzern insbesondere wegen der starken Krümmungen durch Übertreten auf die Äcker Schaden bringt, also als berechtigten Anlaß zum polizeilichen Einschreiten und als Einziehungsgrund ein rein privates Interesse gelten zu lassen. Die Einziehung und Verlegung öffentlicher Wege darf nur aus öffentlichen Rücksichten erfolgen. Bei der Prüfung der Gründe und Gegengründe kann es sich deshalb immer nur darum handeln, die Erheblichkeit der für die Einziehung sprechenden öffentlichen Interessen gegenüber den auf die Erhaltung des Weges gerichteten privaten Interessen der Kläger abzuwägen. Demgemäß sind in der Rechtsprechung Privatinteressen für die Rechtfertigung der Einziehung oder Verlegung nur dann und insoweit in Betracht gezogen worden, als sie für die Öffentlichkeit von Bedeutung sind, weil die an sich nur privaten Interessen wegen der Bedeutung der in Betracht kommenden privaten Unternehmungen weit über den Bereich privater Verhältnisse hinausgehen und die Öffentlichkeit berühren, oder weil die gemeinnützige Rückwirkung privater Unternehmungen und die Erhaltung ihrer Konkurrenzfähigkeit mit ihren Einwirkungen auf die Gemeinde ein öffentliches Interesse begründet.

11. Heranziehung von Fabriken, Bergwerken und ähnlichen Unternehmungen zu Vorausleistungen.

Nr. 1. Entsch. v. 7. März 1912 (DJZ. 17 1474) VII B 22/11.

Das VorLeistG. v. 18. VIII. 02 will als AusnahmeG. nur da eingreifen, wo eine außergewöhnlich starke, über das gewöhnliche Maß hinausgehende Wegebenutzung vorliegt. Bei dem geringen Gewicht der hier in Frage kommenden Fuhren würde von einer „erheblichen Abnutzung" nur dann die Rede sein können, wenn diese Fuhren in ungewöhnlich großer Anzahl, und zwar in der für die Festigkeit der Straßen ungünstigsten Jahreszeit, auf der betreffenden Chausseestrecke rasch aufeinander gefolgt wären.

Nr. 2. Entsch. v. 5. Dez. 1913 (DJZ. **19** 831) VII C 815/12.

Wenn § 1 VorLeistG. v. 18. VIII. 02 von einem auf Antrag des Unterhaltungspflichtigen dem Unternehmer aufzuerlegenden „angemessenen Beitrag zu der Unterhaltung des betreffenden Weges" spricht, so wird der Unterhaltungspflichtige dadurch nicht von der Verpflichtung befreit, in dem bezeichneten Antrag einen bestimmten, den Verhältnissen entsprechenden und angemessenen Betrag zu bezeichnen. Liegt ein solcher Antrag nicht vor, so fehlt es an einer dem § 63 LVG. entsprechenden Klage. Wird dieser Mangel erst in der Berufungsinstanz ergänzt, so handelt es sich nicht bloß um eine zulässige „Ergänzung" der Klage; denn von einer solchen kann nur dann die Rede sein, wenn die Klage auch ohne weitere Anführungen den notwendigen Erfordernissen einer solchen entsprach.

Nr. 3. Entsch. v. 14. April 1913 (PrVerwBl. **36** 69) IV B 6/13.

1. Der § 7 VorLeistG. v. 18. VIII. 02 kann nur Anwendung finden, wenn ein bestimmter fester Beitrag vereinbart ist, der zugleich nach derselben Vorschrift ohne weiteres vollstreckbar ist.

Für eine Klage und für ein Bestreiten der Vorausleistungspflicht ist in sochem Falle dann kein Raum mehr. Hier ist indessen nur der Einheitssatz für das verfrachtete Tonnenkilometer fest vereinbart; im übrigen sind zwar über die Ermittelung des Verkehrs Abmachungen getroffen, die aber nicht verhindern können, iF. des Streits darüber Erhebungen zu veranlassen, und vor allem die Beklagte nicht binden, Transporte als vorausleistungspflichtig anzuerkennen, die es nicht sind.

2. Betreibt der zu Vorausleistungen zum Wegebau Herangezogene ein Sägewerk und zugleich einen Holzhandel, so muß zwischen den Transporten des Sägewerks und den lediglich durch den Holzhandel veranlaßten Transporten unterschieden werden. Vorausleistungspflichtig werden die letzteren erst dadurch, daß die Hölzer von oder zu einer örtlich bestimmten Betriebsstätte verfrachtet werden.

Nicht vorausleistungspflichtig sind daher die Transporte, die von der Beklagten nur zum Bahnhof gebracht und nicht vorher auf einem Lagerplatz gelagert worden sind. Wesentlich bleibt immer, wenn die Holztransporte im Holzhandel als vorausleistungspflichtig in Anspruch genommen werden sollen, daß der Holzhändler nicht nur irgendeine Betriebsstätte besitzt, von wo er seine Handelsgeschäfte abschließt, sondern daß mit dieser Betriebsstätte auch ein Lagerplatz verbunden ist, sei es unmittelbar oder an anderer Stelle, auf den die Hölzer gebracht und von dem aus sie weiter vertrieben werden.

K. Gewerbepolizei.

Gesetzliche Grundlagen (nebst Materialien): G. v. 29. VI. 14 (GS. 137), betr. die Erweiterung des Geltungsbereichs einer Bestimmung der Allgemeinen GewO. v. 17. I. 45 (GS. 41). VhdlHH. 1913/14: Drucks. Nr. 74, 78; StenB. 191/2; AH. Drucks. Nr. 510; StenB. 7668, 7695. — G. v. 14. VII. 14 (GS. 149) zur Abänderung des § 109 ZustG. (Gewerbl. Anlagen). VhdlAH. 1913/14: Drucks. Nr. 526, 548; StenB. 7594, 7944; HH. Drucks. Nr. 125, 128; StenB. 639.

Literatur: Evert: Taschenbuch des Gewerbe- und Arbeiterrechts[4] (Berlin 1912). — Hoffmann: GewO.[14–16] (Berlin 1913/14). — Lagenstein: Die Gewerbepolizeierlaubnis (Tübingen 1912). — Lindenberg: ReichsGewO. mit dem Hausarbeits-, Kinderschutz- u. StellenvermittlerG. (Berlin 1913). — Neukamp: Die deutsche Gewerbegesetzgebung, Bd. II: Die gewerberechtlichen NebenG. (Tübingen 1914). — Reger-Stössel: GewO.[5] (Ansbach 1913). — v. Rohrscheidt: GewO.[2] (Berlin 1912). — Stier-Somlo: GewO. (Mannheim 1912). — Usinger: Die GewO.[2] (Mainz 1912).

1. Reichsgewerbeordnung.

a) Allgemeine Bestimmungen; Gewerbefreiheit; Ablösung von Gewerbeberechtigungen.

Nr. 1. Entsch. v. 25. Jan. 1912 (OVG. 61 319) III B 134/10.

GewO. §§ 35, 53. SchlHolstStO. § 89.

1. Der Minister des Innern ist weder durch den § 89 Abs. 3 SchlHolstStO. v. 14. IV. 69 noch durch eine andere Gesetzesbestimmung ermächtigt, in den Festungen und den mehr als 10000 Einwohner zählenden Städten der Provinz Schleswig-Holstein die Gewerbepolizei dauernd einer besonderen Staatsbehörde oder einem besonderen Staatsbeamten zu übertragen.

Denn nach § 89 Abs. 1 und 3 aaO. bleibt grundsätzlich die örtliche Polizeiverwaltung den Städten erhalten, und es kann dauernd allein die Sicherheitspolizei einer Staatsbehörde übertragen werden. Die Ausdehnung dieser Einrichtung auf andere Zweige der Ortspolizei ist nur zeitweilig zugelassen. Daß die Beschränkung der staatlichen Polizeiverwaltung auf die Sicherheitspolizei in der Tat der Absicht des Gesetzgebers entspricht, geht aus der Entstehungsgeschichte des Abs. 3 des § 89 deutlich hervor.

2. Bei dem unverkennbaren Gegensatz, in dem hiernach das Wort „Sicherheitspolizei" im § 89 Abs. 3 zu den in dem weiteren Texte desselben Absatzes auch ausdrücklich genannten anderen Zweigen der Ortspolizei steht, kann für die Entsch. des vorliegenden Streitfalls von dem Versuch abgesehen werden, den Begriff der Sicherheitspolizei erschöpfend zu bestimmen. Dieses wird entbehrlich, weil bei einer Unterscheidung zwischen Sicherheits- und sonstiger Polizei, wie sie dem § 89 Abs. 3 aaO. zugrunde liegt, und wie sie unter anderem sich auch im § 143 LVG. findet, die Erhebung der Klage auf Untersagung eines Gewerbebetriebs in keinem Falle zur Handhabung der Sicherheitspolizei gehört. Sobald der Begriff wie hier, im ausdrücklichen Gegensatze zu anderen Zweigen der Ortspolizei gebraucht wird, handelt es sich um Sicherheitspolizei im engeren Sinne, auch Rechtspolizei genannt, d. h. um den polizeilichen Schutz der Rechtsordnung vor widerrechtlichen Angriffen, also um Maßregeln gegen die Verletzung der allgemeinen Rechtsordnung. So verstanden ist aber in der Sicherheitspolizei die Gewerbepolizei nicht enthalten, wie diese auch in der Literatur bei der Unterscheidung zwischen Sicherheits- oder Rechtspolizei einerseits und Wohlfahrts- oder Verwaltungspolizei anderseits durchweg der letzteren zugezählt wird.

3. Daß aber die Erhebung der Klage auf Untersagung eines Gewerbebetriebs zur Ausübung der Gewerbepolizei gehört, ist unbedenklich. Hieran wird auch durch das Hineinspielen sicherheitspolizeilicher Momente nichts geändert. Die Aufgabe der Gewerbepolizei besteht darin, die Ausübung der Gewerbe iS. der GewO. zu überwachen und zu regeln. Zu diesem Zwecke ist ihr in den §§ 35 und 53 GewO. die Befugnis beigelegt, im Wege der Klage gewerbliche Konzessionen usw. zum Erlöschen zu bringen und die Untersagung verschiedener nicht konzessionspflichtiger Gewerbe gegenüber den betreffenden Gewerbetreibenden durchzusetzen. Alle diese Klagen gehören deshalb zum Gebiete der Gewerbepolizei ohne Rücksicht darauf, ob damit auch andere, z. B. gesundheitspolizeiliche, baupolizeiliche, sicherheitspolizeiliche oder sittenpolizeiliche Zwecke verfolgt werden.

4. Zu prüfen bleibt endlich, ob die Einreihung der polizeilichen Funktionen des § 35 GewO in die Sicherheitspolizei durch die Schlußbestimmung des Abs. 3 § 89 StO gedeckt wird, wonach iF. der Teilung der Ortspolizei ein von dem Minister festzusetzendes Regulativ die Grenzen der Kompetenz normiert. Die Frage wäre zu bejahen, wenn durch die wiedergegebene Gesetzesvorschrift dem Minister

die Befugnis beigelegt worden wäre, die Grenzen der Sicherheitspolizei mit verbindlicher Kraft festzusetzen. Der Minister des Innern hat Veranlassung genommen, sich zu der vorliegenden Streitsache zu äußern, und dabei die Ansicht vertreten, daß den kraft der gesetzlichen Delegation des § 89 erlassenen Zuständigkeitsvorschriften der Charakter gesetzlicher Vorschriften beiwohne, die hinsichtlich ihrer Zulässigkeit der Nachprüfung des Richters nicht unterliegen. Dieser Auffassung vermag sich jedoch das OVG. nicht anzuschließen. Schon die wesentliche Bedeutung, die nach den obigen Darlegungen der Beschränkung der staatlichen Funktion auf die Sicherheitspolizei zuzuerkennen ist, steht der Annahme entgegen, daß diese Beschränkung durch eine der obersten Verwaltungsbehörde eingeräumte unbeschränkte Freiheit der Kompetenzregelung habe in Frage gestellt werden sollen. Viel näher liegt die Auslegung, daß es bei dem Grundsatze, nach dem nur die Sicherheitspolizei einer besonderen Staatsbehörde übertragen werden kann, durchweg das Bewenden behalte, und daß diesem Grundsatz auch das von dem Minister über die Grenzen der Kompetenz zu erlassende Regulativ entsprechen müsse.

Allerdings hat die Unbestimmtheit des Begriffs der Sicherheitspolizei den Anlaß zur Einführung des Regulativs gegeben. Daraus folgt aber nicht, daß das Regulativ die Aufgabe habe, den Begriff mit gesetzlicher Wirkung zu bestimmen, sondern nur, daß den mit der Handhabung der örtlichen Polizei betrauten Organen durch die höchste Verwaltungsbehörde ein für allemal die Grenzen ihrer Zuständigkeit zu bezeichnen seien. Dem Regulativ ist also nur überlassen, dem Grundsatze, daß die Staatsbehörde auf die Sicherheitspolizei beschränkt sei, eine für die tägliche Übung verwendbare Gestalt zu geben. Insoweit es über diese Grenze hinausgeht, überschreitet es die gesetzliche Vollmacht. Die Gewerbepolizei aber gehört, wie oben erörtert, nicht zur Sicherheitspolizei. Deshalb ist sie im Geltungsbereiche des § 89 Abs. 3 StO. dauernd nicht von der Staatsbehörde zu verwalten, auch das Herausgreifen einzelner Teile der Gewerbepolizei und ihre Einreihung in die Sicherheitspolizei nicht zulässig. — Dagegen ist innerhalb des Gebiets der Sicherheitspolizei die hier fragliche ministerielle Befugnis nicht begrenzt. Eine Verpflichtung zur Übertragung der Polizei an eine Staatsbehörde besteht nach § 89 Abs. 3 aaO. nicht. Der Minister ist also nicht behindert, von einer solchen Übertragung ganz abzusehen; ebenso steht es auch in seinem freien Ermessen, einzelne zur Sicherheitspolizei gehörige Zweige der Ortspolizei durch Regulativ der Staatsbehörde zu übertragen, andere dagegen nicht.

Nr. 2. Entsch. v. 14. Nov. 1912 (OVG. 63 396) III A 66/11.

GewO. § 15 a.

§ 15a Abs. 1 GewO. bestimmt, daß Gewerbetreibende (also auch Minderkaufleute), die einen offenen Laden haben, verpflichtet sind, ihren Familiennamen mit mindestens einem ausgeschriebenen Vornamen an der Außenseite oder am Eingange des Ladens in deutlich lesbarer Schrift anzubringen. Die Klägerin hält unstreitig einen offenen Laden. Dieser ist aber nicht an der Straße gelegen und auch nicht unmittelbar von dieser aus zugänglich. Um zu der unmittelbar in den Laden führenden Tür zu gelangen, muß man den Hof und den Hausflur durchschreiten. Ob nun die Anbringung des kleineren Schildes an der Haustür, für sich betrachtet, der Forderung des § 15a GewO. entspricht, insbesondere ob dieses Schild mit Rücksicht auf die Lage des Ladens als an dessen Außenseite oder am Eingange des Ladens angebracht gelten kann, mag dahingestellt bleiben. Auch wenn man dies annehmen will, fragt sich immerhin, ob damit nach der ganzen Sachlage die Forderung des § 15a aaO. ausreichend erfüllt ist. § 15a verfolgt den Zweck, dem Mißstand abzuhelfen, daß die Führung fremder Namen durch Gewerbetreibende, sei es auf Grund des handelsrechtlichen Firmenrechts oder sonst, zu Irrtümern über die Person des Geschäftsinhabers Veranlassung gibt und Täuschungen Vorschub leistet.

Gehört das Geschäft einer Frau, so ist in der Aufschrift außer dem Zunamen der Frau auch mindestens ein ausgeschriebener Vorname derselben anzugeben, sofern nicht ein solcher gleichfalls schon in der Firma enthalten ist. Es entspricht einem gerade in Handelskreisen vielfach geäußerten Wunsche, daß bei den von Frauen geführten Geschäften das wirkliche Sachverhältnis nach außen hin klar hervortrete.

Um diesem Zwecke des G. zu genügen, muß der Name des Geschäftsinhabers so angegeben werden, daß bei den außerhalb des Ladens Stehenden gerechtfertigte Zweifel oder Irrtümer über die Person des Geschäftsinhabers nicht aufkommen können. Deshalb ist ausdrücklich vorgeschrieben, daß der Name in deutlich lesbarer Schrift anzubringen ist. Es muß aber weiter verlangt werden, daß die Angabe des Geschäftsinhabers auch sonst in einer Mißverständnisse ausschließenden Weise erfolgt, daß insbesondere nicht andere Mitteilungen hinzugefügt werden, durch die nach dem ganzen Zusammenhange jene Angabe verdunkelt oder gar widerrufen wird. So liegt die Sache aber in dem hier vorliegenden Falle. Auf dem beanstandeten größeren Schilde ist, und noch dazu in einer besonders auffallenden Form und an dem zu dem Laden führenden Grundstückseingange, kundgegeben, daß man dort zu der Kolonialwarenhandlung von Johann Kißling komme, und damit, da kein weiterer Zusatz an dieser Stelle gemacht ist, ausgesprochen, daß Johann Kißling Inhaber des Geschäfts sei. Demgegenüber tritt das kleinere Schild an der Haustür völlig zurück. Es ist anscheinend von der Straße aus auch gar nicht sichtbar oder jedenfalls nicht lesbar. Die ganze Sachlage ist nicht geeignet, dem Außenstehenden klarzumachen, daß nicht Johann Kißling, sondern die Klägerin Elise Kißling Inhaberin des Geschäfts sei. Insofern widerspricht das größere Schild der in § 15a GewO. gesetzten gewerblichen Ordnung und rechtfertigt ein Einschreiten der Polizei.

Nr. 3. Entsch. v. 29. Mai 1913 (PrVerwBl. 35 196) III A 73/12.

Wenn eine Gesellschaft m. b. H. das Schankgewerbe betreibt, mithin dem Publikum gegenüber als Gewerbetreibender berechtigt und verpflichtet ist, die Schankkonzession aber gleichwohl dem Geschäftsführer der Gesellschaft persönlich erteilt worden ist, so ist es nach § 15a GewO. nicht erforderlich, daß der Name des Geschäftsführers an der Außenseite oder am Eingange der Wirtschaft angebracht wird.

Gewerbetreibender iS. des § 15a ist derjenige, in dessen Namen und auf dessen rechtliche Verantwortung die Geschäfte abgeschlossen werden, und zwar kommt es auf den Verkehr mit dem Publikum an. Ob der Kläger als Inhaber der Konzession für den ordnungsmäßigen Betrieb der Wirtschaft der Polizeibehörde gegenüber verantwortlich ist, ist eine andere Frage. Der Zweck des § 15a ist der, das Publikum vor Täuschungen und Irrtümern zu schützen, die durch Führung fremder Namen, sei es auf Grund handelsrechtlichen Firmenrechts oder sonst, über die Person des eigentlichen Geschäftsinhabers führen können. Der Grundsatz der sogenannten Firmenwahrheit soll zur Geltung gebracht werden.

Nr. 4. Entsch. v. 24. April 1913 (OVG. 65 338) III A 60/12.

Allgemeine Erwägungen über die Gesundheitsschädlichkeit des Genusses von Fruchteis bei leerem Magen oder in erhitztem Zustande genügen nicht, um dem Kläger das Feilbieten von Speiseeis auf öffentlichen Straßen und Plätzen zu untersagen. Es hätte nachgewiesen werden müssen, daß durch den Genuß dieses Fruchteises Personen erkranken können oder erkrankt seien, oder daß es laut chemischer Untersuchung minderwertig sei. Infolge dieses Mangels an tatsächlicher Unterlage läßt sich die Verfügung mit gesundheitspolizeilichen Gründen nicht rechtfertigen. Zu prüfen bleibt, ob verkehrspolizeiliche Rücksichten das Verbot hinreichend begründen. Auch das muß verneint werden, weil keine Tatsachen zu der Schlußfolgerung berechtigen, daß das Verbot „nötig" war (§ 10 ALR. II 17). Es wäre nötig gewesen, wenn Tatsachen die Annahme gerechtfertigt hätten, daß die Polizei die Sicherheit und Leichtigkeit des Straßenverkehrs ohne das Verbot nicht hätte aufrechterhalten können. Solche Tatsachen liegen aber nicht vor; denn es kann nicht anerkannt werden, daß die Polizei nicht imstande gewesen sei, eine Schar von Kindern, die sich in der Nähe von Schulen und zur Zeit des Schulschlusses um die Eiswagen zu sammeln pflegte, unmittelbar zu zerstreuen und eine durch dieselbe etwa herbeigeführte Verkehrsstörung mit eigenen Mitteln zu beseitigen. Der § 37 GewO. bezieht sich nur auf eine Regelung des Straßenverkehrs durch Polizeiverordnungen, kann eine polizeiliche Verfügung im Einzelfall aber nicht stützen.

Nr. 5. Entsch. v. 27. Okt. 1913 (OVG. 66 379) III B 75/13.

GewO. §§ 41 b, 105 e.

1. In der Bekanntmachung eines Regierungspräsidenten war auf Grund des § 41b GewO. bestimmt, daß die photographischen Ateliers in der Stadt K. zum Zwecke der Aufnahme von Porträts, des Kopierens und Retouchierens an den letzten vier Sonntagen vor Weihnachten zehn Stunden bis spätestens 7 Uhr abends, an allen übrigen Sonn- und Festtagen, von einigen hier nicht interessierenden Ausnahmen abgesehen, fünf Stunden bis spätestens 3 Uhr nachmittags geöffnet bleiben dürfen. Diese Bekanntmachung ist rechtsgültig.

2. § 41b GewO. ermächtigt die höhere Verwaltungsbehörde unter den näher angegebenen Umständen den Gewerbebetrieb auf die Stunden zu beschränken, in denen als Ausnahme von § 105b Abs. 1 Arbeitnehmer beschäftigt werden dürfen. Mehr ist in der Bekanntmachung nicht vorgeschrieben. Dem Bezirksausschuß ist darin beizupflichten, daß nach der Wortfassung nicht schlechthin die Schließung des Geschäftslokals vorgeschrieben, sondern die Fortführung des Betriebs über die bestimmte Stunde hinaus verboten werden sollte und verboten worden ist. Dahin sind die Worte „zum Zwecke der Aufnahme von Porträts usw. geöffnet bleiben dürfen" unbedenklich zu verstehen. Der Betrieb des photographischen Ateliers besteht im wesentlichen „im Aufnehmen von Porträts, im Kopieren und Retouchieren". Die Anordnungen des Regierungspräsidenten konnten aber auch in der Form der im amtlichen Organe der Regierung veröffentlichten Bekanntmachung erfolgen. Die Form der Polizeiverordnung ist für die im § 41b GewO. vorgesehenen Fälle weder reichs- noch landesrechtlich vorgeschrieben. Bei seinen Anordnungen auf diesem Gebiet ist der Regierungspräsident auch in keiner Weise an die Zustimmung des Bezirksausschusses gebunden.

3. Der Umstand, daß der Kläger kein gelernter Photograph ist, kommt für die Beurteilung seines Gewerbebetriebs nicht in Betracht. Nach § 1 GewO. ist der Betrieb jedes Gewerbes jedermann gestattet, soweit nicht durch gesetzliche Bestimmung für einzelne Gewerbe eine besondere Erlaubnis oder eine Approbation erforderlich ist. Diese Ausnahme trifft auf das Gewerbe der Photographen nicht zu. Ebensowenig hört die Tätigkeit des Klägers um deswillen auf, Ausübung des photographischen Gewerbes zu sein, weil er die Bilder vermittels eines sehr einfachen (Liebhaber-) Apparats und ohne die Feinheit und Vollkommenheit herstellt, die idReg. von gewerbsmäßigen Photographen erreicht oder angestrebt wird. Der Geschäftsraum des Klägers, den er selbst als „sogenanntes Atelier" bezeichnet, ist mit dem Entwickelungsverschlag in seinem Wohnzimmer als eine Werkstätte iS. des § 105b GewO. anzusehen. Der Einwand des Klägers, sein Gewerbebetrieb falle unter den Begriff der Veranstaltung einer Lustbarkeit, greift nicht durch. Daß das Photographieren und auch das sogenannte Schnellphotographieren, die

Herstellung von Bildern von Personen oder Örtlichkeiten oder Gegenständen auf photographischem Wege und das Photographiertwerden an sich keine Lustbarkeit bedeutet, bedarf keiner Darlegung. Daß das Besuchen eines photographischen Ateliers zum Zwecke des Photographiertwerdens und das letztere selbst unter besonderen Umständen zu einer Lustbarkeit werden kann, z. B. wenn die Art und Weise des Betriebs in erster Linie geeignet ist, belustigend zu wirken, und wenn er in den Rahmen von Lustbarkeitsveranstaltungen größeren Umfanges (Rummelplätze, Schützenfeste u. dgl.) eingegliedert ist, soll nicht geleugnet werden. Hier liegt dieser Fall nicht vor. Das Atelier des Klägers liegt an einer der Hauptstraßen; in dem Betrieb ist nur der Kläger selbst mit seiner Ehefrau tätig; nach den dauernd angebrachten Geschäftsschildern bezweckt der Gewerbebetrieb des Klägers zu nicht unerheblichem Teile die Anfertigung von Photographien zu dauernder Benutzung; es werden in ihm auch unbestritten Photographien zu Legitimationszwecken u. dgl. hergestellt. Die scherzhafte äußere Gestaltung, die der Kläger seinen Bildern zu geben pflegt, macht die photographischen Aufnahmen noch nicht zu Lustbarkeiten.

b) Gewerbliche Einrichtungen und Anlagen; Erfordernis besonderer Genehmigung gemäß §§ 16ff. GewO.

Nr. 1. Entsch. v. 12. Dez. 1912 (OVG. 63 399) III A 15/11.

GewO. § 16.

1. Eine Landfläche, auf der gewerbsmäßig und in erheblichem Umfange frische Schweineborsten ausgebreitet und zum Zwecke ihrer späteren weiteren Bearbeitung getrocknet werden, ist, wie das OVG. auf Grund eines eingehenden Gutachtens der Technischen Deputation für Gewerbe entschieden hat, eine Zubereitungsanstalt für Tierhaare iS. des § 16 Abs. 2 GewO.

2. Zweifelhaft könnte allerdings erscheinen, ob unter die Bezeichnung „Tierhaare" iS. des § 16 Abs. 2 auch Schweineborsten fallen. Dagegen ließe sich anführen, daß die Technische Anleitung zur GewO. unter der Nr. 23 nur von Hasenhaarschneidereien und Haarspinnereien spricht, ferner, daß die Bek. v. 28. I. 99 (RGBl. 5) und v. 22. X. 02 (RGBl. 269) zwischen Haaren und Borsten unterscheiden. Indessen führt die Technische Anleitung ausdrücklich nur die wesentlichsten Zubereitungsanstalten, d. h. diejenigen auf, von denen hauptsächlich Gefahren drohen, und es entspricht ferner lediglich dem Sprachgebrauche, Schweinehaare als Borsten zu bezeichnen, neben denen die Bekanntmachungen auch noch Schweinswolle nennen. Die in den Bekanntmachungen behandelten „Borstenzurichtereien" sind daher Zubereitungsanstalten für Tierhaare. Auch sonst läßt sich iS. des § 16 Abs. 2 GewO. ein Unterschied zwischen Schweineborsten und anderen Tierhaaren nicht begründen.

3. Zu prüfen bleibt ferner, ob ein bloßer Platz, d. h. eine nicht besonders hergerichtete Stelle der Erdoberfläche als eine „Anstalt" oder „Anlage" iS. des § 16 betrachtet werden kann. Diese Frage ist für den Fall zu bejahen, daß eine dauernde Benutzung zu dem bestimmten gewerblichen Zwecke in Aussicht genommen ist. Das Ausbreiten und Trocknen der Schweinehaare fand aber im vorliegenden Falle auf dem fünf bis sechs Morgen großen Platze beim Erlasse des polizeilichen Verbots bereits seit zwei Jahren statt und sollte auch fernerhin stattfinden. Das genügt, um jene Fläche zu einer Anstalt oder Anlage in dem gedachten Sinne zu machen. Das Bestehen besonderer zum Betriebe des Gewerbes dienender Vorrichtungen setzt der Begriff einer gewerblichen Anlage nicht immer voraus. Es genügt, daß vorhandene Orte oder Plätze ohne Vornahme von Änderungen in nicht bloß vorübergehender Weise zum Betriebe des Gewerbes benutzt werden.

4. Den Haupteinwand richtet der Kläger gegen die Feststellung, daß auf den hier fraglichen Flächen eine „Zubereitung" der Schweinehaare stattfinde. Es würden dort nur geringere Borsten gelagert und für Roßhaarspinnereien vorbereitet, nicht auch Borsten bester Beschaffenheit, die zur Herstellung von Pinseln und Bürsten dienten; die gelagerten Borsten würden lediglich an der Luft getrocknet; ihnen hafteten nicht Fleisch-, sondern nur Hautteile an. Die Entfernung dieser Hautteile, namentlich die Reinigung durch Abfaulen und Auswaschen, das Abspülen von Schmutz und das Bleichen der Borsten lägen ganz außerhalb des Zweckes der beanstandeten Ausbreitung auf dem Felde. Ein Fäulnisprozeß müsse überdies behufs der Erhaltung der Borsten vermieden werden. Namentlich fehle es auf dem Felde an einer Veränderung der Borsten durch menschliche Tätigkeit. Eine solche gehöre aber notwendig zum Begriffe der Zubereitung. Die Zubereitung finde ausschließlich in der Fabrik des Klägers in Sch. statt; dort würden die verweslichen Bestandteile, namentlich das Fett, mit Chemikalien behandelt; auch würde die Ware später gefärbt. Die Reinigung und das Bleichen der Haare auf dem Felde habe daher für den Kläger keinen Wert. Diese Angaben sind nicht geeignet die Überzeugung von der Richtigkeit der übereinstimmenden Darlegungen des Gewerbeinspektors und der Technischen Deputation für Gewerbe zu erschüttern. Folgendes ist hinzuzufügen. Nach dem Bescheide des Ministers für Handel und Gewerbe v. 10. XI. 86 (Reger 7 358) gelten als Bestandteile einer konzessionspflichtigen gewerblichen Anlage iS. des § 16 GewO. alle diejenigen Einrichtungen, mit deren Hilfe die unmittelbaren Zwecke der Anlage erreicht werden sollen, die also dazu bestimmt sind, bei Herstellung des Fabrikats in irgendeiner Weise benutzt zu werden. Diese Begriffsbestimmung, die für zutreffend zu erachten ist, findet auf den Betrieb des Klägers Anwendung. Daß er eine Zubereitungsanstalt für Tierhaare betreibt, ist nicht streitig; er behauptet nur, daß die Fabrik in Sch., nicht aber der Trockenplatz in L. als solche Anstalt zu betrachten sei. Nach dem Vorbemerkten ist es jedoch keineswegs ausgeschlossen, daß der Betrieb sich auf zwei oder mehrere Anstalten verteilt. Die Ausführungen des Klägers, daß das in L. erzielte Produkt noch einer anderweitigen Bearbeitung unterzogen werden müsse, sind daher belanglos. Es kommt nur darauf an, ob die in L. getroffenen Einrichtungen dazu bestimmt sind, bei Herstellung des Fabrikats in irgendeiner Weise benutzt zu werden. Das ist aber der Fall. Die Betriebsstätten für einen Teil des Produktionsverfahrens fallen also selbst dann unter die Konzessionspflicht des § 16, wenn dieser Teil nicht geeignet ist, diejenigen Nachteile, Gefahren oder Belästigungen herbeizuführen, deren Voraussicht den Grund für die Einführung der Konzessionspflicht gebildet hat. Das Trocknen frischer Schweinehaare muß aber um so mehr für konzessionspflichtig gelten, als dadurch, wie aus der Natur der Sache folgt, und außerdem in dem vorliegenden Verfahren erwiesen ist, üble Gerüche in erheblichem Umfange verbreitet werden.

Nr. 2. Entsch. v. 7. Jan. 1913 (PrVerwBl. 35 231) IXA 51/11.

1. Durch das Hochwasser von 1901 ist das Flußbett am rechten Ufer der Fulda gegenüber der Mühle des Klägers verbreitert worden. Flächen, die früher das Ufer bildeten bzw. festes Land hinter ihm waren, gehören seitdem zum Flußbett. Das in Rede stehende Bauwerk stellt einen das neu gebildete Ufer mit der alten Wehranlage verbindenden, die neue Erweiterung des Flußbetts durchquerenden Damm dar. Ursprünglich nur als provisorischer Abschluß der Durchbruchstelle gedacht, hat es nach seiner Herstellung gleichwohl die Bedeutung einer dauernden Anlage im Flußbette gewonnen. Nach § 16 KurhVd. v. 31. XII. 1824, den Wasserbau betreffend (KurhGS. 99), iVerb. mit § 85 ZustG. sind aber „an allen Flüssen . . . neue Anlagen von . . . Wehren, Schleusen . . . und

Wasserdämmen . . . nicht anders gestattet, als wenn deren Unschädlichkeit von der Oberbaudirektion — jetzt dem Bezirksausschuß — anerkannt und deshalb von ihr eine schriftliche Erlaubnis erteilt worden, worin nach Befinden die Einrichtung der auf den Lauf des Wassers Beziehung habenden Anlagen näher vorzuschreiben ist". Danach hätte es für das Bauwerk besonderer Genehmigung durch den Bezirksausschuß bedurft. Dafür, daß sie eingeholt worden ist, ergeben die Vorgänge nichts. Würden schon hieraus Zweifel daran entstehen, daß das Bauwerk im Einklang mit den maßgebenden gesetzlichen Bestimmungen errichtet worden ist, so ist das jedenfalls zu verneinen mit Rücksicht auf das besondere Verhältnis, in das nach der Örtlichkeit der Querdamm zu der Mühle des Klägers trat, und auf die darum anzuwendenden Vorschriften der GewO. Indem der Querdamm das durch die Durchbruchstelle am rechten Ufer fließende und auf diesem Wege der bestehenden Stauanlage der Mühle ausweichende Wasser des Flusses hemmte, dadurch das Wasser den Mühlenwehren zuleitete und auch selbst bis zu einer gewissen, das Ufer nicht erreichenden Höhe aufstaute, also seinerseits gleichfalls wehrartig wirkte, gewann er zugleich die Bedeutung einer den veränderten Abflußverhältnissen Rechnung tragenden Ergänzung der bestehenden, aber allein nicht mehr ausreichenden Wehranlage. Die letztere ist dadurch erheblich erweitert und damit zugleich wesentlich verändert. Die gesamte Wehranlage für die Mühle, eine Stauanlage für ein Wassertriebwerk, hat also durch den Dammbau eine wesentliche Veränderung erfahren. Hierzu bedurfte es gemäß §§ 16, 25 GewO. der gewerbepolizeilichen Genehmigung. Ohne sie widersprach die Anlage in ihrer veränderten Gestalt der gewerblichen Ordnung.

2. Solange eine gewerbepolizeiliche Genehmigung für die erörterte Veränderung der Betriebsstätte der Mühle nicht erreicht ist, ist die Polizeibehörde gemäß § 147 Abs. 1², Abs. 3 GewO. befugt, der Fortdauer des darin liegenden Verstoßes gegen die gewerbliche Ordnung entgegenzutreten. Hierfür könnte in erster Linie die Forderung der Einstellung des gesamten Mühlenbetriebs in Betracht kommen, da ihm die Betriebsstätte in ihrer Gesamtheit ohne die Möglichkeit einer Trennung je nach dem konsentierten oder dem nicht konsentierten Teile dient. Dabei ist es ohne Bedeutung, daß die Herstellung des in Rede stehenden Bauwerks nicht durch den Kläger erfolgt ist; denn grundsätzlich hat wesentliche Veränderungen der Betriebsstätte der Betriebsunternehmer selbst gegenüber der Polizei zu vertreten.

Nr. 3. Entsch. v. 13. März 1913 (PrVerwBl. **34** 893) III A 38/11.

GewO. § 16.

Der Gerichtshof schließt sich der Ansicht der Technischen Deputation für Gewerbe, wonach es sich bei einer Talgschmelze um die Auslassung von Talg aus rohen tierischen Fetteilen handeln muß, um so mehr an, als auch die Technische Anleitung zur Wahrnehmung der den Kreis- (Stadt-) Ausschüssen (Magistraten) durch § 109 ZustG. hinsichtlich der Genehmigung gewerblicher Anlagen übertragenen Zuständigkeiten unter Ziff. 24 bestimmt: „In diesen Anstalten" — nämlich den Talgschmelzen — „wird aus rohen tierischen Fetteilen (Lisen) Talg ausgelassen."

c) Gewerbetreibende, die einer besonderen Genehmigung bedürfen.

α) Ärzte und Apotheker (§ 29 GewO.).

Nr. 1. Entsch. v. 25. April 1912 (OVG. **61** 326) III B 71/11.

GewO. § 29.

1. Der Kläger nimmt ausdrücklich das Recht für sich in Anspruch, sich G. Harold Morré zu nennen und diesen Namen im privaten und im geschäftlichen

Leben zu führen. Dies genügt, um die Besorgnis zu rechtfertigen, daß er dies jederzeit auch zuständigen Beamten gegenüber tun könne, und läßt das dahingehende Verbot begründet erscheinen, wenn er nicht berechtigt war, den Namen G. Harold Morré zu führen. Fehlte ihm aber dieses Recht, so durfte er sich auch auf Geschäftsschildern dieses Namens nicht bedienen. Daß ein Gewerbetreibender auf seinen Geschäftsschildern sich eines ihm nicht zukommenden Namens bedient, läuft — ganz unabhängig davon, ob auch eine Übertretung gegen § 360 Abs. 1[8] StGB. vorliegt — der gewerblichen öffentlichen Ordnung zuwider und kann nach § 10 ALR. II 17 von der Polizei verboten werden.

Ist R. seit seiner Geburt dauernd deutscher Staatsangehöriger geblieben, so konnte er seinen Namen, wenigstens mit Rechtswirksamkeit für das deutsche Rechtsgebiet, nur nach deutschem Rechte ändern, also, da nur preußisches Recht in Frage kommt, nach der KabO. v. 15. IV. 1822 (GS. 108) nur mit obrigkeitlicher Genehmigung, die erlangt zu haben er selbst nicht behauptet. Eine nach amerikanischem Rechte rechtsgültig vorgenommene Namensänderung würde also in diesem Falle in Preußen nicht rechtswirksam sein.

2. Es kann nun dahingestellt bleiben, ob es, wenn Kläger sich nicht G. Harold Morré nennen darf, nicht ohne weiteres gerechtfertigt war, ihm zu verbieten, daß er sich im Zusammenhange mit diesem Namen ärztlicher Titel bediente, und ob er sich etwa schon aus dem Grunde nicht „in Amerika approbierter Arzt für Frauen- und Kinderkrankheiten" nennen durfte, weil er nach seinen eigenen Angaben in Amerika nicht die Zulassung als ein solcher Spezialarzt, sondern nur als Arzt überhaupt erlangt haben will; denn auch ohne Rücksicht auf diese Erwägungen kann ihm das Recht auf Führung der Bezeichnung als in Amerika approbierter Arzt nicht zuerkannt werden. Er hat zwar ausdrücklich zu erkennen gegeben, daß er eine im Inlande geprüfte Medizinalperson nicht sei. Er gebraucht aber gerade den Ausdruck, der nach der Gesetzessprache der GewO. (§ 29 das.) angewendet wird, um die staatliche Zulassung derjenigen Personen zu bezeichnen, die in Deutschland das Recht auf Führung des Arzttitels erlangt haben. Hierin muß zum mindesten die Behauptung gesehen werden, daß er im Ausland auf Grund eines Bildungsganges und einer Prüfung, die im wesentlichen den deutschen Anforderungen entsprechen, die Zulassung als Arzt erlangt habe. War dies nicht der Fall, so stellt sich die Bezeichnung als — wenn auch im Ausland — approbierter Arzt als eine falsche Behauptung über geschäftliche Verhältnisse dar, die geeignet ist, den Anschein eines besonders günstigen Angebots zu erwecken (§ 1 G. zur Bekämpfung des unlauteren Wettbewerbes v. 27. V. 96, RGBl. 145), und die deshalb auch von der Polizei verboten werden kann.

3. Kläger stützt sich nun darauf, daß er in Amerika auf Grund von Unterlagen als Arzt zugelassen sei, die denjenigen der deutschen Approbation gleichwertig seien. Er habe nämlich nach vorherigen Privatstudien drei Jahre lang an dem Indenpedent Medical College zu Chikago Medizin studiert und sei von diesem College zum Doktor der Medizin promoviert worden. Ein zweites Doktordiplom habe er von dem Metropolitan Medical College in Chikago, das an Stelle des ersteren, inzwischen aufgehobenen College getreten sei, nach Zurücklegung eines mehrmonatigen Fortbildungskursus erhalten. Die beiden Diplome liegen vor. Er habe dann in Texas, Arkansas, Arizona und in Mexiko die staatliche Lizenz als Arzt erlangt, und zwar in dem zuerst genannten Staate ohne Prüfung, allein auf Grund seines Doktordiploms, in den übrigen Staaten nach Ablegung der vorgeschriebenen Prüfung vor der staatlichen Prüfungskommission. Auf Grund dieser Lizenzen sei er noch heute berechtigt, in den genannten Staaten die ärztliche Praxis auszuüben. Es muß aber in Abrede gestellt werden, daß die vom Kläger erlangten Lizenzen der deutschen Approbation gleichwertig sind. Die Lizenz iS. des nordamerikanischen Rechtes ist an sich schon etwas wesentlich anderes

als die deutsche Approbation gemäß § 29 GewO. Im übrigen setzt die letztere voraus, daß der zu Approbierende die Prüfung für Ärzte nach Maßgabe der PrüfungsO. v. 28. V. 01 (RGBl. 136) und ihrer späteren Abänderungen bestanden hat; zu dieser Prüfung werden aber nur solche Personen zugelassen, die sich durch Vorlegung eines Reifezeugnisses über die Erlangung der vorgeschriebenen vorakademischen allgemeinen Bildung und durch das vorgeschriebene Studium auf einer Universität und einjährige praktische Tätigkeit über den verlangten wissenschaftlichen Fachbildungsgang ausgewiesen haben. Dem entspricht der Bildungsgang des Klägers schon insofern nicht, als er nach seiner eigenen Angabe eine höhere Schule nur bis zur Erlangung der Berechtigung zum Militärdienst als Einjährig-Freiwilliger besucht hat. Die Colleges, auf denen der Kläger in Chikago studiert haben will, können, selbst wenn man sie überhaupt als ernstliche Bildungsstätten ansieht, schon an sich den deutschen Universitäten nicht gleichgestellt werden. Durch die beiden vorgelegten Diplome ist also in keiner Weise erwiesen, daß der Kläger eine akademische Fachbildung genossen hat. Diese kann, was den Nachweis der Erfüllung der Voraussetzungen für eine staatliche Approbation anbelangt, nicht dadurch ersetzt werden, daß der Kläger, wie er in nicht nachzuprüfender Weise behauptet, sich durch Privatstudien fortgebildet hat, und daß er tatsächlich über ein gewisses Maß ärztlicher Kenntnisse und Fähigkeiten verfügt. Schon hieraus ergibt sich, daß die amerikanischen Lizenzen des Klägers der deutschen Approbation nicht gleichzustellen sind. Es kommt aber noch hinzu, daß die ärztlichen Lizenzen in Amerika vielfach ohne Prüfung auf Grund von Doktordiplomen, auch nichtstaatlicher Colleges, erteilt werden.

Nr. 2. Entsch. v. 19. Sept. 1912 (OVG. **63** 391) IIIB 127/11.

Wenn ein Dentist in öffentlicher Ankündigung sein Geschäft als Zahnklinik bezeichnet und ohne weitere erläuternde Angaben mitteilt, in ihr finde Behandlung durch Arzt und Zahnarzt statt, so muß jeder, der die Geschäftsschilder und Reklameveröffentlichungen liest, zu der Annahme gelangen, daß er in dem Geschäfte des Klägers unmittelbar in die Behandlung des Arztes und des Zahnarztes komme, und daß beide in den Geschäftsstunden regelmäßig zur Übernahme der Behandlung zugegen seien. Den beanstandeten Aufschriften ist nicht zu entnehmen, daß die Patienten zunächst nur in die Behandlung eines nicht approbierten Zahntechnikers gelangen, und daß erst auf dessen Anordnung und vielleicht auf Wunsch der Patienten der approbierte Arzt oder Zahnarzt, die beide im Geschäfte nicht regelmäßig anwesend sind, hinzugezogen werden. Die Aufschriften enthalten also über die geschäftlichen Verhältnisse des Klägers solche tatsächlich unrichtigen Angaben, die den Anschein eines besonders günstigen Angebots hervorzurufen geeignet sind. Solche Bekanntmachungen und Mitteilungen widerstreiten der öffentlichen Ordnung iS. des § 3 G. gegen den unlauteren Wettbewerb v. 7. VI. 09 (RGBl. 499), und können deshalb von der Polizei verhindert werden.

Im übrigen wird unter einem der ärztlichen oder zahnärztlichen Behandlung von Menschen dienenden Institute, das als „Klinik" bezeichnet wird, nach dem allgemeinen Sprachgebrauch eine Anstalt verstanden, deren Leiter oder Inhaber eine geprüfte Medizinalperson ist. Indem Kläger sich als den Inhaber einer „Zahnklinik" bezeichnet und weiter ohne erläuternden Zusatz hinzufügt, daß in dieser eine Behandlung durch Arzt und Zahnarzt stattfinde, macht er Angaben, die nicht anders gedeutet werden können und jedenfalls von dem großen Publikum nicht anders gedeutet werden, als daß der Kläger selbst eine geprüfte Medizinalperson sei. Dadurch legt der Kläger sich einen arztähnlichen Titel iS. des § 147 Abs. 1[3] GewO. bei, verstößt gegen die gewerbliche öffentliche Ordnung und macht sich strafbar.

Nr. 3. Entsch. v. 25. April 1912 (DJZ. 18 171) III A 30/11.

Die verlangte Zurückgabe der Konzessionsurkunde (Apothekenkonzession) würde sich nur damit begründen lassen, daß in ihrem Verbleiben in den Händen des Klägers ein Verstoß gegen die öffentliche Ordnung liege, und zwar, da der Apothekenbetrieb seiner Natur nach ein Gewerbe ist und auch von der GewO. als solches angesehen wird, ein Verstoß gegen die gewerbliche Ordnung. Das polizeiliche Einschreiten verfolgt mithin gewerbepolizeiliche Zwecke. Die Handhabung der Gewerbepolizei gebührt aber grundsätzlich, und soweit die G. nichts anderes bestimmen, den Ortspolizeibehörden. Eine besondere gesetzliche Vorschrift, aus der hier die Zuständigkeit der Landespolizeibehörde hergeleitet werden könnte, gibt es nicht. Ebensowenig handelt es sich bei der dem Kläger gemachten Auflage um eine Angelegenheit, von der wegen der Eigenart ihres Inhalts angenommen werden müßte, daß sie der Landespolizeibehörde vorbehalten worden sei; insbesondere ist es unerheblich, daß die Urkunde, um deren Rückgabe es sich handelt, von der Landespolizeibehörde ausgefertigt worden ist. Nach den danach zur Anwendung kommenden Grundsätzen war daher nicht die Landespolizeibehörde, sondern die Ortspolizeibehörde zum Erlasse der angegriffenen Verfügung zuständig.

β) Unternehmer von Privatkranken-, Privatentbindungs- und Privatirrenanstalten; Hebammen (§ 30 GewO.).

Nr. 1. Entsch. v. 26. Mai 1913 (OVG. **65** 341) III C 106/12.

GewO. § 30.

Allgemeine Anordnungen über die gesundheitspolizeilichen Anforderungen an private Kranken-, Entbindungs- oder Irrenanstalten (§ 115 Abs. 3 ZustG.) setzen, wenn sie von der obersten Medizinalaufsichtsbehörde in der Absicht, daß sie künftig allein maßgebend sein sollen, erlassen werden, ältere Anordnungen der Regierungspräsidenten über den gleichen Gegenstand außer Kraft und stehen dem ferneren Erlasse solcher Anordnungen durch die Regierungspräsidenten entgegen. Entbehren die Allgemeinen Anordnungen der obersten Medizinalaufsichtsbehörde der Rechtsgültigkeit, so sind für die Prüfung von Konzessionsgesuchen lediglich die Vorschriften des § 30 GewO. maßgebend.

In OVG. **35** 342 ist ausgesprochen, daß die im § 115 Abs. 3 ZustG. bezeichneten Allgemeinen Anordnungen der Medizinalaufsichtsbehörden nicht in der Form einer Polizeiverordnung ergehen können, und daß sie ferner, falls sie von der getroffenen Regelung Ausnahmen gestatten, deren Anwendung der konzessionierenden Behörde überlassen müssen.

Die Gültigkeit der von den Medizinalaufsichtsbehörden erlassenen Allgemeinen Anordnungen setzt voraus, daß sie sich innerhalb der durch § 115 Abs. 3 ZustG. abgegrenzten Befugnis halten; diese Grenze wird überschritten, wenn die Dispensationsbefugnisse anderen als den konzessionierenden Behörden übertragen werden.

Nr. 2. Entsch. v. 7. Nov. 1912 (OVG. **63** 394) III B 59/12.

1. Eine Hebamme, die an sich selbst Abtreibung vornimmt und deswegen bestraft ist, ist nicht mehr unbescholtenen Rufes und entbehrt der Zuverlässigkeit in bezug auf ihren Beruf.

2. Die in § 53 Abs. 1 GewO. genannten „Nachweise" können sich, soweit sie von einer Polizeibehörde geliefert werden, nur auf Tatsachen beziehen. Selbst wenn der Beklagten, behufs der Annahme als Schülerin der Hebammenlehranstalt, polizeilich bescheinigt sein sollte, daß sie die erforderliche Zuverlässigkeit in bezug auf den Beruf einer Hebamme besitze, so läge doch eine Unrichtigkeit des Nachweises iS. des § 53 Abs. 1 nicht vor, wenn sich später heraus-

stellt, daß es an der Zuverlässigkeit schon bei der Ausstellung der Bescheinigung fehlte. Die Abgabe des erwähnten Urteils über die Persönlichkeit der Bewerberin liegt außerhalb der Zuständigkeit der Polizeibehörde; das Urteil kann daher nicht die Grundlage für die Erteilung einer Approbation oder einer Bestallung bilden.

3. Mit dem Bezirksausschuß ist für festgestellt zu erachten, daß die Beklagte, als sie bereits Hebamme war, mindestens einen Abtreibungsversuch an sich selbst vorgenommen hat und daß eine vollendete Abtreibung und mindestens ein Abtreibungsversuch vorangegangen waren, so daß eine „Handlung" der Inhaberin des Prüfungszeugnisses vorliegt, zu deren Beurteilung die vor der Erteilung des Zeugnisses begangenen Handlungen mit herangezogen werden können. Ferner ist zweifellos, daß diese Handlungen die Beklagte belasten, obwohl sie nur ihre eigene Person betreffen. Eine Hebamme, die an sich selbst Abtreibung vornimmt, bietet keine Gewähr dafür, daß sie der Versuchung, anderen zur Abtreibung behilflich zu sein, dauernd widerstehen wird. Damit ist aber ihre Zuverlässigkeit in bezug auf den Beruf durchaus in Frage gestellt. Endlich erhellt aus der Handlung der Beklagten, für die sie wegen Abtreibungsversuchs mit Gefängnis bestraft ist, daß sie nicht mehr unbescholtenen Rufes ist.

δ) Schauspielunternehmer. Gewerbsmäßige Darbietung von Singspielen, Gesangs- und deklamatorischen Vorträgen, Schaustellungen von Personen und theatralische Vorstellungen ohne höheres Interesse von Kunst und Wissenschaft (§§ 32, 33a GewO.).

Nr. 1. Entsch. v. 13. Mai 1912 (OVG. 61 332) III A 77/11.

GewO. § 32.

Die Polizei kann die Leiter von Theatern nicht zwingen, in bestimmten Theaterlogen das Aufbehalten von Kopfbedeckungen während des Spieles nicht zu dulden.

Die Polizei ist an sich befugt, durch Polizeiverordnungen oder polizeiliche Verfügungen in den Gewerbebetrieb der Schauspielunternehmer einzugreifen und zur Erreichung ihrer Zwecke die Inhaber des Gewerbebetriebs oder deren Stellvertreter in Anspruch zu nehmen. In bezug auf den Inhalt ihrer Maßregeln bleibt sie, sofern nicht eine gesetzliche Ausdehnung der Befugnisse vorliegt, auf den Kreis der ihr im allgemeinen zugewiesenen Aufgaben beschränkt. Ist der Weg der polizeilichen Verfügung gewählt worden, so müssen die rechtlichen und tatsächlichen Voraussetzungen des Einschreitens für alle von der Verfügung betroffenen Fälle gegeben sein.

Die hier streitige polizeiliche Verfügung kann auf gesetzliche oder durch G. zugelassene Einzelvorschriften nicht gestützt werden. Eine besondere hier anwendbare Ermächtigung ist der Polizei nicht erteilt worden. Es bewendet daher bei der Bestimmung des § 10 ALR. II 17, wonach die Polizei die nötigen Anstalten zur Erhaltung der öffentlichen Ruhe, Sicherheit und Ordnung und zur Abwendung der dem Publikum oder einzelnen Mitgliedern desselben bevorstehenden Gefahr zu treffen hat. Der Beklagte hat außerdem auch auf § 6d PolVerwG. Bezug genommen, wonach Ordnung und Gesetzlichkeit bei dem öffentlichen Zusammensein einer größeren Anzahl von Personen zu den Gegenständen der ortspolizeilichen Vorschriften gehören. Daß der § 6d zunächst für Polizeiverordnungen gilt, hindert nicht, ihn zur Begründung einer polizeilichen Verfügung heranzuziehen. Indessen geht sein Inhalt über den des § 10 ALR. II 17 nicht hinaus. In den Worten „Ordnung und Gesetzlichkeit bei dem öffentlichen Zusammensein einer größeren Anzahl von Personen" liegt keine Ausdehnung des im § 10 ALR. II 17 aufgestellten Begriffs der öffentlichen Ruhe, Sicherheit und Ordnung, sondern lediglich die Anwendung dieses Begriffs auf das öffentliche Zusammensein einer größeren Anzahl von Personen. Die Worte „Ordnung und Gesetzlichkeit" im § 6d bezeichnen, gleich den Worten „öffentliche Ordnung" im § 10 ALR. II 17 die durch G. bestimmte öffentliche Ordnung. Nur einer Durchbrechung der gesetzlich geregelten öffentlichen Ordnung ist die Polizei vorzubeugen und entgegenzutreten befugt.

Für die Anwendung des hiernach maßgebenden § 10 ALR. II 17 fehlt es aber in dem vorliegenden Falle an den tatsächlichen Voraussetzungen. Das Versperren der Bühnenaussicht durch den Hut eines Mitbesuchers widerstreitet keiner Vorschrift des öffentlichen Rechtes. Das Aufbehalten der Hüte in denjenigen Logen, um die es sich in dem vorliegenden Streitverfahren handelt, ist überdies bisher erlaubt und üblich gewesen. Es liegt darin also kein Verstoß gegen die öffentliche Ordnung. Das Aufbehalten der Hüte berechtigt daher nicht schon an sich zu polizeilichem Einschreiten. Die bloße Möglichkeit, daß das Versperren der Bühnenaussicht durch einen Hut zu erregtem Wortwechsel Veranlassung geben kann, ist nicht zu leugnen. Die Wahrscheinlichkeit aber, daß in jedem Falle des Aufbehaltens des Hutes in den hier fraglichen Logen Streitigkeiten entstehen und daß diese ferner zu einer Störung der öffentlichen Ruhe, Sicherheit und Ordnung ausarten werden, läßt sich nicht anerkennen. Dasselbe gilt von der Annahme, daß Angst und Schrecken eine Gefahr für die Theaterbesucher herbeiführen werden. Hier spricht der § 10 ALR. II 17 ausdrücklich von einer „bevorstehenden Gefahr", d. h. von einer solchen, die bei Abwägung der in Betracht kommenden Umstände nach verständigem Ermessen zu gewärtigen ist. Nun ist die Möglichkeit, daß Geräusche, die durch einen Streit über das Aufbehalten eines Hutes entstehen, falsch aufgefaßt werden und eine Beunruhigung der Theaterbesucher hervorrufen, nicht von vornherein auszuschließen. Die Voraussicht aber, daß in dieser Verbindung das Aufbehalten des Hutes eine Gefährdung der Theaterbesucher, namentlich ein allgemeines schleuniges Verlassen des Theaters und dadurch eine Gefahr für Leben und Gesundheit verursachen werde, ist durchaus fernliegend. Daß vollends jeder einzelne von dem streitigen Polizeiverbote betroffene Hut eine solche Gefahr herbeiführen werde, ist in hohem Maße unwahrscheinlich und daher nicht in Aussicht zu nehmen.

Nr. 2. Entsch. v. 10. Jan. 1913 (PrVerwBl. 35 341) IX A 140/12.

1. Für die Rechtsgültigkeit der angefochtenen Verfügung ist die PolVd. über die bauliche Anlage, die innere Einrichtung und den Betrieb von Theatern, öffentl. Versammlungsräumen und Zirkusanlagen v. 10. VI. 09 maßgebend. Diese Polizeiverordnung verstößt nicht gegen die Prinzipien des § 1 GewO., die Gültigkeit derartiger Vorschriften ist auch in der Rechtsprechung des OVG. anerkannt worden. Daß das Reichshallentheater in Kiel, auf das sich das Verbot bezieht, den in dieser Polizeiverordnung für Theater — eigentliche oder Volltheater — gegebenen Vorschriften nicht entspricht, ist nicht streitig. Der Kläger hat zwar behauptet, daß vor und nach Erteilung der Konzession eine baupolizeiliche Prüfung der Räume stattgefunden und ergeben habe, daß sie den polizeilichen und gesetzlichen Vorschriften genügten, indessen ist nirgends ausdrücklich geltend gemacht, daß sie auch den Anforderungen hinsichtlich der Volltheater entsprächen. Vielmehr geht der Kläger immer davon aus, daß es sich nur um gelegentliche theatralische Vorstellungen iS. des § 32 GewO. handle, das Etablissement der Deutschen Reichshallen also nur den Vorschriften unter II C PolVd. v. 10. VI. 09 zu genügen habe. Dagegen gehen die polizeiliche Verfügung und die Beschwerdebescheide von der Annahme aus, daß die vom Kläger veranstalteten und geplanten Theateraufführungen mit Rücksicht auf ihre periodische Wiederkehr und mehrwöchige Dauer als gelegentliche nicht anerkannt werden könnten. Dem ist beizutreten. Der Kläger beabsichtigt, weil

— wie er ausführt — „absolute Varietévorstellungen dem heutigen Geschmack des Publikums nicht mehr entsprechen und mit solchen allein ein Etablissement nicht lebensfähig zu erhalten ist", abwechselnd mit den Varietévorstellungen periodisch monats- oder halbmonatsweise Theateraufführungen (Sensationsstücke, Bauernkomödien, Gesangspossen) zu veranstalten. Derartige häufige, nach einem bestimmten Spielplan für einen längeren Zeitraum festgelegte Theateraufführungen können aber als gelegentliche, d. h. als im Vergleich zu dem Charakter des Unternehmens nur vereinzelt und ausnahmsweise stattfindende Veranstaltungen nicht angesehen werden. Nach § 123³ PolVd. v. 10. VI. 09 müssen die Deutschen Reichshallen, um nicht mehr nur gelegentlichen Theateraufführungen dienen zu können, mit den Anforderungen in Übereinstimmung gebracht werden, die in Abschn. II aaO. an Volltheater gestellt werden. Solange diesen Anforderungen nicht genügt war, durften die hier in Rede stehenden Theateraufführungen nicht stattfinden. Danach erscheint das polizeiliche Verbot gerechtfertigt.

2. Die nach § 32 GewO. iVerb. mit § 115 ZustG. vom Bezirksausschuß zu erteilende Genehmigung zum Betriebe des Gewerbes als Schauspielunternehmer ist eine persönliche und erstreckt sich nicht auf das Lokal, in dem das Unternehmen betrieben werden soll. Ihre Erteilung erfordert, auch soweit ein ständiges Lokal für den Gewerbebetrieb benutzt wird, keine Prüfung der Räumlichkeiten und läßt deshalb die Befugnisse der Polizeibehörde gegenüber dem Theatergebäude unberührt. Zu einer Prüfung, ob das Theaterlokal den polizeilichen Anforderungen entspreche, ist der Bezirksausschuß nach der GewO. nicht verpflichtet, da bei der Entsch. über den Konzessionsantrag nach § 32 aaO. allein die persönlichen Eigenschaften des Antragstellers geprüft werden müssen. Die Polizeibehörde bleibt demnach befugt, die Ausübung der Konzession in einem bestimmten Lokale zu verhindern, wenn es den landesrechtlichen polizeilichen Anforderungen nicht entspricht.

Nr. 3. Entsch. v. 3. Febr. 1913 (PrVerwBl. **34** 785) III C 142/12.

GewO. §§ 32, 33 a.

An sich bedarf der Kläger, wenn er theatralische Vorstellungen ohne höheres Kunstinteresse in seinen Wirtschaftsräumen veranstalten will, sowohl der Erlaubnis des § 32 als auch des § 33a GewO. Will er dagegen zu diesem Zwecke lediglich seine Räume benutzen lassen, so bedarf er nur der Erlaubnis des § 33a. Es gewinnt den Anschein, daß der Kläger das Vorliegen dieses letzteren Falles behaupten will. Indessen kommt es darauf nicht an, weil der Kläger die Erteilung der Erlaubnis zum Betriebe des Schauspielunternehmergewerbes ausdrücklich nachgesucht hat und hierüber zu entscheiden ist. Anderseits steht der Genehmigung dieses Gesuchs nicht entgegen, daß der Stadtausschuß bereits erklärt hat, die Erlaubnis aus § 33a wegen fehlenden Bedürfnisses in keinem Falle erteilen zu wollen. Die beiden Anträge müssen schon wegen der Verschiedenheit der Zuständigkeit selbständig behandelt werden. Außerdem ist das Urteil des Stadtausschusses mit rechtzeitiger Berufung anfechtbar.

Der Bezirksausschuß erklärt, daß der Kläger den Besitz der zu dem Unternehmen nötigen Mittel nicht nachzuweisen vermöge, ohne anzudeuten, welche Art und welchen Umfang eines Schauspielunternehmens er dabei zugrunde legt, welche Mittel nötig seien und in welcher Vermögenslage der Kläger sich befinde. Ähnlich verhält es sich mit dem zweiten Versagungsgrunde. Nach § 32 Abs. 2 GewO. muß die Behörde, um versagen zu können, auf Grund von Tatsachen die Überzeugung gewinnen, daß der Nachsuchende die erforderliche Zuverlässigkeit insbesondere in sittlicher, artistischer und finanzieller Hinsicht nicht besitzt. Diesen Erfordernissen genügt es nicht, wenn der Bezirksausschuß lediglich bemerkt: „Außerdem fehlt dem Antragsteller seinem Bildungsgrade und seiner Lebensstellung nach die Befähigung zu einem Theaterunternehmer."

Hierzu kann man aus den Akten nur ergänzen, daß der Kläger pensionierter Lokomotivführer ist. Damit ist über die Zuverlässigkeit des Klägers in sittlicher und finanzieller Beziehung keinesfalls etwas Nachteiliges ausgesagt. Aber auch der Schluß, daß es dem Kläger für das hier fragliche Unternehmen (§ 32 Abs. 1) an der erforderlichen Zuverlässigkeit in artistischer Hinsicht fehle, kann durch die bloße Tatsache, daß er pensionierter Lokomotivführer ist, um so weniger gerechtfertigt werden, als das nach obiger Gesetzesvorschrift besonders in Betracht zu ziehende Unternehmen sich nach Inhalt der Akten in bescheidenen Grenzen hält. Wegen des erörterten wesentlichen Mangels des Verfahrens muß das Urteil des Bezirksausschusses aufgehoben werden.

ε) Gast- und Schankwirtschaft; Kleinhandel mit Branntwein oder Spiritus (§ 33 GewO.).

Nr. 1. Entsch. v. 1. Juni 1911 (OVG. 61 340) III A 62/10.

Die Polizei darf keine Einrichtung der Bierausschankstelle in der Weise verlangen, daß es den Gästen möglich ist, das Einschenken des Bieres zu beobachten.

Es ist zunächst nicht abzusehen, welche gesetzliche Vorschrift die Polizeibehörde zum Erlasse dieser Bestimmung ermächtigen sollte. Ein besonderes G., das hierfür in Betracht käme, besteht nicht. Es kann sich deshalb nur darum handeln, ob die in Frage kommende Satzung in dem § 10 ALR. II 17 oder in dem § 6e und f PolVerwG. die erforderliche rechtliche Grundlage findet. Das ist zu verneinen. Da das PolVerwG. die Befugnisse der Polizeibehörden über den im § 10 aaO. gegebenen Rahmen hinaus nicht erweitert hat, so würde die Anordnung nur dann rechtsverbindlich sein, wenn in der Einrichtung einer Bierausschankstelle, die es den Gästen nicht ermöglicht, das Ausschenken des Bieres zu beobachten, eine Gefährdung der menschlichen Gesundheit gefunden werden müßte. Das kann jedoch nicht anerkannt werden. Bei der Zubereitung von Speisen ist eine Gefährdung der Gesundheit der Besteller weit eher zu befürchten als beim Biereinschenken. Die Erfahrung spricht aber bisher nicht dafür, daß die Zubereitung der Speisen vor den Augen der Gäste nötig ist, um eine Gefährdung ihrer Gesundheit zu verhüten.

Nr. 2. Entsch. v. 16. Okt. 1911 (OVG. 61 345) III B 19/11.

GewO. §§ 33, 40.

Es widerspricht der zwingenden Vorschrift des § 40 Abs. 1 GewO., einer gewerblichen Konzession eine Zeitbeschränkung oder eine Resolutivbedingung beizufügen. Bezieht sich eine solche unzulässige Beschränkung nicht nur auf einen Nebenpunkt, sondern auf die Konzession an sich derart, daß die Erlaubnis nur unter dieser als wesentlich erachteten Beschränkung erteilt werden sollte und ohne sie überhaupt nicht erteilt sein würde, so ist es nicht zulässig, die Beschränkung als nicht beigefügt und die Konzession als unbeschränkt erteilt anzusehen. In diesem Falle muß die unzulässige Beschränkung die Ungültigkeit der erteilten Erlaubnis zur Folge haben. Allerdings kann die Änderung der tatsächlichen Verhältnisse, auf denen das Bedürfnis für die Errichtung der Gast- oder Schankwirtschaft beruhte (z. B. bei Kantinen für die bei einem Bahn- oder Kanalbaue beschäftigten Arbeiter die Fertigstellung der Bahn- oder Kanalarbeiten), die weitere Ausübung der Konzession dadurch tatsächlich unmöglich machen, daß nunmehr solche Personen, an die der Konzessionsinhaber nach dem Inhalte der ihm erteilten Erlaubnis allein Wohnräume und Getränke abzugeben befugt ist, an dem betreffenden Orte nicht mehr vorhanden sind. Die tatsächliche Unmöglichkeit der Ausübung einer Konzession, weil sie durch Wegfall des Kundenkreises, dessen Bedürfnisse zu befriedigen sie allein bestimmt war, den Boden verloren hat, hat aber begrifflich nichts gemein mit der Erteilung einer Konzession auf Zeit oder auf Widerruf. Gelangen die vorstehenden Grundsätze zur Anwendung, so kann es hier keinem Zweifel unterliegen, daß der Zusatz in der Genehmigungsurkunde: „solange Sie eine Herberge zur Heimat betreiben" sich als eine unzulässige Resolutivbedingung darstellt, die, weil die Konzession ohne sie überhaupt nicht erteilt werden sollte, die ganze Konzession von vornherein ungültig macht.

Nr. 3. Entsch. v. 21. Nov. 1912 (OVG. 65 347) IIIA 10/12.

GewO. § 33.

Die GewO. kennt eine „Hauskonzession" im Gegensatze zu einer nur für einen Teil oder einzelne Räume eines Hauses erteilten Konzession nicht. Nach § 33 wird die Genehmigung zum Betriebe der Gast- und Schankwirtschaft für ein bestimmtes Lokal erteilt, hinsichtlich dessen zu prüfen ist, ob es wegen seiner Beschaffenheit und Lage den polizeilichen Anforderungen genügt. Ist das Lokal, was bei den älteren Konzessionen häufig vorkam, nicht genau in der Genehmigungsurkunde bezeichnet und ist in dieser lediglich auf das Haus, in dem es sich befindet, Bezug genommen, so ist dies keineswegs immer dahin zu verstehen, daß die Genehmigung sich nun ohne weiteres auf alle für den Gast- oder Schankwirtschaftsbetrieb in dem betreffenden Hause geeigneten Räume beziehen solle. Es muß vielmehr nach Lage des einzelnen Falles geprüft werden, wie die erteilte Genehmigung gemeint war und auf welche Räume sie sich erstrecken sollte. Eine geeignete Handhabe hierfür kann neben dem gestellten Antrag auch der Umstand bieten, daß es sich nicht um Konzessionierung einer neuen Schankwirtschaft, sondern nur um den Wechsel des Inhabers eines bestehenden Geschäfts handelt, und wenn sich ergibt, daß sich die Genehmigung nur auf die Fortführung des Geschäfts in dem bisherigen Umfange beziehen sollte. Nur falls es an einem ausreichenden Anhalte dafür fehlt, daß die Konzession sich nicht auf das ganze Haus, sondern nur auf Teile desselben beziehen sollte, kann unter Umständen angenommen werden, daß als Lokal iS. des § 33 alle zum Gast- und Schankwirtschaftsbetriebe geeigneten Räume des Hauses gemeint sind.

2. Die Klägerin hat an dem konzessionierten Lokal insofern Änderungen vorgenommen, als sie den Laden durch Hinzunahme der beiden hinter diesem nach dem Hofe zu gelegenen Zimmer vergrößerte, außerdem sämtliche übrigen im Erdgeschosse links vom Hausflure belegenen Zimmer für den Ausschank einrichtete und der Benutzung als Fremdenzimmer oder Wohnräume entzog. Sämtliche Gastzimmer sind angeblich anderweitig untergebracht. Das Gericht sieht hierin eine wesentliche Änderung des Wirtschaftslokals, insbesondere auch eine wesentliche Vergrößerung der eigentlichen Schankräume im Vergleiche zu denjenigen, mit denen die ursprüngliche Konzession rechnete. Um in den erweiterten Schankräumen die Gast- und Schankwirtschaft weiter betreiben zu können, bedarf es einer neuen Genehmigung und, da die Klägerin eine solche nicht erlangt hat, war der Geschäftsbetrieb unzulässig und die Polizeiverwaltung berechtigt, dessen Fortsetzung zu untersagen, und zwar die Fortsetzung des gesamten Betriebs, nicht bloß des Betriebs in den erweiterten Räumen. Der Mangel der gewerbepolizeilichen Genehmigung ist auch nicht dadurch behoben, daß zu den vorgenommenen Erweiterungen die baupolizeiliche Genehmigung erteilt war.

Nr. 4. Entsch. v. 16. Dez. 1912 (Recht 17 638) IIIA 80/11.

Jede wesentliche Veränderung der Schankräume berechtigt die Polizei, den Betrieb bis zur Erteilung der behördlichen Genehmigung zu schließen oder auch in anderer Weise, z. B. durch Herabsetzung der Polizeistunde, einzuschränken.

Nr. 5. Entsch. v. 1. April 1913 (PrVerwBl. **35** 126) III A 38/12.

GewO. § 33.

Ist einem Schankwirt eine einheitliche Konzession zum Betriebe der Schankwirtschaft in den zusammenhängenden Räumen zweier Häuser erteilt worden, so vollzieht sich durch das Ausscheiden der Räume des einen Hauses aus dem Betriebe eine wesentliche Veränderung des zu dem Gewerbe bestimmten Lokals. Es liegt alsdann, wenn der Schankwirt sein Gewerbe weiter ausübt, der genehmigungspflichtige, aber nicht genehmigte Betrieb eines stehenden Gewerbes vor, dem die Polizeibehörde durch Untersagung entgegenzutreten befugt ist.

Nr. 6. Entsch. v. 12. Juni 1911 (OVG. **61** 342) III B 136/10.

GewO. § 33.

Die Verfügung, durch die für eine einzelne Wirtschaft eine besondere Polizeistunde festgesetzt worden ist, bildet keinen wesentlichen Bestandteil der nach § 33 GewO. erteilten Genehmigung. Es ergibt sich das schon daraus, daß es im Ermessen der Polizeibehörde liegt, die im Wege der Polizeiverordnung eingeführte Festsetzung von Polizeistunden durch Aufhebung der betreffenden Polizeiverordnung wieder zu beseitigen, was nicht möglich sein würde, wenn die Auffassung des Klägers zuträfe. Die Polizeistunde ist deshalb als etwas von der Konzession völlig Unabhängiges anzusehen. Ihre Verlängerung oder Verkürzung wird von der Polizeibehörde immer nur mit Rücksicht auf die Persönlichkeit des jeweiligen Konzessionsinhabers, auf dessen Wirtschaftsführung und auf die besonderen Verhältnisse der betreffenden Wirtschaft angeordnet. Eine ausnahmsweise verlängerte Polizeistunde wird deshalb für ein Lokal nicht über die Dauer der Wirtschaftsführung des Wirtes hinaus bewilligt; sie erlischt mithin, wenn die Wirtschaft in andere Hände übergeht, und lebt auch nicht wieder auf, wenn der frühere Wirt die Wirtschaft demnächst wieder übernimmt.

Nr. 7. Entsch. v. 3. Juni 1912 (OVG. **63** 383) **III A 44/11.**

Die Festsetzung der Polizeistunde, über die hinaus ein Bewirten und Dulden von Gästen im Lokale nicht gestattet ist, ist eine im öffentlichen Interesse gebotene Beschränkung des Schankgewerbes, die, wenn sie auch als polizeiliche Verfügung an die Person des Inhabers der Schankerlaubnis zu richten ist, doch immer den Betrieb als solchen trifft. Daraus folgt, daß für ein und denselben Schankraum auch die Festsetzung nur einer Polizeistunde möglich ist. Darin wird nichts geändert, wenn etwa, wie hier, gleichzeitig zwei Personen die Schankerlaubnis für dasselbe Lokal erteilt worden ist, das Schankgewerbe dort aber nicht abwechselnd, sondern gemeinschaftlich von beiden Konzessionsinhabern gleichzeitig betrieben wird. Die dem einen Inhaber gewährte Verlängerung der Polizeistunde für den Schankbetrieb gilt daher von selbst auch gegenüber dem Mitinhaber. Allerdings kann die Polizeibehörde bei jeder Änderung in den Betriebsverhältnissen, also auch beim Eintritt eines zweiten Konzessionsinhabers, in eine neue Prüfung über die Polizeistunde eintreten und sie, wenn polizeiliche Gründe hierfür vorliegen, herabsetzen, da die Festsetzung der Polizeistunde sowohl mit Rücksicht auf die besonderen Verhältnisse des betreffenden Schankbetriebs als auch mit Rücksicht auf die Persönlichkeit des jeweiligen Wirtes zu erfolgen hat.

Nr. 8. Entsch. v. 7. April 1913 (PrVerwBl. **35** 75) III A 32/12.

Eine Herabsetzung der Polizeistunde kann nur durch besondere, in dem einzelnen Gewerbebetriebe hervorgetretene polizeiliche Gründe gemäß § 10

ALR. II 17 gerechtfertigt werden. Diese Gründe lassen sich nicht durch allgemein gehaltene Erörterungen darüber ersetzen, daß die Verbindung einer Schankwirtschaft mit einem Kaufmannsgeschäfte zu Unzuträglichkeiten führe.

Nr. 9. Entsch. v. 3. Nov. 1913 (PrVerwBl. 35 322) IIIB 18/13.

Sieht eine Polizeiverordnung eine Befugnis der Polizeibehörde, die Betriebszeit einzelner Gast- oder Schankwirtschaften auch noch über die in der Polizeiverordnung allgemein bestimmte Polizeistunde hinaus zu verkürzen, nicht vor, so fehlt der Polizeiverwaltung diese Befugnis überhaupt. Der Gerichtshof hat bereits an anderer Stelle ausgesprochen, daß bei einer Regelung der Polizeistunde durch Polizeiverordnung die Polizeibehörde weitere Beschränkungen der Betriebszeit nur dann verfügen darf, wenn die Polizeiverordnung selbst solche Ausnahmen vorbehält (OVG. **50** 366ff.). Insoweit bindet die Polizeiverordnung auch die Polizeibehörde.

Nr. 10. Entsch. v. 22. April 1912 (OVG. **63** 381) IIIA 65/11.

Die Polizei ist nicht befugt, einem Schankwirte für die Tage militärischer Kontrollversammlungen den Ausschank geistiger Getränke an die Kontrollpflichtigen durch Verfügung zu untersagen.

Zwar ist sie nach § 10 ALR. II 17 für befugt zu erachten, Ausschreitungen, wie sie erfahrungsmäßig anläßlich der Kontrollversammlungen vorzukommen pflegen, entgegenzutreten, und es trifft nicht zu, wenn der Kläger ein solches polizeiliches Vorgehen an sich mit dem Grundsatze der Gewerbefreiheit für unvereinbar ansieht. Dieser Grundsatz bezieht sich nur auf die Zulassung zum Gewerbebetriebe. Dagegen hat die Polizeibehörde die ihr durch den § 10 aaO. gesetzte Schranke überschritten, wenn sie den Ausschank an die Kontrollpflichtigen für den Tag der Kontrollversammlung ganz allgemein untersagt hat. Es ist unzulässig, durch eine polizeiliche Verfügung dem durch sie Betroffenen Verpflichtungen gegenüber einem unbestimmten Kreise von Personen aufzuerlegen, von dem es gar nicht feststeht, daß bei den einzelnen jenem Kreise Angehörigen die tatsächlichen Voraussetzungen gegeben sind, von denen der § 10 aaO. das polizeiliche Vorgehen abhängig macht.

Nr. 11. Entsch. v. 6. Juni 1912 (PrVerwBl. **34** 132) IIIB 92/11.

1. Mauscheln ohne Abzwang ist bei Einsätzen von 0,20—1 *M* und Umsätzen bis 25 *M* als ein Glücksspiel iS. des § 285 StGB. anzusehen.

2. Der Umstand, daß der Beklagte in seinem Lokale verbotene Glücksspiele geduldet hat, genügt aber allein noch nicht, um die Entziehung der Schankkonzession zu rechtfertigen. Es bedarf der weiteren Feststellung, ob nach Lage des besonderen Falles die Besorgnis besteht, daß der Beklagte auch in Zukunft in seinem Lokale das verbotene Spiel dulden und dadurch fördern würde. In dieser Beziehung kann nicht unberücksichtigt bleiben, daß der Beklagte bereits in der Mitte des Jahres 1911 den Polizeisergeanten J. um eine Auskunft darüber ersucht hat, ob das Spiel „Mauscheln" unerlaubt sei, und daß J. darauf geantwortet hat, dies werde sehr verschieden beurteilt und richte sich wohl nach der Höhe der Einsätze. Es ist längere Zeit bei dem Beklagten in der angegebenen Weise gespielt worden, ohne daß ein bei ihm regelmäßig verkehrender Polizeibeamter namens K. Einspruch dagegen erhob. Als dieser Bedenken geltend machte und dem Beklagten den Rat gab, das Spiel nicht zu dulden, ist er dem nachgekommen und hat auch in dem Lokal ein Plakat mit der Aufschrift „Mauscheln verboten" angebracht. Wenn er trotzdem das Spiel später wieder zugelassen hat, so rechtfertigte er dies damit, es sei ihm inzwischen bekannt geworden, daß ein anderer

Schankwirt, obwohl ihm das Dulden des Spieles „Mauscheln" bei ähnlichen Sätzen, wie sie bei dem Beklagten üblich, nachgewiesen wurde, trotzdem von der Beschuldigung des Vergehens gegen § 285 StGB. freigesprochen worden sei, und daß er (Beklagter) danach die Erlaubtheit des Spieles bei kleinen Einsätzen angenommen habe. Diese Entschuldigung des Beklagten findet insofern eine Bestätigung, als tatsächlich der andere Schankwirt, obwohl er Mauschelspiele der hier in Rede stehenden Art geduldet hatte, freigesprochen ist. Es steht auch fest, daß der Beklagte öfters Spiele um höhere Einsätze mit der Begründung verboten hat, daß nur solche mit kleineren Einsätzen erlaubt seien. Nach alledem mußte angenommen werden, daß der Einwand des Beklagten, er habe das bei ihm betriebene Spiel „Mauscheln" für erlaubt gehalten, nicht widerlegt ist, daß der Beklagte, nachdem Zweifel hierüber bei ihm aufgestiegen waren, ernstliche Mühe aufgewandt hat, um sich Klarheit zu verschaffen, und daß in der Tat Umstände vorlagen, die ihn zu der Annahme verleiten konnten, das von ihm geduldete Spiel sei erlaubt. Bei dieser Sachlage liegt kein ausreichender Anlaß zu der Besorgnis vor, daß der Beklagte, obwohl er nunmehr über die Unerlaubtheit des Mauschelspiels belehrt ist, trotzdem in Zukunft wieder unerlaubte Spiele in seinem Lokale dulden werde.

Nr. 12. Entsch. v. 12. Dez. 1912 (PrVerwBl. **34** 753) III A 8/12.

Auch der gewinnlose Ausschank eines Vereins fällt unter den § 33 Abs. 6 GewO. und ist deshalb genehmigungsbedürftig. Es ist an sich zwar richtig, daß die GewO. im allgemeinen sich nur mit gewerblichen, d. h. mit Gewinnabsicht betriebenen Unternehmungen beschäftigt. Indessen ist schon in OVG. **56** 378ff. aus der Entstehungsgeschichte von Abs. 5 des § 33 nachgewiesen, daß diese Vorschrift — und von Abs. 6 gilt das Gleiche in verstärktem Maße — ausnahmsweise von dem Merkmal der Gewerbsmäßigkeit ausdrücklich absieht.

Nr. 13. Entsch. v. 4. Dez. 1913 (PrVerwBl. **35** 778) III C 86/13.

Die unerlaubte Ausübung der Schankwirtschaft trifft auch zu, soweit der Genuß der Getränke nicht im Laden der Beklagten, sondern im Hausflur, Hofraum oder Garten desselben Grundstücks stattgefunden hat; denn der Begriff der Schankwirtschaft erfordert nur den Verkauf zum alsbaldigen Genuß auf der Stelle mit Wissen und Willen des Verkäufers. Zum Genuß auf der Stelle gehört allein, daß der Ort des Genusses tatsächlich in einer gewissen näheren räumlichen Beziehung zur Verkaufsstätte steht. Daß der Verkäufer über den Ort der Verzehrung eine rechtliche Verfügungsgewalt hat, ist nicht notwendig. Ebensowenig ist der Schluß des Bezirksausschusses von der wiederholten unerlaubten Ausübung der Schankwirtschaft auf die Besorgnis der Förderung der Völlerei durch das Gewerbe der Beklagten rechtsirrtümlich.

Nr. 14. Entsch. v. 8. Jan. 1914 (PrVerwBl. **36** 39) III C 107/13.

GewO. § 33.

1. Der Umfang einer erteilten Schankerlaubnis ist, wenn zwischen der vom Kreisausschuß ausgefertigten Erlaubnisurkunde und dem dieser zugrunde liegenden Urteile des Bezirksausschusses keine Übereinstimmung besteht, nach dem Inhalte des letzteren zu bestimmen.

2. Im vorliegenden Falle legt der Vorderrichter dieses Urteil iS. der Erlaubnisurkunde aus. Dies war unrichtig. Der damalige Kläger und jetzige Beklagte hatte in dem ersten Verfahren über die Erteilung der Erlaubnis grundsätzlich und wiederholt um die Erlaubnis in demselben Umfange gebeten, wie sie sein Vater hatte. Eine Zurücknahme des Klageantrags ist nicht erfolgt. Unter diesen Umständen mußte der Bezirksausschuß, wenn er gegenüber dem Antrage

des Klägers bei Erteilung der Erlaubnis Einschränkungen vornehmen wollte, diese bei einwandfreier Handhabung der prozessualen Form in der Formel des Urteils durch Zurückweisung jenes Antrags im Umfang der Einschränkung zum Ausdruck bringen, mindestens aber mußte er sie im sonstigen Inhalt des Urteils klar erkennbar machen. Das ist nicht geschehen. Die Beschränkung der Erlaubnis kann daher aus dem Urteil nicht hergeleitet werden.

3. Der Rechtsbegriff der Völlerei setzt voraus, daß Branntwein im Übermaß oder unter Überschreitung der gesetzmäßigen Schranken des Branntweinverkaufs verabreicht wird. Aus der Preisbemessung oder aus einer gesetzlich nicht verbotenen Reklame ist er nicht zu entnehmen.

Nr. 15. Entsch. v. 19. März 1914 (PrVerwBl. 35 908) III B 139/13.

GewO. § 33.

In der fortgesetzten Überschreitung der Polizeistunde liegt der Tatbestand einer Förderung der Völlerei. Zugleich rechtfertigen die sechs Überschreitungen seit der letzten Erlaubnis die Besorgnis, daß der Beklagte sein Gewerbe auch fernerhin zur Förderung der Völlerei mißbrauchen werde, zumal wenn berücksichtigt wird, daß ihm in gleicher Weise auch schon in der Zeit vor Erteilung der letzten Erlaubnis wiederholte Überschreitungen der Polizeistunde nachgewiesen sind.

Unerheblich ist demgegenüber die Einwendung des Beklagten, die er aus einer wirtschaftlichen Zwangslage entnehmen will, ebenso auch seine Behauptung, daß die Polizeibehörde in der Festsetzung der Polizeistunde ihm gegenüber willkürlich verfahren sei. Hatte der Beklagte diese Auffassung, so stand es ihm frei, gegen die die Erweiterung der Betriebszeit im Einzelfall ablehnenden polizeilichen Verfügungen des Klägers im Rechtsmittelverfahren der §§ 127ff. LVG. vorzugehen. Keineswegs aber war er befugt, die für sein Lokal von der Behörde bestimmte Polizeistunde eigenmächtig zu überschreiten.

Nr. 16. Entsch. v. 28. März 1912 (OVG. 61 336) III C 220/11.

GewO. § 33.

1. Auch die Erlaubnis zum Kleinhandel mit Branntwein oder Spiritus wird stets mit Bezug auf ein bestimmtes Lokal erteilt. Der Kleinhandel darf daher, gleichwie der Ausschank, nur in denjenigen Räumen, für die er genehmigt ist, betrieben werden. Im übrigen ist bei Kleinhandel betreibenden Gast- und Schankwirten zu unterscheiden, ob diese in ihren auf Erteilung der Erlaubnis zum Gast- oder Schankwirtschaftsbetriebe gerichteten Anträgen die Genehmigung zur Ausübung des Kleinhandels ausdrücklich nachgesucht haben oder nicht. Trifft das erstere zu, so wird die Konzessionsbehörde in der Konzessionsurkunde auch über den Kleinhandel Bestimmungen treffen, und es sind alsdann diese maßgebend. Im letzteren Falle begreift zwar nach Preußischem Rechte die Erlaubnis zum Betriebe der Gastwirtschaft, falls nicht bei der Konzessionsverleihung ein entsprechender Vorbehalt gemacht worden ist, die Befugnis zum Ausschenken von Branntwein und damit diejenige zum Branntweinkleinhandel in sich, und es enthält auch die dem Schankwirt erteilte vorbehaltslose Erlaubnis zur Verabreichung geistiger Getränke die Berechtigung zum Kleinhandel. Der Gast- oder Schankwirt darf jedoch die ihm hiernach zustehenden Befugnisse nur innerhalb der Grenzen der ihm gewährten Gast- oder Schankwirtschaftserlaubnis ausüben. Insbesondere ist derjenige, der die gedachten Gewerbe nur in bestimmten Räumen betreiben darf, auch beim Kleinhandel an diese Räume gebunden.

2. Es ist deshalb nicht rechtsirrtümlich, wenn der Bezirksausschuß die Entsch. davon abhängig gemacht hat, ob der Kläger berechtigt ist, die jetzt vorhandene

Schaltervorrichtung zur Ausübung des Schankbetriebs zu benutzen. Das ist zu verneinen. Für die Beurteilung der dem Kläger in dieser Hinsicht zustehenden Rechte ist der Inhalt der über die erteilte Konzession ausgefertigten Urkunde maßgebend. Diese enthält nichts über eine Schaltervorrichtung; sie beschränkt den Kläger vielmehr für den im Erdgeschosse stattfindenden Schankbetrieb auf die Benutzung bestimmter, in ihr besonders angegebener Räume. Daß sich in der eingangs erwähnten Zeichnung ein Schalter eingetragen findet, ist, ganz abgesehen davon, daß der Schalter auch für andere Zwecke als den Schankbetrieb angelegt sein kann, gegenüber den ausschlaggebenden Bestimmungen der Konzessionsurkunde unerheblich.

5) Gewerbsmäßige Musikaufführungen, Schaustellungen, theatralische Vorstellungen oder sonstige Lustbarkeiten ohne höheres Interesse von Kunst und Wissenschaft von Haus zu Haus usw., Tanzlustbarkeiten (§§ 33b, 33c GewO.).

Nr. 1. Entsch. v. 6. März 1913 (DJZ. 18 1207) III A 50/12.

Die Aufstellung und der Betrieb von Schaubuden auf sogenannten Rummelplätzen können nicht schon deshalb verboten und die Beseitigung der Buden verlangt werden, weil die in der Polizeiverordnung vorgesehene Genehmigung nicht erteilt ist. Diese Polizeiverordnung setzt im wesentlichen nur eine Anzeigepflicht fest, hat aber im übrigen die materielle Berechtigung der Polizei zum Einschreiten gegen Schaubuden usw. auf Rummelplätzen nicht erweitert. Der Betrieb von Schaubuden auf Rummelplätzen ist nach der derzeitigen Lage der Gesetzgebung ein erlaubter Gewerbebetrieb, der nur denselben Beschränkungen unterliegt wie jeder andere erlaubte Gewerbebetrieb. Die Versagung der Genehmigung zur Aufstellung der Buden, die Untersagung des Betriebes oder die Forderung der Fortschaffung der Buden können also nur dann ausgesprochen werden, wenn ausreichende verkehrspolizeiliche oder sonstige polizeiliche Gründe aus § 10 ALR. II 17 diese Maßnahme notwendig erscheinen lassen.

Nr. 2. Entsch. v. 4. Nov. 1912 III B 54/12
und **v. 22. April 1912** III B 57/10 (PrVerwBl. **34** 331).

GewO. § 1.

Eine Polizeiverordnung, die allgemein, also nicht bloß für Gewerbetreibende, vorschreibt, daß das Aufstellen von Karussells, Schießbuden u. dgl. auf oder an den dem öffentlichen Verkehre dienenden Plätzen, Straßen und Wegen nur mit „Genehmigung" der Ortspolizeibehörde zulässig ist, verstößt nicht gegen § 1 GewO.

§ 1 GewO. steht, wie allgemein anerkannt ist, dem nicht entgegen, daß die Ausübung der Gewerbe durch LandesG. oder Polizeiverordnungen geregelt wird, und ferner, daß die Gewerbetreibenden auch solchen Vorschriften unterworfen werden, die rechtsgültig für alle Staatsangehörigen gegeben sind. Dem Einwande, daß die Polizeiverordnung sich tatsächlich nur auf Gewerbetreibende beziehen könne, steht ihre ganz allgemeine Fassung entgegen. Sie regelt auch ferner, soweit sie sich auf Gewerbebetriebe bezieht, nicht die Zulassung zu diesen, sondern nur die Ausübung der Gewerbe. Ihr Sinn geht dahin, der Polizei Gelegenheit zu geben, rechtzeitig dagegen einzuschreiten, daß durch die genannten Veranstaltungen an den öffentlichen Wegen, also in einer Weise, die auf den Verkehr auf diesen einzuwirken geeignet ist, eine Störung des dort stattfindenden Verkehrs herbeigeführt oder den von der Polizei sonst hinsichtlich der öffentlichen Wege zu schützenden Interessen zuwidergehandelt wird. Zu diesem Zwecke ist die Benachrichtigung der Polizei vor der Aufstellung in der Form der Einholung einer

Genehmigung vorgeschrieben und die Nichteinholung unter Strafe gestellt. Die demnächst vorbehaltene Kundgebung der Polizei stellt sich nicht als eine Genehmigung der Zulassung zum Gewerbebetriebe dar, die nach freiem Ermessen oder aus beliebigen polizeilichen Gründen erteilt oder versagt werden könnte, sondern, ähnlich wie bei den baupolizeilichen Genehmigungen, nur als eine Erklärung der Polizeibehörde darüber, ob straßenpolizeiliche Interessen der Aufstellung entgegenstehen und welche Anforderungen gegebenenfalls durch diese notwendig werden. Nach den gemachten Ausführungen kann die Veranstaltung der Schaustellungen auch nicht lediglich um deswillen verboten werden, weil die Genehmigung dazu nicht erteilt ist. Es fragt sich vielmehr, ob die Nichtgenehmigung oder die ihr gleichstehende Untersagung des Betriebs der Veranstaltungen deshalb gerechtfertigt ist, weil durch diesen die öffentlichen Verkehrsinteressen auf der Straße gefährdet werden und der Polizei andere Mittel zur Beseitigung dieser Gefahr nicht zu Gebote stehen, als die gänzliche Untersagung.

Nr. 3. Entsch. v. 6. März 1913 (PrVerwBl. **34** 842) III B 135/12.

1. Die PolVd. des Polizeipräsidenten zu Berlin v. 12. VI. 11, betr. das Aufstellen von Karussells und dergleichen an Plätzen und Straßen, führt nur eine Anzeigepflicht ein, die der Polizeibehörde die Wahrung der polizeilichen Interessen ermöglicht. Ein Verbot des Karussells muß auf hinreichende polizeiliche Gründe gestützt sein.

2. Im vorliegenden Falle fehlte es an Tatsachen, die ein polizeiliches Einschreiten rechtfertigen. Auch verkehrspolizeiliche Interessen waren dazu nicht geeignet. Gegen Störungen des Straßenverkehrs durch die mit dem Karussellbetriebe verbundene Musikbegleitung hätte der Beklagte zunächst nur mit der Forderung einschreiten können, die Musik abzuschwächen oder ganz einzustellen. Im übrigen befürchtet der Beklagte eine Störung des Straßenverkehrs ausschließlich von dem Stehenbleiben der Vorübergehenden. Dieses Stehenbleiben muß aber der Beklagte, soweit es das polizeiliche Interesse verletzt, unmittelbar verhindern. Als Mittel zur Verhinderung von Verkehrsstörungen boten sich übrigens das Abdichten und die Erhöhung des Zaunes sowie das Fortrücken der Gegenstände von der Straßenfront ungezwungen dar.

Nr. 4. Entsch. v. 16. Okt. 1913 (PrVerwBl. **35** 540) III A 56/12.

ALR. II 17 § 10. GewO. § 33 b.

1. Der Betrieb einer Luftschaukel mit Drehorgelbegleitung auf einem im Privateigentume stehenden Grundstücke fällt nicht unter § 33 b GewO. Öffentliche Plätze iS. dieser Vorschrift sind nur die kraft öffentlichen Rechts dem öffentlichen Gebrauche gewidmeten Plätze, nicht aber solche im Privateigentume stehenden Plätze, zu denen der Verfügungsberechtigte jedem beliebigen Zutritt gewährt. Die Polizeiverwaltung war daher nicht befugt, vom Kläger die Einholung einer Genehmigung zu dem von ihm beabsichtigten Betriebe zu fordern oder ungebeten die Genehmigung dazu auf Grund des § 33b GewO. zu erteilen oder zu versagen.

2. Die polizeiliche Verfügung geht aber weiter. Sie drückt aus, daß ein dauernder Betrieb nicht geduldet werden könne, weil dadurch die Gesundheit der Nachbarn geschädigt werden würde, spricht also ein auf § 10 ALR. II 17 gegründetes Verbot aus. Danach ist im Verwaltungsstreitverfahren zu prüfen, ob für das auf § 10 ALR. II 17 gegründete Verbot die tatsächlichen und rechtlichen Grundlagen vorhanden sind.

Diese Frage ist zu verneinen.

Zunächst ist nicht erkennbar, weshalb die Polizei sich, wenn sie die Benutzung von Drehorgel und Glocke für gesundheitsschädlich hielt, nicht auf das Verbot dieser Instrumente beschränkt, sondern auch die Benutzung der Luftschaukel nur für zwei Tage freigegeben hat. Der Betrieb der Schaukel erzeugt an sich überhaupt kein über die unmittelbare Umgebung hinaus wirkendes Geräusch. Daß aber der von den Benutzern der Schaukel ausgehende Lärm stark und anhaltend genug sein werde, um für sich allein die Gesundheit der Umwohner zu gefährden, ist unwahrscheinlich.

Aber auch abgesehen hiervon, soweit es sich um das Verbot der Drehorgel und der Glocke handelt, geht die angefochtene Verfügung über das Maß des Notwendigen und Zulässigen hinaus. Für ein völliges uneingeschränktes Verbot des vom Kläger angemeldeten Betriebs liegen nach der eigenen Auffassung der Polizeiverwaltung die Voraussetzungen nicht vor, sonst hätte sie nicht die Genehmigung zum Betrieb an zwei Tagen erteilen können. Es konnte sich also unter dem Gesichtspunkte des § 10 ALR. II 17 — wenn dessen Voraussetzungen gegeben waren — nur darum handeln, dem klägerischen Betriebe diejenigen Beschränkungen aufzuerlegen, die erforderlich sein würden, um die Gefahr einer Gesundheitsschädigung von der Nachbarschaft abzuwenden. Das konnte aber, gleichviel wie groß und wie geartet diese Gefahr sein mochte, unter keinen Umständen in der Form geschehen, daß die Ausübung des Betriebs ganz im allgemeinen verboten und dem Kläger nur überlassen wurde, von Zeit zu Zeit einzelne Ausnahmen von dem Verbote bei der Polizeiverwaltung zu erwirken. Lustbarkeiten wie die hier in Rede stehenden sind an sich nach der GewO. keiner polizeilichen Genehmigung oder Beschränkung unterworfen. Werden durch sie solche Gefahren hervorgerufen, zu deren Verhütung die Polizei nach § 10 ALR. II 17 berufen ist, so kann die Polizei die zur Beseitigung der Gefahren notwendigen Anstalten treffen, aber sie hat sich in den Grenzen des Notwendigen zu halten, nach Möglichkeit billige Rücksicht auf die berechtigten gewerblichen Interessen zu nehmen und die Beschränkungen, die sie für nötig hält, genau anzugeben. § 10 ALR. II 17 kann niemals die Grundlage dafür bilden, daß ein Gewerbe, das nach den Vorschriften der GewO. frei und ohne vorherige polizeiliche oder sonstige Genehmigung betrieben werden darf, von einer von Fall zu Fall zu erteilenden polizeilichen Genehmigung für jeden einzelnen Ausübungsfall abhängig gemacht wird.

Nr. 5. Entsch. v. 23. April 1914 (PrVerwBl. 36 103) III A 99/13.

Auch wenn eine Polizeiverordnung bestimmt, daß das Aufstellen von Karussells, Schaukeln, Schießbuden und dgl. auf oder an für den öffentlichen Verkehr bestimmten Plätzen, Straßen oder Wegen nur nach Genehmigung der Ortspolizeibehörde erfolgen dürfe, so kann der Betrieb der Karussells usw. nicht aus irgendwelchen polizeilichen Gründen, sondern nur dann untersagt werden, wenn dies gemäß § 10 ALR. II 17 oder § 6b PolVerwG. geboten ist. Die Polizeiverordnung hat im wesentlichen nur die Bedeutung, daß darin eine Anzeigepflicht festgesetzt wird, um die Polizeibehörde in die Lage zu versetzen, im voraus darüber zu befinden, ob eine in Aussicht genommene Schaustellung auf einem an öffentlichen Straßen oder Plätzen belegenen Privatgrundstück aus polizeilichen Gründen gemäß § 10 ALR. II 17 oder aus verkehrspolizeilichen Interessen (§ 6b PolVerwG.) zu untersagen ist. Im übrigen ist dadurch die materielle Berechtigung der Polizeibehörde zum Einschreiten nicht erweitert. Insbesondere ist es nicht in das Ermessen der Polizeibehörde gestellt, ob und in welchem Umfange die Genehmigung zu an sich erlaubten Schaustellungen zu erteilen ist Polizeiliche Gründe aus § 10 ALR. II 17 lassen sich insbesondere nicht aus allgemeinen Erwägungen über Mißstände herleiten, die sich aus der Einrichtung sogenannter Rummelplätze auf Privatgrundstücken ergeben; ebensowenig auch daraus, daß es unerwünscht sei, die im fraglichen Stadtteile festgesetzten Kirchweihlustbarkeiten über diese bisher üblich gewesene Zeit hinaus zu verlängern. Zu einem Einschreiten aus diesen Erwägungen fehlte es an der gesetzlichen Grundlage.

Nr. 6. Entsch. v. 3. Juni 1912 (PrVerwBl. **34** 332) VII C 506/11.

Das „Veranstalten" einer Tanzlustbarkeit erfordert seinem Begriffe nach stets eine positive Tätigkeit; es genügt nicht ein bloßes Dulden. Der Kläger hätte daher mindestens die Anregung zum Tanze geben müssen. Wenn der Bezirksausschuß dies nicht für erforderlich hält, so irrt er. Der Gerichtshof hat zwar bei dem „Hergeben des Lokals" durch den Lokalinhaber angenommen, daß dies unter Umständen ohne positive Tätigkeit erfolgen könne; da genüge ein Dulden, daß das Lokal von den Gästen benutzt werde. Aber die Einwirkung des Lokalinhabers ist von der des Veranstalters begrifflich so weit verschieden, daß sie nach ganz anderen Grundsätzen zu beurteilen ist. Der Wirt nimmt die Gäste lediglich auf, er läßt es geschehen, daß sie sein Lokal benutzen. Der Veranstalter leitet und ordnet sie.

Nr. 7. Entsch. v. 3. Dez. 1912 (PrVerwBl. **34** 620) I A 160/12.

Die Erlaubnis, eine öffentliche Tanzlustbarkeit zu veranstalten, schafft keine privaten Rechte und hat nicht die Bedeutung und Wirkung, daß die Polizeibehörde daran unter allen Umständen gebunden wäre; vielmehr enthält sie nur die Erklärung, daß nach ihrem pflichtmäßigen Urteil aus der Veranstaltung und Abhaltung der Tanzlustbarkeit eine Gefährdung der öffentlichen Ordnung und Sittlichkeit nicht zu besorgen sei. Eine derartige Erklärung schließt keinen Verzicht der Polizeibehörde auf eine fernere Wahrnehmung der öffentlichen, gesetzlich geschützten Interessen in sich und verhindert sie nicht, die erteilte Erlaubnis zu widerrufen, z. B. deshalb, weil sie im Widerspruch mit den von den Aufsichtsbehörden im Interesse der Einschränkung öffentlicher Tanzvergnügungen erlassenen Anordnungen stand. Dieser Widerruf darf ebensowenig wie die Versagung der Erlaubnis aus Willkür erfolgen. Bei der Frage, ob die Erlaubnis zu erteilen oder zu versagen sei, hat die Polizeibehörde zwar, wenn hierüber die zuständige Polizeiverordnung des Regierungspräsidenten keine Bestimmungen enthält, nach freiem pflichtmäßigen Ermessen zu entscheiden, dabei aber nach objektiven polizeilichen Gesichtspunkten die für und gegen die Erteilung der Erlaubnis sprechenden Momente abzuwägen. Freies Ermessen bedeutet aber nicht Willkür.

Nr. 8. Entsch v. 31. Jan. 1913 (PrVerwBl. **34** 912) I A 41/12.

1. Das Verbot einer Theatervorstellung erfordert, wenn es sich nicht aus Gesichtspunkten der Theaterzensur rechtfertigt, bestimmte konkrete Tatsachen, die die Annahme einer Gefährdung der öffentlichen Ordnung, Ruhe oder Sicherheit zu begründen geeignet sind.

2. In der PolVd. v. 6. X. 42 (ABl. Bromberg 882) ist bestimmt, daß zu einer jeden Tanzbelustigung in einem Gasthofs- oder anderen öffentlichen Lokale, sie mag von dem Wirte selbst oder von einer Privatgesellschaft unternommen werden, die polizeiliche Erlaubnis zuvor nachgesucht werden muß. Diese Verordnung ist in Verfolg einer das Halten von Tanzmusik betreffenden Amtsblatt-Bek. v. 13. XII. 32 (ABl. **33** 2) ergangen, wo es unter Ziff. 9 heißt, daß geschlossenen Gesellschaften, d. h. Gesellschaften, die sich zu ihren geselligen Vergnügungen ein besonderes Lokal gemietet haben und durch besondere Statuten vereinigt sind, das Veranstalten von Bällen von der Polizeibehörde nur untersagt werden kann, wenn solche an Tagen stattfinden sollen, wo die G. dergleichen öffentliche Vergnügungen verbieten. Der Wortlaut des Vd. v. 6. X. 42 iVerb. mit Ziff. 9 Vd.

v. 13. XII. 32 sowie mit der Vd. v. 16. VI. 47 (ABl. 691) deckt sich im wesentlichen mit der vom KG. am 26. IX. 07 (Johow-Ring **34** C 11) für ungültig erklärten PolVd. des RegPräs. in Gumbinnen v. 23. XI. 04. Diese Polizeiverordnung ist deshalb für ungültig erklärt worden, weil sie in bezug auf das Erfordernis polizeilicher Erlaubnis keinen Unterschied zwischen öffentlichen Tanzvergnügungen und geschlossenen Gesellschaften machte, und weil im übrigen die wegen ihrer zu allgemeinen oder zu weiten Fassung ungültige Polizeiverordnung auch nicht gültig sei auf dem besonderen oder engeren Gebiet, über welches gültig verfügt werden durfte, aber in Wirklichkeit nicht verfügt worden sei. Nach den Ausführungen dieser Entsch., welchen beizutreten ist, muß auch den hier in Frage stehenden Polizeiverordnungen die Rechtsgültigkeit abgesprochen werden, um so mehr, als sie nicht einmal alle öffentlichen Tanzlustbarkeiten, insbesondere diejenigen nicht treffen, die öffentlich und unentgeltlich in einem Privatlokal oder von einer einzelnen Privatperson veranstaltet werden, obwohl ein innerer Grund für die verschiedene Behandlung der einzelnen Arten der Veranstaltung nicht erhellt.

Nr. 9. Entsch. v. 12. März 1914 (PrVerwBl. 35 843) III A 72/13.

Nach §§ 2 und 3 PolVd. des RegPräs. in Liegnitz v. 1. XI. 09 bedürfen öffentliche Tanzlustbarkeiten der Erlaubnis der Ortspolizeibehörde. Die Polizeibehörde hat die Genehmigung zu versagen, soweit polizeilich zu schützende Interessen das verlangen, besonders um ein die öffentliche Ordnung, Sicherheit, Sittlichkeit und Gesundheit gefährdendes Überhandnehmen der Tanzlustbarkeiten zu verhindern. Diese Regelung entspricht den durch § 10 ALR. II 17 und § 6d PolVerwG. dem polizeilichen Eingreifen gesetzten Schranken.

η) Pfandleiher, Gesindevermieter, Stellenvermittler, Handel mit Giften, Markscheider (§ 34 GewO.).

Nr. 1. Entsch. v. 17. Okt. 1912 III B 118/12
und **v. 28. Nov. 1912** III B 118/12 (PrVerwBl. **34** 667).

1. Unter einer wiederholten Bestrafung iS. des § 9 Abs. 3 StellenvermittlerG. ist schon eine zweimalige Bestrafung zu verstehen.

2. Der Verwaltungsrichter hat nicht nachzuprüfen, ob die zur Begründung der Klage dienenden Bestrafungen zu Recht erfolgt sind, und ob es sich um erheblichere Straftaten handelte.

Denn das G. knüpft die Rechtsfolge, daß Unzuverlässigkeit des Stellenvermittlers stets anzunehmen ist, also daß die Genehmigung entzogen werden muß, an die Tatsache der wiederholten Bestrafung. Es ist also allein zu prüfen, ob eine wiederholte Bestrafung vorliegt. Ähnliche Bestimmungen enthalten die § 35 Abs. 4 GewO. (Untersagung des Kleinhandels mit Bier), §§ 57^3, $57b^2$, Versagung des Wandergewerbescheins) und §§ 34 und 35 JagdO. (Versagung des Jagdscheins). Es ist von jeher davon ausgegangen, daß in diesen Fällen lediglich die Tatsache der rechtskräftigen Verurteilung oder Bestrafung zu prüfen ist. Eine solche Nachprüfung strafrichterlicher Entsch. ist nur dann zulässig und geboten, wenn wie z. B. in den §§ 34, 35, 53 GewO. die Entziehung einer Konzession oder die Untersagung eines Gewerbebetriebes nicht von der Tatsache einer ein- oder mehrmaligen Bestrafung, sondern davon abhängig gemacht ist, daß sich aus Tatsachen oder Unterlassungen die Unzuverlässigkeit des Konzessionsinhabers oder der Mangel der bei ihm vorausgesetzten Eigenschaften ergibt. Es muß davon ausgegangen werden, daß sich die gesetzgebenden Faktoren bei Abfassung des StellenvermittlerG. dieses Unterschiedes bewußt gewesen sind, und daraus folgt, daß bei Anwendung des § 9 Abs. 3 des G. eine Nachprüfung der in Betracht kommenden Bestrafungen ausgeschlossen ist.

Nr. 2. Entsch. v. 30. Jan. 1913 (OVG. **64** 515) III B 15/12.

Die Witwe eines Stellenvermittlers ist befugt, den Gewerbebetrieb ohne besondere Erlaubnis in Person fortzusetzen.

Allerdings kommt § 47 GewO. auch jetzt noch für Stellenvermittler in Betracht, da an Stelle des dort in Bezug genommenen § 34 aaO. jetzt für Stellenvermittler § 2 G. v. 2. VI. 10 (RGBl. 860) getreten ist. Indessen bestimmt § 47 doch nur, daß über die Zulassung eines Stellvertreters die Behörde zu entscheiden hat. Für den Fall, daß die Witwe das Gewerbe durch einen Stellvertreter weiter betreiben lassen will, würde sie demnach einer besonderen Erlaubnis der Ortspolizeibehörde bedürfen, und zwar schon wegen der Einschränkung in § 46 GewO., weil das G. v. 2. VI. 10 bzw. die dazu erlassene AVd. über die Stellvertretung bei Stellenvermittlern besondere Vorschriften (freies Ermessen der Ortspolizeibehörde) enthalten. Die in der Literatur verschieden beantwortete Frage, inwieweit § 47 GewO. für Stellenvermittler noch von Bedeutung ist, kann daher unentschieden bleiben. Daß eine Witwe nicht verpflichtet ist, zur Ausübung ihres auf § 46 GewO. beruhenden Rechtes einen Stellvertreter zu bestellen, daß sie vielmehr das Gewerbe in eigener Person weiter betreiben darf, falls sie dazu qualifiziert ist, ist anerkannten Rechtens. Das für Stellenvermittler jetzt allein maßgebende G. v. 2. VI. 10 ordnet über Rechte der Witwe überhaupt nichts an. Der Vorbehalt in § 46 GewO. ist also für Stellenvermittler von keiner Bedeutung. Das für Gewerbetreibende allgemein durch § 46 geschaffene Vorzugsrecht der Witwe aus § 46 findet daher auch auf das Gewerbe der Stellenvermittler Anwendung. Danach bedurfte die Beklagte zur Fortsetzung des Gewerbebetriebs ihres verstorbenen Ehemanns in eigener Person keiner neuen Erlaubnis, sie trat vielmehr ohne weiteres in Ansehung der Konzession und innerhalb deren Grenzen an die Stelle des Verstorbenen.

Nr. 3. Entsch. v. 3. März 1913 (PrVerwBl. **34** 893) III B 133/12.

1. Wie der Gerichtshof wiederholt, insbesondere in OVG. **60** 428 dargelegt hat, nötigt die Tatsache der wiederholten Bestrafung angesichts der Vorschrift des § 9 Abs. 3 StellenvermittlerG. v. 2. VI. 10 (RGBl. 860) ohne weiteres dazu, der Klage auf Zurücknahme der Erlaubnis stattzugeben. Wenn der Vorderrichter des näheren untersucht hat, ob die Strafbefehle in formeller und materieller Beziehung zu Bedenken Anlaß geben und seinerseits zu der Auffassung gelangt ist, daß die erste Bestrafung als eine solche wegen Überschreitung des Tarifs nicht in Betracht gezogen werden könne und daß aus der zweiten sich nicht entnehmen lasse, inwiefern und um welchen Geldbetrag die Überhebung nach Ansicht des Amtsgerichts erfolgt sei, so hat er verkannt, daß der Verwaltungsrichter iS. des § 9 Abs. 3 des G. gar nicht zu prüfen hat, ob die Bestrafung mit Recht eingetreten ist, ob eine strafbare Handlung überhaupt begangen ist und welche Schlüsse aus dem Verhalten des Stellenvermittlers auf seine Zuverlässigkeit zu ziehen sind.

2. Zwei rechtskräftige Strafbefehle erfüllen den Tatbestand der Bestrafung. Wenn der Vorderrichter die Auffassung zur Geltung bringen will, es sei nicht in jedem Falle, in dem eine zweimalige Bestrafung vorliege, eine „wiederholte" Bestrafung zu finden, weil sonst nicht einzusehen sei, weshalb der Gesetzgeber nicht die Fassung „mindestens zweimal" gewählt habe, um seine Absicht zum unzweifelhaften Ausdruck zu bringen, so ist dem nicht beizutreten. Es ist daran festzuhalten, daß eine zweimalige Bestrafung eine wiederholte iS. des G. ist. Die Ausdrucksweise des G. ist sprachlich durchaus klar und verständlich und es liegt kein Anhalt dafür vor, daß der Gesetzgeber unter dem Ausdruck „wiederholt" sich etwas anderes als mindestens zweimal gedacht haben sollte.

9) Gewerbe der §§ 35 und 35a GewO.

Nr. 1. Entsch. v. 23. März 1911 (OVG. **61** 313) III B 39/09.

GewO. §§ 35, 53.

1. Wenn das für eine Stadt mit Kgl. Polizeiverwaltung erlassene Regulativ die Gewerbepolizei der Städtischen Polizeiverwaltung nicht übertragen hat, so ist die Zuständigkeit zur Erhebung von Klagen auf Zurücknahme gewerblicher Genehmigungen oder auf Untersagung von Gewerbebetrieben der Kgl. Polizeiverwaltung verblieben.

Wie die Erteilung der Genehmigung zum Handel mit Giften, so kann auch die Zurücknahme dieser Genehmigung und die Untersagung des Handels mit Drogen und chemischen Präparaten, die zu Heilzwecken dienen, lediglich auf Grund der GewO. (§§ 34, 35 und 53) erfolgen. Es erscheint deshalb zweifellos, daß die hierauf bezüglichen Anordnungen der Ortspolizeibehörden zu den Obliegenheiten der die Gewerbepolizei wahrnehmenden Behörde gehören, in Cöln demnach die Kgl. Polizeiverwaltung dafür zuständig ist. Wenn zu der Durchführung dieser Anordnungen auch Maßregeln erforderlich sind, die an sich in das Gebiet der Gesundheitspolizei gehören, wie im vorliegenden Falle die Revision der Drogenhandlungen, so ist das ein Umstand, den die Bestimmungen über den Gift- und Drogenhandel mit vielen anderen Bestimmungen der GewO. gemeinsam haben. Diese Maßregeln bilden in allen Fällen zwar unbedingt nötige Vorarbeiten, aber doch nur Vorarbeiten für die Durchführung der gewerbepolizeilichen Bestimmungen, und werden deshalb zweckmäßig in den Gemeinden, in welchen die Gewerbe- und die Gesundheitspolizei von verschiedenen Behörden verwaltet werden, von der die Gewerbepolizei ausübenden Behörde mit wahrgenommen (vgl. auch Ziff. 60 AAnwGewO.).

Denn die Aufgabe der Gewerbepolizei besteht darin, die Ausübung der Gewerbe iS. der GewO. zu überwachen und zu regeln. Zu diesem Zwecke ist ihr in den §§ 35 und 53 GewO. die Befugnis beigelegt, im Wege der Klage gewerbliche Konzessionen usw. zum Erlöschen zu bringen und die Untersagung verschiedener nicht konzessionspflichtiger Gewerbe gegenüber den betreffenden Gewerbetreibenden durchzusetzen. Alle diese Klagen gehören deshalb zum Gebiete der Gewerbepolizei ohne Rücksicht darauf, ob damit auch andere, z. B. gesundheitspolizeiliche, baupolizeiliche, sicherheitspolizeiliche oder sittenpolizeiliche Zwecke verfolgt werden.

2. Hieran kann es nichts ändern, daß im Regulativ bei Zweifeln über die Zugehörigkeit einer beabsichtigten Maßnahme zu dem einen oder dem anderen Zweige der Polizei für eine gegenseitige Verständigung der beiderseitigen Polizeiverwaltungen und für eine Entsch. der Aufsichtsbehörde Raum gelassen ist. Es kann sich dabei immer nur um eine vorläufige Regelung handeln, an die der Verwaltungsrichter, falls die Sache zu seiner Entsch. kommt, nicht gebunden ist. Dieser hat vielmehr selbständig und von Amts wegen im einzelnen Falle zu prüfen, ob die von einer Polizeiverwaltung in Anspruch genommene Zuständigkeit nach Maßgabe des bestehenden Rechtes, insbesondere der von den Behörden innerhalb ihrer Zuständigkeit erlassenen Verordnungen, begründet ist. Die maßgebende Abgrenzung der Zuständigkeit mehrerer Ortspolizeibehörden ist aber weder einer Vereinbarung derselben noch der Festsetzung der Aufsichtsbehörde überlassen.

Nr. 2. Entsch. v. 21. Sept. 1911 (OVG. **61** 318) III B 112/10.

GewO. § 35. ZustG. § 119.

Da der § 119 ZustG. nur von der „zuständigen“ Behörde spricht, diese aber nicht näher bezeichnet, so kann seiner Vorschrift nicht ohne weiteres entnommen werden, welche Polizeibehörde bei einer Sachlage, wie sie hier gegeben, dazu berufen ist, die Klage gemäß § 35 GewO. anzustellen. Das OVG. hat jedoch bei Anwendung des § 119 stets angenommen, daß die Befugnis zur Erhebung der Klage der Polizeibehörde des Betriebsorts zustehe, d. h. desjenigen Ortes, an dem das Gewerbe ausgeübt wird. Wohnsitz und Betriebsort brauchen nicht immer zusammenzufallen; ein Gewerbetreibender kann insbesondere eine gewerbliche Tätigkeit sowohl an seinem Wohnsitz als auch außerhalb desselben ausüben. Das letztere wird gerade bei einem Bauunternehmer häufig vorkommen. Aus diesem Umstande darf aber noch nicht geschlossen werden, daß die Beschäftigungsorte ohne weiteres als Betriebsorte im obigen Sinne anzusehen seien. Eine solche Annahme würde sich nur für Fälle rechtfertigen, in denen der Bauunternehmer an dem Beschäftigungsorte, z. B. durch die Einrichtung einer dauernden Betriebsstätte, eine derartige Tätigkeit entfaltet, daß durch diese der Beschäftigungsort zu einem örtlichen Mittelpunkte der gewerblichen Tätigkeit wird. Trifft dies nicht zu, so muß, weil das Gewerbe eines Bauunternehmers ein einheitliches Gewerbe darstellt, der Wohnort als Betriebsort gelten.

Nr. 3. Entsch. v. 21. Dez. 1911 (OVG. **61** 317 i. d. Anm.) III B 117/10.

GewO. §§ 35, 53.

Wie die Erhebung der übrigen, in §§ 53, 35 GewO. vorgesehenen Unterlassungsklagen, so ist auch die Anstellung der auf § 35 Abs. 5 sich gründenden Klage eine Ausübung der Gewerbepolizei, wenngleich dadurch teilweise auch baupolizeiliche Zwecke verfolgt werden. Der Umstand, daß der Stadtgemeinde Cöln die Ausübung der Baupolizei in Cöln übertragen ist, schließt also die Zuständigkeit zur Erhebung einer Klage wie der vorliegenden nicht in sich; derartige Klagen gehören zum Zuständigkeitsbereiche des Kgl. Polizeipräsidenten in Cöln.

Nr. 4. Entsch. v. 6. Febr. 1913 (PrVerwBl. **34** 700) III B 6/12.

GewO. § 35.

1. Nach § 35 Abs. 5 GewO. ist der Betrieb des Gewerbes als Bauunternehmer und Bauleiter zu untersagen, wenn Tatsachen vorliegen, die die Unzuverlässigkeit des Gewerbetreibenden in bezug auf diesen Gewerbebetrieb dartun. Diese Tatsachen können sowohl auf dem Gebiete der beruflichen Sachkunde als auch auf moralischem und wirtschaftlichem Gebiete liegen. Die gegenwärtige Klage ist auf die Behauptung gestützt, daß der Beklagte in wirtschaftlicher und moralischer Beziehung unzuverlässig sei. Das, was die Klägerin selbst in ihren Schriftsätzen vorgebracht hat, reicht jedoch nicht im entferntesten aus, um eine dahingehende Feststellung zu treffen. Es mag hierzu vorweg bemerkt werden, daß die Klägerin bei der Bearbeitung der vorliegenden Streitsache den aus den gesetzlichen Vorschriften für sie erwachsenden Pflichten in durchaus ungenügender Weise nachgekommen ist. Da in Preußen nach § 119[1] ZustG. die Untersagung der im § 35 GewO. aufgeführten Gewerbe auf die Klage der Ortspolizeibehörde erfolgt, so wäre es Sache der Polizeiverwaltung gewesen, die den Klageantrag begründenden Tatsachen selbständig zu ermitteln, auf ihre Verwertbarkeit im Streitverfahren sorgfältig zu prüfen und in der Klage genau zu bezeichnen (§ 63 LVG.). Das hat sie nicht nur nicht getan, sondern in der mündlichen Verhandlung vor dem Bezirksausschusse erklären lassen, daß es ihr nicht möglich sei, die Namen der durch die Zwangsversteigerung des Grundstücks H . . . . Nr. . . geschädigten Personen anzugeben. Inwiefern hier eine Unmöglichkeit vorgelegen haben soll, ist völlig unerfindlich, da durch Einsicht der vom Senat herangezogenen Gerichtsakten alles das festzustellen war, was die Klägerin zu ermitteln für unmöglich hielt und was zu ermitteln in erster Linie ihr, nicht dem Berufungsgericht, oblag. Dies vorausgeschickt, so ist die Polizeiver-

waltung auf ihre Behauptung, daß der Beklagte in vermögensrechtlicher Abhängigkeit von seiner Mutter lebe, diese aber ihm jede Unterstützung verweigere, in der Berufungsinstanz nicht zurückgekommen. Diese Abhängigkeit würde auch, ganz abgesehen davon, daß für ihre Annahme auch nicht das mindeste vorliegt, gegenüber der unter Beweis gestellten Angabe des Beklagten, daß er einen umfassenden Kredit genossen habe und genieße, ohne Belang sein. Die bloße Tatsache des Ausfalls von Forderungen bei einer Zwangsversteigerung rechtfertigt ferner noch nicht ohne weiteres den Schluß auf eine Unzuverlässigkeit des Gewerbetreibenden in finanzieller oder moralischer Hinsicht. Da auch Unglücksfälle eine finanzielle Bedrängnis und als deren Folge eine Zwangsversteigerung herbeiführen können, würde in dem gedachten Ausfall nur dann eine die Unzuverlässigkeit dartuende Tatsache iS. des G. gefunden werden können, wenn dem Beklagten irgendeine Verschuldung zur Last fiele.

2. Endlich bilden auch die Äußerungen der Handwerkskammer und der Sachverständigen keine geeignete Grundlage für die Erhebung der Klage. Der Gesetzgeber hat allerdings den Gutachten der Sachverständigen eine nicht zu unterschätzende Bedeutung beigemessen. Diese können sie aber nur dann für sich in Anspruch nehmen, wenn ihrer Erstattung eine sorgfältige Prüfung aller einschlägigen Verhältnisse vorhergegangen ist, wenn in ihnen die Tatsachen, aus denen eine Unzuverlässigkeit des Gewerbetreibenden gefolgert werden soll, nach zuvoriger Prüfung auf ihre Richtigkeit im einzelnen angegeben und wenn die aus ihnen zu ziehenden Schlüsse eingehend begründet werden. Es bedarf keiner näheren Ausführung, daß die beigebrachten „Gutachten", deren Inhalt sich zudem im Verwaltungsstreitverfahren zum größten Teile als unrichtig oder nicht nachweisbar herausgestellt hat, diesem Erfordernis nicht entsprechen. Wenn aber die Polizeibehörden auf Grund derartig unvollkommener Gutachten einschreiten, so laufen sie Gefahr, unbegründete Klagen zu erheben und dadurch Bauunternehmer und Bauleiter in ihrem Gewerbe zu schädigen.

Nr. 5. Entsch. v. 30. Okt. 1913 (PrVerwBl. 35 228) III B 66/12.

GewO. § 35.

1. Gegen ein im Handelsregister als Firma nicht eingetragenes „Baugeschäft" kann die Klage auf Untersagung des Gewerbes als Bauunternehmer und Bauleiter nicht erhoben werden. Denn es entbehrt jeder Rechtsfähigkeit und kann als beklagte Partei nicht in Betracht kommen.

2. Bei der Gründung von Baugeschäften vorgenommene Schiebungen, die auf eine Irreführung und Täuschung des baulustigen Publikums sowie darauf hinauslaufen, den Gläubigern Befriedigungsgegenstände zu entziehen, sind Tatsachen, die die Unzuverlässigkeit des Gewerbetreibenden in bezug auf das Gewerbe als Bauunternehmer und Bauleiter dartun.

Nr. 6. Entsch. v. 4. März 1912 (Recht 17 638) III C 111/51.

Das Gewerbe als Rechtskonsulent kann untersagt werden wegen der aus mangelnder Fähigkeit und aus der Neigung zu Beleidigungen und grundlosen Beschuldigungen zu folgernden Unzuverlässigkeit.

Nr. 7. Entsch. v. 3. April 1913 (OVG. **64** 518) III A 16/12.

GewO. § 35.

Der Magistrat zu Altona ist seit dem Jahre 1867 nicht mehr berechtigt, Makler, insbesondere sogenannte „Hausmakler", also Vermittelungsagenten für Immobiliarverträge iS. des § 35 Abs. 3 GewO., zu vereidigen und dadurch öffentlich anzustellen.

Im deutschen Rechte haben sich als besondere Rechtsinstitute das des Handelsmaklers und das des Zivilmaklers entwickelt. Die Handelsmakler scheiden sich bis zum Erlasse des neuen HGB. v. 10. V. 97, das die öffentliche Beeidigung und Anstellung der Makler überhaupt aufgegeben hat, in öffentlich bestellte Handelsmakler und in Privathandelsmakler. Wo sich die ältere Gesetzgebung gegen Ende des 18. und Anfang des 19. Jahrhunderts mit den „Maklern" besonders beschäftigt, hat sie damit nur die eigentlichen Handelsmakler im Auge. Jedenfalls bezieht sich die Kgl. Dänische Vd. v. 30. XII. 1776 über die Makler in Altona nur auf die eigentlichen Handelsmakler. Auch die der Verordnung beigefügte Fassung des von den Maklern bei ihrer Annahme abzuleistenden Eides bestätigt dies.

Daß die der Verordnung beigefügte Taxe auch die Gebühren für die Vermittelung von Grundstücksgeschäften („Verkauf und Verhäurung von Häusern, Gärten und Ländereien") aufführt, steht diesen Ausführungen nicht entgegen; denn damit ist nichts weiteres gesagt, als daß die Handelsmakler, wenn sie sich mit der Vermittelung von Grundstücksgeschäften befassen, auch hinsichtlich ihrer die festgesetzte Taxe einhalten müssen. Auch derartige Geschäfte gehörten früher zu dem Geschäftskreise der Handelsmakler und sind erst durch das Allg. Deutsche HGB. von 1861 Art. 66, 276 daraus ausgeschieden. Den jetzigen Rechtszustand regelt § 93 Abs. 2 des neuen HGB.

Nach § 25 Vd. v. 5. VII. 67, betr. die Einführung des HGB. in die Herzogtümer Schleswig und Holstein (GS. 1133), werden die Handelsmakler an den Orten, für die kaufmännische Korporationen oder Handelskammern bestehen — und hierzu gehörte Altona —, von diesen, vorbehaltlich der Bestätigung durch die Regierung, ernannt; in anderen Orten durch die Regierung. Hierdurch ist die Befugnis des Magistrats zu Altona zur Anstellung und Beeidigung von Handelsmaklern aufgehoben, und da die Vd. v. 30. XII. 1776 sich überhaupt nur auf Handelsmakler bezieht, so konnte auch auf Grund dieser Verordnung seit dem Jahre 1867 eine Vereidigung von Hausmaklern durch den Magistrat nicht mehr erfolgen.

Nr. 8. Entsch. v. 13. März 1913 (PrVerwBl. **35** 11) III B 37/12.

GewO. § 35. ZustG. § 119.

Das OVG. ist bei Anwendung des § 119 ZustG. stets davon ausgegangen, daß die Befugnis zur Erhebung der dort genannten Klagen, insbesondere der Klage aus § 35 Abs. 5 GewO. nur der Polizeibehörde des Betriebsortes, d. h. desjenigen Ortes, an dem das Gewerbe betrieben wird, zustehe (OVG. **39** 289). Wohnsitz und Betriebsort brauchen nicht immer zusammenzufallen; ein Gewerbetreibender kann insbesondere eine gewerbliche Tätigkeit sowohl an seinem Wohnsitz als auch außerhalb desselben ausüben. Geschieht letzteres, so kann nicht ohne weiteres angenommen werden, daß jeder Ort, an dem eine solche gewerbliche Tätigkeit stattfindet, nun auch immer als Betriebsort im obigen Sinne anzusehen sei. Eine solche Annahme würde sich nur für Fälle rechtfertigen, in denen der Gewerbetreibende, insbesondere der Bauunternehmer, an dem Beschäftigungsorte, wie z. B. durch Einrichtung einer dauernden Betriebsstätte, eine derartige Tätigkeit entfaltet, daß durch diese der Beschäftigungsort zu einem örtlichen Mittelpunkte der gewerblichen Tätigkeit wird. Trifft dies für keinen anderen Ort als den Wohnort zu, so muß der Wohnort als Betriebsort gelten.

Nr. 9. Entsch. v. 29. Sept. 1913 (DJZ. **19** 383) III B 27/13.

GewO. § 35.

Durch das nach Erlaß des angefochtenen Urteils erfolgte Inkrafttreten des die Zuständigkeit der klagenden Polizeibehörde begründenden Regulativs konnte der vorherige Mangel der Zuständigkeit nicht nachträglich beseitigt werden. Rechtshandlungen unzuständiger Behörden unterliegen grundsätzlich der Aufhebung ohne Prüfung, ob sie an sich sachlich gerechtfertigt sein würden. Klagen unzuständiger Behörden sind entsprechend zu behandeln. Dem steht auch die Rechtsprechung nicht entgegen, nach der die Erhebung einer Klage ohne Vollmacht durch nachträgliche Beibringung und selbst durch nachträgliche Erteilung der Vollmacht mit rückwirkender Kraft rechtswirksam wird. Denn es handelt sich hier nicht um den Mangel der Befugnis, den zur Erhebung der Klage Berechtigten zu vertreten, sondern um den Mangel des Rechtes selbst, die Klage zu erheben.

x) Straßengewerbe (§ 37 GewO.).

Nr. 1. Entsch. v. 11. Jan. 1912 (OVG. **61** 354) III B 102/11.

GewO. § 37.

Die ortspolizeilichen Vorschriften über Fahrausweise der Droschkenführer gelten unabhängig von den Bestimmungen des G. v. 3. V. 09 über den Verkehr mit Kraftfahrzeugen. Die Erteilung der Fahrausweise und diejenige des Kraftwagenführerscheins werden ebenso wie die vor der Erteilung anzustellende Sachprüfung von wesentlich verschiedenenartigen Gesichtspunkten beherrscht. Eine Person, der der Führerschein etwa wegen mangelnder Sehschärfe zu versagen sein würde, kann zur Führung einer Pferdedroschke vielleicht noch geeignet sein; umgekehrt kann eine Person, der die Fahrausweise der DroschkenO. wegen mangelnder Ortskenntnis zu versagen sind, sehr wohl alle zur Führung eines Kraftwagens erforderlichen Eigenschaften besitzen.

Mit Rücksicht auf diese Verschiedenheiten läßt § 2 Abs. 3 G. v. 3. V. 09 ausdrücklich die Befugnis der Ortspolizeibehörde unberührt, auf Grund des § 37 GewO. weitergehende Anordnungen zu treffen. Daraus folgt einerseits, daß weder der Besitz der Fahrausweise noch der Besitz des Führerscheins für sich allein die Befugnis verleiht, Kraftdroschken zu führen, sondern daß dazu der Besitz beider Arten von Ausweisen erforderlich ist, anderseits, daß aus dem Besitze der für die Erteilung des Führerscheins geforderten Voraussetzungen nicht auch der Besitz derjenigen Eigenschaften folgt, von denen die Verleihung der Fahrausweise abhängt, und umgekehrt.

Nr. 2. Entsch. v. 11. Jan. 1912 (OVG. **61** 355) III B 90/11.

GewO. § 37.

Die Fahrausweise können nach § 48 der maßgebenden DroschkenO. solchen Kutschern entzogen werden, die wiederholt wegen Zuwiderhandlung gegen Bestimmungen der DroschkenO. oder gegen andere zur Sicherung und Regelung des öffentlichen Verkehrs erlassene Vorschriften rechtskräftig bestraft worden sind. Die Annahme des Bezirksausschusses, daß die wiederholten Bestrafungen nach Erteilung bzw. nach der letzten Erteilung der Fahrausweise erfolgt sein müssen, ist einwandfrei. Es kann im allgemeinen nicht bezweifelt werden, daß die im § 48 Abs. 2 der DroschkenO. bezeichneten strafbaren Handlungen, Bestrafungen und Ordnungswidrigkeiten die Entziehung der Fahrausweise nur unter der Voraussetzung rechtfertigen, daß sie erst nach Bewilligung der Ausweise vorgekommen sind. Diese Voraussetzung gilt für alle im § 48 genannten, unter sich teilweise sehr verschiedenen, aber in ihrer Bedeutung für die Entziehbarkeit der Fahrausweise einander gleichgestellten Tatbestände in gleicher Weise. Wenn nun denjenigen Vorkommnissen, deren einmaliges Geschehen die Entziehung rechtfertigt, erst die wiederholte Bestrafung wegen Verstöße gegen die DroschkenO. oder verwandte Vorschriften gleichgestellt ist, so ist anzunehmen, daß für diese wiederholte Bestrafung, die hinsichtlich der Entziehung der Fahrausweise einen einheitlichen Tatbestand darstellt, dasselbe zeitliche Verhältnis zur

Bewilligung der Fahrausweise vorausgesetzt ist wie für jene einmaligen Vorkommnisse, d. h. daß auch die wiederholte Bestrafung nach Bewilligung der Ausweise geschehen sein muß. Diese Auffassung wird auch durch die Erwägung gerechtfertigt, daß ein einmaliger Verstoß gegen die ziemlich zahlreichen, die Handlungsfreiheit der Droschkenkutscher in mannigfacher Weise einengenden, teilweise sehr ins einzelne gehenden polizeilichen Bestimmungen in den meisten Fällen keinen ausreichenden Beweis für die mangelnde Vertrauenswürdigkeit des Zuwiderhandelnden darstellen wird. Auch unter diesem Gesichtspunkt erscheint es gerechtfertigt, nur eine nach Bewilligung der Fahrausweise geschehene wiederholte Bestrafung wegen fahrpolizeilicher Übertretung als Grund zur Entziehung der Fahrausweise gelten zu lassen.

Nr. 3. Entsch. v. 7. Nov. 1912 (PrVerwBl. 34 430) III C 104/12.

Die Ortspolizeibehörde ist wegen der an sich bestehenden Freiheit auch der sogenannten Straßengewerbe, wenn sie eine Ordnung nach § 37 GewO. durch Erlaß einer Polizeiverordnung hat eintreten lassen, an deren Vorschriften gebunden. Sie kann insbesondere die Regelung der Zweckmäßigkeits- und Bedürfnisfrage iS. der GewO. nur im Wege der Polizeiverordnung durch Aufstellung allgemeiner Grundsätze, nicht aber ohne solche Grundlage durch polizeiliche Verfügung im Einzelfalle treffen.

Nr. 4. Entsch. v. 16. Dez. 1912 (PrVerwBl. 34 771) III A 39/11.

GewO. § 37.

1. Gemäß § 37 GewO. unterliegt der Regelung durch die Ortspolizeibehörde die Unterhaltung des öffentlichen Verkehrs innerhalb der Orte durch Wagen aller Art sowie das Gewerbe derjenigen Personen, die auf öffentlichen Straßen oder Plätzen ihre Dienste anbieten. Zu dieser ortspolizeilichen Regelung besteht eine völlig unbeschränkte Befugnis, insbesondere ist die Frage der Zweckmäßigkeit nicht der Nachprüfung unterworfen. Die ortspolizeilichen Vorschriften können sich demgemäß auf die Art der Ausübung des Gewerbes wie auf die Zulassung beziehen, letztere auch vom Bedürfnis abhängig machen. Die Regelung der Zweckmäßigkeits- wie Bedürfnisfrage kann jedoch nur im Wege der Polizeiverordnung durch Aufstellung allgemeiner Grundsätze, nicht aber ohne solche Grundlage durch polizeiliche Verfügung im Einzelfalle erfolgen.

2. Nach der PolVd. über das Droschkenfuhrwesen in den Städten Schöneberg und Dt.-Wilmersdorf v. 21. V. 08/4. VIII. 10 besteht kein Anspruch auf die Erteilung der Erlaubnis zur Einstellung einer neuen Benzindroschke in den öffentlichen Fuhrbetrieb oder auf Übertragung der Erkennungsnummer einer veräußerten Kraftdroschke auf eine neu erworbene Kraftdroschke.

Nr. 5. Entsch. v. 17. Nov. 1913 (PrVerwBl. 35 702) III B 56/13.

1. Nach der OrtsPolVd. v. 31. VII. 08 über das Droschkenfuhrwesen in Gleiwitz kann bei der Anschaffung eines neuen Wagens eine neue Erlaubnis nicht gefordert werden. Denn die Erlaubnis enthält lediglich die Zulassung der Person des Erlaubnisträgers mit den in der Erlaubnis anzugebenden Maßgaben der Zahl und der Nummer der zugelassenen Droschken und ist nicht beschränkt auf ein bestimmtes Betriebsmittel. Neben dieser persönlichen Erlaubnis steht die polizeiliche Prüfung und Abnahme der Betriebsmittel, die die Voraussetzung für deren Benutzung ist.

2. Ebensowenig findet das Verlangen, bei Abschaffung alter Wagen Taxameter einzustellen, in der Polizeiverordnung seine Rechtfertigung.

λ) Schornsteinfeger-Kehrbezirke.

Nr. 1. Entsch. v. 2. Okt. 1913 (PrVerwBl. 35 458) III B 7/13.

Der Regierungspräsident zu Koblenz hat ein Regul. über die Kehrbezirke und Anstellungsverhältnisse der Bezirksschornsteinfegermeister v. 11. VII. 07/15. I. 12 erlassen, gegen dessen Rechtsgültigkeit sich keine Bedenken ergeben. Sie stehen im Einklang mit den Erl. v. 5. II. 07 und 27. X. 11 (HMBl. 07 25, 11 403). Daß der Kläger die im § 1 Abs. 4 des Regul. vorgeschriebene Anstellungsbedingung nicht erfüllt hat, gibt er selbst zu. Er ist also im Widerspruch mit dieser Vorschrift als Bezirksschornsteinfegermeister angestellt und deshalb nach § 7 Abs. 1[4] des Regul. die Zurücknahme seiner Anstellung gerechtfertigt. Daß der Mangel der Anstellungsfähigkeit seinerzeit von der Anstellungsbehörde nicht bemerkt worden ist, und daß auch der Kläger selbst sich damals dieses Mangels vielleicht nicht bewußt gewesen ist, steht der Zurücknahme der Anstellung nicht entgegen. Der Kläger hat sich diese Maßnahme selbst zuzuschreiben, da er es unterlassen hat, sich vor seiner Anstellung von den Bedingungen der Anstellung, die aus dem veröffentlichten Regulativ zu entnehmen waren, Kenntnis zu verschaffen.

μ) Feilbieten an öffentlichen Orten, Verteilung von Druckschriften.

Nr. 1. Entsch. v. 24. Nov. 1910 (OVG. 65 350) III C 108/10.

GewO. § 43.

Die Polizeiverwaltung kann einen gemäß § 43 GewO. beantragten Legitimationsschein nicht deshalb versagen, weil sie Grund zu der Annahme zu haben glaubt, Kläger sei gar nicht gewillt, vielleicht auch gar nicht in der Lage, die Verteilung der Druckschriften entgeltlich und gewerbsmäßig zu betreiben. Es genügte, daß er den Antrag auf Erteilung des Legitimationsscheins stellte. Ob er von diesem später Gebrauch macht oder Gebrauch machen kann, hat die Polizeiverwaltung nicht zu prüfen. Es gilt hier dasselbe wie bei den Anträgen auf Erteilung eines Wandergewerbescheins. Übrigens würde dem auch nichts im Wege stehen, daß Kläger, selbst wenn er nur beabsichtigte, die Druckschriften unentgeltlich zu verteilen, sich dennoch einen Legitimationsschein verschaffte, um sich dagegen zu sichern, daß seine Tätigkeit nicht doch später als eine entgeltliche und ohne Schein strafbare angesehen wird.

Nr. 2. Entsch. v. 26. Jan. 1912 (OVG. 61 153) I C 83/11.

PreßG. §§ 5, 30. PrPreßG. § 10. GewO. §§ 43, 57.

1. JS. des für die öffentliche unentgeltliche Verteilung von Bekanntmachungen, Plakaten und Aufrufen maßgebenden § 10 PrPreßG. v. 12. V. 51 ist unter „Aufruf" jede an die Öffentlichkeit gerichtete Aufforderung zu bestimmten Handlungen zu verstehen; ob die Druckschrift neben dem Aufrufe noch einen anderen Inhalt hat, ist gleichgültig.

2. § 5 PreßG. hat durch die Bestimmung in Abs. 2 des § 30 das. eine Einschränkung dahin erhalten, daß, wenn Druckschriften, von denen in § 5 die Rede ist, unter den Begriff der „Bekanntmachungen, Plakate und Aufrufe" fallen, die Vorschriften der LandesG. insoweit maßgebend bleiben, als dergleichen Druckschriften öffentlich angeschlagen, angeheftet, ausgestellt oder unentgeltlich verteilt werden, daß also für Preußen in diesem Umfange noch der § 10 PrPreßG. v. 12. V. 51 in Kraft geblieben sei. Es ist nicht erfindlich, inwiefern die Änderungen, die der § 43 Abs. 2 GewO. und der § 5 PreßG. durch das ReichsG., betr. Änderung der GewO., v. 1. VII 83 (RGBl. 159) erhalten haben, zu einer anderen Beurteilung führen sollten.

3. Bestehen somit keine besonderen Vorschriften für die Polizeibehörde darüber, nach welchen Grundsätzen sie über ein Gesuch um Erlaubnis zur öffentlichen unentgeltlichen Verteilung von „Bekanntmachungen, Plakaten und Aufrufen" zu befinden hat, so entscheidet der allgemeine Grundsatz, daß die polizeilichen Maßnahmen nicht auf Willkür beruhen dürfen, sondern objektive polizeiliche Beweggründe haben müssen. Daß sich die beklagte Polizeibehörde im vorliegenden Falle von solchen Erwägungen, nämlich von den Rücksichten auf die Ordnung, Sicherheit und Leichtigkeit des Verkehrs auf den öffentlichen Straßen, hat leiten lassen, hat der Vorderrichter in einwandfreier Weise tatsächlich festgestellt. Der Kläger irrt, wenn er glaubt, der Bezirksausschuß hätte nachprüfen müssen, ob die Erwägungen der Polizeibehörde allgemein oder nur für bestimmte Straßen und Tageszeiten zuträfen; denn eine derartige Erörterung würde auf eine Nachprüfung der Notwendigkeit und Zweckmäßigkeit der polizeilichen Entschließung hinauslaufen, sich somit auf einem Gebiete bewegen, das der Beurteilung des Verwaltungsrichters entzogen ist.

4. Gleich unzutreffend ist die Ansicht, der Bezirksausschuß hätte die Erlaubnis, wenigstens in beschränkter Weise, selbst erteilen müssen; denn der Richter kann bei Anfechtung einer polizeilichen Verfügung nur die Klage abweisen oder die Verfügung aufheben; er ist aber nicht befugt, auf Änderung der polizeilichen Verfügung zu erkennen und eine Erlaubnis, sei es in dem beantragten, sei es in einem geringeren Umfange selbst zu erteilen.

d) Gewerbebetrieb im Umherziehen.

Nr. 1. Entsch. v. 11. Jan. 1912 (OVG. 61 347) III C 139/11.

GewO. § 57 b.

1. Bei der allgemeinen Fassung des § 57b³ GewO. ist davon auszugehen, daß dieser sich nicht bloß auf Vorschriften der GewO. oder anderer ReichsG. bezieht, sondern auch landesgesetzliche Bestimmungen, soweit sie zugelassen sind, mit umfaßt. Dazu gehören zunächst die Bestimmungen des G. v. 3. VII. 76 (GS. 247), betr. die Besteuerung des Gewerbebetriebs im Umherziehen, insbesondere dessen § 18, wie sich daraus ergibt, daß der Bestrafung derjenige unterliegt, der ein Wandergewerbe betreibt, ohne den dazu berechtigenden Wandergewerbeschein eingelöst, also die Wandergewerbesteuer entrichtet zu haben. Dasselbe muß von der entsprechenden Bestimmung des § 7 WdLStG. v. 27. II. 80 (GS. 174) gelten, die es verbietet, einen Wanderlagerbetrieb zu beginnen oder fortzusetzen, bevor die gesetzliche Steuer dafür entrichtet ist. Es kann hier dahingestellt bleiben, unter welchen besonderen Umständen im Einzelfall ein Wanderlagerbetrieb iS. des G. dem stehenden Gewerbe zugerechnet werden kann. Nach § 1 Abs. 1 des G. bezieht sich dieses jedenfalls in erster Reihe auf solche Wanderlager, die im Umherziehen, also von dem Gewerbetreibenden außerhalb seines Wohnorts und ohne Begründung einer gewerblichen Niederlassung betrieben werden (§ 55 GewO.), und insoweit ist es eine auf den Gewerbebetrieb im Umherziehen bezügliche Vorschrift.

2. Da Kläger hiernach wiederholt Bestrafungen iS. des § 57b³ GewO. in den letzten drei Jahren erlitten hat, durfte ihm der Bezirksausschuß den Wandergewerbeschein nach seinem pflichtmäßigen Ermessen versagen. Der Bezirksausschuß hat aber übersehen, daß der § 7 G. v. 27. II. 80 nicht einen Strafrahmen bestimmt, innerhalb dessen die Strafe nach der Schwere des einzelnen Falles oder aus sonstigen strafmindernden oder strafmehrenden Gründen abzumessen sei, sondern daß eine absolut bestimmte Strafe festgesetzt ist. Die Höhe der erkannten Strafen läßt also keine Schlüsse darauf zu, daß die Gerichte die Straftaten als schwerwiegende angesehen haben.

Nr. 2. Entsch. v. 5. Febr. 1912 (OVG. 61 350) III A 55/11.

GewO. § 60 a.

1. Es handelt sich bei dem Spielen auf dem Olympiabillard um ein mit einer Ausspielung von Geldbeträgen verbundenes Spiel. Daß dieses, wie dasjenige auf einem gewöhnlichen Billard, als reines Geschicklichkeitsspiel gespielt werden kann, läßt sich nicht bestreiten. Aber auch ein Spiel, das an sich zu den Geschicklichkeitsspielen zu rechnen ist, kann im einzelnen Falle dann zu einem Glücksspiele werden, wenn es nach den Umständen, unter denen es veranstaltet wird, insbesondere im Hinblick auf das Publikum, das hinzugezogen wird, so beschaffen ist, daß bei ihm für die Erlangung der Gewinne nicht die Geschicklichkeit der Spieler, sondern allein oder wesentlich der Zufall den Ausschlag gibt.

Dieser Fall ist hier gegeben. Bei der Art, wie das Spiel im vorliegenden Falle veranstaltet wurde, nämlich unter Heranziehung eines beliebigen, den Vergnügungspark der Gewerbeausstellung besuchenden Publikums, bei kleinen Einsätzen und kurzen, schnell aufeinanderfolgenden Spielen (idReg. jedesmal nur ein Stoß), ist für erwiesen anzusehen, daß dabei im wesentlichen nicht die Geschicklichkeit, sondern der Zufall den Ausschlag gab. Da im übrigen Geldgewinne in Beträgen bis zu 60 ₰ für jedes Spiel, also nicht unerhebliche Vermögenswerte, in Frage kommen, so muß das Spiel auf dem Olympiabillard als ein Glücksspiel, und zwar als eine Ausspielung von Geldbeträgen, angesehen werden.

2. Handelte es sich aber um eine solche Ausspielung, so überschritt die Polizeiverwaltung ihre Befugnisse, indem sie dazu ihre Genehmigung erteilte. Nach § 286 StGB. bedarf es zur Veranstaltung derartiger Ausspielungen der obrigkeitlichen Genehmigung, die nach der KabO. v. 2. XI. 68 (GS. 991) von den Oberpräsidenten für ihre Verwaltungsbezirke und über diese hinaus von dem Minister des Innern zu erteilen ist. Den Ortspolizeibehörden ist allein die Genehmigung für solche Ausspielungen geringfügiger Gegenstände vorbehalten, die bei Volksbelustigungen vorgenommen werden. Da Geldbeträge nicht zu den geringfügigen Gegenständen in diesem Sinne gehören, fehlte der Ortspolizeibehörde die Befugnis, die Genehmigung im vorliegenden Falle zu erteilen. Die mit der Aufstellung des Olympiabillards verbundene Ausspielung war daher trotz der dazu erteilten Genehmigung der Ortspolizeibehörde unzulässig, und die Ortspolizeibehörde nicht bloß berechtigt, sondern sogar verpflichtet, die zu Unrecht erteilte Genehmigung zurückzunehmen und die weitere Veranstaltung der Ausspielung zu verhindern.

Nr. 3. Entsch. v. 5. Febr. 1912 (OVG. 61 352) III C 125/11.

Auch wenn man annehmen muß, daß die Aufstellung des Olympiabillards von dem Kläger nur in Verbindung mit der Ausspielung von Geldbeträgen, also als Glücksspiel, gedacht ist, kann dies allein die Versagung des Wandergewerbescheins noch nicht rechtfertigen. Es ist zwar im allgemeinen anerkannt, daß ein Wandergewerbeschein nur für eine erlaubte gewerbliche Tätigkeit erteilt werden kann. Die Veranstaltung der Ausspielung von Geldbeträgen, wie Kläger sie beabsichtigt — und zwar auch im Umherziehen —, ist aber nicht unter allen Umständen unerlaubt, sondern nur dann, wenn es an der nach § 286 StGB. dazu erforderlichen obrigkeitlichen Genehmigung fehlt. Diese ist in der hierfür maßgebenden KabO. v. 2. XI. 68 (GS. 991) der Ortspolizeibehörde übertragen, wenn es sich um Ausspielungen geringfügiger Gegenstände bei Volksbelustigungen handelt. Da aber zu den geringfügigen Gegenständen in diesem Sinne Geldbeträge nicht gehören, kommen von der Ortspolizeibehörde zu genehmigende Ausspielungen hier nicht in Frage. Im übrigen liegt die Genehmigung zu Ausspielungen den Oberpräsidenten für ihre Verwaltungsbezirke und darüber hinaus dem Minister des Innern ob. Es kann dahingestellt bleiben, ob mit dieser Genehmigung für die von dem Kläger in Verbindung mit der Aufstellung seines Olympiabillards beabsichtigten Ausspielungen gerechnet werden darf; denn jedenfalls besteht die Möglichkeit einer solchen Genehmigung, und deshalb kann die Ausstellung des nach § 55 Abs. 4 GewO. erforderlichen Wandergewerbescheins nicht aus dem Grunde versagt werden, weil die Genehmigung des Oberpräsidenten oder des Ministers des Innern noch nicht vorliegt oder unwahrscheinlich ist. Daß diese Genehmigung vor Erteilung des Wandergewerbescheins beigebracht werden müsse (vgl. z. B. § 60d Abs. 4 GewO., betr. umherziehende Schauspielergesellschaften), ist für Ausspielungen nicht vorgeschrieben. Auch wenn es sich also hier um genehmigungspflichtige Ausspielungen handelt, kann um deswillen die Erteilung des Wandergewerbescheins zur Aufstellung von Olympiabillards, die sich im übrigen auch ohne Verbindung mit Glücksspielen denken läßt, nicht versagt werden. Sie hat vielmehr, wenn sonst keine Bedenken bestehen, unter dem Vorbehalte zu erfolgen, daß vor Ausübung dieses Wandergewerbes in Verbindung mit Ausspielungen von Geldbeträgen die etwa noch weiter erforderlichen obrigkeitlichen Genehmigungen, wie z. B. aus § 60a GewO. oder nach § 286 StGB. iVerb. mit der KabO. v. 2. XI. 68, beigebracht werden.

Nr. 4. Entsch. v. 2. Okt. 1913 (DJZ. **19** 443) III C 83/13.

Der Bezirksausschuß legt in den Fällen der §§ 57ff. GewO. dem Kläger die Beweislast dafür auf, daß er die hier angeführten Bestrafungen nicht erlitten habe. Hierin liegt eine unrichtige Behandlung der Beweislast. Die in den §§ 57ff. angegebenen Strafen sind Voraussetzungen für die Versagung des Wandergewerbescheins. Sie müssen, um Ausnahmen von der Gewerbefreiheit zu begründen, dem Antragsteller nachgewiesen werden, ehe die Versagung ausgesprochen werden kann. Kann eine solche Bestrafung bei Bestreiten des Klägers nicht nachgewiesen werden, und sind auch sonstige Versagungsgründe nicht nachweisbar, so ist der Wandergewerbeschein zu erteilen.

g) Innungen; gewerbliche Arbeiter.

Nr. 1. Entsch. v. 12. Febr. 1912 (OVG. **64** 514) III A 34/11.

Über die Bewilligung der durch § 139 GewO. zugelassenen Befreiungen von den Vorschriften der §§ 136 und 137 das. verfügt je nach Lage des Falles entweder der Reichskanzler oder die höhere Verwaltungsbehörde. Das G. sagt nichts davon, daß gegen die Verfügungen, die die Bewilligung oder Versagung der beantragten Befreiung aussprechen, ein Rechtsmittel, namentlich das Verwaltungsstreitverfahren, zugelassen sei. Mangels einer solchen Vorschrift sind die entsprechenden Verfügungen des Reichskanzlers keiner Anfechtung ausgesetzt. Es ist aber nicht anzunehmen, daß die gleichartigen Verfügungen der höheren Verwaltungsbehörde hinsichtlich der Zulässigkeit einer Anfechtung anders als diejenigen des Reichskanzlers haben behandelt werden sollen. Was von den die Befreiung bewilligenden oder versagenden Verfügungen gilt, muß in gleicher Weise von den eine bewilligte Befreiung zurücknehmenden Verfügungen gelten, da es auch bezüglich ihrer an einer eine Anfechtung, namentlich das Verwaltungsstreitverfahren, zulassenden gesetzlichen Vorschrift fehlt. Auf § 130 LVG. kann die Klage aus dem Grunde nicht gestützt werden, weil die Zurücknahme-Verfügungen vom Polizeipräsidenten nicht in seiner Eigenschaft als Landespolizeibehörde, sondern als höhere Verwaltungsbehörde erlassen worden sind.

Nr. 2. Entsch. v. 11. Juli 1912 (OVG. **63** 384) III A 57/10.

GewO. §§ 6, 107, 126 b.

Das Unternehmen eines Kapellmeisters, das sich wesentlich mit durch die Veranstaltung von Musik ohne höheres künstlerisches Interesse erhält, ist ein gewerbliches; es finden daher die in der GewO. für Lehrlinge und jugendliche Arbeiter erlassenen Bestimmungen darauf Anwendung. Im vorliegenden Falle kann nicht bezweifelt werden, daß der Kläger dazu befähigt ist, mit seiner Kapelle Musikaufführungen darzubieten, denen ein höheres künstlerisches Interesse zukommt, ebenso auch, daß er mit seiner Kapelle in wesentlichem Umfange solche Musik ausgeführt hat. Auch ist anzuerkennen, daß den von dem Kläger ausgebildeten jugendlichen Personen in erheblichem Maße Unterricht, der diesen Namen verdient, teils in der praktischen Ausübung von Instrumentalmusik, teils in theoretischen Fächern und in der Musikgeschichte, erteilt wird. Der in dem Institute des Klägers erteilte Unterricht mag auch demjenigen nahekommen, der in staatlichen, städtischen oder privaten Konservatorien erteilt wird. Dies alles genügt aber noch nicht, um sein Unternehmen lediglich als eine Unterrichtsanstalt oder als ein höheren künstlerischen Interessen dienendes Institut anzusehen und deshalb die Bestimmungen der GewO. darauf unangewendet zu lassen. Es handelt sich um ein Unternehmen, in dem durch Musikaufführungen ein Gewinn erstrebt und erzielt wird. Der Unterricht selbst bringt unmittelbar keine Einnahmen. Auch muß nach Lage der Sache davon ausgegangen werden, daß der Unterricht nicht Selbstzweck ist, sondern daß er, mag immerhin auch die Heranbildung tüchtiger Militärmusiker erstrebt werden, doch in erster Linie auf seiten des Klägers den Zweck verfolgt, geeignete billige Kräfte für seine Musikkapelle heranzubilden, durch welche Einnahmen erzielt werden. Daß den jugendlichen Mitgliedern der Kapelle eine bessere Unterweisung, als sie sonst in ähnlichen Instituten üblich ist, insbesondere auch theoretischer Unterricht zuteil wird, kann hiernach nichts ändern. Ihre Unterweisung ist also im wesentlichen eine lehrlingsmäßige. Unter diesen Umständen kann das Institut des Klägers auch nicht als eine Unterrichtsanstalt iS. des § 6 GewO. angesehen werden.

2. Aus den Geschäftsbüchern ergibt sich, daß die Mitglieder seiner Kapelle in sehr erheblicher Weise auch zur Veranstaltung von solcher Musik bei Vereinsfestlichkeiten, Kirmessen, Tanzereien usw. verwendet worden sind, der zweifellos ein höheres Interesse der Kunst nicht zukommt, und zwar ist für festgestellt anzusehen, daß dies nicht bloß in einem Umfange geschah, wie es zum Zwecke einer vollständigen Ausbildung auch solcher Musiker, die an sich zur Veranstaltung von Musik mit höherem künstlerischen Werte ausgebildet werden, nötig sein mag, sondern erheblich darüber hinaus. Nach dem Umfange der veranstalteten minderen Musik ist das Gericht davon überzeugt, daß diese allein oder jedenfalls überwiegend zu dem Zwecke übernommen wurde, um dem Unternehmen Einnahmen zuzuführen, und daß dieses wesentlich auf solche Einnahmen mitgestützt war. Unter diesen Umständen kann nicht festgestellt werden, daß das Unternehmen, mag es auch sonst höher stehen als andere ähnliche Unternehmungen, lediglich höheren künstlerischen Interessen dient.

Die jugendlichen Personen sind nach alledem sowohl Lehrlinge iS. des § 126b GewO., wie jugendliche Arbeiter iS. des § 107 GewO.

Nr. 3. Entsch. v. 2. Jan. 1913 (OVG. **63** 389) III B 52/11.

GewO. § 126 b.

1. Der Kläger widmete sich berufsmäßig und mit der Absicht auf fortgesetzte Gewinnerzielung der Ausbildung von Musiklehrlingen und der Veranstaltung von Musikaufführungen. Auf dieses Unternehmen sind deshalb die Bestimmungen der GewO., darunter auch der § 126b das., anzu-

wenden, wenn das Unternehmen sich nicht entweder als eine Unterrichtsanstalt iS. des § 6 GewO. oder als eine Anstalt darstellt, die nur der Ausübung der Kunst, also höheren künstlerischen Interessen, dient. Auf solche Unternehmungen finden die Bestimmungen der GewO. keine Anwendung.

2. Als eine Unterrichtsanstalt iS. des § 6 GewO. kann die Anstalt des Klägers nicht angesehen werden. Es handelt sich um ein Unternehmen, in dem durch Musikaufführungen ein Gewinn erstrebt und erzielt wird. Der Unterricht selbst, wenn man die Unterweisung der Lehrlinge als einen solchen bezeichnen will, bringt einen Gewinn überhaupt nicht. Auch ist nach Lage der Sache davon auszugehen, daß die Unterweisung der Lehrlinge gar nicht Selbstzweck ist, sondern daß sie auf seiten des Klägers dem Zwecke dient, ihm geeignete billige Kräfte für seine Musikkapelle zu verschaffen, durch die er seine Einnahmen erzielt. Die Unterweisung der Lehrlinge erfolgt im wesentlichen durch Mitarbeit in dem Musikunternehmen des Klägers, also in einer lehrlingsmäßigen Weise und nicht in der Art, wie sie in Unterrichtsanstalten üblich ist. Auch entspricht die Art des Unterrichtsplans und -betriebs, wie der Kläger diesen dargestellt hat, nicht dem Betrieb anderer Musikschulen, Konservatorien usw., in denen der Unterricht Selbstzweck ist. Die Art des gebotenen Unterrichts überschreitet das Maß einer lehrlingsmäßigen Unterweisung nicht.

3. Für die Beurteilung der weiteren Frage, ob das Institut des Klägers lediglich der Ausübung der Kunst, also höheren künstlerischen Interessen dient, ist es unerheblich, ob der Kläger persönlich befähigt ist, insbesondere auch mit einer Musikkapelle, Musik von höherem künstlerischen Interesse zu veranstalten. Maßgebend ist allein, ob das Unternehmen des Klägers im ganzen genommen höheren künstlerischen Interessen und der Ausübung wirklicher Kunst diente. Die in dieser Beziehung zu stellenden Anforderungen dürfen nicht zu niedrig gegriffen und nicht schon dann als vorhanden angenommen werden, wenn die in Betracht kommenden musikalischen Leistungen sich nicht gerade in ganz besonders mäßigen Grenzen halten. Den Bestimmungen der GewO. ist, soweit dies hier in Betracht kommt, nur diejenige gewinnbringende Tätigkeit nicht unterworfen, die sich als die Ausübung wirklicher Kunst darstellt und der gegenüber deshalb der Erwerbszweck in den Hintergrund tritt.

2. Sonstige gewerbliche Gesetze; Genossenschaftsgesetz; Gewerbegerichte; Maß- und Gewichtsrevisionen; Privatversicherungswesen; Aufsicht über Privatversicherungsanstalten.

Nr. 1. Entsch. v. 19. Febr. 1912 (OVG. 61 357) III A 46/11.

PrivVUntG. §§ 4, 64. G. v. 30. V. 08 über den Versicherungsvertrag § 159.

Nach Lage der Gesetzgebung ist die Aufsichtsbehörde nicht berechtigt, einer privaten Sterbekasse vorzuschreiben, daß für die im ersten Lebensjahre verstorbenen Kinder ein Sterbegeld nicht gezahlt werde.

Nach § 64 PrivVUntG. liegt es zwar der Aufsichtsbehörde ob, den ganzen Geschäftsbetrieb der Versicherungsunternehmungen, insbesondere die Befolgung der gesetzlichen Vorschriften, zu überwachen und diejenigen Anordnungen zu treffen, die geeignet sind, den Geschäftsbetrieb mit den gesetzlichen Vorschriften und dem Geschäftsplan im Einklange zu erhalten oder Mißstände zu beseitigen, durch die die Interessen der Versicherten gefährdet werden oder der Geschäftsbetrieb mit den guten Sitten in Widerspruch gerät. Die formale Befugnis der Aufsichtsbehörde, eine Änderung der Satzung vorzuschreiben, steht hiernach außer Zweifel. Im Verwaltungsstreitverfahren ist sodann aber ein Verstoß der Satzung gegen den § 159 G. über den Versicherungsvertrag v. 30. V. 08 behauptet.

Dem Sinne nach ist der § 159 sowohl an sich als auch in seiner Anwendung auf den vorliegenden Streitfall durchaus verständlich. Auch Eltern bedürfen, wenn sie auf den innerhalb der ersten sieben Lebensjahre erfolgenden Tod ihres Kindes eine Versicherung nehmen wollen, der Einwilligung des Kindes, d. h. seines Pflegers. Sie bedürfen der Einwilligung aber nicht, wenn nicht mehr als der Betrag der gewöhnlichen Beerdigungskosten versichert wird. Für solche Versicherungen kann die Aufsichtsbehörde einen bestimmten Höchstbetrag festsetzen, namentlich also kann sie den Höchstbetrag der gewöhnlichen Beerdigungskosten abgrenzen. Dieser Höchstbetrag ist dann an Stelle der gewöhnlichen Beerdigungskosten maßgebend. Mit dieser Auslegung stimmen die Materialien zum G. über den Versicherungsvertrag v. 30. V. 08 überein.

In der Begründung ist klar ausgesprochen, daß bei der Beschränkung der Kinderversicherung auf eine jeden Gewinn ausschließende Summe, namentlich also auf den Betrag der gewöhnlichen Beerdigungskosten, weitere Maßregeln gegen den Mißbrauch dieser Versicherung unnötig seien. Überdies ist der Aufsichtsbehörde auch noch die Festsetzung eines Höchstbetrags vorbehalten, der dann an Stelle der gewöhnlichen Beerdigungskosten tritt. Die Zulassung der Versicherung der gewöhnlichen Beerdigungskosten ist also noch dadurch eingeschränkt, daß die Aufsichtsbehörde den Betrag dieser Kosten festsetzen darf. Damit erschöpfen sich aber die Mittel, die das G. der Aufsichtsbehörde zur Verhütung eines Mißbrauchs der Kindersterbegeld-Versicherung in die Hand gegeben hat. Wenn also der Beklagte zur Rechtfertigung des Verlangens von Karenzbestimmungen geltend gemacht hat: „da diese eine Abwehr gegen unedle Beweggründe für die Versicherungsnahme und ein Gegengewicht für die ausgefallene ärztliche Untersuchung bilden, so können die gesetzlichen Auslegungen bezüglich des Höchstbetrages sehr wohl Festsetzungen über die Einführung einer Karenzzeit enthalten", so läßt sich dieser Schlußfolgerung nicht beitreten. Die Beschränkung der Versicherung auf den Betrag der Beerdigungskosten und die Einführung einer Karenzzeit sind begrifflich verschieden. Die ebenso naheliegende wie durchgreifende Maßregel der Karenzzeit hat der Gesetzgeber nach dem oben Bemerkten nicht für erforderlich gehalten, sich vielmehr damit begnügt, den Höchstbetrag der Versicherung schlechthin und damit auch den Höchstbetrag der gewöhnlichen Beerdigungskosten der Festsetzung durch die Aufsichtsbehörde zu überlassen. Eine Ausdehnung der Befugnisse der Aufsichtsbehörde über den Inhalt des G. hinaus ist unzulässig.

Nr. 2. Entsch. v. 20. Jan. 1913 (OVG. **63** 408) III A 22/12.

1. Die Aufsicht des Regierungspräsidenten erstreckt sich nach § 64 PrivVUntG. und der Vd. v. 30. VI. 01 auf den gesamten Geschäftsbetrieb aller unter die Verordnung fallenden Versicherungsunternehmungen. Der Begriff der Versicherungsunternehmung bestimmt sich an der Hand des § 1 des G. nach objektiven Merkmalen; wo sie gegeben sind, ist damit ohne weiteres auch das dem G. und der Verordnung entsprechende Aufsichtsrecht gegeben, ohne Rücksicht darauf, ob die Unternehmung ihrer gesetzlichen Pflicht, die Erlaubnis zum Geschäftsbetriebe nachzusuchen, genügt, und ob sie die Erlaubnis erhalten hat oder nicht.

2. Die angefochtene Verfügung ist auch sachlich gerechtfertigt. Sie würde es nicht sein, wenn sie lediglich das Verlangen auf Nachsuchung der Erlaubnis zum Geschäftsbetrieb enthielte, da ein solcher Zwang unzulässig ist. Das ist aber nicht ihr Inhalt, da sie die Klägerin nur vor die Wahl stellt, entweder die Erlaubnis nachzusuchen oder den Betrieb einzustellen.

3. Die Entsch. über die Berechtigung dieser Forderung hängt davon ab, ob die Kasse eine nach § 1 Abs. 2 des G. von der Aufsicht befreite Personenvereinigung ist. Das ist sie, wenn § 7 Abs. 3 der Kassensatzung: „Die Beihilfe

ist eine freiwillige, die jeden Rechtsanspruch ausschließt", die Rechtsnatur der Kasse zutreffend und erschöpfend ausdrückt; denn dann gehört sie, obwohl sie zweifellos den Betrieb von Versicherungsgeschäften zum Gegenstande hat, daher an sich unter § 1 Abs. 1 des G. fällt, zu den nach Abs. 2 das. der Geltung des G. entzogenen Personenvereinigungen. Und zwar greift diese Beurteilung auch dann Platz, wenn der Ausschluß des Rechtsanspruchs auf die Versicherungsleistungen wesentlich den Zweck hat, dadurch den Wegfall der im G. v. 12. V. 01 angeordneten Staatsaufsicht zu erreichen.

4. Es wird aber von Rechtsprechung und Wissenschaft allgemein mit Recht angenommen, daß die bloß mechanische Aufnahme einer den Rechtsanspruch der Kassenmitglieder in Abrede stellenden Bestimmung in eine Kassensatzung die Anwendung des § 1 Abs. 2 des G. nicht rechtfertigt, wenn sich aus dem übrigen Inhalte der Satzung ergibt, daß in Wahrheit doch die Zusicherung von Rechtsansprüchen beabsichtigt ist. Dieser Auffassung ist ebenso zuzustimmen wie den Grundsätzen über die Merkmale für die Unterscheidung zwischen wirklicher und nur scheinbarer Beseitigung von Rechtsansprüchen, die die Rechtsprechung in eingehenden Untersuchungen aufgestellt hat. Wirkliche Beseitigung der Rechtsansprüche wird namentlich da anerkannt, wo die Verhältnisse der Personenvereinigung die Annahme rechtfertigen, daß die Mitglieder zwar die wirtschaftlichen Vorteile einer Versicherung zu genießen denken, aber glauben dieser Vorteile auch in einem lediglich auf Vertrauen beruhenden Verhältnisse teilhaftig zu werden. Darüber herrscht allgemeines Einverständnis, daß die Annahme des Bestehens von Rechtsansprüchen weder durch den Ausschluß des Rechtswegs noch durch die Bemessung der Versicherungsleistungen nicht allein nach der Höhe der Beiträge ausgeschlossen wird; insbesondere ist in OVG. **45** 347 hervorgehoben, daß die Ersetzung des ordentlichen Rechtswegs durch ein satzungsmäßiges schiedsgerichtliches Verfahren jener Annahme nicht entgegensteht.

Nr. 3. Entsch. v. 9. Juni 1913 (OVG. **65** 360) III A 24/13.

PrivVUntG. §§ 43, 46 ff.

Die Satzung eines Versicherungsvereins auf Gegenseitigkeit kann für den Fall der Auflösung des Vereins die Liquidation ausschließen und die Verteilung des Aktivvermögens an die Mitglieder anordnen. Dieser Verteilung steht die Überweisung des Vermögens an eine neu zu gründende Kasse nicht gleich.

Nr. 4. Entsch. v. 26. Juni 1913 (PrVerwBl. 35 383) III A 33/11.

PrivVUntG. §§ 1, 69, 84.

Daß die Klägerin (eine Sterbekasse) unter die Vorschrift des Abs. 1 des § 1 PrivVUntG. fällt, ist nach ihrem Statute nicht zu bezweifeln, da sie eine Privatunternehmung ist und den Betrieb von Versicherungsgeschäften zum Gegenstande hat. Trotz der Beschränkung des Eintrittsrechts auf die Einwohner der Oberbürgermeistereien E. und B. handelt es sich nicht lediglich um die Verteilung der Schäden auf einen fest begrenzten Kreis, sondern um eine Versicherungsunternehmung. Das Herauswachsen aus einer „Bruderschaft" in ein bedeutendes geschäftliches Unternehmen ist sehr zahlreichen Vereinigungen dieser Art gemeinsam. Nach § 84 des G. und Abs 2 Vd. v. 30. VI. 01 (GS. 141) findet gegen die Anordnung des Regierungspräsidenten die Klage beim OVG. statt. Kläger ist nach § 69 des G. die Unternehmung, Beklagter nach Abs. 1 der Verordnung der Regierungspräsident als Aufsichtsbehörde. In der Sache selbst hängt die Entsch. von der Beantwortung der Frage ab, ob die Klägerin nach ihrer Vermögenslage zur Erfüllung ihrer Verpflichtungen für die Dauer nicht imstande und ob zur Beseitigung dieses Mangels die Herabsetzung des Sterbegeldes für Kassenmitglieder und deren Ehefrauen um $33^1/_3$ %, nämlich von 150 ℳ auf 100 ℳ nötig ist (§ 69 Abs. 1 und 2 des G.). Hierbei ist soviel von vorn herein klar, daß die bisherige Erfüllung der Verbindlichkeiten der Kasse und das Anwachsen des Vermögens noch keinen Beweis für die Nichtberechtigung der Anordnung des Beklagten bilden. Ein zuverlässiges Urteil kann jedoch nur auf dem Wege der Versicherungsmathematik gewonnen werden. Das OVG. sieht sich daher auf das Gutachten Sachverständiger angewiesen. Hier liegt zunächst ein Gutachten vor, auf dem die streitige Anordnung des Regierungspräsidenten beruht. Dieses Gutachten ist von dem Geheimen Regierungsrat Dr. P. im Reichsversicherungsamt in allen Punkten als zutreffend anerkannt worden. Die gegen beide Gutachten erhobenen Bedenken haben zur wiederholten Befragung des letztgenannten Sachverständigen geführt; dieser hat alle Einwendungen für unbegründet und die vom Regierungspräsidenten angeordnete Maßregel für notwendig erklärt. Gegen die Schlüssigkeit der Gutachten lassen sich Zweifel nicht erheben. Das OVG. ist daher diesen Gutachten gefolgt. Da ferner nach § 69 des G. die Aufsichtsbehörde ein Stocken in der Entwickelung der Kasse oder gar das Hervortreten der Leistungsunfähigkeit nicht abzuwarten braucht, so kann der Anordnung des Regierungspräsidenten die Berechtigung nicht abgesprochen werden.

L. Vereins- und Versammlungsrecht.

Literatur: Delius: Das öffentliche Vereins- und Versammlungsrecht[5] (Berlin 1912).

1. Polizeiliches Einschreiten gegen Versammlungen, namentlich gegen Vereinsversammlungen.

Nr. 1. Entsch. v. 10. Mai 1912 (OVG. 61 252) I A 188/11.

RVerG. § 7.

Öffentliche Versammlungen unter freiem Himmel während der Zeit der Dunkelheit sind nicht an sich und grundsätzlich verboten. Es kann also zu derartigen Versammlungen die erforderliche Genehmigung nicht schlechthin, sondern nur dann versagt werden, wenn aus Rücksicht auf die gewählte Zeit aus der Abhaltung der Versammlung Gefahr für die öffentliche Sicherheit zu befürchten ist. Eine solche Befürchtung wird aber idReg. dann gerechtfertigt sein, wenn das Grundstück, auf dem die Versammlung zur Zeit der Dunkelheit stattfinden soll, sowie dessen Umgebung der öffentlichen örtlichen Beleuchtung entbehrt, und der Veranstalter der Polizeibehörde nicht nachgewiesen hat, daß und in welcher Weise das Grundstück während der Dauer der Versammlung ausreichend beleuchtet sein werde. Öffentliche Versammlungen unter freiem Himmel bedingen das Zusammenströmen einer größeren Menschenmenge. Es ist dabei mehr oder minder ungewiß, wie groß die Anzahl der Besucher sein wird, und aus welchen Elementen sie sich zusammensetzen werden. Insbesondere ist bei politischen Versammlungen mit dem Erscheinen von Anhängern entgegengesetzter Parteirichtungen und mit einer infolge der Erörterungen eintretenden Erregung der Gemüter zu rechnen. Diese Umstände begründen zwar unter gewöhnlichen Verhältnissen für sich allein noch nicht die Besorgnis, daß es infolge der Abhaltung der Versammlung zu einer Störung der öffentlichen Sicherheit kommen werde. Anders ist jedoch die Abhaltung einer öffentlichen Versammlung unter freiem Himmel während der Dunkelheit zu beurteilen. Zweifellos begünstigt die Dunkelheit, die eine wirksame polizeiliche Überwachung ausschließt, die Neigung zu Ausschreitungen aller Art. Die Besorgnis, daß es bei Versammlungen unter freiem

Himmel, die im Dunkeln abgehalten werden sollen, insbesondere bei Versammlungen zur Erörterung politischer Angelegenheiten, bei denen die Gemüter sich erregen und zudem häufig zu Ausschreitungen geneigte Elemente sich einzudrängen suchen, zu bedrohlichen Ungesetzlichkeiten kommen könnte, liegt infolgedessen so nahe und ist so begründet, daß es der beteiligten Polizeibehörde nicht zum Vorwurfe gereichen kann, wenn sie in der Abhaltung einer solchen Versammlung eine Gefährdung der öffentlichen Sicherheit erblickt und dementsprechend die Genehmigung hierzu versagt. Dem berechtigten Bedenken der Polizeibehörde würde daher nur dadurch haben begegnet werden können, daß von dem Kläger eine ausreichende Beleuchtung des Platzes und seiner nächsten Umgebung nachgewiesen worden wäre. In dieser Beziehung hat sich indessen der Kläger in seinem Antrag auf die Angabe beschränkt, er werde für genügende Beleuchtung durch feuersichere Laternen sorgen, und hat, wie die Ausführungen seiner Beschwerde erkennen lassen, eine Beleuchtung durch Fahrradlaternen im Auge gehabt. Mit Recht hat die Polizeibehörde eine solche Beleuchtung für unzulänglich erachtet.

Nr. 2. Entsch. v. 5. Jan. 1914 (OVG. **66** 332) I A 109/13.

RVerG. §§ 7, 8.

In OVG. **56** 308 und **55** 277 ist nachgewiesen, daß eine Versammlung in einem unüberdachten, aber rings umbauten oder ummauerten Hofe oder Garten nicht eine Versammlung im geschlossenen Raume, sondern eine Versammlung unter freiem Himmel iS. des § 7 RVerG. v. 19. IV. 08 (RGBl. 151) ist, und daß eine Versammlung, die ausdrücklich in den Hof oder Garten eines Etablissements einberufen ist, eine Versammlung unter freiem Himmel auch dann bleibt, wenn der Hof oder Garten ein Zubehör eines geschlossenen Raumes bildet. Daher bedurfte die von dem Kläger in dem Garten des Hotels K. abgehaltene öffentliche Versammlung der polizeilichen Genehmigung gemäß § 7 RVerG., wenn nicht der Ausnahmefall des § 8 aaO. gegeben war. Der § 8 bestimmt, daß eine Versammlung, die in einem geschlossenen Raume veranstaltet wird, nicht schon deshalb als eine Versammlung unter freiem Himmel anzusehen ist, weil die Versammlung in einen mit dem Versammlungsraume zusammenhängenden umfriedeten Hof oder Garten verlegt wird. Unstreitig ist die Versammlung vom Kläger in „das Lokal des D., Hotel K." einberufen worden; sie ist auch in dem Saale des Hotels von dem Kläger eröffnet, aber, nachdem er dem S. das Wort erteilt und dieser erklärt hatte, wegen der großen Hitze im Saale nicht sprechen zu können, in den Garten verlegt worden. Wie die Entstehungsgeschichte des § 8 ergibt, ist die Vorschrift in § 8 im Interesse der Wahrung einer namentlich in Süddeutschland bestehenden Sitte in das G. aufgenommen worden, nach der es üblich war, öffentliche Versammlungen, die für geschlossene Räume von Keller- und Gartenwirtschaften ausgeschrieben waren, bei günstiger Witterung oder besonders großem Andrange in den Wirtschaftsgarten zu verlegen. Eine Versammlung örtlich „verlegen" bedeutet aber nicht nur, sie an dem einen Orte beginnen und an einem anderen unter völliger Aufgabe des ersteren fortsetzen; „verlegen" umfaßt vielmehr nach Begriff und Sprachgebrauch auch den Fall, daß eine Versammlung statt an dem ursprünglich in Aussicht genommenen Orte an einem anderen abgehalten wird. Daher kann aus dem Umstande, daß die Versammlung im D.schen Lokal am 1. Mai von ihrem Beginn an statt im Saale im Garten stattfinden sollte, und daß nur infolge des Widerspruchs des Polizeibeamten zwar zunächst die förmliche Eröffnung der Versammlung im Saale, dann aber die Verlegung in den Garten vorgenommen wurde, nicht gefolgert werden, daß der § 8 aaO. nicht anwendbar sei. Dies würde nur dann der Fall sein, wenn bereits bei der Einberufung der Versammlung die Absicht bestanden hätte, sie nicht im Saale, sondern im Garten stattfinden zu lassen.

Nr. 3. Entsch. v. 1. Okt. 1912 (OVG. **63** 269) I A 144/11.

1. Diejenigen Gefahren, die die Maul- und Klauenseuche für Viehbestände, für deren Eigentümer und andere in oder bei dem Seuchenorte wohnende Personen mit sich bringt, fallen nicht unter die Gefahren für die öffentliche Sicherheit iS. des § 7 RVerG. Nur dann ist die Polizei befugt, wegen des Herrschens der Maul- und Klauenseuche die Genehmigung zu den in § 7 aaO. bezeichneten Veranstaltungen zu versagen, wenn eine nach dem SonderG. über die Bekämpfung der Viehseuchen zulässige Maßnahme die Beschränkung der Versammlungsfreiheit zur notwendigen Folge hat.

Allerdings ist die Beschränkung der Versammlungsfreiheit behufs Förderung der gesundheits- und veterinärpolizeilichen Interessen dem G. keineswegs fremd. So gestattet das ReichsG., betr. die Bekämpfung gemeingefährlicher Krankheiten, v. 30. VI. 00 (RGBl. 306) in § 15 Abs. 3 für Ortschaften und Bezirke, die von einer gemeingefährlichen Krankheit (Aussatz, Cholera, Fleckfieber, Gelbfieber, Pest, Pocken) befallen oder bedroht sind, Ansammlungen größerer Menschenmengen zu verbieten oder zu beschränken. Und in dem ReichsG., Maßregeln gegen die Rinderpest betr., v. 7. IV. 69 (RGBl. 105) wird zu den Maßregeln, die geeignet sind, die Einschleppung und Weiterverbreitung der Seuche zu verhüten und die im Lande ausgebrochene Seuche zu unterdrücken, in § 2[3] die „Absperrung einzelner Gehöfte, Ortsteile, Orte, Bezirke gegen den Verkehr mit der Umgebung" aufgeführt. Die auf Grund des § 8 des letztgenannten G. vom Bundesrat erlassene RevInstr. v. 9. VI. 73 (RGBl. 147) hat die Maßnahme der Absperrung weiter ausgebildet; sie ordnet in § 17 an, daß nach Ausbruch der Rinderpest in einem Umkreise, der idReg. nicht unter 20 km Entfernung vom Seuchenorte bemessen werden soll, die Abhaltung von Viehmärkten, nach Befinden auch von anderen Märkten und sonstigen größeren Ansammlungen von Menschen und Tieren zu untersagen ist, und bestimmt in § 23 für den Fall, daß die „absolute Ortssperre" verfügt wird, die Beschränkung des Verkehrs der Bewohner untereinander mit dem Zusatze: „Gottesdienst, Schule und andere Versammlungen (vgl. § 17) können nicht abgehalten werden, die Schänken und Gasthöfe werden geschlossen."

Während es sich bei diesen Vorschriften unzweifelhaft um solche reichsgesetzliche Beschränkungen des Versammlungsrechts handelt, auf die in § 1 Abs. 1 RVerG. verwiesen wird, läßt sich die Befugnis, in gleicher oder ähnlicher Weise die Versammlungsfreiheit behufs Bekämpfung der Maul- und Klauenseuche zu beschränken, aus den hierfür maßgebenden G. nicht herleiten. Das ViehSG. v. 26. VI. 09 (RGBl. 519) gestattet in § 47 Beschränkungen des Personenverkehrs zur Bekämpfung der Maul- und Klauenseuche nach zwei Richtungen hin; einmal kann für einen verseuchten Ort oder einen bestimmten gefährdeten Bezirk der Verkehr von Personen in Räumlichkeiten (Gehöft, Stall, Standort, Hofraum, Weidefläche, Viehausstellung, Marktplatz usw.), in denen sich für die Seuche empfängliche Tiere befinden, beschränkt und bis auf die Handlungen ausgeschlossen werden, die zur Wartung und Pflege des Viehes sowie zur Einbringung der Ernte erforderlich sind; zweitens dürfen öffentliche Wege unter gewissen Voraussetzungen vorübergehend auch gegen den Personenverkehr gesperrt werden. In den auf Grund des § 79 aaO. vom Bundesrat erlassenen Ausführungsvorschriften (Bek. v. 7. XII. 11, RGBl. **12** 4) sind diese Maßnahmen näher geregelt; vgl. §§ 162[5], 164b, 168a, c, d, 168 Abs. 3. Alle diese Vorschriften lassen erkennen, daß — anders als bei der durch die Rinderpest hervorgerufenen Gefahr — die Maul- und Klauenseuche nicht mit Beschränkungen der Vereins- und Versammlungsfreiheit im allgemeinen bekämpft werden soll. Nur soweit Personen nach der Art ihrer Tätigkeit oder ihrer Beziehungen zu verseuchten Gehöften und Bezirken verdächtig sind, Träger des Ansteckungsstoffs zu sein, können einzelne Verkehrsbeschränkungen gegen sie angeordnet werden, und lediglich soweit von bestimmten Räumlichkeiten die Gefahr der Seuchenverbreitung ausgeht, soll der Verkehr örtlich eingeschränkt werden und zu diesem Behuf auch eine vorübergehende Sperre öffentlicher Wege zulässig sein.

2. Zu prüfen bleibt daher, ob auch ohne besondere Vorschriften der ViehSG. die Versammlungsgenehmigung versagt werden durfte, weil das Zusammenströmen von Menschen unter den örtlichen Verhältnissen die Maul- und Klauenseuche zu verbreiten geeignet war. Der Beklagte will dies bejaht wissen, indem er die Verbreitung der Seuche als eine Gefahr für die öffentliche Sicherheit kennzeichnet. Selbst wenn den Ausführungen beizutreten sein sollte, erweisen sie sich doch aus folgenden Erwägungen als unhaltbar: Die angefochtene Verfügung dient der Bekämpfung der Maul- und Klauenseuche, ist also eine veterinärpolizeiliche. Als veterinärpolizeiliche Verfügung kann sie indessen nur auf Vorschriften der Seuchengesetzgebung gestützt werden. Diese ausschließlich sieht die Schutzmaßregeln vor, die gegen die Seuchengefahren in ihren einzelnen Arten ergriffen werden dürfen. Mit der Aufführung der einzelnen Maßregeln sind aber auch zugleich diejenigen Schranken gezogen, die den Polizeibehörden bei der Wahrnehmung des Schutzes des Eigentums und der Verkehrsinteressen auferlegt sind und über die hinauszugehen sie nicht befugt erscheinen. Die öffentliche Sicherheit wird daher durch das G. bzw. die auf Grund des G. zulässigen Maßnahmen gewahrt, und es erscheint demgegenüber nicht angängig, zur Verhütung einer Gefährdung der öffentlichen Sicherheit weitere als diese Maßnahmen aus allgemeinen Erwägungen anzuordnen. Wird daher die Gefahr, deren Bekämpfung das SonderG. regelt, vom Gesetzgeber nicht als eine solche betrachtet, daß zu ihrer Behebung ein Eingriff in das Versammlungsrecht für erforderlich angesehen wurde, so muß ein solcher unterbleiben.

3. Durch diese Darlegung ist selbstverständlich nicht ausgeschlossen, daß die Polizeibehörde doch unter Umständen nach Ausbruch der Maul- und Klauenseuche den Anlaß und die Befugnis haben kann, in einer verseuchten Ortschaft Versammlungen zu verbieten oder die zu ihnen erforderliche Genehmigung zu versagen. Dies wird vielmehr stets der Fall sein, wenn die Durchführung einer seuchengesetzlich zulässigen Maßnahme die Beschränkung der Versammlungsfreiheit zur notwendigen Folge hat. Hierher gehört es z. B., wenn etwa eine Versammlung auf einem Seuchengehöft abgehalten werden soll, weil dieser Veranstaltung mit einem Verbot aus § 162^5 BRVSchr. v. 7. XII. 11 entgegenzutreten wäre. Ferner zählt hierzu der Fall, wenn der einzige zum Versammlungsorte führende Weg gemäß § 47 Abs. 2 ReichsG. v. 26. VI. 09 gesperrt ist oder der Versammlungsort zu den Räumlichkeiten iS. des § 47 Abs. 1 aaO. zu rechnen ist, für die der Verkehr von Personen beschränkt oder ausgeschlossen werden kann. In allen derartigen Fällen findet die polizeiliche Maßnahme ihre rechtliche Grundlage in Bestimmungen der ViehSG.; nur ihre Wirkungen äußern sich auch auf dem Gebiete des Versammlungsrechts.

Nr. 4. Entsch. v. 20. Dez. 1912 (OVG. 63 261) IX C 52/11.

RVerG. v. 19. IV. 08 § 1 Abs. 2.

1. Das polizeiliche Verbot der Abhaltung von Versammlungen in einer Einfahrt ist aus feuerpolizeilichen Gründen erlassen worden. Der Vorderrichter hat seine Entsch. auf § 10 ALR. II 17 gestützt, indem er von der Annahme ausgegangen ist, daß infolge des Aufschlagens der Tore der Einfahrt nach innen, ferner wegen der darin enthaltenen Einrichtungsgegenstände, die in vier Bänken, einem Tische, einem eisernen Ofen und einem großen dreiteiligen Schranke bestehen, sowie endlich wegen einer dort vorhandenen unüberdeckten

Wasserabflußrinne nicht die hinreichende Gewähr dafür geboten sei, daß bei Ausbruch eines Brandes oder bei sonstigen Unglücksfällen die Teilnehmer der Versammlungen nicht zu Schaden kämen.

Daraus zieht der Vorderrichter den Schluß, daß die beklagte Polizeibehörde auf Grund des § 10 ALR. II 17 die Benutzung der Einfahrt zu Versammlungszwecken im feuer- und sicherheitspolizeilichen Interesse zu untersagen berechtigt gewesen sei.

2. Der hiergegen gerichtete Revisionsangriff erscheint begründet. Allerdings kommt die Unzulässigkeit eines Präventivverbots von Versammlungen hier nicht in Frage, da von dessen Unzulässigkeit nur dann gesprochen werden kann, wenn eine Versammlung im voraus aus vereins- oder versammlungsrechtlichen Gründen verboten wird, während es sich hier um das allgemeine Verbot der Benutzung eines Raumes zu Versammlungszwecken aus allgemeinen sicherheitspolizeilichen Gründen handelt. Aber auch für ein solches allgemeines Verbot ergeben sich Schranken aus § 1 RVerG. Nach Absatz 2 daselbst finden die allgemeinen sicherheitspolizeilichen Bestimmungen des Landesrechts nur Anwendung, soweit es sich um die Verhütung unmittelbarer Gefahr für Leben und Gesundheit der Teilnehmer an einer Versammlung handelt. Dadurch hat der § 10 ALR. II 17 für das Vereins- und Versammlungsrecht eine erhebliche Einschränkung erfahren, da hiernach eine Beschränkung des reichsgesetzlich gewährten Vereins- und Versammlungsrechts auf Grund bau-, feuer-, verkehrspolizeilicher usw. Bestimmungen des Landesrechts nur insoweit zulässig ist, als es sich um Durchführung sicherheitspolizeilicher Maßnahmen zur Verhütung unmittelbarer Gefahr für Leben und Gesundheit der Teilnehmer an einer Versammlung handelt. Diese Einschränkung der Anwendung der allgemeinen sicherheitspolizeilichen Bestimmungen des Landesrechts gegenüber der Ausübung des Versammlungsrechts trifft nicht bloß dann zu, wenn es sich um eine einzelne bestimmte Versammlung handelt, sondern auch dann, wenn das polizeiliche Einschreiten eine Mehrheit künftiger Versammlungen zum Gegenstande hat, und insbesondere auch, wenn ihnen die Polizei durch Verbot der Benutzung eines bestimmten Raumes zu Versammlungszwecken entgegentritt. Der Abs. 2 des § 1 RVerG. bezweckt, die Ausübung des Versammlungsrechts dagegen zu schützen, daß es auf Grund der allgemeinen sicherheitspolizeilichen Bestimmungen weiter, als zur Verhütung unmittelbarer Gefahr für Leben und Gesundheit der Teilnehmer an der Versammlung nötig ist, beschränkt werde. Dieser Schutz kann gegenüber einem allgemeinen Versammlungsverbote nicht weniger wirksam sein als bei dem polizeilichen Einschreiten gegen eine einzelne Versammlung, und er kann auch nicht darum versagen, weil sich das Verbot gegen die Benutzung eines bestimmten Raumes zu Versammlungszwecken richtet. Die Untersagung der Benutzung eines bestimmten Raumes zu Versammlungszwecken enthält das Verbot der Abhaltung von Versammlungen in diesem Raume, also das Verbot gewisser Versammlungen. In dem Verbote der Benutzung eines bestimmten Raumes zu Versammlungszwecken kann auch unter Umständen eine sehr wesentliche Beschränkung der Ausübung des Versammlungsrechts liegen. Somit kommt Abs. 2 des § 1 RVerG. hier zur Anwendung.

Nr. 5. Entsch. v. 27. März 1913 (PrVerwBl. 35 243) I C 3/13.

RVerG. §§ 17, 18.

Auch bei nichtöffentlichen Vereinsversammlungen in geschlossenen Räumen kann die Polizei, ohne durch das Hausrecht des Veranstalters oder Leiters der Versammlung beschränkt zu sein, Beamte in die Versammlung entsenden, wenn dies zur Wahrnehmung der ihr obliegenden Pflichten nötig ist.

Dem Kläger ist zwar darin beizustimmen, daß die den Vereinen als einem Kreise bestimmter Personen zur ausschließlichen Verfügung stehenden geschlossenen Räume als Wohnungen iS. des G. zum Schutze der persönlichen Freiheit v. 12. II. 50 (GS. 45) anzusehen sind, und daß daher die Polizeibehörde die Anordnung zum Betreten dieser Räume und zum Verweilen in ihnen auch wider den Willen des Inhabers nur unter den in dem G. v. 12. II. 50 hierfür ausdrücklich bestimmten Voraussetzungen erteilen darf. Der Gerichtshof hat aber stets anerkannt, daß, soweit der einzelne oder Privatgesellschaften im Familienkreise und im Privathause der Aufsicht und Einwirkung der Polizei unterstehen, dies ebenso auch bei Versammlungen geschlossener Gesellschaften in geschlossenen Räumen der Fall ist; denn der einzelne erlangt dadurch, daß er von seinem Versammlungsrecht Gebrauch macht, keine exemte Stellung gegenüber dem G. Nach dem G. (§ 10 ALR. II 17) gehört es aber zu den Aufgaben der Polizei, die nötigen Anstalten zur Erhaltung der öffentlichen Ruhe, Sicherheit und Ordnung sowie zur Abwendung der dem Publikum oder einzelnen Mitgliedern desselben bevorstehenden Gefahr zu treffen. Daher hat die Rechtsprechung in denjenigen Fällen, in denen diese auf dem G. beruhenden polizeilichen Funktionen nicht anders erfüllt werden konnten als durch Eindringen in eine fremde Wohnung, ein solches Eindringen stets für gestattet erachtet, wenn es das **notwendige Mittel zur Erreichung des gesetzlichen polizeilichen Zweckes** war. Dasselbe gilt hinsichtlich der Versammlungsräume geschlossener Gesellschaften. Daher ist, da die Verhütung strafbarer Handlungen in den Rahmen der polizeilichen Aufgaben fällt, die Polizei stets für befugt erachtet worden, in diese Räume einzudringen, wenn der auf **tatsächlichen Vorgängen beruhende Verdacht begründet** war, daß in der Versammlung strafbare Handlungen würden begangen werden.

Nr. 6. Entsch. v. 20. Nov. 1913 (OVG. **66** 327) I A 99/13.

RVerG. § 13.

Da die Polizeibehörde gemäß § 13 RVerG. v. 19. IV. 08 (RGBl. 151) befugt ist, zwei Beauftragte in eine öffentliche politische Versammlung zu entsenden, und in der Auswahl dieser Personen unbeschränkt ist, konnte sie dazu auch **einen ihr nicht unterstellten Beamten** verwenden. Es ist nicht nur zulässig, sondern unter Umständen zweckmäßig und angebracht, wenn die Ortspolizeibehörde beim Mangel geeigneter Beamten eine andere Polizeibehörde um Stellung derjenigen Hilfskräfte ersucht, deren sie zur Erfüllung ihrer Aufgaben bedarf. Dadurch **werden diese Hilfskräfte im einzelnen Falle Organe derjenigen Polizeibehörde, die sich ihrer Mitwirkung bedient.**

Nr. 7. Entsch. v. 2. Febr. 1914 (OVG. **66** 338) I A 139/13.

RVerG. § 12.

Nach § 12 Abs. 2 RVerG. findet die Vorschrift des Abs. 1 aaO., daß die **Verhandlungen in öffentlichen Versammlungen in deutscher Sprache zu führen sind, keine Anwendung auf „Versammlungen der Wahlberechtigten zum Betriebe der Wahlen** für den Reichstag und für die gesetzgebenden Versammlungen der Bundesstaaten und Elsaß-Lothringens vom Tage der amtlichen Bekanntmachung des Wahltags bis zur Beendigung der Wahlhandlung." Da am 1. VI., dem Tage der Versammlung, die Wahl zum Abgeordnetenhause noch nicht beendigt war, vielmehr am 3. VI. die Wahl der Abgeordneten durch die Wahlmänner erfolgen sollte, entsprach die Versammlung hinsichtlich der zeitlichen Begrenzung der gesetzlichen Ausnahmevorschrift. Das Gleiche kann jedoch **nicht für die weitere Voraussetzung**, daß die Versammlung **eine solche „zum Betriebe der Wahl"** sein müsse, festgestellt werden. Daß unter der Wahl, deren Betriebe die Versammlung dienen soll, immer nur die jeweilig anstehende Wahl, und zwar nur die desjenigen örtlichen Bezirkes, für welchen die Wahl anberaumt ist, zu verstehen ist, ergibt einerseits der Wortlaut der Bestimmung in § 6 Abs. 2 RVerG., wonach die Befreiung von der Anzeigepflicht nur für Versammlungen der Wahlberechtigten innerhalb der Zeit vom Tage der amtlichen Bekanntmachung des Wahltags bis zur Beendigung der Wahlhandlung gilt; anderseits folgt es aus der analogen Vorschrift in § 4 RVerG., die — unbeschadet ihres weiteren Anwendungsgebiets — nur von „bestimmten" Wahlen spricht. Im vorliegenden Falle kann es sich daher, da am 1. VI. in der Stadt H. eine andere Wahl nicht anstand, nur um den Betrieb der Wahl zum Hause der Abgeordneten am 3. VI. handeln. Die Versammlung war von dem polnischen Wahlvereine für die Mitglieder der polnischen Partei einberufen worden. Diese hatte für die Abgeordnetenwahl Stimmenthaltung empfohlen und bei der Wahl der Wahlmänner durch die Urwähler auch geübt. Dementsprechend gab die öffentliche Einladung zu der Versammlung, wenngleich sie diese als „letzte Wählerversammlung in H." bezeichnete, als Aufgabe der Versammlungsteilnehmer an, „durch ihr Erscheinen der preußischen Regierung zu dokumentieren, daß alle AusnahmeG. vergeblich seien." Danach handelte es sich für die Polen nicht darum, in der Versammlung am 1. VI. und durch diese unmittelbar oder auch nur mittelbar irgendeinen Einfluß auf die am 3. VI. anstehende Wahl der Wahlmänner auszuüben. Die Urwahlen hatten längst stattgefunden; aus ihnen waren, da die Polen sich an ihnen nicht beteiligt hatten, Wahlmänner der polnischen Partei nicht hervorgegangen; es konnte sich daher in der Versammlung am 1. VI. nicht darum handeln, etwaige polnische Wahlmänner in ihrer politischen Gesinnung zu bestärken. Ebensowenig kam eine Beeinflussung der Wahlmänner anderer Parteien durch die Versammlung in Frage, da die polnische Partei keine andere Partei unterstützen wollte, daher auch durch die Versammlung eine Einwirkung auf die Wahlmänner zugunsten einer anderen Partei nicht beabsichtigt sein konnte.

Nr. 8. Entsch. v. 19. Dez. 1911 (PrVerwBl. **34** 145) I A 15/11.

RVerG. §§ 6, 13.

1. Die Gesetzgebung hat es absichtlich vermieden, den Begriff der öffentlichen Versammlung näher festzustellen. Infolgedessen gewähren weder der Wortlaut des RVerG. noch die seinem Erlasse voraufgegangenen Verhandlungen einen bestimmten Anhalt dafür, unter welchen Voraussetzungen einer von einem Vereine veranstalteten Versammlung, die nicht ausdrücklich als öffentliche einberufen worden ist, der Charakter der Öffentlichkeit beizulegen ist. Für die Beurteilung dieser Frage können vielmehr allein die Tatumstände des einzelnen Falles und die gesamte mit demselben zusammenhängende Sachlage maßgebend sein.

2. Wird hiervon ausgegangen, so ist zunächst festzustellen, daß die beiden Versammlungen nicht als öffentliche, sondern als Versammlungen der Mitglieder der örtlichen Verwaltungsstelle H. des Metallarbeiterverbandes einberufen worden sind.

Die Art der Einberufung ist nun für sich allein nicht maßgebend; vielmehr würde die Versammlung trotzdem den Charakter der Öffentlichkeit an sich getragen haben, wenn feststände, daß tatsächlich Personen in die Versammlung eingelassen worden sind, die der Mitgliedschaft entbehrten, und daß dies in einer Art und in einem Umfange geschehen ist, daß dadurch die Versammlung ihren Charakter als einer auf die Mitglieder der örtlichen Verwaltungsstelle beschränkten Versammlung verloren hat. In dieser Richtung hat jedoch die Beweisaufnahme die Behauptung des Klägers, daß die Verbandsleitung die geeigneten Maßnahmen getroffen habe, um Nichtmitglieder von der Teilnahme an den beiden Versammlungen fernzuhalten, bestätigt. Danach hat die Geschäftsleitung eine Anzahl von Vertrauensleuten damit beauftragt, die Türkontrolle auszuüben, und zwar in ernsthafter, genauer und gewissenhafter Weise, zumal der Verband ein eigenes Interesse daran hatte, die Teilnahme an den Versammlungen auf die Mitglieder zu beschränken, weil nur Verbandsangelegenheiten verhandelt werden sollten. Die Kontrolle ist auch tatsächlich ausgeübt worden. Vor Beginn der Versammlungen ist von der Leitung und dem Redner bekannt gemacht worden, daß anwesende Nichtmitglieder sich zu entfernen hätten.

3. Der Beklagte stützt seine Annahme, die beiden Versammlungen seien öffentliche gewesen, ferner darauf, daß die Verwaltungsstelle H. keinen selbständigen Verein bilde; infolgedessen seien die von dieser Stelle einberufenen Versammlungen als solche des über ganz Deutschland ausgedehnten Metallarbeiterverbandes und wegen der räumlichen Ausdehnung und der großen Mitgliederzahl dieses Verbandes nicht als Versammlungen eines geschlossenen Personenkreises anzusehen. Dem kann indessen nicht beigepflichtet werden. Die Verwaltungsstellen (Zahlstellen und dgl.) eines größeren Vereins (Zentralverbandes) können einen in sich abgeschlossenen Verein bilden, auch wenn sie durch ein ihnen auferlegtes Statut organisiert und der Leitung und Kontrolle des Verbandes unterstellt sind, sofern sie nur zu eigener Vereinstätigkeit berufene Glieder des Gesamtvereins sind, die, abgesehen von den ihnen speziell übertragenen Geschäften, den allgemeinen Vereinszweck in örtlich abgeschlossener Wirksamkeit zu fördern haben. Dies trifft im vorliegenden Falle zu.

Ist somit die Verwaltungsstelle H. als ein eigner Verein anzusehen, so folgt allerdings daraus noch nicht ohne weiteres, daß die von ihr veranstalteten Versammlungen nicht als öffentliche Versammlungen angesehen werden könnten. Letzteres ist vielmehr stets bei den Versammlungen solcher Vereine anzunehmen, die nach der räumlichen Ausdehnung des Gebiets, das sie umfassen, wie nach der Zahl ihrer Mitglieder so groß sind, deren Organisation eine so lose, bei denen der Erwerb und Verlust der Mitgliedschaft an so geringe Voraussetzungen gebunden und so wechselnd ist, daß von ihnen nicht gesagt werden kann, ihre Mitglieder bildeten einen in sich geschlossenen, bestimmt abgegrenzten Kreis von innerlich unter sich verbundenen Personen. Diese Voraussetzungen sind jedoch bei dem Ortsverein H. nicht gegeben.

Nr. 9. Entsch. v. 16. Febr. 1912 (OVG. **61** 238) **I A 133/11.**

1. Entsendet die Polizeibehörde in eine öffentliche, zur Erörterung politischer Angelegenheiten veranstaltete Versammlung Beauftragte und wird diesen, obwohl sie sich als solche unter Kundgebung ihrer Eigenschaft dem Veranstalter der Versammlung zu erkennen gegeben haben, die Zulassung verweigert, so sind sie nach § 14 Abs. 1³, § 5, § 13 RVerG. v. 19. IV. 08 befugt, die Versammlung für aufgelöst zu erklären.

2. Von einer formlosen Menschenmenge unterscheidet sich eine Versammlung dadurch, daß ihre Teilnehmer sich nicht nur äußerlich in demselben Raume zusammengefunden haben, sondern auch innerlich durch Verfolgung des gleichen Zweckes und Zieles, das sie zusammengeführt hat, miteinander verbunden sind. Schon mit dieser Vereinigung an einem bestimmten Orte zu gemeinsamem Zwecke und Ziele beginnt die Versammlung als solche, ohne daß es hierzu erst einer förmlichen Eröffnung und Konstituierung bedarf. Hiernach bildeten die rund dreihundert Mitglieder des sozialdemokratischen Wahlvereins, die sich zu der von dem Vorstand einberufenen Mitgliederversammlung zur festgesetzten Zeit in dem dazu bestimmten Saale eingefunden hatten, in der Tat eine Versammlung, obschon eine förmliche Eröffnung und Konstituierung derselben noch ausstand. Der Beauftragte der Polizeibehörde konnte daher auch schon in diesem

Zeitpunkte seine Zulassung fordern, vorausgesetzt, daß die Versammlung öffentlich und zugleich zur Erörterung politischer Angelegenheiten veranstaltet war. Derjenige, der sich dem Kläger als Beauftragter vorstellte, wies sich durch seine Dienstkleidung in bezug auf seine Eigenschaft als Exekutivorgan der Polizeibehörde in einer jeden Zweifel ausschließenden Weise aus. Hierdurch war in Verbindung mit der Mitteilung über den erteilten Auftrag dem Erfordernisse des G., daß sich die Beauftragten der Polizeibehörde unter Kundgebung ihrer Eigenschaft dem Veranstalter der Versammlung zu erkennen geben müssen, entsprochen. Die weitergehende Forderung, daß sich der Polizeibeamte noch durch Vorweisung eines schriftlichen Überwachungsauftrags habe legitimieren müssen, findet weder in dem Wortlaute des § 13 RVerG. noch in den Materialien dazu eine Begründung.

2. Der in § 14 RVerG. dem Beauftragten der Polizeibehörde gegebenen Anweisung, mit der Auflösungserklärung die Angabe des Grundes zu verbinden, kommt nur eine instruktionelle Bedeutung zu. Die gegenteilige Auffassung würde nicht nur der Stellung und der Aufgabe der Exekutivpolizei, sondern auch dem § 16 RVerG. widersprechen und zugleich mit dem Grundsatz unvereinbar sein, daß es für die Rechtsgültigkeit einer polizeilichen Anordnung lediglich darauf ankommt, ob sie objektiv dem bestehenden Rechte entspricht, nicht aber darauf, von welchen rechtlichen Gesichtspunkten die Polizeibehörde bei dem Erlasse der angefochtenen Verfügung ausgegangen ist. Dem berechtigten Interesse, das die Beteiligten daran haben, den Grund der Auflösung zu erfahren und dadurch die Grundlage für die gegebenenfalls von ihnen beabsichtigte Anfechtung der Auflösungsanordnung klargestellt zu sehen, wird durch die Vorschrift des zweiten Abs. des § 14 aaO., wonach dem Leiter der Versammlung auf Antrag schriftlich nicht nur der Auflösungsgrund selbst, sondern auch die zu seiner Belegung dienenden Tatsachen mitzuteilen sind, in weitem Umfange Rechnung getragen.

3. Nach § 5 RVerG. ist eine politische Versammlung eine solche, die zur Erörterung politischer Angelegenheiten veranstaltet ist. Auf der Tagesordnung für die Versammlung stand nach dem Wortlaut ihrer Einberufung ein Vortrag über „Politische Zeit- und Streitfragen". Wie dieser Vortrag im einzelnen ausgestaltet werden sollte und ob der Vortragende die Absicht hatte, seine oder seiner Partei Ansichten zurückzustellen und das von ihm gewählte Thema in einer objektiven Weise zu behandeln, ließ sich allerdings lediglich nach der Ankündigung von vornherein nicht übersehen. Mit Rücksicht indessen darauf, daß die geplante Versammlung von dem Vorstande des sozialdemokratischen Wahlvereins ausgeschrieben war, und daß ferner der Vortrag von einem „Genossen" gehalten werden sollte, mußte die Polizei annehmen, daß die Versammlung und der Vortrag den politischen Agitationszwecken der sozialdemokratischen Partei dienen sollte.

4. Daß die Versammlung als Mitgliederversammlung eines Vereins einberufen war und auch dementsprechend ausschließlich auf die Mitglieder dieses Vereins beschränkt geblieben ist, steht ihrer Öffentlichkeit nicht entgegen. Für die Beurteilung der Frage, ob eine Versammlung als eine öffentliche anzusehen ist, können vielmehr allein die Tatumstände des einzelen Falles und die gesamte mit ihm zusammenhängende Sachlage maßgebend sein, und zwar ohne daß die Eigenschaft der Versammlung als einer Vereinsversammlung ohne weiteres ihre Unterordnung unter den Begriff der öffentlichen Versammlung ausschließt. Bilden die Mitglieder eines Vereins nach den besonderen bei ihm vorliegenden Umständen nicht einen in sich geschlossenen, bestimmt abgegrenzten Kreis von innerlich untereinander verbundenen Personen, so können Versammlungen, auch wenn sie sich auf die Mitglieder dieses Vereins beschränken, nicht als geschlossene gelten, müssen vielmehr als öffentliche Versammlungen angesehen werden. Als solche besonderen Umstände, die, wenn sie zusammentreffen, diese Folge nach sich ziehen können, kommen in Betracht:

die räumliche Ausdehnung des Vereinsgebiets, die Beziehungen des Vereins zu weiten Bevölkerungskreisen in diesem Gebiete, die Zahl der Mitglieder, ein dauernd starker Wechsel in dem Mitgliederbestande, das Fehlen einer die Vereinsmitglieder enger zusammenschließenden Organisation, endlich auch ein Vereinsziel, das so allgemein oder so unbestimmt ist, daß es nicht geeignet erscheint, die Vereinsmitglieder persönlich in einen näheren Zusammenhang zu bringen.

Nr. 10. Entsch. v. 15. Okt. 1912 (OVG. **63** 289) I A 100/12.

1. Die Frage, ob eine Versammlung iS. des § 13 RVerG. als öffentliche anzusehen ist, darf nicht nach der mehr oder minder großen Zahl der Versammlungsteilnehmer entschieden werden.

2. Eine Betriebsversammlung kann nicht-öffentlich sein, wenn die Versammelten als Arbeiter eines einzelnen, auf den örtlichen Bezirk einer kleinen Stadtgemeinde beschränkten Fabrikunternehmens einen bestimmt abgegrenzten und nach außen hin abgeschlossenen, durch das Band wechselseitiger persönlicher Beziehungen zusammengehaltenen Kreis von Personen bilden.

3. Die Aufforderung des Versammlungsleiters, daß die nicht einer bestimmten Fabrik angehörenden Arbeiter die Betriebsversammlung zu verlassen hätten, genügt allein nicht, um die Versammlung zu einer nicht-öffentlichen zu machen, wenn nach der Art der Einberufung, der Tagesordnung und der Zusammensetzung der Teilnehmer oder den sonstigen Umständen die Annahme begründet ist, daß Nichtangehörige der bestimmten Fabrik zur Versammlung erschienen sind.

Nr. 11. Entsch. v. 24. Mai 1912 (OVG. **61** 256) I A 150/09.

RVerG. § 24. ALR. II 17 § 10. PrVUrk. Art. 12.

1. Die „Christliche Vereinigung ernster Forscher von Diesseits nach Jenseits, wahrer Anhänger der christlichen Kirchen" bezweckt nach ihren Statuten die Förderung des christlichen Glaubens auf Grund der Bibel. Der Kläger, der Vorsitzender der Vereinigung ist, hat erklärt, es sei ihm darum zu tun, „kraft seiner prophetischen Gabe des Hellsehens in der Vergangenheit und Gegenwart" die Lehren von der Gottheit Jesu Christi und von der Auferstehung nach dem Tode zu verkündigen. In den von ihm veranstalteten Versammlungen wurden Gebete gesprochen und fromme Lieder gesungen. Von einer altarähnlichen Einrichtung aus wurden Ansprachen gehalten, teils vom Kläger selbst, der darin unter anderem zum Beten und zur Buße ermahnte, teils von seinen „Werkzeugen", aus denen nach seiner Angabe der Geist Verstorbener, z. B. Luthers und Papst Leos XIII., sprach. Der Kläger bezeichnet diese Veranstaltungen als Religionsübungen. Diese Charakteristik erscheint zutreffend. Im Hinblick auf den religiösen Charakter der Versammlungen hält der Kläger ihr Verbot für unzulässig, weil sie gegen den Grundsatz der durch die PVUrk. gewährleisteten Freiheit der Religionsübung verstoße. Weiter ist er der Ansicht, daß das Verbot der Versammlungen mit dem RVerG. unvereinbar sei. Dieser Ansicht liegt stillschweigend die Auffassung zugrunde, daß die Anwendung des RVerG. auf den vorliegenden Fall durch die Bestimmung, die es in § 24 gibt, nicht ausgeschlossen werde. Dem hat der Gerichtshof nicht beizutreten vermocht.

2. Der § 24 RVerG. zählt diejenigen landesrechtlichen Vorschriften auf, die durch das ReichsG. nicht berührt werden, und nennt an erster Stelle:

„Die Vorschriften des Landesrechts über kirchliche und religiöse Vereine und Versammlungen, über kirchliche Prozessionen, Wallfahrten und Bittgänge, sowie über geistliche Orden und Kongregationen."

Darüber, welche Bedeutung dieser Bestimmung beizumessen ist, besteht Meinungsverschiedenheit. Während im Einklange mit der Vf. v. 13. V. 08 (MBl.

09 14) und des Kammergerichts (vgl. Urt. v. 14. XII. 11, DJZ. **17** 351) die Mehrzahl der Kommentatoren des RVerG. den Standpunkt vertritt, daß mit den Worten „unberührt bleiben die Vorschriften des Landesrechts über kirchliche und religiöse Vereine und Versammlungen" das gesamte kirchliche und religiöse Versammlungswesen dem RVerG. entzogen sei, sind andere der Ansicht, daß hiermit lediglich die auf diesem Gebiete bestehenden Sondervorschriften des Landesrechts aufrechterhalten würden, und daß daher, soweit solche nicht beständen, an Stelle des bisher hierfür gültig gewesenen gemeinen Landesrechts nunmehr das gemeine Reichsrecht getreten sei. Hiernach würden die kirchlichen Prozessionen, Wallfahrten und Bittgänge nur dann, wenn sie in der hergebrachten Art stattfinden, den Vorschriften des RVerG. entzogen sein. Diese Annahme findet weder in dem Wortlaute des § 24 RVerG. einen genügenden Anhalt, noch wird sie durch dessen Entstehungsgeschichte bestätigt. Der § 24 spricht nicht aus, daß bestehende Sondervorschriften des Landesrechts aufrechtzuerhalten seien, erklärt vielmehr ganz allgemein, ohne eine Unterscheidung zu machen, daß die Vorschriften des Landesrechts über kirchliche und religiöse Vereine und Versammlungen unberührt bleiben sollen. Es ist dies dieselbe Ausdrucksweise, wie sie in den Art. 56ff. EGBGB. gebraucht wird und deren Sinn der Art. 3 aaO. dahin erläutert, daß die bestehenden landesgesetzlichen Vorschriften in Kraft bleiben sollen und neue landesgesetzliche Vorschriften erlassen werden können. Im Hinblick auf die Entstehungsgeschichte kann daher die Vorschrift des § 24 Abs. 1 nur dahin verstanden werden, daß das RVerG. auf kirchliche und religiöse Vereine und Versammlungen, gleichviel, ob für sie in den einzelnen Bundesstaaten Sonderbestimmungen bestehen oder nicht, keine Anwendung findet.

3. Scheidet danach das RVerG. bei Beurteilung der vorliegenden Streitsache aus, so ist davon auszugehen, daß für die Beurteilung des vorliegenden Falles die Bestimmungen des PrVerG. v. 11. III. 50, denen die religiösen Vereine ohne Korporationsrechte unterworfen waren, auch gegenwärtig noch maßgebend sind. Infolgedessen kommen auch nicht die Vorschriften des § 1 Abs. 2 RVerG., wonach ein Einschreiten aus sicherheitspolizeilichen Gründen nur dann statthaft ist, wenn es sich um die Abwendung unmittelbarer Gefahr für Leben und Gesundheit handelt, zur Anwendung, sondern die allgemeine Vorschrift des § 10 ALR. II 17, wonach es Aufgabe der Polizei ist, die nötigen Anstalten zur Abwendung der dem Publikum oder einzelnen Mitgliedern desselben drohenden Gefahren zu treffen. Kläger hält nun die angefochtene Verfügung, die sich auf diese Vorschrift stützt und in erster Linie auf die gesundheitlichen Schädigungen der Teilnehmer an den von ihm veranstalteten Versammlungen hinweist, für unzulässig; denn sie verstoße gegen die durch die Verfassung gewährleistete Freiheit der Religionsübung; dieser Grundsatz müsse selbst dann befolgt werden, wenn sich bei seiner Durchführung für den einzelnen gesundheitliche Nachteile ergäben. Diese Auffassung ist unzutreffend. Sowenig, wie die Gewährleistung der Vereins- und Versammlungsfreiheit durch die Art. 29 und 30 VUrk. die Anwendung des § 10 ALR. II 17 ausschließt, ebensowenig bedeutet die Gewährleistung der freien Religionsübung in Art. 12 das. die Einräumung einer schrankenlosen Freiheit. Allerdings ist ein polizeiliches Einschreiten auf Grund des angezogenen § 10 nicht zulässig, um damit solchen Störungen entgegenzutreten, die allein aus der Tatsache entspringen, daß Personen zum Zwecke der Religionsübung zu einer Versammlung zusammentreten. Statthaft ist es aber, wenn Störungen verhütet werden sollen, die daraus entstehen, daß die so zusammengetretenen Personen andere, dem Schutze der Polizei anvertraute öffentliche Interessen gefährden. Zu diesen Interessen gehört insbesondere die Fürsorge für Leben und Gesundhit (§ 6f PolVerwG.), deren Wahrung die angefochtene Verfügung in erster Linie im Auge hat. Zur Erreichung dieses Zweckes durfte die Polizeibehörde jedoch zu einem völligen Verbote der Versammlungen

nur unter der Voraussetzung schreiten, daß das Verbot das einzige Mittel war, das den erstrebten Erfolg verbürgte.

4. Die Entsch. hängt hiernach von der Feststellung ab, ob die Versammlungen der Christlichen Vereinigung ernster Forscher von Diesseits nach Jenseits das Leben oder die Gesundheit der Teilnehmer gefährden und, bejahendenfalls, ob dieser Gefährdung nur durch ein Verbot der Versammlungen abgeholfen werden kann.

[Das Ergebnis der Beweisaufnahme hierüber wird mitgeteilt und erörtert; darauf wird fortgefahren:]

Der Sachverständige hat sich dahin geäußert, daß die Veranstaltungen in öffentlichen Versammlungen bei geistig Verkehrten und Halbverkehrten, bei körperlich und seelisch unreifen Personen, denen der Zutritt wie jedem Gesunden gegen Zahlung eines Eintrittsgeldes von zehn Pfennigen freisteht und die sich mit Vorliebe dahin drängen, wo Nerven- und Gemütsaufregungen zu erwarten sind, Erschütterungen herbeizuführen geeignet sind. Beide Ärzte haben sich übereinstimmend dahin ausgesprochen, daß die Teilnahme an den Versammlungen bei weniger widerstandsfähigen Personen zu ernsten Störungen der Gesundheit führen kann, die sich alsbald oder erst später äußern. Sie zeigen sich je nach der Veranlagung der betreffenden Personen auf verschiedenartige Weise; sie können insbesondere in Schlaflosigkeit, krankhaften Verstimmungen, Hysterie und Herzneurose bestehen, aber auch zu Lähmungen führen und den Ausgangspunkt des Wahnsinns bilden.

Der Kläger selbst hat die von den Zeugen bekundeten geistigen Störungen nicht bestritten, ihnen gegenüber aber geltend gemacht, daß sie ohne sein Zutun hervorgerufen seien. Dieser Einwand ist unerheblich. Nicht darauf kommt es an, in welcher Absicht die Versammlungen veranstaltet werden, sondern welche Wirkungen sie herbeizuführen geeignet sind. Unerheblich ist sein weiterer Einwand, daß auch andere Versammlungen und Veranstaltungen, die nicht verboten würden, bei dazu empfänglichen Personen ähnliche Wirkungen hervorrufen könnten. Bei der Prüfung der angefochtenen Verfügung ist allein entscheidend, ob Tatsachen vorliegen, die die Annahme rechtfertigen, daß die hier in Rede stehenden Versammlungen die Gesundheit der Teilnehmer zu schädigen geeignet sind. Diese Frage ist nach dem Zeugnisse der Ärzte und ihrer bedenkenfreien Begutachtung zu bejahen.

Das Einschreiten der Polizei war sonach gerechtfertigt. Auch das zur Verhütung der Gesundheitsgefährdung gewählte Mittel muß nach Lage der Verhältnisse als geboten erachtet werden. Es handelt sich um öffentliche Versammlungen, die jedermann besuchen kann. Personen, die krank, krankhaft veranlagt oder wenig widerstandsfähig sind, von dem Zutritte zu den Versammlungen auszuschließen, ist undurchführbar. Die für sie mögliche Gesundheitsschädigung läßt sich daher nur durch ein Verbot weiterer derartiger Versammlungen abwenden.

Nr. 12. Entsch. v. 11. Juni 1912 (PrVerwBl. 34 376) I A 92/11.

RVerG. §§ 5, 17, 18.

1. Als Tagesordnung der vom Jugendausschusse veranstalteten öffentlichen „Jugendversammlung" war das Thema: „Was will die bürgerliche, was will die proletarische Jugendbewegung?" oder, wie es in dem vom Jugendausschusse herausgegebenen „Mitteilungsblatte für die Abonnenten der Arbeiterjugend" hieß, das Thema „Die Bekämpfung der freien Jugendbewegung durch die Regierung" gewählt worden. Es sollten also die Ziele und Bestrebungen der proletarischen Jugendbewegung und die zu ihrer Bekämpfung von den Staatsbehörden ergriffenen Maßnahmen den Gegenstand der Erörterung bilden. Wie der Gerichtshof wiederholt dargelegt hat (Entsch. v. 14. X. 10,

PrVerwBl. **32** 297; v. 17. II. 11, PrVerwBl. **33** 129 und v. 15. III. 12, I. A 70/11) beschränkt sich die sogenannte proletarische Jugendbewegung nicht darauf, die Arbeiterjugend in körperlicher, sittlicher und geistiger Hinsicht zu fördern, vielmehr verfolgt diese Bewegung auch einen ausgesprochen parteipolitischen Zweck, nämlich den, die Arbeiter und Arbeiterinnen schon von Jugend an mit den sozialdemokratischen Ideen zu erfüllen und sie zu überzeugten Mitgliedern der Partei zu erziehen. Es kann daher keinem Zweifel unterliegen, daß nach dem Gegenstande der Tagesordnung die Versammlung zu dem Zwecke veranstaltet war, um in ihr auf die Jugendlichen iS. der sozialdemokratischen Partei einzuwirken, sie vor den Bestrebungen der bürgerlichen Jugendbewegung zu warnen und die Maßnahmen der Staatsbehörden auf dem Gebiete der Jugendbewegung zu erörtern und ihnen entgegenzutreten. Dadurch ist der politische Charakter der Versammlung dargetan.

2. Da Personen unter 18 Jahren in öffentlichen politischen Versammlungen nicht anwesend sein dürfen, wäre der überwachende Beamte befugt gewesen, alsbald bei der Eröffnung der Versammlung deren Entfernung aus dem Versammlungsraume zu verlangen. Daß er damit gewartet hat, bis der Redner mit seinem Vortrage begonnen hatte, beschwert den Kläger nicht. Es ist daher unwesentlich, ob die Stelle des Vortrags, bei der der Polizeibeamte einschritt, geeignet war, die politische Tendenz der Versammlung zu erweisen. Da die Versammlung nur oder fast nur aus Jugendlichen bestand und jedenfalls als „Jugendversammlung" einberufen war, war sie eine solche, die den StrafG., nämlich dem § 18⁶ RVerG., zuwiderlief. Daher war die Polizeibehörde kraft ihrer allgemeinen Aufgabe, strafbare Handlungen zu verhindern, befugt, dem Zustandekommen der Versammlung entgegenzutreten, die Fortsetzung der begonnenen Versammlung und das fernere Zusammensein der Jugendlichen zu verhindern und die Räumung des Lokals zu verlangen.

3. Diese Wirkung suchte der Polizeibeamte zunächst dadurch zu erreichen, daß er den Leiter der Versammlung aufforderte, dafür zu sorgen, daß die jugendlichen Personen sich aus dem Saale entfernten. Als jedoch der Leiter diesem Verlangen nicht nachkam, vielmehr die Jugendlichen im Widerspruche mit der Forderung des Polizeibeamten zum Verbleiben aufforderte, war letzterer befugt, zur Durchführung seiner auf die Entfernung der Jugendlichen aus dem Saale gerichteten Anordnung das Geeignete selbst zu veranlassen. Wenn er sich dabei der Worte bediente, daß er die Versammlung für „aufgelöst" erkläre, so ist dies nach Lage der Sache nicht dahin zu verstehen, daß er auf Grund des § 14 RVerG. habe vorgehen und die Versammlung aus einem der in diesem Paragraphen genannten versammlungsrechtlichen Gründe habe auflösen wollen. Vielmehr hat er sich nur desjenigen Ausdrucks bedient, der auch für andere Fälle, in denen der Fortsetzung einer ungesetzlichen Versammlung entgegengetreten wird, der übliche ist und in kürzester und deutlichster Form die für nötig erachtete Anordnung zur Kenntnis und Nachachtung der Versammelten bringt. Diese Befugnis des Polizeibeamten konnte dadurch nicht beseitigt werden, daß der Leiter die Versammlung schloß, zugleich aber die Versammelten aufforderte, im Versammlungsraume zu geselligen Zwecken zusammenzubleiben; denn die Räumung des Versammlungslokals gehört mit zu denjenigen Maßnahmen, die zulässig sind, um einer ungesetzlichen Versammlung entgegenzutreten. Die Polizeibehörde würde ihre Aufgabe nur ungenügend erfüllen können, wenn sie in derartigen Fällen sich mit der formellen Schließung der Versammlung begnügen und das fernere Zusammenbleiben der Versammelten dulden müßte. Ist einmal eine Menschenmenge zum Zwecke einer gegen die StrafG. verstoßenden Versammlung zusammengetreten, so ist der von der Polizeibehörde zu verlangende polizeimäßige Zustand erst dann erreicht, wenn die Versammelten sich zerstreut und das Versammlungslokal geräumt haben.

Nr. 13. Entsch. v. 4. Dez. 1913 (PrVerwBl. 35 319) I A 84/13.

RVerG. § 17.

1. Wie der Gerichtshof wiederholt dargelegt hat, beschränkt sich die sogenannte proletarische Jugendbewegung nicht darauf, die Arbeiterjugend in körperlicher, sittlicher und geistiger Hinsicht zu fördern, vielmehr verfolgt diese Bewegung auch einen ausgesprochen politischen Zweck, nämlich den, die Arbeiter und Arbeiterinnen schon von Jugend an mit den sozialdemokratischen Ideen zu erfüllen und sie zu überzeugten Mitgliedern der Partei zu erziehen. Diesen Charakter hat die proletarische Jugendbewegung nicht verloren. Als Mittel in diesem Kampfe dienen die Zeitschrift „Arbeiter-Jugend", die „Zentralstelle für die arbeitende Jugend Deutschlands", die „Bezirksleitungen" und die „Jugendausschüsse", die Flugblätter und Agitationsbroschüren, die Ausbildung der sozialdemokratischen Funktionäre der Jugendbewegung als Jugendleiter in besonderen Kursen, endlich auch die Jugendheime und die Bildungsveranstaltungen. Daß die Jugendheime nicht lediglich den Zweck verfolgen, die jungen Leute zu sammeln, um für ihre Unterhaltung zu sorgen und sie den Verführungen des Wirtshauslebens und der Straße zu entziehen, sondern daß sie darüber hinaus ein Glied in der Gesamtheit derjenigen Einrichtungen bilden, die die sozialdemokratische Partei zur Durchführung ihrer politischen Ziele getroffen hat, ist in OVG. **61** 244 in eingehender Begründung nachgewiesen. Es liegt kein Grund vor, die Bildungsveranstaltungen anders zu behandeln. Auch die „Bildungsausschüsse", die die Partei für die Jugendlichen über 18 Jahre geschaffen hat („Zentralbildungsausschuß", „Bezirksbildungsausschüsse" und die örtlichen „Bildungsausschüsse") und deren Veranstaltungen dienen nicht lediglich der Unterhaltung und Belehrung; vielmehr verfolgen sie in erster Linie den Zweck, die Jugendlichen für die Partei zu gewinnen bzw. sie in ihrer Zugehörigkeit zur Partei zu stärken und zu festigen.

Die Bildungsmaßnahmen sind also nicht Selbstzweck, sondern nur ein Mittel, um die Jugendlichen durch planmäßige Aufklärung auf den verschiedensten Gebieten des Wissens dauernd für die Ideen und die Ziele der sozialdemokratischen Partei zu gewinnen.

2. Im vorliegenden Falle handelt es sich um einen geschichtlichen Vortrag, der in einer Versammlung gehalten werden sollte, zu der die Arbeiterjugend, alle Lehrlinge, Laufburschen, Arbeitsburschen und junge Mädchen eingeladen worden waren. Die Versammlung war von dem Arbeitersekretär K. veranstaltet worden, der der sozialdemokratischen Partei angehört und als Vertrauensmann und Leiter der proletarischen Jugendbewegung in L. bekannt ist; der Vortragende war der Redakteur M., der ein eifriger Agitator der sozialdemokratischen Partei ist. Hieraus ergibt sich, daß der Vortrag und die zu seiner Anhörung einberufene Versammlung zu den Bildungsveranstaltungen gehört, die auf dem Gebiete der proletarischen Jugendbewegung dazu dienen sollen, auf die Zuhörer iS. der sozialdemokratischen Partei einzuwirken, sie für die Ideen und Lehren der Partei zu gewinnen und sie dadurch der Partei als Anhänger zuzuführen. Hierdurch wird der Charakter der Versammlung als einer der Agitation für die Sozialdemokratie dienenden dargetan. Dies wird auch durch den Inhalt des Vortrags bestätigt und der politische Charakter der Versammlung dargetan.

3. Da Personen unter 18 Jahren in öffentlichen politischen Versammlungen nicht anwesend sein dürfen (§ 17 RVerG.), war der überwachende Beamte befugt, ihre Entfernung aus dem Versammlungsraume zu verlangen; auch war er berechtigt, sich mit diesem Verlangen direkt an die Jugendlichen zu wenden, da in dem RVerG. eine Bestimmung, daß er zunächst den Leiter der Versammlung zur Entfernung der Jugendlichen auffordern müsse, nicht enthalten ist. Die Versammlung war als „Jugendversammlung" einberufen worden; der Vortrag war für die Arbeiterjugend bestimmt; unter den Versammelten

befanden sich nur sechs bis acht Jugendliche, die das Alter von 18 Jahren bereits vollendet hatten. Daher konnte der überwachende Polizeibeamte davon ausgehen, daß nach Entfernung der Jugendlichen eine Fortsetzung der Versammlung nicht beabsichtigt sei und nicht stattfinden werde. Es kann ihm somit nicht zum Vorwurfe gemacht werden, wenn er nicht nur die Jugendlichen, sondern schlechthin „die Versammelten" aufforderte, das Lokal zu verlassen.

Nr. 14. Entsch. v. 15. Okt. 1912 (PrVerwBl. 34 467) I A 163/11.

RVerG. § 17.

1. Nach § 17 RVerG. dürfen Personen, die das 18. Lebensjahr noch nicht vollendet haben, weder in den Versammlungen politischer Vereine, sofern es sich nicht um Veranstaltungen zu geselligen Zwecken handelt, noch in öffentlichen politischen Versammlungen anwesend sein. Der Reichsgesetzgeber hat also jugendliche (unter 18 Jahre alte) Personen in Rücksicht auf ihre Unreife für politische Angelegenheiten und die Gefahren einer Beeinflussung in politischer Beziehung dergestalt bezüglich des Vereins- und Versammlungsrechts beschränkt, daß sie bei öffentlichen politischen Versammlungen überhaupt nicht und bei den Versammlungen politischer Vereine nur dann zugegen sein dürfen, wenn es sich dabei lediglich um Veranstaltungen zu geselligen Zwecken handelt. Liegt die letztgedachte Ausnahme nicht vor, so ist den Jugendlichen die Anwesenheit schlechthin verboten, mögen sie sich an der Versammlung aktiv beteiligen oder nur zuhören oder zusehen wollen. Zutreffend bemerkt der Kläger, daß, wenn das von der Polizei untersagte Schauturnen eine öffentliche politische Versammlung oder die nicht bloß gesellige Versammlung eines politischen Vereins gewesen ist, nicht nur das Auftreten der Jugendlichen als Turner gegen § 17 verstieß, sondern auch das Zusehen jugendlicher Personen unstatthaft war. Dagegen irrt der Kläger, wenn er meint, daß aus der Duldung der Anwesenheit jugendlicher Zuschauer die Unrechtmäßigkeit des polizeilichen Vorgehens gegen die Jugendlichen, die im Schauturnen auftreten wollten, zu folgern sei. Wenn die Polizeibehörde das G. gegenüber den Zuschauern unter 18 Jahren nicht streng gehandhabt haben sollte, würde daraus nichts für die Frage zu entnehmen sein, ob sie mit Recht den jugendlichen Turnern die Anwesenheit bei der Veranstaltung untersagt hat. Diese Frage ist allein danach zu beantworten, ob die unter 18 Jahren alten Personen, die sich auf dem für das Schauturnen bestimmten Platze eingefunden hatten, bei einer öffentlichen politischen Versammlung oder bei einer nicht zu bloß geselligen Zwecken veranstalteten Versammlung eines politischen Vereins anwesend waren.

2. Im vorliegenden Falle wurde durch Tatsachen bewiesen, daß ein von einem Sokolvereine veranstaltetes Schauturnen sich als Teil einer einheitlichen Veranstaltung eines politischen Vereins darstellte. Wenn auch einige Teile der Veranstaltung geselligen Zwecken gedient haben — wie z. B. das gemeinsame Mittagessen —, so hindert dies nicht, daß die Veranstaltung im ganzen infolge der Einheitlichkeit des mit ihr verfolgten politischen Zweckes als eine solche angesehen wird, die nicht lediglich zu geselligen Zwecken unternommen war. Die Polizeibehörde war nicht in der Lage, bei der einheitlich geplanten und durchgeführten Feier einige Punkte des Programms als geselligen Zwecken dienend zu betrachten, und demgemäß anders zu behandeln als die übrigen; vielmehr mußte sie die Veranstaltung in ihrer Gesamtheit nach demjenigen Zwecke beurteilen, den sie als Ganzes zu verfolgen bestimmt war, und dieser Beurteilung alle einzelnen Teile unterwerfen. Wie der Kläger es insbesondere begründen zu können meint, daß die für den Nachmittag geplanten Turnübungen, die im Schützenhausgarten unter Zulassung von jedermann gegen Eintrittsgeld, also öffentlich vorgeführt wurden, ausschließlich geselligen Zwecken gedient hätten, ist

aus seinen Anführungen nicht zu erkennen; gerade mit diesen Vorführungen wurde der Zweck, neue Anhänger für die Sokolidee zu gewinnen und somit für die Ziele der politischen Sokolvereine zu wirken, in deutlicher Weise verfolgt.

Nr. 15. Entsch. v. 12. Nov. 1912 (OVG. **63** 294) IB 35/12.

1. Aus OVG. **39** 440 ist nur zu entnehmen, daß ein Verein, der es sich zur Aufgabe macht, auf kommunale Wahlen einzuwirken, einen politischen Zweck verfolgt. In den Entscheidungsgründen wird freilich aus der Erwägung, daß die Stadt als eine dem Staate untergeordnete öffentlich-rechtliche Körperschaft ebenfalls staatliche, also politische Aufgaben zu erfüllen habe, gefolgert, daß auch der Zweck einer Beeinflussung der städtischen Verwaltung in bestimmter Richtung politischer Natur sei. Angewendet ist diese Ausführung aber dann nur auf die städtischen Wahlen, wobei darauf hingewiesen wird, daß diese in der Rechtsprechung und Literatur bereits als politische Angelegenheiten erachtet seien. Die der Anwendung auf den damaligen Fall — einen Verein, der eine den Interessen der Grundeigentümer entsprechende Beteiligung bei sämtlichen städtischen Wahlen bezweckte —, vorausgeschickte, vorstehend wiedergegebene Erwägung geht daher zu weit und kann in ihrer Allgemeinheit nicht aufrechterhalten werden. Außer den politischen Aufgaben hat jedes Gemeinwesen auch wirtschaftliche Aufgaben zu erfüllen, und die Erledigung der auf letztere bezüglichen Angelegenheiten hat an sich mit Politik nichts zu tun. Wenn auch wirtschaftliche Fragen in den Gemeindeverwaltungen und Vertretungen häufig nach politischen Gesichtspunkten behandelt und erörtert werden mögen und dadurch den Charakter politischer Angelegenheiten annehmen können, so ist es doch nicht angängig, aus diesem Grunde jede wirtschaftliche Aufgabe nur deshalb, weil eine (Land- oder Stadt-) Gemeinde sich ihrer Erledigung unterzieht, schon für eine politische zu erklären *).

2. Hiernach mußte geprüft werden, welcher Art die Interessen der Gemeinde sind, deren Wahrnehmung der Verein sich zum Ziele gesetzt hat. Die Nr. 1 der Satzung enthält hierüber nichts, und der Vorderrichter hat daraus, daß die Gemeindeinteressen „nach jeder Richtung hin" wahrgenommen werden sollen, anscheinend entnommen, daß auch diejenigen Kommunalangelegenheiten, die zweifellos politischer Natur sind, in dem Vereine nicht nur erörtert, sondern auch einer Einwirkung im Interesse der Mitglieder unterworfen werden sollen. Bei dieser Ausführung wird jedoch übersehen, daß nach Nr. 2 der Satzung der Verein „weder politische noch religiöse Richtungen" vertreten will, und daß er demgemäß auch nicht, wie es Haus- bzw. Grundbesitzervereine idReg. tun, eine Einwirkung auf die Gemeindewahlen in sein Programm aufgenommen hat. Daraus folgt, daß der Verein sich von einer Einwirkung auf die politischen Aufgaben der Gemeinde fernhalten und wirtschaftliche Angelegenheiten der Gemeinde nur unpolitisch behandeln will.

3. Sozialpolitische Zwecke sind solche, die der Staat verfolgt, wenn er sich einer sozialen Aufgabe unterzieht; dagegen wird nicht alles sozialpolitisch, was von anderer Seite ohne unmittelbare Beziehung auf den Staat zu sozialem Zwecke geschieht; sonst würden fast alle gemeinnützigen Unternehmungen mit Rücksicht auf die sozialen Aufgaben, die sich der heutige Staat und die ihm untergeordneten öffentlich-rechtlichen Korporationen stellen, ebenso beurteilt werden müssen, und das hat zweifellos nicht in der Absicht des Gesetzgebers gelegen. JS. des § 61 Abs. 2 BGB. ist der Begriff des sozialpolitischen Zweckes nicht als bloße Unterart des politischen Zweckes anzusehen, sondern er umfaßt alle auf Änderung der sozialen Zustände gerichteten Bestrebungen, bei denen eine Ge-

---

*) Ebenso Entsch. v. 10. Jan. 1913 (OVG. **63** 296 idAnm.) IB 52/12.

sellschaftsklasse im Gegensatze zu einer anderen steht. Nach diesen Ausführungen kann die Förderung des Gemeinsinns unter den Bewohnern eines Ortes sowie die Pflege der Bildung und Erziehung des Bürgertums nicht als sozialpolitische Angelegenheit angesehen werden; mag auch jede auf Hebung der Bildung gerichtete Tätigkeit als soziale Aufgabe im weiteren Sinne bezeichnet werden können, so fehlt es doch bei einer Vereinstätigkeit zu diesem Zwecke an jeder unmittelbaren Beziehung auf den Staat und an jedem Streben, soziale Zustände zu ändern.

Nr. 16. Entsch. v. 19. März 1914 (Recht **18** 432) I A 127/13.

Nicht jeder Bürgerverein, der sich mit Kommunalpolitik befaßt, ist ein politischer Verein. Es muß vielmehr in jedem Falle geprüft werden, ob der Verein den Zweck hat, auf den Staat, seine Gesetzgebung oder Verwaltung einzuwirken, seine Organe und Funktionen in Bewegung zu setzen. Der Bürgerverein in der Landgemeinde S. ist ein politischer. Als Ziel der Vereinstätigkeit ist genannt: „Einführung der StO. zu gegebener Zeit". Eine solche Einführung ist im RegBez. Wiesbaden nur durch Kgl. Verordnung möglich. Erstrebt ein Verein, eine Kgl. Verordnung herbeizuführen, so erstrebt er eine Einwirkung auf die Verwaltung des Staates. Unbeachtlich ist der Einwand, daß der Verein sich bisher mit der Einführung der StO. noch nicht befaßt habe, denn solange dieses Ziel in dem gedruckten, zusammen mit den Satzungen verbreiteten Arbeitsprogramm angegeben ist, muß der Verein diese Angabe gegen sich gelten lassen. Will ferner der Verein sich fortgesetzt zu gegebener Zeit mit „Vorbereitung zu den Gemeindewahlen" befassen, so liegt auch hierin eine Einwirkung auf politische Angelegenheiten (vgl. OVG. **39** 440; **63** 293). Der Umstand, daß nach der Satzung Diskussionen politischer Natur ausgeschlossen sind, ist unbeachtlich, da die Tätigkeit trotz dieser Vorschrift, wenigstens zu einem Teile, eine politische im Rechtssinn ist.

Nr. 17. Entsch. v. 17. Sept. 1912 (OVG. **63** 280) I A 131/11.

RVerG. §§ 1, 7.

1. Dem Beklagten ist darin beizutreten, daß, wenn zwei Aufzüge, deren Teilnehmer in einem so scharfen politischen Gegensatze stehen wie die Mitglieder von Kriegervereinen und die Anhänger der sozialdemokratischen Partei, zu derselben Zeit und unter Benutzung derselben Straßen stattfinden sollen und ein Zusammentreffen beider infolgedessen nicht zu vermeiden sein würde, von vornherein Reibungsflächen gegeben sind, die leicht zu Tätlichkeiten und Ausschreitungen aller Art führen können. Die Auffassung, daß in einem solchen Falle eine Gefährdung der öffentlichen Sicherheit zu besorgen sein würde, ist daher berechtigt, und es würde dementsprechend in einem solchen Falle die Voraussetzung, unter der nach § 7 RVerG. v. 19. IV. 08 einem Aufzuge die Genehmigung versagt werden kann, an sich als gegeben anzusehen sein.

2. Das Recht, einen Aufzug zu veranstalten, findet jedoch nach dem RVerG., abgesehen von den hier nicht in Betracht kommenden Fällen des § 1, nach § 7 seine Beschränkung lediglich in der Besorgnis, daß durch den Aufzug eine Gefährdung der öffentlichen Sicherheit herbeigeführt werden könne. In der Bewertung dieses Rechtes gibt das G. der Polizeibehörde keinen Spielraum; es muß daher davon ausgegangen werden, daß Anträge auf Veranstaltung öffentlicher Aufzüge insoweit als gleichberechtigt anzusehen und zu behandeln sind, als nicht die Art, in der, oder der Zweck, zu dem der Aufzug veranstaltet werden soll, an und für sich und unabhängig von anderweitigen Umständen dessen Verbot rechtfertigt. Daß bei dem von dem Gewerkschaftskartelle beabsichtigten Aufzug eine solche Voraussetzung gegeben gewesen wäre, ist nicht anzu-

nehmen. Für das Gegenteil spricht der Umstand, daß dem Gewerkschaftskartell in früheren Jahren die Erlaubnis zu einem öffentlichen Aufzug aus Anlaß seines Sommerfestes wiederholt erteilt worden ist, und daß sich dabei keine Unzuträglichkeiten ergeben haben. Die Sachlage war, wenn die vorher gedachte Annahme der Polizeiverwaltung als zutreffend unterstellt wird, also die, daß zwei Anträge auf Veranstaltung von Aufzügen vorlagen, gegen die, jeden für sich betrachtet, gesetzliche Bedenken nicht zu erheben waren und die nur dadurch solche Bedenken hervorriefen, daß sie beide zu derselben Zeit und unter Benutzung derselben Straßenzüge stattfinden sollten. In einem solchen Falle lag es der Polizeibehörde ob, entweder im Wege der Verhandlung mit den Veranstaltern oder durch Auferlegung entsprechender Bedingungen in bezug auf Zeit und Ort diejenigen Maßnahmen zu treffen, die den beiderseitigen gleichberechtigten Interessen Rechnung zu tragen, zugleich aber auch das öffentliche Interesse sicherzustellen imstande waren. Dieser Aufgabe hat sich die Polizeiverwaltung nicht unterzogen, vielmehr die Genehmigung dem einen Aufzug erteilt, dem anderen versagt, ohne auch nur den Versuch zu machen, einen Ausgleich herbeizuführen. Ein derartiges Verfahren entspricht nicht dem G.

Die Frage, ob die Mitglieder der dem Kartell angeschlossenen Organisationen eine geschlossene Gesellschaft, d. h. einen in sich geschlossenen, bestimmt abgegrenzten Kreis von innerlich unter sich verbundenen Personen bilden, war zu verneinen. Nach der Organisation des Gewerkschaftskartells kann nicht davon die Rede sein, daß die Mitglieder der zu dem Kartelle gehörigen Gewerkschaften zugleich als Mitglieder des Kartells selbst zu betrachten seien und ein in sich geschlossenes Ganzes bilden. Die einzelnen Gewerkschaften stehen sich vielmehr völlig selbständig gegenüber; sie sind innerlich nicht verbunden und das Kartell hat nur die Bedeutung, daß eine Organisation besteht, die neben und unabhängig von den vorhandenen Gewerkschaften die Gewerkschaftsbewegung zu fördern und auf die Ausbreitung und Stärkung der Gewerkschaften im allgemeinen hinzuwirken hat. Daß unter diesen Umständen durch das Kartell engere persönliche Beziehungen zwischen den Mitgliedern der verschiedenen Gewerkschaften herbeigeführt würden, ist nicht anzuerkennen. Ein von dem Gewerkschaftskartelle für die ihm angeschlossenen Gewerkschaften veranstaltetes Tanzvergnügen ist daher nicht anders zu beurteilen, als wenn ein gemeinschaftliches Fest von den am Orte bestehenden Gewerkschaften, also von einer Mehrheit von Vereinen veranstaltet wird. Eine solche Veranstaltung hat als eine öffentliche zu gelten; denn der Begriff der Öffentlichkeit erleidet dadurch keine Einschränkung, daß der Zutritt von der Erfüllung bestimmter Bedingungen, hier von der Zugehörigkeit zu einer Gewerkschaft, abhängig gemacht wird. Die Polizeibehörde war hiernach befugt, das angemeldete Ballfest als eine öffentliche Tanzlustbarkeit zu erachten und als solche zu behandeln.

Nr. 18. Entsch. v. 4. Okt. 1912 (PrVerwBl. 34 448) I A 166/11.

RVerG. § 7.

1. Nach § 7 Abs. 2 RVerG. v. 19. IV. 08 ist die Genehmigung zu Aufzügen auf öffentlichen Straßen oder Plätzen „unter Angabe des Ortes und der Zeit" nachzusuchen. Was unter dem „Orte" eines Aufzugs zu verstehen sei, wird im G. nicht näher erläutert. In § 10 Satz 2 PrVerG. v. 11. III. 50 (GS. 277) hieß es für Aufzüge: „Bei Einholung der Genehmigung ist der beabsichtigte Weg anzugeben." Auch ohne daß diese Vorschrift in das RVerG. übernommen worden ist, muß angenommen werden, daß die Polizeibehörde aus dem Gesuch um Genehmigung eines öffentlichen Aufzugs solle erkennen können, welche Straßen und Plätze für die Veranstaltung in Anspruch genommen werden; denn unter dem „Orte", der nach § 7 Abs. 2 aaO. anzugeben ist, kann nichts anderes als der

beabsichtigte Weg verstanden werden, und zwar der ganze Weg, den der Aufzug nehmen soll. Nur dann wird der Zweck der genannten Bestimmung erfüllt, der offenbar dahin geht, daß der Polizeibehörde die Prüfung ermöglicht werden soll, ob überall da, wo der Zug sich zeigen will, Gefahren für die öffentliche Sicherheit ausgeschlossen erscheinen, und daß ihr zugleich die weitere Möglichkeit gewährt werden soll, ihrerseits die durch den Aufzug benötigten polizeilichen Maßnahmen zu treffen. Die bestimmte Angabe der von dem Aufzuge zu benutzenden Straßen und Plätze bildet somit einen wesentlichen Bestandteil des Antrags; die Veranstaltung des Aufzugs auf anderen Straßen und Plätzen als den angegebenen macht den Aufzug begrifflich zu einem anderen, nicht genehmigten und daher ungesetzlichen. Im vorliegenden Falle hatte der Kläger in seinem Antrag unter den vom Aufzuge zu passierenden Straßen auch die Mützelstraße aufgeführt. Den Antrag hatte die Polizeiverwaltung unter anderem deshalb abgelehnt, weil diese Straße infolge von Pflasterarbeiten gesperrt, also für den Aufzug unpassierbar sei. Mit Unrecht behauptet der Kläger, die Polizeiverwaltung hätte wegen der Beschaffenheit einer einzelnen vom Aufzuge zu benutzenden Straße nicht den ganzen Aufzug verbieten dürfen, sondern hätte sich darauf beschränken müssen, der Genehmigung die Bedingung hinzuzufügen, daß diese Straße zu vermeiden und der Aufzug über eine andere Straße zu leiten sei. Eine derartige Verpflichtung der Polizeibehörde läßt sich aus dem G. nicht herleiten. Da die Bezeichnung des vom Aufzug einzuschlagenden Weges einen wesentlichen Bestandteil des Antrags und der Aufzug in seiner ganzen Ausdehnung eine einheitliche Veranstaltung bildet, kann der Aufzug auch nur einheitlich genehmigt oder nicht genehmigt werden; eine von der Polizeibehörde angeordnete Änderung hinsichtlich der vom Aufzuge zu passierenden Straßen würde nicht eine Entsch. auf den Antrag enthalten, sondern einen Aufzug zum Gegenstande haben, der nicht beantragt ist. Allerdings schließt das G. nicht aus, daß die Polizeibehörde, erforderlichenfalls nach Benehmen mit dem Antragsteller, diejenigen Straßen bezeichnet, gegen deren Benutzung für den Aufzug nach polizeilichen Gesichtspunkten nichts zu erinnern ist. Es hängt aber (vgl. Entsch. v. 10. II. 11 I B 53/10) von dem Ermessen der Polizeibehörde ab, ob sie ein Gesuch, wie es in dem Antrage des Klägers enthalten war, ablehnen, oder ob sie dem Antragsteller zu erkennen geben will, für welche Straßen ein von ihm zu veranstaltender Aufzug die polizeiliche Genehmigung finden werde. Dem Verwaltungsrichter steht eine Nachprüfung in dieser Richtung nicht zu. Daß im vorliegenden Falle die Polizeibehörde von dieser in ihrem Ermessen stehenden Befugnis keinen Gebrauch gemacht hat, findet darin seine naheliegende Erklärung, daß für die Ablehnung des Antrags noch andere Gründe, nämlich die Gefährlichkeit des Bahnüberganges und die enge und unübersichtliche Beschaffenheit der Hagen- und Amtsstraße, bestimmend waren.

3. Von den drei Gründen, auf die die Polizeiverwaltung das Verbot des Aufzugs stützt, können die beiden ersten nicht für ausreichend erachtet werden, um die Annahme zu rechtfertigen, der Aufzug würde die öffentliche Sicherheit gefährdet haben. Letzteres glaubt die Polizeiverwaltung zunächst daraus folgern zu können, daß der Umzug in kurzen Abständen zweimal die Staatsbahn und einmal die nicht mit Schranken versehene Gleisanlage der G.er Kleinbahn hätte überschreiten müssen. Der Eisenbahnübergang liegt im Zuge der Mützelstraße; er ist also wie die Straße selbst dem durchgehenden Straßenverkehr eröffnet. Daher kann der Umstand, daß die Straße von den Zügen der Staatsbahn Berlin—G.—M. und der Kleinbahn G.—Sch. gekreuzt wird, für sich allein keinen Grund bilden, einen Aufzug über den Bahnkörper zu verbieten. Denn es ist davon auszugehen, daß die Gefahren, die für den Straßenverkehr durch die Bahnkreuzung entstehen können, bei der Anlegung der Bahn berücksichtigt und daß dabei alle diejenigen Anlagen und Vorkehrungen getroffen

sind, die im öffentlichen Interesse zur Sicherung gegen Gefahren und Nachteile notwendig waren. Gegenteiliges ist nicht behauptet worden. Es wäre daher Sache des Beklagten gewesen, nachzuweisen, daß im vorliegenden Falle besondere Umstände vorhanden waren, die die Benutzung des Eisenbahnüberganges durch den Umzug als gefahrbringend erscheinen lassen konnten. Daß die Überschreitung eines Eisenbahnüberganges, insbesondere eines solchen mit sieben nebeneinanderliegenden Gleispaaren, für einen Aufzug von 300 Personen und seine Mitläufer eine größere Vorsicht und Aufmerksamkeit erfordert als der gewöhnliche Tagesverkehr, bedarf keines Nachweises. Eine hieraus für die Teilnehmer des Aufzugs möglicherweise herzuleitende Gefährdung berechtigte die Polizeibehörde jedoch nicht, den Aufzug ohne weiteres zu verbieten; vielmehr hätte sie durch geeignete Maßnahmen für eine gefahrlose Überleitung des Zuges über den Bahnübergang sorgen müssen, etwa durch Anordnung einer Teilung des Zuges in der Art, daß stets nur eine bestimmte Anzahl von Teilnehmern zu gleicher Zeit den Übergang passieren durfte, oder nach Benehmen mit der Eisenbahnbehörde durch Bestimmung gewisser Zeiten, zu denen der Übergang allein für den Umzug zu benutzen war oder nicht benutzt werden durfte.

4. Endlich kann auch die Annahme, daß die unzureichende Breite und die unübersichtliche Gestaltung der Hagen- und Amtsstraße das Verbot des Umzugs zu begründen vermöchten, nicht als zutreffend erachtet werden. Zwar fallen auch Gefahren für die Sicherheit des Verkehrs unter die Gefahren für die öffentliche Sicherheit iS. des § 7 RVerG.; es muß aber, um einen Aufzug auf öffentlichen Straßen aus diesem Grunde die Genehmigung versagen zu können, immer ersichtlich sein, daß durch den Umzug eine wirkliche Gefahr für den öffentlichen Verkehr eintreten werde, während bloße Erschwerungen, vorübergehende Störungen, eine Herabminderung der leichten Abwickelung des Verkehrs und dergleichen nicht ausreichen. Eine Fahrdammbreite von 4,82 m ist nicht derartig gering, daß sie nicht eine größere Menschenmasse in der Gestalt eines Aufzugs aufzunehmen vermöchte. Glaubte die Polizeibehörde trotzdem mit einer Beeinträchtigung oder Gefährdung des Verkehrs rechnen zu müssen, so war sie in der Lage, für die Gestaltung und Ausführung des Umzugs Bedingungen vorzuschreiben, die geeignet waren, den Gefahren, die etwa eintreten könnten, vorzubeugen.

5. Scheiden somit diese beiden Gründe aus, so erweist sich doch der aus der Beschaffenheit der Mützelstraße entnommene Grund als ausreichend, das Verbot des Umzugs zu rechtfertigen. Wie vom Kläger nicht in Abrede gestellt ist, war die Mützelstraße auf einer von dem Aufzuge zu passierenden, verhältnismäßig langen Strecke in der Umpflasterung begriffen und deshalb für den öffentlichen Verkehr gesperrt. Eine Straße, in der das Pflaster aufgerissen ist und die Pflastersteine im losen Zustande umherliegen, ist schon für den gewöhnlichen täglichen Verkehr ungeeignet und gefährdet die Sicherheit des Verkehrs in dieser Straße; diese Gefahr ist um so größer und naheliegender, wenn eine größere Menschenmenge bei einem Aufzuge sich über den aufgerissenen Straßenkörper fortbewegen soll. Es kann daher der Polizeibehörde nicht unrecht gegeben werden, wenn sie in dem Passieren dieser Straße durch einen Aufzug, also durch einen unbestimmten Kreis von Personen, eine Gefährdung der öffentlichen Sicherheit erblickte.

Nr. 19. Entsch. v. 7. April 1913 (PrVerwBl. 35 258) I B 5/13.

RVerG. § 7.

Der Gerichtshof hat bereits in mehrfachen zu seiner Entsch. gekommenen Fällen das polizeiliche Verbot der Veranstaltung eines zur Verherrlichung der sozialdemokratischen Institution der Maifeier geplanten Umzugs bestätigt. Dabei ist der Gerichtshof, falls es sich um einen Maiumzug in einer

Großstadt handelte, der Regel nach der Auffassung der Polizeibehörde beigetreten, wenn sie auf Grund der aus den örtlichen Verhältnissen der Großstadt sich ergebenden tatsächlichen Umstände befürchtete, daß der Maiumzug die öffentliche Sicherheit gefährden werde. Als solche besondere Umstände sind beispielsweise die große Ausdehnung des Zuges und die umfangreiche Teilnehmerzahl, die Zusammensetzung der Bevölkerung und die in ihr herrschenden Strömungen und Stimmungen, das bei früher veranstalteten Demonstrationsversammlungen oder Umzügen hervorgetretene, zu Ausschreitungen und Widersetzlichkeiten neigende Verhalten der Teilnehmer, das Vorhandensein gefährlicher Elemente der Großstadt und ähnliches in Betracht gezogen und betont worden, daß in jeder Großstadt diese besonderen örtlichen Verhältnisse idReg. mehr oder minder zutreffen.

Von diesen Erwägungen ist auch in der vorliegenden Sache auszugehen. Entscheidend ist in erster Linie, daß der Umzug eine Demonstration für die sozialdemokratische Idee der Maifeier bilden sollte. Es ist allgemein bekannt und bedarf keines Beweises, daß die sozialdemokratische Partei fortgesetzt bestrebt ist, durch die Presse, durch Flugblätter, in Versammlungen, auf ihren Parteitagen usw. dahin zu wirken, daß die Feier des 1. Mai in möglichst großer Ausdehnung und unter vollzähliger Beteiligung der Arbeiterschaft erfolge, um dadurch die Geschlossenheit der sozialdemokratischen Partei und ihre Kraft und Stärke nach außen hin zu dokumentieren und auf sie als Mittel im Kampfe gegen die bestehende Staats- und Gesellschaftsordnung hinzuweisen. Insbesondere ist es der immer wieder von der Sozialdemokratie vertretene A n s p r u c h a u f e i n R e c h t z u r B e n u t z u n g d e r S t r a ß e a u c h z u p o l i t i s c h e n Z w e c k e n, der in dem Maiumzuge zum Ausdrucke kommt. Angesichts dieser fortgesetzten Agitation war die Polizeibehörde in Kiel zu der Annahme berechtigt, daß der Umzug einerseits eine massenhafte Beteiligung seitens der Mitglieder und Anhänger der sozialdemokratischen Partei aufweisen und anderseits die Bedeutung einer D e m o n s t r a t i o n f ü r d i e s o z i a l d e m o k r a t i s c h e n P a r t e i z w e c k e und einer Provokation gegenüber der bürgerlichen Gesellschaft annehmen würde. Der aufreizende Charakter einer derartigen Veranstaltung legt in Verbindung mit der Erwägung, daß bei einem solchen Umzuge mit der Beteiligung der in jeder Großstadt in mehr oder minder großer Zahl vorhandenen gefährlichen und zu Ausschreitungen und Widersetzlichkeiten geneigten Elemente zu rechnen ist, die Annahme nahe, daß eine Gefahr für die öffentliche Sicherheit zu befürchten ist. Hieran ändert auch im vorliegenden Falle der Umstand nichts, daß der Umzug nicht in der Stadt Kiel selbst, sondern in der Gemeinde Neumühlen-Dietrichsdorf stattfinden sollte. Denn der örtliche und sonstige Zusammenhang dieser Gemeinde mit der Stadt Kiel ist ein so enger, daß hinsichtlich der massenhaften Beteiligung am Zuge, der Stimmungen innerhalb der Bevölkerung und der Beteiligung der gefährlichen Elemente der Großstadt ein Unterschied nicht gemacht werden kann. Es kann der Polizeibehörde aber auch darin nicht unrecht gegeben werden, wenn sie von der Auffassung ausging, daß die Gesamtheit der am 1. Mai 1910 und am 1. Mai 1912 obwaltenden Verhältnisse im wesentlichen unverändert geblieben sei. Wenn auch die preußische Wahlrechtsvorlage im Jahre 1912 nicht mehr den unmittelbaren Anlaß zu agitatorischen Demonstrationsversammlungen der sozialdemokratischen Partei bildete, so hat doch die Agitation der Sozialdemokratie für ihre Forderung nach einem allgemeinen, geheimen, gleichen und direkten Wahlrecht nie nachgelassen und besteht auch jetzt noch in unverminderter Schärfe fort. Auch sonst fehlt es an jedem Anhalte für die Annahme, daß in Kiel und Umgegend ein Wechsel in den Anschauungen und Bestrebungen der sozialdemokratischen Parteileitung und in ihrem Einfluß auf die Wünsche und Bestrebungen der Arbeitermassen eingetreten wäre. Mit Recht konnte daher der Polizeipräsident auf die Vorfälle zurückgreifen, die sich im Jahre 1910 in Kiel ereignet haben. Diese Vorfälle haben bewiesen, wie leicht die durch die Agitation der sozialdemokratischen Organe erregte Arbeiterbevölkerung von Kiel geneigt ist, bei Gelegenheit eines massenhaften Zusammenseins den Anordnungen der Obrigkeit sich zu widersetzen und zu Gewalttätigkeiten und Ausschreitungen sich hinreißen zu lassen.

Nr. 20. Entsch. v. 15. Mai 1913 (OVG. **66** 323) I B 2/13.

RVerG. § 11.

JdReg. sind unter „Waffe" nur diejenigen Gegenstände zu verstehen, die zur Zufügung von Verletzungen beim Angriff oder bei der Verteidigung geeignet und hierzu entweder nach ihrem natürlichen Zwecke oder im einzelnen Falle nach dem Willen des Trägers bestimmt sind. Es sind also nicht alle gefährlichen Werkzeuge „Waffen" iS. des § 11 RVerG., sondern nur diejenigen, denen nach der Art ihrer Anfertigung oder Zurichtung der technische Begriff einer Waffe (Hieb-, Stich-, Stoß- oder Schußwaffe) zukommt; anderseits gewinnen die zu dem Gebrauch als Waffe nicht allgemein bestimmten Gegenstände (Axt, Beil, Sense u. dgl.) die rechtliche Eigenschaft als Waffe dann, wenn ihr Mitnehmen in eine öffentliche Versammlung oder bei einem öffentlichen Aufzuge mit der Absicht geschieht, mit ihnen angriffs- oder verteidigungsweise Verletzungen zuzufügen. Daher sind „Ehrendegen", „stumpfe Säbel" u. dgl., die bei Gelegenheit einer Prozession, eines Leichenbegängnisses oder eines sonstigen öffentlichen Aufzugs als Kostümstücke oder als Schmuckgerät getragen werden, von der Rechtsprechung als Waffen nicht angesehen worden; dasselbe gilt von den stumpfen Rapieren der Studenten, die als Übungsgerät auf dem Fechtboden oder bei Kommersen verwendet werden, um durch Klopfen auf den Tisch den Anwesenden Zeichen zu geben und Ruhe zu gebieten, während die geschliffenen Mensurschläger als Waffen, ja sogar als tödliche Waffen iS. des § 201 StGB. anzusehen sind.

Bei Anwendung dieser Rechtsgrundsätze kann den Lanzen, die von den Sokols bei ihren Turnübungen benutzt wurden, weder der technische Begriff einer Waffe zugesprochen, noch festgestellt werden, daß sie bei den Turnübungen als Waffe dienen sollten. Es fehlt ihnen die für den technischen Begriff einer Waffe erforderliche Zurichtung, insbesondere eine zum Angriffe wie zur Verteidigung geeignete scharfe Spitze. Selbst wenn es richtig ist, daß die Lanzen bei den Turnübungen in einer Art gebraucht werden, die eine genaue Nachahmung des beim Militär üblichen Fechtens mit Lanzen darstellt, und daß die Sokols in der Handhabung von solchen für den Kriegsfall ausgebildet werden sollen, so kann doch deshalb den zu Übungszwecken gebrauchten Lanzen der Begriff einer Waffe nicht beigelegt werden; vielmehr bleiben sie Übungsgerät ebenso wie die stumpfen Rapiere, die die Studenten auf dem Fechtboden gebrauchen, um sich in der Handhabung des Mensurschlägers auszubilden.

Nr. 21. Entsch. v. 5. Jan. 1914 (OVG. **66** 336) I A 250/12.

RVerG. § 7.

Die Vorschrift in § 7 RVerG., daß iF. der Verweigerung der Genehmigung zur Abhaltung einer öffentlichen Versammlung unter freiem Himmel oder eines öffentlichen Aufzugs dem Veranstalter sofort ein kostenfreier Bescheid „mit Angabe der Gründe" zu erteilen ist, hat nur instruktionelle Bedeutung, so daß die unterbliebene Angabe des Grundes die Versagung der Genehmigung nicht rechtsungültig macht.

Zwar bezweckt diese Vorschrift, dem Anfechtungsberechtigten die Möglichkeit einer Nachprüfung der Gründe zu eröffnen, die für die polizeiliche Entschließung maßgebend gewesen sind; sie beruht danach auf der nämlichen Auffassung, die der Gerichtshof in ständiger Rechtsprechung polizeilichen Verfügungen gegenüber vertreten hat, daß diese nämlich soweit begründet werden müssen, daß dem Betroffenen die Möglichkeit gewahrt bleibt, die Grundlagen der Verfügung anzugreifen. Trotzdem kann der Auffassung, wonach die Rechtmäßigkeit der Versagung der Genehmigung von dem formellen Erfordernisse der Angabe eines Grundes auch dann abhängig sein soll, wenn die sachlichen Voraussetzungen für das Verbot einer öffentlichen Versammlung unter freiem Himmel oder eines öffentlichen Aufzugs gegeben sind, nicht beigestimmt werden. Sie würde einerseits mit dem in der Verwaltungsrechtsprechung ständig festgehaltenen Grundsatz unvereinbar sein, daß es für die Rechtmäßigkeit einer polizeilichen Verfügung lediglich darauf ankommt, ob sie objektiv dem bestehenden Rechte entspricht, nicht aber darauf, von welchen rechtlichen Gesichtspunkten die Polizeibehörde bei ihrem Erlaß ausgegangen ist. Anderseits würde sie außer acht lassen, daß die Rechtsprechung stets zugegeben hat, daß Mängel, die die Begründung einer polizeilichen Verfügung aufzuweisen hat, nicht nur durch die Bescheide der Beschwerdeinstanzen, sondern auch durch nachträgliche Erklärungen der Behörden im Verwaltungsstreitverfahren beseitigt werden können.

Nr. 22. Entsch. v. 12. März 1914 (OVG. **66** 342) I A 151/13.

RVerG. § 7.

1. Daß das Tragen und Entfalten einer roten Fahne und das Tragen revolutionärer oder nationalpolitischer Abzeichen auf Grund der Bestimmung in § 10 ALR. II 17 polizeilich verboten werden kann, wenn und soweit solche Handlungen als eine Demonstration gegen die bestehende öffentliche Ordnung zu wirken bestimmt und geeignet sind, hat der Gerichtshof in Übereinstimmung mit dem Kammergericht in ständiger Rechtsprechung anerkannt. Hieran ist auch unter der Herrschaft des RVerG. v. 19. IV. 08 bei der Veranstaltung eines öffentlichen Aufzugs festzuhalten. Durch § 7 RVerG. ist bestimmt worden, daß Aufzüge auf öffentlichen Straßen oder Plätzen der polizeilichen Genehmigung bedürfen, und daß diese Genehmigung nur dann versagt werden darf, wenn aus der Veranstaltung des Aufzugs Gefahr für die öffentliche Sicherheit zu befürchten ist. Damit ist ausgesprochen, daß die Veranstaltung des Aufzugs, also die Zulassung zu der im Aufzug enthaltenen Benutzungsart der öffentlichen Straßen, von keinen anderen als sicherheitspolizeilichen Erwägungen abhängig gemacht werden darf. Wird die Genehmigung erteilt, so ist damit zu erkennen gegeben, daß dem einzelnen Aufzuge, d. i. der durch ihn geplanten Benutzung bestimmter Straßen innerhalb bestimmter Zeit, Hindernisse in dem geltenden öffentlichen Rechte nicht entgegenstehen. Keineswegs ist aber durch den § 7 aaO. den Teilnehmern eines genehmigten Aufzugs eine Ausnahmestellung gegenüber dem G. gegeben; vielmehr bestehen für sie die Schranken der allgemeinen RechtsO. unverändert weiter; sie bleiben daher auch den gesetzlichen und polizeilichen Bestimmungen, die durch die öffentliche Ordnung auf den Straßen und durch die Ordnung, Leichtigkeit und Sicherheit des Verkehrs auf ihnen bedingt werden, ebenso unterworfen wie das übrige nicht im Aufzuge vereinigte Publikum. Nur insoweit nehmen die Teilnehmer des Aufzugs eine Ausnahmestellung ein, als ihnen die Benutzung der Straße in der Form einer geschlossenen Menschenmenge gestattet ist und nur aus Gründen der öffentlichen Sicherheit verboten werden kann. Soweit dieses Recht nicht beeinträchtigt wird, unterliegen dagegen die Teilnehmer an einem Aufzuge denjenigen Beschränkungen, die durch die Forderungen der öffentlichen Ruhe, Sicherheit und Ordnung, insbesondere auch durch die Forderungen der Ordnung und Leichtigkeit des Verkehrs geboten sind. Falls daher nach dem geltenden örtlichen Rechte, beispielsweise durch Polizeiverordnung, das Fahren auf dem Bürgersteig oder auf der in der Fahrrichtung linken Seite des Fahrdamms verboten ist, so gilt dieses Verbot auch für einen mit Wagen veranstalteten Aufzug. Falls die Teilnehmer am Aufzug in sittlich anstößiger oder ärgerniserregender Weise (Masken) erscheinen, so kann die Polizeibehörde zur Wahrung der öffentlichen Ordnung und Sittlichkeit einschreiten; denn dieses Einschreiten richtet sich nur gegen das ordnungswidrige

Erscheinen der Teilnehmer am Zuge in der Öffentlichkeit, nicht gegen die Veranstaltung des Zuges an sich. Auf dem gleichen Boden bewegt sich die Frage, ob das Mitführen von roten Fahnen oder sonstigen Abzeichen, die die öffentliche Ordnung zu stören geeignet sind, in einem genehmigten Aufzug untersagt werden kann; denn das Tragen dieser Abzeichen ist nicht ein Bestandteil oder Begriffsmerkmal des Aufzugs, sondern nur eine Begleiterscheinung bei der Ausübung des Rechtes, sich in geschlossener Menge über öffentliche Straßen oder Plätze fortzubewegen. Dem stehen auch nicht die Bestimmungen in § 1 Abs. 1 Satz 2 und Abs. 2 RVerG. entgegen, selbst wenn, was hier unerörtert bleiben kann, davon ausgegangen wird, daß das Recht der Veranstaltung öffentlicher Aufzüge dem Vereins- und Versammlungsrecht überall gleichzustellen und ein öffentlicher Aufzug als eine öffentliche Versammlung iS. des RVerG. anzusehen ist. Das polizeiliche Einschreiten gegen das demonstrative Mitführen von roten Fahnen usw. in einem Aufzug findet in dem § 1 RVerG. keine Schranke; denn es richtet sich nicht gegen das Recht, sich in der Form des Aufzugs zu versammeln, sondern gegen das ordnungswidrige Auftreten des einzelnen Versammlungsteilnehmers in der Öffentlichkeit.

2. Sonach bleibt nur zu prüfen, ob die polizeiliche Anordnung, daß rote Fahnen, revolutionäre oder nationalpolnische Abzeichen in dem Aufzuge nicht getragen werden dürften, in den zeitlichen und örtlichen Umständen die erforderliche Begründung fand. Dies ist zu bejahen; denn die Benutzung roter Fahnen oder das Hervorkehren revolutionärer oder nationalpolnischer Abzeichen in einem mit massenhafter Beteiligung veranstalteten Umzug auf öffentlichen Straßen ist geeignet, als Demonstration zu wirken, die politischen oder nationalen Gegensätze zu verschärfen und dadurch, wenn auch vielleicht nicht die öffentliche Ruhe und Sicherheit zu gefährden, so doch mindestens die öffentliche Ordnung zu stören.

3. Daß die polizeiliche Verfügung nicht auf Willkür oder Schikane beruht, steht außer Zweifel; denn sie ist veranlaßt durch das demonstrative Hervorkehren der roten Farbe bei den früheren Umzügen der freien Gewerkschaften und findet ihre Rechtfertigung in den dem Schutze der Polizei anvertrauten Interessen der öffentlichen Sicherheit und Ordnung bzw. der Ordnung und Leichtigkeit des Verkehrs auf den öffentlichen Straßen; sie beruht also auf polizeilichen Beweggründen. Es ist aber nicht zulässig, eine an sich rechtsbeständige polizeiliche Verfügung mit der Begründung anzufechten, daß ihre zwangsweise Durchführung willkürlich oder schikanös gehandhabt werde. In allen Fällen, in denen es sich um die Durchführung einer polizeilichen Verfügung im Zwangswege handelt, ist die Verwaltungsklage selbst dann nicht gegeben, wenn die Grenzen der Vollstreckung nicht innegehalten werden, sondern im Wege der Vollstreckung etwas ausgeführt wird, was nicht angeordnet war, Anordnung und Vollstreckung sich also nicht decken. In einem solchen Falle liegt nicht eine polizeiliche Anordnung iS. der §§ 127ff. LVG., sondern nur die — allerdings unrichtige — Ausführung einer bereits getroffenen Anordnung im Zwangswege vor. Zur Abhilfe gegen derartige, bei der zwangsweisen Ausführung untergelaufene Fehler ist nach § 133 Abs. 2 aaO. in allen Fällen nur die Beschwerde im Aufsichtswege gegeben.

2. Sonstiges polizeiliches Einschreiten gegen Vereine.

Nr. 1. Entsch. v. 15. März 1912 (OVG. 61 244) I A 70/11.

1. Ein Verein, der bezweckt, die Mittel zur Errichtung von Jugendheimen zu beschaffen oder Räume für solche Jugendheime herzurichten, um die sozialdemokratische Arbeiterjugendbewegung zu fördern, ist ein politischer Verein iS. der §§ 3, 18 RVerG. v. 19. IV. 08.

Der Gerichtshof hat in OVG. v. 14. X. 10 (PrVerwBl. **32** 297) und v. 17. II. 11 (aaO. **33** 129) die „Freien Jugendorganisationen“ für politische Vereine erklärt, weil diese, obgleich von der Partei nicht ins Leben gerufen und mit ihr als solcher nicht organisch verbunden, dennoch ein Glied in der Gesamtheit derjenigen Einrichtungen bilden, die der sozialdemokratischen Partei dienstbar sind, damit diese in den Stand gesetzt werde, die Jugendbewegung entsprechend ihrem auf den Parteitagen entwickelten Programme zu organisieren, zu leiten und in ihrem Sinne durchzuführen. Was für die Jugendorganisationen festgestellt ist, muß in noch höherem Maße von allen denjenigen Einrichtungen gelten, die von den Parteiorganisationen selbst ins Leben gerufen werden sollten, um der Partei als Mittel zu dienen, die Jugendbewegung in ihrem Sinne zu leiten und durchzuführen.

Dahin gehören „die Zentralstelle für die arbeitende Jugend Deutschlands“, die „Jugendausschüsse“ und „die Bezirksleitungen“. Erstere, die sich aus Vertretern der Partei, der Gewerkschaften und der Jugendlichen zusammensetzt, bildet den Mittelpunkt für die gesamte Jugendbewegung; sie überwacht und leitet sie einheitlich, unterstützt die Jugendausschüsse mit Auskunft, Anregung und Material und erstattet jährlich den Bericht über ihre Tätigkeit. Die Jugendausschüsse, ebenfalls aus Vertretern der Partei, der Gewerkschaften und der Jugendlichen zusammengesetzt, betreiben die Agitation für die Jugendbewegung in ihrem örtlichen Wirkungskreis und haben die zu diesem Zwecke erforderlichen örtlichen Einrichtungen zu treffen. Zwischen beiden stehen die Bezirksleitungen, die die zu einem bestimmten Agitationsbezirke zusammengeschlossenen Jugendausschüsse umfassen, Konferenzen von Delegierten dieser Jugendausschüsse einberufen und die einheitliche Durchführung der Aufgaben und Ziele der Jugendausschüsse anstreben.

Ein weiteres Mittel zur Förderung der Jugendbewegung bildet die Beschaffung von Räumlichkeiten für die in der sozialdemokratischen Jugendbewegung zusammengeschlossenen Jugendlichen, die sogenannten „Jugendheime“. Diese bilden ein Glied in der Gesamtheit derjenigen Einrichtungen, die die sozialdemokratische Partei zur Durchführung ihrer politischen Ziele getroffen hat. Sie fördern in bewußter Weise die Zwecke der sozialdemokratischen Jugendbewegung und geben der sozialdemokratischen Partei ein weiteres Mittel an die Hand, die Jugendbewegung entsprechend ihrem auf den Parteitagen entwickelten Programme zu leiten und in ihrem Sinne durchzuführen. Der politische Charakter der zu diesem Zwecke gebildeten Vereine ist auf Grund dessen in gleicher Weise als erwiesen zu erachten, wie dies gegenüber den auf derselben Grundlage beruhenden Jugendorganisationen durch die Entsch. v. 14. X. 10 und v. 17. II. 11 geschehen ist.

Daß Jugendheime auf dem Gebiete der Jugenderziehung dadurch nützlich zu wirken vermögen, daß sie die jungen Leute den Verführungen des Wirtshauslebens und der Straße entziehen, soll nicht verkannt werden; ebensowenig kann in Zweifel gezogen werden, daß Jugendheime insoweit nicht politisch wirken. Wenn indessen der Kläger anknüpfend hieran den politischen Charakter der der sozialdemokratischen Jugendbewegung dienenden Jugendheime verneinen zu können glaubt, weil sie eine unmittelbare Einwirkung auf die Gestaltung der staatlichen Verhältnisse nicht ausübten, sondern lediglich, wie ähnliche Einrichtungen anderer Parteien und auch die auf kirchlichem Boden erwachsenen Veranstaltungen dieser Art, die Jugend iS. einer allgemeinen, politisch sich nicht betätigenden Weltanschauung zu erziehen suchten, so muß dies als unhaltbar zurückgewiesen werden. Die Jugendheime sind nichts anderes als Werkzeuge und Waffen der sozialdemokratischen Partei, dazu bestimmt, ihr im politischen Kampfe zu dienen. Durch sie soll die Partei gestärkt und gefestigt werden; vermittelst ihrer soll das Schwergewicht der Partei vermehrt und deren Einfluß auf die Gestaltung der politischen Verhältnisse gehoben werden. Der politische Charakter der Jugendheime steht unter diesen Umständen außer allem Zweifel, und dementsprechend sind auch Vereine, die sich die Förderung dieser Einrichtung zum Ziele setzen, lediglich politische Vereine.

Nr. 2. Entsch. v. 2. Mai 1912 (DJZ. **18** 171) VII C 88/12.

Das BGB. spricht an verschiedenen Stellen nur von „Anwendung" ohne das Wort „entsprechend", selbst wenn eine einfache Einrückung der Stellen, auf die Bezug genommen wird, nicht angängig ist. Das wichtigste Beispiel ist der § 54. Daß es sich hier nur um eine „entsprechende" Anwendung handeln kann, folgt schon daraus, daß gewisse Bestimmungen des Gesellschaftsrechts mit dem Wesen des Vereins nicht im Einklange stehen.

Nr. 3. Entsch. v. 4. Okt. 1912 (OVG. **63** 287) I A 52/12.

Die Vorschrift in § 3 Abs. 2 bis 4 RVerG. v. 19. IV. 08 verfolgt den Zweck, der Polizeibehörde von dem Bestehen, der inneren Einrichtung und den Zwecken der politischen Vereine sowie der Person ihrer Vorstandsmitglieder Kenntnis zu geben und sie dadurch in den Stand zu setzen, ihrer Aufgabe, die im öffentlichen Interesse nötige Kontrolle und Überwachung dieser Vereine auszuüben, gerecht zu werden. Dieser Zweck würde vereitelt werden, wenn nach Ablauf der in § 3 aaO. bestimmten zweiwöchigen Frist nur noch gerichtliche Bestrafung aus § 18 aaO. eintreten, dagegen die Weigerung des Vorstandes, seine gesetzliche Verpflichtung zu erfüllen, fortbestehen bleiben könnte. Vielmehr ist es Aufgabe der Polizeibehörde, dieser fortgesetzten ungesetzlichen Weigerung entgegenzutreten und sie nötigenfalls durch polizeilichen Zwang zu brechen. Dies widerspricht auch nicht dem Grundsatze „ne bis in idem", der nur dann anwendbar ist, wenn die gesetzliche Vorschrift, die durch Strafandrohung geschützt ist, und die einzelne polizeiliche Anordnung, um deren zwangsweise Durchsetzung es sich handelt, sich nach ihrem Inhalt und Gegenstande vollständig decken. Dies trifft aber im vorliegenden Falle nicht zu. Die Strafvorschrift des § 18[1] RVerG. fordert, daß binnen einer bestimmten Frist der Polizeibehörde die Satzung usw. eines politischen Vereins eingereicht werde, und stellt die Unterlassung der Einreichung innerhalb dieser Frist unter Strafe. Die polizeiliche Verfügung will dagegen nicht die Einreichung der Satzung usw. innerhalb der gesetzlichen Frist durch Strafandrohung erzwingen, sondern den dem G. zuwiderlaufenden Zustand beseitigen, der dadurch entstanden ist, daß der Vorstand durch Nichterfüllung seiner gesetzlichen Verpflichtung die Polizei außerstand setzt, der ihr durch das G. gestellten Aufgabe Genüge zu leisten. Der seitens der Polizeibehörde eintretende Zwang ist somit auf die Beseitigung eines gesetzwidrigen Zustandes gerichtet und daher seinem Inhalte nach mit dem die Vornahme einer einzelnen Handlung in einem bestimmten Zeitpunkte fordernden strafgesetzlichen Gebote nicht identisch.

Nr. 4. Entsch. v. 26. Nov. 1912 (PrVerwBl. **34** 582) I A 16/12.

RVerG. § 3.

Der Arbeiter-Radfahrerbund „Solidarität" verfolgt den Zweck, sich in den Dienst der sozialdemokratischen Partei zu stellen und sie zu fördern.

(Folgt eingehende Beweisführung)

War hiernach in Übereinstimmung mit gerichtlichen Urteilen festzustellen, daß der Arbeiter-Radfahrerbund „Solidarität" als ein politischer Verein iS. des § 3 RVerG. anzusehen ist, so muß dasselbe auch von allen Einzelvereinen gelten, die in ihm zusammengeschlossen sind. Daß die Zugehörigkeit eines Vereins zu einem Verbande, der in ausgesprochener Weise politische Zwecke hat, den Beweis dafür erbringt, daß der angeschlossene Verein sich dieselben Zwecke zur Aufgabe gemacht hat, selbst wenn diese Aufgabe sich nach dem Wortlaute der Vereinssatzung auf unpolitische Zwecke beschränkt, ist vom Gerichtshof in ständiger Rechtsprechung angenommen worden (OVG. **60** 334).

Nr. 5. Entsch. v. 12. Juni 1913 (PrVerwBl. 35 90) I A 157/12.

RVerG. § 3.

1. Der Turnverein „Freie Turnerschaft St." ist Mitglied des Arbeiter-Turnerbundes mit dem Sitz in Leipzig. Daß der Arbeiter-Turnerbund sich nicht darauf beschränkt, den in § 2 des Bundesstatuts ausgesprochenen Zweck „der Hebung und Förderung des Turnwesens auf volkstümlicher Grundlage" zu verfolgen, sondern seine Aufgabe auch darin findet, die Bestrebungen der sozialdemokratischen Partei zu unterstützen und ihr zu dienen, also damit mittelbar auf politische Angelegenheiten einzuwirken bezweckt, hat der Gerichtshof in Entsch. v. 12. VII. 01 — I A 41/01 —, betr. den Turnverein „Fichte" zu Berlin eingehend begründet und daran in Entsch. v. 18. II. 08 — I B 42/07 —, betr. den Turnverein „Freie Turnerschaft der Kieler Föhrde", und v. 7. III. 11 — I A 107/10 —, betr. den Turnverein „Freie Turnerschaft" zu Königsberg i. Pr., festgehalten. Auch bei nochmaliger Prüfung und Abwägung aller in Betracht kommenden Momente ist der Gerichtshof im vorliegenden Falle wiederum zu der Überzeugung gelangt, daß der Arbeiter-Turnerbund als ein politischer Verein iS. des § 3 RVerG. anzusehen ist.

(Folgt eingehende Beweisführung aus der Geschichte der Gründung des Turnerbundes, seiner Presse, seiner engen Beziehung zur sozialdemokratischen Arbeiter-Jugendbewegung und seinem Verhalten in der Öffentlichkeit, namentlich bei Wahlen.)

2. Es soll nicht verkannt werden, daß die Sozialdemokratie die Förderung der Volksgesundheit als eins der von ihr zu erstrebenden Ziele in ihr Programm aufgenommen hat und daß eine Tätigkeit, die lediglich darauf gerichtet ist, in der Arbeiterschaft den Sinn für das Turnen und für die rationelle Körperpflege zu wecken und zu stärken und die Bestrebungen von Vereinen auf dem Gebiete des Turnens und der sonstigen Leibesübungen (Spiel und Sport) zu fördern, an sich noch keine politische ist und es auch nicht schon dadurch wird, daß sie von einer politischen Partei ausgeht oder unterstützt wird. Ebensowenig stellt die Verbreitung von Ideen einer allgemeinen Weltanschauung, die sich über die Parteien erhebt und in gewissem Sinne als Gemeingut betrachtet werden kann, eine Einwirkung auf politische Angelegenheiten dar. Wenn indessen der Kläger anknüpfend hieran ausführt, daß überall Unternehmungen und Vereine beständen, die gemeinnützige oder kulturelle Bestrebungen und Ziele verfolgen, im engsten Zusammenhange mit den verschiedensten politischen Parteien ständen und von deren Führern und von der Parteipresse gefördert würden, ohne daß sie als politische Vereine angesehen werden könnten und von den Behörden angesehen würden, so muß diese Bezugnahme als unhaltbar zurückgewiesen werden. Ob und unter welchen Voraussetzungen derartige Veranstaltungen, insbesondere auch die auf kirchlichem Boden erwachsenen, als politische anzusprechen sein würden, ist an dieser Stelle nicht zu erörtern. Es braucht daher auch, wie bereits in OVG. **61** 244 ausgesprochen ist, nicht untersucht zu werden, ob die Vereine zur Bekämpfung des Alkoholmißbrauchs oder zur Förderung hygienischer oder Bildungsbestrebungen und dergleichen, die von politischen Parteien ins Leben gerufen sind und von anerkannten Führern und Mitgliedern dieser Parteien geleitet werden, schon allein wegen dieses engen Zusammenhanges mit der Partei als politische Vereine anzusehen sind, oder ob bei ihnen noch der weitere Nachweis hinzukommen muß, daß die Partei mit der Gründung des Vereins nicht nur die angegebenen Bestrebungen, sondern außerdem bestimmte politische Zwecke verfolgt, insbesondere denjenigen, mit Hilfe der Vereinsbildung und der Vereinsorgane auf die Vereinsmitglieder iS. einer bestimmten politischen Partei einzuwirken und

sie als Mitglieder dieser Partei anzuwerben. Denn hier steht lediglich der Arbeiter-Turnerbund in Frage. Daß dieser aber sich nicht darauf beschränkt, die Sache des Turnens und der rationellen Körperpflege in der Arbeiterschaft als Selbstzweck zu fördern und zu pflegen, sondern daß er diese Bestrebungen als Mittel für den Hauptzweck benutzt, seine Angehörigen und insbesondere die heranwachsende Jugend unter möglichster Ausschaltung jedes anderen Einflusses mit den Lehren und Ideen der sozialdemokratischen Partei zu erfüllen und der letzteren damit den Nachwuchs und Rückhalt zu sichern, wird durch die vorherigen Ausführungen belegt. Auf dem Gebiete der sozialdemokratischen Arbeiterbewegung ist der Arbeiter-Turnerbund ebenso wie die Zentralstelle für die arbeitende Jugend eine derjenigen Einrichtungen und Organisationen, die als Werkzeug und Waffe der sozialdemokratischen Partei dazu bestimmt sind, ihr im politischen Kampfe zu dienen; durch den Arbeiter-Turnerbund und die in ihm zusammengeschlossenen Arbeiter-Turnvereine soll die Partei gestärkt und gefestigt werden; vermittelst ihrer soll das Schwergewicht der Partei vermehrt und ihr Einfluß auf die Gestaltung der politischen Verhältnisse gehoben werden.

3. War hiernach festzustellen, daß der Arbeiter-Turnerbund als ein politischer Verein iS. des § 3 RVerG. anzusehen ist, so muß dasselbe auch von allen Einzelvereinen gelten, die in ihm zusammengeschlossen sind. Bei Vereinen, die einer größeren Organisation als Mitglieder angehören, ist nicht erst die Tätigkeit des einzelnen Vereins, sondern schon der Charakter der Organisation als solcher ausschlaggebend. Dieser Grundsatz findet seine Rechtfertigung darin, daß mit dem Augenblick, wo ein Verein einem größeren Verband als Glied des letzteren beitritt, er sich seiner Selbständigkeit insoweit begibt, als er unbeschadet der Tätigkeit im einzelnen seine Übereinstimmung mit den Zielen des Gesamtverbandes kundgibt und sich dem Willen des letzteren unterwirft. Welche Beweggründe für die Angliederung maßgebend sind, ob politische oder rein wirtschaftliche, ist dabei ohne Bedeutung. Entscheidend ist, daß der Einzelverein, indem er sich einer größeren Gemeinschaft anschließt, nicht nur die Kraft des Gesamtverbandes nach außen hin erhöht, sondern auch nach innen hin die für diesen maßgebenden Grundsätze zu den seinigen macht. Wird von diesem Standpunkt aus der Charakter des klagenden Vereins beurteilt, so ist er auch als politischer anzusehen, zumal der Zusammenhang der Einzelvereine mit dem Arbeiter-Turnerbund ein besonders enger ist.

Nr. 6. Entsch. v. 13. Nov. 1913 (Recht 18 114).

Die Monistengruppe verfolgt sowohl politische wie religiöse Zwecke. Ein Verein verfolgt religiöse Zwecke auch in dem Falle, wenn er den Glauben an alles Übernatürliche bekämpft. Der Monistenbund strebt sodann die Trennung von Staat und Kirche an. Politische Zwecke verfolgt ein Verein dann, wenn er danach trachtet, die Gesetzgebung zur Erreichung eines bestimmten Zweckes, z. B. der Trennung von Kirche und Staat, zu beeinflussen.

Nr. 7. Entsch. v. 20. Nov. 1913 (OVG. 66 328) I B 28/13.

Der Einspruch eines Polizeipräsidenten gegen die Eintragung einer Ortsgruppe des Deutschen Monistenbundes in das Vereinsregister ist gerechtfertigt, weil dieser politische und religiöse Zwecke verfolgt (§ 61 BGB.).

Die Kläger bekämpfen die Auffassung, daß der neu gegründete Verein religiöse Zwecke verfolge, mit der Ausführung, er stehe vielmehr im Gegensatze zu aller Religion. In der Tat gehört die Bekämpfung jeder religiösen Richtung zum Zwecke des Vereins. Nach § 2 seiner Satzung bezweckt er nämlich, „für eine alles Übernatürliche ablehnende, mit der fortschreitenden Naturerkenntnis im Einklange stehende, monistische, d. h. einheitliche, wissenschaftliche Welt- und Lebensanschauung zu wirken, ihre Anhänger zu sammeln und miteinander in Verbindung zu setzen". Indem „alles Übernatürliche" abgelehnt wird, wird die Grundlage aller Religionen abgelehnt, die sich durchweg auf übernatürliche Vorgänge aufbauen.

Die Bekämpfung der Religion ist aber iS. des § 61 BGB. ein religiöser Zweck. Schon die Begründung zum BGB. spricht von gemeinschädlich wirkenden Verbindungen auf politischem, religiösem und sozialem Gebiete, die durch Verleihung der Rechtsfähigkeit nicht noch gestärkt werden dürften; und der Kommentar der Reichsgerichtsräte zum BGB. (2. Aufl. I. Bd. S. 61 Note 3 zu § 61) rechnet zu den religiösen Vereinen in weitestem Sinne jeden Verein, der die Förderung des inneren oder äußeren religiösen Lebens sich zur Aufgabe gemacht habe, auch einen solchen, dessen Zweck in der Bekämpfung der Religion bestehe. Dieselbe Auffassung hat das OVG. bereits in einem nicht veröffentlichten Urt. v. 31. V. 12 vertreten.

Die Zwecke des klagenden Vereins sind aber nicht nur religiöse, sondern auch politische. Politische Zwecke hat derjenige Verein, dessen Bestrebungen auf Beeinflussung der Gesetzgebung oder der Verwaltung des Staates gerichtet sind (OVG. 39 444, 42 414). Allerdings genügt es zur Annahme eines politischen Zweckes nicht, wenn für eine Gesetzes- oder Verwaltungsänderung dadurch der Boden bereitet wird, daß der Verein durch Ausbreitung seiner Gedanken neue Anhänger einer solchen Änderung wirbt, auch nicht, wenn der Verein wünscht, daß die in ihm verkörperten Ideen gesetzliche Anerkennung finden, wie es in der Berufungsschrift heißt. Es muß hinzukommen, daß der Verein gemäß seiner Satzung oder durch die Vereinstätigkeit sein Bestreben zu erkennen gibt, seinerseits auf die Gesetzgebung oder die Organe des Staates iS. der Aufgabe des bisherigen Standpunktes einzuwirken. An einem solchen betätigten Bestreben aber fehlt es dem klagenden Vereine nicht.

Nr. 8. Entsch. v. 26. Febr. 1914 (PrVerwBl. 36 182) IA 157/13.

1. Da nur öffentliche Lustbarkeiten der polizeilichen Genehmigung bedürfen, durfte das geplante Vergnügen nur dann verboten werden, wenn die Polizeibehörde nach Prüfung der in Betracht kommenden Verhältnisse und auf Grund des hierbei gewonnenen Ergebnisses tatsächlich feststellen konnte, daß das Sommervergnügen, trotzdem es nach der Anzeige ein „geschlossenes Vereinsvergnügen" sein sollte, eine öffentliche Lustbarkeit sein werde. Diese Feststellung hat aber die Polizeiverwaltung nicht getroffen; vielmehr ging sie davon aus, daß ihr eine derartige Feststellung noch nicht möglich sei, und daß sie, um die erforderliche Entsch. treffen zu können, der Vorlage des Statuts und des Mitgliederverzeichnisses der Zahlstelle L. bedürfe. Die Weigerung des Klägers, der Polizeiverwaltung diese Unterlage zu beschaffen, konnte letzterer möglicherweise Anlaß geben, ihr Verlangen dem Kläger gegenüber mit den ihr zustehenden Zwangsmitteln durchzusetzen; auch stand es der Polizeiverwaltung frei, sich die für ihre Entschließung nötigen Unterlagen anderweit zu beschaffen und nötigenfalls durch Überwachung der Festlichkeit die erforderliche Kontrolle auszuüben. Keinesfalls berechtigte sie aber die Weigerung des Klägers ohne weiteres zu der Feststellung, daß das geplante Vergnügen eine öffentliche Lustbarkeit sein werde.

2. Unterlag somit die polizeiliche Verfügung der Aufhebung, so kann unerörtert bleiben, wie zu entscheiden wäre, wenn die Polizeibehörde sich darauf beschränkt hätte, dem Kläger die Einreichung der Satzung und des Verzeichnisses der Mitglieder des die Lustbarkeit veranstaltenden Vereins aufzugeben. Es mag jedoch darauf hingewiesen werden, daß es zu den Aufgaben der Polizei gehört,

der Veranstaltung von öffentlichen Lustbarkeiten entgegenzutreten und sie zu verhindern, falls sie nach dem geltenden Ortsrechte der polizeilichen Genehmigung bedürfen und diese Genehmigung nicht eingeholt oder nicht erteilt worden ist. Sind der Polizei die maßgebenden tatsächlichen Verhältnisse, aus denen auf den Charakter der Veranstaltung geschlossen werden kann, nicht bekannt, so ist sie weiter befugt, von dem Veranstalter die erforderliche Auskunft zu verlangen. Welcher Auskunft die Polizeiverwaltung im einzelnen Falle bedarf, um sich über die Sachlage zu unterrichten, sowie ob, unter welchen Voraussetzungen und inwieweit der Veranstalter der Lustbarkeit zur Erteilung der Auskunft verpflichtet ist, hängt von den Umständen des einzelnen Falles ab. Dabei ist es nicht ausgeschlossen, daß, falls die Lustbarkeit für die Mitglieder eines Vereins veranstaltet wird und der begründete Verdacht besteht, daß der Verein unter dem Deckmantel einer angeblich geschlossenen Vereinsveranstaltung die für öffentliche Lustbarkeiten bestehenden Vorschriften zu umgehen beabsichtigt, die Pflicht zur Auskunfterteilung sich auf die Einreichung der Vereinssatzung und des Verzeichnisses der Vereinsmitglieder erstrecken kann. Hieran ist auch durch das RVerG. nichts geändert worden; denn dieses bezieht sich auf öffentliche Lustbarkeiten überhaupt nicht. Daher wird die auf § 10 ALR. II 17 beruhende Befugnis der Polizeibehörde zur Überwachung öffentlicher Lustbarkeiten Vereinen gegenüber nicht dadurch eingeschränkt, daß in § 3 RVerG. die Pflicht zur Einreichung der Satzung und des Verzeichnisses der Vorstandsmitglieder nur dem Vorstand eines politischen Vereins auferlegt ist, und daß die durch § 2 PrVerG. v. 11. III. 50 begründete Verpflichtung zur Einreichung des Verzeichnisses der Vereinsmitglieder und zur Erteilung von Auskunft nicht in das RVerG. übernommen worden ist. Insbesondere besteht auch unter der Geltung des RVerG. die Befugnis der Polizeibehörde, die zur Erfüllung der polizeilichen Aufgaben nötige Auskunft auch von dem Vorstand eines Vereins zu fordern, jedenfalls dann fort, wenn sie diese Auskunft nicht zu Zwecken der Vereins- und Versammlungspolizei, sondern zu Zwecken bedarf, die, wie die Überwachung der öffentlichen Lustbarkeiten, auf anderen Rechtsgebieten liegen.

M. Gesindepolizei.

Literatur: Gerhard: Die geltenden preußischen GesO. Bd. I² (Berlin 1914).

N. Sonstige polizeiliche Verfügungen.

1. Gesundheitspolizei.

Literatur: Brettreich-Volz: G., betr. die Schlachtvieh- und Fleischbeschau² (München 1914). — Bojunga: ReichsViehSG. (Hannover 1914). — Coermann: NahrungsmittelGesetzgebung: Die Entsch. der obersten Gerichtshöfe (Gießen 1912/14). — Flinzer: ImpfG.² (Leipzig 1914). — Förster: Die Kosten der Seuchenbekämpfung und ihre Verteilung nach preuß. Recht (Berlin 1913). — Heine: ReichsfleischbeschauG.² (Hannover 1914). — Keidel: Handhabung der Medizinalpolizei, 2. ErgBd. (Ansbach 1913). — v. d. Pfordten: NahrungsmittelG.² (München 1913). — Rapmund und Dietrich: Ärztliche Gesetzeskunde² (Leipzig 1912). — Rapmund: Das öffentliche Gesundheitswesen (Leipzig 1914).

Nr. 1. Entsch. v. 21. Nov. 1911 (OVG. **61** 208) IX B 55/09.

1. Die angefochtene Verfügung gibt dem Kläger auf, binnen drei Monaten für Herstellung einer geeigneten Entwässerung, durch die die Bildung von Tümpeln und Lachen auf der Z.wiese verhindert wird, zu sorgen.

Dies kann nur dahin verstanden werden, daß dem Kläger die Beseitigung des in Tümpeln oder Lachen stehenbleibenden Wassers aufgegeben wird und ihm anheimgestellt bleibt, auf welche Weise er diese Beseitigung ausführen will. Es ist damit bestimmt zum Ausdrucke gelangt, was von dem Kläger verlangt wird. Die Polizeibehörde ist nicht verpflichtet, ihrerseits zur Erreichung des angestrebten Zweckes einzelne bestimmte Maßregeln zu ermitteln und anzugeben. Vielmehr steht die Wahl der Mittel, wenn sich der Zweck des Einschreitens auf verschiedene Weise erreichen läßt, grundsätzlich dem Pflichtigen zu.

2. Der Einwand des Klägers, daß die angefochtene Verfügung etwas Unmögliches von ihm verlange, ist nicht zutreffend. Sollte die Beseitigung des in Tümpeln und Lachen stagnierenden Wassers durch Drainage unmöglich sein oder zu einer Erhöhung der Wiese die deichpolizeiliche Genehmigung nicht gegeben werden, so ist nicht abzusehen, warum der erstrebte Zweck nicht auf andere Weise, etwa nach den Vorschlägen der Beklagten durch Ausfüllen der Lachen mit Erde, erreicht werden kann. Die Unmöglichkeit der Trockenlegung kann nicht mit der Behauptung begründet werden, daß die Einebnung der Wiese, da bei den jährlich mehrmals eintretenden Überflutungen durch den S.fluß sich jedesmal von neuem Mulden und Rinnen in dem aufgeweichten Boden bilden würden, nutzlos sei. Es unterliegt vielmehr keinem Zweifel, daß durch sachgemäße Ausführung der Einebnungsarbeiten die vorhandenen, die Entstehung der Tümpel veranlassenden Unebenheiten beseitigt und künftige Bildungen ähnlicher Art leicht verhindert werden können.

3. Auch die weiteren Ausführungen des Klägers über die Zwecklosigkeit der Anordnung im Hinblick auf die umliegenden, den gleichen Verhältnissen unterworfenen Wiesen, über die unwirtschaftliche Höhe der Kosten bei Eindeichung oder Erhöhung der Z.wiese und ihre Unbenutzbarkeit als Wiese bei Ausführung ihrer Erhöhung sind nicht geeignet, das Klagebegehren zu begründen. Da das polizeiliche Einschreiten gegen den Kläger den Schutz öffentlicher Interessen bezweckt, so kommt es nicht darauf an, ob die Kosten, die zu diesem Zwecke aufgewendet werden müssen, eine unwirtschaftliche Höhe erreichen, ob das polizeiliche Verlangen von dem Verpflichteten als unbilliger Druck empfunden wird und ob infolge der notwendigen Veranstaltungen die bisherige Benutzungsart der Wiese eine Veränderung erfahren muß.

4. Hiernach bleibt zu prüfen, ob die tatsächlichen Voraussetzungen für den Erlaß der angefochtenen Verfügung vorhanden sind. Sie ist gestützt auf gesundheits- und verkehrspolizeiliche Interessen. In ersterer Hinsicht wird geltend gemacht, daß die Z.wiese in ihrem jetzigen Zustand eine Brutstätte für Mücken und Fliegen und durch die Erzeugung übler Gerüche eine Gefahr für die Gesundheit bilde. Die stattgehabte Beweisaufnahme hat dies bestätigt. Wenn nach wissenschaftlichen Erfahrungen in der Überhandnahme der Mücken und Fliegen eine ernste Gesundheitsgefahr zu erblicken ist und bei dem jetzigen Zustande die Z.wiese in hervorragendem Maße als Brutstätte dieser Insekten dient, sowie insbesondere noch die Möglichkeit der Bildung eines Malariaherdes daselbst besteht, so muß die Gesundheitsgefährlichkeit des vorhandenen Zustandes für erwiesen erachtet werden. Es kommt hinzu, daß neben der Mücken- und Fliegenplage auch die auf der Z.wiese unter den obwaltenden Verhältnissen erzeugten üblen Gerüche geeignet erscheinen, Gesundheitsgefahren und Verkehrsbelästigungen hervorzurufen. Die Z.wiese ist fast unmittelbar an der Stadt gelegen und nach dem Gutachten beider Sachverständigen können die ihr entströmenden üblen Gerüche bei geeigneter Witterung und Windrichtung die Anwohner des nahen Stadtteils an der Öffnung ihrer Fenster und demnach an dem Genusse frischer Luft verhindern. Darin liegt eine Gesundheitsgefahr. Unstreitig führen ferner öffentliche Wege über die Z.wiese, auf welchen die Bewohner von H., namentlich das nach dem Volksetablissement des P.hains verkehrende Publikum,

Erholung suchen. Für diesen Verkehr bilden die aus den Tümpeln der Z.wiese aufsteigenden üblen Gerüche, wie aus den beiden Gutachten und den Aussagen eines Teiles der Zeugen hervorgeht, zeitweise eine Belästigung, d. h. eine Verkehrsbeeinträchtigung, gegen die die Polizei auf Grund des § 6b PolVerwG. einzuschreiten berechtigt ist.

Nr. 2. Entsch. v. 2. Febr. 1912 (OVG. **61** 157) I A 170/10.

1. Nach § 12 preuß. G., betr. die Bekämpfung übertragbarer Krankheiten, v. 28. VIII. 05 (GS. 373) sind die im ReichsG. und im preuß. G. den Polizeibehörden überwiesenen Obliegenheiten von den Ortspolizeibehörden wahrzunehmen. Der Bürgermeister, dem nach § 108 RhGemO. die Polizeiverwaltung im Bürgermeistereibezirke zusteht, war hiernach zu der angefochtenen Verfügung unter der Voraussetzung berechtigt, daß die Einrichtung einer zentralen Wasserleitung in W. zum Schutze gegen übertragbare Krankheiten erforderlich war, und daß die Auflage der Leistungsfähigkeit der Gemeinde entsprach.

2. Die danach notwendigen Voraussetzungen für die Inanspruchnahme der Gemeinde sind nicht gegeben. Das Gutachten des Kreisarztes, auf das sich die polizeiliche Verfügung stützt, hält allerdings die Anlegung einer einwandfreien Wasserleitung zum Schutze gegen übertragbare Krankheiten für erforderlich. Daß die Möglichkeit der Einschleppung des Typhus von anderen Orten her besteht, ist allerdings nicht in Abrede zu stellen; aber mit einer solchen Möglichkeit muß überall gerechnet werden; sie allein vermag daher ein polizeiliches Einschreiten um so weniger zu begründen, als auch die Anlage einer zentralen Wasserleitung gegen die Einschleppung einen unbedingt wirksamen Schutz nicht gewährt. Das G. v. 30. VI. 00 steht daher im § 35 auch keineswegs auf dem Standpunkte, daß an allen Orten Wasserleitungen angelegt werden müssen, sondern nur dort, wo dies zum Schutze gegen übertragbare Krankheiten erforderlich ist. Es müssen daher örtliche Verhältnisse vorhanden sein, die eine Gefährdung der Bewohnerschaft durch übertragbare Krankheiten dergestalt besorgen lassen, daß hiergegen Schutzmaßregeln ergriffen werden müssen. Nur unter dieser Voraussetzung erscheint die Anwendung der im § 35 aaO. vorgesehenen Befugnisse zulässig. Dafür, daß in der Gemeinde W. eine Gefährdung in dem vorstehend angegebenen Sinne vorliege, fehlt es an dem genügenden Nachweise. Auch der Umstand, daß in der Nachbargemeinde H. in neuerer Zeit zwei Typhusfälle vorgekommen sind, vermag diese Grundlage nicht zu gewähren. Zweifellos kann für eine Gemeinde die Gefahr, von ansteckenden Krankheiten heimgesucht zu werden, auch durch die Nachbarschaft herbeigeführt werden, und es ist wohl denkbar, daß in einem solchen Falle die Forderung, gegen die Gefährdung, die in bezug auf übertragbare Krankheiten von der Nachbarschaft droht, durch eigene Schutzeinrichtungen Abhilfe zu schaffen, mit Recht erhoben wird. Zu diesem Behufe würde indessen näher festgestellt werden müssen, welcher Art die Beziehungen zu der Nachbarschaft sind, wie der gegenseitige Verkehr sich gestaltet hat, worauf die Ursachen der Ansteckungsgefahr zurückzuführen sind und ähnliches. Es kann daher den zuständigen Behörden nur anheimgegeben werden, zunächst in eine nochmalige Prüfung darüber einzutreten, ob nicht den Gesundheitsgefahren, welche sie befürchten, durch ordnungsmäßige Herstellung der Dungstätten und der Brunnen vorgebeugt werden kann.

2. Auch auf feuerpolizeiliche Gründe kann das Verlangen der angefochtenen Verfügung nicht gestützt werden. Es kann den Erklärungen der Parteien so viel entnommen werden, daß die Herbeischaffung von Wasser in einigen Fällen auf gewisse Schwierigkeiten gestoßen ist. Selbst wenn dies berücksichtigt wird, so kann nicht außer acht gelassen werden, daß es sich im vorliegenden Falle um einfache ländliche Verhältnisse in einer kleinen Gemeinde handelt. Dort kann die Anlage einer zentralen Wasserleitung, an die ein jedes Grundstück angeschlossen

werden müßte, nicht als das unbedingt notwendige Mittel erachtet werden, um den durch Feuersbrünste hervorgerufenen Gefahren zu steuern, um so weniger, als bereits eine große Zahl von Brunnen und ein Brandweiher vorhanden ist, auch zwei Wasserläufe unweit des Ortes Gelegenheit zur Wasserentnahme für die Spritzen bieten. Vielmehr kann der von der Polizeibehörde verfolgte Zweck auch auf anderem Wege, z. B. durch Erweiterung des alten oder Anlegung eines neuen Brandweihers, erreicht und auf diese oder ähnliche Weise den etwa bestehenden Mißständen gesteuert werden. Die polizeiliche Verfügung verstößt daher, soweit sie auf feuerpolizeiliche Gründe gestützt ist, gegen den im § 10 ALR. II 17 zum Ausdrucke gebrachten Grundsatz, daß die Polizeibehörde nur die zur Erreichung ihrer Zwecke nötigen Anstalten zu treffen habe; sie geht über das Maß des Notwendigen und Sachdienlichen hinaus. Auch in dieser Beziehung unterliegt sie in der durch § 127 LVG. gezogenen Beschränkung der Nachprüfung des Verwaltungsrichters.

3. Wenn schließlich die polizeiliche Verfügung die Anlage der zentralen Wasserleitung „im wirtschaftlichen Interesse" fordert, so bleibt darauf hinzuweisen, daß zur Förderung wirtschaftlicher Interessen von den besonderen Zwangsmitteln der Polizei nicht Gebrauch gemacht werden darf. Die Polizei ist zum Schutze gegen Gefahren berufen; darüber hinaus darf sie mit ihren Zwangsmitteln nicht einschreiten.

Nr. 3. Entsch. v. 3. Mai 1912 (OVG. 61 214) IX A 108/10.

1. Die in § 30 Abs. 2 G., betr. die Bekämpfung übertragbarer Krankheiten, v. 28. VIII. 05 vorgesehene Klage gegen die Entsch. des Provinzialrats steht nicht nur der Gemeinde und der Provinzialverwaltung, sondern auch der Kommunalaufsichtsbehörde zu.

Auf die Klage der Kommunalaufsichtsbehörde aus § 30 läßt sich allerdings § 127 Abs. 3 LVG. wörtlich nicht anwenden. Der Satz in § 30:

„Auf diese Klage findet die Vorschrift des § 127 Abs. 3 LVG. v. 30. VII. 83 entsprechende Anwendung."

paßt zwar für die Klage der betroffenen Gemeinde und auch gegebenenfalls für die Klage der Provinzialverwaltung, nicht aber für die Klage der Kommunalaufsichtsbehörde. Die Anordnung aus § 30 hat den Charakter der polizeilichen Verfügung und wäre als eine solche anzusprechen, wenn nicht ihr Erlaß gesetzlich der Kommunalaufsichtsbehörde zugewiesen worden wäre. Bei polizeilichen Verfügungen sind in § 127 LVG. die Rechtsmittel nur für den davon Betroffenen geordnet, während der Polizeibehörde, die die Anordnung erlassen hat, die Klage aus § 127 Abs. 3 nicht offen steht, und dementsprechend können die Voraussetzungen, an die die Klage dort geknüpft ist, nur von dem von der polizeilichen Verfügung Betroffenen, nicht aber von der Polizeibehörde geltend gemacht werden. Dies trifft auch bei der Klage aus § 30 G. v. 28. VIII. 05 zu; denn die Kommunalaufsichtsbehörde kann die Klage gegen einen ihre Anordnung aufhebenden Beschluß des Provinzialrats weder darauf stützen, daß sie dadurch in ihren Rechten verletzt werde, weil darunter nur ein Eingriff in die subjektive Rechtssphäre des einzelnen verstanden werden kann, noch darauf, daß die tatsächlichen Voraussetzungen für den Erlaß ihrer Anordnung nicht vorhanden seien. Diese Unstimmigkeit ist anscheinend beim Zustandekommen des § 30 nicht beachtet worden.

Nach der Entstehungsgeschichte des § 30 ist anzunehmen, daß dabei im wesentlichen an den Fall gedacht worden ist, daß die Klage von der Gemeinde oder der Provinzialverwaltung erhoben wird. Dabei sollte ebenso wie bei polizeilichen Verfügungen für das Verwaltungsstreitverfahren die Nachprüfung der Forderung nach ihrer Angemessenheit und Zweckmäßigkeit ausgeschlossen werden. Da aber nach dem Wortlaut und Sinne der gesetzlichen Bestimmungen die Klage auch der

Kommunalaufsichtsbehörde zusteht, so kann § 127 Abs. 3 LVG. auf diese Klage nur sinngemäß angewendet werden, und der § 30 ist so zu verstehen, daß die Klage der Kommunalaufsichtsbehörde nur darauf gestützt werden kann,

1. daß der Beschluß des Provinzialrats auf Nichtanwendung oder unrichtiger Anwendung des bestehenden Rechtes beruhe,
2. daß der Provinzialrat zu Unrecht das Vorhandensein der tatsächlichen Voraussetzungen für den Erlaß der Anordnung verneint habe.

2. Zu den tatsächlichen Voraussetzungen gehört das Vorhandensein des Bedürfnisses für die verlangte Einrichtung, wie aus dem Wortlaute des G. erhellt, wonach die im § 29 bezeichnete Verpflichtung der Gemeinden davon abhängig ist, daß die zu treffenden Einrichtungen zur Bekämpfung übertragbarer Krankheiten notwendig sind.

Welche Grenzen der Gesetzgeber den auf Grund des § 30 zu stellenden Anforderungen gezogen wissen wollte, erhellt aus der Entstehungsgeschichte dieser Vorschrift.

Danach würde es, auch wenn anerkannt werden muß, daß übertragbare Krankheiten jederzeit und an allen Orten auftreten können und zu ihrer Bekämpfung die in § 29 des G. erwähnten und in der Begründung zu § 27 des Entwurfs der Staatsregierung näher bezeichneten Einrichtungen (vgl. Drucks. Nr. 25 I. Sess. **1904** 55 und 56) vom medizinalpolizeilichen Standpunkt aus wünschenswert sind, dem Willen des Gesetzgebers nicht entsprechen, wenn jede Gemeinde, in der solche Einrichtungen fehlen, zu deren Herstellung im Wege des § 30 des G. gezwungen werden könnte. Vielmehr müssen, um die Anwendung des § 29 aaO. zu begründen, d. h. um den Begriff des Notwendigen in diesem Sinne zu erfüllen, neben dem Fehlen der Einrichtungen noch besondere, nach den Umständen des einzelnen Falles zu beurteilende Verhältnisse obwalten, die die Bewohnerschaft der Gemeinde in gesundheitlicher Beziehung stärker als die Allgemeinheit gefährden.

3. Das Gutachten des Medizinalkollegiums hat nun ergeben, daß solche besonderen Verhältnisse nicht vorliegen; es wird dort ausgeführt, daß die Bürgermeisterei (Gemeinde) M. eine ungewöhnlich weitläufige Bebauung hat, die die Ausbreitung von Infektionskrankheiten hemmt oder doch verlangsamt, und daß insbesondere auch die im Jahre 1907 in L. aufgetretene Typhusepidemie, die zur Aufrollung der ganzen Frage die Veranlassung gab, im wesentlichen auf die inzwischen behobene mangelhafte Trinkwasserversorgung dieser Ortschaft zurückzuführen war und keineswegs die Errichtung einer Isolierbaracke, wie die angefochtene Anordnung sie verlangt, erforderlich machte. Weiter wird dort ausgeführt, daß auch die mißlichen Wohnungsverhältnisse in M., wie sie sich aus dem Gutachten des Kreisarztes ergeben, für die Ausbreitung von Seuchen in einer so weitläufig bebauten und gering bevölkerten Gemeinde kaum ins Gewicht fallen, und daß auch die Beschäftigung der Bevölkerung mit Bergbau und Landwirtschaft nichts enthält, was in hervorragendem Maße Bösartigkeit oder Ausbreitungsweise einer Infektionskrankheit begünstigen könnte. Das Gutachten kommt zu dem Ergebnisse, daß die Forderung des Landrats auf Herstellung einer Isolierbaracke mit zwölf Betten zu weit gehe und den tatsächlich vorliegenden Verhältnissen nicht entspreche, sowie daß für die gewöhnlichen Krankheitsverhältnisse in der Gemeinde zur Minderung der Gefahren der übertragbaren Krankheiten auf andere, die Gemeinde weit weniger belastende Weise Vorsorge getroffen werden könne. Die Ausführungen des Gutachtens sind bedenkenfrei und überzeugend.

Nr. 4. Entsch. v. 17. Sept. 1912 (PrVerwBl. 35 127) IXB 42/11.

1. Der Gerichtshof hat bereits in Entsch. v. 14. XII. 10 ausgesprochen, daß die Einleitung von Urin in die städtische Kanalisation gegen § 6

PolVd. v. 15. XI. 70, betr. das Abfuhrwesen in Kiel, verstoße. Er ist hierbei davon ausgegangen, daß der Ausdruck „die menschlichen Auswurfstoffe" sprachlich zwar an sich nicht ungeeignet sei, sowohl die sämtlichen menschlichen Abgänge als auch die festen Abgänge (Darmentleerungen) im besonderen zu bezeichnen, daß aber die erstere Bedeutung seinem nächsten Wortsinne entspreche, und daß es hier an einem Anhalt für eine abweichende Auslegung fehle. Ein solcher Anhalt hat sich auch bei der in dem gegenwärtigen Verfahren vorgenommenen näheren Untersuchung nicht ergeben.

Ein wesentliches Argument gegen eine gegenteilige Auslegung des § 6 muß darin erblickt werden, daß es, wenn diese Auslegung richtig wäre, an einer Regelung der Beseitigung des Urins völlig fehlen würde, während über die Beseitigung des Brauchwassers und des gewerblichen Wassers sowie des Regen- und des Grundwassers, insbesondere über die Beanspruchung der öffentlichen Kanäle für diesen Zweck, eingehend Bestimmung getroffen ist. Es kann nicht wohl in der Absicht der kommunalen und polizeilichen Gesetzgeber gelegen haben, die öffentlichen Kanäle, die zur Aufnahme fester Fäkalien jedenfalls nicht bestimmt waren, gerade nur für die Beseitigung des Urins stillschweigend freizugeben. In dem dargelegten Zusammenhange hätte eine etwa vorhandene Absicht, dem Ausdrucke „menschliche Auswurfstoffe" entgegen seinem nächsten Wortsinne eine den Urin ausschließende Bedeutung beizulegen, notwendig einer unzweideutigen positiven Bekundung bedurft. Aus dem Fehlen einer solchen Bekundung kann nur gefolgert werden, daß bei dem Erlasse der mehrerwähnten Vorschriften eine solche Absicht nicht vorhanden war.

2. Mußte somit die streitige Vorschrift in § 6 PolVd. v. 15. XI. 70 iS. der beklagten Polizeiverwaltung ausgelegt werden, so war auch die Bildung einer abweichenden Observanz schon deshalb für ausgeschlossen zu erachten, weil es sich für die Rechtsbeteiligten, jedenfalls für die Polizei, um nichts anderes handeln konnte, als um Auslegung und Anwendung des die Beseitigung der Schmutzstoffe und die Benutzung der Kanäle (Siele), Gräben, Gossen und öffentlichen Gewässer für diesen Zweck umfassend regelnden geschriebenen Ortsrechts.

Die Ausführungen des Klägers über die in bezug auf die Urinbeseitigung angeblich bestehenden tatsächlichen Zustände sowie über die Stellungnahme der Polizei hierzu entbehren also der rechtlichen Bedeutung. Ungeachtet der Einschaltung eines Kübels zwischen Spülklosett und Kanal verstieß die Gesamtanlage, weil dadurch der Urin dem Kanal zugeführt wurde und zugeführt werden sollte, gegen das geltende Ortsrecht. Die Polizei durfte daher die Beseitigung der gesamten Anlage, wie sie zu dem gedachten Zwecke bestand, als dasjenige fordern, was zur wirksamen, d. h. nachhaltigen Verhinderung einer rechtswidrigen Beanspruchung des öffentlichen Kanals erforderlich war. Anderweitige Einrichtungen zur Verbindung von Spülklosett und Kübelsystem, bei welchen eine rechtswidrige Benutzung des öffentlichen Kanals nicht stattfinden kann, sind damit nicht verboten.

Nr. 5. Entsch. v. 4. Okt. 1912 (OVG. **63** 259) IX C 9/12.

Die Fassung des § 35 Abs. 2 G., betr. die Bekämpfung gemeingefährlicher Krankheiten, v. 30. VI. 00 (RGBl. 306) läßt keinen Zweifel daran, daß die Grenzen der Leistungsfähigkeit der Gemeinden nur dann zu berücksichtigen sind, wenn es sich um die Neuherstellung von Einrichtungen der im Abs. 1 bezeichneten Art — hier also der dem allgemeinen Gebrauche dienenden Einrichtungen für Versorgung mit Trink- oder Wirtschaftswasser — handelt, daß aber eine derartige Schranke für das polizeiliche Vorgehen nicht besteht, wenn bei vorhandenen Gemeindeeinrichtungen dieser Art gesundheitsgefährliche Mißstände hervortreten.

Nr. 6. Entsch. v. 4. Okt. 1912 (PrVerwBl. 35 443) IX C 9/12.

1. Trübes Wasser braucht nicht lediglich wegen seiner Trübung unmittelbar gesundheitsschädlich zu sein; die Trübung kann vielmehr auf Ursachen zurückzuführen sein, die Gefahren für den menschlichen Genuß oder sonstigen wirtschaftlichen Gebrauch an und für sich nicht erzeugen. Um die Feststellung treffen zu können, daß die Trübung des Leitungswassers die Bedeutung eines gesundheitsgefährlichen Mißstandes besitze, hätte der Vorderrichter auf Ursache und Wirkung dieser Trübung näher eingehen müssen. Da er hiervon absah und ohne weiteres in der Trübung eine gesundheitsgefährdende Eigenschaft erblickte, leidet sein Verfahren an einem wesentlichen Mangel, der zur Aufhebung der Entsch. führen muß. Dasselbe gilt für die Art, wie sich der Vorderrichter mit der für die Entsch. erheblichen Tatsache, daß auch nach Errichtung des Hochbehälters noch zeitweilig Trübung des Leitungswassers eingetreten ist, abgefunden hat, indem er erklärt hat, daß sie auf andere Ursachen zurückzuführen sei, ohne diese näher zu bezeichnen.

2. Die bisherige Beweisaufnahme hat ergeben, daß zur Zeit des Erlasses der angefochtenen Verfügung das Leitungswasser zeitweise eine trübe, lehmige, bräunliche oder rötliche Färbung annahm, da bei vorübergehend gesteigertem Druck in der Leitung angesammelter Eisen- und Schmutzabsatz aufgewühlt und den Zapfstellen zugeführt würde, und ferner, daß zuweilen das Leitungswasser überhaupt nicht bis in die höher gelegenen Ortsteile emporstieg. Wenn nun auch hieraus noch nicht notwendig folgt, daß eine unmittelbare Gesundheitsgefahr bestanden hat, so kann doch danach auf die mittelbare Entstehung einer solchen Gefahr geschlossen werden. Indem nämlich die Wasserleitung mit den geschilderten mangelhaften Leistungen ihrer Aufgabe, die Einwohner des Orts in ihren Wohn- und Wirtschaftsstätten dauernd und zu jeder Bedarfszeit mit einwandfreiem, insbesondere auch normal aussehendem Trink- und Wirtschaftswasser zu versorgen, nicht genügte, gab sie den Einwohnern Anlaß, wieder auf die Benutzung ihrer alten Wasserentnahmestellen zurückzugreifen, während gerade die Erkenntnis derjenigen Gesundheitsgefahren, die mit einer Benutzung der letzteren nach den örtlichen Verhältnissen tatsächlich verbunden waren, die Gemeinde zur Anlegung der Wasserleitung bewogen hatte. Die gesundheitsgefährlichen Mißstände, deren Abstellung durch die Wasserleitung erreicht werden sollte, wenn sie ordnungsmäßig funktionierte, wurden also durch die mit den geschilderten Betriebsmängeln behaftete Leitung nicht abgestellt, sondern erhalten bzw. wieder von neuem ins Leben gerufen. Mag hiernach immerhin auch schon auf Grund der bisherigen Beweisaufnahme festzustellen sein, daß die Mängel der Wasserleitung gesundheitsgefährliche Mißstände zur Folge hatten, so fehlt es doch nach der gegenwärtigen Sachlage an den erforderlichen Unterlagen für die weiter notwendige Feststellung, daß die Ausführung des Hochbehälters auch die geeignete und nötige Maßregel zur Abstellung der Gefahr war. Es muß ferner auffallen, daß nach der Beweisaufnahme eine Trübung des Leitungswassers ähnlich der früheren auch später beobachtet worden ist, nachdem der Hochbehälter an den Betrieb der Leitung angeschlossen worden war. Die Ursachen dieser Trübung sind bisher noch nicht aufgeklärt. Nach beiden Richtungen bedarf es noch weiterer Beweisaufnahme durch Vernehmung von geeigneten Sachverständigen und gegebenenfalls auch noch weitergehender Ermittelungen, und zwar nach entsprechender Anhörung der Parteien.

3. Unrichtig ist die Ansicht, daß der Streitstoff, wenn eine Zurückverweisung zur anderweitigen Entsch. gemäß § 99 LVG. erfolgt ist, unterschiedslos auf die schon in der RevisionsEntsch. erörterten (und nicht etwa schon durch sie endgültig erledigten) Punkte beschränkt zu bleiben habe. Für die Befugnis der Parteien, neue Tatsachen und Beweismittel vorzubringen, ist vielmehr nach Aufhebung der früheren Entsch. und Wiedereröffnung der Verhandlung nur der § 71

aaO. die gesetzliche Schranke, mit der Maßgabe, daß eine Abänderung der Klage — die hier aber bisher nicht in Betracht kommt — mit Rücksicht auf § 92 aaO. allerdings dann ausgeschlossen bleibt, wenn die Zurückverweisung an die Berufungsinstanz erfolgt ist.

4. Rechtlich unerheblich aber ist die neue Behauptung der Klägerin, sie sei nicht genügend leistungsfähig für die Ausführung des Hochbehälters. Gegenüber der allgemeinen Regel, daß die Durchführung notwendiger polizeilicher Anforderungen nicht von der Leistungsfähigkeit des Heranzuziehenden abhängig ist, bedurfte es einer positiven Bekundung im G., wenn hier die Leistungsfähigkeit der Klägerin eine Voraussetzung für ihre Heranziehung bilden sollte. Die Fassung des § 35 Abs. 2 ReichsG. v. 30. VI. 00 läßt aber keinen Zweifel daran, daß die Grenzen der Leistungsfähigkeit der Gemeinden nur dann zu berücksichtigen sind, wenn es sich um die Neuherstellung von Einrichtungen der im Abs. 1 bezeichneten Art — hier also der dem allgemeinen Gebrauch dienenden Einrichtungen für Versorgung mit Trink- oder Wirtschaftswasser — handelt, daß aber eine derartige Schranke für das polizeiliche Vorgehen nicht besteht, wenn bei vorhandenen Gemeindeeinrichtungen dieser Art gesundheitsgefährliche Mißstände hervortreten. Denn vorangestellt ist in dem ersten Satze des zweiten Absatzes der allgemeine Grundsatz: „Die Gemeinden sind verpflichtet, für die Beseitigung der vorgefundenen gesundheitsgefährlichen Mißstände Sorge zu tragen.“ Ihm folgt die besondere Bestimmung: „Sie können nach Maßgabe ihrer Leistungsfähigkeit zur Herstellung von Einrichtungen der im Abs. 1 bezeichneten Art, sofern dieselben zum Schutze gegen übertragbare Krankheiten erforderlich sind, jederzeit angehalten werden.“ Abgesehen von der Zweifelsfreiheit dieser Fassung, bietet auch die Entstehungsgeschichte des § 35 Abs. 2 aaO. keinerlei Anhalt dafür, daß etwa die Absicht dahin gegangen wäre, die Pflicht der Gemeinden, für den polizeigemäßen Zustand ihrer Einrichtungen zu sorgen, dahin abzuschwächen, daß sie nur nach Maßgabe ihrer Leistungsfähigkeit hierzu angehalten werden könnten.

Nr. 7. Entsch. v. 21. Okt. 1913 (OVG. **65** 276) IXA 114/12.

Das von der Stadtgemeinde verlegte Leitungsrohr ist zur unterirdischen Abführung der Straßenabwässer bestimmt, die bisher in den Rinnsteinen oberirdisch abflossen. Ebenso wie früher die Rinnsteine dient es zugleich auch zur Aufnahme und Ableitung der von den angrenzenden Hausgrundstücken nach der Straße ablaufenden Haus- und Wirtschaftsabwässer, sowie auch von gewerblichen Abwässern. Das Kanalrohr ist hiernach zur Fortschaffung von Abfallstoffen bestimmt und dient nach Lage der Sache dem allgemeinen Gebrauche. Nach § 35 ReichsG., betr. die Bekämpfung gemeingefährlicher Krankheiten, v. 30. VI. 00 (RGBl. 306) sind die dem allgemeinen Gebrauche dienenden Einrichtungen für Fortschaffung der Abfallstoffe fortlaufend durch staatliche Beamte zu überwachen und sind die Gemeinden verpflichtet, für die Beseitigung der vorgefundenen gesundheitsgefährlichen Mißstände Sorge zu tragen. Die in letzterer Beziehung erforderlichen Anordnungen zu treffen, gehört zur Zuständigkeit der Ortspolizei (vgl. § 12 G. zur Bekämpfung übertragbarer Krankheiten v. 28. VIII. 05, GS. 373, OVG. **46** 430, **52** 284). Indem aber das G. der Ortspolizeibehörde diese Aufgabe zuweist, gewährt es ihr zugleich die Befugnis, die zur Erfüllung ihrer Aufgabe erforderliche, von ihr selbst nicht zu beschaffende Auskunft von demjenigen zu verlangen, dem der Sachverhalt bekannt ist. Daß aber die Ortspolizeibehörde Mißständen, die bei einer dem allgemeinen Gebrauche dienenden Einrichtung zur Fortschaffung der Abfallstoffe vorgefunden werden, im Regelfalle nur dann durch geeignete und sachentsprechende Anordnungen entgegenzutreten in der Lage ist, wenn sie über die Art der Einrichtungen in allen ihren Einzelheiten unterrichtet ist, und daß sie die Kenntnis hierüber bei einer unterirdischen Kanalleitung sich auch nicht oder doch nicht mit der erforderlichen Zuverlässigkeit durch ihre eigenen Beamten verschaffen kann, bedarf keiner näheren Darlegung. Die Polizeiverwaltung war deshalb berechtigt, so, wie geschehen, von der Klägerin als der Bauherrin der Kanalanlage Auskunft über deren Einrichtung und die dabei in Betracht kommenden Verhältnisse durch Vorlegung eines Entwurfes der von ihr ausgeführten Kanalisationsarbeiten zu verlangen.

Nr. 8. Entsch. v. 26. April 1912 (PrVerwBl. **34** 365) IXB 26/11.

ALR. II 17 § 10. BGB. §§ 544, 559.

1. Die Befugnis der Polizei, auf Grund des § 10 ALR. II 17 gegen die Benutzung einer feuchten, gesundheitsschädlichen Wohnung einzuschreiten, wird dadurch nicht beeinträchtigt, daß der Mieter von der ihm durch § 544 BGB. eingeräumten Berechtigung der fristlosen Kündigung dem Vermieter gegenüber keinen Gebrauch macht. Zu dem Publikum, das vor Gefahr zu schützen nach § 10 aaO. das Amt der Polizei ist, gehört nach der zutreffenden Annahme des Vorderrichters auch ein eng begrenzter Kreis von Personen, wie der Mieter einer Wohnung mit seiner Familie.

2. Ebensowenig mindern die Vorschriften des § 559 BGB. über das Pfandrecht des Vermieters die öffentlich-rechtlichen Befugnisse der Polizei aus § 10 ALR. II 17.

Nr. 9. Entsch. v. 8. Dez. 1911 (PrVerwBl. **34** 132) IXA 10/11.

1. Die angefochtene Verfügung verbietet den Grundstücksbesitzern die Ableitung der Abfälle und Flüssigkeiten aus den Arbeitsräumen der Fleischereibetriebe nach der Straße (d. h. in die Straßenrinnsteine und Straßenkanäle) und gebietet ihnen, für diese Abgänge auf ihren Grundstücken besondere, dicht abgedeckte Sammelgruben anzulegen, die regelmäßig zu entleeren und zu desinfizieren sind. Die Verfügung wird unter gleichzeitigem Hinweis auf eine nach § 3 PolVd. für die Stadt Grünberg v. 12. VII. 06 zu erwartende Bestrafung mit der aus der bisherigen Ableitung der Schlachtabfälle in die Rinnsteine und Straßenkanäle drohenden Gesundheitsgefahr begründet.

Gegen die Rechtsgültigkeit einer solchen Vorschrift walten Bedenken nicht ob. Unter diese Vorschrift fallen die in Rede stehenden Abgänge, deren Ableitung in die Rinnsteine und Straßenkanäle in der angefochtenen Verfügung verboten wird. Denn diese Abgänge stammen unbestritten aus der von den Klägern betriebenen Wurstfabrikation und bestehen nach den Feststellungen des Kreisarztes aus Spülwasser, das mit Blut, Darminhalt und Fettsubstanzen durchsetzt ist. Die Abgänge gehören demnach, wenn sie nicht schon als übelriechende Flüssigkeiten oder feste Körper iS. der gedachten Vorschrift anzusehen sind, was dahingestellt bleiben kann, jedenfalls zu den dort genannten Wirtschaftsabgängen, deren Ableitung in die öffentlichen Rinnsteine, Kanäle und Wasserläufe durch die Polizeiverordnung untersagt ist. Da hiernach mit dem Verbot der angefochtenen Verfügung nichts weiter verlangt wird, als was dort schon vorgeschrieben ist, ergibt sich ohne weiteres die Rechtsgültigkeit dieses Verbots, ohne daß es darauf ankommt, ob diese Ableitung hier aus sanitären Gründen bedenklich erscheint oder nicht.

2. War aber das Verbot der Ableitung in die Rinnsteine und Straßenkanäle gerechtfertigt, so folgt daraus auch die Rechtsgültigkeit des auf die Anlegung und regelmäßige Entleerung von Sammelgruben gerichteten Gebots der polizeilichen Verfügung. Daß die in Frage kommenden Abgänge, falls sie nicht auf unschädliche Weise beseitigt werden, infolge ihrer Zersetzung übelriechende, der Gesundheit schädliche Ausdünstungen hervorzurufen geeignet sind, unterliegt keinem Zweifel und ergibt sich auch aus den Feststellungen des Kreis-

arztes über die sanitären Mißstände, die aus dem Hineingelangen dieser Abwässer in die Straßenrinnsteine entstanden sind. Die Polizeibehörde kann gegen die Ansammlung übelriechender und schädliche Ausdünstungen verursachender Flüssigkeiten in nicht ordnungsmäßigen Behältern oder das Verbleiben solcher auf einem Grundstück ohne Behälter auf Grund des § 10 ALR. II 17 einschreiten und Anlagen zur Wegschaffung solcher Flüssigkeiten vorschreiben, wobei es dem von der Anordnung Betroffenen überlassen bleibt, seinerseits nachzuweisen, daß er auf andere Art den von der Behörde wahrzunehmenden Interessen zu genügen vermag. Zu jenen Anlagen gehört auch die Anlegung und regelmäßige Entleerung von Sammelgruben. Die Möglichkeit einer anderweiten, die Kläger weniger belastenden unschädlichen Beseitigung der Abgänge aus der Wurstfabrikation erhellt nicht, nachdem deren Entfernung durch die Rinnsteine und Straßenkanäle nicht weiter gestattet worden ist. Eventuell wäre es Sache der Kläger gewesen, darzutun, auf welche andere Weise die unschädliche, nicht gegen die geltenden Polizeivorschriften verstoßende Entfernung dieser Abgänge bewirkt werden könnten.

Nr. 10. Entsch. v. 23. Mai 1913 (PrVerwBl. 35 860) IX A 149/12.

1. Durch die angefochtene Verfügung ist das Aufbewahren und Schlachten lebender Tiere in dem Keller des Klägers untersagt, sofern dort zugleich Lebensmittel aufbewahrt werden. Das Verbot findet seine materielle Stütze in dem Gutachten des Kreisarztes, nach dem es feststeht, daß „der Aufenthalt lebender Tiere und deren Schlachten in einem Keller, in dem Konserven und Fleisch und ähnliche Nahrungsmittel aufbewahrt werden, aus sanitären Gründen durchaus unzulässig ist". Entsprechend ihrer Aufgabe, die nötigen Anstalten u. a. auch zur Abwendung der dem Publikum oder einzelnen Mitgliedern desselben bevorstehenden Gefahren zu treffen (§ 10 ALR. II 17), war hiernach die Polizeibehörde zum Erlasse der Verfügung berechtigt, sofern sie damals ausreichenden Anlaß zu der Annahme hatte, daß der Kläger in dem Keller ungeachtet seiner Bestimmung zum Vorratskeller Geflügel aufbewahren und schlachten werde. Das war der Fall.

Dient der Keller eines Privatmanns dazu, das im Haushalte für seinen Tisch bestimmte Geflügel aufzunehmen und gegebenenfalls auch den Ort seiner Schlachtung zu bilden, so findet doch im Gegensatze zu einem Geschäftskeller diese Benutzung wie auch die Menge der gleichzeitig aufbewahrten Vorräte ihre enge Begrenzung durch die Schranken des eigenen Bedarfs eines einzelnen Haushalts. In dem Geschäfte des Klägers ist nach seiner eigenen Angabe während der Badesaison der Umsatz an geschlachtetem Geflügel sehr groß. Auch wenn nur das in kleineren Posten vom Lande angelieferte Geflügel vorübergehend Aufnahme in dem Vorratskeller finden und von dort regelmäßig alsbald noch lebend nach dem Schuppen geschafft werden soll, so kann doch die häufigere Wiederholung derartiger Einzelfälle, mit deren Möglichkeit als naheliegend bei dem starken Geschäftsumsatze zu rechnen ist, zusammengenommen eine längere Dauer des Aufenthalts von Geflügel zur Folge haben und dadurch dem Keller die Eigenschaft eines Geflügelaufbewahrungsraums geben. Das Gleiche gilt von seiner Bestimmung zum Schlachtraum, auch wenn das Schlachten sich im Einzelfall immer nur auf Geflügel, das in wenigen Stücken gebracht ist, erstrecken sollte.

2. Um das polizeiliche Verbot zu rechtfertigen, genügte aber die Feststellung der naheliegenden Möglichkeit einer derartigen Benutzung des Kellers, ohne daß es darauf ankam, durch Beweisaufnahme ihren bisherigen tatsächlichen Umfang genau festzustellen. Denn es entspricht durchaus den Aufgaben der Polizei, schon dem voraussehbaren künftigen Eintritt einer Gefährdung der ihrer Obhut zugewiesenen Interessen vorbeugend entgegenzutreten. Nach den Umständen rechtfertigte es sich auch, daß jedes Aufbewahren von Geflügel,

also auch ein im Einzelfall auf nur kurze Dauer bestimmtes, von dem Verbot erfaßt werden sollte; denn andernfalls würde die im öffentlichen Interesse notwendige wirksame Durchführung der Kontrolle über die Befolgung des Verbots praktisch unerreichbar gewesen sein.

Nr. 11. Entsch. v. 18. Juni 1912 (PrVerwBl. 34 525) IXB 49/11.

1. Das ReichsimpfG. hat einem ärztlichen Zeugnisse, das gemäß § 10 Abs. 2 aaO. für eine bestimmte Zeit beim impfpflichtigen Kinde eine Impfgefahr (§ 2 Abs. 1 das.) bescheinigt, nicht die Bedeutung beigelegt, daß es — abgesehen von dem Falle des § 278 StGB. oder wenn es selbst die Zweifelhaftigkeit der Fortdauer der Gefahr ausspricht — für die zur Kontrolle des Impfens zuständige Behörde unbedingt bindend ist.

Das ReichsimpfG. hat im § 1 bestimmte Fristen für die Impfung gesetzt. Danach soll der Impfung mit Schutzpocken jedes Kind, sofern es nicht nach ärztlichem Zeugnis die natürlichen Blattern überstanden hat, vor dem Ablauf des nach seinem Geburtsjahre folgenden Kalenderjahres unterzogen werden. Sobald diese Frist abgelaufen ist, beginnt die Kontrolle der zuständigen Behörde darüber, ob der Impfpflicht genügt worden ist. Dieser Kontrolle dienen die im § 10 aaO. genannten ärztlichen Zeugnisse. Nach dem Willen des Gesetzgebers soll ein diesen Vorschriften entsprechendes ärztliches Zeugnis zum Beweise dafür dienen, daß die Impfung innerhalb der gesetzlichen Frist (§ 1 des G.) aus einem gesetzlichen Grunde unterblieben ist (§ 12 aaO.). Eltern, Pflegeeltern oder Vormünder, die ein solches ärztliches Zeugnis vorweisen, unterliegen nicht der Strafbestimmung in § 14 aaO. Dies ergibt sich aus den Bestimmungen im § 2 Abs. 1, § 10, § 12 und § 14 aaO. Dagegen ist aus dem G. nicht zu entnehmen, daß ein solches ärztliches Zeugnis auch einen gültigen Nachweis für die Dauer der in ihm bescheinigten Impfgefahr erbringen sollte. Eine positive Vorschrift in dieser Beziehung enthält das G. nicht, und § 2 daselbst spricht gegen die Annahme, daß der Gesetzgeber der Vorschrift über den Inhalt des ärztlichen Zeugnisses in § 10, wonach darin anzugeben ist, auf wie lange die Impfung unterbleiben dürfe, eine solche Bedeutung habe beilegen wollen. Denn für die Frage, wann die Impfung nachzuholen sei, ist die Bestimmung in § 2 maßgebend, wonach es auf das Aufhören des die Gefahr begründenden Zustandes, also auf ein objektives Moment, nicht auf ein ärztliches Gutachten ankommt. Der Zeitpunkt, wann der Gefahrzustand aufhört, kann im voraus niemals mit unbedingter Sicherheit festgestellt, sondern nur auf Grund der Erfahrungen und Kenntnisse der ärztlichen Wissenschaft als mehr oder minder wahrscheinlich angenommen werden.

Demnach sind nach Wortlaut und Sinn der Bestimmung in § 2 Abs. 2 ReichsimpfG. die gesetzlichen Voraussetzungen für die dort vorgeschriebene Entsch. des zuständigen Impfarztes gegeben, wenn bei Prüfung der in Betracht kommenden Verhältnisse ein Zweifel darüber begründet erscheint, ob die Gefahr, die nach ärztlichem Zeugnis einen vorläufigen Befreiungsgrund von der Impfung gebildet hat, für das Leben oder die Gesundheit des impfpflichtigen Kindes noch fortbesteht, gleichviel, ob das ärztliche Zeugnis sich für die Fortdauer der Gefahr ausspricht oder nicht.

Die Frage, ob der Fall als zweifelhafter iS. des § 2 Abs. 2 anzusehen ist, unterliegt der Nachprüfung im Verwaltungsstreitverfahren. Denn das G. macht die Entsch. des Impfarztes von dem Vorhandensein eines zweifelhaften Falles abhängig. Daraus folgt, daß eine polizeiliche Verfügung, die auf Herbeiführung dieser Entsch. gerichtet ist, nur dann die nötige gesetzliche Grundlage hat, wenn ein zweifelhafter Fall vorliegt. Gehört sonach das Vorliegen des Zweifelsfalls zu den tatsächlichen Voraussetzungen der Verfügung, so ist es Aufgabe des Verwaltungsrichters, festzustellen, ob die Polizeibehörde nach Lage der Sache einen auf Tatsachen gestützten, objektiv berechtigten Grund zum Zweifel hatte.

3. Der § 1 ReichsimpfG. gebietet unzweideutig die Impfung der Kinder (Minderjährigen), und § 14 aaO. stellt die Nichterfüllung dieses Gebots unter Strafe. Demnach stellt die Entziehung der Kinder von der Impfung — abgesehen von den gesetzlichen Befreiungsgründen — unzweifelhaft einen gesetzwidrigen Zustand dar. Zur Beseitigung eines gesetzwidrigen Zustandes ist die Polizei jederzeit und so lange einzuschreiten befugt, als der gesetzwidrige Zustand dauert, und kann sich dazu der ihr gesetzlich zustehenden Machtmittel bedienen. Das sind in Preußen die Zwangsbefugnisse des § 132 LVG. Daraus folgt, daß die Polizeibehörde zur Durchführung der Impfung von den ihr dort verliehenen Zwangsbefugnissen Gebrauch machen kann, wenn nicht etwa das G. selbst das Gegenteil will. Ein Verbot, die gesetzlichen Zwangsmittel zur Durchführung der gesetzlich vorgeschriebenen Impfung anzuwenden, enthält das ReichsimpfG. in ausdrücklichen Worten nicht, es kann sich also nur darum handeln, wovon der Kläger auch ausgeht, ob sich ein solches Verbot aus der Absicht des Gesetzgebers, wie sie aus der Entstehungsgeschichte des G. zu erkennen ist, herleiten läßt. Dies ist nicht der Fall.

Nr. 12. Entsch. v. 18. Juni 1912 (OVG. **61** 223) IX A 147/11.

1. Auch wenn in einem gemäß § 10 Abs. 2 ReichsimpfG. v. 8. IV. 74 ausgestellten ärztlichen Zeugnisse bescheinigt ist, daß die Impfung eines Impfpflichtigen auf eine bestimmte Zeit unterbleiben müsse, darf die Polizeibehörde, wenn nach Lage der Sache ein berechtigter Grund zum Zweifel an der Richtigkeit der Bescheinigung vorliegt, das Vorhandensein eines zweifelhaften Falles iS. des § 2 Abs. 2 aaO. annehmen und die Vorführung des Impfpflichtigen vor den Impfarzt zur Entsch. darüber, ob die Gefahr noch fortbestehe, anordnen.

Das ReichsimpfG. hat im § 1 bestimmte Fristen für die Impfung gesetzt. Danach soll der Impfung mit Schutzpocken jedes Kind, sofern es nicht nach ärztlichem Zeugnisse die natürlichen Blattern überstanden hat, vor dem Ablaufe des auf sein Geburtsjahr folgenden Kalenderjahrs unterzogen werden. Sobald diese Frist abgelaufen ist, beginnt die Kontrolle der zuständigen Behörde darüber, ob der Impfpflicht genügt worden ist. Dieser Kontrolle dienen die im § 10 aaO. genannten ärztlichen Zeugnisse. Nach dem Willen des Gesetzgebers soll ein diesen Vorschriften entsprechendes ärztliches Zeugnis zum Beweise dafür dienen, daß die Impfung innerhalb der gesetzlichen Frist (§ 1 des G.) aus einem gesetzlichen Grunde unterblieben ist (§ 12 aaO.). Eltern, Pflegeeltern oder Vormünder, die ein solches ärztliches Zeugnis vorweisen, unterliegen nicht der Strafbestimmung in § 14 aaO. Dagegen ist aus dem G. nicht zu entnehmen, daß ein solches ärztliches Zeugnis auch einen gültigen Nachweis für die Dauer der in ihm bescheinigten Impfgefahr erbringen sollte. Eine positive Vorschrift in dieser Beziehung enthält das G. nicht, und § 2 daselbst spricht gegen die Annahme, daß der Gesetzgeber der Vorschrift über den Inhalt des ärztlichen Zeugnisses in § 10, wonach darin anzugeben ist, auf wie lange die Impfung unterbleiben dürfe, eine solche Bedeutung habe beilegen wollen. Denn für die Frage, wann die Impfung nachzuholen sei, ist die Bestimmung in § 2 maßgebend, wonach es auf das Aufhören des die Gefahr begründenden Zustandes, also auf ein objektives Moment, nicht auf ein ärztliches Gutachten ankommt. Der Zeitpunkt, wann der Gefahrzustand aufhört, kann im voraus niemals mit unbedingter Sicherheit festgestellt, sondern nur auf Grund der Erfahrungen und Kenntnisse der ärztlichen Wissenschaft als mehr oder minder wahrscheinlich angenommen werden.

Zum Zwecke einer wirksamen Kontrolle über das Impfen soll die letzte Entsch. im streitigen Falle dem zuständigen Impfarzte zustehen; denn es liegt auf der Hand, daß von einer wirksamen Kontrolle über das Impfen, also über die Durchführung des G., keine Rede sein kann, wenn jedes ärztliche Zeugnis über die Dauer der Gefahr — also z. B., wenn bei einem unbedeutenden und voraussichtlich vorübergehenden Krankheitszustande diese Dauer auf zehn Jahre angegeben wird — bedingungslos zu beachten wäre, sofern es nicht selbst Zweifel über die Fortdauer ausspricht oder der Tatbestand des § 278 StGB. vorliegt. Demnach sind nach Wortlaut und Sinn der Bestimmung in § 2 Abs. 2 ReichsimpfG. die gesetzlichen Voraussetzungen für die dort vorgeschriebene Entsch. des zuständigen Impfarztes gegeben, wenn bei Prüfung der in Betracht kommenden Verhältnisse ein Zweifel darüber begründet erscheint, ob die Gefahr, die nach ärztlichem Zeugnis einen vorläufigen Befreiungsgrund von der Impfung gebildet hat, für das Leben oder die Gesundheit des impfpflichtigen Kindes noch fortbesteht, gleichviel, ob das ärztliche Zeugnis sich für die Fortdauer der Gefahr ausspricht oder nicht.

2. Die Frage, ob hier der Fall als zweifelhafter iS. dieser Gesetzesvorschrift anzusehen ist, unterliegt der Nachprüfung im Verwaltungsstreitverfahren; denn das G. macht die Entsch. des Impfarztes von dem Vorhandensein eines zweifelhaften Falles abhängig. Daraus folgt, daß eine polizeiliche Verfügung, die auf Herbeiführung dieser Entsch. gerichtet ist, nur dann die nötige gesetzliche Grundlage hat, wenn ein zweifelhafter Fall vorliegt. Gehört sonach das Vorliegen des Zweifelsfalls zu den tatsächlichen Voraussetzungen der Verfügung, so ist es Aufgabe des Verwaltungsrichters, festzustellen, ob die Polizeibehörde nach Lage der Sache einen auf Tatsachen gestützten, objektiv berechtigten Grund zum Zweifel hatte. Dies ist hier zu bejahen. Wenn auch die BRB. v. 28. VI. 99 Gesetzeskraft nicht besitzen, so erscheint doch die dem § 8 unter V daselbst zugrunde liegende Annahme nicht unberechtigt, daß wiederholte Befreiungen des Impfpflichtigen von der Impfung auf Grund ärztlicher Zeugnisse zu dem Zweifel Veranlassung geben können, ob die Erfüllung der gesetzlichen Impfpflicht tatsächlich mit einer Gefahr für Leben oder Gesundheit des Kindes verknüpft ist. Außerdem war der betreffende Arzt der Polizeibehörde als Impfgegner bekannt, dessen Impfzeugnisse bei Nachuntersuchungen mehrfach als nicht zutreffend erachtet worden waren. Dazu kommt, daß das letzte ärztliche Zeugnis die Impfgefahr für den auffallend langen Zeitraum von drei Jahren ausspricht. Diese Erwägungen lassen den Zweifel der Polizeibehörde darüber, ob die Impfgefahr noch fortbestehe, begründet erscheinen.

3. § 1 ReichsimpfG. gebietet unzweideutig die Impfung der Kinder (Minderjährigen), und § 14 aaO. stellt die Nichterfüllung dieses Gebots unter Strafe. Demnach stellt die Entziehung der Kinder von der Impfung — abgesehen von den gesetzlichen Befreiungsgründen — unzweifelhaft einen gesetzwidrigen Zustand dar. Zur Beseitigung eines solchen Zustandes ist die Polizei jederzeit und so lange einzuschreiten befugt, als er dauert, und sie kann sich dazu der ihr gesetzlich zustehenden Machtmittel bedienen. Das sind in Preußen die Zwangsbefugnisse des § 132 LVG. Daraus folgt, daß die Polizeibehörde zur Durchführung der Impfung von den ihr dort verliehenen Zwangsbefugnissen Gebrauch machen kann, wenn nicht etwa das G. selbst das Gegenteil will. Ein Verbot, die gesetzlichen Zwangsmittel zur Durchführung der gesetzlich vorgeschriebenen Impfung anzuwenden, enthält das ReichsimpfG. in ausdrücklichen Worten nicht; es kann sich also nur darum handeln, ob sich ein solches Verbot aus der Absicht des Gesetzgebers, wie sie aus der Entstehungsgeschichte des G. zu erkennen ist, herleiten läßt. Dies ist nicht der Fall.

Nr. 13. Entsch. v. 20. Sept. 1912 (DJZ. 18 534) IXA 125/11.

Wie das OVG. in mehrfachen Entsch. in Übereinstimmung mit dem Reichsgericht ausgesprochen hat, ist die Polizeibehörde gesetzlich nicht behindert, auch innerhalb der Zeit, die in einem ärztlichen Zeugnis für die Dauer der Impfgefahr bescheinigt wird, die Untersuchung des Kindes durch den zuständigen Impfarzt anzuordnen. Voraussetzung für das Einschreiten der Polizeibehörde ist dabei das Vorliegen von Tatsachen, die objektiv die Zulässigkeit eines Zweifels der Polizeibehörde über das Fortbestehen des Gefahrzustandes für begründet erscheinen lassen.

2. Theater- und Filmzensur.

Nr. 1. Entsch. v. 22. Sept. 1911 (OVG. **61** 230) I A 133/10.

1. Durch die angefochtene Verfügung werden die von dem Vereine veranstalteten Theatervorstellungen nach Maßgabe der PolVd. v. 10. VII. 51 der sogenannten Theaterzensur unterstellt. Daß die einschlägigen Vorschriften dieser Polizeiverordnung rechtsgültig sind, ist in OVG. **29** 429 anerkannt. Darin ist durch das inzwischen ergangene RVerG. nichts geändert worden, weil es sich auf die Veranstaltung von Theatervorstellungen, auch wenn diese für die Mitglieder eines Vereins stattfinden, nicht bezieht. Hiernach hängt die Entsch. davon ab, ob die von dem Vereine veranstalteten Theatervorstellungen als öffentliche iS. der mehrgenannten Polizeiverordnung anzusehen sind und deshalb der besonderen Genehmigung durch den Polizeipräsidenten bedürfen. Dies ist zu bejahen.

Nach der im Rechtsleben geltenden allgemeinen Bedeutung des Begriffs der Öffentlichkeit kann eine Lustbarkeit nur dann als eine nicht öffentliche gelten, wenn die Beteiligung auf einen individuell bestimmten Kreis von Personen beschränkt ist, insbesondere also dann, wenn sie von einem Privaten ausschließlich für seine Privatgäste oder von einer geschlossenen Gesellschaft für ihre Mitglieder oder für besonders eingeführte Gäste veranstaltet wird. Die Kläger nehmen denn auch für die streitigen Veranstaltungen die Geschlossenheit in diesem Sinne in Anspruch und machen dafür geltend, daß der Verein in seiner Gesamtheit, mindestens aber diejenigen Abteilungen, in die die Mitglieder zum Zwecke der Veranstaltung von Theatervorstellungen geteilt werden, geschlossene Gesellschaften bilden. Nach keiner von beiden Richtungen hin kann indessen der Klagebegründung beigetreten werden.

2. Die Einschränkung der Veranstaltung auf eine individuell begrenzte Mehrheit von Personen bemißt sich danach, ob die Teilnehmer einen engeren, durch das innere Band wechselseitiger persönlicher Beziehungen zusammengehaltenen und nach außen bestimmt abgegrenzten Personenkreis bilden, was durch die Zugehörigkeit zu einem Vereine zwar begründet werden kann, aber nicht notwendig und nicht immer begründet wird.

Bei der „Freien Volksbühne" handelt es sich um einen Verein, der sich die Aufgabe gestellt hat, das Verständnis für Kunst und Kunstwerke im Volke, insbesondere in der Arbeiterklasse, zu wecken und zu fördern. Diese Aufgabe umfaßt alle Gebiete der bildenden, darstellenden, Ton- und Dichtkunst. Zu ihrer Erfüllung wendet sich der Verein unter besonderer Berücksichtigung der Arbeiterbevölkerung an die breiteste Öffentlichkeit. Aus dieser wirbt er seine Mitglieder, für die er Druckschriften herausgibt und Vorträge sowie Vorführungen bedeutender Werke der bildenden Kunst, der Musik und der Dichtkunst durch Rezitationen und Theatervorstellungen veranstaltet. Die hierdurch entstehenden Unkosten werden unter anderem aus den von den Mitgliedern zu zahlenden Eintrittsgeldern und Beiträgen gedeckt. Für den Beitrag erhält jedes Mitglied freien Zutritt zu den Theatervorstellungen seiner Abteilung, für die die Plätze durch das Los bestimmt werden. Diese ganze Organisation bedeutet nichts weiter als eine Einrichtung zur Beschaffung von Kunstgenuß zu billigen Preisen. Dieser Zweck ist zweifellos für alle Mitglieder ein gemeinsamer, aber kein einheitlicher. Jedes

Mitglied verfolgt für sich den persönlichen Zweck, sein Bedürfnis nach Kunstgenuß zu befriedigen, und es bedient sich des Zusammenschlusses mit den anderen nur um deswillen, weil es seinen Zweck günstiger auf anderem Wege nicht erreichen kann. Unter diesen Umständen kommt für die Frage, ob der Verein eine geschlossene Gesellschaft bildet, allein entscheidend in Betracht, daß der Zutritt zum Vereine jederzeit jedermann freisteht, die Zahl der Mitglieder eine überaus große, einen persönlichen Zusammenhang zwischen den einzelnen ausschließende ist und der Zweck des Vereins sich in der Beteiligung an den Theatervorstellungen erschöpfe. Aus allen diesen Umständen ist zu folgern, daß die Mitglieder des Vereins als ein in sich geschlossener, bestimmt abgegrenzter Kreis innerlich untereinander verbundener Personen nicht anzusehen sind.

Nr. 2. Entsch. v. 10. Juli 1913 (PrVerwBl. 35 714) I A 68/13.

1. Das Recht der Polizei zur Ausübung der sogenannten Theaterzensur, d. i. die Befugnis, die Aufführung theatralischer Vorstellungen aus sitten- und ordnungspolizeilichen Gründen zu verbieten, gründet sich allein auf die Bestimmungen in § 10 ALR. II 17 und § 6 PolVerwG. und hat daher die Öffentlichkeit der Aufführung zur Voraussetzung. Demnach ist diese Befugnis insbesondere dann nicht begründet, wenn die theatralische Vorstellung von einer geschlossenen Gesellschaft für ihre Mitglieder oder die besonders eingeladenen und eingeführten Gäste veranstaltet werden soll. In demselben Rahmen bewegt sich die Befugnis der Polizei, über den Inhalt des aufzuführenden Stückes Kenntnis zu erhalten und die Vorlegung des Textes zu verlangen; denn das Recht der Polizei auf Erteilung von Auskunft ist kein allgemeines und unbedingtes, sondern besteht, abgesehen von besonderer gesetzlicher Anerkennung, nur soweit, als die Polizei der Auskunft zur Erfüllung ihrer Aufgaben bedarf. Da nach dem Inhalte der Akten und den nicht widersprochenen Behauptungen des Klägers das Faschingsvergnügen der Filiale der polnischen Berufsvereinigung in R. tatsächlich innerhalb einer geschlossenen Gesellschaft stattgefunden hat, war demnach das Verlangen der Polizeibehörde, den Text des aufzuführenden Theaterstücks einzureichen, nur dann begründet, wenn sie einen ausreichenden Anhalt für die Annahme hatte, daß von dem Filialverein in R. beabsichtigt sei, das Tanzvergnügen und die Theatervorstellung nicht für den geschlossenen Kreis seiner Mitglieder und die etwaigen Gäste, sondern für die Öffentlichkeit, d. h. für einen nicht näher begrenzten Kreis von Personen zu veranstalten. An dem Nachweise, daß der Amtsvorsteher begründeterweise mit einer derartigen Annahme rechnen konnte, fehlt es aber.

2. Nicht zutreffend ist, daß der Amtsvorsteher die Vorlegung des Textes selbst dann hätte verlangen können, wenn die Aufführung in geschlossener Gesellschaft habe geschehen sollen. Zwar irrt der Kläger, wenn er die Polizeibehörde zu einem Einschreiten gegenüber geschlossenen Gesellschaften überhaupt nicht für befugt erachtet. Der Gerichtshof hat vielmehr stets anerkannt, daß, soweit der einzelne oder Privatgesellschaften im Familienkreis oder im Privathause der Aufsicht und Einwirkung der Polizei unterstehen, dies ebenso auch bei Versammlungen geschlossener Gesellschaften in geschlossenen Räumen der Fall ist; denn der einzelne erlangt dadurch, daß er von seinem Versammlungsrechte Gebrauch macht, keine exemte Stellung gegenüber dem G. Daher ist, da die Verhütung strafbarer Handlungen in den Rahmen der polizeilichen Aufgaben fällt, die Polizei stets für befugt erachtet worden, in die Versammlungsräume geschlossener Gesellschaften einzudringen, wenn der auf tatsächlichen Vorgängen beruhende Verdacht begründet war, daß in der Versammlung strafbare Handlungen würden begangen werden. Um einen derartigen Verdacht handelt es sich aber im vorliegenden Falle nicht. Vielmehr glaubt der Beklagte das Verlangen zur Vorlegung des

Textes allein auf die Annahme stützen zu können, daß durch die geplante Theateraufführung im Innern der Zuschauer Anschauungen wachgerufen oder befestigt worden wären, die sie zu einem die staatliche Ordnung gefährdenden Verhalten geneigt gemacht hätten. Durch diese Befürchtung wird die Annahme nicht begründet, daß in dem Inhalte des Theaterstücks und seiner Aufführung der Tatbestand einer strafbaren Handlung enthalten sei. Ebensowenig kann darin eine Gefährdung der öffentlichen Ruhe, Sicherheit und Ordnung erblickt werden, da das Theaterstück in geschlossener Gesellschaft aufgeführt werden sollte, also auch nur auf einen geschlossenen Personenkreis, nicht aber auf die Öffentlichkeit Wirkung ausüben konnte.

Nr. 3. Entsch. v. 17. Sept. 1914 (PrVerwBl. 36 170) III A 27/12.

1. Nach § 1 der rechtsgültigen PolVd. für Berlin v. 10. VII. 51 darf keine öffentliche Theatervorstellung im Polizeibezirke Berlin ohne ausdrückliche Erlaubnis des Polizeipräsidiums stattfinden. Das angefochtene polizeiliche Verbot ist daher berechtigt, wenn es sich bei der untersagten Vorstellung um eine öffentliche handelte. Für die Beurteilung dieser Frage ist es ohne Belang, daß die Polizeibehörde früher ähnliche vom Vereine „Bühnenkunst“ veranstaltete Vorstellungen nicht beanstandet hat, daß eine Abendkasse nicht stattgefunden hat, daß der Vereinsvorsitzende einen Revers unterschrieben hat, daß die Polizeibehörde nach der Verhinderung der Theatervorstellung die Abhaltung eines Tanzkränzchens geduldet und daß sie später theatralische Veranstaltungen des Vereins genehmigt hat. Es kommt vielmehr einzig und allein darauf an, ob die geplante, durch die angefochtene Verfügung verbotene Vorstellung als eine öffentliche angesehen werden muß; das ist aber zu bejahen.

2. Es kann dahingestellt bleiben, ob der Theaterverein „Bühnenkunst“ nach seinen Satzungen überhaupt eine geschlossene Gesellschaft, d. i. einen durch das innere Band wechselseitiger persönlicher Beziehungen in sich zusammengehaltenen und nach außen bestimmt abgeschlossenen Personenkreis darstellt. Auch wenn dies zuträfe, muß für erwiesen erachtet werden, daß die durch das angefochtene Verbot betroffene Theateraufführung als eine öffentliche in Aussicht genommen war. Die Veranstaltungen einer geschlossenen Gesellschaft werden allerdings dadurch nicht zu öffentlichen, daß zu ihnen „Gäste“ zugelassen werden. Als Gäste sind jedoch nur solche Personen anzusehen, die auf Grund persönlicher oder sachlicher Beziehungen von der Gesellschaft oder deren einzelnen Mitgliedern eingeladen oder eingeführt sind. Die Vereinsorgane dürfen ferner, wenn anders die Eigenschaft der geschlossenen Gesellschaft bewahrt bleiben soll, die Auswahl der als Gäste zuzulassenden Personen nicht lediglich dem freien Belieben der Vereinsmitglieder überlassen. Sie müssen die letzteren vielmehr mit Weisungen hierüber versehen, die alsdann für die Mitglieder bindend sind. Wird von diesen Grundsätzen ausgegangen, so ist den aus ihnen sich ergebenden Erfordernissen bei der hier in Rede stehenden Veranstaltung des Theatervereins „Bühnenkunst“ nicht genügt worden. Die Einladung der Gäste ist durch die Mitteilung von Programmen als Eintrittskarten erfolgt. Der mit diesen Programmen verbundene Abschnitt hat folgenden Vordruck:

„Eingeführt durch . . . .
Gültig für . . . . Personen.
18. Februar 1912.“

Dazu hat der Vereinsvorsitzende das Nachstehende bemerkt: „Die Verteilung der gedruckten Einladungen geschieht an die einzelnen Mitglieder je nach Wunsch zwecks Weitergabe an ihre Bekannten. Das einführende Mitglied muß seinen Namen auf dem Prospekte vermerken. Dieser Prospekt wird dann beim Eintritt vorgezeigt, und der Coupon wird abgerissen. Das Mitglied muß dafür sorgen, daß der Unkostenbeitrag von 0,50 *M* bzw. für einen reservierten Platz 0,75 *M* von den Besuchern zur Einziehung gelangt. Hiernach war das einladende oder einführende Vereinsmitglied nur verbunden, seinen Namen hinter die vorgedruckten Worte „Eingeführt durch" zu setzen. Den Aufdruck „Gültig für . . . . . Personen" konnte es ganz nach seinem Belieben, also auch für beliebig viele Personen ausfüllen und das Schriftstück an irgendeinen von ihm Eingeladenen weitergeben, der dann seinerseits Personen in der bezeichneten Anzahl auszuwählen und mitzubringen in der Lage war. Bei einem solchen Verfahren war keine Gewähr dafür vorhanden, daß die Teilnahme an der Vereinsveranstaltung auf solche Personen beschränkt blieb, die zu dem Verein oder zu dessen Mitgliedern in persönlichen oder sachlichen Beziehungen stehen.

Nr. 4. Entsch. v. 24. April 1913 (DJZ. 18 1390) III A 71/12.

Daß der Ortspolizeibehörde auch kinematographischen Vorführungen gegenüber ein Zensurrecht zusteht, und daß sie in Ausübung dieses Rechts im voraus Vorstellungen verbieten kann, die den von der Polizei zu schützenden Interessen zuwiderlaufen, ist anerkannten Rechtens. Das Verbot kann aber nur auf die Vorschriften des § 10 ALR. II 17 gestützt werden, d. h. darauf, daß die Wirkung der Vorführung auf die Zuschauer eine Gefahr für die Erhaltung der öffentlichen Ruhe, Sicherheit und Ordnung herbeizuführen geeignet ist. Diese Gefahr kann nicht nur darin bestehen, daß äußere Ausschreitungen zu erwarten sind, sondern auch darin, daß durch die Darstellung in dem Innern der Zuschauer Anschauungen wachgerufen oder befestigt werden, die zu einem die Sittlichkeit oder die staatliche Ordnung gefährdenden Verhalten zu führen geeignet sind, insbesondere zur Begehung strafbarer Handlungen.

Nr. 5. Entsch. v. 4. Dez. 1913 (ZPolVerwB. 22 423) III A 2/13.

ALR. II 17 § 10.

Unter die öffentliche Ordnung iS. des § 10 ALR. II 17 fällt auch die öffentliche Sittlichkeit; Bestandteile dieser bilden u. a. die öffentliche Schamhaftigkeit und der öffentliche Anstand. Es gehört also zu den Aufgaben der Polizei, erheblichen Verletzungen der Sittlichkeit im allgemeinen und der Schamhaftigkeit und des Anstandes im besonderen entgegenzutreten. In dem erörterten Fall ist das Verbot für gerechtfertigt erachtet worden, weil der Film im wesentlichen aus Vorstellungen besteht, die Sittlichkeit, Schamgefühl und Anstand gröblich verletzen, und sein Hauptzweck unverkennbar die Vorführung des unzüchtigen Treibens der sogenannten Lebewelt beiderlei Geschlechts ist, während demgegenüber die dargestellte Sinnesänderung der Hauptperson durchaus zurücktritt.

Nr. 6. Entsch. v. 8. Dez. 1913 (PrVerwBl. 35 417) III B 208/13.

ALR. II 17 § 10.

1. Der beklagte Polizeipräsident hatte der Klägerin verboten, einen von ihr zur Zensur vorgelegten Film mit dem Titel „Drei böse Buben" vor Kindern, d. h. jugendlichen Personen bis zum vollendeten 16. Lebensjahre, vorzuführen. In dem beanstandeten Film wird folgendes dargestellt: Drei im Jünglingsalter stehende Zöglinge einer geschlossenen englischen Erziehungsanstalt haben sich im Gespräch mit Schülerinnen verspätet, kommen an das nach Schluß der Freistunde schon geschlossene Anstaltstor und bitten den Pförtner, einen älteren Angestellten der Anstalt, ihnen zu öffnen und sie nicht zur Anzeige zu bringen. Letzteres geschieht dennoch, und die drei Knaben beschließen sich zu rächen. Als nach Schluß der Schulstunde der Pförtner im Gespräche mit einer Nachbarin auf einem über eine Tonne voll Gips gelegten Brette sitzt, ziehen die drei Knaben das Brett weg, so daß der Pförtner in den Gips fällt und seinen schwarzen Anzug besudelt. Er sucht die entfliehenden Knaben zu ergreifen, was, da die

Knaben allerlei Hindernisse, wie Zäune, Hecken usw., zwischen sich und den Verfolger zu bringen wissen, einige Zeit in Anspruch nimmt und den Pförtner in verschiedene lächerliche Situationen bringt. Endlich landet er auf einer hohen Mauer, wo ihn der Leiter der Anstalt entdeckt. Die drei Schüler werden jetzt zur Verantwortung gezogen. Es wird eine körperliche Strafe über sie verhängt, die der Pförtner mittels eines Rohrstockes vollstreckt.

Der Polizeipräsident erachtete den Film vom erzieherischen Standpunkt aus, insbesondere weil er eine Verhöhnung eines älteren Angestellten der Schule enthalte und zur Nachahmung reize, für höchst bedenklich und deshalb zur Vorführung vor Kindern für durchaus ungeeignet. Seine Verfügung wurde aufgehoben.

2. Es mag vielleicht zugegeben werden, daß es zweckmäßiger ist, jugendlichen Personen solche Stücke, wie den vorliegenden Film, nicht und jedenfalls nicht häufiger vorzuführen. Auch mögen von einem strengen pädagogischen Standpunkt aus die gegen den vorliegenden Film geäußerten Bedenken einer gewissen Begründung nicht entbehren. Es kann aber nicht Aufgabe der Polizei sein, überall da mit polizeilichen Verfügungen einzuschreiten, wo sich irgendwie vom pädagogischen Standpunkt aus Bedenken geltend machen lassen. Dies mag unter Umständen den Erlaß von Polizeiverordnungen rechtfertigen. Um mit einer polizeilichen Verfügung vorgehen zu können, müssen in dem in Betracht kommenden einzelnen Falle die Voraussetzungen des § 10 ALR. II 17, der einzigen Grundlage für das polizeiliche Einschreiten, vorliegen; es muß sich also um eine nötige Maßnahme zur Erhaltung der öffentlichen Ruhe, Sicherheit und Ordnung und zur Abwendung der dem Publikum, insbesondere den jugendlichen Personen bevorstehenden Gefahr handeln; und zwar muß nicht bloß die entfernte Möglichkeit einer Gefahr, sondern eine nahe, d. h. jedenfalls noch innerhalb eines solchen Zeitraums, in dem die einzelne Vorführung überhaupt noch wirken kann, bevorstehende ernstliche Gefahr in Betracht kommen. Hiervon kann bei dem vorliegenden Stücke, das einen harmlosen, im wesentlichen komischen Inhalt hat, nicht die Rede sein. Soweit sich gegen die Vorführung gewisse pädagogische Bedenken geltend machen lassen, liegen sie nicht im Rahmen dessen, was ein Einschreiten mit einer polizeilichen Verfügung gemäß § 10 ALR. II 17 rechtfertigen kann.

Nr. 7. Entsch. v. 8. Dez. 1913 (DJZ. 19 831) III A 56/13.

Grobe Verletzung des religiösen Empfindens rechtfertigt das Aufführungsverbot, wenn auch der Film Darstellungen enthält, die in technischer und künstlerischer Hinsicht teilweise Ausgezeichnetes bieten. Auch Vorführungen aus der biblischen Geschichte rechtfertigen aber ein Verbot nur innerhalb der Grenzen des § 10 ALR. II 17. Nach seiner geschichtlichen und verfassungsmäßigen Gestaltung bildet im preußischen Staat die christliche Religion einen Teil der öffentlichen Ordnung iS. des § 10. Die Polizei ist deshalb befugt, gegen öffentliche Störungen der religiösen Empfindungen einzuschreiten. Religiös empfindende Personen werden in ihren Gefühlen gröblich verletzt werden, wenn die Lebens- und Leidensgeschichte Christi in einem Kinematographentheater, vielleicht in zeitlicher Verbindung mit Humoresken und Burlesken, zur Darstellung gelangt, zumal einzelne Szenen in allzu realistischer, des Stoffes nicht würdiger Form vorgeführt werden.

Nr. 8. Entsch. v. 8. Dez. 1913 (PrVerwBl. 35 796) III B 97/13.

ALR. II 17 § 10.

1. Es ist zwar anerkannten Rechtens, daß der Ortspolizeibehörde auch kinematographischen Vorführungen gegenüber ein Zensurrecht zusteht, und daß sie in Ausübung dieses Rechts im voraus Vorstellungen verbieten

kann, die den von der Polizei zu schützenden Interessen zuwiderlaufen. Das Verbot kann aber nur auf die Vorschriften von § 10 ALR. II 17 gestützt werden.

2. Der beklagte Polizeipräsident will das Verbot in erster Linie mit der Erwägung rechtfertigen, es könne durch die Darstellung des Films in den Zuschauern die Meinung hervorgerufen werden, daß die Ausführung von Verbrechen stets auf eine krankhafte Neigung zurückzuführen und deshalb jeder Verbrecher nicht dem Strafrichter, sondern dem Arzte zuzuweisen sei. Dadurch werde in einem großen Kreise der Beschauer die Auffassung erweckt werden, daß die Strafrechtspflege des Staates auf einer unrichtigen Grundlage beruhe und in ihrer Ausübung eine ungerechte sei. Träfe diese Annahme zu, so würde die Vorführung des Films mit der öffentlichen Ordnung, deren Aufrechterhaltung nach § 10 ALR. II 17 der Polizei obliegt, nicht vereinbar sein. Das OVG. hält jedoch dafür, daß die Darstellung mit Rücksicht sowohl auf ihren ganzen Inhalt, als auch insbesondere auf die am Schluß erscheinende Inschrift, nach der Dr. Lafleur die Unrichtigkeit seiner Methode erkennt, die befürchtete Wirkung nicht haben kann.

3. Sodann wird behauptet, daß die Vorführung der im Film dargestellten verbrecherischen Handlungen auf junge, unerfahrene Personen oder auf zu Verbrechen veranlagte Menschen eine nachteilige Suggestivwirkung ausüben werde. Auch dieser Auffassung kann nicht beigetreten werden. Der § 10 ALR. II 17 ermächtigt die Polizei, einerseits die zur Aufrechterhaltung der öffentlichen Ordnung, anderseits die zur Abwendung der dem Publikum oder einzelnen Mitgliedern bevorstehenden Gefahr nötigen Anstalten zu treffen. Insoweit es sich um die Abwendung von Gefahren handelt, ist die Voraussetzung für das Einschreiten der Polizei nicht die bloße abstrakte Möglichkeit einer Gefährdung. Es muß vielmehr eine aus Tatsachen sich ergebende Wahrscheinlichkeit einer unmittelbar drohenden Gefahr vorliegen. Hierfür tritt die Darstellung des Diebstahls und des Einbruchs so sehr in den Hintergrund und zieht so schnell an den Augen der Zuschauer vorüber, daß die Besorgnis einer Suggestivwirkung nicht begründet erscheint. Ebensowenig läßt sich das polizeiliche Verbot aus dem Gesichtspunkte der Aufrechterhaltung der öffentlichen Ordnung rechtfertigen. Der von manchen Polizeibehörden anscheinend vertretenen Auffassung, daß jede kinematographische Vorführung verbrecherischer Handlungen gegen die öffentliche Ordnung verstoße oder eine Gefahr für diese bedeute, kann nicht beigepflichtet werden. Es muß vielmehr stets von Fall zu Fall geprüft werden, ob die einzelne, in Betracht kommende Darstellung mit der öffentlichen Ordnung nicht vereinbar ist. Das wird beispielsweise zu bejahen sein, wenn schwere Verbrechen um ihrer selbst willen oder in einer Art und Weise vorgeführt werden, die geeignet ist, das sittliche Gefühl des Abscheus vor einem begangenen Verbrechen oder das Rechtsgefühl zu verletzen. Davon kann aber hier nicht die Rede sein. Nach dem ganzen Zusammenhange der einzelnen Filmszenen bildet die Darstellung des Diebstahls und des Einbruchs keineswegs die Hauptsache der Vorführung, sie tritt vielmehr dem übrigen Inhalte der Bilder gegenüber in den Hintergrund. Endlich können auch hier die Inschriften, die die Vorstellung einleiten und abschließen, nicht außer Betracht bleiben.

Nr. 9. Entsch. v. 12. Jan. 1914 (PrVerwBl. **36** 68) III B 139/12.

1. Der dritte Akt eines Films hat im wesentlichen folgenden Inhalt: Zwei Verbrecher, der große stämmige Costaud und der kleine verwachsene Julot, finden das von Hunger und Elend entkräftete Gretchen auf einer Promenadenbank und schleppen es in eine Kaschemme, in der noch mehr verkommene Personen umherlungern. Costaud läßt dem Mädchen Speisen reichen und zwingt es herrisch zum Trinken. Dann zwingt der gewaltige Riese das schwächliche Frauenzimmer, das

ganz in seiner Gewalt steht, zur Verausgabung von falschem Gelde. Dieses Verbrechen wird detailliert vorgeführt. Gretchen erhält ein Geldstück zugesteckt und muß bei einem Figurenhändler einen Gegenstand erstehen, worauf ihr ein Betrag herausgegeben wird, den sie Costaud aushändigt. Der Detektiv Krall findet zufällig ein Stück von diesem Gelde, das Costaud verloren hat, und das bringt ihn auf die Spur der Verbrecher. Er verfolgt mit einem uniformierten Polizisten den Falschmünzer bis in die Werkstatt, die mit Schmelztiegeln, Prägestock und allen Vorkehrungen zur Falschmünzerei gezeigt wird. Aus dieser Höhle vertrieben, wendet sich Costaud dem Straßenraube zu. Gretchen muß, durch Mißhandlungen gezwungen, als Blumenmädchen einen Herrn ansprechen, den Costaud überfällt und dem er die Brieftasche entreißt. In dieser entdeckt der Verbrecher eine Anweisung auf einen größeren Geldbetrag. Dies gibt ihm und seinen Genossen Anlaß, einen Einbruch in ein Bankinstitut zu planen. Gretchen muß in einem dem Bankhause benachbarten Modesalon Stellung nehmen und die Verbrecher heimlich in das Haus lassen. Auch der Einbruch ist bis auf das Kleinste dargestellt. In dem Augenblicke, als die Strolche die Wand durchbrechen, werden sie von der Polizei überrascht.

2. Die Ansicht des Vorderrichters, daß der § 10 ALR. II 17 für das Verbot der Vorführung dieser Bilder keine ausreichende Grundlage biete, vermag der Gerichtshof nicht zu teilen. Irrig ist es allerdings, wenn die Polizeibehörde anscheinend davon ausgegangen ist, daß das G. sie dazu berechtige, jede kinematographische Aufführung, die verbrecherische Handlungen zum Gegenstande hat, ohne weiters zu untersagen. Das trifft nicht zu. Es muß vielmehr von Fall zu Fall geprüft werden, ob die einzelne, in Betracht kommende Vorführung nach der Art jener Handlungen und nach der Art und Weise der Darstellung gegen die öffentliche Ordnung, zu deren Aufrechterhaltung die Polizei berufen ist, verstößt. Ein solcher Verstoß liegt jedoch erst dann vor, wenn schwere Verbrechen in einer so großen Häufung und in einer so ins einzelne gehenden Weise vorgeführt werden, daß ihre Darstellung als Selbstzweck erscheint. Eine solche Darstellung verletzt nicht nur das Rechtsgefühl und das sittliche Gefühl des Abscheus vor Verbrechen, sondern ist auch geeignet, einen Anreiz zur Begehung ähnlicher Straftaten zu geben. Der Senat hat aber durch die Augenscheineinnahme die Überzeugung gewonnen, daß die vielen Verbrechen, die der dritte Akt den Zuschauern vorführt, lediglich um ihrer selbst willen dargestellt werden.

3. Anders verhält es sich mit dem Selbstmordversuche des vierten Aktes. Der Ansicht des Beklagten, daß die kinematographische Vorführung von Selbstmordszenen grundsätzlich wegen ihrer Suggestivwirkung auf überreizte Menschen zu beanstanden sei, kann nicht zugestimmt werden. Es muß vielmehr auch hier von Fall zu Fall untersucht werden, ob die Darstellung nach ihrer Art und Weise eine genügende Grundlage für die Anwendung des § 10 aaO. gibt. Das hat der Gerichtshof für die in Betracht kommende Szene in Übereinstimmung mit dem Vorderrichter verneinen zu müssen geglaubt.

3. Ausweisungen; Untersagung des Aufenthalts.

Nr. 1. Entsch. v. 14. Mai 1912 (DJZ. 18 238) IB 15/11.

Die Kosten der Ausweisung ausländisch-polnischer Arbeiter fallen in erster Linie dem Ausgewiesenen selbst zur Last, und ein Rückgriff gegen die Gutsherrschaft ist nach den bestehenden G. unzulässig. Vielmehr sind die Kosten der Landesverweisung, sofern sie nicht von dem Ausgewiesenen selbst gedeckt werden, als Kosten der Landespolizei zu behandeln und auf die Staatskasse zu übernehmen.

Nr. 2. Besch. v. 29. Nov. 1912 (OVG. **64** 429) I A 177/12.

In der Aufstellung derjenigen Bedingungen, unter denen Ausländern der Aufenthalt im Inlande gestattet wird, sind die Landeshoheitsbehörden frei. Über die Frage der Rechtmäßigkeit von Beschränkungen, die demzufolge für den Aufenthalt und die wirtschaftliche Betätigung von Ausländern im Inland aufgestellt sind, ist das Verwaltungsstreitverfahren nicht gegeben. Daher kann z. B. die Bedingung der Beschäftigung in einem landwirtschaftlichen Betriebe gestellt werden.

Nr. 3. Entsch. v. 15. Mai 1913 (PrVerwBl. **35** 401) I A 238/12.

FreizG. §§ 4, 5, 6. LVG. § 132.

1. Die Beschwerde gegen die polizeiliche Verfügung des Amtsvorstehers in N. ist mit Recht zurückgewiesen, wenn zur Zeit ihres Erlasses die Voraussetzungen vorlagen, unter denen die Gemeinde N. nach dem FreizG. den Kläger und seine Familie abweisen durfte. Die Ortspolizeibehörde, die dem Ersuchen der Gemeindeverwaltung um tatsächliche Ausweisung nachkam, hatte selbständig zu prüfen, ob dem Ersuchen keine Bedenken entgegenstanden, also ob entweder ein Fall des § 4 oder ein Fall des § 5 des genannten G. gegeben, und in beiden Fällen, ob die Vorschrift des § 6 Abs. 2 befolgt war (Vf. v. 29. VIII. 91, MBl. 170). Nach dem Wortlaute der §§ 4 und 5 muß die Gemeinde, wenn sie die Unterstützung der Polizei erbittet, „nachweisen", daß die dort festgelegten Voraussetzungen vorliegen, d. h. daß sie zurzeit vorliegen. Haben sich also die Verhältnisse in der Zeit zwischen dem Beschlusse des Gemeindevorstandes und dem Erlasse der polizeilichen Ausweisungsverfügung geändert, so ist bei der Prüfung, die die Polizeibehörde anzustellen hat, die Sachlage zugrunde zu legen, die derzeit besteht. Es kann nicht für den Erlaß der polizeilichen Verfügung genügen, daß der Beschluß der Gemeindebehörde damals, als er erlassen wurde, gerechtfertigt gewesen sei.

2. Die Androhung eines Zwangsmittels aus § 132 LVG. muß bestimmt sein und darf nicht die Wahl zwischen zwei verschiedenen Zwangsmitteln lassen. Die demzuwider alternativ ausgesprochene Androhung muß infolgedessen als unzulässig außer Kraft gesetzt werden.

Nr. 4. Entsch. v. 6. Nov. 1913 (OVG. **65** 201) I A 181/12.

1. Nach dem FreizG., das im gesamten Reichsgebiet, in Bayern auf Grund des G. v. 22. IV. 71 (RGBl. 87), gilt, steht grundsätzlich jedem Reichsangehörigen das Recht zu, sich an jedem Orte innerhalb des Reichsgebiets aufzuhalten oder niederzulassen. Von diesem Grundsatze läßt das G. selbst nur zwei Ausnahmen zu. Die Ausweisung des Klägers ist daher nur zulässig, wenn eine der beiden Ausnahmebestimmungen auf ihn Anwendung findet. Das ist nicht der Fall. Die erste Ausnahme macht das FreizG. in § 3 zuungunsten bestrafter Personen. Von der anderen Ausnahme handeln die §§ 4 und 5 des G.; hier wird den Gemeinden die Befugnis gegeben, einen neu Anziehenden abzuweisen oder einem bereits Angezogenen, bevor er an dem Aufenthaltsorte den Unterstützungswohnsitz erworben hat, die Fortsetzung des Aufenthalts zu versagen, in beiden Fällen unter näheren, im G. bezeichneten Bedingungen, aus dem Grunde und zu dem Zwecke, um einer Vermehrung der Armenlast entgegenzutreten. Zur Durchführung eines entsprechenden Beschlusses einer Gemeinde ist im Geltungsbereiche des G. über den Unterstützungswohnsitz die Ortspolizei berufen; handelt es sich dagegen um die Vollstreckung eines solchen Beschlusses gegenüber einem bayerischen Staatsangehörigen, so ist gemäß § 7 FreizG. nach dem Vertrage wegen gegenseitiger Verpflichtung zur Übernahme der Auszuweisenden d. d. Gotha, den 15. Juli 1851 zu verfahren.

2. Die Gemeinde kann einer Person die Fortsetzung des Aufenthalts nur so lange versagen, als diese dort noch keinen Unterstützungswohnsitz erworben hat.

Das FreizG. bestimmt im zweiten Absatze des § 11, daß es bei denjenigen LandesG. sein Bewenden behalte, nach denen durch den Aufenthalt, wenn er eine gewisse Zeit hindurch ununterbrochen fortgesetzt sei, der Unterstützungswohnsitz begründet werde. In Preußen erwarb schon nach dem zur Zeit des Erlasses des FreizG. in Kraft stehenden G. über die Verpflichtung zur Armenpflege v. 31. XII. 42 (GS. 43 15) jedermann, Inländer wie Ausländer, den Anspruch auf Unterstützung in der Gemeinde, in der er nach erlangter Großjährigkeit während der drei letzten Jahre vor dem Eintritte der Hilfsbedürftigkeit sich aufgehalten hatte, und nach § 64 G. v. 8. III. 71 (GS. 130) ist in bezug auf den Erwerb und Verlust des Unterstützungswohnsitzes jeder Ausländer, der überhaupt im Staate geduldet wird, einem Deutschen gleich zu behandeln. Daher kann es keinem Zweifel unterliegen, daß ein bayerischer Staatsangehöriger durch einen unterstützungsfreien Aufenthalt während der Dauer eines Jahres innerhalb einer preußischen Gemeinde den Unterstützungswohnsitz erwerben kann, und daß der so erworbene Unterstützungswohnsitz auch im Hinblick auf § 11 Abs. 2 FreizG. der Versagung der Fortsetzung des Aufenthalts gemäß § 5 dieses G. entgegensteht.

4. Kraftfahrzeuge und Kraftwagenführer.

Nr. 1. Entsch. v. 13. Nov. 1911 (OVG. **61** 197) IV A 60/11.

Gemäß § 2 ReichsG. über die Führung von Kraftfahrzeugen v. 3. V. 09 kann die Versagung des Führerscheins nur dann ausgesprochen werden, wenn Tatsachen vorliegen, die den ihn Nachsuchenden zur Führung von Kraftfahrzeugen als ungeeignet erscheinen lassen. Es ist richtig, daß nach dieser Richtung hin der Nachweis von Fällen genügen kann, in denen jemand — selbst bei dem Genuß einer an sich nicht übermäßigen Menge von Spirituosen — nicht mehr in vollem Umfange Herr seiner selbst geblieben ist, und es trifft weiter zu, daß diese Fälle nicht in unmittelbarem Zusammenhange mit der Führung von Kraftfahrzeugen zu stehen brauchen. Derartige tatsächliche Unterlagen fehlen aber hier; es sind nur Angaben über den häufigen Besuch von Wirtshäusern und die mehrfache Aufnahme von Zechschulden gemacht, die, ihre Richtigkeit vorausgesetzt, Bedenken hinsichtlich der sittlichen Vollwertigkeit des Klägers hervorrufen könnten für seine Geeignetheit als Kraftwagenführer aber unerheblich sein würden.

Nr. 2. Entsch. v. 14. März 1912 (PrVerwBl. **34** 117) IV B 57/11.

Innerhalb des preußischen Staates mit Ausnahme des Landespolizeibezirkes Berlin ist für die Erteilung der Erlaubnis zur Führung von Kraftfahrzeugen gemäß § 5 G. v. 3. V. 09 iVerb. mit den §§ 14 Abs. 1, 27 Abs. 1, 37 BRVd. v. 3. II. 10 und der PrAAnw. v. 25. II. 10 (MBl. 62) allein der Regierungspräsident zuständig. Gegen seine Verfügung ist nach § 130 LVG. die Beschwerde an den Oberpräsidenten gegeben, dessen Bescheid erst der Anfechtung im Verwaltungsstreitverfahren bei dem OVG. unterliegt. Der Polizeipräsident durfte hiernach über den Antrag nicht selbständig befinden, insbesondere durfte er ihn nicht mit Rücksicht darauf ablehnend bescheiden, weil die Erteilung des Führerscheins vom Regierungspräsidenten versagt worden sei. Dieser Grund war unzutreffend, weil ein abgelehnter Antrag dieser Art immer wieder von neuem gestellt werden kann und in jedem Falle gemäß Ziff. 1 der Anweisung über die Prüfung der Führer von Kraftfahrzeugen (Anlage B zu § 14 Abs. 4 BRVd.

v. 3. II. 10) bei der zuständigen Ortspolizeibehörde zwecks Prüfung und Weitergabe an die höhere Verwaltungsbehörde eingereicht werden mußte. Der Polizeipräsident hatte hiernach den Antrag, falls die gemäß Ziff. I aaO. beizubringenden Unterlagen beigefügt waren, nach Vornahme der dort vorgeschriebenen Prüfung dem Regierungspräsidenten zur zuständigen Entsch. vorzulegen. Dies hat er nicht getan, sondern den Antrag selbständig abgewiesen. In dieser Ablehnung liegt eine polizeiliche Verfügung, die nach den Vorschriften der §§ 127ff. LVG. mit der Klage anfechtbar ist.

Nr. 3. Entsch. v. 15. April 1912 (OVG. 61 199) IV A 100/11.

Für die Entsch. darüber, ob die Versagung oder die Entziehung der in § 3 ReichsG. über den Verkehr mit Kraftfahrzeugen v. 3. V. 09 vorgesehenen Ermächtigung zur Ausbildung von Kraftwagenführern zu Recht erfolgt ist, ist das Verwaltungsstreitverfahren nicht eröffnet.

Nach § 3 muß jeder, der sich zum Zwecke der Ablegung der Prüfung als Kraftfahrzeugführer in der Führung von Kraftfahrzeugen übt, dabei auf öffentlichen Wegen oder Plätzen von einer mit dem Führerschein versehenen, durch die zuständige Behörde zur Ausbildung von Führern ermächtigten Person begleitet und beaufsichtigt sein. Das Gleiche gilt für die Fahrten, die bei Ablegung der Prüfung vorgenommen werden. Bei den Übungs- und Probefahrten, die gemäß der Vorschrift des Abs. 1 stattfinden, gilt iS. des G. der Begleiter als Führer des Kraftfahrzeugs. Weitere Bestimmungen über die Ermächtigung zur Ausbildung von Führern enthält das ReichsG. v. 3. V. 09 nicht. Es sieht aber in § 6 Abs. 1 vor, daß der Bundesrat die zur Ausführung der §§ 1—5 erforderlichen Anordnungen erläßt, und weiter in Abs. 3 aaO., daß, soweit der Bundesrat Anordnungen gemäß Abs. 1 nicht erlassen hat, solche durch die Landeszentralbehörden erlassen werden können.

Die BRVd. über den Verkehr mit Kraftfahrzeugen v. 3. II. 10 enthält selbst nichts über die Ermächtigung zur Ausbildung von Führern. Die im § 14 Abs. 4 aaO. als Anlage B erwähnte „Anweisung über die Prüfung der Führer von Kraftfahrzeugen" erwähnt indes eine Ermächtigung dieser Art in Ziff. I, woselbst vorgeschrieben wird, daß dem Antrag auf Erteilung der Erlaubnis zum Führen eines Kraftfahrzeugs von dem Nachsuchenden beizufügen ist:

„4. Ein Nachweis darüber, daß er den Fahrdienst bei einer durch die zuständige höhere Verwaltungsbehörde zur Ausbildung von Führern ermächtigten Person oder Stelle (Fahrschule, Kraftfahrzeugfabrik) erlernt hat. Aus dem Nachweise muß die Dauer der praktischen Ausbildung im Fahren ersichtlich sein."

Höhere Verwaltungsbehörden iS. des § 14 aaO. sind die Regierungspräsidenten, für den Landespolizeibezirk Berlin der dortige Polizeipräsident.

Wie aus dem Vorstehenden hervorgeht, haben weder das ReichsG. v. 3. V. 09 noch die BRVd. v. 3. II. 10 etwas über das bei Nachsuchung und Erteilung oder Versagung der Ermächtigung zur Ausbildung von Kraftfahrzeugführern zu beobachtende Verfahren bestimmt. Zweifellos ist, daß die im § 2 des ersterwähnten G. vorgeschriebene Erlaubnis zur Führung von Kraftfahrzeugen keineswegs die hier in Rede stehende Ermächtigung in sich begreift, und daß der im § 5 aaO. gegen die Versagung und Entziehung dieser Erlaubnis gegebene Rekurs nicht auch gegenüber einer die Versagung oder Entziehung der hier streitigen Ermächtigung aussprechenden Verfügung gesetzlich zugelassen worden ist. Die Ermächtigung bildet nicht etwa einen Bestandteil der Führererlaubnis, sondern sie stellt ein Mehr dar und setzt den Besitz des Führerscheins voraus. Die Anw. v. 25. II. 10 bemerkt zu dem § 14 BRVd. ausdrücklich, daß bei Erteilung der Ermächtigung vorzugsweise solche Personen als geeignet zu erachten sein werden, die „eine umfangreiche und vorwurfsfreie praktische Tätigkeit als Führer aufzuweisen haben und für eine gewissenhafte Ausbildung volle Gewähr bieten".

Hiernach kann es sich nur fragen, ob die Versagung dieser Ermächtigung eine polizeiliche Verfügung ist, die nach den §§ 127ff. LVG. mit den dort gegebenen Rechtsmitteln angefochten werden kann. Auch dies ist zu verneinen. Allerdings wird der Verfügung die Eigenschaft einer polizeilichen Verfügung im weiteren Sinne nicht abzusprechen sein, da sie von einer zur Ausübung landespolizeilicher Obliegenheiten berufenen Behörde erlassen ist. Nicht jede polizeiliche Verfügung unterliegt indes der Anfechtung gemäß den §§ 127ff. LVG., vielmehr beschränkt sich die Anfechtung auf Grund des vierten Titels aaO. auf solche Verfügungen, die ein Gebot oder ein Verbot oder die Versagung einer vorgeschriebenen Erlaubnis betreffen. Hier liegt keine dieser Voraussetzungen vor, insbesondere nicht die Versagung einer „Erlaubnis" iS. dieses vierten Titels. Es handelt sich vielmehr um die „Ermächtigung" von Personen zur unterrichtlichen Ausbildung von gewerblichen und nicht gewerblichen Kraftwagenführern mit der Wirkung, daß den Ermächtigten die im § 3 ReichsG. v. 3. V. 09 bezeichneten Befugnisse beigelegt werden Einen Anspruch auf eine derartige Ermächtigung, deren Erteilung in das lediglich nach dem, was sachgemäß ist, zu übende, sonst aber ganz freie Ermessen der Landespolizeibehörde gestellt ist, hat niemand.

Nr. 4. Entsch. v. 2. Mai 1912 (OVG. **61** 203) IV A 91/11.

Zu den Tatsachen, die eine Person gemäß § 2 ReichsG. v. 3. V. 09 ungeeignet zur Führung eines Kraftfahrzeugs machen, gehören wesentliche Mängel der Sehkraft, auch kann zweifellos hochgradige Kurzsichtigkeit den Anlaß zur Versagung des Führerscheins bieten. Anderseits ist es grundsätzlich nicht ausgeschlossen, daß vorhandene geringere Mängel der Sehfähigkeit durch geeignete Vorkehrungen. insbesondere das Tragen passender Augengläser, so ausgeglichen und abgeschwächt werden können, daß ihr Vorhandensein die Erteilung der Fahrerlaubnis nicht hindert. In dem vorliegenden Falle handelt es sich nicht um einen Mangel dieser Art, sondern um das Nichtvorhandensein der Sehkraft auf einem Auge. Von den Sehorganen fehlt hier das eine gänzlich, und die schädigende Einwirkung dieser Unvollkommenheit kann auch nicht einmal teilweise durch künstliche Mittel oder durch langjährige Gewöhnung ausgeglichen oder gemindert werden. Dies gilt insbesondere von der erheblichen Einschränkung des Gesichtsfeldes, die den Einäugigen die von der anderen Seite her kommenden Personen und Sachen erst dann erblicken läßt, wenn sie in den Bereich des sehenden Auges gelangt sind. Schon dieser Mangel beeinträchtigt die Geeignetheit eines Kraftfahrzeugführers in bedenklichster Weise, da es für die Vermeidung von Zusammenstößen und sonstigen Unglücksfällen in erster Reihe darauf ankommt, daß die in der Fahrtrichtung befindlichen und von den Seiten her in diese gelangenden Personen, Fuhrwerke usw. so rechtzeitig von dem Führer des Kraftfahrzeugs wahrgenommen werden, daß er auf sie Rücksicht nehmen und die erforderlichen Vorsichtsmaßregeln anwenden kann. Hierneben bewirkt das Fehlen der Sehkraft auf einem Auge eine Einbuße des plastischen Sehens (der richtigen Schätzung der Tiefendimensionen und der Entfernungen). Wenn diese auch nach Ansicht der Sachverständigen durch eine vieljährige Übung, bei der das vorhandene Auge sich gewöhnt, die Tätigkeit des fehlenden Auges mit zu übernehmen, in einem gewissen Umfang ausgeglichen werden kann, so ist ein Nachweis für diesen Ausgleich und seinen Umfang doch nur in bedingter Weise zu erbringen, und es bleibt die Befürchtung bestehen, daß der Ersatz durch das sehende Auge nicht zu jeder Zeit und nicht in allen räumlichen Beziehungen voll eintritt. Der Gerichtshof ist daher in Übereinstimmung mit der Ansicht der Sachverständigen, die zum Zwecke der Aufstellung von Grundsätzen für die amtsärztliche Untersuchung und Begutachtung der Personen, die um Zulassung als

Führer von Kraftfahrzeugen nachsuchen, gehört worden sind, zu der Auffassung gelangt, daß das völlige Fehlen der Sehkraft auf einem Auge die Zulassung zur Führung von Kraftfahrzeugen ausschließt.

Nr. 5. Entsch. v. 24. Juni 1912 (OVG. **61** 202) IV A 5/12.

Aus den in OVG. **61** 199 angeführten Gründen erscheint die Klage auch in dem Falle als unzulässig, in dem die Zurücknahme einer Ermächtigung zur Ausbildung von Kraftfahrzeugführern angefochten wird. Die Entziehung einer Ermächtigung, die sich nicht als Erteilung einer von dem Antragsteller bei dem Vorliegen gewisser Voraussetzungen rechtlicher oder tatsächlicher Art zu beanspruchenden Erlaubnis darstellt, sondern die dem freien Ermessen der ermächtigenden Stelle unterliegt, kann auch ihrerseits nur als Ermessenssache betrachtet und behandelt werden. Die der Zweckbestimmung und dem Inhalte der reichsgesetzlichen Vorschriften entnommenen Gründe für die Unzulässigkeit der Klage im Verwaltungsstreitverfahren gegen die Versagung sprechen ebenso gegen die Zulässigkeit einer solchen Klage gegen die Entziehung einer Ermächtigung der in Rede stehenden Art.

Nr. 6. Entsch. v. 24. Okt. 1912 (OVG. **63** 266) IV A 21/12.

Genügt ein Kraftfahrzeug den Anforderungen nicht, die die §§ 8—13 BRVd. v. 3. II. 10 für das den Kraftfahrzeugen von der höheren Verwaltungsbehörde zuzuteilende Kennzeichen aufstellen, so kann diese Behörde gemäß § 26 aaO. nur die Ausschließung des nicht vorschriftsmäßig gekennzeichneten Kraftfahrzeugs vom Befahren der öffentlichen Wege und Plätze verfügen, nicht aber etwas anderes oder mehr, also namentlich nicht die Beseitigung unzulässiger Dinge an dem Kraftfahrzeug oder die sonstige Herstellung seines vorschriftsmäßigen Zustandes verlangen.

Nr. 7. Entsch. v. 7. Juli 1913 (OVG. **64** 462) IV A 25/13.

Nach § 31 Vd. über den Verkehr mit Kraftfahrzeugen v. 3. II. 10 erhalten zuverlässige Fabriken oder Händler, die mit den zum Verkaufe gestellten Fahrzeugen Probefahrten auf öffentlichen Wegen und Plätzen veranstalten wollen, sofern sie bei der für den Sitz der Firmen zuständigen höheren Verwaltungsbehörde die Zulassung der Kraftfahrzeuge iS. der §§ 5, 6 bewirkt haben, auf Antrag widerruflich an Stelle der Zulassungsbescheinigung nach Muster 2 — der regelmäßigen Zulassungsbescheinigung — besondere Bescheinigungen nach Muster 7 — Probefahrtzulassungsbescheinigungen — und zu widerkehrender Verwendung bei den einzelnen Kraftfahrzeugen Kennzeichen der im § 28 Abs. 2 bezeichneten Art, nämlich Probefahrtkennzeichen in roter Balkenschrift auf weißem Grunde mit einer aus einer Null und einer oder mehreren Ziffern bestehenden Erkennungsnummer, die von der höheren Verwaltungsbehörde gestempelt sind und nicht fest angebracht zu werden brauchen. Die Zurücknahme der Probezulassungsbescheinigungen und der Probekennzeichen, d. h. die Vernichtung der Stempel auf diesen, beseitigt noch nicht die Zulassung der Fahrzeuge. Diese bleibt bestehen, da nur die Erleichterungen für Probefahrten, die § 31 Vd. für den Handel mit Kraftfahrzeugen gewähren will und gewährt, durch jene Maßnahme in Wegfall kommen sollen und können. Für die Fahrzeuge, deren Zulassung vorher bewirkt sein muß, kann deren Eigentümer immer noch die Erteilung der gewöhnlichen Zulassungsbescheinigung nach Muster 2 und des regelmäßigen Kennzeichens auf Grund der §§ 5, 6 der Verordnung beantragen, solange die höhere Verwaltungsbehörde nicht nach § 26 aaO. die Zulassung selbst zurückzieht. Dies kann aber nur dann geschehen, wenn das Fahrzeug den zu stellenden Anforderungen nicht entspricht, also aus Gründen, die mit dem Fahrzeuge zusammenhängen, nicht aber aus solchen, die sich aus der

Person des Händlers ergeben oder mit seiner oder der Fabrik Zuverlässigkeit zusammenhängen.

2. Weder das ReichsG. über den Verkehr mit Kraftfahrzeugen v. 3. V. 09 noch die Vd. v. 3. II. 10 haben über die Wiedereinziehung der Probefahrtzulassungsbescheinigungen und die Anfechtung einer solchen Maßnahme etwas bestimmt. Die Zulässigkeit des Verwaltungsstreitverfahrens setzt deshalb voraus, daß in dieser Entziehung der Probefahrtzulassungsbescheinigung eine polizeiliche Verfügung iS. der §§ 127ff. LVG. liegt. Hier handelt es sich um eine Verfügung der Landespolizeibehörde, also an sich eine polizeiliche Verfügung. Aber nicht jede polizeiliche Verfügung unterliegt der Anfechtung gemäß §§ 127ff., vielmehr beschränkt sich die Anfechtung nach dieser Vorschrift auf solche Verfügungen, die ein Gebot oder ein Verbot oder die Versagung einer notwendigen Erlaubnis betreffen. Hier liegt keine dieser Voraussetzungen vor, insbesondere nicht die Versagung einer notwendigen Erlaubnis.

Der § 31 der Verordnung hat Erleichterungen für die Probefahrten mit Kraftfahrzeugen schaffen wollen, um den Handel mit Kraftfahrzeugen, für den Probefahrten unerläßlich sind, zu fördern und nicht zu sehr einzuengen. Deshalb ermächtigt er die höhere Verwaltungsbehörde, Probefahrtzulassungsbescheinigungen und Probefahrtkennzeichen zu erteilen, stellt dies aber in das pflichtmäßige Ermessen der Behörde, indem er diese Erteilungen ausdrücklich als unbeschränkt widerruflich bezeichnet und sie nur bei frei zu beurteilender Zuverlässigkeit zuläßt. Einen Anspruch auf Erteilung der gedachten Erleichterungen hat keine Fabrik und kein Händler, und ebensowenig steht ihnen ein Widerspruch gegen den Widerruf zu. Die Erteilung der Ermächtigung nach § 31 aaO. ist hiernach keine notwendige Erlaubnis. Demnach ist die Versagung oder Zurückziehung der Erleichterungen des § 31 aaO. keine polizeiliche Verfügung iS. der §§ 127ff. LVG. und nicht mit den Rechtsmitteln des § 130 aaO. anfechtbar.

Nr. 8. Entsch. v. 22. Dez. 1913 (OVG. **66** 320) IV A 45/13.

Die reichsrechtlichen Vorschriften über die Kennzeichnung von Kraftfahrzeugen schließen die Anbringung heraldischer Zeichen nicht aus.

Der Beschwerdebescheid des Beklagten hält den Ausschluß der Kraftfahrzeuge von dem Verkehr auf öffentlichen Straßen und Plätzen auch nach § 25³ G. v. 3. V. 09 über den Verkehr mit Kraftfahrzeugen (RGBl. 437ff.) für gerechtfertigt. Danach unterliegt der Bestrafung, wer in rechtswidriger Absicht das an einem Kraftfahrzeuge gemäß polizeilicher Anordnung angebrachte Kennzeichen verändert, beseitigt, verdeckt oder sonst in seiner Erkennbarkeit beeinträchtigt. Es kann dahingestellt bleiben, ob und inwieweit dieses G., das eine Strafvorschrift ist, überhaupt die Grundlage zu einem polizeilichen Einschreiten bilden kann; es braucht falls diese Frage zu bejahen sein würde, namentlich nicht erörtert zu werden, ob dann gerade diejenige Androhung hätte erfolgen dürfen, die getroffen worden ist, nämlich die Ausschließung vom Befahren der öffentlichen Wege und Plätze; denn die Voraussetzungen der angegebenen Gesetzesbestimmung liegen nicht vor. Nirgends ist die Rede davon, und es ist nach der Sachlage völlig ausgeschlossen, daß der Kläger bei Anbringung der Kronen an seinen Fahrzeugen in rechtswidriger Absicht gehandelt habe. Sodann ist auch der übrige Tatbestand nicht gegeben. Eine Veränderung, Beseitigung oder Verdeckung des angebrachten polizeilichen Kennzeichens hat nicht stattgefunden; ebensowenig ist eine sonstige Beeinträchtigung des Zeichens selbst in seiner Erkennbarkeit vorgenommen worden. Andere Bestimmungen, auf die sich die Verfügung des Polizeipräsidenten stützen könnte, enthält das G. v. 3. V. 09 nicht. Ebensowenig können die §§ 10 und 11 BRVd. v. 3. II. 10 (RGBl. 389) zu ihrer Begründung herangezogen werden.

5. Ordnungs- und sicherheitspolizeiliche Verfügungen verschiedenen Inhalts.

Nr. 1. Entsch. v. 31. Okt. 1911 (OVG. **61** 124) I C 24/10.

Zur Erhaltung eines Grundstücks — und als solches oder Teil eines solchen kommt hier der Mühlgraben in Betracht — ist derjenige verpflichtet, dem die tatsächliche und rechtliche Herrschaft darüber zusteht; das ist regelmäßig der Eigentümer, neben ihm aber auch derjenige, der eine von diesem abgeleitete Verfügungsgewalt besitzt, wie Nießbraucher, Pächter, Verwalter. Hier handelt es sich um einen Mühlgraben, der der Mühle das zu deren Betrieb erforderliche Wasser aus einem anderen Wasserlaufe zuleitet. Ob dieser Graben im Eigentume des Mühlenbesitzers oder eines anderen steht, insbesondere ob er privatrechtlich ein Zubehörstück des Mühlengrundstücks bildet, bedarf keiner Erörterung. Unstreitig steht dem Müller „das Wasserrecht" an diesem Graben zu, d. h. der Anspruch auf die Erhaltung der für die Betriebsfähigkeit der Mühle erforderlichen Wasserzuführung, und es darf ohne weiteres angenommen werden, daß er auch die dementsprechende Verfügungsgewalt über den Graben besitzt. Danach war die Ortspolizeibehörde unbedenklich berechtigt, sich wegen der im polizeilichen Interesse erforderlichen Umwehrung des Grabens an den Kläger zu halten und zu diesem Behuf ihm die Wiederherstellung der schadhaft gewordenen Schranke aufzugeben. Wenn der Kläger demgegenüber einwendet, daß die Schranke auf einem ihm nicht gehörigen Grundstücke stehe, so vermag ihm auch dies nicht zum Erfolge zu verhelfen, zumal nicht erhellt, daß der Eigentümer des Standorts der Wiederherstellung der vom Kläger selbst errichteten Schutzwehr irgendwelchen Widerspruch entgegensetze.

Nr. 2. Entsch. v. 14. Mai 1912 (PrVerwBl. **34** 451) IX C 38/11.

Im Geltungsbereich des französischen Rechts steht allerdings auf Grund und nach Maßgabe des Art. 681 RhBGB., der nach Art. 89² AGBGB. fortdauernde Geltung hat, nach der Auslegung, die dieser Bestimmung nach Theorie und Rechtsprechung zu geben ist, jedem Hausbesitzer das Recht zu, nicht bloß Regenwasser, sondern auch das sogenannte Hauswasser und das zu geschäftlichen Betrieben benutzte Wasser auf die öffentliche Straße bzw. in den Straßenrinnstein zu leiten, vorbehaltlich der polizeilichen Bestimmungen, die erlassen werden können, um einen Mißbrauch und eine Schädigung des öffentlichen Interesses zu verhüten. Durch die zum Schutze der der Fürsorge der Polizei anvertrauten öffentlichen Interessen an sich zulässige Regelung der Ableitung solcher Haus- und Wirtschaftswässer darf aber das dem Anlieger zustehende Recht nicht ganz verschränkt, die Ableitung nicht ohne weiteres und völlig ausgeschlossen werden. Da Haus- und Wirtschaftswasser seinem Wesen nach niemals reines, sondern stets schmutziges Wasser im gewöhnlichen Wortsinn ist, so würde also eine Bestimmung, die schlechthin die Zuleitung „schmutzigen Wassers" nach der Straße verbietet, die der Polizei gezogenen Grenzen ihrer Zuständigkeit überschreiten. Indem jedoch die Polizeiverordnung „Mistjauche, anderes schmutziges Wasser und sonst übelriechende Flüssigkeiten" nebeneinander stellt, bringt sie zum Ausdruck, daß nur solches „schmutziges Wasser" nicht auf die Straße geleitet werden darf, das eine der Mistjauche und übelriechenden Flüssigkeiten nach Art und Wirkung ähnliche Beschaffenheit hat. So verstanden, ist gegen die Gültigkeit der Bestimmung nichts einzuwenden.

Nr. 3. Entsch. v. 25. April 1912 (OVG. **61** 187) IV A 11/10.

1. Die Errichtung einer Straßenreinigungsanstalt der Gemeinde unter Begründung eines Anschlußzwanges für die reinigungspflichtigen Straßenanlieger ist rechtlich zulässig, wenn durchschlagende polizeiliche Gesichtspunkte,

insbesondere überwiegende Interessen des Verkehrs und der Gesundheitspflege, es rechtfertigen. Die Benutzung dieser Anstalt muß aber durch eine Umfang und Inhalt der Pflicht der Anlieger regelnde Polizeiverordnung sowie durch eine nach festen Vorschriften und Sätzen bestimmte GebührenO. vorgängig geregelt sein. Auch kann ein Anmeldungszwang durch Polizeiverordnung eingeführt werden.

2. Es ist nach der Rechtsprechung des OVG. allerdings unzulässig, die Bemessung der Gebühren ohne Angabe der hierfür maßgebenden Grundlage der Anordnung der Gemeindeverwaltung zu übertragen. OVG. 45 96 spricht aber aus, daß das Erfordernis fester Sätze erfüllt ist, wenn der Gebührenpflichtige sich in der Lage befindet, die Gebührenforderung mittels einfacher Berechnung selbst nachzuprüfen. Dagegen erwachsen erhebliche Bedenken aus der in der GebührenO. vorgenommenen Teilung der beiderseitigen Verpflichtungen zwischen den Anliegern und der Reinigungsanstalt der Gemeinde. Es ist nicht zu verkennen, daß den ersteren die schwierigsten Pflichten — wie beispielsweise das Offenhalten der Rinnsteine bei eintretendem Tauwetter — belassen worden sind, und zwar auch solche, für deren Ausführung durch die Reinigungsanstalt sich dieselben Erwägungen geltend machen lassen wie für die Übernahme derjenigen, die den Anliegern abgenommen worden sind. § 1 der GebührenO. läßt es aber auch ungewiß, wie es sich mit der ersten Freilegung der Gehbahn auf dem Bürgersteig und der Offenhaltung des Rinnsteins verhält, die nach Abs. 1 aaO. an sich nicht zu den Obliegenheiten der Reinigungsanstalten gehörten, die aber gemäß Abs. 2 bei Schneefall nach Möglichkeit von ihr besorgt werden sollen. Die Anlieger wissen nach diesen Bestimmungen nicht, ob sie alsbald mit der Schneeräumung beginnen oder zunächst das Vorgehen der Anstalt bzw. eine besondere Aufforderung abwarten sollen. Es handelt sich hierbei um eine Leistung, die keinen Aufschub duldet, die aber nach Abs. 2 idReg. nicht von den Anliegern geleistet werden soll. Weiter enthalten die maßgebenden Vorschriften keine Regelung der Müllabfuhr. Der Amtsvorsteher bezeichnet die einwandfreie Beseitigung des Straßenkehrichts, die den einzelnen Grundbesitzern nicht möglich sei, als eine der Hauptursachen für die Schaffung der Reinigungsanstalt. Es fehle in den Vorortgemeinden von Berlin bei der dichten Bebauung und der Gemengelage an Schuttabladeplätzen, und die Einwohner wüßten deshalb nicht, wo sie mit dem Straßenkehrichte bleiben sollten. Im Gegensatze zu diesen Ausführungen steht, daß keine die Pflicht der Müllabfuhr durch die Anstalt im voraus regelnde Bestimmung in der Polizeiverordnung und der GebührenO. getroffen ist, wohingegen § 11 der ersteren das Aufbringen des Mülles auf die Straße verbietet und § 18 aaO. die Anlage von Müllgruben und Behältern auf den Grundstücken fordert. Es ist in keiner Weise zu erkennen, wie gerade den Anliegern geholfen werden soll, die keine Müllagerungsstätten auf ihren Grundstücken haben oder zu ihrer Anbringung außerstande sind.

3. Eine die Interessen der Anlieger schädigende Unklarheit ergibt sich ferner aus der Fassung des § 2 Abs. 2 der Polizeiverordnung, nach der die observanzmäßige Verpflichtung der Grundeigentümer hinsichtlich der auf die Reinigungsanstalt übernommenen Leistungen nicht aufgehoben sein, sondern nur ihre unmittelbare Erfüllung solange und insoweit ruhen soll, als die Reinigungsanstalt die regelmäßige Reinigung besorgt. Abgesehen davon, daß die Fassung dieser Vorschrift eine willkürliche Behandlung der Sache nicht genügend ausschließt, erhellt nach ihr in Verbindung mit § 2 Abs. 2 aaO. nicht, wieweit die bürgerlich-rechtliche Haftung für Unfälle, die durch Unterlassen oder nicht ordnungsmäßiges Ausführen der Reinigung entstehen, den Anliegern, und wieweit sie der Gemeinde zur Last fallen soll. Wenn auch die hieraus erwachsenden Ansprüche dem Gebiete des bürgerlichen Rechtes angehören und im Einzelfalle der Entsch. der ordentlichen Gerichte unterliegen, so wird doch eine grundsätzliche Abgrenzung und Fest-

legung der beiderseitigen, diesem Gebiet angehörigen Pflichten bei der Teilung der Ausübung der Reinigungspflicht zwischen den Anliegern und der Gemeinde billigerweise nicht unterlassen werden dürfen. Eine solche Regelung hat aber bisher nicht stattgefunden.

Nr. 4. Entsch. v. 14. Nov. 1911 (OVG. **61** 127) I B 12/11.

Auf Grund einer Polizeiverordnung, die dem Hauseigentümer oder Hausverwalter die Pflicht auferlegt, „das Beziehen einer Wohnung und das Ausziehen aus einer Wohnung" der Polizeibehörde zu melden, kann die Meldepflicht nicht gegenüber einem Arzte hinsichtlich solcher Kranken in Anspruch genommen werden, die er lediglich zu ihrer ärztlichen Behandlung für einen diesem Zwecke entsprechenden Zeitraum in ein von ihm unterhaltenes Krankenhaus aufnimmt; denn der Kranke nimmt diesen Aufenthalt nicht zur Befriedigung eines Wohnungsbedürfnisses.

Nr. 5. Entsch. v. 14. Mai 1912 (OVG. **61** 179) I C 60/11.

1. Auf Grund der Befugnis, die Zu- und Rückwanderung ausländischer Arbeiter zu überwachen, kann die Polizei von dem Arbeitgeber zwar die Gestattung der Einsichtnahme, aber nicht die Herausgabe der Heimats- und Legitimationspapiere der Arbeiter verlangen.

2. Im vorliegenden Falle hatte die Polizeibehörde die Papiere eingefordert, um gemäß der Anordnung des Oberpräsidenten den Arbeitern zur Auffindung einer neuen Arbeitsstätte und zur Wiedererlangung ihrer Papiere behilflich zu sein. Dies berechtigte die Polizeibehörde aber nicht zu einem Eingriff in die Vermögensrechte Dritter. Über die dem Privatrecht angehörende Frage, ob und wann der Arbeitgeber die ihm bei Antritt des Dienstverhältnisses übergebenen Ausweispapiere des Arbeiters diesem herauszugeben hat, ist von den ordentlichen Gerichten zu entscheiden. Die Polizeibehörde ist nur dann befugt, in diesen Streit mit polizeilichen Zwangsmaßregeln einzugreifen, wenn dabei zugleich eine Störung der öffentlichen Ordnung oder Sicherheit in Frage kommt. Dies traf nicht zu.

Nr. 6. Entsch. v. 1. Dez. 1911 (OVG. **61** 130) I A 99/10.

1. Die Beschlußfassung über eine BegräbnisO. und ihre Abänderung liegt der Gemeindevertretung ob. Der Gemeindevorsteher ist zwar in der Lage, der Gemeindevertretung einen Gegenstand zur Beschlußfassung zu unterbreiten; die Gemeindeverordneten zu einer Beschlußfassung bestimmten Inhalts zu zwingen, geht indessen über seine Befugnisse hinaus. Er kann infolgedessen auch nicht unter Androhung einer Strafe dazu angehalten werden, einen Beschluß der Gemeindevertretung vorgeschriebenen Inhalts herbeizuführen und vorzulegen. Dies hat auch augenscheinlich nicht in der Absicht der Behörde gelegen. Nach der Sachlage muß vielmehr angenommen werden, daß die Verfügung sich an die Gemeinde wenden sollte, und daß sie an den Gemeindevorsteher nur als an deren gesetzlichen Vertreter gerichtet ist.

2. Der Gemeinde gegenüber ist jedoch die Verfügung ebenfalls unhaltbar. Freilich nicht deshalb, weil sie von dem zu ihrem Erlaß unzuständigen Landrat ausgegangen sei; denn die Verfügung ist von der Landespolizeibehörde erlassen, die sich dabei des Landrats als ihres Organs bedient hat. Unzulässig ist vielmehr die Verfügung deshalb, weil einer Gemeinde (Gemeindevertretung) nicht durch polizeiliche Anordnung aufgegeben werden kann, in eine die Benutzung einer Gemeindeanstalt regelnde Ordnung eine Vorschrift bestimmten Inhalts aufzunehmen. Zu einem derartigen Eingriff in die kommunale Selbstverwaltung ist die Polizei, auch die Landespolizei, bei dem Mangel eines entsprechenden G. nicht befugt.

Nr. 7. Entsch. v. 31. Mai 1912 (OVG. **61** 182) I C 65/11.

1. Im Geltungsbereiche des ALR. besteht eine gesetzliche Verpflichtung der politischen Gemeinden zur Anlegung oder Erweiterung von Begräbnisplätzen nicht. Freilich ist es den politischen Gemeinden gleichwohl nicht verwehrt, mit polizeilicher Genehmigung freiwillig einen Begräbnisplatz anzulegen. Zuständig zur Erteilung der Genehmigung ist die Ortspolizei.

2. Die Fürsorge für das Begräbniswesen kann nicht durch staatliche Verleihung zur Aufgabe einer politischen Gemeinde gemacht werden.

Denkbar ist, daß sich aus der tatsächlichen Anlegung des Begräbnisplatzes unter Umständen eine im Herkommen begründete Verpflichtung der politischen Gemeinde zur Fürsorge für das Beerdigungswesen hätte entwickeln können. Von einer solchen Entwickelung kann im vorliegenden Falle keine Rede sein; denn seit rund drei Jahrzehnten hat sich die Klägerin nicht um das Beerdigungswesen in H. gekümmert. Nachdem sie ein ihr gehöriges, aus drei Parzellen bestehendes Grundstück zur Anlegung eines Begräbnisplatzes bestimmt und in mehr oder minder ausreichender Weise für seinen Zweck hergerichtet hatte, hat sie es der katholischen Kirchengemeinde überwiesen, die seitdem den Begräbnisplatz ausschließlich besessen, benutzt und im Stande gehalten hat. Wie die Zulässigkeit dieser Überweisung im übrigen zu beurteilen sein möchte, bedarf hier keiner Erörterung. Jedenfalls kann darin nicht eine unwirksame Übertragung einer kommunalen Verpflichtung auf die Kirchengemeinde erblickt werden. Von einer solchen Übertragung könnte nur unter der Voraussetzung gesprochen werden, daß die Fürsorge für das Beerdigungswesen zu den Aufgaben der politischen Gemeinde gehörte. Diese Voraussetzung liegt nicht vor. Ob die Kirchengemeinde, weil sie so lange die Fürsorge für das Beerdigungswesen in H. geübt hatte, auf diesem Platze im Hinblicke darauf, daß seine Verwendung für Beerdigungszwecke von der Regierung genehmigt war, ohne weiteres diese Fürsorge fortsetzen konnte, oder ob sie dazu ihrerseits noch einer besonderen staatlichen Erlaubnis bedurfte, braucht hier ebenfalls nicht untersucht zu werden. Auch wenn diese Frage im letzteren Sinne zu beantworten wäre, so folgt doch aus dem Umstande, daß die Kirchengemeinde der erforderlichen staatlichen Erlaubnis entbehrte, noch nicht, daß die politische Gemeinde als Trägerin der Beerdigungslast anzusehen wäre. Einer solchen Schlußfolgerung wird durch das Fehlen entsprechender rechtlicher Normen, insbesondere auch einer Observanz, der Boden entzogen.

Nr. 8. Entsch. v. 2. Febr. 1912 (OVG. **61** 163) I C 82/11.

1. Das bloße Eigentum der Stadtgemeinde an dem zu Bestattungszwecken gewidmeten Grundstücke bietet zu der Annahme keine hinreichende Grundlage, daß es sich um einen rein kommunalen Friedhof handle. In Hessen haben vielmehr auch diejenigen Begräbnisplätze, die im Eigentume der politischen Gemeinden stehen, die rechtliche Eigenschaft kirchlicher Einrichtungen in dem Sinne, daß bei ihrer Anlegung und Schließung die kirchlichen Behörden zur Mitwirkung berufen sind. Nach kurhessischem Rechte hat der Totenhof die kirchliche Bestimmung, die Verstorbenen der Gemeinde zu versammeln, etwa wie die Kirche die Lebenden versammelt; zu einer liturgischen, gottesdienstlichen Sache wird er aber durch die Versammlung der lebenden Gemeinde beim Begräbnisakte; daher steht der Totenhof unter Aufsicht und Anordnung der geistlichen Behörden, und seine Anlegung bedarf ihrer Einwilligung.

2. Dieser Auffassung entspricht es, wenn die Außergebrauchsetzung eines Totenhofs als in den Befugnissen der Staatsgewalt liegend bezeichnet und die Mitwirkung der Polizei darauf beschränkt wird, daß sie die zweckmäßige Einrichtung der Totenhöfe und der Beerdigungen in gesundheitspolizeilicher

Hinsicht zu beaufsichtigen bzw. die Aufsicht über den Totenhof als bürgerlichen Begräbnisplatz zu führen habe. Ebenso wie in den älteren Provinzen der Monarchie muß auch hier aus den Gründen in OVG. **54** 180 die endgültige Schließung eines kirchlichen Begräbnisplatzes zur Zuständigkeit der Landespolizeibehörde, vertreten durch den Regierungspräsidenten, gerechnet werden.

3. Alles dies gilt zunächst nur für kirchliche Begräbnisplätze. Da es sich bei dem Totenhof in F. aber nicht um einen rein kirchlichen handelt, vielmehr die politische Gemeinde als Eigentümerin des Grundstücks mitbeteiligt ist, somit ein Begräbnisplatz gemischten Charakters vorliegt, fragt sich weiter, wie die so teils für die Landes-, teils für die Ortspolizeibehörde begründete Zuständigkeit zu regeln ist. Eine gesetzliche Vorschrift, die hierfür Bestimmung träfe, ist nicht vorhanden, so daß der Zweifel nach allgemeinen Grundsätzen gelöst werden muß. In OVG. **54** 180 hat der Gerichtshof den Fall behandelt, wenn bezüglich eines kirchlichen Begräbnisplatzes Anordnungen erlassen sind, bei denen kirchenpolizeiliche Interessen im engeren Sinne und allgemeinpolizeiliche Interessen zusammentreffen. Das Urteil führt aus, daß dann nur die Landespolizeibehörde einzugreifen befugt sei, weil es mit der allgemein geltenden Regelung der Zuständigkeiten im Widerspruche stehen würde, wenn die Ortspolizeibehörde durch selbständige Maßnahmen sich in die Handhabung der polizeilichen Befugnisse der Landespolizeibehörde lediglich aus dem Grunde einmischen dürfte, daß auch ein Gesichtspunkt allgemeinpolizeilicher Art für die Angelegenheit in Betracht komme. Eine ähnliche Erwägung rechtfertigt sich hier, wo zwar nicht nach dem rechtlichen Charakter der Maßnahme, wohl aber nach der eigentümlichen Eigenschaft des Begräbnisplatzes die Zuständigkeit der Orts- und der Landespolizeibehörde zusammentrifft. Wäre der christliche Totenhof in F. nur eine polizeiliche Gemeindeanstalt, so würde die Ortspolizeibehörde allein seine Schließung aus gesundheitspolizeilichen Gründen anordnen können. Da er aber gleichzeitig eine kirchliche Einrichtung ist, kann die Ortspolizeibehörde nicht berechtigt sein, der Entschließung derjenigen Behörde vorzugreifen, die zur Wahrnehmung der kirchlichen Interessen berufen ist. Ebenso wie bei einer Maßnahme, durch die in gleicher Weise kirchenpolizeiliche und allgemeinpolizeiliche Interessen berührt werden, nur die zum Schutze der ersteren berufene höhere Behörde zur Verfügung zuständig ist, muß auch die untere Behörde vor der höheren in dem Falle zurücktreten, wenn infolge des kirchlichen Charakters des Begräbnisplatzes dessen Schließung allein von der höheren Behörde (der Landespolizei) angeordnet werden kann; sonst würde die untere Behörde durch ihr Vorgehen in die Lage kommen, die Berücksichtigung der unter den Schutz der höheren Behörde gestellten Interessen zu vereiteln. Wo daher, wie im vorliegenden Falle, ein Begräbnisplatz, unbeschadet des Verhältnisses zu der politischen Gemeinde als der Eigentümerin, zugleich als kirchliche Einrichtung zu betrachten ist, hängt die Zuständigkeit für die Entsch. über seine Schließung davon ab, ob eine der Ortspolizeibehörde vorgeordnete Stelle berufen ist, die kirchlichen Interessen wahrzunehmen. Da in dem vormaligen Kurfürstentume Hessen dies zutrifft, indem die Rechte des Staates in kirchlichen Angelegenheiten ebenso wie in den älteren Provinzen der preußischen Monarchie von der Bezirksregierung, jetzt dem Regierungspräsidenten, auszuüben sind, hätte der Totenhof in F. hiernach nur durch landes-, aber nicht durch ortspolizeiliche Verfügung geschlossen werden können.

Nr. 9. Entsch. v. 15. Dez. 1911 (OVG. 61 133) I A 130/11.

1. Die angefochtene polizeiliche Verfügung enthält drei Auflagen, und zwar: 1. das Verbot der Benutzung des alten Kirchengebäudes zu anderen Zwecken als zu Versammlungen, die die Pflege christlichen Lebens bezwecken, unter Hervorhebung der Unstatthaftigkeit von Theateraufführungen und Schaustellungen; 2. das Gebot der Einrichtung von Aborten für die Teilnehmer

an den zugelassenen Versammlungen; 3. das Verbot einer Verletzung der dem Friedhofe gebührenden Ehrfurcht bei diesen Versammlungen. Das polizeiliche Verbot ist auf Grund der Annahme einer eigenen und selbständigen sachlichen Zuständigkeit der Polizei erlassen worden, woran der Umstand nichts ändert, daß der Erlaß auf einer Anweisung der Polizeiaufsichtsbehörden beruht, die daneben auch zur Mitwirkung bei der Handhabung der Staatsaufsicht über Kirchengemeinden berufen sind. Eine selbständige Zuständigkeit der Polizei, wie sie in der angefochtenen Verfügung betätigt worden ist, besteht auch in der Tat; nur liegen deren Voraussetzungen auf völlig anderem Gebiete. Mit der Entziehung aus dem liturgischen Gebrauche wurde die alte Kirche ein profanes Gebäude wie jedes andere, das nicht gottesdienstlichen Zwecken gewidmet ist. In der Verwendung desselben konnte die Polizei die Kirchengemeinde als die Eigentümerin nur aus polizeilichen Gesichtspunkten hindern oder beschränken.

2. Die angefochtene Verfügung verfolgt den Zweck, die Ruhe des Kirchhofs und die ihm als der Ruhestätte der Verstorbenen geschuldete Pietät zu wahren. Hierbei ist es gleichgültig, daß das alte Kirchengebäude und der Kirchhof nicht demselben Eigentümer gehören. Das Gebäude wird vom Kirchhof umgeben; es steht zwar nicht rechtlich, wohl aber tatsächlich im Bereiche des letzteren, dergestalt, daß alles, was sich in dem Gebäude vollzieht, tatsächlich im Bereiche des Kirchhofs geschieht. Bei der Benutzung des Gebäudes bleibt daher die dem Kirchhofe gebührende Rücksicht zu beachten, und die Sorge dafür, daß dies geschieht, gehört zur öffentlichen Ordnung, deren Wahrung eine Aufgabe der Polizei bildet.

3. Hiernach war die Ortspolizeibehörde an sich zuständig, einer mit der Rücksicht auf den Kirchhof nicht vereinbaren Benutzung des alten Kirchengebäudes entgegenzutreten. Es bedarf keiner weiteren Ausführung, daß die Veranstaltung von Lustbarkeiten im örtlichen Bereich eines Kirchhofs mit dieser Rücksicht nicht verträglich ist. Aber Theatervorstellungen und Schaustellungen fallen nicht ohne weiteres unterschiedlos unter diesen Begriff; er trifft nur für solche Veranstaltungen zu, die zur ergötzenden Unterhaltung der Teilnehmer bestimmt sind. Veranstaltungen, die nur oder doch wesentlich den Zweck der Belehrung, sittlichen Erhebung oder religiösen Erbauung verfolgen, können nicht als Lustbarkeiten gelten. So finden nicht nur geistliche Konzerte in ähnlich belegenen Kirchengebäuden unbeanstandet statt, sondern es gibt vor allem auch Theatervorstellungen religiösen Inhalts, die, wie beispielsweise die Passionsspiele, in ganz hervorragendem Maße der Erbauung dienen und wesentlich nur zu diesem Zwecke bestimmt sind. Auch im vorliegenden Falle handelt es sich um Veranstaltungen religiösen Inhalts, die zum Zwecke der Erbauung und der Förderung des Missionswesens stattfanden und überdies mit einem Gebete für die auf dem Kirchhofe ruhenden Verstorbenen geschlossen wurden. Wie derartige Veranstaltungen oder die ihnen voraufgehenden Proben geeignet sein sollten, die dem Kirchhofe gebührende Rücksicht zu beeinträchtigen, ist nicht ersichtlich. Dafür, daß die Kirchengemeinde in Zukunft dazu übergehen würde, das Gebäude für Veranstaltungen anderen als ernsten Charakters herzugeben, fehlt jeder tatsächliche Anhalt, und es liegt um so weniger Anlaß vor, mit einer dahingehenden Möglichkeit zu rechnen, als die Veranstaltungen unter der Leitung des Ortspfarrers gestanden haben bzw. stehen, der durch sein Amt dazu berufen ist, für die Wahrung der Pietät gegenüber den Verstorbenen zu sorgen und dabei der Aufsicht seiner vorgesetzten geistlichen Behörden untersteht. Sollte trotzdem den Veranstaltungen der durch die Rücksicht auf den Kirchhof gebotene ernste Charakter nicht gewahrt bleiben, so würde es der Polizei unbenommen sein, hiergegen einzuschreiten und dafür zu sorgen, daß über die durch jene Rücksicht bedingten Schranken nicht hinausgegangen wird. Solange aber jeder irgendwie begründete Anhalt hierfür fehlt, entbehrt ein Verbot, wie es hier erlassen ist, der vom G. erforderten tatsächlichen Voraussetzungen. Zu deren Erfüllung genügt die bloße Möglichkeit einer Überschreitung jener Schranken nicht.

4. Die angefochtene Verfügung beschränkt das an erster Stelle ausgesprochene Verbot nicht auf die Veranstaltung von Theatervorstellungen und Schaustellungen. Sie will nicht nur die Benutzung des Gebäudes zu allen anderen als Versammlungszwecken ausschließen und auch nicht unterschiedlos alle Versammlungen, sondern nur solche zulassen, die die Pflege christlichen Lebens bezwecken. Auch darin geht sie über das Maß dessen hinaus, was allein die Polizei zu fordern oder zu verbieten berechtigt ist. Es sind außer der Abhaltung von Versammlungen andere Verwendungszwecke denkbar, für die das Gebäude benutzt werden könnte, ohne daß dadurch die Rücksicht auf den Kirchhof einer Beeinträchtigung ausgesetzt würde, und auch bei Versammlungen, die nicht gerade die Pflege christlichen Lebens bezwecken, läßt sich nicht ohne weiteres sagen, daß deren Abhaltung mit jener Rücksicht nicht verträglich sei. Mangels des erforderlichen tatsächlichen Anhalts kann die Polizei aber nicht schlechthin jede andere Benutzung des Gebäudes wie die zur Abhaltung von Versammlungen, die die Pflege christlichen Lebens bezwecken, verbieten.

Nr. 10. Entsch. v. 19. Dez. 1911 (OVG. **61** 146) IA 115/10.

1. Unter der „Ortspolizeibehörde", die nach § 18 MobVersG. Einspruch gegen die Auszahlung der einem Versicherten zustehenden Brandentschädigungssumme erheben kann, ist nicht die Polizeibehörde des Wohnorts des Versicherten, sondern die des Brandorts zu verstehen. Nur diese Behörde befindet sich in der Lage, diejenigen Feststellungen und Entschließungen mit der gebotenen Beschleunigung sachgemäß zu treffen, die als Grundlage für die Erhebung des Einspruchs unerläßlich sind.

Für die Ausübung der hiernach durch die Belegenheit des Brandfalls bedingten Kontrolle kann es keinen Unterschied machen, ob die an der Sache Beteiligten auch im übrigen dem Amtsbereiche der nach jeder Belegenheit zuständigen Polizeibehörde angehören. Ob und wieweit dann, wenn dies nicht der Fall ist, der Einspruch für die Durchführung des zivilrechtlichen Anspruchs auf Auszahlung der Entschädigungssumme von hindernder Wirkung sein kann, muß der Entsch. der zuständigen ordentlichen Gerichte überlassen bleiben.

2. Erhebung des Einspruchs nach Ablauf der dafür vorgesehenen Frist ist unzulässig. Im übrigen schließt der Einspruch einen Eingriff in das Rechtsgebiet der Kläger in sich, wenn er auch nicht unmittelbar ihnen gegenüber, sondern gegenüber der Versicherungsgesellschaft erklärt worden ist. Als Widerspruch gegen die Auszahlung der Versicherungssumme an die Kläger bezweckt er, der Durchführung vermögensrechtlicher Ansprüche der letzteren entgegenzutreten. Deshalb ist auch seine Anfechtung durch die Kläger mit den Rechtsbehelfen des § 127 LVG. zulässig.

Nr. 11. Entsch. v. 10. Mai 1912 (OVG. **61** 175) IA 159/11.

1. Wie in der Rechtsprechung anerkannt ist, kann auch derjenige auf Aufhebung einer polizeilichen Verfügung klagen, der, obschon sie nicht gegen ihn erlassen ist, doch durch ihre Ausführung in seinen Rechten verletzt wird oder wenigstens verletzt zu sein behauptet. Eine Verletzung ihrer Rechte erblicken die Kläger darin, daß durch die Nähe des Sprengstofflagers für ihre Person und ihr Eigentum, besonders ihre Grundstücke, Gefahren und Nachteile erwachsen. Allein nicht jede Beeinträchtigung von Vermögensinteressen, die mit der Ausführung einer polizeilichen Verfügung in irgendwelchen ursächlichen Zusammenhang gebracht werden kann, berechtigt zur Klage, vielmehr muß eine wirkliche Verletzung der Rechte des Klägers, ein unmittelbarer Eingriff in sie, nicht bloß ein Berühren seiner Interessen stattgefunden haben. Dieser Fall liegt hier nicht vor. Die Kläger haben kein Recht darauf, daß die W.-Gesellschaft in der Be- und Ausnutzung ihres in L. gelegenen Grundbesitzes beschränkt werde, damit ihnen eine bessere Ausnutzung ihrer Besitzungen

möglich gemacht werde. Sie meinen, daß die Ortspolizeibehörde ihre Amtsgewalt habe gebrauchen müssen, um die W.-Gesellschaft zu hindern, daß sie auf ihrem Grundstück ein Sprengstofflager erbaue, und so die Kläger zu schützen. Auf ein solches Eingreifen der Polizeibehörde in privatrechtliche Fragen haben die Kläger aber keinen Anspruch. Nach OVG. **2** 351 und **14** 379 gewährt das G. im allgemeinen gegenüber dem Rechte zur freien Verfügung über das Grundeigentum für den Dritten, der durch dessen Ausnutzung in seinen Interessen geschädigt wird, keinen durch die Rechtsmittel der §§ 127ff. LVG. zu verfolgenden Rechtsschutz; nur wo durch besondere gesetzliche Vorschriften ein solcher Schutz eingeführt ist, liegt die Sache anders. Für die Bedrohung der Grundstücksnachbarn und der Bewohner der weiteren Umgebung eines Sprengstofflagers fehlt es an Sonderbestimmungen; sie können daher — abgesehen von einer etwa möglichen Klage vor den ordentlichen Gerichten — nur durch Anrufen der Aufsichtsbehörden auf die zulässige Wahrung ihrer Interessen seitens der Polizeibehörde hinwirken.

2. Da die Kläger außerdem betont haben, daß auch die öffentlichen Interessen durch die von der Ortspolizei erteilte Genehmigung zur Erbauung des Sprengstofflagers verletzt würden, bleibt zu prüfen, ob die Klage im Verwaltungsstreitverfahren etwa hierauf gestützt werden könnte. Dies muß indessen ebenfalls verneint werden, weil es kein G. gibt, wonach die Verletzung öffentlicher Interessen durch eine polizeiliche Verfügung mit der Klage im Verwaltungsstreitverfahren von jedermann gerügt werden könnte.

Nr. 12. Entsch. v. 18. Mai 1914 (PrVerwBl. **36** 154) III C 27/13.

ALR. II 17 § 10.

1. Es ist anerkannten Rechtens, daß das polizeiliche Eingreifen in den Rechtsbereich des einzelnen nur insoweit erfolgen darf, als es zur Erfüllung der der Polizei obliegenden Aufgaben notwendig ist. In diesem Sinne ist namentlich der im § 10 ALR. II 17 gebrauchte Ausdruck „die nötigen Anstalten" zu verstehen. Nun ist der Betrieb eines Steinbruchs keineswegs in jedem Falle derartig gefahrbringend oder verkehrsbelästigend, daß die Erfüllung der polizeilichen Aufgaben die Untersagung des Betriebs erforderlich macht. Das Gegenteil beweisen die zahlreichen im Betriebe befindlichen Steinbrüche, die zu polizeilicher Beanstandung keinerlei Grund geben. Nicht einmal mit den Steinbruchsbetrieben, in denen Sprengmittel zur Anwendung gelangen, sind Gefahren für das Publikum und Belästigungen des Verkehrs notwendig verbunden. Vielmehr wird durch die den Steinbruchsbetrieb im allgemeinen und den Sprengbetrieb im besonderen regelnden Polizeiverordnungen, z. B. durch die des Regierungspräsidenten zu Cöln v. 1. III. 01, anerkannt, daß auch Sprengbetriebe mit dem Schutze des Publikums sowie mit der Erhaltung der Sicherheit und Leichtigkeit des Verkehrs sehr wohl vereinbar sind. Im vorliegenden Falle hat die Klägerin ausdrücklich erklärt, daß Sprengungen, wie sie von dem Kreis- und dem Bezirksausschuß als notwendig vorausgesetzt worden sind, nicht beabsichtigt werden. In jedem Falle aber wäre zur Beseitigung der aus dem Sprengen sich ergebenden Mißstände das Verbot der Sprengungen, wenn überhaupt erforderlich, so zugleich auch ausreichend und nicht das Verbot des gesamten Betriebs erforderlich gewesen. Auch im übrigen sind Gefährdungen und Verkehrsbelästigungen, die mit dem fraglichen Steinbruchsbetrieb untrennbar verbunden gewesen wären, nicht zu erkennen. Danach fehlt es an den für die Untersagung des gesamten Betriebs erforderlichen tatsächlichen Voraussetzungen.

2. Was endlich den in der Nähe des Steinbruchs vorüberführenden öffentlichen Fahrweg betrifft, so stützt der Kreis- und der Bezirksausschuß das streitige Verbot auf die von dem Betriebe des Steinbruchs zu erwartende bedeutende Steigerung des Lastfuhrenverkehrs. Dieser Grund ist hinfällig. Ein Verbot

der Benutzung des Weges oder eines Teiles des Weges liegt nicht vor. Weshalb aber die Erhaltung der Ordnung, Sicherheit und Leichtigkeit des Verkehrs mit dessen Steigerung auf etwa hundert Fuhren für den Tag unvereinbar sein sollte, ist in keiner Weise ersichtlich.

Nr. 13. Entsch. v. 21. Nov. 1912 (PrVerwBl. 35 384) IV A 47/12.

Die Polizei ist nicht befugt, dem Eigentümer eines Privatwegs die gänzliche Beseitigung einer auf diesem errichteten Barriere zur Verhütung von Unglücksfällen aufzugeben. Es steht fest, daß der Kläger die Barriere auf seinem Privateigentum errichtet hat, und daß der durch sie abgesperrte Weg kein öffentlicher ist. Die Polizeibehörde hat demgemäß den Weg nicht für den öffentlichen Verkehr in Anspruch genommen, sondern die angefochtene Verfügung im sicherheitspolizeilichen Interesse erlassen, und es sind die erhobenen Beschwerden gleichfalls nur aus sicherheitspolizeilichen Gründen zurückgewiesen worden. Es ist aber nicht erkennbar, inwiefern die Polizeibehörde — abgesehen von dem hier nicht vorliegenden Falle eines Notstandes — aus sicherheitspolizeilichen Gründen den Eigentümer eines Privatweges dazu, dritte Personen auf dem Wege fahren zu lassen, soll zwingen und daran, den Verkehr von dem Wege und damit von seinem Privateigentum abzusperren, soll hindern können. Sollten durch die Aufstellung der Barriere trotz der Anstellung eines Wärters Unglücksfälle herbeigeführt werden können, so käme nur in Frage, ob eine Beleuchtung der Barriere oder andere, iVerh. zur gänzlichen Beseitigung der Barriere geringere Maßregeln zur Verhinderung solcher Unglücksfälle notwendig wären.

Nr. 14. Entsch. v. 28. Nov. 1912 (PrVerwBl. 35 418) IV C 64/12.

ALR. II 17 § 10.

1. Wenn auf einem nicht öffentlichen Fußsteige ein Verkehr stattfindet, so ist die Polizeibehörde auf Grund des § 10 ALR. II 17 berechtigt, die Beseitigung eines Stacheldrahtzaunes und die Entfernung von Sträuchern und Vertiefungen an dem Wege zu verlangen, durch die für die auf dem Fußsteige Verkehrenden Gefahren und Schäden entstehen können. Ihre Verfügung ist keine wegepolizeiliche, sondern eine sicherheitspolizeiliche zum Schutze der letzteren gegen Gefahren und Schäden, die sie an ihrem Körper oder ihrer Gesundheit infolge des angebrachten Stacheldrahts und der sehr nahe daneben befindlichen Vertiefungen und Sträucher erleiden möchten.

2. Die rechtliche Natur einer polizeilichen Verfügung ist vom Verwaltungsrichter auch in der Revisionsinstanz frei zu prüfen. Für die Frage, ob die tatsächlichen Voraussetzungen vorhanden sind, die die Polizei zum Erlasse der Verfügung berechtigt haben würden, kommt es auf die Verhältnisse und den Rechtszustand zur Zeit der Zustellung der Verfügung an.

Nr. 15. Entsch. v. 13. Dez. 1912 (OVG. 65 248) I A 154/11.

1. Der Kläger ist auf Anordnung der Ortspolizeibehörde wegen gemeingefährlicher Geisteskrankheit ohne zeitliche Beschränkung, also für die Dauer dieses Zustandes, in der Irrenanstalt untergebracht worden. Die Ablehnung der Aufhebung dieser Anordnung stellt eine mit den Rechtsmitteln des vierten Titels des LVG. anfechtbare polizeiliche Verfügung dar. Hiernach war der Kläger zwar berechtigt, die ablehnende Verfügung des Polizeipräsidenten und den diese Verfügung aufrechterhaltenden Bescheid des Oberpräsidenten anzufechten, aber für die Klage beschränkt sich dabei das erreichbare Ziel auf die Aufhebung der Verfügung und des Bescheids. Im Streitverfahren aus §§ 127ff. LVG. über eine polizeiliche Verfügung hat der Verwaltungsrichter lediglich darüber zu be-

finden, ob diese dem bestehenden Rechte entspricht, und verneinendenfalls sie aufzuheben; dagegen ist er nicht ermächtigt, darüber hinaus die Verwaltungsbehörden mit Anweisungen zu versehen oder sonstige Anordnungen zur Sache zu treffen. Deshalb erweist sich der Klageantrag von vornherein als unzulässig, soweit er die Anordnung der Entlassung des Klägers aus der Anstalt verlangt.

2. Der Ortspolizeibehörde steht das Recht zu, im sicherheitspolizeilichen Interesse die Unterbringung eines gemeingefährlichen Geisteskranken, und zwar auch für die Dauer, anzuordnen. Wäre die Auffassung des Klägers zutreffend, so würde sich als geltender Rechtszustand ergeben, daß die sichere Unterbringung eines Geisteskranken, auch wenn sie im sicherheitspolizeilichen Interesse noch so dringend geboten wäre, im wesentlichen vom guten Willen des Kranken selbst oder desjenigen, dem die Fürsorge für dessen Person zusteht — bei diesem vielleicht unter Kontrolle des Vormundschaftsrichters —, abhängen und dabei, wenn nicht ausschließlich, so doch in erster Linie von dem Gesichtspunkt einer Fürsorge für den Kranken selbst beherrscht sein würde. Mangels Zustimmung des Kranken bzw. des Fürsorgeberechtigten würde die Polizei nicht in der Lage sein, für die Unterbringung auch des gemeingefährlichsten Geisteskranken zu sorgen; sie wäre darauf beschränkt, ihn für einen Tag in polizeiliche Verwahrung zu nehmen, müßte ihn am folgenden Tage entlassen und könnte ihn gegebenenfalls erst immer wieder nach der Entlassung für einen Tag von neuem in Verwahrung nehmen. Daß ein solcher Zustand geradezu widersinnig wäre, bedarf keines weiteren Wortes. Es kann nicht vorausgesetzt werden, daß ein derartiger Rechtszustand dem Willen des Gesetzgebers entspreche oder auch nur als mögliche Folge der bestehenden Gesetzgebung von ihm übersehen worden sei. Dies ist denn auch in Wirklichkeit nicht der Fall. In §§ 341—344 ALR. II 18 findet sich das Gebot, die äußeren Lebensverhältnisse eines Geisteskranken so zu gestalten, daß seine eigene Sicherheit wie diejenige anderer Personen gewährleistet wird, wozu nötigenfalls seine Aufnahme in eine öffentliche Anstalt durch den Staat dienen soll. Dies Gebot erschöpft sich nicht in der Anordnung einer familienrechtlichen Fürsorge für die Person des Kranken, sondern ist zugleich und vorwiegend polizeilicher Natur; es enthält eine besondere Anwendung des in § 10 ALR. II 17 ausgesprochenen und in § 6 PolVerwG. von neuem gesetzlich festgelegten Grundsatzes, daß der Schutz des Einzelnen wie des Publikums vor Gefahren, insbesondere solchen für Leben und Gesundheit, dem Polizeirecht angehört. Jenes Gebot ist daher durch die neuere Gesetzgebung nicht berührt worden. Das Gebot, daß die äußeren Lebensverhältnisse, in denen der Geisteskranke gehalten wird, seine eigene Sicherheit wie diejenige anderer Personen gewährleisten müssen, und daß der Kranke zu diesem Behuf einer entsprechenden Aufsicht, nötigenfalls in einer öffentlichen Anstalt, zu unterstellen ist, besteht mithin auch heute noch unverändert in Kraft. Da es dem Polizeirecht angehört, so war und ist auch die Polizei, und zwar die Ortspolizeibehörde, berufen, nötigenfalls für die Durchführung dieses Gebots zu sorgen.

3. Ob ein auf Veranlassung der Polizei in einer Irrenanstalt untergebrachter gemeingefährlicher Geisteskranker aus der Anstalt — endgültig, zeitweilig oder versuchsweise — zu entlassen sei, ist nicht nach den für die Irrenanstalten ergangenen Reglements oder nach sonstigen Verwaltungsanordnungen zu bestimmen; vielmehr steht die Entsch. darüber, ob der Geisteskranke weiter in der Anstalt festzuhalten sei, lediglich der Polizeibehörde[1]) — vorbehaltlich der gesetzlich vorgesehenen Rechtsmittel — nach Maßgabe des von ihr wahrzunehmenden polizeilichen Interesses zu.

Nach der (näher dargelegten) rechtsgeschichtlichen Entwickelung der Aufgaben der Polizei auf dem Gebiete des Irrenwesens war allerdings für die Aufnahme und den Verbleib von Geisteskranken in Irrenanstalten ursprünglich die Zuständigkeit des Gerichts dergestalt in den Vordergrund gestellt, daß die Polizei mehr auf die

[1]) Abweichend von Entsch. v. 2. VII. 07 (OVG. 51 221).

Vorbereitung und Ausführung der Unterbringung beschränkt blieb. Dies hing offenbar damit zusammen, daß das gerichtliche Verfahren auf Blödsinnigkeitserklärung mangels eines Antrags von Amts wegen einzuleiten war, und daß das Ergebnis dieses Verfahrens als genügende Grundlage für die Feststellung der tatsächlichen Voraussetzungen angesehen wurde, von denen die Stellungnahme der Polizei gegenüber dem Geisteskranken abhängig war. In der Folgezeit ist aber dieser Standpunkt mehr und mehr eingeschränkt und schließlich völlig verlassen worden, nachdem inzwischen die Reichsjustizgesetzgebung eine grundsätzliche Änderung in der Stellung des Gerichts dahin herbeigeführt hatte, daß es nur auf Antrag von dritter Seite, nötigenfalls des Staatsanwalts, zur Entmündigung berufen ist. Dieser abweichende Standpunkt tritt mit voller Deutlichkeit in denjenigen Anweisungen hervor, die seit dem Jahre 1888 erlassen worden sind. Durch sie ist die Selbständigkeit der Stellung der Polizei gegenüber der ihr gesetzlich zugewiesenen Aufgabe, für den Schutz des Geisteskranken selbst wie nicht minder des Publikums zu sorgen, geklärt und, soweit sie durch die frühere Regelung in den Hintergrund gerückt war, in vollem Umfange wiederhergestellt worden.

4. Die Aufgabe der Polizei, für den Schutz des Geisteskranken selbst wie des Publikums zu sorgen, bleibt so lange bestehen, als die freie Belassung des Kranken in der Außenwelt einen polizeiwidrigen Zustand begründet. Sie kann daher den dauernden Verbleib des Kranken in der Anstalt anordnen und demzufolge der Entlassung widersprechen, solange die Krankheit ihren gefährlichen Charakter nicht verloren hat. Hiernach kann es sich nur darum handeln, ob zu der Zeit, als der Polizeipräsident den Antrag ablehnte, den Kläger aus der Anstalt zu entlassen oder ihn zu beurlauben oder ihn in Familienpflege zu geben, die tatsächlichen Voraussetzungen für die Aufrechterhaltung der Unterbringung in der Anstalt gegeben waren.

Nr. 16. Entsch. v. 29. Sept. 1913 (OVG. 65 259) I A 135/11.

1. Ein Geisteskranker kann von der Polizei zwangsweise in einer Irrenanstalt untergebracht werden, wenn seine äußeren Lebensverhältnisse mit polizeilich zu schützenden Interessen in Widerspruch geraten. Das trifft zu, wenn sich der Geisteskranke vermöge seiner Krankheit oder unter deren Einflusse für sich oder andere oder für die öffentliche Sicherheit, Ruhe und Ordnung als gefährlich erweist. Die Anordnung der Unterbringung bildet eine polizeiliche Verfügung, die sich gegen den Kranken richtet und mit den Rechtsmitteln des vierten Titels des LVG. angefochten werden kann, aber auch fristzeitig angefochten werden muß, wenn nicht der Anspruch auf sachliche Prüfung verwirkt werden soll. Eine solche Anordnung braucht nicht in schriftlicher Form zu ergehen und nicht förmlich zugestellt zu werden. Als Zustellung einer Verfügung ist, abgesehen von dem hier nicht zutreffenden Falle besonderer Vorschriften, jede Handlung der Behörde anzusehen, durch welche den Beteiligten der Inhalt der Verfügung bekannt gegeben wird. Die Bekanntgabe einer polizeilichen Anordnung braucht nicht immer dergestalt zu erfolgen, daß die darin verlangte Handlung oder Unterlassung dem Beteiligten besonders aufgegeben wird; sie kann auch in der Weise stattfinden, daß ohne solche Auflage die Zwangstätigkeit der Polizei zur Herstellung des polizeimäßigen Zustandes unmittelbar eintritt. Ein solches Vorgehen beeinträchtigt den Betroffenen hinsichtlich der ihm gesetzlich gewährleisteten Rechtsmittel nicht. Soweit er lediglich die Zwangsübung anfechten will, steht ihm die Beschwerde aus § 133 LVG. zu, und soweit er sich durch die in der Zwangsübung zugleich enthaltene Anordnung verletzt erachtet, ist ihm die Einlegung der Rechtsmittel der §§ 127ff. daselbst unbenommen.

2. Die Stellung, die der Polizei hierbei zukommt, wird nicht durch die Reglements und durch Verwaltungsanordnungen, sondern durch die Zuständigkeit bestimmt,

die für die Polizei vermöge ihrer gesetzlichen Aufgabe auf dem Gebiete des Irrenwesens besteht. Nach der Rechtsprechung des OVG. ist die Polizei berufen, die Unterbringung gemeingefährlicher Geisteskranker in einer Irrenanstalt anzuordnen, und nicht minder ist sie in der Lage, diejenigen Kommunalverbände, denen die Fürsorge für das Unterkommen solcher Kranken in Anstalten obliegt, zur Erfüllung dieser Verbindlichkeit im Einzelfall anzuhalten. Hat somit die Polizei die Aufgabe, mit verbindlicher Wirkung auch für die Anstalt bzw. den Kommunalverband die Unterbringung des Geisteskranken anzuordnen und durchzuführen, so kann er auch nicht ohne ihre Genehmigung entlassen werden; denn die Entsch. darüber, ob das von ihr wahrzunehmende polizeiliche Interesse die weitere Festhaltung in der Anstalt nicht mehr erheischt, steht lediglich der Polizei selbst, vorbehaltlich der gesetzlich vorgesehenen Rechtsmittel, zu. Wenn der Gerichtshof in OVG. **51** 223, bes. 227 den Anstalten bzw. Kommunalverbänden eine selbständige Entsch. über die Entlassung zuerkannt hat, so kann daran nach erneuter Prüfung nicht festgehalten werden.

3. Auch in Fällen der vorliegenden Art ist die Frage, ob die tatsächlichen Voraussetzungen für den Erlaß der angefochtenen Verfügung vorlagen, lediglich nach derjenigen Sachlage zu beurteilen, die zu der Zeit bestand, als die Verfügung erging.

Nr. 17. Entsch. v. 5. Mai 1913 (OVG. **65** 265) IA 118/10.

1. Dem Heroldsamte ist keine irgendwie geartete Zuständigkeit für die Feststellung bürgerlicher Familiennamen zuzuerkennen. Auch wenn die vom Heroldsamte seither beanspruchte, in der Rechtsprechung der ordentlichen Gerichte zum Teil anerkannte, zum Teil verneinte Zuständigkeit begründet ist, beschränkt sie sich doch nur auf die Feststellung der Berechtigung zur Führung von Adelsprädikaten.

2. Die Partikel „von" ist nicht notwendig ein Adelsprädikat; sie kann auch Bestandteil eines bürgerlichen Familiennamens sein. Ob dies im einzelnen Falle zutrifft, darüber ist von den hierfür zuständigen Behörden selbständig zu befinden. Der Regierungspräsident hat sich in seiner Verfügung einer Prüfung dieser Frage unterzogen. Das von ihm erlassene Verbot hat mithin nicht die Bedeutung, daß der Regierungspräsident die ihm zustehende Polizeigewalt nur für die Durchführung einer von einer anderen Behörde getroffenen Anordnung zur Verfügung gestellt hätte, ein Tatbestand, demgegenüber sich die Frage erheben würde, wieweit zur Anfechtung des Verbots das Verfahren aus § 130 LVG. gegeben wäre. Das Verbot stellt sich vielmehr als ein selbständiges Vorgehen des Regierungspräsidenten dar, für welches der Beschluß des Heroldsamts zwar die Anregung gegeben hat, für das aber dieser Beschluß im übrigen weder in förmlicher, noch in sachlicher Beziehung von Erheblichkeit ist.

3. Im vorliegenden Falle wird angenommen, daß dem Regierungspräsidenten das Recht zustehe, in Zweifelsfällen mit allgemein verbindlicher Wirkung darüber zu befinden, welcher bürgerliche Familienname einer Person zukomme, und demgemäß von ihr zu führen sei, und zwar wird diese Befugnis als ein Ausfluß oder Bestandteil derjenigen Zuständigkeit in Anspruch genommen, die durch AhErl. v. 12. VII. 67 (GS. 1310) früher den Regierungen, jetzt dem Regierungspräsidenten hinsichtlich der Genehmigung zu Namensänderungen zugewiesen worden ist. Diese Genehmigung ist, wenngleich bei ihr Erwägungen polizeilicher Natur mitsprechen, zweifellos keine polizeiliche Aufgabe, deren Erledigung iF. der Versagung durch den Verwaltungsrichter im Verfahren aus § 130 LVG. nachzuprüfen wäre, sondern lediglich eine Ausübung des durch KabO. v. 15. IV. 22 (GS. 108) dem Landesherrn vorbehaltenen Rechtes zur Gestattung der Änderung von Familien- und Geschlechtsnamen, dessen Wahrnehmung durch jenen Erlaß den Bezirksbehörden hinsichtlich bürgerlicher Familiennamen übertragen worden ist.

4. Das Namenrecht, das heißt das Recht zur Führung eines bestimmten Familiennamens, ist ein Persönlichkeitsrecht des Individuums. Sein Erwerb erfolgt grundsätzlich nicht durch behördliche Verleihung, sondern durch familienrechtliche Titel und durch eigene Entschließung des Individuums. Auf diesem Standpunkte steht oder stand das gemeine deutsche Recht. Partikularrechtlich ist es dann in Anbetracht des erheblichen Maßes, in dem das öffentliche Interesse an der richtigen Namenführung beteiligt ist, zur Einschränkung dieses Rechtes sowohl hinsichtlich seiner Ausübung als hinsichtlich seines Erwerbes gekommen. Gemäß KabO. v. 15. IV. 22 (GS. 108) darf niemand ohne Erlaubnis den ihm zukommenden Familiennamen ändern (vgl. im übrigen § 360[8] StGB.). Durch AhErl. v. 12. VII. 67 (GS. 1310) ist die Erteilung dieser dem Landesherrn vorbehaltenen Erlaubnis den Bezirksbehörden übertragen worden, soweit es sich nicht um adelige Namen oder Adelsprädikate handelt. Diese Erlaubnis ist rechtsbegründender Natur; ein Rechtsanspruch auf ihre Erteilung steht niemandem zu. Demgegenüber handelt es sich bei der Feststellung des richtigen Familiennamens um die Ermittelung desjenigen Namens, der einer Person rechtlich zukommt, den sie zu führen verpflichtet ist, auf dessen Führung sie anderseits aber auch ein unentziehbares Recht hat. Es steht dabei mithin eine rechtliche Feststellung in Frage, die jenem rechtsbegründenden Akte weder gleich noch wesensverwandt ist, vielmehr mit ihm nichts gemein hat. Ein Rechtssatz aber dahin, daß es wie für die Änderung eines zweifelsfrei bestehenden, so auch für die Weiterführung eines Familiennamens, für den die Berechtigung zweifelhaft geworden ist, einer landesherrlichen oder behördlichen Erlaubnis bedürfe, ist dem bestehenden Rechte fremd. Über die Rechtsfrage, welcher Familienname einer Person zukommt, haben diejenigen Behörden zu befinden, die für die Angelegenheit zuständig sind, in der jene Frage hervortritt. Danach kann die Zuständigkeit der verschiedensten Behörden begründet sein, so des Strafrichters, des Zivilprozeßrichters, des Standesregisterrichters, des Verwaltungsrichters, endlich auch der Polizei.

5. Daß die Namenkontrolle in der Tat zu den Aufgaben der Polizei gehört, unterliegt keinem Bedenken. Aber die Zuständigkeit der Polizei ist auf diesem Gebiete keine andere und reicht nicht weiter als auf demjenigen ihrer allgemeinen Aufgaben. Führt jemand im Widerspruche mit der öffentlichen Ordnung einen ihm nicht zukommenden Namen, so ist die Polizei, unbeschadet einer etwa verwirkten Strafverfolgung, in der Lage, ihm dies zu untersagen und die Führung des richtigen Namens aufzugeben, wobei ihr zur Durchführung ihre Anordnung die gesetzlichen Zwangsmittel zur Verfügung stehen. Damit erschöpft sich aber auch ihre Zuständigkeit. Selbstverständlich ist dabei die Polizei wie der im Anfechtungsverfahren angerufene Verwaltungsrichter berufen, die Frage zu prüfen, welcher Name der betreffenden Person rechtlich zukommt; diese Frage betrifft jedoch nur die Voraussetzungen, die die Polizei zum Einschreiten berechtigen. Ob die Anordnung, wenn sie unangefochten bleibt oder erfolglos angefochten wird, den davon Betroffenen unabänderlich bindet, oder ob es ihm nicht freisteht, auch später noch deren Aufhebung zu verlangen, wenn ihm in der Folgezeit der Nachweis gelingt, daß der Name, dessen Führung ihm untersagt ist, ihm doch zukomme, oder daß der Name, dessen Führung ihm aufgegeben ist, ihm in Wahrheit nicht zukomme, kann unerörtert bleiben. Keinesfalls ist die Polizei berufen, nach Art einer Status-Entsch. eine allgemeingültige Feststellung des Namens als solche zu treffen.

Begründet danach die Namenkontrolle für die Polizei keine besondere, über das Maß ihrer allgemeinen Aufgaben hinausreichende Zuständigkeit, als deren Träger etwa die Landespolizeibehörde zu betrachten wäre, bildet sie vielmehr nur ein Sondergebiet innerhalb dieser Aufgaben, so führt dies zu der Frage, ob jene Kontrolle zur Landespolizei oder zur Ortspolizei gehört, und welche Polizeibehörde demgemäß zur Wahrnehmung der polizeilichen Befugnisse berufen ist. Soweit nicht einzelne Angelegenheiten oder Gebiete durch ausdrückliche Gesetzesvorschrift einer von beiden Behörden besonders zugewiesen sind, was hier nicht zutrifft, bestimmt sich die Zuständigkeit nach dem begrifflichen Unterschiede zwischen Orts- und Landespolizei, für den entscheidend ist, ob die polizeilich zu schützenden Interessen in erster Linie solche der nachbarlichen örtlichen Gemeinschaft sind oder über diese räumliche Beschränkung hinaus in weiteren Bezirken, vielleicht unmittelbar als einheitliche Interessen des Staates hervortreten. Für die Feststellung der Schreibweise von Ortsnamen hat die Rechtsprechung des OVG. die Zuständigkeit der Landespolizeibehörde zugewiesen und dies damit begründet, daß es sich dabei um eine Angelegenheit handle, bei der ein über den räumlichen Bezirk der Ortspolizeiverwaltung mehr oder minder hinausreichender Kreis von Beteiligten berührt werde. Die Kontrolle der Führung richtiger Familiennamen hat sie dagegen nicht minder ständig zu den Aufgaben der Ortspolizei gerechnet, weil sie nur für einen engeren Kreis von Beteiligten, und zwar in erster Linie für die nachbarliche örtliche Gemeinschaft, Bedeutung hat, und weil der Umstand allein, daß ihre Bedeutung gelegentlich auch diese Grenzen überschreiten mag, nicht ausreicht, um sie zu einer landespolizeilichen Angelegenheit zu machen. Hieran ist auch im vorliegenden Falle festzuhalten. Daraus ergibt sich, daß der Regierungspräsident zu einem Einschreiten gegen die Kläger wegen Unterlassung der von ihm beanstandeten Namenführung auch insoweit nicht zuständig war, als ein polizeiliches Vorgehen überhaupt in Frage kommen konnte. Das wäre vielmehr lediglich Sache der Ortspolizeibehörde gewesen, die der Regierungspräsident mit entsprechender Anweisung hätte versehen können. Dagegen war er nicht befugt, sich an deren Stelle zu setzen und die ihr gesetzlich zugewiesene Obliegenheit an sich zu ziehen.

Nr. 18. Entsch. v. 10. Juli 1913 (PrVerwBl. 35 700) I B 27/12.

Nach § 33 der vom Regierungspräsidenten zu Trier erlassenen PolVd., betr. den Verkauf und das Tragen von Waffen, v. 25. II. 08 kann den im Dienst einer Wach- und Schließgesellschaft stehenden Wächtern, die im Besitze von Waffenscheinen sind, die Führung von Säbeln auch während der Tageszeit nicht versagt werden, es sei denn, daß die Versagung im § 10 ALR. II 17 eine Grundlage fände.

Nr. 19. Entsch. v. 20. Sept. 1913 (OVG. 65 352) III B 3/09.

1. Die Vd. der Herzogl. Nass. Landesregierung über die Erhaltung der Mineralquellen v. 7. VII. 60 betrifft nur Eingrabungen und horizontale Einschrotungen, nicht auch die bloße, in der Nähe bestehender Mineralquellen vorgenommene Veränderung der Wasserentnahme.

2. Bei der Erteilung oder Versagung der in der Vd. v. 7. VII. 60 vorgesehenen Erlaubnis sind die Polizei und die Verwaltungsgerichte an das Gutachten der in Wiesbaden bestehenden Kommission zum Schutze der Thermalquellen nicht gebunden.

Die Vorschrift des § 2 kann nur dahin verstanden werden, daß die Annahme, von der die Verordnung die Versagung der Erlaubnis abhängig macht, auf seiten der Polizeibehörde vorhanden sein muß. Diese Behörde hat sich, ebenso wie in einem später etwa anhängig werdenden Verwaltungsstreitverfahren der Verwaltungsrichter, auf Grund selbständiger Prüfung des von ihr eingeholten technischen Gutachtens ein eigenes Urteil darüber zu bilden, ob als unzweifelhaft angenommen werden muß, daß durch die geplante Anlage eine bestehende Mineralquelle nicht werde beeinträchtigt werden.

3. Kann hiernach das angegriffene polizeiliche Gebot auf Einstellung des Pumpbetriebes auf die Vd. v. 7. VII. 60 nicht gestützt werden, so fragt sich weiter, ob es in dem § 23 BauPolVd. v. 7. II. 05 für den Stadtkreis Wiesbaden seine Grundlage findet.

Die Rechtsgültigkeit der Vorschriften in § 23 ist in OVG. 52 380 auch insoweit anerkannt, als sie nicht lediglich Ausführungsvorschriften für den Stadtkreis Wiesbaden zur örtlichen Durchführung der Vd. v. 7. VII. 60 enthalten. Der Gerichtshof hat dabei insbesondere auch die Rechtsverbindlichkeit der Ziff. 3 des § 23 bejaht, wonach jede Veränderung an Thermalquellen, insbesondere die Ausführung von Neufassungen, Veränderungen der Höhe des Wasserspiegels und dergleichen, ebenso die Aufstellung von Pumpanlagen, sofern hierdurch in der bisherigen Art der Entnahme des Wassers etwas geändert wird, der Erlaubnis der Polizeidirektion bedarf. An dieser Auffassung ist auch nach erneuter Prüfung festzuhalten. Die unter Ziff. 3 erlassenen Vorschriften müssen aber auf den vorliegenden Fall Anwendung finden. Es kann keinem Zweifel unterliegen, daß die vom Kläger aufgestellten zwei Elektromotoren eine Anlage darstellen, durch die „in der bisherigen Art der Entnahme des Wassers etwas geändert wird". Der Kläger bedurfte mithin zu der fraglichen Aufstellung der Erlaubnis der Polizeidirektion. Auch war die letztere befugt, ihm die Entfernung der ohne Erlaubnis angebrachten Elektromotoren oder die Einstellung des mit diesen bewirkten, nicht genehmigten Pumpbetriebs aufzugeben, wenn die Voraussetzungen für die Erteilung der nach Ziff. 3 notwendigen Genehmigung nicht vorlagen und der Betrieb daher mit den Bestimmungen des § 23 BauPolVd. v. 7. II. 05 in Widerspruch stand.

Der § 23³ aaO. gibt nun die Gründe, aus denen die dort vorgeschriebene Erlaubnis zu versagen ist, nicht an. In OVG. 52 380 ist die Rechtsverbindlichkeit des § 23 deshalb bejaht, weil bei dem allgemeinen Interesse an dem Fortbestande der gemeinnützigen Wiesbadener Thermalquellen die Polizeibehörde befugt erscheine, deren Fortbestand durch Polizeiverordnungen zu sichern und zu dem Zwecke alle Veränderungen bestehender Thermalquellen an eine vorherige polizeiliche Genehmigung zu knüpfen, die versagt werden dürfe, sobald bestehende Quellen gefährdet würden. Daran, daß für die Erteilung oder Versagung der Erlaubnis der Gesichtspunkt der Gefährdung maßgebend sei, ist festzuhalten, da sich dies aus den für die Rechtsbeständigkeit der Vorschrift geltend gemachten Gründen von selbst ergibt. Die Erlaubnis ist mithin nicht zu erteilen und das Verbot der Benutzung eines ohne Erlaubnis eingerichteten Betriebs ist nur dann statthaft, wenn Tatsachen die Besorgnis rechtfertigen, daß die geplante Änderung eine Gefährdung anderer Quellen herbeiführen werde. Ob dies der Fall ist, darf aber nicht nach der Bestimmung des § 2 NassVd. v. 7. VII. 60 beurteilt, die Erlaubnis also nicht schon dann versagt werden, wenn nach dem eingeholten und nachgeprüften technischen Gutachten nicht als unzweifelhaft angenommen werden muß, daß durch die beabsichtigte Anlage eine bestehende Mineralquelle nicht werde beeinträchtigt werden. Es ist ausgeschlossen, den § 2 aaO. auf Tatbestände anzuwenden, die nicht unter den § 1 daselbst fallen. Die Frage der Gefährdung ist vielmehr nach allgemeinen Rechtsgrundsätzen zu prüfen. Demgemäß wird in einer bloßen ungünstigen Beeinflussung benachbarter Quellen noch nicht ohne weiteres eine Gefährdung iS. des § 23 BauPolVd. gefunden werden können. Mit dem Zwecke der Sicherung des Fortbestandes der Wiesbadener Quellen ist sehr wohl die Annahme vereinbar, daß es sich um eine Gefährdung nur dann handle, wenn erwiesenermaßen eine nicht ganz unerhebliche Schädigung des ganzen Wiesbadener Quellensystems oder einzelner Quellen zu befürchten ist. Als eine unerhebliche Schädigung würde insbesondere auch eine nur ganz vorübergehende Beeinträchtigung von Nachbarquellen anzusehen sein, die tatsächlich deren dauernde Ergiebigkeit nicht beeinflußt, indem diese durch Nachfließen sofort wieder hergestellt wird.

Bei der Prüfung, ob eine unter den § 23³ Vd. v. 7. II. 05 fallende Maßnahme andere Quellen in nicht ganz unerheblichem Grade schädigt, wird ferner zu berücksichtigen sein, ob es sich bei der in Betracht kommenden Veränderung um eine bereits längere Zeit bestehende Neuanlage handelt. Trifft das zu, so wird die Polizeibehörde, von Ausnahmefällen abgesehen, die Beseitigung der Neuanlage oder die Einstellung des mit ihr bewirkten Betriebs nicht schon aus dem Grunde verlangen können, weil eine Schädigung als möglich anzunehmen ist. Bei Anlagen, die vor längerer Zeit errichtet sind, ist idR. nicht zu erwarten, daß sie benachbarte Anlagen plötzlich anders als wie bisher beeinflussen werden. In einem solchen Falle wird es daher auch bei der Anwendung der Ziff. 3 aaO. wesentlich darauf ankommen, ob bei den benachbarten Quellen tatsächlich bereits Schädigungen eingetreten sind, ob ihre zur Zeit der Schaffung der Neuanlage vorhanden gewesene Ergiebigkeit in nicht ganz unerheblichem Maße verringert worden ist. Nur wenn sich das nachweisen läßt, kann beim Vorliegen der gedachten Voraussetzung ein polizeiliches Vorgehen auf Grund der Ziff. 3 als berechtigt angesehen werden.

Nr. 20. Entsch. v. 24. Okt. 1913 (OVG. 65 279) IX A 53/13.

Nach § 32 G. v. 21. XII. 71, betr. die Beschränkungen des Grundeigentums in der Umgebung von Festungen (RGBl. 459), liegt die Durchführung des G., soweit sie hier in Frage kommt, allein in den Händen der Militärbehörde; diese bestimmt, welche Anlagen nach den Vorschriften des G. unzulässig sind, und auf ihren Antrag hat die Polizeibehörde, ohne daß sie zu einer selbständigen Prüfung der Zulässigkeit der Anlage berufen ist, für deren Beseitigung Sorge zu tragen. Ihre Prüfung ist nur darauf beschränkt, ob ein Fall der Antragstellung aus § 32 aaO. vorliegt und ob sie zur Vornahme von Amtshandlungen der beantragten Art befugt ist. Bei ihrer Mitwirkung hat sich demnach die Polizeibehörde im Rahmen des Antrags der Kommandantur zu halten und ist nicht befugt, darüber hinaus selbständig zum Zwecke der Durchführung des ReichsrayonG. Forderungen zu stellen, womit selbstverständlich nicht ausgeschlossen ist, daß sie, unabhängig von dem militärischen Ersuchen, zur Wahrnehmung anderer, ihrer eigenen Obhut anvertrauten Interessen gegen dieselbe Anlage einschreiten kann. Soweit die Polizeibehörde die Anträge der Kommandantur als die gemäß § 32 des G. ersuchte Behörde ausführt und diesen Zweck in Form und Inhalt ihrer Verfügungen zum Ausdrucke bringt, handelt es sich nicht um eigene polizeiliche Entschließungen, über die auf Grund der §§ 127ff. LVG. der Verwaltungsrichter zu entscheiden hat. Eine Anfechtung ist auf diesem Wege in einem derartigen Falle nur insoweit möglich, als die auf einen gemäß § 32 ReichsrayonG. gestellten Antrag der Kommandantur erlassene polizeiliche Verfügung über den Rahmen dieses Antrags hinausgeht.

II.

Allgemeines über Polizeiverfügungen.

A. Inhalt und Form; Rechtsbeständigkeit; persönliche Beteiligung; Rechtsmittel.

Nr. 1. Entsch. v. 19. Jan. 1912 (PrVerwBl. 34 63) IX B 61/11.

Zwar wird durch Gegenvorstellungen weder die Frist gewahrt, noch ihr Lauf unterbrochen. Damit muß der durch eine polizeiliche Verfügung in Anspruch Genommene rechnen, wenn er, statt Beschwerde oder Klage zu erheben, den Weg der Verhandlung mit der verfügenden Polizeibehörde wählt. Auch die Einlassung dieser Behörde auf solche Verhandlungen ändert an sich noch nicht die formelle Lage zugunsten des Betroffenen. Wenn aber die Polizeibehörde dem von ihr in Anspruch Genommenen auf eine Gegenvorstellung gegen eine polizeiliche Verfügung eine Eröffnung zuteil werden läßt, in welcher der in Anspruch Genommene die Zusicherung einer neuen, abschließenden, für ihn allein maßgebenden Anordnung und damit einen Verzicht auf die fernere Geltung der ersten Verfügung erkennen muß, so kann die letztere nicht aufrechterhalten, sondern nur eine neue Verfügung erlassen werden, die im vollen Umfang der Anfechtung mit den gesetzlichen Rechtsmitteln unterliegt.

Nr. 2. Entsch. v. 13. Febr. 1912 (PrVerwBl. 34 208) IXB 72/10.

1. Allerdings ist die Polizeibehörde im allgemeinen nicht verpflichtet, zur Erreichung des von ihr verfolgten Zweckes ihrerseits bestimmte geeignete Maßregeln zu ermitteln und anzugeben. Sie kann dies unter der Voraussetzung, daß der verfolgte Zweck und damit die dem in Anspruch Genommenen gestellte Aufgabe ausreichend klar erkennbar ist, diesem überlassen. Irreführend aber muß es wirken, wenn die Polizeibehörde einerseits eine früher erlassene Verfügung nicht aufhebt, sondern als das Mindestmaß dessen bezeichnet, was zu geschehen hat, anderseits dem Kläger die Aufgabe stellt, die völlige Beseitigung des bekämpften Mißstandes durch „weitere Maßnahmen" herbeizuführen. Denn das Mindestmaß dessen, was zu geschehen hat, ist das nach Annahme der Polizei Notwendige, aber auch Genügende, nicht nur ein Teil davon. Hielt die Polizei das in der Verfügung Geforderte nicht mehr für genügend, so durfte es auch nicht mehr so wie geschehen — als Mindestmaß — bezeichnet werden. Vielmehr mußte die frühere Forderung, wenn sie gleichwohl aufrechterhalten werden sollte, durch bestimmte Bezeichnung dessen, was nunmehr nach Annahme der Polizei mindestens nötig und ausreichend war, ergänzt werden.

2. Die Polizei durfte sich auch nicht der Prüfung und Feststellung entziehen, ob die tatsächlichen Voraussetzungen eines Verbotes der Fortsetzung des Schweinemästereibetriebes wirklich vorlagen. Sie mußte im besonderen darüber befinden, ob durch die vom Kläger ergriffenen und zu ergreifenden Maßnahmen dem zurzeit bestehenden Mißstande nicht ausreichend abgeholfen sei. Sie durfte nicht, während sie zunächst Maßnahmen zur Beseitigung des Mißstandes anordnete, zugleich eine eventuelle weitere Anordnung treffen, deren tatsächliche Voraussetzung erst dann gegeben war, wenn der Erfolg der früheren Anordnung ausblieb. Sie konnte nicht dadurch, daß sie im voraus für den Fall künftiger gesundheitsgefährlicher Ausdünstungen den Betrieb verbot, dem Kläger die rechtliche Möglichkeit entziehen, das Betriebsverbot mit der Behauptung zu bekämpfen, daß die üblen Ausdünstungen ganz oder im wesentlichen beseitigt seien und somit die tatsächlichen Voraussetzungen für ein solches Verbot fehlten.

Nr. 3. Entsch. v. 14. März 1912 (OVG. 61 185) IVA 80/11.

Die Unanfechtbarkeit einer polizeilichen Verfügung ist in ihrer Wirkung nicht auf den sachlichen Inhalt der nicht mehr anfechtbaren Anordnung beschränkt, sondern hat auch zur Folge, daß der Behörde, die sie erlassen hat, bei Androhung neuer Zwangsmittel zur Durchführung derselben Anordnung nicht der Einwand der Unzuständigkeit entgegengehalten werden kann.

Nr. 4. Entsch. v. 18. April 1912 (PrVerwBl. 34 96) IIIB 119/11.

1. Durch den Umstand, daß die Gültigkeit der polizeilichen Anordnung unter Umständen vom Strafrichter nachzuprüfen sein würde, wird die Zulässigkeit der Klage nach § 127 LVG. nicht berührt, und eine förmliche Festsetzung einer besonderen, von der allgemeinen Regel abweichenden Polizeistunde ist darum nicht weniger eine polizeiliche Verfügung, weil sie sich auf eine Polizeiverordnung stützt.

2. Der Kläger hatte, ohne einen bestimmten Antrag zu stellen, um „polizeilichen Beschluß" gebeten; die Antwort bedeutete ihm, daß der Beschluß bereits gefaßt und ihm nichts hinzuzufügen sei. Neuer Beweisstoff war nicht erbracht, eine

neue Sachprüfung nicht vorgenommen worden; in solcher Antwort ist keine polizeiliche Verfügung zu sehen.

Nr. 5. Entsch. v. 26. Nov. 1912 (PrVerwBl. 35 282) IXB 66/11.

LVG. § 133.

Nach § 133 Abs. 1 Satz 2 LVG. erstrecken sich die gegen die Androhung eingelegten Rechtsmittel nur dann zugleich auf die Anordnung, wenn letztere nicht bereits Gegenstand eines besonderen Beschwerde- oder Verwaltungsstreitverfahrens geworden ist. Ist die Anordnung bereits Gegenstand eines besonderen Beschwerde- oder Verwaltungsstreitverfahrens gewesen, so schließt dies die Anfechtung der Anordnung bei Gelegenheit des Rechtsmittels gegen die Androhung nur aus, wenn jenes Verfahren zu einer materiellen Beschlußfassung oder Entsch. geführt hat. Hat die Beschwerdeinstanz ihren Bescheid sowohl auf materielle wie auf formelle Gründe gestützt, die gleichwertig nebeneinander gestellt sind, und ist der sachliche Entscheidungsgrund an erster Stelle angeführt, so folgt, daß auf ihm die Entsch. zum mindesten auch beruhte. § 133 Abs. 1 Satz 2 kann daher zugunsten des Klägers gegen die Anordnung nicht zur Anwendung kommen.

2. Das Zwangsmittel der Ausführung durch einen Dritten ist nach § 132[1] LVG. nur anzuwenden, sofern es tunlich ist. In der angefochtenen Verfügung ist dem Kläger die Wahl freigestellt, ob er das Vorgartenland einfriedigen oder bürgersteigmäßig befestigen will, und er hat vor der Ausführung zunächst Zeichnungen zur Prüfung einzureichen. Von der Entschließung des Klägers hängt es danach ab, welche Maßregel zur Ausführung gelangen soll, sowie ferner, falls die Einfriedigung gewählt wird, in welcher Art diese hergestellt werden soll. Hieraus erhellt ohne weiteres, daß die Anwendung des Zwangsmittels der Ausführung durch einen Dritten vom Beklagten mit Recht als untunlich angesehen werden konnte. Die Außerkraftsetzung der Androhung einer Geldstrafe ist deshalb nicht gerechtfertigt.

Nr. 6. Entsch. v. 3. April 1913 (DJZ. 18 1325) IVC 26/13.

Der Vorderrichter ist davon ausgegangen, daß es auf die tatsächlichen Verhältnisse z. Z. des Erlasses der angefochtenen Verfügung, durch die die Genehmigung zur Errichtung einer Feuerstelle versagt worden ist, ankomme. Allerdings handelt es sich hierbei um eine polizeiliche Verfügung iS. des § 127 LVG., und für solche polizeilichen Verfügungen gilt idR. jener Rechtsgrundsatz. Jedoch von der Regel gibt es Ausnahmen. Anerkannt ist die Ausnahme z. B. bei den Verfügungen, die auf dem Gebiete des Baurechts, und denen, die auf dem Gebiete des Ansiedelungsrechts ergehen. Eine Ausnahme wird auch in einem Falle der vorliegenden Art schon im Hinblick auf die Ähnlichkeit der Rechtslage mit derjenigen jener Fälle, vor allem aber deshalb anzuerkennen sein, weil bei der Entsch. über die Genehmigung zur Errichtung einer Feuerstelle das Verwaltungsgericht völlig in die Rolle der für diese Genehmigung zunächst zuständigen Ortsbehörde tritt, sie selbständig entweder erteilt, an Bedingungen knüpft oder versagt (§ 48 G. v. 1. IV. 80). Aus der selbständigen freien Stellung des Verwaltungsrichters dem bei der Polizeibehörde angebrachten Antrage gegenüber ergibt sich, daß für seine Beurteilung kein anderer Zeitpunkt als maßgebend in Frage kommen kann als der der Urteilsfällung. Ob und inwieweit dieser Grundsatz für die Revisionsinstanz wegen der besonderen Natur des Rechtsmittels der Revision eine Einschränkung erfährt, darüber ist hier nicht zu befinden.

Nr. 7. Entsch. v. 14. Nov. 1913 (DJZ. 19 702) VIIIA 33/13.

Die staatliche Aufsicht auf dem Gebiete des gewerblichen Unterrichtswesens steht dem Regierungspräsidenten und in der Zentralinstanz dem Minister für Handel und Gewerbe zu. Diesen Behörden liegt daher auf dem genannten Gebiete die Wahrung der öffentlichen (publizistischen) Ordnung als eines Teiles der Unterrichtsverwaltung ob. Die Untersagung des Betriebs eines Handelslehrers ist hiernach ein Gegenstand, der in die Zuständigkeit des Regierungspräsidenten fällt. Gegen die Verfügung des Regierungspräsidenten steht dem Betroffenen der Rechtsbehelf der Beschwerde an den Minister für Handel und Gewerbe zu. Der Regierungspräsident ist berechtigt, seine in Ausübung der obrigkeitlichen Gewalt getroffenen Anordnungen durch Anwendung der im § 132 LVG. bezeichneten Zwangsmittel durchzusetzen; er ist aber auch befugt, bei solcher Durchsetzung seiner Verfügungen sich der ihm nachgeordneten Organe sowie erforderlichenfalls der starken Hand der Polizei zu bedienen. Bedient er sich der Mitwirkung der Polizeibehörde, so kann dies nicht dahin geschehen, daß die Polizeibehörde an Stelle des Regierungspräsidenten die Anordnung selbst nach eigenem Ermessen erläßt, sie ist vielmehr nur berufen, die Anordnung des Regierungspräsidenten mit den ihr zu Gebote stehenden Mitteln durchzusetzen. Hat sie hierbei äußerlich erkennbar als Organ des Regierungspräsidenten gehandelt, so findet gegen die Anordnung die Beschwerde an den Minister für Handel und Gewerbe statt; die Rechtsmittel gegen polizeiliche Verfügungen (§§ 127ff. LVG.) sind dann nicht gegeben. Aus eigenem Rechte kann die Polizeibehörde im Gebiete des gewerblichen Unterrichtswesens eine Anordnung nur erlassen, wenn eine besondere gesetzliche Vorschrift dafür vorliegt oder der Fall des § 10 ALR. II 17 in Frage steht und zugleich entweder dem Regierungspräsidenten eine materiellrechtliche Norm zur Abwendung der Gefahr nicht zu Gebote steht oder die Dringlichkeit so groß ist, daß das Eingreifen des Regierungspräsidenten zu spät kommen würde.

Nr. 8. Entsch. v. 17. Nov. 1913 (PrVerwBl. 35 602) III A 69/12.

LVG. § 127.

Eine Beschwerde über eine polizeiliche Verfügung iS. des § 127 LVG. muß in irgendeiner Weise erkennen lassen, daß eine höhere Instanz um Entscheidung angerufen werden soll. Ist das nicht der Fall, so stellt sie sich lediglich als eine Gegenvorstellung dar, mit der die Angelegenheit noch einmal der Prüfung der Polizeibehörde unterbreitet wird.

Nr. 9. Entsch. v. 8. Dez. 1913 (OVG. 66 316) I B 36/13.

1. Die Veröffentlichung der amtlichen Milchuntersuchungsergebnisse durch die Polizeiverwaltung ist keine polizeiliche Verfügung iS. des § 127 LVG.

Unter den Begriff der polizeilichen Verfügungen fällt keineswegs jede Amtshandlung, insbesondere auch nicht jede Verfügung der Polizeibehörde, ohne Rücksicht darauf, ob und wieweit sie die Rechte oder Interessen eines davon Betroffenen berührt, sondern nur eine solche Verfügung, die ein polizeiliches Gebot (Forderung einer Leistung) oder Verbot (Anordnung einer Unterlassung) oder die Erteilung bzw. Versagung einer erforderlichen polizeilichen Erlaubnis zum Inhalte hat. Von alledem ist hier nicht die Rede, insbesondere enthält die Bekanntmachung keine Auflage für die Milchhändler oder für das Publikum. Sie gebietet oder verbietet nichts, sondern enthält nur tatsächliche Angaben und ein Urteil über die Beschaffenheit der bei den Milchhändlern entnommenen Milchproben. Sie tritt nach Inhalt und Zweck den Warnungen nahe, wie sie auf dem Gebiete des gewerblichen Verkehrs mit Geheimmitteln, Nahrungsmitteln oder Gebrauchsgegenständen von den Polizeibehörden in ständiger Übung erlassen werden, und findet wie diese ihre Grundlage nicht in der mit obrigkeitlichem Zwange auftretenden Polizeigewalt, sondern in der allgemeinen Aufgabe der Polizei, das Publikum vor Gefahren und Nachteilen zu bewahren, die auch auf anderem

Wege als demjenigen des polizeilichen Zwanges verfolgt werden kann (vgl. Urt. v. 17. VI. 10, OVG. **57** 501).

2. Stellt aber die Bekanntmachung als solche keine polizeiliche Verfügung iS. der §§ 127ff. LVG. dar, so kann für sie der Charakter einer solchen oder die Anfechtbarkeit mit den für polizeiliche Verfügungen vorgesehenen Rechtsbehelfen auch nicht mit der Ausführung begründet werden, sie gefährde das Vertrauen der Kundschaft zu der Geschäftsführung der Kläger und greife damit in die Rechte der letzteren ein. Ein unmittelbarer oder auch nur mittelbarer Eingriff der Polizei in die Rechte einer Person begründet die Anwendbarkeit jener Rechtsbehelfe immer nur dann, wenn er den Gegenstand oder die Folge einer polizeilichen Verfügung in dem oben umschriebenen Sinne bildet. Die bloße Bekanntgabe von tatsächlichen Feststellungen und Urteilen über die Beschaffenheit von Waren enthält keine irgendwie geartete Anordnung. Der davon Betroffene kann sich deshalb gegen sie mit den Rechtsbehelfen der §§ 127ff. LVG. auch dann nicht verteidigen, wenn er von ihr schädliche Folgen für seinen Geschäftsbetrieb besorgt. Zur Anfechtung des polizeilichen Vorgehens steht ihm vielmehr lediglich die Beschwerde an die Aufsichtsbehörden offen.

3. Die Kläger haben schließlich ausgeführt, die Polizei verfolge mit der Veröffentlichung der Milchuntersuchungsergebnisse nicht nur den Zweck einer Aufklärung des Publikums, sondern zugleich das Ziel, die Milchhändler zu einem positiven Handeln, nämlich zur Beseitigung vermeintlicher Mißstände, zu bestimmen. Zu diesem Behufe habe sie auch vor Erlaß der Bekanntmachung noch den einzelnen Milchhändlern besondere Mitteilung über das von ihr beabsichtigte Vorgehen zugehen lassen. In dieser gewollten Einwirkung auf das Verhalten der Milchhändler, darunter auch der Kläger, liege eine polizeiliche Verfügung iS. der §§ 127ff. LVG.

Auch diese Darlegungen vermögen eine abweichende Beurteilung des Vorgehens der Polizei nicht zu begründen. Selbstverständlich verfolgt das letztere den Zweck, auch das Verhalten der Milchhändler zu beeinflussen, wie denn in den angeführten Erl. v. 26. VII. 12 (MedMBl. 246) das von den Klägern beanstandete Verfahren der Polizei ausdrücklich mit der Begründung gebilligt worden ist, daß es dem Publikum erwünschte Klarheit über die Beschaffenheit der feilgehaltenen Milch, den Verkäufern aber Anlaß zum Vertriebe nur einwandfreier Milch biete. Darum allein bildet indessen die Veröffentlichung der Untersuchungsergebnisse noch keine polizeiliche Verfügung iS. der erwähnten Gesetzesvorschriften, und dies auch dann nicht, wenn die Milchhändler zuvor noch durch besondere Mitteilungen auf die bevorstehende Veröffentlichung hingewiesen sein sollten. Auch die Warnungen der Polizeibehörden auf dem Gebiete des gewerblichen Verkehrs verfolgen den Zweck, auf das Verhalten der Beteiligten, darunter auch der Gewerbetreibenden, einzuwirken, und noch viel mehr trifft dies zu bei den Mahnungen und Warnungen, die die Polizei unter Hinweis auf etwaige strafgesetzliche Folgen erläßt, um das Verhalten der Beteiligten in bestimmter Richtung zu beeinflussen. Und doch hat der Gerichtshof in ständiger Rechtsprechung derartigen Maßnahmen den Charakter von polizeilichen Verfügungen abgesprochen, weil sie, worauf es allein entscheidend ankommt, keine Betätigung der polizeilichen Verfügungsgewalt enthalten. Ebenso verhält es sich hier.

III.

Polizeiverordnungen.

Nr. 1. Entsch. v. 24. Mai 1912 (OVG. **61** 380) IXA 8/11.

1. Wenn eine Polizeiverordnung in § 1 bestimmt, daß jedes bebaute und zur Bebauung gelangende Grundstück, sobald die Straße, an der es liegt, mi Wasser-

leitung versehen ist, auf Verlangen der Polizeiverwaltung an diese angeschlossen werden muß, so steht ihrer Anwendung nicht entgegen, daß das Grundstück nicht bewohnt ist. Selbst wenn der Begriff des „bebauten" Grundstücks nicht ohne weiteres auf jedes mit „Bauten" oder mit „Gebäuden" besetzte Grundstück anzuwenden ist, kann seine Anwendbarkeit auf Grundstücke nicht zweifelhaft sein, die, wie das der Klägerin, mit gewerblichen Arbeitsstätten von größerem Umfange besetzt sind, also einer Versorgung mindestens mit Trinkwasser bedürfen. Vorschriften dieser Art dienen der Verstärkung des der Polizei nach § 10 ALR. II 17 und den entsprechenden Bestimmungen des rheinisch-französischen Rechtes sowie nach § 6 f PolVerwG. obliegenden Schutzes der menschlichen Gesundheit sowie der Erhöhung der Feuersicherheit durch Schaffung einer einheitlichen und planmäßigen Wasserversorgung für das bebaute Gebiet einer Gemeinde. Ihrer Rechtsgültigkeit steht weder die Tatsache entgegen, daß einzelne Grundstücke bereits in genügender Weise mit Wasser versorgt sind, noch auch der Umstand, daß das Leitungswasser in einzelnen Stadtteilen zeitweilig von mangelhafter Beschaffenheit ist; denn beides hindert nicht, daß die den Anschluß fordernde Vorschrift für ihr Anwendungsgebiet im ganzen den gedachten polizeilichen Zwecken in wirksamer Weise dient. Ebensowenig hindern aber Umstände der erwähnten Art im einzelnen Falle die Anwendung der an sich gültigen Vorschrift. Rechtsgültige Polizeiverordnungen sind vielmehr einfach nach ihrem Inhalt anzuwenden, und zwar auch dann, wenn die besondere Lage des Falles den Erlaß einer diesem Inhalt entsprechenden Anordnung nicht erforderlich macht.

2. Soweit das örtliche Recht nicht genauer bestimmt, wie der Anschluß beschaffen sein muß, kann unter Anschluß an die Wasserleitung nur eine wirksame, d. h. eine solche Verbindung mit ihr verstanden werden, die gemäß dem Wesen und Zwecke der Gesamtanlage die Leitung von Wasser zum Gebrauche der Hausbewohner in das Haus oder Grundstück bewirkt, also diesen jedenfalls eine Gelegenheit zur Wasserentnahme bietet.

3. Die Anweisung eines Regierungspräsidenten, daß „jede ortspolizeiliche Vorschrift in jeder Gemeinde, für die sie Gültigkeit haben soll, an dem Gemeindehaus öffentlich angeschlagen werden und mindestens bis zum Ablaufe des achten Tages nach ihrer Verkündigung in der amtlichen Zeitschrift oder nach der öffentlichen Verlesung daselbst ausgehängt bleiben muß", betrifft nicht den Gebrauch bestimmter Ausdrücke und Formeln im Texte der zu erlassenden Polizeiverordnung, sondern regelt das bei der Veröffentlichung des feststehenden Verordnungstextes zu beobachtende Verfahren. Sie ist insoweit nach Zweck und Wesen nicht wie in anderen ihrer Teile von dem Wortlaut abhängig, erfordert und erträgt vielmehr in mehrfacher Hinsicht eine Ergänzung ihres unmittelbaren Wortsinns im Wege der Auslegung. So ergibt sich aus der Natur der Sache, daß nicht jeder „öffentliche" Anschlag am Gemeindehause, sondern nur ein solcher genügt, der dem Publikum auch das Lesen der Verordnung ermöglicht. Anderseits schließt das Wort „Anschlagen" offenbar nicht jede Art der Befestigung aus, bei der nicht „geschlagen" wird. Der Nachdruck liegt auf der Forderung des öffentlichen Anschlags, der durch die Bezeichnung des Gebäudes, wo er zu geschehen hat, örtlich näher bestimmt wird, nicht auf dem Worte „am". Es ist allgemein bekannt, daß die Veröffentlichung behördlicher Erlasse und Nachrichten in sehr vielen — wohl den meisten — größeren Städten längst nicht mehr durch Anschlag an der Außenseite des Gemeindehauses, sondern in geeigneten, dem allgemeinen Verkehre gewidmeten, den Übergang zu den eigentlichen Innenräumen vermittelnden Vorräumen, meist dem Eingangsflure des Gemeindehauses, erfolgt. Daher muß es ohne weiteres als ausgeschlossen angesehen werden, daß der Regierungspräsident daran gedacht habe, dieser Entwickelung entgegenzutreten und die zahlreichen größeren Städte und gewerbetreibenden Landgemeinden seines Bezirkes zur Rückkehr zu der von ihnen als unzweckmäßig befundenen älteren Einrichtung zu nötigen. Die erforderliche Zugängligkeit des Anschlags im Gemeindehause kann aller-

dings durch Anordnung der Gemeindebehörde außer Wirksamkeit gesetzt werden. Aber nur dadurch, daß dies geschieht, nicht schon dadurch, daß es geschehen kann, wird dem Anschlage die Eigenschaft eines öffentlichen genommen. Die gewählte Wortfassung gestattet vielmehr eine ausdehnende Auslegung dahin, daß unter einem öffentlichen Anschlag „am Gemeindehause" auch ein öffentlicher Anschlag innerhalb der Umfassungswände verstanden werden kann. Gemeint ist der Anschlag an der dazu bestimmten und geeigneten Stelle des Gemeindehauses. Ein solcher Anschlag kann aber schließlich in Kürze auch als Anschlag am Gemeindehause bezeichnet werden.

Nr. 2. Entsch. v. 16. Febr. 1912 (OVG. **61** 170) I A 127/11.

1. Unter Reklamen sind diejenigen öffentlichen Anzeigen zu verstehen, die durch die Häufigkeit ihrer Wiederholung, das Auffallende ihrer Darstellung — z. B. die räumliche Ausdehnung, die Benutzung greller Farben, die Verwendung ungewöhnlich großer oder eigentümlich gestalteter Buchstaben und bildlicher Darstellungen —, ferner durch Lichteffekte oder auf sonstige Art die Aufmerksamkeit des Publikums auf geschäftliche Ankündigungen in besonderem Maße und in höherem Grade lenken sollen, als es durch einfache Mitteilungen zu geschehen pflegt. Alle diese Eigentümlichkeiten finden sich bei den Anschlägen des Klägers, der auch selbst betont, daß das Publikum auf die in seiner Fabrik hergestellten Zigaretten aufmerksam gemacht werden solle. Dagegen kann nicht anerkannt werden, daß der Abs. 3 des § 1 der angegriffenen Polizeiverordnung auf Reklamen nicht anzuwenden sei. Die Verordnung selbst läßt sich nicht darüber aus, welche Bedeutung sie den in Abs. 1 aufgeführten verschiedenen Arten von öffentlichen Mitteilungen beimißt, sondern wechselt in ihren Vorschriften mit der Bezeichnung dieser Mitteilungen, ohne daß erkennbar würde, worin das Unterscheidungsmerkmal liegen soll. Die Ausdrücke „Anzeigen" und „Anschläge" werden teils in allgemeinem Sinne, teils in besonderer Beziehung gebraucht und betreffen bald alles, was öffentlich mitgeteilt und zu diesem Zwecke angeschlagen wird, bald nur die Mitteilungen der Behörden, bald nur diejenigen von Privatpersonen.

2. Ebensowenig wie der Sprachgebrauch der Polizeiverordnung ergibt der allgemeine Sprachgebrauch oder die in G., Verordnungen usw. übliche Anwendung der im Anschlagwesen gebräuchlichen Ausdrücke eine zuverlässige Abgrenzung zwischen „Anzeigen" und Plakaten, Reklamen, Anschlagzetteln usw. Mit dem Ausdrucke „Plakate" hat iS. des PrPreßG. v. 12. V. 51 jede „auf einer Seite bedruckte, zum Maueranschlage bestimmte Druckschrift" bezeichnet sein sollen. Ein rechtlicher Unterschied zwischen Anzeige und Plakat läßt sich aus allem dem nicht herleiten. Wesentlich ist für das Plakat, daß es angeschlagen, angeheftet, aufgeklebt usw. wird. Die Reklame unterscheidet sich von den übrigen Mitteilungen für die Öffentlichkeit nur durch die infolge ihres oben erwähnten Zweckes bedingte Art der äußeren Erscheinung und kann ebenso Anzeige und Anschlag wie Plakat und Anschlagzettel sein.

3. Unter Berücksichtigung der im Sprachgebrauche bisher herrschenden Unklarheit in der Abgrenzung der verschiedenen Arten der Mitteilungen für die Öffentlichkeit und der Bezeichnungen dafür ist es nicht zu rechtfertigen, daß der allgemeine Ausdruck „Anzeigen" im Abs. 3 des § 1 der Polizeiverordnung so eng ausgelegt wird, wie der Polizeipräsident und der Beklagte es getan haben. Sollten die Grundstücksbesitzer und Nutzungsberechtigten durch Abs. 3 nur die Befugnis erlangen, „Anzeigen", aber nicht „Plakate, Reklamen und sonstige Anschlagzettel" an den von ihnen bewohnten oder zum Gewerbebetriebe benutzten Grundstücken, sofern die Mitteilungen lediglich ihr eigenes Interesse betreffen, anzubringen, so hätte die Verordnung sich darüber aussprechen müssen, was unter „Anzeigen" und was unter „Plakaten, Reklamen und sonstigen Anschlagzetteln" für die Regelung des Anschlagwesens in K.

verstanden werden solle. Beim Fehlen einer Bestimmung hierüber kann nur angenommen werden, daß die in Abs. 3 zugunsten der Grundstücksbesitzer und Nutzungsberechtigten gemachte Ausnahme von der Regel des Abs. 1 sich auf alle für die Öffentlichkeit bestimmten Mitteilungen beziehen soll. Die Ausnahme ist erlassen, um das örtlich gebundene Interesse der Grundstücksbesitzer, Mieter und Pächter zu wahren, und es wäre unerfindlich, weshalb die Wahrnehmung dieses Interesses nicht auch durch Plakate, Reklamen und Anschlagzettel zugelassen sein sollte.

Nr. 3. Entsch. v. 19. Dez. 1911 (OVG. 61 140) IB 33/11.

1. Eine Polizeiverordnung, nach welcher Personen unter sechzehn Jahren der Eintritt in Räume, wo öffentliche Lustbarkeiten stattfinden, wie sie auf Messen und Jahrmärkten dargeboten werden, nur gewährt werden darf, wenn sie sich in Begleitung ihrer Eltern oder Vormünder oder deren Stellvertreter befinden, ist rechtsgültig.

Der berechtigte polizeiliche Beweggrund, der die Vorschrift stützt, liegt darin, daß sie den Schutz der Jugend vor denjenigen, insbesondere sittlichen Gefahren bezweckt, die aus einer unbeaufsichtigten Zulassung jugendlicher Personen zu den fraglichen Lustbarkeiten zu besorgen sein würden. Sie tritt damit denjenigen Vorschriften zur Seite, die die Zulassung der Jugend zum Besuche von Gast- und Schankwirtschaften, von Tanzlustbarkeiten und von Schaustellungen entweder überhaupt ausschließen oder von der Begleitung durch Aufsichtspersonen abhängig machen. Die Aufgabe dieses Schutzes erschöpft sich keineswegs damit, die Jugend von Veranstaltungen fernzuhalten, die nach Art oder Gegenstand in sittlicher Beziehung Anstoß zu erregen geeignet sind. Die Zulassungsbeschränkung soll und will auch vor allem die Jugend vor der Berührung mit dem anstößigen Treiben bewahren, das sich bei dem Besuche solcher Lustbarkeiten unter dem erwachsenen Publikum, zumal in Großstädten, erfahrungsmäßig häufig entwickelt und in geschlossenen Räumen sich leichter der Kontrolle entzieht. Dieser Bedeutung der Vorschrift gegenüber kommt es nicht darauf an, ob die Veranstaltungen an sich harmlos sind und zum Teile vielleicht sogar die Gesundheit fördern. Selbst wenn dies anzuerkennen wäre, so wird doch der Zweck der Verordnung dadurch nicht gegenstandslos dergestalt, daß der Vorschrift die Rechtsgültigkeit abgesprochen werden könnte. Überdies liegt es im Wesen einer Polizeiverordnung, deren Gebote und Verbote mit gesetzlicher Kraft ausgestattet sind, daß alle Fälle, die von den gegebenen Vorschriften betroffen werden, unbedingt und ausnahmslos nach diesen Vorschriften beurteilt und erledigt werden müssen, auch wenn sie, an und für sich betrachtet, ein polizeiliches Einschreiten wegen Mangels der erforderlichen Voraussetzungen nicht rechtfertigen würden. Die angefochtene Vorschrift findet nach Zweck und Inhalt ihre rechtliche Stütze in § 10 ALR. II 17 und § 6 a, d, f PolVerwG., und es ist rechtlich auch nicht zu beanstanden, wenn sie die Zulassungsbeschränkung nicht auf schulpflichtige Kinder eingeschränkt, sondern auf jugendliche Personen unter sechzehn Jahren erstreckt hat.

2. Die Kläger halten der Polizeiverordnung weiter entgegen, daß sie in mehrfacher Beziehung gegen die Vorschriften der GewO. verstoße, was zutreffendenfalls allerdings gemäß § 15 PolVerwG. ihre Rechtsungültigkeit zur Folge haben würde. Allein auch dieser Angriff entbehrt der Begründung. Der Verstoß wird zunächst darin gefunden, daß durch das Verbot die Kläger gehindert würden, vor jugendlichen Personen, soweit diese sich nicht in Begleitung von Aufsichtspersonen befänden, Lustbarkeiten zu veranstalten bzw. an die Einholung einer polizeilichen Erlaubnis hierfür gebunden würden, und daß ebenso den jugendlichen Personen untersagt werde, mit den Klägern einen auf Teilnahme an den Lustbarkeiten gerichteten Vertrag abzuschließen. Beides bedeute einen unzulässigen Eingriff in die durch die GewO. gewährleistete Gewerbefreiheit. Daß dies indessen für die von dem Verbote betroffenen

jugendlichen Personen nicht zutrifft, bedarf keiner weiteren Ausführung. Ebensowenig ist es gegenüber den Klägern der Fall. Ganz abgesehen davon, daß die Vorschrift der Polizeiverordnung sich nicht auf gewerbliche Darbietungen beschränkt, gilt auch der Grundsatz der Gewerbefreiheit nur für die Zulassung zum Gewerbebetriebe, nicht auch für die Art seiner Ausübung, so daß die Gewerbetreibenden die in den einzelnen Landesteilen geltenden allgemeinen polizeilichen Vorschriften bei dem Betrieb ihres Gewerbes zu beachten haben und die Polizeibehörden nicht gehindert sind, im Rahmen ihrer landesgesetzlichen Befugnisse die Ausübung von Gewerben zu regeln. Zu den Beschränkungen, denen hiernach die gewerbliche Veranstaltung öffentlicher Lustbarkeiten durch die Polizei unterworfen werden kann, gehört auch die Regelung der Zulassung jugendlicher Personen.

Nicht minder verfehlt ist es, wenn die Kläger sich noch darauf berufen, daß die Beschränkung in unzulässiger Weise in die Freiheit des Meß- und Marktverkehrs eingreife und damit gegen § 64 GewO. verstoße.

Nr. 4. Entsch. v. 26. Sept. 1911 (OVG. 61 120) I C 23/11.

Eine Polizeiverordnung, durch die den außerhalb eines Ortes wohnenden Besitzern bebauter Grundstücke auferlegt wird, „einen Vizewirt oder eine sonstige im Gemeindebezirke wohnende Person zu halten, an die polizeiliche oder sonstige Verfügungen des Amts- oder Gemeinde- bzw. Gutsvorstehers mit rechtlicher Wirkung für sie ausgehändigt werden können" ist rechtsungültig.

Für die polizeilich zu regelnden Angelegenheiten muß es genügen, daß ein Zustellungsbevollmächtigter der Forensen für die Entgegennahme polizeilicher Verfügungen am Orte anwesend ist. Die Bestellung eines solchen Bevollmächtigten für die Empfangnahme sonstiger Verfügungen kann im Rahmen des Zweckes der Verordnung nicht gefordert werden; insoweit geht also die Verordnung jedenfalls zu weit. Aber auch die Forderung, es solle ein Zustellungsbevollmächtigter für die Empfangnahme polizeilicher Verfügungen für jedes bebaute Grundstück eines auswärts wohnenden Besitzers bestellt werden, läßt sich nicht aufrechterhalten. Der zugrunde liegende Gedanke kann nur der sein, daß alle Anordnungen, die die Polizei im Interesse der Aufrechterhaltung der Reinlichkeit, Sicherheit, Bequemlichkeit, Ruhe und Ordnung in den bebauten Straßen des Amtsbezirkes trifft, am Orte selbst einem Vertreter des ortsabwesenden Eigentümers rechtswirksam, d. h. mit den für den Eigentümer an die Zustellung sich knüpfenden Folgen, ausgehändigt werden können. Es soll also die Zustellung der Verfügungen gesichert werden. Das Vorhandensein eines Vizewirts betrifft an sich unmittelbar die Reinlichkeit, Sicherheit usw. der bebauten Straßen nicht. Mithin wird in der Tat durch die Verordnung das Zustellungswesen für den Amtsbezirk besonders geregelt; es wird eine Möglichkeit zu Ersatzzustellungen am Orte erzwungen, um die Anordnungen usw. der Ortspolizeibehörde tunlichst schnell und einfach dem Eigentümer zu Händen einer für ihn verantwortlichen Person zur Kenntnis zu bringen. Diese Regelung verstößt gegen § 15 PolVerwG. jedenfalls insoweit, als für die Zustellung polizeilicher Strafverfügungen in § 10 Anw. v. 8. VI. 83 (JMBl. 223) besondere Vorschriften ergangen sind, mit denen es sich nicht verträgt, daß ein besonderer Vizewirt zu bestellen ist, wenn der Eigentümer eines bewohnten Grundstücks nicht am Orte wohnt. Für polizeiliche Verfügungen, die nicht Strafverfügungen sind, ist gesetzlich eine besondere Art der Zustellung nicht vorgeschrieben; bezüglich ihrer Sondervorschriften zu erlassen, ist die Polizeibehörde aber deshalb nicht befugt, weil dergleichen Anordnungen dem Gegenstande nach nicht unter § 6 PolVerwG. fallen.

Vierte Abteilung.

Anderweitige Zuständigkeiten der Verwaltungsgerichte.

II.

Krankenversicherung.

Literatur: Appelius-Düttmann u. Seelmann: Das Verfahren vor den Versicherungsbehörden[4] (Oldenburg 1914). — Bernstein u. Kupferberg: VersG. f. Angestellte[2] (Berlin 1913). — Brandis u. Prigge: Gew.- u. landwirtschaftl. UnfVers. (Berlin-Lichterfelde 1914). — Brosel, Kirner u. Vallet: RVO. (Ansbach 1913). — Brunn: VersG. f. Angestellte[4] (Berlin 1913). — Dahmen: Das Recht d. Krankenkassenangestellten nach der RVO. (Berlin-Wilmersdorf 1913). — Dietz: VersG. f. Angestellte (Mainz 1913). — Düttmann-Appelius-Brunn u. a.: Handausgabe d. RVO. (Altenburg 1913). — Dieselben: Kommt. zum VersG. f. Angestellte (Altenburg 1913). — Erler: Fortschritte d. RVO. (Leipzig 1914). — Follmann u. Jaup: Inv.- u. Hinterbliebenen-Versicherung, RVO. 4. Buch (Berlin 1913). — Funke u. Nernst: ABest. zur RVO. und zum VersG. f. Angestellte (Berlin 1913). — Götze-Schindler: Jahrbuch der Arbeiterversicherung 1913 (Berlin 1913). — Hanauer: Gewerbekrankheiten u. RVO. (Berlin-Lichterfelde 1912). — Hanow u. Lehmann: RVO. 4. Buch, Die Inv.- u. Hinterbliebenen-Versicherung (Berlin 1912). — Hartmann: Das Gefahrtarifwesen u. die Beitragsberechnung der UnfVers. des Deutschen Reiches (Berlin 1913). — Hoch: VersG. f. Angestellte[2] (Berlin 1912). — Hoffmann: RVO. 2. Buch, KrankVers., Taschenausgabe, 11./12. Aufl. (Berlin 1914). — Derselbe: KrankVers.[5] (Berlin 1914). — Derselbe: Handkommt. zur RVO., VersG. f. Angestellte u. UnfFürsG. (Bd. VI v. v. Brauchitsch: VerwG.[5] 4. Bearbeitung) (Berlin 1913). — Derselbe: Inv.- und Hinterbliebenen-Versicherung, RVO. 4. Buch[9 u. 10] (Berlin 1913). — Derselbe: Gew.-UnfVers., RVO. 3. Buch[6 u. 7] (Berlin 1913). — Keidel: Der Wirkungskreis für Versicherungsämter (München 1913). — Klotz: Die landwirtschaftl. UnfVers. (Karlsruhe 1913). — Knebusch: Die KrankVers. d. Landarbeiter[2] (Wismar 1914). — v. Köhler, Biesenberger, Schäffer, Schall: RVO. ErgBde. (Stuttgart 1913/14). — Laß: RVO., I. Teil, KrankVers.; II. Teil, UnfVers. (Mannheim 1913). — Laß, Olshausen u. Weymann: RVO. 2. Bd. UnfVers.[2] (Berlin 1913). — Lehmann: Kommt. zur RVO. (Buch 5 u. 6)[3] (Berlin 1914). — Liniger: Die Rechtsprechung d. RVA. bei dauernden Unfallschäden[3] (Düsseldorf 1912). — Menzel, Schulz, Sitzler: Kommt. zum VersG. f. Angestellte (Berlin 1913). — Moesle u. Rabeling: GewUnfVers., RVO. 3. Buch (Berlin 1913). — Dieselbe: Landwirtschaftl. UnfVers. u. SeeunfallVers. (Berlin 1913). — Dieselben: UnfVers.[3] (Berlin 1914). — Muser: KrankVers. (Karlsruhe 1914). — Petersen: Die KrankVers. nach der RVO.[7] (Hamburg 1913). — Pomplitz: Die RVO. u. das VersG. für Angestellte (Eisenach 1913). — Schauseil: Die SeeunfallVers. (Hamburg 1913). — Schläger u. Seelmann: Die Einwirkung der Krankheiten auf die Erwerbsfähigkeit (Altenburg 1913). — Schmelzer: VersG. f. Angestellte (Berlin 1913). — Seelmann: Das Verhältnis der KrankVers. zur UnfVers. in der RVO. (Altenburg 1913). — Sörgel: Jahrbuch des RVRechts, Jahrg. 1912 (Stuttgart 1913). — Stier-Somlo: RVO. (München 1913). — Derselbe: VersG. für Angestellte (München 1913).

A. Versicherungszwang.

(§§ 1—3 KrankVG.)

Nr. 1. Entsch. v. 21. März 1912 (OVG. **61** 364) III C 209/11.

Der Bezirksausschuß hat die von dem klagenden Armenverband erhobene Ersatzforderung abgewiesen, weil der vom Armenverband unterstützte Arbeiter durch Beschluß des Vorstandes der beklagten Krankenkasse, unter Zustimmung des Armenverbandes auf Grund des § 3a Abs. 1[1] KrankVG. von der Versicherungspflicht befreit worden sei und es an dem zur Wiederherstellung der Versicherung erforderlichen besonderen Antrage fehle. Hierin liegt eine unrichtige Anwendung des geltenden Rechtes. Ein ausdrücklicher Verzicht auf die Befreiung von der Versicherungspflicht ist nicht nötig, um diese wiederum in Kraft treten zu lassen. Ein dahin gehendes Erfordernis ist im KrankVG. nicht aufgestellt. Daraus muß gefolgert werden, daß der Wiedereintritt der die gesetzliche Regel bildenden Versicherungspflicht an keine Form gebunden ist, namentlich also auch stillschweigend dadurch herbeigeführt werden kann, daß der Arbeitgeber im Einverständnisse mit dem Arbeitnehmer Beiträge zur Krankenversicherung entrichtet.

Nr. 2. Entsch. v. 27. Juni 1912 (PrVerwBl. **34** 147) III C 257/11.

Die Entlohnung der Gewerbegehilfen ist ein Teil der gewerblichen Tätigkeit, die Zubereitung der zum Lohne gehörigen Kost eine gewerbliche Hilfeleistung. Es ist auch nicht zutreffend, wenn der Bezirksausschuß das Kochen für die Gehilfen lediglich als eine Tätigkeit in der durch Aufnahme des Personals erweiterten Hauswirtschaft bezeichnet. Es liegt vielmehr eine Umgestaltung des Haushalts vor, die ihn teilweise seines Charakters entkleidet, ebenso wie z. B., wenn er zum Pensionat umgestaltet wird. Auch aus dem Umstande, daß die S. für Haushalt und Gewerbegehilfen im selben Raume, zur selben Zeit und dasselbe Essen kochte, ist nicht ohne weiteres abzuleiten, daß die gesamte Tätigkeit nur einheitlich beurteilt werden könne, dann nämlich nicht, wenn ein nicht unerheblicher und mit Sicherheit ausscheidbarer Teil der Tätigkeit lediglich durch die Bespeisung der Gewerbegehilfen veranlaßt wird. Diese Voraussetzung ist gegeben. Es leuchtet ohne weiteres ein, daß die durch diese Aufgabe veranlaßte Mehrarbeit recht erheblich ist, wenn man sich vergegenwärtigt, wieviel Zeit durch das Schälen von Kartoffeln, Putzen von Gemüse und ähnliche in ihrem Umfange von der Zahl der Mitspeisenden abhängige Arbeiten für 20 Personen, ferner durch das naturgemäß viel häufigere Einkaufen von Rohstoffen, unter Umständen Herbeiholen von Heizstoff usw. verbraucht wird, selbst wenn man annimmt, daß die für das Reinigen von mehr und größerem Kochgeschirr und des Eßgeschirrs erforderliche Arbeit ganz von anderen Personen geleistet wurde. Danach ist die Tätigkeit der S., soweit sie der Bespeisung der Gewerbegehilfen ihres Dienstherrn diente, nicht anders zu beurteilen als andere, in den Betriebsräumen selbst zu verrichtende Nebenbeschäftigungen, deren Versicherungspflichtigkeit, wenn sie nicht ganz geringfügig sind, in Wissenschaft und Rechtsprechung anerkannt ist.

Nr. 3. Entsch. v. 10. Okt. 1912 (OVG. **63** 414) III C 225/11.

Die von dem zuständigen, d. h. dem vorläufig unterstützungspflichtigen Armenverband erklärte Zustimmung zu der Befreiung von der Krankenversicherungspflicht gilt, mangels entgegenstehender Erklärungen, auch für die später unterstützungspflichtig werdenden Armenverbände.

Ob mit dem in § 3a KrankVG. bezeichneten „unterstützungspflichtigen Armenverbande" der vorläufig oder der endgültig unterstützungspflichtige Armenverband gemeint sei, ist zwar streitig. Nach § 173 RVO. ist jedoch die Befreiung zu gewähren,

„solange der vorläufig unterstützungspflichtige Armenverband einverstanden ist“. Diese Auffassung ist auch diejenige des § 3a Abs. 1[1] KrankVG. Mit Recht weist der Vorderrichter darauf hin, daß der Gesetzgeber nur einen schnell und sicher zu ermittelnden Armenverband im Sinne gehabt haben kann, und daß in zahlreichen Fällen diese Voraussetzung auf den endgültig unterstützungspflichtigen Armenverband nicht zutrifft, seine Ermittelung vielmehr erhebliche, nach Lage der Dinge oft unerträgliche Weiterungen zur Folge haben würde.

B. Gemeindekrankenversicherung.

(§§ 4—15 KrankVG.)

Nr. 1. Entsch. v. 2. Dez. 1912 (PrVerwBl. 34 622) III C 22/12.

KrankVG. §§ 6, 7.

Eine Krankenkasse ist iVerh. zur Verwaltung des Krankenhauses, dem sie Kassenmitglieder zu überweisen wünscht, nicht gehindert, sich die Bewilligung eines ihr angemessen scheinenden Preises auszubedingen und die Einweisung von Kassenmitgliedern in das Krankenhaus, sei es allgemein, sei es in einzelnen Fällen, von entsprechenden Zugeständnissen der Krankenhausverwaltung abhängig zu machen; und wenn die vom Beklagten beanstandeten Überweisungsscheine mit der Haftungsbeschränkung lediglich ein an die Krankenhausverwaltung gerichtetes, die Rechtslage der Empfänger der Scheine der Kasse gegenüber nicht berührendes Vertragsangebot enthielten, so würde gegen die Scheine nichts einzuwenden sein. Wenn aber durch Aushändigung der Scheine an die Versicherten deren Einweisung in das Krankenhaus ausgesprochen, also seitens der Kasse von dem Wahlrecht des § 7 KrankVG. Gebrauch gemacht, Anstaltsbehandlung an Stelle der Leistungen des § 6 KrankVG. gewährt wird, so ist diese Gewährung an eine den Wert der Leistung ganz wesentlich einschränkende Bedingung geknüpft, die im Ergebnis auf eine teilweise Verweigerung hinauskommt. Einem solchen Verfahren der Kasse steht die Erwägung entgegen, daß die Kasse zwar hinsichtlich dieser Überweisung auf Grund freien Ermessens handel und einer Anweisung seitens der Aufsichtsbehörde nicht unterliegt, ihr dagegen nicht freisteht, an Stelle der im § 6 KrankVG. normierten Leistungen eine nur teilweise freie Kur und Verpflegung im Krankenhause zu gewähren. Die Aushändigung der bedingten Überweisungsscheine ist alsdann aber nicht nur dahin zu beurteilen, daß die Kasse keine der beiden zu ihrer Wahl stehenden Leistungsformen angeboten, dies an sich nur nach § 58 Abs. 1 KrankVG. nachzuprüfende Verhalten zur Verwaltungspraxis erhoben und damit eine unter § 45 Abs. 1 KrankVG. fallende Gesetzwidrigkeit begangen habe, sondern dahin, daß die Kasse den Versicherten statt dessen etwas anderes angeboten hat, was sie ihnen nach G. und Statut nicht anbieten durfte. Denn sie darf nur entweder die Leistungen des § 6 oder „an Stelle“ dieser Leistungen Anstaltspflege anbieten; dieses so gekennzeichnete Anbieten ist aber nur ein solches, das dem betreffenden Kassenmitgliede keine weiteren Kosten aufbürdet, weil auch die Leistungen des § 6 in dieser Weise zu gewähren sind. Dabei kann dahingestellt bleiben, ob an sich die Kasse befugt ist, die Gewährung der Anstaltspflege an Bedingungen zu knüpfen; jedenfalls darf sie keine Bedingungen stellen, die dem G. zuwiderlaufen.

Nr. 2. Entsch. v. 11. Dez. 1913 (OVG. 66 398) III C 94/13.

§ 7 Abs. 2 KrankVG. bewilligt ebenso wie § 18 Abs. 4 InvVG. die Angehörigenunterstützung an solche Angehörigen des Versicherten, deren „Unterhalt er bisher aus seinem Arbeitsverdienste bestritten hat“, setzt also an sich seinem Wortlaute nach, ebenso wie der Ausdruck „einziger Ernährer“ in § 6 UnfVG. voraus, daß der Versicherte den Unterhalt der Angehörigen im vollen Umfang allein bestritten hat. Die Rechtsprechung hat indessen geglaubt, den Sinn des G. nur durch eine nicht streng wörtliche Auslegung zu treffen. Das RVA. hält die Gewährung der Angehörigenunterstützung gemäß § 18 Abs. 4 JnvVG. idReg. schon dann für gerechtfertigt, wenn anzunehmen ist, daß durch den Wegfall des von dem erkrankten Ernährer zum Unterhalte der Familie beigesteuerten Beitrags eine Notlage der Familie herbeigeführt wird. Diese Rechtsentwickelung ist in der RVO. dahin ausgestaltet worden, daß für alle gleichartigen Verhältnisse verlangt wird, der Versicherte müsse den Unterhalt der Angehörigen „ganz oder überwiegend" bestritten haben, wie dies vorher schon in § 18 GewUnfVG. bestimmt war. Der § 593, der bezüglich der Verwandten der aufsteigenden Linie nur „wesentliches" Bestreiten des Unterhalts verlangt, macht damit eine die Anforderungen noch ermäßigende Ausnahme.

Nr. 3. Entsch. v. 25. Jan. 1912 (OVG. **61** 365) III C 190/11.

Wenn nach dem Statut einer Krankenkasse den Familienangehörigen der Mitglieder iF. der Erkrankung Leistungen zu gewähren sind, so ist dabei vorausgesetzt, daß die Erkrankung erst während der Kassenzugehörigkeit des Mitglieds eingetreten ist.

Für diese Annahme spricht zunächst schon die Erwägung, daß es sich bei der Unterstützung der Familienangehörigen um die Übernahme freiwilliger Leistungen handelt, im Zweifelsfalle mithin diejenige Auslegung der Satzung den Vorzug verdient, die die Kasse am wenigsten belastet. Entscheidend kommt aber in Betracht, daß die Versicherung ihrem Wesen nach nur gegen künftige Übel besteht, Gegenstand der Versicherung daher idReg. eine Krankheit bildet, die nach Beginn der Versicherung zum Ausbruche gelangt ist. Gegenüber diesem Grundsatze hätte die Absicht der Kasse, die Familienangehörigenunterstützung auch für solche Krankheiten zu gewähren, die schon vor Beginn der Kassenmitgliedschaft des Familienhauptes eingetreten sind, im Statut in völlig zweifelsfreier Weise zum Ausdrucke gelangen müssen.

C. Ortskrankenkassen.

(§§ 16—48a KrankVG.)

Nr. 1. Entsch. v. 6. Jan. 1913 (OVG. **63** 418) III C 109/12.

Die Aufsichtsbehörde ist befugt, dem Vorstand und den Angestellten der Ortskrankenkassen die Geheimhaltung der Lohnverhältnisse der Mitglieder gegenüber Nichtauskunftsberechtigten zur Pflicht zu machen.

Nur um die Durchführung der Krankenversicherung zu ermöglichen, haben die Arbeitgeber die Angaben über die Lohnverhältnisse zu machen. In der Erreichung dieses Zweckes findet die Verpflichtung ihre Grenze. Zu anderen Zwecken haben die Krankenkassen auf Angaben über die Lohnverhältnisse keinen Anspruch. Die Einführung der Angabepflicht beruht daher auf der Voraussetzung, daß die Angaben ausschließlich den Kassenzwecken dienstbar gemacht werden. Daraus ergibt sich aber die Pflicht der Krankenkassen, die fraglichen Angaben lediglich für die Durchführung der Aufgaben der Krankenkasse zu benutzen und jedem Mißbrauche vorzubeugen.

Nr. 2. Entsch. v. 9. Febr. 1913 (OVG. **66** 401) III C 136/13.

Wenn die Satzung einer Krankenkasse den Familienangehörigen der Mitglieder, einschließlich der Stiefkinder, freie ärztliche Behandlung zugesteht, so fallen darunter auch voreheliche Kinder der Ehefrau, die in den Familienkreis aufgenommen worden sind und dort versorgt werden.

Das Stiefverhältnis ist in der Umgangssprache der Ausdruck für eine Art der Schwägerschaft, d. i. des Verhältnisses zwischen dem einen Ehegatten und den Verwandten des anderen. Die Schwägerschaft umfaßt eheliche und uneheliche Verwandte des anderen Ehegatten gleichmäßig, da der § 1590 BGB. nichts anderes bestimmt. Wenn § 1589 Abs. 2 BGB. sagt: „ein uneheliches Kind und dessen Vater gelten nicht als verwandt", so ergibt sich daraus, daß das uneheliche Kind mit seiner Mutter und deren Verwandten im Vollsinne verwandt ist, und daß zwar iVerh. zwischen dem unehelichen Kinde und seinem Vater die Verwandtschaft, aber nicht zwischen dem unehelichen Kinde einer Frau und deren Manne die Schwägerschaft ausgeschlossen ist. Ausdrücklich anerkannt wird das Schwägerschaftsverhältnis zwischen dem Manne und dem unehelichen Kinde seiner Frau.

Daß eine statutarische Bestimmung, die alle Kinder, auch die Stiefkinder, zu den Familienangehörigen eines Kassenmitglieds rechnet, sich im Rahmen der durch § 21[5] KrankVG. gegebenen gesetzlichen Ermächtigung hält, ist unbedenklich. Der Begriff der Familienangehörigen ist kein geschlossener; er ist, soweit es sich um die Auslegung des § 21 KrankVG. handelt, zweckmäßig durch das Statut der Kasse näher zu bestimmen. Aber auch wo es an einer solchen näheren Bestimmung fehlt, ist der Begriff Familienangehörige nicht auf die Frau und die Kinder des Kassenmitglieds beschränkt. Demgemäß hat das OVG., ohne die Grundlage einer besonderen statutarischen Bestimmung über den Begriff der Familienangehörigkeit zu haben, in seiner Entsch. v. 15. II. 09, ArbVers. **09** 581, ausgesprochen, daß zu den Kindern auch diejenigen Kinder des Ehegatten des Kassenmitglieds gehören, die vor Abschluß der Ehe mit dem Kassenmitgliede geboren sind.

Nr. 3. Entsch. v. 21. April 1913 (OVG. **63** 421) III C 61/12.

Für die Neuregelung der Bezüge der Kassenangestellten sind seit dem Inkrafttreten des EGRVO. die Vorschriften der letzteren maßgebend.

Denn die §§ 349, 350, 354 Abs. 2—6, 358 RVO. sind nach Art. 38 EG. bereits mit diesem für alle Kassenangestellten in Kraft gesetzt, die künftig der DienstO. für diese unterstehen sollen.

Nr. 4. Bescheid v. 15. Febr. 1912 (PrVerwBl. **35** 25) III C 267/11
und **Entsch. v. 10. April 1913** (PrVerwBl. **35** 26) III C 267/11.

1. Beschlüsse der Kassenvertretung, die auf den Verbrauch desjenigen Betrags des Reservefonds abzielen, der über das Doppelte seines gesetzlichen Mindestbetrags hinaus angesammelt worden ist, sind zulässig.

Die Zulässigkeit ist allerdings nach den Vorschriften des KrankVG. und nicht danach zu beurteilen, welche Rechtsfolgen für den Fortbestand der Kasse die RVO. nach sich ziehen wird, wenn deren auf die Krankenversicherung bezügliche Vorschriften in Kraft gesetzt sein werden. Der Vorderrichter irrt aber darin, daß nach den Vorschriften des KrankVG. Beschlüsse der Kassen unzulässig seien, die auf den Verbrauch derjenigen Bestände abzielen, die von den Kassen über den gesetzlichen Höchstbetrag des Reservefonds angesammelt worden sind. Die Beiträge sind nach § 22 Abs. 1 in Prozenten des durchschnittlichen Tagelohnes so zu bemessen, daß sie unter Einrechnung der etwaigen sonstigen Einnahmen ausreichen, um die statutenmäßigen Unterstützungskosten, die Verwaltungskosten und die zur Ansammlung oder Ergänzung des Reservefonds erforderlichen Rücklagen zu decken. Der Reservefonds ist nach § 32 im Mindestbetrage der durchschnittlichen Jahresausgabe der letzten Jahre anzusammeln und erforderlichenfalls bis zu dieser Höhe zu ergänzen. Sofern er das Doppelte dieses Mindestbetrages erreicht hat, ist nach § 33 Abs. 1 bis 3 entweder eine Ermäßigung der Beiträge oder eine Erhöhung oder Erweiterung der Kassenleistungen von der Vertretung der Kasse herbeizuführen und, wenn sie es unterläßt, von der höheren Verwaltungsbehörde anzuordnen und iF. der Weigerung von ihr unter entsprechender Abänderung des Kassenstatuts herbeizuführen. Dieser Regelung muß entnommen werden, daß das G. weder die Ansammlung noch die

Erhaltung des Reservefonds über das Doppelte des gesetzlichen Mindestbetrags zulassen will. Ermächtigt sind die Kassenvertretungen aber für diesen Fall nur zur Ermäßigung der Beiträge oder zur Erhöhung oder Erweiterung der Kassenleistungen, nicht aber auch dazu, von der Erhebung von Beiträgen gänzlich abzusehen.

2. Es kann auch davon abgesehen werden, die Kasse zu der Beibehaltung eines wegen seiner Geringfügigkeit sachlich bedeutungslosen Mitgliederbeitrags zu nötigen, da das Interesse der Kasse die Beibehaltung nicht erfordert und die Bestimmungen des § 33 KrankVG. geeignet sind, die Leistungsfähigkeit der Kasse sicherzustellen.

Nr. 5. Entsch. v. 9. Okt. 1913 (OVG. **66** 397) III C 147/12.

Die Gültigkeit der bei den Wahlen der Vertreter zur Generalversammlung einer Ortskrankenkasse abgegebenen Stimmzettel wird weder dadurch beeinträchtigt, daß sie die Namen von weniger Personen enthalten, als zu wählen sind, noch dadurch, daß dieselben Personen mehrfach benannt werden. Die Aufführung nichtwählbarer Personen steht der Wahl der auf demselben Stimmzettel benannten wählbaren Personen nicht entgegen. An die Erlangung der absoluten Mehrheit oder einer bestimmten Anzahl von Stimmen ist die Wahl im KrankVG. nicht geknüpft.

Nr. 6. Entsch. v. 23. Okt. 1913 (OVG. **65** 363) III C 150/12.

Stimmzettel, auf denen die als Vertreter zur Generalversammlung einer Krankenkasse gewählten Personen verzeichnet sind, werden nicht dadurch ungültig, daß für die gewählten Vertreter auch noch Ersatzmänner benannt werden.

Daraus, daß die Beifügung der Ersatzmänner aus irgendeinem Grunde unwirksam ist, folgt noch nicht, daß alle diesen Zusatz enthaltenden Stimmzettel im ganzen ungültig seien. Es ist nicht abzusehen, weshalb ein rechtlich für sich allein bedeutungsloser Vermerk auf einem Wahlzettel diesen Wahlzettel ohne weiteres und unter allen Umständen unwirksam machen sollte. Für die Gültigkeit eines Wahlzettels ist zu fordern, daß er den Willen des Wählers in klarer, deutlicher Form ausdrückt und daß dieser Wille einen zulässigen und dem Zwecke der Wahl entsprechenden Inhalt hat. Ist das der Fall, so wird an der Gültigkeit des Zettels nichts geändert, wenn er außerdem noch Vermerke enthält, die jenen zulässigen und klaren Inhalt nicht beeinträchtigen oder in Frage stellen. Das ist außer Zweifel, wenn es sich um Vermerke handelt, die mit der Wahlhandlung gar nichts zu tun haben; wenn z. B. ein Wähler den Wahlzettel benutzt, um eine Beleidigung der Gegenkandidaten darauf zu schreiben oder eine Karikatur darauf zu setzen. Nicht anders sind aber solche Vermerke zu beurteilen, die zwar auf das den Gegenstand des Wahlzettels bildende Wahlgeschäft Bezug haben, aber die Wahlerklärung weder hinsichtlich der Deutlichkeit noch in anderer Beziehung beeinträchtigen. Das ist auch der Fall bei solchen zusätzlichen Erklärungen, die ungültig und deshalb bedeutungslos sind, sofern ihre Streichung der im Zettel enthaltenen Wahlerklärung keinen anderen Inhalt gibt, als sie bei Berücksichtigung des ungültigen Zusatzes hat.

E. Betriebs- (Fabrik-) Krankenkassen (§§ 59—68 KrankVG.); Bau-, Innungskrankenkassen (§§ 69—73 KrankVG.).

Nr. 1. Entsch. v. 12. Juni 1913 (OVG. **65** 368) III C 110/12.

Die Bestimmung des § 45 Abs. 6 KrankVG. über die den Organen und Mitgliedern der Krankenkassen gegen Anordnungen der Aufsichtsbehörde gegebenen Rechtsmittel gilt auch für Innungskrankenkassen.

III.

Unfallversicherung.

B. Land- und forstwirtschaftliche Unfallversicherung.

Nr. 1. Entsch. v. 7. Okt. 1912 (OVG. **63** 422) III C 16/12.

Wo nach den UnfVG. mit Anspruch auf Ersatz zu leisten ist, da ist der Ersatz stets ausdrücklich vorbehalten. So namentlich auch in den Abs. 1 und 2 des § 27 LwUKrankVG. Im Abs. 3 des § 27 fehlt es aber nicht nur an einem solchen Vorbehalte, sondern es ist auch durch die Hinzufügung des in den beiden ersten Absätzen fehlenden Wortes „selbst" positiv ausgedrückt, daß die dort bezeichneten Leistungen dann, wenn die Berufsgenossenschaft sie übernimmt, solche der Berufsgenossenschaft sind und nicht mehr der Gemeinde obliegen. Die Vorschriften des § 27 über die Ersatzleistung hat das OVG. in bezug auf den Verletzten selbst dahin ausgelegt, daß dieser sich die Heilbehandlung selbst beschaffen und die Erstattung der Kosten verlangen kann. Auch die Möglichkeit der Rechtsnachfolge in einen solchen Ersatzanspruch des Verletzten hat das OVG. anerkannt, jedoch abgelehnt, daß schon durch die bloße Gewährung der Heilbehandlung eine Rechtsnachfolge begründet werden könne. Die Anwendbarkeit dieser Grundsätze auf den vorliegenden Fall ist aber durchweg von der Entsch. der Frage abhängig, ob die Klägerin, trotz der Übernahme der Heilbehandlung durch die Berufsgenossenschaft, verpflichtet ist, die Kosten des Heilverfahrens zu tragen. Wäre diese Frage zu bejahen, dann könnte der Beklagte verlangen, daß die Klägerin ihn der Berufsgenossenschaft gegenüber entlaste. Eine Ersatzpflicht der Klägerin besteht aber, wie oben bemerkt, nicht. Hat die Berufsgenossenschaft von der ihr im § 27 Abs. 3 eingeräumten Befugnis Gebrauch gemacht, so hat sie auch die Kosten der übernommenen Leistungen zu tragen.

IV.

Invalidenversicherung.

Nr. 1. Entsch. v. 1. April 1913 (OVG. **63** 425) III C 156/12.

1. Nach Art. 2 EGRVO. sind die Vorschriften ihres 4. Buches und die zu ihrer Durchführung erforderlichen anderen Vorschriften der RVO. mit dem 1. I. 12 in Kraft getreten. Das 4. Buch der RVO. enthält die Invaliden- und Hinterbliebenenversicherung. Nach Art. 5 EGRVO. ist mit demselben Tage, soweit dieses G. nichts anderes vorschreibt, die RVO. an die Stelle der entsprechenden Vorschriften des InvVG. getreten. Den §§ 49 und 50 InvVG. entsprechen die §§ 1527, 1531, 1536 bis 1540 des 5. Buches der RVO. § 1531 begründet in Verbindung mit § 1536 Ersatzansprüche der hier geltend gemachten Art. Nach § 1540 wird der Streit über Ersatzansprüche aus §§ 1531—1537 im Spruchverfahren entschieden. Für solche Ansprüche ist also seit dem 1. I. 12 (vorbehaltlich des Art. 85 EGRVO., auf den später einzugehen sein wird) das Verwaltungsstreitverfahren nicht mehr gegeben und nur das Spruchverfahren offen, sofern die angeführten Vorschriften des 5. Buches der RVO. zu denjenigen „anderen Vorschriften der RVO." gehören, die nach Art. 2 EGRVO. „zur Durchführung des 4. Buches der RVO. erforderlich" sind. Diese Voraussetzung ist gegeben. (Folgt eingehende Begründung.)

Die RVO. ist, soweit es sich um die „Maßnahmen zur Durchführung" handelt, nach Art. 1 EGRVO. „sofort", d. h. mit der Verkündung des EG. in Kraft getreten. Das gilt für die ganze RVO. und alle drei Versicherungszweige gleichmäßig, auch für die im 4. Buche geordnete Invaliden- und Hinterbliebenenversicherung. Ist aber in Art. 1 EG. die RVO., auch soweit es sich um die Maßnahmen zur Durchführung ihres 4. Buches handelt, bereits mit der Verkündung des EG. in Kraft gesetzt worden, so konnte unmöglich in Art. 2 des EG. für das Inkrafttreten eben derselben Maßnahmen oder der solche Maßnahmen betreffenden Vorschriften ein anderer, späterer Zeitpunkt bestimmt worden sein. Danach handelt es sich in Art. 2 unzweifelhaft nicht um Vorschriften, die, wie die in Art. 1 bezeichneten, der wesentlich vorbereitenden, organisierenden, in den neuen Rechtszustand überleitenden Tätigkeit der mit Ein- und Durchführung der RVO. betrauten Behörden die rechtliche Grundlage geben (diese Tätigkeit mußte beim Inkrafttreten des 4. Buches der RVO. für dessen Gebiet in der Hauptsache bereits abgeschlossen sein und fand, soweit das nicht der Fall war, auch weiterhin ihre Rechtsgrundlage in Art. 1), sondern um diejenigen allen Versicherungszweigen gemeinsamen Vorschriften, die die notwendige Ergänzung auch für die Invaliden- und Hinterbliebenenversicherung bilden, und deren Geltung für den Bereich dieses Versicherungszweigs die Voraussetzung zu dessen Durchführung in der durch die RVO. ihm gegebenen Gestalt ist.

2. Allerdings gibt Art. 2, auch so aufgefaßt, keine erschöpfende Antwort auf die Frage, in welchem Umfange die allgemeinen Vorschriften der RVO. für den Bereich des 4. Buches der RVO. gleichzeitig mit diesem haben in Kraft gesetzt werden sollen. Es würde an sich begrifflich und praktisch nicht unmöglich sein, in der Übergangszeit die zur Ergänzung des 4. Buches erforderlichen Allgemeinen Vorschriften mindestens teilweise dem InvG. zu entnehmen und um deswillen die entsprechenden allgemeinen Vorschriften der RVO. als nicht „erforderlich" zur Durchführung ihres 4. Buches aufzufassen. Und daß bei Abfassung des EGRVO. in dieser Beziehung keine Vorstellungen geherrscht haben, die diese Möglichkeit bestimmt ausschlössen, ergibt die Fassung des Art. 94 EG. Dieser nur von der Invaliden- und Hinterbliebenenversicherung sprechende Artikel bezeichnet den Zeitpunkt, an dem das 6. Buch der RVO. für den Bereich der Invaliden- und Hinterbliebenenversicherung in Kraft treten werde, als „den in Art. 85 bezeichneten Tag", also den Tag, „an dem die Vorschriften des 6. Buches der RVO. in Kraft treten". Hätte man als klaren Inhalt des Art. 2 angesehen, daß das 6. Buch für den Bereich der Invaliden- und Hinterbliebenenversicherung am 1. I. 12 in Kraft trete, so hätte man unzweifelhaft in Art. 94 gesagt: „an dem in Art. 2 bezeichneten Tage". Trotzdem muß, vorbehaltlich der in den Art. 85 bis 87 angeordneten Ausnahmen für solche Verfahren, die bei Inkrafttreten des 4. Buches der RVO. schon anhängig waren, angenommen werden, daß für den Geltungsbereich des 4. Buches gleichzeitig mit diesem das 1. und 6. Buch der RVO. in vollem Umfang und das 5. Buch insoweit wie es das Verhältnis der Träger der Invaliden- und Hinterbliebenenversicherung zu den anderen Versicherungsträgern und zu den anderen Verpflichteten regelt, in Kraft getreten sind. Für die von der RVO. erst neu geschaffene Hinterbliebenenversicherung kann von der Anwendung der allgemeinen Vorschriften des InvVG. keine Rede sein; es würde insoweit an allgemeinen Vorschriften überhaupt fehlen, wenn man dafür nicht die volle Geltung der die allgemeinen Vorschriften enthaltenden Bücher der RVO. in dem oben bezeichneten Umfang annehmen wollte. Es würde aber bei der völligen Zusammenfassung von Invaliden- und Hinterbliebenenversicherung im 4. Buche zu einer einheitlichen Versicherung offenbar äußerst mißlich, wenn überhaupt durchführbar sein, wollte man bis zum 1. I. 14, dem Tage, von dem ab die RVO. als Ganzes Geltung hat, für die Invalidenversicherung die allgemeinen Vorschriften des alten Rechtes, für die Hinterbliebenenversicherung diejenigen des neuen Rechtes anwenden, zumal da nach den Art. 68 bis 71 EG. sogleich vom 1. I. 12 ab die Möglichkeit bestand, daß weibliche Versicherte nach ihrer Wahl den Anspruch auf Invaliden- oder auf Witwenrente geltend machten und diese Wahl im Laufe des Verfahrens änderten.

3. Danach ist grundsätzlich gemäß Art. 85 EGRVO. für alle am 1. I. 12 oder später anhängig gewordenen sowie für die in den Art. 86 und 87 das. bezeichneten schon früher anhängig gewordenen Streitsachen das Verwaltungsstreitverfahren

ausgeschlossen und nur das Verfahren nach der RVO. offen, gleichviel, ob das streitige Rechtsverhältnis schon vor dem 1. I. 12 einen abgeschlossenen Inhalt erhalten hat oder zum Teil auch durch später eingetretene Tatumstände beeinflußt wird, und gleichviel, ob für die sachliche Beurteilung des streitigen Rechtsverhältnisses das alte oder das neue Recht anzuwenden ist. Anhängig wird eine Streitsache im Verwaltungsstreitverfahren nach § 63 LVG. durch Einreichung der Klage bei dem zuständigen Gerichte.

V.

Bergrechtliche Angelegenheiten; Verfahren vor dem Bergausschusse.

Gesetzliche Grundlagen (einschl. Materialien): G. v. 23. XII. 12 (GS. 1913 S. 1 zur Berichtigung des G. v. 3. VII. 12, betr. die Abänderung des Siebenten Titels im AllgBergG. v. 24. VI. 65/19. VI. 06. VhdlAH. 1912/13: Drucks. Nr. 672; StenB. 7783, 7875; HH. Drucks. Nr. 177, 180; StenB. 821.

Literatur: Arndt: BergG.[8] (Freiburg 1914). — Bennhold: AllgBergG.[3] (Essen 1914). — Steinbrinck-Reuß: KnappschaftsG.[3] (Berlin 1913). — Völkel: Grundzüge des preuß. Bergrechts (Berlin 1914) — Westhoff u. Schlüter: BergG[3] v. Schlüter u. Hense (Berlin 1913).

Nr. 1. Entsch. v. 14. März 1912 (OVG. **61** 369) III C 233/11.

BergG. § 27.

1. Der Anforderung des § 27 Abs. 2 BergG., daß der Fundpunkt stets in das Feld eingeschlossen werden müsse, ist nur genügt, wenn auch an dem Fundpunkte selbst und in dessen Umgebung innerhalb der Feldesgrenzen Bergbau technisch möglich ist.

Nach dem Rekursbescheid des Min. f. Handel und Gewerbe v. 30. VI. 84 (Brassert, Zeitschrift für Bergrecht, **25** 404), ist Feld begrifflich ein Raum, in dem Bergbau geführt werden kann; an den Fundpunkt anschließende Flächen von so geringer Ausdehnung, daß die Eröffnung eines Bergbaues in ihnen für absolut ausgeschlossen zu erachten ist, sind also kein Feld im bergrechtlichen Sinne; liegt der Fundpunkt in ihnen, so liegt er nicht im verlangten Felde; da er in gemutetem Felde liegen muß, ist eine Mutung auf ein so gestrecktes Feld ungültig.

An der durch diesen Rekursbescheid eingeleiteten Rechtsprechung ist festzuhalten. Das G. v. 18. VI. 07 (GS. 119) erhebt in seinem Art. IV die neuere Rechtsprechung im wesentlichen förmlich zum Inhalte des G., des § 27 Abs. 4. Der Kläger will daraus ableiten, daß das bisherige G. diesen Inhalt nicht gehabt habe. Das ist nicht zutreffend. Wenn das G. einen bisher nicht im Wortlaute des G., sondern nur in der Rechtsprechung ausgesprochenen Rechtssatz sich förmlich aneignet, so wird es damit zwar idReg. anerkennen, daß die bisherige Auslegung nicht die einzig mögliche war, aber nicht leugnen, daß auch sie möglich gewesen sei. Im übrigen spricht alles für das Festhalten an der zuletzt geübten Praxis. Es leuchtet zunächst ein, daß es wenig zweckmäßig sein würde, zwischen die bisher seit 25 Jahren geübte und die künftighin als geschriebenes Recht allein berechtigte Rechtsanwendung für eine kurze Zeit die Wiederbelebung einer seit 25 Jahren verlassenen Rechtsübung für diejenigen wahrscheinlich nicht zahlreichen Streitigkeiten einzuschieben, die sachlich nach altem Rechte zu entscheiden sind, weil die Mutung vor Inkrafttreten der Berggesetznovelle von 1907 eingelegt ist, formell aber unter die neu begründete Zuständigkeit der Verwaltungsgerichte gehören (Art. IX und IV G. v. 18. VI. 07, § 192a Abs. 2 und 3 BergG. idFass. des Art. III der Nov. v. 14. VII. 05 (GS. 307).

2. Es kann aber auch nicht anerkannt werden, daß Wortlaut und Sinn des § 27 Abs. 2 BergG. in der älteren Fassung zu der vom Kläger vertretenen Auslegung

nötigen, vielmehr ist die neuere Rechtsprechung begründet. Es ist eine begrifflich notwendige Auffassung, daß der Gesetzgeber, der gestattete, dem Felde jede beliebige Form zu geben, damit nur diejenigen Formen zugelassen hat, die dem Felde nicht seine Natur als Feld rauben, und daß unter Feld nur eine Fläche zu verstehen ist, auf der Bergbau getrieben werden soll und kann.

3. Ist hiernach für die nach altem Rechte zu beurteilenden Fälle an der bisherigen Rechtsprechung festzuhalten, so besteht doch anderseits keine Veranlassung, für eben diese Fälle über die bisherige Auffassung noch hinauszugehen. Die bisherige Auffassung schließt von dem Begriffe „Feld" diejenigen Flächen aus, auf denen Bergbau unmöglich ist, oder, wie noch die Überschrift des Rekursbescheids v. 2. II. 07 sagt, absolut unmöglich ist. In keiner der veröffentlichten Entsch. ist auch nur angedeutet, daß der Unmöglichkeit die wirtschaftliche Aussichtslosigkeit gleichgestellt sei.

Diese Auffassung ist abzulehnen, sie findet in § 27 Abs. 2 BergG. in der ursprünglichen Fassung keine Stütze. Es ist daran festzuhalten, daß nur diejenigen Flächen, auf denen Bergbau tatsächlich unmöglich ist, nicht als Feld anzuerkennen sind. Dabei ist allerdings dem Min. f. Handel und Gewerbe beizutreten, wenn er in dem Rekursbescheide v. 2. II. 07 bei Beantwortung der Frage nach der Möglichkeit des Bergbaues die im G. selbst enthaltenen Beschränkungen des Bergbaubetriebs berücksichtigt und zu ihnen auch die Notwendigkeit rechnet, Grenzpfeiler stehen zu lassen.

Nr. 2. Entsch. v. 14. März 1912 (OVG. **61** 367) III C 82/11.

Der Streit darüber, ob ein Mineral, auf das die Verleihung des Bergwerkseigentums verlangt wird, als Braunkohle anzuerkennen ist oder nicht, kann von den Verwaltungsgerichten nur auf Grund sachverständiger Feststellung des Begriffs der Braunkohle entschieden werden.

Nr. 3. Entsch. v. 21. Okt. 1912 (OVG. **64** 522) III C 141/11.

1. Gegen die auf Grund des § 27 Abs. 4 BergG. ergangene Entsch. des Oberbergamts über die Feldesstreckung steht die nach § 192a das. zulässige Klage im Verwaltungsstreitverfahren nur dem Muter, nicht auch einem anderen, der an der Entsch. ein Interesse hat, offen.

2. Vor der Einführung des Verwaltungsstreitverfahrens in Bergsachen galt im weiteren Umfang, als es jetzt der Fall ist, die Regel des § 191 BergG., wonach gegen die Verfügungen und Beschlüsse des Oberbergamts der Rekurs an den Handelsminister zulässig ist, insofern das G. diesen nicht ausdrücklich ausschließt. Die Entsch. der Bergbehörden waren und sind aber in manchen Fällen insofern nur vorläufige, als nach Erschöpfung des Rekursverfahrens den Beteiligten der Rechtsweg offen stand und offen steht. Dies trifft namentlich hinsichtlich des Anspruchs auf Verleihung des Bergwerkseigentums zu (§§ 22, 23 BergG.).

Vor dem Inkrafttreten der Nov. v. 18. VI. 07 hatte deshalb über alle Punkte, auf die der Kläger D. im vorliegenden Falle seine Ansprüche stützt, zunächst das Oberbergamt und sodann auf erhobenen Rekurs der Handelsminister zu entscheiden. Nach dem Ergehen des Rekursbescheids stand aber sowohl dem D. als auch dem Grafen v. F. nach den angezogenen Vorschriften die Verfolgung ihrer Ansprüche im ordentlichen Rechtsweg offen. Die Klage war aber nicht gegen das Oberbergamt (es sei denn, daß dieses als Vertreter des selbst als Muter mitbeteiligten Bergfiskus in Betracht kam), sondern gegen den Konkurrenten zu richten. In dem gerichtlichen Verfahren hatte der Richter alle Vorfragen, von denen die Beurteilung des beanspruchten Rechtes abhing, selbständig zu prüfen und zu entscheiden, soweit es sich nicht um Fragen handelte, deren Entsch. ausschließlich dem Oberbergamte vorbehalten war. Die Gerichte konnten zwar nicht auf Aufhebung der Entsch. der Bergbehörde, sondern nur auf Feststellung des besseren Rechtes des Klägers erkennen; die Bergbehörde war aber verbunden, die aus dem richterlichen Spruche sich ergebende Aufhebung ihres Beschlusses herbeizuführen. Danach hätte ein Streit der hier vorliegenden Art nach dem früheren Rechte im ordentlichen Rechtswege zwischen D. und dem Grafen v. F. zum Austrage gebracht werden müssen.

2. Das trifft aber auch jetzt noch, nach dem Inkrafttreten des Art. IX G. v. 18. VI. 07, zu. Das Verwaltungsstreitverfahren ist in Bergsachen zurzeit auf ganz bestimmte Fälle beschränkt. Insbesondere beruht die Zuständigkeit des Bergausschusses lediglich auf dem § 192a Abs. 2, der lautet:

„Gegen die Entsch. des Oberbergamts auf Grund des § 15 Abs. 1[1], des § 27 Abs. 4 und des § 197 Abs. 1 findet innerhalb zwei Wochen von der Zustellung an die Klage im Verwaltungsstreitverfahren bei dem Bergausschusse statt."

Vorliegend kann von den im § 192a Abs. 2 angezogenen Bestimmungen nur die im § 27 Abs. 4 in Frage kommen, die dahin geht:

„Im übrigen darf dem Felde jede beliebige, den Bedingungen des § 26 entsprechende Form gegeben werden, soweit diese nach der Entsch. des Oberbergamts zum Bergwerksbetriebe geeignet ist."

Die Frage, ob der mit der Klage angefochtene Beschluß des Oberbergamts eine von dieser Behörde auf Grund des § 27 Abs. 4 getroffene Entsch. darstellt, ist zu verneinen.

Der § 27 steht im dritten Abschnitte des BergG., der von dem Verleihen des Bergwerkseigentums an den Muter handelt. Er spricht im Abs. 4 von der Form, die der Muter dem von ihm begehrten Felde geben kann, und regelt Beziehungen, die zwischen dem Muter und der Bergbehörde bestehen. Wenn in ihm von einer Entsch. der Bergbehörde die Rede ist, so kann nur eine dem Muter gegenüber ergehende Entsch. gemeint sein. Und wenn der § 192a BergG. gegen diese Entsch. ein Rechtsmittel gibt, so ist die nächstliegende und natürlichste Auslegung des G. die, daß dieses Rechtsmittel dem Muter, nicht einem Dritten zusteht. Das hat aber zur notwendigen Voraussetzung, daß die Entsch. eine dem Muter ungünstige, dessen Anträge ganz oder zum Teil ablehnende sein muß.

4. Endlich ist ein Beweis dafür, daß das Verwaltungsstreitverfahren des § 192a Abs. 2 BergG. iF. des § 27 Abs. 4 daselbst nur dem Muter offen steht, in dem Umstande zu sehen, daß § 31 Abs. 2 nur von der Erledigung der Einsprüche Dritter durch Beschluß des Oberbergamts und Rekursbescheid des Ministers spricht und nur den auf diese bezüglichen § 191, nicht auch den § 192a anführt, dessen Anführung sonst unerläßlich gewesen sein würde, wenn man nicht etwa dem dritten Einsprechenden zwar das Verwaltungsstreitverfahren nach § 192a eröffnen, demnächst aber die Geltendmachung seiner besseren Rechte bei den ordentlichen Gerichten ganz versagen wollte. Dafür aber, daß man eine solche einschneidende Änderung des Rechtszustandes beabsichtigt habe, spricht nichts. Die Umgestaltung des § 27 Abs. 4 durch das G. v. 18. VII. 07, wonach die Befugnis des Oberbergamts, die Gültigkeit von Mutungen im öffentlichen Interesse unter Gesichtspunkten der wirtschaftlichen Zweckmäßigkeit zu beurteilen, neu geschaffen ist, läßt vielmehr erkennen, daß man durch Einführung des Verwaltungsstreitverfahrens zwar den Muter gegen Benachteiligung seiner Privatinteressen durch die Neuerung hat schützen, nicht aber dritten Beteiligten die Befugnis hat geben wollen, in ihrem Privatinteresse die Geltendmachung öffentlich-rechtlicher Gesichtspunkte gegenüber der zu deren Wahrung berufenen Behörde zu erzwingen. Der Rechtszustand ist danach, was die Berufung dritter Beteiligter auf öffentlich-rechtliche Mängel einer Mutung angeht, nach jetzigem wie nach dem älteren Rechte unverändert der, daß, wenn die Geltendmachung solcher Mängel seitens der Bergbehörden nicht durch Einspruch und Rekurs gemäß § 31 BergG. zu erreichen ist, dem Dritten lediglich die Geltendmachung der vermeintlichen Mängel bei Durchführung des von ihm in Anspruch genommenen besseren Rechtes im ordentlichen Rechtsweg offen steht*).

---

*) Ebenso Entsch. v. 24. April 1913 (OVG. **64** 530) III C 185/12.

Allerdings waren die Mutungen, um die es sich in dem Urt. v. 21. X. 12 handelte, vor dem Erlasse des G. v. 18. VI. 07 (GS. 119) eingelegt, während die in dem vorliegenden Verfahren streitige Mutung sich auf den Art. XI dieses G. gründet. Indessen ist gegen Entsch. des Oberbergamts, die auf Art. XI Abs. 1 G. v. 18. VI. 07 beruhen, in den Abs. 2 und 3 desselben Artikels das Verwaltungsstreitverfahren genau in der gleichen Weise eröffnet, wie in den Abs. 2 und 3 des § 192 a BergG. gegen Entsch. des Oberbergamts, die auf Grund des § 27 Abs. 4 daselbst erlassen sind. Die Gleichheit der Rechtslage ist also nicht zu verkennen. An den Darlegungen des Urt. v. 21. X. 12 wird festgehalten. Die Einführung des Verwaltungsstreitverfahrens in die Verleihung des Bergwerkseigentums ist danach in durchaus beschränktem Umfang erfolgt. Die auf Grund des § 27 Abs. 4 ergehende Entsch. des Oberbergamts ist nach dem Urt. v. 21. X. 12 nur dann, wenn sie in verneinendem Sinne ausfällt, zur Anfechtung im Verwaltungsstreitverfahren geeignet. Dasselbe muß dann auch für die auf Art. XI Abs. 1 G. v. 18. VI. 07 beruhende Entsch. gelten. Eine die Mutung abweisende Entsch. liegt aber iS. der Einsprechenden. Endlich hätte nicht, wie der Bergausschuß annimmt, die Beschränkung der Klageberechtigung auf den Muter, sondern umgekehrt die Ausdehnung der Klageberechtigung auf die Einsprechenden, sofern man sie einführen wollte, im G. ausdrücklich festgesetzt werden müssen.

VII.

Handelskammern; kaufmännische Korporationen und Börsen.

Literatur: Depène: ReichsG. betr. Kaufmannsgerichte (Berlin 1914). — Müller: Das G. betr. die Kaufmannsgerichte[2] (München 1914).

Nr. 1. Entsch. v. 27. Juni 1912 (PrVerwBl. 34 186) III C 251/10.

HKamG. § 3.

1. Das HKamG. bezweckt die Organisation des Kaufmannsstandes in einem engeren als dem aus § 1 HGB. sich ergebenden Sinne, nämlich in dem Sinne, der nur die Vollkaufleute umfaßt, die Minderkaufleute und die Handwerker (§ 4 HGB.) ausschließt. Wer nur Handwerker ist, ist nicht Kaufmann iS. des § 3 HKamG. Er ist es nach feststehender Rechtsprechung auch dann nicht, wenn sein Handwerk einen in kaufmännischer Weise eingerichteten Betrieb erfordert; dies Erfordernis macht ihn zum Großhandwerker, aber nicht zum Kaufmann iS. des HKamG.

2. Für den Begriff des Handwerks ist die Gesamtheit der dafür maßgebenden Merkmale entscheidend. Handwerker ist, wer ein Handwerk dergestalt treibt, daß er sich an dem technischen Hergang der Warenerzeugung selbst beteiligt, sei es durch unmittelbare Mitarbeit, sei es wenigstens durch Leitung und Aufsichtführung. Unter dieser Voraussetzung ist es unerheblich, ob er eine eigentliche handwerkliche Fachausbildung besitzt. Handwerker ist nicht, wer einen Handwerksbetrieb so führt, daß er Ausführung sowohl wie Leitung der technischen handwerklichen Arbeit ganz anderen überträgt und seinerseits lediglich die kaufmännische Seite des Betriebs bearbeitet; er ist unter dieser Voraussetzung selbst dann nicht Handwerker, wenn er eine handwerkliche Fachbildung besitzt. Auch derjenige Handwerker, der seinem Handwerksbetrieb einen Handelsbetrieb angliedert, ist nach der Entwickelung, die das Handwerk genommen hat, nur Handwerker, wenn der Handelsbetrieb nur von geringem Umfang ist und lediglich der Förderung des Handwerksbetriebs dient.

Nr. 2. Entsch. v. 1. Dez. 1913 (OVG. **66** 387) III C 207/12.

1. Der Inhaber einer Druckerei ist dann nicht zur Handelskammer beitragspflichtig, wenn es sich lediglich um einen handwerksmäßigen Betrieb handelt. Die Entsch. über die Beitragspflicht einer Person zur Handelskammer hängt nach § 3 HKamG. davon ab, ob sie Kaufmann und als Inhaber einer Firma in einem der für den Bezirk der Handelskammer geführten Handelsregister eingetragen ist. Der Verwaltungsrichter hat selbständig das Vorliegen beider Voraussetzungen, also auch zu prüfen, ob der Inhaber der in das Handelsregister eingetragenen Firma auch Kaufmann ist. Dafür, daß über die Kaufmannseigenschaft nur das Registergericht, und zwar maßgebend für den Verwaltungsrichter, zu entscheiden habe, fehlt es an jedem Anhalt; es ist auch nicht von ausschlaggebender Bedeutung, daß bei der hier vertretenen Auffassung die Möglichkeit abweichender Entsch. der Registergerichte einerseits und der Verwaltungsgerichte anderseits besteht. Bei der hiernach von diesen vorzunehmenden Prüfung ist zu berücksichtigen, daß das HKamG. die Organisation des Kaufmannsstandes in einem engeren, nämlich in dem Sinne bezweckt, daß es nur Kaufleute umfaßt, im Gegensatze zu Handwerkern, für die eine besondere Organisation besteht, und auch nur registerfähige Vollkaufleute im Gegensatze zu den Minderkaufleuten (Kleingewerbetreibenden). Wer nur Handwerker ist, ist nicht Kaufmann iS. des § 3 HKamG., und zwar auch dann nicht, wenn sein Handwerk einen in kaufmännischer Weise eingerichteten Betrieb erfordert. Dieses Merkmal macht ihn unter Umständen zum Großhandwerker, aber nicht zum Kaufmann iS. des HKamG. Hinsichtlich der Druckereien besteht eine Besonderheit nicht. Nach § 1 Abs. 2⁹ HGB. gelten als sogenannte Grundhandelsgeschäfte die Geschäfte der Druckereien, sofern ihr Betrieb über den Umfang des Handwerks hinausgeht. Hierunter ist nicht anderes als das zu verstehen, daß nur solche Druckereien zur Handelskammerorganisation gehören, die nicht lediglich Handwerksbetriebe sind. Maßgebend dafür, ob der Betrieb eines Handwerks vorliegt, sind die Art und Weise des inneren Betriebs, also die gesamten Betriebsverhältnisse, die in jedem einzelnen Falle geprüft werden müssen*).

---

*) In Urt. v. 8. XII. 04 — III C 90/04 — heißt es: Für die Frage, ob ein Gewerbetreibender Kaufmann ist, sind die Bestimmungen des HGB. maßgebend. Danach (§ 2) gilt zwar jedes gewerbliche Unternehmen, das nach Art und Umfang einen in kaufmännischer Weise eingerichteten Geschäftsbetrieb erfordert, auch wenn die Voraussetzungen des § 1 Abs. 2 aaO. nicht vorliegen, als Handelsgewerbe, wenn die Firma in das Handelsregister eingetragen ist, aber auch diese Bestimmung wird beherrscht durch den im § 4 aaO. ausgesprochenen Grundsatz, daß die Vorschriften über die Firmen usw. auf Handwerker keine Anwendung finden, ebensowenig wie auf Kleingewerbe. Während der § 4 aaO. als entscheidendes Merkmal für das Kleingewerbe den Umfang hinstellt, kann nach allgemeinen Grundsätzen für den Begriff des Handwerks — in Anlehnung an den Wortlaut des § 2 aaO. „nach Art und Umfang" des Unternehmens — nur die Art und Weise des inneren Betriebes maßgebend sein, nicht aber der Umstand, daß das gewerbliche Unternehmen nach Art und Umfang einen in kaufmännischer Weise eingerichteten Geschäftsbetrieb erfordert. Das kann auch bei einem Großhandwerker zutreffen, ohne daß er deshalb aufhört, Handwerker und damit von der Einbeziehung zur Handelskammer ausgeschlossen zu sein.

Vgl. auch OVG. 27. VI. 12 (III C 251/10) **vorstehend** (S. 461) **abgedruckt.**

In Urt. v. 19. IX. 12 (III C 161/11) heißt es: Der Vorderrichter ist hinsichtlich der (von ihm bejahten) Frage, ob die Buchdruckerei der Klägerin über den Umfang des Handwerkes hinausgeht, den Merkmalen über die Abgrenzung des handwerksmäßigen Betriebes gefolgt und hat an ihrer Hand den festgestellten Tatbestand in einwandfreier Weise beurteilt. Die Tatsachen, daß im Betriebe der Klägerin drei durch Maschinenkraft getriebene Schnellpressen und eine Einrichtung für Stereotypie vorhanden sind, kaufmännische Organisation besteht und nötig ist, zwei Zeitschriften gedruckt werden, von denen eine, das Kreisblatt, mindestens dreimal wöchentlich erscheint und das Personal die Zahl zwanzig übersteigt, rechtfertigen das Ergebnis, zu dem der Vorderrichter gelangt.

2. Gegebenenfalls wird geprüft werden müssen, ob sich aus dem Gesamtbetriebe der Klägerin solche selbständigen Niederlassungen, Betriebe oder Betriebsstätten aussondern lassen, hinsichtlich derer den Besitzern das Recht, an den Handelskammerwahlen teilzunehmen, nicht zusteht, also vor allem reine Handwerksbetriebe. Hinsichtlich solcher besteht nach § 26 Abs. 1 HKamG. eine Verpflichtung zur Leistung von Handelskammerbeiträgen nicht, und es muß dann gegebenenfalls ein Teil der auf den Betrieb der Klägerin entfallenden Gewerbesteuer gemäß § 27 HKamG. ausgeschieden werden*). Soweit es sich um einen aus handwerksmäßiger Druckerei und Zeitungsverlag bestehenden gemischten Betrieb handelt, verbleibt es bei der vollen Verpflichtung, zu den Handelskammerlasten beizutragen, und es ist nicht angängig, auch hier einen auf das Handwerk bezüglichen Teil der Gewerbesteuer auszuscheiden und bei Berechnung des Handelskammerbeitrags außer Betracht zu lassen.

Nr. 3. Entsch. v. 26. Juni 1913 (PrVerwBl. 35 259) III C 135/12.

HKamG. §§ 3, 4, 7.

1. Die Veranlagung zur Gewerbesteuer ist Voraussetzung der Wählbarkeit zur Handelskammer. Nach § 7 HKamG. sind nur Wähler wählbar; daß nur zur Gewerbesteuer veranlagte Personen wählen können, ist nach § 3 Abs. 2 daselbst zweifellos. § 4 sagt nichts dem Entgegenstehendes; er gibt nur die Möglichkeit, das Wahlrecht (und damit die Wählbarkeit, § 7) noch enger zu begrenzen, als das G. tut.

---

*) In Urt. v. 2. X. 11 (III C 45/11) heißt es: Nach § 26 HKamG. bleibt bei der Heranziehung zu den Handelskammerbeiträgen derjenige Teil der Gewerbesteuer außer Anrechnung, der auf Betriebe entfällt, hinsichtlich deren ihren Besitzern das Recht, an den Handelskammerwahlen teilzunehmen, nicht zusteht. Nach § 27 daselbst ist alsdann, und zwar jetzt auch für den Fall, daß ein Veranlagter in derselben Gemeinde einen beitragspflichtigen und einen nicht beitragspflichtigen Betrieb besitzt, auf Antrag der Handelskammer vom Vorsitzenden des Steuerausschusses der auf die abgabenpflichtigen Betriebe entfallende Teilbetrag festzustellen und den Abgabepflichtigen mitzuteilen.

Der Kläger gibt zu, daß er als Gastwirt Kaufmann und insoweit beitragspflichtig sei. Er bestreitet dagegen seine Beitragspflicht für die Fleischerei weil diese von ihm handwerksmäßig betrieben werde und deshalb aus dem Rahmen des Handelsgewerbes herausfalle. Es wird mithin, da die Eintragung des ganzen klägerischen Gewerbebetriebes in das Handelsregister für die Beitragspflicht zur Handelskammer unerheblich ist und nur Kaufleute wahlberechtigt und beitragspflichtig sind, zunächst eingehend geprüft werden müssen, ob bei den beiden Betrieben des Klägers Handel und Handwerk so ineinander übergehen, daß eine Sonderung nicht vorgenommen werden kann, oder ob beide Betriebe, wenn auch in derselben Betriebsstätte, so doch selbständig nebeneinander betrieben werden. Ist diese Frage iS. der ersten Alternative zu beantworten, wofür beispielsweise auch von Bedeutung sein würde, ob die Fleischerei etwa nur eine Hilfstätigkeit für die Gastwirtschaft darstellt, so unterliegt die Klage der Abweisung, weil alsdann ein einheitliches Gesamtunternehmen besteht, das als Handelsbetrieb anzusehen ist. Rechtfertigt sich dagegen die Annahme, daß zwei selbständige Betriebe vorliegen, so ist des weiteren zu untersuchen, ob der Kläger als Inhaber der Fleischerei die Eigenschaft eines Kaufmannes oder die eines Handwerkers besitzt. Ist ersteres der Fall, so kann die Klage nach dem Vorstehenden ebenfalls keinen Erfolg haben. Trifft dagegen letzteres zu, so muß derjenige Teil der Gewerbesteuer, der auf den Betrieb der Fleischerei entfällt, nach § 26 Abs. 1 aaO. für die Heranziehung zu den Handelskammerbeiträgen außer Anrechnung bleiben. Da jedoch dieser Teil noch nicht feststeht, so wird der Vorderrichter das Verfahren einstweilen einzustellen und entweder selbst den Antrag auf Zerlegung des Steuersatzes gemäß § 27 HKamG. bei dem Vorsitzenden des Steuerausschusses anzubringen oder die Anbringung eines solchen Antrages der beklagten Handelskammer anheimzugeben haben. Erst nach Vornahme dieser Zerlegung kann alsdann auf eine dieser entsprechende Ermäßigung des geforderten Handelskammerbeitrages erkannt werden.

2. Was die Frage anlangt, ob bei der Wahl die Vorschrift über die Geheimhaltung der Wahl verletzt worden ist, so kann die Verschiedenheit der den Wählern zur Verfügung gestellten Stimmzettel in Form und Farbe nicht schlechthin für bedeutungslos erklärt werden. Es ist zwar richtig, daß der Wahlkommissar nicht verpflichtet ist, Stimmzettel den Wählern zur Verfügung zu stellen; diese Erwägung schließt aber nicht aus, daß er, wenn er es tut, nicht berechtigt ist, die Stimmzettel und den Ort der Auslegung in einer die Erkennung der Abstimmungen ermöglichenden Weise zu gestalten. Anderseits ist noch kein genügender Anhalt dafür gegeben, daß jene Verschiedenheit tatsächlich die Möglichkeit schuf, zu unterscheiden, ob von den einzelnen Wählern für die Kandidaten H. und B. oder für andere Personen gestimmt wurde. Ein zuverlässiges Urteil darüber wird sich nur bei Berücksichtigung der Verhältnisse gewinnen lassen, die im Wahlraume hinsichtlich der Größe, Ausstattung, Beleuchtung, der Verteilung der Personen in ihm, der Stellung des Wahltisches zu den Fenstern, der Stellung und Gestalt der Wahlurnen usw. herrschten.

3. Auch die Verteilung von Wahlzetteln durch den städtischen Polizeisergeanten wird zu berücksichtigen sein. Der Auffassung, daß dieser Umstand bedeutungslos sei, weil die Handelskammer zur Stadtverwaltung nicht in Beziehungen stehe, kann nicht zugestimmt werden. Schon wenn persönliche Beziehungen zwischen den durch den Beamten empfohlenen Wahlkandidaten und der Stadtverwaltung bestehen sollten, würde das genügen, um Bedenken gegen das Verhalten des Beamten zu rechtfertigen. Wenn das OVG. in verschiedenen Entsch. die Beteiligung städtischer Beamten an der Erörterung von Wahlangelegenheiten, der Heranholung säumiger Wähler oder dergleichen für einwandfrei oder für nicht unzulässig erklärt hat, so hat es sich dabei doch in keinem Falle um das Eintreten eines Beamten für bestimmte Kandidaten als die durch die Wünsche einer amtlichen Stelle unterstützten gehandelt. Es bleibt deshalb zu prüfen, ob genügender Anhalt vorliegt, diesem Verhalten einen wesentlichen Einfluß auf das Ergebnis der Wahl zuzuschreiben.

Nr. 4. Entsch. v. 30. Jan. 1913 (OVG. 66 383) III C 37/12.

HKamG. § 26.

Die gleichzeitige Heranziehung desselben Betriebs oder Betriebsteils zu den Handelskammer- und den Handwerkskammerbeiträgen ist bei einem Betriebsunternehmer, der gleichzeitig Handwerker und Vollkaufmann ist und einen einheitlichen gemischten Betrieb hat, insoweit zulässig, als nicht Niederlassungen, Betriebe oder Betriebsstätten gemäß § 26 Abs. 1 Satz 1 HKamG. ausgeschieden werden können. Nur wenn eine solche Ausscheidung möglich ist, findet eine Verteilung der Gewerbesteuer statt. Die Verteilung erfolgt nicht durch die Verwaltungsgerichte, sondern durch den Vorsitzenden des Steuerausschusses, bei dem der Antrag auf Zerlegung des Steuersatzes zu stellen ist.

Nr. 5. Entsch. v. 22. Dez. 1913 (OVG. 66 394) III C 36/13.

1. Gegenstand des Streites ist ausschließlich die Frage, ob die Klägerin verpflichtet ist, Beiträge zur beklagten Handelskammer zu zahlen. Nur für diese Frage ist das Verwaltungsstreitverfahren zugelassen. Die Frage, ob die Klägerin an die Handwerkskammer Beiträge zu zahlen hat, mag durch die Entsch. des gegenwärtigen Verfahrens mittelbar beeinflußt werden, ist aber nicht Gegenstand des Verwaltungsstreitverfahrens und kann nicht dazu gemacht werden, weil über diese Frage von den Verwaltungsbehörden allein zu entscheiden ist (OVG. 48 394).

Auch der Umstand, daß nach dem MinErl. v. 30. III. 07 (HMBl. 76) die Entsch. der vorliegenden Sache bei Streitigkeiten über den Anspruch der Handwerkskammer auf Beitragsleistung gegen die Klägerin von den darüber entscheidenden Verwaltungsbehörden zur Richtschnur zu nehmen ist, kann nichts an der Tatsache ändern, daß dieser letztere Anspruch nicht Gegenstand des gegenwärtigen Rechtsstreits ist und nicht im Verwaltungsstreitverfahren zur Entsch. gebracht werden kann. Wenn die Handwerkskammer aus diesem Ministerialerlaß, insbesondere aus der darin ausgesprochenen Anordnung, daß bei Streitigkeiten über Handelskammerbeiträge tunlichst die Beiladung der beteiligten Handwerkskammer veranlaßt werde, ableiten will, daß damit das Recht der Handwerkskammer ebenso wie das Recht der Handelskammer unter den Schutz des Verwaltungsstreitverfahrens gestellt sei, so geht das fehl. Durch die Anregung, auf Beiladung der Handwerkskammer in derartigen Prozessen hinzuwirken, hat der Minister nichts anderes bezweckt und bezwecken können, als den Handwerkskammern die Möglichkeit zu eröffnen, in Handelskammerbeitrag-Streitigkeiten an die Seite des Klägers zu treten und neben ihm den Rechtsstreit durch tatsächliche oder rechtliche Ausführungen zu beeinflussen. Aber der Minister hat damit nicht die Möglichkeit schaffen wollen und konnte nach dem G. die Möglichkeit gar nicht schaffen, daß die Handwerkskammer im Verwaltungsstreitverfahren gegen beide Parteien auftreten und ein beiden Parteien unerwünschtes Ergebnis durchsetzen könne.

2. Ist aber Gegenstand des gegenwärtigen Verfahrens ausschließlich das Bestehen oder Nichtbestehen einer Verpflichtung, die lediglich die Klägerin und die Handelskammer angeht, so ist es ferner auch unmöglich, ein Rechtsmittel zuzulassen, das, sich gegen beide an dem gegenwärtigen Rechtsstreit allein beteiligte Parteien richtend, den Rechtsstreit in einem keiner von beiden Parteien erwünschten Sinne zu beeinflussen unternimmt, und zwar auf Grund eines Interesses, das dem Gegenstande des gegenwärtigen Verfahrens durchaus fremd ist und von keiner der beiden Prozeßparteien geteilt wird. Dadurch würde der Beigeladenen gewissermaßen die Rechtsstellung einer Hauptintervenientin gegeben, sie nämlich in die Lage versetzt werden, das Ergebnis des bisherigen Verfahrens den beiden mit diesem Ergebnis einverstandenen Prozeßparteien streitig zu machen und abzustreiten. Das würde offensichtlich der Absicht des G. widersprechen. Daher steht in dem Verwaltungsstreitverfahren über die Heranziehung zu Handelskammerbeiträgen der beigeladenen Handwerkskammer das Rechtsmittel der Revision nicht zu.

X.

Disziplinarsachen.

Literatur: v. Dultzig: DiszG. für die nichtrichterlichen Beamten (Berlin 1914). — Schulze: Rechtsprechung des kaiserlichen Disziplinarhofes (Berlin 1914).

B. Dienstvergehen und Disziplinarstrafen; Befugnis zu ihrer Verhängung.

Nr. 1. Entsch. v. 17. Jan. 1911 (Recht 17 785).

Ein Beamter ist zur Wahrhaftigkeit in seinen Angaben überall, also auch dann verbunden, wenn er Berichte unaufgefordert einreicht.

Nr. 2. Entsch. v. 19. Jan. 1912 (Recht 17 785).

Der Bürgermeister hat als Polizeiverwalter Anordnungen des Landrats sofort auszuführen, gleichgültig, ob sie gerechtfertigt sind oder nicht. Es ist aber dem Bürgermeister gestattet, Bedenken, die gegen die Anordnung bestehen, geltend zu machen und sich zu diesem Zweck an den Landrat zu wenden. Er durfte jedoch diese Bedenken nicht in Form einer Beschwerde geltend machen, denn die Einheitlichkeit der staatlichen Polizeigewalt schließt die Möglichkeit aus, daß der Bürgermeister als Polizeiverwalter gegen eine andere Polizeibehörde mit Rechtsmitteln vorgeht.

Nr. 3. Entsch. v. 20. Febr. 1912 (OVG. 61 433) I A 114/11.

1. In welcher Weise die dienstliche Tätigkeit des Klägers im einzelnen zu regeln war, bestimmt nach dem jeweiligen dienstlichen Bedürfnisse der Magistrat, dem der Kläger als städtischer Beamter untergeordnet ist, und der Magistratsdirigent, der den ganzen Geschäftsgang der städtischen Verwaltung zu leiten und zu beaufsichtigen hat. Diesen Anordnungen hatte sich der Kläger zu fügen; eine Nachprüfung, ob die Anordnungen im einzelnen notwendig oder zweckmäßig waren, steht dem Verwaltungsrichter nicht zu.

Es kann sich daher nur fragen, ob infolge der Errichtung der Stelle des Stadtbaurats die amtliche Stellung des Klägers (eines Stadtbaumeisters) in der städtischen Verwaltung eine derartige Änderung erfahren hat, daß ihm nicht zugemutet werden konnte, seine Dienstgeschäfte weiter zu versehen. Dies hängt von der Beantwortung der allgemeinen Frage ab, inwieweit ein Beamter bei organisatorischen Veränderungen in der Verwaltung, für die er angestellt ist, für verpflichtet zu erachten ist, sich hierdurch bedingten Änderungen in bezug auf seine dienstliche Stellung und den ihm überwiesenen Geschäftskreis zu unterwerfen. Bei dieser Frage sind die Interessen der beteiligten Verbände und die Interessen des durch die Organisationsänderung betroffenen Beamten sorgfältig gegeneinander abzuwägen. Das erstere Interesse erfordert es, daß der Bewegungsfreiheit der Verbände nicht Beschränkungen auferlegt werden, die sich mit den Zwecken der organisatorischen Änderung als unvereinbar erweisen würden. Von diesem Standpunkt aus muß der Anspruch des Beamten, stets in demselben Amte Verwendung zu finden, zurückgewiesen werden. Anderseits erfordert es das Interesse des Beamten, daß ihm nicht eine amtliche Verwendung zuteil wird, die in dienstlicher, wirtschaftlicher und sozialer Beziehung unter dasjenige heruntergeht, was er nach den Bedingungen seiner Anstellung und nach dem von ihm bisher bekleideten Amte zu beanspruchen berechtigt ist. In Fällen der vorliegenden Art werden daher analog diejenigen Grundsätze Platz zu greifen haben, die in bezug auf die Handhabung des § 87[1] DiszG. für den Fall der Versetzung eines Beamten in der Rechtsprechung Geltung erlangt haben, und die auch dann zur Anwendung gebracht worden sind, wenn es sich um Änderungen in der Stellung von Beamten handelte, die infolge von Umgemeindungen herbeigeführt worden waren.

2. Wird hiervon ausgegangen, so scheidet zunächst der wirtschaftliche Gesichtspunkt aus; denn der Kläger hat eine Minderung in seinen Gehaltsbezügen überhaupt nicht erlitten. Einen Anspruch auf Gehaltserhöhung aber hat ein Beamter ebensowenig wie einen solchen auf Beförderung oder sonstige Auszeichnung (Gratifikation, Ordensauszeichnung, Titelverleihung und dgl.). Aber auch in dienstlicher und sozialer Hinsicht hat der Kläger keinesfalls eine mit seinen berechtigten Ansprüchen in Widerspruch tretende Herabsetzung seiner amtlichen Stellung erfahren; denn die einzige Tatsache, aus der eine Minderung der Bedeutung oder des Ranges des von dem Kläger versehenen Amtes gefolgert werden könnte, ist die Errichtung der Stelle eines Stadtbaurats. Hierzu waren die städtischen Behörden befugt. Die Ausübung dieser Befugnis kann an und für sich für die in der städtischen Bauverwaltung beschäftigten Beamten keinen Grund abgeben, sich in ihrer amtlichen Stellung beeinträchtigt zu fühlen und deshalb ihre dienstliche Tätigkeit einzustellen. Die Folgen, die die Neuorganisation der städtischen Verwaltung für die Stellung der Stadtbaumeister mit sich bringt, müssen vielmehr die Inhaber dieser Stellen sich gefallen lassen, ohne hiergegen mit Erfolg Widerspruch erheben zu können. Als solche Folgen sind die Anordnungen anzusehen, die durch die Einberufung eines Stadtbaurats in bezug auf den Geschäftsgang der städtischen Bauverwaltung und

die Stellung der städtischen Baumeister gegenüber dem Stadtbaurate notwendig waren. Diese Anordnungen halten sich durchaus im gesetzlichen Rahmen.

3. War sonach die Weigerung des Klägers, seine Amtsgeschäfte fortzuführen, objektiv ungerechtfertigt, so handelte er auf seine Gefahr für den Fall, daß die Disziplinarbehörde seine Weigerung nicht als berechtigt anerkannte. Besondere Gründe, die die objektiv unberechtigte Weigerung, seine Tätigkeit in Erledigung von Bausachen fortzuführen, ausnahmsweise als entschuldbar erscheinen lassen könnten, stehen dem Kläger nicht zur Seite. Er ist im Gegenteile durch die auf seine zahlreichen Beschwerden ergangenen Entsch. seiner vorgesetzten Dienstbehörden wiederholt darüber belehrt worden, daß die von ihm erhobenen Ansprüche unbegründet seien. Wenn er trotzdem seine Diensttätigkeit einstellte, um über dieselben Fragen eine nochmalige Entsch. durch die Disziplinarbehörde zu erlangen, so ist dies aufs schärfste zu mißbilligen.

Nr. 4. Entsch. v. 21. Jan. 1912 (PrVerwBl. **34** 277) I A 9/12.

1. Am 22. X. 11 war der Kläger mit seinem Fahrrade an dem Bürgermeister vorübergefahren, indem er ihn in kameradschaftlicher Weise mit der linken Hand grüßte. Am 26. X. machte der Bürgermeister den Kläger auf das Unpassende dieses Grußes aufmerksam und wies ihn, als er sich damit entschuldigte, daß er das Fahrrad nicht mit der linken Hand führen könne, an, für die Folge das Grüßen mit der linken Hand zu unterlassen und in gerader Haltung an ihm vorüberzufahren. Am 29. X. erließ der Kläger folgende Bekanntmachung in dem U.er Kreis- und Tageblatt:

„Um Irrtümer und Mißhelligkeiten zu vermeiden, gebe ich bekannt, daß ich beim Radfahren das Rad nur mit der rechten Hand führen kann und daher gezwungen bin, mit der linken Hand zu grüßen. B., Stadtförster."

In diesem Inserat erblickte der Bürgermeister eine Verhöhnung seiner Anordnung und bestrafte deswegen den Kläger mit dem Verweise.

2. Der Klage war der Erfolg zu versagen.

Der Kläger ist bestraft, weil er in Verfolg einer dienstlichen Vorhaltung, die ihm der Bürgermeister gemacht hatte, Veranlassung genommen hat, den in dieser Vorhaltung gerügten Vorgang durch ein Zeitungsinserat in die Öffentlichkeit zu bringen. Der Bürgermeister hatte den Kläger, der ihn vom Fahrrade aus mit der linken Hand kameradschaftlich gegrüßt hatte, auf das Unangemessene dieser Art des Grüßens aufmerksam gemacht und ihn angewiesen, ein solches Grüßen für die Zukunft zu unterlassen. Zu dieser Anweisung war der Bürgermeister berechtigt; als Vorgesetzter des Klägers konnte er diesem eine Form des Grüßens untersagen, die er dem dienstlichen Unterordnungsverhältnisse, in dem der Kläger zu ihm steht, nicht für angemessen erachtete. Ob der Kläger, wie er behauptet, den Bürgermeister jahrelang in dieser Weise gegrüßt hatte, ohne daß dieser vordem daran Anstoß genommen, ist gleichgültig. Der Einwand des Klägers, daß er mit der Bekanntmachung nur habe verhüten wollen, daß ihm von anderer Seite her ähnliche Vorwürfe gemacht würden, ist eine durchsichtige Ausrede. Erachtete er die Vorhaltung für unbegründet, so war die Anrufung der Aufsichtsbehörde der gewiesene Weg, auf dem er eine Beschwerde geltend machen konnte. Indem er statt dessen den Weg des Zeitungsinserats wählte, um in einer mit seinem dienstlichen Verhältnisse nicht vereinbaren Form gegen den ihm vorgesetzten Bürgermeister Stellung zu nehmen, machte er sich einer groben Ungehörigkeit schuldig, derentwegen er mit Recht bestraft ist.

Nr. 5. Entsch. v. 25. Juni 1912 (Recht **17** 785).

Ein Vorgesetzter ist berechtigt, sobald er Verdacht geschöpft hat, diesem Verdachte (der Trunkenheit des Untergebenen) nachzugehen und zu diesem Zwecke in der ihm geeigneten Weise Vorhaltungen zu machen. Nachdem er sich aber von der Grundlosigkeit des Verdachts überzeugt hat, ist es seine Pflicht, den als unbegründet erkannten Vorwurf dem Untergebenen gegenüber in unzweideutiger Weise zurückzunehmen.

Nr. 6. Entsch. v. 28. Juni 1912 (OVG. 63 461) I A 96/11.

1. Indem § 161 StPO. den Behörden und Beamten des Polizei- und Sicherheitsdienstes die Verpflichtung auferlegt, strafbare Handlungen zu erforschen und alle keinen Aufschub gestattenden Anordnungen zu treffen, um die Verdunkelung der Sache zu verhüten, gewährt er ihnen zugleich das Recht, zwecks Vorbereitung ihrer Maßnahmen und zur Entschließung darüber, ob und gegen wen eingeschritten werden soll, von allen öffentlichen Behörden Auskunft zu verlangen sowie durch die Behörden und Beamten des Polizeidienstes Ermittelungen jeder Art vornehmen zu lassen, vorausgesetzt, daß es sich dabei um Ermittelungen handelt, die zur Aufklärung einer strafbaren Handlung erforderlich sind. Der Kläger behauptet, daß diese Voraussetzung gegeben gewesen sei; dies ist indessen unzutreffend. Daß eine strafbare Handlung des N. nicht vorlag, hätte dem Kläger, der beide juristische Prüfungen bestanden hat und bei dem daher eine genauere Rechtskenntnis vorausgesetzt werden muß, selbst bei oberflächlicher Prüfung nicht entgehen dürfen. Wenn er sich trotzdem mit einer Rückfrage über die Personalverhältnisse des N. an das Polizeipräsidium in B. wendete, machte er von den ihm zustehenden Befugnissen in einem Falle Gebrauch, für den sie nicht gegeben waren. Damit überschritt er die ihm übertragene Amtsgewalt und machte sich einer Verletzung seiner Amtspflichten schuldig.

2. Auch wenn der Kläger bei den von ihm veranlaßten Ermittelungen von dem Vorhandensein einer strafbaren Handlung des N. überzeugt gewesen wäre, würde das von ihm beobachtete Verhalten eine andere Beurteilung nicht finden können. Er durfte keinesfalls im unklaren darüber sein, daß er sich im vorliegenden Falle für seine Person eines Eingreifens zu enthalten und die in der Angelegenheit etwa erforderlichen Maßnahmen seinem gesetzlichen Stellvertreter zu überlassen hatte. Wie der Gerichtshof wiederholt ausgeführt hat, ist für alle Gebiete des Verwaltungsrechts der Grundsatz maßgebend, daß Beamte, deren persönliches Interesse von einer Amtshandlung wesentlich betroffen wird oder nach Lage der Sache betroffen werden könnte, sich der Vornahme einer solchen Amtshandlung zu enthalten haben. Hierdurch soll vermieden werden, daß bei den Beteiligten die Besorgnis, den Beamten habe bei Vornahme der Amtshandlung möglicherweise nicht die volle Unbefangenheit beigewohnt, entstehe und infolgedessen eine Erschütterung des Vertrauens auf eine völlig unparteiische Handhabung der Amtsgewalt eintrete. Diesem Grundsatze hat der Kläger zuwidergehandelt. Er hatte die Pflicht, die Rückfrage über die Personalverhältnisse des N. seinem Vertreter zu überlassen. Dadurch, daß er dies unterließ, setzte er sich dem Verdacht aus, daß ihn nicht sachliche, sondern persönliche Gründe zu der Rückfrage veranlaßten. Einen solchen Verdacht mußte der Kläger aber im Interesse des Ansehens seines Berufs vermeiden, und er handelte mithin auch von diesem Gesichtspunkt aus den ihm obliegenden Dienstpflichten zuwider. Die disziplinare Bestrafung des Klägers erscheint unter diesen Umständen gerechtfertigt.

Nr. 7. Entsch. v. 28. Juni 1912 (OVG. 63 464) I A 94/11.

1. Wenn der Kläger (ein Bürgermeister) aus Mitteilungen, die ihm gemacht worden waren, den Schluß ziehen zu müssen glaubte, daß in S. die Polizeistunde übertreten werde, so hatte er in seiner Eigenschaft als Polizeiverwalter unzweifelhaft das Recht und auch die Pflicht, den ihm gemachten Mitteilungen nachzugehen und hierüber die erforderlich scheinenden Feststellungen zu veranlassen. Dies ergibt sich aus § 161 StPO., wonach die Behörden und Beamten des Polizei- und Sicherheitsdienstes strafbare Handlungen zu erforschen haben. Über die dem Kläger zustehenden

Befugnisse ging es aber hinaus, wenn er den Polizeiwachtmeister P. zugleich beauftragte, im besonderen festzustellen, ob der Lehrer St. sich unter den Gästen befinde, die über die Polizeistunde hinaus in Wirtschaften verweilen; damit trat dessen Person in den Vordergrund, und der dem P. erteilte Auftrag konnte nur dahin gedeutet werden, daß dem St. gegenüber eine polizeiliche Überwachung ausgeübt werden solle. Zur Einleitung einer solchen lag kein Anlaß vor. Der Umstand, daß St. mehrfach frühmorgens nach Hause gekommen war, konnte zwar den Verdacht begründen, daß er sich möglicherweise über die festgesetzte Polizeistunde hinaus in Schanklokalen aufgehalten habe; eine dem St. zur Last fallende strafrechtliche Übertretung war hieraus indessen noch nicht erkennbar. Eine solche würde vielmehr nach § 365 StGB. erst dann vorhanden gewesen sein, wenn St. in einer Schankstube oder an einem öffentlichen Vergnügungsort über die gebotene Polizeistunde hinaus verweilt hätte, ungeachtet der Wirt, sein Vertreter oder ein Polizeibeamter ihn zum Fortgehen aufforderte.

2. Der Kläger will seine Berechtigung zu dem an den Polizeiwachtmeister P. erteilten Auftrag auch aus seiner Stellung als Vorsitzender der städtischen Schuldeputation herleiten. Er beruft sich dabei auf die MinInst, betr. die Bildung städt. Schuldeputationen, v. 26. VI. 11, nach deren Ziff. 11 die Schuldeputationen die Aufsicht darüber zu führen haben, daß das Lehrpersonal seine Pflicht tue. Abgesehen indessen davon, daß es mindestens zweifelhaft erscheint, ob der Kläger als Vorsitzender der Schuldeputation befugt war, zur Ausübung dieser Aufsicht selbständig Anordnungen zu treffen oder ob nicht die Schuldeputation als solche hiermit zu befassen gewesen wäre, wird vom Kläger übersehen, daß die angezogene Vorschrift lediglich die amtliche Tätigkeit der Lehrer im Auge hat. Hierum handelt es sich aber im vorliegenden Falle nicht; vielmehr waren lediglich gegen das außeramtliche Verhalten des Lehrers St. verdächtige Umstände aufgetaucht, die mit dem Schulbetrieb an sich nichts zu tun hatten. Hiergegen einzuschreiten, war nicht Sache der Schuldeputation. Selbstverständlich blieb ihr unbenommen, von den Vorgängen den mit der Dienstaufsicht über die Lehrer betrauten Stellen, dem Kreisschulinspektor und geeignet scheinenden Falles der Kgl. Regierung, Mitteilung zu machen, und unter Umständen war eine derartige Mitteilung ihre Pflicht. Eines selbständigen Eingreifens hatte sie sich dagegen zu enthalten, da die Handhabung der Disziplin, unter die jene Vorgänge fallen, der Schuldeputation ausdrücklich entzogen ist und ausschließlich zu dem Geschäftsbereiche der Schulaufsichtsbehörde gehört. Daher hat der Kläger die Grenzen seiner Amtsgewalt überschritten und sich ihrer mißbräuchlichen Anwendung schuldig gemacht. Wegen der hierin liegenden Verletzung seiner Amtspflichten ist ihm daher mit Recht ein Verweis erteilt worden.

Nr. 8. Entsch. v. 1. Okt. 1912 (OVG. **64** 561) I A 60/12.

Der Ehebruch eines Beamten stellt eine disziplinarisch strafbare Verfehlung auch dann dar, wenn die Ehefrau des Beamten davon gewußt hat und damit einverstanden gewesen ist.

Die Tatsache bleibt bestehen, daß der Kläger als Beamter in stehender Ehe mit einer anderen Frauensperson, die noch dazu an derselben Anstalt als Aufseherin beschäftigt war, in geschlechtliche Beziehungen getreten und daß dieser Verkehr auch in der Folgezeit in weiteren Kreisen bekannt geworden ist. Das ist keine Privatangelegenheit, die die vorgesetzte Dienstbehörde nichts angeht, sondern ein Vorfall, zu dem diese Behörde vom Standpunkte der dienstlichen Disziplin Stellung zu nehmen berufen ist, da der Beamte dieser Disziplin auch mit seinem außerdienstlichen Verhalten untersteht. Durch den Verkehr mit der S., auch wenn er mit Wissen und Einverständnis der Ehefrau erfolgt sein sollte, hat sich der Kläger des Ehebruchs schuldig gemacht und mit dieser sittlichen Verfehlung der Achtung, die sein Beruf erfordert, unwürdig gezeigt. Ob der Verkehr lediglich durch eine vom Kläger in Erfüllung einer gesetzlichen Zeugnispflicht abgegebene Aussage bekannt geworden, und auf welchem Wege er zur Kenntnis der vorgesetzten Dienstbehörde gelangt ist, bleibt unerheblich.

Nr. 9. Entsch. v. 20. Okt. 1912 (Recht 17 785).

Die Personalakten sind geheim. Ein Beamter, der ohne Erlaubnis seiner vorgesetzten Behörde sich Auszüge aus seinen Personalakten, die ihm versehentlich zugänglich gemacht sind, anfertigt, um sich Unterlagen für ein Vorgehen gegen den ihm vorgesetzten Landrat zu verschaffen, macht sich eines Disziplinarvergehens schuldig. Es entschuldigt ihn auch der Umstand nicht, daß er glaubte, sich gegen die in den Personalakten enthaltenen Vorwürfe verteidigen zu müssen.

Nr. 10. Entsch. v. 7. Okt. 1910 (Recht 17 785).

Das OVG. läßt unentschieden, ob eine Pflichtverletzung schon darin lag, daß der Beamte überhaupt in die Personalakten Einsicht nahm. Es steht jedem Beamten frei, Einwendungen gegen ein seiner Ansicht nach objektiv unrichtiges Zeugnis über seine Amtstätigkeit zu erheben und in sachlicher Weise gegebenenfalls den Nachweis der Unrichtigkeit (oder gar der Fälschung) zu erbringen.

Nr. 11. Entsch. v. 15. Nov. 1912 (OVG. **63** 468) D S 5/12.

1. Sofern es sich um die Stellungnahme zu sachlichen Anträgen auf dem Gebiete der Aufgaben der Gemeindeverwaltung handelt, hat der Leiter der Gemeindeverwaltung wie jedes Mitglied derselben seine Abstimmung lediglich nach sachlichen Gesichtspunkten und Erwägungen zu bemessen, ohne Rücksicht darauf, ob das Ergebnis mit der Stellungnahme sozialdemokratischer Mitglieder übereinstimmt und zugunsten von Anträgen derselben oder zuungunsten von Gegenanträgen, die seitens der Mitglieder von bürgerlichen Parteien gestellt werden, den Ausschlag gibt. Nur darf selbstverständlich nicht die sachliche Stellungnahme zu einem bloßen Vorwande für die Förderung der Zwecke der Sozialdemokratie mißbraucht werden.

2. Weitergehende Anforderungen an sein Verhalten sind jedoch da zu stellen, wo es sich um Vornahme von Wahlen in der Gemeindevertretung (von Schöffen und Schulvorstandsmitgliedern) handelt. Der Angeschuldigte ist als Gemeindevorsteher vermöge dieses seines Amtes nach § 49 Abs. 3, § 88 Abs. 2 LGemO. zur Leitung der Gemeindevertretung mit vollem Stimmrechte berufen. Soweit diese Körperschaft Wahlen vorzunehmen hat, steht für den Gemeindevorsteher dabei nicht die private außeramtliche Ausübung eines allgemeinen staatsbürgerlichen Rechtes, sondern die Wahrnehmung einer amtlichen Obliegenheit in Frage. Muß schon hiernach verlangt werden, daß der Gemeindevorsteher bei seiner Abstimmung diejenigen Pflichten und Rücksichten nicht außer Betracht läßt, die ihm durch seine Stellung als Beamter auferlegt werden, so trifft dies um so mehr zu, wenn es sich um Wahlen handelt, die die Besetzung von Stellen im Organismus der kommunalen Verwaltung zum Gegenstande haben, bei denen die Stellung der Kandidaten zur bestehenden Staats- und Rechtsordnung nicht unberücksichtigt bleiben kann. Einer solchen Sachlage gegenüber muß es als Pflicht des Gemeindevorstehers angesehen werden, soviel an ihm liegt, auch durch seine Abstimmung dafür zu sorgen, daß nicht Personen gewählt werden, die sich zu Anschauungen bekennen, die mit den Grundlagen der bestehenden Ordnung in Staat und Gesellschaft nicht vereinbar und demzufolge auch mit den Aufgaben und Pflichten der Stellen, zu deren Besetzung die Wahlen erfolgen, nicht verträglich sind. Kommt es in einem solchen Falle auf seine Stimme ausschlaggebend an, so darf er der Wahl derartiger Personen auch nicht dadurch Vorschub leisten, daß er sich seiner Stimme

enthält, und zwar auch dann nicht, wenn er damit nicht sowohl eine Unterstützung jener Personen bezweckt, als vielmehr nur dem Umstande Rechnung tragen will, daß ihm auch von den Gegenkandidaten, die nicht auf dem Boden jener Anschauungen stehen, keiner genehm erscheint. Die durch sein Amt begründete Aufgabe bringt es mit sich, daß er in einem derartigen Falle zur Personenfrage entscheidend Stellung zu nehmen hat, und er kann sich dem, soweit bestätigungsbedürftige Wahlen in Frage stehen, auch nicht mit der Entschuldigung entziehen, daß es der zuständigen Behörde unbenommen bleibe, durch Versagung der Bestätigung die unstatthafte Stellenbesetzung zu verhindern. Vielmehr gebietet seine Pflicht, es nicht erst auf diese Versagung ankommen zu lassen, sondern nach Möglichkeit von vornherein auf ein Ergebnis hinzuwirken, das der Aufgabe der zur Wahl berufenen Körperschaft entspricht. Nur insoweit, als gegen den in Betracht kommenden Gegenkandidaten aus anderen Gründen Einwendungen zu erheben sein möchten, kann er über dessen Wahl der Bestätigungsbehörde die Entsch. überlassen.

Nr. 12. Entsch. v. 10. März 1914 (OVG. **66** 438) D S 30/13.

1. Wenn auch nach § 55 Abs. 1 HNLGemO. v. 4. VIII. 97 in Landgemeinden mit kollegialischem Gemeindevorstande die Schöffen der für Bürgermeister und Beigeordnete schlechthin, für Schöffen, soweit sie in einer Landgemeinde ohne kollegialischen Vorstand gewählt sind — vorgeschriebenen Bestätigung durch den Landrat nicht bedürfen, so folgt daraus doch nicht, daß die Schöffen in den Landgemeinden mit kollegialischem Gemeindevorstande die Beamteneigenschaft nicht besäßen. Vielmehr wird in der HNLGemO. die Funktion des Schöffen mehrfach, z. B. in den §§ 56 und 57, ausdrücklich als Amt bezeichnet, für den Schöffen die Leistung des Diensteids vor dem Amtsantritte verordnet und in dem § 115 aaO. das Disziplinarverfahren auch wegen der Dienstvergehen der Schöffen vorgesehen, ohne daß hierbei hinsichtlich der Schöffen in Landgemeinden mit kollegialischem Gemeindevorstand eine Ausnahme gemacht wäre.

2. Bestehen mithin gegen die Zulässigkeit des Disziplinarverfahrens keine Bedenken, so ist dem Vorderrichter auch hinsichtlich der Würdigung des dem Angeschuldigten wegen seines Verhaltens bei der Landtagswahl gemachten Vorwurfes beizutreten. In Übereinstimmung mit den übrigen höchsten Disziplinarbehörden hat das OVG. in ständiger Rechtsprechung nicht nur den Beitritt zu einer staatsfeindlichen Partei, insbesondere der Sozialdemokratie, sondern auch jede bewußte Förderung ihrer Ziele für einen Beamten mit den Pflichten seines Amtes als unvereinbar erachtet.

Mit dem durch den vorgeschriebenen Diensteid bekräftigten Gelöbnisse der Treue und des Gehorsams ist die Förderung der Ziele einer Partei unverträglich, die, wie die sozialdemokratische, die Grundlagen der bestehenden Staats- und Rechtsordnung bekämpft. Ein Beamter, der dem bewußt zuwiderhandelt, verletzt den von ihm geleisteten Eid, begeht eine schwere Verfehlung gegen die ihm aus seinem Amte erwachsenden Pflichten und macht sich des Vertrauens, das sein Beruf erfordert, unwürdig. Der Angeschuldigte hat bei der Wahl zum Hause der Abgeordneten einem Wahlmanne der sozialdemokratischen Partei seine Stimme gegeben und sich selbst als Wahlmann dieser Partei aufstellen und wählen lassen. Er wendet demgegenüber ein, daß er von seinem Rechte als Wahlmann nicht Gebrauch gemacht und keine Stimme für einen Abgeordneten abgegeben, als Urwähler aber lediglich sein verfassungsmäßiges Recht ausgeübt, mithin sich in keiner Weise agitatorisch zugunsten der sozialdemokratischen Partei betätigt habe. Nun ist zwar auch der Beamte als Staatsbürger berufen, durch Ausübung des Wahlrechts zur Bildung der gesetzgebenden Körperschaften mitzuwirken. Allein dabei genießen die Beamten keineswegs eine unbedingte Immunität wie die Abgeordneten bei ihren Abstimmungen, und es ist nicht ausgeschlossen, daß der Beamte durch seine Beteiligung an der Wahl für eine staatsfeindliche Partei sich disziplinarisch verantwortlich macht. Dies hängt davon ab, ob die Annahme gerechtfertigt ist, daß sich der Beamte durch seine Beteiligung an der Wahl einschließlich seiner Abstimmung zu den Bestrebungen einer solchen Partei bekenne und sich bewußt sei oder doch bewußt sein müsse, diese Bestrebungen damit zu unterstützen. In der bloßen Abstimmung für den Anhänger einer bestimmten Partei kann freilich nicht allgemein und unterschiedslos die Erklärung des Einverständnisses mit den gesamten Bestrebungen der Partei und eine Unterstützung ihrer letzten Ziele erblickt werden. Die bloße Ausübung des Wahlrechts steht nicht ohne weiteres einer agitatorischen Tätigkeit gleich, die zugunsten einer Partei in Versammlungen, in Vereinen, in der Presse usw. stattfindet. Bei Entsch. der Frage, ob sich ein Beamter durch seine Beteiligung an der Wahl, insbesondere durch seine Abstimmung, zu einer bestimmten Partei bekennt und dadurch deren Bestrebungen bewußt unterstützt, kommt es außer auf die Art und Weise, wie die Partei und deren berufene Vertreter die Ziele der Partei kundgeben, auf die Gesamtheit der Verhältnisse, namentlich auch auf die Persönlichkeit des Beamten und dessen sonstiges Verhalten im politischen Leben an. Hier handelt es sich um die sozialdemokratische Partei, deren feindliche Stellung gegenüber der bestehenden Staats- und Rechtsordnung nicht nur allgemein bekannt ist, sondern auch dem Angeschuldigten genau bekannt war. Bei gewissenhafter Prüfung konnte und durfte es dem Angeschuldigten nicht zweifelhaft sein, daß ein Eintreten für die sozialdemokratische Partei, auch bei der Wahl, mit den Pflichten seines Amts unvereinbar war. Indem er trotzdem seine Stimme für einen sozialdemokratischen Wahlmann abgab und sich selbst als Wahlmann dieser Partei aufstellen und wählen ließ, mag er auch demnächst als Wahlmann nicht abgestimmt haben, stellte er sich in den Dienst dieser Partei; er gab damit zu erkennen, daß er nach wie vor bestrebt sei, deren Ziele zu fördern. Damit verletzte er den Eid der Treue und des Gehorsams aufs schwerste. Die Förderung von Bestrebungen jener Art unterliegt dem DiszG. und erheischt im allgemeinen staatlichen Interesse wie nicht minder in demjenigen des ganzen Beamtenstandes auch einem unbesoldeten Gemeindebeamten gegenüber die Anwendung der vollen Schärfe des G. Hat der Angeschuldigte mithin für sein Auftreten als sozialdemokratischer Wähler und Wahlmann voll einzustehen, so kann als Disziplinarstrafe für ein solches Verhalten nach den vorstehenden Darlegungen nur die Dienstentlassung in Betracht kommen.

Nr. 13. Entsch. v. 21. Jan. 1913 (PrVerwBl. 34 841) I A 91/12.

1. Was die dem Kläger zur Last gelegte erste Dienstverfehlung anbetrifft, so wird diese durch den Krankheitszustand des Klägers, der nach dem ärztlichen Atteste lediglich in Nervenschwäche bestand, nicht entschuldigt. Er mußte trotz desselben entweder der Vorladung des Oberförsters nachkommen oder, wenn er sich dazu nicht fähig fühlte, sein Nichterscheinen entschuldigen. Indem er beides unterließ, machte er sich einer Unbotmäßigkeit schuldig, die der disziplinaren Ahndung unterlag.

2. Desgleichen ist der Vorwurf der eigenmächtigen Abgabe von Christbäumen begründet. Es stellte eine Eigenmächtigkeit dar, wenn der Kläger über die Christbäume verfügte, ohne diese Verfügung in den von ihm zu führenden Listen ersichtlich zu machen. Die Buchung war erforderlich, damit der Forstverwaltung die Kontrolle der rechtmäßigen Abgabe ermöglicht wurde. Zumal im vorliegenden Falle, wo der Kläger die Bäume verschenkt hatte, mußte er seiner vorgesetzten Behörde darüber unbedingt durch ordnungsmäßige Buchung Rechenschaft ablegen und sie so in die Lage versetzen, nachzuprüfen, ob er sich mit der unentgeltlichen Verabfolgung innerhalb der Grenzen seiner Befugnisse gehalten hatte.

3. Sind hiernach die in den beiden Strafverfügungen enthaltenen Vorwürfe gerechtfertigt, und war auch bei der mangelhaften Führung des Klägers die Verhängung

einer Geldbuße angemessen, so mußten doch die verhängten beiden Ordnungsstrafen von je 9 M. auf insgesamt 9 M. herabgesetzt werden, da der Bürgermeister nicht berechtigt war, gleichzeitig mehrere Ordnungsstrafen zu verhängen, die zusammen das ihm nach § 19 Abs. 2 DiszG. zustehende Strafhöchstmaß überschritten. Denn die Summe disziplinarer Geldbußen für Dienstvergehen, die in einem und demselben Verfahren — unter einheitlicher Beurteilung des gesamten dienstlichen und außerdienstlichen Verhaltens des angeschuldigten Beamten — hätten verfolgt werden können, darf nicht über das für den einzelnen Fall zulässige Höchstmaß der Geldbuße hinausgehen.

Nr. 14. Entsch. v. 24. Jan. 1913 (OVG. **64** 566) I A 17/12.

1. Mit den Pflichten eines Beamten ist es idR. nicht vereinbar, Anzeigen über angebliche strafbare Handlungen seiner Vorgesetzten, von denen der Beamte nur durch sein dienstliches Verhältnis Kenntnis erlangt hat, unmittelbar an die Staatsanwaltschaft zu richten. Daß es dem Beamten an sich nicht verwehrt sein kann, strafbare Handlungen seiner Vorgesetzten zur Anzeige zu bringen, und daß dieses Recht unter Umständen zur Pflicht werden kann, bedarf keiner besonderen Hervorhebung. Anderseits ist aber im Interesse der Beamtendisziplin die Forderung zu erheben, daß der untergeordnete Beamte sich hierbei zunächst an die seinem Vorgesetzten übergeordnete Behörde wendet, damit diese in die Lage versetzt wird, den Sachverhalt näher zu untersuchen und darüber Entsch. zu treffen, ob zur Erstattung einer Anzeige bei der Staatsanwaltschaft die erforderlichen tatsächlichen und rechtlichen Voraussetzungen gegeben sind. An diesem Grundsatze muß zur Aufrechterhaltung der Disziplin wie auch zur Verhütung unnötiger Beunruhigung der beteiligten Beamten unbedingt festgehalten werden. Ob er unter ganz besonderen Verhältnissen eine Ausnahme erleiden kann und dem Beamten eine unmittelbare Anzeige bei der Staatsanwaltschaft gegen einen Vorgesetzten nicht zum Vorwurfe zu machen ist, bedarf an dieser Stelle keiner Erörterung, da derartige besondere Verhältnisse hier nicht vorliegen. Auch in solchem Falle wird indes gefordert werden müssen, daß der Beamte von der Anzeige an die Staatsanwaltschaft der vorgesetzten Behörde unverzüglich Mitteilung macht.

2. Wenn der Kläger glaubt, daß er zu seinem Vorgehen aus dem Grunde berechtigt gewesen sei, weil er zu den Hilfsbeamten der Staatsanwaltschaft gehöre, so befindet er sich in einem Irrtume. Die Sonderstellung derjenigen Beamten des Polizei- und Sicherheitsdienstes, die nach § 153 Abs. 2 GVG. von der Landesregierung zu Hilfsbeamten der Staatsanwaltschaft ernannt sind, erschöpft sich, abgesehen von der ihnen durch die §§ 98, 105 StPO. beigelegten Befugnis zur Vornahme von Beschlagnahmen und Durchsuchungen, darin, daß sie als Organe der Staatsanwaltschaft den Anordnungen der Staatsanwälte bei dem Landgericht ihres Bezirkes und der diesen vorgesetzten Beamten Folge zu leisten haben. In bezug auf die Erforschung strafbarer Handlungen, um die es sich im vorliegenden Falle handelt, nehmen dagegen die Hilfsbeamten der Staatsanwaltschaft keine andere Stellung ein als die Polizeibeamten überhaupt. Diese haben nach § 161 Abs. 1 StPO. strafbare Handlungen zu erforschen und zur Verhütung der Verdunkelung der Sache alle keinen Aufschub gestattenden Anordnungen zu treffen. Wenn nun der Abs. 2 Satz 1 dieses Paragraphen bestimmt: „Sie (d. h. die Behörden und Beamten des Polizei- und Sicherheitsdienstes) übersenden ihre Verhandlungen ohne Verzug der Staatsanwaltschaft", so ist diese Vorschrift nicht dahin auszulegen, daß jeder Polizeiexekutivbeamte berechtigt und verpflichtet wäre, die zu seiner Kenntnis gelangenden strafbaren Handlungen unmittelbar der Staatsanwaltschaft anzuzeigen. Die durch § 161 Abs. 2 StPO. den Beamten des Polizei- und Sicherheitsdienstes aufgetragene Pflicht, ihre Verhandlungen ohne Verzug der Staatsanwaltschaft

einzureichen, regelt vielmehr lediglich die Beziehungen zwischen der Staatsanwaltschaft und denjenigen polizeilichen Dienststellen, denen nach Landesrecht sachlich und örtlich ein unmittelbarer Verkehr mit der Staatsanwaltschaft zusteht. Darunter sind im wesentlichen nur diejenigen Dienststellen oder Beamten zu verstehen, die für sich allein eine Behörde darstellen. Nur die Behörde als solche bzw. deren Vorstand, nicht aber jeder beliebige Beamte derselben ist daher zu jenem unmittelbaren Verkehre berechtigt, sofern nicht im Verwaltungsweg anderweitige besondere Anordnungen getroffen sind. Soweit letzteres nicht der Fall, ist für eine städtische Polizeiverwaltung nur der die Polizeibehörde vertretende Polizeidirigent zur Übersendung der Ermittelungen an die Staatsanwaltschaft berufen.

3. Ist somit schon in der Tatsache der Übersendung der Anzeigen an die Staatsanwaltschaft eine schwere dienstliche Verfehlung zu erblicken, so hat der Kläger weiter seine Dienstpflichten dadurch schwer verletzt, daß er in den sämtlichen fünf zur Anzeige gebrachten Fällen in leichtfertiger Weise Anschuldigungen gegen seinen Vorgesetzten erhoben hat, über deren Grundlosigkeit er bei pflichtmäßiger Prüfung nicht hätte im Zweifel sein können.

Nr. 15. Entsch. v. 12. Jan. 1914 (OVG. **66** 443) I B 41/13.

Die Ansicht des beklagten Landeshauptmanns, daß die Anbringung einer Beschwerde an unzuständiger Stelle eine Achtungsverletzung gegen den Vorgesetzten des Beschwerdeführers enthalte, ist nicht zutreffend, und die bloße Tatsache, daß der Kläger, statt beim Bezirksausschusse zu klagen, zunächst beim Provinzialausschusse Beschwerde geführt hat, ist auf keinen Fall ausreichend, um die Grundlage für seine disziplinare Bestrafung zu geben. Bei dem Gebrauche von Rechtsbehelfen gegen Strafverfügungen der Vorgesetzten handelt es sich um die Ausübung eines gesetzlich gewährleisteten Rechtes, wobei die Einhaltung des Instanzenzugs nur die Form betrifft, aber nicht das Wesen ausmacht. Als Verletzung der Dienstpflicht, der Achtung gegenüber dem Vorgesetzten kann die Anwendung von Rechtsbehelfen gegen die von letzterem verhängten Strafen nicht gelten, weil das G. die Strafgewalt durch die Zulassung von Rechtsmitteln gegen die Strafverfügungen eingeschränkt hat. Bedient sich der bestrafte Beamte infolge entschuldbaren Rechtsirrtums bei Ausübung seines Beschwerderechts einer unrichtigen Form insofern, als er sich an eine unzuständige Stelle wendet, so wird dadurch die Achtung vor dem Vorgesetzten nicht verletzt und der Disziplin nicht zuwidergehandelt. Eine andere Auffassung würde sich nur dann rechtfertigen, wenn der Bestrafte sich bewußt an eine unzuständige Stelle wendet, um dieser oder dem Vorgesetzten dadurch Ungelegenheiten zu bereiten; darin läge eine Disziplinwidrigkeit, weil das Verhalten auf Schikane beruhen würde.

Nr. 16. Entsch. v. 13. Okt. 1913 (OVG. **65** 437) D S 10/13.

Einem Polizeibeamten wurde von der vorgesetzten Behörde der Verkehr mit einer bestimmten Person aus dem Grunde untersagt, weil letztere sich dem Polizeikommissar — einem Vorgesetzten des Beamten — und dessen Familienangehörigen gegenüber fortgesetzt beleidigend benahm, indem sie bei jeder sich bietenden Gelegenheit vor ihnen ausspie. Da der Beamte gleichwohl den verbotenen Umgang aufrecht erhielt, wurde er mit der disziplinaren Strafe der Warnung belegt. Das OVG. sprach den Angeschuldigten frei. Bei der Prüfung, ob diese Strafe gerechtfertigt war oder nicht, ist davon auszugehen, daß der Weisungsbefugnis, die der vorgesetzten Dienstbehörde gegenüber dem untergebenen Beamten zusteht, auch dessen Privatleben bei dem Vorliegen eines dienstlichen Interesses nicht grundsätzlich entzogen ist. Denn das Amt mit seinen Berufs- und Standespflichten erfaßt die ganze Persönlichkeit des Beamten und unterstellt ihn ungeteilt der Aufsicht und Beurteilung wie der Disziplinarbehörden, so auch der vorgesetzten Dienstbehörden. Wie weit die hiernach bestehende Weisungsbefugnis der letzteren auf den einzelnen Gebieten des Privatlebens eines Beamten, insbesondere auf dem hier in Frage stehenden Gebiete des Privatverkehrs reicht, kann unerörtert bleiben. Es bedarf keiner weiteren Ausführung hierüber, weil, wie immer auch die Grenzen jener Befugnis zu bestimmen sein mögen, ein Eingriff in das Privatleben des Beamten, wie ihn hier das Verkehrsverbot enthält, unter allen Umständen ein dienstliches Interesse voraussetzt, das ihn zu rechtfertigen vermag. Bei dem Mangel eines solchen Interesses muß die verhängte Strafe der Aufhebung unterliegen. Denn die Gehorsamspflicht des Beamten besteht nur solchen Anordnungen der vorgesetzten Dienstbehörde gegenüber, die rechtmäßig erlassen, das heißt rechtlich zulässig sind und der tatsächlichen Begründung nicht entbehren; der Beamte macht sich durch die Zuwiderhandlung gegen eine Anordnung derselben dann keines Dienstvergehens schuldig, wenn die Nichtbefolgung mangels Rechtmäßigkeit der Anordnung als gerechtfertigt anzuerkennen ist.

Nr. 17. Entsch. v. 22. Dez. 1913 (OVG. **66** 435) D S 43/12.

Durch die Vorschriften über Bestellung der Polizeibeamten zu Hilfsbeamten der Staatsanwaltschaft wird das sonstige Dienstordnungsverhältnis der Polizeibehörden nicht berührt. Ein Polizeikommissar darf sich daher gegenüber einer Anordnung des Polizeiverwalters nicht darauf berufen, daß er als Hilfsbeamter der Staatsanwaltschaft nur dieser Folge zu leisten habe.

Die Sonderstellung derjenigen Beamten des Polizei- und Sicherheitsdienstes, die nach § 153 Abs. 2 GVG. von der Landesregierung zu Hilfsbeamten der Staatsanwaltschaft ernannt worden sind, erschöpft sich, abgesehen von der ihnen durch die §§ 98, 105 StPO. beigelegten Befugnis zur Vornahme von Durchsuchungen und Beschlagnahmen, darin, daß sie als Organe der Staatsanwaltschaft den Anordnungen der Staatsanwälte bei dem Landgericht ihres Bezirkes und der diesen vorgesetzten Beamten Folge zu leisten haben (§ 153 Abs. 1 GVG.). In bezug auf die Bewirkung vorläufiger Festnahmen oder polizeilicher Inhaftierungen, um die es sich in dem vorliegenden Falle handelt, nehmen dagegen die Hilfsbeamten der Staatsanwaltschaft keine andere Stellung ein als die Polizeibeamten überhaupt. Aber auch abgesehen hiervon wird durch die Vorschriften über die Hilfsbeamten der Staatsanwaltschaft das sonstige Dienstordnungsverhältnis der Polizeibehörden nicht berührt. Auch in solcher Eigenschaft ist der Polizeiexekutivbeamte dem Leiter der Polizeiverwaltung unterstellt, wie auch der unmittelbare Verkehr mit der Staatsanwaltschaft nur dem die Polizeibehörde vertretenden Polizeidirigenten zusteht, sofern nicht im Verwaltungsweg anderweitige besondere Anordnungen getroffen sind.

Nr. 18. Entsch. v. 23. Febr. 1914 (OVG. **66** 445) I A 111/13.

Erhält ein Bürgermeister der Rheinprovinz Kenntnis davon, daß ein ihm untergebener Beamter einer Handlung oder Unterlassung verdächtig ist, die geeignet ist, zu einem disziplinaren Einschreiten der vorgesetzten Behörde Anlaß zu bieten, so ist er verpflichtet, dieser davon unverzüglich Nachricht zu geben. Diese Pflicht besteht auch dann, wenn der Bürgermeister die Kenntnis aus Anlaß oder im Laufe eines Ermittelungsverfahrens als Hilfsbeamter der Staatsanwaltschaft erhalten hat, und er wird von ihr nicht dadurch befreit, daß die Staatsanwaltschaft entstehendenfalls der vorgesetzten Behörde des Beamten Mitteilung zu machen hat. Denn da die Beamten nicht nur den StrafG., sondern auch dem Disziplinarstrafrecht unterstehen, so geht das Interesse der vorgesetzten Dienstbehörde, über strafgerichtlich verfolgte Handlungen oder Unterlassungen ihrer Untergebenen unterrichtet zu werden, um nötigenfalls sofort eingreifen zu können, neben dem Interesse der Strafverfolgungsbehörde einher. Dies um so mehr, als einerseits die vorgesetzte Behörde unter Umständen auch zum Schutze des betreffenden

Beamten berufen sein kann, und anderseits die Verfehlung möglicherweise so liegt, daß sie zwar nicht den Tatbestand einer nach dem StrafG. zu verfolgenden Handlung erfüllt, gleichwohl aber die schärfste disziplinarische Ahndung erheischt.

Nr. 19. Entsch. v. 2. Febr. 1912 (DJZ. 17 1299) IA 45/11.

Von dem in OVG. 17 443ff. vertretenen Standpunkt, daß der Bürgermeister im Gebiete der StO. und der WestfStO. zur Verhängung von Warnungen und Verweisen gegen die Mitglieder des Magistrats befugt ist, abzugehen, hat auch nach nochmaliger Prüfung der Gerichtshof keine Veranlassung gefunden.

Nr. 20. Entsch. v. 5. März 1912 (OVG. **61** 450) IA 132/11.

1. Die Befugnis des Landrats, einen Gemeindevorsteher mit disziplinaren Ordnungsstrafen zu belegen (§ 143^1 LGemO.), steht auch seinem gesetzlichen Vertreter zu; denn diese Befugnis bildet nicht ein Attribut der Person, sondern der Amtsstelle. Der Regierungsassessor B. war daher zu der angefochtenen Festsetzung der Ordnungsstrafe zuständig, wenn er bei seiner Verhandlung mit dem Kläger auf dem Landratsamt als Vertreter des Landrats tätig war. Diese Voraussetzung kann nicht aus dem Grunde verneint werden, weil der Landrat damals nicht beurlaubt war und sich im Amtsgebäude befand; denn eine Vertretung des Landrats kann auch außerhalb des Falles seiner Beurlaubung, insbesondere dann notwendig werden, wenn er an der Erledigung eines Dienstgeschäfts durch andere Dienstgeschäfte, mögen diese auch in demselben Amtsgebäude wahrzunehmen sein, verhindert ist. Nach der Gegenerklärung des Beklagten steht nun fest, daß der Landrat zur Zeit jener Verhandlung anderweit dienstlich in Anspruch genommen und deshalb an der Wahrnehmung der Verhandlung mit dem Kläger verhindert war. Der zu seiner Vertretung in Behinderungsfällen berufene Regierungsassessor B. war daher berechtigt, sowohl die Verhandlung zu führen, als auch die sich aus ihrem Verlauf ergebenden Folgerungen gegen den Kläger zu ziehen. Die von ihm in Vertretung des behinderten Landrats festgesetzte Ordnungsstrafe ist daher ebenso zu beurteilen, wie wenn sie von dem Landrate selbst verhängt wäre.

2. Aus § 5 Satz 1 Vd. v. 15. XI. 99 (GS. 545) ergibt sich zwar, daß die ersuchte Behörde zu prüfen hat, ob der einzuziehende Geldbetrag der Beitreibung im Verwaltungszwangsverfahren unterliegt, ob die ersuchende Behörde die Eigenschaft einer Vollstreckungsbehörde hat, ob ihr selbst — der ersuchten Behörde — die gleiche Eigenschaft zukommt und ob der Schuldner oder Vermögensstücke desselben sich in ihrem Bezirke befinden. Aber zu einer weitergehenden Prüfung wird die ersuchte Behörde weder durch die Verordnung noch durch eine andere Vorschrift ermächtigt. Vielmehr „hat" sie bei dem Zutreffen jener Voraussetzungen das Zwangsverfahren, ohne Rücksicht darauf, ob die Forderung sachlich begründet ist oder nicht, durchzuführen.

Nr. 21. Entsch. v. 30. Juni 1913 (OVG. **65** 425) IA 167/12.

DiszG. §§ 14, 15, 18—20. ZustG. § 20. HannRevStO. v. 24. VI. 58 §§ 48, 61ff., 71.

1. Nimmt an Stelle des Bürgermeisters oder neben ihm ein anderes Organ der städtischen Verwaltung die Ordnungsstrafgewalt gegen einen Gemeindebeamten in Anspruch, so ist in dem Verwaltungsstreitverfahren gegen solche Strafverfügung auf Grund des § 20^2 ZustG. zu prüfen, ob jenem Organe die beanspruchte Strafgewalt zukommt. Wird die Zuständigkeit des Organs zum Erlasse der Strafverfügung bejaht, so ist die Klage abzuweisen; wird sie verneint, so muß die Strafverfügung aufgehoben werden

2. Im Bereiche der HannRevStO. v. 24. VI. 58 (HannGS. 141) stand, solange das dortige StaatsdienerG. v. 24. VI. 58 (aaO. 119) galt, nach § 52 dieses G. iVerb. mit §§ 48, 61ff., 71 StO. die Verhängung disziplinarischer Ordnungsstrafen gegen Gemeindebeamte nicht dem Bürgermeister, sondern dem Magistrate zu. Nach dem DiszG., das durch Vd. v. 23. IX. 67 (GS. 1613) auch in der Prov. Hannover eingeführt ist, verhält sich dies anders. Das DiszG. regelt in den §§ 18 bis 20 die Zuständigkeit hinsichtlich der Ordnungsstrafen und stellt hierbei den Grundsatz an die Spitze, daß zur Verhängung von Ordnungsstrafen, gleichviel welcher Art, nur die Dienstvorgesetzten berufen sind. Als solcher hat nicht ohne weiteres jeder Vorgesetzte eines Beamten zu gelten, sondern nur derjenige, der den Geschäftsgang einer Behörde zu leiten und zu beaufsichtigen hat und für den gesamten Geschäftsbetrieb der Behörde verantwortlich ist. Nur dem Dienstvorgesetzten gibt § 18 die Befugnis zur Erteilung von Warnungen und Verweisen als förmlicher Disziplinarstrafen, und in §§ 19, 20 wird die Disziplinargewalt der Dienstvorgesetzten eingeschränkt, indem diese Gesetzesvorschrift bestimmt, welche dieser Vorgesetzten zur Verhängung von Geldbußen und Arreststrafen ermächtigt sind. Dabei enthält § 19 zugleich den Grundsatz, daß, soweit die vorgesetzte Dienstbehörde einer Provinzialbehörde untersteht und kollegialisch organisiert ist, die Disziplinargewalt nicht dem Kollegium oder dessen Mitgliedern, sondern ausschließlich dem Vorsteher der Behörde zusteht. Das gilt auch für den Anwendungsbereich des § 18; denn eine Teilung oder Konkurrenz der Strafgewalt innerhalb der Behörde gegenüber denselben Untergebenen ist dem G. fremd. Damit steht im Einklange die Instr. für die Stadtmagistrate der östl. Prov. v. 25. V. 1835 (Ann. **19** 733), die für die StO. gemäß Ziff. XIII AusfInstr. v. 20. VI. 53 (MBl. 138) in Geltung geblieben ist. Jene Instruktion weist in § 20 Ziff. 8 und 10 die Disziplinargewalt ausdrücklich dem Magistratsdirigenten zu, verpflichtet aber die Unterbeamten zur Achtung und Folgsamkeit auch gegenüber dem Magistrat und dessen Mitgliedern (§ 25). Aus der letzteren Verpflichtung und dem darin anerkannten Vorgesetztenverhältnisse folgt weder für das Kollegium noch für dessen Mitglieder das Recht zur Verhängung von förmlichen Disziplinarstrafen, insbesondere auch nicht von Warnungen und Verweisen iS. des § 18 DiszG. Die Disziplinargewalt über die Gemeindebeamten ruht vielmehr nach Maßgabe der §§ 58, 80 jener StO. einheitlich in der Hand des Bürgermeisters, der als Vorsteher des Magistrats Dienstvorgesetzter der Gemeindebeamten iS. des DiszG. ist. Alles dies gilt seit Einführung des DiszG. auch in der Prov. Hannover für den Bereich der dortigen StO. Hiernach kann an der dem Urt. v. 7. XII. 92 (OVG. **24** 413) zugrunde liegenden Auffassung auch insoweit nicht festgehalten werden, als dort dem Magistrate die Befugnis zur Verhängung von Warnungen und Verweisen als förmlicher Disziplinarstrafen gegen Gemeindebeamte zuerkannt worden ist.

3. Demgegenüber fragt es sich, ob hierin durch die Einrichtung einer städtischen Polizeidirektion eine Änderung begründet wird. Wäre eine solche anzuerkennen, so würde sie nicht in dem Hinzutritt einer Strafgewalt des Polizeichefs neben derjenigen des Bürgermeisters bestehen können; denn die dem Polizeichef untergebenen Beamten sind nicht im Hauptamte Gemeindebeamte und im Nebenamte Beamte der Polizeidirektion oder umgekehrt; sie sind vielmehr lediglich Gemeindebeamte für den Polizeidienst, dessen Ausstattung mit dem erforderlichen Beamtenpersonale Sache der Stadtgemeinde ist, die nach gesetzlicher Vorschrift für die Verwaltung der Ortspolizei zu sorgen hat. Eine gleichmäßig verschiedenen Organen der städtischen Verwaltung zustehende Strafgewalt würde mit den Grundsätzen des DiszG. in Widerspruch stehen. Es kann sich mithin nur fragen, ob durch die Einrichtung einer Polizeidirektion dem Bürgermeister die ihm gesetzlich zustehende Disziplinargewalt über die Polizeibeamten genommen wird, und ob sie auf den Vorsteher der Polizeidirektion übergeht. Dies ist nicht anzuerkennen.

Für den ganz verwandten Fall, daß im Bereiche der StO. die Polizeiverwaltung an Stelle des Bürgermeisters einem Magistratsmitglied übertragen ist, hat der MinErl. v. 11. III. 87 (MBl. 98) ausdrücklich anerkannt, daß zwar das Magistratsmitglied die Polizeiverwaltung im übrigen selbständig ohne Aufsicht des Bürgermeisters zu führen habe, daß aber die in Angelegenheiten der Polizeiverwaltung zu erlassenden Zahlungsorders und die Verhängung von Disziplinarstrafen gegen Polizeibeamte nach Maßgabe des § 58 Abs. 1 bis 3 StO. von der Mitwirkung des Magistratsdirigenten abhängig blieben. Diese Mitwirkung ist gleichbedeutend mit der Entsch. über die Verhängung der Strafe, und der § 58 aaO. enthält keine selbständige Begründung der Disziplinargewalt für den Bürgermeister, sondern nur die Klarstellung dessen, was nach §§ 18 und 19 DiszG. ohnehin schon Rechtens ist. Die Disziplinargewalt über die gesamten Gemeindebeamten steht dem Bürgermeister als Vorsteher des der Provinzialbehörde unterstellten Magistrats zu, und zu diesen Gemeindebeamten gehören auch die Polizeibeamten. Wollte man dem Polizeiverwalter als solchem diese Gewalt zugestehen, so müßte ein Gleiches für alle anderen Fälle gelten, in denen die sonst in § 62 StO. aufgeführten Geschäfte an Stelle des Bürgermeisters einem Magistratsmitglied übertragen werden, und dann würde es innerhalb der städtischen Verwaltung statt des vom G. einheitlich gedachten Trägers der Disziplinargewalt eine ganze Reihe solcher Träger geben. Der Polizeiverwalter ist zwar vermöge seiner geschäftlichen Selbständigkeit Vorgesetzter, aber dessenungeachtet nicht iS. des DiszG. Dienstvorgesetzter der ihm untergebenen Beamten. Dies gilt gleichmäßig vom Polizeiverwalter und vom Vorsteher der Polizeidirektion in den hannoverschen Städten und somit auch im vorliegenden Falle.

Nr. 22. Entsch. v. 30. Juni 1913 (OVG. 65 435) I A 43/12.

Ein Schlachthofdirektor, der keine Anstellungsurkunde erhalten hatte, wurde vom Bürgermeister mit einer Ordnungsstrafe belegt. Seine hiergegen nach fruchtlosem Beschwerdeverfahren erhobene Klage wurde abgewiesen.

Einen Bestandteil des Beamtenrechts bildet das DiszG. Dieses G. kann demnach gegenüber einer Person, die im Dienste einer Stadtgemeinde gegen Besoldung im Hauptamte beschäftigt wird, nur dann zur Anwendung kommen, wenn ihr eine Anstellungsurkunde ausgehändigt worden ist. Hieraus ergibt sich, daß der Bürgermeister gegen den Kläger eine Disziplinarstrafe im rechtlichen Sinne einer solchen auf Grund des DiszG. nicht festsetzen durfte. Dies ist aber auch nicht geschehen; vielmehr ist die Strafe ausgesprochen worden, weil sich der Bürgermeister dazu auf Grund des mit dem Schlachthofdirektor abgeschlossenen privatrechtlichen Dienstvertrags für befugt erachtete. Dieser hatte sich nämlich in dem Vertrage freiwillig den Vorschriften des DiszG. unterworfen, also damit stillschweigend sein Einverständnis dahin ausgesprochen, daß ihm gegenüber Warnungen, Verweise und Geldbußen im Rahmen des § 19 des genannten G. verhängt werden dürften. Wenn der Bürgermeister von dieser Befugnis Gebrauch gemacht hat, so hat er damit nur eine Vertragsstrafe festgesetzt, nicht aber gemäß dem DiszG. von einer disziplinaren Strafbefugnis, die ihm gegenüber dem Kläger nicht zustand, Gebrauch gemacht.

Darüber, ob eine Vertragsstrafe zu Recht verhängt ist, kann bei dem Mangel einer ihn dazu ermächtigenden gesetzlichen Bestimmung vom Verwaltungsrichter nicht entschieden werden.

C. Verfahren.

Nr. 1. Entsch. v. 6. Febr. 1912 (OVG. 61 432) D S 28/11.

In dem Verfahren auf Feststellung der Dienstunfähigkeit eines Beamten darf der Beamte, gegen den es sich richtet, nicht als Angeschuldigter angesehen oder mit diesem bzw. mit ähnlichem Ausdrucke bezeichnet, auch nicht mit Kosten belastet werden.

Nr. 2. Entsch. v. 23. Febr. 1912 (OVG. **61** 439) D S 22/11.

1. Die Frage, ob es für angängig zu erachten ist, gegen einen Beamten das förmliche Disziplinarverfahren einzuleiten, obwohl wegen derselben Tatsachen, wegen deren es eingeleitet worden ist, bereits eine vollstreckbar gewordene Ordnungsstrafverfügung ergangen ist, ist zu bejahen. Das Kgl. Staatsministerium hat als höchste Disziplinarinstanz für die nicht richterlichen unmittelbaren Staatsbeamten unter dem 23. III. 91 (vgl. Vf. v. 22. IV. 91 MBl. 134) den Beschluß gefaßt,

„daß der höhere Dienstvorgesetzte befugt ist, unter Aufhebung einer von der nachgeordneten Dienstbehörde getroffenen, wenn auch im Beschwerdeweg unangefochten gebliebenen Disziplinarentscheidung nochmals über den Disziplinarfall selbständig Entscheidung zu treffen".

Das OVG. hat in einer Entsch. v. 26. V. 99 (I. A. 1/99) sich betreffs der mittelbaren Staatsbeamten dem Staatsministerialbeschluß angeschlossen und das eingeschlagene Verfahren für zulässig erachtet. Dagegen ist eine Entsch. darüber, ob und unter welchen Voraussetzungen die vorgesetzte Behörde eines mittelbaren Staatsbeamten auch dann für befugt zu erachten ist, mit schärferen Disziplinarmaßregeln, und zwar entweder durch Verhängung einer höheren Ordnungsstrafe oder durch Einleitung des förmlichen Disziplinarverfahrens, vorzugehen, wenn eine unangefochten gebliebene oder nach Erschöpfung des Beschwerdewegs vollstreckbar gewordene Strafverfügung einer nachgeordneten Behörde ergangen ist, bisher nicht getroffen worden. Die Frage ist allerdings in einem den umgekehrten Fall betreffenden Urteile (OVG. **26** 419) gestreift worden. In ihm wird ausgesprochen, daß die Konkurrenz beider Verfahrensarten — des förmlichen Disziplinarverfahrens und der Ordnungsstrafverfügung im Verwaltungswege — dann ausgeschlossen sei, wenn entweder die Strafverfügung unanfechtbar geworden oder das förmliche Verfahren eingeleitet sei. Begründet wird dieser Ausspruch durch den Hinweis auf den im Gebiete des ordentlichen Strafverfahrens maßgebenden Grundsatz „ne bis in idem", der auch im § 4 DiszG. zum Ausdrucke gekommen sei. Bei näherer Erwägung läßt sich die vorstehend wiedergegebene Auffassung nicht aufrechterhalten. Zweck des ordentlichen Strafrechts ist die Aufrechterhaltung der Rechtsordnung, Zweck des Disziplinarstrafrechts die Erziehung des Beamtentums, um es in seiner Leistungsfähigkeit und Reinheit zu erhalten. Handelt es sich bei letzterem um Amtspflichtverletzungen geringerer Art, so sollen die Ordnungsstrafen das Mittel bieten, um den Beamten für die Zukunft zu einer gewissenhaften Erfüllung seiner Amtspflichten anzuhalten. Stehen dagegen schwere Verfehlungen in Frage, so ist die unter Beobachtung bestimmter prozessualer Formen auszusprechende Entfernung aus dem Amte der Weg, um aus dem Beamtenkörper solche Beamte auszuscheiden, die sich nach ihrem ganzen Verhalten als für ihn ungeeignet erwiesen haben. Im einzelnen bestimmte Voraussetzungen, unter denen eine Amtspflichtenverletzung anzunehmen ist, bestehen nicht. Die Feststellung, ob eine solche vorhanden ist, richtet sich daher, abweichend vom gerichtlichen Strafverfahren, bei dem nur Zuwiderhandlungen gegen bestimmte Rechtsvorschriften in Betracht kommen können, nach den Umständen des einzelnen Falles. Entsprechend seiner verschiedenen Natur ist auch das Disziplinarstrafverfahren anders geordnet. Während bei dem gewöhnlichen Strafverfahren, von Ausnahmefällen abgesehen, die Zuständigkeit für die Aburteilung jeder Straftat einheitlich und ausschließlich geordnet ist, und nur insofern eine Verschiedenheit besteht, als die Schwere der Straftat einen Einfluß darauf ausübt, welches der verschiedenen Gerichte innerhalb der bestehenden Gerichtsorganisation zur Wahrnehmung dieser Zuständigkeit berufen ist, sieht das geltende Disziplinarstrafrecht, ohne nach außen hin die Schwere der Verfehlung zum Ausdrucke zu bringen, eine nach den verschiedenen, hierbei beteiligten Behörden abgestufte Disziplinarstrafgewalt dergestalt vor, daß jedes der beteiligten Organe befugt ist, die zu ahndende Verfehlung zum Gegenstand eines disziplinarischen Einschreitens zu machen. Nur insofern besteht ein Unterschied, als die unteren Behörden in bezug auf den Umfang der Strafgewalt beschränkt sind, während den höheren Behörden die Ausübung der vollen gesetzlich zulässigen Disziplinarstrafgewalt, iF. der Entfernung aus dem Amte unter Beschränkung auf die Einleitung des Verfahrens, beigelegt ist. Diese Differenzierung beruht auf dem doppelten Gesichtspunkt, einerseits dem Beamten selbst den größtmöglichen Schutz zu gewähren und bei der Handhabung der Disziplinarstrafgewalt Fälle der Willkür zu verhüten, anderseits aber auch den oberen Behörden die Möglichkeit zu gewähren, dort, wo ein schärferes Vorgehen durch die Lage der Sache geboten ist, dies, ohne durch Entschließungen und Entsch. der unteren Behörde behindert zu sein, auch zur Durchführung bringen zu können. Die Disziplinarstrafgewalt, wie sie auf die verschiedenen in Betracht kommenden über- und untergeordneten Organe verteilt ist, stellt sich daher für jedes derselben als eine selbständige dar, mit der einzigen, aus dem Verhältnisse der nachgeordneten zur vorgesetzten Instanz sich ergebenden, allgemeinen Grundsätzen entsprechenden Ausnahme, daß, wenn die höhere Behörde in einem bestimmten Falle von der ihr zustehenden Disziplinargewalt Gebrauch gemacht hat, für die Ausübung einer solchen durch die nachgeordnete Behörde kein Raum mehr gegeben ist. Dagegen ist es der höheren Behörde unbenommen, auch dann von ihrem Rechte Gebrauch zu machen, wenn eine von der unteren Behörde erlassene Disziplinarverfügung entweder nicht angefochten worden oder die Anfechtungsbeschwerde zurückgewiesen ist. Inwieweit diese Berechtigung auch dann anzuerkennen ist, wenn eine Disziplinarstrafverfügung im förmlichen Beschlußverfahren erlassen oder auf den Weg des verwaltungsgerichtlichen Verfahrens geleitet worden ist, bedarf an dieser Stelle keiner näheren Erörterung. In jedem Falle haben die dargelegten Grundsätze dann Platz zu greifen, wenn es sich um solche Disziplinarverfügungen handelt, bei denen die zuletzt angegebenen Voraussetzungen nicht vorliegen. Aus diesen Gesichtspunkten ist die unbeschränkte Geltung des „ne bis in idem" für das Disziplinarstrafverfahren abzuweisen.

Den vorstehenden Ausführungen kann auch nicht entgegengehalten werden, daß bei Anwendung der vorgetragenen Grundsätze die beteiligten Beamten ungünstiger gestellt würden, indem sie jederzeit gewärtigen müßten, daß unter Aufhebung der ursprünglich erlassenen Disziplinarverfügung von neuem wegen derselben Verfehlung vorgegangen werden könnte. Dieser Einwurf trifft bis zu einem gewissen Grade zu. Er kann indessen gegenüber dem selbständigen Rechte der höheren Behörde wie gegenüber den Anforderungen des öffentlichen Interesses als durchgreifend nicht erachtet werden, ganz abgesehen davon, daß gegen etwaige Willkür dem Beamten durch die ihm zustehenden Rechtsbehelfe der erforderliche Schutz gewährt wird. Auch der Umstand, daß durch § 20 ZustG. die Beschwerde gegen Ordnungsstrafverfügungen bei mittelbaren Staatsbeamten in formeller Weise sowohl hinsichtlich der Fristen wie auch betreffs des Instanzenzugs geordnet worden ist, vermag eine abweichende Auffassung nicht zu begründen.

2. Ist also anzunehmen, daß für die Handhabung der Disziplinarstrafgewalt dem Grundsatze „ne bis in idem" nicht uneingeschränkte Geltung zugestanden werden kann, so wird er damit keineswegs völlig ausgeschaltet. Er schließt es aus, daß diejenige Behörde, die von der ihr zustehenden Strafgewalt Gebrauch gemacht hat, wegen derselben Verfehlung hinterher eine weitere oder schärfere Ahndung eintreten läßt. Jede Behörde, die zur Handhabung der Disziplinarstrafgewalt berufen ist, hat die zu ihrer Entsch. gelangende Verfehlung nach allen Richtungen hin festzustellen und zu würdigen. Schreitet sie zu deren Ahndung, so hat sie damit die ihr zustehende Strafbefugnis für den vorliegenden Fall verbraucht, und sie kann dem-

nächst nicht nochmals denselben Fall einer anderweitigen Ahndung unterziehen. Weiter kann die höhere Behörde die ihr zustehende Strafbefugnis nicht ohne Rücksicht auf die von der unteren Behörde verhängte Strafe zur Anwendung bringen. Da das DiszG. weder die Verhängung mehrerer selbständiger Strafen für dieselbe Verfehlung zuläßt noch auch die Anrechnung einer geringeren Strafe auf die höhere kennt, so kann die höhere Behörde von ihrer Strafgewalt in einem solchen Falle nur unter der Voraussetzung Gebrauch machen, daß die von der nachgeordneten Behörde verhängte Strafe entweder von jener selbst oder von der höheren Behörde zurückgenommen wird, wobei es keinen Unterschied macht, ob diese Strafe bereits vollstreckt war oder nicht, und ob im ersteren Falle, wie bei dem Verweis und der Arreststrafe, die Zurücknahme sich aus tatsächlichen Gründen auf die Zurückziehung der Strafverfügung selbst beschränken muß.

Nr. 3. Entsch. v. 1. Okt. 1912 (OVG. **64** 561) I A 60/12.

DiszG. §§ 14—17.

Die Disziplinarstrafe des Verweises darf mit der Verhängung einer Geldbuße nicht verbunden werden.

Das DiszG. führt in § 14 die Disziplinarstrafen auf und bezeichnet als solche die Ordnungsstrafen und die Entfernung aus dem Amte. In § 15 werden die ersteren in Warnung, Verweis, Geldbuße, Arrest und in § 16 die Entfernung aus dem Amte, in Versetzung und Dienstentlassung zergliedert. Diese Zergliederung hat nicht die Bedeutung, daß sie die verschiedenen Strafen gleichwertig nebeneinander aufführt; sie verfolgt vielmehr den Zweck, eine Abstufung zu geben, in der die Warnung die mildeste, jede folgende Strafe die schwerere darstellt, bis zur Dienstentlassung, die die schwerste bildet, die gegen den Beamten überhaupt verhängt werden kann. Innerhalb dieses Rahmens ist jede der einzelnen Strafen ein selbständiges Zuchtmittel, keine bildet ein accessorium der anderen. Das gilt insbesondere auch von der Geldbuße, hinsichtlich derer das DiszG. in gewolltem Gegensatze zu dem DiszG. für die richterlichen Beamten v. 7. V. 51/26. III. 56 steht.

Aus § 17 DiszG. ergibt sich zugleich als erkennbarer Wille des Gesetzgebers, daß für jeden Disziplinarfall nur eine der in der Abstufung vorgesehenen Strafen verhängt werden darf. Dafür spricht nicht nur die Fassung des G., derzufolge sich nach Lage des Falles bestimmen soll, welche der im G. aufgeführten Strafen anzuwenden ist, sondern auch die Erwägung, daß, wenn für die Ahndung eines Disziplinarfalls je nach dessen Schwere eine Stufenfolge selbständiger Strafen zur Verfügung gestellt ist, eben nur eine von diesen es sein kann, die der Schwere der Verfehlung angemessen ist.

Nr. 4. Entsch. v. 17. Jan. 1913 (PrVerwBl. **34** 740) D S 12/12.

DiszG. § 33.

1. Die im DiszG. vorgesehene Regel, nach der ein einmal eingeleitetes förmliches Verfahren durch Urteil zu beendigen ist, erleidet nur die Ausnahme, daß nach Abschluß der Voruntersuchung, jedoch vor Eingang der Anschuldigungsschrift, das Verfahren mit Rücksicht auf den Ausfall der Voruntersuchung eingestellt werden kann. Diese Befugnis steht nach § 33 DiszG dem dem Angeschuldigten vorgesetzten Minister zu, der zugleich geeignetenfalls eine Ordnungsstrafe verhängen kann; sie ist durch § 157² LVG. in denjenigen Fällen, in denen die Verwaltungsgerichte die entscheidende Disziplinarbehörde sind, den in erster Instanz zuständigen Gerichten gegeben, während ihnen die Befugnis zur gleichzeitigen Verhängung einer Ordnungsstrafe nicht übertragen ist. Da nach dem G. gegenüber dem Beamten, der sich eines Disziplinarvergehens schuldig gemacht hat, die angemessene Disziplinarstrafe verhängt werden soll, und da dies nach Einleitung des förmlichen Verfahrens nicht anders als durch Urteil geschehen kann, so folgt schon aus der Fassung des § 157² aaO., insbesondere aus den Worten „mit Rücksicht

auf den Ausfall der Voruntersuchung", daß das Gericht die Einstellung nur dann beschließen darf, wenn es aus dem Ergebnisse der Voruntersuchung die Überzeugung gewonnen hat, daß dem Angeschuldigten kein strafbares, auch nicht ein nur mit Ordnungsstrafe zu ahndendes Dienstvergehen zur Last fällt.

2. Im vorliegenden Falle ist die Einstellung nicht deshalb erfolgt, weil der Kreisausschuß nach Abschluß der Voruntersuchung auf Grund ihres Ergebnisses zu der Überzeugung gelangt war, daß dem Angeschuldigten ein strafbares Dienstvergehen nicht zur Last falle. Findet somit der Einstellungsbeschluß in dem § 33 DiszG. und § 157 LVG. keine Grundlage, so kann ihm auch keine weitere Bedeutung zukommen als die einer die Leitung des Verfahrens betreffenden Anordnung, die als solche die zur Einleitung des Disziplinarverfahrens zuständige Behörde nicht hinderte, das Verfahren jederzeit ohne Rücksicht auf den Einstellungsbeschluß und ohne daß es seiner formellen Aufhebung bedurfte, wieder aufzunehmen und zu diesem Zwecke die Einleitung des Verfahrens von neuem zu beschließen, soweit nicht die Bestimmung in § 4 Abs. 2 DiszG., wonach das Disziplinarverfahren bis zur rechtskräftigen Erledigung des wegen der nämlichen Tatsachen eingeleiteten gerichtlichen Strafverfahrens ausgesetzt werden muß, entgegenstand.

XI.

Konflikte.

Nr. 1. Entsch. v. 13. Jan. 1912 (OVG. 61 415) I A 81/11.

BeamtenhaftungsG. v. 1. VIII. 09 (GS. 691) §§ 1, 2.

1. Die Zulässigkeit des Konflikts ergibt sich aus § 2 G. v. 1. VIII. 09 (GS. 691), betr. die Haftung des Staates und anderer Verbände für Amtspflichtverletzungen von Beamten bei Ausübung der öffentlichen Gewalt. Der Konfliktserhebung steht insbesondere die Tatsache nicht entgegen, daß derjenige Polizeibeamte, durch den der Kläger verletzt worden ist, nicht hat ermittelt werden können. Die Voraussetzung für die Erhebung des Konflikts besteht in solchen Fällen ebenso wie sonst darin, daß es erweislich ein Beamter des Staates bzw. des Verbandes gewesen ist, der diejenige Handlung in Ausübung der ihm anvertrauten öffentlichen Gewalt vorgenommen hat oder diejenige Unterlassung einer ihm obliegenden Amtshandlung sich hat zuschulden kommen lassen, die den Klagegrund bildet. Nach den Bekundungen der vom Amtsgerichte vernommenen Zeugen besteht nun kein Zweifel darüber, daß einer derjenigen Polizeibeamten, die zur Unterdrückung der Straßentumulte herangezogen waren, den Kläger, der bei dem Auflaufe zu Falle gekommen war und entweder am Boden lag oder sich zum Boden bückte, mit dem Säbel geschlagen hat. Die Sachlage ergibt, daß die damals tätigen Polizeibeamten, also derjenige, dessen Säbelhieb den Kläger getroffen hat, in Ausübung der ihnen anvertrauten öffentlichen Gewalt gehandelt haben und für den Dienst des Kommunalverbandes, der Stadtgemeinde H., angestellt waren.

2. Da für die Erhebung des Konflikts in dem Rechtsstreite gegen den haftenden Staat oder Verband nach § 2 G. v. 1. VIII. 09 die für den Fall der Verfolgung des Beamten geltenden Vorschriften entsprechende Anwendung finden, war ferner die Kgl. Regierung als die vorgesetzte Provinzialbehörde (vgl. § 1 G. v. 13. II. 54, GS. 86) zuständig, den Konflikt zu beschließen.

Nr. 2. Entsch. v. 9. Juli 1912 (PrVerwBl. 34 378) I A 43/12.

1. Kompetenzkonflikte und Konflikte sind in mehreren Beziehungen wesentlich voneinander verschieden. Erstere sind nur in bürgerlichen Rechtsstreitigkeiten, und zwar ohne Rücksicht auf die Berufsstellung der beklagten Partei, statthaft (§ 17 GVG., § 17 EG. dazu, § 4 Vd., betr. die Kompetenzkonflikte usw.,

v. 1. VIII. 79, GS. 573); Konflikte dagegen können sowohl bei zivilrechtlichen, wie bei strafrechtlichen Verfolgungen erhoben werden, jedoch nur dann, wenn sich das Verfahren gegen einen Beamten richtet und dieser wegen Verletzung einer Amtspflicht in Anspruch genommen wird (§ 11 EGGVG., KonflG. v. 13. II. 54, GS. 86). Während ein Kompetenzkonflikt für begründet zu erachten ist, sobald sich die Unzulässigkeit des Rechtswegs erweist, wird bei Erhebung des Konflikts die Zuständigkeit der Gerichte nicht nur nicht bestritten, sondern im Gegenteil gerade vorausgesetzt; das Rechtsverfahren wird eingestellt, nicht weil die ordentlichen Gerichte unzuständig wären, sondern weil der an sich ihrer Entsch. unterliegende Fall ihrer Aburteilung auf Grund der Feststellung entzogen wird, daß der Beamte sich einer Überschreitung seiner Amtsbefugnisse oder der Unterlassung einer ihm obliegenden Amtshandlung nicht schuldig gemacht habe.

2. Bei der Frage, ob der Konflikt für begründet zu erachten ist, scheiden alle diejenigen Behauptungen des Beklagten aus, die darauf abzielen darzutun, daß die Klägerin mit ihrem Anspruch vor den ordentlichen Gerichten nicht Erfolg haben könne. Festzustellen ist, ob dem Beamten die Verletzung einer Amtspflicht zur Last fällt. Das G. enthält in dieser Beziehung keine Einschränkung; es ist daher gleichgültig, ob die Amtspflicht auf einer Rücksicht gegen das Publikum beruht, oder durch das Interesse des inneren Dienstbetriebes geboten ist.

Wird innerhalb des so gezogenen Rahmens in die sachliche Erörterung eingetreten, so ist davon auszugehen, daß eine ausdrückliche und allgemein verbindliche Vorschrift, daß das Polizeisiegel ausschließlich nur von dem Träger der Polizeigewalt geführt werden dürfe, nicht besteht. Es ist in der Rechtsprechung anerkannt, daß der Inhaber der Ortspolizei befugt ist, die ihm nachgeordneten Beamten mit dem Erlasse polizeilicher Anordnungen und deren Durchführung ein für allemal zu beauftragen. Der Grund zu dieser Befugnis wird darin erblickt, daß die bureaumäßig organisierte Polizeiverwaltung eines mehr oder minder zahlreichen Hilfspersonals, das den Träger der Polizeigewalt bei dem Erlasse seiner Anordnungen unterstützt oder sie zur Ausführung bringt, bedarf und daß ein dementsprechender Auftrag keine unzulässige Übertragung der polizeilichen Gewalt darstelle. Wenn es hiernach statthaft ist, daß ein Polizeiverwalter einen seiner Beamten ein für allemal zur Vornahme von Verfügungen beauftragt, die in die Bewegungsfreiheit des einzelnen eingreifen können, so kann es erst recht nicht beanstandet werden, wenn er Gegenstände, die zur Ausrüstung des polizeilichen Dienstbetriebs gehören, einem Beamten zur Aufbewahrung und zur Benutzung übergibt. Hiervon ist auch nicht das Polizeisiegel ausgeschlossen. Denn es bildet kein höchstpersönliches Attribut des Trägers der Polizeigewalt, so daß er es nicht aus seinen Händen geben dürfte.

3. Dem Beklagten wird weiter zur Last gelegt, daß er nicht für ordnungsmäßige Aufbewahrung des Siegels Sorge getragen habe. Diesem Vorwurf wird aber durch die Tatsache, daß dem Sekretär A. das Siegel übergeben war, der Boden entzogen. A. ist auf Lebenszeit angestellter Beamter; der Beklagte hat nach seiner unwidersprochen gebliebenen Behauptung ihm wiederholt ausdrückliche Sorgfalt bei der Aufbewahrung des Siegels anempfohlen. Durch die Übergabe des Siegels an einen zuverlässigen Beamten und die diesem erteilte Weisung wird der Bürgermeister der Verantwortung für eine ordnungsmäßige Aufbewahrung des Siegels enthoben. Nur alsdann könnte von der Verletzung einer Amtspflicht auf seiner Seite die Rede sein, wenn die von der Klägerin behaupteten Mißstände zu seiner Kenntnis gelangt wären, er aber gleichwohl nicht dazu geschritten wäre, sie abzustellen.

Nr. 3. Entsch. v. 17. Sept. 1912 (DJZ. 18 471) I A 35/12.

Ein Irrtum über das geltende Recht, mag er entschuldbar sein oder nicht, schließt nach der ständigen Rechtsprechung des OVG. nicht aus, daß Handlungen eines Beamten, die nach Lage der gesetzlichen Vorschriften ungerechtfertigt sind, Amtsüberschreitungen bleiben. Nur in denjenigen Fällen findet dieser Grundsatz eine Einschränkung, in denen der Beamte bei der Auslegung und Auffassung der zur Anwendung zu bringenden gesetzlichen Vorschriften es nicht an der erforderlichen pflichtmäßigen Überlegung hat fehlen lassen, dabei aber zu einer Ansicht gelangt ist, die von der üblichen oder in Wissenschaft und Rechtsprechung anerkannten abweicht.

Nr. 4. Entsch. v. 29. März 1912 (OVG. 61 417) I A 50/11.

1. Gegen die Zulässigkeit des Konflikts bestehen keine Bedenken, da der Beklagte in amtlicher Eigenschaft als Turnlehrer am Gymnasium angestellt ist und wegen Unterlassung einer Amtshandlung, nämlich wegen Verabsäumung der ihm als Turnlehrer während des Turnunterrichts obliegenden Aufsicht, in Anspruch genommen wird. Das Fortschaffen der Turngeräte durch die Schüler entspricht allgemeiner Übung und fällt mit in den Bereich des Turnunterrichts.

2. In der Sache selbst entbehrt der Konflikt der Begründung. Nach dem Ergebnisse der Beweisaufnahme hat das fragliche Turngerät (Pferd) bei einer Höhe von 1 m und einer Länge von 1,80 m ein Gewicht von etwa 1,5 Zentner. In Übereinstimmung mit den erstatteten Gutachten ist der Gerichtshof zu der Überzeugung gelangt, daß die Fortschaffung eines so schweren Geräts für die Knaben der beteiligten Turnklasse mit einer erheblichen Gefahr für Leben und Gesundheit verbunden war. Das konnte und durfte auch dem Beklagten als Turnlehrer bei Anwendung pflichtmäßiger Sorgfalt nicht entgehen. Nun kann zwar dem Beklagten ein Vorwurf nicht schon daraus gemacht werden, daß er nur zwei Schüler mit der Fortschaffung des Geräts betraute; denn nach dem Gutachten des Sachverständigen wäre es unzweckmäßig gewesen, eine größere Zahl von Schülern hieran zu beteiligen. Auch fällt dem F. kein Verschulden bei der Auswahl der Knaben zur Last; denn sowohl H. wie R. gehörten zu den besten Turnern der Abteilung und waren bereits wiederholt mit dem Fortschaffen, auch des Pferdes, betraut gewesen, so daß sie der Handhabung desselben kundig waren. Auch war dem Beklagten nicht bekannt, daß der Sohn des Klägers zu jener Zeit auf Grund eines ärztlichen Zeugnisses von dem besonderen Vorturnerturnen wegen allgemeiner Körperschwäche und Blutarmut befreit worden war. Wohl aber gereicht dem Beklagten zur Last, daß er die beiden Knaben bei der Fortschaffung des Geräts völlig sich selbst überließ. Angesichts der bestehenden und auch für den Beklagten erkennbaren Gefährdung der Knaben war es, wenn er ihre Beteiligung bei der Fortschaffung überhaupt anordnete oder zuließ, seine unabweisbare Pflicht, alle geeigneten Maßregeln zu treffen, um jener Gefährdung insbesondere bei dem Kippen des Pferdes und dem Einstellen der Schiebefüße nach Möglichkeit vorzubeugen. Als solche Maßregel bot sich ihm unter anderem an erster Stelle die Zuziehung des Turndieners dar, wie dieser denn auch seit dem Unfalle zur Fortschaffung des Geräts mit in Anspruch genommen wird. Sollte aber der Turndiener dem Beklagten nicht zur Verfügung gestanden haben, so war es seine Sache, die Fortschaffung persönlich zu leiten und bei den besonders gefährdenden Verrichtungen selbst mit Hand anzulegen, um die ihm anvertrauten Schüler vor Schaden zu bewahren. War dies nicht ohne Beeinträchtigung seiner Aufsichtspflicht gegenüber den anderen Turnerabteilungen möglich, so hatte er äußerstenfalls deren Übungen solange auszusetzen, als ihn die Fortschaffung des Geräts in Anspruch nahm.

Nr. 5. Entsch. v. 17. Mai 1912 (OVG. 61 422) I A 158/11.

1. Das zum Zwecke ordnungsmäßiger Lüftung der Schulräume erforderliche Öffnen und Schließen der Fenster fällt unter den Helferdienst, wie er von den Schülern an sich gefordert werden kann. Unter diesen Umständen kommt

nur in Frage: 1. ob der Beklagte seine Amtsbefugnisse dadurch überschritten hat, daß er die Anordnung traf, obgleich er sie im Hinblick a) auf die Persönlichkeit des Klägers, b) auf die örtlichen Verhältnisse nicht treffen durfte; 2. ob er, wenn die Anordnung an sich für zulässig befunden wird, sich der Unterlassung einer Amtshandlung dadurch schuldig gemacht hat, daß er die Ausführung nicht überwachte.

2. Der Kläger war vor dem Unfalle gesund und kräftig entwickelt. Seine turnerische Gewandtheit wird zwar in Abrede gestellt, und es wird behauptet, daß er von etwas starkem Körperbaue sei; indes wird für die Annahme einer mehr als gewöhnlichen Ungeschicklichkeit bei ihm kein Anhalt geboten, und der Beklagte durfte ihm die geforderte Leistung zumuten, falls er sie jedem anderen gleichaltrigen Schüler von durchschnittlich normaler Körperbeschaffenheit auftragen konnte. Nun ist dem Beklagten, der im Konfliktsbeschluß als im Berufe gewissenhaft und treu bezeichnet wird, darin Glauben zu schenken, daß er in demselben Schulraum Anordnungen der in Rede stehenden Art durch achtzehn Jahre ohne nachteilige Folgen für die beauftragten Schüler getroffen habe. Es geht daraus hervor, daß auf Grund einer achtzehnjährigen Beobachtung, und zwar gerade unter Berücksichtigung der örtlichen Verhältnisse, den Schülern ohne Besorgnis ihrer Gefährdung die fragliche Leistung angesonnen werden konnte. Daß die Örtlichkeit eine solche Besorgnis nicht rechtfertigte, wird durch das Ergebnis der richterlichen Augenscheineinnahme bestätigt. Das Fensterbrett ist so tief, daß selbst der beauftragte Richter fast die ganze Länge seiner Füße senkrecht zu den Fensterflügeln darauf setzen konnte. Die den Aufstieg vermittelnde Tischplatte liegt nur 21 bis 24 cm unterhalb des Fensterbretts, ist nur leicht geneigt und nicht glatt. Unter diesen Umständen kann die Ausführung eines Auftrags, wie des in Rede stehenden, durch einen normalen zwölfjährigen Knaben nicht von vornherein für unstatthaft gehalten werden. Daraus, daß viele Jahre hindurch in zahlreichen Fällen der gleiche Auftrag ohne Beschwernisse, geschweige denn Unfälle, an derselben Stelle ausgeführt worden ist, folgt aber auch, daß der Beklagte annehmen durfte, der Kläger würde ohne Schwierigkeit, ohne Ermahnung und ohne Unterstützung die Leistung vollbringen können, und daß demnach eine Überwachung der Ausführung der Anordnung durch den Beklagten nicht erforderlich war. Auch der Umstand, daß der Kläger in Strümpfen auf das Fenster stieg, läßt eine solche Überwachung nicht als geboten erscheinen, weil zu vermuten ist, daß die Mehrzahl der Schüler, an denen der Beklagte achtzehn Jahre lang seine Erfahrungen gesammelt hat, in gleicher Weise den Auftrag ausgeführt hat.

Die dieser Darlegung vorangestellten Fragen müssen daher zugunsten des Beklagten beantwortet werden, und es ist anzunehmen, daß bei Erteilung des Auftrags an den Kläger eine Gefährdung desselben nicht im Bereiche der Wahrscheinlichkeit lag und von dem Beklagten auch bei pflichtmäßiger Sorgfalt nicht vorausgesehen werden konnte. Der Unfall des Klägers ist auf einen unglücklichen Zufall zurückzuführen, für den der Beklagte aus dem Gesichtspunkte der Überschreitung seiner Amtsbefugnisse oder Unterlassung einer ihm obliegenden Amtshandlung nicht verantwortlich zu machen ist. Hiernach war der Konflikt für begründet zu erklären.

Nr. 6. Entsch. v. 29. Nov. 1912 (PrVerwBl. **34** 686) IA 121/12.

1. Eine Amtsüberschreitung bei der Züchtigung eines Schulkindes begeht der Lehrer dann, wenn er — sei es aus Vorsatz, sei es aus Fahrlässigkeit — die Schranken außer acht läßt, die der Schulzucht gesetzlich oder durch verbindliche Anweisung der Aufsichtsbehörde gezogen sind. Bindende Schranken, die durch aufsichtsbehördliche Anordnungen gesetzt gewesen wären, bestehen im Regierungsbezirke L. nicht. Es fragt sich daher lediglich, ob der Lehrer die ihm gesetzlich gezogene Grenze des Züchtigungsrechts überschritten hat. Nach § 4 KabO. v. 14. V. 25 (GS. 149), deren Vorschriften auch in der Provinz Hannover als Norm für die Bemessung des dem Lehrer zustehenden Züchtigungsrechts zu erachten sind,

darf die Schulzucht niemals zu Mißhandlungen, die der Gesundheit des Kindes auch nur auf entfernte Art schädlich werden können, ausgedehnt werden.

2. Wie von dem Angeklagten nicht in Abrede gestellt wird, hat der Angeklagte dem Schüler E. mit einem Rohrstock, der 1 cm stark war, zwei Schläge über den Kopf und drei Schläge über den linken hinteren Oberschenkel versetzt. Daß diese Schläge die von dem Sachverständigen Dr. P. festgestellten Verletzungen zur Folge gehabt haben, kann einem begründeten Bedenken nicht unterliegen.

Ist somit unbedenklich als erwiesen anzusehen, daß die von Dr. P. festgestellte Geschwulst an der linken Kopfseite des Schülers E. auf die Schläge an den Kopf zurückzuführen ist, so folgt daraus, daß die Schläge, wenn auch vielleicht wider den Willen des Lehrers, erheblich heftig gewesen sind. Wenn auch das Schlagen an den Kopf nicht an sich und nicht in allen Fällen als ein unzulässiges Züchtigungsmittel anzusehen ist, so muß dies doch jedenfalls dann angenommen werden, wenn die Schläge mit einem Rohrstock von der Art, wie ihn der Angeklagte benutzte, und mit einer Heftigkeit ausgeführt worden sind, wie dies im vorliegenden Falle geschehen ist. Daß eine solche Züchtigung geeignet ist, die Gesundheit zu schädigen, ist von den beiden Ärzten in bestimmter Weise bestätigt worden und durfte dem Angeklagten bei Anwendung der gebotenen Vorsicht und Überlegung nicht unbekannt sein. Es ist daher unerheblich und braucht nicht untersucht zu werden, ob die Züchtigung im vorliegenden Falle tatsächlich eine Gesundheitsbeschädigung nicht herbeigeführt hat; denn eine Überschreitung des Züchtigungsrechts liegt schon dann vor, wenn die Züchtigung ihrer Art und Schwere nach geeignet war, eine solche herbeizuführen und mithin eine Gefahr für die Gesundheit verursacht hat. Danach hat der Angeklagte die Grenzen des ihm zustehenden Züchtigungsrechts überschritten und sich zugleich einer Verletzung seiner Amtspflicht schuldig gemacht. Dagegen hat der Gerichtshof hinsichtlich der Schläge an den linken Oberschenkel eine gleiche Feststellung nicht treffen können.

Nr. 7. Entsch. v. 28. Juni 1912 (OVG. 63 451) I A 29/12.

1. Die Ortsschulinspektoren sind Aufsichtsorgane, deren sich die Regierungen bei Ausübung der Schulaufsicht bedienen. Das ihnen zustehende Aufsichtsrecht umfaßt die ihnen unterstellten Schulen und die darin wirkenden Lehrer. Die Aufsicht über die Lehrer erstreckt sich auf deren dienstliches und außerdienstliches Verhalten. Es lag mithin im Bereiche der Amtsbefugnisse des Beschuldigten als Ortsschulinspektor, die seiner Aufsicht unterstellten Lehrer vor zu vertrautem Verkehre mit einem Amtsgenossen zu warnen, gegen den wegen einer sittlichen Verfehlung das Disziplinarverfahren eingeleitet war. Da nun die Geistlichen in ihrer Eigenschaft als Ortsschulinspektoren Staatsbeamte iS. des G. v. 13. II. 54 sind, war der Konflikt für zulässig zu erachten.

2. Er ist aber auch begründet. Das Verhalten des Privatklägers, der ein unbescholtenes Mädchen verführt hatte und es zu heiraten sich weigerte, war sittlich in hohem Maße anstößig; die an die beiden Lehrer gerichtete Mahnung, den gesellschaftlichen Verkehr mit dem Privatkläger einzustellen, war infolgedessen mit Rücksicht auf die Stellung der Lehrer innerhalb der Gemeinde und das durch den Vorfall am Orte hervorgerufene Ärgernis durchaus berechtigt. Auch in der Form ist der Beschuldigte dabei über das Maß des Zulässigen nicht hinausgegangen.

Nr. 8. Entsch. v. 16. April 1912 (OVG. 61 425) I A 101/11.

1. Die Zulässigkeit der Konfliktserhebung hat die Feststellung zur Voraussetzung, daß es sich bei der die Grundlage der gerichtlichen Verfolgung bildenden Handlung oder Unterlassung objektiv um die Ausübung amtlicher Obliegenheiten und zugleich subjektiv um die Handlung oder Unterlassung

eines Beamten gehandelt hat. Beide Voraussetzungen bedingen sich nicht mit Notwendigkeit gegenseitig.

2. Im vorliegenden Falle sind sie beide erfüllt. Die zur Begründung des zivilrechtlichen Schadensersatzanspruchs gegen die Beklagten erhobenen Vorwürfe betreffen ihr Verhalten bei einer Flurschädenabschätzung, die sie als Mitglieder einer nach dem G. v. 24. V. 98 (RGBl. 361) und der hierzu erlassenen AusfVd. v. 13. VII. 98 (aaO. 922) vorschriftsmäßig gebildeten Kommission vorgenommen haben. Nach § 14 des G. sind die Kommissionen dazu berufen, unter Ausschluß des Rechtswegs festzustellen, ob überhaupt, und zutreffendenfalls in welchem Umfange durch die Benutzung von Grundstücken zu Truppenübungen Schäden entstanden sind und wie hoch die aus Militärfonds zu vergütende Entschädigung zu bemessen ist. In diesem Rahmen übt die Kommission die Tätigkeit eines Organs der Staatsgewalt aus. Es kann also kein Zweifel darüber bestehen, daß die Mitglieder der Kommission bei Erfüllung ihrer Aufgaben amtliche Obliegenheiten ausüben.

Nach der durch das G. der Abschätzungskommission zugewiesenen Tätigkeit kennzeichnet sie sich als eine Behörde, die mit obrigkeitlichen Befugnissen in den Organismus des Staatsdienstes eingegliedert ist. Ihre Mitglieder werden nicht nur zu einzelnen Dienstgeschäften auf nur ganz vorübergehende Dauer berufen; sie werden vielmehr, da sie zur Abschätzung nicht nur bestimmter einzelner, sondern aller in einem örtlich begrenzten Bezirke durch Truppenübungen entstandenen Flurschäden bestellt werden, und da ihre Obliegenheiten sich auch nicht ausschließlich auf die zahlenmäßige Schätzung des Schadens beschränken, sondern sich auf die Beantwortung der mannigfaltigen, mit der tatsächlichen Feststellung des vergütungsfähigen Schadens verbundenen Fragen ausdehnen, zu einem je nach den Umständen mehr oder weniger umfangreichen Dienste und auf eine davon abhängige Zeitdauer bestellt. Für diese letztere treten sie zum Staate in ein öffentlich-rechtliches Dienstverhältnis, durch das sie eine über die allgemeinen Untertanenpflichten jedes Staatsbürgers hinausgehende Pflicht zu besonderer Treue und zu besonderem Gehorsame gegenüber dem Staatsoberhaupt übernehmen. Damit besitzen sie das wesentliche Kennzeichen des Staatsbeamten. Es ist auch nicht zulässig, in dieser Beziehung einen Unterschied zwischen den beiden zur Kommission gehörigen Sachverständigen und den anderen Mitgliedern zu machen; denn ungeachtet ihrer Bezeichnung als Sachverständige stehen jene innerhalb der Kommission vollberechtigt neben den anderen Mitgliedern.

3. Ergibt sich aus dem Vorstehenden die Beamteneigenschaft — und zwar nach derjenigen Dienststelle, von der ihre Bestellung ausgeht, die Eigenschaft eines preußischen Staatsbeamten — für die sachverständigen Mitglieder, so hat das gleiche für den Beklagten K. um so mehr zu gelten, als dieser zum Vorsitzenden der Kommission in seiner Eigenschaft als Kreisdeputierter bestellt worden war, wie die eingereichten Vorgänge ergeben haben.

4. Die Erhebung des Konflikts war hiernach gegenüber allen drei Beklagten für zulässig zu erachten. Der Konflikt erwies sich aber auch als sachlich begründet. Die Pflichtverletzung der Kommissionsmitglieder soll darin bestanden haben, daß sie abgeschätzt haben, ohne das Ergebnis der Vorabschätzung zu berücksichtigen und ohne die schon eingemieteten Kartoffeln zu besichtigen. Nach beiden Richtungen ergibt sich, daß der Vorwurf zu Unrecht erhoben ist.

Im vorliegenden Falle hat die Kommission keineswegs die Mitteilung des Ergebnisses der Vorabschätzung übersehen oder ungeprüft aus dem Kreise der für die Abschätzung gegebenen Grundlagen ausgeschieden. Sie ist vielmehr auf sie eingegangen, hat sie inhaltlich geprüft und nur deshalb nicht mit zu einer Grundlage ihrer Abschätzung gemacht, weil sie nach näherer Ermittelung der Verhältnisse zu der Überzeugung von der völligen Wertlosigkeit des Mitgeteilten gelangt war.

Der Umstand, daß die von dem Kläger geforderte Besichtigung nicht von der gesamten Kommission, sondern nur von einem hiermit beauftragten, sachverständigen Mitglied ausgeführt worden ist, kann der auf Grund der Besichtigung vorgenommenen Feststellung nicht die Eigenschaft einer für die Abschätzung geeigneten Grundlage nehmen.

Aber selbst wenn sich der erhobene Vorwurf nicht auf diese Weise ohne weiteres als tatsächlich unbegründet erledigte, könnte nach dem maßgebenden Sachverhalte doch auch in einer Unterlassung der Besichtigung der eingemieteten Kartoffeln eine Pflichtwidrigkeit der Kommission nicht erkannt werden. In dem noch nicht abgeernteten Teile der beschädigten Kartoffelfelder bot sich ein zur Feststellung des Schadens in solchem Maße geeignetes Objekt dar, daß ihm gegenüber eine Besichtigung der Kartoffeln in der Miete bedeutungslos wurde. Nach dem Protokolle hat die Kommission dieses Feldstück, und zwar sowohl die darauf noch stehenden wie auch die vor ihren Augen geernteten Kartoffeln, zu zwei verschiedenen Malen eingehend besichtigt und hierdurch, im Zusammenhange mit der Besichtigung der Nachbarfelder und unter Beachtung der im wesentlichen vorliegenden Gleichartigkeit der Schadensursache, ein Bild gewinnen können und gewonnen, das ihre Mitglieder nach pflichtmäßiger Überzeugung zur Beurteilung und Schätzung des Schadens auf der Gesamtfläche für ausreichend halten konnten, auch ohne noch besonders die Kartoffeln in den Mieten zu besichtigen. Nicht auf die Art, wie die Kommission ihre Obliegenheiten erfüllt hat, ist das für den Kläger Unbefriedigende der Abschätzung zurückzuführen gewesen, sondern darauf, daß er nicht, wie es seine Aufgabe gewesen wäre, für eine den Vorschriften entsprechende Feststellung des Zustandes der beschädigten Felder vor ihrer Aberntung Sorge getragen hat. Gegenüber dieser von ihm selbst zu verantwortenden Eigenart der Sachlage ist die Abschätzung der Kommission durchaus sach- und pflichtgemäß erfolgt.

Nr. 9. Entsch. v. 20. Sept. 1912 (OVG. **63** 453) I A 52/11.

Die Entsch. der Frage, ob ein Grundstück zum Bahngebiet iS. des § 75 Eisenbahn-Bau- und BetriebsO. v. 4. XI. 04 gehört, hängt davon ab, ob es als Teil der Bahnanlage dem Bahnbetriebe gewidmet worden ist. Bildet ein dem Eisenbahnunternehmer gehöriger, in der Nähe der Bahngleise belegener Hügel zufällig einen Schutz der Bahn gegen Schneeverwehungen, und müßte beim Fehlen des Hügels ein künstlicher Schneeschutz angebracht werden, so genügt dies nicht, um dem Hügel die Eigenschaft einer Bahnanlage zu geben.

Mit dem gleichen Rechte könnte die Eisenbahnverwaltung einen an die Bahn angrenzenden, ihr gehörigen Wald als Bahnanlage in Anspruch nehmen, weil er während seines Bestehens einen Schutz gegen Schneeverwehungen bildet und für den Fall seiner Abholzung die Anlage eines besonderen Schneeschutzes notwendig machen könnte. Gehört aber der fragliche Hügel nicht zum Bahngebiete, so war der Angeklagte (ein Bahnwärter) zur Vornahme polizeilicher Amtshandlungen daselbst nicht befugt. Tat er dies dennoch, so handelte er nicht in Ausübung seines Amtes. Gegen die Annahme, daß der Angeklagte mit seinem Vorgehen gegen Frau H. dienstliche Interessen habe verfolgen wollen, spricht im übrigen der Umstand, daß es ihm augenscheinlich nur darauf ankam, zu verhindern, daß sein an den Hügel anstoßendes Kartoffelland von den anwesenden Kindern betreten würde. Wie die Zeugen K. und J. sowie Frau H. übereinstimmend bekundet haben, hat er der letzteren zugerufen, sie möchte auf die Kinder aufpassen, daß sie ihm nicht das Land „vertrampelten". Erst als Frau H. hierauf eine ablehnende Antwort gab, hat sich der Angeklagte veranlaßt gesehen, ihre Personalien festzustellen. Aus diesen Gründen war der Konflikt für unzulässig zu erklären und dem gerichtlichen Verfahren Fortgang zu geben.

Nr. 10. Entsch. v. 18. Okt. 1912 (PrVerwBl. **34** 221) I A 165/11.

G. v. 1. VIII. 09 (GS. 691) § 2.

1. Die Voraussetzung der Erhebung des Konflikts besteht nach § 2 G. v. 1. VIII. 09 (GS. 691), betr. die Haftung des Staates und anderer Verbände

für Amtspflichtverletzungen von Beamten bei Ausübung der öffentlichen Gewalt, darin, daß erweislich ein Beamter des Staates oder Verbandes diejenige Handlung in Ausübung der ihm anvertrauten öffentlichen Gewalt vorgenommen hat, die den Klagegrund bildet. Daß die bei der Räumung des L.schen Lokals beteiligten Polizeibeamten, also auch derjenige oder diejenigen, von denen der Kläger die Säbelhiebe erhalten hat, in Ausübung der ihnen anvertrauten öffentlichen Gewalt gehandelt haben, steht nach den Ausführungen in dem Urteile der Strafkammer (Moabiter Unruhen) außer Zweifel. Da für die Erhebung des Konflikts in dem Rechtsstreite gegen den haftenden Staat oder Verband nach § 2 des genannten G. die für den Fall der Verfolgung des Beamten geltenden Vorschriften entsprechende Anwendung finden, so war auch der Kgl. Polizeipräsident in Berlin als die vorgesetzte Provinzialbehörde der betreffenden Beamten zuständig, den Konflikt zu erheben.

2. Der Konflikt war aber auch für begründet zu erachten. Über die Vorgänge in dem L.schen Lokal weichen die Aussagen der in dem Moabiter Prozeß vernommenen Zeugen wesentlich voneinander ab. Es kann dahingestellt bleiben, ob sich die Vorgänge in der einen oder der anderen Weise abgespielt haben; denn, selbst wenn die in der Klage gegebene Schilderung zutreffend sein sollte, ist in dem Vorgehen der Polizeibeamten eine Amtsüberschreitung nicht zu erblicken. Die sofortige Anwendung der Waffen fand vielmehr ihre rechtliche Grundlage bereits in den von der vorgesetzten Behörde erlassenen Befehlen. Der mit der Leitung der polizeilichen Maßnahmen betraute Polizeimajor K. hatte angeordnet, daß nicht allein auf der Straße, sondern auch gegen die Schanklokale, aus denen die Schutzleute mit Steinen und anderen Gegenständen beworfen würden, energisch vorgegangen, die Lokale gesäubert und der Widerstand unbedingt — selbst unter Anwendung der Waffengewalt — gebrochen werden sollte.

Nach der von dem Polizeileutnant F. in dem Moabiter Prozeß abgegebenen eidlichen Aussage ist die Anordnung der Räumung des L.schen Lokals durch ihn — F. — erfolgt, nachdem Leutnant H. die Waldstraße gesäubert und ihm gemeldet hatte, daß aus dem Lokal geworfen sei. Es kann unentschieden bleiben, ob tatsächlich aus dem Lokale geworfen worden ist oder ob sich die dies bekundenden Personen geirrt haben. Jedenfalls steht aber auf Grund ihrer Aussagen fest, daß aus der Richtung des L.schen Lokals nach den Beamten geworfen worden ist. Um so weniger hatte aber der Polizeileutnant F. Anlaß, an der Wahrheit der ihm gemachten Angaben zu zweifeln, als in ähnlicher Weise auch aus anderen Lokalen nach den Beamten geworfen und die L.sche Wirtschaft bereits kurz vorher schon einmal aus diesem Grunde mit bewaffneter Hand geräumt worden war. Nach dem Befehl des Polizeimajors K. sollten nicht nur die Straßen, sondern auch die anliegenden Schankwirtschaften energisch geräumt —, etwaiger Widerstand sollte mit Waffengewalt beseitigt werden. Der Polizeileutnant F. handelte daher im Rahmen dieses Befehls, wenn er unter den geschilderten Umständen die Räumung der L.schen Wirtschaft anordnete, und der Leutnant H. führte lediglich diesen Befehl aus, wenn er sofort unter Anwendung der Waffen das Lokal räumen ließ. Um den Gebrauch der Waffen zu rechtfertigen, bedurfte es nicht einer besonderen Aufforderung an den Wirt oder die anwesenden Gäste. Vielmehr waren die Polizeibeamten befugt, ohne weiteres die Räumung unter Anwendung der Waffen auszuführen. Ob der Polizeileutnant H. einen ausdrücklichen Befehl zum Einhauen gegeben hat, läßt sich bei den widersprechenden Aussagen der Zeugen mit Sicherheit nicht feststellen. Wäre dies der Fall, so würden die Schutzleute ohne weiteres durch diesen Befehl entlastet sein. Es kommt aber hierauf nicht an, denn die Ermächtigung zum Waffengebrauch lag für die Schutzleute bereits in dem vorangegangenen Befehl des Leutnants H.: „Zehn Mann vom linken Flügel kehrt marsch und das Lokal räumen." Dieser Befehl konnte unter den obwaltenden Umständen nur dahin aufgefaßt werden, daß die Räumung mit der Waffe durchgeführt werden sollte. Denn die Mannschaften des Leutnants F., zu denen das Kommando des Leutnants H. gehörte, waren im Begriffe, mit der Waffe in der Hand die Menge von der Straße zurückzudrängen, als die Meldung kam, daß in dem L.schen Lokal im Rücken der Polizeibeamten sich ein weiterer Aufruhrherd gebildet hätte. Die Mannschaften hatten den Säbel gezogen, als der Befehl erging, daß ein Teil zur Räumung des Lokals abschwenken sollte. Bei dieser Sachlage mußten die Polizeibeamten in diesem Befehl die Anordnung erblicken, in gleicher Weise wie auf der Straße, d. h. unter Anwendung der Waffe, die Insassen des Schanklokals herauszutreiben. Hiernach haben die Schutzleute lediglich in Ausführung des ihnen von ihrem Vorgesetzten erteilten Befehls gehandelt.

3. § 28 GendInstr. v. 30. XII. 20, der auch auf die Polizeiexekutivbeamten Anwendung findet, greift, soweit das Vorgehen der Schutzmänner in Frage steht, keinesfalls Platz, da diese Bestimmungen ihrem Wortlaute nach nur für den Fall eines selbständigen Vorgehens eines Polizeibeamten ohne Autorisation der vorgesetzten Behörde maßgebend sind. Ob die vorgesetzte Behörde bei Anordnung des Waffengebrauchs ihrerseits sich an die gedachten Bestimmungen zu halten hat oder ob sie unabhängig davon den Waffengebrauch befehlen kann, wenn sie nach ihrem pflichtmäßigen Ermessen die Anwendung der Waffen für das gebotene Mittel erachtet, um ihre Anordnungen durchzusetzen, oder ob die Voraussetzungen des § 10 ALR. II 17 die rechtliche Grundlage für eine derartige Anordnung bilden, braucht im vorliegenden Falle nicht entschieden zu werden. Denn der Befehl zum Waffengebrauch war in jedem Falle gerechtfertigt. Es muß bei Beurteilung des Verhaltens der beiden Polizeioffiziere davon ausgegangen werden, daß sich das Stadtviertel, wo die Polizeimannschaften aufgestellt waren, in vollem Aufruhr befand, daß die Beamten aus Häusern und Schankwirtschaften angegriffen waren und daß gerade das L.sche Lokal eine Stunde zuvor bereits einmal gewaltsam hatte geräumt werden müssen. Unter diesen Umständen blieb als einziges Mittel, die öffentliche Ruhe und Ordnung wiederherzustellen, nur die Anwendung der Waffen übrig. Es lag somit die Voraussetzung des § 10 II 17 ALR. vor, ebenso aber auch die Vorbedingung zum Gebrauche der Waffe nach litt. c des § 28 GendInstr.

4. Ist aber davon auszugehen, daß die Polizeimannschaften bei der Räumung des L.schen Lokals zum Waffengebrauch befugt waren, so kann auch denjenigen Polizeibeamten, die auf den Kläger eingeschlagen haben, eine Überschreitung ihrer Amtsbefugnisse nicht zur Last gelegt werden. Denn der untergeordnete Polizeibeamte hat den Befehl zum Waffengebrauch ohne Zögern und ohne Rücksicht auf die Folgen, von denen die in der Menge befindlichen Personen betroffen werden, auszuführen. Er erfüllt damit lediglich seine Pflicht und kann nicht dafür verantwortlich gemacht werden, wenn bei dieser Gelegenheit eine Person verletzt wird, die unverschuldet dorthin gekommen ist und sich an den strafbaren Handlungen nicht beteiligt hat.

Nr. 11. Entsch. v. 22. Okt. 1912 (OVG. 63 456) I A 82/12.

1. Nach § 47 iVerb. mit § 34 RegInstr. v. 23. X. 1817 ist der der Regierung zugeteilte Medizinalrat gleich den übrigen Departementsräten für die von ihm angegebenen Verfügungen in erster Linie verantwortlich. Er ist somit auch haftbar für jede Amtsüberschreitung oder Unterlassung, deren er sich hierbei schuldig macht. Der Vorwurf einer Amtsüberschreitung scheidet in vorliegendem Falle ohne weiteres aus. Denn es kann in dem Erlasse der Warnung vor dem Ankaufe des Mittels B. A. an sich eine Überschreitung der Amtsbefugnisse des Regierungspräsidenten nicht gefunden werden. Hat sich aber der Regierungspräsident durch den fraglichen Erlaß einer Amtsüberschreitung nicht schuldig gemacht, so muß dies auch auf den Regierungs- und Medizinalrat zutreffen, der die betreffende Verfügung entworfen hat.

2. Die Klägerin stützt auch ihre Klage nicht auf eine Amtsüberschreitung, sondern darauf, daß der Beklagte es unterlassen habe, vor Angabe der Warnung sich in genügender Weise über die Wirkung des Heilmittels zu unterrichten. Dem Beklagten wird also der Vorwurf der Unterlassung einer ihm obliegenden Amtshandlung gemacht. Dieser Vorwurf würde berechtigt sein, wenn der Beklagte diejenige Gewissenhaftigkeit und Sorgfalt anzuwenden unterlassen hätte, die ihm als dem sachverständigen Berater des Regierungspräsidenten auf dem Gebiete der Gesundheits- und Medizinalpolizei oblag. Es kommt daher nicht darauf an, festzustellen, ob das Mittel B. A. an sich geeignet ist, eine spezifische Heilwirkung bei Zuckerkrankheit herbeizuführen, sondern lediglich darauf, ob der Beklagte auf Grund des ihm vorliegenden Materials ohne Verletzung seiner Amtspflichten zu einem abschließenden Urteil über die Wirkungslosigkeit dieses Mittels gelangen durfte. Allerdings kann den Ausführungen des Konfliktbeschlusses darin nicht beigetreten werden, daß bereits die Aufnahme des B. A. in die Anlage A zu dem BRB. v. 27. VI. 07 den Beklagten von einer weiteren Prüfung entbunden hätte. Diese Auffassung wäre nur in dem Falle zutreffend, wenn in die Liste tatsächlich nur solche Mittel aufgenommen würden, von denen auf Grund wissenschaftlicher Prüfung im Kaiserlichen Gesundheitsamte festgestellt wäre, daß sie ohne jede Heilwirkung seien. Das ist nicht der Fall. Der Beklagte hat aber sein Urteil auch nicht auf diese Liste, sondern ausdrücklich auf das Untersuchungsergebnis des Nahrungsmitteluntersuchungsamts der Stadt E. gestützt. Dieses Gutachten enthielt lediglich den Befund der chemischen Untersuchung und eine Aufführung der zur Zusammensetzung des Mittels verwendeten Stoffe. Dazu war das Untersuchungsamt durchaus geeignet. Anderseits muß die chemische Analyse eines Heilmittels in Verbindung mit der vorgeschriebenen Angabe über seine Zusammensetzung durch den Verfertiger selbst als eine ausreichende Grundlage angesehen werden, um ein Urteil darüber zu gewinnen, ob das Heilmittel nach dem Stande der wissenschaftlichen Forschung und Erfahrung die ihm zugeschriebene Heilwirkung in bezug auf eine bestimmte Krankheit wirklich besitzt oder nicht. Zur Abgabe eines derartigen Urteils sind die Regierungs- und Medizinalräte kraft ihres Amtes berufen. Sie sind hierfür besonders vorgebildet; ihre Bestellung erfolgt unter dem Gesichtspunkte, daß sie dem Regierungspräsidenten wegen ihrer durch die abgelegte Prüfung wie durch ihre praktische Bewährung dargelegten Befähigung für alle Fragen der Gesundheitspolizei in gleicher Weise als Berater und Sachverständige dienen sollen, wie dies bei den übrigen technischen Beamten der Regierungen in bezug auf den ihnen überwiesenen Geschäftsbereich der Fall ist. Der Forderung, daß ein Gutachten über die Wirkung eines Heilmittels von dem Beklagten erst auf Grund eigener Erprobung an Kranken hätte abgegeben werden dürfen, steht entgegen, daß es nicht Sache des Regierungs- und Medizinalrats sein kann, in Fällen wie dem vorliegenden, selbst Untersuchungen anzustellen, sondern daß er sich darauf beschränken muß, die Ergebnisse der Wissenschaft zu verwerten. Ebensowenig ist der Umstand, daß eine Anzahl von Ärzten sich für das Heilmittel ausgesprochen habe, für die vorliegende Frage entscheidend.

Nr. 12. Entsch. v. 14 Febr. 1913 (PrVerwBl. 35 793) **I A 149/12.**

1. Ein Irrtum über das bestehende Recht, mag er entschuldbar sein oder nicht, schließt nicht aus, daß Handlungen eines Beamten, die nach Lage der gesetzlichen Vorschriften ungerechtfertigt sind, Amtsüberschreitungen bleiben. Nur in denjenigen Fällen findet dieser Grundsatz eine Einschränkung, in denen der Beamte bei der Auslegung und Auffassung der zur Anwendung zu bringenden gesetzlichen Vorschrift es nicht an der erforderlichen pflichtmäßigen Überlegung hat fehlen lassen, dabei aber zu einer Ansicht gelangt ist, die von der üblichen oder in Wissenschaft und Rechtsprechung anerkannten abweicht.

Im vorliegenden Falle kann nicht anerkannt werden, daß der Amtsvorsteher bei pflichtmäßiger Überlegung zu der Auffassung kommen konnte, daß die Arbeiten, die demnächst zur zwangsweisen Durchführung der Verfügungen von dem Unternehmer Z. hergestellt worden sind, unter den Begriff der Räumung fallen. Wenngleich dieser Begriff nicht gesetzlich erläutert ist, so ist er doch in der Wissenschaft und Rechtsprechung in hinreichend klarer und erschöpfender Weise bestimmt worden. Dabei ist unverändert daran festgehalten worden, daß mit einer Räumungsanordnung nicht die Neuherstellung des wünschenswerten Zustandes des Wasserlaufes, sondern nur die Wiederherstellung des bereits vorhanden gewesenen, und zwar des bis in die neueste Zeit hineinragenden Zustandes verlangt werden kann.

2. Hier handelte es sich um eine durchgreifende Umgestaltung des Bachbettes durch Herstellung neuer Sohlengefälle, Ausbau der Bachprofile, Anlage neuer Uferböschungen und Anbringung von Sohlenschwellen. Diese völlig neue Umgestaltung des Bachbettes war dadurch bedingt worden, daß einerseits der Reidebach „seit vielen Jahrzehnten" nicht geräumt worden war und daß er anderseits durch Einleitung von Grubenwässern eine vermehrte Wasserführung erhalten hatte, für die der vorhandene Abflußquerschnitt nicht mehr genügte. Es handelte sich also nicht um die Wiederherstellung des normalen Bachbettes, sondern um Neuherstellung eines vergrößerten Abflußquerschnitts, der im Interesse der tieferliegenden Grundstücke der Anlieger die im Laufe der Zeit durch Grubenwässer vermehrte Wassermenge des Baches abführen sollte. Außerdem war vorgesehen, in dem Bachbett auf je 200 m Abstand eichene Sohlenschwellen anzubringen, um zukünftig etwa wieder eintretende Verschlämmungen leichter feststellen zu können. Bei dieser Sachlage konnte dem beklagten Amtsvorsteher nicht unbekannt bleiben, daß es sich um ein Mehreres als eine bloße Räumung handelte. Mag es auch im einzelnen Falle oft schwierig sein, zu bestimmen, bis zu welchem Umfange die an der Sohle und den Ufern eines Wasserlaufes vorzunehmenden Arbeiten noch als Räumungsarbeiten angesehen werden können, so durfte doch im vorliegenden Falle der Amtsvorsteher bei sorgfältiger Prüfung und pflichtmäßiger Überlegung hierüber nicht im Zweifel sein. Nach dem Inhalte des Erläuterungsberichts und der dem Entwurfe beigefügten Längen- und Querprofile durfte ihm nicht entgehen, daß es sich nicht um die Wiederherstellung der normalen Sohle und um Fernhaltung von Hindernissen für den Abfluß des Wassers, sondern um eine durchgreifende Umgestaltung des Bachbettes handelte. Zu dieser Erkenntnis war der Beklagte nach seiner amtlichen Stellung und persönlichen Vorbildung wohl befähigt, sollte er dennoch im Zweifel gewesen sein, so wäre es seine Pflicht gewesen, sich durch Befragen eines Sachverständigen die nötige Aufklärung und Gewißheit zu verschaffen. Daher durfte sich der Beklagte gegenüber der Weigerung des Klägers, sich an der „Räumung und Regulierung" freiwillig zu beteiligen, nicht darauf beschränken, in der amtlichen Verfügung diese Arbeiten nur als Räumung zu bezeichnen, während er sie dem Gegenstand und Inhalte nach unverändert aufrechterhielt; vielmehr war es seine Pflicht, mit Sorgfalt zu prüfen, welche von den nach dem Projekt auszuführenden Arbeiten zur Wiederherstellung der normalen Sohle des Baches und zur Befestigung der Ufer nötig waren oder sonst unter den Begriff der Räumung fielen.

3. Enthält somit die Anordnung selbst eine Amtsüberschreitung, so muß dasselbe auch von ihrer zwangsweisen Durchführung gelten. Zwar sind die Ortspolizeibehörden befugt, die von ihnen in Ausübung der obrigkeitlichen Gewalt getroffenen Anordnungen nötigenfalls im Zwangswege zur Ausführung zu bringen; auch steht ihnen gemäß § 53 LVG. diese Befugnis unter Umständen schon dann zu, wenn die Anordnung durch die zulässigen Rechtsmittel angegriffen worden ist; allein in allen Fällen hängt die Frage, ob die Durchführung tatsächlich gerechtfertigt war, im Grunde davon ab, ob die Anordnung selbst in den gesetzlichen

Befugnissen der Behörde ihre Stütze fand (§ 132 Abs. 1 aaO.). Wird dagegen die polizeiliche Anordnung, um deren Vollstreckung es sich handelt, demnächst im Beschwerde- oder Verwaltungsstreitverfahren als ungesetzlich aufgehoben, so wird damit auch ihrer zwangsweisen Durchführung der Boden entzogen.

Nr. 13. Entsch. v. 23. Juni 1913 (PrVerwBl. 35 642) I A 75/13.

1. Ein Kgl. Oberförster überschreitet seine Amtsbefugnisse nicht, wenn er einen bei der Jagd übergelaufenen fremden Hund, der den wertvollen Wildbestand eines Kgl. Forstes gefährdet, durch Erschießen tötet.

2. Gegen die Zulässigkeit des Konflikts bestehen keine Bedenken. Wenn dem Beklagten auch die Jagd in dem Kgl. Forstgebiete zur Administration und demgemäß das erlegte Wild zur Verwertung für seine Rechnung überlassen war (§§ 66, 69b GeschAnw. für die Oberförster v. 4. VI. 70), so ist dies doch für die Frage, ob er im vorliegenden Falle in Ausübung seines Amtes gehandelt habe, ohne Belang. Die Bejahung dieser Frage ergibt sich daraus, daß der Beklagte als Oberförster verpflichtet war, an der Ausübung des Forst- und Jagdschutzes erforderlichenfalls persönlich mitzuwirken (§ 91 aaO.), und daß die von ihm vorgenommene Handlung der Ausübung des Jagdschutzes diente.

3. Der Konflikt ist auch für begründet zu erachten. Was zunächst die auf den vorliegenden Fall anzuwendende Gesetzesvorschrift betrifft, so hat die Vd. der Österr.-Bayer. gemeinschaftl. Landes-Administrationskommission v. 21. IX. 1815 (vgl. Lottner, Samml. Rh. G. usw. I 329ff.), an deren §§ 4c und 15 hier gedacht werden könnte, in dem Bezirke des Amtsgerichts Rhaunen keine Geltung. Dieser Bezirk umfaßt einen Teil des Kreises Bernkastel und gehörte zu denjenigen Gebietsteilen, die eine Zeitlang dem Österreich-Bayerischen Gouvernement unterstellt waren, aber bereits vor Erlaß jener Verordnung infolge der Bestimmungen des Wiener Kongresses an die Krone Preußen überwiesen und auf Grund des Patents wegen Besitznahme des Großherzogtums Niederrhein v. 5. IV. 15 (GS. 23) und in Gemäßheit der Übereinkunft v. 28. V. 15 (Lottner aaO. 320ff.) in Besitz genommen und mit dem Generalgouvernement vom Nieder- und Mittelrhein vereinigt worden sind. In jenem Patent werden unter den in Besitz zu nehmenden Gebietsteilen unter Nr. 2 auch die zum ehemaligen Departement Saar gehörigen Kantone Bernkastel und Rhaunen aufgeführt. Anderseits kann aber auch die Vd. für das Generalgouvernement Nieder- und Mittelrhein v. 18. VIII. 1814 (Lottner aaO. 156ff.), die in § 9 Abs. 1³ u. 2 ein Recht zur Tötung revierender Hunde — worunter auch Jagdhunde zu verstehen sind — verleiht, für das hier in Betracht kommende Gebiet nicht angewendet werden. Die Vereinigung des letzteren mit dem Generalgouvernement vom Nieder- und Mittelrhein ist erst im Jahre 1815, also zu einer Zeit erfolgt, als schon die Vd. v. 18. VIII. 1814 erlassen war. Da diese auf die später hinzugekommenen Teile nicht ausgedehnt worden ist, hat sie in den letzteren keine Geltung erlangt. Es bleibt hiernach nur übrig, auf die Bestimmungen des BGB. zurückzugreifen. Nach dessen § 228 handelt, wer eine fremde Sache zerstört, um eine durch sie drohende Gefahr von sich oder einem andern abzuwenden, nicht widerrechtlich, wenn die Zerstörung zur Abwendung der Gefahr erforderlich ist und der Schaden nicht außer Verhältnis zu der Gefahr steht.

4. Die Voraussetzungen dieser Vorschrift sind im vorliegenden Falle als erfüllt anzusehen. Durch den bei der Jagd übergelaufenen Hund des Klägers drohte dem Wildbestande des Kgl. Forstes tatsächlich eine Gefahr. Der Hund war bereits mehrere 100 m laut jagend in den Forstwald hineingelaufen; er war dem Pfiffe seines Herrn, der ihn aus den Augen verloren hatte, nicht gefolgt und somit seiner Einwirkung gänzlich entzogen. Es bestand hiernach mindestens die Gefahr, daß das sich in dem Forst aufhaltende Wild durch den Hund beunruhigt und verscheucht würde und aus dem Gatter, das nach den eigenen Anführungen des Klägers zahl-

reiche Lücken und Zwischenräume aufwies, auf benachbartes Jagdgebiet ausbrach. Folgte der Hund auch zunächst der Fährte eines angeschossenen Wildes, so war es doch nicht ausgeschlossen, daß er auch auf anderes Wild, wenn ihm solches in den Weg lief, Jagd gemacht oder, nachdem er von der Verfolgung des angeschossenen Wildes aus sonstiger Veranlassung Abstand genommen, anderen Wildfährten nachspürend den Wald weiter durchstreift hätte. Die Abwendung dieser Gefahr konnte nur durch sofortige Beseitigung des Hundes erreicht werden, für die im vorliegenden Falle allein das Erschießen in Frage kam. Der durch die Tötung des Hundes verursachte Schaden stand nicht außer Verhältnis zu der drohenden Gefahr. Wie der Konfliktsbeschluß hervorhebt, befand sich in dem fraglichen Wildgatter ein sehr wertvoller Rotwildbestand. Die Gefahr der Beunruhigung und Verscheuchung desselben war daher keineswegs so gering einzuschätzen, daß sie zu dem von dem Kläger auf 500 M. bezifferten Werte des Hundes außer Verhältnis gestanden hätte, zumal nicht abzusehen war, ob und wann der Hund aus freien Stücken das Wildgatter verlassen oder wann es seinem Herrn gelingen würde, ihn wieder in seine Gewalt zu bekommen.

Nr. 14. Entsch. v. 23. Okt. 1913 (PrVerwBl. 35 745) IA 103/12.

1. Nicht jede Amtshandlung, die sich als objektiv unstatthaft erweist, stellt sich um deswillen notwendig als eine Amtsüberschreitung dar. Eine solche liegt nicht vor, wenn sich der Beamte bei der Feststellung oder Beurteilung tatsächlicher Verhältnisse in einem entschuldbaren Irrtum befunden hat, oder wenn er bei Auslegung des geltenden Rechtes von der bei den Behörden üblichen oder in Wissenschaft und Rechtsprechung herrschenden Ansicht abgewichen ist, ohne daß ihn der Vorwurf trifft, er hätte bei pflichtmäßiger Überlegung zu der von ihm efolgten Ansicht nicht gelangen können. Jedoch hat jede Behörde, ehe sie zu einer Amtshandlung schreitet, zu prüfen, ob sie zu ihr zuständig ist. Die Strom- und Schiffahrtspolizei gehört an sich nicht zu den Aufgaben der Ortspolizei. Anordnungen der höheren Verwaltungsbehörden, durch die in Abweichung von dieser Regel dem olizeipräsidenten von Cöln der Erlaß strompolizeilicher Vorschriften oder die Handhabung der Strompolizei auf dem Rheine übertragen wären, sind nicht ergangen. Vielmehr ist die Verwaltung der Strom- und Schiffahrtspolizei auf dem Rheine von Bingen abwärts gemäß AhErl. v. 12. XII. 88 und Vf. v. 22. I. 89 (MBl. 22/23) Sache des Oberpräsidenten der Rheinprovinz. Unter diesen Umständen konnte der Polizeipräsident von Cöln nicht zweifelhaft darüber sein, daß er zu einer strom- und schiffahrtspolizeilichen Entschließung auf dem Rheine nicht zuständig sei.

2. Freilich ist es richtig, daß der Inhalt der Rechte und Pflichten der Strom- und Schiffahrtspolizei gegenüber der Ortspolizei nicht durch G. abgegrenzt ist, und daß daher im einzelnen Falle Bedenken entstehen können, ob eine Angelegenheit der strompolizeilichen oder der ortspolizeilichen Regelung unterliegt. Zu Bedenken dieser Art war jedoch in der vorliegenden Sache kein Raum. Es handelte sich um die Feststellung der Betriebssicherheit eines auf dem Rheine schwimmenden, eine Badeanstalt enthaltenden Schiffsgefäßes. Die polizeiliche Prüfung des Zustandes eines jeden auf dem Strome befindlichen Schiffes kann keiner andern Behörde als der Strom- und Schiffahrtspolizei obliegen; denn diese und nur diese hat die gesamten polizeilichen Funktionen auf dem Strom auszuüben. Entstanden daher bei dem Polizeipräsidenten in Cöln Zweifel darüber, ob jene Feststellung zu seiner oder zur Zuständigkeit der Strom- und Schiffahrtspolizei gehörte, so konnte er doch nach den vorstehenden Darlegungen bei pflichtmäßiger Überlegung nicht zu einer Beantwortung iS. der ersten Alternative und ebensowenig dazu gelangen, die von der Ortspolizei erlassene PolV. über das Baden im Rheine v. 12. II. 90 zur Anwendung zu bringen.

3. Seine Verfügung stützt sich allerdings nicht lediglich auf diese Verordnung; sie gründet sich auch auf die Vorschrift in § 10 ALR. II 17. Dieser Umstand ist jedoch für die Beurteilung des Konflikts unerheblich. Der § 10 enthält keine Zuständigkeitsbestimmung; er besagt nur, zu welchen Zwecken und unter welchen Voraussetzungen die Polizei tätig werden könne; er gilt daher ebensowohl für die Ortspolizei wie für die Behörden der Landes- und Strompolizei. Erforderte daher das öffentliche Interesse eine Untersuchung der Betriebssicherheit des Badeschiffes, so konnte doch dieser Umstand dem Polizeipräsidenten die ihm sonst fehlende Zuständigkeit zum Einschreiten nicht verleihen; vielmehr konnte der Umstand ihn nur bewegen, den Übelstand zur Kenntnis der Strompolizeibehörde zu bringen. Nur für den Fall eines dringlichen Notstandes, wo also von der zuständigen Behörde eine die Gefahr rechtzeitig abwendende Entschließung nicht erlassen werden konnte, wäre er zu einem selbständigen Vorgehen befugt gewesen. Daß ein solcher Notstand vorgelegen hätte, ist nicht ersichtlich.

Sonach mußte der Konflikt für unbegründet erklärt werden.

Nr. 15. Entsch. v. 24. Nov. 1913 (OVG. 66 431) I A 255/12.

1. Die Festnahme gemäß § 6 G. zum Schutze der persönlichen Freiheit v. 12. II. 50 ist eine präventiv-polizeiliche Maßregel gemäß § 2 ALR. II 17. Sie setzt nicht, wie die Festnahme nach der StPO. eine schon begangene Straftat voraus, sondern ein drohendes Ereignis, das nur durch Festnahme vermieden werden kann, z. B. eine sonst bevorstehende Störung der Ruhe entgegen dem § 360^{11} StGB. Der Entschluß des Beklagten, den Kläger festzunehmen, um ihn zur Ruhe zu bringen, war also gerechtfertigt. Als er sich anschickte, die Festnahme auszuführen, widersetzte sich M., und nun packte der Polizeihund des Beklagten zu. Hieraus kann ihm ein Vorwurf nicht gemacht werden. Der Hund war ein abgerichteter Polizeihund; zu seiner Mitführung war der Beklagte von seiner vorgesetzten Behörde dienstlich ermächtigt. Er durfte sich infolgedessen des Hundes bedienen, wenn und soweit dies das Interesse des Dienstes erforderte. Dabei steht neben anderen Verwendungszwecken der Schutz der Person des Führers des Hundes im Vordergrunde. Wird daher dem Polizeibeamten tätlicher Widerstand entgegengesetzt, so ist er befugt, diesen Widerstand mit Hilfe des ihm anvertrauten Hundes zu brechen, und es macht in einem solchen Falle keinen Unterschied, ob er dem Hunde zu diesem Zwecke eine besondere Weisung erteilt oder ob er ihn lediglich gewähren läßt und sich darauf verläßt, daß der Hund, entsprechend seiner Natur, ihm von selbst Hilfe gegen seinen Gegner leisten werde. In beiden Fällen handelt der Beamte innerhalb seiner Dienstbefugnisse und kann wegen ihrer Überschreitung nicht verantwortlich gemacht werden. Daß im übrigen die Verwendung des Hundes nicht ein unnötig scharfes Abwehrmittel war, ergibt sich daraus, daß der Kläger trotz des Hundes sich der Festnahme entzog und weglief.

2. Der Umstand, daß der Vorfall sich in der Nacht ereignete, steht nicht entgegen. Allerdings trifft der im Konfliktbeschluß angeführte § 104 StPO. nicht zu; denn es handelt sich nicht um Durchsuchung einer Wohnung oder eines befriedeten Besitztums zum Zwecke der Ergreifung einer Person oder zur Beschlagnahme bestimmter Gegenstände (§§ 102, 103 das.). Aber auch das Verbot der §§ 7 ff. G. v. 12. II. 50 greift hier nicht Platz. Ob man überhaupt das Betreten eines Hofes und das Hineindrängen eines anderen in dessen Haustür als das Eindringen in eine Wohnung bezeichnen könnte, mag dahingestellt bleiben. Jedenfalls findet das in § 6 G. v. 12. II. 50 zur Herstellung der Ruhe, also im öffentlichen Interesse gegebene Recht der Polizeibeamten, Personen in Verwahrung zu nehmen, nicht seine Grenze in dem durch § 8 geschützten Hausrechte des einzelnen. Vielmehr können Polizeibeamte, wenn nötig, auch zur Nachtzeit in eine Wohnung eindringen, wenn die Voraussetzungen des § 6 gegeben sind. Wenn auch bei dem zweiten Vorfall auf dem Hofe

der Polizeihund hinzugesprungen ist und die Hose des Klägers beschädigt hat, so wurde auch diese Verwendung des Hundes durch den gewaltsamen Widerstand gerechtfertigt.

Nr. 16. Entsch. v. 29. Dez. 1913 (PrVerwBl. **36** 23) IA 2/13.

Der Beklagte hat, soweit seine Tätigkeit hier in Betracht kommt, als Verwalter des städtischen Schlachthauses und der Freibank gehandelt. Als solcher aber ist er, wie die FreibankO. erkennen läßt, städtischer Beamter, also ein Beamter, auf den das KonflG. v. 13. II. 54 Anwendung findet. Die Erhebung des Konflikts war deshalb zulässig.

2. Die Entsch. hängt lediglich von der Frage ab, ob der Beklagte sich der Überschreitung seiner Amtsbefugnisse oder der Unterlassung einer ihm obliegenden Amtshandlung schuldig gemacht hat.

Die geschlachteten drei Schweine waren mit Schweineseuche behaftet, so daß sie zum menschlichen Genusse nur bedingt taugliches Fleisch lieferten (§ 37 III 3 ABest. v. 30. V. 02 zum FleischbeschauG. v. 3. VI. 00, ZBl. 08, hinter 496). Nachdem der Beklagte das beanstandete Fleisch vorläufig beschlagnahmt und hiervon dem Besitzer sowie der Polizeibehörde sofort Mitteilung gemacht hatte (§ 41 das.), war die ihm obliegende Tätigkeit zunächst beendet. Über die weitere Behandlung des beanstandeten Fleisches Entsch. zu treffen, war Sache der Polizei (§ 10 Abs. 2 FleischbeschauG. v. 3. VI. 00; § 41 Abs. 2 der erwähnten ABest.). Diese hat die Pökelung des Fleisches und seine Ausbietung auf der Freibank angeordnet (§§ 38, 39 ABest., § 9 AG. v. 28. VI. 02, GS. 229). Als die Söhne T. den Beklagten um Freigabe des Fleisches baten, hat er die ihm gar nicht zustehende Erfüllung dieser Bitte abgelehnt. Damit hielt er sich im Kreise seiner Amtspflichten.

Ebenso handelte der Beklagte sachgemäß, als er der polizeilichen Anordnung entsprechend den Verkauf des Fleisches auf der Freibank vollzog. Ob die Kläger (oder damals ihre Mutter) mit solchem Verkauf einverstanden waren, ist angesichts der polizeilichen Anordnung ohne Belang. Der Beklagte mußte auch gegen ihren Willen den Verkauf vornehmen. Es ist auch nicht zu erörtern, ob etwa die Polizeibehörde das gesamte Fleisch den Klägern zur Verwendung im Hausgebrauche hätte freigeben können oder sollen. Dem Beklagten würde es nicht zur Last fallen, selbst wenn hier die Polizeibehörde gefehlt haben sollte, was übrigens nicht erkennbar ist.

Auch die näheren Umstände des Verkaufs auf der Freibank waren einwandfrei. Der Beklagte hat, wie es die FreibankO. vorschreibt, die Verkaufszeit vorher bekannt gemacht (§ 7), die Kläger über den Ausbietungspreis angehört (§ 6) und, als dies erfolglos blieb, den Preis selbst festgesetzt, zu dem das Fleisch ausgeboten werden sollte (§ 6). Eine Pflichtverletzung ist hier nicht ersichtlich.

Nr. 17. Entsch. v. 29. Jan. 1914 (PrVerwBl. **36** 101) IA 162/13.

1. Die Oberzolldirektionen sind nach der VerwO. v. 15. I. 08 (GS. 66) bureaukratisch organisiert und bilden nur in den im § 4 Ziff. 3a u. b aaO. aufgeführten Fällen, zu denen die Konfliktserhebung nicht gehört, eine Spruchbehörde. Demnach war der Präsident der Oberzolldirektion als vorgesetzte Provinzialbehörde des Angeklagten ohne Zuziehung der weiteren Mitglieder derselben für die Erhebung des Konflikts zuständig. Da diese in einem noch nicht rechtskräftig abgeschlossenen Strafverfahren zugunsten eines unmittelbaren Staatsbeamten erfolgt ist, so kommt es für die Entsch., ob der Konflikt als zulässig zu erachten ist, lediglich auf die Beantwortung der Frage an, ob sich der Angeklagte in Ausübung seines Amtes befand, als er mit unbeleuchtetem Zweirade durch die Enscheder Straße in G. fuhr. Diese Frage ist zu bejahen. Der Angeklagte hatte sich des Fahrrads zur Durchführung der ihm als Oberzollkontrolleur obliegenden Grenz-

aufsicht bedient. Auch auf dem Heimwege von der Grenze nach seiner in G. belegenen Wohnung konnte er jeden Augenblick in die Lage kommen, im Interesse des Grenzschutzes dienstlich einzuschreiten. Und zu einem solchen dienstlichen Eingreifen war er gegebenenfalls als Grenzaufsichtsbeamter verpflichtet; denn diese befinden sich immer im Dienste, wenn sie sich im Grenzbezirk außerhalb ihrer Wohnung unter Umständen aufhalten, die ihnen die sofortige Vornahme amtlicher Geschäfte möglich machen.

2. Es liegt in der Natur des Grenzaufsichtsdienstes, daß die Aufsicht und deren Kontrolle nur dann wirksam geübt werden kann, wenn die dabei tätigen Beamten nach Möglichkeit unauffällig vorgehen und zu diesem Zwecke alles unterlassen, wodurch ihre Annäherung bemerkt werden könnte. Demgemäß ist auch in der DienstO. für die Zollaufseher v. 1. I. 11 ausdrücklich vorgeschrieben, daß im Streif- und Postendienste Meldungen möglichst unauffällig, mit leiser Stimme und ohne Verlassen des Standorts, zu erstatten sind, und daß während der Dunkelheit, sofern der Oberzollkontrolleur nicht Ausnahmen zuläßt oder weitergehende Beschränkungen anordnet, nur aus kurzen, mit Deckeln versehenen Pfeifen geraucht werden darf. Eine weitere durchaus zutreffende Anwendung desselben Grundsatzes ist es, wenn der Präsident der Oberzolldirektion in dem Konfliktsbeschluß ausführt, daß die Grenzbeamten während der Dunkelheit die von ihnen benutzten Fahrräder nicht beleuchten dürfen, weil sonst ihre Annäherung schon auf weite Entfernung verraten und dadurch die wirksame Durchführung des Grenzschutzes wesentlich erschwert, wenn nicht ganz vereitelt werde. Es ist anerkannten Rechtens, daß Polizeiverordnungen einem Beamten gegenüber insoweit unwirksam sind, als sie mit einer aus dem G. sich ergebenden Dienstobliegenheit desselben in Widerspruch stehen. Mithin ist auch die Vorschrift, wonach Fahrräder während der Dunkelheit mit einer hellbrennenden Laterne versehen sein müssen, für den Angeklagten nicht bindend, wenn er sich als Oberzollkontrolleur in Ausübung des Grenzaufsichtsdienstes eines Fahrrads bedient; denn die Beleuchtung des Rades würde mit den dienstlichen Aufgaben des Angeklagten als Grenzschutzbeamten im Widerspruche stehen. Daran ändert auch der Umstand nichts, daß der Angeklagte auf dem Rückwege von der Grenze innerhalb des Stadtbezirks G. mit unbeleuchtetem Rade gefahren ist. Auch hier bestand für ihn die Möglichkeit — und nur darauf kommt es an —, im Interesse des Grenzschutzes dienstlich tätig werden zu müssen, und er mußte hierzu jeden Augenblick unverzüglich bereit sein, ohne durch die Beleuchtung seines Fahrrads aufgehalten oder behindert zu werden. War es demnach zur ordnungsmäßigen Verrichtung seiner Dienstobliegenheiten erforderlich, daß der Angeklagte das von ihm benutzte Fahrrad nicht mit einer brennenden Laterne versah, so hat er sich auch durch die Außerachtlassung der Vorschrift weder einer Überschreitung seiner Amtsbefugnisse noch der Unterlassung einer ihm obliegenden Amtshandlung schuldig gemacht.

XII.

Kompetenzkonflikte.

Nr. 1. Entsch. v. 3. Jan. 1913 (OVG. **64** 551) I A 89/12.

1. Wird ein einen selbständigen Gutsbezirk bildendes Gut unter Vermittelung der Generalkommission in Rentengüter zerlegt und wird aus letzteren eine Gemeinde gebildet, so liegt die Beschlußfassung über die Auseinandersetzung zwischen dem Gutsherrn und der Gemeinde gemäß § 3 LGemO. dem Kreisausschuß ob. Gegenüber dem zwischen den Beteiligten dann eingeleiteten Verwaltungsstreitverfahren kann die Generalkommission nicht den Kompetenzkonflikt mit der Begründung erheben, daß die Regelung der Rechtsverhältnisse auch in dieser Beziehung ihr allein zustehe.

2. Unstreitig ist das zwischen den Eheleuten D. und der Gemeinde P. schwebende Verwaltungsstreitverfahren, dessen Einstellung die Generalkommission mit ihrem Antrag anstrebt, anhängig geworden infolge des vom Kreisausschuß auf Grund des § 3 LGemO. erlassenen Beschlusses. Das in § 3 aaO. vorgeschriebene Beschlußverfahren über die infolge einer Veränderung der Grenzen der Landgemeinden und Gutsbezirke notwendig werdende Auseinandersetzung zwischen den Beteiligten schließt sich ebenso wie das gegen den Beschluß des Kreis- bzw. Bezirksausschusses den Beteiligten gegeneinander gewährte Verwaltungsstreitverfahren eng an das in § 2 aaO. geregelte Verfahren der Abänderung kommunalrechtlicher Verhältnisse an. Eine solche findet statt, wenn das öffentliche Interesse es erheischt (§ 2³), und ein Interesse dieser Art gilt insbesondere dann als vorliegend, wenn die Zersplitterung eines Gutsbezirkes dessen Umwandlung in eine Landgemeinde notwendig macht (§ 2 Nr. 5 unter Buchst. b). Ist eine Bezirksveränderung gemäß § 2 eingetreten, so kann sich eine Auseinandersetzung nach Vorschrift des § 3 anschließen, wenn es sich als notwendig erweist, daß gemeinsame Rechte und Pflichten der durch die Veränderung betroffenen Kommunalverbände aufgehoben, oder daß die öffentlich-rechtlichen Interessen der Beteiligten ausgeglichen werden. Tritt für diese Auseinandersetzung der Kreisausschuß — bei Beteiligung einer Stadtgemeinde der Bezirksausschuß — zunächst nur im Beschlußverfahren in Tätigkeit (§ 3 Abs. 1), so liegt es doch auf der Hand, daß das auf die Klage eines Beteiligten gegen den Beschluß eintretende, nachfolgende Verwaltungsstreitverfahren seine Wurzel ebenfalls in der voraufgegangenen Bezirksveränderung und der durch sie herbeigeführten Notwendigkeit einer Auseinandersetzung hat. Der Verwaltungsrichter ist danach berufen, in dem auf die Klage eines Beteiligten entstehenden Streitverfahren zu entscheiden, ob der Beschluß des Kreis- bzw. Bezirksausschusses der im öffentlichen Interesse zu fordernden Ausgleichung genügend Rechnung trägt, und hat zu diesem Behufe gebotenenfalles nach Maßgabe des § 3 Abs. 2 anderweitige Festsetzungen zu treffen. Daß ein Verfahren dieser Art auch bei der Zerlegung eines Ritterguts in Rentengüter möglich ist, und daß dabei der Rittergutsbesitzer bis zur Beendigung der neuen Regelung der Kommunalverhältnisse als Gutsherr zu betrachten ist, ist in OVG. **52** 57 und **58** 99) dargelegt. Ebendaselbst ist erörtert, daß eine von dem Rentengutsgeber vor der Generalkommission abgegebene Erklärung, in der er der von den Rentengutsnehmern etwa zu bildenden Gemeinde eine Ausstattung verspricht, in dem Verfahren aus § 3 LGemO. berücksichtigt werden kann. Aber es ist dabei betont worden, daß der Ausgleich der öffentlich-rechtlichen Interessen auch in diesem Falle dem Kreisausschusse zusteht, der die Notwendigkeit einer Ausstattung der neuen Gemeinde nach den für sie erforderlich gewordenen Einrichtungen und Anstalten zu prüfen habe. Damit ist anerkannt, daß die Auseinandersetzung auf Grund des § 3 aaO. iF. der Bildung einer neuen Gemeinde aus den auf einem ehemals selbständigen Gutsbezirk angesiedelten Rentengutskolonisten nicht abhängig ist von dem Bestehen einer besonderen Verpflichtungserklärung des Rentengutsgebers, sondern ohne eine solche lediglich aus dem Gesichtspunkte der durch die Bezirksveränderung bedingten Notwendigkeit eines Interessenausgleichs stattzufinden hat. Die Auseinandersetzung zufolge des § 3 ist hiernach rechtlich nur möglich im Anschluß an eine gemäß § 2 eingetretene Bezirksveränderung und hat den Zweck, die aus letzterer sich ergebenden Härten für die Beteiligten auf wirtschaftlichem Gebiet im öffentlichen Interesse zu beseitigen oder tunlichst zu mildern.

3. Wesentlich anders ist das Verfahren der Generalkommission zu beurteilen, die sich auf Antrag mit einer Rentengutsbildung befaßt hat. Ist einem derartigen Antrage (vgl. § 12 Abs. 1 G., betr. die Beförderung der Errichtung von Rentengütern, v. 7. VII. 91, GS. 279) stattgegeben, so liegt der Generalkommission die Aufnahme und Bestätigung des Vertrags über die Begründung des Rentenguts ob (§ 12 Abs. 2 aaO.). Ihre Aufgabe liegt mithin in erster Linie auf dem Gebiete

der vertraglichen Auseinandersetzung zwischen Rentengutsgeber und Rentengutsnehmern. Da jedoch nach § 12 Abs. 4 aaO. in Rentengutssachen die für Gemeinheitsteilungen geltenden Vorschriften — mit gewissen, hier nicht interessierenden Maßgaben — anzuwenden sind, so steht in Rücksicht auf § 7 Vd. v. 30. VI. 34 (GS. 96) nichts entgegen, die Generalkommission auch für befugt zu erachten, daß sie sich der Regelung der Gemeindeangelegenheiten der Rentengutsnehmer unterzieht; denn auch diese Angelegenheiten können dazu dienen, „um die Auseinandersetzung zur Ausführung zu bringen und die Interessenten zu einem völlig geordneten Zustande zurückzuführen" (§ 7 Vd. v. 30. VI. 34). Niemals aber ist die Befugnis der Generalkommissionen so weit gegangen, daß sie hätten neue Gemeinden oder Gutsbezirke bilden dürfen. Jeder Zweifel in dieser Hinsicht ist gegenwärtig ausgeschlossen, da für Bezirksveränderungen jetzt allein das in § 2 LGemO. vorgeschriebene Verfahren in Betracht kommt. In Rücksicht hierauf erweist es sich als unstatthaft, daß die Generalkommission in dem Falle, wenn infolge einer von ihr durchgeführten Rentengutsbildung eine neue Landgemeinde gebildet wird, an Stelle der hierzu berufenen Behörden festsetzen dürfte, was im Wege des öffentlich-rechtlichen Ausgleichsverfahrens der Landgemeinde etwa von dem Rentengutsgeber zu gewähren oder zu leisten sei. Hierzu kann die Generalkommission niemals befugt sein, weil sie nach der durch die LGemO. geregelten Zuständigkeit für die Bezirksveränderung und die ihr anzuschließende Auseinandersetzung unter den Beteiligten von jeder Mitwirkung ausgeschlossen ist.

Nr. 2. Entsch. v. 20. Juni 1913 (PrVerwBl. 35 661) IX C 20/13.

1. Art. 3 G. v. 22. V. 02, betr. Änderung der Vorschriften über die Kompetenzkonflikte zwischen den Gerichten und den Verwaltungsbehörden (GS. 145) lautet im Abs. 1:

„Hat in einer Sache das Reichsgericht die Unzulässigkeit des Rechtsweges ausgesprochen, so können die Verwaltungsbehörden oder Verwaltungsgerichte sich nicht deshalb für unzuständig erklären, weil sie den Rechtsweg für zulässig erachten."

Das Reichsgericht hat nun in der Zivilprozeßsache zwischen denselben Parteien die Unzulässigkeit des Rechtsweges deshalb ausgesprochen, weil der damalige Streit hauptsächlich die öffentlich-rechtliche Räumungspflicht des beklagten Fiskus zum Gegenstand hatte, dagegen ausgeführt, daß im allgemeinen die Geltendmachung eines Schadensersatzanspruchs nicht schon dann dem Rechtswege entzogen sei, wenn der Anspruch auf die Verletzung einer öffentlich-rechtlichen Verpflichtung gegründet werde. Namentlich sei, wenn die öffentlich-rechtliche Verpflichtung unstreitig sei oder sonst feststehe, der Schadensersatzanspruch wegen unerlaubter Handlung nach Maßgabe der §§ 823ff. BGB. als selbständiger Anspruch geltend gemacht werde, und im wesentlichen nur die Frage des Verschuldens im Streite sei, der Rechtsweg regelmäßig gegeben. Eine Ausnahme von dieser Regel wurde vom Reichsgericht nur deshalb gemacht, weil damals der Hauptanspruch des Klägers auf die Feststellung der öffentlich-rechtlichen Räumungspflicht des beklagten Fiskus gerichtet war, und der Schadensersatzanspruch nur nebenher auf Grund der Annahme, daß die Räumungspflicht bestehe, geltend gemacht wurde. Das Reichsgericht ging dabei von der Ansicht aus, daß als eine durch § 66 Abs. 3 ZustG. der Entsch. im Verwaltungsstreitverfahren zugewiesene Streitigkeit auch ein Streit über die Verpflichtung zum Schadensersatz dann zu erachten sei, wenn das Bestehen der Räumungspflicht den Hauptstreit bilde und der Schadensersatzanspruch nur als Nebenanspruch für den Fall der Feststellung der Räumungspflicht verfolgt werde. Beide Ansprüche seien in einem solchen Falle als Gegenstände einer einheitlichen Streitigkeit über die Räumungspflicht anzusehen, die der Entsch. im Verwaltungsstreitverfahren unterliege. Davon verschieden ist die Rechtslage in dem jetzt schwebenden Verwaltungsstreitverfahren. Eine Streitigkeit auf Grund des § 66 Abs. 3 ZustG. besteht nicht, der Anspruch des Klägers ist vielmehr lediglich auf den Ersatz des Schadens gerichtet, der ihm nach seiner Ansicht durch Unterlassung von Räumungen des Mühlteichs seitens des Fiskus, die diesem in vergangener Zeit, als er noch Eigentümer der Domäne K. gewesen, obgelegen hätten, entstanden ist. Demnach liegt mangels eines Streites über Feststellung der öffentlich-rechtlichen Räumungspflicht unter den Parteien, der die Grundlage der Entsch. des Reichsgerichts über die Unzulässigkeit des Rechtsweges bildete, jetzt Sachidentität mit dem Gegenstand des Zivilprozesses nicht vor, so daß von einer Verletzung des Art. 3 G. v. 22. V. 02 durch den Vorderrichter nicht die Rede sein kann. An dieser Rechtslage wird durch die Klageberichtigung in der mündlichen Verhandlung vor dem Kreisausschuß, wonach beantragt wurde, „unter Feststellung der früheren Verpflichtung des Beklagten zur Räumung des Teiches" die Verurteilung zu der geforderten Schadensersatzleistung auszusprechen, nichts geändert. Nach dem klaren Wortlaut und Sinn dieser Bestimmung kann in einem Verfahren aus § 66 Abs. 3 ZustG. immer nur die zeitige aktuell-öffentlich-rechtliche Räumungspflicht bei Streit darüber, wem diese obliegt, festgestellt werden, während für eine Klage auf Feststellung einer früher vorhanden gewesenen öffentlich-rechtlichen Räumungspflicht nach Lage der Gesetzgebung das Verwaltungsstreitverfahren nicht gegeben ist.

2. Der Vorderrichter hat weiter ohne Rechtsirrtum oder wesentlichen Verfahrensmangel festgestellt, daß für den erhobenen Schadensersatzanspruch das Verwaltungsstreitverfahren nicht gegeben ist. Denn gemäß § 7 LVG. ist die Zuständigkeit der Verwaltungsgerichte nur für solche Streitsachen begründet, die ihnen durch besondere gesetzliche Bestimmung überwiesen sind. Eine solche Vorschrift ist aber für den in der Klage erhobenen Schadensersatzanspruch in den G. nicht enthalten, namentlich auch nicht in § 66 Abs. 3 ZustG.

Fünfte Abteilung.

Verwaltungsstreitverfahren.

A. Allgemeine Vorschriften; Gerichte; Parteien; Fristen; Zustellungen; Wiedereinsetzung in den vorigen Stand.

Nr. 1. Entsch. v. 1. Febr. 1912 (OVG. **61** 454) IV C 115/11.

1. In dem Verwaltungsstreitverfahren hat auch der Revisionsrichter von Amts wegen zu prüfen, ob die Prozeßbevollmächtigten ordnungsmäßig bevollmächtigt sind.

2. Die Vollmacht kann auch mündlich erteilt werden. Allerdings fordert die ZPO. in § 80 schriftliche Vollmacht, aber diese von der allgemeinen Regel abweichende Vorschrift für das bürgerliche Streitverfahren ist nicht ohne weiteres auf das Verwaltungsstreitverfahren zu übertragen. Einmal weichen beide Verfahren wesentlich voneinander ab und beruhen auf ganz verschiedenen Grundsätzen, sodann ist im bürgerlichen Streitverfahren der Ausweis durch eine Vollmacht, wenigstens im Anwaltsprozesse (ZPO. § 88), nicht dem Gerichte, sondern der Partei gegenüber zu führen. Das Gericht hat die Bevollmächtigung nicht von Amts wegen zu prüfen, sondern nur die Partei hat das Recht, den Nachweis der Bevollmächtigung zu verlangen. Im Verwaltungsstreitverfahren ist aber die Bevollmächtigung dem Gerichte gegenüber nachzuweisen. Dieses hat von Amts wegen zu prüfen, ob eine Vollmacht wirksam erteilt ist, und es muß beim Mangel von besonderen Vorschriften und bei der offenbar bewußten und gewollten Abweichung der Wortfassung im LVG. auf § 167 BGB. zurückgreifen.

Nr. 2. Entsch. v. 28. März 1912 (OVG. **61** 336) III C 220/11.

§ 61 LVG. verordnet, daß die Bestimmungen der bürgerlichen ProzeßG. über Ausschließung und Ablehnung der Gerichtspersonen für das Verwaltungsstreitverfahren sinngemäße Anwendung finden. Nach dem hiernach maßgebenden § 41³ ZPO. ist allerdings ein Richter von der Ausübung des Richteramts kraft G. ausgeschlossen „in Sachen einer Person, mit welcher er . . . in der Seitenlinie bis zum dritten Grade verwandt . . . ist“. Diese Vorschrift kann aber hier nicht Platz greifen, weil es sich in dem gegenwärtigen Verfahren nicht um einen Rechtsstreit des Amtmanns v. T., sondern um einen solchen der Polizeibehörde des Amtes R. handelt. Der Umstand, daß der genannte Amtmann der gesetzliche Vertreter der beklagten Polizeibehörde ist, reicht nicht aus, um dessen Bruder von der Ausübung des Richteramts auszuschließen. Ein nach § 42 ZPO. vielleicht mögliches Ablehnungsgesuch hätte der Kläger aber vor Erlaß des Berufungsurteils stellen müssen.

Nr. 3. Entsch. v. 31. Okt. 1912 (DIZ. **18** 814) H C 302/11.

Die Bestimmung der zuständigen Behörde gemäß § 58 LVG. beruht auf einer Übertragung (Delegation) der gesetzgebenden Gewalt. In den Fällen dieser Gesetzesvorschrift läßt der Gesetzgeber ebenso wie in ähnlichen Fällen (§ 36 ZPO., § 2 ZVG., §§ 9, 12, 13, 14, 15 StPO., §§ 5, 36 FGG.) absichtlich in den allgemeinen Zuständigkeitsregeln eine Lücke, die für jeden Einzelfall durch ein Gericht oder eine sonstige Behörde ausgefüllt werden soll. Sobald in dieser Weise ein Gericht für zuständig erklärt ist, steht es einem durch die allgemeinen G. als zuständig bezeichneten Gerichte gleich. Die Erklärung ist in allen Fällen alsbald endgültig und unanfechtbar. Weder die Behörde, die die Erklärung selbst abgegeben hat, noch irgendeine andere Behörde kann sie ändern oder widerrufen, denn auch einem gesetzlich für zuständig erklärten Gerichte kann keine Behörde die Zuständigkeit nehmen. Einem (ordentlichen oder Verwaltungs-) Gericht aber ist in dieser Beziehung der Kreis- oder Bezirksausschuß als Beschlußbehörde gleichzustellen (§§ 57ff. LVG.).

Nr. 4. Entsch. v. 7. Nov. 1912 (PrVerwBl. **34** 297) H C 270/12.

LVG. § 61.

Unberechtigt ist der Revisionsangriff, der davon ausgeht, daß dem Bezirksausschuß in Minden der Regierungspräsident vorsitze, der an der Spitze der Regierung stehe, die den klagenden Fiskus vertrete. Es gibt keine Vorschrift, die den Bezirksausschuß als Gericht in den Fällen ausschließt, in denen die Regierung oder eine Abteilung der Regierung Partei ist oder die Partei vertritt. Es könnte sich höchstens fragen, ob der Regierungspräsident, wie er es getan hat, sich persönlich an der Urteilsfällung beteiligen durfte. Vom Richteramt ausgeschlossen aber war er nach § 61 LVG., § 41⁴ ZPO. nur, wenn er als Prozeßbevollmächtigter oder Beistand einer Partei bestellt oder als gesetzlicher Vertreter einer Partei aufzutreten berechtigt war oder gewesen war. Das ist nicht der Fall. Nicht der Regierungspräsident, sondern die Regierung vertritt den Fiskus. Als Mitglied der die Partei vertretenden Behörde aber wäre der Regierungspräsident nach ständiger Rechtsprechung des OVG. nur dann am Richteramte persönlich behindert gewesen, wenn er namens der Behörde selbst Erklärungen im Streitverfahren abgegeben hätte.

Nr. 5. Entsch. v. 16. Jan. 1913 (DIZ. **18** 983) III C 119/12.

Der Bezirksausschuß hat dahingestellt gelassen, ob er zur Entsch. zuständig sei oder nicht. Das ist unzulässig. Er durfte sich mit der Sache überhaupt nur dann befassen und eine sachliche Entsch. treffen, wenn er zuvor festgestellt hatte, daß er als Verwaltungsgericht zuständig sei. Hiernach unterliegt die Vorentsch. der Aufhebung. Bei der eintretenden freien Beurteilung ist die Sache als nicht spruchreif an den Bezirksausschuß zurückzuverweisen. Dieser wird die Frage der Zuständigkeit zu prüfen und, wenn sie zu bejahen, unter Berücksichtigung des vom Kläger neu Vorgebrachten anderweit sachlich zu entscheiden haben. Ist das Verwaltungsstreitverfahren nicht gegeben, so muß die Klage ohne weiteres abgewiesen werden.

Nr. 6. Entsch. v. 20. Mai 1913 (OVG. **63** 472) II C 92/12.

LVG. § 28.

Die gleichzeitige Mitwirkung des Verwaltungsgerichtsdirektors und dessen Stellvertreters bei der Verhandlung verstößt gegen das G. und der Verstoß wird auch nicht dadurch beseitigt, daß der Verwaltungsgerichtsdirektor bei der Entsch. sein Stimmrecht nicht ausübt. Denn eine unzulässige

Mitwirkung seiner Person hat durch die Teilnahme an der Verhandlung und durch deren Leitung stattgefunden.

Nr. 7. Entsch. v. 17. März 1913 (OVG. **64** 571) I C 31/11.

1. Das nach dem G., betr. die Verfassung der Realgemeinden in der Prov. Hannover, v. 5. VI. 88 zugelassene Verwaltungsstreitverfahren bezieht sich nicht auf denjenigen Anspruch, den einzelne Interessenten gegen andere Interessenten auf Herausgabe der von letzteren in der Vergangenheit gezogenen Nutzungen des Genossenschaftsvermögens zu haben vermeinen; vielmehr ist hierfür nur der ordentliche Rechtsweg zulässig.

Das RealGemG. läßt ein Verwaltungsstreitverfahren zwischen den Genossen nur im Anschluß an die Aufstellung des Statuts zu (§ 7 Abs. 4) und kennt daneben nur das Streitverfahren gegen den Vorstand (§ 8⁵). Für die Zulassung eines solchen Streitverfahrens unter den Mitgliedern über den Fall des § 7 Abs. 4 hinaus bietet das G. um so weniger Anhalt, als, wie die Entstehungsgeschichte ergibt, der ordentliche Rechtsweg zwischen den Genossen keineswegs für alle Fälle, z. B. für die Frage der Veräußerlichkeit der Mitgliedsberechtigungen, hat ausgeschlossen werden sollen. Das Verwaltungsstreitverfahren findet daher bei den Realgemeinden wie auch bei den ihnen nahestehenden, auf Grund des G. v. 2. IV. 87 organisierten Separationsgenossenschaften nur in den vom G. selbst bezeichneten Fällen statt. Unter § 7 Abs. 4 RealGemG. fällt die Forderung vorenthaltener Nutzungen nicht, und im Verfahren aus § 8⁵ kann sie nur insoweit geltend gemacht werden, als es sich um noch nicht verteilte Nutzungen handelt. Durch die Verteilung gehen die Nutzungen in das Privatvermögen der Interessenten über. Glauben die Kläger, daß andere Interessenten mehr erhalten haben, als diesen zukomme, und daß sie selbst dadurch benachteiligt seien, so muß es ihnen überlassen bleiben, sich im ordentlichen Rechtsweg an die vermeintlich bevorteilten Interessenten zu halten.

2. Soweit der Klageanspruch auf die Zukunft gerichtet ist, begehren die Kläger nicht die Zuweisung eines zahlenmäßig bestimmten Bruchteils oder Anteils einer zur Verteilung anstehenden Masse, sondern allgemein ein für allemal die Feststellung der ihnen gegenüber zu beachtenden Teilungsgrundsätze. Das läuft auf eine Feststellung des für die Gesamtheit der Genossenschaftsmitglieder geltenden Teilnahmerechts hinaus, die unzulässig ist. Erachteten die Kläger die Grundsätze über die Anteilsberechtigungen der Genossen am Bau- und Nutzholze bzw. an dem dafür aufkommenden Erlöse nicht als dem nach ihrer Meinung bestehenden Rechte entsprechend, so wäre es ihre Sache gewesen, ihre Ansprüche bei Aufstellung des Statuts in dem durch § 7 Abs. 4 des G. eröffneten Verwaltungsstreitverfahren zum Austrage zu bringen. Nachdem die Kläger von jener Möglichkeit keinen Gebrauch gemacht haben, können sie nicht im Verfahren aus § 8⁵ eine Feststellung verlangen, die sie selbst zwar als Klärung oder Deutung des Statuts bezeichnen, die aber in Wahrheit eine Abänderung des im Statute festgelegten Rechtszustandes bedeutet.

3. Hinsichtlich der Jagdpachtgelder und der Kaligelder dagegen enthält das Statut unverkennbar eine Lücke, indem das Teilnahmeverhältnis für diese Nutzungen weder ausdrücklich geordnet noch aus den im Statute niedergelegten Bestimmungen zu entnehmen ist.

Es ergeben sich mannigfache Unklarheiten, deren Beseitigung die Aufgabe der bei der Aufstellung und Genehmigung des Statuts beteiligten Behörden gewesen wäre. Es werden die Begriffe der Anteilsberechtigung und des Forstanteils, der Forstgenossen und Forstinteressenten und der Reihestellenbesitzer durcheinandergeworfen, und es fehlt jede klare Bestimmung über die Eigentumsanteilsverhältnisse. Weder über die Teilnahmerechte an dem gemeinschaftlichen Eigentume noch über diejenigen an den streitigen Nutzungen (Jagdpacht- und Kaligelder) gibt das Statut mangels jeder allgemeinen oder besonderen Regelung Aufschluß, während es nach § 6² des G. die Bezeichnung dieser Rechte und ihres Umfanges enthalten muß. Die so bestehende Lücke kann nicht im Verfahren aus § 8⁵ des G. ergänzt werden, ihre Ausfüllung setzt eine Feststellung des unter den Mitgliedern der Realgemeinde bestehenden Rechtsverhältnisses voraus, und diese kann nur auf demjenigen Wege erfolgen, den das G. für die Aufstellung und Anfechtung des Statuts bzw. der darin aufzunehmenden Bestimmungen über die Teilnahmerechte vorsieht (§§ 3ff., 7).

Nr. 8. Entsch. v. 29. Jan. 1914 (OVG. **66** 312) I B 51/13.

1. Die Geisteskrankheit hat keineswegs ohne weiteres die Prozeßunfähigkeit zur Folge. Prozeßfähigkeit ist gleichbedeutend mit Geschäftsfähigkeit (§ 51 ZPO., §§ 104ff. BGB.). Solange der Geisteskranke nicht entmündigt ist, was hier nicht zutrifft, bleibt er geschäfts- und prozeßfähig, es sei denn, daß er sich in einem die freie Willensbestimmung ausschließenden dauernden oder vorübergehenden Zustande krankhafter Störung der Geistestätigkeit befindet (§§ 104², 105 Abs. 2 BGB.). Ob diese Voraussetzung vorliegt, ist besonders zu prüfen, wobei die Erscheinungen der Störung, wie sie sich im Verkehrsleben zeigen, zu berücksichtigen sind und der Richter an den ärztlichen Ausspruch in keiner Weise gebunden ist. Geisteskrankheit hat keineswegs ohne weiteres den völligen Ausschluß der freien Willensbestimmung zur Folge; der Ausschluß kann auch auf einzelne Willens- oder Handlungsgebiete beschränkt sein, und demzufolge kann für bestimmte Angelegenheiten Geschäftsunfähigkeit, für andere Geschäftsfähigkeit des Kranken bestehen. Ob das eine oder das andere anzuerkennen ist, richtet sich nach den Umständen des einzelnen Falles. Hier steht ein Prozeß in Frage, in dem die Klägerin ihre Zwangsunterbringung in einer Irrenanstalt anficht; wenn nun auch der Grund für diese gerade die Geisteskrankheit ist, so folgt doch daraus noch nicht, daß der Klägerin die freie Willensbestimmung hinsichtlich der Verteidigung ihrer Rechte abzusprechen wäre. Hiernach war die Klägerin ungeachtet ihrer Geisteskrankheit für das vorliegende Verfahren für prozeßfähig zu erachten ohne daß es einer Erörterung darüber bedurfte, ob die von der Klägerin angerufene Vorschrift des § 664 Abs. 2 ZPO. über die Anfechtung eines Entmündigungsbeschlusses der analogen Übertragung auf das Verwaltungsstreitverfahren für Fälle der vorliegenden Art fähig ist.

2. Wenn der Vorderrichter die Kosten des Verfahrens erster Instanz den Prozeßvertretern der Klägerin auferlegt hat, weil die Klage mangels Prozeßfähigkeit der Klägerin auf alleinige Verantwortung und Kosten der Vertreter gehe, so war dies selbst dann unrichtig, wenn die letzteren der Vertretungsmacht mangels Prozeßfähigkeit der Klägerin in der Tat entbehrten. Hätte die Klägerin ohne Vertreter geklagt, und wäre die Klage wegen Prozeßunfähigkeit abzuweisen gewesen, so würde es keinem Zweifel haben unterliegen können, daß der Klägerin gemäß § 103 LVG. die Kosten zur Last zu legen wären. Dadurch aber, daß sie sich im Prozesse vertreten ließ, wurde hieran nichts geändert. Sollte der Vorderrichter mit einer analogen Anwendung des § 102 ZPO. gerechnet haben, demzufolge Rechtsanwälte zur Tragung derjenigen Kosten verurteilt werden können, die sie durch grobes Verschulden veranlaßt haben, so würde dem entgegenstehen, daß es für eine analoge Anwendung jener Vorschrift nicht nur nach Lage der Sache an der tatsächlichen Voraussetzung eines solchen Verschuldens, sondern auch mangels jeden Anhalts im G., der die Übertragung dieser Vorschrift auf das Verwaltungsstreitverfahren ermöglichte, an der unerläßlichen prozessualen Grundlage fehlte.

Nr. 9. Entsch. v. 19. April 1912 (DJZ. **17** 1534) VIII C 126/11.

Der Beigeladene, der der Beiladung Folge leistet, wird nicht Partei. Er wird auch nicht Mitpartei oder Streitgenosse, auch nicht Parteivertreter. Zu den Parteien tritt er in ein prozeßrechtliches Verhältnis überhaupt nicht. Er braucht sich keiner Partei anzuschließen, er kann jeder Partei entgegentreten. Auch dann, wenn er einer Partei sich anschließt, tritt er zu ihr nicht in ein prozeßrechtliches Verhältnis; vielmehr geht er neben den Parteien her und verfolgt seine eigenen Rechte. Für ihn gilt daher nicht eine solche Beschränkung, wie sie § 67 ZPO. für den Nebenintervenienten dahin vorschreibt, daß dessen Erklärungen und Handlungen mit den Erklärungen und Handlungen der Hauptpartei nicht im Widerspruche stehen dürfen. So erklärt sich, daß (§ 66 ZPO.) die Nebenintervention „zum Zwecke der Unterstützung" der Hauptpartei erfolgt, während es für die Beiladung an jeder ähnlichen Vorschrift fehlt.

Nr. 10. Entsch. v. 8. Nov. 1912 (PrVerwBl. **34** 363) VIII C 193/12.

LVG. § 63.

Nach § 63 LVG. ist in der Klage ein bestimmter Antrag zu stellen und sind die Person des Beklagten, der Gegenstand des Anspruchs sowie die den Antrag begründenden Tatsachen genau zu bezeichnen. Die vorliegende Klage enthält weder einen Antrag noch die Angabe einer Begründung. Das Erfordernis der Begründung würde als erfüllt angesehen werden können, wenn ein bestimmter Antrag gestellt wäre, der Gegenstand und Ziel der Klage erkennbar machte. Da es aber an jedem Antrag in der Klage fehlt, liegt eine zur Wahrung der Klagefrist ausreichende Klage nicht vor. Die Bewilligung der Nachfrist zur Begründung der Klage durch den Bezirksausschuß konnte diesen Mangel nicht heilen. Sie war unstatthaft und deshalb wirkungslos; denn es handelte sich um eine befristete Klage. Es mußten daher die gesetzlichen Voraussetzungen einer zulässigen Klage innerhalb der gesetzlichen Ausschlußfrist von zwei Wochen erfüllt sein. Andernfalls trat die Unanfechtbarkeit der Veranlagung ein.

Nr. 11. Bescheid v. 17. Juni 1913 (OVG. **64** 378) VII C 119/13.

Wie eine Berichtigung von Urteilen in dem Umfange, der nach § 319 ZPO. für zivilprozessuale Urteile gilt, in entsprechender Anwendung des gleichen rechtlichen Gesichtspunkts auch im Verwaltungsstreitverfahren zulässig ist, so ist auch für das Verwaltungsstreitverfahren in bezug auf eine solche Berichtigung der für das Gebiet des Zivilprozesses anerkannte Grundsatz anzuwenden, daß in der Rechtsmittelfrage es so anzusehen ist, als ob das Urteil von vornherein in der ihm durch den Berichtigungsbeschluß gegebenen Fassung erlassen worden wäre, und daß daher die Frist zur Einlegung des Rechtsmittels von der vor der Berichtigung erfolgten Zustellung der Entsch. ab läuft.

Nr. 12. Entsch. v. 22. Sept. 1913 (DJZ. **19** 382) IV C 104/13.

Die Ansicht der Klägerin, es sei die Feststellung des Vorderrichters, daß die Klägerin infolge ihrer Gedächtnisschwäche durch einen unabweisbaren Zufall verhindert worden sei, die Klagefrist einzuhalten, als auf tatsächlichem Gebiete liegend, der Nachprüfung in der Revisionsinstanz entzogen, ist irrig. Die Nachprüfung steht vielmehr dem Revisionsrichter in vollem Umfange zu. Denn es handelt sich um die Frage der Innehaltung der in den G. für die Anstellung einer Klage oder für die Einlegung von Rechtsmitteln vorgeschriebenen Fristen, die als auf zwingenden Vorschriften des Prozeßrechts beruhend die Verwaltungsrichter aller Instanzen, und zwar von Amts wegen, zu prüfen haben. Danach würde sich also der Gerichtshof der selbständigen Untersuchung, ob hier die tatsächlichen Voraussetzungen eines unabwendbaren Zufalls, unter denen gemäß § 112 LVG. die Fristversäumnis der Klägerin als entschuldigt anzusehen wäre, wirklich vorgelegen haben, nicht haben entziehen können.

Nr. 13. Entsch. v. 17. April 1914 (PrVerwBl. 35 893) VIII C 296/13.

Wenn der die Klage enthaltende Brief iF. der Bestellung durch den Postboten noch an dem letzten Tage der Frist an den Bezirksausschuß ausgehändigt worden sein würde, so müßte er als noch an diesem Tage in dessen Verfügungsmacht gelangt angesehen werden, wenngleich er nach den vom Bezirksausschusse getroffenen Einrichtungen an diesem Tage tatsächlich von der Postanstalt nicht mehr abgeholt worden ist. Nun hat sich aber die Annahme der Klägerin, daß jener Brief iF. der Bestellung durch den Postboten noch an demselben Tage dem Bezirksausschuß ausgehändigt sein würde, als tatsächlich unrichtig erwiesen. Das zuständige Postamt hat erklärt, daß der am 23. XI. 12 zwischen 2 und 3 Uhr nachmittags eingelieferte Einschreibebrief nach den bestehenden Verbindungen und Bestellgängen an demselben Tage um 5 Uhr 45 Minuten nachmittags dem Besteller übergeben worden wäre. Eine Aushändigung an den Bezirksausschuß hätte sich jedoch an diesem Tage nicht mehr ermöglichen lassen, weil dessen Dienststunden um 6 Uhr nachmittags beendet seien. Danach ist die Klage verspätet an den Bezirksausschuß gelangt. Dieser hatte nur Vorkehrungen zu treffen, daß diejenigen Postsachen, die ihm bei ordnungsmäßigem Bestellgange noch innerhalb der Dienststunden ausgehändigt sein würden, von ihm noch an demselben Tage abgeholt würden. Zu mehr war er nicht verpflichtet, da die Parteien durch die Einrichtung, daß die Postsendungen vom Postamt abgeholt werden, lediglich keine Nachteile gegenüber der ordnungsmäßigen Bestellung durch den Postboten haben dürfen.

Nr. 14. Entsch. v. 21. März 1912 (PrVerwBl. 34 294) IV C 46/12.

ZPO. §§ 176, 178.

Die Vorschriften der §§ 176, 178 ZPO. idFass. v. 17. V. 98, wonach die Zustellungen an die für die Instanz bestellten Prozeßbevollmächtigten erfolgen müssen, finden auf das Verwaltungsstreitverfahren keine Anwendung. Hat eine Partei mehrere Bevollmächtigte allgemein bestellt, so genügt die Zustellung des Urteils an einen von diesen und das Verwaltungsgericht hat die Wahl, die Zustellung an einen der Bevollmächtigten oder an die Partei selbst zu richten.

Nr. 15. Entsch. v. 9. Febr. 1912 (DJZ. 17 1358) VIII C 228/11.

Ein Antrag auf Wiedereinsetzung in den vorigen Stand gegen die Versäumung der Klagefrist ist in der Revisionsinstanz unzulässig.

Nr. 16. Beschl. v. 26. Jan. 1914 (PrVerwBl. 35 580) III E R 31/14.

Bei der Anwendung des § 110 LVG., betr. Beschwerden über Leitung des Verfahrens, kann es sich, wenn anders dem eröffneten Beschwerderecht eine Bedeutung zukommen soll, dabei nur um ein Verfahren handeln, das noch im Gange ist und auf das daher durch die Entsch. der Beschwerdeinstanz eine Einwirkung ausgeübt werden kann. An diesem Gegenstande der Beschwerde fehlt es hier, weil nach § 114 Abs. 4 ZustG. die über Anträge auf Erteilung der Erlaubnis zum Betriebe der Schankwirtschaft im Verwaltungsstreitverfahren ergangene Entsch. des Bezirksausschusses endgültig ist. Hieraus folgt ohne weiteres, daß der Beschluß des Bezirksausschusses, wonach der Antrag des Klägers auf Wiedereinsetzung in den vorigen Stand zurückgewiesen worden ist, den Gegenstand eines Beschwerdeangriffs nicht bilden kann. Das über den Schankerlaubnisantrag des Klägers geführte Verfahren ist durch das Urteil des Bezirksausschusses abgeschlossen und erledigt. Eine Einwirkung der Beschwerdeinstanz auf dieses Verfahren ist danach vom G. versagt und es entziehen sich also die Angaben des Klägers in der Beschwerde der Nachprüfung durch das OVG.

B. Verfahren in I. Instanz.

Nr. 1. Entsch. v. 4. Juli 1912 (PrVerwBl. **34** 669) IV C 222/11.

Ein von dem zuständigen Kreisausschuß gefälltes Urteil kann nicht durch eine spätere Änderung in den Rechtsverhältnissen der einen Partei, z. B. dadurch, daß eine Landgemeinde Stadtgemeinde und ein eigener Stadtkreis wurde, beseitigt werden.

Nr. 2. Entsch. v. 28. März 1912 (DJZ. **17** 1474) IV C 73/11.

Mag in der Unterlassung der Erörterung eines Einwandes ein Mangel enthalten sein, so kann darin doch kein wesentlicher Mangel iS. des § 94² LVG. gefunden werden, der zur Aufhebung des angefochtenen Urteils führen müßte. Die erlassene Entsch. muß allerdings mit Gründen versehen sein (vgl. § 81 Satz 2 aaO.), und es ist unbedenklich, daß, wenn dies versäumt wird, gegen eine grundlegende und deshalb für wesentlich zu erachtende Verfahrensvorschrift verstoßen sein würde. Eine dem Fehlen von Gründen etwa gleichzustellende unzureichende oder lückenhafte Begründung des Vorderurteils liegt aber hier nicht vor. Denn da der dem objektiven Rechte entnommene Einwand der Klägerin sachlich der Begründung entbehrte, so brauchte ihn der Vorderrichter nicht mit besonderen Worten zu erörtern und zu widerlegen, sondern konnte ihn, eben weil er rechtlich unzutreffend war, stillschweigend zurückweisen, ohne daß ihn dieserhalb der Vorwurf trifft, seine Begründung sei so unzureichend oder lückenhaft, daß sie als solche nicht mehr gelten könne.

Nr. 3. Entsch. v. 17. Okt. 1912 (PrVerwBl. **34** 414) III C 277/11.

Wenn ein Urteil nach seiner Begründung nicht mit Sicherheit erkennen läßt, was der Richter als tatsächlich festgestellt erachtet hat und worauf er in tatsächlicher Beziehung seine Entsch. stützt, so liegt darin ein wesentlicher Verfahrensmangel.

Nr. 4. Entsch. v. 23. Jan. 1913 (PrVerwBl. **35** 827) IV C 243/12.

Wenn ein Urteil nicht erkennen läßt, ob es mit dem privaten Wissen einzelner Mitglieder des Gerichts oder mit einer Offenkundigkeit rechnet, so muß darin ein wesentlicher Verfahrensmangel gefunden werden.

Der Vorderrichter legt wesentliches Gewicht darauf und geht davon aus, daß der Bezirksausschuß mit den in Betracht kommenden örtlichen Verhältnissen genügend vertraut sei, um die Frage prüfen und beurteilen zu können, ob das streitige Grundstück außerhalb einer im Zusammenhange gebauten Ortschaft liege. Er läßt indessen nicht erkennen, ob er etwa hierbei mit dem privaten Wissen seiner einzelnen Mitglieder oder aber mit einer Offenkundigkeit rechnet, und letzterenfalls, ob es sich um eine gemeinkundige, nicht nur beim Gerichte, sondern in weiten Kreisen und deshalb auch den Mitgliedern des Gerichts bekannte Tatsache oder um einen Umstand handelt, der einen gerichtlichen, dem Gericht in dieser Eigenschaft bekannten Vorgang betrifft. Das mußte er in erster Linie feststellen. Weil er dies unterlassen hat, unterliegt seine Entsch. der Aufhebung.

Nr. 5. Entsch. v. 9. Mai 1912 (OVG. **61** 459) II C 7/12.

1. § 65 LVG. fordert im Schlußsatz ausdrücklich, daß die Gegenerklärung des Beklagten dem Kläger zugefertigt werde, und wenn § 67 den Erlaß eines Bescheides zuläßt, „schon auf Grund der Erklärungen der Parteien", so muß darunter der in den §§ 65, 66 vorgeschriebene Schriftwechsel verstanden werden. Ob aber die Verletzung der Vorschrift im Schlußsatz des § 65 in allen Fällen als ein wesent-

licher Mangel des Verfahrens iS. des § 94 aaO. anzusehen sei, kann dahingestellt bleiben. Denn hier ist zugleich der Grundsatz von der Notwendigkeit des rechtlichen Gehörs verletzt, der sich dahin zusammenfassen läßt: Niemand darf auf einer Grundlage verurteilt werden, zu deren Anfechtung er nicht in der Lage war. Jede Partei kann eine Behauptung des Gegners bestreiten und ein Beweisergebnis durch weitere Beweismittel entkräften. Deshalb darf der Verwaltungsrichter keine Behauptung und kein Beweisergebnis als richtig in seiner Entsch. verwerten, ohne den Parteien Gelegenheit gegeben zu haben, von ihrem Rechte des Bestreitens und der weiteren Beweisantretung Gebrauch zu machen. Er muß also den Parteien von dem bei ihm eingegangenen Aktenmateriale, soweit er es verwerten will, Kenntnis geben.

2. Diese Sätze gelten nicht bei dem Bescheide des § 64. Er ergeht auf Grund einseitiger Darstellung des Klägers ohne weiteres und stellt sich daher als eine nur vorläufige Entsch. dar, die erst dann endgültig die Instanz zum Abschlusse bringt, wenn die Parteien nicht binnen zwei Wochen mündliche Verhandlung beantragt haben. Durch Unterlassung des Einspruchs geben die Parteien zu erkennen, daß sie nichts mehr vorzubringen hatten, was der Instanzrichter hätte berücksichtigen sollen. Dieselbe Stellung haben die Parteien nach Erlaß eines Bescheids der im § 67 vorgesehenen Art; dennoch ist er von jenem Bescheide des § 64 innerlich verschieden. Er trägt nicht wie jener den Charakter der vorläufigen, der nur den Parteien zur Billigung angebotenen Entsch.; denn er ergeht schon auf Grund der Erklärung beider Parteien. Nur die mündliche Verhandlung zu ersparen soll versucht werden, sonst ist der Bescheid des § 67 eine Entsch., die unter Wahrung aller Verfahrensgrundsätze ergeht. Weil die Parteien aber eine mündliche Verhandlung verlangen können, deshalb und nur deshalb steht ihnen noch ein Rechtsbehelf innerhalb der Instanz zu. Haben jedoch die Parteien noch die Möglichkeit, den Bescheid durch Antrag auf mündliche Verhandlung ohne weiteres aus der Welt zu schaffen, so könnte in Frage kommen, ob ihre Rechte nicht genügend gewahrt werden, wenn ihnen bei Beginn der zweiwöchigen Überlegungsfrist, also bei Zustellung des Bescheids, Kenntnis von den letzten Eingängen, auf die sich der Bescheid aufbaut, gegeben wird. Dann hätten sie genügend Zeit, sich schlüssig zu machen, ob sie sich auf das neu Vorgebrachte noch äußern und zu diesem Zwecke mündliche Verhandlung beantragen oder ob sie den Bescheid als Abschluß der Instanz bestehen lassen wollen. Diese Frage, ob die Klagebeantwortung dem Kläger mit Fristsetzung vor Erlaß des gemäß § 67 ergehenden Bescheids mitgeteilt werden muß oder ob es genügt, wenn sie ihm gleichzeitig mit dem Bescheide zugeht, mag unentschieden bleiben, weil hier der Kläger die Schriftsätze des Gegners bis zur Ansetzung des Verhandlungstermins in der Revisionsinstanz überhaupt noch nicht erhalten hatte. Er wußte also nicht, ob er aus dem neuen Vorbringen des Beklagten Anlaß nehmen sollte, sich noch durch Antrag auf mündliche Verhandlung das Wort zu weiteren Angaben tatsächlicher Art in erster Instanz zu erbitten, oder ob es ihm genügen würde, die Entsch. mit Rechtsgründen bekämpfen zu können.

Nr. 6. Entsch. v. 6. Febr. 1913 (DJZ. 18 1142) IV C 156/12.

Gleichviel, in welchem Umfang eine Widerklage überhaupt im Verwaltungsstreitverfahren nach dem LVG. zugelassen ist, ist jedenfalls die im vorliegenden Falle angestellte Widerklage nach dem allgemeinen Wesen der Widerklage unzulässig und ihre Abweisung somit gerechtfertigt. Sie ist zu einem Teile nur auf eine Verneinung dessen gerichtet, was die Klägerin mit ihrer Klage erstrebt hat. Das Verlangen, daß eine solche bloße Verneinung ausgesprochen werde, liegt schon in dem Antrag auf Abweisung der Klage. Insoweit beantragt der Beklagte zweimal dasselbe, nur in verschiedener Benennung, nämlich zuerst in dem Klageabweisungsantrag und sodann mittels der Widerklage. Die letztere hat also keine selbständige

Bedeutung und erledigt sich schon damit. Aber auch im übrigen erweist sich die Widerklage als unstatthaft. Denn es ist ein ferneres begriffliches Erfordernis einer jeden Widerklage, daß sie auch als Klage statthaft sein würde. Die Widerklage des Beklagten ist eine negative Feststellungsklage auf Grund des § 56 Abs. 5 ZustG. Eine derartige Klage ist allerdings möglich. Aber sie hat zur Voraussetzung, daß die Beteiligten über die Verpflichtung, deren Nichtbestehen festgestellt werden soll, streiten, hier also darüber, ob der Beklagte noch zu etwas weiterem oder anderem als zu der unentgeltlichen Hergabe von Kies für die Unterhaltung der bezeichneten Wege aus der Dominialkiesgrube, um welche Hergabe es sich bei der Klage handelt, verpflichtet ist. Hierüber besteht jedoch kein Streit unter den Parteien. Es mag sein, daß die Klägerin früher, d. h. vor dem jetzigen Streitverfahren, eine Verpflichtung des Beklagten von jener Art behauptet hatte. Zu der maßgebenden Zeit, bei der Anstellung der Klage, hat sie eine solche nicht mehr behauptet. Auch im weiteren Verlaufe des Rechtsstreits hat sie dies nicht getan.

Nr. 7. Entsch. v. 7. Nov. 1912 (DJZ. 18 870) IV C 95/12.

Ist gelegentlich der Ortsbesichtigung nochmals mündlich verhandelt worden, ist also die Augenscheineinnahme in dem Termine zur mündlichen Verhandlung erfolgt, so hätte nach § 12e Regl. zur Ordnung des Geschäftsganges und des Verfahrens bei den Bezirksausschüssen v. 28. II. 84 das Ergebnis des eingenommenen Augenscheins durch Aufnahme in das Protokoll festgestellt und das Protokoll insoweit den Beteiligten vorgelesen oder zur Durchsicht vorgelegt werden müssen. Dies ist nicht geschehen. Die Nichtbeachtung jener verpflichtenden („sind“, „ist“) Vorschrift des Regulativs stellt zweifellos einen Mangel des Verfahrens dar. Dieser Mangel ist jedoch im vorliegenden Falle deshalb nicht als ein „wesentlicher Mangel“, der iS. des § 94 LVG. die Aufhebung der Vorentsch. zur Folge haben müßte, anzusehen, weil gegen das Ergebnis des Augenscheins, wie es in dem Urteile nachträglich niedergelegt wurde, von keiner Seite Einwendungen erhoben worden sind.

Nr. 8. Beschl. v. 5. Mai 1913 (OVG. 65 442) IV E R 50/13.

Das LVG. enthält keine Vorschriften darüber, in welchen Fällen und unter welchen Voraussetzungen der Verwaltungsrichter das Verfahren aussetzen darf. Die Bestimmungen der §§ 148, 149 ZPO. sind in dieser Beziehung mangels einer ihre Anwendbarkeit im Verwaltungsstreitverfahren aussprechenden Vorschrift nicht maßgebend. Die Aussetzung kann daher stattfinden, wenn sie für die sachgemäße Behandlung und Erledigung des Streitverfahrens notwendig oder zweckmäßig erscheint.

Nr. 9. Entsch. v. 23. Okt. 1913 (OVG. 65 242) IV B 39/13.

Das OVG. hat allerdings in den Urt. v. 5. XII. 85 — I 1364 —, 16. IX. 90 — IV 960 — und 22. IV. 93 — I 394 — angenommen, daß die bei der Zurückverweisung aus der Berufungsinstanz dem ersten Richter gegebenen Weisungen nicht in der Weise binden, wie dies im § 101 LVG. für die vom OVG. in der Revisionsinstanz aufgestellten Grundsätze vorgeschrieben ist. Dagegen ist im Urt. v. 24. IX. 94 — III 1045 — unter Bezugnahme auf die damalige Literatur für den Zivilprozeß, wo es ebenfalls an einer Vorschrift über die Bindung bei einer Zurückverweisung aus der Berufungsinstanz fehlt, ausgeführt worden, es sei ganz selbstverständlich und liege in der Natur der Sache, daß der Richter, an den die Sache auf Grund der rechtskräftig gewordenen Entsch. des Berufungsrichters verwiesen wird, an die rechtliche Beurteilung gebunden ist, die der Entsch. des Berufungsrichters zugrunde gelegen hat. Der letzteren Entsch. muß um so mehr beigetreten werden, als die neuere Literatur für den Zivilprozeß sich der früheren durchaus angeschlossen hat. Die Bindung auch ohne besondere Vorschrift folgt wie für den Zivilprozeß, so auch für das Verwaltungsstreitverfahren von selbst und mit Notwendigkeit aus der formellen Rechtskraft des Berufungsurteils und aus der Stellung des im Instanzenzuge untergeordneten Gerichts. Einer Anrufung des Plenums bedarf es nicht, weil das Urt. v. 24. IX. 94 das zuletzt ergangene ist und die drei früheren sämtlich Fälle betreffen, in denen nicht das OVG., sondern ein Bezirksausschuß das zurückverweisende Urteil erlassen hatte.

Nr. 10. Entsch. v. 20. Nov. 1913 (DJZ. **19** 574) H C 385/12.

Eine abgebrochene mündliche Verhandlung im Verwaltungsstreitverfahren ist nicht ohne Wirkung. Eine spätere mündliche Verhandlung ist nicht eine ganz neue mündliche Verhandlung und muß an sich nicht von neuem beginnen; was durch die erste einmal Prozeßstoff geworden ist, bleibt es. Man könnte deshalb vielleicht einwenden, daß durch die auf Antrag einer Partei gepflogene mündliche Verhandlung, wenn sie auch nicht zu einer Entsch. geführt hat, der Partei die Gelegenheit geworden ist, einen Teil des Prozeßstoffs dazu im Wege der mündlichen Verhandlung zu machen, und daß, wenn die Besetzung des erkennenden Gerichts die nämliche ist wie in der früheren mündlichen Verhandlung, immerhin doch vor dem erkennenden Gericht eine mündliche Verhandlung stattgefunden hat. Dagegen würde aber sprechen, daß das Recht, gegen eine auf Grund der Akten gefällte Entsch. mündliche Verhandlung zu beantragen, darauf geht, daß nicht nur überhaupt einmal mündlich verhandelt werde, sondern, wenn eine mündliche Verhandlung nicht das Verfahren abschließt, nochmals eine solche stattfindet, damit auf sie das Urteil unmittelbar ergehen kann. Dieses Recht ist unteilbar, und es geht daher nicht an, daß die Partei nach einer ergebnislosen ersten mündlichen Verhandlung auf eine weitere verzichtet, ohne sich des Rechtes, eine nochmalige Entsch. zu erwirken, überhaupt zu begeben. Aber auch wenn man dem nicht folgen will: bei einer verschiedenen Besetzung des Gerichts in der mündlichen Verhandlung und in der hiervon verschiedenen Spruchsitzung ist jedenfalls das Erfordernis nicht erfüllt, daß vor dem erkennenden Gericht wenigstens einmal mündlich verhandelt werde. Das aber ist das mindeste, was als Inhalt des Rechtes auf mündliche Verhandlung gegenüber einem Bescheide bezeichnet werden muß; und wenn hierauf verzichtet wird, ist der Antrag auf mündliche Verhandlung als förmlicher Rechtsbehelf gegenstandslos. So liegt der Fall hier. Denn an der Sitzung, in welcher die angefochtene Entsch. getroffen worden ist, haben drei Richter teilgenommen, die bei der ersten mündlichen Verhandlung nicht zugegen gewesen sind.

C. Rechtsmittelverfahren; Wiederaufnahme des Verfahrens.

Nr. 1. Entsch. v. 14. Dez. 1911 (DJZ. **17** 1135) VII C 216/11.

Die Revision rügt, daß das Urteil des Bezirksausschusses auf einem Verfahrensmangel insofern beruhe, als der Bezirksausschuß die Ablehnung des Sachverständigen S. nicht berücksichtigt habe. Dies ist unzutreffend. Die Klägerin hatte erklärt, daß sie den Sachverständigen S., der sein Gutachten bereits erstattet hatte, als befangen ablehne, und dieses Ablehnungsgesuch näher begründet. Da die Vorschriften der ZPO. über das bei Ablehnung von Sachverständigen einzuschlagende Verfahren (vgl. § 406 das.) im Verwaltungsstreitverfahren nicht Platz greifen, so konnte ein Eingehen auf dieses Ablehnungsgesuch der Klägerin nur in der in der Sache selbst ergehenden Entsch. erfolgen. In dieser ist der Vorderrichter aber in eine Prüfung der Frage der Befangenheit des Sachverständigen eingetreten und hat dargelegt, aus welchen Gründen er eine solche nicht anerkennen könne. Da somit dem Vorderrichter der Vorwurf einer Verletzung von Verfahrensvorschriften durch das von ihm auf das Ablehnungsgesuch der Klägerin hin beobachtete Verfahren nicht gemacht werden kann, so ist für einen Revisionsangriff kein Raum.

Nr. 2. Entsch. v. 20. Mai 1912 (PrVerwBl. **34** 636) IV B 7/12.

Eine Ansicht, die sich in einem Urteile des Bezirksausschusses ausgesprochen findet, kann als ein bloßer Teil der Begründung nicht mit einem Rechtsmittel angefochten werden.

Nr. 3. Entsch. v. 3. Okt. 1912 (PrVerwBl. **34** 817) IV C 96/12.

Liegt ein Urteil vor, das nur mit der Berufung angefochten werden konnte und auch angefochten worden ist, so ist in der Bezeichnung der Berufungskläger im Urteil als „Erben des verstorbenen Mühlenbesitzers N. N.“ nicht ein wesentlicher Mangel des Verfahrens zu finden, der die Folgen der nicht rechtzeitigen Rechtfertigung der Berufung beseitigen könnte.

Nr. 4. Entsch. v. 26. Sept. 1912 (OVG. **64** 484) IV C 61/12.

Der Einwand der rechtskräftig entschiedenen Sache ist auch in der Revisionsinstanz von Amts wegen zu berücksichtigen. Rechtskräftig wird aber nur die Entsch., während die Entscheidungsgründe keine Rechtskraft erlangen.

Nr. 5. Entsch. v. 16. Jan. 1913 (PrVerwBl. 35 702) IV C 226/12.

Es ist außer Zweifel, daß der Kläger keine Nachfrist zur Rechtfertigung der Berufung nachgesucht hat, und daß die ohne ein Gesuch erfolgte Gewährung einer Nachfrist durch den Vorsitzenden des Kreisausschusses rechtlich bedeutungslos ist, weil sie erst nach dem Ablaufe der Berufungsfrist stattgefunden hat. Ebensowenig kann anerkannt werden, daß der Schriftsatz des Klägers bereits eine Rechtfertigung der Berufung enthalten hat. Er mag den Gegenstand und das Ziel der Berufung insoweit erkennbar gemacht haben, als es sich darum handelt, ob das ganze Urteil der ersten Instanz angefochten werden sollte oder nur ein Teil davon, und zum Ausdruck gebracht haben, daß das Erstere geschehe, und daß die Abänderung des ganzen Urteils zugunsten des Klägers verlangt werde. Aber Gegenstand und Ziel der Berufung sind nicht noch weiter in der Weise erkennbar gemacht worden, die erforderlich ist, um auch eine Rechtfertigung, d. h. eine Angabe der Gründe, weshalb das Urteil der ersten Instanz angefochten werde, in dem Schriftsatze finden zu können.

Nr. 6. Entsch. v. 17. Febr. 1914 (OVG. **66** 449) II C 220/13.

Nach der im ersten Rechtsgange von dem damals zuständigen Siebenten Senate des OVG. erlassenen Entsch. hatte der Bezirksausschuß festzustellen, wann und zu welcher Steuerstufe der Kläger rechtskräftig zur Gewerbesteuer veranlagt sei, und danach zu entscheiden, ob und in welcher Höhe er wegen Erweiterung der Schank- zur Gastwirtschaft zur Erlaubnissteuer herangezogen werden könnte. Der Siebente Senat ist dabei davon ausgegangen, daß der Kläger steuerpflichtig geworden sei, weil er die Erlaubnis zum Betriebe der Gastwirtschaft als für einen erweiterten Betrieb erworben habe, und hat die Prüfung der Frage, „ob Kläger herangezogen werden konnte“, anscheinend nur deshalb angeordnet, weil er mit der Möglichkeit rechnete, daß zur Zeit der Heranziehung des Klägers dessen Veranlagung zur Gewerbesteuer noch nicht rechtskräftig erfolgt war. In diesem Falle hätte nämlich die Erlaubnissteuer trotz des Bestehens der subjektiven Steuerpflicht noch nicht gefordert werden dürfen. Der Vorderrichter aber hat jetzt den Kläger freigestellt, weil er auf Grund neuer Erhebungen die Erweiterung des Betriebs und infolgedessen die Entstehung einer subjektiven Steuerpflicht überhaupt verneinte. Unter diesen Umständen fragte es sich zunächst, ob nicht der Vorderrichter entgegen der Vorschrift des § 101 LVG. die bei der Zurückverweisung der Sache vom OVG. aufgestellten Grundsätze unbeachtet gelassen hat. Träfe das zu, so hätte die Vorentsch. aufgehoben werden müssen, weil auch das OVG. an die von ihm — sei es auch von einem anderen Senate — bei der Zurückverweisung aufgestellten Rechtsgrundsätze gebunden ist, wenn es in einem neuen Rechtsgange wieder mit der Sache befaßt wird. Aber ein Verstoß gegen den § 101 hat nicht stattgefunden. Zwar besteht die in ihm vorgesehene Bindung sowohl für die unteren Instanzen wie für das OVG. unbedingt und ausnahmslos, jedenfalls sofern es sich um Rechtsgrundsätze, insbesondere um das Bestehen und die Auslegung objektiven Rechtes handelt. Im vorliegenden Falle handelt es sich aber nicht um die Aufstellung derartiger Grundsätze, vielmehr hat das OVG., wenn es wirklich das Bestehen einer subjektiven Steuerpflicht bejahen wollte, das nur in Anwendung unzweifelhafter Rechtsgrundsätze auf den Tatbestand, der damals aktenmäßig war, getan, und der Bezirksausschuß ist zu seinem Spruche gelangt, indem er dieselben rechtlichen Grundsätze auf einen neuen Tatbestand anwandte. Das hat ihm die Revisionsentsch. des ersten Rechtsganges nicht versagen können und wollen, namentlich hat sie auch nicht der Ausdehnung des Verfahrens auf die Ermittelung der neuen Tatsachen im Wege gestanden.

Nr. 7. Entsch. v. 6. Febr. 1913 (OVG. **63** 473) III A 51/11.

§ 579[4] ZPO. setzt voraus, daß eine Partei „in dem Verfahren nicht nach Vorschrift der G. vertreten war". Der Kläger war aber in dem vor dem Bezirksausschusse geführten Verfahren vertreten; denn er hatte einen Prozeßbevollmächtigten bestellt, dem auch die Berufung zugestellt worden war und der darauf eine Gegenerklärung abgegeben, also den Kläger tatsächlich vertreten hatte. Der Kläger hat also weder einer gesetzlich vorgeschriebenen Vertretung entbehrt, noch ist er fälschlicherweise durch eine der Vertretungsbefugnis ermangelnde Person vertreten worden. Der Umstand, daß die Ladung des Vertreters zum Verhandlungstermin infolge eines bei der Ausfertigung vorgekommenen Versehens auf eine falsche Terminsstunde gelautet hat und daß dadurch dem Vertreter die Möglichkeit der Terminswahrnehmung genommen war, ist zwar ein wesentlicher Mangel des Verfahrens und würde, mit einem ordentlichen Rechtsmittel geltend gemacht, die Aufhebung des darauf beruhenden Urteils rechtfertigen, wenn dieses nicht nach Lage der Gesetzgebung endgültig und der Anfechtung durch ein ordentliches Rechtsmittel entzogen wäre. Dieser Umstand vermag aber nicht die Auffassung zu begründen, daß die tatsächlich vertretene und durch ihren Vertreter am Verfahren beteiligt gewesene Partei „nicht nach Vorschrift der G. vertreten gewesen" sei. Eine ausdehnende Auslegung der Vorschriften über den außerordentlichen Rechtsbehelf der Wiederaufnahme des Verfahrens kann nicht als zulässig anerkannt werden.

Nr. 8. Entsch. v. 27. März 1913 (OVG. **65** 439) IV A 32/12.

Der nach § 100 LVG. zur Anwendung zu bringende § 580 ZPO. läßt die Restitutionsklage zu: „2. wenn eine Urkunde, auf welche das Urteil gegründet ist, fälschlich angefertigt oder verfälscht war". Der Präsentationsvermerk auf der Klage stellt eine Urkunde iS. der hier maßgebenden Bestimmungen dar. Ferner ist offensichtlich, daß das angefochtene Urteil lediglich auf dem Inhalte dieser Urkunde beruht, der sich in der Beurkundung des Eingangstags erschöpft. Allein die Nr. 1 bis 5 des § 580 aaO. behandeln sämtlich strafbare Handlungen. Bei den Nr. 1 und 3 bis 5 ergibt sich dies ohne weiteres aus der Fassung der Bestimmung selbst. Bei Nr. 2

ist aber ebenfalls der Wortlaut des § 267 StGB. gewählt, und unter den Begriff der „fälschlichen Anfertigung" oder „Verfälschung" fällt die Einstellung eines falschen Präsentatums ohne besondere, hier nicht behauptete Nebenumstände nicht. Der Kläger gibt selbst an, der Amtsvorsteher habe bei der unrichtigen Beurkundung keine strafbare Handlung begangen, und folgert hieraus, es liege der zweite Fall des § 581 ZPO. vor, in dem es heißt: „In den Fällen des vorhergehenden Paragraphen Nr. 1 bis 5 findet die Restitutionsklage nur statt, wenn wegen der strafbaren Handlung eine rechtskräftige Verurteilung ergangen ist oder wenn die Einleitung oder Durchführung eines Strafverfahrens aus anderen Gründen als wegen Mangel an Beweis nicht erfolgen kann." Diese anderen Gründe sind rein äußere, z. B. Abwesenheit, Tod des Angeklagten. Der Begriff des „Mangels an Beweis" umfaßt aber den ganzen objektiven und subjektiven Tatbestand. Ein solcher äußerer Grund kommt hier nicht in Frage. Der § 581 aaO. scheidet aber auch schon deshalb aus, weil nach der in den Akten des Klägers befindlichen Zustellungsurkunde der Beklagte die Klageschrift mit Recht als am 21. II. 09 bei ihm eingegangen ansehen und sie mit dem Eingangsstempel dieses Tages versehen durfte. Aus der Zustellungsurkunde ergibt sich nämlich, daß der Beklagte ein eigenes Geschäftslokal besitzt, und daß er am 18. II. 09 von dem zustellenden Postbeamten in diesem Geschäftslokale nicht angetroffen worden ist. Die Zustellung konnte also nicht an die Ehefrau mit Wirksamkeit gegenüber dem Beklagten bewirkt werden. Entscheidend ist vielmehr der Zeitpunkt, in dem die Klageschrift in die Hand des Beklagten gelangt ist.

Nr. 9. Bescheid v. 12. Juni 1913 (PrVerwBl. 36 8) III A 17/13.

Nach § 100 LVG. ist eine Klage auf Wiederaufnahme des Verfahrens nur unter denselben Voraussetzungen, in demselben Umfange und innerhalb derselben Fristen zulässig, wie nach den bürgerlichen ProzeßG. die Nichtigkeits- bzw. die Restitutionsklage. Die Klage kann deshalb nur auf einen derjenigen Gründe gestützt werden, die in §§ 579 und 580 ZPO. einzeln aufgeführt sind. § 579 Abs 1[4] bezieht sich allein auf solche Fälle, in denen die auf die Vertretung der Prozeßpartei durch andere Personen, die sogenannten gesetzlichen Vertreter und die Prozeßbevollmächtigten, bezüglichen Gesetzesvorschriften verletzt sind. Der Mangel der Ladung ist nicht identisch mit einem Mangel in der gesetzlichen Vertretung der Prozeßpartei iS. des § 579 Abs. 1[4]. Demgemäß hat auch das OVG. erst neuerdings in seinem Urt. v. 6. II. 13 — III A 51/11 — in Übereinstimmung mit früheren Entsch., z. B. derjenigen v. 5. X. 08 — VII A 1/08 — anerkannt, daß die Klage auf Wiederaufnahme des Verfahrens gemäß § 579 Abs. 1[4] iVerb. mit § 100 LVG. beim Mangel der Ladung zur mündlichen Verhandlung nicht gegeben sei.

Nr. 10. Entsch. v. 17. Nov. 1913 (PrVerwBl. 35 731) III A 74/13.

Nach § 100 LVG. findet gegen die im Verwaltungsstreitverfahren ergangenen rechtskräftig gewordenen Endurteile die Klage auf Wiederaufnahme des Verfahrens unter denselben Voraussetzungen, in demselben Umfang und innerhalb derselben Fristen statt, wie nach den bürgerlichen ProzeßG. die Nichtigkeitsklage bzw. die Restitutionsklage. Die Klägerin stützt im vorliegenden Falle ihr Rechtsmittel auf die Vorschriften der §§ 580[3], 581 Abs. 1 ZPO. Danach ist die Restitutionsklage gegeben, wenn durch Beeidigung eines Zeugnisses oder eines Gutachtens, auf die das Urteil gegründet ist, der Zeuge oder der Sachverständige sich einer vorsätzlichen oder fahrlässigen Verletzung der Eidespflicht schuldig gemacht hat; es findet die Restitutionsklage jedoch nur statt, wenn wegen der strafbaren Handlung eine rechtskräftige Verurteilung ergangen ist, oder wenn die Einleitung oder Durchführung eines Strafverfahrens aus anderen Gründen als wegen Mangels an Beweis nicht erfolgen kann. Die Klägerin meint, daß der in den letzten Worten vom G. aus Gründen der Gerechtigkeit zugelassene Ausnahmefall von dem Erfordernisse der rechtskräftigen Verurteilung hier vorliege. Sie ist der Ansicht, daß die in dem früheren Verwaltungsstreitverfahren gehörten Zeugen, auf deren Bekundungen sich die Urteile wesentlich gründen, ihre Eidespflicht verletzt haben, und daß die Einleitung oder Durchführung eines Strafverfahrens gegen diese Personen deshalb ausgeschlossen sei, weil der Reisende G., der im voraufgegangenen Verfahren für sie als Hauptentlastungszeuge in Betracht kam, sich inzwischen erschossen hat und aus diesem Grunde nicht mehr hat vernommen werden können. Es ist jedoch nicht abzusehen, weshalb wegen dieser Tatsache ein Strafverfahren wegen Meineids gegen die genannten Zeugen nicht durchführbar sein soll; die Möglichkeit, diese strafrechtlich zu verfolgen, bleibt auch trotz des Todes des G. bestehen. Träfe aber selbst das Gegenteil zu, so würde die Einleitung oder Durchführung des Strafverfahrens doch immer nur wegen Mangels an Beweis nicht erfolgen können, ein Restitutionsgrund mithin nicht gegeben sein.

D. Kosten des Verfahrens.

Nr. 1. Beschl. v. 8. Febr. 1912 (OVG. **61** 456) VII E R 109/11.

1. Wenn im Verwaltungsstreitverfahren eine Partei Auslagen gehabt hat, die sich auf mehrere Streitsachen beziehen, so ist sie, wenn man allgemeine Rechtsgrundsätze zugrunde legt, berechtigt, ihren Anspruch nach Wahl gegen einen einzelnen oder gegen mehrere ihrer Gegner geltend zu machen, jedoch mit der Maßgabe, daß durch einmalige vollständige Befriedigung die Forderungen erlöschen. Dies ergibt sich daraus, daß die einzelnen Gegner in keiner Rechtsgemeinschaft zueinander stehen, und daß es für jeden von ihnen ein Zufall ist, wenn die andere Partei in mehreren Sachen mit denselben Auslagen beteiligt ist. Es besteht zwischen ihnen eine sogenannte Solidarobligation oder ein „unechtes Gesamtschuldverhältnis". Wollte man die Vorschriften des bürgerlichen Rechtes anwenden, so würde sogar in hohem Maße zweifelhaft sein, ob eine Ausgleichung zwischen den Teilnehmern und den unechten Gesamtschuldnern möglich wäre (§§ 421, 425 BGB.). Indessen sind diese Vorschriften nicht ohne weiteres anwendbar, vielmehr gelten für die nach dem LVG. zu beurteilenden kostenrechtlichen Fragen besondere Regeln. So ist es feststehender Rechtsgrundsatz des OVG., daß die forderungsberechtigte Partei ihre Auslagen unter die mehreren Gegner verteilen muß. Hieraus folgt jedoch nicht, daß zu einer Partei, die an demselben Sitzungstag in mehreren Sachen beteiligt ist, jeder Gegner von vornherein in bezug auf die gemeinsamen Auslagen in einem Teilschuldverhältnisse steht. Diese Auffassung würde dazu führen, daß die Geltendmachung der Auslagen gegen jeden Gegner auf den der Zahl der Sachen entsprechenden Teilbetrag beschränkt wäre. Eine solche Folgerung hat jedoch das OVG. nicht gezogen; denn es spricht aus, daß, wenn einzelne der Gegenparteien obgesiegt haben und deshalb von Auslagenersatz frei sind, dennoch der Auslagenbetrag von den unterlegenen Parteien voll gefordert werden kann.

2. Wenn das OVG. den obsiegenden Teil nötigt, seine Auslagen gegen die unterliegenden Parteien in Teilbeträgen geltend zu machen, so beruht dies darauf, daß man den unterliegenden Gegnern untereinander ein Ausgleichungsrecht zugestehen und dies soweit wie möglich schon im Kostenfestsetzungsverfahren verwirklichen wollte.

Auf einem im wesentlichen gleichen Standpunkte steht die Rechtsprechung der ordentlichen Gerichte in den nach bürgerlichem Prozeßrechte zu entscheidenden Sachen.

3. Hieraus geht hervor, daß die Rechtsentwickelung im allgemeinen einen den unterliegenden Parteien günstigen Verlauf genommen hat, aber nur in der Weise,

daß der obsiegende Teil bei seiner Rechtsverfolgung das Vorhandensein mehrerer Schuldner in billiger Weise berücksichtigen muß. Nicht aber darf diese Begünstigung der Schuldner dazu führen, daß die siegende Partei in ihren — an sich begründeten — Ansprüchen verkürzt wird; denn sie würde dann unter Umständen ungünstiger dastehen, wenn sie in derselben Gerichtssitzung mehrere Termine wahrzunehmen hat, als wenn sie nur einem Gegner gegenübersteht. Im vorliegenden Falle hat der Beklagte an und für sich einen Anspruch auf Ersatz seiner vollen Auslagen. Wenn er nun auch in der Geltendmachung bis zu einem gewissen Grade beschränkt war, so besteht doch kein Anlaß, eine Beschränkung auch dann eintreten zu lassen, wenn eine der Gegenparteien zahlungsunfähig ist; denn die Folge hiervon würde sein, daß der Beklagte nicht den vollen Auslagenersatz erhielte, auf den er Anspruch hat. Es würde auch nicht der Billigkeit entsprechen, den Beklagten zunächst auf den Weg der Zwangsvollstreckung zu weisen, wenn feststeht, daß diese keinen Erfolg verspricht.

Nr. 2. Entsch. v. 20. April 1914 (PrVerwBl. 35 910) I H C 98/13.

Der Wert des Streitgegenstandes bestimmt sich nach dem Inhalte der Klage; er ist dasjenige, was eingeklagt wird, nicht bloß dasjenige, was nach einem im Laufe des Streitverfahrens abgegebenen Anerkenntnisse streitig geblieben ist. Ein Anerkenntnis berührt nicht den Streitgegenstand und dessen Wert, sondern hat nur eine Ermäßigung der Tarifsätze für die Berechnung des Kostenpauschquantums zur Folge (Nr. II u. III Tarif v. 27. II. 84).

Zeitfolgeverzeichnis der Entscheidungen.

In der ersten Spalte wiederholen sich auch bei Entscheidungen gleichen Datums die Tagesziffern. Nur einmal steht die Tagesziffer, wenn ein und dieselbe Entscheidung auf mehreren Seiten dieses Bandes (fünfte Spalte) vorkommt, zuweilen auch unter verschiedenartiger Bezeichnung des „Gegenstandes" in der zweiten Spalte, vereinzelt auch der „Fundstelle" in der dritten und vierten Spalte.

Von den auf S. 932 des ersten Hauptbandes erwähnten „besonderen Abkürzungen" kommen hier nur folgende vor.

K. = **KGJ.** P. = **Pr**VerwBl.
O. = **OVG.** D. = **DJZ.**

Außerdem kommen folgende neue Abkürzungen vor:

R. = Das **Recht**, Rundschau für den deutschen Juristenstand, Hannover (seit 1897).

Z. = Zeitschrift für **Polizei- und Verwaltungsbeamte**, herausgegeben von G. Kautz (seit 1893).

Striche (— — | —) stehen in der dritten und vierten Spalte bei Entscheidungen, deren „Fundstelle" im Text dieses Bandes nicht angegeben und auch nicht anderweitig ermittelt worden ist.

Die Schrägstellung der Seitenziffern in der vierten Spalte bedeutet, daß die Entscheidung nur in einer Anmerkung des betr. Bandes vorkommt, in der fünften Spalte, daß sie auf der betr. Textseite nicht abgedruckt, sondern daselbst nur in Bezug genommen ist.

Die Ziffern in der fünften Spalte verweisen auf die Seiten des vorliegenden Bandes.

März 1859—Februar 1904

Datum	Gegenstand	abgedruckt Band	abgedruckt Seite	Seite
1859 März 14.	UntWohnsitz	Strieth. A. 35	13	16
1877 April 30.	Baupolizei	O. 2	351	433
1878 Febr 23.	Wasserpolizei	O. 3	226	195
1882 Jan. 30.	Baupolizei	O. 8	303	261
1885 Mai 1.	Schulbrennholzlieferung	O. 12	217	166
Dez. 5.	VerwStrVerf.	—	—	509
1886 Nov. 10.	GewPolizei	Reger 7	358	337
1887 Febr. 11.	Baupolizei	O. 14	379	433
1888 Juni 22.	Baupolizei	P. 9	363	256
Sept. 14.	GemWahlen	O. 17	117	73
Nov. 19.	WasserGenossensch.	O. 17	329	192
Dez. 1.	DiszVerf.	O. 17	443	476
1889 Mai 23.	Jagdpolizei	O. 18	290	215
1890 Juni 20.	Baupolizei	O. 21	385	239
Sept. 16.	VerwStrVerf.	—	—	509
Dez. 17.	GemWahlen	O. 20	82	73
1892 Juni 15.	Schulbaulast	O. 23	158	174
Dez. 7.	DiszVerf.	O. 24	413	477
1893 April 22.	VerwStrVerf.	—	—	509
Juni 13.	Wegepolizei	O. 25	253	319
Juli 12.	Landgemeinden	O. 25	137	177
Nov. 14.	GemWahlen	P. 15	261	38
1894 Jan. 6.	Polizeikosten	O. 26	85	50
März 15.	Jagdpolizei	O. 26	264	211
1894 Mai 11.	DiszVerf.	O. 26	419	479
Juni 6.	GemLasten	O. 26	74	28
Sept. 24.	VerwStrVerf.	—	—	509
1895 Sept. 19.	Deichpolizei	O. 28	261	203
Nov. 27.	Baupolizei	O. 29	384	239
1896 Jan. 24.	Theaterzensur	O. 29	429	413
Febr. 11.	Polizeikosten	O. 29	99	51
Okt. 3.	GemLasten	O. 30	24	28
Dez. 3.	Strompolizei	O. 31	233	186
1897 Febr. 23.	Gutsbezirke	O. 31	113	59
Okt. 1.	Lehrerruhegehalt	P. 19	467	144
1899 Mai 26.	DiszVerf.	—	—	479
27.	GewPolizei	O. 35	342	341
Juni 27.	AmtsverwKosten	O. 36	6	51
Dez. 14.	Baupolizei	O. 36	403	51
1900 Juli 2.	Baupolizei	O. 37	401	270
1901 März 1.	Vereinsrecht	O. 39	440	387
1.	"	O. 39	444	399
Mai 23.	Baupolizei	O. 40	398	288
Juli 12.	Vereinsrecht	—	—	397
1902 Jan. 7.	Staatsangehörigkeit	O. 41	387	178
März 18.	GemWahlen	O. 41	25	38
1903 Jan. 16.	Vereinsrecht	O. 42	414	399
März 27.	Schulbrennholzlieferung	O. 44	213	166
1904 Jan. 8.	GemWahlen	O. 44	149	38
Febr. 1.	PrivVersUnt.	O. 45	347	370

Februar 1904—Januar 1911.

Datum	Gegenstand	abgedruckt Band	abgedruckt Seite	Seite
1904 Febr. 5.	Gebühren	O. 45	96	427
März 8.	Kirchenvermögen	O. 45	184	107
Mai 9.	WassGenossenschaften	O. 45	327	189
10.	Baupolizei	P. 26	276	249
20.	GemWahlen	—	—	43
Nov. 1.	"	O. 46	136	83
25.	Polizeil. Verf.	O. 46	423	51 407
Dez. 8.	Handelskammern	—	—	462
1905 Juli 7.	GemWahlen	—	—	43
Okt. 20.	Eisenbahnen	Arch. f. Eisenbahnwesen 06	217	279
Dez. 15.	Volksschullasten	P. 27	579	151
1906 Nov. 5.	GewPolizei	O. 50	366	348
1907 März 8.	Lehrerruhegehalt	O. 50	164	144
25.	Wegepolizei	O. 50	284	318
Juli 2.	Geisteskranke	O. 51	221	435 437
Sept. 26.	GewPolizei	K. 34C	11	355
Okt. 25.	Landgemeinden	O. 51	41	83
1908 Jan. 14.	GemWahlen	O. 52	43	27
Febr. 18.	Vereinsrecht	—	—	397
März 13.	Gesundheitspolizei	O. 52	284	407
April 6.	Quellenschutz	O. 52	380	440
Mai 8.	Gutsbezirke	O. 52	57	498
Okt. 5.	VerwStrVerf.	—	—	513
20.	GemEinkSt.	O. 53	151	28
1909 Febr. 23.	Kommunalzugehörigkeit	O. 54	51	60
April 2.	Begräbniswesen	O. 54	180	430
1909 April 27.	KirchenSt.	O. 54	189	118 119
Juni 22.	"	O. 54	208	118
Sept. 17.	GemBeamte	—	—	46
Okt. 27.	Wasserpolizei	O. 55	329	183
Nov. 1.	Straßenreinigung	P. 31	800	307
9.	Versammlungsrecht	O. 55	277	372
1910 Jan. 7.	KirchenSt.	O. 55	228	118 119
24.	Jagdpolizei	O. 55	356	218
April 12.	Versammlungsrecht	O. 56	308	372
Mai 27.	Schulbaulast	O. 57	226	173
Juni 17.	Konflikte	O. 57	501	445
18.	Baupolizei	O. 57	471	292
Juli 4.	Jagdpolizei	O. 58	358	206
5.	Stadtverordnetenwahlen	O. 57	50	35
7.	Jagdpolizei	O. 65	318	208 211 213
11.	GewPolizei	O. 56	378	349
13.	Theaterzensur	P. 35	714	414
Okt. 4.	Stadtverordnetenwahlen	O. 58	44	41
7.	DiszVerf.	R. 17	785	470
13.	Jagdpolizei	O. 61	297	209
14.	Versammlungsrecht	P. 32	297	383 395
Nov. 24.	GewPolizei	O. 65	350	363
25.	Ortsarmenverbände	O. 58	62	100
25.	Lehrerberufung	O. 58	182 218	129
Dez. 14.	Gesundheitspolizei	—	—	404
1911 Jan. 10.	Stadtverordnetenwahlen	O. 57	64	30
17.	DiszVerf.	R. 17	785	465
20.	Bezirksveränderungen	O. 58	99	498
24.	GemWahlen	O. 58	103	30

Februar 1911—Februar 1912.

Datum	Gegenstand	abgedruckt Band	abgedruckt Seite	Seite
1911 Febr. 17.	Versammlungsrecht	P. 33	129	*383* *395*
März 7.	Vereinsrecht	—	—	*397*
9.	Bürgersteige	O. 58	330	309
23.	GewPolizei	O 61	313	357
Mai 9.	Schullasten	O 59	226	*162*
19.	Baupolizei	O. 59	423	289
Juni 1.	GewPolizei	O. 61	340	345
2.	Volksschullasten	O. 59	236 u. ff.	*154*
12.	GewPolizei	O. 61	342	347
Juli 4.	Baupolizei	—	—	*234*
7.	Schulleiter	O. 59	203	*135*
Sept. 21.	GewPolizei	O. 61	318	357
22.	Theaterzensur	O. 61	230	413
26.	PolizeiVerordn.	O. 61	120	449
26.	WassGenossenschaften	O. 61	278	189
Okt. 2.	Handelskammern	—	—	*463*
3.	Fortbildungsschulen	O. 60	239	*177*
6.	KirchenSt.	O. 60	275	*115*
10.	Fremdenschulgeld	O. 60	244	*147*
10.	Kreistagswahlen	O. 61	1	6
12.	Wegepolizei	O. 60	374	*300*
12.	"	O. 61	265	312
16.	GewPolizei	O. 61	345	345
31.	Sicherheitspolizei	O. 61	124	426
Nov. 7.	Vereinsrecht	O. 60	334	*397*
7.	Baupolizei	O. 61	407	235
13.	Kraftwagenführer	O. 61	197	421
17.	Kath. Kirche	O. 61	71	121
21.	Gesundheitspolizei	O 61	208	400
28.	Kath. Kirche	O. 61	92	122
Dez. 1.	KirchenSt.	O. 61	100	108
1.	Begräbniswesen	O. 61	130	428
7.	Ansiedelungen	O. 61	112	229
8.	Gesundheitspolizei	P. 34	132	408
11.	GewPolizei	O. 60	428	*356*
12.	Baupolizei	O. 60	469	*288*
12.	"	O. 61	395	280
14.	Wegepolizei	O. 60	367	*329*
14.	Versammlungsrecht	D. 17	351	*381*
14.	Bürgersteige	D. 17	1134	310
14.	VerwStrVerf.	D. 17	1135	510
14.	Wegepolizei	—	—	*329*
15.	Begräbniswesen	O. 61	133	430

Datum	Gegenstand	abgedruckt Band	abgedruckt Seite	Seite
1911 Dez. 19.	PolizeiVerordn.	O. 61	140	448
19.	Brandentschädigung	O. 61	146	432
19.	Versammlungsrecht	P. 34	145	377
21.	Brücken	O. 60	372	*288*
21.	GewPolizei	O. 61	*317*	358
1912 Jan. 5.	Baupolizei	O. 61	401	268
9.	Wasserpolizei	O. 61	292	199
11.	GewPolizei	O. 61	347	364
11.	"	O. 61	354	361
11.	"	O. 61	355	361
13.	Konflikte	O. 61	415	482
13.	Stadtverordnetenwahlen	O. 61	3	33
19.	Polizeil. Verf.	P. 34	63	441
19.	DiszVerf.	R. 17	785	465
21.	"	P. 34	277	467
23.	Stadtverordnetenwahlen	O. 61	6	41
25.	GewPolizei	O. 61	319	332
25.	KrankVerf.	O. 61	365	453
25.	GemNutzungen	P. 34	278	46
26.	GewPolizei	O. 61	153	363
26.	GemWahlen	P 34	44	62
26.	"	P. 34	44	63
26.	Wasserpolizei	P. 34	149	204
Febr. 1.	VerwStrVerf.	O. 61	454	501
2.	Gesundheitspolizei	O. 61	157	402
2.	Begräbniswesen	O. 61	168	429
2.	Baupolizei	P. 34	169	281
2.	DiszVerf.	D. 17	1299	476
5.	Jagdpolizei	O. 65	324	211
5.	GewPolizei	O. 61	350	365
5.	"	O. 61	352	365
6.	DiszVerf.	O. 61	432	478
8.	VerwStrVerf.	O. 61	456	514
9.	"	D. 17	1358	506
12.	GewPolizei	O. 64	514	366
13.	Polizeil. Verf.	P. 34	208	442
15.	KrankVerf.*)	P. 35	25	454
16.	Stadtverordnetenwahl	O. 61	8	24
16.	PolizeiVerordn.	O. 61	170	447
16.	Versammlungsrecht	O. 61	238	378
19.	Jagdpolizei	O. 61	306	207
19.	PrivVersUnt.	O. 61	357	368
20.	DiszVerf.	O. 61	433	466

*) Bescheid

Februar 1912—Mai 1912.

Datum	Gegenstand	abgedruckt Band	abgedruckt Seite	Seite
1912 Febr.				
23.	Polizeikosten	O. 61	14	54
23.	"	O. 61	18	49
23.	DiszVerf.	O. 61	439	479
27.	Wasserpolizei	P. 34	279	181
29.	Bürgersteige	P. 34	29	310
März				
1.	Mietentsch. f. Volksschullehrer	O. 61	43	138
3.	Baupolizei	P. 34	403	246
4.	GewPolizei	R. 17	638	359
5.	DiszVerf.	O. 61	450	476
5.	Baupolizei	P. 34	229	282
7.	Vorausleistungen z. Wegebau	D. 17	1474	330
8.	Grabenräumung	P. 34	260	193
8.	Baupolizei	P. 34	415	230
12.	Polizeikosten	O. 61	21	55
12.	Schulbrennholzlieferung	O. 61	60	162
14.	Polizeil. Verf.	O. 61	185	442
14.	Jagdpolizei	O. 61	301	210
14.	Chausseepolizei	O. 61	267	317
14.	Bergrecht	O. 61	369	458
14.	"	O. 61	367	459
14.	Kraftwagenführer	P. 34	117	421
15.	Volksschullasten	O. 61	48	149
15.	Vereinsrecht	O. 61	244	394 *384* *397*
15.	Polizeikosten	P. 34	78	55
15.	Versammlungsrecht	—	—	*383*
18.	Wegepolizei	O. 63	325	318
19.	GemBeamte	O 61	26	77
21.	KrankVers.	O. 61	364	451
21.	VerwStrVerf.	P 34	294	506
26.	Schullasten	O. 61	64	169
28.	GewPolizei VerwStrVerf.	O. 61	336	350 501
28.	"	D. 17	1474	507
29.	Baupolizei	O. 61	410	242
29.	Konflikte	O. 61	417	484
29.	Baupolizei	P. 34	296	241
April				
1.	Ansiedelungen	O. 61	115	227
1.	Feuerstellen b. Waldungen	P. 34	332	229
2.	Baupolizei	O. 61	375	231
2.	"	O. 61	391	285
2.	"	P. 34	333	258
11.	Wegepolizei	O. 61	270	321
12.	Kath. Kirche	O. 61	97	123
15.	Ansiedelungen	O. 61	117	225
15.	"	O. 61	118	*225*

Datum	Gegenstand	abgedruckt Band	abgedruckt Seite	Seite
1912 April				
15.	Kraftwagenführer	O. 61	199	422 *424*
15.	Ansiedelungen	P. 34	431	219
16.	Volksschullasten	O. 61	54	150
16	Baupolizei	O. 61	386	265
16.	Konflikte	O. 61	425	486
18.	Wegepolizei	O. 61	272	299
18.	Polizeil. Verf.	P. 34	96	442
19.	KirchenSt.	O. 61	104	109
19.	VerwStrVerf.	D. 17	1534	504
22.	GewPolizei	O. 63	381	348
22.	"	P. 34	331	351
25.	Straßenreinigung	O. 61	187	426
25.	Jagdpolizei	O. 61	310	208
25.	GewPolizei	O. 61	326	338
25.	Wegepolizei	O. 63	299	303
25.	GewPolizei	D. 18	171	341
26.	Gesundheitspolizei	P. 34	365	408
29.	Straßenreinigung	P. 34	652	306
30.	KirchenSt.	O. 61	108	114
Mai				
2.	Kraftwagenführer	O. 61	203	423
2.	Wegepolizei	O. 61	275	321
2.	Vereinsrecht	D. 18	171	396
3.	GemWahlen	O. 61	36	70
3.	Gesundheitspolizei	O. 61	214	403
6.	Jagdpolizei	O. 65	329	212
9.	VerwStrVerf.	O. 61	459	507
9.	Wegepolizei	P. 34	471	328
10.	Bürgermeister	O. 61	11	45
10.	Sprengstoffe	O. 61	175	432
10.	Versammlungsrecht	O. 61	252	371
13.	GewPolizei	O. 61	332	342
14.	KirchenSt.	O. 61	111	117
14	Saisonarbeiter	O. 61	179	428
14.	Ausweisungen	D. 18	238	419
14.	Abwässerableitung	P. 34	451	426
17.	Konflikte	O. 61	422	484
20.	Chausseepolizei VerwStrVerf.	P. 34	636	317 511
21.	Stadtverordnetenwahlen	P. 34	131	36
23.	Wegepolizei	O. 63	302	300
23.	Brücken	O. 63	308	319
24.	Versammungsrecht	O. 61	256	380
24.	Wasserpolizei	O. 61	280	197
24.	PolizeiVerordn.	O. 61	380	445
30.	Wegepolizei	O. 63	310	324
30.	"	D. 18	358	324
31.	GemVersammlung	O. 61	38	81
31.	Begräbniswesen	O. 61	182	429
31.	Bürgerrecht	P. 34	168	13

Juni 1912—Oktober 1912.

Datum	Gegenstand	abgedruckt Band	abgedruckt Seite	Seite
1912 Juni				
3.	Ansiedelungen	O. 63	252	227
3.	GewPolizei	O. 63	383	347
3.	GewPolizei	P. 34	332	354
4.	Schulbaulast	O. 61	67	174
6.	GewPolizei	P. 34	132	348
7.	Schulbrennholzlieferung	O. 63	158	163
10.	Ansiedelungen	O. 64	431	229
11.	Ortsarmenverbände	P. 34	167	11
11.	Stadtverordnetenwahlen	P. 34	241	28
11.	Versammlungsrecht	P. 34	376	382
13.	Straßenreinigung	D. 18	414	304
17.	Jagdpolizei	O. 65	320	213
18.	Gesundheitspolizei	O. 61	223	411
18.	Baupolizei	P. 34	487	269
18.	Gesundheitspolizei	P. 34	525	410
21.	Schullasten	O. 63	215	169
24.	Kraftwagenführer	O. 61	202	424
25.	DiszVerf.	R. 17	785	467
27.	Wegepolizei	O. 63	323	313
27.	KrankVers.	P. 34	147	451
27.	Handelskammern	P. 34	186	461
28.	Konflikte	O. 63	451	486
28.	DiszVerf.	O. 63	461	468
28.	"	O. 63	464	468
Juli				
4.	Wegepolizei VerwStrVerf.	P. 34	669	329 507
5.	Stadtverordnetenversammlung	P. 34	313	43
5.	Baupolizei	P. 34	569	285
5.	"	P. 34	600	270
5.	Wasserpolizei	P. 34	638	201
8.	Wegepolizei	O. 64	481	303
9.	Konflikte	P. 34	378	482
9.	Baupolizei	P. 34	810	243
11.	Ansiedelungen	O. 63	248	222
11.	GewPolizei	O. 63	384	367
11.	Wegepolizei	P. 34	689	300
Sept.				
17.	GemWahlen	O. 63	133	71
17.	Versammlungsrecht	O. 63	280	387
17.	Grabenräumung	P. 34	789	194
17.	Gesundheitspolizei	P. 35	127	404
17.	Konflikte	D. 18	471	483
19.	Straßenreinigung	O. 63	339	308
19.	GewPolizei	O. 63	391	340
19.	Handelskammern	—	—	*462*
20.	GemVertretung	O. 63	147	83
20.	Konflikte	O. 63	453	488
1912 Sept.				
20.	Gutsbezirke	O. 64	183	59
20.	Stadtverordnetenwahlen	P. 34	348	34
20.	Baupolizei	P. 34	825	271
20.	Gesundheitspolizei	D. 18	534	412
26.	Brücken VerwStrVerf.	O. 64	484	319 511
26.	Wegepolizei	P. 34	772	329
27.	Schullasten	O. 63	185	170
Okt.				
1.	Versammlungsrecht	O. 63	269	373
1.	GemNutzungen	O. 64	172	46
1.	DiszVerf.	O. 64	561	469 481
3.	Wegebaulast	P. 34	12	303
3.	VerwStrVerf.	P. 34	817	511
4.	Gesundheitspolizei	O. 63	259	405
4.	Vereinsrecht	O. 63	287	396
4.	Versammlungsrecht	P. 34	448	388
4.	Gesundheitspolizei	P. 35	443	406
7.	UnfVers.	O. 63	422	456
7.	Wegepolizei	P. 35	43	313
7.	Jagdpolizei	R. 17	474	214
8.	Wasserpolizei	P. 34	859	184
10.	KrankVers.	O. 63	414	451
10.	Ansiedelungen	O. 64	436	224
10.	Straßenreinigung	P. 34	843	308
10.	Wegepolizei	P. 34	843	322
11.	Schulbaulast	P. 34	351	166
15.	Versammlungsrecht	O. 63	289	380
15.	"	P. 34	467	385
15.	Allmandrecht (Hohenzollern)	P. 34	544	93
17.	VerwStrVerf.	P. 34	414	507
17.	GewPolizei	P. 34	667	355
17.	Wegepolizei	P. 35	76	325
17.	Straßenreinigung	P. 35	110	304
18.	GemWahlen	O. 63	123	67
18.	"	O. 63	145	73
18.	KirchenSt.	O. 63	233	110
18.	Baupolizei	O. 63	448	244
18.	Ortszulagen f. Lehrer	O. 64	339	136
18.	Konflikte	P. 34	221	488
18.	Stadtverordnetenversammlung	D. 18	591	18
19.	Kreistagswahlen	O. 64	153	7
20.	DiszVerf.	R. 17	785	470
21.	Bergrecht	O. 64	522	459
21.	Jagdpolizei	R. 17	474	214

Oktober 1912—Januar 1913.

Datum	Gegenstand	abgedruckt Band	abgedruckt Seite	Seite
1912 Okt.				
22.	Stadtverordnetenwahlen	O. 63	6	23
22.	Lehrerruhegehalt	O. 63	229	142
22.	Konflikte	O. 63	456	490
24.	Kraftwagenführer	O. 63	266	424
24.	Wegepolizei	O. 64	488	313
24.	Baupolizei	D. 18	647	232
25.	Fremdenschulgeld	O. 63	168	147
25.	Baupolizei	O. 63	434	250
29.	Polizeikosten	O. 63	71	50
29.	GemWahlen	O. 63	128	73
29.	Baupolizei	O. 63	439	251
29.	"	O. 63	441	251
29.	"	P. 35	810	256
31.	Wegepolizei	O. 63	305	301
31.	"	P. 35	126	321
31.	VerwStrVerf.	D. 18	814	502
Nov.				
1.	Stadtverordnetenwahlen	O. 63	7	38
1.	Volksschullasten	O. 63	190	153
4.	Wegebaulast	O. 63	329	303
4.	GewPolizei	P. 34	331	351
4.	Wegepolizei	P. 35	245	299
4.	Jagdpolizei	D 18	703	208
4.	Wildschaden	R. 17	442	218
5.	Stadtverordnetenversammlung	O. 63	43	19
7.	GewPolizei	O. 63	394	341
7.	VerwStrVerf.	P. 34	297	502
7.	GewPolizei	P. 34	430	362
7.	VerwStrVerf.	D. 18	870	509
8.	Stadtverordnetenversammlung	O. 63	69	22
8.	Fremdenschulgeld	O. 63	178	147
8.	VerwStrVerf.	P. 34	363	505
8.	Baupolizei	P 34	894	247
12.	Staatsangehörigkeit	O. 63	239	178
12.	Vereinsrecht	O. 63	293	387
12.	"	O. 63	294	386
12.	Polizeikosten	P. 34	504	49
12.	Wasserpolizei	P. 35	143	205
14.	Meldewesen	O. 61	127	428
14.	GewPolizei	O. 63	396	333
14.	Wegepolizei	P. 35	338	302
15.	DiszVerf.	O. 63	468	470
18.	Bürgersteige	O. 63	315	310
18.	Wegepolizei	O. 63	332	322
18.	Straßenreinigung	O. 64	450	305
18.	Baupolizei	P. 35	281	233
19.	Stadtverordnetenversammlung	O. 63	27	18

Datum	Gegenstand	abgedruckt Band	abgedruckt Seite	Seite
1912 Nov.				
19.	Baupolizei	P. 35	162	290
19.	Wasserpolizei	P. 35	215	182
19.	Schulvorstand	R. 17	101	145
21.	GewPolizei	O. 65	347	346
21.	Wegepolizei	P. 35	197	323
21.	Ansiedelungen	P. 35	360	225
21.	Verkehrspolizei	P. 35	384	434
22.	Schullasten	O. 63	197	172
22.	Schulbaulast	O. 63	202	173
26.	Vereinsrecht	P. 34	582	396
26.	Polizeil. Verf.	P. 35	282	443
28.	GemBeamte	P. 34	380	45
28.	GewPolizei	P. 34	667	355
28.	Verkehrspolizei	P. 35	418	434
29.	Ausweisungen*)	O. 64	429	420
29.	Konflikte	P. 34	686	485
Dez.				
2.	Ansiedelungen	O. 63	251	223
2.	KrankVers.	P. 34	622	452
3.	KirchenSt.	O. 63	235	110
3.	GewPolizei	P. 34	620	354
5.	Wegepolizei	O. 63	320	314
5.	Ansiedelungen	P. 35	503	219
6.	Umzugskosten f. Geistliche	O. 64	381	106
6.	Baupolizei	O. 64	531	259
6.	"	P. 34	915	233
10.	Gutsbezirke	P. 34	666	59
10.	Baupolizei	P 35	361	283
10.	GemWahlen	D. 18	926	66
12.	GewPolizei	O. 63	399	336
12.	"	P. 34	753	349
12.	Baupolizei	P. 35	59	236
13.	Geisteskranke	O. 65	248	434
16.	GewPolizei	P. 34	771	362
16.	"	R. 17	638	346
17.	Bürgerrecht	O. 64	178	15
17.	Küsterschulen	P. 34	807	155
17.	Wegepolizei	D. 18	927	306
19.	Brücken	P. 35	523	320
20.	Stadtverordnetenwahlen	O. 63	23	25
20.	Versammlungsrecht	O. 63	261	374
20.	Baupolizei	P. 35	363	238
1913 Jan.				
2.	GewPolizei	O. 63	389	367
2.	Ansiedelungen	P. 35	580	227
2.	Jagdpolizei	R. 17	474	213
3.	GemWahlen	O. 63	149	71

*) Bescheid.

Januar 1913—März 1913.

Datum	Gegenstand	abgedruckt Band	abgedruckt Seite	Seite
1913 Jan.				
3.	Baupolizei	O. 63	445	240
3.	KompKonflikte	O. 64	551	497
6.	KrankVers.	O. 63	418	453
7.	Stadtverordnetenwahlen	O. 63	59	17 42
7.	GemVertretung	O. 63	115	84
7.	GemWahlen	O. 63	139	69
7.	Wasserpolizei	O. 63	344	187
7.	KreistagsAbgeordnete	O. 64	151	5
7.	GewPolizei	P. 35	231	337
9.	Wegepolizei	P. 35	715	314
10.	Vereinsrecht	O. 63	*296*	*386*
10.	Wasserpolizei	O. 63	356	195
10.	"	O. 64	501	202
10.	GewPolizei	P. 35	341	343
16.	Jagdpolizei	O. 63	374	214
16.	VerwStrVerf.	P. 35	702	511
16.	Wegepolizei	P. 35	716	330
16.	"	P. 35	764	325
16.	VerwStrVerf.	D. 18	983	502
17.	WassGenossenschaften	O. 63	362	189
17.	DiszVerf.	P. 34	740	481
20.	PrivVersUnt.	O. 63	408	369
21.	GemWahlen	O. 63	119	60
21.	Kath. Kirche	O. 64	385	119
21.	DiszVerf.	P. 34	841	472
23.	Jagdpolizei	O. 64	511	216
23.	VerwStrVerf.	P. 35	827	507
24.	GemWahlen	O. 63	131	68
24.	Baupolizei	O. 64	537	260
24.	DiszVerf.	O. 64	566	473
30.	GewPolizei	O. 64	515	356
30.	Handelskammern	O. 66	383	464
30.	KommBeamte	P. 34	755	7
30.	Wegepolizei	P. 35	797	303
31.	KirchenSt.	O. 64	394	110
31.	Baupolizei	O. 65	370	276
31.	Stadtverordnetenwahlen	P. 34	769	35
31.	"	P. 34	822	34
31.	GewPolizei	P. 34	912	354
31.	Allmandrecht (Hohenzollern)	P. 35	8	94
Febr.				
3.	GewPolizei	P. 34	785	344
4.	Deichpolizei	O. 63	368	205
4.	Kreistagswahlen	O. 64	155	7
4.	Baupolizei	O. 64	539	261
4.	Mietentsch. f. Volksschullehrer	O. 66	252	140
6.	Wildschaden	O. 63	380	218

Datum	Gegenstand	abgedruckt Band	abgedruckt Seite	Seite
1913 Febr.				
6.	VerwStrVerf.	O. 63	473	512
6.	GewPolizei	P. 34	700	358
6.	VerwStrVerf.	D. 18	1142	508
6.	"	—	—	*513*
7.	Stadtverordnetenversammlung	O. 63	16	22
7.	Schullasten	P. 35	27	167
9.	KrankVers.	O. 66	401	453
11.	ProvBeamte	O. 63	1	2
11.	Stadtverordnetenwahlen	O. 63	20	26
11.	GemVertretung	O. 64	187	87
11.	Stadtverordnetenwahlen	P. 35	74	40
13.	Ansiedelungen	O. 63	255	219
14.	Stadtverordnetenwahlen	O. 63	38	29
14.	Straßenreinigung	P. 34	913	309
14.	Konflikte	P. 35	793	491
18.	Baupolizei	P. 35	404	291
18.	"	P. 35	505	292
20.	Jagdpolizei	P. 34	874	207
21.	Privatflüsse	O. 64	497	196
21.	Baupolizei	O. 64	546	293
28.	Kath. Kirche	O. 64	400	124
28.	Wasserpolizei	O. 64	506	200
28.	Schullasten	P. 35	112	168
März				
3.	Stadtverordnetenwahlen	O. 63	11	24
3.	Zwangsetatisierung	O. 64	161	47
3.	GewPolizei	P. 34	893	356
3.	Kirchenvermögen	P. 35	159	105
4.	Amtszulagen f. Rektoren	O. 63	218	133
4.	Kirchenlasten	P. 35	180	107
4.	Baupolizei	P. 35	483	247
4.	"	P. 36	200	255
6.	GewPolizei	P. 34	842	352
6.	"	D. 18	1207	351
7.	Lehrerbesoldung	O. 64	344	137
7.	Baupolizei	O. 65	393	257
7.	"	P. 36	89	272
11.	Polizeikosten	O. 63	152	53
13.	GewPolizei	P. 34	893	338
13.	"	P. 35	11	360
14.	Baupolizei	P. 36	138	294
14.	Stadtverordnetenversammlung	R. 17	344	44
17.	VerwStrVerf.	O. 64	571	503
17.	GemVermögen	O. 65	118	90
27.	Bürgersteige	O. 65	283	311

März 1913—Juni 1913.

Datum	Gegenstand	abgedruckt Band	abgedruckt Seite	Seite
1913 März				
27.	VerwStrVerf.	O. 65	439	512
27.	Landgemeinden	P. 35	195	58
27.	Versammlungsrecht	P. 35	243	375
27.	Ansiedelungen	P. 35	909	228
April				
1.	Schulbrennholzlieferung	O. 63	163	165
1.	InvVers.	O. 63	425	456
1.	Baupolizei	O. 65	396	252
1.	GewPolizei	P. 35	126	347
3.	Feuerstellen b. Waldungen	O. 64	458	229
3.	GewPolizei	O. 64	518	359
3.	Straßenreinigung	O. 65	286	309
3.	Polizeil. Verf.	D. 18	1325	443
4.	Baupolizei	P. 36	26	262
4.	"	P. 36	73	294
7.	GewPolizei	P. 35	75	347
7.	Versammlungsrecht	P. 35	258	390
8.	KirchenSt.	O. 64	403	117
8.	Kath. Kirche	P. 35	339	124
10.	KrankVers.	P. 35	26	454
12.	Armenpflegekosten	BAH. 46	49	4
14.	Ansiedelungen	P. 35	843	220
14.	Vorausleistungen z. Wegebau	P. 36	69	331
15.	Baupolizei	O. 65	400	273
18.	Lehrerberufung	P. 35	230	128
21.	KrankVers.	O. 63	421	434
22.	Lehrerruhegehalt	O. 64	348	144
24.	Zweckverbände	O. 64	190	102
24.	Bergrecht	O. 64	530	460
24.	Zwangsetatisierung	O. 65	113	100
24.	GewPolizei	O. 65	338	334
24.	Theaterzensur	D. 18	1390	416
28.	Ansiedelungen	O. 65	233	221
28.	Jagdpolizei	O. 65	331	212
28.	Landstraßen	P. 36	116	315
29.	Baupolizei	O. 65	409	234
29.	"	P. 36	10	274
Mai				
5.	ZweckVerbände	O. 65	94	104
5.	Namenrecht	O. 65	265	437
5.	VerwStrVerf.*)	O. 65	442	509
6.	KirchenSt.	O. 64	407	118
6.	"	O. 64	410	118
8.	Wegepolizei	P. 36	155	300

*) Beschluß.

Datum	Gegenstand	abgedruckt Band	abgedruckt Seite	Seite
1913 Mai				
8.	Wegepolizei	P. 36	183	327
8.	Straßenreinigung	P. 36	199	308
9.	Grabenräumung	P. 35	880	194
15.	Versammlungsrecht	O. 66	323	392
15.	GemVertretung	P. 35	304	85
15.	Ausweisungen	P. 35	401	420
19.	GemVorsteher	O. 65	105	75
19.	GemWahlen	P. 35	416	69
20.	VerwStrVerf.	O. 63	472	502
20.	KirchenSt.	O 64	415	111
20.	Baupolizei	P. 35	827	234
22.	Stadtverordnetenwahlen	O. 65	66	28
22.	"	D. 19	105	41
23.	Küsterschulen	O. 64	352	159
23.	Gesundheitspolizei	P. 35	860	409
26.	Stadtverordnetenwahlen	O. 65	51	16
26.	GewPolizei	O. 65	341	341
26.	Gesamtarmenverbände	P. 35	441	12
27.	ProvBeamte	O. 64	143	2
29.	GewPolizei	P. 35	196	334
30.	Kirchenlasten	O. 64	420	107
30.	Baupolizei	O. 64	466	295
30.	"	O. 64	476	297
30.	"	D. 19	175	297
Juni				
5.	Chausseepolizei	O. 64	494	317
6.	Baupolizei	P. 36	58	284
10.	"	P. 35	702	297
12.	GemVertretung	O. 65	139	88
12.	KrankVers.	O. 65	368	455
12.	Vereinsrecht	P. 35	90	397
12.	Stadtverordnetenwahlen	P. 35	521	37
12.	VerwStrVerf.*)	P. 36	8	513
13.	Lehrerwahlrecht	O. 64	362	129
13.	Baupolizei	P. 35	766	252
17.	VerwStrVerf.**)	O. 64	578	505
19.	GemVertretung	O. 65	135	81
19.	Ansiedelungen	O. 65	237	222
20.	Kreistagswahlen	O. 64	148	5
20.	Wasserpolizei	O. 65	306	183
20.	KompKonflikte	P. 35	661	499
23.	Konflikte	P. 35	642	493
24.	Fortbildungsschulen	O. 64	367	176
24.	Baupolizei	P. 35	625	263
26.	Wegepolizei	O. 65	288	323

*) Bescheid. **) Bescheid.

Juni 1913 – Dezember 1913.

Datum	Gegenstand	abgedruckt Band	abgedruckt Seite	Seite
1913 Juni				
26.	Handelskammern	P. 35	259	463
26.	PrivVersUnt.	P. 35	383	370
27	Wasserpolizei	D. 19	239	185
30.	Jagdpolizei	O. 65	335	217
30.	GemVertr.	O. 65	98	85
30.	DiszVerf.	O. 65	425	476
30.	"	O. 65	435	478
Juli				
1.	SynagogenGem.	O. 64	424	125
7.	Ansiedelungen	O. 64	447	221
7.	Kraftwagenführer	O. 64	462	424
7.	GemWahlen	P. 35	557	60
7.	"	P. 35	600	66
7.	Wegepolizei	O. 65	294	323
8.	Baupolizei	P. 35	542	286
8.	"	P. 35	558	245
10.	Stadtverordnetenwahl	O. 65	72	24
10.	Sicherheitspolizei	P. 35	700	439
17.	GemBeamte	R. 17	565	79
Sept.				
18.	Stadtverordnetenwahlen	O. 66	68	39
19.	Polizeikosten	O. 65	85	50
20.	Quellenschutz	O. 65	352	439
22.	VerwStrVerf.	D. 19	382	505
23.	Privatunterrichtsanstalten	O. 65	204	145
23.	Fortbildungsschulen	O. 65	208	177
23.	WassGenossenschaften	O. 65	315	191
25.	Bürgersteige	Z. 22	266	311
26.	Wasserpolizei	O. 65	310	185
29.	Geisteskranke	O. 65	259	436
29.	GewPolizei	D. 19	383	360
Okt.				
2.	Wegepolizei	O. 65	299	299
2.	GewPolizei	P. 35	458	363
2.	"	D. 19	443	366
3.	KirchenSt.	O. 65	227	117
3.	Baupolizei	O. 65	415	266
3.	"	O. 65	421	266
3.	KirchenSt.	O. 66	275	115
6.	Stadtverordnetenwahlen	O. 65	76	31
7.	Baupolizei	O. 65	413	249
9.	ProvVerbände	O. 65	38	3
9.	KrankVers.	O. 66	397	455
13.	DiszVerf.	O. 65	437	474
16.	Wegepolizei	O. 65	301	327
16.	GewPolizei	P. 35	540	352
20.	GemWahlen	O. 65	111	62

Datum	Gegenstand	abgedruckt Band	abgedruckt Seite	Seite
1913 Okt.				
20.	GemVermögen	O. 65	124	91
20.	Jagdpolizei	O. 65	332	216
21.	Gesundheitspolizei	O. 65	276	407
21.	Volksschullasten	P. 35	623	157
23.	VerwStrVerf.	O. 65	242	509
23.	Ansiedelungen	O. 65	242	228
23.	KrankVers.	O. 65	363	455
23.	GemWahlen	O. 66	101	70
23.	GemVertretung	O. 66	103	88
23.	Konflikte	P. 35	745	494
24.	Schulbrennholzlieferung	O. 65	213	165
24.	Festungsrayons	O. 65	279	441
27.	Stadtverordnetenwahlen	O. 65	54	26
27.	"	O. 65	63	40
27.	GemWahlen	O. 65	89	65
27.	Wegepolizei	O. 65	304	323
27.	GewPolizei	O. 66	379	335
28.	Bürgerrecht	D. 19	510	14
30.	GewPolizei	P. 35	228	359
31.	Baupolizei	O. 66	403	254
Nov.				
3.	GewPolizei	P. 35	322	348
6.	Ausweisungen	O. 65	201	420
6.	Brücken	P. 35	732	320
6.	Amtsbezirke	P. 35	762	8
7.	KirchenSt.	O. 65	229	111
10.	GemWahlen	P. 35	825	62
13.	Ansiedelungen	D. 19	511	226
13.	Vereinsrecht	R. 18	114	398
14.	Gewerbl. Unterrichtswesen	O. 65	217	146
14.	Baupolizei	O. 66	410	239
14.	Polizeil. Verf.	D. 19	702	443
17.	Stadtverordnetenwahlen	O. 66	64	27 41
17.	Polizeil. Verf.	P. 35	602	444
17.	GewPolizei	P. 35	702	362
17.	VerwStrVerf.	P. 35	731	513
17.	Bürgerrecht	P. 35	808	16
17.	GemVertretung	P. 35	924	84
18.	Ortszulagen f. Lehrer	O. 65	222	135
18.	Baupolizei	O. 66	419	254
20.	GemVersammlung	O. 66	95	82
20.	Versammlungsrecht	O. 66	327	376
20.	Vereinsrecht	O. 66	328	398
20.	VerwStrVerf.	D. 19	574	510
24.	Konflikte	O. 66	431	495
Dez.				
1.	Handelskammern	O. 66	387	462

Dezember 1913—April 1914.

Datum	Gegenstand	abgedruckt Band	abgedruckt Seite	Seite
1913 Dez.				
4.	Ansiedelungen	O. 65	235	222
4.	"	O. 65	239	227
4.	Versammlungsrecht	P. 35	319	384
4.	GewPolizei	P. 35	778	349
4.	Kinematographenzensur	Z. 22	423	416
5.	KirchenSt.	O. 66	289	112
5.	Baupolizei	O. 66	422	245
5.	Vorausleistungen z. Wegebau	D. 19	831	331
8.	Polizeil. Verf.	O. 66	316	444
8.	Filmzensur	P. 35	417	416
8.	"	P. 35	796	417
8.	"	D. 19	831	417
11.	KrankVers.	O. 66	398	452
12.	Baupolizei	D. 19	887	235
16.	Mietentsch. f. Volksschullehrer	O. 66	255	141
18.	GemWahlen	O. 66	76	66
18.	"	O. 66	78	63
19.	Alterszulagen f. Volksschullehrer	O. 66	247	141
22.	Kraftwagenverkehr	O. 66	320	425
22.	Landstraßen	O. 66	348	316
22.	Jagdpolizei	O. 66	373	215
22.	Handelskammern	O. 66	394	464
22.	DiszVerf.	O. 66	435	475
22.	Wegepolizei	Z. 22	284	328
29.	Konflikte	P. 36	23	496
1914 Jan.				
5.	Ansiedelungen	O. 66	304	226
5.	Versammlungsrecht	O. 66	332	372
5.	"	O. 66	336	392
5.	Jagdpolizei	O. 66	374	218
5.	GemWahlen	P. 35	858	62
5.	Amtsbezirke	P. 36	57	9
8.	Wegepolizei	O. 66	351	324
8.	GewPolizei	P. 36	39	349
9.	Volksschullehrer	O. 66	265	130
9.	Stadtverordnetenversammlung	P. 35	891	44
12.	DiszVerf.	O. 66	443	474
12.	Filmzensur	P. 36	68	418
15.	Stadtverordnetenwahlen	P. 35	907	40 41
19.	GemWahlen	O. 66	81	64
19.	Bürgersteige	D. 19	998	312
19.	Wasserpolizei	Z. 22	385	188
20.	KirchenSt.	O. 66	292	113
20.	Baupolizei	O. 66	427	287
23.	Kreistagswahl	P. 36	38	7

Datum	Gegenstand	abgedruckt Band	abgedruckt Seite	Seite
1914 Jan.				
24.	Schullasten	P. 35	732	171
26.	VerwStrVerf.*)	P. 35	580	506
29.	"	O. 66	312	504
29.	Konflikte	P. 36	101	496
30.	WassGenossenschaften	O. 66	361	192
Febr.				
2.	GemWahlen	O. 66	83	67
2.	Ansiedelungen	O. 66	308	223
2.	Versammlungsrecht	O. 66	338	376
2.	GemBeamte	P. 35	645	79
5.	Jagdpolizei	O. 66	377	216
5.	Landstraßen	D. 19	1115	316
6.	Schulbaulast	O. 66	244	175
12.	Allmandrecht (Hohenzollern)	O. 66	119	95
12.	"	O. 66	131	97
13	Wasserpolizei	O. 66	357	186
16.	Ortsarmenverbände	O. 66	113	11
16.	Zwangsetatisierung	P. 36	167	100
17.	VerwStrVerf.	O. 66	449	511
20.	KirchenSt.	O. 66	296	113
23.	AmtsverwKosten	O. 66	59	10
23.	DiszVerf.	O. 66	445	475
26.	GemBeamte	O. 66	108	79
26.	Vereinsrecht	P. 36	182	399
27.	Volksschullasten	O. 66	237	157
27.	WassGenossenschaften	O. 66	368	192
27.	Küsterschulen	P. 35	859	161
27.	VerwStrVerf.	P. 35	859	176
März				
3.	Schulleiter	O. 66	259	132
6.	Schulunterhaltung	O. 66	241	148
10.	DiszVerf.	O. 66	438	471
12.	Versammlungsrecht	O. 66	342	393
12.	GewPolizei	P. 35	843	355
13.	Baupolizei	Z. 22	249	258
17.	Kreistagswahlen	O. 66	27	5
19.	GemWahlen	O. 66	85	74
19.	SynagogenGem.	O. 66	300	126
19.	GewPolizei	P. 35	908	350
19.	Vereinsrecht	R. 18	432	387
23.	Bürgerrecht	O. 66	75	14
27.	Wasserpolizei	P. 35	733	186
April				
2.	GemWahlen	O. 66	92	61

*) Beschluß.

April 1914—Juni 1914.

Datum	Gegenstand	abgedruckt Band	abgedruckt Seite	Seite	Datum	Gegenstand	abgedruckt Band	abgedruckt Seite	Seite
1914 April					1914 Mai				
16.	Wegepolizei	Z. 22	408	330	19.	Baupolizei	Z. 22	384	298
17.	VerwStrVerf.	P. 35	893	505	19.	"	Z. 22	408	298
20.	"	P. 35	910	515	22.	Volksschullasten	P. 36	87	152
23.	GewPolizei	P. 36	103	353	29.	Baupolizei	Z. 22	348	288
Mai									
5.	Baupolizei	Z. 22	442	288	Juni				
8.	Volksschullehrer	O. 66	272	132	15.	SynagogenGem.	P. 35	928	127
8.	Baupolizei	Z. 22	442	264	17.	Theaterzensur	P. 36	170	415
15.	Polizeikosten	P. 36	197	57	26.	Baupolizei	Z. 22	513	235
18.	Verkehrspolizei	P. 36	154	433	30.	Kirchenlasten	P. 36	58	108

Sachverzeichnis.

Das Zeichen * deutet an, daß ein Gegenstand wegen seiner Allgemeinheit oder der Häufigkeit seines Vorkommens nur in den wesentlichsten Beziehungen unter dem betr. Stichwort oder in das Sachverzeichnis überhaupt aufgenommen werden konnte. Bei manchen Stichwörtern ist der gemeinsame Gebrauch in Ein- und Mehrzahl durch Klammern ( ) angedeutet. Der Kürze halber sind die Stichwörter bei ihrer Wiederholung durch das Zeichen — ersetzt. Die fett gedruckten Ziffern geben die Seiten an, auf denen der Gegenstand ausführlich erörtert ist.

A.

Abbruch, polizeiliche Forderung des —s e. Hauses wegen Einsturzgefahr 256f.; Wirkung des —s d. mündlichen Verhandlung im VerwStreitVerf. 510.

Abfindungen, Aufbringung der zur Ablösung ausschließlicher Gewerbeberechtigungen zu zahlenden — 47ff.

Ablehnung v. Gerichtspersonen 501.

Ablösung ausschließlicher Gewerbeberechtigungen 47ff.

Abnutzung, Begriff der „erheblichen —" e. Wegestrecke iS. VorausLeistG. 330.

Abortanlage, durch Errichtung e. — erlangt ein Grundstück die Eigenschaft eines bebauten iS. des Kanalisations-Anschlußzwanges 282f.

Abschätzung, Kosten d. — v. Wildschäden 218.

Abstimmung, Voraussetzungen d. passiven Wahlfähigkeit (z. B. Hausbesitz) müssen spätestens bei Beendigung d. — vorhanden sein (Stadtverordnetenwahlen) 22f.; öffentliche — b. Stadtverordnetenwahlen 38; Bestimmung d. Form d. — (Hannover) 69f.

Abwässer, polizeiliches Einschreiten nur gegen Einleitung verunreinigter — aus Fabriken usw. in PrivFlüsse zulässig 184f.

Abweisung neuanziehender Personen gem. FreizG. 420.

Abzeichen, Verbot des Tragens revolutionärer oder nationalpolnischer — in öffentl. Aufzügen 393f.

Achtungsverletzung gegenüber Vorgesetzten 467; nicht vorliegend bei Anbringung e. Beschwerde an unrichtiger Stelle 474.

Aktiengesellschaft(en), Ausübung d. Gem.-Wahlrechts durch ein alleiniges Vorstandsmitglied ohne Sondervollmacht zulässig 16f.; Generalbevollmächtigte als Vertreter v. — b. ländl. GemWahlen 60.

Allendorf a. d. Werra, gesetzl. Verpflichtung d. Hauseigentümer zur polizeimäßigen Straßenreinigung 309f.

Allmandberechtigung (Hohenzollern), Ausschluß von d. — durch Vereinödungsvertrag 93; Begriff des eigenen Hausstandes iS. d. Allmandrechts 94; Teilnahme v. Ledigen am Allmandnutzen 94f.; Zulassung zum Allmandnutzen bei Besitz d. — durch Geburt 95f.; erleichterter Erwerb d. — für Ehefrau u. Kinder des Berechtigten durch Einkauf 96f.; Erwerbung des Allmandrechts nach altem und nach neuem Recht; Antritt, Zulassung, Ausübung, Einrücken in d. Genuß 97ff.

Alterzulagekasse d. Volksschullehrer, keine Berücksichtigung voraussichtlich neu zu errichtender Stellen bei Verteilung d. Kassenbedarfs 141f.

Altkatholiken, Übertritt e. Katholiken zur altkatholischen Parochie Berlin iVerh. z. KirchenStPflicht 122f.

Altona, keine Zuständigkeit des Magistrats z Anstellung usw. v. Handelsmaklern 359f.

Amtsbezirk(e) (i. d. älteren Prov.) 8ff.; Kosten d. Amtsverwaltung 8ff.; Beschlußfassung über Übernahme d. Wegeunterhaltungslast 8f.; Zwangsetatisierung gegen einen aus nur einem Gutsbezirk bestehenden — 9; Verteilung der Amtsverwaltungskosten in zusammengesetzten —n 10f.

Amtsniederlegung v. GemVertretern 81f.

Amtsverbände, Rechtsmittel geg. d. Heranziehung zu Fortbildungsschulbeiträgen in westfälischen —n 176f.

Amtsverwaltungskosten, Verteilungsmaßstab für Aufbringung d. — in zusammengesetzten Amtsbezirken 10f.

***Amtsvorsteher** als Wegepolizeibehörde (Pommern) 321; Amtsüberschreitung (s. „Konflikte").

Amtszulage, Fortzahlung der — nach § 24 Abs. 1 LehrBesG. bei Versetzungen im Interesse d. Dienstes 132; Zwangsetatisierung v. —n f. Schulleiter 134f.

Androhung, Anfechtung der Anordnung e. polizeilichen Verfügung gelegentlich des Rechtsmittels gegen die — 443.

Anerkenntnis, Einfluß e. im Laufe e. VerwStreitVerf. abgegebenen —ses auf d. Bestimmung des Wertes d. Streitgegenstandes 515.

Anforderungen f. Volksschulen, Zuständigkeit 136f.

Angehörigenunterstützung gem. KrankVG. 452f.

Anglikaner als Evangelische kirchensteuerpflichtig (Wiesbaden) 117f.

Anhörung d. Gemeinden im Polizeikostenfestsetzungsverfahren nicht unbedingte Voraussetzung f. Begründung d. Beitragspflicht 55, 56.

Anlegestellen, Vorschreiben bestimmter — für Schiffe durch Hafenpolizeiverordnung 186.

***Anlieger,** Pflicht d. Wege— nach HolstWass.-Lösungsrecht zur Aufnahme d. Wegeabwassers 201f.; Uferunterhaltungspflicht d. — nach Kurhessischem Wasserrecht 204; observanzmäßige Straßenreinigungspflicht d. — 304; Übernahme der Straßenreinigungspflicht durch d. Gemeinde an Stelle d. — 305f.; observanzmäßige Unterhaltungspflicht d. Anlieger bzgl. der Bürgersteige 310.

Anordnung, Anfechtung d. — einer polizeil. Verfügung gelegentlich des Rechtsmittels gegen die Androhung 443.

Anschlag v. PolVerordnungen „an" dem Gemeindehause 446f.; Begriff iS. PrPreßG. 447.

Ansicht, eine in e. Urteil ausgesprochene — kann als Teil der Begründung nicht mit e. Rechtsmittel angefochten werden 511.

Ansiedelung(en), Begriff d. „Wohnhauses" iS. § 13 AnsiedlG. 219; „Landgut" iS. AnsiedlG. 219, 223; —sgenehmigung für e. militärische Luftschiffhalle nicht erforderlich 219f.; zwei ländl. Stellen gelten als „mehrere" iS. § 13a —sG. 221; Einspruch gegen d. —s-Genehmigung zum Schutz d. Nutzungen angrenzender Grundstücke 222, 228; Vorhandensein e. jederzeit offenen fahrbaren Weges v. VerwRichter von Amts wegen zu prüfen 222; Begriff d. Teilung e. Grundstücks an Kinder iS. § 13b AnsiedlG. 223f.; befürchtete Beeinträchtigung d. Nutzungen benachbarter Grundstücke durch Übertritt von Federvieh kein Versagungsgrund 225; besondere Leistungen des Ansiedlers für die politische und Schulgemeinde nicht im VerwStreitVerf., sondern im Beschlußverfahren festzusetzen 225; Weiterführung e. — iS. § 20 AnsiedlG. nicht in dem Verbleiben e. minderjährigen Haustochter (oder e. Wirtschafterin im Gesindeverhältnis) in e. ohne —sgenehmigung errichteten Gebäude zu erblicken 225; ebenso bei d. Ehefrau 226; Einspruchерheber gem. §§ 14, 15 AnsiedlG. als Mitbeklagte im Streitverfahren 227; Begründung d. Einspruchs gem. §§ 15, 15a aaO. 227; Wiederholung des Bekanntmachungsverfahrens gem. § 16 aaO. beim Wechsel in der Person des d. —sgenehmigung Beantragenden während d. Streitverfahrens 227f.; Verbindung des Verfahrens wegen Genehmigung e. — mit demjenigen wegen Errichtung e. Feuerstelle 228; Regelung d. Gemeinde-, Kirchen- u. Schulverhältnisse 228, 229.

Ansiedelungsgenehmigung, nicht erforderlich für in Ausübung e. Hoheitsrechts errichtete staatliche Bauten (Luftschiffhalle) 219f.; Einspruch gegen die Erteilung d. — gem. § 15 AnsiedlG. zum Schutze d. Nutzungen benachbarter Grundstücke 222, 228; Versagung d. — auf Einspruch des Besitzers e. benachbarten Bergwerks 224; für die Frage, ob eine — erforderlich, Zeitpunkt d. Urteilsfällung maßgebend 226; dagegen kommt es im Falle d. § 13a auf die Zeit d. Errichtung d. Gebäudes an 226; — nicht entbehrlich, wenn es an e. „im Zusammenhang gebauten Ortschaft" ganz fehlt 227, 229; Erneuerung des Bekanntmachungsverfahrens gem. § 16 AnsiedlG. beim Wechsel in d. Person des die — Nachsuchenden während d. Streitverfahrens 227f.; Erteilung unter Beifügung v. Nebenbedingungen 229; Verhältnis zwischen Bauerlaubnis u. — 221, 233.

Ansiedelungsunternehmer, Schulbaubeiträge 149f.

Anstaltsparochien, -gemeinden, Voraussetzungen des Bestehens; Zugehörigkeit 112f.

Anstellungsurkunde, Aushändigung e. — Voraussetzung f. Kreiskommunalbeamteneigenschaft 7f.; GemVorsteher, nicht GemVorstand, zu ihrer Ausstellung berechtigt 79.

Anwendung, „entsprechende" — v. § 54 BGB. 396.

Anwohner, Fiskus als juristische Person nicht schulunterhaltungspflichtiger — iS. §§ 55ff. PrSchulO. 167ff.; Lehrer als — iS. §§ 55f. aaO. 168.

Anzeigen, Begriff iS. einer das Reklamewesen regelnden PolVd. 447f.; — gegen Vorgesetzte 473.

Arbeiterradfahrerbund „Solidarität" und

seine Einzelvereine politische Vereine iS. RVerG. 396f.
Arbeiterturnerbund und seine angeschlossenen Vereine als politische iS. RVerG. 397f.
Armenpflegekosten iVerh. zu den Kosten d. Beschulung blinder usw. Kinder 3ff.; Aufbringung u. Verteilung in Gutsbezirken 11f.
***Armenverbände** 11ff. Orts— (s. d.) 11f.; Gesamt— (s. d.) 12f.; — iallgem. nicht z. Schulgeldzahlung f. hilfsbedürftige Kinder verpflichtet 147f.; Zustimmung des vorläufig verpflichteten —es zur Befreiung v. d. KrankVersPflicht 451f.
Arzt, Führung d. Bezeichnung „in Amerika approbierter —" unzulässig 339f.; unzulässige —ähnliche Titel 340; Meldepflicht eines —es bezgl. der in seine Krankenanstalt zu ärztlicher Behandlung aufgenommenen Kranken 428.
Aufhebung e. städtischen gewerbl. Fortbildungsschule 177.
Auflagen, ist von einer unter Beifügung v. — erteilten Bauerlaubnis Gebrauch gemacht, so sind die — nicht mehr anfechtbar 232f.; Durchsetzung der bei der Erteilung e. Baudispenses beigefügten — 233f.
Auflösung, Verweigerung d. Zulassung v. Beauftragten d. Polizei als Grund z. — e. öffentl. politischen Versammlung 378f.; Begründung d. —serklärung 379.
Aufnahme als Voraussetzung der Gemeindemitgliedschaft in d. ev.-reformierten KirchenGem. Hannover 115ff.
Aufruf, Begriff iS. § 10 PrPreßG. 363.
Aufsicht über private Versicherungsunternehmen 369ff.; eine Unterstellung unter d. PrivVersUntG. wird nicht durch fingierten Ausschluß e. Rechtsanspruchs auf Versicherungsleistungen in d. Kassensatzungen ausgeschlossen 369f.
Aufzug, Nichtgenehmigung e. öffentl. —es e. Gewerkschaftskartells unter gleichzeitiger Genehmigung e. für den gleichen Tag u. Weg angemeldeten —es von Kriegervereinen entspricht nicht d. RVerG. 387f.; Polizei nicht verpflichtet, bei Bedenken gegen den beabsichtigten Weg den — unter d. Bedingung der Benutzung eines anderen bedenkenfreien Weges zu genehmigen 388f.; Umpflasterung e. Straße als berechtigter Grund zur Nichtgenehmigung e. —es wegen befürchteter Sicherheitsgefährdung 388ff.; Verbot v. Maifeierumzügen in Großstädten 390ff.; Tragen roter Fahnen usw. in e. öffentl. — unzulässig 393f.
Augenschein, das Ergebnis d. Aufnahme d. —s ist im Protokoll d. mündl. Verhandlung im Lokaltermin festzustellen 509.
Auseinandersetzung über Tragung d. Armenlasten b. Eingemeindungen 12f. — gem. § 3 LGemO., zuständige Beschlußbehörde 497ff.
Auseinandersetzungsverfahren gem. § 4 SchulUnterhG. 157.
Ausgang, Herstellung e. —es für ein Wohnhaus nach d. Straße rechtlich der Errichtung e. Wohnhauses an der Straße iS. § 12 BauflG. gleich zu achten 268; — e. Eckgrundstücks nach beiden Straßen 271; Verbot v. Ausgängen in e. Einfriedigung auf Grund des ortsstatutarischen Bauverbots gem. § 12 BauflG. 273f.
Auskunftspflicht d. Vereinsvorstandes gegenüber d. Polizei 399f.
Auslagen, Erstattung barer — im VerwStreitVerf. an die obsiegende Partei durch mehrere Gegenparteien 514f.
Ausländer, Kosten d. Ausweisung 419; Bedingungen f. die Gestattung des Aufenthalts 420.
Auslegung, Frist d. — f. ländl. GemWählerlisten 63; Erfordernis d. Abteilungsbildung vor d. — 63f.; erneute Wählerlisten— bei Ungültigkeitserklärung e. Wahl (Westf.) 68f.
Ausscheiden, Zeitpunkt des —s aus d. Amt als GemVerordneter bei Ablauf d. Amtszeit 88.
Ausschließung v. Gerichtspersonen im VerwStreitVerf. 501.
Aussetzung des DiszVerf. bis zur rechtskräftigen Erledigung eines in gleicher Sache schwebenden Gerichtsverfahrens 481f.; — d. Verfahrens im VerwStreitVerf. 509.
Austritt aus d. Kirche iVerh. zur KirchenStPflicht 117; — a. d. Synagogengemeinde 125f.
Ausweisung(en), Kosten der — ausländisch-polnischer Arbeiter fallen in erster Linie den Ausgewiesenen selbst zur Last, andernfalls sind sie Kosten d. Landespolizei 419.
Authentische Interpretation e. Gesetzes, Begriff 134f.

B.

Badeanstalten, zur Genehmigung der Errichtung v. — in öffentl. Flüssen Strom- u. Schiffahrtspolizei zuständig 185f.
Badeeinrichtungen f. Schulkinder, deren Herstellung Teil d. gesetzlichen Schulbaulast? 148f.
Bahnhofszufuhrweg, Fensteröffnungen nach e. — 235.
Bahnpolizeibeamte, Bahnarbeiter nicht als —r von d. Wählbarkeit z. GemVertretung ausgeschlossen 62.
Bahnwärter, Amtsüberschreitung durch Amtshandlungen auf e. nicht zum Bahngebiet gehörigen Fläche 488.
Balkone, unzulässige Innen— im Zwischenstock eines Gastlokals 245; selbständige Glas-

dächer über —n als über die Baufluchtlinie vortretende Bauteile 245f.

Baptist als „Evangelischer" kirchensteuerpflichtig 111.

Barriere, Polizei nicht befugt, die Beseitigung e. auf einem Privatweg errichteten — zur Verhütung v. Unglücksfällen zu verlangen 434.

Baubedingungen, Verhältnis zu Auflagen (Nebenbestimmungen) bei Erteilung d. Bauerlaubnis 232f.

Baubeschluß, Umwandelung der durch — festgesetzten Naturallieferungen u. -leistungen in Geldleistungen im Wege d. Zwangsetatisierung unzulässig 108; Schul— wegen Erneuerung e. Gartenzauns 173f.

Baudispense, deren Zurücknahme zulässig 230f.; Begriff d. —s u. Frage d. Beifügung v. Auflagen 233f.; keine Prüfung hinsichtlich d. Zweckmäßigkeit e. —s durch d. VerwRichter 233f.; Möglichkeit stillschweigender — 244.

Bauerlaubnis, Zuständigkeit des Landrats zu ihrer Erteilung in vorm. nassauischen Landesteilen 231; ist von einer unter Nebenbestimmungen (Auflagen) erteilten — Gebrauch gemacht, so ist nachträgliche Anfechtung d. Auflagen unzulässig 232f.; Verhältnis d. — z. Ansiedlungsgenehmigung 221, 233; Anfechtung der Versagung e. —, die infolge nachträglicher Änderung d. Sach- und Rechtslage begründet erscheint, mit d. Ziele d. Feststellung, ob die Versagung auch schon im Zeitpunkt des Erlasses der angefochtenen Verfügung berechtigt war 234; auch der Grundstückseigentümer, der nicht selbst Bauherr ist, zu solcher Klage berechtigt 234; rechtliche Bedeutung einer Aufhebung der die — versagenden Verfügung im VerwStreitVerf. 234; Bedeutung d. Feststellung e. Fluchtlinienplans für d. Versagung d. — 234f.; Versagung d. — zum Ausbau e. Dachgeschosses zu Wohnzwecken 239f.; Versagung d. — wegen Überschreitung d. zulässigen Gebäudehöhe 240; Erfordernis einheitlicher baulicher Form für glasüberdachte Hofräume 240f.; durch eine im Widerspruch mit dem Willen des Inhabers d. Polizeigewalt erfolgte Aushändigung des Bauscheins kann eine — nicht als erteilt angesehen werden 255; bei Veränderungsbauten darf das Vorhandensein von dem geltenden Baurecht anzupassenden Gebäudeteilen nicht zur Versagung d. — führen 255f.; nachträgliche Nachsuchung der — für bereits hergestellte baul. Anlagen u. Rechtsmittel gegen deren Versagung 259; Zurücknahme einer — auch nach Beginn d. Bauausführung, wenn irrtümlich übersehen ist, daß ein unter § 11 BauflG. fallender Bau vorliegt 262f.

Bauerschaften (Westfalen), Vertreter d. — in d. GemVertretung 62.

Baufluchtlinie, beim Hinfälligwerden einer Genehmigung zur Überschreitung d. — ist nicht Beseitigung des ganzen Gebäudes, sondern nur des über die — hinausragenden Teils zu fordern 252ff.; s. a. „Fluchtlinie".

Baufluchtliniengesetz, Voraussetzungen f. Anwendung des § 11 aaO. 258f.

Baugelände, Begriff 224f.; Einfluß d. Fluchtlinienfestsetzung auf die Eigenschaft einer Grundfläche als — 259f.

Baugeschäft, gegen e. handelsrechtlich nicht eingetragenes — kann Klage auf Betriebsuntersagung als Bauunternehmer nicht gerichtet werden 359.

Baugrundstück, Bedeutung der Einheitlichkeit des —s für die Einheit eines aus mehreren Bauteilen bestehenden Gesamtbaues 247.

Baumaterialien, Lieferung d. Küsterschulbauten durch d. Kirchenpatron 161f.; Bauholzlieferung d. Gutsherrn z. Schulbauten 166f.

Bäume, Ersitzung e. Rechts auf Benutzung d. — e. Land- u. Heerstraße 324f.

***Baupolizei** 230ff.; Zulässigkeit d. Zurücknahme v. Baudispensen 230f.; Zuständigkeit d. Bürgermeister in vorm. Nassauischen Landesteilen in —sachen 231; Einschreiten gegen genehmigte Bauten, die mit den positiven Vorschriften d. öffentlichen Baurechts im Widerspruch stehen 235; Fensteröffnungen nach einem nicht zum Anbau bestimmten Privatweg 235; Verbot d. gewerbl. Benutzung von Durchfahrten 235f.; Einschreiten gegen d. Benutzung e. Dachgeschoßraums zum dauernden Aufenthalt v. Menschen 236ff.; Entfernung v. Heizkörpern aus e. solchen Raum zur Verhinderung verbotswidriger Benutzung zum dauernden Aufenthalt v. Menschen 237f.; Verbot des Ausbaues e. Dachgeschosses zu Wohnzwecken 239f.; unzulässige Einrichtung v. Läden im Kellergeschoß 244f.; Überschreitung der zulässigen Zahl der übereinander liegenden Wohngeschosse 245; Glasdächer über Balkonen als selbständige über die Baufluchtlinie vortretende Bauteile 245f.; —liche Anforderungen an Düngergruben 246f.; Verbot der wohnlichen Einrichtung v. Kellerräumen 247f.; Stellung d. — zu den landrechtlichen Vorschriften des Nachbarrechts 249; unzulässige Fensteröffnungen in Brandmauern 249f.; zulässige Höhe der Hinterfront iVerh. zur Vorderfront 250f.; Begriff der zum „dauernden Aufenthalt v. Menschen" bestimmten Räume 251; Beschränkung der Bebauung eines Grundstücks im Interesse der Zuführung von Luft und Licht 251f.; Rechtsungültigkeit d. Vorschr. einer BauPolVd., daß abweichend von den Bestimmungen für gewisse Straßen oder Straßenabschnitte durch Beschluß des Magistrats und d. Baukommission Reihenhausbau zugelassen werden kann 252; wird eine Erlaubnis, mit einem Gebäude die Fluchtlinie zu überschreiten, hinfällig, so darf nicht die Beseitigung des ganzen Gebäudes, sondern nur des über die Fluchtlinie hinausragenden Teils gefordert werden 252f.; Forderung des gefälligen Aussehens v. Bauwerken 255; bei Veränderungsbauten darf das Vorhandensein von dem geltenden Baurecht anzupassenden Gebäudeteilen nicht zur Versagung der Bauerlaubnis benutzt werden 255f.; bei Versagung e. Umbaus über d. Fluchtlinie gem. § 11 BauflG. bedarf es im VerwStreitVerf. nicht d. Nachweises, daß die Versagung durch das öffentl. Interesse geboten 263; Versagung d. Fluchtlinienüberschreitung darf nicht erfolgen, um d. Gemeinde widerrechtliche Vorteile zu verschaffen 264f.; Pflicht d. Hauseigentümers zur Vorgartenanlegung 265; Rechtsungültigkeit der nur den Bau von Einfamilienhäusern zulassenden Vorschrift e. BauPolVd. 270f.; Schutz geg. Feuersgefahr 276ff.; Entwässerung d. Hausgrundstücke 280ff.; Schutz gegen Verunstaltungen (sd.) 285ff.

Baupolizeiverordnungen, Form d. Verkündung 249; Form d. Außerkraftsetzung ihrer Bestimmungen für gewisse Gebiete (Reihenhausbau) 252.

Bauschein, durch die von d. Baupolizeibehörde nicht beabsichtigte Aushändigung eines —s gilt an sich die Bauerlaubnis noch nicht als erteilt 255f.

Bauten, Begriff „öffentliche —" 230; Einschreiten gegen genehmigte —, die mit den positiven Vorschriften des öffentlichen Baurechts im Widerspruch stehen 235.

Bauunternehmer, Zuständigkeit der PolBehörde des Betriebsorts zur Klageerhebung auf Untersagung d. Betriebes als — 357f.; Betriebsuntersagung wegen mangelnder Zuverlässigkeit 358f.; handelsrechtlich nicht eingetragenes „Baugeschäft" nicht — iS. § 35 GewO. 359.

Bauverbot(e), Wirkung e. unter e. aufschiebenden Bedingung erfolgten Ausnahmebewilligung vom ortsstatutarischen — nach § 12 BauflG. 269; stillschweigende oder ausdrückliche Anerkennung einer tatsächlich noch nicht fertigen Straße als einer anbaufähigen ist für d. Handhabung des ortsstatutarischen —s wirkungslos 272f.; Ausnahmebewilligungen 273; sind im Ortsstatut Ausnahmebewilligungen nicht vorgesehen, so ist die Zulassung von Ausnahmen vom — unbedingt ausgeschlossen 274.

Beamte, Unterstützungen für ausgeschiedene — gehören zu den unmittelbaren Polizeikosten 50.

Beauftragte, Voraussetzungen für die Zulässigkeit der Entsendung v. —n d. Polizei in nichtöffentliche Vereinsversammlungen 375f.; Polizei berechtigt, auch ihr nicht unterstellte Beamte als — in öffentliche politische Versammlungen zu entsenden 376; Verweigerung d. Zulassung Auflösungsgrund 378f.

Beerdigungskosten s. „Sterbegeld".

Beerdigungswesen, Fürsorge für das — keine Aufgabe d. politischen Gemeinden 429.

Befreiung v. d. KrankVersPflicht 451f.

Begräbnisordnung, Beschlußfassung d. Gemeinde über eine — 428.

Begräbnisplätze, keine gesetzliche Verpflichtung politischer Gemeinden zur Anlegung oder Erweiterung v. —n 429; Zuständigkeit zur Schließung e. kirchlichen im Eigentum d. politischen Gemeinde stehenden Begräbnisplatzes 429f.

Begräbniswesen, politische Gemeinde als observanzmäßige Trägerin d. —s (Münster) 119ff.

Begründung, Unterlassen d. — des die Genehmigung e. öffentl. Versammlung gem. § 7 RVerG. ablehnenden Bescheides macht die Versagung d. Genehmigung nicht rechtsungültig 392f.

***Beigeladene,** kein Recht d. —n zur Klageerhebung über die Frage d. kommunalen Zugehörigkeit e. Grundstücks 59f.; Stellung d. —n zu den Parteien im VerwStreitVerf. 504f.

Beisitzer, Teilnahme e. —s im Wahlvorstande an d. Abstimmung 33f.; Teilnahme e. nicht z. Wahlvorstande gehörigen —s an d. Wahlhandlung 66f.

Bekanntmachung, mangelhafte — über Art d. Jagdverpachtung u. Auslegung d. Vertrages Nichtigkeitsgrund f. d. Jagdpachtvertrag 215; Umfang d. — im Wegeeinziehungsverfahren 330; — v. Polizeiverordnungen durch Anschlag „am" Gemeindehause 446f.

Bereicherung, ungerechtfertigte, Erstattungspflicht gem. §§ 812f. BGB. 175.

Bergbau, der Anforderung d. § 27 Abs. 2 BergG. wird nur genügt, wenn an dem Fundpunkt selbst und in dessen Umgebung innerhalb der Feldesgrenzen — technisch möglich ist 458f.

Bergbauinteressen, Abwägung d. wirtschaftlichen — gegenüber d. Einzelinteresse e. geplanten Ansiedlung 224.

Bergpolizei, keine Zuständigkeit zur Mit-

wirkung bei polizeil. Genehmigung v. Privatflußverlegungen 196.
Bergrechtliche Angelegenheiten 458ff.; Begriff Braunkohle 459.
Bergwerksbesitzer, Einspruch gegen d. Ansiedlungsgenehmigung 224.
Berichterstattung, Erfordernis d. Wahrhaftigkeit 465.
Berichtigung, Klageberechtigte gegen einen Beschluß d. Stadtverordnetenversammlung, betr. — d. Wählerlisten 41.
Berlin, Erlöschen d. KirchenStPflicht bei Wohnsitzverlegung aus dem Sprengel der —er Stadtsynode 109; territoriale Begrenzung d. französisch-reformierten Gemeinde in — 113f.; Kirchensteuerpflicht der altkatholischen Parochie — 122f.; Begriff d. ungewöhnliches Geräusch verursachenden Anlagen iS. d. —er Vororts-BauPolVd. 241f.; zulässige Kellerwohnungen iS. dieser Vd. 244, 247; Umfang d. Vorgartenanlage nach dieser Vd. 266ff.; Vorschriften gem. VerunstaltungsG. zur Erhaltung d. baulichen Eigenart d. Pariser Platzes 288ff.
***Berufung,** eine nach Ablauf d. —sfrist ohne Antrag gewährte Nachfrist z. Rechtfertigung d. — ist rechtlich bedeutungslos 511.
Berufsgenossenschaften s. „Unfallversicherung".
Beschädigungen an Bürgersteigen, Ersatzpflicht 312.
Beschulung blinder und taubstummer Kinder Kosten 3ff.
***Beschwerde(n)** im Aufsichtswege gegen eine ein Einschreiten ablehnende Verfügung d. Wegepolizeibehörde 323; kein —recht d. Bürgermeisters als Polizeiverwalter gegen dienstliche Anordnungen d. Landrats 465f.; Anbringung e. — an unrichtiger Stelle keine Achtungsverletzung gegenüber Vorgesetzten 474; sonst s. „Rechtsmittel".
Besoldungsholz, gutsherrliche Verpflichtung z. Lieferung v. — s. vereinigte Schul- u. Kirchenämter (Kurhessen) 150ff.
Bestimmtheit, Erfordernis der — der von d. Wegepolizeibehörde gestellten wegebaupolizeilichen Anforderungen 320f., 322.
Bestrafung, Zurücknahme d. Genehmigung wegen wiederholter — e. Stellenvermittlers 355f.; die eine Entziehung d. Fahrausweises als Droschkenführer rechtfertigende wiederholte — muß nach Bewilligung d. Fahrausweises erfolgt sein 361f.; — wegen Hausiersteuerkontravention als Versagungsgrund f. e. Wandergewerbeschein 364; keine Beweislast d. Klägers bei Versagung d. WdGewScheins wegen — 366.
Bestreuen d. Straßen bei Glatteis als observanzmäßige Pflicht d. Anlieger 304; — als Teil d. Straßenreinigungspflicht 305f.
Beteiligte, Kreis der „—n" iS. § 71 Abs. 1 JagdO. bei Streit über die Zugehörigkeit v. Grundstücken zu Jagdbezirken 214.
Betriebsort d. e. Bauunternehmer 358, 360; Polizeibehörde d. —s zur Klageerhebung gem. § 35 Abs. 5 GewO. zuständig 360.
Betriebsstätte, die durch Zerstörung e. Stauanlage durch Hochwasser veranlaßte wesentliche Änderung d. — berechtigt die Polizei die Beseitigung des bestehenden polizeiwidrigen Zustandes von dem Eigentümer oder Unternehmer zu fordern 197ff.; — e. Zubereitungsanstalt f. Tierhaare 336f.
Betriebsversammlung, Frage d. Öffentlichkeit v. —en 380.
Beurlaubung d. Volksschullehrer, ein Recht d. Schulaufsichtsbehörde 130f., 132f.; Gehaltszahlung b. — v. Lehrern 133.
Bevollmächtigte, Wählbarkeit b. Kreistagswahlen 5f.; Schriftlichkeit d. Vollmacht nicht Erfordernis bei ländl. GemWahlen 60; s. a. „General—".
Bevollmächtigung, Ordnungsmäßigkeit d. — im VerwStreitVerf. v. Amts wegen zu prüfen 501.
***Bezirksausschuß,** Befugnisse bezgl. anderweiter Festsetzung d. Polizeikostenanteile im Anfechtungsverfahren 54f.; Bestimmung d. zuständigen Kreis- oder —ses als Beschlußbehörde 502; RegPräsident als Vorsitzender des —ses nicht vom Richteramt in Fällen ausgeschlossen, in denen eine Regierungsabteilung Partei ist 502; s. a. „VerwStreitVerf."
Bezirksschornsteinfeger, Zurücknahme d. Anstellung als — 363.
Bierausschankstelle, Einrichtung einer — derart, daß das Einschenken von den Gästen beobachtet werden kann, polizeilich nicht zu fordern 345.
Billigkeitsrücksichten bei Anwendung des § 11 BauflG. 258.
Bindung d. Vorderrichters bei Zurückverweisung e. Entsch. aus d. Berufungsinstanz 509f., 511f.
Bischöflicher Stuhl zu Culm, vertraglich begründete Schulbauholzlieferungspflicht im Gutsbezirk Neuhof 166f.
Blinde, Kosten d. Beschulung —r Kinder 3ff.
Bonifatiusstiftung (Breslau), Leistung e. Gehaltszuschusses f. e. katholische Lehrerstelle 152f.
Brandentschädigungsgelder, Zuständigkeit u. Frist z. Einspruchserhebung gegen die Auszahlung v. —n 432.
Brandmauer(n), unzulässige Fensteröffnung in — 244; polizeiliche Forderung der Beseitigung e. unzulässigen Fensteröffnung in e. — wird durch private Vereinbarungen oder grundbuchmäßige Eintragungen nicht gehindert 249f.
Branntwein, Verabreichung im Übermaß als

Förderung d. Völlerei 350; Konzession zum Kleinhandel mit — iVerh. z. Erlaubnis zum Betriebe d. Schankwirtschaft 350f.

Braunkohle, Begriff 459.

Bremen, Frage d. Anwendung v. Vorschriften d. WassGenG. im Geltungsgebiet der DeichO. für d. Herzogtum — v. 1743 192.

Brennholzlieferung f. Schulzwecke, — f. eine Küsterschule durch d. Kirchenpatron 155ff.; rechtliche Bedeutung d. —spflicht d. Fiskus 162f.; —spflicht d. Fiskus f. Schulen in Domänendörfern (s. d.) 163ff.

Breslau, Unterhaltungspflicht d. Hausbesitzer bezgl. der vor ihren Grundstücken liegenden Bürgersteige 311.

Bromberg, Jesuitenkirchengemeinde als Personalgemeinde 121f.

Brücke(n), Frage d. Unterhaltungspflicht f. —, die im Zuge öffentl. Wege über künstliche Wasserzüge führen 318; —unterhaltung bei künstlich schiffbar gemachten Wasserläufen 319; desgl. bezüglich einer als Zubehör eines öffentlichen Weges benutzten Schleusen— 319f.; Zuständigkeit d. Wegepolizeibehörde für Anforderungen bezgl. einer eine selbständige Verkehrsanlage bildenden — über einen öffentl. Fluß 320; Erfordernis bestimmter Angabe des vom — unterhaltungspflichtigen zu Leistenden 320f.

„Bühnenkunst“, Vorstellungen des Berliner Theatervereins - als öffentliche der Theaterzensur unterstellt 415f.

Bürgermeister, Anfechtung d. -Wahl in SchlHolst. Städten mit vereinfachter Gemeindeverfassung 43f.; Gehaltszahlung an — in Städten über 1200 Einw. (HessNassau) 44f.; Beanstandung ungesetzlicher GemRatsBeschlüsse durch d. — (HessNassau) 89f.; Zuständigkeit in Baupolizeisachen (Nassau) 231; kein Beschwerderecht d. —s gegen dienstliche Anordnungen d. Landrats 465f.; keine Befugnis des —s als Vorsitzenden d. Schuldeputation zur Handhabung d. Disziplin gegen e. Lehrer 468f.; Recht des —s zu Verweisen u. Warnungen gegen Magistratsmitglieder 476; Disziplinargewalt des —s gegenüber den Beamten e. städtischen Polizeidirektion (Hannover) 476f.

Bürgerrecht, ständige Niederlassung iS. seiner Erwerbung 13; eigener Hausstand 14; Befreiung v. Bürgerrechtsgeld nicht vom Verzicht auf Ausübung d. —s abhängig zu machen 14f.; Verpflichtung z. Erwerbung (Hannover) 15; Erfordernis d. Selbständigkeit (SchlHolst.) 16; Ausübung des —s durch Miteigentümer 17f.; Verlust des —s inf. Stellung unter Vormundschaft bzw. Entmündigung 28f.

Bürgerrechtsgewinngeld, Befreiung v. d. Zahlung 14f.; Verjährungsfrist f. Zahlung 15.

Bürgerrolle (SchlHolst.), Bedeutung als GemWählerliste 29ff.

Bürgersteig(e), nicht unbedingtes Erfordernis für die Annahme e. fertigen Ortsstraße 275; Berücksichtigung d. Leistungsfähigkeit e. observanzmäßig zur Unterhaltung d. — Verpflichteten 303; observanzmäßige Unterhaltungspflicht d. Anlieger 310; Verwendung v. Zementplatten zur Herstellung 310; die Verpflichtung einer Ehefrau zur Hergabe des Landes zur —anlegung gehört zu den außerordentlichen auf den Stammwert d. eingebrachten Guts gelegten Lasten, für die der Ehemann nicht haftet 310f.; —unterhaltungspflicht der Hauseigentümer in Breslau 311; —anlegung neben e. Chaussee 311f.; Beschädigungen d. — 312; eine auf dem Chausseekörper liegende Promenade ist nicht — im Rechtssinne 317.

Bürgerverein, ein —, der nur eine unpolitische Einwirkung auf wirtschaftliche und sozialpolitische Aufgaben d. Gemeinde bezweckt, ist kein politischer Verein iS. RVerG. 386f.

Bürgervermögen, Umwandlung i. Kämmereivermögen 46.

Bürgervorsteher, Nichtwählbarkeit als — wegen eines nach d. öffentl. Meinung entehrenden Verbrechens usw. 19ff.

Bürgervorsteherkollegium, Entscheidungsbefugnis über das Vorliegen eines die Wählbarkeit ausschließenden „nach d. öffentl. Meinung entehrenden Verbrechens“ 21.

C.

Cassel, Parochialwahlrecht u. Kirchensteuerpflicht d. Räte in — 118; Wohnsitz in mehreren Kirchengemeinden u. Kirchensteuerpflicht in — 118f.

Chaussee als Orts- (historische) Straße 274f.; Erfordernis der Zustimmung des RegPräsidenten als Chausseebaupolizeibehörde zu der Forderung d. Herstellung v. Bürgersteigen neben d. — 311f.; Verpflichtung d. Gemeinden zur Materialanfuhr 317; Promenade als —bestandteil 317; Verkehr mit Straßenlokomotiven auf — n 318f.

Chausseebaupolizeibehörde, RegPräsident als — 317.

Christliche Vereinigung ernster Forscher von Diesseits nach Jenseits, Verbot ihrer Versammlungen wegen Gesundheitsgefährdung d. Teilnehmer 380ff.

D.

Dachaufbauten, Einfluß auf die zulässige Gebäudehöhe 254.

Dachgeschoß, polizeil. Einschreiten gegen die Benutzung e. —raumes zum dauernden Aufenthalt v. Menschen 236ff.; Versagung d. Bauerlaubnis zum Ausbau eines —ses zu Wohnzwecken 239f.

Damm e. Wehranlage als Teil der gewerbl. Betriebsstätte e. Mühlenanlage 337 f.
Dänemark, Voraussetzungen d. rechtsgültigen Option f. — gem. Art. XIX d. Wiener Friedenstraktats 178 f.
Danzig, ortsstatutarische Vorschriften zum Schutz gegen Verunstaltung d. Orts- oder Straßenbildes 292 f.
Deichordnung f. d. Herzogtum Bremen v. 1743 iVerh. z. WassGenG. 192.
Deichpolizei 205 f.: Die vom Landrat u. Wasserbauinspektor als „Deichaufsicht" erlassenen Verfügungen sind ortspolizeilicher Natur (Hannover) 205 f.
Deichverbände, Zuständigkeit d. — in Holstein bzgl. d. Wasserlösung d. Siel- u. Zuggräben 202 f.
Deklassierung, Einfluß d. — von Land- u. Heerstraßen auf die Unterhaltungspflicht 315 f.; Zuständigkeit für d. — und Einziehung v. Land- u. Heerstraßen und deren Einfluß auf die Öffentlichkeit d. Wege 316.
Dentist, Einschreiten gegen unzulässige Ankündigungen des Betriebes 340.
Dienstsiegel, Polizeiverwalter nicht verpflichtet d. Polizeisiegel selbst zu führen oder aufzubewahren 483.
Dienstunfähigkeit, Verfahren auf Feststellung d. — gem. DiszG. 478 f.
Dienstzeit, Berechnung d. f. Bewilligung v. Ortszulagen maßgebenden — d. Volksschullehrer 136.
Disziplinarverfahren, Wahrhaftigkeit d. Beamten bei der Berichterstattung 465; kein Beschwerderecht d. Bürgermeisters als Polizeiverwalter gegen dienstliche Anordnungen d. Landrats 465 f.; ungerechtfertigte Diensteinstellung e. Stadtbaumeisters infolge organisatorischer Verwaltungsänderung (Überordnung e. Stadtbaurats) 466 f.; Achtungsverletzung durch Veröffentlichung innerdienstlicher Vorgänge durch Zeitungsinserat 467; Zurücknahme unbegründeter Vorwürfe 467 f.; Dienstpflichtenverletzung durch Vornahme unberechtigter Amtshandlungen trotz persönlicher Beteiligung 468; ebenso durch Anordnungen e. Bürgermeisters auf polizeiliche Beobachtung eines Lehrers wegen Polizeistundenüberschreitung ohne strafrechtlichen Anlaß eines solchen Vorgehens 468 f.; Ehebruch als disziplinarisch zu ahndende Verfehlung 469 f.; unberechtigte Benutzung d. Personalakten als Disziplinarvergehen 470; eine die Wahl e. sozialdemokratischen Kandidaten in ein Kommunalamt fördernde Stimmenthaltung e. Gemeindevorstehers stellt eine Amtspflichtenverletzung dar 470 f.; Zulässigkeit des —s gegen Schöffen 471; Annahme d. Postens e. sozialdemokratischen Wahlmanns bei Abgeordnetenhauswahlen durch e. Schöffen als Amtspflichtenverletzung 471 f.; mehrfache Verhängung v. Geldbußen im Höchstbetrage in demselben Verfahren unzulässig 472 f.; unmittelbare Anzeigen über angebliche strafbare Handlungen Vorgesetzter bei der Staatsanwaltschaft idReg. Amtspflichtenverletzung 473 f.; leichtfertige Anschuldigungen gegen Vorgesetzte 474; Anbringung einer Beschwerde an unrichtiger Stelle enthält keine Achtungsverletzung gegen Vorgesetzte 474; Gehorsamspflicht d. Beamten; Grenzen des Eingriffs in deren Privatleben 474 f.; Stellung eines Polizeikommissars gegenüber dem Polizeiverwalter iVerh. zu seiner Eigenschaft als Hilfsbeamter d. Staatsanwaltschaft 475; Pflicht e. rheinischen Bürgermeisters, von der in seiner Eigenschaft als staatsanwaltschaftl. Hilfsbeamter zu seiner Kenntnis gelangten Verfehlung e. Beamten, die zu disziplinarem Einschreiten Anlaß bietet, der vorgesetzten Behörde Anzeige zu machen 475; Befugnis des Bürgermeisters zu Verweisen u. Warnungen gegenüber Magistratsmitgliedern 476; die Disziplinargewalt gegenüber den Beamten e. städtischen Polizeidirektion in Hannover steht dem Bürgermeister, nicht dem Polizeichef zu 476 ff., kein Disziplinarstrafrecht gegen einen vertraglich angenommenen städtischen Schlachthofdirektor 478; Verfahren: Verf. auf Feststellung d. Dienstunfähigkeit 478 f.; Einleitung d. —s trotz Vorliegens einer wegen derselben Tatsachen ergangenen rechtskräftigen Ordnungsstrafverfügung 479 ff.; Verhängung einer Geldbuße i. Verbindung mit e. diszipl. Verweis unzulässig 481; Einstellung des Verfahrens 481 f.
Domänendörfer, Begriff iS., § 45 PrSchulO. 163 ff., 165 f.
Dorfstraße, Verunstaltung 285; Wegeunterhaltungspflicht bezgl. d. —n in Schlesien 313.
Dränage, Widerspruchsrecht d. Grundstückseigentümer gegen eine von d. Gemeinde beschlossene —anlage nach Nassauischem Wasserrecht 205.
*„**Dritte**", Schulbaubeitrag e. Ansiedelungsunternehmers als Leistung e. —n iS. § 17 SchulUnterhG. 149 f.
Droschke(n), ortspolizeiliche Regelung des Verkehrs gem. § 37 GewO. 362; Forderung erneuter Erlaubnis bei Einstellung einer neuen Ersatz— nicht berechtigt (Gleiwitz) 362.
Druckereibesitzer, Frage d. Beitragspflicht z. Handelskammer 462.
Druckschriften, Legitimationsschein zum entgeltlichen gewerblichen Verteilen von — 363; Versagung d. Erlaubnis zum Verteilen v. — usw. 363 f.
Durchfahrten, Verbot d. gewerblichen Benutzung 235 f.

Düngergruben, baupolizeiliche Anforderungen 246 f.

Dunkelheit, Verbot e. Versammlung unter freiem Himmel während d. Zeit d. — 371 f.

E.

Ehe, KirchenStPflicht b. gemischter — 117; Besteuerungsrecht d. Synagogengemeinden bei gemischter — 126 f.

Ehebruch als disziplinarisch zu ahndende Verfehlung 469 f.

Ehefrau, Anrechnung ihrer Steuern bei Eintragung d. Ehemanns in die GemWählerliste 26 f.; Erwerb d. Allmandberechtigung für die — des Berechtigten durch Einkauf 96 f.; keine Haftung des Ehemanns für d. Verpflichtung d. — zur Hergabe v. Land zur Bürgersteigherstellung 310 f.

Ehemann, legitimiert zur Anfechtung an die Ehefrau gerichteter baupolizeilicher Verfügungen 247; keine Haftung des —s für die Verpflichtung der Ehefrau zur Hergabe des zur Bürgersteiganlegung erforderlichen Landes 310 f.

Eidespflicht, Verletzung d. — durch e. Zeugen als Grund e. Restitutionsklage 513 f.

Eigenart, Erhaltung der baulichen — einzelner Ortsteile auf Grund d. VerunstaltungsG. 288 ff.; ortsstatutarische Vorschriften z. Erhaltung d. baulichen — v. Straßen, Plätzen, Gebäuden 291, 298 f.

Eigenjagdbezirk(e), Bildung auf Grund vollständiger Einfriedigung 208; Verbot der unrechtmäßigen Bildung e. —s durch polizeiliche Verfügung 208 f.; vertragliches Miteigentumsverhältnis zwecks Bildung e. —s 209; Ermittelung d. Pachtzinses für die e. — angeschlossenen Grundflächen 209 f., 210 f.; Stellung d. OVG. gegenüber vermuteten Scheinvereinbarungen v. Miteigentum behufs Schaffung v. —n 211 f., 213; Quote des übertragenen Miteigentums nicht entscheidend 212 f.; Anschluß fremder von e. — zu mehr als 90% umschlossener Grundstücke (§ 7 Abs. 5 JagdO.) 213 f.; Wasserflächen (Landseen) als Teile v. —n 214; die Schlei kein fiskalischer — 215; obrigkeitliche Feststellung d. Pachtpreises bei Anschluß fiskalischer Enklaven an — (Hannover) 218; s. a. „Jagdbezirke".

Eigenschulverbände, Forderungsberechtigung d. Gemeindevorstands bezgl. d. Schulleistungen „Dritter" in —n 169.

Eigentümer, Polizei berechtigt, statt des —s e. Anlage den verantwortlichen Gewerbeunternehmer zur Abstellung eines polizeiwidrigen Zustandes d. Anlage anzuhalten 197 f.; polizeiliche Forderung der Beseitigung einer von e. Pächter aufgestellten, nach d. VerunstaltungsG. unzulässigen Reklametafel kann an d. — des Grundstücks gerichtet werden 297; s. a. „Haus—", „Grundstücks—".

Einfamilienhäuser, der ausschließliche Bau von —n kann nicht durch e. BauPolVd. rechtsgültig vorgeschrieben werden 270 f.

Einfriedigung, Bildung v. Eigenjagdbezirken auf Grund vollständiger — 208; Verbot v. Ausgängen in e. — auf Grund d. Bauverbots gem. § 12 BauflG. 273 f.; Vorschrift für d. — v. Vorgärten iS. der Vermeidung v. Verunstaltungen 287 f.; — einer Weidefläche, die an einen für den öffentl. Verkehr in Anspruch genommenen Weg angrenzt, berechtigterweise von d. Wegepolizeibehörde zu fordern 327.

Eingemeindungen, Einfluß auf Tragung d. Armenlasten 12 f.; in der eingemeindeten Gemeinde treten Observanzen, die in der Gemeinde, in welche eingemeindet wird, Geltung haben, iallgem. ebenfalls in Geltung 308.

Einkaufsgeld, Entrichtung Voraussetzung f. Teilnahme am Gemeindenutzen (Stadt Gemünden) 46; Entrichtung für erleichterten Erwerb d. Allmandberechtigung für Ehefrauen und Kinder 96 f.

Einladung, Form d. Einladung zu gleichzeitig stattfindenden Ersatz- und Ergänzungswahlen z. GemVertretung 65 f.; Verzicht auf Einladung zu d. GemVersammlungen unstatthaft 83.

Einschenken, Einrichtung eines Bierausschanks derart, daß das — vom Publikum beobachtet werden kann, polizeilich nicht zu fordern 345.

Einsichtnahme d. GemWählerlisten an Sonntagen 63.

***Einsprüche,** Dauer d. Einspruchsfrist gegen d. Stadtverordnetenwählerliste 41; Erledigung d. — gegen d. Wählerliste vor d. Wahl Voraussetzung d. Wahlgültigkeit 67 f.; Umfang des Klagerechts des Einsprucherhebers b. GemWahlen 73 f.; keine Pflicht zur Annahme mündlicher — gegen die Gültigkeit v. GemWahlen 75; Zuständigkeit d. Schulaufsichtsbehörde z. Bescheidung auf — gegen die Heranziehung zu Neu- u. Reparaturbaukosten v. Schulen gem. § 47 ZustG. 172 f., 173 f.; — gegen d. Jagdpachtgelder-Verteilungsplan 207; — geg. d. AnsiedlGenehmigung zum Schutze d. Nutzungen benachbarter Grundstücke 222; keine notwendige Streitgenossenschaft der sämtlichen Einsprucherheber geg. d. Ansiedl. Genehmigung im Klageverfahren 224; Einsprucherheber gem. §§ 14, 15 AnsiedlG. als Mitbeklagte im Streitverfahren 227; Gründe für — gem. §§ 15, 15a aaO. 227; zur Anbringung v. —n gegen wegepolizeiliche Verfügungen zuständige Behörden 322 f.;

— gegen die Auszahlung v. Brandentschädigungsgeldern 432.
Einstellung d. DiszVerfahrens 481 f.
Einwand, Unterlassung d. Erörterung e. — es kein wesentlicher Mangel d. Verfahrens 507.
Einziehung v. Land- u. Heerstraßen 316 f.; Abwägung öffentlicher u. privater Interessen bei — öffentl. Wege 329 f.; Umfang der erforderlichen Bekanntmachung des Vorhabens d. — e. öffentl. Weges 330.
Eisenbahnanlagen, Umgestaltung öffentlicher in — eingreifender Wege nur mit Genehmigung des MindÖffArb. zulässig 318.
Eisenbahnfiskus als Rechtsnachfolger d. Berlin—Hamburger Eisenbahn-Gesellschaft nicht schulunterhaltungspflichtig 157 ff.
Eisenbahnunternehmer, dessen Verpflichtungen zu Maßnahmen im Interesse d. Feuersicherheit gem. EisbG. u. EnteignG. 276 ff.
Entbindungsanstalten, gesundheitspolizeiliche Anforderungen 341.
Entmündigung, Einfluß auf Ausübung d. Bürgerrechts 28 f.; Einfluß auf die Prozeßfähigkeit 504.
Entwässerung v. Wegen nach HolstWassLösungsrecht 201 f.
Ergänzungswahlen, sachliche Trennung zwischen Stadtverordneten-Ersatz- und -— 40; desgl. b. GemVertretungswahlen 65; Form d. Einladung zu derartigen zeitlich verbundenen Wahlen 65 f.
Eröffnung, förmliche — nicht Voraussetzung f. Bestehen e. Versammlung iS. RVerG. 378.
Ersatzansprüche, gem. LdwUnfVG. 456; Verfahren bei Streit über — gem. JnvVersG. nach Inkrafttreten d. RVO. 456 ff.
Ersatzbau, Vorliegen e. — es iS. § 13a AnsiedlG. bedeutungslos 219.
Ersatzwahlen, sachliche Trennung v. Stadtverordneten-— und -Ergänzungswahlen 40; desgl. b. GemVertretungswahlen 65; Inhalt d. Einladung zu derartigen zeitlich verbundenen Wahlen 65 f.
Ersatzzustellung, Erfordernisse einer gültigen 74.
Ersitzung d. Rechts auf Benutzung v. Bäumen an e. Land- u. Heerstraße 324 f.
Evangelische, Baptisten als — kirchensteuerpflichtig 111; desgl. Anglikaner 117 f.

F.

Fahnen, Unzulässigkeit des Entfaltens roter — in öffentl. Aufzügen 393 f.
Fahrausweis(e) als Droschkenführer neben d. Führerschein f. Kraftwagen zur Ausübung d. Gew. als Kraftdroschkenführer erforderlich 361; Entziehung wegen wiederholter nach d. Erteilung erfolgter Bestrafung 361 f.
Fahrweg f. „Ansiedelungen".
Familiennamen, Kontrolle d. Führung richtiger — ist Aufgabe der Ortspolizeibehörde, nicht d. RegPräsidenten 437 ff.
Fassadenanstrich, auffallender — gröbliche Verunstaltung d. Straßenbildes 286 f.
Federvieh, Möglichkeit leichter Schädigungen v. Feldfrüchten durch Übertritt v. — kein Versagungsgrund f. d. AnsiedlGenehm. wegen befürchteter Nutzungsgefährdung benachbarter Grundstücke 225.
Feld, Begriff im bergrechtl. Sinne 458; gegen Entsch. d. Oberbergamts auf Grund des § 27 Abs. 4 BergG. über die Feldesstreckung steht die Klage im VerwStreitVerf. nur dem Muter zu 459 f.
Fensteröffnungen nach einem nicht zum Anbau bestimmten Privat- (Bahnhofs-) Zufuhrweg 235; unzulässige — in Brandmauern 244; Beseitigung unzulässiger — in Brandmauern 245 f.; — nach einem ehemaligen Straßenteil 259 f.
Feststellung, Unklarheit über die tatsächlichen —en als wesentl. Verfahrensmangel 507.
Feststellungsklage, nach rechtskräftiger Entscheidung e. — über d. Schulbaulast zwischen denselben Parteien eine d. Feststellung widersprechende Leistungsklage unzulässig 175 f.; bei d. — gem. § 56⁵ ZustG. ist die Entsch. in d. RevInstanz nach dem zur Zeit ihres Erlasses geltenden objektiven Recht zu treffen 314.
Festung(en), Verbreiterung e. Weges unter Änderung e. —storanlage kann von d. Wegepolizeibehörde dem Reichsmilitärfiskus nicht aufgegeben werden 321; Anforderungen d. Wegepolizeibehörde bezgl. d. —sgeländes sind an die betr. Kommandantur zu richten 321 f.; Mitwirkung d. Polizei bei Durchführung des Rayongesetzes 441.
Feuersgefahr, polizeiliche Inanspruchnahme eines einer Eisenbahnanlage benachbarten Grundstückseigentümers zur Treffung v. Maßnahmen (feuersichere Umgestaltung e. Holzschuppens) zur Abwendung v. — 276 ff
Feuerstelle, Verbindung des Verfahrens wegen Errichtung e. — mit demjenigen wegen Genehmigung e. Ansiedelung 228; bedingte Genehmigung zur Errichtung e. — in d. Umgebung e. Waldung 229; Beurteilung d. tatsächlichen Verhältnisse zur Zeit d. Urteilsfällung 229, 443.
Film, pädagogische Bedenken gegen einen — reichen zu seinem Verbot nicht aus 416 f.
***Fiskus**, b. Stadtverordnetenwahlen nicht stimmberechtigt 27; Schulbrennholzlieferung durch d. — in Domänendörfern 163 ff., 165 f.; — gehört als juristische Person nicht zu den schulunterhaltungspflichtigen „Anwohnern" iS. §§ 55 ff. PrSchulO. 167 f.; Wegebaupflicht d. — in d. Prov. Sachsen 313; desgl. in Ostpreußen 314.

Fliegen, Beseitigung v. Tümpeln u. Lachen als Brutstätten v. — u. Mücken im gesundheitspolizeilichen Interesse 400ff.

Fleischereibetrieb, Verbot d. Ableitung von Abfällen des —es in d. Straßenrinnstein 408f.

Fluchtlinie(n), rechtliche Wirkungen d. —festsetzung iS. § 11 BauflG. 258f., 259f.; Anwendung des § 66 I 8 ALR. auf Umbauten über eine vor Erlaß d. BauflG. festgesetzte —261; Beseitigung widerruflich genehmigter Bauten vor der — kann von jedem Grundstückseigentümer gefordert werden 262f.; Abhängigmachung d. Genehmigung z. —überschreitung von d. vertraglichen Regelung d. Entschädigungspflicht bei künftiger Straßenfreilegung nicht unzulässig 263ff., Versagung d. —überschreitung darf nicht erfolgen, um d. Gemeinde widerrechtliche Vorteile zu verschaffen 264f.

Flurschäden, Konflikt wegen behaupteter Pflichtwidrigkeiten der Mitglieder e. —-Abschätzungskommission 486ff.

Fluß, Schiffbarkeit als Merkmal d. Eigenschaft e. Wasserlaufs als öffentl. — 187; observanzmäßige Räumungspflicht d. Uferanlieger e. öffentl. —ses im Vorflutinteresse 187f.

Forensen, keine observanzmäßige Schulabgabenpflicht d. — wegen ihres in e. Gutsbezirk belegenen Grundbesitzes 168.

Forstfiskus, Wegebaupflicht 314.

Forstgutsbezirk, Zuständigkeitsverhältnisse bezgl. d. Heranziehung usw. e. in mehreren Kreisen belegenen —s zu d. Schulabgaben 170f.

Forstschutz, Betrauung mit dem — als Voraussetzung für unentgeltliche Erteilung v. Jagdscheinen an Forstbeamte 206f.

Fortbildungsschule(n), Rechtmittel gegen d. Heranziehung zu Beiträgen für — in westfälischen Amtsverbänden 176f.; Aufhebung e. — durch Beschl. d. beiden städtischen Körperschaften 177.

Frankfurt a. M., Nichtwählbarkeit e. Elementarlehrers an d. Seminarübungsschule in — als Stadtverordneter 18f.

Französisch-reformierte Gemeinde in Berlin, territoriale Begrenzung 115.

Freibank, Konflikt wegen behaupteter Amtsüberschreitung eines Schlachthausvorstehers als Verwalter d. — 496.

„Freie Volksbühne", Unterstellung ihrer Vorstellungen als öffentliche unter die Theaterzensur 413f.

Fremdenschulgeld, Zulässigkeit d. Erhebung von nicht reichsangehörigen italienischen Kindern 147; Ortsarmenverbände z. Zahlung v. — für hilfsbedürftige Kinder iallgem. nicht verpflichtet 147.

Friedhof, Verbot einer Verletzung der dem — gebührenden Ehrfurcht 430ff.

***Frist** für die Erfüllungszeit einer polizeilichen Anforderung (Abbruch e. Schuppens) von der Dauer der Rechtsmittel— unabhängig 254f.; Urteilsberichtigung ohne Einfluß auf d. —enlauf 505; die Einhaltung d. Klage— hindernder unabweisbarer Zufall 505; Versäumung d. Klage— 506; e. nach Ablauf d. Berufungs— ohne Antrag gewährte — z. Rechtfertigung d. Berufung ist rechtlich bedeutungslos 511.

Fristwahl, Grenzen d. Zulassung nach Fristablauf 34; Wahlzeit iVerh. z. Wählerzahl 34; verspäteter Wahlbeginn 34f., 35f.

Fruchteis, polizeiliches Einschreiten gegen den Verkauf v. — im Straßenhandel 335.

Führerschein f. Kraftfahrzeuge, ein Kraftdroschkenführer muß daneben auch d. Fahrausweis als Droschkenführer besitzen 361; häufiger Wirtshausbesuch und Aufnahme v. Zechschulden kein Versagungsgrund 421; Zuständigkeit d. Regierungspräsidenten z. Erteilung, Ortspolizeibehörde nicht zur Entscheidung über einen wiederholt abgelehnten Antrag befugt 421f.; Mangel d. Sehkraft auf einem Auge rechtfertigt die Versagung des —s 423f.

Fuhrwerksverkehr, Versagung einer Bauerlaubnis für ein Sanatorium wegen befürchteter Gefahren durch Steigerung d. —s nicht angängig 231f.

Fundpunkt, Lage innerhalb der Feldesgrenzen 458f.

G.

Garten, Verlegung öffentl. Versammlungen in d. — des Lokals 372.

Gartenhäuschen (Laube) an sich kein Wohngebäude iS. d. Baupolizeirechts 258.

Gebäudehöhe, Versagung d. Bauerlaubnis wegen Überschreitung d. zulässigen — 240; Berechnung d. zulässigen — bei ungleicher Gestaltung d. Vorder- u. Hinterfront 250f.; Überschreitung d. — durch Anlagen, die über die üblichen Dachaufbauten hinausgehen 254.

Gedächtnisschwäche ein die Einhaltung d. Klagefrist verhindernder unabweisbarer Zufall? 505.

Gefährdung, — d. öffentl. Sicherheit als Grund z. Nichtgenehmigung öffentl. Versammlungen 373f.; d. Grund, daß eine Straße in der Umpflasterung befindlich ist, rechtfertigt d. Nichtgenehmigung e. öffentl. Aufzuges wegen — d. öffentl. Sicherheit 388ff.

Geflügel, Verbot d. Benutzung e. Kellers zum Schlachten u. Aufbewahren von —, sofern Lebensmittel darin aufbewahrt werden 409f.

Gegenerklärung(en), Mitteilung d. — an die Parteien vor Erlaß e. Bescheides gem. § 67 LVG. 507 f.
Gegenvorstellungen gegen polizeiliche Verfügungen 441 f., 444.
Gehalt, Festsetzung durch d. Stadtverordnetenversammlung f. neue Beamtenstellen 44; Festsetzung d. pensionsberechtigenden —s e. städt. GemBeamten im VerwStreitVerf. 45 f.
Geheimhaltung der Lohnverhältnisse der Krankenkassenmitglieder 453.
Geisteskranke, Unterbringung gemeingefährlicher —r in Irrenanstalten; Stellung d. Polizei u. Verfahren 434 ff.; Rechtsmittel gegen die Anordnung d. Unterbringung bzw. gegen Ablehnung d. Entlassung v. —n aus den Irrenanstalten 434 ff., 436 f.
Geistliche, Aufbringung d. Umzugskosten in vereinigten Kirchengemeinden 106.
Geldbußen, Höchstmaß disziplinarer — 472 f.; Verhängung e. — iVerb. mit e. disziplinaren Verweis unzulässig 481.
***Gemeinde(n),** Umfang d. Prüfungsrechts d. — bei Festsetzung d. Polizeikostenanteile 55; Parteien in e. Grenzstreit zwischen — oder Gutsbezirken sind die — und Gutsherren 58.
Gemeindeabgaben, deren Zahlung iVerh. z. Aufnahme in d. GemWählerliste 24 f.
Gemeindeanstalten, GemHolzungen u. — 46 f.
Gemeindeausschuß zuständig z. Beschlußfassung über eine Änderung seiner Zusammensetzung 81.
Gemeindebaurat, unzulässige Verleihung d. Titels als — durch e. Gemeinde 79.
Gemeindebeamte, Wählbarkeit pensionierter —n zu Stadtverordneten 18; Gehaltsfestsetzung durch die Stadtverordnetenversammlung f. neue Stellen 44; — d. Stadtgemeinden 45 f.: Feststellung d. pensionsberechtigenden Gehalts im VerwStreitVerf. 45 f.; — d. Landgemeinden 77 ff.: Wohnungsgeld als Teil d. pensionsberechtigenden Gehalts 79 f.; Besetzung v. —nstellen mit MilAnwärtern 85 ff.
Generalbevollmächtigte, Vertreter v. Aktien-Gesellsch. b. ländl. GemWahlen 60.
Gemeindeglieder(klassen)vermögen, Erwerb d. Teilnahmerechts 46 f.
Gemeindehaushalt 47 ff.
Gemeindeholzungen u. GemAnstalten 46 f.
Gemeindekrankenversicherung, s. „Krankenversicherung".
Gemeindenutzen, Erwerb d. Rechts auf Teilnahme am — von Zahlung d. Einkaufsgeldes abhängig (Stadt Gemünden) 46; keine Einräumung d. Nutzungsrechts durch Privatvertrag, nur nach Ortsrecht 46.
Gemeindenutzungen, Klagen wegen Teilnahme an d. — d. Hannoverschen Realgemeinden 90 ff.
Gemeindeoberförster e. GemVerbandes an seinem Wohnsitz als GemVerordneter wählbar 62 f.
Gemeinderat, Beanstandung e. Beschlusses 87; dreitägige Mitteilungsfrist für Ergänzung d. Tagesordnung 88.
Gemeinderecht im Gebiet d. östl. LGemO. 60 ff.
Gemeindestimmrecht, Klage gegen eine bestätigte GemStimmordnung gem. §§ 27 28 ZustG. zulässig behufs Feststellung über d. Maß d. dem Kläger zustehenden —s 82 f.; Klasseneinteilung d. Stimmberechtigten nach d. Höfefuß 83.
Gemeindeverordneter, Wahl e. rhein. GemVorstehers als — zulässig 75 ff.; Zeitpunkt d. Ausscheidens nach Ablauf d. Amtszeit 88.
Gemeindeversammlung, deren Geschäfte 81 ff.: — nicht zuständig zur Beschlußfassung über Änderung in d. Zusammensetzung d. GemAusschusses 81; Verzicht auf Einladung zur — unstatthaft 83.
Gemeindevertretung, Amtsniederlegung d. Mitglieder 81; Beschlußfähigkeit 82, 83; Festsetzung regelmäßiger Sitzungstage (-stunden) 83; Verhängung v. Ordnungsrufen u. Ordnungsstrafen gegen einzelne Mitglieder 84; Abhaltung d. Sitzungen in Wirtshäusern nicht absolut unzulässig 84; die von Amtswegen als Mitglieder d. — geltenden GemVorsteher u. Schöffen (Gerichtsmänner) können nicht wegen unentschuldigten Ausbleibens disziplinarisch von d. Sitzungen d. — ausgeschlossen werden 85; Beanstandung d. Beschlüsse im VerwStreitVerf. 85; Beanstandung nur bei positiven Beschlüssen möglich 88 f.; Zuständigkeit d. Bürgermeisters (HessNassau) zur Beanstandung ungesetzlicher Beschlüsse 89.
Gemeindevorsteher, Klagerecht gegen seine Nichtaufnahme in d. GemWählerliste 73; Wahl d. —s zum GemVerordneten zulässig (Rheinprov.) 75 ff.; — nicht GemVorstand zur Anstellung v. GemBeamten zuständig 79; Ausschließung d. —s von d. Teilnahme an d. GemVertretungssitzungen wegen unentschuldigten Ausbleibens unzulässig 85; Amtspflichtenverletzung durch eine die Wahl eines sozialdemokratischen Kandidaten in ein Gemeindeamt fördernde Stimmenthaltung 470 f.; Ordnungsstrafrecht e. gesetzl. Vertreters d. Landrats gegen d. — 476.
Gemeinde(vertretungs)wahlen im Gebiet d. östl. LGemO. 60 ff.; Einfluß d. Belastung e. Grundstücks mit e. Vorkaufsrecht auf d. GemStimmrecht d. Besitzers 60 f.; Einfluß v. EinkStErmäßigungen gem. §§ 19, 20a EinkStG. auf d. passive GemWahlrecht 61;-

Wahl d. Bauerschaftsvertreter (Westfalen) 62; Wählbarkeit e. Bahnarbeiters ohne Bahnpolizeibeamteneigenschaft 62; desgl. e. GemOberförsters e. Gemeindeverbandes 62f.; Wählerabteilungsbildung 63ff. Innehaltung d. Ladungsfrist 64; Änderung e. bereits ausgelegten Liste durch d. GemVorsteher ohne Einspruchserhebung oder Mitwirkung d. GemVertretung unzulässig 64; zeitliche Verbindung u. sachliche Trennung v. Ersatz- u. Ergänzungswahlen 65f.; Stimmabgabe Taubstummer 66; nur Stimmabgabe gegenüber d. Wahlvorstande gültig 66; Teilnahme eines nicht zum Wahlvorstande gehörigen Beisitzers an d. Wahlhandlung 66f.; Leitung durch e. nicht ordnungsmäßig zusammengesetzten Wahlvorstand hat Wahlungültigkeit zur Folge 67; Erledigung d. Einsprüche gegen d. Wählerliste vor d. Wahl Voraussetzung d. Wahlgültigkeit 67f., 74f.; erneute Wählerlistenauslegung bei Ungültigkeitserklärung e. Wahl (Westf.) 68f.; Wahlbeeinflussung 69; Form d. Abstimmung (Hannover) 69f.; Einfluß d. irrtümlichen Zurückweisung Stimmberechtigter v. d. Wahlausübung 70; Ermittelung v. Stichwahlkandidaten durch d. Los 70f.; Bekanntmachung d. Wahltermins an Sonntagen (Hohenzollern) 71; Kreis d. zur Wahlanfechtung Berechtigten 71ff.; Klagerecht e. GemVorstehers gegen seine Nichtaufnahme in d. GemWählerliste 73; Grenzen d. Klagerechts d. Einspruchserhebers 73f.; neue Klagebehauptungen nicht im Wählerlisten-Anfechtungsverfahren, sondern nur im Wahlanfechtungsverfahren zulässig 74f.; Frist f. Neuwahlen 75.

Gemeingebrauch, Regelung d. —s am Meeresstrand 188f.; — an öffentlichen Wegen 300ff.

Generalkommission, s. „Kompetenzkonflikte".

Genossenschaften m. b. H., bei Stadtverordnetenwahlen nicht stimmberechtigt 27.

Geräusch, ungewöhnliches — verursachende Anlagen im Geltungsbereich d. Berliner Vororts-BaupolizeiVd. 241f.

Gerichtsbarkeit, Merkmal für d. Eigenschaft e. Gutes als Gutsbezirk 59.

Gerichtskundigkeit iVerh. zur Offenkundigkeit 507.

Gerichtsmänner s. „Schöffen".

Gerüche, Beseitigung v. Tümpeln u. Lachen zur Verhinderung d. Entwickelung gesundheitsschädlicher übler — 400ff.

Gesamtarmenverbände, Auseinandersetzung bzgl. d. Armenlasten b. Eingemeindungen 12f.

Gesamtschulverbände, Höhe d. Mietentschädigungen f. verschiedene Klassen v. Lehrkräften 141.

Geschäftsführer, Namenangabe d. konzessionierten —s am Schanklokal e. Gesellschaft mbH. nicht erforderlich 334.

Geschäftsführung ohne Auftrag, Ersatz- u. Erstattungsansprüche gem. §§ 683f. BGB. 175.

Geschlossene Gesellschaften, Tanzlustbarkeiten genehmigungspflichtig? 354f.; Theateraufführungen in —n — unterliegen iallgem. nicht d. Theaterzensur 414f.

Gesellschaft(en) mbH., Namenangabe d. konzessionierten Geschäftsführers e. — an deren Schanklokal nicht erforderlich 334.

Gesundheitspolizei 400ff.

Gesundheitsschädigung(en), Verbot v. Versammlungen d. „Christlichen Vereinigung ernster Forscher von Diesseits nach Jenseits" zur Verhütung v. — d. Teilnehmer 380ff.

Gewässer, Begriff iS. HannJagdO. 217.

Gewerbeberechtigungen, Ablösung ausschließlicher — 47ff.

***Gewerbebetrieb,** Aussonderung d. Steuern f. auswärtigen — b. Aufstellung d. Gem.-Wählerliste 25; d. Erhebung d. Klage auf Untersagung e. —es gehört nicht zum Bereich d. Sicherheitspolizei 332f.; Beschränkungen d. —s in photographischen Ateliers an Sonntagen 335f.; Zuständigkeit zur Klageerhebung auf Untersagung d. —es in Städten mit Kgl. Polizeiverwaltung 357; — im Umherziehen 364f.

Gewerbepolizei 331ff.: Frage d. Zugehörigkeit d. — zur Sicherheitspolizei 332; Minister des Innern nicht befugt in schleswigholst. Städten d. — dauernd e. besonderen Staatsbehörde zu übertragen 332f.; Zuständigkeit bei Konkurrenz d. Baupolizei 358.

Gewerbesteuer als Maßstab f. Umlegung d. KirchenSt. 110.

Gewerbesteuerveranlagung als Voraussetzung d. Wählbarkeit z. Handelskammer 463.

Gewerbetreibende, Namenführung 333f.; insbesondere d. durch einen Geschäftsführer als Konzessionsinhaber geführten Schankbetriebes einer Gesellschaft mbH. 334.

Gewerbeunternehmer, Pflicht zur Abstellung eines polizeiwidrigen Zustandes d. Betriebsanlagen 198.

Gewerbliche Anlage(n), Platz zur Trocknung usw. v. Schweinsborsten als — (Zubereitungsanstalt f. Tierhaare) 336f.

Gewerbliche Arbeiter, gegen d. Zurücknahme d. Bewilligung v. Ausnahmen in d. Beschäftigung —r — gem. §§ 136, 137 GewO. kein Rechtsmittel gegeben 366.

Gewerbliches Unterrichtswesen, Reg.-Präsident als staatl. Aufsichtsbehörde 146f.

Gewerkschaftskartell kein Verein iS. RVerG. 388.

Gift, Zurücknahme d. Genehmigung zum Handel mit — 357.

Glasdächer über Balkonen, zulässiges Vortreten über d. Baufluchtlinie 245 f.
Glatteis, Streupflicht d. Straßenanlieger bei — 301.
Gleiwitz, Bestimmungen d. Droschkenfuhrordnung 362.
Glücksspiel, Entziehung d. Schankkonzession wegen Duldens v. —en 348 f.; Mauscheln ohne Abzwang e. — 348; Spiel auf d. Olympiabillard als — 365 f.
Gnadenvierteljahr i Verh. zur Berechnung d. Lehrer Ruhegehaltskassenbedarfs 144 f.
Gräben, observanzmäßige Verpflichtung v. Mühlenbesitzern z. Räumung d. Mühlen— i. Interesse d. Vorflutverschaffung 181 f.; Umfang d. im Vorflutinteresse zu stellenden polizeilichen Anforderungen an verlegte oder in Röhrenleitungen gefaßte Ersatz — 183 f.; Zulässigkeit d. Zuschüttung u. Kanalisierung v. Vorflutgräben nur bei Vermeidung einer Beeinträchtigung d. Vorflut 193 f.; Umfang d. Räumungspflicht gem. § 100 I 8 ALR. u. § 10 VorflG. 194; Regelung d. Unterhaltungspflicht f. verbreiterte u. vertiefte Vorflut— durch d. Kreisausschuß gem. § 18 VorflEd. 194 f.; s. a. „Siel—", „Zug—".
Grundbesitz, Aussonderung d. Steuern f. auswärtigen — b. Aufstellung d. Gem-Wählerliste 25.
Grundbuch, Eigentumseintragung im — i Verh. z. Hausbesitzereigenschaft 23.
Grund- u. Gebäudesteuer, Maßstab d. Verteilung v. Kirchenlasten b. Grundstücksteilungen 105 f.
***Grundstück(e)**, kein Klagerecht d. Beigeladenen im Verfahren über d. kommunale Zugehörigkeit v. —n 59 f.; Anschluß v. —n, d. v. Jagdbezirken umschlossen werden, an diese 213 f.
Grundstückseigentümer, Klageberechtigung b. Versagung d. Bauerlaubnis gegenüber e. Dritten 234; Pflicht d. —s i Verh. zu d. des Eisenbahnunternehmers, auf einem d. Bahnanlage benachbarten Grundstück Maßnahmen im Interesse d. Abwendung v. Feuersgefahr zu treffen 276 ff.
Grundstücksentwässerung, Benutzung der Straßenrinnsteine dazu 280 f., 306.
Gruß, Form des Grußes gegenüber Vorgesetzten 467.
Gutsbesitzer, Anfechtung d. Zwangsetatisierung gegen d. Gutsbezirks-Amtsbezirk 9; Aufbringung usw. d. Armenpflegekosten 11 f. — als gesetzl. Vertreter d. Gutsbezirks bzgl. d. Heranziehung zu Schullasten 172.
Gutsbezirk(e), Zwangsetatisierung gegen einen aus nur einem — bestehenden Amtsbezirk 9; Armenpflegekosten in —n 11 f.; rechtliche Stellung u. kommunale Eigenschaft 58 ff.; Parteirollen b. Grenzstreitigkeiten zwischen Gemeinden u. —n 58; Bedeutung d. Gerichtsbarkeit für d. —seigenschaft e. Gutes 59; Verteilung u. Berechnung d. Schullasten für einen mehreren Gesamtschulverbänden angehörenden — 153 ff.; Vertretung d. — bei Schullastenstreitigkeiten durch d. Gutsbesitzer 172.
Gutsherrn, Parteirolle bei Grenzstreitigkeiten zwischen Gemeinden u. Gutsbezirken 58; keine Begründung d. —eigenschaft durch Übertragung d. Nießbrauchs an e. Gut 166 f.; Schulbauholzlieferungspflicht d. — 166 f.

H.

Hafenpolizei, deren Kosten gehören an Orten mit Kgl. Polizei nicht zu den ortspolizeilichen Ausgaben 52 f.; Rechtsmittel gegen Verfügungen d. Kgl. —verwaltung in Königsberg 186.
Handdienste, Erstattungspflicht d. Gemeinde nach d. Vschr. über ungerechtfertigte Bereicherung für Ableistung v. —n durch Arbeiter e. Schulbauunternehmers an Stelle d. Gemeinde 175.
Handelslehrer, Zuständigkeit d. Reg.-Präsidenten zur Untersagung d. Betriebs als — 146, 444.
Handelskammer(n) 461 ff.; Veranlagung z. GewSteuer Voraussetzung d. Wählbarkeit z. — 463 f.; Wahlverfahren 464; Heranziehung gemischter Betriebe zu —- und Handwerkskammerbeiträgen 464.
Handelskammerbeiträge, nur Kaufleute, nicht auch Handwerker beitragspflichtig 461 ff.; Beitragspflicht f. gemischte Betriebe 463; VerwStreitVerf. über die Verpflichtung zur Leistung v. —n 464 f.
Handelsmakler, Anstellung u. Vereidigung 359 f.
Handwerker, Unterscheidung zwischen Kaufmann u. — 461 f.
Handwerkskammer, Heranziehung gemischter Betriebe z. Handels- u. —beiträgen 464; im VerwStreitVerf. über d. Heranziehung zu Handelskammerbeiträgen steht d. beigeladenen — d. Rechtsmittel d. Revision nicht zu 465.
Hannover, Verpflichtung z. Gewinnung d. Bürgerrechts 15; Bekanntmachung u. Gültigkeitserklärung einer anderen als d. vom Wahlvorsteher proklamierten Bürgervorsteherwahl unzulässig 42 f.; Teilnahme an d. Nutzungen d. Realgemeinden 90 ff.; Kirchensteuerpflicht bei Übertritt von d. evangelisch-reformierten zur lutherischen Kirche 114 f.; Aufnahme als Voraussetzung d. Mitgliedschaft in d. evangelisch-reformiert. Kirchengemeinde — 115 ff.; Grabenräumung nach —schen Wasserrecht 199 f.; Ausscheiden v. Grundstücken aus dem Seekanalschleusenverband nach d. —schen Wasserrecht un-

zulässig 200f.; Zuständigkeit in Deichangelegenheiten 205f.; Anschluß v. Grundstücken an angrenzende Jagdbezirke durch obrigkeitliche Verfügung 216f.; Begriffe „Gewässer u. Wege" iS. § 2 HannJagdO. 217; obrigkeitliche Feststellung d. Pachtpreises bei Anschluß fiskalischer Enklaven an Eigenjagdbezirke 218; Wegeunterhaltungspflicht d. Gemeinden 313.

Hauseigentümer (-besitzer), Ausübung d. Bürgerrechts als — nur durch einen Miteigentümer 17f.; Eigenschaft als — iS. d. Wahlfähigkeit z. Stadtverordneten muß spätestens bei Beendigung d. Abstimmung vorhanden sein 22f.; Bestimmung v. —-Wahlbezirken durch d. Los bei Stadtverordnetenwahlen 24; Pflicht z. Vorgartenanlegung ohne Rücksicht auf privatrechtliches Eigentumsverhältnis am Vorgarten 265.

Hausentwässerung, führt d. observanzmäßige Benutzung v. Straßenrinnsteinen zur — zu polizeilich abzustellenden Mißständen, so hat die Polizei sich nicht an den Anlieger, sondern an den Straßenunterhaltungspflichtigen zu halten 280f.; Verbot d. Ableitung v. Schmutzwasser, Mistjauche u. übelriechender Flüssigkeiten in d. Straßenrinnstein trotz d. Rechts d. Hausbesitzer im französischen Rechtsgebiet auf Ableitung d. Hauswässer auf d. Straße zulässig 426.

Hausiersteuerkontravention als Grund zur Versagung d. WdGewScheins 364.

Hausmakler, Frage ihrer Vereidigung u. Anstellung in Altona 359f.

Hausstand, eigener — als Grundlage d. Erwerbung d. Bürgerrechts 14; Begriff d. eigenen —es iS. d. Hohenzoll. Allmandrechts 94; desgl. iS. d. Gewährung d. vollen Mietentschädigung an Volksschullehrer 138f.

Hebamme, Prüfung d. beruflichen Zuverlässigkeit 341f.

Heerstraßen s. „Landstraßen".

Heizkörper, Forderung ihrer Entfernung aus einem verbotswidrig zum dauernden Aufenthalt v. Menschen bestimmten Dachgeschoßraum 236ff.

Heraldische Zeichen, Anbringung an Kraftfahrzeugen 425.

Herberge zur Heimat, Form d. Konzessionserteilung 345f.

Heroldsamt, keine Zuständigkeit für d. Feststellung bürgerlicher Familiennamen 437.

Hessen-Homburg, RegPräsident als Chausseebaupolizeibehörde im vorm. Gebiet v. — 317.

Hilfsbeamte d. Staatsanwaltschaft, dienstliche Stellung 473f.; insbesondere eines Polizeikommissars als —n — gegenüber seinem vorgesetzten Polizeiverwalter 475; Anzeigepflicht gegenüber d. vorgesetzten Behörde v. Verfehlungen v. Beamten, die zu disziplinarem Einschreiten Anlaß bieten 475f.

Hilfsklassen, Unterhaltungskosten v. — f. schwachbegabte Kinder Teil d. gesetzl. Volksschullast 169.

Hilfsschutzmänner, Frage d. Berücksichtigung ihrer Bezüge bei Festsetzung d. PolKostBeiträge 57f.

Himmel, s. „Versammlungen unter freiem —".

Hinterfront, zulässige Höhe bei abweichender Höhe d. Vorderfront 250f.

Historische Straße(n), Erfordernisse für — 271f.; Chaussee als — 275.

Hochbehälter, Forderung d. Anlegung e. —s für e. Wasserleitung gem. § 35 SeuchenG 406f.

Hochwasserdamm als Teil d. Stauanlage e. Mühle 337f.

Höfefuß, Bestimmung d. Stimmverhältnisses d. stimmberechtigten GemMitglieder nach d. — oder nach d. Steuerleistung (Hannover) 83.

Hofraum, baupolizeiliche Anforderungen hinsichtl. e. glasüberdachten —es 240f.

Hoheitsrecht, für staatliche in Ausübung e. —s errichtete Bauten Ansiedlungs-Genehmigung nicht erforderlich 219f.; baupolizeiliche Behandlung derartiger Bauten 230.

Hohenzollern, Bekanntmachung d. Wahltermins f. GemVerordnetenwahlen an Sonntagen 71.

Holstein, Wegeentwässerung nach —ischem WassLösungsrecht 201f.; Räumung d. Siel- u. Zuggräben als Deichverbandsangelegenheit 202f.

Holzhandel, Vorausleistung zum Wegebau bei Verbindung mit e. Sägewerk 331.

Homburg v. d. H., gesetzl. Verpflichtung d. Anlieger zur Straßenreinigung 308.

Hund, Erschießen eines bei d. Jagd übergelaufenen fremden —es keine Amtspflichtüberschreitung e. Oberförsters 493f.

Hüte, polizeiliches Verbot d. Aufbehaltens von —n in gewissen Theaterlogen unzulässig 342f.

J.

Jagdbezirk(e), Zubehör gemeinsamer — 207f.; Bildung v. Eigen—n auf Grund vollständiger Einfriedigung 208; Miteigentum an Grundstücken iVerh. z. Bildung v. Eigen—n 209ff., 213; Anschluß von Grundstücken an —, d. von diesen mehr als zur Hälfte umschlossen werden (§ 8 Abs. 2 JagdO.) 214; Kreis d. „Beteiligten" iS. § 71 Abs. 1 JagdO. bei Streit über d. Zugehörigkeit v. Grundstücken zu —n 214; d. von d. Obrigkeit verfügte Anschluß von Grundstücken an einen angrenzenden — (§ 4³ HannJagdO.) nicht im

VerwStreitVerf. anfechtbar 216f.; s. a. „Eigen—".
Jagderträgnis, Einfluß auf Ermittelung des Pachtzinses für die einem Eigenjagdbezirk anzuschließende Grundfläche 210f.
Jagdnutzung, Wertermittelung für die e. Eigenjagdbezirk angeschlossenen Grundflächen 209f.
Jagdpacht, Einspruch gegen d. —gelder-Verteilungsplan 207; Antrag auf mündliche Verhandlung gem. § 26 JagdO. über d. Höhe d. — 208; Wertermittelung d. Jagdnutzung zwecks Festsetzung d. — für an Eigenjagdbezirke angeschlossene Grundflächen 209f., 210f.
Jagdpachtgelder, Einspruch gegen d. —-Verteilungsplan 207.
Jagdpachtverträge, Nichtigkeit bei mangelhafter Bekanntmachung gem. §§ 21 Abs. 3 u. 23 Abs. 1 JagdO. 215; Streitigkeiten über privatrechtl. — nicht Gegenstand d. Verw.-StreitVerf. gem. § 24 JagdO. 215; Nichtigkeit eines v. Jagdvorsteher mit sich selbst als Mitpächter abgeschlossenen —es 216.
Jagdpolizei 206ff.
Jagdscheine, Erteilung unentgeltlicher — nur an mit dem Forstschutz betraute Beamte 206f.; Versagung wegen unvorsichtiger Führung d. Schießgewehrs 207.
Jagdvorsteher, Nichtigkeit e. von d. — mit sich selbst als Mitpächter abgeschlossenen Jagdpachtvertrages 216; Inanspruchnahme e. aus d. Amt geschiedenen —s wegen zu Unrecht gemachter Aufwendungen nur im Wege d. Zivilprozesses 216.
Jahresrechnungen Kgl. Polizeiverwaltung, Umfang d. Aussonderung landespolizeilicher Kosten durch d. VerwGerichte 52f.
Impfarzt, Entscheidung d. zuständigen —es, ob eine durch ärztl. Zeugnis bescheinigte Impfgefahr noch fortbesteht 410ff.
Impfwesen, die Frage, ob ein zweifelhafter Fall iS. § 2 Abs. 2 ReichsImpfG. vorliegt, unterliegt d. Nachprüfung im VerwStreitVerf. 410ff.
Inanspruchnahme (v. Wegen) für den öffentlichen Verkehr 324ff.; Einfluß d. Eigentumsrechts an e. öffentl. Wege auf d. — 324; Ersitzung d. Benutzungsrechts an Bäumen an Landstraßen usw. 324; bei — ist bei Streit über d. Frage d. Öffentlichkeit d. Weges d. Wegepolizeibehörde beweispflichtig 326; Forderung sicherer Einfriedigung einer an einen für den öffentlichen Verkehr in Anspruch genommenen Weg angrenzenden Weidefläche berechtigt 327; keine Beweispflicht d. Wegepolizeibehörde hinsichtlich d. Öffentlichkeit eines für d. Verkehr in Anspruch genommenen Weges 327f.
Innungskrankenkassen, s. „Krankenversicherung".
Intendantur als Vertreterin d. Reichsmilitärfiskus 322.
Invalidenversicherung 456ff. Einfluß d. Inkrafttretens d. RVO. auf d. Verfahren bei Streit über Ersatzansprüche 456ff.
Irrenanstalten, gesundheitspolizeiliche Anforderungen an private — 341.
Irrenwesen, Aufgabe u. Stellung d. Polizei 434ff., 436f.
Isolierbaracke s. Seuchenkranke 403f.
Italiener, Zulässigkeit d. Erhebung v. Fremdenschulgeld von Kindern nicht reichsangehöriger — 147.
Judentum, Austritt aus d. — iVerh. z. Besteuerungsrecht d. Synagogengemeinden 126.
Jugendbewegung, politischer Charakter d. sozialdemokratischen — 382f., 384f.
Jugendheime, politischer Charakter d. sozialdemokratischen — 394ff.
Jugendliche, Entfernung aus öffentlichen politischen Versammlungen gegebenenfalls durch Räumung d. Versammlungslokals zulässig 383, 384f.; Verbot d. Teilnahme —r an dem Schauturnen e. Sokolvereins 385f.; Verbot d. Zutritts —r in Räume, in denen Lustbarkeiten stattfinden, wie sie auf Messen u. Jahrmärkten dargeboten werden 448f.
Jugendliche Arbeiter, Musikerlehrlinge als — iS. GewO. 367f.
Jugendversammlungen, sozialdemokratische — als öffentl. politische Versammlungen 382f., 384f.

K.

Kämmereivermögen, Umwandlung v. Bürgervermögen in — 46.
Kanalisation, Anschlußzwang für nicht unmittelbar an e. Straße grenzende, jedoch durch Zuweg mit ihr verbundene Grundstücke 281f.; durch Errichtung einer Abortanlage erlangt e. Grundstück d. Eigenschaft e. bebauten iS. d. Kanalanschlußzwanges 282f.; —sanlage als polizeiliche Gemeindeanstalt 283f.; Begründung d. —sanschlußzwanges durch PolVd. 284f.; Unzulässigkeit d. Einleitung v. Urin in d. städtische — in Kiel 404f.; Ortspolizeibehörde berechtigt behufs Prüfung über d. etwaige Vorliegen gesundheitsgefährlicher Mißstände Auskunft über d. unterirdische —sanlage, ev. auch Vorlegung d. Projektes, v. d. Stadt zu fordern 407f.
Kapellengemeinden, Erhebung v. Kirchensteuern 124.
Kapellmeister, Anwendung d. Vorschrift über Lehrlinge u. jugendl. Arbeiter auf d. gewerbl. Unternehmen e. —s 367f.
Karussels, die Aufstellung von —, Schießbuden usw. an öffentl. Plätzen, Straßen usw. kann durch PolVd. einer Genehmigung d.

Ortspolizeibehörde unterworfen werden 351f., 353f.; ein Verbot zu derartiger Aufstellung nur aus polizeilichen Gründen (§ 10 II 17 ALR., § 6b PolVerwG.) zulässig 352, 353f.

Kassenangestellte, Bezüge d. —n v. Krankenkassen 454.

Kaufmann, Unterscheidung zwischen — u. Handwerker 461f.

Kehrbezirke d. Bezirksschornsteinfeger 363.

Keller, Verbot d. Benutzung zum Schlachten u. Aufbewahren v. Geflügel, sofern er als Vorrats— f. Lebensmittel dient 409f.

Kellergeschoß, wohl Einrichtung e. Wohnung, nicht aber e. Ladens im — gem. Berliner VorortsBauPolVd. 244f.; Werkstätten im — als zum dauernden Aufenthalt v. Menschen bestimmte Räume 247; Verbot d. wohnlichen Einrichtung d. im Kellergeschoß belegenen, nicht zum dauernden Aufenthalt v. Menschen zugelassenen Räume 247f.

Kinder, Kosten d. Beschulung blinder usw. — 3ff.; Anrechnung d. Steuern minderjähriger — für deren Vater bei Aufnahme in d. GemWählerliste 26f.; erleichterter Erwerb d. Allmandberechtigung (Hohenz.) f. — d. Berechtigten 96f.; Erwerb d. Allmandrechts durch uneheliche — 99; Kosten v. Hilfsklassen f. schwachbegabte — 169; Teilung e. Grundstücks an — iS. § 13b AnsiedlG. 223f.; Gewährung v. Familienleistungen d. Krankenkassen an voreheliche — d. Ehefrau 453f.

Kinderprivileg, Einfluß auf d. Wahlberechtigung bei Zensuswahlen 29ff.

Kinderversicherung, Verbot d. Zahlung e. Sterbegeldes für d. im ersten Lebensjahre verstorbenen Kinder unzulässig 368f.

Kinematographenzensur, Umfang 416; pädagogische Bedenken zum Verbot eines Films nicht ausreichend 416f.; Aufführungsverbot wegen grober Verletzung d. religiös. Gefühls 417; Darstellung verbrecherischer Handlungen 417ff.; desgl. v. Selbstmordszenen 419.

Kirche (evangelische) 105ff.: Staatsaufsicht über d. —nvermögen u. Allgemeines 105f.; gesetzliche Leistungen d. —ngemeinden u. ihre Zwangsetatisierung 106ff.; Kirchensteuern 108ff.; **katholische** — **119ff.**; Steuerfreiheit e. Geistlichen bei vereinigtem —n- u. Schulamt 123f.

Kirchendiener, privatvertraglich angestellte — als GemVerordnete wählbar 62.

Kirchengebäude, ein Verbot d. Benutzung e. alten —es zu anderen Zwecken als zu Versammlungen, d. d. Pflege christlichen Lebens bezwecken, unter Hervorhebung d. Unstatthaftigkeit v. Theateraufführungen, geht über d. Befugnisse d. Polizei hinaus 430ff.

Kirchenlasten, Maßstab für d. Verteilung v. — bei Grundstücksteilungen 105f.; Naturalleistung d. bürgerlichen Gemeinden z. Aufbringung d. — kathol. Gemeinden im linksrheinischen Rechtsgebiet 107.

Kirchenordnung, (Magdeburger) Frage d. Gewährung v. Wohnungsgeld an Pfarrwitwen im Gebiet d. — 107.

Kirchenpatron, Brennholzlieferung f. e. Küsterschule 155ff.; observanzmäßige Übernahme d. anteiligen Küsterschulbaukosten an Stelle d. Pfarrbaupflichtigen 160f.; Naturallieferung d. Materialien z. Küsterschulbauten durch d. — iVerh. zu seiner Beteiligung an d. Baukosten 161f.; Erlöschen d. —ats infolge Wegfalls d. Kirchenanstalt 162.

Kirchensteuer(n), —freiheit ausgeschiedener Militärgeistlicher 108f.; Erlöschen d. —pflicht im Bereich d. Berliner Stadtsynode bei Wohnsitzaufgabe 109f.; Einfluß e. „speziellen Verpflichtung" iS. § 6 KirchStG. auf d. —freiheit 110; Bemessung d. nach d. Maßstabe d. staatl. GewSt. umgelegten — für Gesellschafter e. offenen Handelsgesellschaft 110; reformierte Witwe e. lutherischen Ehemanns in einer konsensusunierten KirchenGem. steuerpflichtig 110f.; Baptist als Evangelischer kirchensteuerpflichtig 111; Frage d. Zugehörigkeit e. Bureaubeamten d. Reichskolonialamts zur Militärgemeinde 111f.; Zugehörigkeit zu Anstaltsgemeinden 112f.; —pflicht d. Vaganten-(Gast-)Gemeinden 113; territoriale Begrenzung d. französisch-reformierten Gemeinde in Berlin 113f.; —pflicht beim Übertritt von d. evangelisch-lutherischen zur reformierten Kirche (Hannover) 114f.; Aufnahme als Voraussetzung d. Gemeindemitgliedschaft d. evangelisch-reformierten Kirchengemeinde (Hannover) 115ff.; Austritt aus d. Kirche iVerh. zur —pflicht 117; —pflicht bei gemischter Ehe 117; Anglikaner als Evangelische kirchensteuerpflichtig 117f.; Parochialwahlrecht u. —pflicht d. Räte in Cassel 118; Wohnsitz in mehreren Kirchengemeinden und —pflicht in Cassel 118f.; **katholische** —: Jesuitenkirchengemeinde in Bromberg als Personalgemeinde 121f.; Einfluß d. Übertritts e. Katholiken zur altkatholischen Parochie Berlin auf d. —pflicht 122f.; Steuerfreiheit bei vereinigtem Kirchen- u. Schulamt 123f.; Erhebung v. — in Kapellengemeinden 124; Verteilung —pflichtigen Einkommens auf mehrere Kirchengemeinden 124f.

Kirchenvorstand, Schul- u. — nicht zur Geltendmachung e. Anspruchs auf weitergehende Mitwirkung bei d. Lehrerberufung in eine vereinigte Kirchen- u. Schulstelle im VerwStreitVerf. berechtigt 171f.

*Klage, Verhältnis zwischen Feststellungs— gem. § 47 Abs. 3 ZustG. u. Leistungsklage bzgl. d. Schulbaulast 175 f.; Umfang d. —-vervollständigung gem. § 47 Abs. 4 ZustG. 176; Klage gem. Art. 3 § 2 WuppertalsperrenG. iVerh. z. — gem. § 66 Abs. 2 u. 3 WassGenG. 192 f.; d. — gegen eine d. Abtretung v. Land zur Wegeverbreiterung fordernde Verfügung d. Wegepolizeibehörde ist zugleich gegen einen vermeintlich öffentlich-rechtlich verpflichteten Dritten zu richten 323; keine Verbindung d. —n gem. § 11 Abs. 1 u. § 11 Abs. 2 WegereinigungsG. 323 f.; Polizeibehörde d. Betriebsorts zur —erhebung gem. § 35 Abs. 5 GewO. zuständig 358, 360; — e. unzuständigen Behörde 360 f.; —berechtigung d. Kommunalaufsichtsbehörde geg. d. Entsch. d. Provinzialrats gem. § 30 ² SeuchenG. 403 f.; Erfordernisse e. ordnungsmäßigen — 505; Prüfung v. Amts wegen, ob ein d. Einhaltung d. —frist hindernder unabweisbarer Zufall vorliegt 505; verspäteter Eingang d. — 506.

Kleidergeld e. GemBeamten nicht pensionsfähiger Gehaltsteil 81.

Kleinbahnunternehmung(en), Verlegung öffentl. Wege im Planfeststellungsverfahren 299.

Köchin, KrankVersPflicht einer mit Speisenzubereitung f. zahlreiche Gewerbegehilfen ihres Dienstherrn befaßten — 451.

Kolonialamt, Geheimer expedierender Sekretär im Reichs— gehört nicht zur Militärgemeinde 111 f.

*Kommunalaufsichtsbehörde, Voraussetzungen ihrer Klageberechtigung gegen e. Entsch. d. Provinzialrats gem. § 30 Abs. 2 SeuchenG 403 f.

Kommunalverbände, Angelegenheiten d. — 1 ff. (s. a. InhVerz.); Provinzialverbände (s. d.) 2 ff.; Kreise (s. d.) 5 ff.; Amtsbezirke (s. d.) 8 ff.; Armenverbände (s. d.) 11 ff.; Stadtgemeinden (s. d.) 13 ff.; Landgemeinden (s. d.) u. Gutsbezirke (s. d.) 58 ff.; Zweckverbände (s. d.) 102 ff.

Kompetenzkonflikt(e), Unterschiede zw. Konflikt u. — 482 f.; keine Zuständigkeit d. Generalkommission zur Beschlußfassung über d. Auseinandersetzung gemäß § 3 LGemO. nach Zerlegung e. Ritterguts in Rentengüter 497 ff.; Erklärung d. Unzulässigkeit d. Rechtswegs durch d. Reichsgericht schließt Unzuständigkeitserklärung eines VerwGerichts in derselben Sache nicht aus, wenn Sachidentität mit dem Gegenstande d. Zivilprozesses nicht besteht 499 f.

Konflikt(e), — wegen Verletzung e. Menschen durch Säbelhieb eines unbekannt gebliebenen Polizeibeamten gelegentlich e. Tumults 482; Unterschied zwischen — u. Kompetenz — 482 f.; — wegen Überlassung d. Polizeisiegels an e. nachgeordneten Beamten u. angeblich nicht ordnungsmäßiger Aufbewahrung d. Siegels 483; Amtsüberschreitung infolge Irrtums über d. geltende Recht 483 f., 491 f.; unbegründeter Konflikt wegen unterlassener Vorsichtsmaßnahmen eines Turnlehrers bei Fortschaffung e. schweren Geräts 484; — wegen angeblichen Verstoßes gegen d. Aufsichtspflicht eines Lehrers beim Öffnen u. Schließen eines Fensters durch Schüler 484 f.; Überschreitung d. Züchtigungsrechts durch e. Lehrer 485 f. Warnung e. Lehrers durch d. Ortsschulinspektor vor d. Verkehr mit einem wegen sittlicher Verfehlungen in Disziplinaruntersuchung gezogenen Lehrer keine Überschreitung d. Amtsbefugnisse 486; — wegen behaupteter Pflichtwidrigkeiten von Mitgliedern einer Flurschäden-Abschätzungskommission 486 ff.; unzulässiger — wegen Vornahme v. Amtshandlungen auf e. nicht zum Bahngebiet gehörigen Fläche durch e. Bahnwärter 488; — wegen Räumung e. Lokals mit Waffengewalt u. Verletzung einer Person 489 f.; — wegen Warnung e. Regierungspräsidenten vor einem wirkungslosen Heilmittel 490 f.; Amtsüberschreitung e. Amtsvorstehers bei Anordnung u. zwangsweiser Durchführung einer als Räumungsanordnung bezeichneten Anordnung auf völlige Umgestaltung e. Bachbettes 491 ff.; keine Amtsüberschreitung e. Oberförsters durch Erschießen eines bei d. Jagd übergelaufenen fremden Hundes 493 f.; Amtsüberschreitung eines Polizeipräsidenten durch eine zur Zuständigkeit d. Oberpräsidenten gehörige strom- u. schiffahrtspolizeiliche Maßnahme 494 f.; — wegen Verwendung eines Polizeihundes bei e. Festnahme 495; — wegen angeblicher Amtsüberschreitung eines Schlachthausverwalters bei Verwaltung d. Freibank 496; Fahren e. Oberzollkontrolleurs mit unbeleuchtetem Fahrrad keine Amtspflichtenverletzung 496 f.

Königliche Polizeiverwaltung, Zuständigkeitsabgrenzung bei Trennung d. Ortspolizei zwischen Staat u. Stadt in Städten mit —r — 332 f.; Zuständigkeit zur Klageerhebung auf Zurücknahme gewerblicher Konzessionen usw. in Städten mit —r — 357.

Konsensus-Union, Verhältnis zum lutherischen u. zum reformierten Bekenntnis 111.

Kontrollversammlung, Unzulässigkeit e. polizeilichen Verbots d. Ausschanks geistiger Getränke an Kontrollpflichtige am Tage d. — 348.

Konzessionsurkunde, d. Zurückforderung e. Apotheken— gehört zur Zuständigkeit d. Ortspolizei 341.

*Kosten d. Ausweisung v. Ausländern

Landespolizeikosten, soweit sie nicht von d. Ausgewiesenen getragen werden können 419; — im Verf. auf Feststellung d. Dienstunfähigkeit nicht dem betroffenen Beamten aufzuerlegen 478f.; — d. Verfahrens im VerwStreitVerf. nicht dem Prozeßvertreter e. Partei aufzuerlegen 504; Erstattung barer Auslagen d. obsiegenden Partei beim Vorhandensein mehrerer Gegenparteien 514f.; Wert d. Streitgegenstandes 515.

Kraftdroschken, Fahrausweis als Droschkenführer u. Kraftwagenführerschein für d. Ausübung d. Gewerbes als —führer erforderlich 361.

Kraftfahrzeuge, Probefahrtzulassungsbescheinigung 424f.; Anbringung heraldischer Zeichen (Krone) durch d. reichsrechtlichen Kennzeichnungsvorschriften nicht ausgeschlossen 425.

Kraftwagenführer, häufigerer Wirtshausbesuch u. Aufnahme v. Zechschulden kein Grund zur Versagung d. Führerscheins 421; Versagung oder Zurücknahme d. Ermächtigung zur Ausbildung v. —n nicht im Verw.-StreitVerf. anfechtbar 422f., 424; Mangel d. Sehkraft auf einem Auge schließt Erteilung d. —scheins aus 423f.

Kranken- (Entbindungs-, Irren-) **Anstalten,** gesundheitspolizeiliche Anforderungen d. obersten Medizinalaufsichtsbehörde 341.

Krankenhaus, —behandlung an Stelle d. Leistungen gem. § 6 KrankVG. 452.

Krankenversicherung 450ff. Versicherungszwang: Wiedereintritt in d. Versicherungspflicht nach vorheriger Befreiung 451; VersPflicht einer mit d. Speisenbereitung für zahlreiche Gewerbegehilfen ihres Dienstherrn befaßten Köchin 451; Befreiung von d. VersPflicht mit Einverständnis d. vorläufig verpflichteten Armenverbandes 451f.; Gemeindekrankenversicherung; Unzulässigkeit der Gewährung bedingter (beschränkter) Krankenhausbehandlung an Stelle d. Leistungen gem. § 6 Krank.-VG. 452; Angehörigenunterstützung, Kreis d. Bezugsberechtigten 452f.; Beginn d. Leistungen f. Familienangehörige 453; Ortskrankenkassen. Geheimhaltung d. Lohnverhältnisse d. Mitglieder 453; Familienleistungen auch an voreheliche Kinder d. Ehefrau 453f.; Bezüge d. Kassenangestellten 454; Beschlüsse d. Kassenvertretung über d. Verbrauch d. d. Höchstbetrag (d. Doppelte) d. Reservefonds übersteigenden Betrages zulässig 454f.; Wahlen d. Kassenvertreter 455; Innungskrankenkassen: Rechtsmittel gegen Anordnungen d. Aufsichtsbehörde 455.

Krankheiten, übertragbare, polizeiliche Forderung e. Wasserleitung zum Schutz gegen — 402f.; desgl. einer Isolierbaracke f. Infektionskranke 403f.

***Kreisausschuß,** Beschlußfassung über Aufbringung d. Armenpflegekosten in Gutsbezirken 11; zuständiger — i. Streitverfahren über d. Heranziehung eines in mehreren Kreisen belegenen Forstgutsbezirks zu d. Schullasten e. Gesamtschulverbandes 170; Zuständigkeit d. —ses z. Regelung d. Unterhaltungspflicht für verbreiterte u. vertiefte Vorflutgräben gem. § 18 VorflEd. 194f.; — zuständig f. Anbringung d. Antrags auf mündliche Verhandlung wegen d. Höhe d. Jagdpacht gem. § 26 JagdO. 208; Bestimmung d. zuständigen Bezirks- oder —ses als Beschlußbehörde 502; e. von e. zuständigen — gefälltes Urteil kann nicht dadurch beseitigt werden, daß eine Partei (eine Landgemeinde durch Erlangung d. Stadtkreiseigenschaft) eine Änderung d. Rechtsverhältnisse erfährt 507.

***Kreise,** Angelegenheiten d. — 5ff.

Kreiskommunalbeamte, Bedeutung d. Anstellungsurkunde f. Beamteneigenschaft 7f.

Kreistag, Anfechtung seiner Beschlüsse bei Verteilung d. Abgeordneten auf d. einzelnen Wahlverbände 5; Erlangung d. Wahlfähigkeit durch Bevollmächtigte u. Unterbevollmächtigte unverheirateter ländl. Grundbesitzerinnen 5f.; Legitimationsprüfung d. Abgeordneten 7.

Kreistagswahlen, Verteilung d. Abgeordneten auf d. einzelnen Wahlverbände 5; Wählbarkeit 5f. Wahlverfahren 6f.; Wahlkörperschaft gem. SchlHolstKrO. 6; Mitwirkung d. Landrats b. — d. Städte (Rheinprovinz) 7; ungültige Stimmzettel 7; Prüfung d. Wahlverfahrens 7.

Kunststraßen, Verkehr mit Straßenlokomotiven auf — 317f.

Kurfürsten, rechtl. Bedeutung ihrer Verordnungen 306.

Kurhessen, Lieferung v. Besoldungsholz f. vereinigte Schul- u. Kirchenämter in — 150f.; Uferunterhaltung nach Kurhessischem Wasserrecht 204.

Küsterschule(n), Brennholzlieferung durch d. Kirchenpatron 155ff.; Verteilung d. Schulbaulast bei e. Ersatz- und Erweiterungsbau e. — zwischen Pfarr- u. Schulbaupflichtigen 159ff.; Naturallieferung d. Baumaterialien durch d. Kirchenpatron 161f.

L.

Lachen s. „Tümpel".

Läden, Unzulässigkeit ihrer Einrichtung im Kellergeschoß 244f.; Ladenvorbau über d. Fluchtlinie hinaus 257.

Ladung, Mangel d. — zur mündl. Verhandlung kein Grund z. Klage auf Wiederaufnahme d. Verfahrens 512, 513.

Ladungsfrist, Berechnung d. — bei Stadtverordnetenwahlen 23; Innehaltung d. — bei ländl. GemWahlen 64.

Landespolizei, Kosten d. ortspolizeilichen Tätigkeit auf dem Gebiete d. — 50ff.; Umfang d. Aussonderung landespolizeilicher Ausgaben durch d. VerwGerichte aus d. Jahresrechnungen Kgl. PolVerwaltungen 52f.; Begriff d. — 53; Zuständigkeitsabgrenzung zwischen — u. Ortspolizeibehörden beim Einschreiten gegen Verunstaltung landschaftlich hervorragender Gegenden 296.

*__Landgemeinde(n),__ rechtliche Stellung u. kommunale Eigenschaft 58ff. Hinzutritt gutsherrlichen Landes zum Gemeindebezirk 58f.; Gemeinderecht (s. d.) u. GemWahlen (s. d.) 60ff.

Landgut, Begriff iS. § 13a AnsiedlG. 219, 223; Umwandlung in „mehrere" ländliche Stellen 222f.; Umwandlung e. —s iS. § 13a aaO. durch Abverkauf eines Vorwerks nur vorliegend, wenn dieses zum — in e. Verhältnisse wirtschaftlicher Abhängigkeit oder Zugehörigkeit steht 222f.

Landhausstil, ortsstatutarische Beschränkung auf Bauten im — gem. VerunstaltG. 298.

Ländliche Stellen, Umwandlung e. Landguts in mehrere — 219, 221, 222f.

Landrat, Mitwirkung b. Wahlen städtischer Kreistagsabgeordneter in d. Rheinprovinz 7; Erlaß ortspolizeilicher Verfügungen durch d. — u. d. Wasserbauinspektor in Deichangelegenheiten (Hannover) 205f.; — z. Erteilung d. Bauerlaubnis zuständig (Nassau) 231; Gehorsamspflicht e. Bürgermeisters als Polizeiverwalter gegen dienstliche Anordnungen d. —s 465; Ordnungsstrafrecht d. gesetzl. Vertreters e. —s gegen d. Gemeindevorsteher 476.

Landschaftlich hervorragende Gegenden, Schutz geg. Verunstaltung 295ff.; verw.-richterliche Prüfung, ob vorliegend 295f.

Landseen als Teile v. Eigenjagdbezirken 214.

Land- u. Heerstraßen 315f.; Unterhaltungspflicht d. Fiskus gem. ALR. 315; Einfluß d. Deklassierung auf d. Unterhaltungspflicht 315f.; Zuständigkeit f. Deklassierung u. Einziehung u. deren Einwirkung auf d. Öffentlichkeit d. Wege 316f.; Ersitzung d. Baumbenutzungsrechts an - 324f.

Landwirtschaftliche Unfallversicherung s. diese.

Lanzen, d. zu Übungszwecken benutzten — d. Sokolvereine sind nicht Waffen iS. § 11 RVerG. 392.

Laube als Wohnhaus iS. AnsiedlG. 221f.; — iallgem. nicht Wohngebäude iS. d. Baupolizeirechts 258.

Ledige, Teilnahme am Allmandnutzen (Hohenzollern) 94f.

Legitimationspapiere ausländischer (Saison-) Arbeiter 428.

Legitimationsprüfung d. Kreistagsabgeordneten 7.

Legitimationsschein z. Druckschriftenverteilung 363.

Lehrer, behaupteter Verstoß gegen d. Aufsichtspflicht bei Erteilung u. Ausführung d. Auftrages zum Öffnen u. Schließen von Fenstern durch Schüler 484f.; Überschreitung d. Züchtigungsrechts durch e. — 485f.

Lehrerpension, Frage d. Beteiligung d. Kirchengemeinden an d. Aufbringung d. Ruhegehaltsklassen-Beitr. bei vereinigten Kirchen- u. Schulämtern 142ff.

Lehrlinge, Anwendung d. Vschr. d. GewOrdnung, betr. — u. jugendliche Arbeiter auf d. gewerbl. Unternehmen e. Kapellmeisters 367f.

Leinpfade, Umwandlung in öffentliche Wege nach rhein.-französ. Recht 299.

Leistungsfähigkeit, Berücksichtigung d. — eines Wegebaupflichtigen 303; Berücksichtigung d. — d. Gemeinden nur bei Forderung von Neueinrichtungen (Wasserleitung) gem. § 35 SeuchenG. 405ff.

Leistungsklage in Schulbausachen iVerh. z. Feststellungsklage gem. § 47 Abs. 3 ZustG. 175f.

Leitung d. Verfahrens, Beschwerde 506.

Licht, Beschränkung d. Bebauung v. Grundstücken im Interesse d. Zuführung von Luft u. Licht 251f.

Lohnverhältnisse, Geheimhaltung d. — d. Krankenkassenmitglieder 453.

Los, Bestimmung d. Hausbesitzer-Wahlbezirke d. Stadtverordnetenwahlen durch d. — 24; desgl. d. Stichwahlkandidaten d. SchlHolst. GemWahlen 70f.

Luft, Beschränkung d. Bebauung v. Grundstücken im Interesse d. Zuführung v. — u. Licht 251f.

Luftraum über öffentlichen Wegen als Teil derselben 325.

Luftschaukel, Betrieb e. — mit Drehorgelbegleitung auf einem im Privateigentum stehenden Platz nicht gem. § 33b GewO. genehmigungspflichtig 352; Einschreiten gegen einen solchen Betrieb wegen Gesundheitsgefährdung d. Anwohner 352f.; Verbot d. Betriebs nur aus polizeilichen Gründen (§ 10 II 17 ALR., § 6b PolVerwG.) zulässig 353f.

Luftschiffhalle, Ansiedlungsgenehmigung nicht erforderlich 219f.

Lustbarkeit(en), Verbot e. — e. Vereins nicht ohne weiteres gerechtfertigt, sofern nicht d. Öffentlichkeit d. Veranstaltung feststeht 399f.

M.

Magistrat, Recht d. Bürgermeisters zu Warnungen u. Verweisen gegenüber —smitgliedern 476.
Maifeier, Gründe für d. Verbot v. —umzügen in Großstädten 390ff.
Markenverfassung u. Realgemeinderecht (Hannover) 92.
Marktflecken, kommunaler Begriff 166.
Maul- u. Klauenseuche, unzulässige Nichtgenehmigung e. öffentl. Versammlung unter freiem Himmel mit Rücksicht auf d. Herrschen von — 373f.
„Mauscheln" ohne „Atzzwang" ein Glücksspiel 348.
Medizinalaufsichtsbehörde, gesundheitspolizeiliche Anforderungen d. obersten — an private Kranken- usw. Anstalten 341.
Meeresarme nicht als land- oder forstwirtschaftlich benutzbare Grundflächen iS. d. JagdO. anzusehen 215.
Meeresstrand, Verbot d. Reitens am — während d. Badezeit zulässig 188f.
Meldepflicht, d. für d. Beziehen von Wohnungen usw. bestehende — trifft nicht einen Arzt für d. in seine Krankenanstalt zu ärztlicher Behandlung aufgenommenen Kranken 428.
Metallarbeiterverband, ob örtliche Verwaltungsstelle selbständiger Verein 377f.
Mietentschädigung, Gewährung d. vollen — an e. Lehrer mit eigenem Hausstand 138f.; Klage gegen d. Zwangsetatisierung e. —; zahlungspflichtig ist Träger d. Schulunterhaltungslast 139f.; keine vokationsmäßige Einschränkung d. Anspruchs auf Zahlung d. vollen — 140f.; Höhe d. — verschiedener Klassen v. Lehrern in Gesamtschulverbänden 141.
Milchuntersuchungsergebnisse, d. Veröffentlichung d. amtlichen — stellt keine polizeiliche Verfügung iS. §§ 127ff. LVG. dar 444f.
Militäranwärter, Besetzung v. GemBeamtenstellen mit —n 85ff.
Militärgeistliche, KirchenStFreiheit d. Ruhegehalts ausgeschiedener —r 108f.
Militärgemeinde, Frage d. Zugehörigkeit v. Beamten d. Reichskolonialamts zur — 111f.
Militärpension, Kürzung bei Anstellung im Zivildienst 2.
Mineralwasser, Kosten d. Wasseruntersuchung 49f.
Militärpension, Kürzung bei Anstellung im Zivildienst 2.
Mineralwasser, Kosten d. Wasseruntersuchung 49f.
Minister d. Innern, Kompetenzabgrenzung hinsichtlich d. Sicherheitspolizei bei Teilung d. Ortspolizei zwischen staatl. u. städtischen Behörden 332f.
Mischehen, KirchenStPflicht bei — 117; Besteuerungsrecht d. Synagogengemeinden d. — 126f.
Mistjauche, Verbot d. Ableitung in d. Straßenrinnstein im Geltungsbereich d. französischen Rechts zulässig 426.
Miteigentum, vertragliche Schaffung e. —sverhältnisses zwecks Bildung v. Eigenjagdbezirken 209f.; Stellung d. OVG. gegenüber vermutlich nur zum Schein vereinbarten —sverhältnissen behufs Schaffung v. Eigenjagdbezirken 211f., 213; Quote d. übertragenen —s f. d. Annahme v. Scheinnicht entscheidend 212f.
Miteigentümer, Ausübung d. Bürgerrechts 17f.; Schaffung e. Eigenjagdbezirks durch Vereinbarungen mehrerer — d. Jagdgrundstücke 209ff.
Mitgliederversammlung e. Vereins als öffentliche 379f.
Mitwirkung, weitergehende — d. Gemeinden usw. iS. VolksschulUG. bei d. Lehrerberufung 128f., 129f.
Moabiter Krawalle, Konflikt wegen Räumung e. Lokals mit Waffengewalt 489f.
Monistenbund ein politischer Verein 398; Einspruch d. Polizei gegen Eintragung e. Ortsgruppe d. —es in d. Vereinsregister gerechtfertigt 398f.
Mückenplage, Forderung d. Beseitigung v. Tümpeln u. Lachen auf e. Wiese zur Bekämpfung d. — u. zur Vermeidung übler Gerüche als Maßnahme zur Abwendung v. Gesundheitsgefahr gerechtfertigt 400ff.
Mühle, Hochwasser-Wehrdamm als Teil d. gewerblichen, d. gewerbepolizeilichen Genehmigung bedürfenden Betriebsstätte e. — 337f.
Mühlenbesitzer, observanzmäßige Räumungspflicht bezgl. d. Mühlbäche zur Verschaffung v. Vorflut 181f.
Mühlgraben, Umwehrung kann unabhängig von d. Eigentumsverhältnissen von d. Müller gefordert werden 426.
Müller s. „Mühlgraben".
Mündliche Verhandlung, Antrag auf — im VerwStreitVerf. gem. § 26 JagdO. über d. Höhe d. Jagdpacht 208, s. sonst „Verw.-StreitVerf.".
Münster, observanzmäßige Fürsorge d. politischen Gemeinde für d. Begräbniswesen im Fürstentum — 119ff.
Musikerlehrlinge, Anwendung d. GewO. auf — 367f.
Muter, nur d. — klageberechtigt gegen Entsch. d. Oberbergamts gem. § 27 Abs. 4 BergG. 459f.

N.

Nachbargrenze, Fensteröffnungen nach einem d. — bildenden nicht zum Anbau bestimmten

Privatweg 235; Straßengrenze keine — iS. d. Baupolizeirechts 259f.
Nachbargrundstück, Begriff iS. d. Baupolizeirechts 259f.
Nachbarrecht, keine Beschränkung d. öffentlich-rechtlichen Befugnisse d. Polizei durch die landrechtlichen Vorschriften über das — 249; Einfluß d. —s auf d. Prüfung v. Baugesuchen 260.
Name(n), Führung fremder — durch Gewtreibende 333f., 338f.; —angabe d. konzessionierten Geschäftsführers an d. Schanklokal einer Gesellschaft mbH. nicht erforderlich 334.
Namensänderung, eine nach amerikanischem Recht vorgenommene — in Preußen rechtsunwirksam 339.
Nassau, Widerspruchsrecht gegen Gemeinde-Dränageanlagen nach —ischem Wasserrecht 205; Zuständigkeit in Baupolizeisachen 231f.
Naturaljahr, Bedeutung f. d. Eink.Ermittelung bei Wahlen nach d. Einkommens- oder Steuersatzzensus 31ff.
Naturallieferung v. Feldfrüchten zur Deckung der von d. bürgerlichen Gemeinde zu tragenden Kirchenlast kathol. Gemeinden im linksrheinischen Rechtsgebiet nicht zu fordern 107; — u. Naturaldienste z. Pfarrhausbau 108.
Nebenamt iVerh. zum Hauptamt e. Gem.-Beamten 45.
Ne bis in idem, keine unbeschränkte Anwendung d. Grundsatzes im DiszVerf. 479ff.
Neuwahlen, keine bestimmte Frist f. Anberaumung v. — b. Ungültigkeitserklärung ländl. GemWahlen 75.
Nichtigkeit v. Jagdpachtverträgen wegen mangelhafter Bekanntmachung 215; — eines von d. Jagdvorsteher mit sich selbst als Mitpächter abgeschlossenen Jagdpachtvertrages 216.
Niederlassung, ständige — als Grundlage d. Bürgerrechtserwerbs 13.
Nießbrauch, durch Übertragung d. —s an einem Gut wird d. Gutsherrneigenschaft nicht begründet 166f.
Normaler Zustand e. Flußbetts maßgebend f. d. Umfang d. Räumungsanordnung gem. § 7 PrivFlG. 182f.
Nutzungen, befürchtete Gefährdung d. land- oder forstwirtschaftlichen — benachbarter Grundstücke als Einspruchsgrund gegen d. AnsiedlGenehmigung 222, 225.

O.

Oberförster, keine Amtsüberschreitung durch Erschießen e. bei d. Jagd übergelaufenen fremden Hundes 493f.
Oberlausitz, Wegeunterhaltungspflicht d. Gemeinden 313f.
Oberlehrerinnen, Bemessung d. Besoldung f. — an höheren Schulen 137.
Oberzollkontrolleur, Konflikt wegen Fahrens mit e. unbeleuchteten Fahrrad 496f.
***Observanz,** —mäßige Übernahme d. anteiligen Küsterschulbaukosten an Stelle d. Pfarrbaupflichtigen durch d. Kirchenpatron 160f.; —bildung bzgl. d. Kirchenbaulast d. Patrons 162; —mäßige Gräbenräumungspflicht d. Mühlenbesitzer im Vorflutinteresse 181f.; —bildung bzgl. d. Räumungspflicht d. Anlieger e. öffentl. Flusses im Vorflutinteresse 187f.; —bildung bezgl. d. Grabenräumung in Hannover 199f.; bei —mäßiger Benutzung d. Straßenrinnsteine zur Grundstücksentwässerung sind polizeiliche Interessen zunächst gegenüber dem Straßenunterhaltungspflichtigen geltend zu machen 280f.; Bildung v. —en bezgl. d. Straßenreinigungspflicht im linksrheinischen Rechtsgebiet 307; Ausdehnung geltender Straßenreinigungs—en auf eingemeindete Gemeinden 308, 311; Beseitigung d. gesetzl. u. —mäßigen Wegeunterhaltungspflicht d. Stadt Danzig durch d. westpreuß. WegeO. 312; Frage ihrer Aufhebung durch OstprWegeO. 314; desgl. in Posen 314f.; desgl. in Westpreußen 319.
Offene Handelsgesellschaft, Kirchensteuer d. Gesellschafter 110.
Offenkundigkeit iVerh. z. Gerichtskundigkeit 507.
Öffentliche Sicherheit, d. durch d. Maul- u. Klauenseuche hervorgerufenen Gefahren fallen nicht unter d. Gefahren für d — iS. § 7 RVerG. 373f.
Öffentliche Versammlung(en), Verlegung aus e. Lokal in dessen Garten 372; Frage d. Öffentlichkeit e. von einer örtlichen Verwaltungsstelle d. Metallarbeiterverbandes für seine Mitglieder einberufenen Versammlung 377f.; Vereinsversammlung als — 379f. Frage d. Öffentlichkeit v. Versammlungen d. Arbeiter e. bestimmten Fabrikunternehmens (Betriebsversammlung) 380; Versammlung d. sozialdemokratischen Jugendausschusses als öffentl. politische Versammlung 382f.; Tanzvergnügen e. Gewerkschaftskartells als öffentl. Veranstaltung 388; Unterlassung d. Angabe v. Gründen in dem Bescheid über Nichtgenehmigung e. —n — macht d. Versagung nicht rechtsungültig 392f.; s. a. „Versammlungen", „Politische Versammlungen" usw.
Öffentliche Weg(e), Umwandlung von Leinpfaden in — 299; Verlegung —r — im Planfeststellungs Verf. gem. KleinbahnG. 299; Fortbestand d. Öffentlichkeit abgetrennter ehemaliger Wegeteile 299; Umwandlung e. privaten in e. —n — nach HannWegerecht 300; Überfahrten über

Wegegräben als Ausfluß d. Gemeingebrauchs an öffentlichen für d. Anbau bestimmten Wegen 300f., 301f.; ebenso Ein- u. Ausfahrten nach öffentl. Straßen 302; Land- u. Heerstraßen als — 316; Umgestaltung —r —, die in e. Eisenbahnanlage eingreifen, nur mit Genehmigung d. MindÖffArb. zulässig 318; Unterhaltungspflicht für im Zuge —r — über künstliche Wasserzüge führende Brücken 318f.; Klage gegen d. Forderung v. Landabtretung zur Verbreiterung e. —n —s ist zugleich gegen einen vermeintlich öffentlich-rechtlich zu d. Leistung verpflichteten Dritten zu richten 323; Einfluß d. Eigentumsrechts an e. —n — auf dessen Inanspruchnahme für d. öffentl. Verkehr 324; Luftraum über e. —n — als dessen Bestandteil 325; bei Inanspruchnahme e. Weges für d. öffentl. Verkehr liegt d. Wegepolizeibehörde, nicht d. Beweispflicht hinsichtlich d. Öffentlichkeit d. Weges ob 327f.; Verlegung —r — 328f.; d. bisher übliche Scheidung bei Einziehung öffentlicher Wege in überflüssige u. nicht überflüssige ist vom OVG. aufgegeben 329; Abwägung öffentlicher u. privater Interessen bei Einziehung —r — 329f.; s. a. „Wege", „Privatwege".

Öffentliches Interesse, Abwägung öffentl. u. privater Interessen bei Einziehung öffentl. Wege 329f.

Offiziere, Kürzung d. Militärpension b. Anstellung im Zivildienst 2.

Olympiabillard, Spiel auf dem — als Glücksspiel (Ausspielung v. Geldbeträgen) 365f.

Option, Voraussetzungen e. rechtsgültigen — f. Dänemark nach Art. XIX d. Wiener Friedenstraktats 178f.

Ordnungsruf u. Ordnungsstrafe gegen Gem.-Vertreter 84.

Ordnungsstraf(e), Verhängung gegen Gem.-Vertreter 84; Einleitung d. DiszVerf. zulässig trotz Vorliegens einer wegen derselben Tatsachen ergangenen rechtskräftigen —verfügung 479ff.

Ortsarmenverbände, Aufbringung u. Verteilung d. Armenpflegekosten in Gutsbezirken 11f.; — iallgem. z. Zahlung v. Fremdenschulgeld f. hilfsbedürftige Kinder nicht verpflichtet 147f.

Ortsbild, Begriff iS. d. VerunstaltungsG. 285; Rechtsgültigkeit e. ortsstatutarischen Vorschrift bezgl. d. Anpassung zu errichtender Wohngebäude an das — u. Straßenbild 298.

Ortskrankenkassen s. „Krankenversicherung".

Ortspolizeiliche Kosten, Kosten d. Hilfstätigkeit auf d. Gebiete d. Landespolizei als — 51ff.

Ortsschulinspektor s. „Konflikte".

Ortsstraße, Erfordernisse e. fertigen — (historischen Straße) 271f.; Bürgersteige nicht unbedingtes Erfordernis 275.

Ortszulagen, Berechnung d. Dienstzeit f. Bewilligung v. — s. Volksschullehrer 136; Zuständigkeit z. Feststellung v. — 135, 136f.

P.

Pädagogische Bedenken rechtfertigen nicht das Aufführungsverbot e. Films 416f.

Pariser Platz (Berlin), Erhaltung d. baulichen Eigenart 288ff.

Pension, Wohnungsgeld d. GemBeamten als Teil d. —sfähigen Diensteinkommens 79f.

Pensionskassenverband f. Westfalen als Träger d. Pensionsverpflichtung; Parteirolle im VerwStreitVerf. über Pensionsansprüche 77ff.

Personalakten, unberechtigte Anfertigung v. Auszügen als Disziplinarvergehen 470; Einsichtnahme rechtlich zulässig? 470.

Personalgemeinde(n), Jesuitenkirchengemeinde in Bromberg als — 121f.

Pfähle, Forderung d. Beseitigung v. —n im Bette e. öffentl. Stromes 186f.

Pfarrbaupflichtige, Kostentragung d. Ersatzbauten v. Küsterschulen 159ff.

Pfarrwitwen, Frage d. Gewährung v. Wohnungsgeld u. d. Überlassung bestehender —häuser an — im Gebiet d. Magdeburger KirchenO. 107f.

Photographenateliers, Beschränkung d. Gewerbebetriebes an Sonntagen 335f.

Politische Angelegenheiten, Begriffsbestimmung in vereinsrechtl. Hinsicht 386f.

Politische Verein(e), Frage d. Eigenschaft v. Bürgervereinen als — 386f.; ein Verein, der die Beschaffung v. Mitteln z. Errichtung sozialdemokratischer Jugendheime bezweckt, ist e. —r — iS. §§ 3, 18 RVerG. 394ff.; polizeiliches und strafrechtliches Einschreiten bei Verweigerung d. Einreichung d. Satzungen —r — 396; Arbeiterradfahrerbund „Solidarität" u. seine Einzelvereine als — 396f.; ebenso d. Arbeiterturnerbund u. seine angeschlossenen Vereine 397f.; Monistenbund als —r — 398; Einspruch geg. Eintragung e. Ortsgruppe d. Monistenbundes in d. Vereinsregister gerechtfertigt 398f.

Politische Versammlung(en), Auflösung e. —n — wegen Verweigerung d. Zulassung v. Beauftragten d. Polizei 378f.; Jugendversammlungen der sozialdemokratischen Jugendausschüsse (Bildungsausschüsse) als öffentl. — 382f., 384f.

Polizeibeamte, Konflikt wegen angeblicher Amtsüberschreitung bei Anwendung v. Waffengewalt zur Unterdrückung v. Tumulten 482, 489f.

Polizeidirektion, die Disziplinargewalt gegenüber d. Beamten e. städtischen — in Hannover steht dem Bürgermeister, nicht dem Polizeichef zu 476ff.

Polizeihund, Verwendung e. —es durch e. Polizeibeamten bei Ausübung d. Dienstes 495f.

Polizeikommissar, Stellung gegenüber d. Polizeiverwalter iVerh. zu seiner Eigenschaft als Hilfsbeamter d. Staatsanwaltschaft 475.

Polizeikosten, Einnahmen d. Polizeiverwaltung 49; Untersuchungskosten für das zur Mineralwasserbereitung verwendete Wasser 49f.; Unterstützungen an ausgeschiedene Beamte u. deren Hinterbliebene unmittelbare — 50; Kosten d. politischen Polizei teils orts-, teils landespolizeilicher Natur 50ff.; Kosten d. Spionageüberwachung Orts- — 53; Unterverteilung d. vorläufig festgesetzten —-Anteils auf mehrere Gemeinden 54; Frage d. anderweiten Festsetzung d. —anteile durch d. BezAussch. im Anfechtungsverfahren 54f.; Umfang d. Anhörungs- u. Prüfungsrechts d. Gemeinden 55, 56; Unterverteilung d. vorläufig festgesetzten —anteile 55f.; Bezüge v. Hilfsschutzmännern sind bei Berechnung d. 17% Bauschbetrages nach § 2 Abs. 2¹ PolKostG. nicht zu berücksichtigen 57f.

Polizeikosten-Gesetz, Unterschied d. Verfahrens nach § 6¹, ³ u. desjenigen gemäß § 7³ d. —es 54.

*__Polizeiliche Verfügung(en)__ als Grundlage d. Zwangsetatisierung 100ff.; Verbot d. unrechtmäßigen Bildung e. Eigenjagdbezirks durch — 208f.; Ordnung d. Wagen- usw. Verkehrs durch PolVerord. schließt eine Regelung d. Zweckmäßigkeits- u. Bedürfnisfrage durch — im Einzelfalle aus 362; Versagung oder Zurücknahme d. Ermächtigung z. Ausbildung v. Kraftfahrzeugführern keine — iS. §§ 127ff. LVG., 423f., 424; auch nicht Versagung oder Zurücknahme der Probefahrtzulassungsbescheinigung 424f.; Prüfung der rechtlichen Natur —r —en in d. Revisionsinstanz 434; Allgemeines über — 441f.; Gegenvorstellungen gegen — u. Bedeutung daraufhin erteilter Eröffnungen für d. Rechtsgültigkeit u. Anfechtung v. —n — 441f.; Erfordernis bestimmter Bezeichnung d. Geforderten 442; Wirkung d. Unanfechtbarkeit 442; — iVerh. z. Polizeiverordnung 442; Anfechtung d. Anordnung bei Gelegenheit des Rechtsmittels gegen die Androhung 443; für die Beurteilung einer die Genehmigung zur Errichtung e. Feuerstelle versagenden —n — im VerwStreitVerf. ist die Zeit der Urteilsfällung maßgebend 443; bedient sich d. RegPräsident zur Durchführung einer zuständigkeitsgemäß von ihm getroffenen Anordnung (Untersagung des Betriebs als Handelslehrer) der Hilfe der Polizei, so sind deren Maßnahmen nicht als — gem. §§ 127ff. LVG. anfechtbar 443f.; Veröffentlichung d. amtlichen Milchuntersuchungsergebnisse keine — 444f.; Bestellung von Zustellungsbevollmächtigten auswärtiger Hausbesitzer 449.

Polizeistunde, Festsetzung d. — unabhängig von d. Konzession 347; nur eine — für denselben Schankraum auch beim Vorhandensein von zwei Inhabern 347; Erfordernis d. Begründung d. —nherabsetzung 348f.; Ausnahmebewilligungen von d. allgemeinen — nur auf Grund ausdrücklicher Zulassung solcher Ausnahmen in d. PolVd. 348; in d. fortgesetzten Überschreitung d. — liegt d. Tatbestand einer Förderung d. Völlerei 350; Festsetzung e. besonderen v. d. Regel abweichenden — ist eine polizeiliche Verfügung 442.

*__Polizeiverordnung__, Einführung des Kanalisationsanschlußzwanges durch — 284f.; verwaltungsrichterliche Prüfung von —en zum Schutze landschaftlich hervorragender Gegenden 296, 297f.; ist gem. § 37 GewO. eine Regelung d. Droschken- usw. Verkehrs durch — erfolgt, so ist d. Regelung d. Bedürfnis- u. Zweckmäßigkeitsfrage durch polizeil. Verfügung im Einzelfalle unzulässig 362; — iVerh. z. polizeilichen Verfügung 442; Anwendung einer d. Wasserleitungsanschlußzwang festsetzenden — auf unbewohnte Gebäude 445f.; Anschlag v. —en „an" d. Gemeindehause 446f.; Regelung d. Reklamewesens durch — 447f.; Verbot des Zutritts unbegleiteter Jugendlicher in Räume, in denen Lustbarkeiten, wie sie auf Messen u. Jahrmärkten dargeboten werden, stattfinden, im Wege d. — 448f.; die Einsetzung v. Zustellungsbevollmächtigten f. polizeiliche u. sonstige Verfügungen kann von außerhalb wohnenden Hausbesitzern nicht durch — gefordert werden 449.

Polizeiwidrige(r) Zustand, Verpflichtung d. Eigentümers oder Unternehmers e. Mühlen- u. Stauanlage zur Beseitigung des durch gewaltsame Zerstörung d. Stauanlage infolge Hochwassers geschaffenen —n —es 197ff.

Pommern, Amtsvorsteher als Wegepolizeibehörde 321.

Portierwohnung im Kellergeschoß 247f.

Posen, Aufhebung v. Observanzen bezgl. d. Wegebaus 314f.

Präsentatum, angebliche Einstellung e. falschen —s auf e. Klageschrift 512f.

Privatflüsse, Umfang d. Räumungspflicht gem. § 7 PrivFlG. 182f.; Verhinderung d. Einleitung verunreinigter Abwässer aus gewerbl. Anlagen 184f.; Erfordernis der wasserpolizeilichen Genehmigung zur Verlegung v. —n 196.

Privatschulanstalten, Schulaufsichtsbehörde,

nicht Polizei, für Überwachung d. Benennung v. — zuständig 145f.
Privatversicherungsunternehmen, Aufsicht über — 368ff.; fingierte Ausschließung eines Rechtsanspruchs auf die Versicherungsleistung befreit nicht von der Unterstellung unter d. PrivVersUntG. 369f.; Statutenvorschriften für d. Fall d. Auflösung 370; Herabsetzung d. Kassenleistungen durch d. Aufsichtsbehörde 370f.
Privatweg, polizeiliche Forderung d. Beseitigung einer auf e. — aufgestellten Barriere im Interesse d. Verhütung v. Unglücksfällen nicht zulässig 434.
Probefahrtzulassungsbescheinigung, Versagung oder Zurücknahme d. — keine polizeiliche Verfügung iS. §§ 127ff. LVG. 424f.
Promenade, eine auf d. Körper e. Chaussee belegene — ist kein Bürgersteig im Rechtssinne 317.
Protokoll, in d. — d. gelegentl. e. Ortsbesichtigung erfolgten mündlichen Verhandlung ist das Ergebnis d. Augenscheinaufnahme festzustellen 509.
Protokollführer, Eintragung seiner eigenen Abstimmung b. Stadtverordnetenwahlen 33f.; nur d. Wahlvorstand, nicht d. — z. Entgegennahme d. Abstimmung befugt 66.
Provinzialausschüsse, Beanstandung d. Beschlüsse 2.
Provinzialbaurat 2f.
Provinzialbeamte, Kürzung d. Militärpension ehem. Offiziere 2; Verleihung d. Ratscharakters ohne landesherrl. Genehmigung unzulässig 2f.
Provinzialverbände 2ff.; f. Erstattungsforderungen f. Beschulung blinder usw. Kinder armenrechtl. Streitverfahren nicht gegeben 3ff.
Prozeßfähigkeit 504.
Prozeßvertreter, Kosten d. Verfahrens können im VerwStreitVerf. nicht d. —n e. Partei auferlegt werden 504; Zustellung d. Urteils wahlweise an d. — oder an die Partei 506; irrtümliche Ladung e. —s zu falscher Terminsstunde 512.

R.

Räte, Parochialwahlrecht und Kirchensteuerpflicht d. — in Cassel 118.
Ratscharakter, keine Verleihung ohne landesherrliche Genehmigung 2f., 79.
Rauchbelästigung, Verbot v. Anlagen mit starker Rauchentwickelung im Geltungsgebiet d. Berliner VorortsBauPolVd. 241f., 242f.
Räumung, observanzmäßige — v. Mühlbächen durch d. Mühlenbesitzer zur Verschaffung v. Vorflut 181f.; zulässiger Umfang e. —sanordnung gem. § 7 PrivFlG. 182f.; —spflicht d. Grabenverlegung 183f.; Übertragung d. Befugnisse d. Wasserpolizeibehörde durch Reglement an einen —skommissar unzulässig 185; Regierungspräsident zuständige —spolizeibehörde für öffentliche, d. h. schiffbare Ströme 187; observanzmäßige —spflicht d. Uferanlieger öffentl. Ströme im Vorflutinteresse 187f.; Umfang d. —spflicht gem. § 100 I 8 ALR. u. § 10 VorflEd. 194; —spflicht nach Hannoverschem Wasserrecht 199f.
Räumungskommissar, Rechtsmittel gegen unzuständigerweise v. einem — erlassene wasserpolizeiliche Verfügungen 185.
Rayongesetz, Maß d. polizeilichen Mitwirkung bei Durchführung d. Reichs—es 441.
Realgemeinden, Klage wegen Teilnahme an d. Nutzungen d. — (Hannover) 90ff., 503f.; Auflösung v. — 92.
Rechtsanspruch, Ausschließung d. —s auf Versicherungsleistungen bei privaten Versicherungsunternehmen 370.
Rechtshilfe, Kosten d. Erledigung berechtigter Ersuchen um — als Ortspolizeikosten 52f.
Rechtskonsulent, Gewerbeuntersagung 359.
***Rechtsmittel** gegen d. Untersagung d. Betriebs als Handelslehrer 146f.; — gegen d. Heranziehung zu Fortbildungsschulbeiträgen in westfäl. Amtsverbänden 176f.; — gegen Verfügungen d. Kgl. Hafenpolizeiverwaltung in Königsberg 186; zur Anbringung v. Einsprüchen gegen wegepolizeiliche Verfügungen zuständige Behörden 322f.; Kreis d. zur Einlegung von —n Befugten im Verf. gem. § 56 ZustG. 323; —verfahren bei Anfechtung wegepolizeilicher Verfügungen, betr. Unterhaltung v. Anlagen, die einem d. Wegeanlage fremden Zweck dienen (WestprWegeO.) 324; — gegen Anordnungen d. Aufsichtsbehörde gem. § 45 KrankVG. 455; —verfahren im VerwStrVerf. **510ff.**
Reformierte, Kirchensteuerpflicht einer —n Witwe e. lutherischen Ehemanns in einer konsensus-unierten KirchenGem. 110f.; Kirchensteuerpflicht bei Übertritt von d. evangelisch-lutherischen zur —n Kirche (Hannover) 114f.
***Regierungspräsident,** Staatsaufsichtsinstanz f. d. gewerbl. Unterrichtswesen 146f.; Wahrnehmung d. Räumungspolizei für öffentl. Ströme durch d. — 187; Mitwirkung als Chausseebaupolizeibehörde bei Anordnung d. Herstellung v. Bürgersteigen neben e. Chaussee 311f.; Zuständigkeit für Deklassierung v. Land- u. Heerstraßen 316; — als Chausseebaupolizeibehörde 317; — zuständig zur Erteilung d. Kraftwagenführerscheins 421f.; Warnung e. —en vor e. wirkungslosen Heilmittel keine Amtsüberschreitung 490f.

Regulative über Abgrenzung d. Zuständigkeit zwischen d. städtischen u. staatlichen Polizei in Städten mit Königlicher Polizeiverwaltung 332 f., 357, 361.

Reichsangehörigkeit 178 f.

Reichsmilitärfiskus, keine Zuständigkeit d. Wegepolizeibehörde, den — zur Wegeverbreiterung unter Änderung einer Festungstoranlage anzuhalten 321.

Reichsversicherungsordnung, Einfluß ihres Inkrafttretens auf das Verfahren bei Streit über Ersatzansprüche gem. InvVersG. 456 ff.

Reihenhausbau 252.

Reiten, Verbot d. —s am Meeresstrand während d. Badesaison zulässig 188 f.

Reklame, Begriff d. marktschreierischen — 293 f.; Regelung d. —wesens durch PolVd. 447 f.

Reklameschild(er), Verunstaltung d. Straßenbildes durch — 290; ortsstatutarische Vorschr. zum Schutze d. baulichen Eigenart v. Ortsteilen, Gebäuden usw. gegen Verunstaltung durch — 291 f., 292 f., 294 f.; Grenzen d. Einschreitens gegen verunzierende Reklame beim Fehlen gröblicher Verunstaltung 293 f.; eine freigelegene Hauswand nicht — iS. § 3 VerunstG. 294; Beseitigung eines v. einem Pächter aufgestellten —es kann auch von dem Grundstücks e i g e n t ü m e r gefordert werden 297; Einschreiten gegen verunzierende — in landschaftlich hervorragenden Gegenden 297 f.

Rekognitionsgeld behufs Erhaltung des Nutzungsrechts am Bürgervermögen 46 f.

Religiöses Gefühl, grobe Verletzung d. religiösen Gefühls als Grund für das Aufführungsverbot e. Films 417.

Religiöse Versammlungen, vereinsrechtliche Vorschriften 380 f.

Reparatur(en), Zust. d. Schulaufsichtsbehörde z. Einspruchsbescheiden bei Heranziehung zu Neu- u. Reparaturbaukosten v. Schulen (§ 47 ZustG.) 172 f., 173 f. (Gartenzaun).

Reservefonds d. Krankenkassen, Verwendung überschießender Beträge 454 f.

Resolutivbedingung, Erteilung d. Schankkonzession unter einer — unzulässig 345 f.

Restitutionsklage, Voraussetzungen 512 f.; — wegen angeblicher Eidespflichtverletzung durch e. Zeugen 513 f.

Revision, für d. Feststellungsklage gem. § 56 Abs. 5 ZustG. ist d. Entsch. auch in d. —sinstanz nach dem zur Zeit ihres Erlasses geltenden objektiven Recht zu treffen 314; im Verfahren über d. Heranziehung zu Handelskammerbeiträgen steht der beigeladenen Handwerkskammer das Rechtsmittel d. — nicht zu 465; Antrag auf Wiedereinsetzung in den vorigen Stand gegen d. Versäumung d. Klagefrist ist in d. —sinstanz unzulässig 506.

Rezeß, Frage einer Änderung der nach kurhessischem Wasserrecht bestehenden Uferunterhaltungspflicht d. Anlieger durch — 204.

Rheinprovinz, städtische Kreistagswahlen 7.

Ruhegehalt, KirchenStFreiheit des —s ausgeschiedener Militärgeistlicher 108 f.

Ruhegehaltskassenbeiträge, Aufbringung f. vereinigte Kirchen- u. Schulämter 142 ff.; Gnadenvierteljahr d. Hinterbliebenen bei Berechnung d. Kassenbedarfs außer Betracht zu lassen 144 f.

Rummelplätze, Verbot d. Aufstellung von Schaubuden auf —n nur aus polizeilichen Gründen zulässig 351.

S.

Sachsen, Wegebaupflicht d. Fiskus in d. Provinz — 313; Unterhaltung d. Land- u. Heerstraßen 315 f.

Sachverständige, Anhörung v. —n vor Erlaß ortsstatutarischer Vorschriften auf Grund d. VerunstG. 292; Ablehnung v. —n im VerwStrVerf. 510 f.

Sägewerk, Vorausleistung zum Wegebau 331.

Saisonarbeiter, Frage der Herausgabe der von d. Arbeitgeber zurückbehaltenen Heimats- u. Legitimationspapiere 428.

Sammelgruben, Einrichtung v. — für Abgänge aus dem Fleischereibetrieb u. Verbot d. Einleitung von Schlachtabfällen in d. Straßenrinnsteine 408 f.

Sanatorium, Versagung d. Bauerlaubnis wegen befürchteter Gefahren durch Steigerung d. Fuhrwerksverkehrs nicht gerechtfertigt 231 f.

Satzungen, polizeiliches u n d strafrechtliches Einschreiten bei Verweigerung d. Einreichung d. — politischer Vereine gem. § 3 RVerG. 396.

Schaltervorrichtung, Verbot der Benutzung einer durch die Schankkonzessionsurkunde nicht genehmigten — zum Branntweinkleinhandel 350 f.

Schankkonzession, Erteilung unter Resolutivbedingung unzulässig 345 f.; Erfordernis neuer Genehmigung bei Änderungen des konzessionierten Lokals 346; wesentliche Veränderung d. konzessionierten Räume ohne erneute Genehmigung berechtigt d. Polizeibehörde zur Untersagung d. Betriebes 347; — iVerh. z. Polizeistundenfestsetzung 347; Entziehung d. — wegen Duldens von Glücksspielen 348 f.; auch der gewinnlose Ausschank e. Vereins bedarf d. — 349; der Umfang einer erteilten — ist bei Differenz zwischen der Erlaubnisurkunde u. dem ihr zugrunde liegenden Urteil des BezAussch. nach dem Inhalt des letzteren zu bestimmen 349 f.;

— iVerh. zur Erlaubnis zum Branntweinkleinhandel 350 f.

Schanklokal, bei Erweiterung des konzessionierten Schanklokals bedarf es erneuter Genehmigung 346; Zulässigkeit d. polizeilichen Betriebseinschränkung (durch Herabsetzen d. Polizeistunde) bis zum Eintreffen einer solchen Genehmigung für d. erweiterten Betrieb 346.

Schankwirtschaft, Unzulässigkeit eines polizeilichen Verbots d. Ausschanks geistiger Getränke an Kontrollpflichtige am Tage d. Kontrollversammlung 348; unerlaubte Ausübung 349.

Schaubuden, Verbo[illegible] Aufstellung u. des Betriebes von — auf Rummelplätzen nur aus polizeilichen Gründen zulässig 351.

Schauspielunternehmer, d. Genehmigung zum Betriebe als — ist persönlich u. läßt die Befugnisse der Polizei gegenüber dem Theaterlokal unberührt 344; Prüfung der Zuverlässigkeit in sittlicher, artistischer u. finanzieller Hinsicht 344 f.

Schauturnen, Verbot d. Teilnahme u. Anwesenheit Jugendlicher beim — e. (politischen) Sokolvereins 385 f.

„Schiebungen" d. Gründung e. Baugeschäfts berechtigen zur Annahme d. Unzuverlässigkeit d. Unternehmers 359.

Schießbuden, polizeiliches Einschreiten gegen Aufstellen, Betrieb usw. 351 ff.

Schiffbarkeit e. Wasserlaufs Merkmal seiner Eigenschaft als öffentlicher Fluß 187.

Schlachthofdirektor, kein Disziplinarstrafrecht gegen einen vertraglich angenommenen städtischen — 478.

Schlei, Anwendbarkeit d. JagdO. auf die — 214 f.; — als nicht land- oder forstwirtschaftlich benutzbar kein fiskalischer Eigenjagdbezirk 215.

Schlesien, Wegeunterhaltungspflicht bezgl. d. Dorfstraßen 313.

Schleswig-Holstein, Wahlkörperschaft bei Kreistagswahlen 6; Bürgerrechtserwerb 16; Bedeutung d. Bürgerrolle als GemWählerliste 29 ff.; steuerl. Veranlagungsgrundsätze u. EinkErmittelung d. Zensuswahlen 31 ff.; Anfechtung d. Bürgermeisterwahl in Städten m. vereinfachter Städteverfassung 43 f.

Schmiede, eine gewöhnliche handwerksmäßige Beschlagschmiede gehört nicht zu den nach § 48¹ Berliner VorortsBauPolVd. ausgeschlossenen geräuschvollen usw. Anlagen 241 f., 242 f.

Schneeräumung, d. — gehört zur polizeimäßigen Straßenreinigung 305 f.

Schöffen (Gerichtsmänner), Unzulässigkeit ihrer Ausschließung von d. Teilnahme an d. GemVertretungssitzungen wegen unentschuldigten Ausbleibens 85; — Beamte iS. DiszG. 471; Annahme d. Postens als sozialdemokratischer Wahlmann durch e. — bei Abgeordnetenhauswahlen als Amtspflichtenverletzung 471 f.

Schulamt, Steuerfreiheit d. Eink. aus e. vereinigten Kirchen- u. — e. katholischen Geistlichen 123 f.; Tragung d. Pensionslast bei vereinigtem Kirchen- u. — 143 f.; einheitlicher Charakter d. Einkommens aus vereinigtem Kirchen- u. — 150 ff.; Begriff d. dauernd verbundenen Kirchen- u. Schulamts 155; weitergehende Mitwirkung iS. VolksschulUG. bei d. Lehrerberufung in ein vereinigtes Kirchen- u. — 171 f.

Schulangelegenheiten 128 ff. (s. InhVerz.); Begriff d. äußeren u. inneren — 130.

Schulaufsichtsbehörde, zur Beurlaubung d. Volksschullehrer zuständig 130 f., 132 f.; Überwachung d. Benennung v. Privatunterrichtsanstalten Sache d. — 145 f.; Zuständigkeit d. — z. Einspruchsbescheidung gem. § 47 ZustG. 172 f.

Schulbäder s. „Badeeinrichtungen".

Schulbaupflichtige, Kostentragung f. Erweiterungsbauten v. Küsterschulen 159 ff.

Schulbaulast, gehört d. Einrichtung v. Schulbädern zur gesetzlichen —? 148 f.

Schulbeiträge, auf Anwohner d. Gutsbezirks gem. SchulO. unterverteilte — haben nicht rechtl. Eigenschaft v. Kommunalabgaben 168.

Schuldeputation, Anhörung d. — vor d. Lehrerwahl „weitergehende Mitwirkung" iS. VolksschulUG.? 129 f.

Schuldeputation, keine Zuständigkeit z. Handhabung d. Disziplin gegen Lehrer 469.

Schulgeld f. hilfsbedürftige Kinder iallgem. nicht Teil d Armenlast 147 f.

Schullasten, deren Verteilung u. Berechnung für e. mehreren Gesamtschulverbänden angehörenden Gutsbezirk 153 ff.

Schulleiter, Entscheidung über d. Eigenschaft e. Lehrers als — 132; Feststellung d. Amtszulagen f. — 134 f.; unmittelbare Unterstellung unter d. Kreisschulinspektor (nicht Ortsschulinspektor) Voraussetzung f. d. Eigenschaft als — 135.

Schulunterhaltung, Herstellung v. Badeeinrichtungen f. Schulkinder 148 f.; — nach d. VolksschulUnterhG. **149 ff.**; Schulbaubeitrag e. Ansiedlungsunternehmers als Leistung e. Dritten iS. § 17 VolksschulUG. 149 f.; Frage d. Verpflichtung z. Lieferung v. „Besoldungsholz" aus gutsherrlichen Waldungen für vereinigte Schul- u. Kirchenämter (Kurhessen) 150 ff.; Leistung e. Gehaltszuschusses durch d. Bonifatiusstiftung (Breslau) 152 f.; Verteilung u. Berechnung d. Schullasten für einen mehreren Gesamtschulverbänden angehörenden Gutsbezirk 153 ff.; Brennholzlieferung durch d. Kirchenpatron f. e. Küsterschule 155 ff.; Vermögensauseinandersetzung bei Bildung usw. v. Schulverbänden 157; Eisenbahnfiskus als Rechtsnachfolger der Berlin-Hamburger EisenbahnGesellsch. nicht —spflichtig 157 ff.; — im Geltungsgebiete d. ALR. 159 ff.; Tragung d. Schulbaulast bei Ersatz- u. Erweiterungsbauten v. Küsterschulen 159 ff.; observanzmäßige Verpflichtung d. Kirchenpatrons z. alleinigen Aufbringung des auf d. Pfarrbaupflichtigen entfallenden Anteils d. Küsterschulbaukosten 160 f.; Naturallieferung d. Baumaterialien durch d. Kirchenpatron 161 f.; — im Bereiche d. Pr. Schul O. 162 ff.; Brennholzlieferungspflicht d. Fiskus 162 f.; desgl. f. Schulen in Domänendörfern 163 ff., 165 f.; Bauholzlieferung d. Gutsherrn 166 f.; Fiskus als juristische Person nicht „Anwohner" iS. §§ 55 ff. PrSchulO. 167 f.; Lehrer gehört zu den schulunterhaltungspflichtigen Anwohnern 168; Heranziehung z. — u. Rechtsmittel dagegen 169 ff.; Gemeindevorstand als örtl. Schulbehörde zur Forderung v. Schulleistungen gegenüber „Dritten" in Eigenschulverbänden berechtigt 169; Kosten v. Hilfsklassen f. schwachbegabte Kinder als Teil d. gesetzl. Volksschullast 169; Heranziehung d. Staates zu den Staatsbeiträgen durch den Schulverbandsvorsteher unzulässig 169 f.; Zuständigkeitsverhältnisse bezgl. d. Heranziehung e. in mehreren Kreisen belegenen Forstgutsbezirks zu d. Schulabgaben 170 f.; Gutsbesitzer als Vertreter d. Gutsbezirks bei Schullastenstreitigkeiten 172.

Schulvorstand, Ausschließung e. Mitgliedes wegen Achtungsverletzung gegenüber dem Vorsitzenden 145; kein Recht d. Kirchen- u. -es zur Geltendmachung d. Anspruchs auf weitergehende Mitwirkung bei d. Lehrerberufung in ein vereinigtes Kirchen- u. Schulamt 171 f.

Schweinemästerei, Verbot d. Betriebs 442.

Schweinsborsten, s. „Tierhaare".

Seekanalschleusenverband, Klage auf Entlassung v. Grundstücken aus d. — (Hannoversches Wasserrecht) 200 f.

Selbständigkeit, Begriff f. Erwerbung d. Bürgerrechts (SchlHolst.) 16; Erfordernis f. Teilnahme am Allmandnutzen (Hohenzollern) 94.

Selbstmord, Frage d. Verbots d. kinematographischen Darstellung v. —szenen 419.

Seminarübungsschule, Elementarlehrer d. — in Frankfurt a. M. nicht zum Stadtverordneten wählbar 18 f.

Sicherheitspolizei, Begriff — iVerh. z. Gewerbepolizei 332 f.

Sielgräben in Holstein d. Zuständigkeit d. Deichverbände unterstellt 202 f.

Sitzungstage (-stunden), Festsetzung regelmäßiger — für d. GemVertretung 83.

Sokolvereine, Schauturnen eines —s als politische Veranstaltung; Verbot d. Teilnahme u. Anwesenheit Jugendlicher 385 f.; die zu Übungszwecken d. — benutzten Lanzen sind nicht Waffen iS. § 11 RVerG. 392.

Sonntage, Einsicht d. GemWählerliste an —n 63.

Sonntagsarbeit, Beschränkungen d. — in photographischen Ateliers (Schnellphotographie) 335.

Sozialdemokratie, die Jugendbewegung verfolgt parteipolitische Zwecke 382 f.; ebenso d. „Bildungsausschüsse" f. Jugendliche 384 f.; politischer Charakter d. Jugendheime 394 ff.; Förderung d. — durch GemVorsteher u. Schöffen als Amtspflichtenverletzung 470 ff.

Sozialpolitische Zwecke, Begriffsbestimmung 386 f.

Spionage, Kosten d. Überwachung sind ortspolizeiliche 53.

Sprengstofflager, angebliche Beeinträchtigung privater Interessen d. Nachbarn e. —s nicht im Rechtsmittelwege d. §§ 127 ff LVG. zu verfolgen 432 f.

Staatsbeiträge, keine Heranziehung d. Staats zu d. —n gem. LehrBesG. durch d. Schulverbandsvorsteher 169 f.

Staatssteuersatz, Ermäßigung v. Synagogengemeinde-Abgaben infolge Herabsetzung d. —es 127 f.

Stacheldrahtzaun, Beseitigung e. —s auf einem nicht öffentlichen Fußsteig, auf dem ein Verkehr stattfindet 434.

Stadtbaumeister, unberechtigte Diensteinstellung 466 f.

***Stadtgemeinden,** Ortsrecht, Bürgerrecht (s. d.), Bürgerrechtsgeld (s. d.) 13 ff.; Stadtverordnetenversammlung (s. d.) 16 ff.; Bürgermeister (s. d.) usw. 44 f.; Gemeindebeamte (s. d.) 45 f.; Gemeindeholzungen u. -anstalten 46 f.; Gemeindehaushalt u. Zwangsetatisierung 47 ff.

Stadtsynode, Erlöschen d. Kirchensteuerpflicht bei Wohnsitzverlegung aus d. Sprengel d. Berliner — 109 f.

Stadtverordnete, keine Beschaffung von Straßenbahnkarten aus städtischen Mitteln f. — 44.

Stadtverordnetenversammlung, Wahlangelegenheiten 16 ff.; Wahlrecht e. alleinigen Vorstandsmitgliedes e. Aktiengesellschaft 16 f.; Klageberechtigung gegen e. Wählerlisten-Berichtigungsbeschluß d. — 41; Amtsgeschäfte 43 ff.; Unzulässigkeit d. Beschaffung v. Straßenbahnkarten für Stadtverordnete aus Stadtmitteln 44; Gehaltsfestsetzung f. Beamtenstellen 44.

Stadtverordnetenwahlen, Wahlrecht d. alleinigen Vorstandsmitgliedes e. Aktiengesellschaft 16 f.; Ausübung d. Bürgerrechts durch nur einen Miteigentümer e. Hausgrundstücks 17f.; Wählbarkeit pensionierter Volksschullehrer u. GemBeamten 18; Nichtwählbarkeit e. Elementarlehrers d. Seminarübungsschule in Frankfurt a. M. 18f.; Nichtwählbarkeit z. Bürgervorsteher (Hannover) wegen eines nach d. öffentlichen Meinung entehrenden Verbrechens oder Vergehens 19ff.; Erlöschen des Stadtverordnetenmandats infolge Steuerrückstandes 22; Voraussetzungen d. passiven Wahlfähigkeit müssen spätestens bei Beendigung d. Stimmabgabe vorliegen 22f.; Wahlverfahren 23ff.: Berechnung d. Ladungsfrist 23; Bestimmung d. Hausbesitzer-Wahlbezirke durch das Los 24; Wahlverfahren u. Wahlperiode bei Verstärkungswahlen 24; Einfluß d. Zahlung d. GemAbgaben auf d. Aufnahme in d. Wählerlisten 24f.; angebliche Mängel d. Listenaufstellung im Wahlanfechtungsverfahren iallgem. unzulässig 26; Anrechnung d. Steuern d. Ehefrau u. v. minderjährigen Kindern bei Aufstellung d. Wählerlisten 26f.; Fiskus u. eingetragene Genossenschaften mbH. nicht in d. Wählerliste aufnahmefähig 27; Begriff d. Wohnsitzes iS. RhStO. 28; Verlust d. Bürger- (Wahl-) Rechts inf. Stellung unter Vormundschaft oder Entmündigung 28f.; Bürgerrolle (SchlHolst.) als Wahlliste; Kinderprivileg iVerh. z. Zensuswahl 29f.; Bedeutung d. steuerlichen Veranlagungsgrundsätze f. d. Einkommensermittelung bei Zensuswahlen 31ff.; Wahlhandlung 33f.: Teilnahme e. Wahlvorstandsbeisitzers an d. Abstimmung 33f.; Schließung d. Wahl bei Fristwahlen; Wahllokal 34; verspäteter Wahlbeginn 34f., 35f.; Wahlbeeinflussung durch Agitationstätigkeit städtischer Beamten 36; wiederholte Zulassung z. Berichtigung e. Abstimmung rechtswidrig 37; unzulässige Mitwirkung v. Stellvertretern im Wahlvorstand als Wahlungültigkeitsgrund 37; mündliche Stimmabgabe 38; auch für nicht wählbare Personen abgegebene Stimmen als gültige mitzuzählen 38f.; wiederholte Stimmabgabe 39; Beweiskraft d. Wählerliste 39f.; unzulässige Zurückweisung v. Wählern v. d. Stimmabgabe 40; Anordnung engerer Wahl 40; sachliche Trennung zwischen Ersatz- u. Ergänzungswahlen 40; Rechtsmittel 41ff.: Ungültigkeit d. Wählerliste macht d. daraufhin abgehaltenen Wahlen ebenfalls ungültig 41; Klageberechtigte bei Berichtigung d. Wählerlisten 41; Dauer d. Einspruchsfrist 41; Gegenstand d. Verw.-StreitVerf. in Wahlsachen 41f.; nur das v. Wahlvorsteher festgestellte Wahlergebnis darf vom Magistrat veröffentlicht werden (Hann. StO.) 42f.; Gültigkeitserklärung einer vom Wahlvorsteher nicht proklamierten Wahl unzulässig 42.

Stauanlage(n) s. Wassertriebwerke, Verpflichtung d. Eigentümers oder Unternehmers e. — zur Beseitigung eines durch gewaltsame Zerstörung d. — infolge Hochwassers geschaffenen polizeiwidrigen Zustandes 197ff.; Hochwasserdamm als Teil einer Mühlen— 337.

Steinbruchsbetrieb, Frage, inwieweit gefahrbringend iS. § 10 II 17 ALR. 433f.

Stellenvermittler, d. Zurücknahme d. Erlaubnis wird schon durch d. Feststellung wiederholter Bestrafungen gerechtfertigt; der Nachprüfung d. Bestrafungen dahin, ob sie zu Recht erfolgt sind, bedarf es nicht 355f., 356; auch 2 Strafbefehle gelten als wiederholte Bestrafung 356; Zulässigkeit d. Betriebsfortsetzung durch d Witwe e. —s ohne besondere Erlaubnis 356.

Sterbegeld, Beschränkung d. Kinderversicherung auf ein Sterbegeld in Höhe d. gewöhnlichen Beerdigungskosten 368f.; Herabsetzung d. —es e. Sterbekasse durch d. Aufsichtsbehörde z. Erhaltung d. Leistungsfähigkeit 370f.

Sterbekassen, Beschränkungen d. Kinderversicherung 368f.; Herabsetzungen d. Kassenleistungen durch d. Aufsichtsbehörde im Interesse d. Leistungsfähigkeit 370f.

Steuerermäßigung gem. §§ 19, 20 EinkStG. im Verh. z. passiven Wahlrecht zur Gem.-Vertretung 61.

Steuern, bei Aufstellung d. GemWählerliste in Ansatz zu bringende — 25.

Steuerrückstand, Erlöschen d. Stadtverordnetenmandats infolge —s 22.

Stichwahl, Anordnung u. Wirkung b. Stadtverordnetenwahlen 40; Ermittelung d. —kandidaten durch d. Los 70f.

Stimmenthaltung e. Bürgermeisters mit d. Wirkung einer Förderung d. Wahl eines sozialdemokratischen Kandidaten als Amtspflichtenverletzung 470f.

Stimmordnung, s. „Gemeindestimmrecht".

Stimmzettel, ungültige b. Kreistagswahlen 7; Verlesung bei Stadtverordnetenwahlen 37; bei GemVertretungswahlen mit mündlicher Stimmabgabe ist d. Abstimmung Taubstummer durch Abgabe v. —n zulässig 66; Frage d. Gültigkeit b. Krankenkassenwahlen 455.

Straße, Errichtung e. Wohnhauses an d. — iS. § 12 BauflG. 268f.; rechtl. Bedeutung einer d. Ortsverkehr dienenden, jedoch nicht für d. Anbau bestimmten Ortsstraße 268f.; Begriff „—nteile" iS. § 12 BauflG. 270; Erfordernisse e. fertiggestellten Orts— (historische Straße) 271f.; Anerkennung (auch stillschweigende) einer tatsächlich noch nicht in allen Einzelheiten fertigen — als dem Bauverbot nicht mehr unterliegende anbaufähige — rechtlich wirkungslos f.

Handhabung d. Bauverbots 272 f.; Verpflichtung d. Anlieger z. —nreinigung 304 ff., observanzmäßige Pflicht d. Anlieger zum Bestreuen d. — bei Glatteis 304.
Straßenbahnkarten, Unzulässigkeit d. Beschaffung aus städtischen Mitteln f. Stadtverordnete 44.
Straßenbeleuchtung, polizeiliche Forderung d. Ausdehnung d. von e. Stadtgemeinde übernommenen — 303 f.
Straßenbild, ortsstatutarischer Schutz der Eigenart des —es gem. VerunstG. 298 f.
Straßengelände, ehemaliges — wird durch anderweite Fluchtlinienfestsetzung nicht ohne weiteres zu einem bebauungsfähigen Nachbargrundstück 259 f.
Straßenlokomotiven, Verkehr mit — auf Kunststraßen 317 f.
Straßenreinigung vor unbebauten Grundstücken 304; Streuen bei Glatteis als Teil d. polizeimäßigen — 305; Übernahme d. —spflicht durch d. Gemeinde an Stelle d. Anlieger 305 f.; Verpflichtung d. Anlieger zur Benutzung e. städtischen —sanstalt (Trier) 307 f.; Pflicht d. Straßenanlieger z. polizeimäßigen — in Homburg v. d. H. 308; ebenso in Allendorf a. W. 309; Ausdehnung einer bestehenden observanzmäßigen —spflicht auf eine eingemeindete Gemeinde 308; observanzmäßige —spflicht der Anlieger für bebaute und unbebaute Grundstücke in Adelnau 308 f.; Forderung v. Hand- u. Spanndiensten bezgl. d. — seitens d. Gemeinde 309; keine Verbindung d. Klagen gem. § 11 Abs. 1 u. § 11 Abs. 2 WegereinigungsG. 323 f.
Straßenreinigungsanstalt, Verpflichtung d. Anlieger zur Benutzung e. städtischen — (Trier) 307 f.; Erfordernisse der die Benutzung regelnden PolVd. 427 f.
Straßenrinnsteine, Benutzung zur Grundstücksentwässerung 280 f.; zur Begründung eines Rechts d. Anlieger hierauf Zustimmung d. Wegepolizeibehörde, des Wegebaupflichtigen u. des Wegeeigentümers erforderlich 306; Verbot d. Ableitung v. Fleischereiabgängen in d. — 408 f.; desgl. d. Einleitung v. schmutzigem Wasser, Mistjauche usw. (französ. Rechtsgebiet) 426.
Straßenunterhaltungspflichtiger, polizeiliches Einschreiten gegen ihn bei Mißständen infolge observanzmäßig zugelassener Benutzung d. Straßenrinnsteine zur Grundstücksentwässerung 280 f.
Streitgegenstand, Wert d. —es in Ansiedelungssachen 228; Wert d. —es iVerh. zu einem im Laufe d. VerwStreitVerf. abgegebenen Anerkenntnis 515.
Strom f. „Fluß".
Strom- u. Schiffahrtspolizei, Erfordernis ihrer Genehmigung zur Errichtung v. Badeanstalten in öffentl. Strömen 185 f.; Beseitigung v. Pfählen im Bette e. öffentl. Stromes 186 f.
Synagogengemeinde(n) 125 ff.: Austritt aus d. — 125 f.; Besteuerungsrecht d. — gegenüber in Mischehe lebenden jüdischen Ehegatten 126 f.; Frist zur Geltendmachung v. Ermäßigungsanträgen v. —abgaben bei nachträglicher Herabsetzung d. Staatssteuersatzes 127 f.

T.

Tagesordnung d. GemRatssitzungen, dreitägige Mitteilungsfrist für Ergänzung d. — 88.
Talgschmelze, Begriff 338.
Talsperre(n), Klage e. —genossenschaft gegen einen nicht eingetretenen Gewerbeunternehmer auf Unterlassung d. Wasserbenutzung aus d. Sammelbecken 192 f.
Tangermünde, Schutz d. baulichen Eigenart gegen Verunstaltung 291 f.
Tanzlustbarkeit, Hergabe d. Lokals nicht „Veranstalten" e. — 354; Zurücknahme d. Erlaubnis zum Veranstalten e. öffentlichen — 354; eine PolVd., die für alle —en, ohne Unterscheidung zwischen öffentlichen —n u. geschlossenen Gesellschaften, d. Erfordernis der Erlaubnis feststellt, ist rechtsungültig 354 f.; Voraussetzungen d. Erlaubnisversagung 355.
Taubstumme, Kosten d. Beschulung —r Kinder 3 ff.; Stimmabgabe —r b. Gem.-Wahlen 66.
Taxameter, Einstellung bei Abschaffung alter Wagen nicht zu fordern (Gleiwitz) 362.
Theater, polizeiliches Verbot d. Aufbehaltens von Hüten in —logen nicht gerechtfertigt 342 f.; bauliche usw. Anforderungen an — 343 f.
Theatervorstellungen, Voraussetzungen d. Verbots 354 f.
Theaterzensur, die von der „Freien Volksbühne" veranstalteten Vorstellungen unterliegen der — 413 f.; Vorlegung des Textes eines in geschlossener Gesellschaft aufzuführenden Stückes iallgem. von d. Polizei nicht zu verlangen 414 f.; Vorstellungen des Berliner Theatervereins „Bühnenkunst" als öffentliche der — unterstellt 415 f.
Thermalquellen, Schutz d. Wiesbadener — 439 f.
Tierhaare, Landfläche zur Ausbreitung u. Trocknung v. Schweinsborsten als Zubereitungsanstalt f. — iS. § 16 GewO. 336 f.
Tollense, Wahrnehmung d. Räumungspolizei durch d. RegPräsidenten 187.
Torfstich, Frage d. Zulässigkeit eines Verbots d. —s auf d. zu einer Wassergenossenschaft gehörigen Grundstücken 189 ff.
Totengräber, Wählbarkeit eines nicht als

Kirchendiener, sondern privatrechtlich angestellten —s z. GemVerordneten 62.
Trier, Benutzungszwang für d. städtische Straßenreinigungsanstalt 307 f.
Tümpel, Forderung d. Beseitigung v. —n u. Lachen auf e. Wiese in gesundheitspolizeilichem Interesse 400 ff.
Turnlehrer, Konflikt wegen unterlassener Vorsichtsmaßnahmen bei Fortschaffung e. schweren Turngeräts 484.

U.

Überbrückungen über Wegegräben als Ausfluß d. Gemeingebrauchs an öffentl. Wegen 300 ff.
Überfahrten, d. Forderung d. Beseitigung v. — über Wegegräben bedeutet eine unzulässige Beschränkung d. Gemeingebrauchs an öffentl. Wegen 300 f.
Uferarbeiten, Frage d. Zulässigkeit einer Übertragung d. nach Kurhessischem Recht den Uferanliegern obliegenden Verpflichtung zu Uferunterhaltungsarbeiten im Wege des Rezesses auf d. Gemeinde 204.
Umbau, Forderung d. Abbruchs e. Hauses, dessen Einsturzgefahr nur durch e. von der Baupolizeibehörde versagten — über die Fluchtlinie beseitigt werden konnte 256 f.; Begriff d. —es iS. § 11 BauflG. 260 f.; — iS. § 11 aaO. liegt vor, wenn die Fluchtlinie d. umzubauenden Raum durchschneidet 260, 264; Beseitigung einer Wand, die ohne Genehmigung nach d. Fluchtlinienfestsetzung errichtet ist, stellt keinen genehmigungspflichtigen — dar 261 ;unzulässiger — iS § 66 I 8 ALR. 261; bei Versagung von —ten über d. Fluchtlinie ist im VerwStreitVerf. Nachweis d. Vorliegens e. öffentlichen Interesses nicht erforderlich 263 f.; Substanzveränderung als Merkmal d. Umbaus 260, 264; Verputzen e. Wand kein — iS. § 11 BauflG. 285; ebensowenig e. Anstrich 286 f.
Umpflasterung e. Straße als berechtigter Grund zur Nichtgenehmigung e. öffentl. Aufzuges 388 ff.
Umwehrung e. Mühlgrabens in sicherheitspolizeilichem Interesse kann von d. Müller als Inhaber d. Wasserrechts an d. Graben gefordert werden 426.
Umzugskosten, Festsetzung d. Beitragsverhältnisses z. Aufbringung v. — e. Geistlichen in vereinigten Kirchengemeinden 106.
Unanfechtbarkeit, bei — e. polizeilichen Verfügung kann bei Androhung neuer Zwangsmittel zur Durchführung derselben Anordnung nicht der Einwand der Unzuständigkeit erhoben werden 442.
Unfallversicherung, keine Ersatzpflicht d. Gemeinde b. Übernahme d. Leistungen gem. § 27 LwUnfVersG. durch d. Berufsgenossenschaft 456.
Unterbevollmächtigte b. Kreistagswahlen 5 f.
Untersagung d. Gewerbebetriebes, Zuständigkeit z. Klageerhebung 332 f., 357; — d. Schankbetriebes wegen wesentlicher Veränderung der konzessionierten Räume ohne erneute Genehmigung 347; — d. Betriebs e. Bauunternehmers 357 f.
Unterstützungen f. ausgeschiedene Beamte u. deren Hinterbliebene gehören zu d. unmittelbaren Polizeikosten 50.
Unterstützungswohnsitz, Begründung d. —es durch e. bayerischen Staatsangehörigen 420 f.
Unterverteilung d. vorläufig festgesetzten PolKostenbeiträge u. Bedeutung für endgültige Bestimmung des Teilnahmeverhältnisses 55 f.
Urin, Unzulässigkeit d. Einleitung v. — in d. städtische Kanalisation in Kiel 404 f.
Urlaub s. „Beurlaubung".
Urteilsberichtigung ohne Einfluß auf d. Fristenlauf 505.
Urteilsfällung, für d. Frage, ob e. Ansiedelungsgenehmigung erforderlich, Verhältnisse zur Zeit d. — maßgebend 226; ebenso im Verf. wegen Errichtung v. Feuerstellen 229.

V.

Vagantengemeinden, vertragliche Befreiung v. Kirchensteuern 113.
Veränderungsbauten, Einfluß auf d. Umgestaltung anderer Gebäudeteile nach Maßgabe des geltenden Baurechts 255 f.
Veranlagung zu den Schulunterhaltungslasten f. mehrere Jahre unzulässig 170.
Verbandsversammlung d. Zweckverbandes Groß-Berlin, Zuständigkeit im Wahlanfechtungsverfahren; Voraussetzungen d. Wählbarkeit 102 ff.
Verbandsvorsteher, Zuständigkeitsverhältnis zwischen — u. Schulaufsichtsbehörde gem. § 47 ZustG. 172 f., 173 f.
Verbrechen, Nichtwählbarkeit zum Bürgervorsteher wegen eines nach d. öffentlichen Meinung entehrenden —s 19 ff.
Vereinödungsvertrag, Ausschluß von der Allmandberechtigung (Hohenzollern) durch — 93.
Vereinsversammlung(en), Entsendung v. Beauftragten in nichtöffentliche — 375 f.; als — einberufene Versammlung e. örtl. Verwaltungsstelle d. Metallarbeiterverbandes 377 f.; — als öffentliche 379 f.
Verjährung, Beginn d. Frist f. Zahlung d. Bürgergewinngeldes (Hannover) 15.
Verkehr, ortspolizeiliche Regelung d. —s mit Droschken usw. 362.
Verlegung v. Privatflüssen, Erfordernis wasserpolizeil. Genehmigung 196 f.

Verlegung v. Land- u. Heerstraßen 316; verw.richterliche Prüfung bei Klagen gegen — öffentl. Wege 328; — öffentl. Versammlungen aus e. Lokal in dessen Garten 372.

Vermögensauseinandersetzung infolge Bildung, Änderung oder Auflösung v. Schulverbänden 157.

Veröffentlichung v. Polizeiverordnungen „am" Gemeindehause 446 f.

Verputz e. Hauswand im Gegensatz zu sonst üblichen Fachwerkswänden bedeutet nicht ohne weiteres die Verunstaltung e. Dorfstraße 285.

Versammlung(en), Präventivverbot v. — aus vereins- u. versammlungsrechtl. Gründen unzulässig 375; Voraussetzungen für d. Verbot bestimmter —sräume 374 f.; Entsendung v. Beauftragten in nichtöffentl. Vereinsversammlungen 375 f.; Begriff d. — zum „Betriebe d. Wahl" iS. d. Sprachenbestimmung d. RVerG. 376 f.; Begriff d. — 378; Mitglieder— v. Vereinen 379 f.; Betriebs— 380; religiöse — 380 f.

Versammlung(en) unter freiem Himmel, — während d. Zeit d. Dunkelheit 371 f.; Verlegung e. Versammlung aus einem Lokal in dessen Garten nicht als — genehmigungspflichtig 372; Maul- u. Klauenseuche iallgem. kein Anlaß zur Nichtgenehmigung v. — 373 f.

Versammlungsraum, Verbot e. bestimmten —s nur zur Verhütung unmittelbarer Gefahr für Leben u. Gesundheit d. Teilnehmer iS. § 1 RVerG. zulässig 374 f.

Versammlungssprache, — in Versammlungen zum Betriebe d. Wahlen 376 f.

Versicherungsvereine auf Gegenseitigkeit, Statutvorschriften für d. Fall d. Auflösung 370.

Verstärkungswahlen, Wahlverfahren u. Wahlperiode d. — z. Stadtverordnetenversammlung 24.

Verteilen v. Druckschriften, Versagung d. Erlaubnis 363 f.

Verteilung, Maßstab f. — d. Amtsabgaben in zusammengesetzten Amtsbezirken 10 f.; — d. Armenpflegekosten in Gutsbezirken 11 f.; — e. Grundstücks an Kinder iS. § 13b AnsiedlG. nicht bei Überlassung an ein Kind vorliegend 223 f.

Verteilungsplan f. Jagdpachtgelder, Einspruch 207; Klage 208.

Verunstaltung, polizeilicher Schutz gegen — d. Ortschaften usw. 285 ff.: durch Verputzen e. Hauswand wird nicht ohne weiteres eine — e. Dorfstraße verursacht 285; Begriff d. gröblichen — 285; — e. Straße durch ausgedehnte öffnungslose Hausmauern 285 f.; auffallender Fassadenanstrich mit Schriftreklame nicht immer — 286 f.; Erlaß bestimmter Vorschr. über d. Einfriedigung v. Vorgärten auf Grund d. —sgesetzes 287 f.; Begriff d. gesetzwidrigen groben — durch Bauten 288; Erhaltung d. baulichen Eigenart gem. —sG. 288 ff., 291; — d. Straßenbildes durch Reklameschilder 290, 291 f., 293 f., 294 f.; Schutz landschaftlich hervorragender Gegenden gegen — durch verunzierende Reklame 295 f

Vervollständigung e. Klage gem. § 47 Abs. 4 ZustG. 176.

Verwaltungsgerichtsdirektor, gleichzeitige Mitwirkung d. —s und seines Stellvertreters bei d. Verhandlung unzulässig 502.

Verwaltungsstreitverfahren, Erstattungsforderungen d. Kommunalverbände f. Beschulung blinder usw. Kinder nicht im — geltend zu machen 3 ff.; Gegenstand d. —s in Stadtverordneten-Wahlangelegenheiten 41 f.; — aus §§ 10, 11 ZustG. b. Anfechtung d. Bürgermeisterwahl in schleswholst. Städten mit vereinfachter Städteverfassung nicht anwendbar 43; Feststellung d. pensionsberechtigenden Gehalts f. städt GemBeamte im — 45 f.; — über d. Recht zur Teilnahme am Gemeindenutzen 46 f.; kein — über Beschlüsse d. GemVertretung über Einrichtung v. Gem.-Anstalten zur Benutzung durch Bewohner bestimmter Ortsteile 85; Grenzen d. —s bei beanspruchter weitergehender Mitwirkung d. Gemeinden usw. bei d. Lehrerberufung 129; Kirchen- u. Schulvorstand bei vereinigten Kirchen- u. Schulstellen zur Geltendmachung eines solchen Mitwirkungsrechts im — nicht berechtigt 171 f.; — in Schulangelegenheiten gem. § 47 ZustG. 172 ff.: Zuständigkeitsverhältnis zwischen Verbandsvorsteher u. Schulaufsichtsbehörde zur Einspruchsbescheidung b. Neu- u. Reparaturbauten v. Volksschulen 172 f., 173 f.; Feststellungsklage über d. Schulbaulast gem. § 47 Abs. 3 ZustG. iVerb. z. Leistungsklage 175 f.; Umfang d. Klagevervollständigung gem. § 47 Abs. 4 ZustG. 176; kein — zum Zwecke d. Herbeiführung d. Verteilung eines höheren Jagderträgnisses 208; Antrag auf mündliche Verhandlung im — gem. § 26 JagdO. 208; Streitigkeiten über privatrechtl. Jagdverträge nicht Gegenstand d. —s 215 f.; Anschluß v. Grundstücken an angrenzende Jagdbezirke durch obrigkeitliche Verfügung (Hannover) nicht im — anfechtbar 216 f.; — über d. Höhe d. Pachtpreises nur beim Bestehen eines Jagdpachtverhältnisses zulässig 218; Frage d. Streitgenossenschaft b. Ansiedelungsstreitigkeiten 224; Einspruchserheber gem. §§ 14, 15 AnsiedlG. als Mitbeklagte im — 227; Versagung d. Ermächtigung z. Ausbildung v. Kraftwagenführern nicht im — anfechtbar 422 f.; auch nicht d. Zurücknahme

e. solchen Ermächtigung 424; — in Bergsachen 459 ff.; — über d. Beitragspflicht zur Handelskammer 464 f.: — im allgemeinen 501 ff.; Prüfung d. ordnungsmäßigen Bevollmächtigung von Amtswegen 501; Ausschließung v. Gerichtspersonen wegen Verwandtschaft 501; Bestimmung d. zuständigen Kreis- oder Bezirksausschusses als Beschlußbehörde 502; Regierungspräsident in Streitsachen, in denen eine Abteilung d. von ihm geleiteten Regierung Partei ist, nicht vom Richteramt im Bezirksausschuß ausgeschlossen, sofern er nicht selbst im StreitVerf. namens d. Behörde Erklärungen abgegeben hat 502; Aufhebung e. Entsch. d. BezAussch., in d. dahingestellt gelassen ist, ob er zur Entscheidung zuständig sei oder nicht 502; gleichzeitige Mitwirkung d. VerwGerichtsdirektors u. seines Stellvertreters bei d. Verhandlung unzulässig 502; — bei Ansprüchen einzelner Interessenten gegen andere Interessenten auf Herausgabe d. von letzteren in d. Vergangenheit gezogenen Nutzungen des Genossenschaftsvermögens nach dem Hann.-RealGemG. nicht gegeben 503 f.; Prozeßfähigkeit v. Geisteskranken 504; Kosten d. Verfahrens nicht dem Prozeßvertreter e. Partei aufzuerlegen 504; Stellung d. Beigeladenen zu den Parteien 504; Erfordernisse einer ordnungsmäßigen Klage 505; kein Einfluß e. Urteilsberichtigung auf d. Fristenlauf 505; das Vorliegen eines die Einhaltung d. Klagefrist hindernden unabweisbaren Zufalls ist von Amts wegen zu prüfen 505; verspäteter Eingang der Klage 506; Zustellung des Urteils an die Partei oder einen Prozeßbevollmächtigten 506; Antrag auf Wiedereinsetzung in den vorigen Stand gegen d. Versäumung d. Klagefrist ist in d. Revisionsinstanz unzulässig 506; Beschwerde über Leitung d. Verfahrens 506; Verfahren I. Instanz: keine Zuständigkeitsänderung durch spätere Änderung d. Rechtsverhältnisse einer Partei (Stadtkreiswerdung e. Landgemeinde) 507; Unterlassung d. Erörterung e. Einwandes kein wesentlicher Mangel d. Verfahrens 507; Unklarheit d. tatsächlichen Feststellung als Verfahrensmangel 507; Gerichtskundigkeit u. Offenkundigkeit 507; Mitteilung d. Gegenerklärungen d. Parteien vor Erlaß e. Bescheides gem. § 67 LVG. 507 f.; Begriff d. Widerklage 508 f.; Ergebnis d. Augenscheinaufnahme im Protokoll festzustellen 509; Aussetzung d. Verfahrens 509; Bindung d. Vorderrichters bei Zurückverweisung e. Entsch. aus d. Berufungsinstanz 509 f., 511 f.; Wirkung d. Abbruchs d. mündlichen Verhandlung 510; Rechtsmittelverfahren: Ablehnung v. Sachverständigen 510 f.; eine im Urteil ausgesprochene Ansicht kann nicht mit e. Rechtsmittel angefochten werden 511; Bezeichnung d. Parteien 511; Einwand d. rechtskräftig entschiedenen Sache 511; Rechtfertigung d. Berufung 511; irrtümliche Ladung d. Prozeßvertreters zu falscher Terminsstunde oder Mangel d. Ladung kein Grund zur Klage auf Wiederaufnahme d. Verfahrens 512, 513; Restitutionsklage wegen angeblich falschen Präsentatums auf e. Klageschrift 512 f.; Restitutionsklage wegen Verletzung d. Eidespflicht durch e. Zeugen 513 f.; Kosten d. Verfahrens 514 f.

Verwaltungszwangsverfahren, kein Prüfungsrecht der um Beitreibung ersuchten Behörde hinsichtl. d. sachlichen Begründung d. Forderung 476.

Verweise, Bürgermeister zu —n gegen Magistratsmitglieder berechtigt 476; mit e. Disz.— darf d. Verhängung e. Geldbuße nicht verbunden werden 481.

Virilstimmrecht, Beilegung u. Entziehung 81.

Vizewirt, Forderung d. Bestellung eines —s zum Zwecke d. Zustellung polizeilicher u. sonstiger Verfügungen kann durch PolVd. nicht von einem auswärts wohnenden Hausbesitzer gefordert werden 449.

Volksschullehrer, Wählbarkeit pensionierter — zu Stadtverordneten 18; — an d. Seminarübungsschule in Frankfurt a. M. nich wählbar 18 f.; Rechtsverhältnisse d. — 128 ff.: Lehrerberufung 128 ff.: weitergehende Mitwirkung d. Gemeinden usw. iS. VolksschulUG. bei d. Lehrerberufung 128 f., 129 f.; Urlaubserteilung an — als Recht d. SchulAufsBehörde 130 f., 132 f.: Form d. Entscheidung über d. Eigenschaft e. Lehrers als Schulleiter 132; Weiterzahlung v. Amtszulagen nach § 24 Abs. 1 LehrBesG. bei Versetzungen im Interesse d. Dienstes 132; Gehaltszahlung d. Beurlaubung v. —n 133; Einkommen u. Hinterbliebenenversorgung 133 ff.: Zwangsetatisierung v. Amtszulagen f. Schulleiter 133 f.; Zuständigkeit zur Feststellung v. Ortszulagen 135, 136; Bedeutung d. Genehmigung e. Schulverbandsbeschlusses wegen Bewilligung v. Ortszulagen mit einer Maßgabe 137; Bemessung d. Besoldungen f. Oberlehrerinnen 137 f.; Zwangsetatisierung d. Mietentschädigung f. e. — mit „eigenem Hausstand" f. abgelaufene Rechnungsjahre 138 f.; Klage gegen d. Zwangsetatisierung e. Mietentschädigung 139 f.; keine vokationsmäßige Einschränkung d. Anspruchs auf Zahlung d. vollen Mietentschädigung 140 f.; Höhe d. Mietentschädigungen in Gesamtschulverbänden 141; Nachforderung v. Alterszulagekassenbeitr. nach Verteilung d. Kassenbedarfs 141 f.;

Frage d. Beteiligung v. Kirchengemeinden an d. Lehrerpensionslast bei vereinigten Kirchen- u. Schulämtern 142ff.; Frage d. Berücksichtigung d. Gnadenvierteljahrs d. Hinterbliebenen verstorbener — bei Berechnung d. Ruhegehaltskassenbedarfs 144f.; Kirchen- u. Schulvorstand bei vereinigten Kirchen- u. Schulstellen nicht berechtigt, ein Recht auf weitergehende Mitwirkung iS. VolksschulUG. bei d. Lehrerberufung im VerwStreitVerf. geltend zu machen 171f.

Völlerei, Begriff 350.

Vollmacht, Ausübung d. GemWahlrechts durch d. alleinige Vorstandsmitglied einer AktienGes. ohne besondere — zulässig 16f.; s. a. „Bevollmächtigte".

Vorausleistung(en) zum Wegebau 330f.: Begriff d. „erheblichen Abnutzung" 330; Erfordernis bestimmter Bezeichnung d. —sbetrages durch den Wegeunterhaltungspflichtigen 331; fester Beitrag als — 331; Frage d. Beitragspflicht eines mit einem Holzhandel verbundenen Sägewerks 331.

Vorbauten, Begriff 257f.

Vorflut, observanzmäßige Räumungspflicht d. Mühlenbesitzer bezgl. d. Mühlgräben zur Verschaffung v. — 181f.; Beschaffung v. — als notwendige Voraussetzung d. polizeilichen Räumungsanordnung gem. § 7 PrivFlG. 182f.; Umfang d. im —interesse zu stellenden polizeilichen Anforderungen an in Röhrenleitungen gefaßte oder verlegte (Ersatz-) Gräben 183f.; observanzmäßige Verpflichtung d. Uferanlieger z. Räumung öffentlicher Ströme im —interesse 187f.; Verschlechterung d. —verhältnisse infolge Zuschüttung u. Röhrenableitung e. Grabens 193f.; Recht auf — u. Anzeigepflicht gem § 15 VorflEd. 195f.

Vorgarten, rechtl. Eigenschaft 265; Pflicht d. Hauseigentümers z. Anlegung usw. 265; nur die Art der Anlegung usw. kann durch PolVd. geregelt werden 266; Zulassung v. Ausnahmen 266; Umfang d. —anlage nach d. Berliner VorortsBauPolVd. 266ff.; — iS. d. VerunstaltungsG. 287.

Vorkaufsrecht, Einfluß d. Belastung e. Grundstücks mit e. — auf d. Gemeindestimmrecht d. Besitzers 60f.

Vormundschaft, Einfluß d. Stellung unter — auf d. Ausübung d. Wahlrechts d. GemWahlen 28f.

Vorteile, Voraussetzungen für deren Annahme bei Wassergenossenschaftsunternehmungen 191.

Vorwerk, Voraussetzungen f. Ansehung e. —s als Landgut iS. § 13a AnsiedlG. 222f.

Vorwürfe, Zurücknahme unbegründeter — gegen Beamte 467f.

W.

Wach- u. Schließgesellschaft, Waffentragen d. Angestellten bei Tage 439.

Waffen, Begriff iS. § 11 RVerG. 392.

Wahlanfechtung, Einwendungen gegen d. Wählerliste iallgem. im —sverfahren unzulässig 26; — d. Bürgermeisterwahl (Schl.-Holst.) 43f.; Kreis d. zur — Berechtigten 71ff.; neue Klagebehauptungen im —sverfahren zulässig 74f.; Zuständigkeit d. Vorsitzenden d. Verbandsversammlung Groß-Berlin im —sverfahren 102f.

Wählbarkeit d. Kreistagswahlen 5f.; d. Stadtverordnetenwahlen 18ff.; d. ländlichen GemWahlen 60f.; Einfluß v. Steuer-Ermäßigungen gem. §§ 19, 20a EinkStG. auf d. — für d. GemVertretung 61; — z. Verbandsversammlung Groß-Berlin 102ff.

Wahlbeeinflussung durch Agitationsarbeit (Schlepperdienste) städtischer Beamten bei Stadtverordnetenwahlen 36; — durch verschleierten Stimmenkauf 69.

Wähler, unzulässige Zurückweisung v. d. Stimmabgabe d. Stadtverordnetenwahlen 40; bei GemVertrWahlen 70.

Wählerabteilungen, Bildung d. — vor Auslegung d. GemWählerlisten 63f.

Wahlergebnis, auch auf nicht wählbare Personen abgegebene Stimmen als gültige mitzuzählen 38f.; Bekanntmachung eines anderen als des v. Wahlvorsteher proklamierten —ses unzulässig (Hann. Bürgervorsteherwahlen) 42f.

Wählerliste bei Stadtverordnetenwahlen: Zahlung d. GemAbgaben bis z. Abschluß d. — berechtigt zur Aufnahme in diese 24f.; bei Aufstellung d. — in Ansatz zu bringende Steuern; Aussonderung d. Steuern f. auswärtigen Grundbesitz u. Gewerbebetrieb 25; Einwendungen gegen d. richtige Aufstellung d. —n im Wahlanfechtungsverfahren iallgem. unzulässig 26; Anrechnung v. Steuern d. Ehefrau u. minderjährigen Kindern d. Aufstellung d. — 26f.; Fiskus u. eingetr. Genossenschaften mbH. nicht aufnahmefähig 27; Einfluß d. Stellung unter Vormundschaft oder Entmündigung auf d. Aufnahme in d. — 28f.; Bürgerrolle (SchlHolst.) als — 29ff.; Beweiskraft d. — d. Stadtverordnetenwahlen 39f.; deren Ungültigkeit hat auch Ungültigkeit d. betr. Wahl zur Folge 41; Klageberechtigte gegen einen —n-Berichtigungsbeschluß d. Stadtverordnetenversammlung 41; Dauer d. Einspruchsfrist 41; — bei ländl. GemWahlen 63ff.: Einsichtnahme an Sonntagen 63; Erfordernis d. Abteilungsbildung vor d. Auslegung 63ff.; Änderung e. bereits ausgelegten — ohne Einspruch 64; Erledigung d. Einsprüche gegen d. —

vor d. Wahl Voraussetzung d. Wahlgültigkeit 67f., 74f.; erneute —n-Auslegung bei Ungültigkeitserklärung e. Wahl (Westfalen) 68f.; Klagerecht d. GemVorstehers gegen seine Nichtaufnahme in d. — 73; neue Klagebehauptungen im Streitverfahren über d. Richtigkeit d. — unzulässig 75.

Wahlfähigkeit zum Wahlmann u. Kreistagsabgeordneten 5f.

Wahlkarten b. Stadtverordnetenwahlen 36f.

Wahlmann, Annahme d. Postens als sozialdemokratischer — durch e. Schöffen als Amtspflichtenverletzung 471f.

Wahlperiode b. Stadtverordneten-Verstärkungswahlen 24.

Wahlrecht, aktives — b. Stadtverordnetenwahlen 16ff.

Wahltermin, Bekanntmachung d. —s f. GemWahlen in Hohenzollern 71.

Wahlverbände, Verteilung d. Kreistagsabgeordneten auf d. einzelnen — 5.

Wahlverfahren b. Kreistagswahlen (s. d.) 6f.; Legitimationsprüfung 7; — b. Stadtverordnetenwahlen 23ff.; b. ländlichen GemWahlen 63ff.; b. Krankenkassenwahlen 455; b. Handelskammerwahlen 464.

Wahlversammlungen iS. § 12 RVerG. 376f.

Wahlvorstand, Teilnahme e. Beisitzers bei d. Stadtverordnetenwahl an d. Abstimmung 33f.; unrichtige Besetzung d. —es als Wahlungültigkeitsgrund 37; nur Stimmabgabe gegenüber dem —e, nicht gegenüber e. als Schreibhilfe zugezogenen Protokollführer zulässig 66; Teilnahme einer nicht zum —e gehörigen Person an d. Wahlhandlung 66f.; Leitung d. Wahl durch e. nicht ordnungsmäßig gewählten — hat Wahlungültigkeit zur Folge 67.

Wahlzeit b. Fristwahlen 34; Verspätung d. Beginns 34ff.

Wahrhaftigkeit, Erfordernis d. — d. Beamten bei d. Berichterstattung 465.

Wandergewerbeschein, Versagung wegen Bestrafung wegen Hausier- oder Wanderlagersteuer-Kontravention 364; Frage d. Versagung e. —s zum Aufstellen e. Olympiabillards 365f.; keine Beweislast d. Klägers bei Versagung e. —s wegen Bestrafung 366.

Wanderlagersteuerkontravention als Versagungsgrund f. e. WdGewSchein 364.

Warnungen, Bürgermeister zu disziplinaren — gegen Magistratsmitglieder berechtigt 476.

Wasserbauinspektoren, Zuständigkeit in Deichangelegenheiten (Hannover) 205f.

Wasserflächen (Landseen) als Teile v. Eigenjagdbezirken 214.

Wassergenossenschaft(en), Zwangsetatisierung gegen e. — nur beim Vorliegen e. öffentlichen Interesses 189; Frage d. Zulässigkeit eines vom Genossenschaftsvorsteher ausgehenden Verbots d. Torfstichs auf den zur — gehörigen Grundstücken ohne entsprechende statutarische Vorschriften 189ff.; Vorteile von d. Unternehmen d. — sind schon dann anzunehmen, wenn d. Möglichkeit gegeben ist, durch wirtschaftlich gerechtfertigte Maßnahmen aus bisher versumpften Wiesen bessere Erträge zu erzielen 191; Anwendung d. Vschr. d. —sgesetzes im Geltungsgebiet d. Bremischen DeichO. v. 1743 192.

Wasserleitung, Zwangsetatisierung d. Kosten auf d. Grundlage e. polizeilichen Verfügung 100ff.; polizeiliche Forderung d. Anlegung e. — zum Schutz gegen übertragbare Krankheiten 402f.; Berücksichtigung d. Leistungsfähigkeit v. Gemeinden nur bei Forderung d. Neueinrichtung e. — gem. § 35 Abs. 2 SeuchenG. 405ff.; Anlegung e. Hochbehälters zur Beseitigung gesundheitsgefährdender Mißstände e. — 406f.; Anschlußzwang f. unbewohnte Gebäude 445f.

Wasserlösungsordnung (Holstein), Pflicht d. Wegeanliegers zur Aufnahme des nach dem natürlichen Gefälle ihm zugeführten Wassers v. Wegen 201f.

***Wasserpolizei 180ff.**; Räumungskommissar nicht —behörde 185.

Weg(e), Begriff iS. § 2 HannJagdO. 217; Zugänglichkeit e. Ansiedelungsgrundstücks durch e. jederzeit offenen fahrbaren — vom VerwRichter von Amts wegen zu prüfen 222; Umwandlung v. Leinpfaden in öffentl. — 299; Wiederherstellung e. rechtlich nicht mehr bestehenden Weges 303; Verlegung u. Einziehung öffentl. — 328ff.

Wegeanlieger, Pflicht zur Aufnahme des seinem Grundstück nach d. natürlichen Gefälle zugeführten Wassers v. Wegekörper (HolstWassLösO.) 201f.

Wegebaulast, -pflicht, Begriff u. Umfang 303; —, Wiederherstellung e. rechtlich nicht mehr bestehenden Weges 303; Berücksichtigung d. Leistungsfähigkeit d. Wegebaupflichtigen 303; technische Vorarbeiten für Zwecke d. Wegepolizeibehörde nicht Teil d. öffentl.-rechtl. — 303; — bezgl. d. Verbindungsweges zwischen zwei Chausseen 303; Übernahme d. Straßenbeleuchtung durch e. Stadtgemeinde 303f.; Verpflichtung z. Straßenreinigung (s. das.) **304ff.**

Wegeentwässerung nach d. HolstWassLösO. 201f.

Wegegräben iS. § 7 HolstWassLösO. sind auch gepflasterte Rinnen 201.

***Wegepolizei 299ff.**; zuständige Behörden z. Anbringung v. Einsprüchen gegen wegepolizeiliche Verfügungen 322f.; Kreis d.

Einspruchsberechtigten gegen —liche Verfügungen 323.

Wegepolizeibehörde, keine Zuständigkeit zur Anordnung u. Feststellung von Leistungen auf d. Gebiete d. Nachbarhilfe 100; Erfordernis d. Zustimmung d. — zur Grundstücksentwässerung durch d. Straßenrinnsteine 306; Zuständigkeit d. — (Ortspolizeibehörde) bezgl. einer nicht im Zuge e. Chaussee liegenden, eine selbständige Verkehrsanlage bildenden Brücke polizeiliche Anforderungen zu stellen 320; Amtsvorsteher in Pommern — 321; keine Zuständigkeit d. — zur Anordnung e. Wegeverbreiterung, d. eine Änderung e. Festungstoranlage erfordert 321; Anforderungen d. — an den Reichsmilitärfiskus bezgl. e. Grundstücks im Festungsgelände sind an d. betr. Kommandantur zu richten 321 f.; Erfordernis der Bestimmtheit d. von d. — gestellten Anforderungen 322; gegen eine Verf. d. —, die ein Einschreiten zugunsten d. Antragstellers ablehnt, lediglich Beschwerde im Aufsichtswege möglich 323; Anfechtung v. Verf. d. —, betr. d. Unterhaltung von Anstalten mit einem d. Wegeanlage fremden Zweck gem. WestprWegeO. 324; Zuständigkeit d. — bezgl. d. Luftraums oberhalb öffentl. Wege 325; bei Streit über d. Öffentlichkeit eines Weges ist d. — beweispflichtig 326; — zuständig, d. sichere Einfriedigung einer an e. für d. öffentlichen Verkehr in Anspruch genommenen Weg angrenzenden Weidefläche zu fordern 327; keine Beweispflicht d. — hinsichtlich d. Öffentlichkeit e. für d. Verkehr in Anspruch genommenen Weges 327 f.

Wegeunterhaltungskosten, Übernahme in Amtsbezirken 8 f.

Wegeunterhaltungspflicht, Aufhebung älterer Vorschr. durch d. westpreuß. Wegeordnung 312; Wegebaupflicht d. Fiskus in d. Provinz Sachsen 313; — bezgl. d. Dorfstraßen in Schlesien 313; — d. Gemeinden in Hannover bezgl. d. durch ihren Bezirk laufenden Wege 313; desgl. in d. Oberlausitz 313 f.

Weideland, Einfriedigung d. an e. öffentl. Weg angrenzenden —es 327.

Werkstätten in Kellerräumen als zum dauernden Aufenthalt von Menschen bestimmte Räume 247, 251.

Wert d. Streitgegenstandes in Ansiedelungssachen 228.

Westfalen, Vertreter d. Bauerschaften in d. GemVertretung 62; erneute Auslegung d. Wählerliste b. Ungültigkeitserklärung e. GemWahl 68 f.; Pensionskassenverband f. — als Träger d. Pensionsverpflichtung u. Partei im VerwStreitVerf. über Pensionsansprüche 77 ff.

Widerklage, Begriff 508 f.

Widerruf, Erteilung einer Bauerlaubnis auf — u. Wirkung d. —s 262 f.

Widerspruchsrecht d. Grundstückseigentümer gegen eine von d. Gemeinde beschlossene Dränageanlage nach Nassauischem Wasserrecht 205.

Wiederaufnahme d. Verfahrens, keine Klage auf — wegen Mangels d. Ladung z. mündl. Verhandlung 512, 513; Voraussetzungen d. Klage auf — 513 f.

Wiedereinsetzung in d. vorigen Stand, Antrag auf — gegen d. Versäumung d. Klagefrist ist in d. Revisionsinstanz unzulässig 506.

Wiesbaden, Kirchensteuerpflicht d. Anglikaner 117 f.; Umfang d. polizeilichen Einschreitens zum Schutze d. Thermalquellen gem. BauPolVd. f. — 439.

Wiesenmelioration 191.

Wildschaden, verwaltungsgerichtliche Feststellung d. Entschädigung 218; Kosten d. Abschätzung 218.

Wirtshausbesuch, häufigerer — kein Versagungsgrund f. Kraftwagenführerschein 421.

Wirtshäuser, Abhaltung d. Versammlungen d. GemVertretung in —n 84.

Wohngeschosse, Überschreitung der zulässigen Zahl der übereinanderbelegenen — 245.

Wohnhaus, -gebäude, Begriff iS. § 13 AnsiedlG. 219; ein früheres —, das lediglich f. Zwecke e. Molkerei eingerichtet ist, verliert dadurch endgültig d. —eigenschaft iS. AnsiedlG. 220 f.; objektive Beschaffenheit e. Gebäudes als — genügt nicht für d. Annahme seiner —eigenschaft iS. § 13 AnsiedlG., dazu seine tatsächliche Benutzung als Wohnstätte oder erkennbare Absicht einer solchen Benutzung erforderlich 221 f.; Verbleiben e. minderjährigen Haustochter in e. ohne AnsiedlGenehmigung errichteten — nicht „Weiterführung e. Ansiedlung“ iS. § 20 AnsiedlG. 225; Laube iallgem. nicht — iS. d. Baupolizeirechts 258; Herstellung eines Ausganges nach d. Straße rechtlich d. Errichtung e. —es an d. Straße iS. § 12 BauflG. gleichzuachten 268; Errichtung e. —es iS. § 12 BauflG. 270.

Wohnort, ev. — als Betriebsort e. Bauunternehmers 358.

Wohnsitz, Begriff iS. RhStO. 28; Einfluß d. Aufgabe d. —es im Sprengel d. Berliner Stadtsynode auf d. KirchenStPflicht 109 f.

Wohnungen, Berechtigung d. Polizei zum Einschreiten gegen feuchte gesundheitsschädliche — 408.

Wohnungsgeld als pensionsfähiger Teil d. Diensteinkommens v. GemBeamten 79 f.; Frage d. Gewährung v. — an Pfarrwitwen im Gebiete d. Magdeburger KirchenO. 107 f.

Z.

Zahnklinik, Bezeichnung des Betriebes e. Dentisten als —, Beilegung eines arztähnlichen Titels 340.

Zaun, Kostentragung f. Reparatur d. —es eines Schulgehöfts 173f.

Zeitungsinserat, Achtungsverletzung durch — 467.

Zementplatten, Verwendung zur Bürgersteigherstellung 310.

Zensuswahl, Einfluß d. Kinderprivilegs auf die Wahlberechtigung bei — 29ff.; Bedeutung d. steuerl. Veranlagungsgrundsätze für d. Einkommensermittelung b. — 31ff.

Zinsdörfer, Erlangung d. Landgemeindeeigenschaft 58.

Zubereitungsanstalt f. Tierhaare, Betriebsstätte 336f.

Züchtigungsrecht, Überschreitung d. —s durch e. Lehrer 485f.

Zufall, verw.richterliche Prüfung von Amts wegen, ob die Einhaltung der Klagefrist verhindernder unabweisbarer — vorliegend 505.

Zuggräben in Holstein d. Zuständigkeit d. Deichverbände unterliegend 202f.

Zulassung z. Allmandnutzen (Hohenzollern) 95f.

Zurücknahme v. Baudispensen 230f.; — gewerblicher Konzessionen, Zuständigkeit f. Klageerhebung in Städten mit Kgl. Polizei 357; — d. Anstellung als Bezirksschornsteinfeger 363; — v. Ausnahmebewilligungen gem. §§ 136, 137 GewO. nicht anfechtbar 366.

Zurückverweisung, bei — e. Streitsache z anderweiten Entscheidung ist d. Vorbringung neuer Tatsachen u. Beweismittel in d. neuen Verhandlung zulässig 406f.; Bindung d. Vorderrichters d. — e. Entscheidung aus d. Berufungsinstanz 509f.

***Zuständigkeit**, örtl. — im Streitverfahren über d. Heranziehung eines in mehreren Kreisen belegenen Forstgutsbezirks zu Schulabgaben 170; — d. Schulaufsichtsbehörde zu Einspruchsbescheiden gem. § 47 ZustG. 172f., 173f.

Zustellung, Erfordernisse e. gültigen Ersatz— 74; bei mangelndem Beweis e. — ist Verlust e. Rechtsmittels wegen Versäumung e. Ausschlußfrist iallgem. nicht anzunehmen 124f.; Urteils— an d. Partei oder d. Prozeßvertreter 506.

Zustellungsbevollmächtigte, Forderung d. Bestellung v. —n durch auswärtige Hausbesitzer 449.

Zuverlässigkeit, Prüfung d. — e. Hebamme 341f.; — d. Stellenvermittler 355f.; Untersagung d. Betriebs als Bauunternehmer wegen mangelnder — 358f.

Zwangsetatisierung gegen einen aus nur einem Gutsbezirk bestehenden Amtsbezirk 9; — v. Tilgungsbeträgen v. Entschädigungskapitalien f. Ablösung ausschließlicher Gewerbeberechtigungen 47ff.; — d. Mittel f. von d. Wegepolizeibehörde festgesetzte Leistungen 100; polizeiliche Verfügung als Grundlage d. —; Rechtsmittelweg gegen derartige —en 100ff.; — d. Umzugskosten v. Geistlichen in vereinigten Kirchengemeinden 106; Umwandelung der durch Baubeschluß festgesetzten Naturallieferungen u. Leistungen zum Pfarrhausbau in Geldleistungen im Wege d — unzulässig 108; — von Amtszulagen f. Schulleiter 134f.; — von Ortszulagen f. Volksschullehrer 135; — d. Mietentschädigung f. e. Lehrer mit „eigenem Hausstand" f. bereits abgelaufene Rechnungsjahre 138f.; Klage gegen eine —sverfügung u. einen vermeintlichen Drittverpflichteten 139f.; Verbindung d. Feststellung u. — .e. Leistung unzulässig 141; —en nur im öffentlichen Interesse zulässig 189.

Zweckverband, Groß-Berlin, Zuständigkeit d. Verbandsversammlung u. des Vorsitzenden d. Verbandsversammlung bei Klagen gegen d. Gültigkeit v. Wahlen 102; Erfordernisse d. Wählbarkeit zur Verbandsversammlung 103f.; Verteilung gemeinsamer Ausgaben v. Zweckverbänden 104.

Druck von A. W. Hayn's Erben (Curt Gerber), Potsdam.

Kolibri 360 GmbH
Ferdinand-Jühlke-Straße 7
99095 Erfurt, Deutschland
produktsicherheit@kolibri360.de